国家出版基金项目
NATIONAL PUBLICATION FOUNDATION

国家出版基金资助项目

中国刑事法制建设丛书·刑事诉讼系列　总主编　陈国庆　孙茂利

人民检察院刑事诉讼程序与文书制作

最高人民检察院法律政策研究室　编
主编　陈国庆

中国人民公安大学出版社
·北京·

图书在版编目（CIP）数据

人民检察院刑事诉讼程序与文书制作／陈国庆主编．—北京：中国人民公安大学出版社，2012.1

（中国刑事法制建设丛书／陈国庆，孙茂利主编．刑事诉讼系列）

国家出版基金资助项目

ISBN 978－7－5653－0733－1

Ⅰ.①人…　Ⅱ.①陈…　Ⅲ.①刑事诉讼法－法律解释－中国　②刑事诉讼－法律文书－写作－中国　Ⅳ.①D925.205　②D926.13

中国版本图书馆 CIP 数据核字（2011）第 280527 号

中国刑事法制建设丛书·刑事诉讼系列　总主编　陈国庆　孙茂利

人民检察院刑事诉讼程序与文书制作

最高人民检察院法律政策研究室　编

主编　陈国庆

出版发行：中国人民公安大学出版社
地　　址：北京市西城区木樨地南里
邮政编码：100038
经　　销：新华书店
印　　刷：北京兴华昌盛印刷有限公司

版　　次：2012 年 1 月第 1 版
印　　次：2012 年 1 月第 1 次
印　　张：54
开　　本：787 毫米 ×1092 毫米　1/16
字　　数：1082 千字

书　　号：ISBN 978－7－5653－0733－1
定　　价：118.00 元

网　　址：www.cppsup.com.cn　www.porclub.com.cn
电子邮箱：zbs@cppsup.com　zbs@cppsu.edu.cn

营销中心电话：010－83903254
读者服务部电话（门市）：010－83903257
警官读者俱乐部电话（网购、邮购）：010－83903253
公安业务分社电话：010－83905641

本书咨询电话：（010）63485228　63453145

中国刑事法制建设丛书·刑事诉讼系列

编　委　会

前　　言

刑事诉讼法律制度的健全和完善是建设法治国家的重要保障。跨入新世纪以来，随着我国经济社会发展和人权保障观念的日益深入人心，对刑事诉讼理论与实践运行问题的研究日益呈现繁荣的景象。许多研究者本着对刑事法制建设的高度社会责任感，投身于刑事诉讼理论与实务的研究，为刑事诉讼立法的完善提供了理论支持，也为司法工作者严格、准确执行法律提供了理论指引，使公正程序为实体正义的实现提供保障。

受国家出版基金资助，中国人民公安大学出版社启动了《中国刑事法制建设丛书》出版项目，将“刑事诉讼系列”作为丛书的重要组成部分。为了给广大从事刑事诉讼法学研究的专家学者提供一个高层次的交流平台，也使广大读者系统和全面地获取刑事诉讼理论和实践研究的成果，本丛书力求兼顾以下几方面特点：

第一，本丛书入选书目的内容全面覆盖从立案、侦查、提起公诉到审判和执行的各个诉讼阶段中的重要诉讼法律制度。本丛书对理论研究和司法实践中的热点问题予以充分关注，尤其是对管辖、证据、司法鉴定、强制措施适用、刑事被害人权利保障、刑事和解等方面的难点问题进行研究，力求从多角度提供更具可操作性的制度选择方案。在信息化时代，刑事诉讼法律制度必须对科学技术迅猛发展背景下的电子证据的收集、保全、证据规则，DNA 等生物证据的运用等前沿问题作出回应，本丛书也吸纳了一批介绍国外先进经验，探讨新时期程序法运行中的新问题的具有开创性的作品。

第二，本丛书的出发点是在现行的刑事诉讼法律制度基础上，深入探寻刑事诉讼的基本原理、基本规律和价值取向，以期对刑事诉讼立法的完善起到参考作用，帮助广大司法工作者正确理解法律精神，在办案过程中准确解释法律。为此，本丛书选择了一批对我国现行的刑事诉讼法律及司法解释的制定背景、具体内容进行详细解读，进而研究实践操作中存在的问题并提出解决方案的著作。希望这些研究成果能直接服务于刑事诉讼立法和司法工作，尤其是对公检法机关的司法工作人员规范执法、提高办案质量发挥指导作用。

第三，本丛书由最高人民法院、最高人民检察院、公安部等机关长期从事业务指导工作的专家担任总主编，选择了具有前瞻性、独创性、实用性和建设性的刑事诉讼领域的优秀研究成果收入本丛书。

希望在国家出版基金资助下，《中国刑事法制建设丛书》为我国的刑事法治建设发挥积极的推动作用。

由于时间仓促，疏漏之处在所难免，欢迎广大读者批评指正。

刑事诉讼系列编委会

2011 年 2 月

编写说明

为保证各级检察机关严格执行《刑事诉讼法》，最高人民检察院发布了《人民检察院刑事诉讼规则》，并制发了检察机关刑事诉讼的法律文书格式样本。这对于保障人民检察院严格执行《刑事诉讼法》，提高办案水平和办案质量发挥了积极作用。为进一步保证修改后的《刑事诉讼法》的正确贯彻执行，总结检察工作中的经验，配合广大检察工作人员更好地学习和严格执行修改后的《刑事诉讼法》，正确使用人民检察院刑事诉讼法律文书，我们组织编写了《人民检察院刑事诉讼程序与文书制作》，结合人民检察院在刑事诉讼中的职权，全面、系统地论述人民检察院在刑事诉讼中的具体办案程序以及相关刑事诉讼法律文书的制作和使用。本书以《刑事诉讼法》为基础，全面总结检察工作实践经验，对《人民检察院刑事诉讼规则》理解和适用中的问题进行了逐条阐述，并在相关程序中附有人民检察院刑事诉讼法律文书的制作方法、使用说明和文书格式，对于理解《人民检察院刑事诉讼规则》的起草背景和具体含义，熟练制作和使用人民检察院刑事诉讼法律文书，具有重要参考价值。同时，本书还在有关条文后收录了相关的法律、司法解释等规定，以配合正确、全面理解和准确适用《刑事诉讼法》和《人民检察院刑事诉讼规则》。

本书由最高人民检察院法律政策研究室组织编写，最高人民检察院法律政策研究室主任陈国庆任主编。王振勇、王守安、王佳等同志参加了本书的编写工作。王佳博士在本书编辑中做了大量工作。

在本书编写过程中，得到了有关领导和同志们的帮助和支持，在此谨致谢忱。本书不足之处，敬请广大读者批评指正。

编　者

2012 年 1 月 1 日

目　录

第一章　通　则

【本章概要】　本章是关于人民检察院进行刑事诉讼的原则性规定，在刑事诉讼中人民检察院、检察官履行职权必须遵循这些原则和基本工作制度。包括制定人民检察院刑事诉讼程序的依据、任务、程序法定、办案制约、内部制约以及上下级的领导关系和制度等。

第一条［人民检察院刑事诉讼的目的和依据］

为保证人民检察院在刑事诉讼中严格执法，正确履行职权，根据《中华人民共和国刑事诉讼法》、《中华人民共和国人民检察院组织法》和有关法律，结合人民检察院工作实际，制定本规则。

【条文释义】　本条是关于制定《人民检察院刑事诉讼规则》目的和根据的规定。

1996年3月17日，第八届全国人民代表大会第四次会议通过了《全国人民代表大会关于修改〈中华人民共和国刑事诉讼法〉的决定》，修改后的《中华人民共和国刑事诉讼法》（以下简称《刑事诉讼法》）自1997年1月1日起施行。修改后的《刑事诉讼法》对公、检、法、司机关在办理刑事案件中的职权和程序作了重大修改和完善，涉及人民检察院在刑事诉讼中的各项职权和工作程序。为了保证《刑事诉讼法》的顺利实施，进一步规范人民检察院在刑事诉讼中的职权和具体程序，最高人民检察院制定了《人民检察院刑事诉讼规则》，以保证人民检察院在刑事诉讼中严格依法正确履行职权，统一人民检察院办案程序，确保办案质量，提高办案效率，更好地实现《刑事诉讼法》所规定的“惩罚犯罪，保护人民，保障国家安全和社会公共安全，维护社会主义社会秩序”的目的。《人民检察院刑事诉讼规则》作为人民检察院进行刑事诉讼的具体操作规范和依据，其制定的目的包含以下几个方面：一是保证人民检察院在刑事诉讼中严格执法，正确履行职权。根据《刑事诉讼法》规定的人民检察院的职权和诉讼程序对人民检察院各项职权的行使程序作了明确、具体的规定，有利于人民检察院严格依法办案，更好地遵守《刑事诉讼法》的各项规定，保证人民检察院正确行使职权。二是统一各级人民检察院在刑事诉讼中的工作程序，确保办案质量，提高办案效率。《刑事诉讼法》作为国家基本法律，规定了我国刑事诉讼的基本程序，人民检察院在刑事诉讼中履行侦查权批准、决定逮捕权公诉权和刑事诉讼监督权，需要依法规范各项职权行使的具体程序，这样才能保证各级人民检察院统一、正确地理解和适用《刑事诉讼法》，使全国各级人民检察院依据统一的工作程序行使职权，从而确保办案质量，提高办案效率。三是保障《刑事诉讼法》的贯彻实施，实现《刑事诉讼法》的目的和任务。人民检察院作为刑事诉讼中的一个重要职能部门，与公安机关、人民法院分工负责、互相配合、互相制约，共同实现《刑事诉讼法》的目的和任务。《人民检察院刑事诉讼规则》是依据《刑事诉讼法》制定的，是《刑事诉讼法》关于人民检察院职权和工作程序的进一步具体化，其目的也是为了保证人民检察院严格、正确执行《刑事诉讼法》，保证《刑事诉讼法》的贯彻实施。

人民检察院刑事诉讼的程序制定的根据包括两个方面：一是法律根据，即《刑事诉讼法》、《中华人民共和国人民检察院组织法》（以下简称《人民检察院组织法》）等有关法律；二是司法实践，即人民检察院参加刑事诉讼的工作实际和工作经验。所谓根据就是依据。《刑事诉讼法》对刑事诉讼的任务、原则和一系列基本诉讼制度作了规定，关于人民检察院进行刑事诉讼的具体程序都要以《刑事诉讼法》和有关法律为依据，不得与之相抵触。除《刑事诉讼法》、《人民检察院组织法》外，有些法律如《中华人民共和国刑法》（以下简称《刑法》）、《中华人民共和国检察官法》（以下简称《检察官法》）、《中华人民共和国人民警察法》、《中华人民共和国监狱法》、《中华人民共和国国家赔偿法》、《中华人民共和国律师法》（以下简称《律师法》）、《中华人民共和国保守国家秘密法》（以下简称《保守国家秘密法》）等也对人民检察院的职权和人民检察院进行刑事诉讼的有关方面作了规定，也必须以这些法律为依据。新中国成立以来特别是1979年《刑事诉讼法》施行以来，人民检察院在刑事诉讼中积累了丰富的经验，最高人民检察院曾制定了《人民检察院刑事检察工作细则》、《人民检察院侦查贪污贿赂犯罪案件工作细则》、《人民检察院直接受理侦查的刑事案件审查逮捕审查起诉工作暂行规定》等一系列规定和大量有关司法解释，人民检察院刑事诉讼的程序就是以修改后的《刑事诉讼法》为依据，全面总结、吸收了人民检察院进行刑事诉讼的经验和有关规定、司法解释的合理内容。可以说，人民检察院刑事诉讼的程序的制定既严格遵循修改后的《刑事诉讼法》，又结合人民检察院工作实际，全面总结了人民检察院刑事诉讼的工作经验，是法律规定和司法实践的有机结合，为人民检察院进行刑事诉讼提供了具体、直接的依据，也为研究我国刑事诉讼制度特别是了解人民检察院在刑事诉讼中的职权和工作程序提供了重要参考。

第二条［人民检察院刑事诉讼的任务］

人民检察院在刑事诉讼中的任务，是侦查直接受理的案件、批准或者决定逮捕、提起公诉、对刑事诉讼实行法律监督，保证准确、及时地查明犯罪事实，正确应用法律，惩罚犯罪分子，保障无罪的人不受刑事追究，保障国家刑事法律的统一正确实施，以维护社会主义法制，保护公民的人身权利、财产权利、民主权利和其他权利，保障社会主义建设事业的顺利进行。

【条文释义】　本条是关于人民检察院在刑事诉讼中的职权和任务的规定。

人民检察院在刑事诉讼中的任务，从根本上说也就是《刑事诉讼法》赋予的任务，人民检察院正是通过履行各项检察职权来实现这一任务的。根据《刑事诉讼法》第3条、第8条的规定，人民检察院在刑事诉讼中主要履行以下4项职权：

1. 侦查权，是人民检察院对直接受理的案件，依照法律规定的程序进行专门调查工作和适用有关的强制性措施的权力。人民检察院主要通过以下形式行使侦查权：（1）对于直接受理的刑事案件，即《刑事诉讼法》第18条第2款规定的管辖范围的案件，行使侦查权。（2）对于公安机关移送审查起诉的刑事案件，可以自行侦查（补充侦查），必要时也可以参与公安机关的侦查工作。例如，《刑事诉讼法》第66条规定人民检察院审查批准逮捕时，必要时可以派人参加公安机关对于重大案件的讨论。

2. 批准、决定逮捕权，是人民检察院对于公安等侦查机关提请批准逮捕犯罪嫌疑人的案件进行审查，决定是否批准逮捕的权力；也包括人民检察院直接受理的案件在审查批准逮捕、审查起诉中对于需要逮捕的犯罪嫌疑人，可以决定予以逮捕的权力。批准、决定逮捕权是人民检察院在刑事诉讼中依法行使的对犯罪嫌疑人决定羁押的权力，是检察机关一种独立的、重要的职权，体现了我国刑事诉讼中羁押犯罪嫌疑人的独特制度。

3. 公诉权，是人民检察院在刑事诉讼中代表国家提起公诉，将被告人交付法院审判，并对犯罪进行指控、揭露、证实的诉讼活动的权力。审查起诉在我国刑事诉讼中是一个独立的诉讼阶段，人民检察院通过审查、决定起诉或不起诉、提起公诉、出庭支持公诉行使公诉权。《刑事诉讼法》第136条规定："凡需要提起公诉的案件，一律由人民检察院审查决定。"在我国，只有人民检察院才能代表国家行使公诉权，体现了在刑事诉讼中国家主动对犯罪进行追诉的权力。

4. 刑事诉讼法律监督权，《刑事诉讼法》第8条确定了"人民检察院依法对刑事诉讼实行法律监督"的基本原则，在刑事诉讼的立案、逮捕执行、庭审、减刑、假释等具体环节上完善了人民检察院法律监督的措施，增强了监督的可操作性，这对于保证刑事诉讼的公正和高效、完善我国检察制度、强化法律监督职权都具有特别重要的意义。人民检察院依法对刑事诉讼实行法律监督的原则，应当从4个方面理解：（1）在刑事诉讼中，人民检察院是专门的法律监督机关，监督的主体是作为国家专门法律监督机关的人民检察院。（2）加强人民检察院对刑事诉讼的法律监督，目的是保障公安司法机关统一正确地执行刑事法律，维护刑事司法的公正和效率。（3）人民检察院对刑事诉讼实行法律监督，必须严格依照法律规定的范围和程序进行，法律监督本身必须具有合法性。（4）人民检察院在刑事诉讼中监督的主要内容是公安机关的侦查活动、人民法院的刑事审判活动和监狱、看守所等刑罚执行机关的执行活动是否合法。刑事诉讼是公安司法机关在当事人和其他诉讼参与人的参加下，依照法定程序查明案件事实，适用《刑法》解决被告人刑事责任的侦查、起诉、审判和执行活动，从广义上说监督的对象也包括诉讼当事人和其他诉讼参与人的诉讼行为，但人民检察院法律监督的重点应当是公安司法机关的侦查、审判、执行活动是否合法。

人民检察院在刑事诉讼中的任务主要体现在以下几个方面：

1. 保证准确、及时地查明犯罪事实。《刑事诉讼法》的任务之一是对于发现的犯罪行为或者犯罪嫌疑人，人民法院、人民检察院和公安机关依照法律程序收集、调取证据，查清犯罪事实，查明犯罪嫌疑人。《刑事诉讼法》规定人民检察院有权进行调查取证工作，有权查明犯罪事实，以及调查取证时应遵循的原则；从程序上规定如何讯问犯罪嫌疑人、询问证人，以及如何进行勘验、检查、扣押物证、书证等，以达到准确、及时地查清犯罪事实的目的。其中的“准确”、“及时”都很重要，但“准确”是核心，即对犯罪的事实认定应准确，对实施犯罪行为的人要查准。“及时”应当建立在准确的基础上，但及时也很重要，如果时间拖得很长，就很难收集证据，不利于查清犯罪事实。

2. 保证正确运用法律，惩罚犯罪分子。正确运用法律是指依照《刑事诉讼法》的规定在查清犯罪事实的基础上，正确运用《刑法》对犯罪分子定罪判刑，使其受到应有的惩罚，保证无罪的人不受刑事追究。能否做到正确应用法律，关键在于是否准确无误地查明了犯罪事实。准确、及时查明犯罪事实是正确适用法律对犯罪分子定罪判刑的前提，只有在准确、及时地查明犯罪事实的基础上，才能保证《刑法》的正确执行，有效地惩罚犯罪，保护公民的合法权益，保障无罪的人不受刑事追究。保障无罪的人不受追究，是《刑事诉讼法》保护公民合法权利的重要体现，与正确运用法律惩罚犯罪有密切联系。如果不能保障无罪的人不受刑事追究，就谈不上正确运用法律，所以公、检、法机关在追究犯罪时，必须保障无罪的人不受刑事追究。

3. 保障国家刑事法律的统一正确实施。人民检察院作为国家法律监督机关，在保障国家刑事法律统一正确实施中具有重要职责，人民检察院要依法行使在刑事诉讼中的职权，充分发挥执法监督职能，保证公安司法机关和其他单位、公民严格依法办事，确保刑事诉讼的顺利进行。

第三条［人民检察院严格依法办案原则］

人民检察院办理刑事案件，应当严格遵守《中华人民共和国刑事诉讼法》规定的各项基本原则和程序以及其他有关法律的规定。

【条文释义】　本条是关于人民检察院在刑事诉讼中严格依法办案原则的规定。

《刑事诉讼法》第3条第2款规定："人民法院、人民检察院和公安机关进行刑事诉讼，必须严格遵守本法和其他法律的有关规定。"严格执法，依法进行刑事诉讼，是社会主义法治原则的要求和体现。《刑事诉讼法》对人民检察院立案、侦查、批准逮捕、提起公诉，进行立案、侦查、审判、执行监督等规定了具体的程序和要求，规定了人民检察院进行诉讼活动所必须遵循的一系列基本原则；《人民检察院组织法》等法律对刑事诉讼有关程序也作了规定，人民检察院在行使各项职权时必须严格遵守这些原则和程序，不得违背法律，不得滥用法律赋予的职权侵犯公民的合法权益。严格执法是社会主义法制建设的中心环节，是检察机关履行法律监督职责的必然要求。《刑事诉讼法》是人民检察院进行刑事诉讼的基本法律依据，人民检察院进行各种刑事诉讼活动，包括制发司法解释和有关规定都应当严格遵守《刑事诉讼法》的基本原则和规定。

第四条［人民检察院办案制度］

人民检察院办理刑事案件，由检察人员承办，办案部门负责人审核，检察长或者检察委员会决定。

【条文释义】　本条是关于人民检察院在刑事诉讼中办案制度、办案责任制的规定。

本条规定的是人民检察院在办理刑事案件中的一般内部工作程序。人民检察院由检察长、副检察长、检察委员会及其委员、检察员和助理检察员组成，为了有效行使各项职权，在内部分别设立了若干业务机构，如审查逮捕、审查起诉、侦查、监所、民行检察等机构，分别承办相应的业务工作。一般的案件办理程序如下：（1）检察长、检察委员会决定交办、批办案件，决定某一案件由某一业务部门或某检察人员承办。案件直接移送业务部门的，由业务部门负责人批办、交办案件。（2）承办人员（检察员或助理检察员）依法承办案件，要求承办人员对案件事实、证据负责。（3）承办人员提交业务部门负责人审核，必要时召开业务部门会议讨论案件的定性和处理意见。（4）由业务部门负责人报请检察长决定。根据法律规定，有些法定诉讼程序由检察长决定，如决定参与诉讼的检察人员是否回避、人民检察院批准逮捕犯罪嫌疑人等，均由检察长决定。检察长、副检察长如果认为案件重大、复杂，可以提交检察委员会讨论决定。《人民检察院刑事诉讼规则》对需要提交检察委员会讨论决定的案件和事项作了明确规定，如案情重大或者疑难的案件，有重大影响的案件，提请批准直接立案的案件，需要决定不起诉的案件，公安机关申请复议、复核的案件，人民检察院需要提起抗诉的案件等。检察长、检察委员会作出决定后，有关业务部门和承办人员应当执行。

人民检察院检察长直接办理有关案件的，可以由检察长直接作出决定，不受上述内部工作程序的限制。《人民检察院组织法》第3条规定，检察长统一领导检察院的工作，检察长可以将直接办理的案件提交检察委员会讨论，检察委员会实行民主集中制，在检察长的主持下讨论决定有关案件，如果检察长在重大问题上不同意多数人的意见，可以报请同级人民代表大会常务委员会决定。

【参考规定】

1. 最高人民检察院法律政策研究室关于对《人民检察院刑事诉讼规则》中“检察长”含义的答复（2004年11月25日　〔2004〕高检研发第19号）

内蒙古自治区人民检察院研究室：

你院《关于对〈人民检察院刑事诉讼规则〉中“检察长”的含义如何理解的请示》（内检发研字〔2004〕283号）收悉。经研究，答复如下：

《人民检察院刑事诉讼规则》是关于人民检察院如何具体适用刑事诉讼法的规范性文件，其中很多规定是规范人民检察院内部工作程序的。在具体工作中，检察长领导检察院的工作，可以授权副检察长代行检察长职责，因此，《人民检察院刑事诉讼规则》中的“检察长”，应当理解为包含“副检察长”。

此复。

2. 最高人民检察院关于各级人民检察院检察长、副检察长直接办理案件的意见（2007年10月13日最高人民检察院党组第十届第252次会议通过）

为了进一步加强检察机关领导作风和工作作风建设，更好地依法履行法律监督职责，根据《中华人民共和国人民检察院组织法》、《中华人民共和国检察官法》等法律的有关规定，结合检察工作实际，制定本意见。

一、办理案件是检察长、副检察长的法定职责

检察长、副检察长既是人民检察院的领导，又是依法履行检察职能的检察官，应当全面履行职责，成为依法办理案件的带头人和行家里手。检察长、副检察长直接办理重大、疑难案件，对于深入贯彻落实“强化法律监督，维护公平正义”的检察工作主题和“加大工作力度，提高执法水平和办案质量”的总体要求，推进检察队伍专业化建设，具有重要示范意义。各级人民检察院的检察长、副检察长要进一步提高认识，转变作风，直接办案，依法履行法律监督职责，做严格执法、公正司法的表率。同时，要注意总结办案经验和规律，及时掌握和解决法律监督工作的新情况、新问题，规范和指导检察业务工作健康开展。

二、直接办理案件的重点

检察长、副检察长应当在职务犯罪侦查、审查逮捕、审查起诉、诉讼监督和控告申诉检察等环节，抓住重点，有选择地直接办理下列案件：

（一）在当地有重大影响的案件；

（二）疑难、复杂的案件；

（三）新类型的案件；

（四）对于履行法律监督职能具有重大创新意义的案件；

（五）由检察长、副检察长直接办理更为适宜的其他重大案件。

三、直接办理案件的主要方式

检察长、副检察长除依法履行领导、指挥办案，主持检察委员会讨论决定重大、疑难案件，列席人民法院审判委员会会议等职责外，还应当采取以下方式直接办理案件：

（一）讯问重要犯罪嫌疑人，询问关键证人，主持对重大职务犯罪案件的侦查突破；

（二）主办审查逮捕或者审查起诉案件，通过阅卷审查等，依法提出案件处理意见。其中，检察长审查办理的案件，提请检察委员会讨论决定；副检察长审查办理的案件，报检察长决定或者提请检察委员会讨论决定；

（三）出席法庭支持公诉、支持抗诉，发表出庭意见，参加法庭辩论；

（四）主持不起诉、刑事申诉等案件的必要的公开审查；

（五）直接接待重大控告申诉案件或者长期上访的涉检案件当事人，并进行复查处理。

四、直接办理案件情况的考评考核

检察长、副检察长直接办理案件的情况，应当作为履行检察职责的一项重要内容，纳入对其工作的考评考核范围。地方各级人民检察院检察长、副检察长每年直接办理案件的数量标准，由本级人民检察院根据本地实际情况规定。省级人民检察院规定的标准，报最高人民检察院备案。分、州、市级人民检察院和基层人民检察院规定的标准，层报省级人民检察院备案。

各级人民检察院检察委员会专职委员，各业务部门负责人直接办理案件，参照本意见执行。

本意见自印发之日起施行。

3. 人民检察院检察委员会组织条例（节录）（2008年2月29日最高人民检察院高检发〔2008〕5号）

第十四条 地方各级人民检察院检察长在讨论重大案件时不同意多数检察委员会委员意见的，可以报请上一级人民检察院决定；在讨论重大问题时不同意多数检察委员会委员意见的，可以报请上一级人民检察院或者本级人民代表大会常务委员会决定。在报请本级人民代表大会常务委员会决定的同时，应当抄报上一级人民检察院。

第五条［人民检察院内部机构设置、职责及相互关系］

人民检察院按照法律规定设置内部机构，在刑事诉讼中实行侦查、审查逮捕、审查起诉等业务分工，各司其职，互相制约，保证办案质量。

【条文释义】 本条是关于人民检察院内部机构设置、职责及相互关系的规定。检察权是由人民检察院统一行使的，为保证有效地行使各项职权，人民检察院按照法律规定和业务分工设置内部机构，分别承办侦查、审查逮捕、审查起诉等业务。

1. 控告申诉检察部门、举报中心。承办受理、接待报案、控告和举报，接受犯罪人的自首；受理不服人民检察院不批准逮捕、不起诉、撤销案件及其他处理决定的申诉；受理不服人民法院已经发生法律效力的刑事判决、裁定的申诉；受理人民检察院负有赔偿义务的刑事赔偿案件等工作。

2. 反贪污贿赂部门。承办对国家工作人员的贪污、贿赂、挪用公款等职务犯罪进行立案侦查等工作。

3. 法纪检察部门。承办对国家工作人员的渎职犯罪和国家机关工作人员利用职权实施的非法拘禁、刑讯逼供、报复陷害、非法搜查、暴力取证、破坏选举等犯罪进行立案侦查等工作。

4. 审查逮捕部门。承办对公安机关、国家安全机关等侦查机关和人民检察院侦查部门提请批准逮捕的案件审查决定是否逮捕，对公安机关、国家安全机关和人民检察院侦查部门提请延长侦查羁押期限的案件审查决定是否延长，对公安机关应当立案侦查而不立案及侦查活动是否合法实行监督等工作。

5. 审查起诉部门。承办对公安机关、国家安全机关等侦查机关和人民检察院侦查部门移送起诉或不起诉的案件进行审查，决定是否提起公诉或不起诉，出席法庭支持公诉，对人民法院的审判活动实行监督，对确有错误的刑事判决、裁定提出抗诉等工作。

6. 监所检察部门。承办对刑事判决、裁定的执行和监管活动进行监督，直接立案侦查虐待被监管人案、私放在押人员案、失职致使在押人员脱逃案和徇私舞弊减刑、假释、暂予监外执行案，对监外执行的罪犯和劳教人员又犯罪案件审查批捕、起诉工作等。1998 年 6 月 12 日最高人民检察院制发了《关于重新明确监所检察部门办案范围的通知》，规定监所检察部门（包括派驻监管改造场所检察室，下同）负责承办案件的范围如下：（1）关于承办直接侦查案件的范围。各级人民检察院监所检察部门负责刑罚执行和监管改造活动中发生的虐待被监管人案、私放在押人员案、失职致使在押人员脱逃案、徇私舞弊减刑、假释、暂予监外执行案的侦查工作。（2）关于承办批捕、起诉案件的范围。监狱、公安机关立案侦查，移送检察机关审查批捕、审查起诉的服刑罪犯又犯罪案件、劳教人员犯罪案件，由监所检察部门负责审查批捕、审查起诉、出庭公诉工作。各级人民检察院监所检察部门直接侦查的犯罪案件，需要逮捕、起诉或不起诉的，一律移送刑事检察部门审查，加强内部制约。（3）关于受理申诉案件的范围。服刑罪犯及其法定代理人、近亲属不服已发生法律效力的刑事判决、裁定，劳教人员及其家属不服劳教决定，向检察机关提出的申诉，由监所检察部门负责受理。经立案复查，判决、裁定确有错误需要向人民法院提出抗诉的，移送刑事检察部门审查，提出抗诉。（4）派驻监管改造场所检察院行使县级人民检察院的职权，其办理案件范围继续按原规定办理。

人民检察院各业务部门进行业务分工，各司其职，互相制约，主要体现在侦查工作归口承办，加强对侦查工作的内部制约方面。20世纪80年代末期以来，检察机关改变了过去检察机关对贪污贿赂案件侦查、批捕、起诉均由一个部门办理的所谓“一竿子”办到底的传统做法，改革为在检察机关内部严格划分反贪污贿赂部门、法纪检察部门等侦查部门与批捕部门、起诉部门的职能，使检察机关的办案程序形成了侦查工作与审查批捕、审查起诉工作相互制约的格局。以后又逐步实现举报工作与侦查工作的职能划分，形成多层次制约的机制，在保证法律正确实施方面发挥了积极的作用。完善内部制约机制主要体现在以下几个方面；

1. 分解办案职权。人民检察院对贪污贿赂、渎职等职务犯罪的查处工作，在不同阶段，由不同内设机构承办，互相制约。即举报中心负责人民检察院直接受理侦查的贪污贿赂、渎职犯罪案件的举报线索的受理、管理工作；反贪污贿赂部门、法纪检察部门负责贪污贿赂、渎职犯罪案件的侦查工作；审查逮捕部门负责贪污贿赂、渎职犯罪案件的审查决定逮捕工作；审查起诉部门负责贪污贿赂、渎职犯罪案件的审查起诉工作；控告申诉检察部门负责贪污贿赂、渎职犯罪案件的申诉复查工作。侦查权与审查决定权分离。凡侦查工作中需要对犯罪嫌疑人作出程序性处理决定的，都要由侦查部门以外的其他部门进行审查。

2. 举报中心统一受理、管理人民检察院直接受理侦查的犯罪案件线索。人民检察院办理直接受理侦查案件，实行侦查工作与案件线索的受理、管理、审查工作相分离，侦查部门不直接面向社会受理案件。人民检察院举报中心统一受理单位和个人对贪污贿赂、渎职犯罪行为的举报，凡检察机关其他部门包括侦查部门收到举报线索一律送举报中心管理。对举报线索，举报中心派专人审查后，对不属于人民检察院管辖的，要移送有关主管部门；对属于其他人民检察院管辖的，要移送有管辖权的人民检察院；对属于本院管辖的，要提交举报线索审查协调小组研究，审查协调小组根据举报线索的性质决定移送不同的侦查部门进行立案前的审查，并报检察长或检察委员会作出是否立案的决定。侦查部门应当在一个月内将是否立案的情况回复举报中心，逾期未回复的，举报中心要进行催办。

3. 审查逮捕部门承担对人民检察院直接受理侦查的犯罪案件的犯罪嫌疑人是否决定逮捕的审查工作。人民检察院办理案件，实行侦查工作与审查决定逮捕工作相分离。人民检察院侦查部门在侦查中需要逮捕犯罪嫌疑人的，应当填写逮捕犯罪嫌疑人意见书，连同案卷材料一并移送本院审查逮捕部门审查。审查逮捕部门审查后应当提出是否决定逮捕的意见，报检察长决定；重大疑难案件，应当经检察委员会讨论决定。侦查过程中，需要延长犯罪嫌疑人侦查羁押期限或者重新计算侦查羁押期限的，侦查部门也不能直接报请决定，而应当移送审查逮捕部门审查，通过这一程序防止对犯罪嫌疑人采取强制措施的随意性。

4. 审查起诉部门承担对人民检察院直接受理侦查的犯罪案件的犯罪嫌疑人是否提起公诉、不起诉的审查工作。人民检察院办理案件，实行侦查工作与审查起诉相分离。办案中凡需要提起公诉或作出不起诉决定的，一律由审查起诉部门审查。侦查部门侦查终结后，应当写出侦查终结报告，并且根据案件情况制作起诉意见书或者不起诉意见书，连同案卷材料移送本院审查起诉部门。审查起诉部门审查后应当提出起诉或者不起诉的意见，报请检察长或者检察委员会决定。对需要补充侦查的，移送侦查部门补充侦查。审查起诉是人民检察院对案件作出是否应当追究刑事责任的最后审查，将审查起诉工作与侦查工作分别由两个部门承办，可以防止侦查人员在侦查过程中形成的思维定式，保证客观、公正地对案件作出处理。

5. 控告申诉检察部门承担有关单位或个人不服人民检察院的不立案、撤案决定的复议、复查工作。人民检察院办理案件，实行侦查工作与对不立案、撤案决定的复议、复查工作相分离，加强对侦查部门案件处理决定的制约。对侦查部门经立案前的审查后作出不予立案决定的，或者经侦查后作出撤销案件决定的，有关单位或者个人可以向人民检察院控告申诉检察部门申请复议或提出申诉。控告申诉检察部门可以调阅侦查部门有关案卷材料进行审查，认为不立案或者撤销案件决定确有错误的，应当写出复议或者复查意见，报请检察长或者检察委员会决定是否改变不立案或者撤销案件的决定。通过对不立案、撤案的制约，防止侦查部门发生办人情案、金钱案、徇私枉法的情况。

6. 财务部门统一管理侦查部门办案中扣押的款物。人民检察院办理案件，实行侦查工作与扣押款物管理工作相分离。侦查部门通过侦查扣押、查获的物品、物证，应当统一由财务部门管理，侦查中扣押款物实行账目与款物分人管理，健全出入库和收付手续，做到一案一卡、一物一卡。任何部门和个人不得以任何借口侵占、挪用、私分、私存、调换、外借或擅自处理扣押款物。在侦查、审查起诉过程中，对扣押款物要按有关规定移送、上缴或者返还。

7. 建立对侦查工作集体决策机制，避免个人决定事项。规定了人民检察院办理案件，要规范侦查部门办案工作制度，坚持民主集中制原则和健全集体决策机制，具体侦查工作必须由二人以上配合进行。各种侦查、强制措施的适用，应当由承办人提出意见，部门负责人审核，主管检察长批准或者决定。侦查中的疑难问题和重要事项，应当由侦查部门集体研究，报经检察长或者检察委员会讨论决定，必要时逐级向上级人民检察院请示。

8. 建立多环节、多层次的制约链条。除了在侦查工作中，各具体处理的决定分别由不同部门多环节地进行制约外，在层次上，加强了上级人民检察院对下级人民检察院侦查工作领导的力度。规定了严格执行直接受理侦查案件立案备案审查制度，逮捕、撤销案件、不起诉决定审批制度，上级人民检察院对下级人民检察院侦查工作中的决定，发现确有错误的，有权予以撤销或者变更；发现下级人民检察院已办结的案件确有错误的，有权指令下级人民检察院纠正。

此外，《人民检察院刑事诉讼规则》还对审查逮捕与审查起诉、控告申诉部门，监所检察部门与审查逮捕、审查起诉部门之间的制约作了一系列规定。

【参考规定】

1. **人民检察院侦查协作的暂行规定**（2000年10月12日最高人民检察院 高检发反贪字〔2000〕23号）

为了加强和规范人民检察院侦查协作工作，增强整体优势，提高办案效率，根据《中华人民共和国刑事诉讼法》、《人民检察院刑事诉讼规则》和其他有关规定，结合办案实践，制定本规定。

第一条 侦查协作是指检察机关在依法查办贪污贿赂、侵权渎职等职务犯罪案件侦查活动中，对需要核实案情、调查取证、采取强制性措施等事宜所进行的协调、配合和合作。侦查协作应当遵循依法配合、快速有效、保守秘密、各负其责的原则。

第二条 办理职务犯罪案件的人民检察院，遇有与侦查相关的事宜，确有必要请求有关人民检察院予以协助的，可以请求侦查协作。

第三条 人民检察院提出侦查协作请求，应当具备以下条件：

（一）法律手续完备，包括立案决定书、请求协作函件及法律规定采取强制性措施等必需的法律文书和手续；

（二）协作事项具体明确，包括协查目的、协查要求、协查对象、协查内容等。

第四条 需要进行侦查协作的案件，应由案件承办人书面提出协作请求，层报主管检察长批准，并加盖院章。

第五条 侦查协作一般由办理案件的人民检察院（以下简称请求方）直接向负有协作义务的人民检察院（以下简称协作方）提出请求函件，并填写请求侦查协作表。涉及厅级以上领导干部、省级以上人大代表（政协委员）的侦查协作事项，应当通过省级以上人民检察院予以安排；涉及担任实职的县（处）级领导干部的侦查协作事项，应当通过分（州、市）以上人民检察院进行安排。

第六条 协作方人民检察院收到侦查协作请求后，应当依据法律和有关规定进行程序审查，并分别作出以下处理：

（一）符合侦查协作条件，法律手续及有关材料完备的，应当予以协作；

（二）法律手续及有关材料不完备的，应当告知请求方予以补充；

（三）对不符合侦查协作条件的，应当说明理由，不予协作，并将有关材料退回请求方。

第七条 请求方办理案件遇有紧急事项需要请求协作，无法及时办理有关请求协作手续的，可以商请协作方紧急协作，但是有关请求协作手续必须及时予以补办。

第八条 请求方派员到异地协助公安机关执行拘留、逮捕的，原则上应由请求方检察机关与当地公安机关取得联系后，通过公安协作渠道办理。必要时，协作方检察机关也要予以配合。请求方到异地执行搜查、扣押、追缴涉案款物等，应当请当地检察机关协作，协作方应当予以配合。

第九条 最高人民检察院、上级人民检察院交办协作事项，下级人民检察院必须按要求执行。

第十条 提供侦查协作一般应当在收到侦查协作请求后十日内完成。情况紧急的，应当及时完成并反馈结果；情况复杂的，可以适当予以延长。由于客观原因无法提供协作的，应当在十日内通知请求协作的人民检察院。

第十一条 请求侦查协作事项办理完毕后，协作方应当将情况和材料及时向请求方反馈。协作事项属上级院交办的，协作方和请求方均应向各自的上级院报告。

第十二条 侦查协作中的争议，由有关各方协商解决。协商不成的，报各自上级人民检察院或者共同的上级人民检察院协调。经上级院协调确定的意见，有关人民检察院应当执行，不得拖延。

第十三条 协作方依照协作请求履行协作事宜，其引起的法律后果由请求方承担；协作方实施超越协作请求范围的行为所产生的法律后果，由协作方承担。

对不履行侦查协作职责或者阻碍侦查协作进行，给办案工作造成严重影响或者其他严重后果的，应当对有关单位予以通报批评，并责令改正；对直接负责的主管人员和其他直接责任人员，应当依照有关规定给予党纪政纪处分；玩忽职守、滥用职权、泄露秘密、通风报信构成犯罪的，依法追究其刑事责任。

第十四条 人民检察院依照规定履行协作职责不得收取费用。侦查协作经费列入办案业务经费预算统筹开支。最高人民检察院、省级人民检察院对提供侦查协作业务繁重、经费开支较大的地方人民检察院予以适当补助。

第十五条 侦查协作工作应纳入考核侦查部门办案成绩的重要内容和指标，各级人民检察院侦查部门应当确立专门机构或者指派专人具体负责侦查协作工作。上级检察院要加强对侦查协作工作的指导、协调和检查。

第十六条 人民检察院初查案件需要协作的，参照本规定的有关规定办理。

2. **最高人民检察院关于调整人民检察院直接受理案件侦查分工的通知**（2004年9月23日 高检发〔2004〕21号）

各省、自治区、直辖市人民检察院，军事检察院，新疆生产建设兵团人民检察院：

为了深入贯彻“强化法律监督，维护公平正义”的检察工作主题，把对诉讼活动的监督职能与对职务犯罪的侦查职能有机结合起来，进一步加大查办职务犯罪的力度，最高人民检察院决定，对人民检察院直接受理案件的侦查分工作如下调整：

一、监所检察部门负责监管场所发生的贪污贿赂、渎职侵权等案件的侦查工作。除虐待被监管人案、私放在押人员案、失职致使在押人员脱逃案、徇私舞弊减刑、假释、暂予监外执行案继续由监所检察部门负责侦查外，原由反贪污贿赂部门和渎职侵权检察部门负责侦查的监管场所发生的职务犯罪案件，划归监所检察部门负责侦查。

二、民事行政检察部门对在办理民事行政抗诉案件过程中发现的审判人员职务犯罪案件线索，经检察长同意，可以进行初查；经初查，符合立案条件的，经检察长批准，可以直接立案侦查。

三、监所检察部门和民事行政检察部门负责侦查的案件，如属于重大、复杂或者跨地区犯罪案件，应当报告检察长，检察长可以将案件交由反贪污贿赂部门或者渎职侵权检察部门办理，监所检察部门或者民事行政检察部门予以配合。

四、人民检察院其他业务部门在实施法律监督工作中，发现涉嫌职务犯罪行为的，报经检察长同意后，可以进行初查。经初查，认为应当立案追究刑事责任的，应当移送反贪污贿赂部门或者渎职侵权检察部门办理。

各级人民检察院要注意通过科学的侦查分工实现侦查资源的优化配置，加强法律监督职能。同时，要注意通过发挥侦查指挥中心的指挥协调作用实现侦查资源的整合，形成监督合力。实践中，要严格执行内部制约等有关规定，注意防止侦查权的滥用，通过完善相关工作机制确保依法独立公正有效地行使检察权。监所检察部门和民事行政检察部门要正确处理好侦查工作与原有业务工作的关系，通过行使侦查权进一步增强法律监督工作的实效。

各地在执行本通知中遇到的问题，请及时报告最高人民检察院。

3. 最高人民检察院关于完善抗诉工作与职务犯罪侦查工作内部监督制约机制的规定
(2009年9月11日　高检发〔2009〕19号)

为了充分发挥人民检察院法律监督职能，规范抗诉工作与职务犯罪侦查工作的内部职责分工和协作配合，完善内部监督制约机制，现对人民检察院抗诉工作与职务犯罪侦查工作由不同业务部门负责承办作如下规定：

一、人民检察院负责抗诉工作的部门不承办职务犯罪侦查工作。职务犯罪侦查工作由反贪污贿赂部门、反渎职侵权部门、监所检察部门根据有关规定负责承办。

二、人民检察院负责抗诉工作的部门在办案过程中发现职务犯罪线索的，应当对案件线索逐件登记、审查，经检察长批准，及时移送职务犯罪侦查部门办理，并向举报中心通报。职务犯罪侦查部门应当对有关部门移送的案件线索及时审查并依照规定立案侦查。

三、人民检察院负责抗诉工作的部门与职务犯罪侦查部门应当各司其职，严格执行内部制约规定，确保依法公正地行使职权。职务犯罪侦查部门应当在收到案件线索后一个月内将审查结果书面反馈移送线索的部门。移送线索的部门认为职务犯罪侦查部门应当立案侦查而未立案侦查的，应当报经分管检察长同意，建议职务犯罪侦查部门报请立案侦查，必要时，提请检察长决定。

四、人民检察院负责抗诉工作的部门与职务犯罪侦查部门应当加强相互配合与协助。职务犯罪侦查部门对负责抗诉工作的部门移送的案件线索决定立案侦查或者不予立案的，应当在立案决定、不立案决定、侦查终结处理决定作出后十日内书面反馈移送线索的部门。职务犯罪侦查部门在办案工作中发现司法工作人员有贪污受贿、徇私舞弊、枉法裁判等违法行为，可能导致原判决、裁定错误的，应当经检察长批准，及时通报负责抗诉工作的部门。负责抗诉工作的部门应当在抗诉、提请抗诉、不抗诉决定作出后十日内书面反馈职务犯罪侦查部门。

本规定自发布之日起施行，本规定发布前最高人民检察院的其他司法解释和有关规定与本规定不一致的，以本规定为准。

第六条 ［人民检察院刑事诉讼中的领导体制］

在刑事诉讼中，最高人民检察院领导地方各级人民检察院和专门人民检察院的工作，上级人民检察院领导下级人民检察院的工作。检察长统一领导检察院的工作。

【条文释义】　本条是关于在刑事诉讼中检察机关领导体制的规定。

《中华人民共和国宪法》（以下简称《宪法》）第132条、《人民检察院组织法》和《检察官法》对人民检察院领导体制及组织关系作了规定。在人民检察院组织系统中，最高人民检察院是国家最高检察机关，它同地方各级人民检察院和专门人民检察院、上级人民检察院同下级人民检察院的关系是：最高人民检察院领导地方各级人民检察院和专门人民检察院的工作，上级人民检察院领导下级人民检察院的工作。最高人民检察院对地方各级人民检察院、上级人民检察院对下级人民检察院的领导关系主要表现在：（1）最高人民检察院和省、自治区、直辖市人民检察院检察长，有权向本级人大常委会提请任免和建议撤换下级人民检察院检察长。（2）下级人民检察院在办理重大案件中，如果遇到特别复杂的情况和特殊的困难，上级人民检察院应当及时给以支持和指导，必要的时候，可以派人协助工作，也可以把案件上调由自己办理。（3）了解和掌握下级人民检察院干部的政治思想和业务工作情况，及时总结、交流检察工作经验，不断提高干部的思想政策水平和业务工作能力。（4）最高人民检察院、上级人民检察院在刑事诉讼中，制定有关的业务工作的方针、政策，对各项业务工作作出部署，指导下级人民检察院的工作。

在检察机关内，检察长是所在检察院的首长，是该院的法定代表人，并且是检察机关各项职权行使的决定者和行使者，人民检察院的职权实质上是检察长的职权，只有检察长才有权行使所在检察院的全部职权。检察长作为检察工作的领导者和组织者，一是直接行使检察权，如检察长以国家公诉人身份出席法庭，二是领导和组织本院检察人员行使检察权。检察长的领导身份和地位决定他拥有对检察工作的指示权、批准权、决定权、组织权和指挥监督权。指示权是通过讲话、口头指示、文字批示以及签署发布的文件，对下级工作人员进行有关开展检察工作的各项原则的或具体的指示。批准权是在行使检察权的各个环节上，如决定立案、批准和决定逮捕犯罪嫌疑人、决定是否起诉、撤案、撤诉，提起抗诉、发出纠正违法通知书等各项措施，一般均由检察长予以批准。决定权是指对本院业务部门或下级检察院的工作请示、建议和分歧意见等作出决定，交付业务部门或下级检察院执行。对于须经过检察委员会讨论的重大问题，在形成决议后，由检察长签署，以检察院的名义下达执行。组织权包括内部组织机构的设置、人员的使用安排和为完成某项工作任务而临时组织调配力量。检察长是本院检察工作的组织者，最高人民检察院检察长是全国检察工作的组织者，各级检察院检察长是当地检察工作的组织者。指挥监督权是指具体指挥和监督检察工作人员行使检察权的权力，指挥实际上主要是作出具体的工作部署和工作方法上的指示。比如，检察人员在侦查工作中遇到了较大的困难，作为检察长就要通过具体指挥帮助检察人员克服困难，保证侦查工作的顺利进行。监督则是对检察人员的工作活动是否合法、是否正确、是否得力的观察和注视，发现检察人员有违法或错误行为时，及时予以纠正和处理；对其合法、正确有效的工作给予支持，必要时给予表彰。这种监督又可以分为直接监督和间接监督，直接监督是检察长亲自监督；间接监督是检察长通过自己属下的其他领导人员进行监督，间接地掌握工作人员的情况。检察长只有充分行使上述各项权力，才能成为名副其实的领导者和组织者。

第七条 [上级人民检察院对下级人民检察院错误的纠正]

在刑事诉讼中，上级人民检察院对下级人民检察院作出的决定，有权予以撤销或者变更；发现下级人民检察院已办结的案件有错误的，有权指令下级人民检察院纠正。

下级人民检察院对上级人民检察院的决定应当执行，如果认为有错误的，应当在执行的同时向上级人民检察院报告。

【条文释义】 本条是关于在刑事诉讼中上级人民检察院有权纠正下级人民检察院错误的规定。

根据《宪法》、《人民检察院组织法》的规定，最高人民检察院领导地方各级人民检察院和专门人民检察院的工作，上级人民检察院领导下级人民检察院的工作。上级人民检察院对下级人民检察院的领导一方面体现为上级人民检察院指导下级人民检察院的业务工作，对下级人民检察院的各项业务工作进行检查，指导办案，解决工作中遇到的一系列问题；另一方面体现为上级人民检察院可以纠正下级人民检察院的错误决定。在刑事诉讼中，上级人民检察院发现下级人民检察院行使职权不当或者处理案件有错误时，有权纠正、撤销或者变更下级人民检察院的决定。下级人民检察院作出的决定包括在刑事诉讼中行使职权所作出的各项决定，如立案决定、批准逮捕决定、采取和适用各种侦查、强制措施的决定、撤销案件决定、起诉和不起诉决定、复查、复议决定等。上级人民检察院对下级人民检察院的错误，有权直接予以纠正，即予以撤销或者变更；也有权指令下级人民检察院纠正，即由下级人民检察院自行作出纠正原错误决定的决定，如上级人民检察院发现下级人民检察院的不起诉决定确有错误，可以要求下级人民检察院撤销不起诉决定，重新作出起诉决定，提起公诉。在司法实践中，上级人民检察院较多地使用指令下级人民检察院纠正的做法，而直接撤销或变更下级人民检察院错误决定的情况较少。

对于上级人民检察院作出的纠正下级人民检察院错误决定的指令或者决定，下级人民检察院应当执行。凡上级人民检察院指令纠正的，下级人民检察院应当迅速撤销原决定，按上级指令作出正确决定或者采取、变更有关措施；凡上级人民检察院作出决定的，下级人民检察院应当执行。如果下级人民检察院认为上级人民检察院的指令或者决定有错误，或有不同意见，可以逐级直至向最高人民检察院报告，但不得停止执行原决定，这样既保证了上级人民检察院有效地领导下级人民检察院，也保障下级人民检察院能够向上级人民检察院反映情况和意见，以保证统一、正确执行。

第二章 管 辖

【本章概要】 本章是关于人民检察院刑事诉讼管辖的相关规定，包括直接受理案件的管辖范围、报请省级以上人民检察院决定立案侦查的具体程序、牵连管辖的处理、分级立案侦查制度、立案侦查管辖权的上下级变更、地域管辖、指定管辖、专门管辖等。

第八条 ［直接受理案件的管辖范围］

人民检察院立案侦查贪污贿赂犯罪、国家工作人员的渎职犯罪、国家机关工作人员利用职权实施的非法拘禁、刑讯逼供、报复陷害、非法搜查的侵犯公民人身权利的犯罪以及侵犯公民民主权利的犯罪案件。

贪污贿赂犯罪是指刑法分则第八章规定的贪污贿赂犯罪及其他章中明确规定依照第八章相关条文定罪处罚的犯罪案件。

国家工作人员的渎职犯罪是指刑法分则第九章规定的渎职犯罪案件。

国家机关工作人员利用职权实施的侵犯公民人身权利和民主权利的犯罪案件包括：

1. **非法拘禁案（刑法第二百三十八条）；**
2. **非法搜查案（刑法第二百四十五条）；**
3. **刑讯逼供案（刑法第二百四十七条）；**
4. **暴力取证案（刑法第二百四十七条）；**
5. **体罚、虐待被监管人案（刑法第二百四十八条）；**
6. **报复陷害案（刑法第二百五十四条）；**
7. **破坏选举案（刑法第二百五十六条）。**

【条文释义】 本条是关于人民检察院直接受理立案侦查案件的管辖范围的规定。

《刑事诉讼法》第 18 条第 2 款对人民检察院自侦案件的范围作了规定。最高人民检察院于 1998 年 5 月 11 日发布了《关于人民检察院直接受理立案侦查案件范围的规定》，结合修订后的《刑法》分则规定的罪名，对人民检察院自侦案件范围作出了明确规定。

【参考规定】

最高人民检察院关于人民检察院直接受理立案侦查案件范围的规定（1998年5月11日 高检发释字〔1998〕1号）

根据刑事诉讼法第十八条的规定，现将人民检察院直接受理立案侦查的案件的范围规定如下：

一、刑法分则第八章规定的贪污贿赂犯罪及其他章中明确规定依照第八章相关条文定罪处罚的犯罪案件：

1. 贪污案（第382条，第183条第2款，第271条第2款，第394条）；

2. 挪用公款案（第384条，第185条第2款，第272条第2款）；

3. 受贿案（第385条，第388条，第163条第3款，第184条第2款）；

4. 单位受贿案（第387条）；

5. 行贿案（第389条）；

6. 对单位行贿案（第391条）；

7. 介绍贿赂案（第392条）；

8. 单位行贿案（第393条）；

9. 巨额财产来源不明案（第395条第1款）；

10. 隐瞒境外存款案（第395条第2款）；

11. 私分国有资产案（第396条第1款）；

12. 私分罚没财物案（第396条第2款）。

二、刑法分则第九章规定的渎职犯罪案件：

1. 滥用职权案（第397条第1款）；

2. 玩忽职守案（第397条第1款）；

3. 国家机关工作人员徇私舞弊案（第397条第2款）；

4. 故意泄露国家秘密案（第398条）；

5. 过失泄露国家秘密案（第398条）；

6. 枉法追诉、裁判案（第399条第1款）；

7. 民事、行政枉法裁判案（第399条第2款）；

8. 私放在押人员案（第400条第1款）；

9. 失职致使在押人员脱逃案（第400条第2款）；

10. 徇私舞弊减刑、假释、暂予监外执行案（第401条）；

11. 徇私舞弊不移交刑事案件案（第402条）；

12. 滥用管理公司、证券职权案（第403条）；

13. 徇私舞弊不征、少征税款案（第404条）；

14. 徇私舞弊发售发票、抵扣税款、出口退税案（第405条第1款）；

15. 违法提供出口退税凭证案（第405条第2款）；

16. 国家机关工作人员签订、履行合同失职被骗案（第406条）；

17. 违法发放林木采伐许可证案（第407条）；

18. 环境监管失职案（第408条）；

19. 传染病防治失职案（第409条）；
20. 非法批准征用、占用土地案（第410条）；
21. 非法低价出让国有土地使用权案（第410条）；
22. 放纵走私案（第411条）；
23. 商检徇私舞弊案（第412条第1款）；
24. 商检失职案（第412条第2款）；
25. 动植物检疫徇私舞弊案（第413条第1款）；
26. 动植物检疫失职案（第413条第2款）；
27. 放纵制售伪劣商品犯罪行为案（第414条）；
28. 办理偷越国（边）境人员出入境证件案（第415条）；
29. 放行偷越国（边）境人员案（第415条）；
30. 不解救被拐卖、绑架妇女、儿童案（第416条第1款）；
31. 阻碍解救被拐卖、绑架妇女、儿童案（第416条第2款）；
32. 帮助犯罪分子逃避处罚案（第417条）；
33. 招收公务员、学生徇私舞弊案（第418条）；
34. 失职造成珍贵文物损毁、流失案（第419条）。

三、国家机关工作人员利用职权实施的下列侵犯公民人身权利和民主权利的犯罪案件：

1. 非法拘禁案（第238条）；
2. 非法搜查案（第245条）；
3. 刑讯逼供案（第247条）；
4. 暴力取证案（第247条）；
5. 虐待被监管人案（第248条）；
6. 报复陷害案（第254条）；
7. 破坏选举案（第256条）。

四、国家机关工作人员利用职权实施的其他重大的犯罪案件，需要由人民检察院直接受理的时候，经省级以上人民检察院决定，可以由人民检察院立案侦查。

第九条［人民检察院通过直接立案侦查进行法律监督］

国家机关工作人员利用职权实施的其他重大犯罪案件，需要由人民检察院直接受理的时候，经省级以上人民检察院决定，可以由人民检察院立案侦查。

【条文释义】 本条是关于人民检察院通过直接立案侦查进行法律监督的规定。

《刑事诉讼法》第18条第2款关于人民检察院职能管辖即立案侦查范围作了部分弹性规定，专指人民检察院对法律规定直接受理侦查的案件以外的案件，即公安机关、国家安全机关等侦查机关负责立案侦查的案件，经过特定的法律程序，人民检察院可以对之直接立案侦查，这是人民检察院行使国家追诉权的保障，主要是为了加强人民检察院对公安机关等侦查机关的立案和侦查监督，突出体现了人民检察院的法律监督职能。

这一规定是对原《刑事诉讼法》第13条第2款“人民检察院认为需要自己直接受理的其他案件”规定的修改。在修改《刑事诉讼法》过程中，有人认为“人民检察院认为需要自己直接受理的其他案件”的规定表述比较笼统，缺乏客观标准，容易产生歧义，在司法实践中某些检察机关借此立案侦查管辖范围以外的案件，造成了立案管辖的混乱。之所以作这样的修改，一是使检察机关直接受理的案件范围更加具体明确，把犯罪主体限于国家机关工作人员利用职务实施的其他重大犯罪案件；二是对立案与否的程序作了严格控制，设立了特殊的审批决定程序。

这一规定包含三层含义：（1）人民检察院根据这一规定立案侦查案件的犯罪主体限于国家机关工作人员，即国家权力机关、行政机关、审判机关、检察机关和军事机关的工作人员，也包括党务部门的工作人员。（2）犯罪的特点是利用职务实施的其他重大犯罪案件。利用职务是指利用自己的职权或者与职务有关的便利条件，包括行为人直接利用自己职责范围之内的权力或者利用与自己职务有直接关系的便利条件，如利用本人的职务和地位所形成的便利条件。“重大犯罪案件”一般指在当地、当时具有较大影响，严重损害了国家、人民的利益或损害了党和国家机关的声誉和威望的个别案件，而且是公安机关不便立案侦查或不予立案侦查，由人民检察院立案侦查更为适宜的。（3）人民检察院立案侦查这类案件，应当经过省级以上人民检察院决定。“省级以上人民检察院”包括各省、自治区、直辖市人民检察院和最高人民检察院。基层人民检察院和分、州、市人民检察院需要对这类案件立案侦查时，应当报经省级人民检察院决定，省级以上人民检察院也可以自行决定对这类案件立案侦查，交由下级人民检察院进行侦查或自行进行侦查。

根据这一规定的精神和司法实践的具体情况，属于此类的案件主要包括：

（1）有关侦查机关对于国家机关工作人员犯罪案件有案不立、有罪不究，经人民检察院通知立案仍未依法追究的案件；

（2）以罚代刑，降格处理，经人民检察院督促后仍不纠正的案件；

（3）对于是否构成犯罪，认识不一致，而人民检察院认为应当依法追究刑事责任的案件；

（4）一案数罪，既有属人民检察院管辖的，又有属公安机关或其他部门管辖的，由人民检察院管辖更为适宜或者后者坚持不受理的案件；

（5）对案件管辖发生争执，而有管辖权的机关拒不侦查或者长期拖延不予立案侦查的案件；

（6）与需要追究徇私舞弊行为相关联的案件；

（7）在特殊情况下，由特定组织交由人民检察院直接立案侦查的案件。

《刑事诉讼法》第 18 条第 2 款的特殊规定，主要是赋予人民检察院对立案活动、侦查活动实施个案监督的权力，是为了充分发挥人民检察院的法律监督职能，解决刑事司法实践中有案不立、有罪不究、以罚代刑等问题，以保证使犯罪分子无一例外地受到刑事追究。人民检察院通过这种方式对一些个案行使追诉权，并不是要包揽其他机关的侦查权，而是通过这种方式加强执法监督，促进严格执法，维护国家法律统一正确实施。这一规定是人民检察院在直接立案侦查案件方面的弹性规定，在执行中应当从严掌握，而不能借此任意扩大人民检察院直接受理案件的范围。人民检察院对于公安机关应当立案侦查而不立案侦查的一般案件，应当按照《刑事诉讼法》第 87 条的规定办理。对于这类案件，原则上应由公安机关立案侦查，如果公安机关坚持不立案或者立案后又撤案的，确实影响重大，危害严重，又符合本条规定的条件的，人民检察院可以依据这一规定立案侦查。

这一规定主要存在两个问题：一是人民检察院依据法律监督职能对公安机关立案、侦查活动进行监督，应当包括公安机关及其他机关侦查的所有案件，但目前规定人民检察院只能对于“国家机关工作人员利用职务实施的其他重大犯罪案件”进行立案和侦查监督，使这种监督受犯罪主体和犯罪轻重程度的限制，不利于加强执法监督。二是公安机关应当追究而未追究的犯罪个案多发生在基层，规定由省级以上人民检察院决定是否立案侦查，程序烦琐，不便操作。这些问题应当在实践中采取有效措施加以解决，从而保证人民检察院在立案、侦查方面充分行使其法律监督职权。省级以上人民检察院对于依据这一规定提请立案的，应当根据法律规定及时审查，凡符合法律规定条件的，要及时作出批准立案侦查的决定，充分保证人民检察院通过这一方式进行立案监督。

第十条［报请省级以上人民检察院决定立案侦查的具体程序］

对本规则第九条规定的案件，基层人民检察院或者分、州、市人民检察院需要直接立案侦查时，应当层报所在的省级人民检察院决定。分、州、市人民检察院对基层人民检察院层报省级人民检察院的案件，应当进行审查，提出是否需要立案侦查的意见，报送省级人民检察院。

报请省级人民检察院决定立案侦查的案件，应当经检察委员会讨论决定，制作提请批准直接受理书，写明已经查明的案件情况以及需要由人民检察院立案侦查的理由，并附有关材料。

省级人民检察院应当在收到提请批准直接受理书后的十日以内，由检察委员会讨论作出是否立案侦查的决定。

省级人民检察院可以决定由下级人民检察院直接立案侦查，也可以决定直接立案侦查。

【条文释义】 本条是关于报请省级以上人民检察院决定立案侦查具体程序的规定。

根据《刑事诉讼法》第18条第2款的规定，人民检察院对于国家机关工作人员利用职权实施的其他重大的犯罪案件，需要由人民检察院直接受理的时候，经省级以上人民检察院决定，可以由人民检察院立案侦查。凡是基层人民检察院、分、州、市人民检察院对于符合上述条件的案件，应当逐级层报省级人民检察院决定。《刑事诉讼法》第18条第2款规定经“省级以上人民检察院”决定，这包括省级人民检察院和最高人民检察院。为方便办案，充分调动各省级人民检察院积极性，《人民检察院刑事诉讼规则》规定此类案件一般报请省级人民检察院决定，可不再报最高人民检察院决定。省级人民检察院直接发现的此类案件，可以直接作出决定是否立案侦查，最高人民检察院一般只负责对自己发现的案件决定是否立案侦查。本条要求基层人民检察院对于需要由人民检察院直接立案侦查的案件，应当逐级层报省级人民检察院，而不能不经分、州、市人民检察院直接报请省级人民检察院决定是否立案侦查。这是由于人民检察院上下级之间是领导关系，逐级请示有关问题是检察机关处理上下级关系的一项工作制度，逐级层报有利于上级人民检察院了解、掌握本辖区检察工作的情况，分、州、市人民检察院由于业务水平一般较高也可以进行必要的审查，提高办理此类案件的质量。分、州、市人民检察院对此类案件进行审查后，应当提出是否需要立案侦查的意见，供省级人民检察院决定时参考。当然，分、州、市人民检察院审查后不得直接否定基层人民检察院的请示，停止上报的程序，是否立案侦查应当由省级人民检察院决定。

本条第2款规定了报请省级人民检察院决定立案侦查的必经程序和材料要求。基层人民检察院、分、州、市人民检察院对根据《刑事诉讼法》第18条第2款后半部分报请立案的案件，应当经本院检察委员会决定。检察委员会是人民检察院实行民主集中制的业务决策机构，由检察委员会讨论决定是否报请立案，是由于此类案件属于“重大犯罪案件”，属于检察委员会的职责，由其讨论能够作出慎重、正确的决定。经本院检察委员会讨论决定报请立案的，应当正式制作提请批准直接受理书，写明已经了解、查明的案件情况和需要由人民检察院立案侦查的理由，符合《刑事诉讼法》规定的此类案件的条件，并附有已经收集的有关材料，包括报案、控告、举报的材料及人民检察院经立案前审查、调查获取的材料，表明有一定的证据材料证明犯罪事实确实存在，符合《刑事诉讼法》第86条规定的立案条件，即有犯罪事实需要追究犯罪嫌疑人刑事责任。

省级人民检察院在收到提请批准直接受理书后，在10日以内应当由本院检察委员会讨论作出是否立案侦查的决定，并及时送达报请的人民检察院。省级人民检察院根据案件情况，一般应当决定由报请批准直接受理的基层或分、州、市人民检察院立案侦查；如果认为不便由报请的人民检察院立案侦查的，可以指定其他检察院立案侦查，也可以决定由本院直接立案侦查。因为此类案件大都较为复杂、重大，采取指定管辖、改变管辖的方式可以有效地保证此类案件的顺利查处，充分发挥人民检察院立案监督的特殊作用。

【提请批准直接受理书的制作】

（一）制作方法

提请批准直接受理书为三联填充式法律文书，各联的具体格式、内容如下：

1. 第一联存根。

（1）首部。包括：制作本文书的人民检察院名称；文书名称，即“提请批准直接受理书”；文书编号，即“ 检 请受〔 〕 号”，“检”前空余地方填写制作本文书的人民检察院简称，“检”与“请受”之间的空余地方填写人民检察院具体办案部门的简称，中括号内填写制作本文书的年度，中括号与“号”之间的空余地方填写本文书在该年度的序号。在文书名称下方标有“（存 根）”字样。

（2）正文。包括：案由，即涉嫌罪名，如“贪污罪”、“受贿罪”、“挪用公款罪”等，涉嫌数个罪名的，应当完整填写；犯罪嫌疑人的基本情况，包括姓名、性别、年龄、工作单位、住址、身份证号码、是否人大代表或政协委员，可根据实际掌握的案件情况予以填写；提请批准直接受理的理由，可简单写明是立案监督，还是公安机关申请等理由；送达单位，即所在地的省级人民检察院；批准人；承办人；填发人；填发时间。

2. 第二联副本。

（1）首部。包括：制作本文书的人民检察院的名称；文书名称，即“提请批准直接受理书”；文书编号，即“ 检 请受〔 〕 号”。在文书名称下方标有“（副 本）”字样。

（2）正文。包括：送达机关，即所在地的省级人民检察院；案件来源，应写明人民检察院发现案件的渠道；犯罪嫌疑人的姓名及涉嫌罪名，由于提请批准直接受理书是提请对依法由其他机关立案侦查的犯罪案件直接受理立案侦查，这里案由只能是贪污贿赂犯罪，国家工作人员的渎职犯罪、国家机关工作人员利用职权实施的非法拘禁、刑讯逼供、报复陷害、非法搜查的侵犯公民人身权利的犯罪以及侵犯公民民主权利的犯罪以外的犯罪。

（3）尾部。包括：制作本文书的日期；加盖制作本文书的人民检察院院印；附项，即案件情况报告，案件情况报告应较详细地叙述已经查明的案件情况，需要直接受理立案侦查的理由，并应附有其他有关材料等。

3. 第三联正本。

（1）首部。包括：制作本文书的人民检察院的名称；文书名称，即“提请批准直接受理书”；文书编号，即“ 检 请受〔 〕 号”。

（2）正文。其具体内容和制作要求与第二联一样。

（3）尾部。包括：制作本文书的日期；加盖制作本文书的人民检察院院印；附项，即案件情况报告。

（二）使用说明

在具体使用时，应注意以下问题：本文书只适用于“国家机关工作人员利用职权实施的其他重大的犯罪案件”，并且有犯罪事实需要追究刑事责任的案件。对于不符合《刑事诉讼法》规定的立案条件的，不能制作本文书。基层人民检察院制作的提请批准直接受理书，应当逐级上报所在地的省级以上人民检察院，不能直接提请省级以上人民检察院批准。案件情况报告是提请批准直接受理书的重要组成部分，其内容主要包括案件来源、犯罪嫌疑人的基本情况、经审查认定的主要犯罪事实及证据、提请批准直接受理的理由和法律依据等项内容，应当认真制作，与提请批准直接受理书一并逐级上报省级以上人民检察院审查批准。本文书应当以案为单位制作。

本文书三联之间的骑缝线上均有本文书文号，应当按照本文书第三联中文号的填写方法予以填写。

本文书共三联，第一联统一保存备查，第二联附卷，第三联逐级上报省级以上人民检察院。

（三）文书格式（见下页）

人民检察院
提请批准直接受理书
（存　根）

检　请受〔　　〕　号

案由____________________
犯罪嫌疑人基本情况（姓名、性别、年龄、工作单位、住址、身份证号码、是否人大代表、政协委员）
____
____
____
____
提请批准直接受理理由______
____
送达单位____________________
批准人____________________
承办人____________________
填发人____________________
填发时间____________________

第一联统一保存

检　请受〔　　〕　号

人民检察院
提请批准直接受理书
（副　本）

检　请受〔　　〕　号

____________人民检察院：
　　我院经____________________
发现犯罪嫌疑人____________________涉嫌____________________一案，根据《中华人民共和国刑事诉讼法》第十八条的规定，我院认为需要直接受理。
　　特提请批准。

年　月　日
（院印）

附：案件情况报告

第二联附卷

检　请受〔　　〕　号

人民检察院
提请批准直接受理书

检　请受〔　　〕　号

____________人民检察院：
　　我院经____________________
发现犯罪嫌疑人____________________涉嫌____________________一案，根据《中华人民共和国刑事诉讼法》第十八条的规定，我院认为需要直接受理。
　　特提请批准。

年　月　日
（院印）

附：案件情况报告

第三联逐级上报省级以上人民检察院

【批准直接受理决定书的制作】

（一）制作方法

批准直接受理决定书为三联填充式法律文书，各联的具体格式、内容如下：

1. 第一联存根。

（1）首部。包括：制作本文书的人民检察院名称；文书名称，即“批准直接受理决定书”；文书编号，即“ 检 准受〔 〕 号”，“检”前空余地方填写制作本文书的人民检察院简称，“检”与“准受”之间的空余地方填写人民检察院具体办案部门的简称，中括号内填写制作本文书的年度，中括号与“号”之间的空余地方填写本文书在该年度的序号。在文书名称下方标有“（存 根）”字样。

（2）正文。包括：案由，即涉嫌罪名，如“贪污罪”、“受贿罪”、“挪用公款罪”等，涉嫌数个罪名的，应当完整填写；犯罪嫌疑人的基本情况，包括姓名、性别、年龄、工作单位和住址、身份证号码、是否人大代表或政协委员，可根据实际掌握的案件情况予以填写；批准理由，写明请示的案件符合《刑事诉讼法》第18条的规定；送达单位，即正本联首部的主送人民检察院；批准人；承办人；填发人；填发时间。

2. 第二联副本。

（1）首部。包括：制作本文书的人民检察院的名称；文书名称，即“批准直接受理决定书”；文书编号，即“ 检 准受〔 〕 号”。在文书名称下方标有“（副 本）”字样。

（2）正文。包括：主送人民检察院名称，也就是制作提请批准直接受理书的人民检察院的名称；案件来源，空白处应当依次填写提请批准直接受理书制作的年月日及文书编号；决定事项，空白处应当依次填写犯罪嫌疑人的姓名及涉嫌的罪名。

（3）尾部。包括：制作本文书的时间；加盖制作本文书的省级以上人民检察院院印。

3. 第三联正本。

（1）首部。包括：制作本文书的人民检察院的名称；文书名称，即“批准直接受理决定书”；文书编号，即“ 检 准受〔 〕 号”。

（2）正文。包括内容和制作要求与第二联一样。

（3）尾部。包括：制作本文书的时间；加盖制作本文书的省级以上人民检察院院印。

（二）使用说明

在具体使用时，应注意以下问题：本文书应当以案为单位制作。只能适用于《刑事诉讼法》规定的“国家机关工作人员利用职权实施的其他重大的犯罪案件”。只有省级以上人民检察院有权批准下级人民检察院直接受理国家机关工作人员利用职权实施的其他重大犯罪案件，制作本文书。

本文书三联之间的骑缝线上均有本文书文号，应当按照本文书第三联中文号的填写方法予以填写。

本文书共三联，第一联统一保存备查，第二联由省级以上人民检察院附卷备查，第三联送达提请直接受理的人民检察院。

（三）文书格式（见下页）

人民检察院

批准直接受理决定书

（存　根）

检　准受〔　　〕号

案由________________

犯罪嫌疑人基本情况（姓名、性别、年龄、工作单位、住址、身份证号码、是否人大代表、政协委员）

____

____

____

____

批准理由________________

送达单位________________

批准人________________

承办人________________

填发人________________

填发时间________________

第一联统一保存

检　准受〔　　〕号

人民检察院

批准直接受理决定书

（副　本）

检　准受〔　　〕号

________人民检察院：

你院______年______月______日______号提请批准直接受理书收悉。根据《中华人民共和国刑事诉讼法》第十八条的规定，经审查，决定批准你院对犯罪嫌疑人______涉嫌______一案直接受理。

年　　月　　日

（院印）

第二联附卷

检　准受〔　　〕号

人民检察院

批准直接受理决定书

检　准受〔　　〕号

________人民检察院：

你院______年______月______日______号提请批准直接受理书收悉。根据《中华人民共和国刑事诉讼法》第十八条的规定，经审查，决定批准你院对犯罪嫌疑人______涉嫌______一案直接受理。

年　　月　　日

（院印）

第三联送达提请直接受理的人民检察院

【不批准直接受理决定书的制作】

（一）制作方法

不批准直接受理决定书为三联填充式法律文书，各联的具体格式、内容如下：

1. 第一联存根。

（1）首部。包括：制作本文书的人民检察院名称；文书名称，即“不批准直接受理决定书”；文书编号，即“ 检 不准受〔 〕 号”，“检”前空余地方填写制作本文书的人民检察院简称，“检”与“不准受”之间的空余地方填写人民检察院具体办案部门的简称，中括号内填写制作本文书的年度，中括号与“号”之间的空余地方填写本文书在该年度的序号。在文书名称下方标有“（存根）”字样。

（2）正文。包括：案由，即涉嫌罪名，如“贪污罪”、“受贿罪”、“挪用公款罪”等，涉嫌数个罪名的，应当完整填写；涉案人的基本情况，包括姓名、性别、年龄、工作单位和住址、身份证号码、是否人大代表或政协委员，可根据实际掌握的案件情况予以填写；不批准的理由，写明案件不符合《刑事诉讼法》第18条的规定；送达单位，即提请批准直接受理的下级人民检察院；批准人；承办人；填发人；填发时间。

2. 第二联副本。

（1）首部。包括：制作本文书的人民检察院的名称，只能是省级以上人民检察院的名称；文书名称，即“不批准直接受理决定书”；文书编号，即“ 检 不准受〔 〕 号”。在文书名称下方标有“（副 本）”字样。

（2）正文。包括：主送人民检察院的名称，即提请批准直接受理案件的人民检察院的名称；案件来源，四处空白按顺序应当依次填写提请直接受理案件的下级人民检察院制作提请批准直接受理书的年月日和文书编号；决定事项，两处空白按顺序应当依次填写犯罪嫌疑人的姓名及其涉嫌的罪名。

（3）尾部。包括：制作本文书的时间；制作本文书的人民检察院院印。

3. 第三联正本。

（1）首部。包括：制作本文书的人民检察院的名称，只能是省级以上人民检察院的名称；文书名称，即“不批准直接受理决定书”；文书编号，即“ 检 不准受〔 〕 号”。

（2）正文。包括的内容和制作要求与第二联一样。

（3）尾部。包括：制作本文书的时间；制作本文书的人民检察院院印。

（二）使用说明

在具体使用时，应注意以下问题：本文书应当以案为单位制作。只适用于《刑事诉讼法》第18条第2款规定的“国家机关工作人员利用职权实施的其他重大的犯罪案件”。只有省级以上人民检察院有权不批准下级人民检察院提请批准直接受理案件。

本文书三联之间的骑缝线上均有本文书文号，应当按照本文书第三联中文号的填写方法予以填写。

本文书共三联，第一联统一保存备查，第二联由省级以上人民检察院存卷备查，第三联送达提请直接受理的人民检察院。

（三）文书格式（见下页）

人民检察院
不批准直接受理决定书
（存　根）

检　不准受〔　　〕　号

案由________________
涉案人基本情况（姓名、性别、年龄、工作单位、住址、身份证号码、是否人大代表、政协委员）
____
____
____
____
不批准理由__________
送达单位____________
批准人______________
承办人______________
填发人______________
填发时间____________

第一联统一保存

检　不准受〔　　〕号

人民检察院
不批准直接受理决定书
（副　本）

检　不准受〔　　〕　号

__________人民检察院：
你院____年____月____日________号提请批准直接受理书收悉。根据《中华人民共和国刑事诉讼法》第十八条的规定，经审查，决定不批准你院对________涉嫌____________一案直接受理。

年　月　日
（院印）

第二联附卷

检　不准受〔　　〕号

人民检察院
不批准直接受理决定书

检　不准受〔　　〕　号

__________人民检察院：
你院____年____月____日________号提请批准直接受理书收悉。根据《中华人民共和国刑事诉讼法》第十八条的规定，经审查，决定不批准你院对________涉嫌____________一案直接受理。

年　月　日
（院印）

第三联送达提请直接受理的人民检察院

第十一条 [承办报送手续的具体部门]

对于根据本规则第九条规定立案侦查的案件，应当根据案件性质，由人民检察院负责侦查的部门进行侦查。

报送案件的具体手续由发现案件线索的业务部门办理。

【条文释义】　本条是关于报请省级人民检察院决定立案侦查的案件由哪个部门承办及办理报送手续的规定。

对于基层人民检察院、分、州、市人民检察院报请省级人民检察院决定立案侦查的案件，根据规范检察机关侦查工作、加强内部制约、使侦查工作归口办理的要求，本条明确规定此类案件应当由人民检察院负责侦查的部门进行，即反贪污贿赂侦查部门或法纪检察部门等负责承办侦查工作的部门办理。人民检察院根据法律规定和检察业务特点，内部设置具体负责侦查、审查逮捕、审查起诉等业务部门，侦查工作统一由有关侦查部门承办进行。由于此类案件是检察机关职能管辖范围以外的案件，实际上本来属于公安机关、国家安全机关等侦查机关立案侦查的案件，只是不便由公安机关等侦查机关侦查而法律规定可由检察院立案侦查，这些案件从主体上限于国家机关工作人员利用职务实施的其他重大犯罪案件。所谓案件性质，是指这些案件从《刑法》分则的归类上是属于破坏社会主义市场经济犯罪、侵犯财产犯罪，还是属于危害国家安全的犯罪、侵犯公民人身、民主权利的犯罪等。如果属于经济犯罪或侵犯财产的犯罪，一般可以由反贪污贿赂部门立案侦查；如果属于职务犯罪或侵犯公民人身、民主权利的犯罪，一般可以由法纪检察部门立案侦查。这是由于案件性质不同，其特点和侦查的要求、方法也不尽相同，为了充分发挥有关侦查部门的优势，如反贪污贿赂侦查部门在侦查经济犯罪案件中积累了丰富经验，这类相近的案件由其侦查更有利于突破案件，提高侦查工作质量。具体由哪个部门承办有关侦查工作，由检察长、检察委员会决定。

报请省级人民检察院决定立案侦查的案件来源、发现途径在实际中是不同的，有的是控告申诉检察部门在受理举报、控告时发现的，有的是审查批捕、审查起诉部门在审查案件中发现的，有的是侦查部门在侦查中带出来的，也有的是监所检察部门在履行执行监督职责中发现的，等等。本条规定了报送、提请省级人民检察院决定立案侦查的具体手续采取“谁发现，谁办理”的原则，明确了负责办理报送手续的具体部门，即由发现有关案件的部门负责整理有关材料、写出报告、向检察委员会汇报及检察委员会形成决议后具体办理报送手续、文书等工作。

第十二条 ［牵连管辖的处理］

人民检察院侦查贪污贿赂案件涉及公安机关管辖的刑事案件，应当将属于公安机关管辖的刑事案件移送公安机关。在上述情况中，如果涉嫌主罪属于公安机关管辖，由公安机关为主侦查，人民检察院予以配合；如果涉嫌主罪属于人民检察院管辖，由人民检察院为主侦查，公安机关予以配合。

【条文释义】 本条是关于牵连管辖，即人民检察院在侦查中对于涉及公安机关管辖的案件如何处理的规定。

检察机关对某一犯有受贿罪的嫌疑人进行侦查，侦查过程中发现该犯罪嫌疑人因受贿行为又犯有走私罪，而走私罪属于公安机关管辖。这时，对该犯罪嫌疑人所犯走私罪，是交由公安机关侦查还是由检察机关一并侦查？这种情况在实际中往往十分复杂，有时两罪都是该犯罪嫌疑人个人所为，有时又可能是该犯罪嫌疑人与他人共同所为，或者一罪是个人所为，另一罪是共同犯罪。有时两个案件其中一罪危害严重，另一罪属于较轻的犯罪，有时两个案件都属于严重的犯罪案件。而且办案的进度也有区别，有的是在刚开始侦查时就发现涉及两种犯罪，有的是一案已快侦查终结，又发现其他新的犯罪行为。所以，对这些复杂的情况，在确定总的原则前提下，即总的原则是该案件依法应该归哪个机关管辖，就应当由哪个机关管辖，还应当特别注意各机关之间的互相配合与协助。《刑事诉讼法》规定的任务是各司法机关的共同任务。《刑事诉讼法》第7条规定："人民法院、人民检察院和公安机关进行刑事诉讼，应当分工负责，互相配合，互相制约，以保证准确有效地执行法律。"分工负责，是为了更好地完成打击犯罪，保护人民的任务。在追查犯罪分子的过程中互相配合更为重要。本条对牵连管辖作了原则规定。根据这一规定的精神，对于涉及两个机关管辖的案件，原则上应当分别由两个机关各自管辖属于自己管辖的犯罪案件。如果两种犯罪根据其危害严重程度有主次之分，可以由一个机关为主进行侦查，另一个机关予以配合。这里所说的"为主"并不是指涉嫌主罪的机关一同去办理另一个机关管辖的犯罪，从而替代另一机关的工作。这里的"为主"是配合的一种形式，是指案件的侦查由为主侦查的机关负责沟通、协调，便于提高工作效率，尽快侦破案件。

此外在实践中，人民检察院与公安机关的牵连管辖问题除上述情况外，还有下述情况，即人民检察院侦查徇私舞弊等渎职犯罪案件涉及公安机关管辖的刑事案件时，可否对该案进行侦查。我们认为，在这种情况下，应当根据案件的具体情况采取不同的方式处理：

1. 公安机关工作人员徇私舞弊，对构成犯罪的案件该立案不立案的，人民检察院应当通知公安机关立案，在对案件作出处理后，人民检察院再决定是否对徇私舞弊犯罪行为立案侦查。

2. 公安机关工作人员徇私舞弊，对构成犯罪的案件不予追究犯罪嫌疑人的刑事责任，已有相应决定，原案的处理结果需要作为徇私舞弊案件的证据使用的，人民检察院应当在侦查徇私舞弊案件时并案侦查相关证据。

第十三条 ［自侦案件实行分级立案侦查］

人民检察院对直接受理的案件实行分级立案侦查的制度。

最高人民检察院立案侦查全国性的重大犯罪案件；省、自治区、直辖市人民检察院立案侦查全省（自治区、直辖市）性的重大犯罪案件；分、州、市人民检察院立案侦查本辖区的重大犯罪案件；基层人民检察院立案侦查本辖区的犯罪案件。

【条文释义】　本条是关于人民检察院对自侦案件实行分级立案侦查的规定。

人民检察院依法对贪污贿赂犯罪、国家工作人员的渎职犯罪等直接受理的案件立案侦查，这些案件均为国家工作人员的职务犯罪，由于犯罪主体的级别、罪行轻重不同，按照地域和级别管辖的一般要求，应当分别由各级人民检察院立案侦查。本条规定最高人民检察院立案侦查全国性重大犯罪案件，最高人民检察院是国家最高检察机关，承担着对全国检察院的领导工作，只负责为数不多的在国内或者国际上有重大影响的刑事案件的立案侦查。人民检察院立案侦查的职务犯罪的最显著的特点是犯罪主体具有国家工作人员、国家机关工作人员的身份和相应的级别。根据我国干部管理体制，不同级别、部门的干部是由相应组织部门任命、管理的，如中央组织、人事部门负责管理副部、副省级及中央机关厅、局级以上级别的干部，省级组织、人事部门负责管理厅、局级及省直机关处级以上级别的干部，州、市、地区组织、人事部门负责管理处级以上级别的干部等。与此相适应，最高人民检察院一般负责对省部级及中央国家机关司局级干部在全国有重大影响的贪污贿赂等职务犯罪案件的立案侦查；省级人民检察院负责对本辖区厅局级及省直机关处级干部贪污贿赂犯罪案件的立案侦查；分、州、市人民检察院负责对本辖区县处级干部贪污贿赂犯罪案件的立案侦查；基层人民检察院负责立案侦查本辖区的贪污贿赂等职务犯罪案件。最高人民检察院 1993 年 11 月 4 日《关于进一步加强大案要案查处工作的通知》和 1995 年 10 月 6 日《关于要案线索备案、初查的规定》，对以上案件分级初查作了明确规定，根据需要，上级人民检察院可对下级人民检察院负责侦查的案件直接侦查或者派员参与侦查，也可将本院负责侦查的案件交由下级人民检察院立案侦查。

第十四条 ［上下级人民检察院变更立案侦查管辖权］

上级人民检察院在必要的时候，可以直接侦查或者组织、指挥、参与侦查下级人民检察院管辖的案件，也可以将本院管辖的案件交由下级人民检察院侦查；下级人民检察院认为案情重大、复杂，需要由上级人民检察院侦查的案件，可以请求移送上级人民检察院侦查。

【条文释义】　本条是关于上下级人民检察院之间变更立案侦查管辖权的规定。

根据本条规定，人民检察院对于属于自己立案侦查的案件，在必要的时候，可以改变案件管辖。变更管辖主要有以下几种情况：

1. 上级人民检察院在必要的时候，可以直接侦查下级人民检察院管辖的案件。这一规定是指当上级人民检察院发现属于下级人民检察院立案侦查的案件，案情重大、复杂或者案件涉及面广，在社会上影响较大，由上级人民检察院立案侦查更为适宜的，可以直接立案侦查。这样可以有力地查处职务犯罪案件，有效地威慑犯罪，提高侦查工作质量和效率。

2. 上级人民检察院可以将本院管辖的案件交由下级人民检察院侦查。这一类案件主要是指案情简单、侦查难度不大，并且由下级检察院侦查更有利于产生良好社会效果或者更有利于侦查进行的案件。

3. 下级人民检察院请求移送上级人民检察院立案侦查刑事案件。这一规定是指下级人民检察院发现案件是依法应当由上级人民检察院立案侦查的刑事案件，或者对属于自己管辖的案件，由于案情重大、复杂、涉及案犯多、地区广，或者案件影响重大，下级人民检察院立案侦查有困难，需要由上级人民检察院立案侦查的时候，可以请求移送上一级人民检察院立案侦查。

人民检察院上下级之间是领导关系，对下级人民检察院的侦查工作，上级人民检察院可以采取各种方式进行指导，在法律政策、侦查策略、侦查装备等方面对下级人民检察院予以支持和帮助。最高人民检察院反贪污贿赂总局设有侦查指挥中心，专门负责对全国各级地方人民检察院的侦查工作进行组织、指挥和协调，必要时上级人民检察院也可以派员参与下级人民检察院的侦查工作。这样有利于上下级人民检察院在侦查工作中形成一个整体，协调配合共同完成侦查、追诉犯罪的任务。

第十五条 ［地域管辖］

国家工作人员职务犯罪案件，由犯罪嫌疑人工作单位所在地的人民检察院管辖；如果由其他人民检察院管辖更为适宜的，可以由其他人民检察院管辖。

【条文释义】　本条是关于人民检察院立案侦查地域管辖的规定。

地域管辖，是指不同地区的同级人民检察院之间对刑事案件立案侦查管辖权以犯罪地来划分的制度。

《刑事诉讼法》第24条对人民法院审判的地域管辖作了规定：“刑事案件由犯罪地的人民法院管辖。如果由被告人居住地的人民法院审判更为适宜的，可以由被告人居住地的人民法院管辖。”根据人民检察院立案侦查职务犯罪案件的特点和要求，对于国家工作人员职务犯罪案件，由犯罪嫌疑人工作单位所在地的人民检察院管辖；如果由其他人民检察院管辖更为适宜的，可以由其他人民检察院管辖。人民检察院立案侦查国家工作人员的职务犯罪案件，原则上应当由犯罪嫌疑人工作单位所在地的人民检察院管辖，主要是由于：（1）国家工作人员的职务犯罪与犯罪嫌疑人的工作单位联系最为密切，犯罪嫌疑人均是通过利用其本人工作单位所掌握和控制的权力实施犯罪行为的，由犯罪嫌疑人工作单位所在地的人民检察院负责立案侦查，便于人民检察院的侦查部门迅速、全面地收集证据，查清案件事实，也便于人民法院正确、及时地审理案件。（2）由犯罪嫌疑人工作单位所在地的人民检察院负责立案侦查，便于各地人民检察院全面掌握本辖区的职务犯罪状况，研究总结职务犯罪的特点、规律和趋势，有利于更深入地进行预防职务犯罪工作。（3）职务犯罪的本质特征是它的职务性，由犯罪嫌疑人工作单位所在地的人民检察院负责立案侦查，便于犯罪嫌疑人工作单位的群众了解有关案件的处理，也便于人民群众加强对侦查工作的监督，充分发挥惩治犯罪的教育作用。

如果根据职务犯罪案件和犯罪嫌疑人的情况，由其他人民检察院立案侦查更为适宜的，也可以由其他人民检察院立案侦查。由其他人民检察院立案侦查更为适宜是指：案件的主要犯罪地不在犯罪嫌疑人的工作单位所在地；在犯罪嫌疑人工作单位所在地查处不方便或其工作单位所在地的人民检察院与案件有牵连，不利于公正地查处案件等。这种情况可以移送上级人民检察院管辖，也可以移送上级人民检察院指定的其他人民检察院管辖。

第十六条［管辖不明确或有争议的处理］

对管辖不明确的案件，可以由有关人民检察院协商确定管辖。对管辖权有争议的或者情况特殊的案件，由共同的上级人民检察院指定管辖。

【条文释义】　本条是关于人民检察院在立案侦查中出现管辖不明确或管辖有争议时协商和指定管辖的规定。

人民检察院在办理刑事案件中，由于情况复杂，有时会出现管辖权不明的情况，如刑事案件发生在两个人民检察院管辖的交界处，犯罪嫌疑人工作单位设置跨越地区。为了简化程序，有利于及时立案，本条规定对管辖不明确的刑事案件，可以由有关的人民检察院协商确定管辖。协商管辖的目的是为了防止对管辖不明确的案件，不分情况一律报请共同的上级人民检察院指定管辖。指定管辖，是指上级人民检察院在其辖区范围内指定下级人民检察院管辖某一案件，其实质是赋予上级人民检察院在一定情况下变更或者确定案件管辖的机动权。案件管辖有争议，如刑事案件的发生地与结果地不在同一地区。所谓情况特殊，是指人民检察院在办理刑事案件中出现的一些意外情况，使有管辖权的人民检察院不适宜开展侦查活动等。在这种情况下，本条规定对刑事案件的管辖由共同的上级人民检察院指定，就是为了保证刑事案件侦查活动的顺利进行，保证人民检察院及时、有效地查处犯罪。

【指定管辖决定书的制作】

（一）制作方法

指定管辖决定书为三联填充式法律文书，各联的格式、内容如下：

1. 存根（第一联）。

（1）首部。包括：制作本文书的人民检察院名称；文书名称，即“指定管辖决定书”；文书编号，即“ 检 指辖〔 〕 号”，“检”前空余地方填写制作本文书的人民检察院简称，“检”与“指辖”之间的空余地方填写人民检察院具体办案部门的简称，中括号内填写制作本文书的年度，中括号与“号”之间的空余地方填写本文书在该年度的序号。在文书名称下方标有“（存 根）”字样。

（2）正文。空白处应当依次填写：案由，即涉嫌罪名；犯罪嫌疑人的基本情况，包括姓名、性别、年龄、工作单位、住址、身份证号码、是否人大代表或政协委员；送达单位；指定管辖单位；批准人；承办人；填发人；填发时间。

2. 第二联。

（1）首部。该联首部与第一联首部的制作方法相同，只是没有“（存根）”字样。

（2）正文。正文的内容与第三联正文内容有所不同，此处主送人民检察院不是被指定管辖的人民检察院，而是其他对管辖有争议的人民检察院。决定事项四处空白应当依次填写犯罪嫌疑人（单位）的姓名（名称）、涉嫌罪名、指定管辖所依据的《人民检察院刑事诉讼规则》的条文和被指定管辖的人民检察院的名称。

（3）尾部。包括：制作本文书的时间，具体到年月日；加盖制作本文书的人民检察院院印。

3. 第三联。

（1）首部。制作要求与第二联首部一样。

（2）正文。包括：主送人民检察院的名称，即被指定行使管辖权的人民检察院名称；决定事项应依次填写犯罪嫌疑人（单位）的姓名（名称）和涉嫌罪名，以及指定管辖所依据的《人民检察院刑事诉讼规则》的条文。

(3) 尾部。包括：制作本文书的时间，具体到年月日；加盖制作本文书的人民检察院院印。

（二）使用说明

在具体使用本文书时，应注意以下几个问题：指定管辖是上级人民检察院对下级人民检察院对案件管辖的一种指令，具有强制性，有权制作指定管辖决定书的上级人民检察院，只能是对案件管辖有争议的几个同级人民检察院的共同上一级人民检察院。被指定行使管辖权的人民检察院可以是争议各方中的一个人民检察院，也可以是争议各方以外的对案件有管辖权的人民检察院。如果是三个以上的同级人民检察院对案件管辖存在争议，第二联应复制相应的份数，分别制作后送达对案件管辖存在争议但又未被指定行使管辖权的人民检察院。已经受理案件的人民检察院，如果未被指定行使管辖权，应当在收到指定管辖决定书后，将案件及有关材料、证据及时移送被指定行使管辖权的人民检察院办理。

本文书三联之间的骑缝线上均有本文书文号，应当按照本文书第三联中文号的填写方法予以填写。

本文书共三联，第一联统一保存备查，第二联送达其他对管辖有争议的人民检察院，第三联送达被指定管辖的人民检察院。

（三）文书格式（见下页）

人民检察院
指定管辖决定书
（存 根）

检 指辖〔 〕 号

案由____________________
犯罪嫌疑人基本情况（姓名、性别、年龄、工作单位、住址、身份证号码、是否人大代表、政协委员）
____
____
____
____
送达单位____________________
指定管辖单位____________________
批准人____________________
承办人____________________
填发人____________________
填发时间____________________

第一联统一保存

检 指辖〔 〕 号

人民检察院
指定管辖决定书

检 指辖〔 〕 号

____________人民检察院：

犯罪嫌疑人____________涉嫌____________一案，根据《人民检察院刑事诉讼规则》第______条的规定，经本院审查，指定____________人民检察院管辖。

年 月 日
（院印）

第二联送达其他对管辖有争议的人民检察院

检 指辖〔 〕 号

人民检察院
指定管辖决定书

检 指辖〔 〕 号

____________人民检察院：

犯罪嫌疑人____________涉嫌____________一案，根据《人民检察院刑事诉讼规则》第______条的规定，经本院审查，指定你院管辖。

年 月 日
（院印）

第三联送达被指定管辖的人民检察院

第十七条 [几个检察院都有管辖权的处理]

几个人民检察院都有权管辖的案件，由最初受理的人民检察院管辖。必要时，可以由主要犯罪地的人民检察院管辖。

【条文释义】 本条是关于几个同级人民检察院都有立案管辖权的案件，由哪个人民检察院立案管辖的规定。

本条实际上是对人民检察院地域管辖分工的补充规定。由于我国幅员辽阔，案件情况错综复杂，特别是在多次犯罪、团伙犯罪日渐增多的情况下，同一个刑事案件，按照地域管辖的原则，将有几个人民检察院同时都具备管辖权。为了避免有管辖权的人民检察院对同一刑事案件争着立案或者互相推诿、扯皮，都不立案，影响刑事案件的及时侦破，本条规定几个人民检察院都有管辖权的刑事案件，由最初受理的人民检察院管辖。必要时，可以由主要犯罪地的人民检察院管辖。"必要时"，是指最初受理的人民检察院不是主要犯罪地的人民检察院，如果由主要犯罪地的人民检察院管辖，将更有利于查清全部犯罪事实，正确处理案件，抓获涉案犯罪嫌疑人，保障人民检察院侦查活动的顺利进行。"主要犯罪地"，是指一人在不同地区犯一罪，其中的主要犯罪行为实施地；一人在不同地区犯数罪，其中最严重罪行的实施地；共同犯罪案件中，主犯的犯罪行为实施地。

第十八条 [指定管辖]

上级人民检察院可以指定下级人民检察院立案侦查管辖不明或者需要改变管辖的案件。

【条文释义】 本条是关于人民检察院在立案侦查中指定管辖的规定。

《刑事诉讼法》和有关规定虽然对于各级人民检察院管辖的案件作出了明确规定，但是实际执行中的情况是非常复杂的，往往会因为对案件的性质和事实的认定以及适用法律有不同的认识和理解，对案件应由哪个人民检察院管辖产生分歧，或者由于一些情况法律没有具体规定而造成管辖不明，以至出现相互推诿或者两个人民检察院都要受理的问题。本条规定的指定管辖，就是为了解决管辖不明的案件的受理问题，保证案件的及时办理。其中"上级人民检察院"，主要是指上一级人民检察院。"管辖不明的案件"，主要是指以下两种情况：一是该案件的管辖在法律中没有明确规定；二是对该案件应由谁管辖存在争议。根据《宪法》和《人民检察院组织法》的规定，上下级人民检察院之间是领导关系，本条规定上级人民检察院可以指定下级人民检察院受理管辖不明的案件，是一种法律上的授权。

本条在执行中应注意以下两点：一是上级人民检察院对于管辖不明的案件确

定管辖，要按照《刑事诉讼法》关于管辖的原则执行，这种确定应更有利于公正执法和对犯罪的打击；二是下级人民检察院要服从上级人民检察院的指定，而不能从本地区的局部利益出发来认识问题，对于上级人民检察院已经决定移送其他人民检察院受理的案件，应及时移送。

第十九条 [专门管辖]

军事检察院、铁路运输检察院等专门人民检察院的管辖以及军队、武装警察与地方互涉刑事案件的管辖，按照有关规定执行。

【条文释义】 本条是关于专门人民检察院管辖和军地互涉刑事案件管辖的规定。

军事检察院对军内人员犯罪的案件依法行使检察权，根据《刑事诉讼法》第18条第2款的规定，按照人民检察院立案侦查的管辖范围对军内人员相应犯罪案件行使侦查权。中央军委《关于军队执行〈中华人民共和国刑事诉讼法〉若干问题的暂行规定》第3条对军队保卫部门、军事检察院、军事法院管辖所在单位和案件管辖单位的刑事案件作了规定：（1）军级以下单位的保卫部门按照侦查权限分工，管辖副团职、专业技术八级、文职副处级以下人员犯罪的案件；副大军区级单位的保卫部门管辖正团职、专业技术七级、文职正处级以下人员犯罪的案件；军级和副大军区级单位的军事检察院、军事法院分别管辖上述人员犯罪可能被判处无期徒刑以下刑罚的案件。（2）大军区级单位的保卫部门管辖前项规定以外的正团职、副师职、专业技术七级至四级、文职正处级和副局级人员犯罪的案件；大军区级单位的军事检察院、军事法院管辖上述人员犯罪的案件，以及前项所列人员犯罪可能被判处死刑的案件。（3）总直属队的军事检察院、军事法院管辖副师职、专业技术四级、文职副局级以下人员犯罪的案件。正师职、专业技术三级、文职正局级以上人员犯罪案件的管辖，由总政治部保卫部、解放军军事检察院、解放军军事法院决定。犯罪嫌疑人、被告人兼有行政职务和专业技术等级职务的，按照其中较高的行政职务或者专业技术等级确定案件的管辖。

中国人民解放军总政治部、军事法院、军事检察院1998年8月12日发布了《关于〈中华人民共和国刑法〉第十章所列刑事案件管辖范围的通知》，规定军事检察院直接受理下列案件：（1）擅离、玩忽军事职守案（第425条）；（2）指使部属违反职责案（第427条）；（3）违令作战消极案（第428条）；（4）拒不救援友邻部队案（第429条）；（5）过失泄露军事秘密案（第432条）；（6）擅自改变武器装备编配用途案（第437条）；（7）擅自出卖、转让军队房地产案（第442条）；（8）虐待部属案（第443条）；（9）战时拒不救治伤病军人案

(第 445 条);(10)军官、警官、文职干部利用职权实施的其他重大的犯罪案件,需要由军事检察院受理的时候,经解放军军事检察院决定,可以由军事检察院立案侦查。

关于军队、武装警察与地方互涉刑事案件的管辖,依照最高人民法院、最高人民检察院、公安部、国家安全部、司法部、解放军总政治部 2009 年制定的《办理军队和地方互涉刑事案件规定》确定。

【参考规定】

办理军队和地方互涉刑事案件规定(2009 年 5 月 1 日最高人民法院、最高人民检察院、公安部、国家安全部、司法部、解放军总政治部　政保〔2009〕11 号)

第一条　为了规范办理军队和地方互涉刑事案件(以下简称军地互涉案件)工作,依法及时有效打击犯罪,保护国家军事利益,维护军队和社会稳定,根据刑法、刑事诉讼法和其他有关规定,制定本规定。

第二条　本规定适用于下列案件:

(一)军人与地方人员共同犯罪的;

(二)军人在营区外犯罪的;

(三)军人在营区侵害非军事利益犯罪的;

(四)地方人员在营区犯罪的;

(五)地方人员在营区外侵害军事利益犯罪的;

(六)其他需要军队和地方协作办理的案件。

第三条　办理军地互涉案件,应当坚持分工负责、相互配合、及时规范、依法处理的原则。

第四条　对军人的侦查、起诉、审判,由军队保卫部门、军事检察院、军事法院管辖。军队文职人员、非现役公勤人员、在编职工、由军队管理的离退休人员,以及执行军事任务的预备役人员和其他人员,按照军人确定管辖。

对地方人员的侦查、起诉、审判,由地方公安机关、国家安全机关、人民检察院、人民法院管辖。列入中国人民武装警察部队序列的公安边防、消防、警卫部队人员,按照地方人员确定管辖。

第五条　发生在营区的案件,由军队保卫部门或者军事检察院立案侦查;其中犯罪嫌疑人不明确且侵害非军事利益的,由军队保卫部门或者军事检察院与地方公安机关或者国家安全机关、人民检察院,按照管辖分工共同组织侦查,查明犯罪嫌疑人属于本规定第四条第二款规定管辖的,移交地方公安机关或者国家安全机关、人民检察院处理。

发生在营区外的案件,由地方公安机关或者国家安全机关、人民检察院立案侦查;查明犯罪嫌疑人属于本规定第四条第一款规定管辖的,移交军队保卫部门或者军事检察院处理。

第六条　军队和地方共同使用的营房、营院、机场、码头等区域发生的案件,发生在军队管理区域的,按照本规定第五条第一款的规定办理;发生在地方管理区域的,按照本规定第五条第二款的规定办理。管理区域划分不明确的,由军队和地方主管机关协商办理。

军队在地方国家机关和单位设立的办公场所、对外提供服务的场所、实行物业化管理的住宅小区，以及在地方执行警戒勤务任务的部位、住处发生的案件，按照本规定第五条第二款的规定办理。

第七条 军人入伍前涉嫌犯罪需要依法追究刑事责任的，由地方公安机关、国家安全机关、人民检察院提供证据材料，送交军队军级以上单位保卫部门、军事检察院审查后，移交地方公安机关、国家安全机关、人民检察院处理。

军人退出现役后，发现其在服役期内涉嫌犯罪的，由地方公安机关、国家安全机关、人民检察院处理；但涉嫌军人违反职责罪的，由军队保卫部门、军事检察院处理。

第八条 军地互涉案件管辖不明确的，由军队军区级以上单位保卫部门、军事检察院、军事法院与地方省级公安机关、国家安全机关、人民检察院、人民法院协商确定管辖；管辖有争议或者情况特殊的案件，由总政治部保卫部与公安部、国家安全部协商确定，或者由解放军军事检察院、解放军军事法院报请最高人民检察院、最高人民法院指定管辖。

第九条 军队保卫部门、军事检察院、军事法院和地方公安机关、国家安全机关、人民检察院、人民法院对于军地互涉案件的报案、控告、举报或者犯罪嫌疑人自首的，都应当接受。对于不属于自己管辖的，应当移送主管机关处理，并通知报案人、控告人、举报人；对于不属于自己管辖而又必须采取紧急措施的，应当先采取紧急措施，然后移送主管机关处理。

第十条 军人在营区外作案被当场抓获或者有重大犯罪嫌疑的，地方公安机关、国家安全机关、人民检察院可以对其采取紧急措施，二十四小时内通知军队有关部门，及时移交军队保卫部门、军事检察院处理；地方人员在营区作案被当场抓获或者有重大犯罪嫌疑的，军队保卫部门、军事检察院可以对其采取紧急措施，二十四小时内移交地方公安机关、国家安全机关、人民检察院处理。

第十一条 地方人员涉嫌非法生产、买卖军队制式服装，伪造、盗窃、买卖或者非法提供、使用军队车辆号牌等专用标志，伪造、变造、买卖或者盗窃、抢夺军队公文、证件、印章，非法持有属于军队绝密、机密的文件、资料或者其他物品，冒充军队单位和人员犯罪等被军队当场查获的，军队保卫部门可以对其采取紧急措施，核实身份后二十四小时内移交地方公安机关处理。

第十二条 军队保卫部门、军事检察院办理案件，需要在营区外采取侦查措施的，应当通报地方公安机关、国家安全机关、人民检察院，地方公安机关、国家安全机关、人民检察院应当协助实施。

地方公安机关、国家安全机关、人民检察院办理案件，需要在营区采取侦查措施的，应当通报军队保卫部门、军事检察院，军队保卫部门、军事检察院应当协助实施。

第十三条 军队保卫部门、军事检察院、军事法院和地方公安机关、国家安全机关、人民检察院、人民法院相互移交案件时，应当将有关证据材料和赃款赃物等随案移交。

军队保卫部门、军事检察院、军事法院和地方公安机关、国家安全机关、人民检察院、人民法院依法获取的证据材料、制作的法律文书等，具有同等法律效力。

第十四条 军队保卫部门、军事检察院、军事法院和地方公安机关、国家安全机关、人民检察院、人民法院办理案件，经军队军区级以上单位保卫部门、军事检察院、军事法院与地方省级以上公安机关、国家安全机关、人民检察院、人民法院协商同意后，可以凭相关法律手续相互代为羁押犯罪嫌疑人、被告人。

第十五条 军队保卫部门、军事检察院、军事法院和地方公安机关、国家安全机关、人民检察院、人民法院对共同犯罪的军人和地方人员分别侦查、起诉、审判的，应当及时协调，依法处理。

第十六条 军人因犯罪被判处刑罚并开除军籍的，除按照有关规定在军队执行刑罚的以外，移送地方执行刑罚。

地方人员被军事法院判处刑罚的，除掌握重要军事秘密的以外，移送地方执行刑罚。

军队和地方需要相互代为对罪犯执行刑罚、调整罪犯关押场所的，由总政治部保卫部与司法部监狱管理部门或者公安部、国家安全部监所管理部门协商同意后，凭相关法律手续办理。

第十七条 战时发生的侵害军事利益或者危害军事行动安全的军地互涉案件，军队保卫部门、军事检察院可先行对涉嫌犯罪的地方人员进行必要的调查和采取相应的强制措施。查清主要犯罪事实后，移交地方公安机关、国家安全机关、人民检察院处理。

第十八条 军队保卫部门、军事检察院、军事法院和地方公安机关、国家安全机关、人民检察院、人民法院应当建立健全办案协作机制，加强信息通报、技术支持和协作配合。

第十九条 本规定所称军人，是指中国人民解放军的现役军官、文职干部、士兵及具有军籍的学员和中国人民武装警察部队的现役警官、文职干部、士兵及具有军籍的学员；军人身份自批准入伍之日获取，批准退出现役之日终止。

第二十条 本规定所称营区，是指由军队管理使用的区域，包括军事禁区、军事管理区，以及军队设立的临时驻地等。

第二十一条 中国人民武装警察部队（除公安边防、消防、警卫部队外）保卫部门、军事检察院、军事法院办理武警部队与地方互涉刑事案件，适用本规定。

第二十二条 本规定自2009年8月1日起施行。1982年11月25日最高人民法院、最高人民检察院、公安部、总政治部《关于军队和地方互涉案件几个问题的规定》和1987年12月21日最高人民检察院、公安部、总政治部《关于军队和地方互涉案件侦查工作的补充规定》同时废止。

第三章　回　避

【本章概要】　本章是关于人民检察院刑事诉讼中有关回避制度的规定，包括回避的情形和方式、自行回避、申请回避、回避的决定权和决定程序、对驳回回避申请的复议等。

第二十条［应当回避的情形和方式］

检察人员在受理举报和办理案件过程中，发现有刑事诉讼法第二十八条或者第二十九条规定的情形之一的，应当自行提出回避；没有自行提出回避的，人民检察院应当按照本规则第二十三条的规定决定其回避，当事人及其法定代理人有权要求其回避。

【条文释义】　本条是关于检察人员应当回避的情形和回避方式的规定。

“回避”，是指检察人员遇有法律规定的情形，应当不再参加诉讼活动的制度，这一制度是为了保证刑事诉讼活动能够客观、公正地进行。本条规定的“检察人员”，是指参加本案检察工作的检察长、副检察长、检察委员会委员、检察员和助理检察员。这里的“受理举报和办理案件”，具体包括参加案件的受理举报工作，立案前审查工作（对举报材料本身进行审查和对举报材料所反映的事实进行初查），立案工作，侦查工作，审查决定逮捕工作，审查起诉工作和出庭支持公诉工作。

本条规定了两种应当回避的情形：一是《刑事诉讼法》第28条规定的情形，具体包括：（1）是本案的当事人或者是当事人的近亲属。这种情形是指检察人员是本案的被害人、自诉人、附带民事诉讼的原告人或者是本案被害人、自诉人、犯罪嫌疑人、被告人、附带民事诉讼的原告人和被告人的夫、妻、父、母、子、女、同胞兄弟姐妹。（2）本人或者他的近亲属和本案有利害关系。这种情形是指检察人员或者其夫、妻、父、母、子、女、同胞兄弟姐妹虽然不是案件的当事人，但本案的处理涉及他们的重大利益。（3）担任过本案的证人、鉴定人、辩护人、诉讼代理人。这种情形是指检察人员在本案中担任过证人、鉴定人、辩护人、诉讼代理人的，不能同时也不能在以后的办案工作中担任检察人员，以免影响公正办案。（4）与本案当事人有其他关系，可能影响公正处理案件。“其他关系”，主要是指检察人员是当事人的亲戚朋友，或与当事人有过恩怨、与当事人有过经济往来等。"可能影响公正处理案件"是"有其他关系"应当回避的必要条件，检察人员与当事人有其他关系，只有在可能影响公正处理案件的情况下才适用回避。实践中要根据案件的具体情况，看检察人员与当事人的"其他关系"是否可能影响案件的公正处理来决定检察人员是否回避。二是《刑事诉讼法》第29条规定的情形，即检察人员接受当事人及其委托的人的请客送礼，违反规定会见当事人及其委托的人。为了保证检察人员廉洁自律、公正司法，《检察官法》和《刑事诉讼法》都规定检察人员不得接受当事人及其委托的人的请客送礼，不得违反规定会见当事人及其委托的人，否则应当依法追究法律责任，同时这也是回避的情形之一。"接受当事人及其委托的人的请客送礼"，是指检察人员接受当事人及其委托的任何人的请客，包括吃饭、在营业性娱乐场所消费娱乐等和任何形式、名义、性质的礼物。"违反规定会见当事人及其委托的人"，是指检察人员在受理举报和办理案件的整个过程中，违反《刑事诉讼法》及人民检察院有关工作规定，在受理举报、讯问犯罪嫌疑人、询问被害人等调查取证、审查程序以外会见当事人及其委托的人。

本条规定了三种回避的方式：一是检察人员自行提出回避，即检察人员知道自己具有应当回避的情形的，应当向所在人民检察院提出回避的申请。二是人民检察院依职权决定回避，即检察人员具有应当回避的情形，但并没有自行提出回避，或者不知道、不认为自己具有应当回避的情形，因而没有自行回避的，人民检察院应当决定其回避。决定回避应当根据检察人员的职务由不同的机构作出决定，也就是"按照本规则第二十三条的规定"，检察长的回避由检察委员会决定，其他检察人员（包括副检察长、检察委员会委员、检察员和助理检察员）的回避由检察长决定。三是当事人及其法定代理人申请回避，即检察人员具有应当回避的情形，但本人没有提出回避申请，人民检察院也没有依职权决定其回避的，当事人及其法定代理人有权要求其回避。"当事人"包括被害人、自诉人、犯罪嫌疑人、附带民事诉讼的原告人和被告人。"法定代理人"，是指被代理人的父母、养父母、监护人和负有保护责任的机关、团体的代表。申请回避是法律赋予当事人及其法定代理人的权利，检察人员在办理案件中应当告知其这一项权利。

第二十一条［自行回避］

检察人员自行回避的，可以口头或者书面提出，并说明理由。口头提出申请的，应当记录在案。

【条文释义】　本条是关于自行回避的规定。

根据本条规定，自行回避可以以口头或者书面两种方式提出。"口头"，是指以言词的方式提出；“书面”，是指以书写或印制的方式提出。无论以何种方式提出，都必须“说明理由”。这里的“说明理由”，主要是指说明自己属于哪一种法定的应当回避的情形。本条还规定，口头提出申请的，应当记录在案。“记录在案”，是指要将口头申请的内容及其理由以书写或印制的形式记录下来，保存在案卷之中。这一规定是为了将诉讼活动客观、完整地反映出来，以备核查。

第二十二条［申请回避］

当事人及其法定代理人的回避要求，应当书面或者口头向人民检察院提出，并说明理由；根据刑事诉讼法第二十九条的规定提出回避申请的，应当提供有关证明材料。人民检察院经过审查或者调查，符合回避条件的，应当作出回避决定；不符合回避条件的，应当驳回申请。

【条文释义】 本条是关于申请回避的规定。

根据本条规定，当事人及其法定代理人申请检察人员回避的，也可以以口头或者书面两种形式提出，并说明理由，即说明检察人员属于哪种应当回避的情形、为何申请其回避。但是，如果是根据《刑事诉讼法》第29条的规定申请回避的，还应当提供有关证明材料。“根据刑事诉讼法第二十九条的规定提出回避申请”，是指以检察人员属于《刑事诉讼法》第29条规定的情形，即以检察人员接受了当事人及其委托的人的请客送礼，违反规定会见了当事人及其委托的人为由提出回避申请；“应当提供有关证明材料”，是指申请人以此为由提出回避申请的同时，还应当拿出检察人员接受了当事人及其委托的人的请客送礼或者违反规定会见了当事人及其委托的人的证据，这里的证据可以是言词证据，也可以是实物证据。本条之所以这样规定，主要考虑以下因素：（1）《刑事诉讼法》第29条规定的情形不同于《刑事诉讼法》第28条规定的情形。检察人员是否接受了当事人及其委托的人的请客送礼，是否违反规定会见了当事人及其委托的人，实践中不易查明，必须有一定线索才能调查核实，因此，对该情形的认定需要由有关当事人提供一定证明材料。（2）正是由于该种情形不易查明，加之目前不良的执法环境，当事人易于“假想”检察人员在办案中接受了对方当事人的请客送礼等。如果不要求当事人提供一定的证明材料，实践中可能出现盲目、无根据地依此种情形申请回避的现象，给人民检察院办案工作增加不必要的负担。这里的“证明材料”只是要求当事人及其法定代理人提供一些线索，并不要求提供详尽、充分的证据。

申请人提出回避申请后，人民检察院应当“经过审查或者调查”才能作出决定。“审查”，是指对申请人提出的理由和有关证明材料进行书面的核查；“调查”则是在书面核查不能作出判断的情况下，对有关事实进一步了解、取证。审查或调查后，人民检察院要作出两种决定：一是对符合回避条件的，应当作出回避决定。“符合回避条件”，是指检察人员具有《刑事诉讼法》第28条或第29条规定的回避情形，应当回避；“回避决定”，是指不让该检察人员再参加本案的办理工作。二是对不符合回避条件的，应当驳回申请。“驳回申请”，是指驳回当事人及其法定代理人要求检察人员回避的申请，实践中要制作相关法律文书，送达申请人。

【驳回申请决定书的制作】

（一）制作方法

驳回申请决定书为填充式文书，共三联：第一联为存根，第二联为副本，第三联为正本。

1. 存根联（第一联）的内容结构及制作方法。

驳回申请决定书存根联可以分为两个部分：

（1）首部。包括：制作本文书的人民检察院名称；文书名称，即“驳回申请决定书”，下有“（存　根）”字样；文书编号。

（2）正文。包括：案由，可根据案件涉嫌的罪名填写“盗窃罪”、“故意杀人罪”等；犯罪嫌疑人姓名；申请人姓名；申请人与案件的关系，即写明申请人的身份或者与犯罪嫌疑人、被害人的关系等；申请事项，即申请人提出的具体事项；驳回原因，即人民检察院据以驳回申请人申请事项的具体原因，要简明扼要地填写；批准人；承办人；填发人；填发时间。

2. 副本联（第二联）的内容结构及制作方法。

驳回申请决定书副本联结构、内容与正本联基本相同，只是在首部文书名称之下标有“（副　本）”字样。

3. 正本联（第三联）的内容结构及制作方法。

驳回申请决定书正本联可以分为首部、正文和尾部三部分。

（1）首部。包括：制作本文书的人民检察院名称；文书名称，即“驳回申请决定书”；文书编号，即“　检　驳申〔　〕　号”，空白处应当依次填写制作本文书的人民检察院简称、具体办案部门简称、年度和序号；申请人姓名，即在正文上方的横线上填写需要送达的申请人姓名。

（2）正文。包括：犯罪嫌疑人的姓名和案由，可表述为“犯罪嫌疑人×××（姓名）涉嫌×××（罪名）”；申请人提出申请的理由，要根据申请人的申请简明扼要地填写；申请人的请求事项，应当根据申请人的申请准确填写；人民检察院审查后认定的事项，这是人民检察院决定驳回申请的事实和法律理由，是本文书的重点，既要写明查清的有关事实情况，又要根据需要引用认定其不符合法定条件决定驳回申请的法律条文；申请复议的期限。

(3) 尾部。包括：制作本文书的年、月、日；加盖检察长印或者人民检察院院印。

(二) 使用说明

实践中，在使用驳回申请决定书时，应当注意以下几个方面的问题：(1) 根据《人民检察院刑事诉讼规则》第 26、27 条的规定，人民检察院作出驳回申请回避的决定后，应当告知当事人及其法定代理人如不服本决定，有权在收到驳回申请回避的决定书后 5 日内向原决定机关申请复议一次。当事人及其法定代理人对驳回申请回避的决定不服申请复议的，决定机关应当在 3 日内作出复议决定并书面通知申请人。因此，驳回申请决定书在适用于驳回回避申请时，应当填写正文括号内的申请复议的期限；在其他情况下适用驳回申请决定书时，应当划去“(如不服本决定，可以在____日内向本院申请复议一次。)”字样。(2) 根据《刑事诉讼法》和《人民检察院刑事诉讼规则》的有关规定，人民检察院驳回有关申请，有时是由检察长作出决定，有时是由检察委员会作出决定，在使用本文书时，检察长作出决定的，盖检察长印，其余情况下，应当盖人民检察院院印。

本文书三联之间的骑缝线上均有本文书文号，应当按照本文书第三联中文号的填写方法予以填写。

本文书共三联，第一联统一保存备查，第二联附卷，第三联送达申请人。

(三) 文书格式 (见下页)

人民检察院
驳回申请决定书
（存　根）

检　驳申〔　　〕　号

案由＿＿＿＿＿＿＿＿
犯罪嫌疑人＿＿＿＿＿＿
申请人＿＿＿＿＿＿＿
与案件关系＿＿＿＿＿＿
申请事项＿＿＿＿＿＿＿
驳回原因＿＿＿＿＿＿＿
批准人＿＿＿＿＿＿＿
承办人＿＿＿＿＿＿＿
填发人＿＿＿＿＿＿＿
填发时间＿＿＿＿＿＿＿

第一联统一保存

检　驳申〔　　〕号

人民检察院
驳回申请决定书
（副　本）

检　驳申〔　　〕　号

＿＿＿＿＿＿：
本院办理＿＿＿＿＿＿一案时，你提出因＿＿＿＿＿＿＿＿＿＿＿＿，要求＿＿＿＿＿。本院经审查认为＿＿＿＿＿＿＿＿＿＿＿＿，决定驳回申请。（如不服本决定，可以在＿＿日内向本院申请复议一次。）

年　月　日
（检察长印或院印）

第二联附卷

检　驳申〔　　〕号

人民检察院
驳回申请决定书

检　驳申〔　　〕　号

＿＿＿＿＿＿：
本院办理＿＿＿＿＿＿一案时，你提出因＿＿＿＿＿＿＿＿＿＿＿＿，要求＿＿＿＿＿。本院经审查认为＿＿＿＿＿＿＿＿＿＿＿＿，决定驳回申请。（如不服本决定，可以在＿＿日内向本院申请复议一次。）

年　月　日
（检察长印或院印）

第三联送达申请人

第二十三条［回避的决定权和决定程序］

检察长的回避，由检察委员会讨论决定。检察委员会讨论检察长回避问题时，由副检察长主持，检察长不得参加。其他检察人员的回避，由检察长决定。

【条文释义】 本条是关于回避决定权和回避决定程序的规定。

本条规定的回避决定权和决定程序，既适用于自行回避，也适用于人民检察院依职权作出回避决定和当事人及其法定代理人申请回避。本条规定，检察长的回避，由检察委员会讨论决定，其他检察人员的回避，由检察长决定。这里的“检察长”不包括副检察长；“其他检察人员”包括副检察长、检察委员会委员、检察员和助理检察员。检察委员会讨论检察长回避问题时，由副检察长主持，检察长不得参加。这里的“不得参加”，是指既不能主持会议讨论，也不能参加会议讨论。

【回避决定书的制作】

（一）制作方法

回避决定书为三联填充式文书，各联的具体格式、内容如下：

1. 第一联存根。

（1）首部。包括：制作本文书的人民检察院名称；文书名称，即“回避决定书”；文书编号，即“ 检 避〔 〕 号”，“检”前空余地方填写制作本文书的人民检察院简称，“检”与“避”之间的空余地方填写人民检察院具体办案部门的简称，中括号内填写制作本文书的年度，中括号与“号”之间的空余地方填写本文书在该年度的序号。在文书名称下面标有“（存 根）”字样。

（2）正文。包括：案由，即涉嫌的罪名，如“盗窃罪”、“强奸罪”、“贪污罪”、“受贿罪”等；犯罪嫌疑人的姓名；被决定回避人的姓名；回避原因，应当根据《刑事诉讼法》规定的符合回避条件的六种情形，恰当地填写有关内容，如可以填写“被决定回避人×××与本案犯罪嫌疑人×××是近亲属”、“被决定回避人×××与本案被害人×××是同学（战友），可能影响案件公正处理”或者“被决定回避人×××违反规定私自会见本案当事人”，等等；申请人的姓名；批准人一栏，应当根据批准决定回避的不同情况，分别填写检察长的姓名或者有关机构的名称，如果是经本院检察长决定回避的，应当填写本院检察长的姓名，如果是经本院检察委员会决定回避的，应当填写“本院检察委员会”；承办人姓名；填发人的姓名；填发时间。

2. 第二联副本。

（1）首部。包括：制作本文书的人民检察院名称；文书名称，即“回避决定书”；文书编号，即“ 检 避〔 〕 号”。在文书名称下面标有“（副本）”字样。

（2）正文。包括：应当依次填写被决定回避人的姓名；具体依据的法律条款，应当根据被决定回避人的身份、决定回避的原因以及具体决定回避的情形，恰当地填写所适用的法律条文；回避决定的机关或者部门，应当根据被决定回避人的身份，恰当地填写回避决定的机关或者部门，如果被决定回避人是检察长的，空白处应当填写“本院检察委员会”，如果被决定回避人是检察人员、书记员、司法警察、翻译人员或者鉴定人的，空白处应当填写如“本院检察长×××”；被决定回避人的姓名。

（3）尾部。包括：制作本文书的时间，具体到年、月、日；加盖制作本文书的人民检察院检察长印或院印。由申请回避人填写回避决定宣布的时间，并在“申请人”处签名，同时宣告人也应当在相应的“宣告人”处签名，如果是人民检察院依照职权自行作出回避决定的，不需要向案件的有关当事人及其法定代理人进行宣布，但应当在第二联签收部分注明是人民检察院依照职权作出的回避决定。

3. 第三联正本。

（1）首部。包括：制作本文书的人民检察院的名称；文书名称，即“回避决定书”；文书编号，即“ 检 避〔 〕 号”。

（2）正文。包括的内容和制作要求与第二联正文一样。

（3）尾部。包括：制作本文书的时间，具体到年、月、日，填写时应当依次用汉字数字表述，如“二〇一〇年十二月十五日”；加盖印章，如果是经本院检察长决定回避的，应当加盖本院检察长印，如果是经本院检察委员会决定回避的，应当加盖人民检察院的院印。

（二）使用说明

在具体使用时，应注意以下问题：回避决定书应当以被决定回避人为制作单位。回避决定书可以适用于人民检察院刑事诉讼活动的各个阶段，但是主要适用于侦查和起诉阶段。回避决定书的适用范围仅限于当事人及其法定代理人申请回避后经审查决定回避或者人民检察院依职权直接决定回避的情况，而不适用于自行回避、驳回申请回避以及申请回避复议后决定回避等情况。参加过本案侦查的侦查人员，如果调至人民检察院工作，不得担任本案的检察人员。因符合《刑事诉讼法》第28条或者第29条规定的情形之一而回避的检察人员，在回避决定作出以前所取得的证据和进行的诉讼行为是否有效，由检察委员会或者检察长根据案件具体情况决定。

回避决定书的适用对象，主要包括以下几种，即：检察人员、书记员、翻译人员、鉴定人、司法警察以及公安机关负责人。此外，根据《人民检察院刑事诉讼规则》的有关规定，司法警察符合回避条件的也应当予以回避，因此，司法警察也是回避决定书的适用对象之一。

回避决定书的适用情形，即检察人员、书记员、司法警察、翻译人员、鉴定人以及公安机关负责人与案件或者案件的当事人有某种利害关系或者其他特殊关系，可能影响刑事案件的公正处理的，人民检察院应当作出回避决定的各种情形，包括以下六种：一是本案的当事人或者是当事人的近亲属；二是本人或者他的近亲属和本案有利害关系；三是担任过本案的证人、鉴定人、辩护人、诉讼代理人；四是与本案当事人有其他关系，可能影响公正处理案件；五是接受当事人及其委托的人的请客送礼；六是违反规定会见当事人及其委托的人。

最高人民法院、最高人民检察院、公安部、国家安全部、司法部、全国人大常委会法制工作委员会《关于刑事诉讼法实施中若干问题的规定》第8条规定："刑事诉讼法第三十条和第三十一条规定，书记员、翻译人员和鉴定人员的回避，由人民法院院长决定。根据这一规定，上述人员的回避不能由审判长决定。"

本文书三联之间的骑缝线上均有本文书文号，应当按照本文书第三联中文号的填写方法予以填写。

本文书共三联，第一联统一保存备查，第二联告知申请回避人后附卷，第三联送达被决定回避人。

（三）文书格式（见下页）

人民检察院
回避决定书
（存　根）

检　避〔　　〕　号

案由＿＿＿＿＿＿＿＿
犯罪嫌疑人＿＿＿＿＿＿
被决定回避人＿＿＿＿＿
回避原因＿＿＿＿＿＿＿
申请人＿＿＿＿＿＿＿＿
批准人＿＿＿＿＿＿＿＿
承办人＿＿＿＿＿＿＿＿
填发人＿＿＿＿＿＿＿＿
填发时间＿＿＿＿＿＿＿

第一联统一保存

检避〔　　〕号

人民检察院
回避决定书
（副　本）

检　避〔　　〕　号

＿＿＿＿＿＿＿＿：
根据《中华人民共和国刑事诉讼法》第＿＿＿＿＿＿＿条的规定，经＿＿＿＿＿＿＿决定，＿＿＿＿＿对此案予以回避。

年　月　日
（检察长印或院印）

此决定于＿＿年＿＿月＿＿日向我宣布。

申请人＿＿＿＿＿
宣告人＿＿＿＿＿

第二联告知申请回避人后附卷

检避〔　　〕号

人民检察院
回避决定书

检　避〔　　〕　号

＿＿＿＿＿＿＿＿：
根据《中华人民共和国刑事诉讼法》第＿＿＿＿＿＿＿条的规定，经＿＿＿＿＿＿＿决定，＿＿＿＿＿对此案予以回避。

年　月　日
（检察长印或院印）

第三联送达被决定回避人

第二十四条 ［公安机关负责人回避的决定程序］

当事人及其法定代理人要求公安机关负责人回避，应当向公安机关同级的人民检察院提出，由检察长提交检察委员会讨论决定。

【条文释义】 本条是关于人民检察院决定公安机关负责人回避程序的规定。

本条规定的“公安机关负责人”，是指县或县级以上公安机关的局长、处长、厅长、部长，不包括各级公安机关的副局长、副处长、副厅长、副部长；也不包括县级公安机关派出机构即各派出所的所长。“向公安机关同级的人民检察院提出”，是指申请县级公安机关负责人回避，应当向该县级人民检察院提出，依次类推，既不能跨级别提出，也不能跨地域提出。对公安机关负责人的回避，应当由检察长提交检察委员会讨论决定，不能由检察长决定。本条规定主要是考虑公安机关属于行政系统，在领导体制上实行首长负责制，公安机关负责人的回避不能由他本人决定；同时，人民检察院是法律监督机关，有权对公安机关的侦查活动（包括回避）是否合法进行监督，有利于案件的公正处理。

第二十五条 ［依职权决定回避］

应当回避的人员，本人没有自行回避，当事人和他们的法定代理人也没有申请其回避的，检察长或者检察委员会应当决定其回避。

【条文释义】 本条是关于人民检察院依职权作出回避决定的规定。

本条规定的“本人没有自行回避”，是指应当回避的检察人员不知道自己应当回避，或者不认为自己应当回避，或者知道自己应当回避但却不自行回避。本条规定的“当事人和他们的法定代理人也没有申请其回避”，是指当事人及其法定代理人不知道检察人员应当回避，或者知道检察人员应当回避但却没有提出申请。“检察长或者检察委员会应当决定其回避”，是指人民检察院依职权作出回避决定，要根据回避人员的不同，由不同的机构作出，也即检察长的回避要由检察委员会作出决定，检察长以外的其他检察人员的回避要由检察长作出决定。

第二十六条 ［对驳回回避申请的复议］

人民检察院作出驳回申请回避的决定后，应当告知当事人及其法定代理人如不服本决定，有权在收到驳回申请回避的决定书后五日内向原决定机关申请复议一次。

【条文释义】 本条是关于人民检察院驳回回避申请应当告知申请人有权复议的规定。

本条规定的“驳回申请回避的决定”，是指人民检察院认为当事人及其法定代理人要求回避的申请，不符合《刑事诉讼法》第 28 条、第 29 条规定的回避条件，对要求回避的申请予以驳回的决定。为了保证当事人及其法定代理人的合法权益，本条规定人民检察院作出决定后应当告知当事人及其法定代理人有权申请复议。这里的“告知”可以口头或者书面进行，口头告知的要记明在案。本条规定的“告知”内容如下：（1）申请复议的理由，即“不服本决定”。只要当事人及其法定代理人主观上不服人民检察院驳回申请的决定即可申请复议，不论客观上驳回申请的决定是否正确，也不论申请人是否有新的事实或者理由。（2）提请复议的时间，即在收到驳回申请回避决定书后 5 日内。这里的“收到”，是指决定书送达当事人及其法定代理人的时间，不是指人民检察院作出驳回回避申请决定的时间。（3）复议机关，即“原决定机关”，是指作出驳回回避申请决定的人民检察院。（4）复议的次数，只能复议一次。实践中，人民检察院应当严格遵守这一规定，切实维护当事人及其法定代理人的合法权利。

第二十七条［复议决定的时间和形式］

当事人及其法定代理人对驳回申请回避的决定不服申请复议的，决定机关应当在三日内作出复议决定并书面通知申请人。

【条文释义】 本条是关于人民检察院对不服驳回申请回避的决定进行复议的规定。

本条规定了两项内容：一是作出复议决定的期限；二是将复议决定通知申请人的方式。本条规定的“决定机关”，是指作出驳回申请回避决定的人民检察院。“三日内”，是指人民检察院收到当事人及其法定代理人复议申请后的 3 日内，无论当事人及其法定代理人口头申请复议还是书面申请复议，人民检察院都应当在收到申请后的 3 日内作出复议决定并且书面通知申请人。“复议决定”既可以是维持原驳回申请回避决定的决定，也可以是撤销原驳回申请回避决定，让检察人员回避的决定。作出复议决定也应当遵守“检察长的回避，由检察委员会讨论决定”，“其他检察人员的回避，由检察长决定”的规定。本条规定的向申请人通知复议决定的方式只能是“书面”，不能是口头通知，应当制作回避复议决定书送达申请人。

【回避复议决定书的制作】

（一）制作方法

回避复议决定书为三联填充式文书，各联的具体格式、内容如下：

1. 第一联存根。

（1）首部。包括：制作本文书的人民检察院名称；文书名称，即“回避复议决定书”；文书编号，即“ 检 避复〔 〕 号”，“检”前空余地方填写制作本文书的人民检察院简称，“检”与“避复”之间的空余地方填写人民检察院具体办案部门的简称，中括号内填写制作本文书的年度，中括号与“号”之间的空余地方填写本文书在该年度的序号。在文书名称下方标有“（存 根）”字样。

（2）正文。包括：案由，应当根据案件涉嫌的罪名填写，如“盗窃罪”、“强奸罪”、“受贿罪”等；犯罪嫌疑人的姓名；申请复议人，应当填写申请回避复议的有关当事人或者当事人的法定代理人的姓名；申请复议人与案件关系，应当根据不同情况明确写明申请回避复议人是当事人本人还是当事人的法定代理人，如可以填写“申请复议人×××是本案的被害人（或者犯罪嫌疑人、被告人、附带民事诉讼的被告人或者原告人）”，或者可以填写“申请复议人×××是本案的被害人（或者犯罪嫌疑人、被告人、附带民事诉讼的被告人或者原告人）的法定代理人”；申请复议理由；复议结果，应当根据回避复议决定事项的不同情况，分别填写“维持原驳回申请回避的决定”或者填写“决定被申请回避人予以回避”；批准人一栏，应当根据批准制作回避复议决定书的不同情况，填写“本院检察长×××”，或者填写“本院检察委员会”；承办人一栏，应当填写具体办理回避复议申请审查的承办人的姓名；填发人一栏，应当填写制作回避复议决定书的有关人员的姓名；填发时间。

2. 第二联副本。

（1）首部。包括：制作本文书的人民检察院名称；文书名称，即“回避复议决定书”；文书编号，即“ 检 避复〔 〕 号”。在文书名称下方标有“（副 本）”字样。

（2）正文。包括：犯罪嫌疑人的姓名；犯罪嫌疑人涉嫌犯罪的罪名，如“盗窃罪”、“强奸罪”、“贪污罪”、“受贿罪”等；当事人或者当事人法定代理人的姓名，即如果是当事人申请回避复议的，在正文第四个画线空白处应当填写当事人的姓名，并同时划去括号中的有关内容，如果是当事人的法定代理人提出回避复议的，在正文第三个画线空白处应当填写当事人的姓名，同时划去括号前的“当事人”字样，并在正文第四个画线空白处填写当事人的法定代理人的姓名；驳回申请回避决定的文书编号；回避复议决定的事项，一般分为两种情况：一是回避复议申请理由成立的，决定被申请回避人依法回避；二是回避复议申请理由不足的或者经审查不能成立的，决定维持原驳回申请回避的决定，根据上述不同情况，恰当地填写有关内容。

（3）尾部。包括：制作本文书的时间，具体到年、月、日，填写应当依次用汉字数字表述；加盖制作本文书的人民检察院院印。

3. 第三联正本。

（1）首部。包括：制作本文书的人民检察院名称；文书名称，即“回避复议决定书”；文书编号，即“ 检 避复〔 〕 号”。

（2）正文。包括的内容与制作要求与第二联正文一样。

（3）尾部。包括的内容与制作要求与第二联尾部一样。

（二）使用说明

在具体使用时，应注意以下问题：回避复议决定书可以适用于人民检察院刑事诉讼的各个阶段，但主要适用于侦查和起诉阶段。回避复议决定书的适用范围应当是只要当事人及其法定代理人对人民检察院驳回申请回避的决定不服，提出复议申请，人民检察院复议后依法作出决定的情形都可以使用。

检察人员、书记员、司法警察、翻译人员、鉴定人以及公安机关负责人与案件或者案件的当事人有某种利害关系或者其他特殊关系，可能影响刑事案件的公正处理的，人民检察院应当作出回避决定的各种情形，包括以下六种：一是本案的当事人或者是当事人的近亲属；二是本人或者他的近亲属和本案有利害关系；三是担任过本案的证人、鉴定人、辩护人、诉讼代理人；四是与本案当事人有其他关系，可能影响公正处理案件；五是接受当事人及其委托的人的请客送礼；六是违反规定会见当事人及其委托的人。参加过本案侦查的侦查人员，如果调至人民检察院工作，不得担任本案的检察人员。因符合《刑事诉讼法》第28条或者第29条规定的情形之一而回避的检察人员，在回避决定作出以前所取得的证据和进行的诉讼行为是否有效，由检察委员会或者检察长根据案件具体情况决定。

回避复议决定的事项一般分为两种情况：一是回避复议申请理由成立的，直接决定被申请回避人依法对某一案件予以回避，对于这种情况只制作回避复议决定书即可，而没有必要再制作回避决定书，决定被申请回避人予以回避；二是回避复议申请理由不足的或者经审查不能成立的，直接决定维持原驳回申请回避的决定，对于这种情况只制作回避复议决定书即可，而没有必要再制作驳回申请决定书，驳回当事人或者当事人的法定代理人的回避复议的申请。

回避复议决定书与复议决定书的区别：复议决定书主要适用于人民检察院根据同级公安机关的要求，对本院不批准逮捕决定、不起诉决定进行复议后，作出复议决定的情形；而回避复议决定书仅仅在当事人及其法定代理人对人民检察院驳回申请回避的决定不服时，提出复议申请受理后，进行复议，作出决定时使用。

本文书三联之间的骑缝线上均有本文书文号，应当按照本文书第三联中文号的填写方法予以填写。

本文书共三联，第一联统一保存备查，第二联附卷，第三联送达申请复议人。

（三）文书格式（见下页）

人民检察院
回避复议决定书
（存 根）

检 避复〔 〕 号

案由________________
犯罪嫌疑人____________
申请复议人____________
申请复议人与案件关系______
____
申请复议理由__________
复议结果______________
批准人________________
承办人________________
填发人________________
填发时间______________

第一联统一保存

检 避复〔 〕 号

人民检察院
回避复议决定书
（副 本）

检 避复〔 〕 号

犯罪嫌疑人______________涉嫌______________一案的当事人（当事人______________的法定代理人）__________不服本院__________号驳回申请回避的决定，要求复议。

根据《中华人民共和国刑事诉讼法》第三十条的规定，经复议决定____。

年 月 日
（院印）

第二联附卷

检 避复〔 〕 号

人民检察院
回避复议决定书

检 避复〔 〕 号

犯罪嫌疑人______________涉嫌______________一案的当事人（当事人______________的法定代理人）__________不服本院__________号驳回申请回避的决定，要求复议。

根据《中华人民共和国刑事诉讼法》第三十条的规定，经复议决定____。

年 月 日
（院印）

第三联送达申请复议人

第二十八条 [侦查人员在回避决定作出前不停止侦查]

人民检察院直接受理案件的侦查人员或者进行补充侦查的人员在回避决定作出前，不能停止对案件的侦查。

【条文释义】 本条是关于侦查人员在回避决定作出前不能停止对案件侦查的规定。

本条规定是为了保证侦查活动的顺利进行，防止犯罪嫌疑人自杀、逃跑或证据灭失，这是根据侦查活动的特点和办理刑事案件的需要规定的。本条规定的侦查人员包括两种：一是“人民检察院直接受理案件的侦查人员”，即承担人民检察院直接立案侦查的贪污贿赂犯罪案件、渎职犯罪案件和其他犯罪案件侦查工作的检察人员，不包括承担接受、受理举报、初查、审查逮捕、审查起诉和出庭公诉工作的检察人员。二是“进行补充侦查的人员”，这里既包括对人民检察院直接受理的案件进行补充侦查的检察人员，也包括对公安机关、国家安全机关立案侦查的案件进行自行侦查的检察人员。“回避决定作出前”，是指检察人员自行提出回避或当事人及其法定代理人申请检察人员回避后，并不能直接产生侦查人员停止对案件侦查的法律后果，而必须由检察长或检察委员会作出回避决定后，侦查人员才能停止对案件的侦查。

第二十九条 [参加过本案侦查的侦查人员调至人民检察院后不得担任本案检察人员]

参加过本案侦查的侦查人员，如果调至人民检察院工作，不得担任本案的检察人员。

【条文释义】 本条是关于参加过本案侦查的侦查人员调至人民检察院工作后不得担任本案检察人员的规定。

本条规定的“参加过本案侦查的侦查人员”，是指在公安机关、国家安全机关、监狱、军队保卫部门、海关缉私警察机构等侦查机关或具有侦查职能的机关工作，并且参加了本案侦查工作的公安人员、国家安全机关人员等。其中“参加”既包括独立承担案件的侦查工作，也包括参与承担案件的侦查工作。“调至人民检察院工作”，是指该人员已将工作关系转到人民检察院或临时借调到人民检察院工作。“不得担任本案的检察人员”，是指该人员调到人民检察院工作后，虽具有了检察人员的身份，但不能再担任本案的审查逮捕、审查起诉、出庭支持公诉等工作，不能成为本案的检察人员。本条是根据实践中的情况，为保证案件的公正处理而规定的。

第三十条［回避决定作出前取得的证据和诉讼行为是否有效］

因符合刑事诉讼法第二十八条或者第二十九条规定的情形之一而回避的检察人员，在回避决定作出以前所取得的证据和进行的诉讼行为是否有效，由检察委员会或者检察长根据案件具体情况决定。

【条文释义】　本条是关于应当回避的检察人员在回避决定作出以前所取得的证据和进行的诉讼行为是否有效的规定。

实践中，检察人员都是在承办案件以后才发现自己具有应当回避的情形，当事人及其法定代理人才申请检察人员回避，这样就会产生应当回避的检察人员在回避决定作出以前所取得的证据和进行的诉讼行为是否有效的问题。本条规定的"所取得的证据"，是指检察人员在承办案件后回避决定作出前，通过侦查、调查、审查等行为获取的证明犯罪嫌疑人有罪或者无罪、罪轻或者罪重的所有证据。"进行的诉讼行为"包括检察人员在诉讼活动中进行的一切与诉讼有关的行为。由于我国检察机关实行承办人提出意见、部门负责人审核、检察长或者检察委员会决定的办案体制，大部分承办案件的检察人员（检察长直接承办案件时除外）对案件没有决定权，因此，这里的"诉讼行为"范围十分广泛，如提出对犯罪嫌疑人立案、适用侦查措施、采取强制措施意见的行为，提出撤案、移送审查起诉、移送审查不起诉意见的行为，对上述意见进行审核的行为，对上述意见作出决定的行为，执行侦查措施的行为，等等，都属于本条规定的"诉讼行为"。本条规定的"是否有效"，是指该证据在本案中还能否作为证据使用，该诉讼行为是否需要更换办案人员重新进行，作出的某些决定是否适用于本案等。本条规定的由"检察委员会或者检察长"决定，不再是根据回避的决定权限来划分，而是根据案件是否复杂、重大或者疑难来划分的。也就是说，检察长以外的其他检察人员在回避决定作出前取得的证据和进行的诉讼行为是否有效，不一定只由检察长决定，也可能由检察委员会决定。本条规定的"根据案件具体情况"主要是根据下面几种情况判断：（1）检察人员属于哪种应当回避的情形，该情形是否已经影响案件的公正处理；（2）回避是以何种方式提出的，检察人员何时知道自己具有应当回避的情形的；（3）检察人员在回避决定作出以前取得的证据和进行的诉讼行为与案件的关系如何，该证据在一系列证据中的地位，该诉讼行为对诉讼活动的影响程度。如果检察委员会或者检察长作出了检察人员在回避决定作出以前所取得的证据和进行的诉讼行为无效的决定，人民检察院就应当另行指派检察人员，重新进行调查取证，依法进行诉讼行为。

第三十一条［书记员、司法警察、翻译人员、鉴定人的回避］

本规则关于回避的规定，适用于书记员、司法警察和人民检察院聘请或者指

派的翻译人员、鉴定人。

书记员、司法警察和人民检察院聘请或者指派的翻译人员、鉴定人的回避由检察长决定。

【条文释义】 本条是关于书记员、司法警察、翻译人员和鉴定人如何回避的规定。

本条规定的“书记员”，是指在人民检察院检察工作中担任记录工作的人员；“司法警察”是指在人民检察院工作，编入警察序列的人员，根据其职责，可以执行搜查、拘传、押解犯罪嫌疑人等任务，因此，也存在回避的问题；“翻译人员”，是指在人民检察院办理案件过程中由人民检察院聘请或者指派，担任翻译工作的人员；“鉴定人”，是指为了查明案件情况，需要解决案件中某些专门性问题的时候，人民检察院聘请或者指派的进行鉴定工作的具有专门知识的人员。规定书记员、翻译人员和鉴定人也要依法实行回避制度，是因为这三种工作也都关系到案件的正确处理，实行回避制度可以防止在办案过程中出现违法现象。《刑事诉讼法》没有规定司法警察的回避，本条规定司法警察的回避，是因为司法警察在刑事诉讼活动中可以执行拘传、搜查等任务，可以押解犯罪嫌疑人，实行回避制度有利于保护犯罪嫌疑人的合法权益。

本条第 1 款是关于“本规则关于回避的规定”适用于书记员、司法警察、翻译人员和鉴定人的规定。这里的“本规则关于回避的规定”，是指《人民检察院刑事诉讼规则》第 20 条至第 30 条的规定原则上都适用于书记员等人的回避，包括应当回避的情形、回避的方式、当事人及其法定代理人申请回避的方式等规定。实践中容易出现分歧的是《人民检察院刑事诉讼规则》第 30 条的规定是否也适用于书记员等人的回避。由于书记员、翻译人员和司法警察在刑事诉讼活动中只是担任记录、翻译和执行侦查、强制措施等任务，不可能依职权获取证据、作出某种决定，因此，不存在《人民检察院刑事诉讼规则》第 30 条规定的情形。但鉴定人的鉴定结论属于证据的一种，鉴定人在回避决定作出以前作出的鉴定结论是否能作为证据使用，应当适用《人民检察院刑事诉讼规则》第 30 条的规定，即由检察委员会或检察长决定。

本条第 2 款是关于书记员等人回避的决定权的规定。书记员、翻译人员、鉴定人和司法警察是否回避，一律由检察长决定。

第四章 强制措施

【本章概要】 本章是关于人民检察院适用强制措施的相关规定，包括拘传、取保候审、监视居住、拘留、逮捕的适用条件、决定程序、适用期限、通知送达、解除或者撤销等。

第一节 拘 传

第三十二条［拘传的适用条件和程序］

人民检察院根据案件情况，对犯罪嫌疑人可以拘传。

拘传应当经检察长批准，签发拘传证。

【条文释义】 本条是关于拘传适用条件和适用程序的规定。

拘传是强制犯罪嫌疑人到案接受讯问的一种强制措施，是强制措施中最轻的一种。

本条第1款规定了拘传的适用条件，但由于拘传措施较轻，适用情形较多，因此，本款没有具体规定适用条件，而是规定"根据案件情况"对犯罪嫌疑人可以拘传。这里的"案件情况"包括犯罪嫌疑人的个人情况、涉嫌的罪名和案件事实情况等。实践中需要注意，拘传不以传唤为前提，根据案件情况，人民检察院既可以在传唤不到的情况下拘传犯罪嫌疑人，也可以不经传唤直接拘传。

本条第2款是关于拘传适用程序的规定。这里的"检察长"，是指本院的检察长，不包括主管副检察长；"拘传证"必须加盖检察长和人民检察院的印章才能生效。

【拘传证的制作】

（一）制作方法

拘传证为二联填充式文书，具体内容和制作方法如下：

1. 第一联存根。

（1）首部。包括：制作本文书的人民检察院名称；文书名称，即"拘传证"；文书编号，即"　检　拘传〔　〕　号"，"检"前空余地方填写制作本文书的人民检察院的简称，"检"与"拘传"之间的空余地方填写人民检察院具体办案部门的简称，中括号内填写制作本文书的年度，中括号与"号"之间的空余地方填写本文书在该年度的序号。在文书名称下面标有“（存　根）”字样。

（2）正文。包括：案由，可以根据案件中犯罪嫌疑人所涉嫌的罪名填写为“贪污罪”、“受贿罪”、“挪用公款罪”等，如果因涉嫌多个罪名而立案的，应将所涉嫌的罪名填写全；犯罪嫌疑人基本情况，包括姓名、性别、年龄、工作单位、住址、身份证号码、是否是人大代表或政协委员，上述犯罪嫌疑人的基本情况，并不是要求每一项内容都必须填写完整、清楚，制作时可以根据具体案件的需要和实际掌握的情况加以填写；制作本文书的批准人的姓名或者名称；具体办理这一案件的承办人的姓名；填发本文书的填发人的姓名；填发本文书的时间；执行时间。

2. 第二联正本。

（1）首部。包括的内容和制作要求与第一联一样。

（2）正文。包括：执行拘传任务的检察人员的姓名；被拘传的犯罪嫌疑人的住址；需要拘传的犯罪嫌疑人的姓名。

（3）尾部。包括：制作本文书的时间，具体到年、月、日；加盖制作本文书的人民检察院的院印和检察长印；拘传到案的时间，具体到年、月、日、时、分；讯问结束的时间，也具体到年、月、日、时、分；被拘传人签名或者盖章；作为宣告人的检察人员签名或者盖章。

（二）使用说明

在具体使用时，应注意以下问题：本文书应当以被拘传的人次为单位制作，即对于同一个犯罪嫌疑人，每一次拘传均应单独制作拘传证；对于一次拘传多名犯罪嫌疑人进行讯问的，应当对每一个被拘传人均单独制作拘传证。讯问犯罪嫌疑人，应当个别进行。人民检察院拘传犯罪嫌疑人，应当在犯罪嫌疑人所在市、县内的地点进行。犯罪嫌疑人的工作单位、户籍地与居住地不在同一市、县的，拘传应当在犯罪嫌疑人的工作单位所在的市、县进行；特殊情况下，也可以在犯罪嫌疑人户籍地或者居住地所在的市、县内进行。需要对被拘传的犯罪嫌疑人变更强制措施的，应当经检察长或者检察委员会决定，在拘传期限内办理变更手续。在拘传期间内决定不采取其他强制措施的，拘传期限届满，应当结束拘传。审查逮捕部门办理审查逮捕案件，不另行侦查。在审查批捕中如果认为报请批准逮捕的证据存有疑问的，可以复核有关证据，讯问犯罪嫌疑人、询问证人。但讯问未被采取强制措施的犯罪嫌疑人的，讯问前应当征求公安机关或者本院侦查部门的意见。讯问犯罪嫌疑人，由检察人员负责进行。讯问的时候，检察人员不得少于 2 人。一次拘传持续的时间最长不得超过 12 小时。不得以连续拘传的形式变相拘禁犯罪嫌疑人。讯问犯罪嫌疑人的时候，应当首先查明他的基本情况，讯问其是否有犯罪行为，让其陈述有罪的事实或者作无罪的辩解，然后向他提出问题。对提出的反证要认真查核。严禁刑讯逼供和以威胁、引诱、欺骗以及其他非法的方法获取供述。讯问聋、哑的犯罪嫌疑人，应当有通晓聋、哑手势的人在场，并且将这种情况记明笔录。讯问犯罪嫌疑人，应当制作讯问笔录。讯问笔录应当字迹清楚，详细具体，忠实原话，并交犯罪嫌疑人核对。对于没有阅读能力的，应当向他宣读。如果记载有遗漏或者差错，应当补充或者改正。犯罪嫌疑人认为讯问笔录没有错误的，由犯罪嫌疑人在笔录上逐页签名或者盖章。如果犯罪嫌疑人拒绝签名或者盖章的，应当在笔录上注明。检察人员也应当在笔录上签名。犯罪嫌疑人请求自行书写供述的，检察人员应当准许。必要的时候，检察人员也可以让犯罪嫌疑人亲笔书写供词。讯问犯罪嫌疑人，可以同时采用录音、录像的记录方式。

本文书只适用于没有被采取拘留、逮捕强制措施的犯罪嫌疑人。没有被采取拘留、逮捕强制措施是指以下两种情况：一是犯罪嫌疑人未被采取任何强制措施；二是犯罪嫌疑人被采取了除拘留和逮捕以外的强制措施，包括被采取取保候审或者监视居住的犯罪嫌疑人和曾被拘传过的犯罪嫌疑人，仍然可以适用拘传。对于因采取拘留、逮捕强制措施而被羁押的犯罪嫌疑人，需要讯问的，应当使用提押证。《人民检察院刑事诉讼规则》第139条规定："提讯在押的犯罪嫌疑人，应当填写提押证，在看守所进行讯问。因侦查工作需要，需要提押犯罪嫌疑人出所辨认罪犯、罪证或者追缴犯罪有关财物的，可以提押犯罪嫌疑人到人民检察院接受讯问。提押犯罪嫌疑人到人民检察院讯问的，应当经检察长批准，由二名以上司法警察押解。"拘传是一种《刑事诉讼法》规定的强制措施。拘传应当经检察长批准，签发拘传证，加盖检察长印和人民检察院院印。对抗拒拘传的，可以使用戒具，强制到案。询问证人，不能使用拘传证，而应当使用询问通知书。《刑事诉讼法》第97条第1款规定："侦查人员询问证人，可以到证人的所在单位或者住处进行，但是必须出示人民检察院或者公安机关的证明文件。在必要的时候，也可以通知证人到人民检察院或者公安机关提供证言。"

《刑事诉讼法》第92条第2款规定："传唤、拘传持续的时间最长不得超过十二小时。不得以连续传唤、拘传的形式变相拘禁犯罪嫌疑人。"因此，正确确定和填写到案时间和讯问结束时间，具有特别重大的意义。第一，确定拘传时间，应当具体精确到分。第二，第二联正本联中的"到案时间"和"讯问结束时间"应当由被拘传的犯罪嫌疑人自己填写，并签名或者盖章；犯罪嫌疑人拒绝签名或者盖章的，讯问人员应当在文书和讯问笔录中注明。第三，无论是否达到预期的讯问效果，拘传均不得超过12小时，不得以连续传唤、拘传的形式变相拘禁犯罪嫌疑人。

《人民检察院刑事诉讼规则》第35条第1款规定："人民检察院拘传犯罪嫌疑人，应当在犯罪嫌疑人所在市、县内的地点进行。"这里所说的"市"是指不设区的市，即一般所称的"县级市"。设区的市，必须拘传犯罪嫌疑人到其所在的区的指定地点接受讯问。

《刑事诉讼法》第96条第1款规定："犯罪嫌疑人在被侦查机关第一次讯问后或者采取强制措施之日起，可以聘请律师为其提供法律咨询、代理申诉、控告。犯罪嫌疑人被逮捕的，聘请的律师可以为其申请取保候审。涉及国家秘密的案件，犯罪嫌疑人聘请律师，应当经侦查机关批准。"因此，检察人员从第一次拘传犯罪嫌疑人或者对其采取强制措施之日起，应当告知犯罪嫌疑人可以聘请律师为其提供法律咨询、代理申诉、控告或者为其申请取保候审，并将告知情况记明笔录。

本文书两联之间的骑缝线上有本文书文号，应当按照本文书第二联中文号的填写方法予以填写。

本文书共二联，第一联统一保存，第二联由被拘传人填写时间并签字或者盖章后附卷。

（三）文书格式（见下页）

人民检察院

拘　传　证

（存　根）

检　拘传〔　　〕　号

案由________________

犯罪嫌疑人基本情况（姓名、性别、年龄、工作单位、住址、身份证号码、是否人大代表、政协委员）

____

____

____

____

批准人________________

承办人________________

填发人________________

填发时间________________

执行时间________________

第一联统一保存

检　拘传〔　　〕　号

人民检察院

拘　传　证

检　拘传〔　　〕　号

根据《中华人民共和国刑事诉讼法》第五十条的规定，兹派本院工作人员________对居住在____________的犯罪嫌疑人________予以拘传。

检察长

年　月　日

（院印）

到案时间：____年____月____日____时____分

讯问结束时间：____年____月____日____时____分

被拘传人：________

宣 告 人：________

第二联在拘传讯问后附卷

第三十三条 [拘传的执行]

拘传时，应当向被拘传的犯罪嫌疑人出示拘传证。对抗拒拘传的，可以使用戒具，强制到案。

执行拘传的人员不得少于二人。

【条文释义】 本条是关于执行拘传的规定。

本条第1款是关于执行拘传方式的规定。根据本款规定，执行拘传时，应当向被拘传的犯罪嫌疑人出示拘传证。拘传证是执行拘传的法定有效证件。为了维护犯罪嫌疑人的合法权益，保证法律的正确执行，拘传证必须向犯罪嫌疑人出示，并且必须出示原件正本。对抗拒拘传的，可以使用戒具，强制到案。这里的“抗拒拘传”，是指犯罪嫌疑人以暴力等作为的方式或者其他不作为的方式不按照人民检察院的拘传要求到达指定地点接受讯问；这里的“戒具”包括警棍、警绳、手铐等为强制犯罪嫌疑人到案而使用的工具；使用戒具的目的是“强制到案”，即强制犯罪嫌疑人到达指定地点接受讯问，犯罪嫌疑人到案后，不能再使用戒具。

本条第2款是关于执行拘传人员的规定。这里的“执行拘传的人员”包括检察人员、书记员和司法警察。“不得少于二人”，是指执行人员要为2人或者2人以上，这样规定是为了保证文明、有效、合法执行拘传，同时防止发生意外。

第三十四条 [拘传的期限]

拘传持续的时间从犯罪嫌疑人到案时开始计算。犯罪嫌疑人到案后，应当责令其在《拘传证》上填写到案时间，并在拘传证上签名或者盖章，然后立即讯问。讯问结束后，应当责令犯罪嫌疑人在拘传证上填写讯问结束时间。犯罪嫌疑人拒绝填写的，检察人员应当在《拘传证》上注明。

一次拘传持续的时间最长不得超过十二小时，不得以连续拘传的方式变相拘禁犯罪嫌疑人。

【条文释义】 本条是关于拘传期限的规定。

本条第1款是关于拘传开始时间和结束时间如何计算的规定。根据本款规定，拘传开始的时间从犯罪嫌疑人到案时计算。这里的“到案”，是指到达人民检察院指定的讯问地点。犯罪嫌疑人到案后，应当先在拘传证上填写到案时间，并且签名或者盖章。由于犯罪嫌疑人在拘传证上填写到案时间后，拘传时间即开始计算，因此，为了保证拘传期限的有效利用，本款规定“然后立即讯问”。拘传结束的时间是讯问结束的时间，讯问结束后，如果不对犯罪嫌疑人采取其他强制措施，便不能再限制犯罪嫌疑人的自由。为了使拘传结束时间能明确地反映在诉讼活动中，本款规定讯问结束后应责令犯罪嫌疑人在拘传证上填写讯问结束的时间。犯罪嫌疑人拒绝填写的，检察人员应当在拘传证上注明。“注明”既要注明讯问结束的时间，又要注明犯罪嫌疑人拒绝填写的情形，并要由2人或者2人以上签名或者盖章，以证明其有效性。

本条第2款是关于拘传期限的规定。“一次拘传持续的时间最长不得超过十二小时”，是指人民检察院根据案件情况可以多次拘传犯罪嫌疑人，但每一次拘传持续的时间最长都不能超过12小时。这里既不是指人民检察院只能对犯罪嫌疑人拘传一次，也不是指多次拘传累计持续时间不得超过12小时。“连续拘传”，是指拘传持续时间虽有中断，没有一直持续下来，但两次拘传之间的间隔时间太短，不能给犯罪嫌疑人必要的饮食、睡眠时间，使犯罪嫌疑人难以维持基本生存条件，其实质变成了“变相拘禁”。究竟两次拘传之间间隔多长时间才是没有以连续拘传的方式变相拘禁犯罪嫌疑人，本款没有规定。这是因为实践中办案情况十分复杂，对间隔时间作出具体的“一刀切”的规定，反而不利于人民检察院的办案工作，也不符合办案实际，难以准确体现立法精神。实践中应当根据拘传持续的时间长短合理确定两次拘传的间隔时间，准确理解、执行“不得以连续拘传的方式变相拘禁犯罪嫌疑人”的精神实质。

第三十五条［拘传的地点］

人民检察院拘传犯罪嫌疑人，应当在犯罪嫌疑人所在市、县内的地点进行。

犯罪嫌疑人的工作单位、户籍地与居住地不在同一市、县的，拘传应当在犯罪嫌疑人的工作单位所在的市、县进行；特殊情况下，也可以在犯罪嫌疑人户籍地或者居住地所在的市、县内进行。

【条文释义】 本条是关于拘传地点的规定。

本条第1款是关于拘传应在犯罪嫌疑人所在市、县内的地点进行的规定，第2款是关于如何确定“犯罪嫌疑人所在市、县”的规定。第1款规定的“犯罪嫌疑人所在市、县内的地点”从字面意义上可以理解为所在市、县内的所有地点，但由于拘传的特殊性，该地点不能是羁押地点（如看守所等），否则就将拘传变成了羁押。实践中一般都是在人民检察院、犯罪嫌疑人所在单位或其他适当地点进行。第2款规定的犯罪嫌疑人的“工作单位”，是指犯罪嫌疑人工作的地方；“户籍地”，是指犯罪嫌疑人户口关系所在的地方；“居住地”，是指犯罪嫌疑人日常居住的地方。由于我国的人口流动比较频繁，犯罪嫌疑人工作单位、户籍地与居住地不在同一市、县的情况比较多，将哪一个地方确定为犯罪嫌疑人的“所在市、县”，对人民检察院办案工作具有一定的影响。第2款根据人民检察院直接立案侦查的案件都是职务犯罪案件的特点和人民检察院确定地域管辖的原则，规定当工作单位、户籍地与居住地三者不一致时，拘传应在犯罪嫌疑人工作单位所在的市、县进行，但特殊情况下，也可以在犯罪嫌疑人户籍地、居住地所在的市、县内进行。这里的“特殊情况”，主要是指案件是由犯罪嫌疑人户籍地、居住地的人民检察院办理的；或者人民检察院所办案件的同案犯罪嫌疑人不是国家工作人员，没有工作单位的；或者在犯罪嫌疑人户籍地、居住地所在的市、县拘传更有利于办案或更有利于保护犯罪嫌疑人的合法权益等。

本条规定的“市”一般是指县级市，即不设区的市；在设区的市拘传犯罪嫌疑人，一般也应当在区范围内进行，必要时才可以跨区进行，但不能跨县进行。

第三十六条［拘传期限内强制措施的变更］

需要对被拘传的犯罪嫌疑人变更强制措施的，应当经检察长或者检察委员会决定，在拘传期限内办理变更手续。

在拘传期间内决定不采取其他强制措施的，拘传期限届满，应当结束拘传。

【条文释义】　本条是关于在拘传期限内如何变更强制措施和不变更强制措施的法律结果的规定。

本条第1款是关于在拘传期限内如何变更强制措施的规定。由于拘传持续的时间最长不得超过12小时，拘传期限一到，即使人民检察院没有完成讯问任务，没有达到拘传的目的，也不能再限制犯罪嫌疑人的人身自由，因此，在拘传期限内变更强制措施对人民检察院办案工作具有重要意义。这里的“变更强制措施”，是指将拘传措施改变为取保候审、监视居住、拘留或逮捕措施。“在拘传期限内”，是指在犯罪嫌疑人到达指定地点后的12小时以内。“办理变更手续”是指要制作采取取保候审等其他强制措施的正式法律文书。

本条第2款是关于不变更强制措施的法律后果的规定。这里的“不采取其他强制措施”既包括人民检察院已经决定不采取取保候审、监视居住、拘留、逮捕等措施，也包括在拘传期限内没有作出是否采取其他强制措施、采取何种强制措施的决定。无论属于哪种情形，拘传期限届满，都应当结束拘传，以维护犯罪嫌疑人的合法权益。

第二节　取保候审

第三十七条［取保候审的适用范围］

人民检察院对于有下列情形之一的犯罪嫌疑人，可以取保候审：

（一）可能判处管制、拘役或者独立适用附加刑的；

（二）可能判处有期徒刑以上刑罚，不予逮捕不致发生社会危险性的；

（三）对被拘留的人，需要逮捕而证据尚不符合逮捕条件的；

（四）应当逮捕但患有严重疾病的；

（五）应当逮捕但正在怀孕或者哺乳自己婴儿的；

（六）被羁押的犯罪嫌疑人不能在法定侦查羁押、审查起诉期限内结案，需要继续侦查或者审查起诉的；

（七）持有有效护照或者其他有效出境证件，可能出境逃避侦查，但不需要逮捕的。

【条文释义】　本条是关于取保候审适用范围的规定。

取保候审，是指人民检察院依法责令犯罪嫌疑人提供保证人或者交纳保证金，保证不逃避或者妨碍侦查、起诉，并随传随到的一种强制措施。本条规定了取保候审的适用范围，共有7种情形：

1. 可能判处管制、拘役或者独立适用附加刑的。本项规定是根据可能对犯罪嫌疑人判处的刑罚轻重程度来决定的。我国《刑法》规定了死刑、无期徒刑、有期徒刑、拘役、管制5种主刑和罚金、剥夺政治权利、没收财产3种附加刑。管制是对犯罪分子不关押，由公安机关和群众对其进行监督的一种刑罚；拘役是对犯罪分子进行短期剥夺人身自由的一种刑罚，刑期为1个月以上6个月以下；3种附加刑都不剥夺、限制犯罪分子的人身自由。管制、拘役、独立适用附加刑都适用于犯罪情节较轻的犯罪分子，因此，在诉讼进行过程中对犯罪嫌疑人可以不予关押，而采取取保候审措施。

2. 可能判处有期徒刑以上刑罚，不予逮捕不致发生社会危险性的。这样规定是考虑到有些人虽然所犯罪行比较严重，可能被判处有期徒刑以上刑罚，但有些是过失犯罪，或者有些虽是故意犯罪，但行为人主观恶性较小，如偶犯等，对这些犯罪嫌疑人不予逮捕、不予关押不致发生社会危险性，因此，也可以采取取保候审措施。这里，不予逮捕是否会发生社会危险性，是衡量是否适用取保候审措施的关键。“社会危险性”包括两方面的内容：一是犯罪嫌疑人可能实施逃跑、自杀，干扰证人作证，毁灭、伪造证据，串供等妨碍诉讼活动正常进行的行为；二是犯罪嫌疑人可能实施新的犯罪行为。是否会发生社会危险性，一般要根据犯罪嫌疑人各方面的情况和案件的全面情况进行综合判定，如犯罪的性质、危害结果、犯罪嫌疑人犯罪的动机、悔罪表现、一贯表现等。本项规定具有一定的弹性，实践中要根据具体案情判断是否可以适用取保候审措施。为了限制本项规定被滥用，《人民检察院刑事诉讼规则》第38条对该情形的适用作了限制性规定。

3. 对被拘留的人，需要逮捕而证据尚不符合逮捕条件的。“被拘留的人”，是指已经被采取拘留措施的犯罪嫌疑人；“需要逮捕”，是指根据目前掌握的材料判断需要对犯罪嫌疑人采取逮捕措施；“证据尚不符合逮捕条件”，是指目前获取的证据达不到逮捕所要求的“有证据证明有犯罪事实”的程度。在这种情况下对犯罪嫌疑人采取取保候审措施，既考虑到了人民检察院与犯罪作斗争的需要，又考虑到了维护公民合法权益的需要。

4. 应当逮捕但患有严重疾病的。“应当逮捕”，是指根据案件的事实、证据情况和犯罪嫌疑人的个人情况，对犯罪嫌疑人应当采取逮捕措施予以羁押，也即从证据上讲已经达到了逮捕条件的要求，从事实上讲可能要判处有期徒刑以上刑罚，从社会危害性判定上讲也有必要采取逮捕措施。“患有严重疾病”，是指犯罪嫌疑人患有严重疾病，如果予以羁押不利于治疗疾病，对犯罪嫌疑人的健康会造成重大危害，难以恢复甚至会危及生命。本项规定主要是基于人道主义的考虑。本项没有规定“严重疾病”的种类、范围，实践中要根据具体情况判定。

5. 应当逮捕但正在怀孕或者哺乳自己婴儿的。本项是基于人道主义考虑，为保护胎儿、婴儿的发育、成长而作的规定。“应当逮捕”与第 4 项“应当逮捕”的含义相同。“哺乳自己婴儿”，是指犯罪嫌疑人自分娩后不满 1 年，尚处于法律规定的哺乳期。

6. 被羁押的犯罪嫌疑人不能在法定侦查羁押、审查起诉期限内结案，需要继续侦查或者审查起诉的。这里的“被羁押的犯罪嫌疑人”，是指被采取逮捕措施的犯罪嫌疑人；法定侦查羁押期限，是指被采取逮捕措施以后的羁押期限，包括《刑事诉讼法》第 124 条、第 126 条和第 127 条规定的期限和根据《刑事诉讼法》第 128 条规定重新计算侦查羁押期限后的期限；“审查起诉期限”，是指《刑事诉讼法》第 138 条规定的期限和第 140 条规定的补充侦查的期限。至于被拘留的人变更为取保候审的条件，不适用本项规定而适用第 3 项的规定。这里的“不能”结案，是指不能在侦查羁押期限内（包括依法延长侦查羁押期限和重新计算侦查羁押期限后）作出撤销案件的决定或者提出移送审查起诉、移送审查不起诉的意见；不能在审查起诉期限内（包括补充侦查后）作出提起公诉或者不起诉的决定。“需要继续侦查或者审查起诉”，是指人民检察院虽然不能在法定期限内办结，但根据已经掌握的事实、证据情况，对案件还有继续侦查、审查起诉以作出法律结论的必要性和可能性。实践中要判断有无继续办案的必要性和可能性，不能不加分析地适用该规定。本项规定是强制性规定，只要在法定侦查羁押期限、审查起诉期限内不能结案，又需要继续侦查、审查起诉的，无论被羁押的犯罪嫌疑人所犯罪行是否严重、是否符合其他取保候审条件，均应解除羁押，予以取保候审。

7. 持有有效护照或者其他有效出境证件，可能出境逃避侦查，但不需要逮捕的。本项是根据办案实践的需要而作的规定。本项规定的“护照”，是指一个主权国家发给本国公民的出入国境和在国外定居、旅行的合法身份证明和国籍证明。“其他有效出境证件”包括签证、出国旅游证明等，只要持有该证明可以出境，就属于“其他有效出境证件”。本项规定的“可能出境逃避侦查”包括可能到我国香港特别行政区和澳门特别行政区以及我国台湾地区以逃避侦查。

本条规定对具有上述7种情形的犯罪嫌疑人"可以取保候审"，不是"应当取保候审"。"可以取保候审"包括2层含义：（1）根据《刑事诉讼法》和《人民检察院刑事诉讼规则》的规定，取保候审的7种情形也是监视居住的7种情形，因此，对符合取保候审条件的犯罪嫌疑人，人民检察院既可以采取取保候审，也可以采取监视居住。（2）有些情形，如第4项、第5项情形，对犯罪嫌疑人本应逮捕，只是出于人道主义的考虑才规定可以取保候审。在这种情况下，如果适用取保候审具有很大的社会危险性，则可以不采取取保候审措施，而将犯罪嫌疑人予以逮捕。

第三十八条［不得取保候审的特殊情形］

人民检察院对于严重危害社会治安的犯罪嫌疑人，以及其他犯罪性质恶劣、情节严重的犯罪嫌疑人不得取保候审。

【条文释义】 本条是关于对具有特殊情形的犯罪嫌疑人不得取保候审的规定。

对犯罪嫌疑人取保候审，尤其是对可能判处有期徒刑以上刑罚的犯罪嫌疑人取保候审，关键在于不予逮捕会发生社会危险性。为了防止取保候审被滥用，本条对取保候审作了限制性适用规定。本条规定的"严重危害社会治安的犯罪嫌疑人"，是指实施杀人、伤害、抢劫、爆炸、绑架、强奸、贩毒等严重危害社会安全犯罪行为的犯罪嫌疑人；"其他犯罪性质恶劣、情节严重的犯罪嫌疑人"，是指虽然没有实施严重危害社会治安的犯罪行为，但实施的其他犯罪行为对社会的影响十分恶劣，或者犯罪手段残忍、危害后果十分严重、民愤很大的犯罪嫌疑人。适用本条应当注意，本条规定既不局限于几种犯罪，又不是指对大部分犯罪案件都不能适用取保候审，是否适用取保候审主要看是否会发生社会危险性。

第三十九条［人民检察院可以根据申请决定取保候审］

被羁押的犯罪嫌疑人及其法定代理人、近亲属和委托的律师申请取保候审，经审查具有本规则第三十七条规定情形之一的，经检察长决定，可以对犯罪嫌疑人取保候审。

【条文释义】 本条是关于人民检察院可以根据被羁押的犯罪嫌疑人及其法定代理人、近亲属和委托的律师的申请作出取保候审决定的规定。

取保候审是人民检察院根据案件情况作出的决定，一般都是由承办人员提出意见，部门负责人审核，检察长决定。为了保护犯罪嫌疑人的权益，法律规定被羁押的犯罪嫌疑人及其法定代理人、近亲属和委托的律师的申请也是提起适用取保候审的方式之一。本条规定的“被羁押的犯罪嫌疑人”，是指被拘留、逮捕的犯罪嫌疑人；“法定代理人”，是指犯罪嫌疑人的父母、养父母、监护人和负有保护责任的机关、团体的代表；“近亲属”，是指犯罪嫌疑人的夫、妻、父、母、子、女、同胞兄弟姐妹；“委托的律师”包括犯罪嫌疑人在侦查阶段委托的提供法律帮助的律师和在审查起诉阶段委托的辩护律师。上述人员的申请并不必然产生对犯罪嫌疑人适用取保候审的法律后果，是否适用还要由人民检察院审查决定。“具有本规则第三十七条规定情形之一”，是指被羁押的犯罪嫌疑人具有《人民检察院刑事诉讼规则》第37条规定的7种情形之一，即符合取保候审的条件。对被羁押的犯罪嫌疑人适用取保候审，要由检察长决定。这里的“检察长”包括主管副检察长。

第四十条［取保候审申请审查期限和结果］

被羁押的犯罪嫌疑人及其法定代理人、近亲属和聘请的律师向人民检察院申请取保候审，人民检察院应当在七日内作出是否同意的答复。经审查符合本规则第三十七条规定情形之一的，对被羁押的犯罪嫌疑人依法办理取保候审手续；经审查不符合取保候审条件的，应当告知申请人，并说明不同意取保候审的理由。

【条文释义】　本条是关于人民检察院对被羁押的犯罪嫌疑人及其法定代理人、近亲属和聘请的律师的取保候审申请审查期限和审查结果的规定。

本条规定被羁押的犯罪嫌疑人及其法定代理人、近亲属和聘请的律师申请取保候审的，人民检察院应当在7日内作出是否同意的答复。“是否同意”，是指是否同意取保候审申请、对犯罪嫌疑人采取取保候审措施。本条规定的“依法办理取保候审手续”是包括确定担保方式、确定保证金数额或审查保证人资格、制作取保候审决定书等程序。根据本条规定，对取保候审申请审查后认为不符合取保候审条件的，人民检察院应当将审查结果，即不同意对被羁押的犯罪嫌疑人取保候审的结果告知申请人，并告知申请人不同意对犯罪嫌疑人采取取保候审措施的原因。

【驳回申请决定书的制作】

驳回申请决定书的制作参见本书第22条。

第四十一条［取保候审的方式］

人民检察院决定对犯罪嫌疑人取保候审，应当责令犯罪嫌疑人提出保证人或者交纳保证金。

【条文释义】　本条是关于取保候审方式的规定。

本条规定了两种取保候审的方式，即由犯罪嫌疑人提出保证人，或者由犯罪嫌疑人交纳保证金。本条规定的“保证人”，是指以自己的人格和信誉担保犯罪嫌疑人不被羁押不会继续危害社会和妨碍诉讼，保证犯罪嫌疑人随传随到、候审不误的公民。“保证金”，是指犯罪嫌疑人保证自己不会继续危害社会和妨碍诉讼，保证随传随到、候审不误而交纳的具有担保性质的现金。提供保证人的担保方式通常被称为保证人担保或人保；交纳保证金的担保方式通常被称为保证金担保或财产保。两种担保方式的内容不同，但对被担保人都有一定的约束力，有利于发挥取保候审的作用，因此，本条规定人民检察院决定对犯罪嫌疑人取保候审的，应当责令其提供保证人或交纳保证金，否则不能对其取保候审。本条规定的“或者”为选择关系，或者采取保证人担保的方式，或者采取保证金担保的方式，但二者不能同时适用。

第四十二条 ［保证人的条件］

采取保证人担保方式的，保证人必须符合刑事诉讼法第五十四条的规定，并经人民检察院审查同意。

【条文释义】 本条是关于保证人条件的规定。

为保证取保候审措施的有效适用，必须对保证人规定一定的条件，以真正起到担保的作用。本条规定了保证人的两个条件。

第一个条件是“符合刑事诉讼法第五十四条的规定”，具体是指符合《刑事诉讼法》第54条规定的下列4个条件：（1）与本案无牵连。保证人与犯罪嫌疑人所涉嫌的案件应当没有任何牵扯，既不是同案犯，也不是证人或被害人。（2）有能力履行保证义务。保证人不但本人具有民事行为能力、诉讼行为能力，而且还对被保证人具有实际的影响力以及具有履行保证义务的条件等。总之，要具有实际担保能力。实践中，保证人是否有能力履行保证义务，要根据情况综合认定，不能仅凭保证人或被保证人的说明。（3）享有政治权利，人身自由未受到限制。这里的“享有政治权利”，是指保证人未被剥夺政治权利，享有选举权和被选举权；言论、出版、集会、结社、游行、示威的自由；担任国家机关职务的权利；担任企业、事业单位和人民团体领导职务的权利。“人身自由未受到限制”，是指保证人未受到任何限制或剥夺人身自由的刑罚处罚、刑事强制措施、行政处罚、行政强制措施或民事司法处分。具体讲是指保证人未被判处刑罚中的主刑，未被拘传、取保候审、监视居住、拘留或逮捕，未被治安拘留，未被劳动教养，未被民事拘留等。这里的“未受到限制”，是指担任保证人时不是处于被限制的状态，而不是指从未被限制过。（4）有固定的住处和收入。保证人在被保证人居住地有自己常住的居所和稳定的经济收入。

第二个条件"经人民检察院审查同意"，是指保证人虽然具备《刑事诉讼法》第54条规定的条件，但是否能在本案中担任保证人，人民检察院还要根据案件的具体情况综合考虑，作出决定。

第四十三条［保证人的义务］

人民检察院应当告知保证人履行以下义务：

（一）监督被保证人遵守刑事诉讼法第五十六条的规定；

（二）发现被保证人可能发生或者已经发生违反刑事诉讼法第五十六条规定的行为的，及时向执行机关报告。

保证人保证承担上述义务后，应当在取保候审保证书上签名或者盖章。

【条文释义】　本条是关于保证人义务的规定。

本条第1款是关于保证人义务内容的规定。根据本款规定，保证人的义务有两项：（1）"监督被保证人遵守刑事诉讼法第五十六条的规定"，即监督被保证人不离开所居住的市、县；在传讯的时候及时到案；不以任何形式干扰证人作证；不串供、毁灭、伪造证据。（2）"发现被保证人可能发生或者已经发生违反刑事诉讼法第五十六条规定的行为的，及时向执行机关报告"，即保证人在履行保证义务过程中，如果发现被保证人有违反规定的企图，可能发生违反规定的行为，或者已经发现被保证人的行为违反了法律规定的义务的，应当毫不拖延地、尽快地向执行机关报告。这里的"执行机关"，是指公安机关。实践中如果保证人向作出取保候审决定的人民检察院报告的，也应视为履行了保证义务。

本条第2款是关于保证人应当在保证书上签名或者盖章的规定。"保证书"是保证人承担保证义务的书面证明，从理论上讲应由保证人自己书写。实践中为了方便，人民检察院印制有统一格式的保证书，将保证人义务内容直接印制在保证书上，保证人在上面签名或者盖章即可。因此，本款规定保证人保证承担保证义务后应在保证书上签名或者盖章。

【保证书的制作】

（一）制作方法

保证书为四联填充式文书，各联的内容和制作要求如下：

1. 第一联存根。

（1）首部。包括：文书名称，即"保证书"；文书编号，即"　检　保书〔　〕　号"，"检"前空余地方填写制作本文书的人民检察院的简称，"检"与"保书"之间的空余地方填写人民检察院具体办案部门的简称，中括号内填写制作本文书的年度，中括号与"号"之间的空余地方填写本文书在该年度的序号。在文书名称下面标有"（存　根）"字样。

（2）正文。包括：案由，可以根据案件中犯罪嫌疑人所涉嫌的罪名填写为“贪污罪”、“受贿罪”、“挪用公款罪”等，如果因涉嫌多个罪名而立案的，应将所涉嫌的罪名填写全；犯罪嫌疑人，即被取保候审人，填写姓名；保证人，填写姓名、性别、年龄、住址；保证人与犯罪嫌疑人之间的关系；保证人填写保证书的日期，应具体到年、月、日；制作本文书的批准人的姓名或者名称；具体办理这一案件的承办人的姓名；填发本文书的填发人的姓名；填发本文书的时间。

2. 第二联副本。

（1）首部。包括：文书名称和文书编号，其制作方法与第一联首部的要求一样，只是在文书名称下面标有“（副　本）”字样。

（2）正文。包括：保证人的住址；保证人的工作单位名称；被保证人即被取保候审人的姓名；保证人与被保证人的关系；填写本文书的日期，具体到年、月、日；作出取保候审决定的人民检察院名称；“此致”之下的画线处也填写作出取保候审决定的人民检察院名称。

（3）尾部。包括：保证人签名或者盖章；制作本文书的时间，具体到年、月、日。

3. 第三联正本。

（1）首部。包括：文书名称和文书编号，其制作方法与第一联首部的要求一样。

（2）正文。依次填写的具体内容和填写要求与第二联正文一样。

（3）尾部。包括：保证人签名或者盖章；制作本文书的时间，具体到年、月、日。

4. 第四联正本。

（1）首部。包括：文书名称和文书编号，其制作方法与第一联首部的要求一样。

（2）正文。依次填写的具体内容和填写要求与第二联正文一样。

（3）尾部。包括：保证人签名或者盖章；制作本文书的时间，具体到年、月、日。附注，即必须同时附有《刑事诉讼法》第55条、第56条的法律条文。

（二）使用说明

在具体使用时，应注意以下问题：本文书应当以被取保候审的人次为单位制作，即对于同一个犯罪嫌疑人，每一次决定采取取保候审时均应单独制作保证书；一次对多名犯罪嫌疑人决定取保候审的，应当对每一个犯罪嫌疑人均单独制作保证书。使用本文书时，应当向保证人告知其应履行的义务；保证人保证承担法定义务后，应当在保证书上签名或者盖章。

人民法院、人民检察院和公安机关决定对犯罪嫌疑人、被告人取保候审，应当责令犯罪嫌疑人、被告人提出保证人或者交纳保证金。《刑事诉讼法》第54

条规定："保证人必须符合下列条件：（一）与本案无牵连；（二）有能力履行保证义务；（三）享有政治权利，人身自由未受到限制；（四）有固定的住处和收入。"第55条规定："保证人应当履行以下义务：（一）监督被保证人遵守本法第五十六条的规定；（二）发现被保证人可能发生或者已经发生违反本法第五十六条规定的行为的，应当及时向执行机关报告。被保证人有违反本法第五十六条规定的行为，保证人未及时报告的，对保证人处以罚款，构成犯罪的，依法追究刑事责任。"第56条规定："被取保候审的犯罪嫌疑人、被告人应当遵守以下规定：（一）未经执行机关批准不得离开所居住的市、县；（二）在传讯的时候及时到案；（三）不得以任何形式干扰证人作证；（四）不得毁灭、伪造证据或者串供。被取保候审的犯罪嫌疑人、被告人违反前款规定，已交纳保证金的，没收保证金，并且区别情形，责令犯罪嫌疑人、被告人具结悔过，重新交纳保证金、提出保证人或者监视居住、予以逮捕。犯罪嫌疑人、被告人在取保候审期间未违反前款规定的，取保候审结束的时候，应当退还保证金。"

根据《人民检察院刑事诉讼规则》的有关规定，除《刑事诉讼法》第51条规定的"可能判处管制、拘役或者独立适用附加刑的"和"可能判处有期徒刑以上刑罚，采取取保候审、监视居住不致发生社会危险性的"的两种情形以外，还有以下五种情形对犯罪嫌疑人可以取保候审：（1）对被拘留的人，需要逮捕而证据尚不符合逮捕条件的；（2）应当逮捕但患有严重疾病的；（3）应当逮捕但正在怀孕或者哺乳自己婴儿的；（4）被羁押的犯罪嫌疑人不能在法定侦查羁押、审查起诉期限内结案，需要继续侦查或者审查起诉的；（5）持有有效护照或者其他有效出境证件，可能出境逃避侦查，但不需要逮捕的。人民检察院对于严重危害社会治安的犯罪嫌疑人，以及其他犯罪性质恶劣、情节严重的犯罪嫌疑人不得取保候审。以保证人方式担保的，应当将取保候审保证书同时送达公安机关。采取保证金担保方式的，被取保候审人拒绝交纳保证金或者交纳保证金不足决定数额时，人民检察院应当作出变更取保候审措施、变更保证方式或者变更保证金数额的决定，并将变更情况通知公安机关。对犯罪嫌疑人继续取保候审的，取保候审的时间应当累计计算。人民检察院决定对犯罪嫌疑人取保候审，最长不得超过12个月。取保候审期限届满或者发现不应当追究犯罪嫌疑人的刑事责任的，应当及时解除或者撤销取保候审。解除或者撤销取保候审的决定，应当及时通知执行机关，并将解除或者撤销取保候审的决定书送达犯罪嫌疑人；有保证人的，还应当通知保证人解除担保义务。

根据最高人民法院、最高人民检察院、公安部、国家安全部《关于取保候审若干问题的规定》的规定，对同一犯罪嫌疑人、被告人决定取保候审的，不得同时使用保证人保证和保证金保证。采取保证人形式取保候审的，被取保候审人违反《刑事诉讼法》第56条的规定，保证人未及时报告的，经查证属实后，由县级以上执行机关对保证人处 1000 元以上 2 万元以下罚款，并将有关情况及时通知决定机关。执行机关应当向保证人宣布罚款决定，并告知其如不服本决定，可以在收到对保证人罚款决定书后的 5 日以内，向执行机关的上一级主管机关申请复核一次。上一级主管机关收到复核申请后，应当在 7 日内作出复核决定。没收取保候审保证金和对保证人罚款均系刑事司法行为，不能提起行政诉讼。当事人如不服复核决定，可以依法向有关机关提出申诉。采取保证人形式取保候审的，执行机关发现保证人丧失了担保条件时，应当书面通知决定机关。决定机关收到执行机关的书面通知后，应当责令被取保候审人重新提出保证人或者交纳保证金，或者作出变更强制措施的决定，并通知执行机关。

本文书四联之间的骑缝线上均有本文书文号，应当按照本文书第四联中文号的填写方法予以填写。

本文书共四联，第一联统一保存，第二联附卷，第三联送达执行机关，第四联送达保证人。

（三）文书格式（见下页）

保　证　书
（存　根）

检　保书〔　　〕　号

案由＿＿＿＿＿＿＿＿

犯罪嫌疑人＿＿＿＿＿＿

保证人＿＿＿＿＿＿＿

性 别＿＿＿＿年 龄＿＿＿＿

住　址＿＿＿＿＿＿＿

与犯罪嫌疑人关系＿＿＿＿

保证日期＿＿＿＿＿＿

批准人＿＿＿＿＿＿＿

承办人＿＿＿＿＿＿＿

填发人＿＿＿＿＿＿＿

填发时间＿＿＿＿＿＿

第一联统一保存

检　保书〔　　〕　号

保　证　书
（副　本）

检　保书〔　　〕　号

我住在＿＿＿＿＿＿＿＿＿＿，在＿＿＿＿＿＿＿工作，与被保证人＿＿＿＿＿＿＿是＿＿＿＿＿＿＿关系，我于＿＿＿＿＿年＿＿＿月＿＿＿日向＿＿＿＿＿＿＿人民检察院自愿作如下保证：

严格履行《中华人民共和国刑事诉讼法》第五十五条规定的义务，监督被保证人遵守《中华人民共和国刑事诉讼法》第五十六条的规定，发现被保证人可能发生或者已经发生违反《中华人民共和国刑事诉讼法》第五十六条规定的行为，及时向执行机关报告。

此致

＿＿＿＿＿＿＿人民检察院

保证人：＿＿＿＿＿＿＿

年　　月　　日

第二联附卷

检　保书〔　　〕　号

保　证　书

检　保书〔　　〕　号

我住在＿＿＿＿＿＿＿＿＿＿，在＿＿＿＿＿＿＿工作，与被保证人＿＿＿＿＿＿＿是＿＿＿＿＿＿＿关系，我于＿＿＿＿＿年＿＿＿月＿＿＿日向＿＿＿＿＿＿＿人民检察院自愿作如下保证：

严格履行《中华人民共和国刑事诉讼法》第五十五条规定的义务，监督被保证人遵守《中华人民共和国刑事诉讼法》第五十六条的规定，发现被保证人可能发生或者已经发生违反《中华人民共和国刑事诉讼法》第五十六条规定的行为，及时向执行机关报告。

此致

＿＿＿＿＿＿＿人民检察院

保证人：＿＿＿＿＿＿＿

年　　月　　日

第三联送达执行机关

检　保书〔　　〕　号

保　证　书

检　保书〔　　〕　号

我住在＿＿＿＿＿＿＿＿＿＿，在＿＿＿＿＿＿＿工作，与被保证人＿＿＿＿＿＿＿是＿＿＿＿＿＿＿关系，我于＿＿＿＿＿年＿＿＿月＿＿＿日向＿＿＿＿＿＿＿人民检察院自愿作如下保证：

严格履行《中华人民共和国刑事诉讼法》第五十五条规定的义务，监督被保证人遵守《中华人民共和国刑事诉讼法》第五十六条的规定，发现被保证人可能发生或者已经发生违反《中华人民共和国刑事诉讼法》第五十六条规定的行为，及时向执行机关报告。

此致

＿＿＿＿＿＿＿人民检察院

保证人：＿＿＿＿＿＿＿

年　　月　　日

附：《中华人民共和国刑事诉讼法》第五十五条、第五十六条（略）

第四联送达保证人

第四十四条 ［保证金的数额］

采取保证金担保方式的，人民检察院可以根据犯罪的性质和情节、犯罪嫌疑人的人身危险性、经济状况和涉嫌犯罪数额，责令犯罪嫌疑人交纳一千元以上的保证金。

【条文释义】 本条是关于保证金数额的规定。

根据本条规定，人民检察院决定取保候审的，应当责令犯罪嫌疑人交纳1000元以上的保证金。这里的数额包括1000元的本数在内。本条规定的确定保证金数额的因素包括：(1)“犯罪的性质和情节”，是指犯罪嫌疑人涉嫌的罪名和犯罪的动机、目的、手段、危害后果等。(2)“犯罪嫌疑人的人身危险性”，是指犯罪嫌疑人再次犯罪的可能性和实施妨碍诉讼行为的可能性。人身危险性越大，收取的保证金相应越高。判断人身危险性的大小，要从犯罪的情节和犯罪嫌疑人的个人情况等方面综合考虑。(3)“经济状况”，是指犯罪嫌疑人的经济收入情况。确定保证金数额，既要能发挥保证金的作用，又要使犯罪嫌疑人能够担负得起。(4)“涉嫌犯罪数额”，是指在含有经济内容的犯罪中犯罪数额的大小。一般而言，犯罪数额愈大，社会危害性就愈大，收取的保证金就愈高。

本条没有规定保证金数额的上限，是为了适应实践中不同案件的需要。但是并不能对犯罪嫌疑人收取过高的保证金，不能以财产保代替逮捕措施。如果犯罪嫌疑人符合《人民检察院刑事诉讼规则》第38条的规定，便不能再对其取保候审。

第四十五条 ［取保候审的决定程序］

对犯罪嫌疑人取保候审，应当由办案人员提出意见，部门负责人审核，检察长决定。

【条文释义】 本条是关于决定取保候审程序的规定。

本条规定的人民检察院决定适用取保候审措施的内部工作程序与其他内部工作程序相同，即由办案人员提出意见，部门负责人审核，检察长决定。这里的“办案人员”，是指承办案件的检察人员。“部门负责人”，是指办案人员所在的侦查部门或者审查起诉部门及其他部门的负责人。“检察长”也包括主管副检察长。实践中，人民检察院决定取保候审，首先应当确定担保方式。确定采取保证人担保方式的，要让犯罪嫌疑人提供保证人并由人民检察院审查同意；采取保证金担保方式的，应当确定保证金数额。在确定保证人或者保证金数额后，人民检察院才能制作取保候审决定书、执行通知书。

第四十六条 ［取保候审决定的宣告］

人民检察院应当向取保候审的犯罪嫌疑人宣读取保候审决定书，由犯罪嫌疑人签名或者盖章，并责令犯罪嫌疑人遵守刑事诉讼法第五十六条的规定，告知其违反规定应负的法律责任；以保证金方式担保的，应当同时告知犯罪嫌疑人到指定的公安机关交纳保证金。

【条文释义】 本条是关于向犯罪嫌疑人宣告取保候审决定的规定。

本条规定了以下几项内容：

1. 人民检察院决定取保候审的，应当向犯罪嫌疑人宣读取保候审决定书的内容，并且由犯罪嫌疑人在决定书上签名或者盖章。

2. 人民检察院宣读取保候审决定书后，还应当责令犯罪嫌疑人遵守《刑事诉讼法》第56条的规定，告知其违反规定应负的法律责任。也即人民检察院应当责令犯罪嫌疑人遵守以下规定：未经执行机关批准不得离开所居住的市、县；在传讯的时候及时到案；不得以任何形式干扰证人作证；不得毁灭、伪造证据或者串供。犯罪嫌疑人违反上述规定，已交纳保证金的，要没收保证金，并且可以区别情形，责令犯罪嫌疑人具结悔过、重新交纳保证金、提出保证人或者监视居住、予以逮捕。实践中，人民检察院制作的取保候审决定书上附有《刑事诉讼法》第56条的规定。人民检察院将决定书送达犯罪嫌疑人时，还应当口头告知其《刑事诉讼法》第56条的规定。

3. 以保证金方式担保的，应当同时告知犯罪嫌疑人到指定的公安机关交纳保证金。根据本条规定，人民检察院决定对犯罪嫌疑人取保候审并采取财产保方式的，保证金由执行的公安机关收取，人民检察院不予收取。对犯罪嫌疑人如何到公安机关交纳保证金，有两种意见：一种意见认为，人民检察院拟决定取保候审时就应告知犯罪嫌疑人到公安机关交纳保证金，凭公安机关的收款凭证再制作取保候审决定书，这样可以防止决定与交纳的脱节；另一种意见认为，应当先作出取保候审决定，再告知犯罪嫌疑人到公安机关交纳，这样符合《刑事诉讼法》第53条规定的程序，也有利于保护犯罪嫌疑人的合法权利。本条采纳了后一种意见。这里的“指定的公安机关”，是指执行取保候审决定的公安机关，公安机关可以指定专门收取保证金的金融机构，由犯罪嫌疑人直接到该金融机构交纳保证金，但从性质上讲，仍属于到公安机关交纳保证金。

【取保候审决定书、执行通知书的制作】

（一）制作方法

取保候审决定书、执行通知书为三联填充式文书，各联的内容和制作方法如下：

1. 第一联取保候审决定书存根。

（1）首部。包括：制作本文书的人民检察院名称；文书名称，即“取保候审决定书”；文书编号，即“ 检 保〔 〕 号”，“检”前空余地方填写制作本文书的人民检察院的简称，“检”与“保”之间的空余地方填写人民检察院具体办案部门的简称，中括号内填写制作本文书的年度，中括号与“号”之间的空余地方填写本文书在该年度的序号。在文书名称下面标有“（存 根）”字样。

（2）正文。包括：案由，可以根据案件中犯罪嫌疑人所涉嫌的罪名填写为“贪污罪”、“受贿罪”、“挪用公款罪”等，如果因涉嫌多个罪名而立案的，应将所涉嫌的罪名填写全；犯罪嫌疑人基本情况，包括姓名、性别、年龄、工作单位、住址、身份证号码、是否人大代表或政协委员，上述犯罪嫌疑人的基本情况，并不是要求每一项内容都必须填写完整、清楚，制作时可以根据具体案件的需要和实际掌握的情况加以填写；保证人的姓名或者保证金的数额；负责执行取保候审的机关名称；本文书的批准人的姓名或者名称；具体办理这一案件的承办人的姓名；填发本文书的填发人的姓名；填发本文书的时间。

2. 第二联取保候审决定书副本。

（1）首部。包括：制作本文书的人民检察院名称、文书名称、文书编号，填写要求与第一联一样，不同的是在文书名称下面标有“（副 本）”字样。

（2）正文。包括：被取保候审的犯罪嫌疑人的姓名；犯罪嫌疑人涉嫌的罪名；保证人的姓名或者保证金的数额；取保候审起算的时间，具体到年、月、日；执行取保候审的机关名称。

（3）尾部。包括：制作本文书的时间，具体到年、月、日；加盖制作本文书的人民检察院的院印；被取保候审的犯罪嫌疑人填写的向其宣布取保候审决定的日期，具体到年、月、日；被取保候审的犯罪嫌疑人签名或者盖章；作为宣告人的检察人员签名或者盖章。

3. 第三联取保候审执行通知书。

（1）首部。包括：制作本文书的人民检察院名称、文书编号，填写要求与第一联一样；文书名称为“取保候审执行通知书”。

（2）正文。包括：被取保候审的犯罪嫌疑人的姓名；犯罪嫌疑人涉嫌的罪名；保证人的姓名或者保证金的数额；取保候审起算的时间，具体到年、月、日；执行取保候审的机关简称，如“特通知你分局执行”；执行取保候审的机关名称。

（3）尾部。包括：制作本文书的时间，具体到年、月、日；加盖制作本文书的人民检察院的院印；“注”后依次填写被取保候审的犯罪嫌疑人的姓名、性别、年龄、工作单位、住址。

（二）使用说明

在具体使用时，应注意以下问题：本文书应当以被取保候审的人次为单位制作，即对于同一个犯罪嫌疑人，每一次决定采取取保候审时均应单独制作本文书；一次对多名犯罪嫌疑人决定取保候审的，应当对每一个犯罪嫌疑人均单独制作本文书。人民法院、人民检察院和公安机关根据案件情况，对犯罪嫌疑人、被告人可以拘传、取保候审或者监视居住。被羁押的犯罪嫌疑人、被告人及其法定代理人、近亲属有权申请取保候审。人民法院、人民检察院和公安机关决定对犯罪嫌疑人、被告人取保候审，应当责令犯罪嫌疑人、被告人提出保证人或者交纳保证金。被取保候审的犯罪嫌疑人、被告人应当遵守以下规定：（1）未经执行机关批准不得离开所居住的市、县；（2）在传讯的时候及时到案；（3）不得以任何形式干扰证人作证；（4）不得毁灭、伪造证据或者串供。被取保候审的犯罪嫌疑人、被告人违反上述规定，已交纳保证金的，没收保证金，并且区别情形，责令犯罪嫌疑人、被告人具结悔过，重新交纳保证金、提出保证人或者监视居住、予以逮捕。犯罪嫌疑人、被告人在取保候审期间未违反上述规定的，取保候审结束的时候，应当退还保证金。犯罪嫌疑人、被告人被羁押的案件，不能在法律规定的侦查羁押、审查起诉、一审、二审期限内办结，需要继续查证、审理的，对犯罪嫌疑人、被告人可以取保候审或者监视居住。

根据《人民检察院刑事诉讼规则》的有关规定，除《刑事诉讼法》第51条规定的“可能判处管制、拘役或者独立适用附加刑的”和“可能判处有期徒刑以上刑罚，采取取保候审、监视居住不致发生社会危险性的”两种情形以外，还有以下五种情形对犯罪嫌疑人可以取保候审：（1）对被拘留的人，需要逮捕而证据尚不符合逮捕条件的；(2)应当逮捕但患有严重疾病的；（3）应当逮捕但正在怀孕或者哺乳自已婴儿的；（4）被羁押的犯罪嫌疑人不能在法定侦查羁押、审查起诉期限内结案，需要继续侦查或者审查起诉的；（5）持有有效护照或者其他有效出境证件，可能出境逃避侦查，但不需要逮捕的。人民检察院对于严重危害社会治安的犯罪嫌疑人，以及其他犯罪性质恶劣、情节严重的犯罪嫌疑人不得取保候审。对犯罪嫌疑人取保候审，应当由办案人员提出意见，部门负责人审核，检察长决定。向犯罪嫌疑人宣布取保候审决定后，人民检察院应当将取保候审执行通知书送达公安机关执行，并告知公安机关在执行期间拟批准犯罪嫌疑人离开所居住的市、县的，应当征得人民检察院同意。以保证人方式担保的，应当将取保候审保证书同时送达公安机关。采取保证金担保方式的，被取保候审人拒绝交纳保证金或者交纳保证金不足决定数额时，人民检察院应当作出变更取保候审措施、变更保证方式或者变更保证金数额的决定，并将变更情况通知公安机关。公安机关在执行取保候审期间向人民检察院征询是否同意批准犯罪嫌疑人离开所居住的市、县时，人民检察院应当根据案件的具体情况决定。人民检察院对违反《刑事诉讼法》第56条规定的犯罪嫌疑人，已交纳保证金的，应当通知收取保证金的公安机关予以没收，并且根据案件的具体情况，责令犯罪嫌疑人具结悔过、重新交纳保证金、提出保证人或者监视居住、予以逮捕。对犯罪嫌疑人继续取保候审的，取保候审的时间应当累计计算。人民检察院决定对犯罪嫌疑人采取取保候审强制措施的，应当向犯罪嫌疑人宣布，并由其在第二联中签名或者盖章，同时，宣读并责令其遵守《刑事诉讼法》第56条的规定，告知其违反规定应负的法律责任。人民检察院决定取保候审的，一律交由公安机关执行；人民检察院办理国家安全机关移送的犯罪案件决定取保候审的，由国家安全机关执行。

对下列违反取保候审规定的犯罪嫌疑人，应当予以逮捕：（1）企图自杀、逃跑，逃避侦查、审查起诉的；（2）实施毁灭、伪造证据或者串供、干扰证人作证行为，足以影响侦查、审查起诉工作正常进行的；（3）未经批准，擅自离开所居住的市、县，造成严重后果，或者两次未经批准，擅自离开所居住的市、县的；（4）经传讯不到案，造成严重后果，或者两次经传讯不到案的。对在取保候审期间故意实施新的犯罪行为的犯罪嫌疑人，予以逮捕；已交纳保证金的，同时通知公安机关没收保证金。人民检察院决定对犯罪嫌疑人取保候审，最长不得超过12个月。公安机关决定对犯罪嫌疑人取保候审，案件移送人民检察院审查起诉后，对于需要继续取保候审的，人民检察院应当依法对犯罪嫌疑人办理取保候审手续。取保候审的期限应当重新计算并告知犯罪嫌疑人。在取保候审期间，不得中断对案件的侦查、审查起诉。

被羁押的犯罪嫌疑人及其法定代理人、近亲属和委托的律师申请取保候审，经审查符合取保候审条件的，经检察长决定，可以对犯罪嫌疑人取保候审，制作本文书。经审查不符合取保候审条件的，应当告知申请人，并说明不同意取保候审的理由。人民检察院决定对犯罪嫌疑人取保候审，应当责令犯罪嫌疑人提出保证人或者交纳保证金。犯罪嫌疑人及其法定代理人、近亲属或者犯罪嫌疑人委托的律师及其他辩护人认为取保候审超过法定期限，向人民检察院提出解除取保候审要求的，人民检察院经审查认为超过法定期限的，应当制作解除取保候审通知书；认为未超过法定期限的，书面答复申请人时不再制作取保候审决定书，而是制作驳回申请决定书。

根据最高人民法院、最高人民检察院、公安部、国家安全部《关于取保候审若干问题的规定》的规定，对同一犯罪嫌疑人、被告人决定取保候审的，不得同时使用保证人保证和保证金保证。因此，文书中的保证人姓名和保证金数额应当根据实际情况选择适用。采取保证金形式取保候审的，保证金的起点数额为1000元人民币。在侦查或者审查起诉阶段已经采取取保候审的，案件移送至审查起诉或者审判阶段时，如果需要继续取保候审，或者需要变更保证方式或强制措施的，受案机关应当在7日内作出决定，并通知执行机关和移送案件的机关。

受案机关决定继续取保候审的，应当重新作出取保候审决定。对继续采取保证金方式取保候审的，原则上不变更保证金数额，不再重新收取保证金。

《刑事诉讼法》第 96 条第 1 款规定："犯罪嫌疑人在被侦查机关第一次讯问后或者采取强制措施之日起，可以聘请律师为其提供法律咨询、代理申诉、控告。犯罪嫌疑人被逮捕的，聘请的律师可以为其申请取保候审。涉及国家秘密的案件，犯罪嫌疑人聘请律师，应当经侦查机关批准。"因此，检察人员第一次对犯罪嫌疑人进行讯问或者采取强制措施时，应当告知犯罪嫌疑人可以聘请律师为其提供法律咨询、代理申诉、控告或者为其申请取保候审，并将告知情况记明笔录。

本文书三联之间的骑缝线上均有本文书文号，应当按照本文书第二联中文号的填写方法予以填写。

本文书共三联，第一联统一保存，第二联向被取保候审人宣告后附卷，第三联送达执行机关。

（三）文书格式（见下页）

人民检察院
取保候审决定书
（存 根）

检 保〔 〕 号

案由__________
犯罪嫌疑人基本情况（姓名、性别、年龄、工作单位、住址、身份证号码、是否人大代表、政协委员）
____
____
____
____
保证人（保证金数额）______
执行机关__________
批准人__________
承办人__________
填发人__________
填发时间__________

第一联统一保存

检 保〔 〕 号

人民检察院
取保候审决定书
（副 本）

检 保〔 〕 号

犯罪嫌疑人________因涉嫌________，根据《中华人民共和国刑事诉讼法》第五十一条的规定，本院决定对其取保候审，由保证人____担保（由犯罪嫌疑人交纳保证金______元），期限从____年___月___日起算，并由________执行。犯罪嫌疑人在取保候审期间应当遵守《中华人民共和国刑事诉讼法》第五十六条的规定。

年 月 日
（院印）

此决定已于____年___月___日向我宣布。
犯罪嫌疑人：________
宣 告 人：________

第二联向犯罪嫌疑人宣告后附卷

检 保〔 〕 号

人民检察院
取保候审执行通知书

检 保〔 〕 号

犯罪嫌疑人________因涉嫌________，根据《中华人民共和国刑事诉讼法》第五十一条的规定，本院决定对其取保候审，保证人______已向本院出具保证书（犯罪嫌疑人已交纳保证金______元），期限从____年___月___日起算。特通知你____执行。

此致
____

年 月 日
（院印）

注：犯罪嫌疑人______性别______
年龄____工作单位________
住址________

第三联送达执行机关

第四十七条 [取保候审的执行机关]

向犯罪嫌疑人宣布取保候审决定后，人民检察院应当将执行取保候审通知书送达公安机关执行，并告知公安机关在执行期间拟批准犯罪嫌疑人离开所居住的市、县的，应当征得人民检察院同意。以保证人方式担保的，应当将取保候审保证书同时送达公安机关。

【条文释义】 本条是关于人民检察院通知公安机关执行取保候审程序的规定。

本条规定的执行取保候审的公安机关，是指与作出取保候审决定的人民检察院同级的公安机关。根据本条规定，人民检察院通知公安机关执行时应当：（1）将执行取保候审通知书送达公安机关。（2）告知公安机关在执行期间拟批准犯罪嫌疑人离开所居住的市、县的，应当征得人民检察院同意。这是因为《刑事诉讼法》第56条规定，犯罪嫌疑人未经执行机关批准不得离开所居住的市、县。但对人民检察院办理的自侦案件而言，人民检察院何时需要讯问犯罪嫌疑人，公安机关并不知晓。如果公安机关不征询人民检察院意见就批准犯罪嫌疑人离开所居住的市、县，可能出现人民检察院找不到犯罪嫌疑人、无法讯问犯罪嫌疑人的现象。（3）以保证人方式担保的，同时将保证书送达公安机关。

第四十八条 [保证人无法继续担保的处理]

采取保证人保证方式的，如果保证人在取保候审期间不愿继续担保或者丧失担保条件的，应当责令犯罪嫌疑人重新提出保证人或者变更为保证金担保方式，并将变更情况通知公安机关。

【条文释义】 本条是关于因保证人无法继续担任保证人而变更取保候审的规定。

采取保证人担保方式的，实践中保证人个人情况可能会发生一定的变化，从而无法继续担任保证人，人民检察院可以对原取保候审进行变更。本条规定了两种无法继续担任保证人的情况：一是“不愿继续担保”，是指保证人自己不愿意继续担任保证人而向人民检察院申请解除担保义务；二是“丧失担保条件”，是指保证人不再具备《刑事诉讼法》第54条规定的4个条件，如被判处了刑罚，或者虽具备上述4个条件，但因身体等情况的变化事实上丧失了实际担保能力。在上述情况下，人民检察院都要对原取保候审方式进行变更。本条规定了两种变更方式：一是“责令犯罪嫌疑人重新提出保证人”，是指继续采取人保的方式，但要更换保证人；二是变更为保证金担保方式。但无论变更为哪种方式，人民检察院都要将变更情况通知执行的公安机关，以便于公安机关的执行。

第四十九条［未按要求交纳保证金的处理］

采取保证金担保方式的，被取保候审人拒绝交纳保证金或者交纳保证金不足决定数额时，人民检察院应当作出变更取保候审措施、变更保证方式或者变更保证金数额的决定，并将变更情况通知公安机关。

【条文释义】 本条是关于因犯罪嫌疑人没有按要求交纳保证金而变更取保候审措施的规定。

采取保证金担保方式的，由于是人民检察院先作出取保候审决定，犯罪嫌疑人再交纳保证金，实践中可能出现犯罪嫌疑人不按要求交纳保证金的问题。本条规定了两种不按要求交纳保证金的情况：一是“拒绝交纳保证金”，是指人民检察院作出取保候审决定后犯罪嫌疑人不到公安机关交纳保证金；二是“交纳保证金不足决定数额”，是指犯罪嫌疑人虽然交纳了保证金，但因经济或其他原因没有按照人民检察院确定的数额交纳，而是缺额交纳。在这两种情况下，人民检察院要对原取保候审进行变更。本条规定了三种变更方式：（1）“变更取保候审措施”，是指不再对犯罪嫌疑人取保候审，而变更为监视居住或逮捕；（2）“变更保证方式”，是指将财产保变更为人保；（3）“变更保证金数额”，这种方式主要适用于原决定数额偏高、超出犯罪嫌疑人经济承受能力的情况。无论哪种变更方式，人民检察院都要将变更情况通知公安机关，以便于公安机关执行。

第五十条［犯罪嫌疑人离开居住的市、县的批准］

公安机关在执行取保候审期间向人民检察院征询是否同意批准犯罪嫌疑人离开所居住的市、县时，人民检察院应当根据案件的具体情况决定。

【条文释义】 本条是关于公安机关征询是否同意批准犯罪嫌疑人离开所居住的市、县时，人民检察院如何决定的规定。

《刑事诉讼法》第56条规定，犯罪嫌疑人在取保候审期间未经执行机关批准不得离开所居住的市、县。为了保证人民检察院的办案需要，防止出现人民检察院找不到犯罪嫌疑人的现象，《人民检察院刑事诉讼规则》第47条规定，公安机关在执行取保候审期间拟批准犯罪嫌疑人离开所居住的市、县的，事先应征得人民检察院同意。本条在《人民检察院刑事诉讼规则》第47条规定的基础上，对人民检察院如何答复公安机关的征询意见作了规定。本条规定，公安机关征询意见时，人民检察院应当“根据案件的具体情况”决定，这是指是否批准犯罪嫌疑人离开所居住的市、县，人民检察院具有实质上的决定权。这里的“案件的具体情况”包括犯罪嫌疑人拟外出的地点远近、时间长短、外出事由，人民检察院的办案进度，拟讯问犯罪嫌疑人的时间等，批准犯罪嫌疑人外出要以不妨碍诉讼的正常进行为原则，同时应当将同意与否的决定及时通知公安机关。

第五十一条 ［保证人未履行保证义务的处理］

人民检察院发现保证人没有履行刑事诉讼法第五十五条规定的义务，对被保证人违反刑事诉讼法第五十六条规定的行为未及时报告的，应当通知公安机关，要求公安机关对保证人作出罚款决定。构成犯罪的，依法追究保证人的刑事责任。

【条文释义】　本条是关于人民检察院发现保证人没有履行保证义务时如何处理的规定。

取保候审由公安机关执行，保证人是否履行了保证义务、违反义务后如何处罚，一般由公安机关认定和进行。但人民检察院决定取保候审的，在办案工作中也会知悉保证人履行义务的情况。本条规定，如果保证人没有履行《刑事诉讼法》第55条规定的义务，对被保证人违反《刑事诉讼法》第56条规定的行为未及时报告的，人民检察院应当通知公安机关，要求公安机关对保证人作出罚款决定。构成犯罪的，依法追究保证人的刑事责任。这里的“未及时报告”，是指既未及时向公安机关报告，也未及时向检察机关报告。“通知公安机关”，是指人民检察院要将自己知悉的保证人违反义务的情况告知公安机关，并要求公安机关根据《刑事诉讼法》的规定对保证人处以罚款，因为公安机关是执行机关，罚款只能由执行机关进行，人民检察院不能直接作出罚款决定。这里的“依法追究保证人的刑事责任”，是指根据保证人涉嫌犯罪的性质，由有管辖权的机关立案侦查，而不是指均由人民检察院直接立案侦查。

第五十二条 ［对违反取保候审规定的处理］

人民检察院对违反刑事诉讼法第五十六条规定的犯罪嫌疑人，已交纳保证金的，应当通知收取保证金的公安机关予以没收，并且根据案件的具体情况，责令犯罪嫌疑人具结悔过，重新交纳保证金、提出保证人或者监视居住、予以逮捕。

重新交纳保证金的程序适用本规则第四十四条、第四十五条的规定。

对犯罪嫌疑人继续取保候审的，取保候审的时间应当累计计算。

【条文释义】　本条是关于人民检察院对违反取保候审规定的犯罪嫌疑人进行处理的规定。

本条第1款是关于人民检察院对违反取保候审规定的犯罪嫌疑人处理方式的规定。本款规定了两种不同性质的处罚方式：一是没收保证金，这种方式仅适用于保证金担保方式，由于保证金是由公安机关收取、保管的，没收保证金是执行的内容之一，因此，人民检察院在办案工作中发现犯罪嫌疑人违反取保候审规定，需要没收保证金的，应当通知公安机关没收。没收保证金是对犯罪嫌疑人进行处罚的硬性规定，只要采取保证金担保方式并且犯罪嫌疑人违反了规定，就必须没收保证金。二是根据案件情况责令犯罪嫌疑人具结悔过、重新交纳保证金、提出保证人或者监视居住、予以逮捕。这种处理方式既可适用于保证金担保的方式，也可适用于保证人担保的方式。该处罚方式从性质上讲已不单单具有惩罚性，还有变更取保候审措施，保障诉讼正常进行的性质。这种处罚方式包括若干种具体的方式，适用哪种具体方式，由人民检察院根据案件的具体情况选择。并且，没收保证金不影响第二种处罚方式的适用，对于已没收保证金的，仍可以责令犯罪嫌疑人具结悔过等。这里的“根据案件的具体情况”，是指人民检察院要根据犯罪嫌疑人违反规定的方式、性质、对刑事诉讼的影响程度和案件的性质、情节、后果等内容来综合考虑。“具结悔过”，是指让犯罪嫌疑人写出悔过书，对违反规定的行为进行反省和检讨，并保证不再违反有关法律规定。“重新交纳保证金”，是指没收保证金后仍采取保证金担保方式的，或采取保证人担保方式的犯罪嫌疑人违反规定后变更为保证金担保方式的，犯罪嫌疑人要重新交纳保证金。“提出保证人”，是指没收保证金后将财产保方式变更为保证人担保方式的，犯罪嫌疑人要提出保证人。“或者监视居住、予以逮捕”，是指对犯罪嫌疑人不再采取取保候审措施，而是变更为监视居住或予以逮捕。

本条第2款是关于重新交纳保证金程序的规定。重新交纳保证金与第一次交纳保证金程序相同，因此，本款规定，“适用本规则第四十四条、第四十五条的规定”，即重新交纳保证金的，人民检察院应当按照《人民检察院刑事诉讼规则》第44条规定的原则、内容重新确定保证金的数额，按照《人民检察院刑事诉讼规则》第45条规定的程序作出取保候审的决定。

本条第3款是关于对犯罪嫌疑人继续取保候审的，取保候审的时间如何计算的规定。这里的“继续取保候审”，是指犯罪嫌疑人违反取保候审规定后，人民检察院仍然决定对犯罪嫌疑人取保候审，而不管采取的是哪种担保方式，也不论前后两次的担保方式是否一样。“累计计算”，是指对犯罪嫌疑人继续取保候审的，人民检察院的取保候审期限并不重新计算，前次取保候审的期限也计算在后一次取保候审的期限之内。也就是说，人民检察院对犯罪嫌疑人两次甚至多次取保候审的，取保候审的期限加在一起不能超过12个月。之所以这样规定，是考虑到：（1）《刑事诉讼法》已经明确规定取保候审最长不得超过12个月，如果取保候审期限重新计算，时间相加可能会超过12个月，违反了《刑事诉讼法》的规定。（2）对犯罪嫌疑人重新取保候审的，往往已经没收保证金、责令其具结悔过，对犯罪嫌疑人违反规定的行为已经作了处罚，如果再将取保候审期限重新计算，不利于维护犯罪嫌疑人的权利。

第五十三条 ［对违反取保候审规定的犯罪嫌疑人予以逮捕的情形］

对下列违反取保候审规定的犯罪嫌疑人，应当予以逮捕：

（一）企图自杀、逃跑，逃避侦查、审查起诉的；

（二）实施毁灭、伪造证据或者串供、干扰证人作证行为，足以影响侦查、审查起诉工作正常进行的；

（三）未经批准，擅自离开所居住的市、县，造成严重后果，或者两次未经批准，擅自离开所居住的市、县的；

（四）经传讯不到案，造成严重后果，或者两次经传讯不到案的。

【条文释义】　本条是关于对违反取保候审规定的犯罪嫌疑人予以逮捕的情形的规定。

《刑事诉讼法》第56条和《人民检察院刑事诉讼规则》第52条都规定，对违反取保候审规定的犯罪嫌疑人，可以予以逮捕。逮捕是最严厉的强制措施，何种情况下对违反取保候审规定的犯罪嫌疑人可以逮捕，以及这种情况下逮捕犯罪嫌疑人是否还受逮捕条件的限制？对此有两种意见：一种意见认为，《刑事诉讼法》第60条明确规定了逮捕的三个条件，对任何犯罪嫌疑人予以逮捕，都必须符合这三个条件，否则不能逮捕。对违反取保候审规定的犯罪嫌疑人予以逮捕也不例外。另一种意见认为，《刑事诉讼法》第56条规定对违反取保候审规定的犯罪嫌疑人可以逮捕，这是规定了一个特殊的逮捕条件，这时不再受《刑事诉讼法》第60条规定的逮捕条件（一般条件）的限制。只要犯罪嫌疑人违反取保候审规定且情节严重，即使不符合逮捕的一般条件，为了保障刑事诉讼的顺利进行，也可以对犯罪嫌疑人采取逮捕措施。本条规定采纳了后一种意见。本条规定了因违反取保候审规定而予以逮捕的具体情形：（1）企图自杀、逃跑，逃避侦查、审查起诉的。这是因为犯罪嫌疑人一旦实施自杀、逃跑行为，诉讼便无法进行，因此，不能再将犯罪嫌疑人放在社会上。（2）实施毁灭、伪造证据或者串供、干扰证人作证行为，足以影响侦查、审查起诉工作正常进行的。这是针对违反《刑事诉讼法》第56条第1款第3项、第4项规定的行为规定的。这里的“足以影响侦查、审查起诉工作正常进行”包括两层含义：一是实施毁灭证据等行为并不必然导致逮捕措施的适用，关键要看上述行为是否“足以”影响诉讼顺利进行；二是并不要求有已经影响侦查、审查起诉工作正常进行的后果，只要“足以”影响即可。实践中要从该证据与案件事实的关系、在所有证据中的地位、证据的种类、危害程度等方面来判定。（3）未经批准，擅自离开所居住的市、县，造成严重后果，或者两次未经批准，擅自离开所居住的市、县的。这是针对违反《刑事诉讼法》第56条第1款第1项规定的行为而规定的两种应予逮捕的情形：一是未经执行机关批准擅自离开，造成严重后果，这是从危害结果来讲的；二是两次未经执行机关批准擅自离开的，这是从违规次数来讲的，而不论是否造成了危害后果。这里的“两次”包括两次以上。（4）经传讯不到案，造成严重后果，或者两次经传讯不到案的。这是针对违反《刑事诉讼法》第56条第1款第2项规定的行为规定的，也是从危害结果和违规次数两个方面作了规定。

第五十四条［对在取保候审期间故意实施新的犯罪行为的处理］

对在取保候审期间故意实施新的犯罪行为的犯罪嫌疑人，予以逮捕；已交纳保证金的，同时通知公安机关没收保证金。

【条文释义】 本条是关于对在取保候审期间故意实施新的犯罪行为的犯罪嫌疑人予以逮捕、没收保证金的规定。

《刑事诉讼法》第56条规定了4种违反取保候审规定的行为及对其处罚方式，但对在取保候审期间实施新的犯罪行为的犯罪嫌疑人如何处罚，没有规定。为了解决实践中的问题，本条规定对取保候审期间故意实施新的犯罪行为的犯罪嫌疑人予以逮捕和没收保证金。如果犯罪嫌疑人在取保候审期间过失实施了犯罪行为，则不适用本条规定。主要理由是：对犯罪嫌疑人适用取保候审或逮捕措施，关键看对犯罪嫌疑人不予关押是否有社会危害性。有无社会危害性，要从两个方面判断：一是是否实施妨碍刑事诉讼正常进行的行为，如毁灭证据、传讯不到案等，《刑事诉讼法》正是从保证刑事诉讼正常进行的角度出发，在第56条规定了4种应当遵守的规定。二是是否继续危害社会，即是否会故意实施新的犯罪行为。由于《刑事诉讼法》规定的侧重点在于犯罪嫌疑人是否会故意实施妨碍刑事诉讼正常进行的行为，而不在于是否会故意实施新的犯罪行为，因此，没有规定对实施新的犯罪行为的犯罪嫌疑人，如何在强制措施的变更、适用上进行处罚。但是，犯罪嫌疑人故意实施新的犯罪行为，是比违反《刑事诉讼法》第56条的规定更为严重的行为，说明对其取保候审已不足以防止发生社会危险性，理应受到处罚。根据本条规定只要被取保候审人故意实施了新的犯罪行为，便要予以逮捕，不能再变更担保方式，也不能变更为监视居住。同时，如果是采取保证金担保方式的，还应当没收保证金。

第五十五条［取保候审的期限］

人民检察院决定对犯罪嫌疑人取保候审，最长不得超过十二个月。

【条文释义】 本条是关于取保候审期限的规定。

本条规定的取保候审期限是指人民检察院对同一犯罪嫌疑人的取保候审期限，既包括侦查阶段，也包括审查起诉阶段；既包括人民检察院只适用一次取保候审的情况，也包括人民检察院对同一犯罪嫌疑人多次适用取保候审的情况。但是不包括公安机关、人民法院对犯罪嫌疑人取保候审的期限。根据本条规定，人民检察院对同一犯罪嫌疑人取保候审，不论决定适用取保候审的次数多少，在侦查和审查起诉阶段的取保候审所有期限最长不得超过 12 个月。

第五十六条［移送审查起诉后需继续取保候审的处理］

公安机关决定对犯罪嫌疑人取保候审，案件移送人民检察院审查起诉后，对于需要继续取保候审的，人民检察院应当依法对犯罪嫌疑人办理取保候审手续。取保候审的期限应当重新计算并告知犯罪嫌疑人。

【条文释义】　本条是关于公安机关决定对犯罪嫌疑人取保候审，案件移送人民检察院审查起诉后，人民检察院应当再次办理取保候审手续的规定。

人民检察院在对公安机关移送案件的审查起诉期间，需要对犯罪嫌疑人取保候审的，应当依法办理取保候审手续。公安机关已经对犯罪嫌疑人取保候审的，既不影响人民检察院再对犯罪嫌疑人取保候审，也不能代替人民检察院的取保候审决定。这里的“办理取保候审手续”包括确定担保方式、审查保证人资格或确定保证金数额、制作取保候审决定书、向犯罪嫌疑人宣告、通知公安机关执行等适用取保候审必须进行的所有程序。由于人民检察院的取保候审决定与公安机关无关，期限也不受公安机关的限制，因此，为保证人民检察院的审查起诉期限，本条规定，“取保候审的期限应当重新计算”，即取保候审的期限从人民检察院决定取保候审时起算。为了让犯罪嫌疑人知悉情况，维护其合法权益，人民检察院应当将重新计算的情况告知犯罪嫌疑人。

第五十七条［取保候审期间不得中断办案］

在取保候审期间，不得中断对案件的侦查、审查起诉。

【条文释义】　本条是关于人民检察院在取保候审期间，不得中断对案件进行侦查、审查起诉的规定。

本条规定的“中断对案件的侦查、审查起诉”，是指不再对案件侦查、审查起诉，或不抓紧时间、长期拖延侦查、审查起诉。实践中之所以有这种现象，主要是因为办案人员不重视保护犯罪嫌疑人的合法权利，以取保候审代替办案或者认为取保候审的期限较长，暂停侦查、审查起诉工作一般不会违反法律规定的期限，不能贯彻及时办案的原则。本条规定的目的在于强调办理案件要迅速、及时，维护犯罪嫌疑人的权利。

第五十八条［取保候审的解除或者撤销］

取保候审期限届满或者发现不应当追究犯罪嫌疑人的刑事责任的，应当及时解除或者撤销取保候审。

【条文释义】　本条是关于人民检察院在法定情况下应当及时解除或撤销取

保候审的规定。

解除取保候审，是指因取保候审期限届满或者发现不应当追究犯罪嫌疑人的刑事责任时，将取保候审措施解除适用。撤销取保候审，是指发现对犯罪嫌疑人采取取保候审不当时，而予以撤销的行为。“解除”和“撤销”的区别在于：（1）法律效果不同。“解除”，是指以后不再继续适用取保候审措施，不涉及取保候审决定是否错误、是否有效的问题；“撤销”，则是指采取取保候审措施是错误的，是对原取保候审决定的否定。（2）适用情形不同。“解除”适用于取保候审期限届满或决定不再对犯罪嫌疑人取保候审的情形；“撤销”适用于不应该对犯罪嫌疑人采取取保候审措施或者应当采取强制措施，但采取取保候审措施不足以防止犯罪嫌疑人发生社会危险性和保证刑事诉讼顺利进行的情形。本条规定的“期限届满”，是指人民检察院对同一犯罪嫌疑人的取保候审期限已满 12 个月；“不应当追究犯罪嫌疑人的刑事责任”，是指犯罪嫌疑人没有任何犯罪行为，或者具有《刑事诉讼法》第 15 条规定的情形之一的，包括情节显著轻微、危害不大，不认为是犯罪的；犯罪已过追诉时效期限的；经特赦令免除刑罚的；依照《刑法》告诉才处理的犯罪，没有告诉或者撤回告诉的；犯罪嫌疑人死亡的；其他法律规定免予追究刑事责任的。

【解除取保候审决定书、通知书的制作】

（一）制作方法

解除取保候审决定书、通知书为四联填充式文书，各联的内容和制作方法如下：

1. 第一联存根。

（1）首部。包括：制作本文书的人民检察院名称；文书名称，即“解除取保候审决定书”；文书编号，即“ 检 解保〔 〕 号”，“检”前空余地方填写制作本文书的人民检察院的简称，“检”与“解保”之间的空余地方填写人民检察院具体办案部门的简称，中括号内填写制作本文书的年度，中括号与“号”之间的空余地方填写本文书在该年度的序号。在文书名称下面标有“（存根）”字样。

（2）正文。包括：案由，可以根据案件中犯罪嫌疑人所涉嫌的罪名填写为“贪污罪”、“受贿罪”、“挪用公款罪”等，如果因涉嫌多个罪名而立案的，应将所涉嫌的罪名填写全；犯罪嫌疑人基本情况，包括姓名、性别、年龄、工作单位、住址、身份证号码、是否人大代表或政协委员，上述犯罪嫌疑人的基本情况，并不是要求每一项内容都必须填写完整、清楚，制作时可以根据具体案件的需要和实际掌握的情况加以填写；解除取保候审的原因可以填写为“取保候审期限届满”或者“不应当追究刑事责任”；解除取保候审强制措施的时间；制作本文书的批准人的姓名或者名称；具体办理这一案件的承办人的姓名；填发本文书的填发人的姓名；填发本文书的时间。

2. 第二联副本。

（1）首部。包括：制作本文书的人民检察院名称；文书名称为“解除取保候审决定书”；文书编号，其制作方法与第一联存根首部的要求一样，只是在文书名称下面标有“（副　本）”的字样。

（2）正文。包括：被解除取保候审的犯罪嫌疑人的姓名；现在解除取保候审的原因，可以根据具体情况填写“取保候审的期限已经届满”或者“……（具体写明具有《刑事诉讼法》第15条规定的哪一种情形）不应当追究刑事责任”。

（3）尾部。包括：制作本文书的时间，具体到年、月、日；加盖制作本文书的人民检察院的院印。

3. 第三联正本。

（1）首部。包括：制作本文书的人民检察院名称；文书名称为“解除取保候审决定书”；文书编号，其制作方法与第一联存根首部的要求一样。

（2）正文。包括的内容和制作要求与第二联副本正文一样。

（3）尾部。包括：制作本文书的时间，具体到年、月、日；加盖制作本文书的人民检察院的院印。

4. 第四联解除取保候审通知书。

（1）首部。包括：制作本文书的人民检察院名称；文书名称，即“解除取保候审通知书”；文书编号，其制作方法与第一联存根首部的要求一样。

（2）正文。包括：人民检察院原决定对犯罪嫌疑人采取取保候审强制措施的日期，具体到年、月、日；人民检察院原作出的取保候审决定书的文号；被决定取保候审的犯罪嫌疑人的姓名；犯罪嫌疑人的现住址；现在解除取保候审的原因，可以根据具体情况填写“取保候审的期限已经届满”或者“……（具体写明具有《刑事诉讼法》第15条规定的哪一种情形）不应当追究刑事责任”；犯罪嫌疑人已交纳的保证金数额；取保候审执行机关的名称。

（3）尾部。包括：制作本文书的时间，具体到年、月、日；加盖制作本文书的人民检察院的院印。

（二）使用说明

在具体使用时，应注意以下问题：本文书应当以被解除取保候审的人次为单位制作，即对于同一个犯罪嫌疑人，每一次决定解除取保候审时均应单独制作解除取保候审决定书、通知书；一次对多名犯罪嫌疑人决定解除取保候审的，应当对每一个犯罪嫌疑人均单独制作解除取保候审决定书、通知书。解除取保候审，应当由办案人员提出意见，部门负责人审核，检察长决定。解除取保候审的决定，应当及时通知执行机关，并将解除取保候审决定书送达犯罪嫌疑人；有保证人的，还应当通知保证人解除担保义务，并用斜线划去第四联文书中“保证金数额”这一空白处；已交纳保证金的，应当通知执行机关退还保证金。

解除取保候审决定书、通知书主要适用于以下两种情形：一是取保候审的期限已经届满。《刑事诉讼法》第58条第1款规定，“人民法院、人民检察院和公安机关对犯罪嫌疑人、被告人取保候审最长不得超过十二个月”。如果取保候审的期限已经届满，即使案件仍然没有办结，也必须及时制作本文书，解除对犯罪嫌疑人的取保候审强制措施。二是发现不应当追究被取保候审人的刑事责任。不应当追究刑事责任，就是指《刑事诉讼法》第15条规定的六种情形：（1）情节显著轻微、危害不大，不认为是犯罪的；（2）犯罪已过追诉时效期限的；（3）经特赦令免除刑罚的；（4）依照《刑法》告诉才处理的犯罪，没有告诉或者撤回告诉的；（5）犯罪嫌疑人、被告人死亡的；（6）其他法律规定免予追究刑事责任的。凡是具有上述情形之一的，人民检察院均应及时解除对犯罪嫌疑人的取保候审强制措施，并及时通知被取保候审人和有关单位。

根据《刑事诉讼法》和《人民检察院刑事诉讼规则》的规定，被取保候审的犯罪嫌疑人、被告人应当遵守以下规定：（1）未经执行机关批准不得离开所居住的市、县；（2）在传讯的时候及时到案；（3）不得以任何形式干扰证人作证；（4）不得毁灭、伪造证据或者串供。被取保候审的犯罪嫌疑人、被告人违反上述规定，已交纳保证金的，没收保证金，并且区别情形，责令犯罪嫌疑人、被告人具结悔过，重新交纳保证金、提出保证人或者监视居住、予以逮捕。犯罪嫌疑人、被告人在取保候审期间未违反上述规定的，取保候审结束的时候，应当退还保证金。对下列违反取保候审规定的犯罪嫌疑人，应当予以逮捕：（1）企图自杀、逃跑，逃避侦查、审查起诉的；（2）实施毁灭、伪造证据或者串供、干扰证人作证行为，足以影响侦查、审查起诉工作正常进行的；（3）未经批准，擅自离开所居住的市、县，造成严重后果，或者两次未经批准，擅自离开所居住的市、县的；（4）经传讯不到案，造成严重后果，或者两次经传讯不到案的。

人民法院、人民检察院和公安机关对犯罪嫌疑人、被告人取保候审最长不得超过12个月。在取保候审期间，不得中断对案件的侦查、审查起诉。对于发现不应当追究刑事责任或者取保候审期限届满的，应当及时撤销或者解除取保候审。解除或者撤销取保候审的决定，应当及时通知执行机关，并将解除或者撤销取保候审的决定书送达犯罪嫌疑人；有保证人的，还应当通知保证人解除担保义务。犯罪嫌疑人在取保候审期间没有违反《刑事诉讼法》第56条的规定，或者发现不应当追究犯罪嫌疑人刑事责任的，变更、解除或者撤销取保候审时，应当通知公安机关退还保证金。

犯罪嫌疑人及其法定代理人、近亲属或者犯罪嫌疑人委托的律师及其他辩护人认为取保候审超过法定期限，向人民检察院提出解除取保候审要求的，人民检察院经审查认为超过法定期限的，应当制作解除取保候审决定书、通知书；认为未超过法定期限的，书面答复申请人时不再制作取保候审决定书、通知书，而是制作驳回申请决定书。

本文书只适用于人民检察院原已作出取保候审决定，现根据有关法律的规定决定予以解除取保候审的情形。对于公安机关、国家安全机关作出的取保候审决定，人民检察院在审查起诉阶段不能制作本文书直接决定予以解除。

本文书只适用于人民检察院在原取保候审决定的期限已经届满或者发现被取保候审人不应当追究刑事责任，决定解除取保候审强制措施时。如果是需要变更对犯罪嫌疑人所采取的取保候审强制措施时，应当直接制作其他强制措施的法律文书，而不必再制作本文书。如果当时对犯罪嫌疑人根本不应该采取任何强制措施而予以取保候审的，不应制作解除取保候审决定书、通知书，而应制作撤销强制措施决定书、通知书。

本文书四联之间的骑缝线上均有本文书文号，应当按照本文书第四联中文号的填写方法予以填写。

本文书共四联，第一联统一保存，第二联附卷，第三联送达犯罪嫌疑人，第四联送达执行机关。

（三）文书格式（见下页）

人民检察院
解除取保候审
决定书
（存　根）

检　解保〔　　〕　号

案由________
犯罪嫌疑人基本情况（姓名、性别、年龄、工作单位、住址、身份证号码、是否人大代表、政协委员）________
____
____
____

解除原因________
解除时间________
批准人________
承办人________
填发人________
填发时间________

第一联统一保存

检　解保〔　　〕　号

人民检察院
解除取保候审
决定书
（副　本）

检　解保〔　　〕　号

________：
因________
________，本院根据《中华人民共和国刑事诉讼法》第五十八条的规定，决定解除对你的取保候审措施。

年　月　日
（院印）

第二联附卷

检　解保〔　　〕　号

人民检察院
解除取保候审
决定书

检　解保〔　　〕　号

________：
因________
________，本院根据《中华人民共和国刑事诉讼法》第五十八条的规定，决定解除对你的取保候审措施。

年　月　日
（院印）

第三联送达犯罪嫌疑人

检　解保〔　　〕　号

人民检察院
解除取保候审
通知书

检　解保〔　　〕　号

本院于____年____月____日以____号取保候审决定取保候审的犯罪嫌疑人________（现住________），因________
________，现决定解除对其取保候审措施。犯罪嫌疑人已交纳________元保证金，请予以退还。

特此通知。

此致
____

年　月　日
（院印）

第四联送达执行机关

【撤销强制措施决定书、通知书的制作】

（一）制作方法

撤销强制措施决定书、通知书为四联填充式文书，各联的内容和制作方法如下：

1. 第一联存根。

（1）首部。包括：制作本文书的人民检察院名称；文书名称，即“撤销强制措施决定书”；文书编号，即“ 检 撤强〔 〕 号”，“检”前空余地方填写制作本文书的人民检察院的简称，“检”与“撤强”之间的空余地方填写人民检察院具体办案部门的简称，中括号内填写制作本文书的年度，中括号与“号”之间的空余地方填写本文书在该年度的序号。在文书名称下面标有“（存根）”字样。

（2）正文。包括：案由，可以根据案件中犯罪嫌疑人所涉嫌的罪名填写为“贪污罪”、“受贿罪”、“挪用公款罪”等，如果因涉嫌多个罪名而立案的，应将所涉嫌的罪名填写全；犯罪嫌疑人基本情况，包括姓名、性别、年龄、工作单位、住址、身份证号码、是否人大代表或政协委员，上述犯罪嫌疑人的基本情况，并不是要求每一项内容都必须填写完整、清楚，制作时可以根据具体案件的需要和实际掌握的情况加以填写；执行机关名称；原采取的强制措施种类；撤销原因，即撤销强制措施的具体原因；制作本文书的批准人的姓名或者名称；具体办理这一案件的承办人的姓名；填发本文书的填发人的姓名；填发本文书的时间。

2. 第二联副本。

（1）首部。包括：制作本文书的人民检察院名称、文书名称、文书编号，其制作方法与第一联的要求一样，只是在文书名称下面标有“（副 本）”字样。

（2）正文。包括：被撤销强制措施的犯罪嫌疑人姓名；被撤销的强制措施种类名称。

（3）尾部。包括：制作本文书的时间，具体到年、月、日；加盖制作本文书的人民检察院的院印。

3. 第三联正本。

（1）首部。包括：制作本文书的人民检察院名称、文书名称、文书编号，其制作方法与第一联的要求一样。

（2）正文。依次填写的具体内容与第二联的填写内容一样。

（3）尾部。包括：制作本文书的时间，具体到年、月、日；加盖制作本文书的人民检察院的院印。

4. 第四联撤销强制措施决定通知书。

（1）首部。包括：制作本文书的人民检察院名称；文书名称，即“撤销强制措施决定通知书”；文书编号，即“ 检 撤强〔 〕 号”。

（2）正文。包括：原决定采取该种强制措施的时间，具体到年、月、日；犯罪嫌疑人涉嫌的罪名；犯罪嫌疑人的姓名；原采取强制措施种类名称；被撤销的强制措施种类名称，与原采取强制措施种类的名称一致；送达的执行机关名称。

（3）尾部。包括：制作本文书的时间，具体到年、月、日；加盖制作本文书的人民检察院的院印。

（二）使用说明

在具体使用时，应注意以下问题：本文书应当以被撤销强制措施的人次为单位制作，即对于同一个犯罪嫌疑人，每一次撤销强制措施时均应单独制作撤销强制措施决定书、通知书；一次对多名犯罪嫌疑人撤销强制措施的，应当对每一个犯罪嫌疑人均单独制作撤销强制措施决定书、通知书。所谓采取强制措施不当，主要是指以下两种情形：一是对不应当采取任何强制措施的犯罪嫌疑人采取了强制措施。在这种情况下，应当制作撤销强制措施决定书、通知书予以撤销。因为本文书有一联为撤销强制措施决定通知书，应送达执行机关，因此，不必再制作决定释放通知书。二是对犯罪嫌疑人应当采取某种强制措施但却采取了另一种强制措施。在这种情况下，应当变更强制措施。由于变更强制措施需要制作新的强制措施决定书，因此，不必再制作撤销强制措施决定书、通知书。

对公安机关提请批准逮捕的案件，审查逮捕部门应当将批准、变更、撤销逮捕措施的情况书面通知人民检察院监所检察部门。人民检察院办理直接立案侦查的案件，侦查部门应当将决定、变更、撤销逮捕措施的情况书面通知人民检察院监所检察部门。变更或者撤销由上级人民检察院决定的逮捕措施时，应当报请原决定逮捕的人民检察院同意。

《刑事诉讼法》规定了五种强制措施：拘传、取保候审、监视居住、拘留和逮捕。由于拘传仅仅是采取强制方法将犯罪嫌疑人带到指定地点进行讯问，一次拘传时间最长不得超过12小时，讯问完毕后应当将犯罪嫌疑人及时放回，时间比较短暂，因此，即使对犯罪嫌疑人拘传不当的，也不必制作撤销强制措施决定书、通知书予以撤销。所以，撤销强制措施决定书、通知书一般适用于取保候审、监视居住、拘留和逮捕四种强制措施。

对于取保候审和监视居住的执行机关，应当填写公安机关名称；对于拘留和逮捕的执行机关，应当填写看守所名称。如果犯罪嫌疑人已被拘留或者逮捕的，制作本文书通知看守所即可，不必再行制作决定释放通知书。决定释放通知书适用于以下几种情形：一是对已拘留的人不需要逮捕的；二是对被拘留、逮捕的人应当变更强制措施的；三是拘留、逮捕超过法定期限的；四是撤销案件时犯罪嫌疑人在押的；五是作出不起诉决定时犯罪嫌疑人在押的。

与解除取保候审决定书、通知书和解除监视居住决定书、通知书在具体适用上的区别:《刑事诉讼法》第58条第2款规定,“对于发现不应当追究刑事责任或者取保候审、监视居住期限届满的,应当及时解除取保候审、监视居住。解除取保候审、监视居住,应当及时通知被取保候审、监视居住人和有关单位”。其中“不应当追究刑事责任”与“不应当采取强制措施”之间存在一定程度的交叉,适用时应加以区别。对于犯罪嫌疑人具有《刑事诉讼法》第15条规定的六种情形之一或者年龄不满14周岁的情形而采取了取保候审、监视居住决定的,应当适用解除取保候审决定书、通知书和解除监视居住决定书、通知书。而撤销强制措施决定书、通知书则适用于以下两种情形:一是不应该对犯罪嫌疑人采取任何强制措施(包括不应当追究刑事责任等所有情形),但却被拘留或者逮捕的;二是犯罪嫌疑人的行为不是犯罪或者犯罪行为不是犯罪嫌疑人所为,但却对其采取了取保候审、监视居住的。

本文书四联之间的骑缝线上均有本文书文号,应当按照本文书第三联中文号的填写方法予以填写。

本文书共四联,第一联统一保存,第二联附卷,第三联送达犯罪嫌疑人,第四联送达执行机关。

(三)文书格式(见下页)

人民检察院
撤销强制措施
决 定 书
（存 根）

检 撤强〔 〕 号

案由＿＿＿＿＿＿
犯罪嫌疑人基本情况（姓名、性别、年龄、工作单位、住址、身份证号码、是否人大代表、政协委员）
＿＿＿＿＿＿
＿＿＿＿＿＿
＿＿＿＿＿＿
＿＿＿＿＿＿
执行机关＿＿＿＿＿＿
强制措施种类＿＿＿＿＿＿
撤销原因＿＿＿＿＿＿
批准人＿＿＿＿＿＿
承办人＿＿＿＿＿＿
填发人＿＿＿＿＿＿
填发时间＿＿＿＿＿＿

第一联统一保存

检撤强〔 〕号

人民检察院
撤销强制措施
决 定 书
（副 本）

检 撤强〔 〕 号

＿＿＿＿＿＿：

因采取强制措施不当，根据《中华人民共和国刑事诉讼法》第七十三条的规定，本院决定撤销对你＿＿＿＿＿＿的决定。

年 月 日
（院印）

第二联附卷

检撤强〔 〕号

人民检察院
撤销强制措施
决 定 书

检 撤强〔 〕 号

＿＿＿＿＿＿：

因采取强制措施不当，根据《中华人民共和国刑事诉讼法》第七十三条的规定，本院决定撤销对你＿＿＿＿＿＿的决定。

年 月 日
（院印）

第三联送达犯罪嫌疑人

检撤强〔 〕号

人民检察院
撤销强制措施
决定通知书

检 撤强〔 〕 号

本院于＿＿＿年＿＿月＿＿日决定对涉嫌＿＿＿＿＿＿的犯罪嫌疑人＿＿＿＿＿＿采取＿＿＿＿＿＿措施，因采取该强制措施不当，根据《中华人民共和国刑事诉讼法》第七十三条的规定，现决定撤销对其＿＿＿＿＿＿的决定。

特此通知。

此致

＿＿＿＿＿＿

年 月 日
（院印）

第四联送达执行机关

第五十九条 [解除或者撤销取保候审的程序]

解除或者撤销取保候审，应当由办案人员提出意见，部门负责人审核，检察长决定。

【条文释义】 本条是关于解除或者撤销取保候审程序的规定。

本条规定的解除或者撤销取保候审的程序，与人民检察院的办案体制相一致，即由办案人员提出意见，部门负责人审核，检察长决定。这里的“提出意见”，是指符合解除取保候审条件的，要提出解除取保候审的意见并说明理由；符合撤销取保候审条件的，要提出撤销取保候审的意见并说明理由。“部门负责人”，是指人民检察院办理案件的侦查部门或者审查起诉部门的负责人。“检察长”包括主管副检察长。

第六十条 [解除或者撤销取保候审通知的送达]

解除或者撤销取保候审的决定，应当及时通知执行机关，并将解除或者撤销取保候审的决定书送达犯罪嫌疑人；有保证人的，还应当通知保证人解除担保义务。

【条文释义】 本条是关于人民检察院应当将解除或者撤销取保候审的决定送达执行机关、犯罪嫌疑人和保证人的规定。

本条规定的“执行机关”，是指执行取保候审的公安机关。人民检察院将解除或者撤销取保候审的决定送达执行机关，是为了让执行机关及时了解情况，不再执行原取保候审决定。将解除或者撤销取保候审的决定书送达犯罪嫌疑人，是为了让犯罪嫌疑人知悉自己已被解除或者撤销取保候审，维护犯罪嫌疑人的合法权益。将解除或者撤销取保候审的决定通知保证人，是为了通知保证人解除担保义务，不再对犯罪嫌疑人承担保证义务。本条规定是对《刑事诉讼法》第58条第2款“解除取保候审、监视居住，应当及时通知被取保候审、监视居住人和有关单位”的具体化，人民检察院应当严格遵守本条规定。

第六十一条 [保证金的退还]

犯罪嫌疑人在取保候审期间没有违反刑事诉讼法第五十六条的规定，或者发现不应当追究犯罪嫌疑人刑事责任的，变更、解除或者撤销取保候审时，应当通知公安机关退还保证金。

【条文释义】 本条是关于人民检察院通知公安机关退还保证金的规定。

保证金是犯罪嫌疑人为担保自己不实施妨碍刑事诉讼正常进行的行为而交纳的，如果犯罪嫌疑人在取保候审期间确实没有实施妨碍诉讼进行的行为，就应当将保证金退还给犯罪嫌疑人。本条规定了两种应当退还保证金的情形。一是

“犯罪嫌疑人在取保候审期间没有违反刑事诉讼法第五十六条的规定”，是指犯罪嫌疑人能够遵守《刑事诉讼法》第56条的规定，未经执行机关批准没有离开所居住的市、县；在传讯的时候能及时到案；没有干扰证人作证，也没有实施毁灭、伪造证据或者串供行为。二是“发现不应当追究犯罪嫌疑人刑事责任的”，是指犯罪嫌疑人根本没有实施任何犯罪行为，或者具有《刑事诉讼法》第15条规定的不应追究刑事责任的情形之一，但人民检察院却错误地对犯罪嫌疑人采取了取保候审措施。这种情况下，一经发现就应撤销取保候审决定。即使犯罪嫌疑人在取保候审期间有违反取保候审规定的行为，但因对其取保候审是错误的，也不宜再没收保证金。如果具有上述两种情形，人民检察院在“变更、解除或者撤销取保候审时”，应当通知公安机关退还保证金。也即：（1）只要犯罪嫌疑人在取保候审期间没有违反《刑事诉讼法》第56条的规定，人民检察院在将取保候审变更为监视居住、逮捕措施的时候，应当退还保证金；（2）犯罪嫌疑人在取保候审期间没有违反《刑事诉讼法》第56条规定的，人民检察院在取保候审期限届满，或者决定对犯罪嫌疑人不采取取保候审，也不采取其他强制措施的时候，应当退还保证金；（3）不应当追究犯罪嫌疑人刑事责任的，人民检察院在撤销取保候审时应当退还保证金。由于保证金是由公安机关收取、保管的，因此，本条规定需退还保证金的，人民检察院应当通知公安机关退还保证金。

第六十二条［对犯罪嫌疑人等提出的解除取保候审要求的审查］

犯罪嫌疑人及其法定代理人、近亲属或者犯罪嫌疑人委托的律师及其他辩护人认为取保候审超过法定期限，向人民检察院提出解除取保候审要求的，人民检察院应当在七日以内审查决定。经审查认为超过法定期限的，经检察长批准后，解除取保候审；经审查未超过法定期限的，书面答复申请人。

【条文释义】　本条是关于人民检察院对犯罪嫌疑人等提出的解除取保候审要求进行审查的规定。

本条规定，犯罪嫌疑人及其法定代理人、近亲属或者犯罪嫌疑人委托的律师及其他辩护人认为取保候审超过法定期限，向人民检察院提出解除取保候审要求的，人民检察院应当在收到申请后的7日以内审查决定。“审查”的结果有两种：（1）取保候审超过法定期限的，经检察长批准后，作出解除取保候审的决定，制作解除取保候审决定书、通知书，解除取保候审；（2）取保候审未超过法定期限的，书面答复申诉人。这里的“书面答复”，是指以人民检察院的名义书面答复，具体办理工作由承办案件的侦查部门或审查起诉部门负责。

【解除取保候审决定书、通知书的制作】

解除取保候审决定书、通知书的制作参见本书第58条。

【驳回申请决定书的制作】

驳回申请决定书的制作参见本书第 22 条。

第三节 监视居住

第六十三条 [监视居住的条件]

人民检察院对于有本规则第三十七条规定情形之一的犯罪嫌疑人，可以监视居住。

【条文释义】 本条是关于监视居住条件的规定。

“监视居住”，是指限制被监视居住人不得离开住处或者指定的居所、不得随意会见他人，对其行动自由加以限制的一种强制措施。根据《刑事诉讼法》的规定，对犯罪嫌疑人可以采取取保候审措施的，也可以采取监视居住措施。本条规定的监视居住条件也是《人民检察院刑事诉讼规则》第 37 条规定的取保候审条件，因此，对有《人民检察院刑事诉讼规则》第 37 条规定情形之一的犯罪嫌疑人，人民检察院根据案件的具体情况，可以对犯罪嫌疑人采取取保候审措施，也可以采取监视居住措施。人民检察院应当根据犯罪嫌疑人的情况和办案需要，决定采取监视居住措施。

第六十四条 [采取监视居住措施的程序]

对犯罪嫌疑人采取监视居住，应当由办案人员提出意见，部门负责人审核，检察长决定。

【条文释义】 本条是关于人民检察院对犯罪嫌疑人采取监视居住措施程序的规定。

本条规定的人民检察院对犯罪嫌疑人采取监视居住措施的程序与人民检察院的办案体制一致，即由办案人员提出意见，部门负责人审核，检察长决定。本条规定的“检察长”包括主管副检察长。

第六十五条 [监视居住的宣告]

人民检察院应当向监视居住的犯罪嫌疑人宣读监视居住决定书，由犯罪嫌疑人签名或者盖章，并责令犯罪嫌疑人遵守刑事诉讼法第五十七条的规定，告知其违反规定应负的法律责任。

【条文释义】 本条是关于人民检察院向犯罪嫌疑人宣告监视居住的规定。

本条规定，人民检察院决定对犯罪嫌疑人监视居住，应当进行以下活动：(1) 向犯罪嫌疑人宣读监视居住决定书，并由其签名或者盖章。这是为了使犯罪嫌疑人了解人民检察院的监视居住决定。（2）责令其遵守《刑事诉讼法》第57条的规定，告知其违反规定应负的法律责任。责令犯罪嫌疑人应当遵守以下规定：未经执行机关批准不得离开住处，无固定住处的，未经批准不得离开指定的居所；未经执行机关批准不得会见他人；在传讯的时候及时到案；不得以任何形式干扰证人作证；不得毁灭、伪造证据或者串供。同时告知犯罪嫌疑人违反上述规定，情节严重的，予以逮捕。

根据《刑事诉讼法》第57条规定，犯罪嫌疑人在监视居住期间未经执行机关批准不得离开住处，没有固定住处的，不得离开指定的居所，不得随意会见他人。这里的“住处”，是指犯罪嫌疑人经常的、连续的、固定的居住地方；“居所”，是指决定监视居住的人民检察院为犯罪嫌疑人指定的临时居住的地方；“他人”，是指犯罪嫌疑人共同居住的家庭成员以及其聘请的律师、辩护人以外的人，被监视居住人与其聘请的律师、辩护人会见的，不需经执行机关批准。

【监视居住决定书、执行通知书的制作】

（一）制作方法

监视居住决定书、执行通知书为三联填充式文书，各联的内容和制作方法如下：

1. 第一联存根。

（1）首部。包括：制作本文书的人民检察院名称；文书名称，即“监视居住决定书”；文书编号，即“ 检 监〔 〕 号”，“检”前空余地方填写制作本文书的人民检察院的简称，“检”与“监”之间的空余地方填写人民检察院具体办案部门的简称，中括号内填写制作本文书的年度，中括号与“号”之间的空余地方填写本文书在该年度的序号。在文书名称下面标有“（存 根）”字样。

（2）正文。包括：案由，可以根据案件中犯罪嫌疑人所涉嫌的罪名填写为“贪污罪”、“受贿罪”、“挪用公款罪”等，如果因涉嫌多个罪名而立案的，应将所涉嫌的罪名填写全；犯罪嫌疑人基本情况，包括姓名、性别、年龄、工作单位、住址、身份证号码、是否人大代表或政协委员，上述犯罪嫌疑人的基本情况，并不是要求每一项内容都必须填写完整、清楚，制作时可以根据具体案件的需要和实际掌握的情况加以填写；负责执行监视居住的机关名称；制作本文书的批准人的姓名或者名称；具体办理这一案件的承办人的姓名；填发本文书的填发人的姓名；填发本文书的时间。

2. 第二联副本。

（1）首部。包括：制作本文书的人民检察院名称；文书名称，即“监视居住决定书”；文书编号，其制作要求与第一联首部一样。在文书名称下面标有“（副 本）”字样。

（2）正文。包括：被决定监视居住的犯罪嫌疑人的姓名；犯罪嫌疑人涉嫌的罪名；监视居住起算的时间，具体到年、月、日；执行监视居住的机关名称。

（3）尾部。包括：制作本文书的时间，具体到年、月、日；加盖制作本文书的人民检察院的院印；被监视居住的犯罪嫌疑人填写的向其宣布监视居住决定的日期，具体到年、月、日；被监视居住的犯罪嫌疑人签名或者盖章；作为宣告人的检察人员签名或者盖章。

3. 第三联监视居住执行通知书。

（1）首部。包括：制作本文书的人民检察院名称；文书名称，即“监视居住执行通知书”；文书编号，其制作要求与第一联首部一样。

（2）正文。包括：被决定监视居住的犯罪嫌疑人的姓名；犯罪嫌疑人涉嫌的罪名；监视居住起算的时间，具体到年、月、日；执行监视居住的机关名称。

（3）尾部。包括：制作本文书的时间，具体到年、月、日；加盖制作本文书的人民检察院的院印；注明被监视居住的犯罪嫌疑人的姓名、性别、年龄、工作单位、住址。

（二）使用说明

在具体使用时，应注意以下问题：本文书应当以被监视居住的人次为单位制作，即对于同一个犯罪嫌疑人，每一次决定采取监视居住时均应单独制作监视居住决定书、执行通知书；一次对多名犯罪嫌疑人决定监视居住的，应当对每一个犯罪嫌疑人均单独制作监视居住决定书、执行通知书。对犯罪嫌疑人采取监视居住，应当由办案人员提出意见，部门负责人审核，检察长决定。被监视居住的犯罪嫌疑人应当遵守以下规定：（1）未经执行机关批准不得离开住处，无固定住处的，未经批准不得离开指定的居所；（2）未经执行机关批准不得会见他人；（3）在传讯的时候及时到案；（4）不得以任何形式干扰证人作证；（5）不得毁灭、伪造证据或者串供。被监视居住的犯罪嫌疑人违反上述规定，情节严重的，予以逮捕。

人民检察院决定对犯罪嫌疑人采取监视居住强制措施的，应当向监视居住的犯罪嫌疑人宣读监视居住决定书，并由其在第二联中签名或者盖章，同时，宣读并责令其遵守《刑事诉讼法》第 57 条的规定，告知其违反规定应负的法律责任。

根据最高人民检察院、公安部《关于适用刑事强制措施有关问题的规定》的规定，人民检察院决定监视居住的，交由公安机关执行，人民检察院可以协助执行。犯罪嫌疑人没有固定住处的，人民检察院应当为其指定居所。负责执行的派出所应当指定专人对被监视居住人进行监督考察；犯罪嫌疑人有正当理由需要离开住处或者指定居所的，派出所应及时报告所属县级公安机关，由县级公安机关征得决定监视居住的人民检察院同意后予以批准。

《刑事诉讼法》第96条第1款规定："犯罪嫌疑人在被侦查机关第一次讯问后或者采取强制措施之日起，可以聘请律师为其提供法律咨询、代理申诉、控告。犯罪嫌疑人被逮捕的，聘请的律师可以为其申请取保候审。涉及国家秘密的案件，犯罪嫌疑人聘请律师，应当经侦查机关批准。"因此，检察人员在对犯罪嫌疑人采取监视居住时，应当告知犯罪嫌疑人可以聘请律师为其提供法律咨询、代理申诉、控告，并将告知情况记明笔录。

最高人民法院、最高人民检察院、公安部、国家安全部、司法部、全国人大常委会法制工作委员会《关于刑事诉讼法实施中若干问题的规定》第24条规定："被监视居住的犯罪嫌疑人、被告人会见其聘请的律师不需要经过批准。"

本文书三联之间的骑缝线上均有本文书文号，应当按照本文书第三联中文号的填写方法予以填写。

本文书共三联，第一联统一保存，第二联向犯罪嫌疑人宣告后附卷，第三联送达执行机关。

（三）文书格式（见下页）

人民检察院

监视居住决定书

（存　根）

检　监〔　　〕　号

案由____________________

犯罪嫌疑人基本情况（姓名、性别、年龄、工作单位、住址、身份证号码、是否人大代表、政协委员）

____

____

____

____

执行机关____________________

批准人____________________

承办人____________________

填发人____________________

填发时间____________________

第一联统一保存

检　监〔　　〕　号

人民检察院

监视居住决定书

（副　本）

检　监〔　　〕　号

犯罪嫌疑人______________涉嫌______________，根据《中华人民共和国刑事诉讼法》第五十一条的规定，本院决定对其监视居住，期限从______年______月______日起算，并由______执行。犯罪嫌疑人在监视居住期间应当遵守《中华人民共和国刑事诉讼法》第五十七条的规定。

年　　月　　日

（院印）

此决定已于______年______月______日向我宣布。

犯罪嫌疑人：____________

宣　告　人：____________

第二联向犯罪嫌疑人宣告后附卷

检　监〔　　〕　号

人民检察院

监视居住执行通知书

检　监〔　　〕　号

犯罪嫌疑人______________涉嫌______________，根据《中华人民共和国刑事诉讼法》第五十一条的规定，本院决定对其监视居住，期限从______年______月______日起算，特通知你单位执行。

此致

____

年　　月　　日

（院印）

注：犯罪嫌疑人________性别________

年龄________工作单位____________

住址________

第三联送达执行机关

第六十六条 [人民检察院通知公安机关执行监视居住的程序]

人民检察院应当将监视居住执行通知书送达公安机关执行，并告知公安机关在执行期间拟批准犯罪嫌疑人离开住处、居所或者会见其他人员的，批准前应当征得人民检察院同意。

【条文释义】 本条是关于人民检察院通知公安机关执行监视居住的规定。

《刑事诉讼法》规定，监视居住由公安机关执行。本条根据《刑事诉讼法》的规定，对人民检察院通知公安机关执行监视居住的具体程序作了规定：（1）应当将监视居住执行通知书送达公安机关。这里的“公安机关”，是指与作出监视居住决定的人民检察院同级的公安机关。（2）告知公安机关在执行期间拟批准犯罪嫌疑人离开住处、居所或者会见其他人员的，批准前应当征得人民检察院同意。这样规定是防止执行机关与决定机关的“脱节”而对办案工作带来不利影响。

第六十七条 [犯罪嫌疑人离开住处、居所或者会见他人的批准]

公安机关在执行监视居住期间向人民检察院征询是否同意批准犯罪嫌疑人离开住处、居所或者会见其他人员时，人民检察院应当根据案件的具体情况决定是否同意。

【条文释义】 本条是关于人民检察院应当根据案件的具体情况决定是否同意公安机关批准被监视居住人离开住处、居所或会见其他人员的规定。

《刑事诉讼法》第57条规定，被监视居住的犯罪嫌疑人未经执行机关批准不得离开住处或指定的居所、不得会见他人。为了保证人民检察院的办案需要，防止出现人民检察院找不到犯罪嫌疑人或者被监视居住犯罪嫌疑人与他人串供等情况，本条对此专门作出规定。本条规定的“人民检察院应当根据案件的具体情况决定”，是指是否批准犯罪嫌疑人离开住处或居所，是否批准犯罪嫌疑人会见他人，人民检察院享有实质上的决定权。人民检察院是否同意公安机关的征询意见，要以不妨碍刑事诉讼的正常进行为原则。

第六十八条 [违反监视居住规定的处罚]

人民检察院对违反刑事诉讼法第五十七条规定的犯罪嫌疑人，情节严重的，予以逮捕；情节较轻的，可以予以训诫、责令具结悔过。

下列违反监视居住规定的行为，属于情节严重，对犯罪嫌疑人应当予以逮捕：

（一）故意实施新的犯罪行为的；

（二）企图自杀、逃跑，逃避侦查、审查起诉的；

（三）实施毁灭、伪造证据或者串供、干扰证人作证行为，足以影响侦查、审查起诉工作正常进行的；

（四）未经批准，擅自离开住处或者指定的居所，造成严重后果，或者两次未经批准，擅自离开住处或者指定的居所的；

（五）未经批准，擅自会见他人，造成严重后果，或者两次未经批准，擅自会见他人的；

（六）经传讯不到案，造成严重后果，或者两次经传讯不到案的。

【条文释义】 本条是关于对违反监视居住规定的犯罪嫌疑人予以处罚的规定。

本条第1款是关于对违反监视居住规定的犯罪嫌疑人处罚方式的规定。本款规定了两种处罚方式：（1）情节严重的，予以逮捕，这是根据《刑事诉讼法》第57条第2款而作的规定。（2）情节较轻的，可以予以训诫、责令具结悔过。这是参照《刑事诉讼法》关于取保候审的规定而作的规定。《刑事诉讼法》第57条第2款仅规定，违反监视居住的有关规定，情节严重的予以逮捕，对情节较轻的如何处理，没有作出规定，这里作了补充规定。

本条第2款是关于对违反监视居住的犯罪嫌疑人应当逮捕的情形的规定。本款规定了违反监视居住规定应当逮捕的几种不同情形，明确了违反有关监视居住规定需要逮捕的，不受《刑事诉讼法》第60条规定的逮捕的一般条件的限制。对违反监视居住规定的犯罪嫌疑人，只要具有本款规定的情形之一，即可予以逮捕。

（1）故意实施新的犯罪行为的。犯罪嫌疑人在监视居住期间故意实施新的犯罪行为，说明对犯罪嫌疑人监视居住不足以防止发生社会危险性，因此，应当予以逮捕。

（2）企图自杀、逃跑，逃避侦查、审查起诉的。这是因为犯罪嫌疑人一旦实施自杀、逃跑行为，诉讼便无法进行，不能再对犯罪嫌疑人继续监视居住。

（3）实施毁灭、伪造证据或者串供、干扰证人作证行为，足以影响侦查、审查起诉工作正常进行的。这是针对《刑事诉讼法》第57条第1款第4、5项而作的规定。这里的“足以影响侦查、审查起诉工作正常进行”包括两层含义：一是实施上述行为必须“足以”影响诉讼工作正常进行的才能予以逮捕；二是并不要求有危害诉讼工作正常进行的后果。

（4）未经批准，擅自离开住处或者指定的居所，造成严重后果，或者两次未经批准，擅自离开住处或者指定的居所的。这是针对《刑事诉讼法》第57条第1款第1项而作的规定。从危害结果和违规次数两个方面作了规定，犯罪嫌疑人违反其中一项规定，即可予以逮捕。

（5）未经批准，擅自会见他人，造成严重后果，或者两次未经批准，擅自会见他人的。这是针对《刑事诉讼法》第57条第1款第2项而作的规定，也是从危害结果和违规次数两个方面作的规定。

（6）经传讯不到案，造成严重后果，或者两次经传讯不到案的。这是针对《刑事诉讼法》第57条第1款第3项而作的规定，也是从危害结果和违规次数两个方面作的规定。

第六十九条［监视居住的期限］

人民检察院决定对犯罪嫌疑人监视居住，最长不得超过六个月。

【条文释义】　本条是关于人民检察院对犯罪嫌疑人监视居住期限的规定。

本条规定的期限是指人民检察院对同一犯罪嫌疑人作出监视居住决定的期限。“最长不得超过六个月”，是指无论人民检察院对同一犯罪嫌疑人作出几次监视居住决定，也无论是在侦查阶段作出的决定还是在审查起诉阶段作出的决定，对同一犯罪嫌疑人监视居住的时间最长不得超过6个月；多次作出监视居住决定的，累计不得超过6个月。公安机关等对犯罪嫌疑人监视居住的期限不计人人民检察院的监视居住期限。

第七十条［起诉时对公安机关已采取监视居住的犯罪嫌疑人的处理］

公安机关决定对犯罪嫌疑人监视居住，案件移送人民检察院审查起诉后，对于需要继续监视居住的，人民检察院应当依法对犯罪嫌疑人办理监视居住手续。监视居住的期限应当重新计算并告知犯罪嫌疑人。

【条文释义】　本条是关于人民检察院在审查起诉期间，对公安机关已经采取过监视居住的犯罪嫌疑人仍可以监视居住的规定。

公安机关在办理案件过程中对犯罪嫌疑人监视居住的，不影响人民检察院对犯罪嫌疑人采取监视居住措施，也不影响人民检察院采取监视居住措施的期限，同时也不能代替人民检察院的监视居住手续。本条规定的“依法对犯罪嫌疑人办理监视居住手续”，是指人民检察院应当按照《人民检察院刑事诉讼规则》第64条规定的程序决定监视居住，按照第65条规定的程序告知犯罪嫌疑人，按照第66条规定的程序通知公安机关执行。“监视居住的期限应当重新计算”，是指监视居住的期限从人民检察院作出决定之日起开始计算，公安机关的监视居住期限不计算在内。“并告知犯罪嫌疑人”，是指要将监视居住期限重新计算的情况告知犯罪嫌疑人，使其知悉监视居住期限。

第七十一条［监视居住期间不得中断办案］

在监视居住期间，不得中断对案件的侦查、审查起诉。

【条文释义】 本条是关于人民检察院在监视居住期间，不得中断对案件的侦查、审查起诉的规定。

本条规定的"中断对案件的侦查、审查起诉"，是指不再对案件侦查、审查起诉，或不抓紧时间，拖延侦查、审查起诉。实践中之所以有这种现象，主要是因为办案人员不重视保护犯罪嫌疑人的合法权利，认为犯罪嫌疑人没被羁押，或者认为监视居住的期限较长，暂停侦查、审查起诉工作一般不会违反法律规定的期限，不能贯彻及时办案的原则。本条规定是为了强调办理案件要迅速、及时，维护犯罪嫌疑人的权利。

第七十二条［监视居住的解除或者撤销］

监视居住期限届满或者发现不应当追究犯罪嫌疑人刑事责任的，应当解除或者撤销监视居住。

【条文释义】 本条是关于人民检察院在法定情况下应当及时解除或撤销监视居住的规定。

"解除"监视居住，是指因监视居住期限届满或者决定不再对犯罪嫌疑人监视居住时，而将监视居住措施解除适用。"撤销"监视居住，是指不应当追究犯罪嫌疑人刑事责任，但却采取了监视居住措施，在发现后予以撤销的行为。"解除"和"撤销"的区别，参见本书第58条释义的相关论述。

【解除监视居住决定书、通知书的制作】

（一）制作方法

解除监视居住决定书、通知书为四联填充式文书，各联的内容和制作方法如下：

1. 第一联存根。

（1）首部。包括：制作本文书的人民检察院名称；文书名称，即"解除监视居住决定书"；文书编号，即"　检　解监〔　〕　号"，"检"前空余地方填写制作本文书的人民检察院的简称，"检"与"解监"之间的空余地方填写人民检察院具体办案部门的简称，中括号内填写制作本文书的年度，中括号与"号"之间的空余地方填写本文书在该年度的序号。在文书名称下面标有"（存根）"字样。

（2）正文。包括：案由，可以根据案件中犯罪嫌疑人所涉嫌的罪名填写为"贪污罪"、"受贿罪"、"挪用公款罪"等，如果因涉嫌多个罪名而立案的，应将所涉嫌的罪名填写全；犯罪嫌疑人基本情况，包括姓名、性别、年龄、工作单位、住址、身份证号码、是否人大代表或政协委员，上述犯罪嫌疑人的基本情况，并不是要求每一项内容都必须填写完整、清楚，制作时可以根据具体案件的需要和实际掌握的情况加以填写；监视居住的执行机关名称；解除监视居住的原因，可以填写为“监视居住期限届满”或者“不应当追究刑事责任”；解除监视居住强制措施的时间；制作本文书的批准人的姓名或者名称；具体办理这一案件的承办人的姓名；填发本文书的填发人的姓名；填发本文书的时间。

2. 第二联副本。

（1）首部。包括：制作本文书的人民检察院名称、文书名称、文书编号，其制作方法与第一联存根首部的要求一样，只是在文书名称下面标有“（副本）”字样。

（2）正文。包括：被解除监视居住的犯罪嫌疑人的姓名；现在解除监视居住的原因，可以根据具体情况填写“监视居住的期限已经届满”或者“……（具体写明具有《刑事诉讼法》第15条规定的哪一种情形）不应当追究刑事责任”。

（3）尾部。包括：制作本文书的时间，具体到年、月、日；加盖制作本文书的人民检察院的院印。

3. 第三联正本。

（1）首部。包括：制作本文书的人民检察院名称、文书名称、文书编号，其制作方法与第一联存根首部的要求一样。

（2）正文。依次填写的具体内容与第二联正文的制作要求一样。

（3）尾部。包括：制作本文书的时间，具体到年、月、日；加盖制作本文书的人民检察院的院印。

4. 第四联解除监视居住通知书。

（1）首部。包括：制作本文书的人民检察院名称；文书名称，即“解除监视居住通知书”；文书编号，其填写要求与第一联存根首部一样。

（2）正文。包括：人民检察院原决定对犯罪嫌疑人采取监视居住强制措施的日期，具体到年、月、日；人民检察院原作出的监视居住决定书的文号；被决定监视居住的犯罪嫌疑人的姓名；犯罪嫌疑人的现住址；现在解除监视居住的原因，可以根据具体情况填写“监视居住的期限已经届满”或者“……（具体写明具有《刑事诉讼法》第15条规定的哪一种情形）不应当追究刑事责任”；监视居住执行机关的名称。

（3）尾部。包括：制作本文书的时间，具体到年、月、日；加盖制作本文书的人民检察院的院印。

（二）使用说明

在具体使用时，应注意以下问题：本文书应当以被解除监视居住的人次为单位制作，即对于同一个犯罪嫌疑人，每一次决定解除监视居住时均应单独制作解除监视居住决定书、通知书；一次对多名犯罪嫌疑人决定解除监视居住的，应当对每一个犯罪嫌疑人均单独制作解除监视居住决定书、通知书。解除监视居住决定书、通知书主要适用于以下两种情形：一是监视居住的期限已经届满。《刑事诉讼法》第58条第1款规定，人民法院、人民检察院和公安机关对犯罪嫌疑人、被告人监视居住最长不得超过6个月。如果监视居住的期限已经届满，即使案件仍然没有办结，也必须及时制作本文书，解除对犯罪嫌疑人的监视居住强制措施。二是发现不应当追究被监视居住人的刑事责任。不应当追究刑事责任就是指《刑事诉讼法》第15条规定的下列六种情形：（1）情节显著轻微、危害不大，不认为是犯罪的；（2）犯罪已过追诉时效期限的；（3）经特赦令免除刑罚的；（4）依照《刑法》告诉才处理的犯罪，没有告诉或者撤回告诉的；（5）犯罪嫌疑人死亡的；（6）其他法律规定免予追究刑事责任的。凡是具有上述情形之一的，人民检察院均应及时解除对犯罪嫌疑人的监视居住强制措施，并及时通知被监视居住人和有关单位。

根据《刑事诉讼法》和《人民检察院刑事诉讼规则》的规定，被监视居住的犯罪嫌疑人应当遵守以下规定：（1）未经执行机关批准不得离开住处，无固定住处的，未经批准不得离开指定的居所；（2）未经执行机关批准不得会见他人；（3）在传讯的时候及时到案；（4）不得以任何形式干扰证人作证；（5）不得毁灭、伪造证据或者串供。被监视居住的犯罪嫌疑人违反上述规定，情节严重的，予以逮捕。《人民检察院刑事诉讼规则》第68条规定："人民检察院对违反刑事诉讼法第五十七条规定的犯罪嫌疑人，情节严重的，予以逮捕；情节较轻的，可以予以训诫、责令具结悔过。下列违反监视居住规定的行为，属于情节严重，对犯罪嫌疑人应当予以逮捕：（一）故意实施新的犯罪行为的；（二）企图自杀、逃跑，逃避侦查、审查起诉的；（三）实施毁灭、伪造证据或者串供、干扰证人作证行为，足以影响侦查、审查起诉工作正常进行的；（四）未经批准，擅自离开住处或者指定的居所，造成严重后果，或者两次未经批准，擅自离开住处或者指定的居所的；（五）未经批准，擅自会见他人，造成严重后果，或者两次未经批准，擅自会见他人的；（六）经传讯不到案，造成严重后果，或者两次经传讯不到案的。"

解除监视居住，应当由办案人员提出意见，部门负责人审核，检察长决定。解除监视居住的决定，应当及时通知执行机关，并将解除监视居住的决定书送达犯罪嫌疑人。犯罪嫌疑人及其法定代理人、近亲属或者犯罪嫌疑人委托的律师及其他辩护人认为监视居住超过法定期限，向人民检察院提出解除监视居住要求的，人民检察院经审查认为超过法定期限的，应当制作解除监视居住决定书、通知书；认为未超过法定期限的，书面答复申请人时不再制作监视居住决定书、通知书，而应制作驳回申请决定书。

本文书只适用于人民检察院原已作出监视居住决定，现根据有关法律的规定决定予以解除监视居住的情形。对于公安机关、国家安全机关作出的监视居住决定，人民检察院在审查起诉阶段不能制作本文书直接决定予以解除。

本文书只适用于人民检察院在原监视居住决定的期限已经届满或者发现被监视居住人不应当追究刑事责任，决定解除监视居住强制措施时使用。如果是需要变更对犯罪嫌疑人所采取的监视居住强制措施，应当直接制作其他强制措施的法律文书，而不必再制作本文书。如果当时对犯罪嫌疑人根本不应该采取任何强制措施而予以监视居住的，不应制作解除监视居住决定书、通知书，而应制作撤销强制措施决定书、通知书。

本文书四联之间的骑缝线上均有本文书文号，应当按照本文书第四联中文号的填写方法予以填写。

本文书共四联，第一联统一保存，第二联附卷，第三联送达犯罪嫌疑人，第四联送达执行机关。

（三）文书格式（见下页）

人民检察院
解除监视居住
决定书
（存　根）

检　解监〔　　〕　号

案由______________________
犯罪嫌疑人基本情况（姓名、性别、年龄、工作单位、住址、身份证号码、是否人大代表、政协委员）
____
____
____
____
执行机关______________________
解除原因______________________
解除时间______________________
批准人______________________
承办人______________________
填发人______________________
填发时间______________________

第一联统一保存

检　解监〔　　〕　号

人民检察院
解除监视居住
决定书
（副　本）

检　解监〔　　〕　号

______________________：
因______________________
______________________，本院根据《中华人民共和国刑事诉讼法》第五十八条的规定，决定解除对你的监视居住措施。

年　月　日
（院印）

第二联附卷

检　解监〔　　〕　号

人民检察院
解除监视居住
决定书

检　解监〔　　〕　号

______________________：
因______________________
______________________，本院根据《中华人民共和国刑事诉讼法》第五十八条的规定，决定解除对你的监视居住措施。

年　月　日
（院印）

第三联送达犯罪嫌疑人

检　解监〔　　〕　号

人民检察院
解除监视居住
通知书

检　解监〔　　〕　号

本院于____年____月____日以____号监视居住决定书决定监视居住的犯罪嫌疑人________（现住________），因______________________
______________________，现决定解除对其监视居住措施。
特此通知。

此致
____

年　月　日
（院印）

第四联送达执行机关

【撤销强制措施决定书、通知书的制作】

撤销强制措施决定书、通知书的制作参见本书第58条。

第七十三条［解除或者撤销监视居住的程序］

解除或者撤销监视居住，应当由办案人员提出意见，部门负责人审核，检察长决定。

【条文释义】 本条是关于解除或者撤销监视居住程序的规定。

本条规定的解除或者撤销监视居住的程序，与人民检察院的办案体制相一致，即由办案人员提出意见，部门负责人审核，检察长决定。这里的“提出意见”，是指符合解除监视居住条件的，要提出解除监视居住的意见并说明理由；符合撤销监视居住条件的，要提出撤销监视居住的意见并说明理由。“部门负责人”，是指人民检察院办理案件的侦查部门或者审查起诉部门的负责人。“检察长”包括主管副检察长。

第七十四条［解除或者撤销监视居住决定书的送达］

解除或者撤销监视居住的决定应当通知执行机关，并将解除或者撤销监视居住的决定书送达犯罪嫌疑人。

【条文释义】 本条是关于人民检察院应当将解除或者撤销监视居住的决定通知执行机关、送达犯罪嫌疑人的规定。

本条规定的“执行机关”，是指执行监视居住的公安机关。人民检察院将解除或者撤销监视居住的决定通知执行机关，是为了让执行机关及时了解情况，不再执行原监视居住决定。将解除或者撤销监视居住的决定书送达犯罪嫌疑人，是为了让犯罪嫌疑人知悉自己已被解除或者撤销监视居住，维护犯罪嫌疑人的合法权益。本条规定是对《刑事诉讼法》第58条第2款“解除取保候审、监视居住，应当及时通知被取保候审、监视居住人和有关单位”的具体化，人民检察院应当严格遵守本条规定。

第七十五条［对解除监视居住要求的审查］

犯罪嫌疑人及其法定代理人、近亲属或者犯罪嫌疑人委托的律师及其他辩护人认为监视居住超过法定期限，向人民检察院提出解除监视居住要求的，人民检察院应当在七日以内审查决定。经审查认为超过法定期限的，经检察长批准后，解除监视居住；经审查未超过法定期限的，书面答复申请人。

【条文释义】 本条是关于人民检察院对犯罪嫌疑人等提出的解除监视居住要求进行审查的规定。

本条规定，犯罪嫌疑人及其法定代理人、近亲属或者犯罪嫌疑人委托的律师及其他辩护人认为监视居住超过法定期限，向人民检察院提出解除监视居住要求的，人民检察院应当在收到申请后的 7 日以内审查决定。“审查”的结果有两种：（1）监视居住超过法定期限的，经检察长批准后，作出解除监视居住的决定，制作解除监视居住决定书、通知书，解除监视居住；（2）监视居住未超过法定期限的，书面答复申诉人。这里的“书面答复”，是指以人民检察院的名义书面答复，具体办理工作由承办案件的侦查部门或审查起诉部门负责。

【解除监视居住决定书、通知书的制作】

解除监视居住决定书、通知书的制作参见本书第 72 条。

【驳回申请决定书的制作】

驳回申请决定书的制作参见本书第 22 条。

第四节　拘　　留

第七十六条［拘留的条件］

人民检察院对于有下列情形之一的犯罪嫌疑人，可以决定拘留：

（一）犯罪后企图自杀、逃跑或者在逃的；

（二）有毁灭、伪造证据或者串供可能的。

【条文释义】　本条是关于人民检察院拘留条件的规定。

本条是根据《刑事诉讼法》第 61 条和第 132 条而作的规定。拘留是人民检察院在紧急情况下，对犯罪嫌疑人依法采取的短期剥夺其人身自由的强制措施。根据人民检察院自侦案件的特点，《刑事诉讼法》规定了人民检察院可以拘留犯罪嫌疑人的两种情形：（1）犯罪后企图自杀、逃跑或者在逃的；（2）有毁灭、伪造证据或者串供可能的。实践中需注意的问题是，由于人民检察院自侦案件的特点与公安机关不同，人民检察院不能“先行拘留”，即不能先于立案前拘留犯罪嫌疑人，只能在立案后采取拘留措施。如果情况特别紧急，必须对犯罪嫌疑人采取拘留措施的，应当在采取拘留措施的同时办理立案手续。

第七十七条［拘留的决定程序］

拘留犯罪嫌疑人，应当由办案人员提出意见，部门负责人审核，检察长决定。

【条文释义】　本条是关于人民检察院决定拘留犯罪嫌疑人的程序的规定。

本条规定的人民检察院决定拘留犯罪嫌疑人的程序与人民检察院的办案体制

相一致，即先由办案人员提出对犯罪嫌疑人采取拘留措施的意见，经办案部门负责人审核同意后，报检察长决定。这里的“检察长”包括主管副检察长。

【拘留决定书的制作】

（一）制作方法

拘留决定书为四联填充式文书，各联的内容和制作方法如下：

1. 第一联存根。

（1）首部。包括：制作本文书的人民检察院名称；文书名称，即“拘留决定书”；文书编号，即“ 检 拘〔 〕 号”，“检”前空余地方填写制作本文书的人民检察院的简称，“检”与“拘”之间的空余地方填写人民检察院具体办案部门的简称，中括号内填写制作本文书的年度，中括号与“号”之间的空余地方填写本文书在该年度的序号。在文书名称下面标有“（存 根）”字样。

（2）正文。包括：案由，可以根据案件中犯罪嫌疑人所涉嫌的罪名填写为“贪污罪”、“受贿罪”、“挪用公款罪”等，如果因涉嫌多个罪名而立案的，应将所涉嫌的罪名填写全；犯罪嫌疑人基本情况，包括姓名、性别、年龄、工作单位、住址、身份证号码、是否人大代表或政协委员，上述犯罪嫌疑人的基本情况，并不是要求每一项内容都必须填写完整、清楚，制作时可以根据具体案件的需要和实际掌握的情况加以填写；拘留原因，按照《刑事诉讼法》第61条的规定填写；制作本文书的批准人的姓名或者名称；具体办理这一案件的承办人的姓名；填发本文书的填发人的姓名；填发本文书的时间。

2. 第二联副本。

（1）首部。包括：制作本文书的人民检察院名称、文书名称、文书编号，其制作方法与第一联首部的要求一样，只是在文书名称下面标有“（副 本）”字样。

（2）正文。包括：被决定拘留的犯罪嫌疑人的姓名；犯罪嫌疑人的性别；犯罪嫌疑人出生的年、月、日；犯罪嫌疑人的住址；犯罪嫌疑人涉嫌的罪名；执行拘留的机关名称。

（3）尾部。包括：制作本文书的时间，具体到年、月、日；加盖制作本文书的人民检察院的院印。

3. 第三联正本。

（1）首部。包括：制作本文书的人民检察院名称、文书名称、文书编号，其填写要求与第一联首部一样。

（2）正文。依次填写的具体内容与第二联正文的制作要求一样。

（3）尾部。包括：制作本文书的时间，具体到年、月、日；加盖制作本文书的人民检察院的院印。

4. 第四联回执。

（1）首部。包括：制作本文书的人民检察院名称；文书名称，即“拘留决定书”；在文书名称下面标有“（回 执）”字样。

（2）正文。包括：作出拘留决定的人民检察院名称；人民检察院作出拘留决定的日期，具体到年、月、日；人民检察院作出的拘留决定书的文号；犯罪嫌疑人的姓名；犯罪嫌疑人被执行拘留的时间，具体到年、月、日；执行拘留的机关名称。

（3）尾部。包括：制作本文书的时间，具体到年、月、日；加盖执行机关的公章。

（二）使用说明

在具体使用时，应注意以下问题：本文书应当以被拘留的人次为单位制作，即对于同一个犯罪嫌疑人，每一次决定采取拘留时均应单独制作拘留决定书；一次对多名犯罪嫌疑人决定拘留的，应当对每一个犯罪嫌疑人均单独制作拘留决定书。对犯罪嫌疑人拘留后，人民检察院应当把拘留的原因和羁押的处所，在24小时以内，通知被拘留人的家属或者他的所在单位。因有碍侦查，不能在24小时以内通知的，应当经检察长批准，并将原因写明附卷；无法通知的，应当向检察长报告，并将原因写明附卷。对被拘留的犯罪嫌疑人，应当在拘留后的24小时以内进行讯问。发现不应当拘留的，必须立即释放，发给释放证明。对需要逮捕而证据还不充足的，可以取保候审或者监视居住。人民检察院对直接受理的案件中被拘留的人，认为需要逮捕的，应当在10日以内作出决定。在特殊情况下，决定逮捕的时间可以延长1日至4日。对不需要逮捕的，应当立即释放；对于需要继续侦查，并且符合取保候审、监视居住条件的，依法取保候审或者监视居住。

犯罪嫌疑人及其法定代理人、近亲属或者犯罪嫌疑人委托的律师及其他辩护人认为人民检察院对拘留的犯罪嫌疑人羁押超过法定期限，向人民检察院提出释放犯罪嫌疑人或者变更拘留措施要求的，由人民检察院侦查部门审查，侦查部门应当在3日内审查完毕。侦查部门经审查认为超过法定期限的，应当提出释放犯罪嫌疑人或者变更拘留措施的意见，经检察长批准后，通知公安机关执行；经审查认为未超过法定期限的，书面答复申诉人。侦查部门应当将审查结果同时书面通知本院监所检察部门。对犯罪嫌疑人采取拘留，应当由办案人员提出意见，部门负责人审核，检察长决定。人民检察院的拘留决定，应当交公安机关执行。人民检察院可以协助公安机关执行。

根据《全国人民代表大会和地方各级人民代表大会代表法》第30条的规定，人民检察院决定拘留担任县级以上人民代表大会代表的犯罪嫌疑人的，拘留后应当立即向该代表所属的人民代表大会主席团或者常务委员会报告。

根据最高人民检察院、公安部《关于适用刑事强制措施有关问题的规定》

第20条的规定，对于符合《刑事诉讼法》规定的拘留条件，但“因情况紧急，来不及办理拘留手续的，可以先行将犯罪嫌疑人带至公安机关，同时立即办理拘留手续”。

《刑事诉讼法》第96条第1款规定：“犯罪嫌疑人在被侦查机关第一次讯问后或者采取强制措施之日起，可以聘请律师为其提供法律咨询、代理申诉、控告。犯罪嫌疑人被逮捕的，聘请的律师可以为其申请取保候审。涉及国家秘密的案件，犯罪嫌疑人聘请律师，应当经侦查机关批准。”因此，检察人员对犯罪嫌疑人采取拘留的，应当告知犯罪嫌疑人可以聘请律师为其提供法律咨询、代理申诉、控告或者为其申请取保候审，并将告知情况记明笔录。

本文书四联之间的骑缝线上均有本文书文号，应当按照本文书第三联中文号的填写方法予以填写。

本文书共四联，第一联统一保存，第二联附卷，第三联送达执行机关，第四联执行机关执行后退回附卷。

（三）文书格式（见下页）

人民检察院
拘留决定书
（存　根）

检　拘〔　　〕号

案由____________________

犯罪嫌疑人基本情况（姓名、性别、年龄、工作单位、住址、身份证号码、是否人大代表、政协委员）

____
____
____
____

拘留原因____________________

批准人____________________

承办人____________________

填发人____________________

填发日期____________________

第一联统一保存

检〔　　〕拘〔　　〕号

人民检察院
拘留决定书
（副　本）

检　拘〔　　〕号

犯罪嫌疑人________，性别______，生于______年______月______日，居住在____________，因涉嫌____________，根据《中华人民共和国刑事诉讼法》第一百三十二条的规定，本院决定对其刑事拘留，请即执行。

此致

____

年　月　日
（院印）

第二联附卷

检〔　　〕拘〔　　〕号

人民检察院
拘留决定书

检　拘〔　　〕号

犯罪嫌疑人________，性别______，生于______年______月______日，居住在____________，因涉嫌____________，根据《中华人民共和国刑事诉讼法》第一百三十二条的规定，本院决定对其刑事拘留，请即执行。

此致

____

年　月　日
（院印）

第三联送达执行机关

检〔　　〕拘〔　　〕号

人民检察院
拘留决定书
（回　执）

__________人民检察院：

你院______年______月______日以__________号拘留决定书决定拘留的犯罪嫌疑人__________已于______年______月______日，由__________执行拘留。

特此通知。

年　月　日
（公章）

第四联执行机关执行后退回附卷

第七十八条［拘留的执行］

人民检察院作出拘留决定后，应当送达公安机关执行。必要的时候，人民检察院可以协助公安机关执行。

【条文释义】 本条是关于人民检察院应当送达公安机关执行拘留的规定。

本条规定包括两层含义：（1）人民检察院作出拘留决定后，应当送达公安机关执行。这是根据《刑事诉讼法》第132条而作的规定。人民检察院作出拘留决定后，应当将拘留决定书送达公安机关，由公安机关开具拘留证，向犯罪嫌疑人宣布拘留，送公安机关看守所羁押。（2）必要的时候，人民检察院可以协助公安机关执行。实践中，人民检察院作出拘留决定后，公安机关有时因警力不足等原因，不能及时执行人民检察院的拘留决定。由于拘留是在紧急情况下采取的强制措施，如不及时执行，会贻误战机，影响侦查，因此，本条规定人民检察院可以协助执行。这里的"必要的时候"，是指公安机关不能执行、无力执行、无法执行或来不及执行等情况下，由公安机关执行拘留会影响侦查工作顺利进行的时候。"协助公安机关执行"，是指人民检察院检察人员可以持公安机关开具的拘留证，送看守所羁押，或者提供犯罪嫌疑人的有关情况，方便公安机关执行。

第七十九条［对担任人大代表的犯罪嫌疑人决定拘留的特殊程序］

担任县级以上人民代表大会代表的犯罪嫌疑人因现行犯被拘留的，人民检察院应当立即向该代表所属的人民代表大会主席团或者常务委员会报告；因为其他情形需要拘留的，人民检察院应当报请该代表所属的人民代表大会主席团或者常务委员会许可。

人民检察院拘留担任本级人民代表大会代表的犯罪嫌疑人，直接向本级人民代表大会主席团或常务委员会报告或者报请许可。

拘留担任上级人民代表大会代表的犯罪嫌疑人，应当立即层报该代表所属的人民代表大会同级的人民检察院报告或者报请许可。

拘留担任下级人民代表大会代表的犯罪嫌疑人，可以直接向该代表所属的人民代表大会主席团或者常务委员会报告或者报请许可，也可以委托该代表所属的人民代表大会同级的人民检察院报告或者报请许可；拘留担任乡、民族乡、镇的人民代表大会代表的犯罪嫌疑人，由县级人民检察院报告乡、民族乡、镇的人民代表大会。

拘留担任两级以上人民代表大会代表的犯罪嫌疑人，分别按照本条第二、三、四款的规定报告或者报请许可。

拘留担任办案单位所在省、市、县（区）以外的其他地区人民代表大会代表的犯罪嫌疑人，应当委托该代表所属的人民代表大会同级的人民检察院报告或

者报请许可；担任两级以上人民代表大会代表的，应当分别委托该代表所属的人民代表大会同级的人民检察院报告或者报请许可。

【条文释义】 本条是关于人民检察院对担任人大代表的犯罪嫌疑人决定拘留的特殊程序的规定。

本条第1款是关于人民检察院对担任县级以上人大代表的犯罪嫌疑人决定拘留，应当根据不同情况，向该代表所属人大主席团或者常委会报告或者报请许可的规定。《全国人民代表大会和地方各级人民代表大会代表法》第32条规定，“县级以上的各级人民代表大会代表，非经本级人民代表大会主席团许可，在本级人民代表大会闭会期间，非经本级人民代表大会常务委员会许可，不受逮捕或者刑事审判。如果因为是现行犯被拘留，执行拘留的机关应当立即向该级人民代表大会主席团或者人民代表大会常务委员会报告。对县级以上的各级人民代表大会代表，如果采取法律规定的其他限制人身自由的措施，应当经该级人民代表大会主席团或者人民代表大会常务委员会许可”。“乡、民族乡、镇的人民代表大会代表，如果被逮捕、受刑事审判、或者被采取法律规定的其他限制人身自由的措施，执行机关应当立即报告乡、民族乡、镇的人民代表大会”。人民检察院对担任县级以上的各级人民代表大会代表的犯罪嫌疑人采取拘留措施，关于如何向人大主席团或常委会报告有两种意见：一种意见认为，《刑事诉讼法》规定的人民检察院拘留犯罪嫌疑人的两种情形，都是紧急情形，因此，拘留担任人大代表的犯罪嫌疑人向人大主席团或常委会报告即可；另一种意见认为，根据《全国人民代表大会和地方各级人民代表大会代表法》第32条规定，人大代表因现行犯被拘留的，要向人大主席团或常委会报告，因其他原因需要拘留的，必须报请人大主席团或常委会许可，否则不能对犯罪嫌疑人采取拘留措施。本款按照后一种意见作了规定。本款规定，县级以上各级人大代表因现行犯被拘留的，人民检察院应当向该代表所属的人大主席团或常委会报告；因其他原因需要拘留的，应当报请该代表所属的人大主席团或常委会许可。本款规定的“现行犯”，是指正在预备犯罪、实行犯罪或者在犯罪后即时被发觉的；“报告”，是指对现行犯执行拘留后，人民检察院应当将对该人大代表采取拘留措施的情况报告给该代表所属的人大主席团或常委会；“因为其他情形需要拘留的”，是指因现行犯以外的其他情形需要对该人大代表采取拘留措施的；“报请该代表所属的人民代表大会主席团或者常务委员会许可”，是指人民检察院在决定对该人大代表采取拘留措施前要报请该人大代表所属的人大主席团或常委会许可，如果人大主席团或常委会不予许可的，人民检察院不能对该人大代表决定拘留。

本条第2款是关于拘留担任本级人大代表的犯罪嫌疑人程序的规定。这种情况下，人民检察院直接向本级人大主席团或常委会报告或者报请许可。“报告”，是指拘留现行犯后的报告；“报请许可”，是指因现行犯以外的其他原因需要拘留人大代表的，决定拘留前要报请许可。

本条第3款是关于拘留担任上级人大代表的犯罪嫌疑人程序的规定。这种情况下，要层报该代表所属的人大同级的人民检察院报告或报请许可，办案人民检察院不能直接报告或报请许可。

本条第4款是关于拘留担任下级人大代表的犯罪嫌疑人程序的规定。这种情况下，办案人民检察院可以直接向该代表所属的人大主席团或常委会报告或报请许可，也可以委托该代表所属的人大同级的人民检察院报告或报请许可。但是如果拘留担任乡、民族乡、镇的人大代表的犯罪嫌疑人，无论其是否为现行犯，一律在决定拘留后由县级人民检察院报告乡、民族乡、镇的人民代表大会，不再报请许可。

本条第5款是关于拘留担任两级以上人大代表的犯罪嫌疑人程序的规定。这种情况下，应当区分该人大代表是同级人大代表、上级人大代表或下级人大代表，分别按照本条第2、3、4款的规定办理。

本条第6款是关于拘留担任外地人大代表的犯罪嫌疑人程序的规定。本款规定的“办案单位所在省、市、县（区）以外的其他地区人民代表大会代表”，是指与办案人民检察院不在同一个省、同一个市或同一个县（区）的地方的人大代表。由于该代表所属的人民代表大会与办案人民检察院不在同一省、市、县（区），因此，办案人民检察院无法层报上级人民检察院，也无法直接报告或报请许可，只能委托该代表所属的人大同级的人民检察院报告或报请许可；其中担任两级以上人大代表的，应当分别委托该代表所属的人民代表大会同级人民检察院报告或报请许可。

【拘留人大代表报告书的制作】

（一）制作方法

拘留人大代表报告书为三联填充式文书，各联的内容和制作方法如下：

1. 第一联存根。

（1）首部。包括：制作本文书的人民检察院名称；文书名称，即“拘留人大代表报告书”；文书编号，即“　检　拘代〔　〕　号”，“检”前空余地方填写制作本文书的人民检察院的简称，“检”与“拘代”之间的空余地方填写人民检察院具体办案部门的简称，中括号内填写制作本文书的年度，中括号与“号”之间的空余地方填写本文书在该年度的序号。在文书名称下面标有“（存根）”字样。

（2）正文。包括：案由，可以根据案件中犯罪嫌疑人所涉嫌的罪名填写为“贪污罪”、“受贿罪”、“挪用公款罪”等，如果因涉嫌多个罪名而立案的，应将所涉嫌的罪名填写全；犯罪嫌疑人姓名、性别、年龄、工作单位、住址、身份证号码；犯罪嫌疑人担任人大代表的人民代表大会名称，要写明是第×届的人大代表；犯罪嫌疑人被刑事拘留的时间，具体到年、月、日；现羁押处所的名称；

制作本文书的批准人的姓名或者名称；具体办理这一案件的承办人的姓名；填发本文书的填发人的姓名；填发本文书的时间。

2. 第二联副本。

（1）首部。包括：制作本文书的人民检察院名称、文书名称、文书编号，其制作方法与第一联首部的要求一样，只是在文书名称下面标有“（副　本）”字样。

（2）正文。包括：报告对象，即×××人民代表大会主席团或者×××人民代表大会常务委员会；被决定拘留的犯罪嫌疑人的姓名；犯罪嫌疑人涉嫌的罪名。

（3）尾部。包括：制作本文书的时间，具体到年、月、日；加盖制作本文书的人民检察院的院印。

3. 第三联正本。

（1）首部。包括：制作本文书的人民检察院名称、文书名称、文书编号，其制作方法与第一联首部的要求一样。

（2）正文。依次填写的具体内容与第二联正文的制作要求一样。

（3）尾部。包括：制作本文书的时间，具体到年、月、日；加盖制作本文书的人民检察院的院印。

（二）使用说明

在具体使用时，应注意以下问题：本文书应当以被拘留的人次为单位制作，即对于同一个系人大代表的犯罪嫌疑人，每一次决定采取拘留后均应单独制作拘留人大代表报告书；一次对多名系人大代表的犯罪嫌疑人决定拘留的，应当对每一个犯罪嫌疑人均单独制作拘留人大代表报告书。在第二联和第三联中报告的对象应当按照如下方式填写：县级以上的各级人民代表大会代表开会期间，应当向本级人民代表大会主席团报告；在本级人民代表大会闭会期间，向本级人民代表大会常务委员会报告。乡、民族乡、镇的人民代表大会代表，如果被逮捕、受刑事审判或者被采取法律规定的其他限制人身自由的措施，执行机关应当立即报告乡、民族乡、镇的人民代表大会。拘留的对象只适用于现行犯或者重大嫌疑分子。对犯罪嫌疑人采取拘留，应当由办案人员提出意见，部门负责人审核，检察长决定。

《刑事诉讼法》第132条规定：“人民检察院直接受理的案件中符合本法第六十条、第六十一条第四项、第五项规定情形，需要逮捕、拘留犯罪嫌疑人的，由人民检察院作出决定，由公安机关执行。”“第六十一条第四项、第五项规定情形”就是指《人民检察院刑事诉讼规则》第76条规定的情形，即“（一）犯罪后企图自杀、逃跑或者在逃的；（二）有毁灭、伪造证据或者串供可能的。”《全国人民代表大会和地方各级人民代表大会代表法》第32条规定，“如果因为是现行犯被拘留，执行拘留的机关应当立即向该级人民代表大会主席团或者人民代表大会常务委员会报告”。但对于其他情形需要拘留系人大代表的重大嫌疑分子，是拘留后报告还是拘留前报请许可存在不同认识。我们认为，适用拘留应当采取事后报告方式：第一，拘留是一种适用于紧急情况的强制措施，这是《刑事诉讼法》第61条的明确规定。根据最高人民检察院、公安部《关于适用刑事强制措施有关问题的规定》第20条的规定，对于符合《刑事诉讼法》规定的拘留条件，但因情况紧急，来不及办理拘留手续的，可以先行将犯罪嫌疑人带至公安机关，同时立即办理拘留手续。如果必须事先报请许可，势必会延误战机，不能发挥拘留措施应有的巨大作用。因此，应当采用事后报告方式。第二，拘留是一种临时性、过渡性的强制措施。法律明确规定，对于被拘留的人，应当在拘留后的24小时以内进行讯问。在发现不应当拘留的时候，必须立即释放，发给释放证明。对被拘留的犯罪嫌疑人，需要逮捕的，依法办理逮捕手续。对需要逮捕而证据还不充足的，可以取保候审或者监视居住。如果拘留需要事先报请许可，而拘留后需要逮捕、取保候审、监视居住的，还要报请许可，增加了侦查工作的程序，不利于侦查工作的顺利进行，也不符合司法实际的需要和发展方向。第三，《刑事诉讼法》第132条规定，人民检察院只有对具有犯罪后企图自杀、逃跑或者在逃的，或者有毁灭、伪造证据或者串供可能的情形，才可以作出拘留决定。这两种情形本身就属于紧急情况。第四，对于非紧急情况下需要对系人大代表的犯罪嫌疑人采取强制措施的，不必适用拘留，可以直接适用报请许可采取强制措施报告书，予以逮捕、取保候审、监视居住或者拘传。

为防止错误拘留，人民检察院必须在拘留后24小时内进行讯问。犯罪嫌疑人、被告人及其法定代理人、近亲属或者犯罪嫌疑人、被告人委托的律师及其他辩护人对于人民法院、人民检察院或者公安机关采取强制措施超过法定期限的，有权要求解除强制措施。人民法院、人民检察院或者公安机关对于被采取强制措施超过法定期限的犯罪嫌疑人、被告人应当予以释放、解除取保候审、监视居住或者依法变更强制措施。

《刑事诉讼法》第96条第1款规定：“犯罪嫌疑人在被侦查机关第一次讯问后或者采取强制措施之日起，可以聘请律师为其提供法律咨询、代理申诉、控告。犯罪嫌疑人被逮捕的，聘请的律师可以为其申请取保候审。涉及国家秘密的案件，犯罪嫌疑人聘请律师，应当经侦查机关批准。”因此，检察人员第一次对系人大代表的犯罪嫌疑人采取拘留时，应当告知犯罪嫌疑人可以聘请律师为其提供法律咨询、代理申诉、控告或者为其申请取保候审，并将告知情况记明笔录。

本文书三联之间的骑缝线上均有本文书文号，应当按照本文书第三联中文号的填写方法予以填写。

本文书共三联，第一联统一保存；第二联附卷，作出拘留决定的人民检察院委托该被拘留人大代表所属的人民代表大会同级的人民检察院报告的，受委托报告的人民检察院应当将本文书第二联复印一份送交作出拘留决定的人民检察院；第三联报送人民代表大会主席团或其常务委员会。

（三）文书格式（见下页）

人民检察院
拘留人大代表报告书
（存 根）

检 拘代〔 〕 号

案由________
犯罪嫌疑人________
性别________年龄________
工作单位________
住 址________
身份证号码________
犯罪嫌疑人系________
________人大代表。
拘留时间________
羁押处所________
批准人________
承办人________
填发人________
填发时间________

第一联统一保存

检 拘代〔 〕 号

人民检察院
拘留人大代表报告书
（副 本）

检 拘代〔 〕 号

________：

犯罪嫌疑人________，因涉嫌________，根据《中华人民共和国刑事诉讼法》第一百三十二条的规定，依法对其拘留。因该犯罪嫌疑人系本届人大代表，根据《中华人民共和国全国人民代表大会和地方各级人民代表大会代表法》第三十二条的规定，特此报告。

年 月 日
（院印）

第二联附卷

检 拘代〔 〕 号

人民检察院
拘留人大代表报告书

检 拘代〔 〕 号

________：

犯罪嫌疑人________，因涉嫌________，根据《中华人民共和国刑事诉讼法》第一百三十二条的规定，依法对其拘留。因该犯罪嫌疑人系本届人大代表，根据《中华人民共和国全国人民代表大会和地方各级人民代表大会代表法》第三十二条的规定，特此报告。

年 月 日
（院印）

第三联报送人大主席团或常委会

第八十条［拘留后通知义务的履行］

对犯罪嫌疑人拘留后，人民检察院应当把拘留的原因和羁押的处所，在二十四小时以内，通知被拘留人的家属或者他的所在单位。

因有碍侦查，不能在二十四小时以内通知的，应当经检察长批准，并将原因写明附卷；无法通知的，应当向检察长报告，并将原因写明附卷。

【条文释义】　本条是关于人民检察院拘留犯罪嫌疑人后履行通知义务的规定。

本条第1款是关于人民检察院通知被拘留人家属或者他的所在单位的期限的规定。本款规定是为了维护犯罪嫌疑人的权利。本款规定的“对犯罪嫌疑人拘留后”，是指对犯罪嫌疑人宣布拘留、羁押在看守所后，不是指作出拘留决定后。这里的“拘留的原因”，是指犯罪嫌疑人涉嫌的罪名、拘留的法律依据，拘留通知书对上述两项内容，应当如实填写。实践中，通知事宜由侦查部门办理。本款规定的“被拘留人的家属或者他的所在单位”为选择关系，通知其一即可。如果被拘留人有家属的，一般应通知其家属。

本条第2款是关于特殊情况下不能通知的规定。本款规定的特殊情况包括两种：（1）因有碍侦查，不能在24小时以内通知。这里的“有碍侦查”一般是指：被拘留的人属于犯罪集团成员，或者与犯罪集团、团伙有牵连，由于其他案犯尚未被捉拿归案，其被拘留的消息传出去，可能会引起其他同案犯的逃跑、自杀、毁灭或伪造证据等情况发生，妨碍侦查工作的顺利进行；被拘留人的家属或单位的人与其犯罪有牵连，通知后可能引起转移、隐匿、销毁罪证等。这种情况下，应当报经检察长批准，并将原因写明附卷。这是为了防止任意剥夺、侵犯犯罪嫌疑人的合法权利。（2）无法通知。主要是指被拘留人家属或所在单位名称、地址不明，或被拘留人没有家属、单位的。这种情况下，也应当报告检察长，并将原因写明附卷。本款规定的“将原因写明附卷”，是指要把人民检察院没有在24小时以内通知被拘留人家属或所在单位的事实及原因写成书面材料，附在案卷之中，全面反映诉讼程序，同时以供核查。

【拘留通知书的制作】

（一）制作方法

拘留通知书为三联填充式文书，各联的内容和制作方法如下：

1. 第一联存根。

（1）首部。包括：制作本文书的人民检察院名称；文书名称，即“拘留通知书”；文书编号，即“　检　拘通〔　〕　号”，“检”前空余地方填写制作本文书的人民检察院的简称，“检”与“拘通”之间的空余地方填写人民检察院具体办案部门的简称，中括号内填写制作本文书的年度，中括号与“号”之间的空余地方填写本文书在该年度的序号。在文书名称下面标有“（存 根）”字样。

（2）正文。包括：案由，可以根据案件中犯罪嫌疑人所涉嫌的罪名填写为“贪污罪”、“受贿罪”、“挪用公款罪”等，如果因涉嫌多个罪名而立案的，应将所涉嫌的罪名填写全；犯罪嫌疑人的姓名；犯罪嫌疑人被刑事拘留的时间，应具体到年、月、日；犯罪嫌疑人现在的羁押处所；犯罪嫌疑人的家属姓名或者所在工作单位名称；犯罪嫌疑人家属的住址或者所在单位的地址；制作本文书的批准人的姓名或者名称；具体办理这一案件的承办人的姓名；填发本文书的填发人的姓名；填发本文书的时间。

2. 第二联副本。

（1）首部。包括：制作本文书的人民检察院名称、文书名称、文书编号，其制作方法与第一联首部的要求一样，只是在文书名称下面标有“（副 本）”字样。

（2）正文。包括：被决定拘留的犯罪嫌疑人家属的姓名或者其所在单位的名称；犯罪嫌疑人的姓名；犯罪嫌疑人涉嫌的罪名；犯罪嫌疑人被刑事拘留的时间，具体到年、月、日；羁押犯罪嫌疑人的看守所名称。

（3）尾部。包括：制作本文书的时间，具体到年、月、日；加盖制作本文书的人民检察院的院印。

3. 第三联正本。

（1）首部。包括：制作本文书的人民检察院名称、文书名称、文书编号，其制作方法与第一联首部的要求一样。

（2）正文。依次填写的具体内容与第二联正文的制作要求一样。

（3）尾部。包括：制作本文书的时间，具体到年、月、日；加盖制作本文书的人民检察院的院印。

（二）使用说明

在具体使用时，应注意以下问题：本文书应当以被拘留的人次为单位制作，即对于同一个犯罪嫌疑人，每一次决定采取拘留时均应单独制作拘留通知书；一次对多名犯罪嫌疑人决定拘留的，应当对每一个犯罪嫌疑人均单独制作拘留通知书。犯罪嫌疑人家属和其所在单位，在制作拘留通知书时只通知其中一个即可，一般以通知家属为宜。如果犯罪嫌疑人没有家属或者家属无法通知的，可以通知其所在单位；通知单位的，应当填写单位的全称，不宜填写单位法定代表人或者其他负责人的姓名。本文书第一联中的“家属姓名（单位名称）”和“家属住址（单位地址）”，在填写时应当根据具体实际情况填写一项，并划去不用的选项。“在二十四小时以内通知”，是指拘留通知书应当在犯罪嫌疑人被拘留以后的24小时以内填发，而不是必须在24小时以内送达；起算时间应当从犯罪嫌疑人被执行拘留之时计算，而不是从人民检察院作出拘留决定之时计算。

根据法律规定，拘留犯罪嫌疑人的，在以下两种情形下，可以不制作本文书，不必通知其家属或者所在单位：一是如果通知被拘留人家属或者其所在单位可能有碍侦查的。“有碍侦查”，主要是指被拘留人的家属或者其所在单位可能与本案有牵连；被拘留人是犯罪集团的成员，或者与集团犯罪、团伙犯罪有牵连；可能导致其他案犯自杀、逃跑或者串供；可能导致转移、隐匿或者毁灭证据、赃物等有碍侦查顺利进行的情形。二是拘留犯罪嫌疑人后无法通知其家属或者所在单位的。无法通知，是指被拘留人没有家属和单位，或者虽有家属和单位，但是住址、地址不详，或者其家属和单位地处边远地区，交通不便，难以通知的。

《刑事诉讼法》第132条规定：“人民检察院直接受理的案件中符合本法第六十条、第六十一条第四项、第五项规定情形，需要逮捕、拘留犯罪嫌疑人的，由人民检察院作出决定，由公安机关执行。”“第六十一条第四项、第五项规定情形”，就是指《人民检察院刑事诉讼规则》第76条规定的情形，即“人民检察院对于有下列情形之一的犯罪嫌疑人，可以决定拘留：（一）犯罪后企图自杀、逃跑或者在逃的；（二）有毁灭、伪造证据或者串供可能的。”犯罪嫌疑人及其法定代理人、近亲属或者犯罪嫌疑人委托的律师及其他辩护人认为人民检察院对拘留的犯罪嫌疑人羁押超过法定期限，向人民检察院提出释放犯罪嫌疑人或者变更拘留措施要求的，由人民检察院侦查部门审查，侦查部门应当在3日内审查完毕。侦查部门经审查认为超过法定期限的，应当提出释放犯罪嫌疑人或者变更拘留措施的意见，经检察长批准后，通知公安机关执行；经审查认为未超过法定期限的，书面答复申诉人。侦查部门应当将审查结果同时书面通知人民检察院院监所检察部门。

本文书三联之间的骑缝线上均有本文书文号，应当按照本文书第三联中文号的填写方法予以填写。

本文书共三联，第一联统一保存，第二联附卷，第三联送达被拘留人家属或者其所在单位。

（三）文书格式（见下页）

人民检察院
拘留通知书
（存 根）

检 拘通〔 〕 号

案由________________
犯罪嫌疑人______________
拘留时间______________
羁押处所______________
家属姓名（单位名称）______
____
家属住址（单位地址）______
____
批准人________________
承办人________________
填发人________________
填发时间______________

第一联统一保存

检 拘通〔 〕 号

人民检察院
拘留通知书
（副 本）

检 拘通〔 〕 号

__________：
犯罪嫌疑人________因涉嫌__________，经本院决定，于____年____月____日被刑事拘留，现羁押于__________看守所。

根据《中华人民共和国刑事诉讼法》第六十四条的规定，特此通知。

年 月 日
（院印）

第二联附卷

检 拘通〔 〕 号

人民检察院
拘留通知书

检 拘通〔 〕 号

__________：
犯罪嫌疑人________因涉嫌__________，经本院决定，于____年____月____日被刑事拘留，现羁押于__________看守所。

根据《中华人民共和国刑事诉讼法》第六十四条的规定，特此通知。

年 月 日
（院印）

第三联送达被拘留人家属或者其所在单位

第八十一条［拘留后的处理］

对被拘留的犯罪嫌疑人，应当在拘留后的二十四小时以内进行讯问。

【条文释义】　本条是关于人民检察院应当在拘留犯罪嫌疑人后 24 小时以内进行讯问的规定。

本条规定，主要是为了使人民检察院及时发现对犯罪嫌疑人采取拘留措施是否正确，发现错误及时纠正，同时也有利于迅速查明已掌握的证据是否确实可靠，以便抓住时机进一步开展侦查工作。本条规定的讯问由人民检察院侦查部门检察人员负责进行。

第八十二条［依法变更强制措施］

对被拘留的犯罪嫌疑人，发现不应当拘留的，应当立即释放；依法可以取保候审或者监视居住的，按照本规则的规定办理取保候审或者监视居住手续。

对被拘留的犯罪嫌疑人，需要逮捕的，按照本规则的规定办理逮捕手续。

【条文释义】　本条是关于人民检察院对被拘留的人，遇有法定情形，应当依法变更强制措施的规定。

本条第 1 款是关于人民检察院对被拘留的人，发现不应当拘留的，应当立即释放或者变更为取保候审、监视居住的规定。本款规定的“不应当拘留的”情形包括以下几种：（1）不应对犯罪嫌疑人采取任何强制措施但却采取拘留措施的；（2）应对犯罪嫌疑人采取取保候审、监视居住措施但却采取拘留措施的；（3）拘留犯罪嫌疑人时符合拘留条件，但审查后认为应当采取取保候审、监视居住措施的。“应当立即释放”，是指将犯罪嫌疑人予以释放，不采取任何强制措施，这适用于不应对犯罪嫌疑人采取任何强制措施的情形。“依法可以取保候审或者监视居住的”，是指犯罪嫌疑人符合取保候审、监视居住的条件，可以采取这两种措施，这适用于上述第 2 种和第 3 种情况，其中包括《刑事诉讼法》第 65 条（《人民检察院刑事诉讼规则》第 37 条第 3 项）规定的情形，即对被拘留的人，需要逮捕而证据尚不充足、不符合逮捕条件的，也可以依法变更为取保候审或监视居住。

本条第 2 款是关于人民检察院对被拘留的犯罪嫌疑人，需要逮捕的，应当办理逮捕手续的规定。本款规定的“按照本规则的规定办理逮捕手续”，是指按照《人民检察院刑事诉讼规则》第五章第二节“审查决定逮捕”的规定，由侦查部门向人民检察院审查逮捕部门移送审查逮捕。

第八十三条［拘留的期限］

人民检察院拘留犯罪嫌疑人的羁押期限为十日，特殊情况下可以延长一日至

四日。

【条文释义】 本条是关于人民检察院拘留犯罪嫌疑人期限的规定。

本条规定的拘留犯罪嫌疑人后的羁押期限包括人民检察院侦查部门对被拘留人进行审查提请决定逮捕的期限、审查逮捕部门审查决定逮捕的期限和检察长或检察委员会作出决定的期限。一般情况下，人民检察院拘留犯罪嫌疑人的羁押期限为10日，特殊情况下可以延长1日至4日。这里的“特殊情况”，是指因案情重大、复杂或者疑难，在10日内无法作出是否逮捕犯罪嫌疑人的决定的情况。

第八十四条［对公民扭送的处理］

公民将正在实行犯罪或者在犯罪后即被发觉的、通缉在案的、越狱逃跑的、正在被追捕的犯罪嫌疑人或者犯罪人扭送到人民检察院的，人民检察院应当予以接受，并且根据具体情况决定是否采取相应的紧急措施。对于不属于自己管辖的，应当移送主管机关处理。

【条文释义】 本条是关于人民检察院对扭送的犯罪嫌疑人或犯罪人，应当予以接受，并且根据情况决定是否采取紧急措施的规定。

《刑事诉讼法》第63条规定，任何公民对正在实行犯罪或者在犯罪后即时被发觉的、通缉在案的、越狱逃跑的或正在被追捕的犯罪嫌疑人、犯罪人，都可以立即扭送到公安机关、人民检察院或者人民法院处理。本条规定，公民将上述犯罪嫌疑人或者犯罪人扭送到人民检察院后，人民检察院应当予以接受，并且根据具体情况决定是否采取相应的紧急措施。这里的“接受”，是指不论案件是否属于人民检察院管辖，也不论是否属于本院管辖，人民检察院都应当接受下来，不能再让公民扭送到有管辖权的机关，这是为了保护公民与犯罪作斗争的积极性。这里的“相应的紧急措施”包括拘留措施在内。人民检察院接受以后，再审查是否属于自己管辖。如果不属于自己管辖，要移送主管机关处理。这里的“主管机关”，是指对该犯罪嫌疑人或犯罪人有管辖权的公安机关、人民法院、监狱、其他人民检察院等机关。

第八十五条［对被拘留人申请变更强制措施的处理］

犯罪嫌疑人及其法定代理人、近亲属或者犯罪嫌疑人委托的律师及其他辩护人认为人民检察院对拘留的犯罪嫌疑人羁押超过法定期限，向人民检察院提出释放犯罪嫌疑人或者变更拘留措施要求的，由人民检察院侦查部门审查，侦查部门应当在三日内审查完毕。

侦查部门经审查认为超过法定期限的，应当提出释放犯罪嫌疑人或者变更拘留措施的意见，经检察长批准后，通知公安机关执行；经审查认为未超过法定期

限的，书面答复申诉人。

侦查部门应当将审查结果同时书面通知本院监所检察部门。

【条文释义】　本条是关于人民检察院对释放被拘留人或变更拘留措施的申请，应当审查、答复的规定。

《刑事诉讼法》第75条规定，犯罪嫌疑人、被告人及其法定代理人、近亲属或者犯罪嫌疑人、被告人委托的律师及其他辩护人，对于人民法院、人民检察院或者公安机关采取强制措施超过法定期限的，有权要求解除强制措施。因此，本条规定，对犯罪嫌疑人及其法定代理人、近亲属或者犯罪嫌疑人委托的律师及其他辩护人认为人民检察院对拘留的犯罪嫌疑人羁押超过法定期限，向人民检察院提出释放犯罪嫌疑人或者变更拘留措施要求的，人民检察院应当及时审查并作出答复。

本条第1款是关于人民检察院审查部门和审查期限的规定。根据本款规定，上述申请由人民检察院侦查部门审查，这是因为对被拘留人采取拘留措施时就是侦查部门承办的，对拘留原因、期限比较了解。本款规定的审查期限为3天，这是因为拘留是一种紧急措施，羁押期限很短，不宜规定太长的审查期限。

本条第2款是关于审查结果的规定。本款规定了两种审查结果：（1）经审查认为超过法定期限的，侦查部门应当提出释放犯罪嫌疑人或者变更拘留措施的意见，经检察长批准后，通知公安机关执行。这里的“释放犯罪嫌疑人”适用于不应对犯罪嫌疑人采取任何强制措施的情况；这里的“变更拘留措施”，从理论上讲，并不排除将拘留措施变更为逮捕措施，但因采取逮捕措施要由侦查部门报审查逮捕部门审查，侦查部门并不能直接报检察长决定，因此，不可能在3日内审查完毕；同时将拘留措施变更为逮捕措施也与申请人的申请目的不一致，因此，这里的“变更拘留措施”，是指将拘留措施变更为取保候审或监视居住。（2）经审查认为未超过法定期限的，书面答复申诉人。这里的“书面答复”，是指由人民检察院书面答复，具体工作由侦查部门负责办理。

本条第3款是关于侦查部门应当将审查结果同时书面通知人民检察院监所检察部门的规定。这是为了加强检察机关内设机构的监督制约，便于监所检察部门了解是否对犯罪嫌疑人超期羁押的情况。

【决定释放通知书的制作】

（一）制作方法

决定释放通知书为填充式文书，共四联：第一联为存根，第二联为副本，第三联为正本，第四联为回执。

1. 存根联（第一联）的内容结构及制作方法。

存根联可以分为两个部分：

（1）首部。包括：制作本文书的人民检察院名称；文书名称，即“决定释放通知书”，下有“（存　根）”字样；文书编号。

（2）正文。包括：案由，可根据案件涉嫌的罪名填写“盗窃罪”、“强奸罪”、“非法经营罪”等；犯罪嫌疑人基本情况，包括姓名、性别、年龄、工作单位、住址、身份证号码，如果是人大代表或者政协委员，应当写明；正在执行的强制措施种类，应当填写“拘留”或者“逮捕”；决定释放原因，应当根据案件实际简明扼要地填写，如“案件已撤销”等；批准人；承办人；填发人；填发时间。

2. 副本联（第二联）的内容结构及制作方法。

副本联结构、内容与正本联基本相同，只是在文书名称之下标有“（副本）”字样。

3. 正本联（第三联）的内容结构及制作方法。

正本联可以分为首部、正文和尾部三部分。

（1）首部。包括：制作本文书的人民检察院名称；文书名称，即“决定释放通知书”；文书编号，即“　检　释〔　〕　号”，空白处应当依次填写制作文书的人民检察院简称、具体办案部门简称、年度和序号。

（2）正文。包括：决定逮捕或者拘留犯罪嫌疑人的时间；犯罪嫌疑人的姓名、性别、年龄、住所和羁押场所；决定释放的原因，要根据案件情况实事求是地填写，如“本院已经将对该犯罪嫌疑人的逮捕措施变更为监视居住”或者“本院已经撤销犯罪嫌疑人×××（姓名）涉嫌×××（罪名）一案”等；法律依据，要根据决定释放的具体情形，准确填写《刑事诉讼法》的对应条文；决定事项，即“决定释放”；要求事项，即“请即执行”。

（3）尾部。包括：送达单位，要填在“此致”下面的横线上；制作本文书的年、月、日，并加盖院印。

4. 回执联（第四联）的内容结构及制作方法。

回执联由执行逮捕、拘留措施的机关，根据执行人民检察院决定释放通知书的情况如实填写后退回人民检察院。回执联可以分为首部、正文和尾部三部分。

（1）首部。包括：发出决定释放通知书的人民检察院的名称；文书名称，即“决定释放通知书”，在文书名称下有“（回　执）”字样；回执送达机关，即在正文上方的横线上填写发出决定释放通知书的人民检察院的名称。

（2）正文。包括：人民检察院决定释放通知书的文号；执行的具体情况，如“已于××××年××月××日将犯罪嫌疑人×××从×××看守所释放”。

（3）尾部。填写回执具体的年、月、日，并加盖执行机关公章。

（二）使用说明

使用决定释放通知书应当注意以下几个问题：（1）正文中的“逮捕（拘留）”是选择关系，制作时应当根据实际情况划去其中一项。（2）正文中填写的释放原因和法律依据要相互对应，注意文书的严肃性、准确性。（3）对于因不应当采取强制措施而采取了拘留、逮捕强制措施的，应当制作撤销强制措施决定书，通知执行机关释放有关犯罪嫌疑人，而不必再制作决定释放通知书。

本文书四联之间的骑缝线上均有本文书文号，应当按照本文书第三联中文书的填写方法予以填写。

本文书共四联，第一联统一保存，第二联附卷，第三联送达执行机关，第四联由执行机关退回后附卷。

（三）文书格式（见下页）

人民检察院
决定释放通知书
（存　根）

检　释〔　　〕　号

案由____________________
犯罪嫌疑人______________
性别__________年龄__________
工作单位________________
住址____________________
强制措施种类____________
决定释放原因____________
批准人__________________
承办人__________________
填发人__________________
填发时间________________

第一联统一保存

检　释〔　　〕　号

人民检察院
决定释放通知书
（副　本）

检　释〔　　〕　号

我院______年______月______日决定逮捕（拘留）的犯罪嫌疑人__________，性别__________，现年__________岁，住__________，现羁押于__________看守所，因____________________，根据《中华人民共和国刑事诉讼法》第__________条的规定决定释放，请即执行。

此致

____

年　月　日
（院印）

第二联附卷

检　释〔　　〕　号

人民检察院
决定释放通知书

检　释〔　　〕　号

我院______年______月______日决定逮捕（拘留）的犯罪嫌疑人__________，性别__________，现年__________岁，住__________，现羁押于__________看守所，因____________________，根据《中华人民共和国刑事诉讼法》第__________条的规定决定释放，请即执行。

此致

____

年　月　日
（院印）

第三联送达执行机关

【驳回申请决定书的制作】

驳回申请决定书的制作参见本书第22条。

第五节　逮　　捕

第八十六条［逮捕的条件］

人民检察院对有证据证明有犯罪事实，可能判处徒刑以上刑罚的犯罪嫌疑人，采取取保候审、监视居住等方法，尚不足以防止发生社会危险性，而有逮捕必要的，应当批准或者决定逮捕。

“有证据证明有犯罪事实”是指同时具备下列情形：

（一）有证据证明发生了犯罪事实；

（二）有证据证明该犯罪事实是犯罪嫌疑人实施的；

（三）证明犯罪嫌疑人实施犯罪行为的证据已有查证属实的。

“犯罪事实”既可以是单一犯罪行为的事实，也可以是数个犯罪行为中任何一个犯罪行为的事实。

【条文释义】　本条是关于人民检察院对犯罪嫌疑人批准或者决定逮捕的条件的规定。

逮捕是最严厉的强制措施，人民检察院直接立案侦查的案件，可以决定逮捕犯罪嫌疑人；公安机关立案侦查的案件，需要逮捕犯罪嫌疑人的，应当经人民检察院批准。人民检察院批准逮捕犯罪嫌疑人或者决定逮捕犯罪嫌疑人，都必须符合逮捕条件。

本条第1款是关于逮捕的3个条件的规定。本款规定的逮捕条件与《刑事诉讼法》第60条第1款规定的逮捕条件相同，即：（1）有证据证明有犯罪事实。这是对逮捕的事实、证据要件的规定，详见本条第2款释义。（2）可能判处徒刑以上刑罚。这是对逮捕的罪行要件的规定。根据当时掌握的事实、证据情况，对犯罪嫌疑人所实施的犯罪行为可能要判处有期徒刑以上的刑罚的，才能逮捕；如果其所犯罪行可能连徒刑都判不了，表明所犯罪行的社会危害性较小，则无需逮捕。（3）采取取保候审、监视居住等措施，尚不足以防止发生社会危险性，而有逮捕必要的。这是对逮捕的社会危险性要件的规定，本规定也是“少捕”政策在法律上的体现。即使犯罪嫌疑人可能判处徒刑以上刑罚，也要考虑有无逮捕必要，采取取保候审、监视居住等措施是否足以防止发生社会危险性，只有必须逮捕的才能采取逮捕措施，否则仍可以采取取保候审、监视居住措施。这里的“社会危险性”包括两方面内容：一是犯罪嫌疑人有无实施自杀、逃跑，打击报复报案人、控告人，毁灭、伪造证据，串供、干扰证人作证等行为的可能性，即是否会实施妨碍刑事诉讼正常进行的行为；二是犯罪嫌疑人是否会继续实施危害社会的行为，即是否会实施新的犯罪行为。掌握逮捕的这一条件，要防止不加分析地适用逮捕措施或不加分析地适用取保候审、监视居住措施的极端化的做法。衡量犯罪嫌疑人有无逮捕必要，要根据个案的具体情况，从罪行严重程度、犯罪的性质和情节、犯罪嫌疑人的个人情况、一贯表现和犯罪后的表现等方面综合考虑，主要是从罪行严重程度方面来考虑。一般而言，所犯罪行愈严重，对犯罪嫌疑人愈有逮捕必要。掌握逮捕的这一条件，还必须与《人民检察院刑事诉讼规则》第38条规定的不得取保候审的情形结合起来考虑。

本条第2款是关于如何理解“有证据证明有犯罪事实”的规定。逮捕的这一条件，是对原《刑事诉讼法》规定的逮捕条件“主要犯罪事实已经查清”的修改。修改的原意是放宽逮捕条件。经过反复研究，1998年1月24日，最高人民法院、最高人民检察院、公安部、国家安全部、司法部、全国人大常委会法制工作委员会《关于刑事诉讼法实施中若干问题的规定》对“有证据证明有犯罪事实”的含义作了明确规定，本款规定与上述规定相同。根据本款规定，“有证据证明有犯罪事实”应当理解为已经有证据证明发生了某一犯罪事实，这里只要求“有证据”，而不要求证据确实充分；有证据证明某一犯罪事实是犯罪嫌疑人所为；而且证明犯罪嫌疑人实施犯罪行为的证据有的已经查证属实了，即不要求所有的证据都查证属实，只要有的查证属实就行了。目前《刑事诉讼法》规定的逮捕条件比以前有所放宽，如果逮捕犯罪嫌疑人不仅要求证据查证属实，而且要求确实充分，就会把一大批证据虽然已有查证属实，但尚未确实充分的具有重大犯罪嫌疑的人排除在可以逮捕的情形之外，与以前的逮捕条件相比实际上没有放宽。本款规定的精神实质在于不要求掌握所有的证据或主要的证据，只要有部分证据就可以作为逮捕的条件。这样规定，主要是考虑到如果要求证据确实，可以相互印证，等于要求证据充分，容易让人理解逮捕条件又恢复到以前的严格程度，违背了《刑事诉讼法》修改的初衷。实践中，个案情况是千差万别的，而规定毕竟是抽象的、概括的。对逮捕条件必须由司法人员根据法律的规定，结合个案的具体情况来掌握。对本款规定的理解，应注意以下方面：（1）《刑事诉讼法》对立案、逮捕、侦查终结等不同诉讼阶段的证据证明程度的要求是不一样的，因为各阶段的诉讼任务并不相同。逮捕是一种强制措施，目的是保障侦查、审查起诉和审判的顺利进行，不能怕“错捕”而将逮捕时对证据的要求等同于侦查终结时的证据要求，这时并不要求证据“充分”。（2）不能将逮捕条件降低到“孤证即可逮捕”的程度。本款规定“证据已有查证属实的”，排除了“孤证”即可逮捕。任何证据都不能证明自身的真实性、有效性。“证据已有查证属实的”只是不要求全部证据都查证属实，但只有一个证据的情况下，是不可能将证据查证属实的。（3）“证据已有查证属实的”与“有犯罪重大嫌疑”

的含义并不完全一致。在决定逮捕的情况下，如果说犯罪嫌疑人有犯罪重大嫌疑，那是建立在“证据已有查证属实的”基础上的一种判断，不能将“有犯罪重大嫌疑”理解为仅凭感觉的推测。

本条第3款是关于“犯罪事实”含义的规定。本款规定也是为了正确理解逮捕条件。本款规定，“犯罪事实”既不要求是主要犯罪事实，也不要求是全部犯罪事实，而可以是单一犯罪行为的事实，也可以是数个犯罪行为中任何一个犯罪行为的事实。这里的“可以是单一犯罪行为的事实”，是指在报捕案件中，犯罪嫌疑人只涉嫌一个犯罪行为的情况下，只要该犯罪行为的事实符合逮捕条件，即可逮捕犯罪嫌疑人。“可以是数个犯罪行为中任何一个犯罪行为的事实”，是指在报捕案件中，犯罪嫌疑人实施多个犯罪行为，涉嫌多个罪名的情况下，或者犯罪嫌疑人虽只涉嫌一个罪名，但却多次实施犯罪行为的情况下，只要其中有一个（次）犯罪行为的事实符合逮捕条件，即可逮捕犯罪嫌疑人。不要求报捕案件中的所有犯罪行为都符合逮捕条件；不论该犯罪行为在全部犯罪行为中是主要的犯罪行为，还是次要的犯罪行为；不论该犯罪行为触犯的是数个罪名中的一个罪名，还是一个罪名多次犯罪行为中的一次犯罪行为。

第八十七条［多个犯罪行为或者共同犯罪的逮捕条件］

对实施多个犯罪行为或者共同犯罪案件的犯罪嫌疑人，符合本规则第八十六条的规定，具有下列情形之一的，应当批准或者决定逮捕：

（一）有证据证明犯有数罪中的一罪的；

（二）有证据证明实施多次犯罪中的一次犯罪的；

（三）共同犯罪中，已有证据证明有犯罪事实的犯罪嫌疑人。

【条文释义】　本条是关于对实施多个犯罪行为或者共同犯罪案件的犯罪嫌疑人如何掌握逮捕条件的规定。

本条规定适用于审查批准逮捕和审查决定逮捕。本条规定不是规定了另一种逮捕条件，而是为了防止在犯罪嫌疑人符合逮捕条件的情况下，人民检察院由于受以前逮捕条件的限制，而不能作出逮捕决定的现象，因此，在这里又作了强调性的规定。

根据本条规定，对实施多个犯罪行为或共同犯罪案件的犯罪嫌疑人，只要符合逮捕条件，具有下列情形之一的，即可批准或决定逮捕：（1）有证据证明犯有数罪中的一罪的。犯罪嫌疑人实施多个犯罪行为，触犯多个罪名的情况下，只要有一罪符合逮捕条件，而不论其他犯罪行为是否符合逮捕条件，即可逮捕犯罪嫌疑人。（2）有证据证明实施多次犯罪中的一次犯罪的。犯罪嫌疑人触犯一个罪名但却实施了多次犯罪行为的情况下（如多次盗窃），只要有一次犯罪行为符合逮捕条件，即可逮捕犯罪嫌疑人。（3）共同犯罪中，已有证据证明有犯罪事实的犯罪嫌疑人。这是指在共同犯罪案件中，某一犯罪嫌疑人符合逮捕条件，即可对该犯罪嫌疑人逮捕，不受其他犯罪嫌疑人是否符合逮捕条件的影响。

实践中，执行本条规定时应当注意本条规定并不是审查逮捕时不要求对全案进行审查，而是指全面审查完毕后出现本条规定的情形的，可以对符合逮捕条件的犯罪嫌疑人予以逮捕。

【逮捕决定书的制作】

（一）制作方法

逮捕决定书为四联填充式文书，各联的内容和制作方法如下：

1. 第一联存根。

（1）首部。包括：制作本文书的人民检察院名称；文书名称，即“逮捕决定书”；文书编号，即“　检　捕〔　〕　号”，“检”前空余地方填写制作本文书的人民检察院的简称，“检”与“捕”之间的空余地方填写人民检察院具体办案部门的简称，中括号内填写制作本文书的年度，中括号与“号”之间的空余地方填写本文书在该年度的序号。在文书名称下面标有“（存　根）”字样。

（2）正文。包括：案由，可以根据案件中犯罪嫌疑人所涉嫌的罪名填写为“贪污罪”、“受贿罪”、“挪用公款罪”等，如果因涉嫌多个罪名而立案的，应将所涉嫌的罪名填写全；犯罪嫌疑人基本情况，包括姓名、性别、年龄、工作单位、住址、身份证号码、是否人大代表或政协委员，上述犯罪嫌疑人的基本情况，并不是要求每一项内容都必须填写完整、清楚，制作时可以根据具体案件的需要和实际掌握的情况加以填写；送达机关的名称；制作本文书的批准人的姓名或者名称；具体办理这一案件的承办人的姓名；填发本文书的填发人的姓名；填发本文书的时间。

2. 第二联副本。

（1）首部。包括：制作本文书的人民检察院名称、文书名称、文书编号，其制作方法与第一联首部的要求一样，只是在文书名称下面标有“（副　本）”字样。

（2）正文。包括：被决定逮捕的犯罪嫌疑人的姓名；犯罪嫌疑人涉嫌的罪名；执行逮捕的机关名称。

（3）尾部。包括：制作本文书的时间，具体到年、月、日；加盖制作本文书的人民检察院的院印。

3. 第三联正本。

（1）首部。包括：制作本文书的人民检察院名称、文书名称、文书编号，其制作方法与第一联首部的要求一样。

（2）正文。依次填写的具体内容与第二联正文的制作要求一样。

（3）尾部。包括：制作本文书的时间，具体到年、月、日；加盖制作本文书的人民检察院的院印；附：犯罪嫌疑人基本情况。

4. 第四联回执。

（1）首部。包括：制作本文书的人民检察院名称；文书名称，即“逮捕决定书”。在文书名称下面标有“（回　执）”字样。

（2）正文。包括：作出逮捕决定的人民检察院名称；人民检察院作出逮捕决定的日期，具体到年、月、日；人民检察院作出的逮捕决定书的文号；犯罪嫌疑人的姓名；犯罪嫌疑人被执行逮捕的时间，具体到年、月、日；执行逮捕的机关名称。

（3）尾部。包括：制作本文书的时间，具体到年、月、日；加盖执行机关的公章。

（二）使用说明

在具体使用时，应注意以下问题：本文书应当以被逮捕的人次为单位制作，即对于同一个犯罪嫌疑人，每一次决定采取逮捕时均应单独制作逮捕决定书；一次对多名犯罪嫌疑人决定逮捕的，应当对每一个犯罪嫌疑人均单独制作逮捕决定书。人民检察院办理直接立案侦查的案件，需要逮捕犯罪嫌疑人的，由侦查部门填写逮捕犯罪嫌疑人意见书，连同案卷材料一并送交本院审查逮捕部门审查。犯罪嫌疑人已被拘留的，侦查部门应当在拘留后3日以内将案件送交本院审查逮捕部门审查。特殊情况下，移送审查的时间可以延长1日至4日。对本院侦查部门移送审查逮捕的案件，犯罪嫌疑人已被拘留的，应当在审查逮捕部门接到逮捕犯罪嫌疑人意见书后的7日以内，由检察长或者检察委员会决定是否逮捕；犯罪嫌疑人未被拘留的，应当在审查逮捕部门接到逮捕犯罪嫌疑人意见书后的15日以内由检察长或者检察委员会决定是否逮捕，重大、复杂的案件，不得超过20日。经检察长或者检察委员会决定逮捕的，审查逮捕部门应当将逮捕决定书连同案卷材料送交侦查部门，由侦查部门通知公安机关执行，必要时人民检察院可以协助执行。对应当逮捕而本院侦查部门未移送审查逮捕的犯罪嫌疑人，审查逮捕部门应当向侦查部门提出移送审查逮捕犯罪嫌疑人的建议。如果建议不被采纳，审查逮捕部门可以报请检察长提交检察委员会决定。人民检察院办理直接立案侦查的案件，侦查部门应当将决定、变更、撤销逮捕措施的情况书面通知本院监所检察部门。审查逮捕部门办理审查逮捕的案件，应当指定办案人员进行审查。办案人员应当审阅案卷材料，制作阅卷笔录，提出批准或者决定逮捕、不批准或者不予逮捕的意见，经部门负责人审核后，报请检察长批准或者决定；重大案件应当经检察委员会讨论决定。审查逮捕部门办理审查逮捕案件，不能直接提出采取取保候审、监视居住措施的意见。对应当逮捕的犯罪嫌疑人、被告人，如果患有严重疾病，或者是正在怀孕、哺乳自己婴儿的妇女，可以采取取保候审或者监视居住的办法。人民检察院办理直接立案侦查的案件，已经作出不予逮捕的决定，又发现需要逮捕犯罪嫌疑人的，应当重新办理逮捕手续。

人民检察院决定逮捕犯罪嫌疑人后，侦查部门应当把逮捕的原因和羁押的处所，在24小时以内通知被逮捕人的家属或者他的所在单位。因有碍侦查，不能在24小时以内通知的，应当经检察长批准，并将原因写明附卷；无法通知的，应当报告检察长，并将原因写明附卷。人民检察院的逮捕决定，应当交公安机关执行，人民检察院可以协助公安机关执行。为防止错误逮捕，人民检察院侦查部门应当在逮捕后的24小时以内对犯罪嫌疑人进行讯问。发现不应当逮捕的，应当经检察长批准，撤销逮捕决定或者变更为其他强制措施，并通知公安机关执行。

人民检察院对担任本级人民代表大会代表的犯罪嫌疑人批准或者决定逮捕，应当报请本级人民代表大会主席团或者常务委员会许可。对担任上级人民代表大会代表的犯罪嫌疑人批准或者决定逮捕的，应当层报该代表所属的人民代表大会同级的人民检察院报请许可。对担任下级人民代表大会代表的犯罪嫌疑人批准或者决定逮捕的，可以直接报请该代表所属的人民代表大会主席团或者常务委员会许可，也可以委托该代表所属的人民代表大会同级的人民检察院报请许可；对担任乡、民族乡、镇的人民代表大会代表的犯罪嫌疑人批准或者决定逮捕，由县级人民检察院报告乡、民族乡、镇的人民代表大会。对担任两级以上的人民代表大会代表的犯罪嫌疑人批准或者决定逮捕，分别依照上述规定报请许可。对担任办案单位所在省、市、县（区）以外的其他地区人民代表大会代表的犯罪嫌疑人批准或者决定逮捕，应当委托该代表所属的人民代表大会同级的人民检察院报请许可；担任两级以上人民代表大会代表的，应当分别委托该代表所属的人民代表大会同级的人民检察院报请许可。

外国人、无国籍人涉嫌危害国家安全犯罪的案件或者涉及国与国之间政治、外交关系的案件以及在适用法律上确有疑难的案件，需要逮捕犯罪嫌疑人的，由分、州、市人民检察院审查并提出意见，层报最高人民检察院审查。最高人民检察院经征求外交部的意见后，决定批准逮捕。经审查认为不需要逮捕的，可以直接作出不批准逮捕的决定。外国人、无国籍人涉嫌其他犯罪的案件，由分、州、市人民检察院审查并提出意见，报省级人民检察院审查。省级人民检察院经征求同级政府外事部门的意见后，决定批准逮捕，同时报最高人民检察院备案。经审查认为不需要逮捕的，可以直接作出不批准逮捕的决定。人民检察院批准逮捕的危害国家安全的案件、涉外案件和检察机关直接立案侦查的案件，应当报上一级人民检察院备案。上级人民检察院对报送的备案材料应当进行审查，发现错误的，应当在10日以内将审查意见通知报送备案的下级人民检察院或者直接予以纠正。

犯罪嫌疑人及其法定代理人、近亲属或者犯罪嫌疑人委托的律师及其他辩护人认为人民检察院批准或者决定逮捕的犯罪嫌疑人羁押超过法定期限，向人民检察院提出释放犯罪嫌疑人或者变更逮捕措施要求的，由人民检察院审查逮捕部门审查，审查逮捕部门应当向侦查机关或者本院侦查部门了解有关情况，并在 7 日以内审查完毕。审查逮捕部门经审查认为超过法定期限的，应当提出释放犯罪嫌疑人或者变更逮捕措施的意见，经检察长批准后，通知公安机关执行；经审查认为未超过法定期限的，制作驳回申请决定书答复申诉人。

根据《刑事诉讼法》第 96 条的规定："犯罪嫌疑人在被侦查机关第一次讯问后或者采取强制措施之日起，可以聘请律师为其提供法律咨询、代理申诉、控告。犯罪嫌疑人被逮捕的，聘请的律师可以为其申请取保候审。涉及国家秘密的案件，犯罪嫌疑人聘请律师，应当经侦查机关批准。"因此，检察人员第一次对犯罪嫌疑人采取逮捕强制措施时，应当告知犯罪嫌疑人可以聘请律师为其提供法律咨询、代理申诉、控告或者为其申请取保候审，并将告知情况记明笔录。

本文书四联之间的骑缝线上均有本文书文号，应当按照本文书第三联中文号的填写方法予以填写。

本文书共四联，第一联统一保存，第二联附卷，第三联送达执行机关，第四联执行机关执行后退回附卷。

（三）文书格式（见下页）

人民检察院
逮捕决定书
（存　根）

检　捕〔　　〕号

案由＿＿＿＿＿＿＿＿
犯罪嫌疑人基本情况（姓名、性别、年龄、工作单位、住址、身份证号码、是否人大代表、政协委员）
＿＿＿＿＿＿＿＿
＿＿＿＿＿＿＿＿
＿＿＿＿＿＿＿＿
＿＿＿＿＿＿＿＿
送达机关＿＿＿＿＿＿
批准人＿＿＿＿＿＿
承办人＿＿＿＿＿＿
填发人＿＿＿＿＿＿
填发时间＿＿＿＿＿＿

第一联统一保存

检捕〔　　〕号

人民检察院
逮捕决定书
（副　本）

检　捕〔　　〕号

犯罪嫌疑人＿＿＿＿＿涉嫌＿＿＿＿＿＿，根据《中华人民共和国刑事诉讼法》第六十条和第一百三十二条的规定，决定予以逮捕。

此致
＿＿＿＿＿＿

年　月　日
（院印）

第二联附卷

检捕〔　　〕号

人民检察院
逮捕决定书

检　捕〔　　〕号

犯罪嫌疑人＿＿＿＿＿涉嫌＿＿＿＿＿＿，根据《中华人民共和国刑事诉讼法》第六十条和第一百三十二条的规定，决定予以逮捕。

此致
＿＿＿＿＿＿

年　月　日
（院印）

附：犯罪嫌疑人基本情况

第三联送达执行机关

检捕〔　　〕号

人民检察院
逮捕决定书
（回　执）

＿＿＿＿＿人民检察院：
你院＿＿＿年＿＿月＿＿日以＿＿＿＿号逮捕决定书决定逮捕的犯罪嫌疑人＿＿＿＿＿已于＿＿＿年＿＿＿月＿＿＿日，由＿＿＿＿＿执行逮捕。
特此通知。

年　月　日
（公章）

第四联执行机关执行后退回附卷

第八十八条 ［身份不明的犯罪嫌疑人的逮捕］

对于犯罪嫌疑人不讲真实姓名、住址，身份不明的案件，人民检察院经审查认为符合本规则第八十六条、第八十七条规定的，应当批准或者决定逮捕。

【条文释义】 本条是关于对不讲真实姓名、住址，身份不明的犯罪嫌疑人，只要符合逮捕条件就应当予以逮捕的规定。

本条是根据《刑事诉讼法》第 128 条第 2 款的规定而作的规定。因对犯罪嫌疑人不讲真实姓名、住址，身份不明的案件，只要犯罪事实清楚，证据确实、充分，即可侦查终结，由人民检察院审查起诉，因此，本条规定对身份不明的犯罪嫌疑人，只要符合逮捕条件，应当批准或者决定逮捕。

本条规定虽然适用于审查批准逮捕和审查决定逮捕，但实践中人民检察院直接立案侦查案件的犯罪嫌疑人身份不明的情况几乎没有，因此，本条规定主要适用于对公安机关报捕案件的审查批准逮捕。

第八十九条 ［应当不逮捕的情形］

对具有下列情形之一的犯罪嫌疑人，人民检察院应当作出不批准逮捕的决定或者不予逮捕：

（一）不符合本规则第八十六条、第八十七条规定的逮捕条件的；

（二）具有刑事诉讼法第十五条规定的情形之一的。

【条文释义】 本条是关于人民检察院应当不逮捕的情形的规定。

本条规定的“应当作出不批准逮捕的决定”是针对公安机关提请批捕的案件而言；“不予逮捕”是针对人民检察院直接立案侦查的案件而言。本条规定的“应当作出不批准逮捕的决定或者不予逮捕”的情形包括：

1. 不符合《人民检察院刑事诉讼规则》第 86 条、第 87 条规定的逮捕条件的。包括如下具体情形：

一是不符合“有证据证明有犯罪事实”的条件的，分为两种情形：（1）没有证据证明有犯罪事实的。包括：根本没有证据的；虽有证据，但达不到《人民检察院刑事诉讼规则》第 86 条第 2 款规定的证明程度的，即证明犯罪嫌疑人实施犯罪行为的证据没有查证属实的。（2）犯罪嫌疑人没有犯罪事实的。包括：犯罪嫌疑人的行为不是犯罪行为，没有社会危险性的；犯罪嫌疑人的行为虽有社会危险性，但依照《刑法》规定不负刑事责任的，如不满 14 周岁的人或没有刑事责任能力的精神病人实施的危害社会的行为；犯罪嫌疑人的行为客观上虽然造成了损害结果，但是由于不可抗拒或不能预见的原因所引起的，依照《刑法》第 16 条规定不是犯罪的；虽有犯罪事实，但不是犯罪嫌疑人所为的；正当防卫、紧急避险的。

二是虽有证据证明犯罪嫌疑人有犯罪事实，但不可能对犯罪嫌疑人判处徒刑以上刑罚的。

三是采取取保候审、监视居住足以防止发生社会危险性，没有逮捕必要的。

2. 具有《刑事诉讼法》第15条规定情形之一的，即情节显著轻微、危害不大，不认为是犯罪的；犯罪已过追诉时效期限的；依照《刑法》告诉才处理的犯罪，没有告诉或者撤回告诉的；犯罪嫌疑人死亡的；经特赦令免除刑罚的；其他法律规定免予追究刑事责任的。

第九十条［可以不逮捕的情形］

对应当逮捕的犯罪嫌疑人，如果患有严重疾病，或者是正在怀孕、哺乳自己婴儿的妇女，人民检察院可以作出不批准逮捕的决定或者不予逮捕。

【条文释义】 本条是关于人民检察院可以不逮捕的情形的规定。

本条是根据《刑事诉讼法》第60条第2款而作的规定。本条规定与《人民检察院刑事诉讼规则》第89条的区别在于：第89条规定的是“应当”不逮捕的情形，本条规定的是“可以”不逮捕的情形。所谓“可以”，是指本条规定是出于人道主义的考虑，不对应当逮捕的犯罪嫌疑人采取逮捕措施。在实践中，遇有本条规定的情形，人民检察院并不是必须作不逮捕的决定，如果不予逮捕不足以防止发生社会危险性的，仍然可以决定逮捕。本条规定的“作出不批准逮捕的决定”是针对公安机关、国家安全机关等提请批准逮捕的案件而言；“不予逮捕”是针对人民检察院自侦案件而言。本条规定的情形包括两种：（1）应当逮捕，但患有严重疾病的；（2）应当逮捕，但是正在怀孕、哺乳自己婴儿的妇女。这里的“应当逮捕”，是指犯罪嫌疑人符合逮捕的条件，“哺乳自己婴儿的妇女”，是指处于法律规定的哺乳期的妇女，即哺乳自己不满1周岁婴儿的妇女。

第九十一条［逮捕的承办部门］

人民检察院审查批准或者决定逮捕犯罪嫌疑人，由审查逮捕部门办理。

【条文释义】 本条是关于人民检察院承办审查逮捕业务的部门的规定。

人民检察院根据业务分工设置不同的业务部门，各司其职、互相制约。本条规定，审查逮捕工作由人民检察院设置的审查逮捕部门办理。无论是对公安机关、国家安全机关等机关提请批准逮捕案件的审查批准逮捕，还是对本院侦查部门移送审查逮捕案件的审查决定逮捕，都由审查逮捕部门办理，负责审查并提出意见。

第九十二条 ［审查逮捕的工作程序］

审查逮捕部门办理审查逮捕的案件，应当指定办案人员进行审查。办案人员应当审阅案卷材料，制作阅卷笔录，提出批准或者决定逮捕、不批准或者不予逮捕的意见，经部门负责人审核后，报请检察长批准或者决定；重大案件应当经检察委员会讨论决定。

审查逮捕部门办理审查逮捕案件，不能直接提出采取取保候审、监视居住措施的意见。

【条文释义】　本条是关于人民检察院审查逮捕工作程序的规定。

本条规定既适用于人民检察院办理审查批准逮捕案件，也适用于办理审查决定逮捕案件。

本条第1款是关于人民检察院审查逮捕程序和审查逮捕部门可以提出的审查意见的规定。本款规定的审查逮捕程序与人民检察院的办案体制相同。首先是办案人员进行审查，在审查过程中应当审阅案卷材料，制作阅卷笔录，提出审查意见。这里的“制作阅卷笔录”，是指办案人员在审阅案件过程中应当将主要的事实、证据材料作一摘要，既为进行审查、审核、审批提供概括性的材料，又要作为检察内卷的材料。其次是由审查逮捕部门负责人审核，然后报请检察长批准或者决定，重大案件要经检察委员会讨论决定。本款规定，办案人员提出的审查意见是“批准或者决定逮捕、不批准或者不予逮捕”，这是指对公安机关提请批捕的案件应当根据是否符合逮捕案件，分别提出批准逮捕或不批准逮捕的意见；对人民检察院直接立案侦查的案件应当根据是否符合逮捕条件，分别提出决定逮捕或决定不予逮捕的意见。

本条第2款是关于审查逮捕部门不得直接提出采取取保候审、监视居住意见的规定。本条第1款规定审查逮捕部门应当提出“批准或者决定逮捕、不批准或者不予逮捕”的意见，但实践中，有的审查逮捕部门在提出不批准或者不予逮捕犯罪嫌疑人意见的同时，还提出对犯罪嫌疑人取保候审或监视居住的意见，报检察长批准后，送公安机关或本院侦查部门执行。由于在侦查阶段，对犯罪嫌疑人是否采取取保候审或监视居住措施，侦查机关或侦查部门最了解情况，审查逮捕部门提出的意见不一定适合案件的需要，因此，本款在第1款规定的基础上，规定审查逮捕部门不能直接提出采取取保候审或监视居住措施的意见。

第九十三条 ［对担任人大代表的犯罪嫌疑人的逮捕］

人民检察院对担任本级人民代表大会代表的犯罪嫌疑人批准或者决定逮捕，应当报请本级人民代表大会主席团或者常务委员会许可。

对担任上级人民代表大会代表的犯罪嫌疑人批准或者决定逮捕，应当层报该

代表所属的人民代表大会同级的人民检察院报请许可。

对担任下级人民代表大会代表的犯罪嫌疑人批准或者决定逮捕，可以直接报请该代表所属的人民代表大会主席团或者常务委员会许可，也可以委托该代表所属的人民代表大会同级的人民检察院报请许可；对担任乡、民族乡、镇的人民代表大会代表的犯罪嫌疑人批准或者决定逮捕，由县级人民检察院报告乡、民族乡、镇的人民代表大会。

对担任两级以上的人民代表大会代表的犯罪嫌疑人批准或者决定逮捕，分别依照本条第一、二、三款的规定报请许可。

对担任办案单位所在省、市、县（区）以外的其他地区人民代表大会代表的犯罪嫌疑人批准或者决定逮捕，应当委托该代表所属的人民代表大会同级的人民检察院报请许可；担任两级以上人民代表大会代表的，应当分别委托该代表所属的人民代表大会同级的人民检察院报请许可。

【条文释义】 本条是关于人民检察院对担任人大代表的犯罪嫌疑人批准或者决定逮捕，应当报告或者报请许可的规定。

本条是根据1992年《全国人民代表大会和地方各级人民代表大会代表法》[①]第30条的规定而作的规定，是对1992年《全国人民代表大会和地方各级人民代表大会代表法》第30条的具体化，是对报请各级人大主席团或常委会的程序作出的具体规定。本条规定的“报请许可”，是指人民检察院在批准或决定逮捕前要报经该代表所属的人大主席团或常委会许可，如果得不到许可，便不能批准或决定逮捕犯罪嫌疑人。

本条第1款是关于对担任本级人大代表的犯罪嫌疑人批准或者决定逮捕的规定。这种情况下，直接报请本级人大主席团或常委会许可。

本条第2款是关于对担任上级人大代表的犯罪嫌疑人批准或者决定逮捕的规定。这种情况下，办案人民检察院应当委托该代表所属的人大同级的人民检察院报请许可。

本条第3款是关于对担任下级人大代表的犯罪嫌疑人批准或者决定逮捕的规定。这种情况下，办案人民检察院可以直接报请该代表所属的人大主席团或常委会许可，也可以委托该代表所属的人大同级的人民检察院报请许可。但是，对担任乡、民族乡、镇的人大代表批准或者决定逮捕，应当由县级人民检察院报告乡、民族乡、镇的人民代表大会。这里的“报告”，是指批准或决定逮捕犯罪嫌

① 《全国人民代表大会和地方各级人民代表大会代表法》已经2010年10月28日第十一届全国人民代表大会常务委员会第十七次会议通过的《关于修改〈中华人民共和国全国人民代表大会和地方各级人民代表大会代表法〉的决定》修改，该决定将《全国人民代表大会和地方各级人民代表大会代表法》第30条改为第32条，并增加一款作为第3款。——编者注

疑人以后，向乡、民族乡、镇的人民代表大会报告。

本条第 4 款是关于对担任两级以上人大代表的犯罪嫌疑人批准或者决定逮捕的规定。这种情况下，应当根据该人大代表所属人大的级别，按照本条第 1、2、3 款的规定分别办理。

本条第 5 款是关于对担任外地人大代表的犯罪嫌疑人批准或者决定逮捕的规定。这种情况下，办案人民检察院应当委托该代表所属的人大同级的人民检察院报请许可；其中担任两级以上人大代表的，应当分别委托该代表所属的人大同级的人民检察院报请许可。

【报请许可采取强制措施报告书的制作】

（一）制作方法

报请许可采取强制措施报告书为三联填充式文书，各联的内容和制作要求如下：

1. 第一联存根。

（1）首部。包括：制作本文书的人民检察院名称；文书名称，即“报请许可采取强制措施报告书”；文书编号，即“　检　强许〔　〕　号”，“检”前空余地方填写制作本文书的人民检察院的简称，“检”与“强许”之间的空余地方填写人民检察院具体办案部门的简称，中括号内填写制作本文书的年度，中括号与“号”之间的空余地方填写本文书在该年度的序号。在文书名称下面标有“（存　根）”字样。

（2）正文。包括：案由，可以根据案件中犯罪嫌疑人所涉嫌的罪名填写为“贪污罪”、“受贿罪”、“挪用公款罪”等，如果因涉嫌多个罪名而立案的，应将所涉嫌的罪名填写全；犯罪嫌疑人姓名、性别、年龄、工作单位、住址、身份证号码；犯罪嫌疑人担任人大代表的人民代表大会名称，要写明第×届的人大代表；制作本文书的批准人的姓名或者名称；具体办理这一案件的承办人的姓名；填发本文书的填发人的姓名；填发本文书的时间。

2. 第二联副本。

（1）首部。包括：制作本文书的人民检察院名称、文书名称、文书编号，其制作方法与第一联首部的要求一样，只是在文书名称下面标有“（副　本）”字样。

（2）正文。包括：报告对象，即×××人民代表大会主席团或者×××人民代表大会常务委员会；拟决定对其采取强制措施的犯罪嫌疑人的姓名；犯罪嫌疑人涉嫌的罪名；根据拟采取的强制措施种类，分别填写《刑事诉讼法》中的相关条文。

（3）尾部。包括：制作本文书的时间，具体到年、月、日；加盖制作本文书的人民检察院的院印；附：案件情况报告。

3. 第三联正本。

（1）首部。包括：制作本文书的人民检察院名称、文书名称、文书编号，其制作方法与第一联首部的要求一样。

（2）正文。依次填写的具体内容与第二联正文的制作要求一样。

（3）尾部。包括：制作本文书的时间，具体到年、月、日；加盖制作本文书的人民检察院的院印；附：案件情况报告。

（二）使用说明

在具体使用时，应注意以下问题：本文书应当以拟被采取强制措施的人次为单位制作，即对于同一个系人大代表的犯罪嫌疑人，每一次拟决定采取强制措施均应单独制作报请许可采取强制措施报告书；一次对多个系人大代表的犯罪嫌疑人拟决定采取强制措施，应当对每一个犯罪嫌疑人均单独制作报请许可采取强制措施报告书。在第二联和第三联中报请的对象应当按照如下方式填写：县级以上的各级人民代表大会代表开会期间，应当向本级人民代表大会主席团报请；在本级人民代表大会闭会期间，应当向本级人民代表大会常务委员会报请。乡、民族乡、镇的人民代表大会代表，如果被逮捕、受刑事审判或者被采取法律规定的其他限制人身自由的措施，执行机关应当立即报告乡、民族乡、镇的人民代表大会。在第二联和第三联中，“逮捕（监视居住、取保候审、拘传）”，应当根据法律规定选择一种，并用斜线划去不用的选项。

本文书不适用于拘留这种强制措施。《刑事诉讼法》规定，拘留是一种适用于紧急情况的一种临时性、过渡性的强制措施。《刑事诉讼法》第 132 条规定，人民检察院只有对具有犯罪后企图自杀、逃跑或者在逃的或者有毁灭、伪造证据或者串供可能的情形，才可以作出拘留决定。这两种情形本身就属于紧急情况。如果必须事先报请许可，势必会延误战机，不能发挥拘留措施应有的巨大作用。因此，应当采用事后报告方式。如果拘留后人民检察院认为需要逮捕、取保候审或者监视居住的，应当报请许可。对于非紧急情况下需要对系人大代表的犯罪嫌疑人采取强制措施的，不必适用拘留，可以直接适用报请许可采取强制措施报告书，予以逮捕、取保候审、监视居住或者拘传。

《刑事诉讼法》第 96 条第 1 款规定：“犯罪嫌疑人在被侦查机关第一次讯问后或者采取强制措施之日起，可以聘请律师为其提供法律咨询、代理申诉、控告。犯罪嫌疑人被逮捕的，聘请的律师可以为其申请取保候审。涉及国家秘密的案件，犯罪嫌疑人聘请律师，应当经侦查机关批准。”因此，检察人员第一次对系人大代表的犯罪嫌疑人采取强制措施时，应当告知犯罪嫌疑人可以聘请律师为其提供法律咨询、代理申诉、控告或者为其申请取保候审，并将告知情况记明笔录。

本文书三联之间的骑缝线上均有本文书文号，应当按照本文书第三联中文号

的填写方法予以填写。

本文书共三联，第一联统一保存；第二联附卷，拟作出对人大代表采取强制措施的人民检察院，委托该人大代表所属的人民代表大会同级的人民检察院报请许可的，受委托报请许可的人民检察院应当将本文书第二联复印一份送交拟决定采取强制措施的人民检察院；第三联报送人民代表大会主席团或者常务委员会。

（三）文书格式（见下页）

人民检察院
报请许可采取强制措施
报 告 书
（存 根）

检 强许〔 〕 号

案由________________
犯罪嫌疑人____________
性别________年龄________
工作单位______________
住址________________
身份证号码____________
犯罪嫌疑人系__________
______________人大代表。
批准人______________
承办人______________
填发人______________
填发时间____________

第一联统一保存

检　强许〔　〕号

人民检察院
报请许可采取强制措施
报 告 书
（副 本）

检 强许〔 〕 号

__________：

犯罪嫌疑人________涉嫌__________，经依法审查，本院认为，根据《中华人民共和国刑事诉讼法》第__________条的规定，应当依法逮捕（监视居住、取保候审、拘传）。因该犯罪嫌疑人系本届人大代表，根据《中华人民共和国全国人民代表大会和地方各级人民代表大会代表法》第三十条的规定，特提请许可。

年 月 日
（院印）

附：案件情况报告

第二联附卷

检　强许〔　〕号

人民检察院
报请许可采取强制措施
报 告 书

检 强许〔 〕 号

__________：

犯罪嫌疑人________涉嫌__________，经依法审查，本院认为，根据《中华人民共和国刑事诉讼法》第__________条的规定，应当依法逮捕（监视居住、取保候审、拘传）。因该犯罪嫌疑人系本届人大代表，根据《中华人民共和国全国人民代表大会和地方各级人民代表大会代表法》第三十条的规定，特提请许可。

年 月 日
（院印）

附：案件情况报告

第三联报送人大主席团或者常委会

【参考规定】

全国人民代表大会和地方各级人民代表大会代表法（节录）（1992年4月3日中华人民共和国主席令第56号公布　根据2010年10月28日中华人民共和国主席令第38号第二次修正）

第三十二条　县级以上的各级人民代表大会代表，非经本级人民代表大会主席团许可，在本级人民代表大会闭会期间，非经本级人民代表大会常务委员会许可，不受逮捕或者刑事审判。如果因为是现行犯被拘留，执行拘留的机关应当立即向该级人民代表大会主席团或者人民代表大会常务委员会报告。

对县级以上的各级人民代表大会代表，如果采取法律规定的其他限制人身自由的措施，应当经该级人民代表大会主席团或者人民代表大会常务委员会许可。

人民代表大会主席团或者常务委员会受理有关机关依照本条规定提请许可的申请，应当审查是否存在对代表在人民代表大会各种会议上的发言和表决进行法律追究，或者对代表提出建议、批评和意见等其他执行职务行为打击报复的情形，并据此作出决定。

乡、民族乡、镇的人民代表大会代表，如果被逮捕、受刑事审判、或者被采取法律规定的其他限制人身自由的措施，执行机关应当立即报告乡、民族乡、镇的人民代表大会。

第九十四条［对外国人、无国籍人的逮捕］

外国人、无国籍人涉嫌危害国家安全犯罪的案件或者涉及国与国之间政治、外交关系的案件以及在适用法律上确有疑难的案件，需要逮捕犯罪嫌疑人的，由分、州、市人民检察院审查并提出意见，层报最高人民检察院审查。最高人民检察院经征求外交部的意见后，决定批准逮捕。经审查认为不需要逮捕的，可以直接作出不批准逮捕的决定。

外国人、无国籍人涉嫌本条第一款规定以外的其他犯罪的案件，由分、州、市人民检察院审查并提出意见，报省级人民检察院审查。省级人民检察院经征求同级政府外事部门的意见后，决定批准逮捕，同时报最高人民检察院备案。经审查认为不需要逮捕的，可以直接作出不批准逮捕的决定。

【条文释义】　本条是关于对外国人、无国籍人批准或者决定逮捕程序的规定。

本条规定的“外国人”，是指具有中华人民共和国以外的其他国家国籍的人员；“无国籍人”，是指不具有任何一个国家国籍的人员。本条根据外国人、无国籍人犯罪案件的种类，分别规定由最高人民检察院和省级人民检察院审查逮捕。

本条第1款是关于最高人民检察院负责审查的案件种类和审查程序的规定。下列三种案件由最高人民检察院审查：（1）危害国家安全犯罪的案件，是指外国人、无国籍人实施的涉嫌《刑法》分则第一章规定的各种犯罪的案件，无论罪行是否严重，需要逮捕犯罪嫌疑人的，均由最高人民检察院审查。（2）涉及国与国之间政治、外交关系的案件。这是对1982年有关规定中规定的“重大刑事犯罪”的修改，是根据新时期我国政治、经济、外交发展情况作的调整。其范围要比1982年规定的“重大刑事犯罪”窄小得多。对一些重大刑事犯罪，只要不是涉及国与国之间政治、外交关系的案件，不再由最高人民检察院审查，而是由省级人民检察院审查。（3）适用法律上确有疑难的案件。这是为了慎重对待外国人、无国籍人的逮捕问题。不论犯罪的性质和严重程度，如果在是否构成犯罪、构成何罪等法律适用问题上确有疑难，即应由最高人民检察院审查。实践中，这类案件一般是在省级人民检察院无法作出决定的情况下才报最高人民检察院审查的。根据本款规定，对上述三种案件，需要逮捕犯罪嫌疑人的，先由受理案件的分、州、市人民检察院审查并提出意见，这是因为《刑事诉讼法》第20条规定外国人犯罪的刑事案件由中级人民法院管辖，因此，对外国人、无国籍人犯罪案件的审查逮捕由分、州、市人民检察院受理，基层人民检察院不能受理。分、州、市人民检察院提出意见后要层报最高人民检察院。“层报”，是指经由省级人民检察院报最高人民检察院，不能直接报最高人民检察院。最高人民检察院审查后，按两种程序处理：（1）拟决定批准逮捕的，应征求外交部的意见后才能作出决定。（2）决定不批准逮捕的，可以直接作出不批捕的决定，不再征求外交部的意见。

本条第2款是关于省级人民检察院负责审查的案件种类和审查程序的规定。省级人民检察院审查的案件是本条第1款规定的案件以外的所有案件。省级人民检察院的审查程序与最高人民检察院基本相同，先由受理案件的分、州、市人民检察院审查并提出意见，报省级人民检察院。省级人民检察院拟决定批准逮捕的，应先征求同级人民政府外事部门的意见后才能决定；决定不批准逮捕的，可以直接作出不批捕的决定，不再征求外事部门的意见。省级人民检察院审查的案件，对犯罪嫌疑人批准逮捕的，应当将审查情况和结果报最高人民检察院备案，这是为了保证正确作出决定。最高人民检察院发现省级人民检察院的决定有错误的，有权予以纠正。

最高人民检察院、省级人民检察院作出批准，或者决定逮捕的决定的，应当由分、州、市人民检察院办理具体法律手续，出具法律文书。

第九十五条 [报上级院备案的逮捕案件]

人民检察院办理下列审查逮捕案件，应当报上一级人民检察院备案：

（一）批准逮捕的危害国家安全的案件、涉外案件；

（二）检察机关直接立案侦查的案件。

上级人民检察院对报送的备案材料应当进行审查，发现错误的，应当在十日以内将审查意见通知报送备案的下级人民检察院或者直接予以纠正。

【条文释义】 本条是关于人民检察院审查逮捕案件报上级人民检察院备案的规定。

本条第1款是关于人民检察院办理审查逮捕案件报上一级检察院备案的范围的规定。并不是办理所有的审查逮捕案件都要报上一级检察院备案。人民检察院办理审查逮捕案件报上一级检察院备案的范围是：（1）批准逮捕的危害国家安全的案件、涉外案件。本项是针对公安机关、国家安全机关提请批捕的案件而言的。这里的“危害国家安全的案件”，是指《刑法》分则第一章规定的各种犯罪案件；“涉外案件”，是指外国人、无国籍人实施的犯罪案件和中国人对外国人、无国籍人实施的犯罪案件。涉及我国香港特别行政区居民和澳门特别行政区居民以及台湾同胞的案件，适用本款规定。对上述案件，只有作出批准逮捕决定的，才报送备案；作出不批捕决定的，可以不报送备案。（2）检察机关直接立案侦查的案件①。无论是作出逮捕的决定，还是作出不予逮捕的决定，均应报送备案。

本条第2款是关于接受备案的人民检察院应当进行审查的规定。报送备案的目的是为了保证人民检察院审查逮捕的质量，因此，本款规定接受备案的人民检察院对报送的材料应进行审查，发现错误的，应当在10日内予以纠正。本款规定的纠正方式有两种：一是上级人民检察院将审查意见通知报送备案的下级人民检察院，由其按照上级人民检察院的审查意见作出撤销原逮捕决定或原不逮捕决定的决定，重新作出决定。二是上级人民检察院直接予以纠正，即上级人民检察院直接作出撤销下级人民检察院逮捕决定或不逮捕决定的决定，通知下级人民检察院执行。

【参考规定】

1. 最高人民检察院关于省级以下人民检察院立案侦查的案件由上一级人民检察院审查决定逮捕的规定（试行）（2009年9月2日　高检发〔2009〕17号）

为了加强上级人民检察院对下级人民检察院直接受理案件侦查工作的监督制约，确保逮捕案件质量，促进严格执法，根据《中华人民共和国刑事诉讼法》的有关规定，结合工作实际，制定本规定。

第一条　省级以下（不含省级）人民检察院立案侦查的案件，需要逮捕犯罪嫌疑人的，应当报请上一级人民检察院审查决定。

第二条　下级人民检察院报请审查逮捕的案件，应当由侦查部门制作报请逮捕书，经本院侦查监督部门提出审查意见，报检察长或者检察委员会审批后，连同案卷材料、讯问犯罪

① 检察机关直接立案侦查案件的办理应依照最高人民检察院《关于省级以下人民检察院立案侦查的案件由上一级人民检察院审查决定逮捕的规定（试行）》的规定执行。参见本条“参考规定”内容。

嫌疑人录音录像资料以及本院侦查监督部门审查意见一并报上一级人民检察院审查，并确保报请审查逮捕的材料齐备、规范。

报请逮捕书除叙述犯罪事实和证据外，应当说明逮捕的必要性。

犯罪嫌疑人已被拘留的，应当在拘留后三日以内报上一级人民检察院审查。特殊情况下，报请审查的时间可以延长一日至四日。

第三条　上一级人民检察院经审查案卷材料、录音录像资料，有下列情形之一的，应当讯问犯罪嫌疑人：

（一）犯罪嫌疑人是否有犯罪事实有疑点的；

（二）犯罪嫌疑人是否需要逮捕有疑点的；

（三）侦查活动可能存在刑讯逼供、暴力取证等违法犯罪行为的；

（四）其他应当讯问犯罪嫌疑人的情形。

对未被采取强制措施的犯罪嫌疑人，讯问前应当征求下级人民检察院侦查部门的意见。

讯问犯罪嫌疑人，可以当面讯问，也可以通过检察专网进行视频讯问。视频讯问的，上一级人民检察院应当做好讯问笔录。下级人民检察院应当协助做好提押、讯问笔录核对、签字等工作，并及时将讯问笔录报送上一级人民检察院。

因交通不便、网络建设滞后等原因，不能当面讯问或者视频讯问的，上一级人民检察院应当拟定讯问提纲，委托下级人民检察院侦查监督部门进行讯问。下级人民检察院应当及时将讯问笔录报送上一级人民检察院。

对已被拘留的犯罪嫌疑人，上一级人民检察院拟不讯问的，应当向犯罪嫌疑人送达听取犯罪嫌疑人意见书。因交通不便等原因不能及时送达的，可以委托下级人民检察院侦查监督部门代为送达。下级人民检察院应当及时回收意见书，并报上一级人民检察院。

犯罪嫌疑人收到意见书后要求讯问的，上一级人民检察院应当讯问，也可以委托下级人民检察院侦查监督部门讯问。

第四条　犯罪嫌疑人委托的律师提出不应当逮捕、无逮捕必要、不适合羁押等意见以及相关证据材料的，上一级人民检察院应当审查，并在审查逮捕意见书上说明是否采纳的情况和理由。必要时，可以听取受委托律师的意见，并制作笔录。

第五条　对重大、疑难、复杂的案件，下级人民检察院侦查部门可以提请上一级人民检察院侦查监督部门派员适时介入。上一级人民检察院侦查监督部门认为必要时，可以主动派员介入，审查证据、引导取证、监督侦查活动是否合法。

第六条　犯罪嫌疑人已被拘留的，上一级人民检察院应当在收到报请逮捕书后七日以内作出是否逮捕的决定；犯罪嫌疑人未被拘留的，应当在收到报请逮捕书后十五日以内作出是否逮捕决定，重大、复杂的案件，不得超过二十日。

第七条　上一级人民检察院决定逮捕的，应当将逮捕决定书连同案卷材料一并交下级人民检察院，由下级人民检察院通知同级公安机关执行。必要时，下级人民检察院可以协助执行。

下级人民检察院应当在公安机关执行逮捕三日以内，将执行回执报上一级人民检察院。

第八条　上一级人民检察院决定不予逮捕的，应当将不予逮捕决定书连同案卷材料一并交下级人民检察院，同时书面说明不予逮捕的理由。犯罪嫌疑人已被拘留的，下级人民检察院应当通知公安机关立即释放，并报上一级人民检察院；案件需要继续侦查，并且犯罪嫌疑人符合取保候审、监视居住条件的，由下级人民检察院依法取保候审或者监视居住。

上一级人民检察院作出不予逮捕决定，认为需要补充侦查的，应当制作补充侦查提纲。

第九条 对应当逮捕而下级人民检察院未报请逮捕的犯罪嫌疑人，上一级人民检察院应当通知下级人民检察院提出报请逮捕犯罪嫌疑人的意见。下级人民检察院不同意报请逮捕犯罪嫌疑人的，应当说明理由。经审查理由不成立的，上一级人民检察院可以依法作出逮捕决定。

第十条 逮捕犯罪嫌疑人后，下级人民检察院侦查部门应当把逮捕的原因和羁押的处所，在二十四小时以内通知被逮捕人的家属或者所在单位。

因有碍侦查，不能在二十四小时以内通知的，应当经检察长批准，并将原因写明附卷；无法通知的，应当报告检察长，并将原因写明附卷。

第十一条 对被逮捕的犯罪嫌疑人，下级人民检察院侦查部门应当在逮捕后的二十四小时以内进行讯问。

下级人民检察院认为需要撤销或者变更上一级人民检察院决定的逮捕措施时，应当报请上一级人民检察院同意。

对已被释放或者变更为其他强制措施的犯罪嫌疑人，发现需要逮捕的，应当重新办理报请逮捕手续。

第十二条 对被逮捕的犯罪嫌疑人，作出逮捕决定的人民检察院发现不应当逮捕的，应当撤销逮捕决定，并通知下级人民检察院送达同级公安机关执行，同时向下级人民检察院说明撤销逮捕的理由。

第十三条 下级人民检察院认为上一级人民检察院作出的不予逮捕决定有错误的，应当在收到不予逮捕决定书后五日以内报请上一级人民检察院重新审查，但是必须将已被拘留的犯罪嫌疑人立即释放或者采取其他强制措施。

上一级人民检察院在收到报请重新审查逮捕意见书和案卷材料后，应当另行指派承办人审查，在七日以内作出是否变更的决定。

第十四条 需要逮捕担任各级人民代表大会代表的犯罪嫌疑人的，下级人民检察院应当按照《人民检察院刑事诉讼规则》第九十三条的规定向该代表所属的人民代表大会主席团或者常务委员会报请许可，获得许可后，向上一级人民检察院报请逮捕。

需要逮捕担任两级以上人民代表大会代表的犯罪嫌疑人的，按照前款规定分别向该代表所属的人民代表大会主席团或者常务委员会报请许可。

需要逮捕担任政协委员的犯罪嫌疑人的，人民检察院应当按规定向该委员所属的政协组织通报情况。

第十五条 犯罪嫌疑人不服逮捕决定的，由作出逮捕决定的人民检察院启动人民监督员监督程序。

第十六条 下级人民检察院侦查监督部门应当履行对本院侦查部门的立案监督和侦查活动监督职责。

上级人民检察院发现下级人民检察院在侦查活动中有违法情形的，应当通知其纠正。下级人民检察院应当及时纠正，并将纠正情况报告上级人民检察院。

第十七条 对期限届满不能侦查终结的案件，符合《中华人民共和国刑事诉讼法》第一百二十四条规定的，负责侦查的人民检察院侦查部门应当通过本院侦查监督部门，向上一级人民检察院报请延长侦查羁押期限。

第十八条 报请逮捕书、逮捕决定书、不予逮捕决定书及相关案卷材料、录音录像资料等，可以直接报送或者通过机要交通传送，也可以通过检察专用机要通道传送。

通过检察专用机要通道传送文书及相关案卷材料，视频讯问犯罪嫌疑人的，应当确保安全、保密。

第十九条 最高人民检察院此前有关审查逮捕的规定与本规定不一致的，适用本规定。

第二十条 本规定自发布之日起试行。

2. 最高人民检察院侦查监督厅《关于省级以下人民检察院立案侦查的案件由上一级人民检察院审查决定逮捕的规定（试行）》相关问题解答（2010年6月24日）

问1. 下级人民检察院报请上一级人民检察院审查决定逮捕，应当由谁审批？如果下级人民检察院侦查监督部门经审查后与侦查部门的意见有分歧，应当如何处理？

答：职务犯罪案件审查决定逮捕权上提一级后，报请审查逮捕的主体是下级人民检察院。下级人民检察院报请审查逮捕，应当由检察长或者检察长授权的副检察长审批。如果下级人民检察院侦查监督部门经审查，认为不符合逮捕条件的，应当由检察长或者检察委员会决定是否向上一级人民检察院报请审查逮捕。

问2. 下级人民检察院报请上一级人民检察院审查决定逮捕，由哪个部门办理报送手续？

答：根据《规定》第二条，应当由下级人民检察院侦查部门制作报请逮捕书，连同案卷材料和本院侦查监督部门的意见，报送上一级人民检察院审查决定逮捕。

问3. 下级人民检察院侦查监督部门能否适时介入侦查？

答：为缓解同级审查时间紧张的问题，下级人民检察院侦查监督部门可以适时介入侦查，了解案情，加强监督，以保证办案质量。

问4. 报送案件材料、送达法律文书的路途时间是否应当计算在刑事拘留期限内？

答：报送案件材料、送达法律文书的路途时间均应当计算在刑事拘留期限内。根据《规定》，下级人民检察院应当在犯罪嫌疑人被拘留后七日以内将报请逮捕书和案卷材料送达上一级人民检察院，上一级人民检察院应当在收到报请逮捕书后的七日以内作出是否逮捕的决定并送达下级人民检察院。

问5. 对于监所、林业等派出人民检察院立案侦查的案件，是否需要报请上一级人民检察院审查决定逮捕？由上一级人民检察院的哪个部门办理？

答：实施改革后，监所、林业等派出人民检察院立案侦查的案件也应适用《规定》，由上一级人民检察院审查决定逮捕。上一级人民检察院审查逮捕事宜由侦查监督部门办理。

问6. 公诉部门在审查起诉时发现需要逮捕犯罪嫌疑人或者变更、撤销逮捕措施的，应如何处理？

答：市、县两级人民检察院对职务犯罪案件进行审查起诉时，发现需要逮捕犯罪嫌疑人的，应当报请上一级人民检察院审查决定逮捕；需要变更、撤销上级人民检察院决定的逮捕措施的，应当报请原决定逮捕的人民检察院同意。具体报请事宜，由公诉部门承办。上级人民检察院审查决定逮捕或者变更、撤销逮捕事宜由侦查监督部门办理。

问 7.《规定》第七条关于逮捕决定由下级人民检察院同级公安机关执行的规定，与《最高人民检察院、公安部关于适用刑事强制措施有关问题的规定》不一致，应如何处理？

答：为适应改革后实际办案的需要，经征得公安部同意，《规定》对逮捕执行程序做了相应的修改。各地应当与公安机关加强沟通，依照《规定》执行。

问 8. 需要逮捕担任上级或下级人民代表大会代表的犯罪嫌疑人的，是否由立案侦查的人民检察院报请许可？

答：仍应当按照《人民检察院刑事诉讼规则》第九十三条的规定分层级办理报请许可。

问 9. 下级人民检察院在侦查期间发现犯罪嫌疑人另有重要罪行，需要重新计算侦查羁押期限的，应当由哪一级人民检察院负责审查？

答：仍应当按照《人民检察院刑事诉讼规则》第二百二十九条的规定办理，不需要报请上一级人民检察院审查决定。

问 10. 上一级人民检察院侦查监督部门审查逮捕时讯问犯罪嫌疑人，是否也需要全程同步录音录像？

答：上一级人民检察院侦查监督部门审查逮捕时讯问犯罪嫌疑人，具备条件的，可以实行全程同步录音录像。

问 11. 实践中，个别市级人民检察院将按照规定应由本院立案侦查的案件交由下级人民检察院侦查并报捕，然后由本院审查决定逮捕，对此情况如何处理？

答：这种做法是借助职务犯罪侦查一体化机制规避上级人民检察院监督制约的错误行为，与职务犯罪案件审查逮捕程序改革的要求相违背。因此，各省级人民检察院应当加强监督检查，坚决予以纠正。

第九十六条［对释放或者变更逮捕措施的审查］

犯罪嫌疑人及其法定代理人、近亲属或者犯罪嫌疑人委托的律师及其他辩护人认为人民检察院批准或者决定逮捕的犯罪嫌疑人羁押超过法定期限，向人民检察院提出释放犯罪嫌疑人或者变更逮捕措施要求的，由人民检察院审查逮捕部门审查，审查逮捕部门应当向侦查机关或者本院侦查部门了解有关情况，并在七日以内审查完毕。

审查逮捕部门经审查认为超过法定期限的，应当提出释放犯罪嫌疑人或者变更逮捕措施的意见，经检察长批准后，通知公安机关执行；经审查认为未超过法定期限的，书面答复申诉人。

审查逮捕部门应当将审查结果同时书面通知本院监所检察部门。

【条文释义】 本条是关于人民检察院对释放被逮捕人或变更逮捕措施的要求，应当审查、答复的规定。

《刑事诉讼法》第 75 条规定，犯罪嫌疑人、被告人及其法定代理人、近亲属或者犯罪嫌疑人、被告人委托的律师及其他辩护人对于人民法院、人民检察院或者公安机关采取强制措施超过法定期限的，有权要求解除强制措施。因此，本条对犯罪嫌疑人及其法定代理人、近亲属或者犯罪嫌疑人委托的律师及其他辩护人认为人民检察院批准或者决定逮捕的犯罪嫌疑人羁押超过法定期限，提出释放犯罪嫌疑人或者变更逮捕措施的，人民检察院应当审查、答复作了规定。

本条第1款是关于人民检察院审查部门、审查方式和审查期限的规定。本款规定的人民检察院审查部门是审查逮捕部门，这是因为批准和决定逮捕都是由审查逮捕部门承办的，延长侦查羁押期限也由审查逮捕部门审查，该部门对羁押期限比较了解。从审查方式上看，本款规定审查逮捕部门应当向侦查机关或本院侦查部门了解有关情况，这是为了全面了解案情，正确提出审查意见。本款规定的审查期限为7日。

本条第2款是关于审查结果的规定。本款规定了两种审查结果：（1）经审查认为超过法定期限的，应当提出释放犯罪嫌疑人或变更逮捕措施的意见，经检察长批准后，通知公安机关执行。这里的“释放犯罪嫌疑人”，是指不再对犯罪嫌疑人采取任何强制措施；“变更逮捕措施”，是指对犯罪嫌疑人由逮捕变更为取保候审或监视居住。释放犯罪嫌疑人和变更强制措施必须符合法定条件。（2）经审查认为未超过法定期限的，书面答复申诉人。这里的“书面答复”要以人民检察院的名义进行，具体工作由审查逮捕部门承担。

本条第3款是关于审查逮捕部门应当将审查结果同时书面通知本院监所检察部门的规定。这是为了加强检察机关各内设机构的监督制约，便于监所检察部门了解是否对犯罪嫌疑人超期羁押的情况。

【驳回申请决定书的制作】

驳回申请决定书的制作参见本书第22条。

第九十七条［逮捕案件证据的复核］

审查逮捕部门办理审查逮捕案件，不另行侦查。在审查批捕中如果认为报请批准逮捕的证据存有疑问的，可以[①]复核有关证据，讯问犯罪嫌疑人、询问证人。但讯问未被采取强制措施的犯罪嫌疑人的，讯问前应当征求公安机关或者本院侦查部门的意见。

【条文释义】 本条是关于人民检察院审查逮捕部门办理审查逮捕案件如何复核证据的规定。

本条规定包括三层含义：（1）审查逮捕部门办理审查逮捕案件，不另行侦

① 最高人民检察院、公安部《关于审查逮捕阶段讯问犯罪嫌疑人的规定》第2条、第13条分别对“应当”讯问犯罪嫌疑人的情形和必要时对律师意见的听取、采纳作了规定，具体内容参见本条“参考规定”内容。

查。人民检察院审查逮捕部门办理案件，在审查过程中，主要是根据报送的案件材料进行审查，不另再适用侦查措施和侦查程序。对案件的侦查，由侦查机关或人民检察院侦查部门进行，如果审查逮捕部门认为证据达不到要求的，可以提出补充侦查的意见，经检察长决定后，在作出不批捕决定的同时通知侦查机关或侦查部门。(2) 审查逮捕部门虽不再另行侦查，但可以复核有关证据。为了复核证据，审查逮捕部门可以讯问犯罪嫌疑人、询问证人。这些措施与侦查措施的名称、程序相同，但讯问、询问的目的不同，审查逮捕部门讯问、询问的目的是为了复核证据、排除疑问，正确提出审查意见。(3) 如果讯问未被采取强制措施的犯罪嫌疑人的，讯问前应当征求公安机关或者本院侦查部门的意见。这是因为公安机关或侦查部门对犯罪嫌疑人未采取强制措施的情况下，犯罪嫌疑人没有处于有效的监管之下，如果接触犯罪嫌疑人，一旦发生其自杀、逃跑等现象，很难控制；另外，侦查机关或侦查部门对犯罪嫌疑人不采取强制措施的原因是很多的，审查逮捕部门也只有事先征求其意见，才能明白侦查机关或侦查部门的意图，更好地进行讯问。实践中可能发生审查逮捕部门与侦查机关或侦查部门就是否讯问犯罪嫌疑人问题意见不一致的情况，这种情况下，审查逮捕部门应当充分考虑侦查机关或本院侦查部门的意见，结合案件的具体情况，确定是否讯问犯罪嫌疑人。这里的“未被采取强制措施的犯罪嫌疑人”，是指没有被采取取保候审、监视居住或拘留、逮捕措施的犯罪嫌疑人。

【参考规定】

最高人民检察院、公安部关于审查逮捕阶段讯问犯罪嫌疑人的规定（节录）（2010 年 8 月 31 日　高检会〔2010〕6 号）

第二条　人民检察院审查逮捕，对下列案件应当讯问犯罪嫌疑人：

（一）犯罪嫌疑人是否有犯罪事实、是否有逮捕必要等关键问题有疑点的，主要包括：罪与非罪界限不清的，是否达到刑事责任年龄需要确认的，有无逮捕必要难以把握的，犯罪嫌疑人的供述前后矛盾或者违背常理的，据以定罪的主要证据之间存在重大矛盾的；

（二）案情重大疑难复杂的，主要包括：涉嫌造成被害人死亡的故意杀人案、故意伤害致人死亡案以及其他可能判处无期徒刑以上刑罚的，在罪与非罪认定上存在重大争议的；

（三）犯罪嫌疑人系未成年人的；

（四）有线索或者证据表明侦查活动可能存在刑讯逼供、暴力取证等违法犯罪行为的。

对被拘留的犯罪嫌疑人不予讯问的，应当送达听取犯罪嫌疑人意见书，由犯罪嫌疑人填写后及时收回审查并附卷。犯罪嫌疑人要求讯问的，一般应当讯问。

第十三条　犯罪嫌疑人委托的律师提出不构成犯罪、无逮捕必要、不适宜羁押、侦查活动有违法犯罪情形等书面意见以及相关证据材料的，检察人员应当认真审查。必要时，可以当面听取受委托律师的意见。对律师提出的意见及相关证据材料，应当在审查逮捕意见书中说明是否采纳的情况和理由。

第五章 审查逮捕

【本章概要】 本章是关于人民检察院审查逮捕工作的专门性规定，分别对公安机关立案侦查的案件的提请逮捕程序和自侦案件的逮捕程序进行具体规定，包括对逮捕材料的查明、批准或者作出逮捕决定的程序、期限、通知手续、逮捕的执行、逮捕措施的变更和撤销，等等。

第一节 审查批准逮捕

第九十八条［查明提请批捕的有关材料］

人民检察院审查逮捕部门受理同级公安机关提请批准逮捕的案件，应当查明提请批准逮捕书及案卷材料是否齐备。

【条文释义】 本条是关于人民检察院受理公安机关提请批捕的案件，应当查明有关材料是否齐备的规定。

本条规定的“查明”，是指人民检察院受理同级公安机关提请批准逮捕的案件，应当进行必要的形式审查，以保证审查逮捕的顺利进行。如果公安机关连必要的材料都不具备，使人民检察院无法进行审查逮捕的，则应当让公安机关补充材料后才能受理。本条规定的应当查明的材料包括“提请批准逮捕书”和“案卷材料”。前者概括反映了公安机关对案件事实、证据的认定以及公安机关的意见；后者是人民检察院赖以审查的基础，只有案卷材料齐备，人民检察院才能全面审查。“案卷材料”，是指公安机关据以提出提请批准逮捕意见的事实、证据材料。

【提供法庭审判所需证据材料意见书的制作】

（一）制作方法

本文书是叙述式文书，其内容结构大致可以分为五个部分：

1. 首部。包括：制作本文书的人民检察院的名称；文书名称，即“提供法庭审判所需证据材料意见书”；文书编号，即“　检　侦监提证〔　〕　号”，空白处应当依次填写制作本文书的人民检察院简称、年度和文书序号。在“检”与“侦监提证”之间的空格，无需填写。

2. 送达单位，要顶格书写。

3. 案由和法律依据。可连续表述为“本院作出批准逮捕决定的犯罪嫌疑人×××（姓名）涉嫌×××（罪名）一案，为有效地指控犯罪，根据《中华人民共和国刑事诉讼法》第一百四十条第一款的规定……”

4. 需要在继续侦查中注意收集的证据。这一部分是本文书的重点，要根据犯罪嫌疑人涉嫌罪名的犯罪构成要件及量刑情节，列出比较具体的侦查建议。

5. 尾部。包括：制作本文书的人民检察院的名称及院印，制作本文书的具体年、月、日。

（二）使用说明

实践中，在制作和使用提供法庭审判所需证据材料意见书时，应当注意以下几个方面的问题：（1）要正确理解和掌握本文书的适用条件和范围。侦查监督部门适用本文书要求公安机关提供法庭审判所需的证据材料，主要是从侦查监督的职责出发，立足于法庭指控、证实犯罪的需要，在批准逮捕犯罪嫌疑人的同时，以本文书对侦查机关的侦查活动起一种引导作用。根据《刑事诉讼法》第68条的规定，人民检察院对于公安机关提请批准逮捕的案件进行审查后，如果决定不批准逮捕的，应当说明理由，需要补充侦查的，应当同时通知公安机关。在这种情况下，不能适用本文书。人民检察院在审查起诉阶段，要求公安机关尽快提供法庭审判所需的证据材料，也不适用本文书，而是适用提供法庭审判所需证据材料通知书。（2）要注意对所需证据材料的列举。对所需证据材料的列举，要根据犯罪嫌疑人涉嫌罪名的犯罪构成要件及量刑情节，列出比较具体的侦查建议。列举证据材料，应当充分考虑法庭审判中揭露、证实犯罪的需要，尽量做到全面、具体。同时应当注意，这里并不要求将所有证据材料都全部列出，对于已经收集到的证据材料以及不为诉讼证明所需的证据材料，不应列举。同时，如果所需的证据材料过多，可以从证明对象的角度，分别具体列出需要收集的各方面的证据材料。列举法庭审判所需的证据材料，应当重点注意侦查机关容易忽视或者出现遗漏的地方，充分发挥与侦查机关形成合力、从公诉的角度引导侦查工作的作用。（3）对本文书的制作，一般应当与制作批准逮捕决定书同时进行。但并非每一个案件都需要制作本文书，只有根据案件证明的需要和公安机关侦查工作的情况，有必要对公安机关的侦查工作提出侦查建议时，才制作本文书，请公安机关在继续侦查过程中注意收集有关证据。（4）本文书仅在检察机关向其他侦查机关提出侦查建议时适用，对于人民检察院直接立案侦查的案件，侦查监督部门认为应当提出侦查建议的，不能适用本文书。

本文书应当制作一式三份，一份附卷，一份送达侦查机关，一份抄送本院公诉部门。

（三）文书格式（见下页）

人民检察院
提供法庭审判所需证据材料意见书

检　侦监提证〔　〕　号

×××（侦查机关名称）：

本院作出批准逮捕决定的犯罪嫌疑人×××（姓名）涉嫌×××（罪名）一案，为有效地指控犯罪，根据《中华人民共和国刑事诉讼法》第一百四十条第一款的规定，请在继续侦查过程中注意收集下列证据：

……（根据犯罪嫌疑人涉嫌罪名的构成要件及量刑情节，列出比较具体的侦查建议）

×××人民检察院（院印）
年　　月　　日

第九十九条［审查批捕的期限］

对公安机关提请批准逮捕的犯罪嫌疑人，已被拘留的，人民检察院应当在接到提请批准逮捕书后的七日以内作出是否批准逮捕的决定；未被拘留的，应当在接到提请批准逮捕书后的十五日以内作出是否批准逮捕的决定，重大、复杂的案件，不得超过二十日。

【条文释义】　本条是关于人民检察院审查批准逮捕期限的规定。

本条规定的期限包括办案人员提出审查意见，审查逮捕部门负责人审核和检察长或检察委员会作出决定的整个期限，即人民检察院办理审查批准逮捕案件的整个期限。本条根据案件的不同情况，规定了3种期限：（1）犯罪嫌疑人已被拘留的，人民检察院的审查逮捕期限为7日。这是根据《刑事诉讼法》第69条第3款作的规定。只要犯罪嫌疑人已被拘留，无论案件是否重大、复杂，必须在7日内作出决定。（2）犯罪嫌疑人未被拘留的，人民检察院的审查逮捕期限为15日。这是根据实践中的情况作的规定。（3）重大、复杂的案件，并且犯罪嫌疑人未被拘留的，人民检察院的审查逮捕期限为20日。这是因为重大、复杂案件一般要经集体讨论才能作出决定，有的还要向上级人民检察院请示，有必要规定较长的审查逮捕期限。

第一百条［作出批捕决定的程序］

对公安机关提请批准逮捕的犯罪嫌疑人，人民检察院经审查认为符合本规则

第八十六条、第八十七条规定的，应当作出批准逮捕的决定，连同案卷材料送达公安机关执行。

【条文释义】　本条是关于人民检察院作出批准逮捕决定程序的规定。

根据本条规定，人民检察院对公安机关提请批准逮捕的犯罪嫌疑人，经审查认为符合《人民检察院刑事诉讼规则》第86条、第87条规定的逮捕条件的，应当作出批准逮捕的决定，制作批准逮捕决定书，连同案卷材料送达公安机关执行。这里的“案卷材料”，是指公安机关提请批捕时移送到人民检察院的案件材料。

【批准逮捕决定书的制作】

（一）制作方法

批准逮捕决定书为四联填充式文书，各联的内容和制作方法如下：

1. 第一联存根。

（1）首部。包括：制作本文书的人民检察院名称；文书名称，即“批准逮捕决定书”；文书编号，即“　检　批捕〔　〕　号”，“检”前空余地方填写制作本文书的人民检察院的简称，“检”与“批捕”之间的空余地方填写人民检察院具体办案部门的简称，中括号内填写制作本文书的年度，中括号与“号”之间的空余地方填写本文书在该年度的序号。在文书名称下面标有“（存　根）”字样。

（2）正文。包括：案由，可以根据案件中犯罪嫌疑人所涉嫌的罪名填写为“贪污罪”、“受贿罪”、“挪用公款罪”等，如果因涉嫌多个罪名而立案的，应将所涉嫌的罪名填写全；犯罪嫌疑人基本情况，包括姓名、性别、年龄、工作单位、住址、身份证号码、是否人大代表或政协委员，上述犯罪嫌疑人的基本情况，并不是要求每一项内容都必须填写完整、清楚，制作时可以根据具体案件的需要和实际掌握的情况填写；送达机关的名称；制作本文书的批准人的姓名或者名称；具体办理这一案件的承办人的姓名；填发本文书的填发人的姓名；填发本文书的时间。

2. 第二联副本。

（1）首部。包括：制作本文书的人民检察院名称、文书名称、文书编号，其制作方法与第一联的要求一样，只是在文书名称下面标有“（副　本）”字样。

（2）正文。包括：提请批准逮捕的侦查机关名称；侦查机关的简称，如“厅”、“局”等；提请批准逮捕的时间，具体到年、月、日；提请批准逮捕书的文号；提请批准逮捕的犯罪嫌疑人的姓名；犯罪嫌疑人涉嫌的罪名；批准逮捕的犯罪嫌疑人的姓名。

（3）尾部。包括：制作本文书的时间，具体到年、月、日；加盖制作本文书的人民检察院的院印。

3. 第三联正本。

（1）首部。包括：制作本文书的人民检察院名称、文书名称、文书编号，其制作方法与第一联的要求一样。

（2）正文。依次填写的具体内容与第二联正文的制作要求一样。

（3）尾部。包括：制作本文书的时间，具体到年、月、日；加盖制作本文书的人民检察院的院印。

4. 第四联回执。

（1）首部。包括：制作本文书的人民检察院名称；文书名称，即“批准逮捕决定书”。在文书名称下面标有“（回 执）”字样。

（2）正文。包括：作出批准逮捕决定的人民检察院名称；人民检察院作出的批准逮捕决定书的文号；批准逮捕决定书的执行情况。

（3）尾部。包括：制作本文书的时间，具体到年、月、日；加盖制作本文书的执行机关的公章。

（二）使用说明

在具体使用时，应注意以下问题：本文书应当以被批准逮捕的人次为单位制作，即对于同一个犯罪嫌疑人，每一次批准逮捕时均应单独制作批准逮捕决定书；一次对多名犯罪嫌疑人批准逮捕的，应当对每一个犯罪嫌疑人均单独制作批准逮捕决定书。

对于批准逮捕的条件，《刑事诉讼法》第60条第1款规定：“对有证据证明有犯罪事实，可能判处徒刑以上刑罚的犯罪嫌疑人、被告人，采取取保候审、监视居住等方法，尚不足以防止发生社会危险性，而有逮捕必要的，应即依法逮捕。”《人民检察院刑事诉讼规则》第86条规定：“人民检察院对有证据证明有犯罪事实，可能判处徒刑以上刑罚的犯罪嫌疑人，采取取保候审、监视居住等方法，尚不足以防止发生社会危险性，而有逮捕必要的，应当批准或者决定逮捕。‘有证据证明有犯罪事实’是指同时具备下列情形：（一）有证据证明发生了犯罪事实；（二）有证据证明该犯罪事实是犯罪嫌疑人实施的；（三）证明犯罪嫌疑人实施犯罪行为的证据已有查证属实的。‘犯罪事实’既可以是单一犯罪行为的事实，也可以是数个犯罪行为中任何一个犯罪行为的事实。”第87条规定：“对实施多个犯罪行为或者共同犯罪案件的犯罪嫌疑人，符合本规则第八十六条的规定，具有下列情形之一的，应当批准或者决定逮捕：（一）有证据证明犯有数罪中的一罪的；（二）有证据证明实施多次犯罪中的一次犯罪的；（三）共同犯罪中，已有证据证明有犯罪事实的犯罪嫌疑人。”第88条规定：“对于犯罪嫌疑人不讲真实姓名、住址，身份不明的案件，人民检察院经审查认为符合本规则第八十六条、第八十七条规定的，应当批准或者决定逮捕。”

人民检察院审查逮捕部门受理同级公安机关提请批准逮捕的案件，应当查明提请批准逮捕书及案卷材料是否齐备。对已作出的批准逮捕决定发现确有错误的，人民检察院应当撤销原批准逮捕决定，送达公安机关执行。对因撤销原批准逮捕决定而被释放的犯罪嫌疑人或者逮捕后公安机关变更为取保候审、监视居住的犯罪嫌疑人，又发现需要逮捕的，人民检察院应当重新办理逮捕手续。对公安机关提请批准逮捕的案件，审查逮捕部门应当将批准、变更、撤销逮捕措施的情况书面通知本院监所检察部门。人民检察院办理审查逮捕案件，发现应当逮捕而公安机关未提请批准逮捕的犯罪嫌疑人的，应当建议公安机关提请批准逮捕。如果公安机关不提请批准逮捕的理由不能成立的，人民检察院也可以直接作出逮捕决定，制作逮捕决定书送达公安机关执行。审查逮捕部门办理审查逮捕的案件，应当指定办案人员进行审查。办案人员应当审阅案卷材料，制作阅卷笔录，提出批准或者决定逮捕、不批准或者不予逮捕的意见，经部门负责人审核后，报请检察长批准或者决定；重大案件应当经检察委员会讨论决定。审查逮捕部门办理审查逮捕案件，不能直接提出采取取保候审、监视居住措施的意见。

人民检察院对担任本级人民代表大会代表的犯罪嫌疑人批准或者决定逮捕，应当报请本级人民代表大会主席团或者常务委员会许可。对担任上级人民代表大会代表的犯罪嫌疑人批准或者决定逮捕，应当层报该代表所属的人民代表大会同级的人民检察院报请许可。对担任下级人民代表大会代表的犯罪嫌疑人批准或者决定逮捕，可以直接报请该代表所属的人民代表大会主席团或者常务委员会许可，也可以委托该代表所属的人民代表大会同级的人民检察院报请许可；对担任乡、民族乡、镇的人民代表大会代表的犯罪嫌疑人批准或者决定逮捕，由县级人民检察院报告乡、民族乡、镇的人民代表大会。对担任两级以上的人民代表大会代表的犯罪嫌疑人批准或者决定逮捕，分别依照上述规定报请许可。对担任办案单位所在省、市、县（区）以外的其他地区人民代表大会代表的犯罪嫌疑人批准或者决定逮捕，应当委托该代表所属的人民代表大会同级的人民检察院报请许可；担任两级以上人民代表大会代表的，应当分别委托该代表所属的人民代表大会同级的人民检察院报请许可。

外国人、无国籍人涉嫌危害国家安全犯罪的案件或者涉及国与国之间政治、外交关系的案件以及在适用法律上确有疑难的案件，需要逮捕犯罪嫌疑人的，由分、州、市人民检察院审查并提出意见，层报最高人民检察院审查。最高人民检察院经征求外交部的意见后，决定批准逮捕。经审查认为不需要逮捕的，可以直接作出不批准逮捕的决定。外国人、无国籍人涉嫌上述犯罪案件以外的其他犯罪的案件，由分、州、市人民检察院审查并提出意见，报省级人民检察院审查。省级人民检察院经征求同级政府外事部门的意见后，决定批准逮捕，同时报最高人民检察院备案。经审查认为不需要逮捕的，可以直接作出不批准逮捕的决定。人民检察院批准逮捕的危害国家安全的案件、涉外案件和检察机关直接立案侦查的案件，应当报上一级人民检察院备案。上级人民检察院对报送的备案材料应当进行审查，发现错误的，应当在10日以内将审查意见通知报送备案的下级人民检察院或者直接予以纠正。

犯罪嫌疑人及其法定代理人、近亲属或者犯罪嫌疑人委托的律师及其他辩护人认为人民检察院批准或者决定逮捕的犯罪嫌疑人羁押超过法定期限，向人民检察院提出释放犯罪嫌疑人或者变更逮捕措施要求的，由人民检察院审查逮捕部门审查，审查逮捕部门应当向侦查机关或者本院侦查部门了解有关情况，并在7日以内审查完毕。审查逮捕部门经审查认为超过法定期限的，应当提出释放犯罪嫌疑人或者变更逮捕措施的意见，经检察长批准后，通知公安机关执行；经审查认为未超过法定期限的，制作驳回申请决定书答复申诉人。审查逮捕部门应当将审查结果同时书面通知本院监所检察部门。

本文书四联之间的骑缝线上均有本文书文号，应当按照本文书第三联中文号的填写方法予以填写。

本文书共四联，第一联统一保存，第二联附卷，第三联送达侦查机关，第四联侦查机关退回后附卷。

（三）文书格式（见下页）

人民检察院
批准逮捕决定书
（存　根）

检　批捕〔　　〕　号

案由____________
犯罪嫌疑人基本情况（姓名、性别、年龄、工作单位、住址、身份证号码、是否人大代表、政协委员）
____
____
____
____
送达机关____________
批准人____________
承办人____________
填发人____________
填发时间____________

第一联统一保存

检　批捕〔　　〕　号

人民检察院
批准逮捕决定书
（副　本）

检　批捕〔　　〕　号

____________：
你______于______年______月______日以______号提请批准逮捕书提请批准逮捕犯罪嫌疑人______，经本院审查认为，该犯罪嫌疑人涉嫌______犯罪，符合《中华人民共和国刑事诉讼法》第六十条规定的逮捕条件，决定批准逮捕犯罪嫌疑人______。请依法立即执行，并将执行情况三日内通知本院。

年　月　日
（院印）

第二联附卷

检　批捕〔　　〕　号

人民检察院
批准逮捕决定书

检　批捕〔　　〕　号

____________：
你______于______年______月______日以______号提请批准逮捕书提请批准逮捕犯罪嫌疑人______，经本院审查认为，该犯罪嫌疑人涉嫌______犯罪，符合《中华人民共和国刑事诉讼法》第六十条规定的逮捕条件，决定批准逮捕犯罪嫌疑人______。请依法立即执行，并将执行情况三日内通知本院。

年　月　日
（院印）

第三联送达侦查机关

检　批捕〔　　〕　号

人民检察院
批准逮捕决定书
（回　执）

____________人民检察院：
根据《中华人民共和国刑事诉讼法》第六十八条的规定，现将我局执行你院______号批准逮捕决定书的情况通知如下：____________
____
____________。

年　月　日
（公章）

第四联侦查机关退回后附卷

【参考规定】

人民检察院办理未成年人刑事案件的规定（2007年1月9日最高人民检察院 高检发研字〔2007〕1号）

第一章 总 则

第一条 为切实保障未成年犯罪嫌疑人、被告人和未成年罪犯的合法权益，正确履行检察职责，根据刑法、刑事诉讼法、未成年人保护法、预防未成年人犯罪法等有关法律的规定，结合人民检察院办理未成年人刑事案件工作实际，制定本规定。

第二条 人民检察院办理未成年人刑事案件，实行教育、感化、挽救的方针，坚持教育为主、惩罚为辅的原则。

第三条 人民检察院要加强同政府有关部门、共青团、妇联、工会等人民团体以及学校和未成年人保护组织的联系和配合，加强对违法犯罪的未成年人的教育和挽救，共同做好未成年人犯罪预防工作。

人民检察院办理未成年人刑事案件，可以应犯罪嫌疑人家属、被害人及其家属的要求，告知其审查逮捕、审查起诉的进展情况，并对有关情况予以说明和解释。

第四条 人民检察院办理未成年人刑事案件，应当依法保护涉案未成年人的名誉，尊重其人格尊严，不得公开或者传播涉案未成年人的姓名、住所、照片、图像及可能推断出该未成年人的资料。

人民检察院办理刑事案件，应当依法保护未成年被害人、证人以及其他与案件有关的未成年人的合法权益。

第五条 人民检察院一般应当设立专门工作机构或者专门工作小组办理未成年人刑事案件，不具备条件的应当指定专人办理。

未成年人刑事案件一般应当由熟悉未成年人身心发展特点，善于做未成年人思想教育工作的检察人员承办。

第六条 人民检察院办理未成年人刑事案件，应当考虑未成年人的生理和心理特点，根据其平时表现、家庭情况、犯罪原因、悔罪态度等，实施针对性教育。

第七条 未成年人刑事案件的法律文书和工作文书，应当注明未成年人的出生年月日。

对未成年犯罪嫌疑人、被告人、未成年罪犯的有关情况和办案人员开展教育感化工作的情况，应当记录在卷，随案移送。

第二章 未成年人刑事案件的审查批准逮捕

第八条 审查批准逮捕未成年犯罪嫌疑人，应当把是否已满十四、十六、十八周岁的临界年龄，作为重要事实予以查清。对难以判断犯罪嫌疑人实际年龄，影响案件认定的，应当作出不批准逮捕的决定，需要补充侦查的，同时通知公安机关。

第九条 审查批准逮捕未成年犯罪嫌疑人，应当注意是否有被胁迫情节，是否存在成年人教唆犯罪、传授犯罪方法或者利用未成年人实施犯罪的情况。

第十条 人民检察院审查批准逮捕未成年人犯罪案件，应当讯问未成年犯罪嫌疑人。

讯问未成年犯罪嫌疑人，应当根据该未成年人的特点和案件情况，制定详细的讯问提纲，采取适宜该未成年人的方式进行，讯问用语应当准确易懂。

讯问未成年犯罪嫌疑人，应当告知其依法享有的诉讼权利，告知其如实供述案件事实的法律规定和意义，核实其是否有自首、立功、检举揭发等表现，听取其有罪的供述或者无罪、罪轻的辩解。

讯问未成年犯罪嫌疑人，应当通知法定代理人到场，告知法定代理人依法享有的诉讼权利和应当履行的义务。

讯问女性未成年犯罪嫌疑人，应当有女检察人员参加。

第十一条 讯问未成年犯罪嫌疑人一般不得使用戒具。对于确有人身危险性，必须使用戒具的，在现实危险消除后，应当立即停止使用。

第十二条 人民检察院审查批准逮捕未成年犯罪嫌疑人，应当根据未成年犯罪嫌疑人涉嫌犯罪的事实、主观恶性、有无监护与社会帮教条件等，综合衡量其社会危险性，确定是否有逮捕必要，慎用逮捕措施，可捕可不捕的不捕。

第十三条 对于罪行较轻，具备有效监护条件或者社会帮教措施，没有社会危险性或者社会危险性较小，不会妨害诉讼正常进行的未成年犯罪嫌疑人，一般不予批准逮捕。

对于罪行比较严重，但主观恶性不大，有悔罪表现，具备有效监护条件或者社会帮教措施，不具有社会危险性，不会妨害诉讼正常进行，并具有下列情形之一的未成年犯罪嫌疑人，也可以依法不予批准逮捕：

（一）初次犯罪、过失犯罪的；

（二）犯罪预备、中止、未遂的；

（三）有自首或者立功表现的；

（四）犯罪后能够如实交待罪行，认识自己行为的危害性、违法性，积极退赃，尽力减少和赔偿损失，得到被害人谅解的；

（五）不是共同犯罪的主犯或者集团犯罪中的首要分子的；

（六）属于已满十四周岁不满十六周岁的未成年人或者系在校学生的；

（七）其他没有逮捕必要的情形。

第十四条 适用本规定第十三条的规定，在作出不批准逮捕决定前，应当审查其监护情况，参考其法定代理人、学校、居住地公安派出所及居民委员会、村民委员会的意见，并在《审查逮捕意见书》中对未成年犯罪嫌疑人是否具备有效监护条件或者社会帮教措施进行具体说明。

第十五条 未成年犯罪嫌疑人及其法定代理人因经济困难等原因没有聘请律师的，人民检察院应当告知其可以申请法律援助。

第三章 未成年人刑事案件的审查起诉与出庭支持公诉

第十六条 人民检察院审查起诉未成年人刑事案件，自收到移送审查起诉的案件材料之日起三日以内，应当告知该未成年犯罪嫌疑人及其法定代理人有权委托辩护人，告知被害人及其法定代理人有权委托诉讼代理人，告知附带民事诉讼的当事人及其法定代理人有权委托诉讼代理人。

对未成年犯罪嫌疑人、未成年被害人或者其法定代理人提出聘请律师意向，但因经济困难或者其他原因没有委托辩护人、诉讼代理人的，应当帮助其申请法律援助。

未成年犯罪嫌疑人被羁押的，人民检察院应当审查是否有必要继续羁押。

审查起诉未成年犯罪嫌疑人，应当听取其父母或者其他法定代理人、辩护人、未成年被害人及其法定代理人的意见。可以结合社会调查，通过学校、社区、家庭等有关组织和人员，了解未成年犯罪嫌疑人的成长经历、家庭环境、个性特点、社会活动等情况，为办案提供参考。

第十七条 人民检察院审查起诉未成年人刑事案件，应当讯问未成年犯罪嫌疑人。讯问未成年犯罪嫌疑人适用本规定第十条、第十一条的规定。

第十八条 移送审查起诉的案件具备以下条件的，检察人员可以安排在押的未成年犯罪嫌疑人与其法定代理人、近亲属等进行会见、通话：

（一）案件事实已基本查清，主要证据确实、充分，安排会见、通话不会影响诉讼活动正常进行；

（二）未成年犯罪嫌疑人有认罪、悔罪表现，或者虽尚未认罪、悔罪，但通过会见、通话有可能促使其转化，或者通过会见、通话有利于社会、家庭稳定；

（三）未成年犯罪嫌疑人的法定代理人、近亲属对其犯罪原因、社会危害性以及后果有一定的认识，并能配合公安司法机关进行教育。

第十九条 在押的未成年犯罪嫌疑人同其法定代理人、近亲属等进行会见、通话时，检察人员应当告知其会见、通话不得有串供或者其他妨碍诉讼的内容。会见、通话时检察人员可以在场。会见、通话结束后，检察人员应当将有关内容及时整理并记录在案。

第二十条 对于犯罪情节轻微，并具有下列情形之一，依照刑法规定不需要判处刑罚或者免除刑罚的未成年犯罪嫌疑人，一般应当依法作出不起诉决定：

（一）被胁迫参与犯罪的；

（二）犯罪预备、中止的；

（三）在共同犯罪中起次要或者辅助作用的；

（四）是又聋又哑的人或者盲人的；

（五）因防卫过当或者紧急避险过当构成犯罪的；

（六）有自首或者重大立功表现的；

（七）其他依照刑法规定不需要判处刑罚或者免除刑罚的情形。

第二十一条 对于未成年人实施的轻伤害案件、初次犯罪、过失犯罪、犯罪未遂的案件以及被诱骗或者被教唆实施的犯罪案件等，情节轻微，犯罪嫌疑人确有悔罪表现，当事人双方自愿就民事赔偿达成协议并切实履行，符合刑法第三十七条规定的，人民检察院可以依照刑事诉讼法第一百四十二条第二款的规定作出不起诉的决定，并可以根据案件的不同情况，予以训诫或者责令具结悔过、赔礼道歉。

第二十二条 不起诉决定书应当向被不起诉的未成年人及其法定代理人公开宣布，并阐明不起诉的理由和法律依据。

不起诉决定书应当送达被不起诉的未成年人及其法定代理人，并告知其依法享有的权利。

第二十三条 人民检察院审查未成年人与成年人共同犯罪案件，一般应当将未成年人与成年人分案起诉。但是具有下列情形之一的，可以不分案起诉：

（一）未成年人系犯罪集团的组织者或者其他共同犯罪中的主犯的；

（二）案件重大、疑难、复杂，分案起诉可能妨碍案件审理的；

（三）涉及刑事附带民事诉讼，分案起诉妨碍附带民事诉讼部分审理的；

（四）具有其他不宜分案起诉情形的。

第二十四条 对于分案起诉的未成年人与成年人共同犯罪案件，一般应当同时移送人民法院。对于需要补充侦查的，如果补充侦查事项不涉及未成年犯罪嫌疑人所参与的犯罪事实，不影响对未成年犯罪嫌疑人提起公诉的，应当对未成年犯罪嫌疑人先予提起公诉。

第二十五条 对于分案起诉的未成年人与成年人共同犯罪案件，在审查起诉过程中可以根据全案情况制作一个审结报告，起诉书以及出庭预案等应当分别制作。

第二十六条 人民检察院对未成年人与成年人共同犯罪案件分别提起公诉后，在诉讼过程中出现不宜分案起诉情形的，可以及时建议人民法院并案审理。

第二十七条 对未成年被告人提起公诉，应当将有效证明该未成年人年龄的材料作为主要证据复印件之一移送人民法院。

第二十八条 对提起公诉的未成年人刑事案件，应当认真做好下列出席法庭的准备工作：

（一）掌握未成年被告人的心理状态，并对其进行接受审判的教育，必要时，可以再次讯问被告人；

（二）与未成年被告人的辩护人交换意见，共同做好教育、感化工作；

（三）进一步熟悉案情，深入研究本案的有关法律政策问题，根据案件和未成年被告人的特点，拟定讯问提纲、询问被害人、证人、鉴定人提纲、答辩提纲、公诉意见书和针对未成年被告人进行法制教育的书面材料。

第二十九条 公诉人出席未成年人刑事审判法庭，应当遵守公诉人出庭行为规范要求，发言时应当语调温和，并注意用语文明、准确，通俗易懂。

公诉人一般不提请未成年证人、被害人出庭作证。

第三十条 在法庭审理过程中，公诉人的讯问、询问、辩论等活动，应当注意未成年人的身心特点。对于未成年被告人情绪严重不稳定，不宜继续接受审判的，公诉人可以建议法庭休庭。

第三十一条 对于具有下列情形之一，依法可能判处拘役、三年以下有期徒刑，悔罪态度较好，具备有效监护条件或者社会帮教措施、适用缓刑确实不致再危害社会的未成年被告人，人民检察院可以建议人民法院适用缓刑：

（一）犯罪情节较轻，未造成严重后果的；

（二）主观恶性不大的初犯或者胁从犯、从犯；

（三）被害人同意和解或者被害人有明显过错的；

（四）其他可以适用缓刑的情节。

人民检察院提出对未成年被告人适用缓刑建议的，应当将未成年被告人能够获得有效监护、帮教的书面材料一并于判决前移送人民法院。

第三十二条 公诉人在依法指控犯罪的同时，要剖析未成年被告人犯罪的原因、社会危害性，适时进行法制教育及人生观教育，促使其深刻反省，吸取教训。

第三十三条 对于符合适用简易程序审理条件的未成年人刑事案件，人民检察院应当向人民法院提出适用简易程序的建议。

第三十四条 适用简易程序审理的未成年人刑事案件，人民检察院可以派员出席法庭或者在开庭前通过移送对未成年被告人的社会调查材料等方式，协助人民法院进行法庭教育工作。

第三十五条　人民检察院派员出席未成年人刑事案件二审法庭适用本章的相关规定。

第四章　未成年人刑事案件的法律监督

第三十六条　人民检察院审查批准逮捕、审查起诉未成年犯罪嫌疑人，应当同时审查公安机关的侦查活动是否合法，发现有下列违法行为的，应当提出纠正意见；构成犯罪的，依法追究刑事责任：

（一）违法对未成年犯罪嫌疑人采取强制措施或者采取强制措施不当的；

（二）未依法实行对未成年犯罪嫌疑人与成年犯罪嫌疑人分管、分押的；

（三）对未成年犯罪嫌疑人采取刑事拘留、逮捕措施后，在法定时限内未进行讯问，或者未通知其法定代理人或者近亲属的；

（四）对未成年犯罪嫌疑人威胁、体罚、侮辱人格、游行示众，或者刑讯逼供、指供、诱供的；

（五）利用未成年人认知能力低而故意制造冤、假、错案的；

（六）对未成年被害人、证人以诱骗等非法手段收集证据或者侵害未成年被害人、证人的人格尊严及隐私权等合法权益的；

（七）违反羁押和办案期限规定的；

（八）已作出不批准逮捕、不起诉决定，公安机关不立即释放犯罪嫌疑人的；

（九）在侦查中有其他侵害未成年人合法权益行为的。

第三十七条　对依法不应当公开审理的未成年人刑事案件公开审理的，人民检察院应当在开庭前提出纠正意见。

公诉人出庭支持公诉时，发现法庭审判有下列违反法律规定的诉讼程序的情形之一的，应当在休庭后及时向本院检察长报告，由人民检察院向人民法院提出纠正意见：

（一）开庭或者宣告判决时未通知未成年被告人的法定代理人到庭的；

（二）人民法院没有给聋哑或者不通晓当地通用的语言文字的未成年被告人聘请或者指定翻译人员的；

（三）未成年被告人在审判时没有辩护人的；对未成年被告人及其法定代理人依照法律规定拒绝辩护人为其辩护，合议庭未另行指定辩护律师的；

（四）法庭未告知未成年被告人及其法定代理人依法享有的申请回避、辩护、提出新的证据、申请重新鉴定或者勘验、最后陈述、提出上诉等诉讼权利的；

（五）其他违反法律规定的诉讼程序的情形。

第三十八条　人民检察院依法对未成年犯管教所实行驻所检察。在刑罚执行监督中，发现关押成年罪犯的监狱收押未成年罪犯的，或者对年满十八周岁后余刑在二年以上的罪犯没有转送监狱的，应当依法提出纠正意见。

第三十九条　人民检察院在看守所检察中，发现没有对未成年犯罪嫌疑人、被告人与成年犯罪嫌疑人、被告人分管、分押或者对未成年罪犯留所服刑的，应当依法提出纠正意见。

第四十条　人民检察院应当加强对未成年犯管教所、看守所监管未成年罪犯活动的监督，保障未成年罪犯的合法权益，维护监管改造秩序和教学、劳动、生活秩序。

人民检察院配合未成年犯管教所、看守所加强对未成年罪犯的政治、法律、文化教育，促进依法、科学、文明监管。

第四十一条 人民检察院依法对未成年犯的减刑、假释、暂予监外执行等活动实行监督。对符合减刑、假释、暂予监外执行法定条件的，应当建议执行机关向人民法院、监狱管理机关提请；发现提请或者裁定、决定不当的，应当依法提出纠正意见；对徇私舞弊减刑、假释、暂予监外执行等构成犯罪的，依法追究刑事责任。

人民检察院发现有关机关对判处管制、缓刑或者裁定、决定假释、暂予监外执行等在社会上执行的未成年罪犯脱管、漏管或者没有落实帮教措施的，应当依法提出纠正意见。

第五章 未成年人案件的刑事申诉检察

第四十二条 人民检察院依法受理未成年人及其法定代理人提出的刑事申诉案件和刑事赔偿案件。

人民检察院对未成年人刑事申诉案件和刑事赔偿案件，应当指定专人及时办理。

第四十三条 人民检察院复查未成年人刑事申诉案件，应当直接听取未成年人及其法定代理人的陈述或者辩解，认真审核、查证与案件有关的证据和线索，查清案件事实，依法作出处理。

案件复查终结作出处理决定后，应当向未成年人当面送达法律文书，做好法律宣传、说服教育工作。

第四十四条 对已复查纠正的未成年人刑事申诉案件，应当配合有关部门做好善后工作。

第四十五条 人民检察院办理未成年人刑事赔偿案件，应当充分听取未成年人及其法定代理人的意见，对于依法应当赔偿的案件，应当及时作出和执行赔偿决定。

第六章 附 则

第四十六条 本规定所称未成年人刑事案件，是指犯罪嫌疑人、被告人实施涉嫌犯罪行为时已满十四周岁、未满十八周岁的刑事案件，但在有关未成年人诉讼权利和体现对未成年人程序上特殊保护的条文中所称的未成年人，是指在诉讼过程中已满十四周岁、未满十八周岁的人。

第四十七条 实施犯罪行为的年龄，一律按公历的年、月、日计算。从周岁生日的第二天起，为已满××周岁。

第四十八条 本规定由最高人民检察院负责解释。

第四十九条 本规定自发布之日起施行，最高人民检察院 2002 年 4 月 22 日发布的《人民检察院办理未成年人刑事案件的规定》同时废止。

第一百零一条［作出不批捕决定的程序］

对公安机关提请批准逮捕的犯罪嫌疑人，具有本规则第八十九条或者第九十条规定情形，人民检察院作出不批准逮捕决定的，应当说明理由，连同案卷材料送达公安机关执行。需要补充侦查的，应当同时通知公安机关。

【条文释义】 本条是关于人民检察院作出不批准逮捕决定程序的规定。

本条规定，人民检察院对具有《人民检察院刑事诉讼规则》第 89 条或第 90 条规定的不逮捕情形的犯罪嫌疑人，作出不批准逮捕决定的，应当说明理由，连同案卷材料送达公安机关执行。实践中，人民检察院作出不批准逮捕决定的，都制作不批准逮捕决定书，在决定书中写明作出不批准逮捕的原因和法律依据，将不批准逮捕决定书连同案卷材料送达公安机关执行，不再另行制作关于不批准逮捕理由的说明书。

本条规定，需要补充侦查的，应当同时通知公安机关。这是指人民检察院作出不批准逮捕决定的同时，如果认为案件需要补充侦查，应当同时通知公安机关，不能不作出不批准逮捕的决定，直接作出补充侦查的决定。实践中，人民检察院的不批准逮捕决定书"附项"中有"附：补充侦查提纲"字样，如果需要对案件补充侦查，人民检察院应当列出补充侦查提纲，连同不批准逮捕决定书和案卷材料一并送公安机关执行；如果不需要对案件补充侦查，划去不批准逮捕决定书中的"附：补充侦查提纲"字样即可。

【不予批准逮捕决定书的制作】

（一）制作方法

不予批准逮捕决定书为四联填充式文书，各联的内容和制作方法如下：

1. 第一联存根。

（1）首部。包括：制作本文书的人民检察院名称；文书名称，即"不予批准逮捕决定书"；文书编号，即"　检　不予批捕〔　〕　号"，"检"前空余地方填写制作本文书的人民检察院的简称，"检"与"不予批捕"之间的空余地方填写人民检察院具体办案部门的简称，中括号内填写制作本文书的年度，中括号与"号"之间的空余地方填写本文书在该年度的序号。在文书名称下面标有"（存　根）"字样。

（2）正文。包括：案由，可以根据案件中犯罪嫌疑人所涉嫌的罪名填写为"贪污罪"、"受贿罪"、"挪用公款罪"等，如果因涉嫌多个罪名而立案的，应将所涉嫌的罪名填写全；犯罪嫌疑人基本情况，包括姓名、性别、年龄、工作单位、住址、身份证号码、是否人大代表或政协委员，上述犯罪嫌疑人的基本情况，并不是要求每一项内容都必须填写完整、清楚，制作时可以根据具体案件的需要和实际掌握的情况加以填写；不予批准逮捕原因，具体写明作出不予批准逮捕决定的依据；是否需要侦查机关补充侦查；制作本文书的批准人的姓名或者名称；具体办理这一案件的承办人的姓名；填发本文书的填发人的姓名；填发本文书的时间。

2. 第二联副本。

（1）首部。包括：制作本文书的人民检察院名称、文书名称、文书编号，其制作方法与第一联的要求一样，只是在文书名称下面标有"（副　本）"字样。

（2）正文。包括：提请批准逮捕的侦查机关名称；侦查机关的简称，如"厅"、"局"等；提请批准逮捕的时间，具体到年、月、日；提请批准逮捕书的文号；提请批准逮捕的犯罪嫌疑人姓名；作出不予批准逮捕决定的理由；决定不予批准逮捕的犯罪嫌疑人的姓名。

（3）尾部。包括：制作本文书的时间，具体到年、月、日；加盖制作本文书的人民检察院的院印。

3. 第三联正本。

（1）首部。包括：制作本文书的人民检察院名称、文书名称、文书编号，其制作方法与第一联的要求一样。

（2）正文。依次填写的具体内容与第二联正文的制作要求一样。

（3）尾部。包括：制作本文书的时间，具体到年、月、日；加盖制作本文书的人民检察院的院印。

4. 第四联回执。

（1）首部。包括：制作本文书的人民检察院名称；文书名称，即“不予批准逮捕决定书”；在文书名称下面标有“（回　执）”字样。

（2）正文。包括：作出不予批准逮捕决定的人民检察院名称；人民检察院作出的不予批准逮捕决定书的文号；不予批准逮捕决定书的执行情况。

（3）尾部。包括：制作本文书的时间，具体到年、月、日；加盖制作本文书的执行机关的公章。

（二）使用说明

在具体使用时，应注意以下问题：本文书应当以被不予批准逮捕的人次为单位制作，即对于同一个犯罪嫌疑人，每一次不予批准逮捕时均应单独制作不予批准逮捕决定书；一次对多名犯罪嫌疑人不予批准逮捕的，应当对每一个犯罪嫌疑人均单独制作不予批准逮捕决定书。本文书主要适用于以下两种情形：一是经审查认为案件事实不清、证据不足，要求公安机关补充侦查。二是认为犯罪嫌疑人没有逮捕的必要。如对应当逮捕的犯罪嫌疑人、被告人，如果患有严重疾病，或者是正在怀孕、哺乳自己婴儿的妇女，可以作出不予批准逮捕的决定。

对于批准逮捕的条件，《刑事诉讼法》第60条第1款规定：“对有证据证明有犯罪事实，可能判处徒刑以上刑罚的犯罪嫌疑人、被告人，采取取保候审、监视居住等方法，尚不足以防止发生社会危险性，而有逮捕必要的，应即依法逮捕。”《人民检察院刑事诉讼规则》第86条规定：“人民检察院对有证据证明有犯罪事实，可能判处徒刑以上刑罚的犯罪嫌疑人，采取取保候审、监视居住等方法，尚不足以防止发生社会危险性，而有逮捕必要的，应当批准或者决定逮捕。‘有证据证明有犯罪事实’是指同时具备下列情形：（一）有证据证明发生了犯罪事实；（二）有证据证明该犯罪事实是犯罪嫌疑人实施的；（三）证明犯罪嫌疑人实施犯罪行为的证据已有查证属实的。‘犯罪事实’既可以是单一犯罪行为的事实，也可以是数个犯罪行为中任何一个犯罪行为的事实。”第87条规定：

“对实施多个犯罪行为或者共同犯罪案件的犯罪嫌疑人，符合本规则第八十六条的规定，具有下列情形之一的，应当批准或者决定逮捕：（一）有证据证明犯有数罪中的一罪的；（二）有证据证明实施多次犯罪中的一次犯罪的；（三）共同犯罪中，已有证据证明有犯罪事实的犯罪嫌疑人。”第88条规定：“对于犯罪嫌疑人不讲真实姓名、住址，身份不明的案件，人民检察院经审查认为符合本规则第八十六条、第八十七条规定的，应当批准或者决定逮捕。”

人民检察院审查逮捕部门受理同级公安机关提请批准逮捕的案件，应当查明提请批准逮捕书及案卷材料是否齐备。公安机关要求逮捕犯罪嫌疑人的时候，应当写出提请批准逮捕书，连同案卷材料、证据，一并移送同级人民检察院审查批准。必要的时候，人民检察院可以派人参加公安机关对于重大案件的讨论。人民检察院审查批准逮捕犯罪嫌疑人由检察长决定。重大案件应当提交检察委员会讨论决定。人民检察院应当自接到公安机关提请批准逮捕书后的7日以内，作出批准逮捕或者不批准逮捕的决定。人民检察院不批准逮捕的，公安机关应当在接到通知后立即释放，并且将执行情况及时通知人民检察院。对于需要继续侦查，并且符合取保候审、监视居住条件的，依法取保候审或者监视居住。

对公安机关要求复议的不予批准逮捕的案件，人民检察院应当另行指派审查逮捕部门办案人员复议，并在收到提请复议书和案卷材料后的7日以内作出是否变更的决定，通知公安机关。对公安机关提请上一级人民检察院复核的不予批准逮捕的案件，上一级人民检察院应当在收到提请复核意见书和案卷材料后的15日以内由检察长或者检察委员会作出是否变更的决定，通知下级人民检察院和公安机关执行。如果需要改变原决定，应当通知作出不予批准逮捕决定的人民检察院撤销原决定，另行制作批准逮捕决定书。必要时，上级人民检察院也可以直接作出批准逮捕决定，通知下级人民检察院送达公安机关执行。人民检察院作出不予批准逮捕决定，并且通知公安机关补充侦查的案件，公安机关在补充侦查后又提请复议的，人民检察院应当建议公安机关重新提请批准逮捕。公安机关坚持复议的，人民检察院不予受理。对已作出的不予批准逮捕决定发现确有错误，需要批准逮捕的，人民检察院应当撤销原不予批准逮捕决定，并重新作出批准逮捕决定，送达公安机关执行。

外国人、无国籍人涉嫌危害国家安全犯罪的案件或者涉及国与国之间政治、外交关系的案件以及在适用法律上确有疑难的案件，需要逮捕犯罪嫌疑人的，由分、州、市人民检察院审查并提出意见，层报最高人民检察院审查。最高人民检察院经征求外交部的意见后，决定批准逮捕。经审查认为不需要逮捕的，可以直接作出不予批准逮捕的决定。外国人、无国籍人涉嫌上述犯罪案件以外的其他犯罪的案件，由分、州、市人民检察院审查并提出意见，报省级人民检察院审查。省级人民检察院经征求同级政府外事部门的意见后，决定批准逮捕，同时报最高人民检察院备案。经审查认为不需要逮捕的，可以直接作出不予批准逮捕的决定。

本文书四联之间的骑缝线上均有本文书文号，应当按照本文书第三联中文号的填写方法予以填写。

本文书共四联，第一联统一保存，第二联附卷，第三联送达侦查机关，第四联侦查机关退回后附卷。

（三）文书格式（见下页）

人民检察院
不予批准逮捕决定书
（存　根）

检　不予批捕〔　　〕　号

案由__________
犯罪嫌疑人基本情况（姓名、性别、年龄、工作单位、住址、身份证号码、是否人大代表、政协委员）
____
____
____
____
不予批准逮捕原因______
____
是否需要补充侦查______
批准人________
承办人________
填发人________
填发时间________

第一联统一保存

检　不予批捕〔　　〕　号

人民检察院
不予批准逮捕决定书
（副　本）

检　不予批捕〔　　〕　号

__________：
你______于____年____月____日以____号文书提请批准逮捕犯罪嫌疑人____，经本院审查认为：
____
____
__________。
根据《中华人民共和国刑事诉讼法》第六十八条的规定，决定不予批准逮捕犯罪嫌疑人____。请依法立即执行，并在三日内将执行情况通知本院。

年　月　日
（院印）

第二联附卷

检　不予批捕〔　　〕　号

人民检察院
不予批准逮捕决定书

检　不予批捕〔　　〕　号

__________：
你______于____年____月____日以____号文书提请批准逮捕犯罪嫌疑人____，经本院审查认为：
____
____
__________。
根据《中华人民共和国刑事诉讼法》第六十八条的规定，决定不予批准逮捕犯罪嫌疑人____。请依法立即执行，并在三日内将执行情况通知本院。

年　月　日
（院印）

第三联送达侦查机关

检　不予批捕〔　　〕　号

人民检察院
不予批准逮捕决定书
（回　执）

________人民检察院：
现将你院______号不予批准逮捕决定书的执行情况通知如下：
____
____
__________。

年　月　日
（公章）

第四联侦查机关退回后附卷

【不批准逮捕决定书的制作】

（一）制作方法

不批准逮捕决定书为四联填充式文书，各联的内容和制作方法如下：

1. 第一联存根。

（1）首部。包括：制作本文书的人民检察院名称；文书名称，即“不批准逮捕决定书”；文书编号，即“ 检 不捕〔 〕 号”，“检”前空余地方填写制作本文书的人民检察院的简称，“检”与“不捕”之间的空余地方填写人民检察院具体办案部门的简称，中括号内填写制作本文书的年度，中括号与“号”之间的空余地方填写本文书在该年度的序号。在文书名称下面标有“（存 根）”字样。

（2）正文。包括：案由，可以根据案件中犯罪嫌疑人所涉嫌的罪名填写为“贪污罪”、“受贿罪”、“挪用公款罪”等，如果因涉嫌多个罪名而立案的，应将所涉嫌的罪名填写全；犯罪嫌疑人基本情况，包括姓名、性别、年龄、工作单位、住址、身份证号码、是否人大代表或政协委员，上述犯罪嫌疑人的基本情况，并不是要求每一项内容都必须填写完整、清楚，制作时可以根据具体案件的需要和实际掌握的情况加以填写；不批准逮捕的原因，具体写明作出不批准逮捕决定的依据；制作本文书的批准人的姓名或者名称；具体办理这一案件的承办人的姓名；填发本文书的填发人的姓名；填发本文书的时间。

2. 第二联副本。

（1）首部。包括：制作本文书的人民检察院名称、文书名称、文书编号，其制作方法与第一联的要求一样，只是在文书名称下面标有“（副 本）”字样。

（2）正文。包括：提请批准逮捕的侦查机关名称；侦查机关的简称，如“厅”、“局”等；提请批准逮捕的时间，具体到年、月、日；提请批准逮捕书的文号；提请批准逮捕的犯罪嫌疑人姓名；作出不批准逮捕决定的理由；决定不批准逮捕的犯罪嫌疑人的姓名。

（3）尾部。包括：制作本文书的时间，具体到年、月、日；加盖制作本文书的人民检察院的院印。

3. 第三联正本。

（1）首部。包括：制作本文书的人民检察院名称、文书名称、文书编号，其制作方法与第一联的要求一样。

（2）正文。依次填写的具体内容与第二联正文的制作要求一样。

（3）尾部。包括：制作本文书的时间，具体到年、月、日；加盖制作本文书的人民检察院的院印。

4. 第四联回执。

（1）首部。包括：制作本文书的人民检察院名称；文书名称，即“不批准逮捕决定书”；在文书名称下面标有“（回　执）”字样。

（2）正文。包括：作出不批准逮捕决定的人民检察院名称；人民检察院作出的不批准逮捕决定书的文号；不批准逮捕决定书的执行情况。

（3）尾部。包括：制作本文书的时间，具体到年、月、日；加盖制作本文书的执行机关的公章。

（二）使用说明

在具体使用时，应注意以下问题：本文书应当以被不批准逮捕的人次为单位制作，即对于同一个犯罪嫌疑人，每一次不批准逮捕时均应单独制作不批准逮捕决定书；一次对多名犯罪嫌疑人不批准逮捕的，应当对每一个犯罪嫌疑人均单独制作不批准逮捕决定书。本文书只适用于人民检察院经审查认为犯罪嫌疑人的行为不构成犯罪，或者不应追究刑事责任的情形。主要有以下几种情形：一是《刑事诉讼法》第15条的规定：“有下列情形之一的，不追究刑事责任，已经追究的，应当撤销案件，或者不起诉，或者终止审理，或者宣告无罪：（一）情节显著轻微、危害不大，不认为是犯罪的；（二）犯罪已过追诉时效期限的；（三）经特赦令免除刑罚的；（四）依照刑法告诉才处理的犯罪，没有告诉或者撤回告诉的；（五）犯罪嫌疑人、被告人死亡的；（六）其他法律规定免予追究刑事责任的。”二是《刑法》第17条第1、2款的规定：“已满十六周岁的人犯罪，应当负刑事责任。已满十四周岁不满十六周岁的人，犯故意杀人、故意伤害致人重伤或者死亡、强奸、抢劫、贩卖毒品、放火、爆炸、投毒罪的，应当负刑事责任。”不满14周岁的，不负刑事责任。三是《刑法》第20条第1、3款的规定：“为了使国家、公共利益、本人或者他人的人身、财产和其他权利免受正在进行的不法侵害，而采取的制止不法侵害的行为，对不法侵害人造成损害的，属于正当防卫，不负刑事责任。对正在进行行凶、杀人、抢劫、强奸、绑架以及其他严重危及人身安全的暴力犯罪，采取防卫行为，造成不法侵害人伤亡的，不属于防卫过当，不负刑事责任。”四是《刑法》第21条第1款的规定：“为了使国家、公共利益、本人或者他人的人身、财产和其他权利免受正在发生的危险，不得已采取的紧急避险行为，造成损害的，不负刑事责任。”五是没有犯罪事实或者犯罪行为不是犯罪嫌疑人所为。六是犯罪嫌疑人主观上没有过错，危害行为是出于不能抗拒或者无法预见的原因造成的。由于何种原因作出不批准逮捕的决定，人民检察院在制作本文书时应当具体写明。

对于批准逮捕的条件，《刑事诉讼法》第60条第1款规定：“对有证据证明有犯罪事实，可能判处徒刑以上刑罚的犯罪嫌疑人、被告人，采取取保候审、监视居住等方法，尚不足以防止发生社会危险性，而有逮捕必要的，应即依法逮捕。”《人民检察院刑事诉讼规则》第86条规定：“人民检察院对有证据证明有犯罪事实，可能判处徒刑以上刑罚的犯罪嫌疑人，采取取保候审、监视居住等方法，尚不足以防止发生社会危险性，而有逮捕必要的，应当批准或者决定逮捕。'有证据证明有犯罪事实'是指同时具备下列情形：（一）有证据证明发生了犯罪事实；（二）有证据证明该犯罪事实是犯罪嫌疑人实施的；（三）证明犯罪嫌疑人实施犯罪行为的证据已有查证属实的。'犯罪事实'既可以是单一犯罪行为的事实，也可以是数个犯罪行为中任何一个犯罪行为的事实。"第 87 条规定："对实施多个犯罪行为或者共同犯罪案件的犯罪嫌疑人，符合本规则第八十六条的规定，具有下列情形之一的，应当批准或者决定逮捕：（一）有证据证明犯有数罪中的一罪的；（二）有证据证明实施多次犯罪中的一次犯罪的；（三）共同犯罪中，已有证据证明有犯罪事实的犯罪嫌疑人。"第 88 条规定："对于犯罪嫌疑人不讲真实姓名、住址，身份不明的案件，人民检察院经审查认为符合本规则第八十六条、第八十七条规定的，应当批准或者决定逮捕。"

人民检察院审查逮捕部门受理同级公安机关提请批准逮捕的案件，应当查明提请批准逮捕书及案卷材料是否齐备。公安机关要求逮捕犯罪嫌疑人的时候，应当写出提请批准逮捕书，连同案卷材料、证据，一并移送同级人民检察院审查批准。必要的时候，人民检察院可以派人参加公安机关对于重大案件的讨论。人民检察院审查批准逮捕犯罪嫌疑人由检察长决定。重大案件应当提交检察委员会讨论决定。人民检察院应当自接到公安机关提请批准逮捕书后的 7 日以内，作出批准逮捕或者不批准逮捕的决定。人民检察院不批准逮捕的，公安机关应当在接到通知后立即释放犯罪嫌疑人，并且将执行情况及时通知人民检察院。对于需要继续侦查，并且符合取保候审、监视居住条件的，依法取保候审或者监视居住。对已作出的不批准逮捕决定发现确有错误，需要批准逮捕的，人民检察院应当撤销原不批准逮捕决定，并重新作出批准逮捕决定，送达公安机关执行。

对公安机关要求复议的不批准逮捕的案件，人民检察院应当另行指派审查逮捕部门办案人员复议，并在收到提请复议书和案卷材料后的 7 日以内作出是否变更的决定，通知公安机关。对公安机关提请上一级人民检察院复核的不批准逮捕的案件，上一级人民检察院应当在收到提请复核意见书和案卷材料后的 15 日以内由检察长或者检察委员会作出是否变更的决定，通知下级人民检察院和公安机关执行。如果需要改变原决定，应当通知作出不批准逮捕决定的人民检察院撤销原决定，另行制作批准逮捕决定书。必要时，上级人民检察院也可以直接作出批准逮捕决定，通知下级人民检察院送达公安机关执行。人民检察院作出不批准逮捕决定，并且通知公安机关补充侦查的案件，公安机关在补充侦查后又提请复议的，人民检察院应当建议公安机关重新提请批准逮捕。公安机关坚持复议的，人民检察院不予受理。

外国人、无国籍人涉嫌危害国家安全犯罪的案件或者涉及国与国之间政治、外交关系的案件以及在适用法律上确有疑难的案件，需要逮捕犯罪嫌疑人的，由分、州、市人民检察院审查并提出意见，层报最高人民检察院审查。最高人民检察院经征求外交部的意见后，决定批准逮捕。经审查认为不需要逮捕的，可以直接作出不批准逮捕的决定。外国人、无国籍人涉嫌上述犯罪案件以外的其他犯罪的案件，由分、州、市人民检察院审查并提出意见，报省级人民检察院审查。省级人民检察院经征求同级政府外事部门的意见后，决定批准逮捕，同时报最高人民检察院备案。经审查认为不需要逮捕的，可以直接作出不批准逮捕的决定。

本文书四联之间的骑缝线上均有本文书文号，应当按照本文书第三联中文号的填写方法予以填写。

本文书共四联，第一联统一保存，第二联附卷，第三联送达侦查机关，第四联侦查机关退回后附卷。

（三）文书格式（见下页）

人民检察院
不批准逮捕决定书
（存　根）

检　不捕〔　　〕　号

案由____________

犯罪嫌疑人基本情况（姓名、性别、年龄、工作单位、住址、身份证号码、是否人大代表、政协委员）____________

____

____

____

不批准逮捕原因____________

____

批准人____________

承办人____________

填发人____________

填发时间____________

第一联统一保存

检　不捕〔　　〕　号

人民检察院
不批准逮捕决定书
（副　本）

检　不捕〔　　〕　号

____________：

你______于____年____月____日以____号文书提请批准逮捕犯罪嫌疑人____，经本院审查认为：____________

____

____________。

根据《中华人民共和国刑事诉讼法》第六十八条的规定，决定不批准逮捕犯罪嫌疑人____。请依法立即执行，并在三日内将执行情况通知本院。

年　月　日
（院印）

第二联附卷

检　不捕〔　　〕　号

人民检察院
不批准逮捕决定书

检　不捕〔　　〕　号

____________：

你______于____年____月____日以____号文书提请批准逮捕犯罪嫌疑人____，经本院审查认为：____________

____

____________。

根据《中华人民共和国刑事诉讼法》第六十八条的规定，决定不批准逮捕犯罪嫌疑人____。请依法立即执行，并在三日内将执行情况通知本院。

年　月　日
（院印）

第三联送达侦查机关

检　不捕〔　　〕　号

人民检察院
不批准逮捕决定书
（回　执）

____________人民检察院：

现将你院____________号不批准逮捕决定书的执行情况通知如下：____________

____

____________。

年　月　日
（公章）

第四联侦查机关退回后附卷

【不予批准逮捕案件补充侦查提纲的制作】

（一）制作方法

不予批准逮捕案件补充侦查提纲为叙述式文书，一式二份，一份送达侦查机关，一份附卷。具体内容可以分为首部、正文和尾部三部分。

1. 首部。包括：制作本文书的人民检察院名称；文书名称，即“不予批准逮捕案件补充侦查提纲”；文书编号，即“　检　捕补〔　〕　号”，“检”前空余地方填写制作本文书的人民检察院的简称，“检”与“捕补”之间的空余地方填写人民检察院具体办案部门的简称，中括号内填写制作本文书的年度，中括号与“号”之间的空余地方填写本文书在该年度的序号。

2. 正文。具体叙写内容包括：提请批准逮捕的侦查机关名称；侦查机关的简称，如“厅”、“局”等；提请批准逮捕的时间，具体到年、月、日；提请批准逮捕的犯罪嫌疑人姓名；犯罪嫌疑人涉嫌的罪名；决定不予批准逮捕的犯罪嫌疑人的姓名；侦查机关简称；要求侦查机关补充侦查的具体事项，这部分在叙写时应当逻辑清楚，要求明确，逐项列出，根据案件的具体情况，围绕犯罪的构成要件和情节，提出需要查明的具体事实和证据。最后写明“补充侦查完毕后，请依法提请本院审查批准逮捕。如撤销案件或者作其他处理，请及时通知本院。”

3. 尾部。包括：制作本文书的时间，具体到年、月、日；加盖制作本文书的人民检察院的院印。

（二）使用说明

在具体使用时，应注意以下问题：本文书必须与不予批准逮捕决定书同时使用，只适用于人民检察院经审查认为案件事实不清、证据不足，要求公安机关补充侦查的案件。

对于批准逮捕的条件，《刑事诉讼法》第60条第1款规定：“对有证据证明有犯罪事实，可能判处徒刑以上刑罚的犯罪嫌疑人、被告人，采取取保候审、监视居住等方法，尚不足以防止发生社会危险性，而有逮捕必要的，应即依法逮捕。”《人民检察院刑事诉讼规则》第86条规定：“人民检察院对有证据证明有犯罪事实，可能判处徒刑以上刑罚的犯罪嫌疑人，采取取保候审、监视居住等方法，尚不足以防止发生社会危险性，而有逮捕必要的，应当批准或者决定逮捕。‘有证据证明有犯罪事实’是指同时具备下列情形：（一）有证据证明发生了犯罪事实；（二）有证据证明该犯罪事实是犯罪嫌疑人实施的；（三）证明犯罪嫌疑人实施犯罪行为的证据已有查证属实的。‘犯罪事实’既可以是单一犯罪行为的事实，也可以是数个犯罪行为中任何一个犯罪行为的事实。”第87条规定：“对实施多个犯罪行为或者共同犯罪案件的犯罪嫌疑人，符合本规则第八十六条的规定，具有下列情形之一的，应当批准或者决定逮捕：（一）有证据证明犯有数罪中的一罪的；（二）有证据证明实施多次犯罪中的一次犯罪的；（三）共同犯罪中，已有证据证明有犯罪事实的犯罪嫌疑人。”第88条规定：“对于犯罪嫌疑人不讲真实姓名、住址，身份不明的案件，人民检察院经审查认为符合本规则第八十六条、第八十七条规定的，应当批准或者决定逮捕。”

人民检察院审查逮捕部门受理同级公安机关提请批准逮捕的案件，应当查明提请批准逮捕书及案卷材料是否齐备。公安机关要求逮捕犯罪嫌疑人的时候，应当写出提请批准逮捕书，连同案卷材料、证据，一并移送同级人民检察院审查批准。必要的时候，人民检察院可以派人参加公安机关对于重大案件的讨论。审查逮捕部门办理审查逮捕的案件，应当指定办案人员进行审查。办案人员应当审阅案卷材料，制作阅卷笔录，提出批准或者决定逮捕、不批准或者不予逮捕的意见，经部门负责人审核后，报请检察长批准或者决定；重大案件应当经检察委员会讨论决定。审查逮捕部门办理审查逮捕案件，不能直接提出采取取保候审、监视居住措施的意见。对已作出的不予批准逮捕决定发现确有错误，需要批准逮捕的，人民检察院应当撤销原不予批准逮捕决定，并重新作出批准逮捕决定，送达公安机关执行。人民检察院作出不予批准逮捕决定，并且通知公安机关补充侦查的案件，公安机关在补充侦查后又提请复议的，人民检察院应当建议公安机关重新提请批准逮捕。公安机关坚持复议的，人民检察院不予受理。

本文书一式二份，一份送达侦查机关，一份附卷。

（三）文书格式

人民检察院

不予批准逮捕案件补充侦查提纲

检　　捕补〔　　〕　　号

×××（侦查机关名称）：

你×（侦查机关简称）××××年××月××日提请批准逮捕犯罪嫌疑人×××（姓名）涉嫌×××（罪名）一案，经本院审查，根据《中华人民共和国刑事诉讼法》第六十八条的规定，决定对犯罪嫌疑人×××（姓名）不予批准逮捕。现将该案退回你×（侦查机关简称），请补充侦查下列事项：

……（写明需要补充侦查的事项）

补充侦查完毕后，请依法提请本院审查批准逮捕。如撤销案件或者作其他处理，请及时通知本院。

年　　　月　　　日

（院印）

【参考规定】

最高人民检察院关于对报请批准逮捕的案件可否侦查问题的批复（1998 年 5 月 12 日 高检发释字〔1998〕2 号）

海南省人民检察院：

你院琼检发刑捕字〔1998〕1 号《关于执行〈关于刑事诉讼法实施中若干问题的规定〉有关问题的请示》收悉。经研究，批复如下：

人民检察院审查公安机关提请逮捕的案件，经审查，应当作出批准或者不批准逮捕的决定，对报请批准逮捕的案件不另行侦查。人民检察院在审查批捕中如果认为报请批准逮捕的证据存有疑问的，可以复核有关证据，讯问犯罪嫌疑人、询问证人，以保证批捕案件的质量，防止错捕或漏捕。

第一百零二条［公安机关对人民检察院批捕和不批捕决定的执行］

对于人民检察院批准逮捕的决定，公安机关应当立即执行，并将执行回执及时送达作出批准决定的人民检察院；如果未能执行，也应当将回执送达人民检察院，并写明未能执行的原因。对于人民检察院决定不批准逮捕的，公安机关在收到不批准逮捕决定书后，应当立即释放在押的犯罪嫌疑人或者变更强制措施，并将执行回执在收到不批准逮捕决定书后的三日内送达作出不批准逮捕决定的人民检察院。

【条文释义】 本条是关于公安机关执行人民检察院的批准逮捕决定和不批准逮捕决定方式的规定。

《刑事诉讼法》第 68 条规定，对于人民检察院批准逮捕的决定，公安机关应当立即执行，并且将执行情况及时通知人民检察院。但实践中，有的公安机关对检察机关的批准逮捕和不批准逮捕的决定没有执行，也没有向检察机关说明理由，使检察机关在侦查阶段的监督职能难以落实。其中原因，有的是由客观原因造成的，如犯罪嫌疑人未能抓获而无法执行，有的是由主观原因造成的。尤其是对人民检察院的不批准逮捕决定，公安机关接到决定书后仍然继续关押犯罪嫌疑人，迟迟不放人，严重侵犯了犯罪嫌疑人的合法权利。

根据本条规定，如果公安机关未能执行人民检察院批捕决定的，应当向人民检察院说明未执行的理由；对于不批捕决定，公安机关应当立即释放犯罪嫌疑人，对于需要继续侦查的，可以对其变更强制措施，并在 3 日内告知人民检察院。这一规定，对督促公安机关及时执行人民检察院的决定，落实检察机关的监督职能，具有实际操作意义。

第一百零三条［追捕的方式］

人民检察院办理审查逮捕案件，发现应当逮捕而公安机关未提请批准逮捕的

犯罪嫌疑人的，应当建议公安机关提请批准逮捕。如果公安机关不提请批准逮捕的理由不能成立的，人民检察院也可以直接作出逮捕决定，送达公安机关执行。

【条文释义】 本条是关于人民检察院追捕方式的规定。

人民检察院办理审查逮捕案件，有时发现犯罪嫌疑人应当逮捕，但公安机关却没有提请批准逮捕。这种情况下，人民检察院应当如何处理？能否直接决定逮捕犯罪嫌疑人？我们认为，我国《宪法》和《刑事诉讼法》规定，公安机关办理案件需要逮捕犯罪嫌疑人的，由人民检察院审查批准。人民检察院的审查是对公安机关报送的案卷材料的全面审查。从审查结果上看，对“漏捕”的犯罪嫌疑人，即应当逮捕而公安机关却未提请批准逮捕的犯罪嫌疑人，当然可以“追捕”，即直接决定逮捕。本条从上述理论出发，对“追捕”的方式作了规定。本条规定人民检察院审查案件发现“漏捕”的，首先应当建议公安机关提请批准逮捕，不是直接作出逮捕决定。这既是为了体现公、检、法三机关在刑事诉讼中分工负责、互相配合、互相制约的原则，也是为了全面了解公安机关的意见，全面掌握案情。公安机关不提请批准逮捕犯罪嫌疑人，可能是认识上的原因（如公安机关认为该犯罪嫌疑人不应当逮捕），也可能是出于侦查工作的特殊安排，人民检察院决定逮捕前应当听取公安机关的意见，不能直接作出逮捕决定。只有公安机关不提请批准逮捕的理由不能成立的，即人民检察院建议公安机关提请批准逮捕后，公安机关仍不提请批准逮捕，并且结合全案考查，人民检察院认为不提请批准逮捕的理由不成立的，才能直接作出逮捕犯罪嫌疑人的决定，送达公安机关执行。

【应当逮捕犯罪嫌疑人意见书的制作】

（一）制作方法

应当逮捕犯罪嫌疑人意见书为叙述式文书，可以分为三个部分：

1. 首部。包括：制作本文书的人民检察院名称；文书名称，即“应当逮捕犯罪嫌疑人意见书”；文书编号，即“ 检 捕意〔 〕 号”，“检”前空余地方填写制作本文书的人民检察院的简称，“检”与“捕意”之间的空余地方填写人民检察院具体办案部门的简称，中括号内填写制作本文书的年度，中括号与“号”之间的空余地方填写本文书在该年度的序号。

2. 正文。包括：送达的侦查机关名称；侦查机关的简称和提请批准逮捕书的文号；提请批准逮捕的犯罪嫌疑人的姓名；犯罪嫌疑人涉嫌的罪名；提请批准逮捕的侦查机关简称；应当提请批准逮捕的犯罪嫌疑人的基本情况，包括姓名、性别、出生年、月、日、年龄等；应当提请批准逮捕犯罪嫌疑人的犯罪事实、证据和法律依据，主要围绕犯罪嫌疑人所涉嫌罪名的犯罪构成和量刑情节来叙写；应当提请批准逮捕的犯罪嫌疑人姓名；构成犯罪的具体《刑法》依据；应当提请批准逮捕的侦查机关简称。

3. 尾部。包括：制作本文书的时间，具体到年、月、日；加盖制作本文书的人民检察院的院印。

（二）使用说明

在具体使用时，应注意以下问题：本文书只适用于人民检察院审查批捕环节，其他部门不能制作本文书。如果本文书没有被侦查机关接受，人民检察院可以直接制作逮捕决定书，通知公安机关执行。

对于批准逮捕的条件，《刑事诉讼法》第60条第1款规定："对有证据证明有犯罪事实，可能判处徒刑以上刑罚的犯罪嫌疑人、被告人，采取取保候审、监视居住等方法，尚不足以防止发生社会危险性，而有逮捕必要的，应即依法逮捕。"《人民检察院刑事诉讼规则》第86条规定："人民检察院对有证据证明有犯罪事实，可能判处徒刑以上刑罚的犯罪嫌疑人，采取取保候审、监视居住等方法，尚不足以防止发生社会危险性，而有逮捕必要的，应当批准或者决定逮捕。'有证据证明有犯罪事实'是指同时具备下列情形：（一）有证据证明发生了犯罪事实；（二）有证据证明该犯罪事实是犯罪嫌疑人实施的；（三）证明犯罪嫌疑人实施犯罪行为的证据已有查证属实的。'犯罪事实'既可以是单一犯罪行为的事实，也可以是数个犯罪行为中任何一个犯罪行为的事实。"第87条规定："对实施多个犯罪行为或者共同犯罪案件的犯罪嫌疑人，符合本规则第八十六条的规定，具有下列情形之一的，应当批准或者决定逮捕：（一）有证据证明犯有数罪中的一罪的；（二）有证据证明实施多次犯罪中的一次犯罪的；（三）共同犯罪中，已有证据证明有犯罪事实的犯罪嫌疑人。"第88条规定："对于犯罪嫌疑人不讲真实姓名、住址，身份不明的案件，人民检察院经审查认为符合本规则第八十六条、第八十七条规定的，应当批准或者决定逮捕。"

本文书一式二份，一份送达提请批准逮捕的侦查机关，一份附卷。

（三）文书格式

人民检察院

应当逮捕犯罪嫌疑人意见书

检　　捕意〔　　〕　　号

×××（侦查机关名称）：

你×××（侦查机关简称和提请批准逮捕书的文号）号提请批准逮捕书移送的犯罪嫌疑人×××（姓名）涉嫌×××（案由）一案，本院经审查认为：

你×（侦查机关简称）提请批准逮捕书未列明的犯罪嫌疑人……（写明需要追捕的人的姓名、性别、出生年、月、日及年龄）有证据证明有下列犯罪事实……（围绕犯罪构成及情节写明需要追捕的人实施的犯罪事实，之后写明上述事实的主要证据。）本院认为，犯罪嫌疑人×××（姓名）的行为已触犯《中华人民共和国刑法》（或全国人大常委会有关规定）第××条的规定，可能判处徒刑以上刑罚，有逮捕必要。依照《中华人民共和国刑事诉讼法》第六十条第一款的规定，应立即依法逮捕。请你×（侦查机关简称）写出提请批准逮捕书，连同案卷材料、证据，一并移送本院审查批准逮捕。

年　　　　月　　　　日

（院印）

第一百零四条［错捕的撤销］

对已作出的批准逮捕决定发现确有错误的，人民检察院应当撤销原批准逮捕决定，送达公安机关执行。

对已作出的不批准逮捕决定发现确有错误，需要批准逮捕的，人民检察院应当撤销原不批准逮捕决定，并重新作出批准逮捕决定，送达公安机关执行。

对因撤销原批准逮捕决定而被释放的犯罪嫌疑人或者逮捕后公安机关变更为取保候审、监视居住的犯罪嫌疑人，又发现需要逮捕的，人民检察院应当重新办理逮捕手续。

【条文释义】　本条是关于人民检察院对作出的错误的批准逮捕决定或不批准逮捕决定应当予以撤销的规定。

本条规定体现了人民检察院有错必纠、对人民负责的工作原则。本条第1款是关于对错误的批准逮捕决定应当予以撤销的规定。这里的“有错误”，是指不应当对犯罪嫌疑人批准逮捕，但人民检察院却作出了批准逮捕的决定，既包括不应对犯罪嫌疑人采取任何强制措施的情况，也包括应当对犯罪嫌疑人采取取保候审、监视居住措施但却采取了逮捕措施的情况。对已作出的批准逮捕决定发现确有错误的，人民检察院应当撤销原批准逮捕的决定，送达公安机关执行，依法释放犯罪嫌疑人。

本条第2款是关于对错误的不批准逮捕决定应当予以撤销的规定。这种情况下，人民检察院应当撤销原不批准逮捕决定，并重新作出批准逮捕决定，送达公安机关执行。这种情况下，人民检察院应当制作两种法律文书，一个是撤销不批准逮捕决定通知书，一个是批准逮捕决定书。这是因为公安机关要凭批准逮捕决定书开具逮捕证，对犯罪嫌疑人执行逮捕，不能凭撤销不批准逮捕决定通知书开具逮捕证。

本条第3款是关于对逮捕后被释放或变更为取保候审、监视居住的犯罪嫌疑人，又发现需要逮捕的，应当重新办理逮捕手续的规定。本款规定的适用范围包括：一是因撤销原批准逮捕决定而被释放的犯罪嫌疑人，又发现需要逮捕的，应重新办理逮捕手续，即人民检察院应重新作出批准逮捕的决定，制作批准逮捕决定书，送达公安机关执行。对这一规定没有异议。二是逮捕后公安机关变更为取保候审、监视居住的犯罪嫌疑人，又发现需要逮捕的，人民检察院应当重新办理手续。对这一规定，实践中有不同的认识。一种意见认为，对逮捕后公安机关变更为取保候审、监视居住的犯罪嫌疑人，又发现需要逮捕的，由公安机关制作《收监通知书》直接将犯罪嫌疑人收监即可，没有必要由人民检察院重新办理手续。理由是公安机关将逮捕措施变更为取保候审、监视居住后，原批准逮捕的决定并没有被撤销，仍然存在，只是不再执行。另一种意见认为，上述情况下人民检察院应当重新办理逮捕手续，公安机关将逮捕措施变更为取保候审、监视居住后，原批准逮捕的决定虽然没有被撤销，但已被新的强制措施决定所代替，对犯罪嫌疑人已不再适用。对一个犯罪嫌疑人是不可能同时存在两种有效的强制措施决定、不可能同时适用两种强制措施的。这种情况下，如果再将取保候审、监视居住变更为逮捕，必然要重新办理逮捕手续，制作相应的文书。逮捕只是一种强制措施，是为保证刑事诉讼进行而适用的，没有实体权利的内容，也没有终结诉讼的效力。经认真研究，本款按照后一种意见作了规定。实践中，对逮捕后公安机关变更为取保候审、监视居住的犯罪嫌疑人，又发现需要逮捕的，如果公安机关直接收监，不报人民检察院办理逮捕手续，人民检察院应当提出纠正意见。

【撤销不（予）批准逮捕决定通知书的制作】

（一）制作方法

撤销不（予）批准逮捕决定通知书为三联填充式文书，各联的内容和制作方法如下：

1. 第一联存根。

（1）首部。包括：制作本文书的人民检察院名称；文书名称，即“撤销不（予）批准逮捕决定通知书”；文书编号，即“ 检 撤不批〔 〕 号”，“检”前空余地方填写制作本文书的人民检察院的简称，“检”与“撤不批”之间的空余地方填写人民检察院具体办案部门的简称，中括号内填写制作本文书的年度，中括号与“号”之间的空余地方填写本文书在该年度的序号。在文书名称下面标有“（存 根）”字样。

（2）正文。包括：案由，可以根据案件中犯罪嫌疑人所涉嫌的罪名填写为“贪污罪”、“受贿罪”、“挪用公款罪”等，如果因涉嫌多个罪名而立案的，应将所涉嫌的罪名填写全；犯罪嫌疑人姓名；提请批捕机关名称；原不批准逮捕决定或者不予批准逮捕决定书的文号；撤销原不批准逮捕决定书或者不予批准逮捕决定的理由；制作本文书的批准人的姓名或者名称；具体办理这一案件的承办人的姓名；填发本文书的填发人的姓名；填发本文书的时间。

2. 第二联副本。

（1）首部。包括：制作本文书的人民检察院名称、文书名称、文书编号，其制作方法与第一联的要求一样，只是在文书名称下面标有“（副　本）”字样。

（2）正文。包括：原提请批准逮捕的侦查机关名称；作出原不批准逮捕决定书或者不予批准逮捕决定书的时间，具体到年、月、日；原不批准逮捕决定书或者不予批准逮捕决定书的文号；犯罪嫌疑人的姓名；撤销原不批准逮捕决定或者不予批准逮捕决定的具体理由；犯罪嫌疑人姓名；原不批准逮捕决定书或者不予批准逮捕决定书的文号。

（3）尾部。包括：制作本文书的时间，具体到年、月、日；加盖制作本文书的人民检察院的院印。

3. 第三联正本。

（1）首部。包括：制作本文书的人民检察院名称、文书名称、文书编号，其制作方法与第一联的要求一样。

（2）正文。依次填写的具体内容与第二联的制作要求一样。

（3）尾部。包括：制作本文书的时间，具体到年、月、日；加盖制作本文书的人民检察院的院印。

（二）使用说明

在具体使用时，应注意以下问题：本文书应当与重新作出的批准逮捕决定书同时使用。本文书应当以被撤销不（予）批准逮捕决定的人次为单位制作，即对于同一个犯罪嫌疑人，每一次撤销不（予）批准逮捕决定时均应单独制作撤销不（予）批准逮捕决定通知书；一次对多名犯罪嫌疑人撤销不（予）批准逮捕决定的，应当对每一个犯罪嫌疑人均单独制作撤销不（予）批准逮捕决定通知书。在本文书中，如果撤销的是不批准逮捕决定书，填写时则应用斜线划去“（予）”的字样；如果撤销的是不予批准逮捕决定书，则保持原样，不作变动。审查逮捕部门办理审查逮捕的案件，应当指定办案人员进行审查。撤销不（予）批准逮捕决定应当报请检察长批准或者决定；重大案件应当经检察委员会讨论决定。

对于批准逮捕的条件，《刑事诉讼法》第 60 条第 1 款规定：“对有证据证明有犯罪事实，可能判处徒刑以上刑罚的犯罪嫌疑人、被告人，采取取保候审、监视居住等方法，尚不足以防止发生社会危险性，而有逮捕必要的，应即依法逮捕。”《人民检察院刑事诉讼规则》第 86 条规定：“人民检察院对有证据证明有犯罪事实，可能判处徒刑以上刑罚的犯罪嫌疑人，采取取保候审、监视居住等方法，尚不足以防止发生社会危险性，而有逮捕必要的，应当批准或者决定逮捕。‘有证据证明有犯罪事实’，是指同时具备下列情形：（一）有证据证明发生了犯罪事实；（二）有证据证明该犯罪事实是犯罪嫌疑人实施的；（三）证明犯罪嫌疑人实施犯罪行为的证据已有查证属实的。‘犯罪事实’既可以是单一犯罪行为的事实，也可以是数个犯罪行为中任何一个犯罪行为的事实。”第 87 条规定：“对实施多个犯罪行为或者共同犯罪案件的犯罪嫌疑人，符合本规则第八十六条的规定，具有下列情形之一的，应当批准或者决定逮捕：（一）有证据证明犯有数罪中的一罪的；（二）有证据证明实施多次犯罪中的一次犯罪的；（三）共同犯罪中，已有证据证明有犯罪事实的犯罪嫌疑人。”第 88 条规定：“对于犯罪嫌疑人不讲真实姓名、住址，身份不明的案件，人民检察院经审查认为符合本规则第八十六条、第八十七条规定的，应当批准或者决定逮捕。”

对公安机关要求复议的不批准逮捕的案件，人民检察院应当另行指派审查逮捕部门办案人员复议，并在收到提请复议书和案卷材料后的 7 日以内作出是否变更的决定，通知公安机关。对公安机关提请上一级人民检察院复核的不批准逮捕的案件，上一级人民检察院应当在收到提请复核意见书和案卷材料后的 15 日以内由检察长或者检察委员会作出是否变更的决定，通知下级人民检察院和公安机关执行。如果需要改变原决定，应当通知作出不批准逮捕决定的人民检察院撤销原决定，另行制作批准逮捕决定书。必要时，上级人民检察院也可以直接作出批准逮捕决定，通知下级人民检察院送达公安机关执行。人民检察院作出不批准逮捕决定，并且通知公安机关补充侦查的案件，公安机关在补充侦查后又提请复议的，人民检察院应当建议公安机关重新提请批准逮捕。公安机关坚持复议的，人民检察院不予受理。

本文书三联之间的骑缝线上均有本文书文号，应当按照本文书第三联中文号的填写方法予以填写。

本文书共三联，第一联统一保存，第二联附卷，第三联送达侦查机关。

（三）文书格式（见下页）

人民检察院

撤销不（予）批准逮捕决定通知书

（存　根）

检　撤不批〔　　〕　号

案由＿＿＿＿＿＿＿＿

犯罪嫌疑人＿＿＿＿＿＿

提请批捕机关＿＿＿＿＿

不(予)批准逮捕决定书文号＿＿

＿＿＿＿＿＿＿＿＿＿

撤销不(予)批准逮捕决定的理由＿＿＿＿＿＿＿＿

＿＿＿＿＿＿＿＿＿＿

＿＿＿＿＿＿＿＿＿＿

批准人＿＿＿＿＿＿＿

承办人＿＿＿＿＿＿＿

填发人＿＿＿＿＿＿＿

填发时间＿＿＿＿＿＿

第一联统一保存

检　撤不批〔　　〕　号

人民检察院

撤销不（予）批准逮捕决定通知书

（副　本）

检　撤不批〔　　〕　号

＿＿＿＿＿＿＿＿：

本院＿＿＿年＿＿＿月＿＿＿日以＿＿＿＿＿＿号不（予）批准逮捕决定书作出对犯罪嫌疑人＿＿＿＿＿＿不（予）批准逮捕决定。

现本院审查认为：＿＿＿＿＿＿＿＿＿＿＿＿＿＿＿＿＿＿＿＿＿＿＿＿＿＿＿＿＿＿＿＿＿＿＿＿＿＿。

根据《中华人民共和国刑事诉讼法》第七十三条的规定，本院决定撤销对犯罪嫌疑人＿＿＿＿＿＿的不（予）批准逮捕决定。本院＿＿＿＿＿＿＿号不（予）批准逮捕决定书作废。

年　　月　　日

（院印）

第二联附卷

检　撤不批〔　　〕　号

人民检察院

撤销不（予）批准逮捕决定通知书

检　撤不批〔　　〕　号

＿＿＿＿＿＿＿＿：

本院＿＿＿年＿＿＿月＿＿＿日以＿＿＿＿＿＿号不（予）批准逮捕决定书作出对犯罪嫌疑人＿＿＿＿＿＿不（予）批准逮捕决定。

现本院审查认为：＿＿＿＿＿＿＿＿＿＿＿＿＿＿＿＿＿＿＿＿＿＿＿＿＿＿＿＿＿＿＿＿＿＿＿＿＿＿。

根据《中华人民共和国刑事诉讼法》第七十三条的规定，本院决定撤销对犯罪嫌疑人＿＿＿＿＿＿的不（予）批准逮捕决定。本院＿＿＿＿＿＿＿号不（予）批准逮捕决定书作废。

年　　月　　日

（院印）

第三联送达侦查机关

第一百零五条［不捕案件的复议］

对公安机关要求复议的不批准逮捕的案件，人民检察院应当另行指派审查逮捕部门办案人员复议，并在收到提请复议书和案卷材料后的七日以内作出是否变更的决定，通知公安机关。

【条文释义】　本条是关于人民检察院对公安机关要求复议的不批准逮捕案件如何办理的规定。

《刑事诉讼法》第70条规定，公安机关对人民检察院不批准逮捕的决定，认为有错误的时候，可以要求复议。为了保证复议工作起到应有的作用，本条规定，公安机关要求复议的，人民检察院应当另行指派办案人员复议，也即原来承办案件、对案件提出不批准逮捕意见的办案人员不得再承担对案件的复议审查工作。但是，复议工作仍由审查逮捕部门承担，另行指派的办案人员必须是审查逮捕部门的人员。为了尽快办结案件，本条规定人民检察院的复议期限为7日。本条规定“作出是否变更的决定”，是指作出是否变更原不批准逮捕决定的决定。实践中，如果变更原不批准逮捕决定的，人民检察院应当重新作出逮捕决定。

【复议决定书的制作】

（一）制作方法

复议决定书为填充式文书，共三联：第一联为存根，第二联为副本，第三联为正本。

1. 存根联（第一联）的内容结构及制作方法。

（1）首部。包括：制作本文书的人民检察院名称；文书名称下面标有“（存根）”字样；文书编号。

（2）正文。包括：案由，可以根据案件涉嫌的罪名填写；犯罪嫌疑人基本情况，包括姓名、性别、年龄、工作单位、住址、身份证号码，如果是人大代表或者是政协委员，应当写明；送达单位，即提出复议的公安机关；复议决定内容（即“决定逮捕”或“决定不逮捕”；“决定起诉”或“决定不起诉”）；批准人；承办人；填发人；填发时间。

2. 副本联（第二联）的内容结构及制作方法。

副本联结构、内容与正本联基本相同，只是在文书名称下面标有“（副本）”字样。

3. 正本联（第三联）的内容结构及制作方法。

（1）首部。包括：制作本文书的人民检察院名称；文书名称，即“复议决定书”；文书编号，即“　检　议〔　〕　号”，空余地方依次填写制作本文书的人民检察院简称、具体办案部门简称、年度和序号。

（2）正文。包括：“你________（填写部或厅或局或分局）对本院________

号（法律文书的编号）________（不批准逮捕书或不起诉决定书）书要求复议的意见书收悉。经本院复议认为：________（复议所认定的事实和依据）。根据《中华人民共和国刑事诉讼法》第________条（根据决定的情形，准确填写相对应的法律条文）的规定，本院决定________（‘批准逮捕’或‘不批准逮捕’；‘起诉’或‘不起诉’）。”

(3) 尾部。包括：送达侦查机关的名称，要填写在“此致”下面的横线上；制作本文书的年、月、日，并加盖人民检察院的院印。

（二）使用说明

使用复议决定书应当注意以下几个方面：(1) 正文中的复议决定内容，即“决定批准逮捕”或“决定不批准逮捕”、“决定起诉”或“决定不起诉”是选择关系，要根据复议认定的事实、依据，选择其中的一个。(2) 复议决定和法律条文要相互对应，作出的复议决定必须准确引用相对应的法律条文。

本文书三联之间的骑缝线上均有本文书文号，应当按照本文书第三联中文号的填写方法予以填写。

本文书共三联，第一联统一保存，第二联附卷，第三联送达公安机关。

（三）文书格式（见下页）

人民检察院
复议决定书
（存　根）

检　议〔　　〕　号

案由______________

犯罪嫌疑人______________

送达单位______________

复议决定内容______________

____

批准人______________

承办人______________

填发人______________

填发时间______________

第一联统一保存

检　议〔　〕号

人民检察院
复议决定书
（副　本）

检　议〔　　〕　号

你________对本院__________号__________书要求复议的意见书收悉。经本院复议认为：______________________________。

根据《中华人民共和国刑事诉讼法》第__________条的规定，本院决定______________________。

此致

____

年　月　日
（院印）

第二联附卷

检　议〔　〕号

人民检察院
复议决定书

检　议〔　　〕　号

你________对本院__________号__________书要求复议的意见书收悉。经本院复议认为：______________________________。

根据《中华人民共和国刑事诉讼法》第__________条的规定，本院决定______________________。

此致

____

年　月　日
（院印）

第三联送达侦查机关

第一百零六条 [不捕案件的复核]

对公安机关提请上一级人民检察院复核的不批准逮捕的案件，上一级人民检察院应当在收到提请复核意见书和案卷材料后的十五日以内由检察长或者检察委员会作出是否变更的决定，通知下级人民检察院和公安机关执行。如果需要改变原决定，应当通知作出不批准逮捕决定的人民检察院撤销原决定，另行制作批准逮捕决定书。必要时，上级人民检察院也可以直接作出批准逮捕决定，通知下级人民检察院送达公安机关执行。

对不批准逮捕案件的复核，由人民检察院审查逮捕部门办理。

【条文释义】 本条是关于人民检察院对公安机关要求复核的不批捕案件如何办理的规定。

本条第1款是关于人民检察院对公安机关要求复核的不批捕案件办理程序的规定。《刑事诉讼法》第70条规定，公安机关认为人民检察院的不批准逮捕决定有错误，提出复议后，如果意见不被接受，可以向上一级人民检察院提请复核。上级人民检察院应当立即复核，作出是否变更的决定，通知下级人民检察院和公安机关执行。为了使《刑事诉讼法》第70条的规定更具有可操作性，本款规定，对公安机关提请复核的案件，上一级人民检察院应当在收到提请复核意见书和案卷材料后的15日以内由检察长或者检察委员会作出是否变更的决定。本款还规定，如果需要改变原决定的，即需要改变下级人民检察院作出的不批捕的决定的，应当通知作出不批准逮捕决定的人民检察院撤销原决定，另行制作批准逮捕决定书，送达公安机关执行。必要时，上级人民检察院也可以直接作出批准逮捕决定，通知下级人民检察院送达公安机关执行。这里的“必要时”，一般是指情况紧急必须立即逮捕犯罪嫌疑人的时候，或者下级人民检察院不同意上级人民检察院的变更决定的时候。检察机关上下级之间是领导关系，上级人民检察院的决定，下级人民检察院应当执行。

本条第2款是关于人民检察院复核部门的规定。本款规定，公安机关提请对不批准逮捕案件复核的，由上级人民检察院审查逮捕部门办理，不由控告申诉部门办理。这是因为复核是《刑事诉讼法》规定的公安机关与检察机关之间互相制约的程序，不同于当事人的申诉，因此，应由承担审查逮捕职责的部门办理。

【复核决定书、通知书的制作】

（一）制作方法

复核决定书、通知书为填充式文书，共四联：第一联为存根，第二联为副本，第三联为正本，第四联为执行联。

1. 存根联（第一联）的内容结构及制作方法。

存根联可以分为两个部分：

（1）首部。包括：制作本文书的人民检察院的名称；文书名称，即“复核决定书”，文书名称下有“（存　根）”字样；文书编号，即“　检　核〔　〕　号”。

（2）正文。包括：案由，根据案件涉嫌的罪名填写；犯罪嫌疑人基本情况，包括姓名、性别、年龄、工作单位、住址、身份证号码，如果是人大代表或者政协委员，应当写明；送达单位，即请求复核的侦查机关；复核决定内容（即“决定逮捕”或“决定不逮捕”、“决定起诉”或“决定不起诉”）；批准人；承办人；填发人；填发时间。

2. 副本联（第二联）的内容结构及制作方法。

副本联结构、内容与正本联基本相同，只是在首部文书名称之下标有“（副本）”字样。

3. 正本联（第三联）的内容结构及制作方法。

正本联可分为首部、正文和尾部三部分。

（1）首部。包括：制作本文书的人民检察院名称；文书名称，即“复核决定书”；文书编号，即“　检　核〔　〕　号”，空余地方依次填写制作文书的人民检察院简称、具体办案部门简称、年度和序号。

（2）正文。包括：“你____（填写部或厅或局或分局）对____人民检察院____（法律文书的编号）号____（不批准逮捕书或不起诉的复议决定书）书提请复核的意见书及案件材料收悉。经本院复核认为：____（认定的事实和依据）。根据《中华人民共和国刑事诉讼法》第________（根据决定的情形，准确填写相对应的法律条文）条的规定，本院决定____（即决定事项，“决定批准逮捕”或“决定不批准逮捕”；“决定起诉”或“决定不起诉”）。”

（3）尾部。包括：送达单位，要填写在“此致”下面的横线上；制作本文书的年、月、日，并加盖制作本文书的人民检察院的院印。

4. 执行联（第四联）的内容结构及制作方法。

执行联由首部、送达作出决定的下级人民检察院的名称、正文、尾部四部分组成。

（1）首部。包括：制作本文书的人民检察院的名称；文书名称，即“复核决定通知书”；文书编号，即“　检　核〔　〕　号”，空余部分依次填写制作本文书的人民检察院简称、具体办案部门简称、年度和序号。

（2）送达作出决定的下级人民检察院的名称。

（3）正文。包括：“____（应填写侦查机关的名称）对你院____（法律文书的编号）号____（文书名称，即复议决定书）书提请本院复核。经本院复核认为：____（认定的事实和依据）。根据《中华人民共和国刑事诉讼法》第________（填入作出复核决定的相对应的法律条文）条的规定，本院决定____

（‘批准逮捕’或‘不批准逮捕’；‘起诉’或‘不起诉’）。特此通知。”

（4）尾部。包括：制作本文书的年、月、日，加盖制作本文书的人民检察院院印。

（二）使用说明

使用本文书时，应当注意：（1）正文中的复核决定，即“决定批准逮捕”或“决定不批准逮捕”、“决定起诉”或“决定不起诉”是选择关系，要根据复核认定的事实、依据，选择其中的一个。（2）复核决定和法律条文要相互对应，作出的复核决定，必须准确采用相对应的法律条文。

本文书四联之间的骑缝线上均有本文书文号，应当按照本文书第三联中文号的填写方法予以填写。

本文书共四联，第一联统一保存，第二联附卷，第三联送达下级侦查机关，第四联送达作出决定的下级人民检察院。

（三）文书格式（见下页）

人民检察院
复核决定书
（存 根）

检 核〔 〕 号

案由________
犯罪嫌疑人________
送达单位________
复核决定内容________
____
批准人________
承办人________
填发人________
填发时间________

第一联统一保存

检 核〔 〕 号

人民检察院
复核决定书
（副 本）

检 核〔 〕 号

你________对________人民检察院________号________书提请复核的意见书及案件材料收悉。经本院复核认为：________________。

根据《中华人民共和国刑事诉讼法》第________条的规定，本院决定________。

此致

____

年 月 日
（院印）

第二联附卷

检 核〔 〕 号

人民检察院
复核决定书

检 核〔 〕 号

你________对________人民检察院________号________书提请复核的意见书及案件材料收悉。经本院复核认为：________________。

根据《中华人民共和国刑事诉讼法》第________条的规定，本院决定________。

此致

____

年 月 日
（院印）

第三联送达下级侦查机关

检 核〔 〕 号

人民检察院
复核决定通知书

检 核〔 〕 号

________人民检察院：

________对你院________号________书提请本院复核。经本院复核认为：________________________。

根据《中华人民共和国刑事诉讼法》第________条的规定，本院决定________。

特此通知。

年 月 日
（院印）

第四联送达作出决定的下级人民检察院

第一百零七条［补充侦查后提请批捕复议的案件的处理］

人民检察院作出不批准逮捕决定，并且通知公安机关补充侦查的案件，公安机关在补充侦查后又提请复议的，人民检察院应当建议公安机关重新提请批准逮捕。公安机关坚持复议的，人民检察院不予受理。

【条文释义】　本条是关于对公安机关补充侦查后又提请复议的案件，人民检察院如何处理的规定。

根据《刑事诉讼法》的规定，人民检察院办理审查逮捕案件，认为公安机关提请批捕的案件需要补充侦查的，应当在作出不批捕决定的同时通知公安机关补充侦查。补充侦查完毕之后，公安机关如何办理，《刑事诉讼法》没有规定。实践中，有的公安机关重新提请批准逮捕，有的提请对原不批捕决定进行复议。经研究，我们认为，公安机关补充侦查后不能对原不批捕决定提请复议，主要理由是：根据《刑事诉讼法》第70条的规定，公安机关认为检察机关的不批捕决定有错误的，可以提请复议。而人民检察院作出不批捕决定并且通知公安机关补充侦查的案件，公安机关进行了补充侦查，说明检察机关的不批捕决定并无错误，公安机关也不认为检察机关的原不批捕决定有错误。公安机关补充侦查完毕后，由于案件的事实、证据情况发生了相应变化，现在的“案件”已不同于以前的“案件”，不能用现有的事实、证据情况去衡量以前的不批准逮捕的决定是否错误。因此，本条规定，公安机关在补充侦查后又提请复议的，人民检察院应当建议公安机关重新提请批准逮捕，即将补充侦查后的案件作为一个新的案件，重新制作提请批准逮捕书，报送人民检察院审查逮捕；如果公安机关坚持复议的，人民检察院不予受理，即不受理公安机关的复议请求。

第一百零八条［批准、变更、撤销逮捕措施书面通知监所检察部门］

对公安机关提请批准逮捕的案件，审查逮捕部门应当将批准、变更、撤销逮捕措施的情况书面通知本院监所检察部门。

【条文释义】　本条是关于审查逮捕部门应当将批准、变更、撤销逮捕措施的情况书面通知本院监所检察部门的规定。

本条规定是为了让监所检察部门掌握对公安机关办理的案件的批准、变更、撤销逮捕措施的情况，以便对公安机关羁押犯罪嫌疑人的情况进行监督，发现超期羁押的，及时提出纠正意见。这里的“书面通知”可以是将有关诉讼文书副本的复印件送监所检察部门，也可以另外写明情况，通知监所检察部门。

第二节 审查决定逮捕

第一百零九条［自侦案件逮捕材料的移送］

人民检察院办理直接立案侦查的案件，需要逮捕犯罪嫌疑人的，由侦查部门填写逮捕犯罪嫌疑人意见书，连同案卷材料一并送交本院审查逮捕部门审查。犯罪嫌疑人已被拘留的，侦查部门应当在拘留后三日以内将案件送交本院审查逮捕部门审查。特殊情况下，移送审查的时间可以延长一日至四日。

【条文释义】 本条是关于人民检察院侦查部门如何移送本院审查逮捕部门审查逮捕的规定。

为了加强对人民检察院直接立案侦查案件的监督制约，人民检察院设置不同的业务部门，各司其职，互相制约。本条规定，人民检察院办理直接立案侦查的案件，需要逮捕犯罪嫌疑人的，由侦查部门填写逮捕犯罪嫌疑人意见书，连同案卷材料一并移送本院审查逮捕部门审查。侦查部门不能直接提出逮捕犯罪嫌疑人的意见，报检察长决定。

本条还对犯罪嫌疑人已被拘留的，侦查部门移送审查逮捕的期限作了规定。《刑事诉讼法》第134条规定，人民检察院对直接受理的案件中被拘留的人，认为需要逮捕的，应当在10日以内作出决定。特殊情况下，决定逮捕的时间可以延长1日至4日。这是对人民检察院整个拘留期限的规定。侦查部门和审查逮捕部门如何使用期限，《刑事诉讼法》没有规定。根据人民检察院的办案实际，为了防止侦查部门和审查逮捕部门在拘留期限使用问题上出现争议的现象，参照《刑事诉讼法》第69条第1款关于公安机关对被拘留人拘留期限的规定，本条规定侦查部门应当在拘留后3日以内将案件送交本院审查逮捕部门审查，特殊情况下，移送审查的时间可以延长1日至4日。这样，审查逮捕部门审查决定逮捕的期限就与审查批准逮捕的期限相同，即为7日。本条规定的期限，侦查部门应当遵守，一般案件应当在拘留后3日内移送审查逮捕。对一些重大、复杂或者疑难案件，在3日内无法作出是否移送审查逮捕的决定的，才能延长1日至4日。

第一百一十条［查明移送审查逮捕的有关材料］

人民检察院审查逮捕部门受理本院侦查部门移送审查逮捕的案件，应当查明逮捕犯罪嫌疑人意见书及案卷材料是否齐备。

【条文释义】 本条是关于审查逮捕部门受理侦查部门移送审查逮捕的案件，应当查明有关材料是否齐备的规定。

本条规定的“查明”，是指对移送材料的形式审查。审查逮捕部门受理本院侦查部门移送审查逮捕的案件，也要进行形式审查，以保证审查决定逮捕工作的顺利进行。如果侦查部门连必要的材料都不具备，审查逮捕部门应让侦查部门补充。本条规定的“逮捕犯罪嫌疑人意见书”，是指侦查部门制作的内部工作文书，概括反映了侦查部门对案件事实、证据的认定以及侦查部门的意见。“案卷材料”，是指侦查部门据以提出逮捕犯罪嫌疑人意见的事实、证据材料，这也是审查逮捕部门全面、正确审查的基础。

第一百一十一条［审查决定逮捕的期限］

对本院侦查部门移送审查逮捕的案件，犯罪嫌疑人已被拘留的，应当在审查逮捕部门接到逮捕犯罪嫌疑人意见书后的七日以内，由检察长或者检察委员会决定是否逮捕；犯罪嫌疑人未被拘留的，应当在审查逮捕部门接到逮捕犯罪嫌疑人意见书后的十五日以内由检察长或者检察委员会决定是否逮捕，重大、复杂的案件，不得超过二十日。

【条文释义】　本条是关于人民检察院审查决定逮捕期限的规定。

本条规定的期限包括审查逮捕部门审查的期限和检察长或检察委员会作出决定的期限，从审查逮捕部门接到逮捕犯罪嫌疑人意见书开始计算，至检察长或检察委员会作出逮捕或不予逮捕的决定为止，不只是审查逮捕部门的审查期限。本条根据案件的具体情况，规定了三种审查决定逮捕的期限：（1）犯罪嫌疑人已被拘留的，审查决定逮捕的期限为7日。不论案件是否重大、复杂，审查决定逮捕的期限均为7日。实践中需注意的问题是，本条和《人民检察院刑事诉讼规则》第109条对侦查部门和审查逮捕部门使用拘留的期限作出划分，是为了防止两个部门出现争议，如果侦查部门没有用完《人民检察院刑事诉讼规则》第109条规定的期限，审查逮捕部门则可以使用侦查部门“剩余”的期限，只要两个部门办案期限相加不超过《刑事诉讼法》第134条规定的人民检察院的拘期期限即可。（2）犯罪嫌疑人未被拘留的一般案件，审查决定逮捕的时间为15日。（3）犯罪嫌疑人未被拘留的重大、复杂案件，审查决定逮捕的时间为20日。

【参考规定】

最高人民检察院关于依法快速办理轻微刑事案件的意见（2007年1月30日　高检发侦监字〔2007〕4号）

为了全面贯彻落实宽严相济的刑事司法政策，提高诉讼效率，节约司法资源，及时化解社会矛盾，实现办案的法律效果和社会效果的有机统一，为构建社会主义和谐社会服务，根据刑事诉讼法的有关规定，结合检察工作实际，现就人民检察院依法快速办理轻微刑事案件提出如下意见：

一、依法快速办理轻微刑事案件，是对于案情简单、事实清楚、证据确实充分、犯罪嫌疑人、被告人认罪的轻微刑事案件，在遵循法定程序和期限、确保办案质量的前提下，简化工作流程、缩短办案期限的工作机制。

二、依法快速办理轻微刑事案件，应当坚持以下原则：

（一）严格依法原则。快速办理轻微刑事案件，必须严格执行法律规定的程序。快速办理可以简化内部工作流程，缩短各个环节的办案期限，但不能省略法定的办案程序。

（二）公正与效率相统一原则。快速办理轻微刑事案件，必须把公正与效率相统一原则贯彻始终，保证既好又快地办理轻微刑事案件。

（三）充分保障诉讼参与人诉讼权利原则。在快速办理轻微刑事案件过程中，必须充分保障法律规定的诉讼参与人特别是犯罪嫌疑人、被告人、被害人的诉讼权利；对于法律规定的诉讼参与人行使诉讼权利的期限，不能缩短。绝不能为了追求快速办理而忽视对诉讼参与人诉讼权利的保护。

（四）及时化解社会矛盾原则。把办理轻微刑事案件同解决社会矛盾紧密结合起来，通过建立快速办案机制，提高化解社会矛盾的效率。

三、适用快速办理机制的轻微刑事案件，应当同时符合以下条件：

（一）案情简单，事实清楚，证据确实、充分；

（二）可能判处三年以下有期徒刑、拘役、管制或者单处罚金；

（三）犯罪嫌疑人、被告人承认实施了被指控的犯罪；

（四）适用法律无争议。

四、对于符合第三条规定的条件的下列案件，应当依法快速办理：

（一）未成年人或者在校学生涉嫌犯罪的案件；

（二）七十岁以上的老年人涉嫌犯罪的案件；

（三）盲聋哑人、严重疾病患者或者怀孕、哺乳自己未满一周岁婴儿的妇女涉嫌犯罪的案件；

（四）主观恶性较小的初犯、过失犯；

（五）因亲友、邻里等之间的纠纷引发的刑事案件；

（六）当事人双方已经就民事赔偿、化解矛盾等达成和解的刑事案件；

（七）具有中止、未遂、自首、立功等法定从轻、减轻或者免除处罚情节的案件；

（八）其他轻微刑事案件。

五、对于危害国家安全犯罪的案件、涉外刑事案件、故意实施的职务犯罪案件以及其他疑难、复杂的刑事案件，不适用快速办理机制。对于严重刑事犯罪案件，应当贯彻依法从重从快方针，集中力量及时办理，不适用本意见规定的快速办理机制。

六、对于符合第三条和第四条规定的条件和范围的轻微刑事案件，应当在法定期限内，缩短办案期限，提高诉讼效率。

审查批捕时，犯罪嫌疑人已被拘留的，应当在三日内作出是否批准逮捕的决定；未被拘留的，应当在五日内作出是否批准逮捕的决定。

审查起诉时，应当在二十日内作出是否提起公诉的决定；办案任务重、案多人少矛盾突出的，应当在三十日内作出决定，不得延长办理期限。

七、对于适用快速办理机制的轻微刑事案件，应当简化制作审查逮捕意见书和审查起诉终结报告。认定事实与侦查机关一致的，应当予以简要说明，不必重复叙述；可以简单列明证据的出处及其所能证明的案件事实，不必详细抄录；应当重点阐述认定犯罪事实的理由和处理意见。

八、对于侦查机关提请批准逮捕的轻微刑事案件，经审查认为符合快速办理条件的，在作出批准逮捕或者因无逮捕必要而作出不批准逮捕决定时，可以填写《快速移送审查起诉建议书》，建议侦查机关及时移送审查起诉；认为证据有所欠缺的，可以建议侦查机关补充证据后及时移送审查起诉。

《快速移送审查起诉建议书》应当同时抄送本院公诉部门。

九、对于符合适用简易程序的轻微刑事案件，应当建议人民法院适用简易程序审理。对于适用普通程序审理的被告人认罪的轻微刑事案件，应当建议人民法院简化审理。

十、要根据案情的繁简程度，对刑事案件实行繁简分流，分工办理，指定人员专门办理轻微刑事案件，具备条件的可以在侦查监督部门和公诉部门成立相应的办案组。

对于具体案件是否适用快速办理机制，由承办部门的负责人决定。确定为快速办理的案件，办案人员经审查发现不符合快速办理条件的，应当及时报告部门负责人决定，转为按普通审查方式办理。

十一、要把快速办理轻微刑事案件情况，作为年度考核有关检察人员工作实绩的内容，建立起激励机制。

十二、各地检察机关要加强与公安机关、人民法院的联系与配合，共同建立依法快速办理轻微刑事案件的工作机制。有条件的，可以与当地公安机关、人民法院等部门联合制定快速办案机制的规范性文件，以实现对轻微刑事案件在侦查、批捕、起诉、审判各个诉讼环节依法快速办理。

附件：《人民检察院快速移送审查起诉建议书》

附件：

人民检察院
快速移送审查起诉建议书

检侦监速建〔　　〕　　号

________公安局：

你局于________年____月____日________号提请批准逮捕的犯罪嫌疑人____________涉嫌____________罪一案，经我院审查，已依法作出批准（不批准）逮捕的决定。根据《最高人民检察院关于依法快速办理轻微刑事案件的意见》，该案符合快速办理条件，如无其他犯罪事实需要侦查取证的，建议你局在____日内侦查终结，并移送我院审查起诉（或者：建议你局补充____________证据后，在____日内移送我院审查起诉）。

人民检察院

年　月　日

注：1. 本文书由检察机关侦查监督部门根据《最高人民检察院关于依法快速办理轻微刑事案件的意见》的规定制作；2. 本文书与批准（或者不批准）逮捕决定书一并送达侦查机关，同时抄送本院公诉部门。

第一百一十二条［自侦案件逮捕决定的送达和执行］

对本院侦查部门移送审查逮捕的犯罪嫌疑人，符合本规则第八十六条、第八十七条规定，经检察长或者检察委员会决定逮捕的，审查逮捕部门应当将逮捕决定书连同案卷材料送交侦查部门，由侦查部门通知公安机关执行，必要时人民检察院可以协助执行。

【条文释义】　本条是关于人民检察院审查决定逮捕后如何送达、执行的规定。

根据本条规定，人民检察院办理直接立案侦查的案件，作出逮捕决定后，审查逮捕部门不直接送达公安机关执行，而是将逮捕决定书连同案卷材料送交侦查部门，由侦查部门通知公安机关执行。这是因为移送审查逮捕是由侦查部门提出的，不是由公安机关提出的，人民检察院决定逮捕后，审查逮捕部门理应将逮捕决定书送达侦查部门。同时侦查部门在逮捕犯罪嫌疑人后还要进行讯问，由其通知公安机关执行，便于及时了解公安机关的执行情况，也便于协助公安机关执行逮捕。本条规定的“协助执行”，是指人民检察院可以派员参与、参加向犯罪嫌疑人宣布逮捕、为公安机关提供有关情况等执行逮捕的活动。

第一百一十三条［对自侦案件决定不予逮捕的犯罪嫌疑人的处理］

对本院侦查部门移送审查逮捕的犯罪嫌疑人，具有本规则第八十九条、第九十条规定的情形，经检察长或者检察委员会决定不予逮捕的，审查逮捕部门应当将不予逮捕的决定连同案件材料移交侦查部门。犯罪嫌疑人已被拘留的，侦查部门应当通知公安机关立即释放。

【条文释义】　本条是关于人民检察院对自侦案件决定不予逮捕犯罪嫌疑人的如何办理的规定。

本条规定，对人民检察院直接立案侦查的案件，经检察长或者检察委员会决定不予逮捕的，审查逮捕部门应当将不予逮捕的决定连同案件材料移交侦查部门。如果犯罪嫌疑人已被拘留的，侦查部门应当通知公安机关立即释放。这里的“侦查部门应当通知”，是指由侦查部门具体办理通知事宜，但释放犯罪嫌疑人的决定是由人民检察院作出的。

【决定释放通知书的制作】

决定释放通知书的制作参见本书第85条。

第一百一十四条［对自侦案件的追捕］

对应当逮捕而本院侦查部门未移送审查逮捕的犯罪嫌疑人，审查逮捕部门应当向侦查部门提出移送审查逮捕犯罪嫌疑人的建议。如果建议不被采纳，审查逮捕部门可以报请检察长提交检察委员会决定。

【条文释义】 本条是关于对应当逮捕而侦查部门未移送审查逮捕的犯罪嫌疑人，审查逮捕部门应当如何办理的规定。

本条规定的内容与《人民检察院刑事诉讼规则》第 103 条规定的对公安机关报捕案件的“追捕”相似。人民检察院直接立案侦查的案件，也存在审查逮捕部门认为应当逮捕而侦查部门未移送审查逮捕的情况，这种情况下，审查逮捕部门应当先向侦查部门提出移送审查逮捕犯罪嫌疑人的建议，由侦查部门制作逮捕犯罪嫌疑人意见书，移送审查逮捕部门审查。如果侦查部门不采纳审查逮捕部门的建议的，审查逮捕部门可以报请检察长提交检察委员会决定。审查逮捕部门不能不经侦查部门直接报请检察长提交检察委员会决定。根据本条规定，“追捕”犯罪嫌疑人只能由检察委员会决定，主管审查逮捕部门的检察长不能作出决定。

第一百一十五条［自侦案件逮捕后的通知］

人民检察院办理直接立案侦查的案件，逮捕犯罪嫌疑人后，侦查部门应当把逮捕的原因和羁押的处所，在二十四小时以内通知被逮捕人的家属或者他的所在单位。

因有碍侦查，不能在二十四小时以内通知的，应当经检察长批准，并将原因写明附卷；无法通知的，应当报告检察长，并将原因写明附卷。

【条文释义】 本条是关于人民检察院办理直接立案侦查的案件，应当把逮捕犯罪嫌疑人的原因和羁押处所通知被逮捕人家属或他的所在单位的规定。

本条第 1 款是关于通知部门和期限的规定。本款规定的通知部门是人民检察院侦查部门，这是指应当以人民检察院的名义通知，但具体通知事宜由侦查部门负责。本款之所以对通知部门作出规定，是因为实践中对是由侦查部门通知还是由审查逮捕部门通知有不同的认识。本款规定的通知期限为逮捕犯罪嫌疑人后的 24 小时以内，这里的“逮捕犯罪嫌疑人”，是指向犯罪嫌疑人宣布逮捕并予以羁押的时间，不是指人民检察院作出逮捕犯罪嫌疑人决定的时间。这里的“逮捕的原因”，是指犯罪嫌疑人涉嫌的罪名、逮捕的法律依据。本款规定的“被逮捕人的家属或者他的所在单位”为选择关系，通知其一即可，如果被逮捕人有家属的，一般应通知其家属。

本条第 2 款是关于特殊情况下不能通知的规定。本款规定的特殊情况包括两种：(1) 因有碍侦查，不能在24小时以内通知的。这里的“有碍侦查”一般是指：被逮捕人属于犯罪集团成员，或者与犯罪集团有牵连，由于其他案犯尚未被捉拿归案，其被逮捕的消息传出去，可能会引起其他同案犯的逃跑、自杀、毁灭或者伪造证据等情况发生，妨碍侦查工作的顺利进行；被逮捕人的家属或单位与犯罪有牵连，通知后可能会引起转移、隐匿、销毁罪证，等等。这种情况下，应当报经检察长批准，并将原因写明附卷。这是为了防止任意剥夺、侵犯犯罪嫌疑人的合法权利。(2) 无法通知的。主要是指被逮捕人没有家属、单位或者其家属、所在单位的名称、地址不明的。这种情况下，也应当报告检察长并将原因写明附卷。本款规定“将原因写明附卷”是为了全面反映诉讼过程，同时也是为了以后核查。

【逮捕通知书的制作】

(一) 制作方法

逮捕通知书为三联填充式文书，各联的内容和制作方法如下：

1. 第一联存根。

(1) 首部。包括：制作本文书的人民检察院名称；文书名称，即“逮捕通知书”；文书编号，即“ 检 捕通〔 〕 号”，“检”前空余地方填写制作本文书的人民检察院的简称，“检”与“捕通”之间的空余地方填写人民检察院具体办案部门的简称，中括号内填写制作本文书的年度，中括号与“号”之间的空余地方填写本文书在该年度的序号。在文书名称下面标有“（存 根）”字样。

(2) 正文。包括：案由，可以根据案件中犯罪嫌疑人所涉嫌的罪名填写为“贪污罪”、“受贿罪”、“挪用公款”罪等，如果因涉嫌多个罪名而立案的，应将所涉嫌的罪名填写全；犯罪嫌疑人的姓名；犯罪嫌疑人被逮捕的时间，应具体到年、月、日；犯罪嫌疑人的现羁押处所；犯罪嫌疑人的家属姓名或者所在单位名称；犯罪嫌疑人家属住址或者所在单位地址；制作本文书的批准人的姓名或者名称；具体办理这一案件的承办人的姓名；填发本文书的填发人的姓名；填发本文书的时间。

2. 第二联副本。

(1) 首部。包括：制作本文书的人民检察院名称、文书名称、文书编号，其制作方法与第一联的要求一样，只是在文书名称下面标有“（副 本）”字样。

(2) 正文。包括：被决定逮捕的犯罪嫌疑人的姓名；犯罪嫌疑人涉嫌的罪名；犯罪嫌疑人被逮捕的时间，具体到年、月、日；羁押犯罪嫌疑人的看守所名称。

(3) 尾部。包括：制作本文书的时间，具体到年、月、日；加盖制作本文书的人民检察院的院印。

3. 第三联正本。

（1）首部。包括：制作本文书的人民检察院名称、文书名称、文书编号，其制作方法与第一联的要求一样。

（2）正文。依次填写的具体内容与第二联的制作要求一样。

（3）尾部。包括：制作本文书的时间，具体到年、月、日；加盖制作本文书的人民检察院的院印。

（二）使用说明

在具体使用时，应注意以下问题：本文书应当以被逮捕的人次为单位制作，即对于同一个犯罪嫌疑人，每一次决定采取逮捕时均应单独制作逮捕通知书；一次对多个犯罪嫌疑人决定逮捕的，应当对每一个犯罪嫌疑人均单独制作逮捕通知书。犯罪嫌疑人家属和其所在单位，在制作逮捕通知书时只通知其中一个即可；一般以通知家属为宜，如果犯罪嫌疑人没有家属或者家属无法通知的，可以通知其所在单位；通知犯罪嫌疑人所在单位的，应当填写单位的全称，不宜填写单位法定代表人或者其他负责人的姓名。本文书第一联中的“家属姓名（单位名称）”和“家属住址（单位地址）”，在填写时应当根据具体实际情况填写一项，并划去不用的选项。

根据《刑事诉讼法》第71条第2款的规定，逮捕犯罪嫌疑人的，在以下两种情形下，可以不制作本文书，不必通知其家属或者所在单位：一是通知犯罪嫌疑人家属或者其所在单位可能有碍案件侦查的。“有碍案件侦查”，主要是指犯罪嫌疑人的家属或者其所在单位可能与本案有牵连；犯罪嫌疑人是犯罪集团的成员，或者与集团犯罪、团伙犯罪有牵连；可能导致其他案犯自杀、逃跑或者串供；可能导致转移、隐匿或者毁灭证据、赃物等有碍侦查顺利进行的情形。二是逮捕犯罪嫌疑人后无法通知其家属或者所在单位的。无法通知，是指犯罪嫌疑人没有家属和单位，或者虽有家属和单位，但是住址、地址不详，无法明确，或者其家属和单位地处边远地区，交通不便，难以通知的。

犯罪嫌疑人及其法定代理人、近亲属或者犯罪嫌疑人委托的律师及其他辩护人认为人民检察院批准或者决定逮捕的犯罪嫌疑人羁押超过法定期限，向人民检察院提出释放犯罪嫌疑人或者变更逮捕措施要求的，由人民检察院审查逮捕部门审查，审查逮捕部门应当向侦查机关或者本院侦查部门了解有关情况，并在七日以内审查完毕。审查逮捕部门经审查认为超过法定期限的，应当提出释放犯罪嫌疑人或者变更逮捕措施的意见，经检察长批准后，制作决定释放通知书或者采取其他强制措施的决定书，通知公安机关执行；经审查认为未超过法定期限的，应当制作驳回申请决定答复申诉人。审查逮捕部门应当将审查结果同时书面通知本院监所检察部门。

本文书三联之间的骑缝线上均有本文书文号，应当按照本文书第三联中文号

的填写方法予以填写。

本文书共三联，第一联统一保存，第二联附卷，第三联送达被逮捕人家属或者其所在单位。

（三）文书格式（见下页）

人民检察院

逮捕通知书

（存　根）

检　捕通〔　　〕　号

案由＿＿＿＿＿＿＿＿＿＿

犯罪嫌疑人＿＿＿＿＿＿＿＿

逮捕时间＿＿＿＿＿＿＿＿＿

羁押处所＿＿＿＿＿＿＿＿＿

家属姓名（单位名称）＿＿＿

＿＿＿＿＿＿＿＿＿＿＿＿＿

家属住址（单位地址）＿＿＿

＿＿＿＿＿＿＿＿＿＿＿＿＿

批准人＿＿＿＿＿＿＿＿＿＿

承办人＿＿＿＿＿＿＿＿＿＿

填发人＿＿＿＿＿＿＿＿＿＿

填发时间＿＿＿＿＿＿＿＿＿

第一联统一保存

检　捕通〔　　〕　号

人民检察院

逮捕通知书

（副　本）

检　捕通〔　　〕　号

犯罪嫌疑人＿＿＿＿＿＿＿＿因涉嫌＿＿＿＿＿＿＿＿＿，经本院决定，于＿＿年＿＿月＿＿日被依法逮捕，现羁押于＿＿＿＿＿＿看守所。

根据《中华人民共和国刑事诉讼法》第七十一条的规定，特此通知。

年　　月　　日

（院印）

第二联附卷

检　捕通〔　　〕　号

人民检察院

逮捕通知书

检　捕通〔　　〕　号

犯罪嫌疑人＿＿＿＿＿＿＿＿因涉嫌＿＿＿＿＿＿＿＿＿，经本院决定，于＿＿年＿＿月＿＿日被依法逮捕，现羁押于＿＿＿＿＿＿看守所。

根据《中华人民共和国刑事诉讼法》第七十一条的规定，特此通知。

年　　月　　日

（院印）

第三联送达被逮捕人家属或者其所在单位

第一百一十六条 ［自侦案件撤销变更逮捕措施的处理］

对被逮捕的犯罪嫌疑人，人民检察院侦查部门应当在逮捕后的二十四小时以内进行讯问。

发现不应当逮捕的，应当经检察长批准，撤销逮捕决定或者变更为其他强制措施，并通知公安机关执行。

对按照本条第二款的规定释放犯罪嫌疑人和变更逮捕措施的，侦查部门应当通知审查逮捕部门。

对按照本条第二款的规定被释放的犯罪嫌疑人和被变更逮捕措施的犯罪嫌疑人，又发现需要逮捕的，应当重新办理逮捕手续。

【条文释义】 本条是关于人民检察院办理直接立案侦查的案件，如何撤销、变更逮捕措施的规定。

本条第 1 款是关于对被逮捕的犯罪嫌疑人应当在 24 小时以内进行讯问的规定。本款规定主要是为了使人民检察院及时发现对犯罪嫌疑人采取逮捕措施是否正确，发现错误及时纠正，同时也有利于迅速查明已掌握的证据是否确实可靠，以便抓住时机进一步开展侦查工作。根据本款规定，讯问犯罪嫌疑人由侦查部门进行。

本条第 2 款是关于撤销、变更逮捕措施的规定。本款规定的“撤销逮捕决定”适用于不应对犯罪嫌疑人采取任何强制措施，但却采取了逮捕措施的情况，如犯罪嫌疑人没有犯罪事实的、具有《刑事诉讼法》第 15 条规定情形之一的等。本款规定的“变更为其他强制措施”适用于应该对犯罪嫌疑人采取取保候审、监视居住措施，但却采取了逮捕措施的情况。无论是撤销还是变更，都要由侦查部门提出意见，经检察长批准后，制作相应的法律文书，通知公安机关执行。

本条第 3 款是关于侦查部门应当将撤销、变更逮捕措施的情况通知审查逮捕部门的规定。这一规定是为了加强审查逮捕部门与侦查部门之间的监督制约。审查逮捕部门负有审查逮捕的职责，因此，人民检察院决定逮捕后又撤销、变更逮捕措施的，侦查部门应当将有关情况通知审查逮捕部门，使审查逮捕部门全面了解情况，发现问题，及时纠正。

本条第 4 款是关于对被释放和被变更逮捕措施的犯罪嫌疑人，又发现需要逮捕的，应当重新办理逮捕手续的规定。本款规定与《人民检察院刑事诉讼规则》第 104 条第 3 款规定的内容相似。这里包括两种情况：（1）对犯罪嫌疑人决定逮捕后，因撤销逮捕决定而将犯罪嫌疑人释放的，如果发现该犯罪嫌疑人需要逮捕的，应当重新办理逮捕手续，即重新决定逮捕。（2）对被逮捕后又被变更为取保候审、监视居住的犯罪嫌疑人，如果又发现该犯罪嫌疑人需要逮捕的，也应当重新办理逮捕手续，即重新决定逮捕。这是因为人民检察院的原逮捕决定已被新的强制措施决定所代替，对犯罪嫌疑人已不再适用，只能重新决定逮捕。

第一百一十七条［自侦案件不予逮捕后发现需要逮捕的处理］

人民检察院办理直接立案侦查的案件，已经作出不予逮捕的决定，又发现需要逮捕犯罪嫌疑人的，应当重新办理逮捕手续。

【条文释义】 本条是关于人民检察院办理直接立案侦查的案件，已经作出不予逮捕的决定，又发现需要逮捕犯罪嫌疑人的，应当重新办理逮捕手续的规定。

人民检察院办理直接立案侦查的案件，作出不予逮捕的决定的，不制作相应的法律文书，只制作内部工作文书。因为不逮捕的决定不涉及与检察机关以外的其他机关的诉讼关系，也不需告知犯罪嫌疑人。即使犯罪嫌疑人已被拘留，人民检察院制作释放通知书通知公安机关予以释放即可，没有必要向犯罪嫌疑人送达不逮捕决定书。由于人民检察院的不逮捕决定只在内部有相应的文书反映出来，在对外诉讼关系中没有文书反映出来，因此，已经作出不予逮捕的决定，又发现需要逮捕犯罪嫌疑人的，人民检察院没有必要制作相应的撤销不予逮捕决定的文书，只需要重新作出逮捕决定，制作逮捕决定书即可。

第一百一十八条［变更或者撤销上级院逮捕决定的处理］

变更或者撤销由上级人民检察院决定的逮捕措施时，应当报请原决定逮捕的人民检察院同意。

【条文释义】 本条是关于变更或者撤销由上级人民检察院决定的逮捕措施应当报请原决定逮捕的人民检察院同意的规定。

实践中，人民检察院办理案件，对重大或者疑难的案件，在作出逮捕决定以前有时要请示上级人民检察院，有时由上级人民检察院作出逮捕决定。在这种情况下，办案人民检察院如果要变更或者撤销逮捕措施，应当报请原决定逮捕的人民检察院同意，不能直接作出变更或者撤销逮捕措施的决定。这一规定是由上下级检察机关的领导关系决定的。

第一百一十九条［自侦案件决定、变更、撤销逮捕情况应书面通知监所检察部门］

人民检察院办理直接立案侦查的案件，侦查部门应当将决定、变更、撤销逮捕措施的情况书面通知本院监所检察部门。

【条文释义】　本条是关于人民检察院侦查部门应当将决定、变更、撤销逮捕措施的情况书面通知本院监所检察部门的规定。

本条规定只适用于人民检察院办理直接立案侦查的案件的情况，目的是为了让监所检察部门了解自侦案件犯罪嫌疑人的羁押情况，更好地履行监督职责。之所以规定由侦查部门通知有关情况，是因为对犯罪嫌疑人决定逮捕后，对案件的侦查工作由侦查部门负责进行，侦查部门对案件情况比较了解，也有义务接受监所检察部门的制约。

第六章　立　　案

【本章概要】　本章是关于人民检察院立案工作的相关规定，分为受案、初查、立案三个阶段，包括人民检察院举报线索的管理部门、对举报线索审查后的处理、对举报人的答复、举报线索的备案、初查的决定权和初查部门、初查的措施、初查后的处理、立案决定书的制作、决定不予立案的处理，等等。

第一节　受　　案

第一百二十条［案件的受理和接受］

人民检察院直接受理依照本规则第二章的规定由本院管辖的报案、控告、举报和犯罪嫌疑人的自首。对于不属于本院管辖的有关犯罪的报案、控告、举报和自首，也应当接受。

【条文释义】　本条是关于人民检察院接受、受理报案、控告、举报和犯罪嫌疑人自首的规定。

本条规定了两个内容，“接受”和“受理”有不同的内涵，所指向的对象也不相同。“接受”，是指人民检察院对于向自己提供的有关违法犯罪的报案、控告、举报和自首，无论是否属于检察机关的管辖范围，也无论是否属于本院管辖范围，都应当予以接收；“受理”，是指人民检察院对于接受的报案、控告、举报和自首，其中属于本院管辖范围内的，决定作为案件线索进行审查，以确定是否立案侦查。本条的“依照本规则第二章的规定由本院管辖的”，是指人民检察院受理的案件既要符合《人民检察院刑事诉讼规则》第二章规定的人民检察院的职能管辖，又要符合《人民检察院刑事诉讼规则》第二章规定的级别管辖和地域管辖，也即只有人民检察院对某一案件有实际管辖权的，才能决定受理。这里的“不属于本院管辖的”包括两种情况：一是案件不属于检察机关的管辖范围，应由公安机关、纪检监察机关等机关管辖；二是案件虽然由检察机关管辖，但接受的人民检察院没有管辖权，应由其他人民检察院管辖。本条对人民检察院“受理”和“接受”行为作出不同的规定，既是为了方便人民群众的报案、控告、举报和犯罪嫌疑人的自首，也体现了公、检、法三机关在刑事诉讼中分工负责、互相配合、互相制约的原则。实践中，人民检察院对不属于本院管辖的报案、控告、举报和犯罪嫌疑人的自首接受以后，应当移送有管辖权的机关处理。

本条规定的“报案”、“控告”、“举报”和“自首”也各有不同的含义。“报案”，是指单位和个人（包括受害单位和个人）向司法机关报告发现了犯罪事实或者犯罪嫌疑人的行为。“控告”，是指被害人及其近亲属或者诉讼代理人，对侵犯被害人合法权益的犯罪行为向司法机关告诉，要求追究侵害人的法律责任的行为。“举报”，是指当事人以外的其他知情人员向司法机关检举、揭发犯罪嫌疑人的犯罪事实或者犯罪嫌疑人线索的行为。“自首”，是指犯罪嫌疑人到司法机关主动交待所犯罪行的行为。实践中，对人民检察院直接立案侦查的案件线索的报案、控告和举报，习惯地统一称为“举报”。

第一百二十一条［人民检察院举报线索管理部门］

人民检察院举报中心负责统一受理、管理举报线索。本院检察长和其他部门或者人员对所接受的犯罪案件线索，应当及时批交或者移送举报中心。

有关机关或者部门移送人民检察院审查是否立案的案件线索和人民检察院侦查部门查办案件发现的案件线索，由侦查部门自行审查。

【条文释义】 本条是关于人民检察院举报线索管理部门的规定。

本条第 1 款是关于人民检察院举报中心负责统一受理、管理举报线索的规定。为了加强人民检察院办理自侦案件的监督和制约，人民检察院实行侦查工作与举报线索受理、管理工作的分离。本款规定，人民检察院设立的举报中心负责统一受理、管理举报线索。这里的“受理”，是指举报中心对外面向社会接受报案、控告、举报和自首，受理属于本院管辖的案件线索；“管理”，是指举报中心具体负责接受、受理举报线索的登记、记录、整理、审查、分流、备案、督办、催办、清理、立卷归档等具体工作。举报中心统一受理、管理举报线索，是一条原则性的规定，本院检察长和其他部门或者人员对所接受的举报线索，应当及时批交或者移送举报中心。也就是说，举报线索的发现途径和接收途径是很多的，有的将举报材料交给了检察长或举报中心以外的其他部门。这种情况下，接受犯罪案件线索的检察长应当将举报线索批交给举报中心，不能批交给其他部门；接受犯罪案件线索的其他人员和部门，应当将犯罪案件线索移送给举报中心。

本条第 2 款是关于特殊情况下，犯罪案件线索可以由侦查部门自行审查的规定。第 1 款是一般性规定，第 2 款是特殊性规定。本款规定的特殊情况有二种：（1）有关机关或者部门移送人民检察院审查是否立案的案件线索，由侦查部门自行审查，不再移送举报中心统一管理。这主要是指纪检监察部门已经对案件线索进行了必要的调查，认为案件性质属于犯罪，不是一般的违反党纪、政纪案件，而是移送人民检察院审查是否立案的案件线索。对这类线索，由于已经进行了必要的审查和调查，案件性质也比较明确，没有必要再由举报中心进行审查、分流，因此，应由侦查部门自行审查，以决定是否立案。（2）侦查部门查办案件中带出来的案件线索，由侦查部门自行审查。这是因为侦查部门查办案件中带出来的案件线索，一般与正在查办的案件有一定的关联，属于“串案”、“窝案”的性质，如果再交由举报中心进行审查，既可能影响侦查部门对正在查办的案件的侦查，又可能造成举报中心无法对犯罪案件线索进行审查，还会影响办案的效率，因此，应由侦查部门自行审查。不属于上述两种情况的案件线索，不能由侦查部门自行审查。

【参考规定】

人民检察院举报工作规定（2009 年 4 月 23 日最高人民检察院　高检发〔2009〕12 号）

第一章　总　则

第一条　为规范人民检察院举报工作，保障举报工作顺利开展，根据《中华人民共和国刑事诉讼法》、《中华人民共和国人民检察院组织法》等有关法律的规定，制定本规定。

第二条　举报工作是检察机关直接依靠群众同贪污、贿赂、渎职、侵权等职务犯罪作斗争的一项业务工作，是实行专门工作与群众路线相结合的有效形式。

第三条　人民检察院举报工作的主要任务，是通过开展举报宣传和受理、审查、分流、交办举报线索，以及督办、答复等工作，保障职务犯罪侦查依法顺利进行，维护社会公平正义，维护社会和谐稳定。

第四条　人民检察院依法受理国家工作人员贪污贿赂犯罪，国家机关工作人员渎职犯罪以及利用职权实施的非法拘禁、刑讯逼供、报复陷害、非法搜查等侵犯公民人身权利和民主权利犯罪的举报。

第五条　各级人民检察院应当设立举报中心负责举报工作。

举报中心与控告检察部门合署办公，控告检察部门负责人兼任举报中心主任，地市级以上人民检察院配备一名专职副主任。

第六条　举报工作应当遵循下列原则：

（一）依靠群众，方便群众；

（二）依法、及时、高效；

（三）统一管理，归口办理，分级负责；

（四）严格保密，保护公民合法权益；

（五）加强内部配合与制约，接受社会监督。

第七条　人民检察院应当采取多种形式开展宣传，鼓励群众依法举报。

第八条　任何个人或者单位依法向人民检察院举报职务犯罪行为，其合法权益应当受到法律的保护。

第九条　人民检察院应当加强信息化建设，建立和完善举报信息系统，逐步实现上下级人民检察院之间、部门之间举报信息的互联互通，提高举报工作效率和管理水平。

第十条 人民检察院应当加强与监察机关、行政执法机关的联系与配合，建立和完善举报材料移送制度。

第二章 举报线索的受理

第十一条 各级人民检察院应当设立专门的举报接待场所，向社会公布通信地址、邮政编码、举报电话号码、举报网址、接待时间和地点、举报线索的处理程序、查询举报线索处理情况及结果的方式等相关事项。

第十二条 对采用走访形式举报的，人民检察院应当指派二名以上工作人员在专门场所接待，也可以到举报人认为合适的地方接待。接待举报时应当制作笔录，载明举报人的姓名、单位、住址和举报的具体内容，经宣读或者交举报人阅读无误后，由举报人和负责接待的工作人员签名或者盖章。需要录音录像的，事先应当征得举报人同意。

对多人采用走访形式举报同一职务犯罪行为的，应当要求举报人推选代表，代表人数一般不超过五人。

接待举报的工作人员应当告知举报人要如实举报和捏造、歪曲事实应当承担的法律责任。

第十三条 对采用书信形式举报的，负责处理来信的工作人员应当及时拆阅。启封时，应当保持邮票、邮戳、邮编、地址和信封内材料的完整。

第十四条 对采用网上举报以及电话、传真等形式举报的，参照本规定的相关规定办理。

第十五条 实名举报人提供的举报材料内容不清的，举报中心应当在接到举报材料后七日内与举报人联系，要求举报人补充有关材料。

第十六条 反映被举报人有下列情形之一，必须采取紧急措施的，应当在接受举报后立即提出处理意见报检察长审批：

（一）正在预备犯罪、实行犯罪或者在犯罪后即时被发觉的；

（二）企图自杀、逃跑或者在逃的；

（三）有毁灭、伪造证据或者串供可能的；

（四）其他需要采取紧急措施的。

第十七条 上级人民检察院可以直接受理由下级人民检察院管辖的举报线索，也可以经检察长批准，将本院管辖的举报线索交由下级人民检察院办理。

第十八条 举报线索涉及多个地区的，由最初受理的人民检察院管辖；对管辖权有争议的，由其共同的上一级人民检察院指定管辖。

第十九条 各级人民检察院实行检察长和有关侦查部门负责人接待举报制度。接待时间和地点应当向社会公布。

地市级和县级人民检察院检察长应当定期接待举报。

省级以上人民检察院检察长应当根据具体情况安排接待举报的时间和方式。

必要时，举报中心可以通知有关侦查部门负责人共同接待举报人。

第二十条 对以举报为名无理取闹的，应当进行批评教育。对严重妨碍检察机关工作人员履行公务，扰乱检察机关正常工作秩序的，应当依照法律的有关规定处理。

第三章 举报线索的管理

第二十一条 人民检察院受理的举报线索由举报中心统一管理。本院检察长和其他部门及其工作人员收到的举报线索，应当及时批交或者移送举报中心处理。有特殊情况暂时不宜移送的，报检察长或者部门负责人批准。

第二十二条 侦查部门在侦查中发现的需另案处理的线索，一般应当在两个月内向本院举报中心通报；对暂时不具备查办价值的举报线索，应当每月向举报中心集中通报一次；经初查不予立案的举报线索，应当在一个月内移送举报中心。

第二十三条 人民检察院实行举报线索分级管理制度。涉及县处级以上国家工作人员涉嫌职务犯罪的要案线索，应当在受理举报线索后十日内填写《检察机关要案材料移送、备案报表》，向上级人民检察院移送或者备案。情况紧急的应当及时办理。

第二十四条 上级人民检察院对下级人民检察院报送的备案材料应当及时审查，如有不同意见，应当在十日内将审查意见书面通知报送备案的下级人民检察院。下级人民检察院应当执行。

第二十五条 举报中心应当建立举报线索数据库，指定专人将举报人和被举报人的基本情况、举报线索的主要内容以及办理情况等逐项录入计算机。

第二十六条 各级人民检察院之间应当利用检察专线网传输举报线索，提高举报线索的传输效率。

第二十七条 举报中心应当定期清理举报线索，对线索的查办和反馈情况进行分析，查找存在问题，及时改进工作，完善管理制度。

第二十八条 举报中心应当每季度对举报线索情况进行分类统计，综合分析群众反映强烈的突出问题以及群众举报的特点和规律，提出工作意见和建议，向上级人民检察院举报中心和本院检察长报告。

第四章 举报线索的审查

第二十九条 举报中心对接收的举报线索，应当确定专人及时审查，根据举报线索的不同情况和管辖规定，自收到举报线索之日起七日内分别作出处理：

（一）属于人民检察院管辖的举报线索依法受理；

（二）不属于人民检察院管辖的举报线索移送有管辖权的机关处理，但必须采取紧急措施的，应当先采取紧急措施，然后移送主管机关；

（三）内容不具体的匿名举报线索，或者不具备查处条件的举报线索，经检察长审批后存档备查。

第三十条 举报中心对性质不明难以归口、群众多次举报未查处的举报线索应当及时进行初核，查明举报的犯罪事实是否存在，是否属于本院管辖，是否需要立案侦查。

第三十一条 举报线索的初核应当报经检察长审批，按照《人民检察院控告申诉首办责任制实施办法（试行）》的有关规定，确定责任人及时办理。

初核前，举报中心应当向有关侦查部门通报。

第三十二条 初核可以采取询问、调取证据材料等措施，一般不得接触被举报人，不得采取强制措施，不得查封、扣押、冻结财产。

第三十三条 初核应当采取措施保障办案安全，防止发生安全事故。

第三十四条 初核后应当制作初核报告，提出处理意见，报检察长决定。

第三十五条 侦查部门收到举报中心移送的举报线索，应当在一个月内向举报中心回复处理情况，三个月内回复查办结果；情况复杂，逾期不能办结的，报经检察长批准，可适当延长办理期限，延长期限不得超过三个月。延期办理的情况应当及时向举报中心通报。法律另有规定的，从其规定。

第三十六条 侦查部门应当书面回复查办结果。回复文书应当具有说理性，主要包括下列内容：

（一）举报人反映的主要问题；

（二）查办的过程；

（三）作出结论的事实依据和法律依据。

举报中心收到回复文书后应当及时审查，认为处理不当的，提出处理意见报检察长审批。

第三十七条 举报中心对逾期未回复处理情况或者查办结果的，应当进行催办；超过规定期限一个月仍未回复的，应当向有关部门负责人通报；拒不回复或者无故拖延造成严重后果的，应当报告检察长。

第三十八条 上级人民检察院举报中心可以代表本院向下级人民检察院交办举报线索。交办重要举报线索，应当报检察长审批。交办前应当向有关侦查部门通报，交办函及有关材料复印件应当转送本院有关侦查部门。

第三十九条 举报中心负责管理上级人民检察院举报中心交办的举报线索。接到上级人民检察院交办的举报线索后，应当在三日内提出处理意见，报检察长审批。

第四十条 对上级人民检察院交办的举报线索，一般应当在三个月内办结。情况复杂，确需延长办理期限的，经检察长批准，可以延长三个月。延期办理的，由举报中心向上级人民检察院举报中心报告进展情况，并说明延期理由。法律另有规定的，从其规定。

第四十一条 交办案件办结后，负责侦查的部门应当将查办情况和结果报检察长审批，并制作《交办案件查处情况报告》，连同有关材料移送本院举报中心，以本院名义报上一级人民检察院举报中心审查。

第四十二条 《交办案件查处情况报告》应当包括下列内容：

（一）案件来源；

（二）举报人反映的主要问题；

（三）查办过程；

（四）认定的事实和证据；

（五）处理情况和法律依据；

（六）实名举报的答复情况。

第四十三条 上级人民检察院举报中心收到下级人民检察院《交办案件查处情况报告》后，应当认真审查。对事实清楚、处理适当的，予以结案；对事实不清，证据不足，定性不准，处理不当的，提出意见，退回下级人民检察院重新办理。必要时可以派员或者发函督办。

第五章 实名举报的答复

第四十四条 使用真实姓名或者单位名称举报的，属于实名举报。实名举报除通讯地址不详的以外，应当将处理情况和办理结果及时答复举报人。

第四十五条 对采用走访形式举报的，应当场答复是否受理；不能当场答复的，应当自接待举报人之日起十五日内答复。

第四十六条 各级人民检察院举报中心负责实名举报答复工作。必要时可以与本院有关侦查部门共同答复。

第四十七条 答复可以采取口头、书面或者其他适当的方式进行。口头答复的，应当制作答复笔录，载明答复的时间、地点、参加人及答复内容、举报人对答复的意见等。书面答复的，应当制作答复函。邮寄答复函时不得使用有人民检察院字样的信封。

第四十八条 答复应当包括下列内容：

（一）办理的过程；

（二）认定的事实和证据；

（三）处理结果和法律依据。

第四十九条 举报人不服不立案决定提出的复议请求和不服下级人民检察院复议决定提出的申诉，由侦查监督部门办理。

第六章 举报保护

第五十条 各级人民检察院应当依法维护举报人及其近亲属的合法权益。

第五十一条 各级人民检察院应当采取下列保密措施：

（一）举报线索由专人录入专用计算机，加密码严格管理，未经授权或者批准，其他工作人员不得查看。

（二）举报材料不得随意摆放，无关人员不得随意进入举报线索处理场所。

（三）向检察长报送举报线索时，应当用机要袋密封，并填写机要编号，由检察长亲自拆封。

（四）严禁泄露举报内容以及举报人姓名、住址、电话等个人信息，严禁将举报材料转给被举报人或者被举报单位。

（五）调查核实情况时，严禁出示举报线索原件或者复印件；对匿名举报线索除侦查工作需要外，严禁进行笔迹鉴定。

（六）其他应当采取的保密措施。

第五十二条 举报中心应当指定专人负责受理网上举报，严格管理举报网站服务器的用户名和密码，并适时更换。

利用检察专线网处理举报线索的计算机应当与互联网实行物理隔离。

通过网络联系、答复举报人时，应当核对密码，答复时不得涉及举报具体内容。

第五十三条 对打击报复或者指使他人打击报复举报人及其近亲属的，经调查核实，应当视情节轻重分别作出处理：

（一）尚未构成犯罪的，提出检察建议，移送主管机关或者部门处理；

（二）构成犯罪的，依法追究刑事责任。

第五十四条 对举报人因受打击报复，造成人身伤害或者名誉损害、财产损失的，应当支持其依法提出赔偿请求。

第五十五条 举报人利用举报捏造事实、伪造证据，诬告陷害他人构成犯罪的，应当依法追究其刑事责任。

第五十六条 对举报失实并造成一定影响的，应当采用适当方式澄清事实，为被举报人消除影响。

第七章 举报奖励

第五十七条 举报线索经查证属实，被举报人构成犯罪的，应当给予举报人一定的精神及物质奖励。

第五十八条 人民检察院根据举报追回赃款的，应当在举报所涉事实追缴赃款的百分之十以内发给奖金。每案奖金数额一般不超过十万元。举报人有重大贡献的，经省级人民检察院批准，可以在十万元以上给予奖励，数额不超过二十万元。有特别重大贡献的，经最高人民检察院批准，不受上述数额的限制。

经查证属实构成犯罪但没有追回赃款的案件，可以酌情给予举报人五千元以下的奖励。

对举报渎职侵权案件有功的举报人员，参照上述规定给予奖励。

第五十九条 奖励举报有功人员，应当在判决或者裁定生效后进行。奖励情况适时向社会公布。涉及举报有功人员的姓名、单位等个人信息的，应当征得本人同意。

第六十条 举报奖励工作由举报中心具体承办。

第六十一条 奖励经费在业务经费中列支。

第八章 责任追究

第六十二条 举报中心在举报线索管理工作中，发现检察人员有违法违纪行为的，应当提出建议，连同有关材料移送政治工作部门或者纪检监察部门处理。

第六十三条 具有下列情形之一，对直接负责的主管人员和其他直接责任人员，依照检察人员纪律处分条例等有关规定给予纪律处分；构成犯罪的，依法追究刑事责任：

（一）滥用职权，擅自处理举报线索的；

（二）私存、扣压或者遗失举报线索的；

（三）故意泄露举报人姓名、地址、电话或者举报内容，或者将举报材料转给被举报人、被举报单位的；

（四）徇私舞弊、玩忽职守，造成重大损失的；

（五）压制、迫害、打击报复举报人的；

（六）查处举报线索无故超出规定期限，造成举报人越级上访或者其他严重后果的；

（七）隐瞒、谎报、缓报重大举报信息，造成严重后果的。

第九章 附 则

第六十四条 本规定自公布之日起施行。最高人民检察院此前发布的有关举报工作的规定与本规定不一致的，适用本规定。

第六十五条 本规定由最高人民检察院负责解释。

第一百二十二条［举报中心接受举报、自首的程序］

举报中心对于所接受的举报线索，应当逐件登记举报人和被举报人的基本情况、举报的主要内容和办理情况。对于当面举报和电话举报，应当制作举报笔录，必要时可以录音。

对于自首，应当制作自首笔录，由自首人在笔录上逐页签名或者盖章。

【条文释义】　本条是关于举报中心接受举报、自首程序的规定。

本条第1款是关于举报中心接受举报程序的规定。本款规定的“接受的举报线索”包括属于本院管辖的犯罪案件线索和不属于本院管辖的犯罪案件线索以及属于纪检监察等机关管辖的其他案件的线索。对上述举报线索，接受的人民检察院都应当逐件登记举报人、被举报人的基本情况、举报的主要内容和办理情况。这里的“举报”包括报案和控告在内。这里的“办理情况”包括将收到的举报线索移送有管辖权的机关、决定受理等。本款还规定，对于当面举报和电话举报，应当制作举报笔录，必要时可以录音。这一规定是为了如实记录举报内容。

本条第2款是关于举报中心接受自首程序的规定。本款规定的“自首”包括属于本院管辖案件的犯罪嫌疑人的自首和不属于本院管辖案件的犯罪嫌疑人的自首。

第一百二十三条［举报中心应当为举报人保守秘密］

举报中心对于不愿公开姓名和举报行为的举报人，应当为其保密。严禁将举报材料转给被举报单位和被举报人。

【条文释义】　本条是关于举报中心应当为举报人保守秘密的规定。

为举报人保守秘密，是为了保护人民群众的举报热情，保护举报人的合法权益，防止打击报复举报人现象发生，也是为了保证人民检察院办案工作的顺利进行。本条从正反两方面对为举报人保守秘密作了规定。这里的“为其保密”包括以下具体方面：（1）举报的受理、登记、转办、保管等各个环节，应当严格保密，严防泄露或者遗失。不准私自摘抄、复制、扣押、销毁举报材料。（2）严禁泄露举报人的姓名、工作单位、家庭住址等情况；严禁将举报材料和举报人的有关情况透露或者转给被举报单位和被举报人。（3）调查核实情况时，不得出示举报材料原件或者复印件，不得暴露举报人；对匿名信函除侦查工作需要外，不准鉴定笔迹。（4）宣传报道和奖励举报有功人员，除本人同意外，不得公开举报人的姓名、单位。“严禁将举报材料转给被举报单位和被举报人”本是为举报人保密的一个方面，但由于将举报材料转给被举报单位和被举报人行为危害严重，因此，又特作了禁止性规定。

第一百二十四条［对举报线索审查后的处理］

举报中心对于所收到的举报线索，应当及时审查，并根据举报线索的不同情况和管辖规定，在七日以内分别作出如下处理：

（一）不属于人民检察院管辖的，移送有关主管机关处理，并且通知报案人、控告人、举报人、自首人。对于不属于人民检察院管辖又必须采取紧急措施的，应当先采取紧急措施，然后移送主管机关；

（二）属于人民检察院管辖的，按照《最高人民检察院关于完善人民检察院侦查工作内部制约机制的若干规定》[①] 第二条的规定，集体研究举报线索分流。属于本院管辖的，由举报中心按照职能分工移交本院有关部门办理；属于下级人民检察院或者其他人民检察院管辖的，由举报中心移送有管辖权的人民检察院。

移送举报线索，应当移送举报材料原件。

移送重要举报线索，应当经检察长批准。

【条文释义】　本条是关于人民检察院举报中心对收到的举报线索审查后，应当区分情况作出不同处理的规定。

本条第1款是关于举报中心对收到的举报线索处理情况的规定。举报中心对于收到的举报线索，应当及时审查。这里的“审查”是初步审查，目的是判明收到的举报线索是否属于本院管辖。人民检察院应当在收到举报线索后的7日以内审查完毕，并根据具体情况作出两种处理：

（1）不属于人民检察院管辖的，移送有关主管机关，并且通知报案人、控告人、举报人、自首人。对于不属于人民检察院管辖又必须采取紧急措施的，应当先采取紧急措施，然后移送主管机关。这里的“有关主管机关”，是指对案件有管辖权的部门，如公安机关、人民法院、纪检监察部门等。将移送情况通知报案人、控告人、举报人和自首人是为了让他们了解处理结果；“必须采取紧急措施”，是指为了能使案件的侦查、调查工作顺利进行，先对与案件线索有关的人或物采取强制性措施或保护性措施，为案件侦查、调查创造条件，如保护现场、扣押证据，先行对犯罪嫌疑人拘留等。

（2）按照本条第1款第2项规定，举报线索协调小组研究的举报线索不只是本院管辖的犯罪案件线索，还包括属于下级人民检察院或其他人民检察院管辖的犯罪案件线索。举报线索协调小组对举报线索集体研究后，认为属于本院管辖的，由举报中心按职能分工移送本院有关部门。这里的“有关部门”，是指承担侦查职能的反贪部门、法纪部门等；“按职能分工”，是指根据举报线索的性质，分别移送

①　已被最高人民检察院《关于人民检察院办理直接受理立案侦查案件实行内部制约的若干规定》（2004年6月24日　高检发〔2004〕12号）废止。——编者注

不同的侦查部门。举报线索协调小组对举报线索集体研究后，如果认为属于下级人民检察院或其他人民检察院管辖的，由举报中心移送有管辖权的人民检察院。

本条第 2 款是关于移送举报线索应当移送举报线索材料原件的规定。这里的“移送举报线索”包括向有管辖权的有关机关移送和向有管辖权的其他人民检察院移送。“原件”，是指举报人书面举报时提供的原始举报材料和口头举报时的举报笔录、电话记录等。之所以提供原件，是为了让有管辖权的主管机关或人民检察院更好地对举报材料进行审查。

本条第 3 款是关于移送重要举报线索应当经检察长批准的规定。这一规定是为了加强对举报线索的管理。这里的“重要举报线索”一般是指大案要案的举报线索。

【答复举报人通知书的制作】

（一）制作方法

本文书包括三部分内容：

1. 首部。包括：制作本文书的人民检察院名称；文书名称，即“答复举报人通知书”；文书编号，即“　检　举答〔　〕　号”，“检”前空余地方填写制作本文书的人民检察院简称，“检”与“举答”之间的空余地方填写人民检察院具体办案部门的简称，中括号内填写制作本文书的年度，中括号与“号”之间的空余地方填写本文书在该年度的序号。

2. 正文。包括：举报人或者举报单位的名称，即向人民检察院提供举报材料、线索的公民或单位；决定事项，空白处填写人民检察院经过审查后，依法对举报材料、线索作出处理决定，向举报人作出的答复。根据《人民检察院刑事诉讼规则》第 124 条的规定，可以依据具体处理情况分三种形式进行回答：（1）举报材料所涉及的情况不属于人民检察院管辖，依法移送有关主管机关，如公安机关或其他有关行政执法部门等处理；（2）举报材料所涉及的情况属于人民检察院管辖，已按照规定移交本院有关职能部门，如反贪局办理；（3）举报材料所涉及的情况属于人民检察院管辖，但不属于本院管辖，已依照规定移交相关人民检察院。

3. 尾部。包括：制作本文书的时间；制作本文书的人民检察院举报中心印。

（二）使用说明

在具体使用时，应注意以下问题：答复举报人通知书由人民检察院举报中心办理。举报中心对所接受的举报线索，应当逐件登记举报人和被举报人的基本情况、举报的主要内容和办理情况，并应向举报人说明诬告应负的法律责任。举报中心对于不愿公开姓名和举报行为的举报人，应当为其保密。严禁将举报材料转给被举报单位和被举报人。答复举报人通知书的内容要明确具体，给举报人以明确的答复。对于不属于本院管辖的，要填写清楚举报材料转往的具体单位；对于属于本院管辖的，要填写清楚举报材料转往的具体内设机构。

本文书一式二份，一份送达举报人（举报单位），一份附卷。

（三）文书格式

人民检察院

答复举报人通知书

检 举答〔 〕 号

____________：

你（单位）的举报材料已收到。经审查，______________________________

____

____。

特此通知。

年 月 日

（院举报中心印）

【移送案件通知书的制作】

（一）制作方法

移送案件通知书为四联填充式文书，四联的具体格式、内容如下：

1. 第一联存根。

（1）首部。包括：制作本文书的人民检察院名称；文书名称，即“移送案件通知书”；文书编号，即“ 检 移〔 〕 号”，“检”前空余地方填写制作本文书的人民检察院简称，“检”与“移”之间的空余地方填写人民检察院具体办案部门的简称，中括号内填写制作本文书的年度，中括号与“号”之间的空余地方填写本文书在该年度的序号。在文书名称下面标有“（存 根）”字样。

（2）正文。包括：案由，即涉嫌罪名，如“贪污罪”、“受贿罪”、“挪用公款罪”等，涉及数个罪名的，应当完整填写；犯罪嫌疑人的基本情况，包括犯罪嫌疑人的姓名、性别、年龄、工作单位和住址、身份证号码、是否人大代表或政协委员，可以根据实际掌握的案件情况予以填写；报案人、控告人、举报人、自首人的姓名、名称；送达单位，即管辖机关；移送时间；移送原因，即案件属于接受移送的机关主管或管辖；批准人；承办人；填发人；填发时间。

2. 第二联。

（1）首部。包括：制作本文书的人民检察院的名称；文书名称，即“移送案件通知书”；文书编号，即“ 检 移〔 〕 号”。

（2）正文。包括：报案人、控告人、举报人或者自首人的姓名、名称；案件来源情况，空白处应当依次填写报案、控告、举报、自首的年、月、日；特定案件情况，有犯罪嫌疑人的应当写明犯罪嫌疑人的姓名和其所涉嫌的罪名，没有具体犯罪嫌疑人的，除案件性质外，还应当写明其他案件情况；移送案件的原因，空白处应当写明该案属于什么机关主管或者管辖；接受移送案件的主管机关的名称。

（3）尾部。包括：制作本文书的时间；制作本文书的人民检察院院印。

3. 第三联。

（1）首部。包括：制作本文书的人民检察院的名称；文书名称，即“移送案件通知书”；文书编号，即“ 检 移〔 〕 号”。

（2）正文。包括：案件来源情况，空白处依次写明收到案件的年、月、日和报案人、举报人、控告人或自首人的姓名、名称以及案件的名称、接受移送的机关名称。

（3）尾部。包括：制作本文书的时间；制作本文书的人民检察院院印。

4. 第四联回执。

（1）首部。包括：制作本文书的人民检察院的名称；文书名称，即“移送案件通知书”；在文书名称下面标有“（回 执）”字样。

（2）正文。包括：发出案件移送通知书的人民检察院名称 ；回执内容，空白处填写接受案件单位收到案件的时间、移送案件的文书编号以及案件名称，要注明案件犯罪涉嫌人的姓名（名称）及案件的性质。

（3）尾部。包括：制作本文书的时间；制作本文书的单位的公章。

（二）使用说明

在具体使用时，应注意以下问题：本文书只适用于向公安机关以及纪检、监察等党纪、政纪主管部门移送案件，不能用于人民检察院之间的移送案件。移送案件通知书一般是在立案阶段，人民检察院对所接受的材料，以及自行发现的犯罪案件线索材料，经过审查，认为不属于人民检察院的管辖范围，而依法决定将案件移送其他主管或管辖机关时制作的法律文书，但是在侦查、审查起诉等阶段，人民检察院发现新的犯罪线索，或者认为正在办理的案件属于其他机关主管或者管辖也应当及时制作移送案件通知书，将案件依法移交有管辖权的机关办理。刑事诉讼中的报案人、控告人、举报人，一般情况下是指自然人，但也包括单位。对于单位的报案、控告或者举报，制作本文书时应以该单位为报案人、控告人、举报人。

本文书四联之间的骑缝线上均有本文书文号，应当按照本文书第三联中文号的填写方法予以填写。

本文书共四联，第一联统一保存备查，第二联送达报案人、举报人、控告人或自首人，第三联送达管辖机关，第四联退回后附卷。人民检察院自行发现案件线索而移送有管辖权机关的，不必填写本文书的第二联。

（三）文书格式（见下页）

人民检察院
移送案件通知书
（存　根）

检　移〔　　〕号

案由______
犯罪嫌疑人基本情况（姓名、性别、年龄、工作单位、住址、身份证号码、是否人大代表、政协委员）
______
______
______
报案（举报、控告、自首）人
______
送达单位______
移送时间______
移送原因______
批准人______
承办人______
填发人______
填发时间______

第一联统一保存

检移〔　〕号

人民检察院
移送案件通知书

检　移〔　　〕号

______：

____年__月__日你报案（举报、控告、自首）的______一案，我院经审查认为______
______
______。

根据《中华人民共和国刑事诉讼法》第八十四条的规定，已将本案及有关材料移送______管辖。特此通知。

年　　月　　日
（院印）

第二联送达报案（举报、控告、自首）人

检移〔　〕号

人民检察院
移送案件通知书

检　移〔　　〕号

____年__月__日报案（举报、控告、自首）的______一案，我院经审查认为属于______
______管辖，根据《中华人民共和国刑事诉讼法》第八十四条的规定，现将本案及有关材料移送你______管辖。

此致

______

年　　月　　日
（院印）

第三联送达管辖机关

检移〔　〕号

人民检察院
移送案件通知书
（回　执）

______人民检察院：

你院____年__月__日以______号移送案件通知书移送的______一案收悉。

此复。

年　　月　　日
（公章）

第四联退回后附卷

【参考规定】

最高人民检察院关于人民检察院办理直接受理立案侦查案件实行内部制约的若干规定
（2004年6月24日　高检发〔2004〕12号）

第一条　为了进一步完善人民检察院办理直接受理立案侦查案件的内部制约机制，保障公正执法、文明办案，提高办案质量，依法准确、及时地惩治贪污贿赂、渎职侵权等犯罪，根据《中华人民共和国刑事诉讼法》等有关规定，制定本规定。

第二条　人民检察院对贪污贿赂、渎职侵权等犯罪案件的受理、立案侦查、审查逮捕、审查起诉等工作由不同内设机构承办，实行分工负责、互相配合、互相制约。分管侦查工作的检察长不得同时分管侦查监督和公诉工作。

第三条　人民检察院举报中心统一受理、管理贪污贿赂、渎职侵权犯罪案件线索，其他内设机构收到对贪污贿赂、渎职侵权犯罪的举报材料，应当及时移交举报中心统一管理。举报中心对涉嫌贪污贿赂、渎职侵权等犯罪的案件线索，应当在受理后七日以内按照职能分工，移送本院侦查部门或者依照规定移送有管辖权的人民检察院。侦查部门对举报中心移送的举报线索应当在一个月以内将处理情况书面回复举报中心，逾期未回复的，举报中心应当催办，侦查部门应当说明理由。

第四条　侦查部门对举报中心移送的举报线索进行审查后，认为需要初查或者拟不予初查的，应当报检察长或者检察委员会决定。侦查部门对举报线索初查后，应当制作审查结论报告，提出提请批准立案侦查或者不予立案的处理意见，报检察长决定。对举报线索决定不予初查或者初查后决定不予立案的，侦查部门应当回复举报中心。举报中心认为决定不当的，应当报经分管检察长同意，提请检察长或者检察委员会决定。

第五条　人民检察院侦查监督部门或者公诉部门发现本院侦查部门对应当立案侦查的案件不报请立案侦查的，应当提出报请立案侦查的建议，报经分管检察长同意后，送侦查部门。侦查部门同意报请立案侦查的，应当在报经检察长批准作出立案决定后将立案决定书复印件送侦查监督部门或者公诉部门；不同意报请立案侦查的，应当书面说明不立案理由，报分管检察长同意后回复侦查监督部门或者公诉部门。侦查监督部门或者公诉部门认为不立案理由不能成立的，应当报分管检察长同意后，报请检察长决定。

第六条　侦查监督部门对侦查、公诉部门需要逮捕犯罪嫌疑人的，应当审查提出意见，报检察长或者检察委员会决定；对侦查部门需要延长侦查羁押期限、重新计算侦查羁押期限的，应当审查提出意见，报检察长决定。重大复杂案件，应当提请检察委员会讨论决定。

第七条　侦查、公诉部门收到逮捕决定书后，应当立即通知公安机关执行，并在执行后的三日以内，将执行回执复印件送交侦查监督部门，因故未能及时执行的，应当书面说明情况。对已经决定逮捕的犯罪嫌疑人，侦查、公诉部门认为需要变更、撤销逮捕措施的，应当报经检察长批准，并及时书面通知侦查监督部门。

第八条　侦查部门对案件侦查终结后，对于犯罪事实清楚，证据确实、充分，依法应当追究刑事责任的案件，应当写出侦查终结报告，并且制作起诉意见书，报检察长批准后，移送公诉部门；公诉部门审查提出意见后，报检察长或者检察委员会决定。对于犯罪情节轻微，依照刑法规定不需要判处刑罚或者免除刑罚的案件，侦查部门应当制作不起诉意见书，报检察长批准后，移送公诉部门；公诉部门审查提出意见后，提请检察委员会讨论决定。

第九条 公诉部门在审查起诉中，发现犯罪嫌疑人、证人推翻原供述、证言，或者其他证据发生重大变化，足以影响对案件主要事实的认定及定罪量刑的，应当及时报告分管检察长，同时书面通知侦查部门。

第十条 公诉部门认为需要退回补充侦查的，应当列明需要补充侦查的具体事项，报经分管检察长同意后退回侦查部门补充侦查；犯罪嫌疑人、被告人在押的，公诉部门应当将退回补充侦查的起止时限书面通知监所检察部门。侦查部门应当在法定期限内及时补充侦查。对于证据确实难以补充的案件，应当作出书面说明，报经分管检察长同意后移送公诉部门。

第十一条 侦查监督、公诉部门发现应当逮捕、起诉而未移送审查逮捕、审查起诉的，应当报经分管检察长同意，建议侦查部门移送审查逮捕、审查起诉。侦查部门采纳的，应当及时移送审查逮捕、审查起诉；不采纳的，应当书面说明理由，报经分管检察长同意后回复侦查监督、公诉部门。侦查监督、公诉部门仍坚持移送审查逮捕、审查起诉意见的，应当报检察长或者检察委员会决定。

第十二条 侦查部门对重大复杂案件移送审查逮捕前，可以报经检察长批准，通知侦查监督部门派员提前介入侦查；对重大复杂案件侦查终结前，可以报经检察长批准，通知公诉部门派员提前介入侦查。侦查监督、公诉部门介入侦查后，应当对案件证据进行审查，并就证据收集和法律适用等问题向侦查部门提出意见。

第十三条 公诉部门应当将人民法院开庭审理人民检察院直接受理立案侦查案件的时间、地点于开庭二日以前通知侦查部门。侦查部门可以派员旁听法庭审理。公诉部门收到人民法院的裁判文书后，应当在七日以内将裁判文书的副本或者复印件送交侦查部门；被告人在押的，应当同时送交监所检察部门。

第十四条 监所检察部门对侦查、侦查监督、公诉部门在办案中违反法定羁押期限的情况，应当提出纠正意见。对犯罪嫌疑人执行、变更、撤销逮捕措施后，或者决定对已逮捕的犯罪嫌疑人移送审查起诉、不起诉或者提起公诉后，侦查、公诉部门应当在三日以内书面通知监所检察部门。决定对犯罪嫌疑人延长侦查羁押期限、重新计算侦查羁押期限的，侦查部门应当在三日以内书面通知监所检察部门。

第十五条 在被逮捕犯罪嫌疑人的羁押期限届满前七日，监所检察部门应当向侦查部门或者公诉部门发出提示通知。监所检察部门发现超过法定羁押期限而没有变更、撤销逮捕措施的，应当立即向侦查部门或者公诉部门提出纠正意见，并将有关情况及时报告分管检察长和检察长。侦查部门或者公诉部门应当在三日以内将超期羁押的原因及纠正情况上报分管检察长和检察长，同时书面回复监所检察部门。

第十六条 刑事申诉检察部门对有关单位或者个人不服人民检察院撤案、不起诉决定的申诉进行复查时，可以调阅有关案卷材料，认为撤案、不起诉决定确有错误的，应当写出复查意见，经分管检察长同意后，报检察长或者检察委员会决定。

第十七条 人民检察院财务部门统一保管办案中扣押的款物。侦查、公诉部门在办案中扣押、查获的物品、物证，除入卷作为证据使用的扣押款物由办案部门妥善保管外，应当及时交由财务部门保管。财务部门应当实行账目与款物分人管理制度，健全出入库和收付手续。扣押款物要按有关规定及时移交、上缴或者返还。任何部门和个人不得贪污、侵占、挪用、使用、私分、私存、调换、外借、压价收购或者擅自处理扣押、冻结款物及其孳息。

第十八条 人民检察院对办案人员涉嫌违纪案件，应当按照干部管理权限规定进行调查，并依照规定追究有关人员的纪律责任；涉嫌犯罪的，依法移送有关部门处理。

第十九条 各级人民检察院应当严格执行贪污贿赂、渎职侵权犯罪案件的备案审查制度和请示报告制度。上级人民检察院对下级人民检察院的请示要及时答复，发现下级人民检察院的决定确有错误的，应当指令下级人民检察院纠正，或者依法予以撤销、变更。

第二十条 本规定由最高人民检察院负责解释。

第二十一条 本规定自发布之日起施行。最高人民检察院1998年10月21日发布的《关于完善人民检察院侦查工作内部制约机制的若干规定》同时废止。本规定发布前的有关规定与本规定不一致的，适用本规定。

第一百二十五条［对直接受理的要案线索实行分级备案］

人民检察院对于直接受理的要案线索实行分级备案的管理制度。县、处级干部的要案线索一律报省级人民检察院备案，其中涉嫌犯罪数额特别巨大或者犯罪后果特别严重的，层报最高人民检察院备案；厅、局级以上干部的要案线索一律报最高人民检察院备案。

要案线索是指依法由人民检察院直接立案侦查的县、处级以上干部犯罪的案件线索。

【条文释义】 本条是关于人民检察院直接受理的要案线索实行分级备案的管理制度的规定。

本条规定是为了加强要案线索管理，促进要案查处工作。这一规定也是由检察机关直接立案侦查案件的特点决定的。

本条第1款是关于对要案线索实行分级备案的管理制度的规定。“分级备案”，是指根据被举报人的职务级别，分别报不同的人民检察院备案。这一规定与干部管理权限相一致。县、处级干部的要案线索一律报省级人民检察院备案，其中涉嫌犯罪数额特别巨大或者犯罪后果特别严重的，层报最高人民检察院备案；厅、局级以上干部的要案线索一律报最高人民检察院备案。这里的报送备案是指由受理的人民检察院报送备案，不是指接受的人民检察院报送备案。接受要案线索的人民检察院对要案线索审查后，认为属于本院管辖的，决定受理后报送备案；认为不属于本院管辖的，移送有管辖权的人民检察院，由有管辖权的人民检察院报送备案。

本条第2款是关于要案线索含义的规定。根据本款规定，要案线索是指依法由人民检察院直接立案侦查的县、处级以上干部犯罪的案件线索。这里的“县、处级以上干部”包括副县级、副处级干部在内。

第一百二十六条［要案线索的备案］

要案线索的备案，应当逐案填写要案线索备案表。备案应当在受理后七日以内办理；情况紧急的，应当在备案之前及时报告。

接到备案的上级人民检察院对于备案材料应当及时审查，如果有不同意见，应当在十日以内将审查意见通知报送备案的下级人民检察院。

【条文释义】 本条是关于要案线索备案方式、时间和接受备案的上级人民检察院应当对备案材料及时审查的规定。

本条第1款是关于要案线索备案方式和时间的规定。对要案线索的备案，要逐案填写要案线索备案表。这里的“逐案填写”，是指每一件要案线索都要单独填写备案表上报备案，不能将几个要案线索填在一张备案表上上报备案。根据本款规定，备案应当在受理后的7日以内办理，情况紧急的，应当在备案之前及时报告。这里的“情况紧急”，是指必须将要案线索立即上报备案的情形。由于办理备案需要一系列手续和文书，如果按照正常的备案程序可能影响对举报材料的审查，因此，在备案之前应当及时向接受备案的上级人民检察院报告受理举报材料的情况。需要注意的问题是，“报告”并不能代替“备案”，受理人民检察院在报告后仍应办理备案手续。

本条第2款是关于接受备案的人民检察院应当对报案材料及时审查的规定。上报备案的目的是为了加强对要案线索的管理、审查，因此，接受备案的人民检察院应当对报案材料及时审查。本款规定的“如果有不同意见”，是指上级人民检察院不同意报送备案的人民检察院在备案表中提出的对举报材料的处理意见，或者不同意报送备案的人民检察院受理该举报材料。上级人民检察院将审查意见通知报送备案的下级人民检察院后，下级人民检察院应当执行。由于《人民检察院刑事诉讼规则》第7条对上下级人民检察院在刑事诉讼中的关系作了总的规定，这里没有再单独规定。

第二节 初 查

第一百二十七条［初查决定权和初查部门］

侦查部门对举报中心移交举报的线索进行审查后，认为需要初查的，应当报检察长或者检察委员会决定。举报线索的初查由侦查部门进行，但性质不明、难以归口处理的案件线索可以由举报中心进行初查。

【条文释义】 本条是关于初查决定权和初查部门的规定。

初查是人民检察院在办理贪污贿赂等职务犯罪案件过程中，针对检察机关自侦案件的特点，逐渐形成的一个刑事诉讼概念。“初查”一词，最早见于1985

年最高人民检察院有关领导的讲话和文件。1993 年 11 月 4 日，最高人民检察院发出《关于进一步加强大案要案查处工作的通知》，明确将初查作为人民检察院查处大案要案的一个重要程序，对要案线索的初查作了规定。1995 年 7 月 21 日最高人民检察院检察委员会讨论通过《关于要案线索备案、初查的规定》，对初查的概念作了规定："本规定所称初查，是指人民检察院在立案前对要案线索材料进行审查的司法活动。"事实上，除了要案线索以外，对其他案件的线索也需要初查。

尽管"初查"一词已经使用了十多年，尤其是近几年来，"初查"一词已为社会所接受和熟悉，但是由于《刑事诉讼法》并没有使用"初查"一词，有的人认为"初查"于法无据，是在《刑事诉讼法》之外设置的程序，主张将"初查"改为审查。

是使用"初查"的概念还是使用"审查"的概念，主要涉及以下几个问题：

1. 《刑事诉讼法》第 86 条规定："人民法院、人民检察院或者公安机关对于报案、控告、举报和自首的材料，应当按照管辖范围，迅速进行审查，认为有犯罪事实需要追究刑事责任的时候，应当立案；认为没有犯罪事实，或者犯罪事实显著轻微，不需要追究刑事责任的时候，不予立案，并且将不立案的原因通知控告人。控告人如果不服，可以申请复议。"根据这一规定，公、检、法三机关对于收到的犯罪线索材料都要进行立案前的审查，以确定是否符合立案条件，是否立案。立案前的审查如何进行？是限于对犯罪线索材料的书面审查，还是可以对犯罪线索进行必要的调查？当然可以对犯罪线索进行必要的调查。公安机关、检察机关的立案前审查都可以对犯罪线索进行必要的调查。例如，公安机关接到失窃报告后，需要立即到被盗现场勘查，不可能仅凭失窃报告就予以立案；人民检察院办理贪污贿赂、渎职等职务犯罪案件，也需要对犯罪线索进行必要的调查才能决定是否立案。而人民检察院所称的初查，就是指在立案前对犯罪线索材料进行的必要的调查活动。可见，将立案前审查活动称为"初查"或"审查"，都符合《刑事诉讼法》的规定，使用"初查"的概念不存在设置"法外程序"、"违法"的问题。从这个意义上讲，"初查"、"审查"概念之争并无必要。

2. 使用"初查"更符合人民检察院的办案体制和办案特点。《刑事诉讼法》规定的立案前审查包括两种方式：一是对举报材料本身进行书面审查，以确定是否属于本院管辖、应由哪个部门负责调查、侦查；二是对举报材料所反映的事实进行调查，以确定是否符合立案条件，是否作出立案决定。为了加强对检察机关自侦案件的监督制约，人民检察院实行案件归口办理的制度，对举报材料本身进行书面审查的工作由举报中心负责，对举报材料所反映的事实进行调查的工作由侦查部门负责。因此，将对举报材料所反映的事实进行调查的活动称为"初查"，而不称为"审查"，更易于反映出举报中心与侦查部门在立案前审查活动中的不同职责，防止在工作中产生歧义。使用“初查”的概念更符合人民检察院的办案体制和办案特点。

3. 最高人民检察院在一系列文件中要求初查中不能对被查对象采取强制措施，不得对与举报材料有关的财物采取查封、扣押、冻结措施，但实践中违反规定的现象时有发生，这也是否定“初查”概念的理由之一。但问题是，将“审查”代替“初查”，是否就能避免在立案前审查工作中发生违法现象呢？当然不能。相反，最高人民检察院还要制定一系列关于“审查”的规定，造成不必要的重复工作，引起不必要的认识上的混乱。解决问题的关键在于进一步规范初查工作，不在于改变“初查”的概念。基于以上原因，《人民检察院刑事诉讼规则》仍使用了“初查”的概念。本条规定的初查，是指人民检察院在立案前对举报材料所反映的事实进行调查，以确定是否立案的活动。

举报线索受理、管理与侦查分离。侦查部门不面向社会直接受理线索，举报中心确定举报线索的性质后，应当移送反贪、法纪等侦查部门进行处理，不能直接初查、立案。因此，举报线索由侦查部门进行初查，但性质不明、难以归口处理的案件线索可以由举报中心进行初查。这里的“性质不明、难以归口处理”，是指无法判断举报线索反映的问题是涉嫌何种性质的犯罪，因而无法确定应由哪个部门进行初查。这种情况下，举报中心无法将举报材料移送侦查部门，因而可以自己初查。举报中心初查后，认为需要立案侦查的，应当根据案件的性质，移送不同的侦查部门提请立案侦查，不能直接提请立案侦查。

第一百二十八条［初查中可以使用和禁用的措施］

在举报线索的初查过程中，可以进行询问、查询、勘验、鉴定、调取证据材料等不限制被查对象人身、财产权利的措施。不得对被查对象采取强制措施，不得查封、扣押、冻结被查对象的财产。

【条文释义】 本条是关于在初查过程中可以使用的措施和禁止使用的措施的规定。

初查是立案前的审查，它同立案后的侦查紧密相连而又相对独立。由于初查的目的只是查明是否符合立案条件，是否应当立案，因此，初查阶段只能使用一般性的、不限制被查对象人身、财产权利的调查措施，不能对被查对象采取《刑事诉讼法》规定的强制措施，也不能对被查对象的财物采取查封、扣押、冻结等措施。本条规定在初查过程中可以使用的询问、查询、勘验、鉴定、调取证据材料等措施，均不限制被查对象的人身权利和财产权利。这些调查措施的名称有的虽与侦查措施相同，但并不是《刑事诉讼法》意义上的侦查措施。二者的性质不同，使用程序和使用的文书也不相同。

第一百二十九条 [举报线索初查后的处理]

侦查部门对举报线索初查后，应当制作审查结论报告，提出处理意见，报检察长决定：

（一）认为有犯罪事实需要追究刑事责任的，提请批准立案侦查；

（二）对具有下列情形之一的，提请批准不予立案：

1. 认为没有犯罪事实的；

2. 事实不清，证据不足的；

3. 具有刑事诉讼法第十五条规定情形之一的。

【条文释义】　本条是关于人民检察院侦查部门初查后应当根据具体情况作出不同处理的规定。

本条规定，人民检察院侦查部门对举报线索初查后，应当制作审查结论报告，在报告中应当根据初查情况提出处理意见，然后报检察长决定。本条规定了两种处理方式。

1. 认为有犯罪事实需要追究刑事责任的，提请批准立案侦查。该规定是按照《刑事诉讼法》第86条规定的立案条件作出的，由于立案是人民检察院作出的决定，因此，侦查部门经过初查认为符合立案条件的，应当提请批准立案侦查。应当根据检察机关自侦案件的特点，全面、准确掌握：（1）《刑事诉讼法》规定的立案条件包括两个方面：一是有犯罪事实，这是事实条件；二是需要追究刑事责任，这是法律条件。因此，提请批准立案不仅要求有一定证据证明犯罪事实存在，而且要求立案侦查后能追究刑事责任。（2）这里的“认为”是主客观一致的结果，是建立在客观的犯罪事实及有关证据材料基础之上的，即根据通过初查获得的证据材料和法律规定能作出“有犯罪事实需要追究刑事责任”的判断，并不是纯粹的主观判断。（3）《刑事诉讼法》对不同诉讼阶段证据证明程度的要求是不一样的。立案是侦查的开始，表明人民检察院对受理的线索经审查后初步判定有犯罪事实需要追究刑事责任，而是否确有犯罪事实需要追究刑事责任则需要通过侦查来查明。在实践中不要求掌握、获取了“充分”的证据，但要有证据证实有犯罪事实，不能把立案条件等同于侦查终结或提起公诉的条件。（4）人民检察院查办的贿赂案件中，对于行贿人详细供述行贿的情节、过程的，也应当收集相关证据以相互印证，对全案进行综合分析判断。对符合立案条件的，才能决定对受贿人立案侦查。实践中，还应当准确理解《刑事诉讼法》第86条规定与第83条规定的关系。《刑事诉讼法》第83条规定：“公安机关或者人民检察院发现犯罪事实或者犯罪嫌疑人，应当按照管辖范围，立案侦查。”我们认为，《刑事诉讼法》第83条的立法精神的核心是要求公安机关、人民检察院“应当按照管辖范围”立案侦查，并不是专门规定立案条件，也不是在《刑事诉讼法》第 86 条之外设定了另一种立案条件。立案条件是由《刑事诉讼法》第 86 条规定的。因此，本条按照《刑事诉讼法》第 86 条的规定，将提请批准立案侦查的条件表述为："认为有犯罪事实需要追究刑事责任"。

2. 具有下列情形之一的，提请批准不予立案：（1）认为没有犯罪事实的。这里包括被查对象没有实施危害社会的行为的；被查对象的行为表面上虽是危害社会的行为，但依照《刑法》第 17 条、第 18 条、第 20 条、第 21 条的有关规定不负刑事责任的；被查对象的行为表现形式上虽是危害社会的行为，但依照《刑法》第 16 条的规定不是犯罪的；虽有犯罪事实，但不是被查对象所为的。（2）事实不清，证据不足的。这是指根据初查掌握的情况，不能作出"有犯罪事实需要追究刑事责任"的判断。这种情况下，既不能肯定被查对象的犯罪事实、也不能否认被查对象的犯罪事实，因此，不符合"认为有犯罪事实需要追究刑事责任"的立案条件，不能提请批准立案侦查。（3）具有《刑事诉讼法》第 15 条规定情形之一的，即情节显著轻微、危害不大，不认为是犯罪的；犯罪已过追诉时效期限的；经特赦令免除刑罚的；依照《刑法》告诉才处理的犯罪，没有告诉或者撤回告诉的；被查对象死亡的；其他法律规定免予追究刑事责任的。

第一百三十条［对要案线索处理的备案］

人民检察院对要案线索初查后的处理情况，应当在作出决定后十日以内按照备案的范围报上级人民检察院备案。上级人民检察院认为处理不当的，应当在收到备案材料后十日以内通知下级人民检察院纠正。

【条文释义】 本条是关于人民检察院对要案线索初查后的处理情况应当按照要求备案的规定。

本条规定的报送备案的范围限于"要案线索"，即人民检察院直接立案侦查的县、处级以上干部涉嫌犯罪的案件线索。"初查后的处理情况"，是指初查后决定立案侦查或者决定不予立案的情况。"作出决定后十日以内"，是指作出立案决定或不立案决定后 10 日以内。"按照备案的范围报上级人民检察院备案"，是指按照最高人民检察院《关于要案线索备案、初查的决定》的要求，报上级人民检察院备案。备案范围与《人民检察院刑事诉讼规则》第 125 条的规定相同，即县、处级干部的要案线索一律报省级人民检察院备案，其中涉嫌犯罪数额特别巨大或者犯罪后果特别严重的，层报最高人民检察院备案；厅、局级以上干部的要案线索一律报最高人民检察院备案。上级人民检察院接到备案材料后，应当对备案材料进行审查，认为处理不当的，应当在收到备案材料后 10 日以内通知下级人民检察院纠正。

第一百三十一条 [对举报线索处理情况的回复]

侦查部门接到举报中心移送的举报材料后，应当在一个月内将处理情况回复举报中心；下级人民检察院接到上级人民检察院移送的举报材料后，应当在三个月内将处理情况回复上级人民检察院举报中心，逾期未回复的，举报中心应当进行催办。

【条文释义】 本条是关于侦查部门应当将对举报材料的处理情况回复举报中心和下级人民检察院应当将对上级人民检察院移送的举报线索的处理情况回复上级人民检察院举报中心的规定。

本条规定是为了加强人民检察院内设机构相互间的监督制约，防止压案不报，加强上级人民检察院对下级人民检察院的领导，同时也为了案件线索处理的善后工作，使举报人或被举报人通过举报中心这个窗口了解举报线索的处理情况。本条规定了两方面的内容：（1）侦查部门应当将对本院举报中心移送的举报材料的处理情况在1个月内回复举报中心。这里的"处理情况"，是指侦查部门接到举报中心移送的举报材料后，对举报材料是否初查的情况、不进行初查的理由以及初查后是否立案的情况、不立案的理由等。"回复"，是指侦查部门应当将是否初查的情况、初查后是否立案的情况以及不进行初查、不立案的理由等书面告知举报中心。（2）下级人民检察院应当在收到上级人民检察院移送的举报材料后3个月内将处理情况回复上级人民检察院举报中心。根据本条规定，如果侦查部门在接到举报材料1个月内没有将有关情况回复举报中心的，下级人民检察院在接到举报材料3个月内没有将有关情况回复上级人民检察院举报中心的，举报中心应当进行催办。

第一百三十二条 [对错告、诬告陷害的处理]

对于属于错告的，如果对被控告人、被举报人造成不良影响的，应当向有关部门澄清事实。

对于属于诬告陷害的，应当依法追究其责任。

【条文释义】 本条是关于人民检察院对错告、诬告陷害处理情况的规定。

本条第1款是关于人民检察院对错告处理情况的规定。本款规定的"错告"，是指举报人并非出于故意、也没有捏造事实而造成的举报材料失实的情况。在错告的情况下，由于人民检察院已经根据举报线索进行审查、初查，可能会对被控告人、被举报人造成不良影响，因此，人民检察院应当本着对人民负责的态度，向有关部门澄清事实，为被控告人、被举报人"正名"，恢复名誉、消除影响。这里的"有关部门"一般是指被控告人、被举报人的所在单位，有时也包括有关党政部门、干部管理部门。

本条第2款是关于人民检察院对诬告陷害处理的规定。这里的“诬告陷害”，是指行为人为使被举报人受到刑事追究，故意捏造犯罪事实向人民检察院“举报”的行为。“依法追究其责任”，是指人民检察院应当根据诬告陷害行为的性质，分别移送有管辖权的机关追究责任。例如，诬告陷害构成犯罪的，移送公安机关追究其刑事责任；诬告陷害行为尚未构成犯罪的，移送纪检监察部门追究其党纪、政纪责任等。

第三节 立 案

第一百三十三条［立案决定书］

人民检察院决定对案件立案侦查的，应当制作立案决定书。

【条文释义】 本条是关于人民检察院决定对案件立案侦查，应当制作立案决定书的规定。

立案是侦查的开始，人民检察院对案件立案后，才能适用《刑事诉讼法》规定的侦查措施，才能对犯罪嫌疑人适用强制措施。立案是刑事诉讼的重要阶段，为了表明人民检察院已经立案侦查，本条规定，人民检察院决定对案件立案侦查的，应当制作立案决定书。立案决定书要载明犯罪嫌疑人的姓名、涉嫌的罪名、立案的法律依据、立案的机关、立案的时间等内容，立案决定书上要加盖检察长印章。

【立案决定书的制作】

(一) 制作方法

立案决定书为两联填充式文书，各联的格式、内容如下：

1. 第一联存根。

(1) 首部。包括：制作本文书的人民检察院名称；文书名称，即“立案决定书”；文书编号，即“ 检 立〔 〕 号”，“检”前空余地方填写制作本文书的人民检察院简称，“检”与“立”之间的空余地方填写人民检察院具体办案部门的简称，中括号内填写制作本文书的年度，中括号与“号”之间的空余地方填写本文书在该年度的序号。在文书名称下面标有“（存 根）”字样。

(2) 正文。包括：案由，即涉嫌罪名，如“贪污罪”、“受贿罪”、“挪用公款罪”等，涉嫌数个罪名的，应当完整填写；犯罪嫌疑人基本情况，包括姓名、性别、年龄、工作单位和住址、身份证号码、是否人大代表或政协委员，可根据实际掌握的案件情况予以填写；批准人；承办人；填发人；填发时间。

2. 第二联正本。

(1) 首部。包括：制作本文书的人民检察院的名称；文书名称，即“立案决定书”；文书编号，即“ 检 立〔 〕 号”。

(2) 正文。包括：法律依据，应根据具体的情况，填写“八十三”、“八十六”、“十八”等条文号；决定事项，即决定对案件立案侦查，应当依次填写犯罪嫌疑人的姓名及其所涉嫌的罪名。

（3）尾部。包括：检察长盖章；制作本文书的时间，具体到年、月、日；加盖制作本文书的人民检察院院印。

（二）使用说明

在具体使用时，应注意以下问题：立案决定书是人民检察院对案件正式开展侦查活动的合法依据，只有立案以后，人民检察院才能依法对犯罪嫌疑人采取相关侦查措施和强制措施。《人民检察院刑事诉讼规则》第128条规定：“在举报线索的初查过程中，可以进行询问、查询、勘验、鉴定、调取证据材料等不限制被查对象人身、财产权利的措施。不得对被查对象采取强制措施，不得查封、扣押、冻结被查对象的财产。”

人民检察院决定对人民代表大会代表立案，应当按照《人民检察院刑事诉讼规则》第79条规定的程序向该代表所属的人民代表大会主席团或者常务委员会通报。《人民检察院刑事诉讼规则》第79条规定：“担任县级以上人民代表大会代表的犯罪嫌疑人因现行犯被拘留的，人民检察院应当立即向该代表所属的人民代表大会主席团或者常务委员会报告；因为其他情形需要拘留的，人民检察院应当报请该代表所属的人民代表大会主席团或者常务委员会许可。人民检察院拘留担任本级人民代表大会代表的犯罪嫌疑人，直接向本级人民代表大会主席团或常务委员会报告或者报请许可。拘留担任上级人民代表大会代表的犯罪嫌疑人，应当立即层报该代表所属的人民代表大会同级的人民检察院报告或者报请许可。拘留担任下级人民代表大会代表的犯罪嫌疑人，可以直接向该代表所属的人民代表大会主席团或者常务委员会报告或者报请许可，也可以委托该代表所属的人民代表大会同级的人民检察院报告或者报请许可；拘留担任乡、民族乡、镇的人民代表大会代表的犯罪嫌疑人，由县级人民检察院报告乡、民族乡、镇的人民代表大会。拘留担任两级以上人民代表大会代表的犯罪嫌疑人，分别按照本条第二、三、四款的规定报告或者报请许可。拘留担任办案单位所在省、市、县（区）以外的其他地区人民代表大会代表的犯罪嫌疑人，应当委托该代表所属的人民代表大会同级的人民检察院报告或者报请许可；担任两级以上人民代表大会代表的，应当分别委托该代表所属的人民代表大会同级的人民检察院报告或者报请许可。”

人民检察院决定不予立案的，如果是被害人控告的，应当制作不立案通知书，写明案由和案件来源、决定不立案的原因和法律依据，由侦查部门在15日以内送达控告人，同时告知本院控告申诉检察部门。控告人如果不服，可以在收到不立案通知书后10日以内申请复议。对不立案的复议，由人民检察院控告申诉检察部门办理，并在收到复议申请的30日以内作出复议决定。人民检察院对于未构成犯罪，决定不予立案，但需要追究党纪、政纪责任的被举报人，应当移送有关主管机关处理。

本文书应当以案为单位制作，共同犯罪的案件，应当填写全部犯罪嫌疑人的姓名。以事立案的情况，不填写犯罪嫌疑人姓名和基本情况。

本文书两联之间的骑缝线上有本文书文号，应当按照本文书第二联中文号的填写方法予以填写。

本文书共二联，第一联统一保存备查，第二联附卷。

（三）文书格式（见下页）

人民检察院

立案决定书

（存　根）

检　立〔　　〕　号

案由________________________

犯罪嫌疑人基本情况（姓名、性别、年龄、工作单位、住址、身份证号码、是否人大代表、政协委员）

____

____

____

____

批准人______________________

承办人______________________

填发人______________________

填发时间____________________

第一联统一保存

检　立〔　　〕　号

人民检察院

立案决定书

检　立〔　　〕　号

根据《中华人民共和国刑事诉讼法》第__________条的规定，本院决定对____

涉嫌________________一案立案侦查。

检察长（印）

年　　月　　日

（院印）

第二联附卷

【补充立案决定书的制作】

（一）制作方法

补充立案决定书为两联填充式文书，各联的具体格式、内容如下：

1. 第一联存根。

（1）首部。包括：制作本文书的人民检察院名称；文书名称，即“补充立案决定书”；文书编号，即“ 检 补立〔 〕 号”，“检”前空余地方填写制作本文书的人民检察院简称，“检”与“补立”之间的空余地方填写人民检察院具体办案部门的简称，中括号内填写制作本文书的年度，中括号与“号”之间的空余地方填写本文书在该年度的序号。在文书名称下面标有“（存 根）”字样。

（2）正文。包括：案由，即涉嫌罪名，如“贪污罪”、“受贿罪”、“挪用公款罪”等，涉嫌数个罪名的，应当完整填写；犯罪嫌疑人基本情况，包括姓名、性别、年龄、工作单位和住址、身份证号码、是否人大代表或政协委员，可根据实际掌握的案件情况予以填写；并入的案件，即原决定立案侦查的案件；批准人；承办人；填发人；填发时间。

2. 第二联正本。

（1）首部。包括：制作本文书的人民检察院的名称；文书名称，即“补充立案决定书”；文书编号，即“ 检 补立〔 〕 号”。

（2）正文。包括：原立案决定书中犯罪嫌疑人的姓名、涉嫌罪名、立案的时间、决定补充立案的犯罪嫌疑人的姓名、法律依据、决定补充立案的犯罪嫌疑人姓名。

（3）尾部。包括：批准补充立案的检察长的印章；制作本文书的时间，具体到年、月、日；加盖制作本文书的人民检察院院印。

（二）使用说明

在具体使用时，应注意以下问题：补充立案决定书只适用于需要并案侦查的情况，对新发现的犯罪嫌疑人不需要并案侦查的，应当制作立案决定书，而不适用补充立案决定书。补充立案决定书是人民检察院对案件正式开展侦查活动的合法依据，只有立案以后，人民检察院才能依法对犯罪嫌疑人采取相关侦查措施和强制措施。《人民检察院刑事诉讼规则》第128条规定：“在举报线索的初查过程中，可以进行询问、查询、勘验、鉴定、调取证据材料等不限制被查对象人身、财产权利的措施。不得对被查对象采取强制措施，不得查封、扣押、冻结被查对象的财产。”

人民检察院决定对人民代表大会代表立案，应当按照《人民检察院刑事诉讼规则》第79条规定的程序向该代表所属的人民代表大会主席团或者常务委员会通报。《人民检察院刑事诉讼规则》第79条规定：“担任县级以上人民代表大会代表的犯罪嫌疑人因现行犯被拘留的，人民检察院应当立即向该代表所属的人民代表大会主席团或者常务委员会报告；因为其他情形需要拘留的，人民检察院应当报请该代表所属的人民代表大会主席团或者常务委员会许可。人民检察院拘留担任本级人民代表大会代表的犯罪嫌疑人，直接向本级人民代表大会主席团或常务委员会报告或者报请许可。拘留担任上级人民代表大会代表的犯罪嫌疑人，应当立即层报该代表所属的人民代表大会同级的人民检察院报告或者报请许可。拘留担任下级人民代表大会代表的犯罪嫌疑人，可以直接向该代表所属的人民代表大会主席团或者常务委员会报告或者报请许可，也可以委托该代表所属的人民代表大会同级的人民检察院报告或者报请许可；拘留担任乡、民族乡、镇的人民代表大会代表的犯罪嫌疑人，由县级人民检察院报告乡、民族乡、镇的人民代表大会。拘留担任两级以上人民代表大会代表的犯罪嫌疑人，分别按照本条第二、三、四款的规定报告或者报请许可。拘留担任办案单位所在省、市、县（区）以外的其他地区人民代表大会代表的犯罪嫌疑人，应当委托该代表所属的人民代表大会同级的人民检察院报告或者报请许可；担任两级以上人民代表大会代表的，应当分别委托该代表所属的人民代表大会同级的人民检察院报告或者报请许可。”

人民检察院决定不予立案的，如果是被害人控告的，应当制作不立案通知书，写明案由和案件来源、决定不立案的原因和法律依据，由侦查部门在15日以内送达控告人，同时告知本院控告申诉检察部门。控告人如果不服，可以在收到不立案通知书后10日以内申请复议。对不立案的复议，由人民检察院控告申诉检察部门办理，并在收到复议申请的30日以内作出复议决定。人民检察院对于未构成犯罪，决定不予立案，但需要追究党纪、政纪责任的被举报人，应当移送有关主管机关处理。

本文书两联之间的骑缝线上有本文书文号，应当按照本文书第二联中文号的填写方法予以填写。

本文书共二联，第一联统一保存，第二联附卷。

（三）文书格式（见下页）

人民检察院

补充立案决定书

（存 根）

检 补立〔 〕 号

案由＿＿＿＿＿＿＿＿＿＿＿＿＿＿＿＿＿

犯罪嫌疑人基本情况（姓名、性别、年龄、工作单位、住址、身份证号码、是否人大代表、政协委员）

＿＿＿＿＿＿＿＿＿＿＿＿＿＿＿＿＿＿＿＿

＿＿＿＿＿＿＿＿＿＿＿＿＿＿＿＿＿＿＿＿

＿＿＿＿＿＿＿＿＿＿＿＿＿＿＿＿＿＿＿＿

＿＿＿＿＿＿＿＿＿＿＿＿＿＿＿＿＿＿＿＿

并入＿＿＿＿＿＿＿＿＿＿＿＿＿＿案件

批准人＿＿＿＿＿＿＿＿＿＿＿＿＿＿＿＿

承办人＿＿＿＿＿＿＿＿＿＿＿＿＿＿＿＿

填发人＿＿＿＿＿＿＿＿＿＿＿＿＿＿＿＿

填发时间＿＿＿＿＿＿＿＿＿＿＿＿＿＿＿

第一联统一保存

检 补立〔 〕 号

人民检察院

补充立案决定书

检 补立〔 〕 号

犯罪嫌疑人＿＿＿＿＿＿涉嫌＿＿＿＿＿＿＿＿＿＿一案，本院已于＿＿＿年＿＿＿月＿＿＿日立案。经侦查，犯罪嫌疑人＿＿＿＿＿＿涉嫌共同犯罪，根据《中华人民共和国刑事诉讼法》第＿＿＿＿条的规定，本院决定对犯罪嫌疑人＿＿＿＿＿＿＿补充立案，并案侦查。

检察长（印）

年 月 日

（院印）

第二联附卷

第一百三十四条 ［决定不予立案的处理］

人民检察院决定不予立案的，如果是被害人控告的，应当制作不立案通知书，写明案由和案件来源、决定不立案的原因和法律依据，由侦查部门在十五日以内送达控告人，同时告知本院控告申诉检察部门。控告人如果不服，可以在收到不立案通知书后十日以内申请复议。

对不立案的复议，由人民检察院控告申诉检察部门办理，并在收到复议申请的三十日以内作出复议决定。

人民检察院对于未构成犯罪，决定不予立案，但需要追究党纪、政纪责任的被举报人，应当移送有关主管机关处理。

【条文释义】　本条是关于人民检察院决定不予立案的规定。

本条第1款是关于人民检察院决定不予立案的，应当通知被害人的规定。本款规定的适用范围只限于“被害人控告”的案件，即被害人对侵犯自己合法权益的犯罪行为向人民检察院控告，要求追究侵害人刑事责任的案件。对于其他报案、举报和自首的案件线索，人民检察院决定不予立案后，不受本款规定的限制，但是实践中人民检察院也可以将不立案的原因通知报案人、举报人和自首人。本款规定来源于《刑事诉讼法》第86条，是为了保护被害人的权利而作的规定。人民检察院不立案通知书的内容包括：“案由”，即被害人控告的被控告人涉嫌的罪名；“案件来源”，即由何人控告或由何机关移送而来等；“决定不立案的原因”，即符合《人民检察院刑事诉讼规则》规定的何种不立案的条件；“法律依据”，即根据《刑事诉讼法》的何条规定决定不予立案，必要的时候，为了详细说明不立案的原因，可以同时引用相应的《刑法》条款。本款规定，不立案通知书由人民检察院侦查部门在人民检察院作出不立案决定后15日以内送达控告人，同时告知本院控告申诉检察部门。这是因为控告申诉检察部门面向社会接受申诉，被害人不服不立案的复议由控告申诉检察部门办理，不由侦查部门办理，因此，应让控告申诉检察部门事先了解有关情况。本款规定，控告人如果对不立案的决定不服，可以在收到不立案通知书后的10日以内，向作出不立案决定的人民检察院申请复议。

本条第2款是关于对不立案复议的办理部门和办理期限的规定。本款规定，对不立案的复议，由人民检察院控告申诉检察部门办理，并在收到复议申请后30日以内作出复议决定。这里的“复议决定”可能维持原不立案决定，也可能撤销原不立案决定。撤销原不立案决定的，人民检察院应当立案侦查。

本条第3款是关于人民检察院对于不予立案，但需要追究党纪、政纪责任的被举报人，应当移送有关主管机关处理的规定。这里的“有关主管机关”，是指有权对被举报人进行党纪、政纪处分的纪检监察部门。

【不立案通知书的制作】

（一）制作方法

不立案通知书为三联填充式文书，各联的内容及制作方法如下：

1. 第一联存根。

（1）首部。包括：制作本文书的人民检察院名称；文书名称，即“不立案通知书”；文书编号，即“ 检 不立〔 〕 号”，“检”前空余地方填写制作本文书的人民检察院简称，“检”与“不立”之间的空余地方填写人民检察院具体办案部门的简称，中括号内填写制作本文书的年度，中括号与“号”之间的空余地方填写本文书在该年度的序号。在文书名称下面标有“（存 根）”字样。

（2）正文。包括：控告单位或控告人；被控告人的基本情况，包括姓名、性别、年龄、工作单位、住址；不立案的原因，应根据具体情况分别填写“没有犯罪事实”、“犯罪事实显著轻微，不需要追究刑事责任”或者具体写明所具有的《刑事诉讼法》第 15 条规定六种情形的哪一种；批准人；承办人；填发人；填发时间。

2. 第二联副本。

（1）首部。包括：制作本文书的人民检察院名称；文书名称，即“不立案通知书”；文书编号，即“ 检 不立〔 〕 号”。在文书名称下面标有“（副 本）”字样。

（2）正文。包括：控告人姓名或控告单位名称；被控告人的姓名和所涉嫌的罪名；不立案的原因和法律依据，应当具体、明确，有三种表述方法：一是“没有犯罪事实”；二是“犯罪事实显著轻微，不需要追究刑事责任”，第一和第二种表述方法引用《刑事诉讼法》第 86 条作为法律依据；三是有《刑事诉讼法》第 15 条所列情形之一，此处应当写明是哪一种情形，此时引用《刑事诉讼法》第 15 条作为法律依据。

（3）尾部。包括：制作本文书的时间；加盖制作本文书的人民检察院院印。

3. 第三联正本。

（1）首部。包括：制作本文书的人民检察院名称；文书名称，即“不立案通知书”；文书编号，即“ 检 不立〔 〕 号”。

（2）正文。具体内容和制作要求与第二联一样。

（3）尾部。包括：制作本文书的时间，具体到年、月、日；加盖制作本文书的人民检察院院印。

（二）使用说明

在具体使用时，应注意以下问题：本文书只适用于人民检察院对以下两种情形的控告案件决定不予立案：一是经过审查认为没有犯罪事实，或者犯罪事实显著轻微，不需要追究刑事责任的时候；二是具有《刑事诉讼法》第 15 条规定的六种情形之一。控告人既可以是自然人，也可以是法人或各种非法人组织，如企业、事业单位、机关、团体等。在具体司法实践中，要注意保护控告人申诉权利。对于决定不予立案的被告人，其行为触犯党纪、政纪的，应当向其主管部门提出检察建议，并将有关材料的复印件一并移送有关主管部门处理。

本文书三联之间的骑缝线上均有本文书文号，应当按照本文书第三联中文号的填写方法予以填写。

本文书共三联，第一联统一保存备查，第二联附卷，第三联送达控告人。

（三）文书格式（见下页）

人民检察院
不立案通知书
（存　根）

检　不立〔　　〕　号

控告单位或控告人__________
____
被控告人基本情况（姓名、性别、年龄、工作单位、住址）
____
____
____
____
不立案原因______________
____
批准人________________
承办人________________
填发人________________
填发时间______________

第一联统一保存

检　不立〔　〕号

人民检察院
不立案通知书
（副　本）

检　不立〔　　〕　号

____________________：
你（单位）控告______________涉嫌__________________一案，经本院审查认为，__________________________
______________________________。
根据《中华人民共和国刑事诉讼法》第________条的规定，决定不予立案。
特此通知。如果不服本决定，可以在收到本通知书后十日以内向本院申请复议。

年　月　日
（院印）

第二联附卷

检　不立〔　〕号

人民检察院
不立案通知书

检　不立〔　　〕　号

____________________：
你（单位）控告______________涉嫌__________________一案，经本院审查认为，__________________________
______________________________。
根据《中华人民共和国刑事诉讼法》第________条的规定，决定不予立案。
特此通知。如果不服本决定，可以在收到本通知书后十日以内向本院申请复议。

年　月　日
（院印）

第三联送达控告人

【参考规定】

最高人民检察院研究室关于适用《人民检察院刑事诉讼规则》第一百三十四条有关问题的复函（1999 年 9 月 13 日　〔1999〕高检研发第 8 号）

吉林省人民检察院研究室：

你院吉检研发字〔1999〕6 号《关于〈人民检察院刑事诉讼规则〉第一百三十四条有关几个问题的请示》收悉。经研究，并根据院领导批示，答复如下：

一、根据《刑事诉讼法》第八十六条和《人民检察院刑事诉讼规则》第一百三十四条规定，人民检察院对于报案、控告、举报和自首的材料审查后，决定不予立案的，只要属于控告人控告的，无论是否属于法纪案件，都应当将不立案的原因通知控告人；控告人如果不服，可以申请复议。

二、《人民检察院刑事诉讼规则》第一百三十四条第一款规定被害人申请复议的期限，是为了保障人民检察院及时审查被害人的申诉。被害人在本条规定的期限以外申请复议的，人民检察院经审查仍可受理，复议期限参照本条规定的复议期限执行。

三、控告人对于复议决定不服，向上一级人民检察院申请复议的，上一级人民检察院经审查后也可受理。

四、人民检察院复议或者复查后制作的复议决定书或者复查决定书应当送达申诉人。

五、对人民检察院不立案决定进行申诉，与对人民检察院诉讼终结所制作的刑事处理决定的申诉不同，不适用《人民检察院复查刑事申诉案件规定》中规定的申诉程序。

第一百三十五条［对人大代表立案的通报］

人民检察院决定对人民代表大会代表立案，应当按照本规则第七十九条规定的程序向该代表所属的人民代表大会主席团或者常务委员会通报。

【条文释义】　本条是关于人民检察院决定对人民代表大会代表立案，应当向该代表所属的人民代表大会主席团或者常务委员会通报情况的规定。

本条是为了给予人大代表以必要的司法保障而作的规定。本条规定的“人民代表大会代表”，是指各级人民代表大会的代表（包括乡、民族乡、镇的人民代表大会代表）。“通报”，是指人民检察院决定立案后，将对人大代表立案的情况报知该代表所属的人大主席团或常委会。不能将“通报”理解为“提请许可”或“事先报告”。“按照本规则第七十九条规定的程序”，是指向人大主席团或常委会通报立案情况的程序与《人民检察院刑事诉讼规则》第 79 条规定的向人大主席团或常委会报告拘留情况的程序相同，即：（1）对担任本级人大代表的犯罪嫌疑人立案，直接向本级人大主席团或常委会通报情况。（2）对担任上级人大代表的犯罪嫌疑人立案，向该代表所属的人大同级的人民检察院通报情况。（3）对担任下级人大代表的犯罪嫌疑人立案，可以直接向该代表所属的人大主席团或常委会通报情况，也可以委托该代表所属的人大同级的人民检察院通报情况；对担任乡、民族乡、镇的人大代表的犯罪嫌疑人立案，由县级人民检察院报告乡、民族乡、镇的人民代表大会。(4)对担任两级以上人大代表的犯罪嫌疑人立案，分别按照上述方式通报情况。(5)对担任办案单位所在省、市、县(区)以外的其他地区人大代表的犯罪嫌疑人立案，应当委托该代表所属的人大同级的人民检察院通报情况。担任两级以上人大代表的，应当分别委托该代表所属的人大同级的人民检察院通报情况。

第七章 侦 查

【本章概要】 本章是关于人民检察院侦查工作的有关规定，包括讯问的主体，讯问的时间和地点，传唤和拘传的期限，律师会见权和会见方式，询问证人或者被害人的主体，询问的时间和地点，勘验检查的主体，勘验检查的方式，搜查的条件，搜查的程序，调取、扣押物证、书证和视听资料的程序和方式，扣押冻结财物的程序，鉴定的条件，鉴定人的条件，鉴定的程序，辨认的主体和方式、方法，通缉的条件和程序，侦查羁押的一般期限与特殊期限、延长羁押期限的批准、侦查终结，等等。

第一节 讯问犯罪嫌疑人

第一百三十六条［讯问的主体］

讯问犯罪嫌疑人，由检察人员负责进行。讯问的时候，检察人员不得少于二人。

【条文释义】 本条是关于讯问犯罪嫌疑人权限和讯问人员人数的规定。

本条规定了两个内容：一是讯问犯罪嫌疑人的权力只能由检察人员行使，其他人员无权对犯罪嫌疑人进行讯问。“讯问犯罪嫌疑人”，是指检察人员依照法定程序就案件事实对犯罪嫌疑人进行审讯，这是一种直接获取犯罪嫌疑人供述和辩解的重要侦查措施。这里的“检察人员”包括：检察长、副检察长、检察委员会委员、检察员和助理检察员。在侦查阶段，讯问犯罪嫌疑人一般由负责侦查工作的检察人员进行。二是讯问犯罪嫌疑人的检察人员不得少于2人。“不得少于二人”，是指检察人员不得独自讯问犯罪嫌疑人。这样规定是因为：2人以上进行讯问有利于检察人员相互监督，防止违法讯问；有利于防止犯罪嫌疑人诬告陷害检察人员；也有利于防止发生意外。

根据《未成年人保护法》第56条的规定，讯问未成年犯罪嫌疑人，应当通知法定代理人到场。

【未成年犯罪嫌疑人法定代理人到场通知书的制作】

（一）制作方法

未成年犯罪嫌疑人法定代理人到场通知书为三联填充式文书，各联的内容和制作方法如下：

1. 第一联存根。

（1）首部。包括：制作本文书的人民检察院名称；文书名称，即“未成年犯罪嫌疑人法定代理人到场通知书”；文书编号，即“ 检 未犯〔 〕 号”，“检”前空余地方填写制作本文书的人民检察院的简称，“检”与“未犯”之间的空余地方填写人民检察院具体办案部门的简称，中括号内填写制作本文书的年度，中括号与“号”之间的空余地方填写本文书在该年度的序号。在文书名称下面标有“（存 根）”字样。

（2）正文。包括：案由，可以根据案件中犯罪嫌疑人所涉嫌的罪名填写为“贪污罪”、“受贿罪”、“挪用公款罪”等，如果因涉嫌多个罪名而立案的，应将所涉嫌的罪名填写全；犯罪嫌疑人的姓名；未成年犯罪嫌疑人法定代理人的姓名；法定代理人的性别；法定代理人的年龄；法定代理人的工作单位名称；法定代理人的住址；未成年犯罪嫌疑人与其法定代理人的关系，如父母、养父母、监护人和负有保护责任的机关、团体的代表；制作本文书的批准人的姓名或者名称；具体办理这一案件的承办人的姓名；填发本文书的填发人的姓名；填发本文书的时间。

2. 第二联副本。

（1）首部。包括：制作本文书的人民检察院名称、文书名称、文书编号，填写要求与第一联一样，不同的是在文书名称下面标有“（副 本）”字样。

（2）正文。包括：需要通知到场的未成年犯罪嫌疑人的法定代理人的姓名或者名称；刑事案件中的未成年犯罪嫌疑人的姓名；未成年犯罪嫌疑人所涉嫌的罪名；制作本文书的人民检察院决定讯问未成年犯罪嫌疑人的时间，也就是未成年犯罪嫌疑人的法定代理人应当到场的时间，具体到年、月、日、时；制作本文书的人民检察院决定讯问未成年犯罪嫌疑人的地点，也就是未成年犯罪嫌疑人的法定代理人应当按时到场的地点。

（3）尾部。包括：制作本文书的时间，具体到年、月、日；加盖制作本文书的人民检察院的院印。

3. 第三联正本。

（1）首部。包括：制作本文书的人民检察院名称、文书名称、文书编号，填写要求与第一联一样。

（2）正文。依次填写的具体内容和填写要求与第二联一样。

（3）尾部。包括：制作本文书的时间，具体到年、月、日；加盖制作本文书的人民检察院的院印。

（二）使用说明

在具体使用时，应注意以下问题：根据《刑事诉讼法》第82条第3项的规定：“‘法定代理人’是指被代理人的父母、养父母、监护人和负有保护责任的机关、团体的代表。”其他单位和个人不能成为未成年犯罪嫌疑人的法定代理人。在具体制作本文书的过程中，如果未成年犯罪嫌疑人同时有多名法定代理人时，按其顺序通知一个法定代理人即可；如果未成年犯罪嫌疑人的法定代理人为“负有保护责任的机关、团体的代表”的情况下，本文书中的法定代理人的姓名应当填写该代表个人的姓名，而不填写该机关、团体的名称；但如果该机关、团体没有固定代表的，可以在本文书中填写为“机关的代表”或者“团体的代表”。讯问未成年犯罪嫌疑人还应当符合其他讯问的一般条件和程序。讯问犯罪嫌疑人必须由人民检察院或者公安机关的侦查人员负责进行。讯问的时候，侦查人员不得少于2人。传唤、拘传持续的时间最长不得超过12小时。不得以连续传唤、拘传的形式变相拘禁犯罪嫌疑人。讯问聋、哑的犯罪嫌疑人，应当有通晓聋、哑手势的人参加，并且将这种情况记明笔录。讯问笔录应当交犯罪嫌疑人核对，对于没有阅读能力的，应当向他宣读。如果记载有遗漏或者差错，犯罪嫌疑人可以提出补充或者改正。犯罪嫌疑人承认笔录没有错误后，应当签名或者盖章。侦查人员也应当在笔录上签名。犯罪嫌疑人请求自行书写供述的，应当准许。必要的时候，侦查人员也可以要犯罪嫌疑人亲笔书写供词。人民检察院审查案件，应当讯问犯罪嫌疑人，听取被害人和犯罪嫌疑人、被害人委托的人的意见。人民检察院审查逮捕部门办理审查逮捕案件，不另行侦查。在审查批捕中如果认为报请批准逮捕的证据存有疑问的，可以复核有关证据，讯问犯罪嫌疑人、询问证人。但讯问未被采取强制措施的犯罪嫌疑人的，讯问前应当征求公安机关或者本院侦查部门的意见。对于不需要逮捕、拘留的犯罪嫌疑人，经检察长批准，可以传唤到犯罪嫌疑人所在市、县内的指定地点或者到他的住处进行讯问。传唤犯罪嫌疑人，应当向犯罪嫌疑人出示传唤通知书和有关证件，并责令犯罪嫌疑人在传唤通知书上签名或者盖章。讯问犯罪嫌疑人，可以同时采用录音、录像的记录方式。

关于讯问未成年犯罪嫌疑人由其法定代理人到场主要是考虑到由于未成年犯罪嫌疑人的年龄均不满18周岁，其本身社会阅历和心理承受能力有限，通知其法定代理人到场，有助于消除未成年犯罪嫌疑人的焦虑不安、恐惧顾忌心理，有利于其作真实的陈述，进而查明案件事实。对于未成年犯罪嫌疑人的法定代理人，在接到人民检察院依法作出的未成年犯罪嫌疑人法定代理人到场通知书后，在讯问未成年犯罪嫌疑人时没有到场，不影响人民检察院依法讯问的正常进行。未成年犯罪嫌疑人的法定代理人到场后，在人民检察院进行讯问时，应当设法稳定未成年犯罪嫌疑人的情绪，让其如实回答具体办案的检察人员的讯问，不得指使、暗示、影响未成年犯罪嫌疑人回答问题或者代替未成年犯罪嫌疑人回答。

本文书三联之间的骑缝线上均有本文书文号，应当按照本文书第三联中文号

的填写方法予以填写。

本文书共三联，第一联统一保存，第二联附卷，第三联送达未成年犯罪嫌疑人的法定代理人。

（三）文书格式（见下页）

人民检察院

未成年犯罪嫌疑人法定代理人到场通知书

（存　根）

检　未犯〔　　〕　号

案由＿＿＿＿＿＿＿＿

犯罪嫌疑人＿＿＿＿＿＿

法定代理人＿＿＿＿＿＿

性别＿＿＿＿年龄＿＿＿＿

工作单位＿＿＿＿＿＿＿

住址＿＿＿＿＿＿＿＿

与犯罪嫌疑人关系＿＿＿＿

批准人＿＿＿＿＿＿＿

承办人＿＿＿＿＿＿＿

填发人＿＿＿＿＿＿＿

填发时间＿＿＿＿＿＿

第一联统一保存

检　未犯〔　　〕　号

人民检察院

未成年犯罪嫌疑人法定代理人到场通知书

（副　本）

检　未犯〔　　〕　号

＿＿＿＿＿＿：

本院办理的犯罪嫌疑人＿＿＿＿＿＿涉嫌＿＿＿＿＿一案，决定＿＿＿年＿＿月＿＿日＿＿时在＿＿＿＿＿＿对该犯罪嫌疑人进行讯问。因该犯罪嫌疑人系未成年人，根据《中华人民共和国刑事诉讼法》第十四条的规定，通知你届时到场。

年　月　日

（院印）

第二联附卷

检　未犯〔　　〕　号

人民检察院

未成年犯罪嫌疑人法定代理人到场通知书

检　未犯〔　　〕　号

＿＿＿＿＿＿：

本院办理的犯罪嫌疑人＿＿＿＿＿＿涉嫌＿＿＿＿＿一案，决定＿＿＿年＿＿月＿＿日＿＿时在＿＿＿＿＿＿对该犯罪嫌疑人进行讯问。因该犯罪嫌疑人系未成年人，根据《中华人民共和国刑事诉讼法》第十四条的规定，通知你届时到场。

年　月　日

（院印）

第三联送达法定代理人

【参考规定】

1. **中华人民共和国未成年人保护法（节录）**（2006年12月29日主席令第60号修订公布 自2007年6月1日起施行）

第五十条 公安机关、人民检察院、人民法院以及司法行政部门，应当依法履行职责，在司法活动中保护未成年人的合法权益。

第五十一条 未成年人的合法权益受到侵害，依法向人民法院提起诉讼的，人民法院应当依法及时审理，并适应未成年人生理、心理特点和健康成长的需要，保障未成年人的合法权益。

在司法活动中对需要法律援助或者司法救助的未成年人，法律援助机构或者人民法院应当给予帮助，依法为其提供法律援助或者司法救助。

第五十二条 人民法院审理继承案件，应当依法保护未成年人的继承权和受遗赠权。

人民法院审理离婚案件，涉及未成年子女抚养问题的，应当听取有表达意愿能力的未成年子女的意见，根据保障子女权益的原则和双方具体情况依法处理。

第五十三条 父母或者其他监护人不履行监护职责或者侵害被监护的未成年人的合法权益，经教育不改的，人民法院可以根据有关人员或者有关单位的申请，撤销其监护人的资格，依法另行指定监护人。被撤销监护资格的父母应当依法继续负担抚养费用。

第五十四条 对违法犯罪的未成年人，实行教育、感化、挽救的方针，坚持教育为主、惩罚为辅的原则。

对违法犯罪的未成年人，应当依法从轻、减轻或者免除处罚。

第五十五条 公安机关、人民检察院、人民法院办理未成年人犯罪案件和涉及未成年人权益保护案件，应当照顾未成年人身心发展特点，尊重他们的人格尊严，保障他们的合法权益，并根据需要设立专门机构或者指定专人办理。

第五十六条 公安机关、人民检察院讯问未成年犯罪嫌疑人，询问未成年证人、被害人，应当通知监护人到场。

公安机关、人民检察院、人民法院办理未成年人遭受性侵害的刑事案件，应当保护被害人的名誉。

第五十七条 对羁押、服刑的未成年人，应当与成年人分别关押。

羁押、服刑的未成年人没有完成义务教育的，应当对其进行义务教育。

解除羁押、服刑期满的未成年人的复学、升学、就业不受歧视。

第五十八条 对未成年人犯罪案件，新闻报道、影视节目、公开出版物、网络等不得披露该未成年人的姓名、住所、照片、图像以及可能推断出该未成年人的资料。

第五十九条 对未成年人严重不良行为的矫治与犯罪行为的预防，依照预防未成年人犯罪法的规定执行。

2. **人民检察院办理未成年人刑事案件的规定（节录）**（2007年1月9日最高人民检察院高检发研字〔2007〕1号）

第十条 人民检察院审查批准逮捕未成年人犯罪案件，应当讯问未成年犯罪嫌疑人。

讯问未成年犯罪嫌疑人，应当根据该未成年人的特点和案件情况，制定详细的讯问提纲，采取适宜该未成年人的方式进行，讯问用语应当准确易懂。

讯问未成年犯罪嫌疑人，应当告知其依法享有的诉讼权利，告知其如实供述案件事实的法律规定和意义，核实其是否有自首、立功、检举揭发等表现，听取其有罪的供述或者无罪、罪轻的辩解。

讯问未成年犯罪嫌疑人，应当通知法定代理人到场，告知法定代理人依法享有的诉讼权利和应当履行的义务。

讯问女性未成年犯罪嫌疑人，应当有女检察人员参加。

第十一条 讯问未成年犯罪嫌疑人一般不得使用戒具。对于确有人身危险性，必须使用戒具的，在现实危险消除后，应当立即停止使用。

3. **最高人民法院、最高人民检察院、公安部、国家安全部、司法部关于办理死刑案件审查判断证据若干问题的规定（节录）**（2010年6月13日 法发〔2010〕20号）

第十八条 对被告人供述和辩解应当着重审查以下内容：

（一）讯问的时间、地点、讯问人的身份等是否符合法律及有关规定，讯问被告人的侦查人员是否不少于二人，讯问被告人是否个别进行等。

（二）讯问笔录的制作、修改是否符合法律及有关规定，讯问笔录是否注明讯问的起止时间和讯问地点，首次讯问时是否告知被告人申请回避、聘请律师等诉讼权利，被告人是否核对确认并签名（盖章）、捺指印，是否有不少于二人的讯问人签名等。

（三）讯问聋哑人、少数民族人员、外国人时是否提供了通晓聋、哑手势的人员或者翻译人员，讯问未成年同案犯时，是否通知了其法定代理人到场，其法定代理人是否在场。

（四）被告人的供述有无以刑讯逼供等非法手段获取的情形，必要时可以调取被告人进出看守所的健康检查记录、笔录。

（五）被告人的供述是否前后一致，有无反复以及出现反复的原因；被告人的所有供述和辩解是否均已收集入卷；应当入卷的供述和辩解没有入卷的，是否出具了相关说明。

（六）被告人的辩解内容是否符合案情和常理，有无矛盾。

（七）被告人的供述和辩解与同案犯的供述和辩解以及其他证据能否相互印证，有无矛盾。

对于上述内容，侦查机关随案移送有录音录像资料的，应当结合相关录音录像资料进行审查。

第十九条 采用刑讯逼供等非法手段取得的被告人供述，不能作为定案的根据。

第二十条 具有下列情形之一的被告人供述，不能作为定案的根据：

（一）讯问笔录没有经被告人核对确认并签名（盖章）、捺指印的；

（二）讯问聋哑人、不通晓当地通用语言、文字的人员时，应当提供通晓聋、哑手势的人员或者翻译人员而未提供的。

第二十一条 讯问笔录有下列瑕疵，通过有关办案人员的补正或者作出合理解释的，可以采用：

（一）笔录填写的讯问时间、讯问人、记录人、法定代理人等有误或者存在矛盾的；

（二）讯问人没有签名的；

（三）首次讯问笔录没有记录告知被讯问人诉讼权利内容的。

第二十二条 对被告人供述和辩解的审查，应当结合控辩双方提供的所有证据以及被告人本人的全部供述和辩解进行。

被告人庭前供述一致，庭审中翻供，但被告人不能合理说明翻供理由或者其辩解与全案证据相矛盾，而庭前供述与其他证据能够相互印证的，可以采信被告人庭前供述。

被告人庭前供述和辩解出现反复，但庭审中供认的，且庭审中的供述与其他证据能够印证的，可以采信庭审中的供述；被告人庭前供述和辩解出现反复，庭审中不供认，且无其他证据与庭前供述印证的，不能采信庭前供述。

4. 最高人民法院、最高人民检察院、公安部、国家安全部、司法部关于办理刑事案件排除非法证据若干问题的规定（节录）（2010 年 6 月 13 日　法发〔2010〕20 号）

第一条　采用刑讯逼供等非法手段取得的犯罪嫌疑人、被告人供述和采用暴力、威胁等非法手段取得的证人证言、被害人陈述，属于非法言词证据。

第二条　经依法确认的非法言词证据，应当予以排除，不能作为定案的根据。

第十一条　对被告人审判前供述的合法性，公诉人不提供证据加以证明，或者已提供的证据不够确实、充分的，该供述不能作为定案的根据。

第十二条　对于被告人及其辩护人提出的被告人审判前供述是非法取得的意见，第一审人民法院没有审查，并以被告人审判前供述作为定案根据的，第二审人民法院应当对被告人审判前供述取得的合法性进行审查。检察人员不提供证据加以证明，或者已提供的证据不够确实、充分的，被告人该供述不能作为定案的根据。

第十三条　庭审中，检察人员、被告人及其辩护人提出未到庭证人的书面证言、未到庭被害人的书面陈述是非法取得的，举证方应当对其取证的合法性予以证明。

对前款所述证据，法庭应当参照本规定有关规定进行调查。

第一百三十七条［传唤犯罪嫌疑人］

对于不需要逮捕、拘留的犯罪嫌疑人，经检察长批准，可以传唤到犯罪嫌疑人所在市、县内的指定地点或者到他的住处进行讯问。

传唤犯罪嫌疑人，应当向犯罪嫌疑人出示传唤通知书和有关证件，并责令犯罪嫌疑人在传唤通知书上签名或者盖章。

本规则第三十五条第二款的规定适用于传唤犯罪嫌疑人。

【条文释义】　本条是关于人民检察院传唤犯罪嫌疑人的规定。

本条第 1 款是关于传唤犯罪嫌疑人的地点的规定。本款规定的传唤对象是“不需要逮捕、拘留的犯罪嫌疑人”，即没有被羁押的犯罪嫌疑人。对已被羁押的犯罪嫌疑人提押出来即可进行讯问，因此，只有对没有被羁押的犯罪嫌疑人才涉及传唤的问题。本款规定传唤要“经检察长批准”，是指案件承办人员和办案部门负责人不能直接决定传唤犯罪嫌疑人，只能提出意见和审核意见，最终由检察长或主管副检察长决定。这是因为适用侦查措施是人民检察院的职权行为，检察人员个人和部门都无权决定。本款规定的传唤地点，包括：犯罪嫌疑人所在市、县内的指定地点和犯罪嫌疑人的住处。这里的“指定地点”，是指羁押场所以外的其他指定地点，实践中一般都是在人民检察院、犯罪嫌疑人所在的公安派出所或所在单位讯问。

本条第2款是关于传唤程序的规定。为了维护犯罪嫌疑人的权益，文明办案，本款规定传唤犯罪嫌疑人要出示传唤通知书和有关证件。传唤通知书是人民检察院传唤犯罪嫌疑人的合法证明文件，由人民检察院制作；有关证件，是指能够证明检察人员身份的证件，如工作证、检察官证或执行讯问任务的证明信等。向犯罪嫌疑人出示表明本人身份的证件，是为了向犯罪嫌疑人公开自己的身份，便于犯罪嫌疑人行使诉讼权利。本款规定，出示传唤通知书后，还应当责令犯罪嫌疑人在传唤通知书上签名或者盖章，这是为了证明传唤通知书已向犯罪嫌疑人出示。

本条第3款是关于《人民检察院刑事诉讼规则》第35条第2款的规定适用于传唤犯罪嫌疑人的规定。《人民检察院刑事诉讼规则》第35条第2款是对拘传地点的详细规定，由于该规定也适用于传唤犯罪嫌疑人，因此，犯罪嫌疑人的工作单位、户籍地与居住地不在同一市、县的，传唤应当在犯罪嫌疑人的工作单位所在的市、县进行，特殊情况下，也可以在犯罪嫌疑人户籍地或者居住地所在的市、县内进行。实质上，本款的规定也是对第1款“犯罪嫌疑人所在市、县”的具体解释。关于如何理解犯罪嫌疑人“工作单位所在的市、县”、“户籍地所在的市、县”和“居住地所在的市、县”，以及如何理解“市、县”的概念，详见《人民检察院刑事诉讼规则》第35条第2款的释义。

【传唤通知书的制作】

（一）制作方法

传唤通知书为三联填充式文书，各联的内容和制作方法如下：

1. 第一联存根。

（1）首部。包括：制作本文书的人民检察院名称；文书名称，即“传唤通知书”；文书编号，即“ 检 传〔 〕 号”，“检”前空余地方填写制作本文书的人民检察院的简称，“检”与“传”之间的空余地方填写人民检察院具体办案部门的简称，中括号内填写制作本文书的年度，中括号与“号”之间的空余地方填写本文书在该年度的序号。在文书名称下面标有“（存 根）”字样。

（2）正文。包括：案由，可以根据案件中犯罪嫌疑人所涉嫌的罪名填写为“贪污罪”、“受贿罪”、“挪用公款罪”等，如果因涉嫌多个罪名而立案的，应将所涉嫌的罪名填写全；犯罪嫌疑人基本情况，包括姓名、性别、年龄、工作单位、住址、身份证号码、是否是人大代表或政协委员，上述犯罪嫌疑人的基本情况，并不是要求每一项内容都必须填写完整、清楚，制作时可以根据具体案件的需要和实际掌握的情况加以填写；接受传唤的犯罪嫌疑人应当到达的指定时间，应具体到年、月、日、时；被传唤人应当按时到达的指定地点；制作本文书的批准人的姓名或者名称；具体办理这一案件的承办人的姓名；填发本文书的填发人的姓名；填发本文书的时间。

2. 第二联副本。

（1）首部。包括：制作本文书的人民检察院名称、文书名称、文书编号，填写要求与第一联一样，不同的是在文书名称下面标有“（副　本）”字样。

（2）正文。包括：需要通知到场接受讯问的犯罪嫌疑人的住址；需要接受讯问的犯罪嫌疑人的姓名；制作本文书的人民检察院决定讯问犯罪嫌疑人的时间，也就是犯罪嫌疑人应当到达的时间，具体到年、月、日、时；制作本文书的人民检察院决定讯问犯罪嫌疑人的地点，也就是犯罪嫌疑人应当按时到达的地点。

（3）尾部。包括：制作本文书的时间，具体到年、月、日；加盖制作本文书的人民检察院的院印；讯问开始的时间，具体到年、月、日、时、分；讯问结束的时间，具体到年、月、日、时、分；对于讯问开始与结束的时间，要求被传唤人填写并签名或者盖章加以确认，如果被传唤人拒绝签名或者盖章的，应当在本联文书中注明。

3. 第三联正本。

（1）首部。包括：制作本文书的人民检察院名称、文书名称、文书编号，填写要求与第一联一样。

（2）正文。依次填写的具体内容和填写要求与第二联一样。

（3）尾部。包括：制作本文书的时间，具体到年、月、日；加盖制作本文书的人民检察院的院印。

（二）使用说明

在具体使用时，应注意以下问题：本文书应当以被传唤的人次为单位制作，即对于同一个犯罪嫌疑人，每一次传唤均应单独制作传唤通知书；对于一次传唤多名犯罪嫌疑人进行讯问的，应当对每一个被传唤人均单独制作传唤通知书。讯问犯罪嫌疑人，应当个别进行。人民检察院审查案件，应当讯问犯罪嫌疑人，听取被害人和犯罪嫌疑人、被害人委托的人的意见。人民检察院审查案件，可以要求公安机关提供法庭审判所必需的证据材料。人民检察院审查案件，对于需要补充侦查的，可以退回公安机关补充侦查，也可以自行侦查。人民检察院审查逮捕部门办理审查逮捕案件，不另行侦查。在审查批捕中如果认为报请批准逮捕的证据存有疑问的，可以复核有关证据，讯问犯罪嫌疑人、询问证人。但讯问未被采取强制措施的犯罪嫌疑人的，讯问前应当征求公安机关或者本院侦查部门的意见。讯问犯罪嫌疑人，由检察人员负责进行。讯问的时候，检察人员不得少于2人。一次传唤持续的时间最长不得超过12小时。不得以连续传唤的形式变相拘禁犯罪嫌疑人。讯问犯罪嫌疑人的时候，应当首先查明他的基本情况，讯问其是否有犯罪行为，让其陈述有罪的事实或者作无罪的辩解，然后向他提出问题。对提出的反证要认真查核。严禁刑讯逼供和以威胁、引诱、欺骗以及其他非法的方法获取供述。讯问聋、哑的犯罪嫌疑人，应当有通晓聋、哑手势的人在场，并且将这种情况记明笔录。讯问犯罪嫌疑人，应当制作讯问笔录。讯问笔录应当字迹清楚，详细具体，忠实原话，并交犯罪嫌疑人核对。对于没有阅读能力的，应当向他宣读。如果记载有遗漏或者差错，应当补充或者改正。犯罪嫌疑人认为讯问笔录没有错误的，由犯罪嫌疑人在笔录上逐页签名或者盖章。如果犯罪嫌疑人拒绝签名或者盖章的，应当在笔录上注明。检察人员也应当在笔录上签名。犯罪嫌疑人请求自行书写供述的，检察人员应当准许。必要的时候，检察人员也可以要犯罪嫌疑人亲笔书写供词。讯问犯罪嫌疑人，可以同时采用录音、录像的记录方式。本文书中明确规定："被传唤人必须持此件报到，无故不到，得以拘传。"因此，对于经传唤没有正当理由不按时到达指定地点接受讯问的犯罪嫌疑人，可以适用拘传的强制措施。《刑事诉讼法》第50条规定："人民法院、人民检察院和公安机关根据案件情况，对犯罪嫌疑人、被告人可以拘传、取保候审或者监视居住。"《人民检察院刑事诉讼规则》第32条规定："人民检察院根据案件情况，对犯罪嫌疑人可以拘传。拘传应当经检察长批准，签发拘传证。"第33条规定："拘传时，应当向被拘传的犯罪嫌疑人出示拘传证。对抗拒拘传的，可以使用戒具，强制到案。执行拘传的人员不得少于二人。"一次拘传持续的时间最长不得超过12小时，不得以连续拘传的方式变相拘禁犯罪嫌疑人。

本文书只适用于没有被采取拘留、逮捕强制措施的犯罪嫌疑人。这里的"没有被采取拘留、逮捕强制措施"是指以下两种情况：一是犯罪嫌疑人未被采取任何强制措施；二是犯罪嫌疑人被采取了除拘留和逮捕以外的强制措施，包括被采取取保候审或者监视居住的犯罪嫌疑人和曾被拘传过的犯罪嫌疑人。对于因采取拘留、逮捕强制措施而被羁押的犯罪嫌疑人，需要讯问的，应当使用提押证。《人民检察院刑事诉讼规则》第139条第1款规定："提讯在押的犯罪嫌疑人，应当填写提押证，在看守所进行讯问。因侦查工作需要，需要提押犯罪嫌疑人出所辨认罪犯、罪证或者追缴犯罪有关财物的，可以提押犯罪嫌疑人到人民检察院接受讯问。提押犯罪嫌疑人到人民检察院讯问的，应当经检察长批准，由二名以上司法警察押解。"

询问证人，不能使用传唤通知书，而应当使用询问通知书。《刑事诉讼法》第97条第1款规定："侦查人员询问证人，可以到证人的所在单位或者住处进行，但是必须出示人民检察院或者公安机关的证明文件。在必要的时候，也可以通知证人到人民检察院或者公安机关提供证言。"

《刑事诉讼法》第92条第2款规定："传唤、拘传持续的时间最长不得超过十二小时。不得以连续传唤形式变相拘禁犯罪嫌疑人。”因此，正确确定传唤开始的时间，具有特别重大的意义。首先，确定传唤时间，应当具体精确到时，并且给予合理的送达传唤通知书时间和被传唤的犯罪嫌疑人合理的交通时间。对于被传唤人按照指定时间和指定地点到达接受讯问的，应当立即开始讯问。其次，对于没有按时到达指定地点的被传唤人，也应及时开始讯问，并将讯问开始时间和结束时间在文书副本联和讯问笔录当中加以注明。第三，第二联副本联中的“讯问开始时间”和“讯问结束时间”应当由被传唤的犯罪嫌疑人自己填写，并签名或者盖章；犯罪嫌疑人拒绝签名或者盖章的，讯问人员应当在文书和讯问笔录中注明。第四，无论是否达到预期的讯问效果，传唤均不得超过12小时，不得以连续传唤、拘传的形式变相拘禁犯罪嫌疑人。

《刑事诉讼法》第92条第1款规定：“对于不需要逮捕、拘留的犯罪嫌疑人，可以传唤到犯罪嫌疑人所在市、县内的指定地点或者到他的住处进行讯问，但是应当出示人民检察院或者公安机关的证明文件。”这里所说的“市”是指不设区的市，即一般所称的“县级市”。设区的市，必须传唤犯罪嫌疑人到其所在的区的指定地点接受讯问。《人民检察院刑事诉讼规则》第35条第2款规定：“犯罪嫌疑人的工作单位、户籍地与居住地不在同一市、县的，拘传应当在犯罪嫌疑人的工作单位所在的市、县进行；特殊情况下，也可以在犯罪嫌疑人户籍地或者居住地所在的市、县内进行。”

根据《刑事诉讼法》第96条第1款的规定：“犯罪嫌疑人在被侦查机关第一次讯问后或者采取强制措施之日起，可以聘请律师为其提供法律咨询、代理申诉、控告。犯罪嫌疑人被逮捕的，聘请的律师可以为其申请取保候审。涉及国家秘密的案件，犯罪嫌疑人聘请律师，应当经侦查机关批准。”因此，检察人员第一次讯问犯罪嫌疑人后或者对其采取强制措施之日起，应当告知犯罪嫌疑人可以聘请律师为其提供法律咨询、代理申诉、控告，并将告知情况记明笔录。

本文书三联之间的骑缝线上均有本文书文号，应当按照本文书第三联中文号的填写方法予以填写。

本文书共三联，第一联统一保存，第二联附卷，第三联送达被传唤人。

（三）文书格式（见下页）

人民检察院

传唤通知书

（存　根）

检　传〔　　〕　号

案由__________________

犯罪嫌疑人基本情况（姓名、性别、年龄、工作单位、住址、身份证号码、是否人大代表、政协委员）

____

____

____

____

应到时间__________________

应到地点__________________

批准人__________________

承办人__________________

填发人__________________

填发时间__________________

第一联统一保存

检　传〔　　〕　号

人民检察院

传唤通知书

（副　本）

检　传〔　　〕　号

根据《中华人民共和国刑事诉讼法》第九十二条的规定，现通知居住在__________的犯罪嫌疑人__________于______年____月____日____时到达__________接受讯问。被传唤人必须持此件报到，无故不到，得以拘传。

年　　月　　日

（院印）

讯问开始时间：______年____月____日____时____分

讯问结束时间：______年____月____日____时____分

被传唤人：__________

第二联附卷

检　传〔　　〕　号

人民检察院

传唤通知书

检　传〔　　〕　号

根据《中华人民共和国刑事诉讼法》第九十二条的规定，现通知居住在__________的犯罪嫌疑人__________于______年____月____日____时到达__________接受讯问。被传唤人必须持此件报到，无故不到，得以拘传。

年　　月　　日

（院印）

第三联送达被传唤人

第一百三十八条 [传唤的期限]

一次传唤持续的时间最长不得超过十二小时。不得以连续传唤的形式变相拘禁犯罪嫌疑人。

【条文释义】 本条是关于传唤期限的规定。

本条规定的“一次传唤持续的时间最长不得超过十二小时”，是指人民检察院根据案件情况可能多次传唤犯罪嫌疑人，但每一次传唤持续的时间都不能超过12小时。这里既不是指人民检察院只能对犯罪嫌疑人传唤一次，也不是指多次传唤累计时间不得超过12小时。“以连续传唤的形式变相拘禁犯罪嫌疑人”，是指传唤持续的时间虽有中断，没有一直延续下来，但两次传唤之间的间隔时间太短，不能给犯罪嫌疑人必要的饮食、睡眠时间，使犯罪嫌疑人难以维持基本生存条件，实质变成了“变相拘禁”。到底两次传唤之间间隔多长时间才算没有以连续传唤的形式变相拘禁犯罪嫌疑人，本条没有规定，这是因为办案情况十分复杂，不宜作出“一刀切”的规定，否则不符合办案实际，影响人民检察院的办案工作，也难以准确体现立法精神。实践中应当根据具体情况，在准确理解“不得以连续传唤的形式变相拘禁犯罪嫌疑人”精神实质的前提下，合理确定传唤的间隔时间。

第一百三十九条 [讯问地点和提讯程序]

提讯在押的犯罪嫌疑人，应当填写提押证，在看守所进行讯问。因侦查工作需要，需要提押犯罪嫌疑人出所辨认罪犯、罪证或者追缴犯罪有关财物的，可以提押犯罪嫌疑人到人民检察院接受讯问。

提讯在押的犯罪嫌疑人到人民检察院讯问的，应当经检察长批准，由二名以上司法警察押解。

【条文释义】 本条是关于讯问在押犯罪嫌疑人地点和提讯在押犯罪嫌疑人到人民检察院讯问的程序的规定。

本条第1款是关于讯问在押犯罪嫌疑人地点的规定。本款规定的“在押的犯罪嫌疑人”，是指已被采取拘留或者逮捕措施，羁押在看守所的犯罪嫌疑人。本款规定的讯问地点有两个，即看守所和人民检察院。讯问在押犯罪嫌疑人，一般在看守所进行。这是因为，在押犯罪嫌疑人一般都有较大的社会危险性，由于其已被剥夺人身自由，讯问地点必须安全、可靠，而看守所正是羁押犯罪嫌疑人的专门场所，并且设有审讯室供讯问使用。《中华人民共和国看守所条例》（以下简称《看守所条例》）也要求讯问犯罪嫌疑人一般要在看守所进行。但实践中，也有特殊情况需要提押犯罪嫌疑人到人民检察院讯问的。为了使《人民检察院刑事诉讼规则》与公安部制定的《中华人民共和国看守所条例实施办法

(试行)》(以下简称《看守所条例实施办法》(试行)) 关于提押犯罪嫌疑人出所讯问的有关规定一致起来，防止实践中人民检察院与看守所有不同意见，也为了使提押犯罪嫌疑人到人民检察院讯问的条件明确化、规范化，防止出现犯罪嫌疑人在人民检察院自杀、逃跑的现象，本款对提押犯罪嫌疑人到人民检察院讯问的条件作了明确规定。本款规定提押犯罪嫌疑人到人民检察院讯问的条件，即公安部《看守所条例实施办法（试行)》第23条规定的情形，“因侦查工作需要，需要提押犯罪嫌疑人出所辨认罪犯、罪证或者追缴犯罪有关财物的”。这里的“辨认罪犯、罪证”，是指需要在押的犯罪嫌疑人对其他罪犯和证据进行辨认，以完成人民检察院的侦查任务；“追缴犯罪有关财物”，是指需要在押的犯罪嫌疑人对与犯罪有关的财物的隐匿地点、隐匿人员等进行指认，以完成人民检察院的侦查任务。除了上述因侦查工作需要的情形，人民检察院不得提押犯罪嫌疑人到人民检察院讯问。本款还规定，无论是在看守所讯问，还是在人民检察院讯问，都必须填写提押证。提押证是人民检察院制作的专供讯问在押犯罪嫌疑人使用的法律文书，上面载有讯问人员的姓名、人数和犯罪嫌疑人的姓名以及提押、还押时间。提讯在押犯罪嫌疑人，必须向看守所出具提押证。

本条第2款是关于提押在押犯罪嫌疑人到人民检察院讯问的程序的规定。为了严格遵守有关规定，防止发生意外，本款规定提押在押犯罪嫌疑人到人民检察院讯问必须经检察长批准，这也与《看守所条例实施办法（试行)》的要求一致。在提押过程中，必须有2名以上司法警察押解。

【提押证的制作】

（一）制作方法

提押证为填充式文书，共一联，可以分为首部、正文和尾部三部分。

（1）首部。包括：制作本文书的人民检察院名称；文书名称，即“提押证”；文书编号，即“ 检 押〔 〕 号”，“检”前空余地方填写制作本文书的人民检察院的简称，“检”与“押”之间的空余地方填写人民检察院具体办案部门的简称，中括号内填写制作本文书的年度，中括号与“号”之间的空余地方填写本文书在该年度的序号。

（2）正文。包括：代表人民检察院提讯在押犯罪嫌疑人的检察人员姓名；进行提讯在押犯罪嫌疑人检察人员的人数；羁押犯罪嫌疑人的看守所的名称。

（3）尾部。包括：制作本文书的时间，具体到年、月、日；加盖制作本文书的人民检察院的院印。

在提押证的附表表格当中，应当依次填写：需要提讯的在押犯罪嫌疑人的姓名、性别、出生年月、案号、监号、提解时间、检察人员签名或者盖章、还押时间、监管人员签名或者盖章。

（二）使用说明

在具体使用时，应注意以下问题：本文书只适用于已被羁押的犯罪嫌疑人，即犯罪嫌疑人被采取了拘留或者逮捕的强制措施。对于未被采取拘留、逮捕强制措施的犯罪嫌疑人，需要讯问的，应当使用传唤通知书。本文书应当以被提讯的人为单位制作，即对于同一个犯罪嫌疑人均单独制作提押证，每一次提讯，均在提押证上填记一行。对于一次提讯多名犯罪嫌疑人的，应当对每一个被提讯人均单独制作提押证。提讯犯罪嫌疑人，应当个别进行。提押证既是人民检察院依法从看守所提讯在押的犯罪嫌疑人的法定凭证，也是明确提讯期间看管责任的法定凭证。《看守所条例》第 19 条规定："公安机关、国家安全机关、人民检察院、人民法院提讯人犯时，必须持有提讯证或者提票。提讯人员不得少于 2 人。不符合前款规定的，看守所应当拒绝提讯。"第 20 条规定："提讯人员讯问人犯完毕，应当立即将人犯交给值班看守人员收押，并收回提讯证或者提票。"第 21 条规定："押解人员在押解人犯途中，必须严密看管，防止发生意外。对被押解的人犯，可以使用械具。押解女性人犯，应当有女工作人员负责途中的生活管理。"《看守所条例实施办法（试行）》第 23 条第 2 款规定："因侦查工作需要，提人犯出所辨认罪犯、罪证或者起赃的，必须持有县级以上公安机关、国家安全机关或者人民检察院领导的批示，凭加盖看守所公章的《提讯证》或者《提票》，由二名以上办案人员提解。"

人民检察院审查逮捕部门办理审查逮捕案件，不另行侦查。在审查批捕中如果认为报请批准逮捕的证据存有疑问的，可以复核有关证据，讯问犯罪嫌疑人、询问证人。但讯问未被采取强制措施的犯罪嫌疑人的，讯问前应当征求公安机关或者本院侦查部门的意见。讯问犯罪嫌疑人，由检察人员负责进行。讯问的时候，检察人员不得少于二人。讯问犯罪嫌疑人的时候，应当首先查明他的基本情况，讯问其是否有犯罪行为，让其陈述有罪的事实或者作无罪的辩解，然后向他提出问题。对提出的反证要认真查核。严禁刑讯逼供和以威胁、引诱、欺骗以及其他非法的方法获取供述。讯问聋、哑的犯罪嫌疑人，应当有通晓聋、哑手势的人在场，并且将这种情况记明笔录。讯问犯罪嫌疑人，应当制作讯问笔录。讯问笔录应当字迹清楚，详细具体，忠实原话，并交犯罪嫌疑人核对。对于没有阅读能力的，应当向他宣读。如果记载有遗漏或者差错，应当补充或者改正。犯罪嫌疑人认为讯问笔录没有错误的，由犯罪嫌疑人在笔录上逐页签名或者盖章。如果犯罪嫌疑人拒绝签名或者盖章的，应当在笔录上注明。检察人员也应当在笔录上签名。犯罪嫌疑人请求自行书写供述的，检察人员应当准许。必要的时候，检察人员也可以要犯罪嫌疑人亲笔书写供词。讯问犯罪嫌疑人，可以同时采用录音、录像的记录方式。

提押证中载明的提解时间和还押时间是检察人员提讯在押犯罪嫌疑人的时间和看管犯罪嫌疑人责任转移的记录和鉴证，具有十分重要的意义。人民检察院提讯犯罪嫌疑人时，检察人员应当如实填写提押证中的提解时间，具体到月、日、时、分，并签名或者盖章，将提押证交由看守所的监管人员保存。在提讯过程中，提讯的检察人员必须尽职尽责，防止犯罪嫌疑人自杀、逃跑或者行凶等。提讯完毕后，检察人员应当将犯罪嫌疑人交由看守所的监管人员监管，并由看守所的监管人员在提押证上写明还押时间，具体到月、日、时、分，监管人员签名或者盖章后，检察人员取回提押证。提讯在押的犯罪嫌疑人到人民检察院讯问的，提解的检察人员也应当如实填写提解时间，将提押证交由看守所的监管人员保存，在将犯罪嫌疑人还押时，由看守所的监管人员填写还押时间并签名或者盖章后取回提押证。

本文书共一联，使用完后附卷。

（三）文书格式（见下页）

人民检察院

提　押　证

检押〔　　〕号

兹有本院＿＿＿＿＿＿等＿＿＿＿＿＿人，前来提押犯罪嫌疑人一名，请接洽。

此致

＿＿＿＿＿＿＿＿看守所

年　　月　　日

（院印）

<table>
<tr><td>犯罪嫌疑人</td><td></td><td>性别</td><td></td><td>出生年月</td><td></td></tr>
<tr><td>案　号</td><td></td><td>监　号</td><td colspan="3"></td></tr>
<tr><td>提解时间</td><td>检察人员签名或者盖章</td><td>还押时间</td><td colspan="3">监管人员签名或者盖章</td></tr>
<tr><td>月　日
时　分</td><td></td><td>月　日
时　分</td><td colspan="3"></td></tr>
<tr><td>月　日
时　分</td><td></td><td>月　日
时　分</td><td colspan="3"></td></tr>
<tr><td>月　日
时　分</td><td></td><td>月　日
时　分</td><td colspan="3"></td></tr>
<tr><td>月　日
时　分</td><td></td><td>月　日
时　分</td><td colspan="3"></td></tr>
<tr><td>月　日
时　分</td><td></td><td>月　日
时　分</td><td colspan="3"></td></tr>
</table>

第一百四十条 ［讯问犯罪嫌疑人的方式］

讯问犯罪嫌疑人的时候，应当首先查明他的基本情况，讯问其是否有犯罪行为，让其陈述有罪的事实或者作无罪的辩解，然后向他提出问题。对提出的反证要认真查核。严禁刑讯逼供和以威胁、引诱、欺骗以及其他非法的方法获取供述。

【条文释义】 本条是关于讯问犯罪嫌疑人方式的规定。

本条从正反两个方面对讯问犯罪嫌疑人的方式作了规定。根据本条规定，讯问犯罪嫌疑人时，首先应当查明他的“基本情况”，包括姓名、曾用名、年龄、出生年月、籍贯、羁押前居住地、民族、文化程度、政治面貌、婚姻状况、家庭主要成员等内容。查明基本情况后，再讯问犯罪嫌疑人“是否有犯罪行为，让其陈述有罪的事实或者作无罪的辩解”，这是指应当先让犯罪嫌疑人对自己的行为和对行为的评价作连贯的陈述，无论犯罪嫌疑人是承认自己有罪还是认为自己无罪，都要让犯罪嫌疑人连贯、完整地叙述事情的经过和理由。实践中，侦查人员要防止一听到犯罪嫌疑人作无罪辩解就予以制止，这样既侵犯了犯罪嫌疑人的权利，也不利于查明事实真相。在犯罪嫌疑人连贯陈述或辩解完毕之后，侦查人员再向他提出问题。提出的问题应当根据犯罪嫌疑人的供述或辩解情况而定，这些问题应当是与认定案件事实有一定关系，影响对犯罪嫌疑人定罪量刑的问题，不能是与案件无关的问题。为了保证讯问的顺利进行，侦查人员在讯问前应当做好充分准备，熟悉案卷情况，制定讯问提纲，对可能出现的问题进行预测，做到心中有数。本条还规定“对提出的反证要认真查核”，“提出的反证”，是指犯罪嫌疑人提出的自己无罪或罪轻的事实、证明自己无罪或罪轻的证据和认为自己无罪或罪轻的理由。对其认真查核，是为了全面审查证据，防止先入为主，正确认定事实。

本条还从反面规定了讯问犯罪嫌疑人禁止使用的方式。这里的“刑讯逼供”，是指为了获取犯罪嫌疑人的有罪供述而使用暴力手段；“威胁”包括以暴力和非暴力内容的威胁，只要使犯罪嫌疑人产生精神上的恐惧感即属于威胁；“引诱”，是指设置圈套使犯罪嫌疑人按照侦查人员的意图回答问题；“欺骗”，是指以编造事实或隐瞒事实真相的方式使犯罪嫌疑人“自愿”地作有罪陈述；“其他非法的方法”，是指上述方法以外的非法方法，如变相体罚等。

【参考规定】

1. **最高人民法院、最高人民检察院、公安部、国家安全部、司法部关于办理死刑案件审查判断证据若干问题的规定（节录）**（2010年6月13日　法发〔2010〕20号）

为依法、公正、准确、慎重地办理死刑案件，惩罚犯罪，保障人权，根据《中华人民共和国刑事诉讼法》等有关法律规定，结合司法实际，制定本规定。

一、一般规定

第一条 办理死刑案件，必须严格执行刑法和刑事诉讼法，切实做到事实清楚，证据确实、充分，程序合法，适用法律正确，确保案件质量。

第二条 认定案件事实，必须以证据为根据。

第三条 侦查人员、检察人员、审判人员应当严格遵守法定程序，全面、客观地收集、审查、核实和认定证据。

第四条　经过当庭出示、辨认、质证等法庭调查程序查证属实的证据，才能作为定罪量刑的根据。

第五条　办理死刑案件，对被告人犯罪事实的认定，必须达到证据确实、充分。

证据确实、充分是指：

（一）定罪量刑的事实都有证据证明；

（二）每一个定案的证据均已经法定程序查证属实；

（三）证据与证据之间、证据与案件事实之间不存在矛盾或者矛盾得以合理排除；

（四）共同犯罪案件中，被告人的地位、作用均已查清；

（五）根据证据认定案件事实的过程符合逻辑和经验规则，由证据得出的结论为唯一结论。

办理死刑案件，对于以下事实的证明必须达到证据确实、充分：

（一）被指控的犯罪事实的发生；

（二）被告人实施了犯罪行为与被告人实施犯罪行为的时间、地点、手段、后果以及其他情节；

（三）影响被告人定罪的身份情况；

（四）被告人有刑事责任能力；

（五）被告人的罪过；

（六）是否共同犯罪及被告人在共同犯罪中的地位、作用；

（七）对被告人从重处罚的事实。

二、证据的分类审查与认定

1. 物证、书证

第六条　对物证、书证应当着重审查以下内容：

（一）物证、书证是否为原物、原件，物证的照片、录像或者复制品及书证的副本、复制件与原物、原件是否相符；物证、书证是否经过辨认、鉴定；物证的照片、录像或者复制品和书证的副本、复制件是否由二人以上制作，有无制作人关于制作过程及原件、原物存放于何处的文字说明及签名。

（二）物证、书证的收集程序、方式是否符合法律及有关规定；经勘验、检查、搜查提取、扣押的物证、书证，是否附有相关笔录或者清单；笔录或者清单是否有侦查人员、物品持有人、见证人签名，没有物品持有人签名的，是否注明原因；对物品的特征、数量、质量、名称等注明是否清楚。

（三）物证、书证在收集、保管及鉴定过程中是否受到破坏或者改变。

（四）物证、书证与案件事实有无关联。对现场遗留与犯罪有关的具备检验鉴定条件的血迹、指纹、毛发、体液等生物物证、痕迹、物品，是否通过DNA鉴定、指纹鉴定等鉴定方式与被告人或者被害人的相应生物检材、生物特征、物品等作同一认定。

（五）与案件事实有关联的物证、书证是否全面收集。

第七条　对在勘验、检查、搜查中发现与案件事实可能有关联的血迹、指纹、足迹、字迹、毛发、体液、人体组织等痕迹和物品应当提取而没有提取，应当检验而没有检验，导致案件事实存疑的，人民法院应当向人民检察院说明情况，人民检察院依法可以补充收集、调取证据，作出合理的说明或者退回侦查机关补充侦查，调取有关证据。

第八条 据以定案的物证应当是原物。只有在原物不便搬运、不易保存或者依法应当由有关部门保管、处理或者依法应当返还时，才可以拍摄或者制作足以反映原物外形或者内容的照片、录像或者复制品。物证的照片、录像或者复制品，经与原物核实无误或者经鉴定证明为真实的，或者以其他方式确能证明其真实的，可以作为定案的根据。原物的照片、录像或者复制品，不能反映原物的外形和特征的，不能作为定案的根据。

据以定案的书证应当是原件。只有在取得原件确有困难时，才可以使用副本或者复制件。书证的副本、复制件，经与原件核实无误或者经鉴定证明为真实的，或者以其他方式确能证明其真实的，可以作为定案的根据。书证有更改或者更改迹象不能作出合理解释的，书证的副本、复制件不能反映书证原件及其内容的，不能作为定案的根据。

第九条 经勘验、检查、搜查提取、扣押的物证、书证，未附有勘验、检查笔录，搜查笔录，提取笔录，扣押清单，不能证明物证、书证来源的，不能作为定案的根据。

物证、书证的收集程序、方式存在下列瑕疵，通过有关办案人员的补正或者作出合理解释的，可以采用：

（一）收集调取的物证、书证，在勘验、检查笔录，搜查笔录，提取笔录，扣押清单上没有侦查人员、物品持有人、见证人签名或者物品特征、数量、质量、名称等注明不详的；

（二）收集调取物证照片、录像或者复制品，书证的副本、复制件未注明与原件核对无异，无复制时间、无被收集、调取人（单位）签名（盖章）的；

（三）物证照片、录像或者复制品，书证的副本、复制件没有制作人关于制作过程及原物、原件存放于何处的说明或者说明中无签名的；

（四）物证、书证的收集程序、方式存在其他瑕疵的。

对物证、书证的来源及收集过程有疑问，不能作出合理解释的，该物证、书证不能作为定案的根据。

第十条 具备辨认条件的物证、书证应当交由当事人或者证人进行辨认，必要时应当进行鉴定。

2. 证人证言

第十一条 对证人证言应当着重审查以下内容：

（一）证言的内容是否为证人直接感知。

（二）证人作证时的年龄、认知水平、记忆能力和表达能力，生理上和精神上的状态是否影响作证。

（三）证人与案件当事人、案件处理结果有无利害关系。

（四）证言的取得程序、方式是否符合法律及有关规定：有无使用暴力、威胁、引诱、欺骗以及其他非法手段取证的情形；有无违反询问证人应当个别进行的规定；笔录是否经证人核对确认并签名（盖章）、捺指印；询问未成年证人，是否通知了其法定代理人到场，其法定代理人是否在场等。

（五）证人证言之间以及与其他证据之间能否相互印证，有无矛盾。

第十二条 以暴力、威胁等非法手段取得的证人证言，不能作为定案的根据。

处于明显醉酒、麻醉品中毒或者精神药物麻醉状态，以致不能正确表达的证人所提供的证言，不能作为定案的根据。

证人的猜测性、评论性、推断性的证言，不能作为证据使用，但根据一般生活经验判断符合事实的除外。

第十三条 具有下列情形之一的证人证言，不能作为定案的根据：

（一）询问证人没有个别进行而取得的证言；

（二）没有经证人核对确认并签名（盖章）、捺指印的书面证言；

（三）询问聋哑人或者不通晓当地通用语言、文字的少数民族人员、外国人，应当提供翻译而未提供的。

第十四条 证人证言的收集程序和方式有下列瑕疵，通过有关办案人员的补正或者作出合理解释的，可以采用：

（一）没有填写询问人、记录人、法定代理人姓名或者询问的起止时间、地点的；

（二）询问证人的地点不符合规定的；

（三）询问笔录没有记录告知证人应当如实提供证言和有意作伪证或者隐匿罪证要负法律责任内容的；

（四）询问笔录反映出在同一时间段内，同一询问人员询问不同证人的。

第十五条 具有下列情形的证人，人民法院应当通知出庭作证；经依法通知不出庭作证证人的书面证言经质证无法确认的，不能作为定案的根据：

（一）人民检察院、被告人及其辩护人对证人证言有异议，该证人证言对定罪量刑有重大影响的；

（二）人民法院认为其他应当出庭作证的。

证人在法庭上的证言与其庭前证言相互矛盾，如果证人当庭能够对其翻证作出合理解释，并有相关证据印证的，应当采信庭审证言。

对未出庭作证证人的书面证言，应当听取出庭检察人员、被告人及其辩护人的意见，并结合其他证据综合判断。未出庭作证证人的书面证言出现矛盾，不能排除矛盾且无证据印证的，不能作为定案的根据。

第十六条 证人作证，涉及国家秘密或者个人隐私的，应当保守秘密。

证人出庭作证，必要时，人民法院可以采取限制公开证人信息、限制询问、遮蔽容貌、改变声音等保护性措施。

5. 鉴定意见

第二十三条 对鉴定意见应当着重审查以下内容：

（一）鉴定人是否存在应当回避而未回避的情形。

（二）鉴定机构和鉴定人是否具有合法的资质。

（三）鉴定程序是否符合法律及有关规定。

（四）检材的来源、取得、保管、送检是否符合法律及有关规定，与相关提取笔录、扣押物品清单等记载的内容是否相符，检材是否充足、可靠。

（五）鉴定的程序、方法、分析过程是否符合本专业的检验鉴定规程和技术方法要求。

（六）鉴定意见的形式要件是否完备，是否注明提起鉴定的事由、鉴定委托人、鉴定机构、鉴定要求、鉴定过程、检验方法、鉴定文书的日期等相关内容，是否由鉴定机构加盖鉴定专用章并由鉴定人签名盖章。

（七）鉴定意见是否明确。

（八）鉴定意见与案件待证事实有无关联。

（九）鉴定意见与其他证据之间是否有矛盾，鉴定意见与检验笔录及相关照片是否有矛盾。

（十）鉴定意见是否依法及时告知相关人员，当事人对鉴定意见是否有异议。

第二十四条 鉴定意见具有下列情形之一的，不能作为定案的根据：

（一）鉴定机构不具备法定的资格和条件，或者鉴定事项超出本鉴定机构项目范围或者鉴定能力的；

（二）鉴定人不具备法定的资格和条件、鉴定人不具有相关专业技术或者职称、鉴定人违反回避规定的；

（三）鉴定程序、方法有错误的；

（四）鉴定意见与证明对象没有关联的；

（五）鉴定对象与送检材料、样本不一致的；

（六）送检材料、样本来源不明或者确实被污染且不具备鉴定条件的；

（七）违反有关鉴定特定标准的；

（八）鉴定文书缺少签名、盖章的；

（九）其他违反有关规定的情形。

对鉴定意见有疑问的，人民法院应当依法通知鉴定人出庭作证或者由其出具相关说明，也可以依法补充鉴定或者重新鉴定。

6. 勘验、检查笔录

第二十五条 对勘验、检查笔录应当着重审查以下内容：

（一）勘验、检查是否依法进行，笔录的制作是否符合法律及有关规定的要求，勘验、检查人员和见证人是否签名或者盖章等。

（二）勘验、检查笔录的内容是否全面、详细、准确、规范：是否准确记录了提起勘验、检查的事由，勘验、检查的时间、地点，在场人员、现场方位、周围环境等情况；是否准确记载了现场、物品、人身、尸体等的位置、特征等详细情况以及勘验、检查、搜查的过程；文字记载与实物或者绘图、录像、照片是否相符；固定证据的形式、方法是否科学、规范；现场、物品、痕迹等是否被破坏或者伪造，是否是原始现场；人身特征、伤害情况、生理状况有无伪装或者变化等。

（三）补充进行勘验、检查的，前后勘验、检查的情况是否有矛盾，是否说明了再次勘验、检查的原由。

（四）勘验、检查笔录中记载的情况与被告人供述、被害人陈述、鉴定意见等其他证据能否印证，有无矛盾。

第二十六条 勘验、检查笔录存在明显不符合法律及有关规定的情形，并且不能作出合理解释或者说明的，不能作为证据使用。

勘验、检查笔录存在勘验、检查没有见证人的，勘验、检查人员和见证人没有签名、盖章的，勘验、检查人员违反回避规定的等情形，应当结合案件其他证据，审查其真实性和关联性。

7. 视听资料

第二十七条 对视听资料应当着重审查以下内容：

（一）视听资料的来源是否合法，制作过程中当事人有无受到威胁、引诱等违反法律及有关规定的情形；

（二）是否载明制作人或者持有人的身份，制作的时间、地点和条件以及制作方法；

（三）是否为原件，有无复制及复制份数；调取的视听资料是复制件的，是否附有无法调取原件的原因、制作过程和原件存放地点的说明，是否有制作人和原视听资料持有人签名或者盖章；

（四）内容和制作过程是否真实，有无经过剪辑、增加、删改、编辑等伪造、变造情形；

（五）内容与案件事实有无关联性。

对视听资料有疑问的，应当进行鉴定。

对视听资料，应当结合案件其他证据，审查其真实性和关联性。

第二十八条 具有下列情形之一的视听资料，不能作为定案的根据：

（一）视听资料经审查或者鉴定无法确定真伪的；

（二）对视听资料的制作和取得的时间、地点、方式等有异议，不能作出合理解释或者提供必要证明的。

8. 其他规定

第二十九条 对于电子邮件、电子数据交换、网上聊天记录、网络博客、手机短信、电子签名、域名等电子证据，应当主要审查以下内容：

（一）该电子证据存储磁盘、存储光盘等可移动存储介质是否与打印件一并提交；

（二）是否载明该电子证据形成的时间、地点、对象、制作人、制作过程及设备情况等；

（三）制作、储存、传递、获得、收集、出示等程序和环节是否合法，取证人、制作人、持有人、见证人等是否签名或者盖章；

（四）内容是否真实，有无剪裁、拼凑、篡改、添加等伪造、变造情形；

（五）该电子证据与案件事实有无关联性。

对电子证据有疑问的，应当进行鉴定。

对电子证据，应当结合案件其他证据，审查其真实性和关联性。

第三十条 侦查机关组织的辨认，存在下列情形之一的，应当严格审查，不能确定其真实性的，辨认结果不能作为定案的根据：

（一）辨认不是在侦查人员主持下进行的；

（二）辨认前使辨认人见到辨认对象的；

（三）辨认人的辨认活动没有个别进行的；

（四）辨认对象没有混杂在具有类似特征的其他对象中，或者供辨认的对象数量不符合规定的；尸体、场所等特定辨认对象除外。

（五）辨认中给辨认人明显暗示或者明显有指认嫌疑的。

有下列情形之一的，通过有关办案人员的补正或者作出合理解释的，辨认结果可以作为证据使用：

（一）主持辨认的侦查人员少于二人的；

（二）没有向辨认人详细询问辨认对象的具体特征的；

（三）对辨认经过和结果没有制作专门的规范的辨认笔录，或者辨认笔录没有侦查人员、辨认人、见证人的签名或者盖章的；

（四）辨认记录过于简单，只有结果没有过程的；

（五）案卷中只有辨认笔录，没有被辨认对象的照片、录像等资料，无法获悉辨认的真实情况的。

第三十一条 对侦查机关出具的破案经过等材料，应当审查是否有出具该说明材料的办案人、办案机关的签字或者盖章。

对破案经过有疑问，或者对确定被告人有重大嫌疑的根据有疑问的，应当要求侦查机关补充说明。

三、证据的综合审查和运用

第三十二条 对证据的证明力，应当结合案件的具体情况，从各证据与待证事实的关联程度、各证据之间的联系等方面进行审查判断。

证据之间具有内在的联系，共同指向同一待证事实，且能合理排除矛盾的，才能作为定案的根据。

第三十三条 没有直接证据证明犯罪行为系被告人实施，但同时符合下列条件的可以认定被告人有罪：

（一）据以定案的间接证据已经查证属实；

（二）据以定案的间接证据之间相互印证，不存在无法排除的矛盾和无法解释的疑问；

（三）据以定案的间接证据已经形成完整的证明体系；

（四）依据间接证据认定的案件事实，结论是唯一的，足以排除一切合理怀疑；

（五）运用间接证据进行的推理符合逻辑和经验判断。

根据间接证据定案的，判处死刑应当特别慎重。

第三十四条 根据被告人的供述、指认提取到了隐蔽性很强的物证、书证，且与其他证明犯罪事实发生的证据互相印证，并排除串供、逼供、诱供等可能性的，可以认定有罪。

第三十五条 侦查机关依照有关规定采用特殊侦查措施所收集的物证、书证及其他证据材料，经法庭查证属实，可以作为定案的根据。

法庭依法不公开特殊侦查措施的过程及方法。

第三十六条 在对被告人作出有罪认定后，人民法院认定被告人的量刑事实，除审查法定情节外，还应审查以下影响量刑的情节：

（一）案件起因；

（二）被害人有无过错及过错程度，是否对矛盾激化负有责任及责任大小；

（三）被告人的近亲属是否协助抓获被告人；

（四）被告人平时表现及有无悔罪态度；

（五）被害人附带民事诉讼赔偿情况，被告人是否取得被害人或者被害人近亲属谅解；

（六）其他影响量刑的情节。

既有从轻、减轻处罚等情节，又有从重处罚等情节的，应当依法综合相关情节予以考虑。

不能排除被告人具有从轻、减轻处罚等量刑情节的，判处死刑应当特别慎重。

第三十七条 对于有下列情形的证据应当慎重使用，有其他证据印证的，可以采信：

（一）生理上、精神上有缺陷的被害人、证人和被告人，在对案件事实的认知和表达上存在一定困难，但尚未丧失正确认知、正确表达能力而作的陈述、证言和供述；

（二）与被告人有亲属关系或者其他密切关系的证人所作的对该被告人有利的证言，或者与被告人有利害冲突的证人所作的对该被告人不利的证言。

第三十八条 法庭对证据有疑问的，可以告知出庭检察人员、被告人及其辩护人补充证据或者作出说明；确有核实必要的，可以宣布休庭，对证据进行调查核实。法庭进行庭外调查时，必要时，可以通知出庭检察人员、辩护人到场。出庭检察人员、辩护人一方或者双方不到场的，法庭记录在案。

人民检察院、辩护人补充的和法庭庭外调查核实取得的证据，法庭可以庭外征求出庭检察人员、辩护人的意见。双方意见不一致，有一方要求人民法院开庭进行调查的，人民法院应当开庭。

第三十九条 被告人及其辩护人提出有自首的事实及理由，有关机关未予认定的，应当要求有关机关提供证明材料或者要求相关人员作证，并结合其他证据判断自首是否成立。

被告人是否协助或者如何协助抓获同案犯的证明材料不全，导致无法认定被告人构成立功的，应当要求有关机关提供证明材料或者要求相关人员作证，并结合其他证据判断立功是否成立。

被告人有检举揭发他人犯罪情形的，应当审查是否已经查证属实；尚未查证的，应当及时查证。

被告人累犯的证明材料不全，应当要求有关机关提供证明材料。

第四十条 审查被告人实施犯罪时是否已满十八周岁，一般应当以户籍证明为依据；对户籍证明有异议，并有经查证属实的出生证明文件、无利害关系人的证言等证据证明被告人不满十八周岁的，应认定被告人不满十八周岁；没有户籍证明以及出生证明文件的，应当根据人口普查登记、无利害关系人的证言等证据综合进行判断，必要时，可以进行骨龄鉴定，并将结果作为判断被告人年龄的参考。

未排除证据之间的矛盾，无充分证据证明被告人实施被指控的犯罪时已满十八周岁且确实无法查明的，不能认定其已满十八周岁。

第四十一条 本规定自二〇一〇年七月一日起施行。

2. **最高人民法院、最高人民检察院、公安部、国家安全部、司法部关于办理刑事案件排除非法证据若干问题的规定（节录）**（2010年6月13日 法发〔2010〕20号）

为规范司法行为，促进司法公正，根据刑事诉讼法和相关司法解释，结合人民法院、人民检察院、公安机关、国家安全机关和司法行政机关办理刑事案件工作实际，制定本规定。

第三条 人民检察院在审查批准逮捕、审查起诉中，对于非法言词证据应当依法予以排除，不能作为批准逮捕、提起公诉的根据。

第四条 起诉书副本送达后开庭审判前，被告人提出其审判前供述是非法取得的，应当向人民法院提交书面意见。被告人书写确有困难的，可以口头告诉，由人民法院工作人员或者其辩护人作出笔录，并由被告人签名或者捺指印。

人民法院应当将被告人的书面意见或者告诉笔录复印件在开庭前交人民检察院。

第五条 被告人及其辩护人在开庭审理前或者庭审中，提出被告人审判前供述是非法取得的，法庭在公诉人宣读起诉书之后，应当先行当庭调查。

法庭辩论结束前，被告人及其辩护人提出被告人审判前供述是非法取得的，法庭也应当进行调查。

第六条 被告人及其辩护人提出被告人审判前供述是非法取得的，法庭应当要求其提供涉嫌非法取证的人员、时间、地点、方式、内容等相关线索或者证据。

第七条 经审查，法庭对被告人审判前供述取得的合法性有疑问的，公诉人应当向法庭提供讯问笔录、原始的讯问过程录音录像或者其他证据，提请法庭通知讯问时其他在场人员或者其他证人出庭作证，仍不能排除刑讯逼供嫌疑的，提请法庭通知讯问人员出庭作证，对该供述取得的合法性予以证明。公诉人当庭不能举证的，可以根据刑事诉讼法第一百六十五条的规定，建议法庭延期审理。

经依法通知，讯问人员或者其他人员应当出庭作证。

公诉人提交加盖公章的说明材料，未经有关讯问人员签名或者盖章的，不能作为证明取证合法性的证据。

控辩双方可以就被告人审判前供述取得的合法性问题进行质证、辩论。

第八条 法庭对于控辩双方提供的证据有疑问的，可以宣布休庭，对证据进行调查核实。必要时，可以通知检察人员、辩护人到场。

第九条 庭审中，公诉人为提供新的证据需要补充侦查，建议延期审理的，法庭应当同意。

被告人及其辩护人申请通知讯问人员、讯问时其他在场人员或者其他证人到庭，法庭认为有必要的，可以宣布延期审理。

第十条 经法庭审查，具有下列情形之一的，被告人审判前供述可以当庭宣读、质证：

（一）被告人及其辩护人未提供非法取证的相关线索或者证据的；

（二）被告人及其辩护人已提供非法取证的相关线索或者证据，法庭对被告人审判前供述取得的合法性没有疑问的；

（三）公诉人提供的证据确实、充分，能够排除被告人审判前供述属非法取得的。

对于当庭宣读的被告人审判前供述，应当结合被告人当庭供述以及其他证据确定能否作为定案的根据。

第十一条 对被告人审判前供述的合法性，公诉人不提供证据加以证明，或者已提供的证据不够确实、充分的，该供述不能作为定案的根据。

第十二条 对于被告人及其辩护人提出的被告人审判前供述是非法取得的意见，第一审人民法院没有审查，并以被告人审判前供述作为定案根据的，第二审人民法院应当对被告人审判前供述取得的合法性进行审查。检察人员不提供证据加以证明，或者已提供的证据不够确实、充分的，被告人该供述不能作为定案的根据。

第十三条 庭审中，检察人员、被告人及其辩护人提出未到庭证人的书面证言、未到庭被害人的书面陈述是非法取得的，举证方应当对其取证的合法性予以证明。

对前款所述证据，法庭应当参照本规定有关规定进行调查。

第十四条 物证、书证的取得明显违反法律规定，可能影响公正审判的，应当予以补正或者作出合理解释，否则，该物证、书证不能作为定案的根据。

第十五条 本规定自二〇一〇年七月一日起施行。

3. **最高人民检察院关于适用《关于办理死刑案件审查判断证据若干问题的规定》和《关于办理刑事案件排除非法证据若干问题的规定》的指导意见（节录）**（2010 年 12 月 30 日高检发研字〔2010〕13 号）

为了正确适用最高人民法院、最高人民检察院、公安部、国家安全部、司法部《关于办理死刑案件审查判断证据若干问题的规定》、《关于办理刑事案件排除非法证据若干问题的规定》（以下简称两个《规定》），结合检察机关办案实际，提出如下指导意见。

一、认真贯彻执行两个《规定》，提高执法办案水平

1. 两个《规定》对于进一步完善我国刑事诉讼制度，规范执法办案行为，提高执法办案水平，依法保障人权，推进社会主义法治建设，具有十分重要的意义。各级检察机关要深入学习、准确理解和把握两个《规定》，统一思想，提高认识，坚持讲事实、讲证据、讲法律、讲责任，牢固树立打击犯罪与保障人权并重、实体公正与程序公正并重的观念，以贯彻两个《规定》为契机，全面提高执法办案水平。

2. 着力强化证据意识，严格依照两个《规定》收集、固定、审查、判断和运用证据。注重证据的综合审查和运用，既要认真审查证据的客观性、关联性，也要认真审查证据的合法性。要严把事实关、证据关、程序关和法律关，确保证据与证据之间、证据与案件事实之间不存在矛盾或者矛盾得以合理排除，做到事实不清的不定案，证据不足的不起诉，切实防止冤错案件。

3. 两个《规定》对办理死刑案件提出了更高的标准和更严格的要求，各级检察机关要全面加强死刑案件的办理和监督工作，认真履行法律赋予的职责，对证据进行更加严格的审查，坚持更加严格的证明标准，确保死刑案件的办案质量。

4. 各级检察机关应当认真履行监督职能，加强对证据收集与固定的监督，加强对证据采信与排除的监督。要坚持把监督纠正个案与纠正普遍性问题、经常性监督与专项监督、强化监督与协调配合有机结合起来，加强法律监督与加强自我监督并重，做到敢于监督、善于监督、依法监督、规范监督，保障刑事诉讼活动严格依法进行。

二、进一步规范职务犯罪案件办案程序，依法客观收集证据

5. 人民检察院办理职务犯罪案件，应当严格依法收集和固定证据，既要收集证明案件事实的各种证据，又要及时固定证明取证行为合法性的证据，确保案件事实清楚，证据确实、充分，取证程序合法。

6. 人民检察院办理职务犯罪案件，应当全面、客观地收集和固定证据。既要收集证明犯罪嫌疑人有罪、罪重的各种证据，又要收集证明犯罪嫌疑人无罪、罪轻的各种证据。

7. 严格执行讯问职务犯罪嫌疑人全程同步录音录像制度。因未严格执行相关规定，或者在执行中弄虚作假造成不良后果的，依照有关规定追究主要责任人员的责任。

8. 侦查监督、公诉、控告申诉等部门应当依照两个《规定》的要求，加强对检察机关侦查部门收集、固定证据活动的审查与监督，发现违反有关规定的，及时提出纠正意见。

三、严格审查、判断证据，确保办案质量

9. 严格遵守两个《规定》确立的规则，认真审查、鉴别、分析证据，正确认定案件事实。既要审查证据的内容是否真实客观、形式是否合法完备，也要审查证据收集过程是否合法；既要依法排除非法证据，也要做好瑕疵证据的审查补正和完善工作。

10. 对犯罪嫌疑人供述和证人证言、被害人陈述，要结合全案的其他证据，综合审查其内容的客观真实性，同时审查侦查机关（部门）是否将每一次讯问、询问笔录全部移送。对以刑讯逼供等非法手段取得的犯罪嫌疑人供述和采用暴力、威胁等非法手段取得的证人证言、被害人陈述，应当依法排除；对于使用其他非法手段获取的犯罪嫌疑人供述、证人证言、被害人陈述，根据其违法危害程度与刑讯逼供和暴力、威胁手段是否相当，决定是否依法排除。

11. 审查逮捕、审查起诉过程中第一次讯问犯罪嫌疑人，应当讯问其供述是否真实，并记入笔录。对被羁押的犯罪嫌疑人要结合提讯凭证的记载，核查提讯时间、讯问人与讯问笔录的对应关系；对提押至看守所以外的场所讯问的，应当要求侦查机关（部门）提供必要性的说明，审查其理由是否成立。要审查犯罪嫌疑人是否通晓当地通用语言。

12. 对犯罪嫌疑人的供述和辩解，应当结合其全部供述和辩解及其他证据进行审查。犯罪嫌疑人的有罪供述，无其他证据相互印证，不能作为批准或者决定逮捕、提起公诉的根据；有其他证据相互印证，无罪辩解理由不能成立的，该供述可以作为批准或者决定逮捕、提起公诉的根据。

13. 犯罪嫌疑人或者其聘请的律师提出受到刑讯逼供的，应当告知其如实提供相关的证据或者线索，并认真予以核查。认为有刑讯逼供嫌疑的，应当要求侦查机关（部门）提供全部讯问笔录、原始的讯问过程录音录像、出入看守所的健康检查情况、看守管教人员的谈话记录以及讯问过程合法性的说明；必要时，可以询问讯问人员、其他在场人员、看守管教人员或者证人，调取驻所检察室的相关材料。发现犯罪嫌疑人有伤情的，应当及时对伤势的成因和程度进行必要的调查和鉴定。对同步录音录像有疑问的，可以要求侦查机关（部门）对不连贯部分的原因予以说明，必要时可以协同检察技术部门进行审查。

14. 加强对侦查活动中讯问犯罪嫌疑人的监督。犯罪嫌疑人没有在决定羁押的当日被送入看守所的，应当查明所外看押地点及提讯情况；要监督看守所如实、详细、准确地填写犯罪嫌疑人入所体检记录，必要时建议采用录像或者拍照的方式记录犯罪嫌疑人身体状况；发现侦查机关（部门）所外提讯的，应当及时了解所外提讯的时间、地点、理由、审批手续和犯罪嫌疑人所外接受讯问的情况，做好提押、还押时的体检情况记录的检察监督。发现违反有关监管规定的，及时依照有关法律、规定提出纠正意见或者检察建议，并记录在案。

20. 发现侦查人员以刑讯逼供或者暴力、威胁等非法手段收集犯罪嫌疑人供述、被害人陈述、证人证言的，应当提出纠正意见，同时应当要求侦查机关（部门）另行指派侦查人员重新调查取证，必要时也可以自行调查取证。侦查机关（部门）未另行指派侦查人员重新调查取证的，可以依法退回补充侦查。经审查发现存在刑讯逼供、暴力取证等非法取证行为，该非法言词证据被排除后，其他证据不能证明犯罪嫌疑人实施犯罪行为的，应当不批准或者决定逮捕，已经移送审查起诉的，可以将案件退回侦查机关（部门）或者不起诉。办案人员排除非法证据的，应当在审查报告中说明。

第一百四十一条［讯问聋、哑犯罪嫌疑人］

讯问聋、哑的犯罪嫌疑人，应当有通晓聋、哑手势的人在场，并且将这种情况记明笔录。

【条文释义】 本条是关于讯问聋、哑犯罪嫌疑人的规定。

聋、哑犯罪嫌疑人，由于生理上的缺陷，理解能力和表达能力都受到一定限制。接受讯问时，这些生理上的原因往往影响他们正确表达自己的意志，影响诉讼权利的行使。为了保障聋、哑犯罪嫌疑人正常行使诉讼权利，也为了保证讯问工作正常进行，本条作了如此规定。本条规定的“聋”，是指双耳失聪、不能听到声音；“哑”，是指因生理原因不能讲话。讯问聋、哑犯罪嫌疑人，应当有通晓聋、哑手势的人在场，目的是为聋、哑犯罪嫌疑人和讯问人员做翻译。“记明笔录”，是指在讯问笔录上要注明犯罪嫌疑人的聋、哑情况，翻译人员的姓名、年龄、工作单位和职业等基本情况，以及其他与翻译有关的情况。

第一百四十二条［讯问笔录］

讯问犯罪嫌疑人，应当制作讯问笔录。讯问笔录应当字迹清楚，详细具体，忠实原话，并交犯罪嫌疑人核对。对于没有阅读能力的，应当向他宣读。如果记载有遗漏或者差错，应当补充或者改正。犯罪嫌疑人认为讯问笔录没有错误的，由犯罪嫌疑人在笔录上逐页签名或者盖章。如果犯罪嫌疑人拒绝签名或者盖章的，应当在笔录上注明。检察人员也应当在笔录上签名。

【条文释义】 本条是关于讯问笔录的规定。

讯问笔录，是指记载讯问犯罪嫌疑人过程和内容的记录。本条要求讯问犯罪嫌疑人，应当制作笔录，是为了将讯问过程、讯问内容、犯罪嫌疑人的供述和辩解客观地反映出来，准确、完整地反映诉讼过程。本条对讯问笔录的要求是“字迹清楚”，即记录人书写的字迹应当清楚明白，让人能认出看懂，不至于误认；“详细具体”，是指要将讯问的过程和内容客观、完整、全面地记录下来，包括犯罪嫌疑人的沉默、思索、哭泣等情况也要在记录中反映出来，不能用概述性的语言对讯问的具体情况作概括性记录；“忠实原话”，是指要用犯罪嫌疑人的语言表达方式记录，犯罪嫌疑人怎么讲的，就怎么记录。实践中，有些犯罪嫌疑人文化程度较低，语言表达能力较差、用语啰嗦或逻辑混乱，记录人员往往按自己的思维对犯罪嫌疑人的语言进行“加工”、“概括”，虽然记录内容与犯罪嫌疑人的意思表达一致，但由于语言表达方式差异很大，既不符合“忠实原话”的要求，也容易使人产生记录虚假的认识。本条还规定，讯问笔录要交犯罪嫌疑人核对，对于没有阅读能力的，应当向他宣读。这是指核对笔录的方式既可以是犯罪嫌疑人自己阅读，也可以是向他宣读。核对后，如果犯罪嫌疑人认为有遗漏或差错，应当补充或者改正。这里的“遗漏”，是指记录人没有将犯罪嫌疑人的供述或辩解全面记录下来；“差错”，是指记录内容与犯罪嫌疑人表达的意思不一致。核对、补充或改正完毕，犯罪嫌疑人认为讯问笔录没有错误的，要在笔录上逐页签名或者盖章。实践中，犯罪嫌疑人在每一页讯问笔录上都要签名或者盖章，补充、改正之处也要捺指印或盖章，在笔录的最后一页还要写上“此记录无误，与我陈述一致”的有关内容后签名或者盖章。本条还规定，如果犯罪嫌疑人拒绝签名或者盖章的，应当在笔录上注明。这是指检察人员在讯问笔录上要将犯罪嫌疑人拒绝签名或者盖章的情况记录下来。本条要求，检察人员也应当在笔录上签名，无论犯罪嫌疑人是否拒绝签名或盖章，检察人员都要在讯问笔录上签名，以证明笔录的真实性和有效性。

第一百四十三条［犯罪嫌疑人自行书写供述］

犯罪嫌疑人请求自行书写供述的，检察人员应当准许。必要的时候，检察人员也可以要犯罪嫌疑人亲笔书写供词。

【条文释义】　本条是关于犯罪嫌疑人自行书写供述的规定。

本条规定的“自行书写供述”，是指犯罪嫌疑人要求以书面形式供述，这种情况下检察人员应当准许。本条还规定，必要的时候，检察人员也可以要犯罪嫌疑人亲笔书写供词。这是指犯罪嫌疑人虽然没有要求自行书写供述，但检察人员认为有必要时，也可以让犯罪嫌疑人亲笔书写。这里的“必要的时候”在实践中一般是指下列两种情况：一是根据犯罪嫌疑人的具体情况，认为让犯罪嫌疑人亲笔书写供述更能准确表达其真实意思和案件事实情况的，如犯罪嫌疑人口齿不清、难以准确表达真实意思的，或犯罪嫌疑人精神紧张，无法口头回答问题的；二是根据侦查的需要，可以从犯罪嫌疑人的书面笔录上获取侦查线索的，如获取犯罪嫌疑人的笔迹进行鉴定等。

第一百四十四条［同时录音、录像］

讯问犯罪嫌疑人，可以同时采用录音、录像的记录方式。

【条文释义】　本条是关于讯问犯罪嫌疑人可以同时采用录音、录像的记录方式的规定。

讯问犯罪嫌疑人，都要采取书写的记录方式。但采取这种记录方式，虽然讯问笔录上有讯问人员和犯罪嫌疑人的签名或盖章，但毕竟不能直观、生动地再现讯问时的情景，犯罪嫌疑人翻供或者控告讯问人员违法取供时，难以对证。本条规定，讯问犯罪嫌疑人，可以同时采用录音、录像的记录方式。“录音”，是指以声音的记录方式记载讯问情况；“录像”，是指将讯问情况以图画和声音的形式记录下来。本条规定“可以同时采用”，是指录音、录像的记录方式不能代替书写的记录方式，即使进行录音、录像，同样应当用书写的方式制作讯问笔录。本条是授权性规定，不要求必须使用录音、录像的记录方式，是否同时使用，视有无必要和技术条件而定。

【参考规定】

1. **最高人民检察院公诉厅关于检察机关公诉部门逐步实行讯问犯罪嫌疑人录音录像制度的通知**（2005年9月5日 〔2005〕高检诉发第99号）

各省、自治区、直辖市人民检察院公诉处，军事检察院刑事检察厅，新疆生产建设兵团人民检察院公诉处：

为进一步规范执法行为，切实保障人权，根据《中华人民共和国刑事诉讼法》和《人民检察院刑事诉讼规则》及其他有关规定，经研究，决定在检察机关公诉部门逐步实行讯问犯罪嫌疑人录音录像制度，现将有关问题通知如下：

一、讯问犯罪嫌疑人录音录像是公诉部门一项重要的工作制度，是规范执法行为，防止刑讯逼供，依法保护犯罪嫌疑人权利的重要措施，也是固定证据，保证犯罪嫌疑人供述的证据合法性，保障刑事诉讼顺利进行的重要手段。各级检察机关公诉部门应当充分认识建立讯问犯罪嫌疑人录音录像制度对于提高案件质量和诉讼效率，促进依法办案，实现惩治犯罪与保障人权刑事诉讼目的的重要性和必要性，认真做好讯问犯罪嫌疑人录音录像工作，并注意发挥录音录像在刑事诉讼中的积极作用。

二、公诉部门实行讯问犯罪嫌疑人录音录像制度，应当结合各地工作实际，逐步推行。

当前，对于职务犯罪案件和其他重大、疑难、复杂的案件以及敏感案件、社会关注的案件。侦查机关（部门）讯问犯罪嫌疑人未进行录音录像的，公诉部门讯问犯罪嫌疑人时，应当进行录音录像；侦查机关（部门）已进行录音录像的，公诉部门如认为必要，也可以进行录音录像。

三、为保证录音录像的真实性和全面性，录音录像应当全程、同步、连续进行；制作录音录像资料，应当经公诉部门负责人审批后，由检察技术人员、监管场所工作人员或公诉人员进行；录音录像时应当同步制作讯问笔录，使讯问笔录与录音录像内容一致；录音录像资料应显示讯问时间、讯问场景、讯问地点的温度和湿度，以及讯问人、录制人的姓名及法律职务等内容。

四、录制开始时，应当告知被讯问人；讯问犯罪嫌疑人过程中，需要出示书证、物证等证据的，应到场出示让犯罪嫌疑人辨认，并对辨认过程进行录音录像；讯问中止或结束，录制人员应当及时制作录音录像的相关说明，当场对录音录像资料施封，经被讯问人确认后，由讯问人员和被讯问人签名。

五、制作录音录像资料，应当一式两份。一份存公诉部门作为诉讼备用，另一份交本院档案部门保存。录音录像资料的保存期限应与案件卷宗保存期限一致。

非办案部门或人员需要查阅讯问犯罪嫌疑人录音录像资料的，应报请检察长决定。录音录像资料需要公开使用的，由检察长决定。

六、提起公诉时，录音录像资料（含侦查机关或部门制作的）应当在证据目录中注明，在法庭审理中，由公诉人根据具体情况决定是否出示。

公诉人向法庭出示录音录像资料，应当概括说明录音录像资料所要证明的主要内容、制作情况；录音录像播放完毕，应当由被讯问人对播放内容进行确认。

公诉部门对于所存录音录像资料，应当逐件登记，由内勤统一保管。

七、各级检察机关公诉部门应当加强与技术部门的联系，逐步积累经验，制定科学、具体的操作规程。有条件的地方，应当在公诉部门逐步配置必要的录音录像设备。各地在贯彻落实本通知中遇到的问题，请及时层报高检院公诉厅。

2. 人民检察院讯问职务犯罪嫌疑人实行全程同步录音录像技术工作流程（试行）（2006年12月4日最高人民检察院　高检办发〔2006〕30号）

第一条　为规范人民检察院讯问职务犯罪嫌疑人实行全程同步录音录像的技术工作，依据《人民检察院讯问职务犯罪嫌疑人实行全程同步录音录像的规定（试行）》和《人民检察院讯问职务犯罪嫌疑人实行全程同步录音录像的技术规范（试行）》制定本流程。

第二条　检察技术部门在接到办案部门的全程同步录音录像通知后，应当指派技术人员执行，并制作《人民检察院讯问全程同步录音录像受理登记表》。

第三条　录制人员在接受录制任务后，应当做好录制准备工作，对讯问场所及设备进行检查和调试。因特殊原因无法录制的，应当及时告知办案部门。

第四条　录制的起止时间，以被讯问人员进入讯问场所开始，以被讯问人核对讯问笔录、签字捺印手印结束后停止。

第五条　在固定场所进行全程同步录音录像的，应当以画中画方式显示，主画面反映被讯问人正面中景，全程反映被讯问人的体态、表情，并显示同步录像时间，辅画面反映讯问场所全景。

在临时场所进行全程同步录音录像，使用不具备画中画功能的录制设备时，录制画面主要反映被讯问人，同时兼顾讯问场所全景，并显示同步时间。

第六条　对参与讯问人员和讯问室温度、湿度，应当在讯问人员宣布讯问开始时以主画面反映。对讯问过程中使用证据、被讯问人辨认书证、物证、核对笔录、签字和捺印手印的过程应当以主画面反映。

第七条　录制人员应当监控录音录像系统设备的运行，因更换存储介质需要暂停录制时，应当提前告知讯问人员。因技术故障等客观原因需要停止录制时，应当立即告知讯问人员。排除故障继续录制时，应当在录音录像中反映讯问人员对中断录制的语言补正。

第八条　录制人员应当及时填写《人民检察院讯问全程同步录音录像工作说明》中有关录制工作的内容，客观记录讯问过程的录制、系统运行、技术人员交接，以及对使用光盘编号等情况。本人签名后，交讯问人员按要求安排填写，在录制资料副本移交时收回归档。

第九条　录制结束后，录制人员应当将录制资料的正本交讯问人员、被讯问人确认，当场装入人民检察院讯问全程同步录音录像资料密封袋，由录制人员、讯问人员、被讯问人三方封签，由被讯问人在封口处骑缝捺印手印。

第十条　技术部门应当将全程同步录音录像录制资料正本存放于专门的录制资料档案柜内，长期保存，并做到防尘、防潮、避免高温和挤压，以磁介质存储的资料要存放在防磁柜内。

录制资料副本应当在收到《人民检察院讯问全程同步录音录像工作说明》时移交委托录

制的办案部门签收。

第十一条 根据《人民检察院讯问职务犯罪嫌疑人实行全程同步录音录像的规定（试行）》第十六条规定，需要技术处理的，经检察长批准，检察技术人员应当按照办案部门提交的《人民检察院讯问全程同步录音录像资料技术处理（复制）单》，以录制资料副本作为信号源，在办案人员的主持下进行技术处理。

第十二条 因特殊原因需要制作录制资料复制件的，经检察长批准，检察技术人员应当按照办案部门提交的《人民检察院讯问全程同步录音录像资料技术处理（复制）单》，以录制资料副本作为信号源，在办案人员的主持下进行复制。

第十三条 案件侦查终结后，技术部门应当将本案《人民检察院讯问全程同步录音录像受理登记表》、《人民检察院讯问全程同步录音录像工作说明》等文书材料制作全程同步录音录像技术协作卷宗予以保存。

第十四条 全程同步录音录像技术协作卷宗编号按照档案管理部门相关规定执行。

一案多人多次讯问的，在卷宗编号后加编被讯问人号和讯问次数，作为录制编号。每次讯问一个录制编号，当次讯问涉及的全部文书材料及录制资料均对应此编号。

第十五条 法庭需要对录制资料正本当庭启封质证的，技术部门在收到《人民检察院讯问全程同步录音录像资料档案调用单》后，将录制资料正本移交公诉部门签收。

第十六条 技术部门收到公诉部门返还的录制资料正本后，应当核实签收，归档保存。

第十七条 询问证人需要进行全程同步录音录像的，参照本流程执行。

附件：1.《人民检察院讯问职务犯罪嫌疑人实行全程同步录音录像受理登记表》样式（略）

2.《人民检察院讯问职务犯罪嫌疑人实行全程同步录音录像工作说明》样式（略）

3.《人民检察院讯问职务犯罪嫌疑人实行全程同步录音录像资料技术处理（复制）单》样式（略）

4.《人民检察院讯问职务犯罪嫌疑人实行全程同步录音录像资料档案调用单》样式（略）

5.《人民检察院讯问职务犯罪嫌疑人实行全程同步录音录像资料密封袋》（略）

第一百四十五条 [告知犯罪嫌疑人有权聘请律师]

检察人员第一次讯问犯罪嫌疑人后或者对其采取强制措施之日起，应当告知犯罪嫌疑人可以聘请律师为其提供法律咨询、代理申诉、控告或者为其申请取保候审，并将告知情况记明笔录。

【条文释义】 本条是关于侦查人员应当告知犯罪嫌疑人有权聘请律师提供

法律帮助的规定。①

本条规定的"第一次讯问"，是指人民检察院决定立案后的第一次讯问。实践中，人民检察院在立案之前可能已接触、询问被调查人，但这不是法律意义上的讯问犯罪嫌疑人，不属于本条规定的"第一次讯问"。"采取强制措施之日"，是指采取拘传、取保候审、监视居住、拘留或逮捕中的任何一种措施之日。本条规定的"第一次讯问"和"采取强制措施之日"为选择关系，实践中，人民检察院在立案后可能先讯问犯罪嫌疑人，也可能先采取强制措施，无论先采取哪种行为，人民检察院都要告知犯罪嫌疑人可以聘请律师。根据本条规定，人民检察院还要将聘请律师提供法律帮助的内容告知犯罪嫌疑人，即："提供法律咨询"，是指聘请律师对与犯罪嫌疑人有关的法律问题进行解答；"代理申诉、控告"，是指聘请律师代替犯罪嫌疑人向有关部门诉说冤情、进行申辩，控告检察人员及其他人员侵犯犯罪嫌疑人合法权利的行为等；"申请取保候审"，是指聘请律师向人民检察院陈述应当对被羁押的犯罪嫌疑人取保候审的要求和理由。本条最后规定，要将告知情况记明笔录，是指要将检察人员告知犯罪嫌疑人可以聘请律师提供法律帮助的情况在讯问笔录中记录下来，证明检察人员已按法律规定履行了告知义务。

【参考规定】

中华人民共和国律师法（节录）（2007 年 10 月 28 日主席令第 76 号修订公布　自 2008 年 6 月 1 日起施行）

第三十三条　犯罪嫌疑人被侦查机关第一次讯问或者采取强制措施之日起，受委托的律师凭律师执业证书、律师事务所证明和委托书或者法律援助公函，有权会见犯罪嫌疑人、被告人并了解有关案件情况。律师会见犯罪嫌疑人、被告人，不被监听。

第三十四条　受委托的律师自案件审查起诉之日起，有权查阅、摘抄和复制与案件有关的诉讼文书及案卷材料。受委托的律师自案件被人民法院受理之日起，有权查阅、摘抄和复制与案件有关的所有材料。

第三十五条　受委托的律师根据案情的需要，可以申请人民检察院、人民法院收集、调

---

①　自 2008 年 6 月 1 日起新《律师法》施行后，由于其对会见权（第 33 条）、阅卷权（第 34 条）、调查取证权（第 35 条）等内容的规定过于超前，而《刑事诉讼法》、《人民检察院刑事诉讼规则》和相关规定等内容没有修改，且新《律师法》亦未出台进一步实施细则，因此，在实践中存在执法冲突。即使是在执行情况较好的北京，在新《律师法》实施后，北京市高级人民法院、北京市高级人民检察院、北京市司法局、北京市公安局、北京市国家安全局联合出台了《关于律师会见在押犯罪嫌疑人、被告人有关问题的规定（试行）》，依然使用了"安排会见"、"一般情况下不派员在场"等与现行《刑事诉讼法》相一致的说法。因此，本书对《人民检察院刑事诉讼规则》第 145 条、第 150 条、第 151 条、第 319 条、第 320 条、第 322 条，未一一标注出与新《律师法》不一致的具体情形。

取证据或者申请人民法院通知证人出庭作证。

律师自行调查取证的，凭律师执业证书和律师事务所证明，可以向有关单位或者个人调查与承办法律事务有关的情况。

第一百四十六条［对犯罪嫌疑人聘请律师的批准］

在押的犯罪嫌疑人提出聘请律师要求的，人民检察院应当记明笔录。对于不涉及国家秘密的案件，应当按照本规则第一百四十七条的规定办理。对于涉及国家秘密的案件，人民检察院应当在三日以内作出是否批准的决定。人民检察院作出不批准决定的，应当向犯罪嫌疑人说明理由。

在侦查期间，犯罪嫌疑人可以聘请一至二名律师提供法律帮助。

【条文释义】 本条是关于人民检察院应当根据案件的具体情况决定是否许可在押的犯罪嫌疑人聘请律师以及犯罪嫌疑人可以聘请的律师人数的规定。

本条第1款是关于人民检察院应当根据案件的具体情况决定是否许可在押犯罪嫌疑人聘请律师的规定。本条是对《刑事诉讼法》第96条第1款的具体化。本款规定了以下内容：其一，在押的犯罪嫌疑人提出聘请律师要求的，人民检察院应当将这种情况记明笔录。这里的“在押的犯罪嫌疑人”，是指已被采取拘留、逮捕措施的犯罪嫌疑人。其二，记明笔录后，人民检察院应当根据案件是否涉及国家秘密作出不同的处理：（1）对于不涉及国家秘密的案件，由于犯罪嫌疑人聘请律师并不需要人民检察院批准，因此，人民检察院只需将情况记明笔录，犯罪嫌疑人即可以按照《人民检察院刑事诉讼规则》第147条规定的方式聘请律师。（2）对于涉及国家秘密的案件，由于犯罪嫌疑人聘请律师要经人民检察院批准，因此，犯罪嫌疑人提出要求后，人民检察院要进行审查。人民检察院的审查期限为3日，在3日内要作出是否批准犯罪嫌疑人聘请律师的决定。如果不批准犯罪嫌疑人聘请律师的，应当告知犯罪嫌疑人为什么不允许聘请律师；批准犯罪嫌疑人聘请律师的，犯罪嫌疑人即可按照《人民检察院刑事诉讼规则》第147条规定的方式聘请律师。

本条第2款是关于在侦查阶段犯罪嫌疑人可以聘请的律师人数的规定。本款规定，犯罪嫌疑人可以聘请1~2名律师提供法律帮助，这既参考了在审判阶段被告人可聘请的辩护人人数的规定，也参考了司法部、中华全国律师协会制定的规范律师活动的有关规定；既考虑了维护犯罪嫌疑人权益的需要，也考虑了侦查工作的需要。实践中，犯罪嫌疑人可以聘请1名律师，也可以聘请2名律师。

【批准聘请律师决定书的制作】

（一）制作方法

批准聘请律师决定书为三联填充式文书，各联的具体格式、内容如下：

1. 第一联存根。

（1）首部。包括：制作本文书的人民检察院的名称；文书名称，即“批准聘请律师决定书”；文书编号，即“　检　批聘〔　〕　号”，空余地方依次填写人民检察院简称、具体办案部门简称、年度和序号。在文书名称下方标有“（存　根）”字样。

（2）正文。包括：案由一栏，应当根据涉嫌的罪名填写，如“贪污罪”、“挪用公款罪”、“受贿罪”等；犯罪嫌疑人一栏，应当填写犯罪嫌疑人的姓名；批准理由一栏，应当简要填写批准犯罪嫌疑人聘请律师提供法律帮助的理由，如填写“本案所涉国家秘密，不致危害国家安全”等；批准人一栏，应当根据作出批准聘请律师决定的不同批准人员情况，填写“本院检察长×××”，或者填写“反贪局局长×××”，或者填写“××处长（科长）”等；承办人一栏，应当填写具体办理申请批准聘请律师审查的承办人的姓名；填发人一栏，应当填写具体制作本文书的有关人员的姓名；填发时间一栏，应当填写填发的具体时间。

2. 第二联副本。

（1）首部。包括：制作本文书的人民检察院的名称；文书名称，即“批准聘请律师决定书”；文书编号，即“　检　批聘〔　〕　号”。在文书名称下方标有“（副　本）”字样。

（2）正文。只需填写申请人姓名，亦即犯罪嫌疑人的姓名。

（3）尾部。包括：制作本文书的时间，具体到年、月、日，时间的填写应当用汉字数字表述；加盖制作本文书的人民检察院的院印。

3. 第三联正本。

（1）首部。包括：制作本文书的人民检察院的名称；文书名称，即“批准聘请律师决定书”；文书编号，即“　检　批聘〔　〕　号”。

（2）正文。包括的内容和制作要求与第二联一样。

（3）尾部。包括：制作本文书的时间，具体到年、月、日，时间的填写应当用汉字数字表述；加盖制作本文书的人民检察院的院印。

（二）使用说明

在具体使用时，应注意以下问题：本文书应当以申请人为单位制作。本文书只适用于侦查阶段，仅仅是供各级人民检察院在侦查涉及国家秘密的案件过程中，依法批准犯罪嫌疑人聘请律师提供法律帮助时使用。检察人员第一次讯问犯罪嫌疑人后或者对其采取强制措施之日起，应当告知犯罪嫌疑人可以聘请律师为其提供法律咨询、代理申诉、控告或者为其申请取保候审，并将告知情况记明笔录。在押的犯罪嫌疑人聘请律师，如果提出明确的律师事务所名称或者律师姓名直接委托的，人民检察院应当将犯罪嫌疑人的委托意见及时转递到该律师事务所；如果提出由亲友代为聘请的，人民检察院应当将聘请意见及时转递到该亲友；如果犯罪嫌疑人提出聘请律师，但没有具体聘请对象和代为聘请的人的，人民检察院应当通知当地律师协会或者司法行政机关为其推荐律师。聘请意见可以书面提出，也可以口头提出。口头提出的，应当记明笔录，由犯罪嫌疑人签名或者盖章。

最高人民法院、最高人民检察院、公安部、国家安全部、司法部、全国人大常委会法制工作委员会《关于刑事诉讼法实施中若干问题的规定》第9条规定："刑事诉讼法第九十六条规定的'涉及国家秘密的案件'，是指案情或者案件性质涉及国家秘密的案件，不能因刑事案件侦查过程中的有关材料和处理意见需保守秘密而作为涉及国家秘密的案件。"第10条规定："依照刑事诉讼法第九十六条规定，在侦查阶段犯罪嫌疑人聘请律师的，可以自己聘请，也可以由其亲属代为聘请。在押的犯罪嫌疑人提出聘请律师的，看守机关应当及时将其请求转达办理案件的有关侦查机关，侦查机关应当及时向其所委托的人员或者所在的律师事务所转达该项请求。犯罪嫌疑人仅有聘请律师的要求，但提不出具体对象的，侦查机关应当及时通知当地律师协会或者司法行政机关为其推荐律师。"第11条规定："刑事诉讼法第九十六条规定，涉及国家秘密的案件，律师会见在押的犯罪嫌疑人，应当经侦查机关批准。对于不涉及国家秘密的案件，律师会见犯罪嫌疑人不需要经过批准。不能以侦查过程需要保密作为涉及国家秘密的案件不予批准。律师提出会见犯罪嫌疑人的，应当在四十八小时内安排会见，对于组织、领导、参加黑社会性质组织罪、组织、领导、参加恐怖活动组织罪或者走私犯罪、毒品犯罪、贪污贿赂犯罪等重大复杂的两人以上的共同犯罪案件，律师提出会见犯罪嫌疑人的，应当在五日内安排会见。"第12条规定："刑事诉讼法第九十六条规定，在侦查阶段，律师会见在押的犯罪嫌疑人，侦查机关根据案件情况和需要可以派员在场。审查起诉阶段和审判阶段，案件已经侦查终结，辩护律师和其他辩护人会见在押的犯罪嫌疑人、被告人时，人民检察院、人民法院不派员在场。"

本文书三联之间的骑缝线上均有本文书文号，应当按照本文书第三联中文号的填写方法予以填写。

本文书共三联，第一联统一保存备查，第二联附卷，第三联送达申请人。

（三）文书格式（见下页）

人民检察院

批准聘请律师决定书

（存　根）

检　批聘〔　　〕　号

案由________________

犯罪嫌疑人____________

批准理由______________

批准人________________

承办人________________

填发人________________

填发时间______________

第一联统一保存

检　批聘〔　　〕　号

人民检察院

批准聘请律师决定书

（副　本）

检　批聘〔　　〕　号

____________：

根据《中华人民共和国刑事诉讼法》第九十六条的规定，批准你关于聘请律师的申请。

年　　月　　日

（院印）

第二联附卷

检　批聘〔　　〕　号

人民检察院

批准聘请律师决定书

检　批聘〔　　〕　号

____________：

根据《中华人民共和国刑事诉讼法》第九十六条的规定，批准你关于聘请律师的申请。

年　　月　　日

（院印）

第三联送达申请人

【不批准聘请律师决定书的制作】

（一）制作方法

不批准聘请律师决定书为三联填充式文书，各联的具体格式、内容如下：

1. 第一联存根。

（1）首部。包括：制作本文书的人民检察院的名称；文书名称，即“不批准聘请律师决定书”；文书编号，即“ 检 不批聘〔 〕 号”，空余地方依次填写人民检察院简称、具体办案部门简称、年度和序号。在文书名称下方标有“（存 根）”字样。

（2）正文。包括：案由一栏，应当根据涉嫌的罪名填写，如“贪污罪”、“挪用公款罪”、“受贿罪”等；犯罪嫌疑人一栏，应当填写犯罪嫌疑人的姓名；不批准理由一栏，应当简要填写不批准犯罪嫌疑人聘请律师提供法律帮助的理由，如填写“本案所涉国家秘密，可能危害国家安全”等；审批人一栏，应当根据作出不批准聘请律师决定的不同批准人员情况，填写“本院检察长×××”，或者填写“反贪局局长×××”，或者填写“××处长（科长）”等；承办人一栏，应当填写具体办理申请批准聘请律师审查的承办人的姓名；填发人一栏，应当填写具体制作本文书的有关人员的姓名；填发时间一栏，应当填写填发时的具体时间。

2. 第二联副本。

（1）首部。包括：制作本文书的人民检察院的名称；文书名称，即“不批准聘请律师决定书”；文书编号，即“ 检 不批聘〔 〕 号”。在文书名称下方标有“（副 本）”字样。

（2）正文。只需填写申请人姓名，亦即犯罪嫌疑人的姓名。

（3）尾部。包括：制作本文书的时间，具体到年、月、日，时间的填写应当依次用汉字数字表述；加盖作出本文书的人民检察院的院印。

3. 第三联正本。

（1）首部。包括：制作本文书的人民检察院的名称；文书名称，即“不批准聘请律师决定书”；文书编号，即“ 检 不批聘〔 〕 号”。

（2）正文。包括的内容和制作要求与第二联一样。

（3）尾部。包括：制作本文书的时间，具体到年、月、日，时间的填写应当依次用汉字数字表述；加盖制作本文书的人民检察院的院印。

（二）使用说明

在具体使用时，应注意以下问题：本文书应当以申请人为单位制作。本文书只适用于侦查阶段，仅仅是供各级人民检察院在侦查涉及国家秘密的案件过程中，依法不批准犯罪嫌疑人聘请律师提供法律帮助时使用。检察人员第一次讯问犯罪嫌疑人后或者对其采取强制措施之日起，应当告知犯罪嫌疑人可以聘请律师为其提供法律咨询、代理申诉、控告或者为其申请取保候审，并将告知情况记明笔录。在押的犯罪嫌疑人聘请律师，如果提出明确的律师事务所名称或者律师姓名直接委托的，人民检察院应当将犯罪嫌疑人的委托意见及时转递到该律师事务所；如果提出由亲友代为聘请的，人民检察院应当将聘请意见及时转递到该亲友；如果犯罪嫌疑人提出聘请律师，但没有具体聘请对象和代为聘请的人的，人民检察院应当通知当地律师协会或者司法行政机关为其推荐律师。聘请意见可以书面提出，也可以口头提出。口头提出的，应当记明笔录，由犯罪嫌疑人签名或者盖章。

最高人民法院、最高人民检察院、公安部、国家安全部、司法部、全国人大常委会法制工作委员会《关于刑事诉讼法实施中若干问题的规定》规定，《刑事诉讼法》第96条规定的“涉及国家秘密的案件”，是指案情或者案件性质涉及国家秘密的案件，不能因刑事案件侦查过程中的有关材料和处理意见需保守秘密而作为涉及国家秘密的案件。依照《刑事诉讼法》第96条的规定，在侦查阶段犯罪嫌疑人聘请律师的，可以自己聘请，也可以由其亲属代为聘请。在押的犯罪嫌疑人提出聘请律师的，看守机关应当及时将其请求转达办理案件的有关侦查机关，侦查机关应当及时向其所委托的人员或者所在的律师事务所转达该项请求。犯罪嫌疑人仅有聘请律师的要求，但提不出具体对象的，侦查机关应当及时通知当地律师协会或者司法行政机关为其推荐律师。

本文书三联之间的骑缝线上均有本文书文号，应当按照本文书第三联中文号的填写方法予以填写。

本文书共三联，第一联统一保存备查，第二联附卷，第三联送达申请人。

（三）文书格式（见下页）

人民检察院

不批准聘请律师决定书

（存 根）

检 不批聘〔 〕 号

案由____________

犯罪嫌疑人____________

不批准理由____________

审批人____________

承办人____________

填发人____________

填发时间____________

第一联统一保存

检 不批聘〔 〕 号

人民检察院

不批准聘请律师决定书

（副 本）

检 不批聘〔 〕 号

____________：

根据《中华人民共和国刑事诉讼法》第九十六条的规定，不批准你关于聘请律师的申请。

年 月 日

（院印）

第二联附卷

检 不批聘〔 〕 号

人民检察院

不批准聘请律师决定书

检 不批聘〔 〕 号

____________：

根据《中华人民共和国刑事诉讼法》第九十六条的规定，不批准你关于聘请律师的申请。

年 月 日

（院印）

第三联送达申请人

第一百四十七条 ［在押犯罪嫌疑人聘请律师的方式］

在押的犯罪嫌疑人聘请律师，如果提出明确的律师事务所名称或者律师姓名直接委托的，人民检察院应当将犯罪嫌疑人的委托意见及时转递到该律师事务所；如果提出由亲友代为聘请的，人民检察院应当将聘请意见及时转递到该亲友；如果犯罪嫌疑人提出聘请律师，但没有具体聘请对象和代为聘请的人的，人民检察院应当通知当地律师协会或者司法行政机关为其推荐律师。

聘请意见可以书面提出，也可以口头提出。口头提出的，应当记明笔录，由犯罪嫌疑人签名或者盖章。

【条文释义】 本条是关于在押犯罪嫌疑人聘请律师的方式的规定。

本条第 1 款是关于在押犯罪嫌疑人聘请律师方式的规定。本款规定的“在押的犯罪嫌疑人”，是指已被采取拘留、逮捕措施的犯罪嫌疑人。在押犯罪嫌疑人的人身自由已被剥夺，因此，他们聘请律师的方式与未被采取拘留、逮捕措施的犯罪嫌疑人不同。本款规定了 3 种方式：（1）如果提出明确的律师事务所名称或者律师姓名直接委托的，这是指犯罪嫌疑人有明确的委托对象，或明确委托某律师，或明确提出委托某律师事务所的律师，人民检察院应当将委托意见转递到该律师事务所。这里的“该律师事务所”，是指犯罪嫌疑人明确提出的律师事务所，或明确提出的律师所在的律师事务所。因为律师接受委托要通过律师事务所进行，不能个人直接进行。（2）如果犯罪嫌疑人提出由亲属、朋友代为聘请律师的，人民检察院应当将该聘请意见及时转递到该亲友。（3）如果犯罪嫌疑人只是提出要聘请律师，但并没有具体的委托对象，即没有明确的律师和律师事务所的，并且也没有代为聘请的人的，即也没有亲属、朋友帮其委托律师的，人民检察院应当通知当地律师协会或者司法行政机关为其推荐律师。因为律师协会和司法行政机关分别是律师的行业管理机构和行政管理机构，有义务为犯罪嫌疑人推荐律师提供法律帮助。

本条第 2 款是关于聘请意见提出方式的规定。这里的“聘请意见”，是指犯罪嫌疑人委托律师提供法律帮助的意见。本款规定，聘请意见可以以书面和口头两种方式提出，但是口头提出委托意见的，应当记明笔录，由犯罪嫌疑人签名或者盖章。

第一百四十八条 ［犯罪嫌疑人聘请律师后，发现案件涉及国家秘密时的处理］

犯罪嫌疑人已经聘请律师，但人民检察院在侦查过程中发现案件涉及国家秘密的，应当及时告知犯罪嫌疑人所聘请的律师暂时停止参与诉讼活动，并且通知犯罪嫌疑人。

是否批准犯罪嫌疑人继续聘请律师，适用本规则第一百四十六条第一款的规定。

【条文释义】 本条是关于犯罪嫌疑人聘请律师后，人民检察院发现案件涉及国家秘密时应当如何办理的规定。

《刑事诉讼法》规定，如果是涉及国家秘密的案件，犯罪嫌疑人聘请律师要经人民检察院批准。但是由于在第一次讯问犯罪嫌疑人后或对其采取强制措施之日起，犯罪嫌疑人就可以聘请律师，这时案件是否涉及国家秘密，人民检察院有时还难以认定，就可能出现犯罪嫌疑人聘请律师后，又发现案件涉及国家秘密的现象。这种情况下如何办理，本条分两款作了规定。

本条第1款是关于人民检察院发现后应当告知律师暂时停止参与诉讼活动的规定。“暂时停止参与诉讼活动”，是指被委托的律师要暂时停止为犯罪嫌疑人提供法律咨询、代理申诉、控告或申请取保候审的活动；暂时停止向侦查机关了解涉嫌罪名的活动；暂时停止会见犯罪嫌疑人的活动以及其他为犯罪嫌疑人提供法律帮助所要进行的活动。“暂时停止”，是指暂时不再进行上述活动，待人民检察院审查完毕，再确定是继续参与诉讼活动还是不再担任犯罪嫌疑人的律师。之所以这样规定，是为了保守国家秘密，防止泄密。本款还规定，人民检察院要将案件涉及国家秘密和要求律师暂时停止参与诉讼活动的情况通知犯罪嫌疑人，这是为了维护犯罪嫌疑人的权利。

本条第2款是关于律师暂停诉讼活动后，人民检察院对是否批准犯罪嫌疑人聘请律师进行审查的规定。律师暂停诉讼活动只是临时处理措施，犯罪嫌疑人还能否聘请律师，人民检察院要根据《人民检察院刑事诉讼规则》第146条第1款的规定作出最终决定。本款规定的“适用本规则第一百四十六条第一款的规定”包括3层意思：（1）是否批准犯罪嫌疑人继续聘请律师，要按《人民检察院刑事诉讼规则》第146条第1款的规定由人民检察院决定。（2）是否批准犯罪嫌疑人继续聘请律师，按照《人民检察院刑事诉讼规则》第146条第1款的规定，人民检察院应在3日以内作出决定。（3）作出不批准犯罪嫌疑人继续聘请律师决定的，要按照《人民检察院刑事诉讼规则》第146条第1款的规定向犯罪嫌疑人说明理由。

第一百四十九条［不得会见犯罪嫌疑人的情形］

在侦查期间，律师同时接受两个或者两个以上同案犯罪嫌疑人委托提供法律帮助的，人民检察院不得安排律师会见在押犯罪嫌疑人。

【条文释义】 本条是关于人民检察院不得安排同时接受两个或者两个以上同案犯罪嫌疑人委托的律师会见在押犯罪嫌疑人的规定。

本条规定的“同时接受两个或者两个以上同案犯罪嫌疑人委托”，是指一名律师同时担任同一案件中的两个或者两个以上的犯罪嫌疑人的委托律师，为他们提供法律帮助。根据有关规定，这是不允许的，万一出现这种情况，人民检察院可以向有关部门反映情况，同时不安排会见。本条规定“不得安排律师会见在押犯罪嫌疑人”，是指不得安排该律师会见本案中的任何一个在押犯罪嫌疑人。这里的“安排”，是指确定会见的具体时间、确定是否派员在场等。本条之所以这样规定，是因为同一案件中的犯罪嫌疑人对案件情况都比较了解，如果律师同时接受了两个或两个以上犯罪嫌疑人的委托，易使犯罪嫌疑人串供，不利于侦查活动的顺利进行。

第一百五十条 ［负责律师会见工作的部门］

受委托的律师会见在押的犯罪嫌疑人，应当提前告知人民检察院，并且向人民检察院提供犯罪嫌疑人的授权委托书、律师执业证明和律师事务所介绍信。

在侦查期间，受委托律师会见在押的犯罪嫌疑人的有关事宜，由人民检察院侦查部门办理。

【条文释义】 本条是关于受委托的律师会见在押犯罪嫌疑人应提前告知人民检察院并提供有关证件和人民检察院负责律师会见工作的部门的规定。

本条第1款规定了两个内容：（1）受委托的律师会见在押的犯罪嫌疑人，应当提前告知人民检察院。这里的“提前”，是指在受委托律师拟会见在押犯罪嫌疑人之前。这一规定既适用于涉及国家秘密的案件，也适用于不涉及国家秘密的案件。这是因为，对于涉及国家秘密的案件，律师会见在押犯罪嫌疑人要经人民检察院批准；对于不涉及国家秘密的案件，律师会见在押犯罪嫌疑人虽不必经人民检察院批准，但人民检察院要根据案件情况决定是否派员在场，律师只有提前告知人民检察院，人民检察院才能决定是否派员在场。（2）律师提出会见在押犯罪嫌疑人的，要向人民检察院提供犯罪嫌疑人的授权委托书、律师执业证明和律师事务所介绍信。这里的“授权委托书”，是指犯罪嫌疑人委托该律师在侦查阶段为自己提供法律咨询、代理申诉、控告、申请取保候审等提供法律帮助的书面凭证；如果犯罪嫌疑人当初是口头委托的，也应当有犯罪嫌疑人签名或盖章的、记载有委托内容的笔录。“律师执业证明”，是指证明律师个人身份和资格的凭证。“律师事务所介绍信”，是指该律师所在的律师事务所向人民检察院开具的证明该律师身份和具体办理事项的凭证。这样规定是为了保证会见合法进行。

本条第2款规定了人民检察院内部负责律师会见工作的部门。之所以规定人民检察院侦查部门负责办理律师会见在押犯罪嫌疑人的有关事宜，是因为这时案件处于侦查阶段，作为承办部门，侦查部门比较了解案件的进展情况，便于安排会见时间，防止时间安排上的冲突，也便于决定是否派员在场。

第一百五十一条［不涉密案件律师会见的时间和方式］

对于不涉及国家秘密的案件，律师提出会见在押的犯罪嫌疑人的，人民检察院应当在四十八小时以内安排会见的具体时间；对于贪污贿赂犯罪等重大复杂的两人以上的共同犯罪案件，可以在五日以内安排会见的具体时间。

人民检察院安排会见时间时，应当根据案件的情况和需要决定是否派员在场。决定不派员在场的，应当出具同意会见证明。受委托的律师凭人民检察院的同意会见证明或者由人民检察院派员陪同会见在押的犯罪嫌疑人。

【条文释义】 本条是关于对不涉及国家秘密的案件，人民检察院安排律师会见在押犯罪嫌疑人的时间和方式的规定。

本条第1款是关于安排律师会见在押犯罪嫌疑人的时间的规定。根据案件的不同，本条规定了两种安排时间。对于不涉及国家秘密的案件，由于律师会见在押犯罪嫌疑人不需要批准，因此，本款规定，一般案件，律师提出会见在押犯罪嫌疑人的，人民检察院应当在48小时以内安排会见的具体时间。这里的“四十八小时以内”，是指律师向人民检察院提出会见在押犯罪嫌疑人后的48小时以内；“安排会见的具体时间”，是指在48小时以内要安排时间使律师见到在押犯罪嫌疑人，不是指在48小时以内确定好律师会见在押犯罪嫌疑人的时间，至于会见可以在48小时以后进行。本条还规定，对于贪污贿赂犯罪等重大复杂的两人以上的共同犯罪案件，可以在5日以内安排会见的具体时间。这是因为对于上述犯罪，人民检察院需要更多的时间进行侦查和讯问，将这类特殊的案件安排会见的时间适当延长，有利于人民检察院的侦查工作，也有利于打击这些严重的犯罪。这类特殊案件有3个条件必须同时具备：从案件性质上讲是贪污贿赂等犯罪案件，当然这里不只局限于贪污罪和受贿罪两种犯罪案件；从案件影响上讲属于重大复杂案件；从犯罪形式上讲属于共同犯罪案件。否则不属于这类特殊案件。这里的“安排会见的具体时间”也是指在5日以内要安排时间使律师见到在押犯罪嫌疑人。

本条第2款是关于安排律师会见在押犯罪嫌疑人的方式的规定。本款规定了派员陪同和出具同意会见证明两种安排会见的方式。人民检察院在安排会见时间的时候，应当根据案件的情况和需要决定是否派员在场。这里的“案件的情况”，主要是指案件的性质、案情的轻重以及对案件侦查的情况。“需要”包括两种情况：一是根据案件的侦查情况和对犯罪嫌疑人的掌握情况，可能发生串供、危害证人、毁灭或伪造证据等妨碍侦查工作正常进行的行为的；二是人民检察院认为案件性质严重，犯罪嫌疑人主观恶性较深，律师单独会见有危险的。这里的“派员在场”，是指在律师会见在押犯罪嫌疑人的时候，人民检察院也派人员参加会见。至于选派哪些人员，是办案人员还是其他人员，是一人还是数人，由人民检察院根据派员在场的目的自行决定。决定派员在场的，选派人员要和律师在约定的时间共同会见在押犯罪嫌疑人。如果人民检察院根据案件的情况和需要决定不派员在场的，要出具同意会见证明，这是指人民检察院要制作同意律师会见在押犯罪嫌疑人的书面凭证，目的是让羁押犯罪嫌疑人的看守所安排律师会见。实践中人民检察院制作相关法律文书，文书中填有会见时侦查人员是否在场的内容，看守所根据文书中所填内容，按照文书的要求安排律师会见在押犯罪嫌疑人。

【批准会见在押犯罪嫌疑人决定书、通知书的制作】

（一）制作方法

批准会见在押犯罪嫌疑人决定书、通知书为四联填充式文书，各联的具体格式、内容如下：

1. 第一联存根。

（1）首部。包括：制作批准会见在押犯罪嫌疑人决定书的人民检察院的名称；文书名称，即“批准会见在押犯罪嫌疑人决定书”；文书编号，即“ 检准见〔 〕 号”，空余地方依次填写人民检察院简称、具体办案部门简称、年度和序号。在文书名称下方标有“（存 根）”字样。

（2）正文。包括：案由一栏，填写涉嫌的罪名，如“贪污罪”、“受贿罪”、“挪用公款罪”等；犯罪嫌疑人一栏，应当填写犯罪嫌疑人的姓名；申请人一栏，应当填写提出会见在押犯罪嫌疑人的受委托的律师的姓名；性别一栏，应当填写提出会见在押犯罪嫌疑人的律师的性别；年龄一栏，应当填写提出会见在押犯罪嫌疑人的律师的年龄；工作单位，应当填写提出会见在押犯罪嫌疑人的律师的工作单位；批准会见原因一栏，应当简要填写批准受委托律师会见在押犯罪嫌疑人的理由；批准会见时间一栏，应当填写批准受委托律师会见在押犯罪嫌疑人的开始时间；侦查人员是否在场一栏，应当根据批准决定的不同情况，分别填写“在场”或者“不在场”；批准人一栏，应当根据作出批准受委托律师会见在押犯罪嫌疑人决定的不同人员情况填写；承办人一栏，填写承办人的姓名；填发人一栏，填写填发人的姓名；填发时间一栏，填写本文书的填发时间。

2. 第二联副本。

（1）首部。包括：制作批准会见在押犯罪嫌疑人决定书的人民检察院的名称；文书名称，即“批准会见在押犯罪嫌疑人决定书”；文书编号，即“ 检准见〔 〕 号”。在文书名称下方标有“（副 本）”字样。

（2）正文。包括：申请人姓名，即提出会见在押犯罪嫌疑人的受委托的律师的姓名；受委托律师提出会见的在押犯罪嫌疑人的姓名；会见开始时间，即批准受委托律师会见在押犯罪嫌疑人的开始时间，具体到年、月、日、时；会见地点，即批准受委托律师会见在押犯罪嫌疑人的地点，一般为在押犯罪嫌疑人的羁押地点；会见时，侦查人员在场（不在场），此处为选择性填充结构，即根据会见时侦查人员是否在场的不同情况，有选择性地填写：如果会见时侦查人员在场，应当划去括号内“不在场”的字样；如果会见时侦查人员不在场，应当划去括号前“在场”的字样。

（3）尾部。包括：制作批准会见在押犯罪嫌疑人决定书的时间，具体到年、月、日，时间的填写应当用汉字数字表述；加盖制作批准会见在押犯罪嫌疑人决定书的人民检察院的院印。

3. 第三联正本。

（1）首部。包括：制作批准会见在押犯罪嫌疑人决定书的人民检察院的名称；文书名称，即“批准会见在押犯罪嫌疑人决定书”；文书编号，即“ 检准见〔 〕 号”。

（2）正文。包括的内容和制作方法与第二联一样。

（3）尾部。包括：制作批准会见在押犯罪嫌疑人决定书的时间，具体到年、月、日，时间的填写应当用汉字数字表述；加盖作出批准会见在押犯罪嫌疑人通知书的人民检察院的院印。

4. 第四联批准会见在押犯罪嫌疑人通知书。

（1）首部。包括：制作批准会见在押犯罪嫌疑人通知书的人民检察院的名称；文书名称，即“批准会见在押犯罪嫌疑人通知书”；文书编号，即“ 检准见〔 〕 号”。

（2）正文。包括：申请人及犯罪嫌疑人的姓名，即提出会见在押犯罪嫌疑人的受委托的律师的姓名，受委托律师提出会见的在押犯罪嫌疑人的姓名；通知的有关事项，即会见的开始时间、会见地点和会见时，侦查人员是否在场等，上述三处的填写方法与第三联批准会见在押犯罪嫌疑人决定书正本的相关内容的制作方法相同；送达单位，即羁押犯罪嫌疑人的看守所的名称。

（3）尾部。包括：制作批准会见在押犯罪嫌疑人通知书的时间，具体到年、月、日，时间的填写应当用汉字数字表述；加盖作出批准会见在押犯罪嫌疑人通知书的人民检察院的院印。

（二）使用说明

在具体使用时，应注意以下问题：批准会见在押犯罪嫌疑人决定书、通知书只适用于人民检察院直接受理案件的侦查阶段和人民检察院审查起诉阶段作出补充侦查时。其适用范围仅仅是供各级人民检察院在侦查涉及国家秘密的案件过程中，依法批准受委托律师会见在押的犯罪嫌疑人。

在侦查阶段，只有受犯罪嫌疑人委托的律师才能按法律规定会见在押的犯罪嫌疑人，其他任何人（包括犯罪嫌疑人的亲友及非本案的律师等）均无权会见在押的犯罪嫌疑人。在侦查期间，律师同时接受两个或者两个以上同案犯罪嫌疑人委托提供法律帮助的，人民检察院不得安排律师会见在押的犯罪嫌疑人。受委托的律师会见在押的犯罪嫌疑人，应当提前告知人民检察院，并且向人民检察院提供犯罪嫌疑人的授权委托书、律师执业证明和律师事务所介绍信。在侦查期间，受委托律师会见在押的犯罪嫌疑人的有关事宜，由人民检察院侦查部门办理。受委托的律师会见在押的犯罪嫌疑人时，在场的检察机关的工作人员应当告知其遵守监管场所和有关机关关于会见的规定。受委托的律师会见在押的犯罪嫌疑人的情况，在场的检察机关的工作人员可以记明笔录。律师询问在押犯罪嫌疑人的内容超越《刑事诉讼法》第96条规定的授权范围，或者违反监管场所和有关机关关于会见的规定的，在场的检察机关的工作人员有权制止，或者中止会见。人民检察院发现律师在刑事诉讼中有违反法律或者有关规定的行为的，应当及时制止并向有关律师管理部门通报情况。

最高人民法院、最高人民检察院、公安部、国家安全部、司法部、全国人大常委会法制工作委员会《关于刑事诉讼法实施中若干问题的规定》第9条规定："刑事诉讼法第九十六条规定的'涉及国家秘密的案件'，是指案情或者案件性质涉及国家秘密的案件，不能因刑事案件侦查过程中的有关材料和处理意见需保守秘密而作为涉及国家秘密的案件。"第11条规定："刑事诉讼法第九十六条规定，涉及国家秘密的案件，律师会见在押的犯罪嫌疑人，应当经侦查机关批准。对于不涉及国家秘密的案件，律师会见犯罪嫌疑人不需要经过批准。不能以侦查过程需要保密作为涉及国家秘密的案件不予批准。律师提出会见犯罪嫌疑人的，应当在四十八小时内安排会见，对于组织、领导、参加黑社会性质组织罪、组织、领导、参加恐怖活动组织罪或者走私犯罪、毒品犯罪、贪污贿赂犯罪等重大复杂的两人以上的共同犯罪案件，律师提出会见犯罪嫌疑人的，应当在五日内安排会见。"第12条规定："刑事诉讼法第九十六条规定，在侦查阶段，律师会见在押的犯罪嫌疑人，侦查机关根据案件情况和需要可以派员在场。审查起诉阶段和审判阶段，案件已经侦查终结，辩护律师和其他辩护人会见在押的犯罪嫌疑人、被告人时，人民检察院、人民法院不派员在场。"

本文书四联之间的骑缝线上均有本文书文号，应当按照本文书第三联中文号的填写方法予以填写。

本文书共四联，第一联统一保存备查，第二联附卷，第三联送达申请人，第四联送达看守所。

（三）文书格式（见下页）

人民检察院
批准会见在押犯罪嫌疑人决定书
（存　根）

检　准见〔　　〕号

案由＿＿＿＿＿＿＿＿
犯罪嫌疑人＿＿＿＿＿＿
申请人＿＿＿＿＿＿＿
性 别＿＿＿＿年 龄＿＿＿＿
工作单位＿＿＿＿＿＿
批准会见原因＿＿＿＿＿
批准会见时间＿＿＿＿＿
侦查人员是否在场＿＿＿＿
批准人＿＿＿＿＿＿＿
承办人＿＿＿＿＿＿＿
填发人＿＿＿＿＿＿＿
填发时间＿＿＿＿＿＿

第一联统一保存

检　准见〔　　〕号

人民检察院
批准会见在押犯罪嫌疑人决定书
（副　本）

检　准见〔　　〕号

＿＿＿＿＿＿＿＿律师：

根据《中华人民共和国刑事诉讼法》第九十六条的规定，同意你会见在押犯罪嫌疑人＿＿＿＿＿＿＿＿。

会见开始时间：＿＿＿年＿＿月＿＿日＿＿时

会见地点：＿＿＿＿＿＿＿＿

会见时，侦查人员在场（不在场）。

年　月　日
（院印）

第二联附卷

检　准见〔　　〕号

人民检察院
批准会见在押犯罪嫌疑人决定书

检　准见〔　　〕号

＿＿＿＿＿＿＿＿律师：

根据《中华人民共和国刑事诉讼法》第九十六条的规定，同意你会见在押犯罪嫌疑人＿＿＿＿＿＿＿＿。

会见开始时间：＿＿＿年＿＿月＿＿日＿＿时

会见地点：＿＿＿＿＿＿＿＿

会见时，侦查人员在场（不在场）。

年　月　日
（院印）

第三联送达申请人

检　准见〔　　〕号

人民检察院
批准会见在押犯罪嫌疑人通知书

检　准见〔　　〕号

根据《中华人民共和国刑事诉讼法》第九十六条的规定，同意申请人＿＿＿＿会见在押犯罪嫌疑人＿＿＿。

会见开始时间：＿＿＿年＿＿月＿＿日＿＿时

会见地点：＿＿＿＿＿＿＿＿

会见时，侦查人员在场（不在场）。

此致

＿＿＿＿＿看守所

年　月　日
（院印）

第四联送达看守所

【参考规定】

最高人民检察院法律政策研究室关于《人民检察院刑事诉讼规则》第一百五十一条规定有关问题的通知（2001年8月22日　〔2001〕高检研发第10号）

各省、自治区、直辖市人民检察院研究室，军事检察院办公室，新疆生产建设兵团人民检察院研究室：

全国人大常委会刑诉法执法检查组对刑诉法进行执法检查期间，一些地方反映，检察人员和律师对《人民检察院刑事诉讼规则》第一百五十一条的理解和执行经常发生分歧；为此，全国人大内务司法委员会负责同志建议我院进一步明确此问题。根据院领导的批示和中央六机关制发的《关于刑事诉讼法实施中若干问题的规定》，现对《人民检察院刑事诉讼规则》第一百五十一条规定的有关问题通知如下：

对于不涉及国家秘密的案件，律师提出会见在押犯罪嫌疑人的，人民检察院应当在收到律师会见申请后48小时内安排会见；对于贪污贿赂犯罪等重大复杂的两人以上的共同犯罪案件，应当在收到律师会见申请后5日内安排会见。

第一百五十二条［涉密案件的律师会见］

对于涉及国家秘密的案件，律师提出会见在押的犯罪嫌疑人的，人民检察院应当根据案件的情况和需要在五日以内作出是否批准受委托的律师会见在押犯罪嫌疑人的决定。批准受委托的律师会见在押犯罪嫌疑人的，依照本规则第一百五十一条的规定办理。

【条文释义】　本条是关于对涉及国家秘密的案件，人民检察院如何安排律师会见在押犯罪嫌疑人的规定。

对于涉及国家秘密的案件，律师会见在押的犯罪嫌疑人要经人民检察院批准。为防止人民检察院久拖不决，妨碍律师行使权利，本条规定，律师提出会见在押的犯罪嫌疑人的，人民检察院应当在5日以内作出是否批准的决定。如果批准受委托的律师会见在押犯罪嫌疑人的，依照《人民检察院刑事诉讼规则》第151条的规定办理。这里的“依照本规则第一百五十一条的规定办理”包括以下内容：（1）对于涉及国家秘密的案件，如果批准律师会见在押犯罪嫌疑人的，人民检察院应在批准后的48小时以内安排会见的具体时间；对于贪污贿赂等重大复杂的2人以上的共同犯罪案件，可以在批准后的5日以内安排会见的具体时间。（2）对于涉及国家秘密的案件，如果批准律师会见在押犯罪嫌疑人的，人民检察院在安排会见时，应当决定是否派员在场。（3）决定不派员在场的，应当出具同意会见证明。

【不批准会见在押犯罪嫌疑人决定书的制作】

（一）制作方法

不批准会见在押犯罪嫌疑人决定书为三联填充式文书，各联的具体格式、内容如下：

1. 第一联存根。

（1）首部。包括：制作本文书的人民检察院的名称；文书名称，即“不批准会见在押犯罪嫌疑人决定书”；文书编号，即“ 检 不准见〔 〕 号”，空余地方依次填写人民检察院简称、具体办案部门简称、年度和序号。在文书名称下方标有“（存 根）”字样。

（2）正文。包括：案由一栏，填写涉嫌的罪名，如“贪污罪”、“受贿罪”、“挪用公款罪”等；犯罪嫌疑人一栏，应当填写犯罪嫌疑人的姓名；申请人一栏，应当填写提出会见在押犯罪嫌疑人的受委托的律师的姓名；性别一栏，应当填写提出会见在押犯罪嫌疑人的律师的性别；年龄一栏，应当填写提出会见在押犯罪嫌疑人的律师的年龄；工作单位，应当填写提出会见在押犯罪嫌疑人的律师的工作单位；不批准会见理由一栏，应当简要填写不批准受委托律师会见在押犯罪嫌疑人的理由；审批人一栏，填写不批准会见的审批人姓名；承办人一栏，填写承办人的姓名；填发人一栏，填写填发人的姓名；填发时间一栏，填写本文书的填发时间。

2. 第二联副本。

（1）首部。包括：制作本文书的人民检察院的名称；文书名称，即“不批准会见在押犯罪嫌疑人决定书”；文书编号，即“ 检 不准见〔 〕 号”。在文书名称下方标有“（副 本）”字样。

（2）正文。包括：申请人姓名，即提出会见在押犯罪嫌疑人的受委托的律师的姓名；受委托律师提出会见的在押犯罪嫌疑人的姓名。

（3）尾部。包括：制作本文书的时间，具体到年、月、日，时间的填写应当用汉语数字表述；加盖制作本文书的人民检察院的院印。

3. 第三联正本。

（1）首部。包括：制作本文书的人民检察院的名称；文书名称，即“不批准会见在押犯罪嫌疑人决定书”；文书编号，即“ 检 不准见〔 〕 号”。

（2）正文。包括的内容和制作要求与第二联一样。

（3）尾部。包括：制作本文书的时间，具体到年、月、日，时间的填写应当用汉字数字表述；加盖制作本文书的人民检察院的院印。

（二）使用说明

在具体使用时，应注意以下问题：本文书只适用于人民检察院直接受理案件的侦查阶段和人民检察院审查起诉阶段作出补充侦查时。其适用范围仅仅供各级人民检察院在侦查涉及国家秘密的案件过程中，依法不批准受委托律师会见在押犯罪嫌疑人。

在侦查阶段，只有受犯罪嫌疑人委托的律师才能按法律规定会见在押犯罪嫌疑人，其他任何人（包括犯罪嫌疑人的亲友及非本案的律师等）均无权会见在押犯罪嫌疑人。在侦查期间，律师同时接受两个或者两个以上同案犯罪嫌疑人委托提供法律帮助的，人民检察院不得安排律师会见在押犯罪嫌疑人。受委托的律师会见在押的犯罪嫌疑人，应当提前告知人民检察院，并且向人民检察院提供犯罪嫌疑人的授权委托书、律师执业证明和律师事务所介绍信。在侦查期间，受委托律师会见在押的犯罪嫌疑人的有关事宜，由人民检察院侦查部门办理。受委托的律师会见在押犯罪嫌疑人时，在场的检察机关的工作人员应当告知其遵守监管场所和有关机关关于会见的规定。受委托的律师会见在押犯罪嫌疑人的情况，在场的检察机关的工作人员可以记明笔录。律师询问在押犯罪嫌疑人的内容超越《刑事诉讼法》第96条规定的授权范围，或者违反监管场所和有关机关关于会见的规定的，在场的检察机关的工作人员有权制止，或者中止会见。人民检察院发现律师在刑事诉讼中有违反法律或者有关规定的行为的，应当及时制止并向有关律师管理部门通报情况。

最高人民法院、最高人民检察院、公安部、国家安全部、司法部、全国人大常委会法制工作委员会《关于刑事诉讼法实施中若干问题的规定》第9条规定："刑事诉讼法第九十六条规定的'涉及国家秘密的案件'，是指案情或者案件性质涉及国家秘密的案件，不能因刑事案件侦查过程中的有关材料和处理意见需保守秘密而作为涉及国家秘密的案件。"第11条规定："刑事诉讼法第九十六条规定，涉及国家秘密的案件，律师会见在押的犯罪嫌疑人，应当经侦查机关批准。对于不涉及国家秘密的案件，律师会见犯罪嫌疑人不需要经过批准。不能以侦查过程需要保密作为涉及国家秘密的案件不予批准。律师提出会见犯罪嫌疑人的，应当在四十八小时内安排会见，对于组织、领导、参加黑社会性质组织罪、组织、领导、参加恐怖活动组织罪或者走私犯罪、毒品犯罪、贪污贿赂犯罪等重大复杂的两人以上的共同犯罪案件，律师提出会见犯罪嫌疑人的，应当在五日内安排会见。"第12条规定："刑事诉讼法第九十六条规定，在侦查阶段，律师会见在押的犯罪嫌疑人，侦查机关根据案件情况和需要可以派员在场。审查起诉阶段和审判阶段，案件已经侦查终结，辩护律师和其他辩护人会见在押的犯罪嫌疑人、被告人时，人民检察院、人民法院不派员在场。"

本文书三联之间的骑缝线上均有本文书文号，应当按照本文书第三联中的填写方法予以填写。

本文书共三联，第一联统一保存备查，第二联附卷，第三联送达申请人。

（三）文书格式（见下页）

人民检察院

不批准会见在押犯罪嫌疑人决定书

（存 根）

检 不准见〔 〕 号

案由________________

犯罪嫌疑人________________

申请人________________

性别________年龄________

工作单位________________

不批准会见理由________________

审批人________________

承办人________________

填发人________________

填发时间________________

第一联统一保存

检 不准见〔 〕 号

人民检察院

不批准会见在押犯罪嫌疑人决定书

（副 本）

检 不准见〔 〕 号

________________律师：

根据《中华人民共和国刑事诉讼法》第九十六条的规定，不批准你会见在押犯罪嫌疑人________________。

年 月 日

（院印）

第二联附卷

检 不准见〔 〕 号

人民检察院

不批准会见在押犯罪嫌疑人决定书

检 不准见〔 〕 号

________________律师：

根据《中华人民共和国刑事诉讼法》第九十六条的规定，不批准你会见在押犯罪嫌疑人________________。

年 月 日

（院印）

第三联送达申请人

第一百五十三条 [告知律师应遵守的规定]

受委托的律师会见在押犯罪嫌疑人时，在场的检察机关的工作人员应当告知其遵守监管场所和有关机关关于会见的规定。

受委托的律师会见在押犯罪嫌疑人的情况，在场的检察机关的工作人员可以记明笔录。

【条文释义】 本条是关于在场的检察机关的工作人员应当告知律师遵守监管场所和有关机关的规定以及可以将会见情况记明笔录的规定。

本条第1款是关于在场的检察机关的工作人员应当告知律师遵守监管场所和有关机关关于会见的规定的规定。这里使用“在场的检察机关的工作人员”一词，是因为人民检察院决定派员在场时，选派人员可能是检察人员，也可能是书记员，因此，统称为“在场的检察机关的工作人员”。这里的“监管场所规定”，主要是指《看守所条例》、《看守所条例实施办法（试行）》以及其他关于规范、约束在看守所会见犯罪嫌疑人行为的规范性文件；“有关机关关于会见的规定”，是指上述普遍适用的监管场所规定以外的、规范律师会见犯罪嫌疑人行为的规范性文件，如司法部、中华全国律师协会制定的关于律师会见在押犯罪嫌疑人的有关规定，人民检察院、公安机关的一些规定等。本条之所以规定在场人员应当告知律师遵守有关规定，主要是为了保证会见合法、安全地进行。

本条第2款是关于在场的检察机关的工作人员可以将受委托的律师会见在押犯罪嫌疑人的情况记明笔录的规定。从实践的角度讲，将会见情况记明笔录，有利于人民检察院全面审查证据，正确认定事实，防止先入为主，有利于刑事诉讼的顺利进行；从法律规定角度讲，既然《刑事诉讼法》规定人民检察院可以派员在场，在场人员当然会了解律师会见的情况，记明笔录只是将了解的情况书面记载下来而已。

第一百五十四条 [制止或者中止会见的情况]

律师询问在押犯罪嫌疑人的内容超越刑事诉讼法第九十六条规定的授权范围，或者违反监管场所和有关机关关于会见的规定的，在场的检察机关的工作人员有权制止，或者中止会见。

【条文释义】 本条是关于律师会见在押犯罪嫌疑人时违反有关法律、法规，在场的检察机关的工作人员有权制止或者中止会见的规定。

本条规定了律师会见在押犯罪嫌疑人时违反有关法律、法规的3种表现形式：（1）询问内容超越《刑事诉讼法》第96条规定的授权范围。《刑事诉讼法》第96条规定，律师在侦查阶段可以为犯罪嫌疑人提供法律咨询、代理申诉、控告、申请取保候审，因此，律师会见在押犯罪嫌疑人，询问的内容也应当围绕以上内容进行，包括讲解法律，询问有无申诉、控告、申请取保候审的请求及其理由。实践中，律师会见在押犯罪嫌疑人，肯定会询问、了解案件的事实情况，这是律师知悉情况、提供法律帮助的渠道之一，人民检察院不能一概加以制止。认定询问的内容是否越权、非法，一般从两个方面认定：其一，《刑事诉讼法》第96条规定，律师可以会见在押犯罪嫌疑人的目的是通过会见向犯罪嫌疑人了解案件的有关情况，以有效地提供法律帮助，而不是通过会见向犯罪嫌疑人告知案件的有关情况。律师所能向犯罪嫌疑人告知的，应限于法律、政策问题的解答。因此，如果律师的"询问"暗含有"告知"或"诱导"，即目的是通过"询问"暗示犯罪嫌疑人可以或者已经串供、毁灭、隐匿证据，或者告知犯罪嫌疑人自己了解的案件情况及诉讼进展情况，或者诱导犯罪嫌疑人翻供，则属于非法询问。其二，《刑事诉讼法》第96条规定，律师在侦查阶段介入刑事诉讼是为了向犯罪嫌疑人提供法律帮助。因此，律师询问的内容应当是与犯罪嫌疑人有关的案件情况以及犯罪嫌疑人的要求，如果超越这个范围则是越权询问。（2）违反监管场所规定。（3）违反有关机关关于会见的规定。关于"监管场所规定"和"有关机关关于会见的规定"的解释见《人民检察院刑事诉讼规则》第153条释义。

本条规定，如果律师会见在押犯罪嫌疑人有上述行为的，在场的检察机关的工作人员有权制止，或者中止会见。"制止"，是指不让律师再进行违反法律、法规规定的行为，但可以继续会见；"中止会见"，是指让律师停止会见活动，结束会见。实践中是"制止"还是"中止会见"，应当根据律师违反规定的性质和程度来决定。"中止会见"一般适用于律师违反规定情节严重，继续会见会影响案件的侦查或泄露案情的情况。

第一百五十五条 ［律师违法违规行为的处理］

人民检察院发现律师在刑事诉讼中有违反法律或者有关规定的行为的，应当及时制止并向有关律师管理部门通报情况。

【条文释义】 本条是关于人民检察院发现律师在刑事诉讼中有违反法律或者有关规定的行为的，应当及时制止并向有关律师管理部门通报情况的规定。

本条规定的"在刑事诉讼中"，是指在侦查进行的过程中，不仅限于律师会见在押犯罪嫌疑人的过程中。因为除了在会见在押犯罪嫌疑人时违反有关规定外，在侦查工作进行的过程中，律师也可能实施妨碍诉讼的行为，如会见犯罪嫌疑人后帮助当事人毁灭证据，干扰证人作证，帮助家属隐匿证据等。因此，本条规定的"在刑事诉讼中"比《人民检察院刑事诉讼规则》第154条规定的范围宽泛。本条规定的"违反法律或者有关规定"的范围也比《人民检察院刑事诉讼规则》第154条规定的范围宽泛，除《看守所条例》等规定外，还包括《刑事诉讼法》的有关规定和《律师法》、《律师执业行为规范（试行）》等规定。例如，《刑事诉讼法》第38条规定，辩护律师不得帮助犯罪嫌疑人隐匿、毁灭、伪造证据或者串供，不得威胁、引诱证人改变证言或者作伪证以及进行其他干扰司法机关诉讼活动的行为等。人民检察院发现律师在刑事诉讼中违反法律或其他有关规定的，应当同时采取两种措施：一是及时制止，不让律师继续实施违反法律或有关规定的行为；二是向有关律师管理部门通报情况。这里的“律师管理部门”包括司法行政机关和律师协会；“通报情况”，是指将律师违反法律或有关规定的情况通知主管部门。本条之所以这样规定，是因为人民检察院无权对律师违反有关规定的行为进行处罚，只能由其管理部门视情况给予不同的处罚。当然，这里的“通报情况”并不影响人民检察院将构成犯罪的律师按照法律规定的程序移送公安机关追究刑事责任。

第一百五十六条［涉及国家秘密的案件的内涵］

本节所称的“涉及国家秘密的案件”，是指案情或者案件性质涉及国家秘密的案件。

【条文释义】　本条是关于“涉及国家秘密的案件”范围的规定。

《刑事诉讼法》第96条规定，涉及国家秘密的案件，犯罪嫌疑人聘请律师和律师会见在押的犯罪嫌疑人的，都应当经侦查机关批准。因此，正确确定“涉及国家秘密的案件”的范围十分重要。

所谓国家秘密，根据《保守国家秘密法》的规定，是指关系国家安全和利益，依照法定程序确定，在一定时间内只限于一定范围的人员知悉的事项。《保守国家秘密法》第9条规定：“下列涉及国家安全和利益的事项，泄露后可能损害国家在政治、经济、国防、外交等领域的安全和利益的，应当确定为国家秘密：（一）国家事务重大决策中的秘密事项；（二）国防建设和武装力量活动中的秘密事项；（三）外交和外事活动中的秘密事项以及对外承担保密义务的秘密事项；（四）国民经济和社会发展中的秘密事项；（五）科学技术中的秘密事项；（六）维护国家安全活动和追查刑事犯罪中的秘密事项；（七）经国家保密行政管理部门确定的其他秘密事项。政党的秘密事项中符合前款规定的，属于国家秘密。”如何理解“涉及国家秘密的案件”，实践中有两种不同认识，一种意见认为，“涉及国家秘密的案件”，是指案情或者案件性质涉及国家秘密的案件，而不包括侦查刑事犯罪过程中需要保密的情况；另一种意见认为，“涉及国家秘密的案件”，是指《保守国家秘密法》第9条中规定的所有事项，其中包括“维护国家安全活动和追查刑事犯罪中的秘密事项”，即包括所有刑事案件的有关材料和处理意见。为了统一认识，解决实践中出现的问题，1998年1月24日最高人民法院、最高人民检察院、公安部、国家安全部、司法部、全国人大常委会法制工作委员会《关于刑事诉讼法实施中若干问题的规定》对此作了明确规定，即“刑事诉讼法第九十六条规定的‘涉及国家秘密的案件’，是指案情或者案件性质涉及国家秘密的案件，不能因刑事案件侦查过程中的有关材料和处理意见需保守秘密而作为涉及国家秘密的案件。”根据本条规定，只有“案情”和“案件性质”涉及国家秘密，才是《刑事诉讼法》所规定的涉及国家秘密的案件。这里的“案情”和“案件性质”涉及国家秘密，是指案件本身的客观情况、犯罪涉及的有关内容涉及国家秘密，如犯罪嫌疑人非法获取国家秘密的案件，国家机关工作人员违反《保守国家秘密法》的规定泄露国家秘密的案件。上述案件由于获取和泄露的是国家秘密，所以，犯罪嫌疑人聘请律师和律师会见在押犯罪嫌疑人，经过侦查机关批准是非常必要的。有些案件的具体情况可能会涉及国家秘密，如犯罪嫌疑人是因涉嫌间谍罪而被采取强制措施的，由于这类犯罪属于严重危害国家安全的一种犯罪，具体案情可能涉及国家秘密，所以，也可以视为“涉及国家秘密的案件”。实践中，在刑事案件侦查过程中要使用各种侦查手段，而这些手段和由此形成的材料和文件在案件的办理过程中是需要保密的，但不能以此为由拒绝犯罪嫌疑人聘请律师和拒绝律师会见在押犯罪嫌疑人。否则，由于刑事案件在办案过程中大都有需保密的事项，《刑事诉讼法》关于侦查阶段犯罪嫌疑人可以聘请律师的规定就形同虚设。

第二节　询问证人、被害人

第一百五十七条［询问证人的要求］

人民检察院在侦查过程中，应当及时询问证人，并且告知证人履行作证的权利和义务。

人民检察院应当保证一切与案件有关或者了解案情的公民，有客观地充分地提供证据的条件，并为他们保守秘密。除特殊情况外，人民检察院可以吸收证人协助调查。

【条文释义】　本条是关于人民检察院询问证人的要求的规定。

询问证人是侦查人员依照法定程序，以言词方式向当事人以外的了解案件真实情况的人进行调查的一种侦查方法。证人，是指当事人以外的了解案件情况的人。在刑事诉讼中，询问证人是人民检察院经常采用的一种侦查方法。

本条第1款是关于及时询问证人和告知证人作证的权利、义务的规定。根据本款规定，人民检察院在侦查过程中，应当及时询问证人，并且告知证人履行作证的权利和义务。“证人履行作证的权利和义务”包括两重含义：其一，犯罪行为是危害社会的行为，公民作证揭露证实犯罪行为，是证人的权利。证人有权作证，司法机关应当告知证人并保障其行使这一权利。其二，我国《刑事诉讼法》第48条明确规定："凡是知道案件情况的人，都有作证的义务。生理上、精神上有缺陷或者年幼，不能辨别是非、不能正确表达的人，不能作证人。"可以看出，作证又是证人的一项法定义务，证人应当履行这一义务。人民检察院在询问证人时告知其履行作证的权利和义务，可以促使证人提高认识，如实作证。

本条第2款是关于保证证人作证条件的规定。根据本款规定，人民检察院应当保证一切与案件有关或者了解案情的公民，有客观地、充分地提供证据的条件，并为他们保守秘密。除特殊情况外，人民检察院可以吸收证人协助调查。"有客观地充分地提供证据的条件"包括两层含义：其一，人民检察院消除证人的不安或者恐惧心理，使证人摆脱可能受到的威胁、损害，使证人可以讲述案件的真实情况。其二，询问证人的程序和方法要合法，不得采用非法方法收集证言。本款规定"除特殊情况外，人民检察院可以吸收证人协助调查"，这里的"特殊情况"，主要是指可能会泄露国家秘密或引起不利于侦查进行后果等情况。

执行本条规定应当注意以下两点：（1）在侦查阶段为证人保守秘密，是保障证人安全和诉讼顺利进行所必需的。一般情况下，即使证人没有明确要求，人民检察院在侦查阶段也应当严格为他们保守秘密。（2）在侦查阶段吸收证人协助调查，有利于进一步收集证据和侦破案件，是群众路线在侦查活动中的一个具体体现，但实践中吸收证人协助调查应当遵守法律、法规，并注意保障证人的各项权利和安全。

【询问通知书的制作】

（一）制作方法

询问通知书为三联填充式文书，各联的内容和制作方法如下：

1. 第一联存根。

（1）首部。包括：制作本文书的人民检察院的名称；文书名称，即"询问通知书"；文书编号，即"　检　询〔　〕　号"，空余地方依次填写制作文书的人民检察院简称、具体办案部门简称、年度和序号。在文书名称之下标有"（存　根）"字样。

（2）正文。包括：案由，可根据涉嫌的罪名填写；犯罪嫌疑人的姓名；被询问人的姓名、性别、年龄、工作单位及住址；应到时间，即被询问人应来接受询问的时间；应到地点，即被询问人接受询问的地点；批准人的姓名；承办人的姓名；填发人的姓名；填发时间。

2. 第二联副本。

（1）首部。包括：制作本文书的人民检察院名称；文书名称，即"询问通知书"；文书编号，即"　检　询〔　〕　号"。在文书名称之下标有"（副本)”字样。

（2）正文。包括：被询问人的姓名；被询问的原因，被询问的原因可以概括地写，一般可表述为“兹因办理犯罪嫌疑人×××涉嫌……一案”；被询问人接受询问的时间；被询问人接受询问的地点。

（3）尾部。包括：制作本文书的时间，具体到年、月、日；加盖制作本文书的人民检察院的院印；被询问人签名或者盖章。

3. 第三联正本。

（1）首部。包括：制作本文书的人民检察院名称；文书名称，即“询问通知书”；文书编号，即“ 检 询〔 〕 号”。

（2）正文。包括的内容和制作方法与第二联一样。

（3）尾部。包括：制作本文书的时间，具体到年、月、日；加盖制作本文书的人民检察院的院印。

（二）使用说明

在具体使用时，应注意以下问题：询问证人，应当个别进行。制作询问通知书时，以人次为单位。询问证人时，要用规定的格式制作询问证人笔录。《刑事诉讼法》第48条第1款规定：“凡是知道案件情况的人，都有作证的义务。”因此，接到询问通知书的被询问人应当按照人民检察院指定的时间、指定的地点接受询问。最高人民法院、最高人民检察院、公安部、国家安全部、司法部、全国人大常委会法制工作委员会《关于刑事诉讼法实施中若干问题的规定》第17条规定，“侦查人员询问证人，应当依照刑事诉讼法第九十七条的规定进行，不得另行指定其他地点”。人民检察院制作询问通知书时，通知询问的地点只能是制作本文书的人民检察院或者人民检察院的具体办公地点，而不能另行指定其他地点。

本文书三联之间的骑缝线上均有本文书文号，应当按照本文书第三联中文号的填写方法予以填写。

本文书共三联，第一联统一保存备查，第二联附卷，第三联送达被询问人。

（三）文书格式（见下页）

人民检察院

询问通知书

（存　根）

检　询〔　　〕　号

案由______________

犯罪嫌疑人______________

被询问人______________

性 别________年 龄________

工作单位______________

住址______________

应到时间______________

应到地点______________

批准人______________

承办人______________

填发人______________

填发时间______________

第一联统一保存

检询〔　〕号

人民检察院

询问通知书

（副　本）

检　询〔　　〕　号

____________：

根据《中华人民共和国刑事诉讼法》第九十七条的规定，兹因__________一案，请你于__________年______月______日______时接受询问。

询问地点：______________________

年　　月　　日

（院印）

被询问人：（签名或盖章）

第二联附卷

检询〔　〕号

人民检察院

询问通知书

检　询〔　　〕　号

____________：

根据《中华人民共和国刑事诉讼法》第九十七条的规定，兹因__________一案，请你于__________年______月______日______时接受询问。

询问地点：______________________

年　　月　　日

（院印）

第三联送达被询问人

第一百五十八条［询问证人的主体］

询问证人，应当由检察人员进行。询问的时候，检察人员不得少于二人。

【条文释义】 本条是关于询问证人的主体要求的规定。

根据本条的规定，人民检察院在侦查活动中询问证人，应当由检察人员进行。询问的时候，检察人员不得少于2人。“不得少于二人”，是指检察人员不得独自询问证人。这样规定的理由是：（1）有利于检察人员互相监督，防止暴力取证、诱取证言等非法询问行为，保证询问证人工作依法进行。（2）有利于防止证人自杀、自残及暴力取证等现象的发生，保障刑事诉讼的顺利进行。执行本条规定应当注意询问证人不论是初次询问还是再次询问，不论证人的个人情况如何，在询问时都应严格执行本条规定，检察人员不得少于2人。

第一百五十九条［询问证人的地点和方式］

询问证人，可以到证人的所在单位、住处进行，检察人员应当出示人民检察院的询问证人通知书和工作证。必要时，也可以通知证人到人民检察院提供证言。

询问证人应当个别进行。

【条文释义】 本条是关于询问证人的地点、方式的规定。

本条第1款是关于询问证人的地点的规定。根据本款的规定，询问证人可以到证人的所在单位、住处进行，检察人员应当出示人民检察院的询问证人通知书和工作证。必要时，也可以通知证人到人民检察院提供证言。证人不同于犯罪嫌疑人，作证是证人的一项权利和义务，检察人员询问证人应当本着方便证人、方便群众、节省证人时间、精力的原则进行，所以，询问证人一般应在证人的所在单位或者住处进行，这样也有利于及时得到证人单位的支持，便于了解证人的情况，有助于对证人证言进行正确的审查判断。询问证人时出示人民检察院的询问证人通知书和工作证，可以防止滥用职权，更好地保护公民的合法权利。在有的情况下，通知证人到人民检察院提供证言，有利于为证人保守秘密，保证证人的安全，也可以防止证人的单位、亲属或其他人员干扰证人作证，有利于证人如实提供证言。所以本款还规定，必要时，也可以通知证人到人民检察院提供证言。这里的“必要时”，主要是指：（1）案情涉及国家秘密，出于保密的需要；（2）证人所在单位、家庭成员及住处周围的人员与案件有利害关系，为了防止干扰，保证证人如实提供证言及证人的人身安全；（3）证人在侦查阶段不愿公开自己的姓名和作证行为，为了便于为证人保密，消除证人的思想顾虑等。

本条第2款是关于询问证人的方式的规定。根据本款的规定，询问证人应当个别进行。其含义是询问证人应分别进行，询问某一个证人时，不能有其他证人在场，不能在同一场合（即同一时间、地点）对两个以上证人进行询问。这样规定，可以防止证人之间相互影响，相互串通，保证证人证言真实可靠，保守案情秘密，也有利于为证人保守秘密。

执行本条规定应当注意：（1）询问证人只能在证人的所在单位、住处或者人民检察院进行，检察人员应当根据实际情况，本着有利于查明犯罪事实、方便证人、保证证人权利的原则确定询问地点，但是一般不得在上述三种地点之外确定询问地点。（2）询问证人时应当注意保护证人的安全，到证人的所在单位或住处询问，应当通过其单位的人事保卫部门或基层组织，了解证人与犯罪嫌疑人的关系，以保证证人安全和询问活动的正常进行。

第一百六十条［向证人问明、告知有关情况和禁止性规定］

询问证人，应当问明证人的基本情况以及与当事人的关系，并且告知证人应当如实地提供证据、证言和有意作伪证或者隐匿罪证要负的法律责任，但是不得向证人泄露案情，不得采用羁押、刑讯、威胁、引诱、欺骗以及其他非法方法获取证言。

【条文释义】　本条是关于证人提供证言前向证人问明、告知有关情况和询问证人的禁止性规定。

本条规定，询问证人应当问明证人的基本情况以及与当事人的关系，并且告知证人应当如实地提供证据、证言和有意作伪证或者隐匿罪证要负的法律责任。“证人的基本情况”包括证人的姓名、年龄、民族、工作单位等情况。“要负的法律责任”，主要是指《刑法》规定的伪证罪和包庇罪。《刑法》第305条规定，在刑事诉讼中证人对与案件有重要关系的情节，故意作虚假证明，意图陷害他人或者隐匿罪证的，处3年以下有期徒刑或者拘役；情节严重的，处3年以上7年以下有期徒刑。《刑法》第310条规定，明知是犯罪的人而作假证明包庇的，处3年以下有期徒刑、拘役或者管制；情节严重的，处3年以上10年以下有期徒刑。

本条还规定，询问证人时不得向证人泄露案情，不得采用羁押、刑讯、威胁、引诱、欺骗以及其他非法方法获取证言。泄露案情主要是指泄露已经掌握的情况、泄露询问目的、侦查计划等。“羁押”既包括非法对证人采用刑事拘留、逮捕等强制措施，也包括变相地以连续询问的方式非法拘禁证人。规定不得用非法方法获取证言，既是为了保护证人的合法权益，也是为了保障证言的真实性、客观性。

执行本条规定应当注意：（1）询问证人时告知其有意作伪证或者隐匿罪证要负责的法律责任，是为了教育证人如实作证，与威胁、引诱证人是有严格区别的。实践中在告知这些内容时既要严肃、认真，又要注意说服教育。(2)《刑事诉讼法》规定的强制措施只能适用于犯罪嫌疑人、被告人，询问证人时不能采用或变相采用强制措施。

【参考规定】

1. **最高人民法院、最主人民检察院、公安部、国家安全部、司法部关于办理死刑案件审查判断证据若干问题的规定（节录）**（2010年6月13日 法发〔2010〕20号）

第十一条 对证人证言应当着重审查以下内容：

（一）证言的内容是否为证人直接感知。

（二）证人作证时的年龄、认知水平、记忆能力和表达能力，生理上和精神上的状态是否影响作证。

（三）证人与案件当事人、案件处理结果有无利害关系。

（四）证言的取得程序、方式是否符合法律及有关规定：有无使用暴力、威胁、引诱、欺骗以及其他非法手段取证的情形；有无违反询问证人应当个别进行的规定；笔录是否经证人核对确认并签名（盖章）、捺指印；询问未成年证人，是否通知了其法定代理人到场，其法定代理人是否在场等。

（五）证人证言之间以及与其他证据之间能否相互印证，有无矛盾。

第十二条 以暴力、威胁等非法手段取得的证人证言，不能作为定案的根据。

处于明显醉酒、麻醉品中毒或者精神药物麻醉状态，以致不能正确表达的证人所提供的证言，不能作为定案的根据。

证人的猜测性、评论性、推断性的证言，不能作为证据使用，但根据一般生活经验判断符合事实的除外。

第十三条 具有下列情形之一的证人证言，不能作为定案的根据：

（一）询问证人没有个别进行而取得的证言；

（二）没有经证人核对确认并签名（盖章）、捺指印的书面证言；

（三）询问聋哑人或者不通晓当地通用语言、文字的少数民族人员、外国人，应当提供翻译而未提供的。

第十四条 证人证言的收集程序和方式有下列瑕疵，通过有关办案人员的补正或者作出合理解释的，可以采用：

（一）没有填写询问人、记录人、法定代理人姓名或者询问的起止时间、地点的；

（二）询问证人的地点不符合规定的；

（三）询问笔录没有记录告知证人应当如实提供证言和有意作伪证或者隐匿罪证要负法律责任内容的；

（四）询问笔录反映出在同一时间段内，同一询问人员询问不同证人的。

第十五条 具有下列情形的证人，人民法院应当通知出庭作证；经依法通知不出庭作证证人的书面证言经质证无法确认的，不能作为定案的根据：

（一）人民检察院、被告人及其辩护人对证人证言有异议，该证人证言对定罪量刑有重大影响的；

（二）人民法院认为其他应当出庭作证的。

证人在法庭上的证言与其庭前证言相互矛盾，如果证人当庭能够对其翻证作出合理解释，并有相关证据印证的，应当采信庭审证言。

对未出庭作证证人的书面证言，应当听取出庭检察人员、被告人及其辩护人的意见，并结合其他证据综合判断。未出庭作证证人的书面证言出现矛盾，不能排除矛盾且无证据印证的，不能作为定案的根据。

第十六条 证人作证，涉及国家秘密或者个人隐私的，应当保守秘密。

证人出庭作证，必要时，人民法院可以采取限制公开证人信息、限制询问、遮蔽容貌、改变声音等保护性措施。

第十七条 对被害人陈述的审查与认定适用前述关于证人证言的有关规定。

第三十七条 对于有下列情形的证据应当慎重使用，有其他证据印证的，可以采信：

（一）生理上、精神上有缺陷的被害人、证人和被告人，在对案件事实的认知和表达上存在一定困难，但尚未丧失正确认知、正确表达能力而作的陈述、证言和供述；

（二）与被告人有亲属关系或者其他密切关系的证人所作的对该被告人有利的证言，或者与被告人有利害冲突的证人所作的对该被告人不利的证言。

2. 最高人民法院、最高人民检察院、公安部、国家安全部、司法部关于办理刑事案件排除非法证据若干问题的规定（节录）（2010年6月13日　法发〔2010〕20号）

第十三条 庭审中，检察人员、被告人及其辩护人提出未到庭证人的书面证言、未到庭被害人的书面陈述是非法取得的，举证方应当对其取证的合法性予以证明。对前款所述证据，法庭应当参照本规定有关规定进行调查。

3. 最高人民检察院关于适用《关于办理死刑案件审查判断证据若干问题的规定》和《关于办理刑事案件排除非法证据若干问题的规定》的指导意见（节录）（2010年12月30日　高检发研字〔2010〕13号）

三、严格审查、判断证据，确保办案质量

9. 严格遵守两个《规定》确立的规则，认真审查、鉴别、分析证据，正确认定案件事实。既要审查证据的内容是否真实客观、形式是否合法完备，也要审查证据收集过程是否合法；既要依法排除非法证据，也要做好瑕疵证据的审查补正和完善工作。

10. 对犯罪嫌疑人供述和证人证言、被害人陈述，要结合全案的其他证据，综合审查其内容的客观真实性，同时审查侦查机关（部门）是否将每一次讯问、询问笔录全部移送。对以刑讯逼供等非法手段取得的犯罪嫌疑人供述和采用暴力、威胁等非法手段取得的证人证言、被害人陈述，应当依法排除；对于使用其他非法手段获取的犯罪嫌疑人供述、证人证言、被害人陈述，根据其违法危害程度与刑讯逼供和暴力、威胁手段是否相当，决定是否依法排除。

15. 审查证人证言、被害人陈述，应当注意对询问程序、方式、内容以及询问笔录形式的审查，发现不符合规定的，应当要求侦查机关（部门）补正或者说明。注意审查证人、被害人能否辨别是非、正确表达，必要时进行询问、了解，同时审查证人、被害人作证是否个别进行；对证人、被害人在法律规定以外的地点接受询问的，应当审查其原因，必要时对该证言或者陈述进行复核。对证人证言、被害人陈述的内容是否真实，应当结合其他证据综合判断。对于犯罪嫌疑人及其辩护人或者证人、被害人提出侦查机关（部门）采用暴力、威胁等非法手段取证的，应当告知其要如实提供相关证据或者线索，并认真核查。

20. 发现侦查人员以刑讯逼供或者暴力、威胁等非法手段收集犯罪嫌疑人供述、被害人陈述、证人证言的，应当提出纠正意见，同时应当要求侦查机关（部门）另行指派侦查人员重新调查取证，必要时也可以自行调查取证。侦查机关（部门）未另行指派侦查人员重新调查取证的，可以依法退回补充侦查。经审查发现存在刑讯逼供、暴力取证等非法取证行为，该非法言词证据被排除后，其他证据不能证明犯罪嫌疑人实施犯罪行为的，应当不批准或者决定逮捕，已经移送审查起诉的，可以将案件退回侦查机关（部门）或者不起诉。办案人员排除非法证据的，应当在审查报告中说明。

25. 对于庭审中被告人及其辩护人提出未到庭证人的书面证言、未到庭被害人的书面陈述是非法取得的，可以从证人或者被害人的作证资格、询问人员、询问程序和方式以及询问笔录的法定形式等方面对合法性作出说明；有原始询问过程录音录像或者其他证据能证明合法性的，可以在法庭上宣读或者出示。被告人及其辩护人提出明确的新证据或者线索，需要进一步调查核实的，应当依法建议法庭延期审理，要求侦查机关（部门）提供相关证明，必要时可以自行调查核实。对被告人及其辩护人所提供的证人证言，被害人陈述等证据取得的合法性有疑问的，应当建议法庭要求其提供证明。

第一百六十一条［询问未成年证人］

询问不满十八岁的证人，可以通知其法定代理人到场。

【条文释义】 本条是关于询问未成年证人的特别规定。

不满18周岁的未成年人由于年龄小，对社会了解、对事物的认识能力相对低，思想表达、处事能力等都受到一定限制，心理承受能力也弱于成年人。所以，本条规定，询问不满18周岁的证人，可以通知其法定代理人到场。这样可以减轻未成年证人的思想压力，增强其心理承受能力，保证其更好地作证，同时也有利于保护未成年证人的合法权利。“法定代理人到场”，是指让法定代理人到询问现场听取询问情况。“法定代理人”，是指未成年证人的父母、养父母、监护人和负有保护责任的机关、团体的代表。

《未成年保护法》第56条第1款规定：“公安机关、人民检察院讯问犯罪嫌疑人，询问未成年证人、被害人，应当通知监护人到场。”所以在执行本条规定时应当注意，询问未成年证人时应当通知其法定代理人到场。

【未成年证人法定代理人到场通知书的制作】

（一）制作方法

未成年证人法定代理人到场通知书为三联填充式文书，各联的内容和制作方法如下：

1. 第一联存根。

（1）首部。包括：制作本文书的人民检察院名称；文书名称，即“未成年证人法定代理人到场通知书”；文书编号，即“ 检 未证〔 〕 号”，“检”

前空余地方填写制作本文书的人民检察院的简称，“检”与“未证”之间的空余地方填写人民检察院具体办案部门的简称，中括号内填写制作本文书的年度，中括号与“号”之间的空余地方填写本文书在该年度的序号。在文书名称下面标有“（存　根）”字样。

（2）正文。包括：案由，可以根据案件中犯罪嫌疑人所涉嫌的罪名填写为“贪污罪”、“受贿罪”、“挪用公款罪”等，如果因涉嫌多个罪名而立案的，应将所涉嫌的罪名填写全；犯罪嫌疑人的姓名；未成年证人的姓名；未成年证人的性别；未成年证人的年龄；未成年证人的法定代理人的姓名或者名称；未成年证人与其法定代理人的关系，如父母、养父母、监护人和负有保护责任的机关、团体的代表；制作本文书的批准人的姓名或者名称；具体办理这一案件的承办人的姓名；填发本文书的填发人的姓名；填发本文书的时间。

2. 第二联副本。

（1）首部。包括：制作本文书的人民检察院名称、文书名称、文书编号，填写要求与第一联一样。在文书名称下面标有“（副　本）”字样。

（2）正文。包括：需要通知到场的未成年证人的法定代理人的姓名或者名称；与未成年证人有关的刑事案件中的犯罪嫌疑人的姓名；该犯罪嫌疑人所涉嫌的罪名；未成年证人的姓名；制作本文书的人民检察院决定询问未成年证人的时间，即未成年证人的法定代理人应当到达的时间，具体到年、月、日、时；制作本文书的人民检察院决定询问未成年证人的地点，即未成年证人的法定代理人应当按时到达的地点。

（3）尾部。包括：制作本文书的时间，具体到年、月、日；加盖制作本文书的人民检察院的院印。

3. 第三联正本。

（1）首部。包括：制作本文书的人民检察院名称、文书名称、文书编号，填写要求与第一联一样。

（2）正文。依次填写的具体内容和填写方法与第二联一样。

（3）尾部。包括：制作本文书的时间，具体到年、月、日；加盖制作本文书的人民检察院的院印。

（二）使用说明

在具体使用时，应注意以下问题：根据《刑事诉讼法》第 82 条第 3 项的规定，法定代理人，是指被代理人的父母、养父母、监护人和负有保护责任的机关、团体的代表。其他单位和个人不能成为未成年证人的法定代理人。在具体制作本文书的过程中，如果未成年证人同时有多名法定代理人，按其顺序通知一个法定代理人即可；如果未成年证人的法定代理人为“负有保护责任的机关、团体的代表”，本文书中的法定代理人的姓名应当填写该代表个人的姓名，而不填写该机关、团体的名称；但如果该机关、团体没有固定代表的，可以在本文书中填写为“机关的代表”或者“团体的代表”。人民检察院审查案件，可以要求公安机关提供法庭审判所必需的证据材料。人民检察院审查案件，对于需要补充侦查的，可以退回公安机关补充侦查，也可以自行侦查。询问证人，应当由检察人员进行。询问的时候，检察人员不得少于2人。询问证人，可以到证人的所在单位、住处进行，检察人员应当出示人民检察院的询问证人通知书和工作证。必要时，也可以通知证人到人民检察院提供证言。询问证人应当个别进行。询问证人，应当问明证人的基本情况以及与当事人的关系，并且告知证人应当如实地提供证据、证言和有意作伪证或者隐匿罪证要负的法律责任，但是不得向证人泄露案情，不得采用羁押、刑讯、威胁、引诱、欺骗以及其他非法方法获取证言。人民检察院应当保障证人及其近亲属的安全。询问中涉及证人隐私的，应当保守秘密。讯问犯罪嫌疑人或者询问被害人、证人时，应当分别告知其在审查起诉阶段所享有的诉讼权利。人民检察院对证人证言笔录存在疑问或者认为对证人的询问不具体或者有遗漏的，可以对证人进行询问并制作笔录。人民检察院审查起诉部门在审查中发现侦查人员以非法方法收集犯罪嫌疑人供述、被害人陈述、证人证言的，应当提出纠正意见，同时应当要求侦查机关另行指派侦查人员重新调查取证，必要时人民检察院也可以自行调查取证。

对于未成年证人或者未成年被害人的法定代理人，在接到人民检察院依法作出的未成年证人法定代理人到场通知书后，在询问未成年证人或者未成年被害人时没有到场，不影响人民检察院依法询问的正常进行。未成年证人或者未成年被害人的法定代理人到场后，在人民检察院进行询问时，应当设法稳定未成年证人或者未成年被害人的情绪，让其如实回答具体办案的检察人员的询问，提供真实的证人证言，不得指使、暗示、影响未成年证人或者未成年被害人回答问题或者代替未成年证人或者未成年被害人回答。

本文书三联之间的骑缝线上均有本文书文号，应当按照本文书第三联中文号的填写方法予以填写。

本文书共三联，第一联统一保存，第二联附卷，第三联送达未成年证人的法定代理人。

（三）文书格式（见下页）

人民检察院

未成年证人法定代理人到场通知书

（存　根）

检　未证〔　　〕　号

案由______________

犯罪嫌疑人______________

证人______________

性别________年龄________

法定代理人______________

与证人关系______________

批准人______________

承办人______________

填发人______________

填发时间______________

第一联统一保存

检　未证〔　　〕　号

人民检察院

未成年证人法定代理人到场通知书

（副　本）

检　未证〔　　〕　号

__________：

本院办理的犯罪嫌疑人__________涉嫌__________一案的证人______系未成年人。本院定于______年____月____日____时在__________对该证人进行询问，因该证人系未成年人，根据《中华人民共和国刑事诉讼法》第九十八条的规定，通知你届时到场。

年　　月　　日

（院印）

第二联附卷

检　未证〔　　〕　号

人民检察院

未成年证人法定代理人到场通知书

检　未证〔　　〕　号

__________：

本院办理的犯罪嫌疑人__________涉嫌__________一案的证人______系未成年人。本院定于______年____月____日____时在__________对该证人进行询问，因该证人系未成年人，根据《中华人民共和国刑事诉讼法》第九十八条的规定，通知你届时到场。

年　　月　　日

（院印）

第三联送法定代理人

第一百六十二条［询问证人］

本规则第一百四十一条至第一百四十二条的规定，适用于询问证人。

【条文释义】　本条是关于询问聋、哑证人和询问证人记录的规定。

证人证言和犯罪嫌疑人供述及辩解同样是证据。询问证人和讯问犯罪嫌疑人，都是为了获取真实可靠的证据，查明案件事实。因此，讯问犯罪嫌疑人的某些规定，同样适用于询问证人。根据本条规定，询问聋、哑的证人，应当有通晓聋、哑手势的人在场，并且将这种情况记明笔录。询问证人，应当制作询问笔录。询问笔录应当字迹清楚，详细具体，忠实原话，并交证人核对。对于没有阅读能力的，应当向他宣读。如果记载有遗漏或者差错，应当补充或者改正。证人认为询问笔录没有错误的，由证人在笔录上逐页签名或者盖章；如果证人拒绝签名或者盖章的，应当在笔录上注明。检察人员也应当在笔录上签名。

第一百六十三条［保障证人及其近亲属安全］

人民检察院应当保障证人及其近亲属的安全。

询问中涉及证人隐私的，应当保守秘密。

对证人及其亲属进行威胁、侮辱、殴打或者打击报复，构成犯罪或者应当给予治安管理处罚的，应当移送公安机关处理；情节轻微的，予以批评教育、训诫。

【条文释义】　本条是关于保障证人及其近亲属安全的规定。

本条第1款是原则规定。根据本款规定，人民检察院应当保障证人及其近亲属的安全。证人如实作证，有时会遭到有关人员的阻挠和报复。人民检察院应当根据案件情况，对于证人及其近亲属可能因作证处于危险之中的，采取必要的保护措施，如在侦查阶段为证人保守秘密、派侦查人员保护证人及其近亲属等。有效地保护证人及其近亲属安全，可以防止犯罪分子及其同伙为了逃避法律追究，对证人及其父母、子女、配偶、同胞兄弟、姊妹进行威胁、伤害、绑架等行为，阻止证人作证。

本条第2款是关于为证人隐私保守秘密的规定。根据本款规定，询问中涉及证人隐私的，应当保守秘密。这里的“隐私”，是证人不愿公开的隐秘，这些隐秘的公开将会给证人的生活造成不良的后果，给证人心理带来痛苦和压力，如性关系、生育能力、收养子女及身体缺陷等。

本条第3款是关于对威胁、侮辱、殴打、打击报复证人及其近亲属的依法追究法律责任的规定。根据本款规定，人民检察院发现对证人及其近亲属进行威胁、侮辱、殴打或者打击报复，依照法律规定构成犯罪的，或者虽不构成犯罪但应当给予治安管理处罚的，应当移送公安机关处理；情节轻微的，予以批评教育、训诫。根据《刑事诉讼法》的规定，妨害证人作证的犯罪案件属于公安机关的管辖范围，而且治安管理处罚是公安机关的法定权力。所以本款规定对于妨碍、干扰证人作证，侵害证人及其近亲属权利的案件，构成犯罪或者应当给予治安管理处罚的，人民检察院应当移送公安机关处理。但对于情节轻微的，检察人员可以给予批评教育或者训诫。

执行本条规定应当注意以下两点：（1）切实保证证人及其近亲属安全是人民检察院的职责，人民检察院应当将保护证人及其近亲属安全提高到保护公民合法权利、惩治罪犯的高度来认识这个问题，将其作为办案中的一项重要工作。（2）人民检察院将对证人及其近亲属进行威胁、侮辱、殴打或打击报复的刑事或行政治安案件移送公安机关后，应当对公安机关的处理工作进行配合和督促，切实保障证人的合法权益，保障人民群众同犯罪作斗争的积极性。

第一百六十四条［询问被害人］

询问被害人，适用询问证人的规定。

【条文释义】　本条是关于询问被害人的规定。

被害人陈述是刑事诉讼中的一种重要证据。询问被害人，是指检察人员以询问的方式，向犯罪行为的直接受害者进行调查的侦查活动。从了解案件情况和作证的权利与义务上讲，被害人与证人是非常相似的。所以，本条规定，询问被害人，适用询问证人的规定。这些规定主要包括：（1）询问时必须出示证明文件；（2）询问可以在被害人所在单位、住处或者人民检察院进行；（3）保证被害人有客观地充分地陈述案情的条件；（4）询问前应告知被害人要如实陈述，并告知其作伪证、隐匿罪证的法律责任；（5）对于有多个被害人的，应当分别进行询问；（6）询问未成年被害人应当通知其法定代理人到场；（7）对于涉及被害人隐私的，应当为其保守秘密；（8）应注意保护被害人及其近亲属安全，依法处理侵害被害人及其近亲属安全以及妨害、阻止其如实陈述的非法行为；（9）让被害人核实询问笔录等。

执行本条规定应当注意，询问被害人虽适用询问证人的规定，但办案人员应注意被害人的特殊心理状态、了解犯罪人及犯罪事实更多情况的特点，做好被害人的思想工作，使被害人如实陈述，防止夸大或遗漏重要情节，并根据被害人的具体情况采取相应的措施。例如，对生命垂危的被害人，在设法抢救的同时，应当争取时间，抓紧询问。

第三节 勘验、检查

第一百六十五条［勘验、检查的主体和对象］

检察人员对于与犯罪有关的场所、物品、人身、尸体应当进行勘验或者检查。在必要的时候，可以指派检察技术人员或者聘请其他具有专门知识的人，在检察人员的主持下进行勘验、检查。

【条文释义】 本条是关于勘验、检查的主体和对象的规定。

勘验、检查，是指对于与犯罪有关的场所、物品、人身、尸体进行实地观察、调查和了解，以发现和收集犯罪活动所遗留下来的各种痕迹和物品的一种侦查措施。勘验、检查是侦查中常用的侦查方法。勘验、检查的性质是相同的，但对象不同。勘验是针对与犯罪有关的场所、物品、尸体进行的；检查是针对与犯罪有关的人的身体进行的。通过勘验、检查取得的证据，客观性、真实性都比较强，对于判明案情、查明作案手段和动机、确定侦查方向和范围具有重大作用。根据本条规定，检察人员对于与犯罪有关的场所、物品、人身、尸体应当进行勘验或者检查。在必要的时候，可以指派检察技术人员或者聘请其他具有专门知识的人，在检察人员的主持下进行勘验、检查。与犯罪有关的场所，主要是指犯罪现场、现场外围及其他可能留有犯罪痕迹和物品的地方。与犯罪有关的物品，是指犯罪工具及现场遗留物，包括犯罪人及被害人遗留的衣物、毛发、体液、书信等可见物。与犯罪有关的人身，主要是指犯罪人或者被害人的身体。与犯罪有关的尸体，是指死因与犯罪有关的尸体，尸体多是被害人，也可能是犯罪人。勘验、检查的主体是检察人员，但必要时可以指派检察技术人员或者聘请其他具有专门知识的人，在检察人员的主持下进行勘验、检查。“必要的时候”，是指勘验、检查需要专门知识而侦查人员又不具有这种专门知识的时候。这样规定主要是由于犯罪是复杂的社会现象，犯罪形式、手段多种多样，有时采用一般的方法难以得出正确结论，需要有专门知识的人采用科学的方法和专门技术，运用专门知识，才能查明案件的真实情况。

执行本条规定应当注意勘验、检查的及时性，防止现场被破坏、尸体腐烂等变故发生，影响案件的侦破。

【勘查证的制作】

（一）制作方法

勘查证为二联填充式文书，各联的内容和制作方法如下：

1. 第一联存根。

（1）首部。包括：制作本文书的人民检察院的名称；文书名称，即“勘查证”；文书编号，即“ 检 勘〔 〕 号”。在文书名称下面标有“（存根）”字样。

（2）正文。包括：案由，即涉嫌罪名，如“贪污罪”、“受贿罪”、“挪用公款罪”等，涉嫌数个罪名的，应当完整填写；犯罪嫌疑人基本情况，包括姓名、性别、年龄、工作单位、住址、身份证号码、是否人大代表或政协委员，可根据实际掌握的案件情况予以填写；勘验、检查范围；批准人；承办人；填发人；填发时间。

2. 第二联正本。

（1）首部。包括：制作本文书的人民检察院的名称；文书名称，即“勘查证”；文书编号，即“ 检 勘〔 〕 号”。

（2）正文。包括：勘验、检查人员的姓名和人数；勘验、检查的范围。勘验或者检查，根据实际情况选择。

（3）尾部。包括：检察长的签名或者盖章；制作本文书的日期，具体到年、月、日；加盖制作本文书的人民检察院院印。

（二）使用说明

在具体使用时，应注意以下问题：勘查证以勘查次数为单位制作。勘验、检查的范围包括与犯罪有关的场所、物品、人身、尸体。勘验的对象为与犯罪有关的场所、物品、尸体。检查的对象应为与犯罪有关的人身。在填写勘查证时，应当根据该案的具体案情填写勘验、检查的具体范围。案件需要勘验与犯罪有关的场所、物品、尸体的，在填写勘查证的正本时，应当使用“勘验”一词，将“检查”一词划去。案件需要检查与犯罪有关的人的身体的，在填写勘查证的正本时，应当使用“检查”一词，将“勘验”一词划去。进行勘验、检查，应当持有检察长签发的勘查证。勘查证必须有检察长签名或者盖章，并同时加盖人民检察院印章。《人民检察院刑事诉讼规则》第165条规定，“在必要的时候，可以指派检察技术人员或者聘请其他具有专门知识的人，在检察人员的主持下进行勘验、检查”。勘查证正本中的工作人员一栏内可填写侦查人员、被指派或者被聘请参加勘查的人员。为了确定被害人、犯罪嫌疑人的某些特征、伤害情况或者生理状态，检察人员可以对人身进行检查。犯罪嫌疑人如果拒绝检查，检察人员认为必要的时候，可以强制检查。检查妇女的身体，应当由女工作人员或者医师进行。勘验时，人民检察院应当邀请2名与案件无关的见证人在场。勘验、检查的情况应当制作笔录。

本文书两联之间的骑缝线上有本文书文号，应当按照本文书第二联中文号的填写方法予以填写。

本文书共二联，第一联统一保存备查，第二联使用后附卷。

（三）文书格式（见下页）

人民检察院

勘 查 证

（存 根）

检 勘〔 〕 号

案由________________________

犯罪嫌疑人基本情况（姓名、性别、年龄、工作单位、住址、身份证号码、是否人大代表、政协委员）

____

____

____

____

勘验、检查范围________________

____

____

批准人________________________

承办人________________________

填发人________________________

填发时间______________________

第一联统一保存

检 勘〔 〕 号

人民检察院

勘 查 证

检 勘〔 〕 号

根据《中华人民共和国刑事诉讼法》第一百零一条和第一百零三条的规定，兹派______________等______人对______进行勘验（检查）。

检察长（印）

年 月 日

（院印）

第二联使用后附卷

【委托勘检书的制作】

（一）制作方法

委托勘检书为三联填充式文书，各联的内容和制作方法如下：

1. 第一联存根。

（1）首部。包括：制作本文书的人民检察院名称；文书名称，即“委托勘检书”；文书编号，即“ 检 委勘〔 〕 号”，“检”前空余地方填写制作本文书的人民检察院的简称，“检”与“委勘”之间的空余地方填写人民检察院具体办案部门的简称，中括号内填写制作本文书的年度，中括号与“号”之间的空余地方填写本文书在该年度的序号。在文书名称下面标有“（存 根）”字样。

（2）正文。包括：案由，可以根据案件中犯罪嫌疑人所涉嫌的罪名填写为“贪污罪”、“受贿罪”、“挪用公款罪”等，如果因涉嫌多个罪名而立案的，应将所涉嫌的罪名填写全；犯罪嫌疑人基本情况，包括姓名、性别、年龄、工作单位、住址、身份证号码、是否人大代表或政协委员，上述犯罪嫌疑人的基本情况，并不是要求每一项内容都必须填写完整、清楚，制作时可以根据具体案件的需要和实际掌握的情况加以填写；受委托勘检单位（人员）的名称（姓名）；送检的有关材料；勘检的要求；制作本文书的批准人的姓名或者名称；送检人的姓名；填发本文书的填发人的姓名；填发本文书的时间。

2. 第二联副本。

（1）首部。包括：制作本文书的人民检察院名称、文书名称、文书编号。其制作方法与第一联的要求一样，只是在文书名称下面标有“（副 本）”字样。

（2）正文。包括：送达对象，即受委托勘验、检查的单位（人员）的名称（姓名）；具体案件情况，应当填写：“犯罪嫌疑人×××涉嫌×××罪”，如果为防止被委托勘检人先入为主，影响公正性，也可以不填写犯罪嫌疑人具体涉嫌的罪名，可写为“涉嫌职务犯罪”或者“涉嫌刑事犯罪”等；需要进行勘验、检查的项目；受委托勘检单位（人员）的名称（姓名）；勘验、检查具体要求和事项。

（3）尾部。包括：制作本文书的时间，具体到年、月、日；加盖制作本文书的人民检察院的院印。

3. 第三联正本。

（1）首部。包括：制作本文书的人民检察院名称；文书名称，即“委托勘检书”；文书编号，即“ 检 委勘〔 〕 号”。

（2）正文。依次填写的具体内容和制作要求与第二联一样。

（3）尾部。包括：制作本文书的时间，具体到年、月、日；加盖制作本文书的人民检察院的院印。

（二）使用说明

在具体使用时，应注意以下问题：本文书只限于科学技术问题，而不是法律问题，被勘验、检查的对象只能是与犯罪有关的场所、物品、尸体、人身，对其他对象不能适用本文书。所谓指派，一般是指人民检察院指派内部检察技术人员；所谓聘请，一般是指聘请本院检察技术人员以外的其他专业人员。因此，人民检察院聘请的勘检人员也可以是上级人民检察院和其他人民检察院的刑事技术人员，并依法制作委托勘检书，使被委托勘检人具有合法的资格。任何单位和个人，都有义务保护犯罪现场，并且立即通知公安机关。侦查人员执行勘验、检查，必须持有人民检察院或者公安机关的证明文件。为了确定被害人、犯罪嫌疑人的某些特征、伤害情况或者生理状态，可以对人身进行检查。犯罪嫌疑人如果拒绝检查，侦查人员认为必要的时候，可以强制检查。检查妇女的身体，应当由女工作人员或者医师进行。勘验、检查的情况应当写成笔录，由参加勘验、检查的人和见证人签名或者盖章。人民检察院对直接受理的案件的侦查适用上述规定。进行勘验、检查，应当持有检察长签发的勘查证。勘验时，人民检察院应当邀请2名与案件无关的见证人在场。为了查明案情，在必要的时候，经检察长批准，可以进行侦查实验。侦查实验，禁止一切足以造成危险、侮辱人格或者有伤风化的行为。侦查实验，在必要的时候可以聘请有关人员参加，也可以要求犯罪嫌疑人、被害人、证人参加。侦查实验，应当制作笔录，记明侦查实验的条件、经过和结果，由参加侦查实验的人员签名或者盖章。

本文书三联之间的骑缝线上均有本文书文号，应当按照本文书第三联中文号的填写方法予以填写。

本文书共三联，第一联统一保存，第二联附卷，第三联送达受委托勘检单位（人员）。

（三）文书格式（见下页）

人民检察院

委托勘检书

（存　根）

检　委勘〔　　〕　号

案由＿＿＿＿＿＿

犯罪嫌疑人的基本情况（姓名、性别、年龄、工作单位、住址、身份证号码、是否人大代表、政协委员）＿＿＿＿＿＿

勘检单位（人员）＿＿＿＿＿＿

送检材料＿＿＿＿＿＿

勘检要求＿＿＿＿＿＿

批准人＿＿＿＿＿＿

送检人＿＿＿＿＿＿

填发人＿＿＿＿＿＿

填发时间＿＿＿＿＿＿

第一联统一保存

检　委勘〔　　〕　号

人民检察院

委托勘检书

（副　本）

检　委勘〔　　〕　号

＿＿＿＿＿＿：

本院侦查的＿＿＿＿＿＿一案，需对＿＿＿＿＿＿进行勘检，根据《中华人民共和国刑事诉讼法》第一百零一条的规定，现委托＿＿＿＿＿＿按下列要求进行勘检，请将结论送交我院。勘检要求：＿＿＿＿＿＿。

年　月　日

（院印）

第二联附卷

检　委勘〔　　〕　号

人民检察院

委托勘检书

检　委勘〔　　〕　号

＿＿＿＿＿＿：

本院侦查的＿＿＿＿＿＿一案，需对＿＿＿＿＿＿进行勘检，根据《中华人民共和国刑事诉讼法》第一百零一条的规定，现委托＿＿＿＿＿＿按下列要求进行勘检，请将结论送交我院。勘检要求：＿＿＿＿＿＿。

年　月　日

（院印）

第三联送达受委托勘检单位（人员）

第一百六十六条［勘验、检查时应持有证件］

进行勘验、检查，应当持有检察长签发的勘查证。

【条文释义】 本条是关于进行勘验、检查，应当持有勘查证件的规定。

根据本条规定，检察人员进行勘验、检查应当持有检察长签发的勘查证。这样规定既可以保证勘查的正确适用，又可以证明检察人员的身份及执行勘验、检查的任务，防止其他单位和个人冒充检察人员进行所谓“勘查”，干扰、破坏侦查活动的顺利进行。

第一百六十七条［勘验时邀请见证人］

勘验时，人民检察院应当邀请二名与案件无关的见证人在场。

【条文释义】 本条是关于勘验时邀请见证人的规定。

根据本条规定，勘验时人民检察院应当邀请2名与案件无关的见证人在场。“与案件无关”，是指既和案件无利害关系，即不是案件的当事人及当事人的近亲属，也和案件诉讼的进行无关，即不是案件的证人、鉴定人等诉讼参与人。当然，与案件无关的人被邀请为见证人后，在以后的诉讼中即处于证人的地位。“在场”，即现场目击勘验的进行。这样规定，有利于证实勘验进行的合法性，增强勘验所得证据的真实性、可靠性，也有利于检察人员严格依法进行勘验，便于群众监督，同时也可以防止有关人员无根据地指称检察人员违法勘验，从而保证勘验活动和整个刑事诉讼的顺利进行。

第一百六十八条［解剖尸体时通知家属到场］

人民检察院决定解剖死因不明的尸体时，应当通知死者家属到场，并让其在解剖通知书上签名或者盖章。

死者家属无正当理由拒不到场或者拒绝签名、盖章的，不影响解剖的进行，但是应当在解剖通知书上记明。对于身份不明的尸体，无法通知死者家属的，应当记明笔录。

【条文释义】 本条是关于解剖尸体应当通知死者家属到场的规定。

本条第1款是关于解剖死因不明的尸体时通知死者家属到场的一般规定。根据本款规定，人民检察院决定解剖死因不明的尸体时，应当通知死者家属到场，并让其在解剖通知书上签名或者盖章。尸体解剖是尸体检验中常常使用的检验手段，即在尸体检验中遇有死因不明的情况时，需要解剖尸体，查看内伤，取样化验等，以查明死因。解剖尸体时通知家属到场，一是使家属目睹解剖，了解解剖情况，使其配合查明案情，保障刑事诉讼的顺利进行；二是家属在场，客观上起到对解剖尸体工作的监督作用，有利于检察人员依法进行解剖。

本条第2款是关于通知家属到场的特别规定。根据本款规定，死者家属无正当理由拒不到场或者拒绝签名、盖章的，不影响解剖的进行，但是应当在解剖通知书上记明。对于身份不明的尸体，无法通知死者家属的，应当记明笔录。本款规定了两种特殊情况：一是死者家属无正当理由拒不到场或者虽到场但拒绝签名、盖章的，不影响解剖的进行，但是应当在解剖通知书上记明；二是对于身份不明的尸体，无法通知死者家属，应当记明笔录。对死因不明的尸体进行解剖，是司法机关为侦破案件而进行的正常诉讼活动，是侦查机关的一项权力，任何人包括死者家属都无权干扰解剖的进行。

执行本条规定应当注意：（1）进行尸体解剖应根据案件的实际情况，决定是进行全部解剖还是局部解剖，解剖后应作出解剖结论。（2）死者家属拒不到场或拒不签名、盖章的，一般应问明原因，并应切实落实见证人在场的规定，保障解剖的客观性、合法性。

【解剖尸体通知书的制作】

（一）制作方法

解剖尸体通知书为三联填充式文书，各联的内容和制作方法如下：

1. 第一联存根。

（1）首部。包括：制作本文书的人民检察院名称；文书名称，即“解剖尸体通知书”；文书编号，即“　检　剖〔　〕　号”，空余地方依次填写制作文书的人民检察院的简称、具体办案部门的简称、年度和序号。在文书名称下方标有“（存　根）”字样。

（2）正文。包括：案由，即涉嫌罪名，如“贪污罪”、“受贿罪”、“挪用公款罪”等，涉嫌数个罪名的，应当填写完整；犯罪嫌疑人基本情况，包括姓名、性别、年龄、工作单位、住址、身份证号码、是否人大代表或政协委员，可根据实际掌握的案件情况予以填写；死者姓名；解剖检验目的，即确定死亡原因等；解剖的具体时间；批准人签名或者盖章；承办人签名或者盖章；填发人签名或者盖章；填发文书时间。

2. 第二联副本。

（1）首部。包括：制作本文书的人民检察院名称；文书名称，即“解剖尸体通知书”；文书编号，即“　检　剖〔　〕　号”。文书名称下方标有“（副本）”字样。

（2）正文。包括：被通知的死者家属姓名；所办案件的犯罪嫌疑人的姓名、案由，一般可表述为“犯罪嫌疑人×××涉嫌×××案件”；解剖尸体的时间、地点；被解剖尸体的死者的姓名。

（3）尾部。包括：制作本文书的年、月、日；加盖制作本文书的人民检察院院印；“死者家属”一栏，由收到本文书的死者家属签名或者盖章。

3. 第三联正本。

（1）首部。包括：制作本文书的人民检察院名称；文书名称，即“解剖尸体通知书”；文书编号，即“　检　剖〔　〕　号”。

（2）正文。包括的内容和制作要求与第二联一样。

（3）尾部。包括：制作本文书的年、月、日，并加盖制作本文书的人民检察院的院印。

（二）使用说明

在具体使用时，应注意以下问题：本文书具有法定强制性，死者家属接到本文书后无正当理由拒不到场，或者拒绝签名、盖章的，不影响解剖的正常进行，但是应当在本文书副本联（第二联）中注明。对于身份不明的尸体，无法通知死者家属到场的，应当记明笔录。

本文书三联之间的骑缝线上均有本文书文号，应当按照本文书第三联中文号的填写方法予以填写。

本文书共三联，第一联统一保存备查，第二联由死者家属签名、盖章或者注明情况后附卷，第三联送达死者家属。

（三）文书格式（见下页）

人民检察院
解剖尸体通知书
（存　根）

检　剖〔　　〕　号

案由____________________
犯罪嫌疑人基本情况（姓名、性别、年龄、工作单位、住址、身份证号码、是否人大代表、政协委员）
____
____
____
____
死者姓名____________________
解剖检验目的____________________
解剖时间____________________
批准人____________________
承办人____________________
填发人____________________
填发时间____________________

第一联统一保存

检　剖〔　　〕　号

人民检察院
解剖尸体通知书
（副　本）

检　剖〔　　〕　号

__________：

根据《中华人民共和国刑事诉讼法》第一百零四条和第一百三十一条的规定，我院办理____________________案件，决定于________年______月______日______时在__________对________的尸体进行解剖检验，以查明死亡原因，特通知你到场。

年　　月　　日
（院印）

死者家属：

第二联附卷

检　剖〔　　〕　号

人民检察院
解剖尸体通知书

检　剖〔　　〕　号

__________：

根据《中华人民共和国刑事诉讼法》第一百零四条和第一百三十一条的规定，我院办理____________________案件，决定于________年______月______日______时在__________对________的尸体进行解剖检验，以查明死亡原因，特通知你到场。

年　　月　　日
（院印）

第三联送达死者家属

第一百六十九条 [人身检查]

为了确定被害人、犯罪嫌疑人的某些特征、伤害情况或者生理状态，检察人员可以对人身进行检查。

犯罪嫌疑人如果拒绝检查，检察人员认为必要的时候，可以强制检查。

检查妇女的身体，应当由女工作人员或者医师进行。

【条文释义】 本条是关于人身检查的规定。

本条第1款是关于人身检查目的的规定。根据本款规定，为了确定被害人、犯罪嫌疑人的某些特征、伤害情况或者生理状态，可以对人身进行检查。这里的“某些特征”，主要是指被害人、犯罪嫌疑人的体表特征，如相貌、肤色、特殊痕迹、身体有无缺陷等。“伤害情况”，主要是指伤害的位置、程度、伤势等。实践中对伤害情况的检查多是对被害人进行，但有时也需对犯罪嫌疑人进行伤害情况的检查。“生理状态”，主要是指有无生理缺陷，如智力发育情况、各种生理机能等。通过身体检查查明上述情况，有利于查明案件性质、犯罪手段、方法、工具及其他犯罪情节，对认定犯罪事实、查明犯罪人具有重要意义。

本条第2款是关于强制检查的规定。根据本款规定，犯罪嫌疑人如果拒绝检查，检察人员认为必要的时候，可以强制检查。一般情况下，检察人员应当首先问明原因，向其讲明检查的目的、意义，让其接受检查。但犯罪嫌疑人经教育仍拒绝检查的，侦查人员应当采取强制手段进行检查。本款规定的“必要的时候”，是指不进行强制检查，人身检查的任务就无法完成，侦查活动无法正常进行的时候。

本条第3款是关于对妇女进行人身检查的特殊规定。根据本款规定，检查妇女的身体，应当由女工作人员或者医师进行。这里的“妇女”包括女被害人和女犯罪嫌疑人，“医师”，可以是女医师，也可以是男医师。检察人员进行检查的，必须由女工作人员进行。本款规定有利于保护女被害人或者女犯罪嫌疑人的人身权利，防止不必要的误解，保证侦查活动的顺利进行。

执行本条规定应当注意：（1）对被害人进行人身检查，不得使用强制手段。如果被害人不愿检查，检察人员应当耐心地说服教育，必要时应当请其家属或者有关组织配合，做好被害人的思想工作。为保证检察工作的正常进行，检查前，侦查人员应当熟悉已有的案件材料，明确检查的部位和要求，严格履行法律手续。（2）进行人身检查必须由检察人员或者在检察人员主持下，聘请法医或医师严格依法进行，不得有侮辱人格或者其他损害公民合法权益的行为。

第一百七十条 [勘验、检查笔录]

勘验、检查的情况应当制作笔录，由参加勘验、检查的人和见证人签名或者

盖章。

【条文释义】 本条是关于勘验、检查笔录的规定。

根据本条规定，勘验、检查的情况应当制作笔录，由参加勘验、检查的人和见证人签名或者盖章。这包括两层含义：（1）进行勘验、检查应当制作笔录，即将勘验、检查的情况写成笔录。“勘验、检查的情况”，包括勘验、检查的时间、地点、对象、目的、经过和结果等。只有将勘验、检查的情况用文字固定下来，形成笔录，才有证据价值。现场勘验除制作笔录外，还应当进行必要的绘图、拍照。（2）勘验、检查笔录由参加勘验、检查的人和见证人签名或者盖章。这样可以标明笔录来源、出处，便于核查，也有利于加强勘验、检查人员的责任心，有利于获得准确、科学的勘验、检查结果，保证正确处理案件。

【参考规定】

1. 最高人民法院、最高人民检察院、公安部、国家安全部、司法部关于办理死刑案件审查判断证据若干问题的规定（节录）（2010年6月13日　法发〔2010〕20号）

第二十五条　对勘验、检查笔录应当着重审查以下内容：

（一）勘验、检查是否依法进行，笔录的制作是否符合法律及有关规定的要求，勘验、检查人员和见证人是否签名或者盖章等。

（二）勘验、检查笔录的内容是否全面、详细、准确、规范：是否准确记录了提起勘验、检查的事由，勘验、检查的时间、地点，在场人员、现场方位、周围环境等情况；是否准确记载了现场、物品、人身、尸体等的位置、特征等详细情况以及勘验、检查、搜查的过程；文字记载与实物或者绘图、录像、照片是否相符；固定证据的形式、方法是否科学、规范；现场、物品、痕迹等是否被破坏或者伪造，是否是原始现场；人身特征、伤害情况、生理状况有无伪装或者变化等。

（三）补充进行勘验、检查的，前后勘验、检查的情况是否有矛盾，是否说明了再次勘验、检查的原由。

（四）勘验、检查笔录中记载的情况与被告人供述、被害人陈述、鉴定意见等其他证据能否印证，有无矛盾。

第二十六条　勘验、检查笔录存在明显不符合法律及有关规定的情形，并且不能作出合理解释或者说明的，不能作为证据使用。

勘验、检查笔录存在勘验、检查没有见证人的，勘验、检查人员和见证人没有签名、盖章的，勘验、检查人员违反回避规定的等情形，应当结合案件其他证据，审查其真实性和关联性。

2. 最高人民检察院关于适用《关于办理死刑案件审查判断证据若干问题的规定》和《关于办理刑事案件排除非法证据若干问题的规定》的指导意见（节录）（2010年12月30日　高检发研字〔2010〕13号）

16. 对物证、书证以及勘验、检查笔录、搜查笔录、视听资料、电子证据等，既要审查其是否客观、真实反映案件事实，也要加强对证据的收集、制作程序和证据形式的审查。发现物证、书证和视听资料、电子证据等来源及收集、制作过程不明，或者勘验、检查笔录、搜查笔录的形式不符合规定或者记载内容有矛盾的，应当要求侦查机关（部门）补正，无法补正的应当作出说明或者合理解释，无法作出合理说明或者解释的，不能作为证据使用；发现侦查机关（部门）在勘验、检查、搜查过程中对与案件事实可能有关联的相关痕迹、物品应当提取而没有提取，应当要求侦查机关（部门）补充收集、调取；对物证的照片、录像或者复制品不能反映原物的外形和特征，或者书证的副本、复制件不能反映原件特征及其内容的，应当要求侦查机关（部门）重新制作；发现在案的物证、书证以及视听资料、电子证据等应当鉴定而没有鉴定的，应当要求侦查机关（部门）鉴定，必要时自行委托鉴定。

第一百七十一条［侦查实验］

为了查明案情，在必要的时候，经检察长批准，可以进行侦查实验。

侦查实验，禁止一切足以造成危险、侮辱人格或者有伤风化的行为。

【条文释义】 本条是关于侦查实验的一般规定。

本条第1款是关于侦查实验的目的规定。根据本款规定，在侦查中为了查明案情，在必要的时候，经检察长批准，可以进行侦查实验。侦查实验是按照某一事件发生时的条件，进行实验性重演的侦查活动。其目的是查明与案件有关的事实是否发生，证实犯罪嫌疑人的供述和辩解是否真实，证人证言、被害人陈述是否符合实际等。“必要的时候”，是指案件的重要情节非经侦查实验难以查明，或者对案件是否发生及如何发生难以确定的时候。进行侦查实验应当做到：（1）实验的条件应当与案件发生时的条件相当，尽可能在案件发生的原地，用原来的工具、物品等进行；（2）注意采用科学的方法；（3）应当履行法律手续，即经检察长批准。

本条第2款是关于侦查实验禁止事项的规定。根据本款规定，进行侦查实验，禁止一切足以造成危险、侮辱人格或者有伤风化的行为。“足以造成危险”，是指进行侦查实验所采取的手段、方法违背客观规律，违反操作规程，随时都可能造成人身财产的损失。“侮辱人格”，主要是指进行侦查实验所采取的方法、手段损害了当事人及其他诉讼参与人的人格尊严和名誉等。“有伤风化”，是指破坏风俗，败坏社会风气，如进行与性行为有关的或者裸体的实验等。本款规定有利于保护当事人及其他公民的合法权益，防止侦查实验中造成对参加人员的伤害和其他损失，影响侦查活动的正常进行。

第一百七十二条［聘请或要求有关人员参加实验］

侦查实验，在必要的时候可以聘请有关人员参加，也可以要求犯罪嫌疑人、被害人、证人参加。

【条文释义】 本条是关于聘请或要求有关人员参加侦查实验的规定。

本条包括两层含义：（1）人民检察院进行侦查实验，在必要的时候可以聘请有关人员参加。“必要的时候”，是指需要专门知识、专门技术的时候。“有关人员”，主要是指具有专门知识、专门技术的人员。这样规定能保证侦查实验的科学性和结果的正确性，保障侦查实验的正常进行。（2）人民检察院进行侦查实验，可以要求犯罪嫌疑人、被害人、证人参加。这样可以促使犯罪嫌疑人、被害人、证人如实供述、陈述和作证。

执行本条规定应当注意，要求犯罪嫌疑人、被害人、证人参加侦查实验应当慎重，防止出现负面效果。在要求他们参加前，一般要进行预先实验，在有一定把握的情况下，再要求犯罪嫌疑人、被害人、证人参加侦查实验。

第一百七十三条［侦查实验笔录］

侦查实验，应当制作笔录，记明侦查实验的条件、经过和结果，由参加侦查实验的人员签名或者盖章。

【条文释义】　本条是关于侦查实验笔录的规定。

本条包括两层含义：（1）进行侦查实验应当制作笔录，记明侦查实验的条件、经过和结果。只有将侦查实验的情况用文字固定下来，形成侦查实验笔录，才有证据价值，用以证明案件事实。（2）侦查实验笔录应当由参加侦查实验的人员签名或盖章。这里的“参加侦查实验的人员”包括主持侦查实验的人、进行侦查实验的人和有关观看侦查实验的人。这样做便于核查笔录的真实性，有利于保证侦查实验的正常进行。

第四节　搜　　查

第一百七十四条［强制搜查的必经程序］

人民检察院有权要求有关单位和个人，交出能够证明犯罪嫌疑人有罪或者无罪的证据。

【条文释义】　本条是关于人民检察院有权要求有关单位和个人交出证据的规定。

根据本条规定，人民检察院有权要求有关单位和个人交出能够证明犯罪嫌疑人有罪或者无罪的证据。这是人民检察院侦查权的应有之义，是国家司法机关侦查活动强制性的一项重要内容。《刑事诉讼法》第110条明确规定：“任何单位和个人，有义务按照人民检察院和公安机关的要求，交出可以证明犯罪嫌疑人有罪或者无罪的物证、书证、视听资料。”

执行本条规定应当注意，一般而言，人民检察院要求有关单位和个人交出能够证明犯罪嫌疑人有罪或者无罪的证据，是强制搜查的必经程序。检察人员一般应当根据本条规定要求有关单位和个人交出证据，对于拒不交出的，检察人员可以强行搜查。

第一百七十五条 ［搜查的目的和范围］

为了收集犯罪证据，查获犯罪人，侦查人员可以对犯罪嫌疑人以及可能隐藏罪犯或者犯罪证据的人的身体、物品、住处、工作地点和其他有关的地方进行搜查。

【条文释义】 本条是关于搜查的目的和范围的规定。

搜查，是指检察人员为了收集犯罪证据、查获犯罪人，而对犯罪人以及可能隐藏罪犯或者犯罪证据的人的身体、物品、住处和其他有关的地方进行的搜索找寻。搜查是人民检察院经常使用的一种非常重要的侦查方法。通过搜查，可以发现罪犯、罪证，正确确定侦查方向。本条规定包括三层含义：（1）搜查的目的是为了收集犯罪证据、查获犯罪人。犯罪分子在犯罪中或者犯罪后，总是设法反侦查，如破坏现场、毁灭或者隐匿罪证、藏匿罪犯等，不进行强制性搜查，犯罪人及其他与案件有牵连的人一般不会交出证据或者罪犯。搜查是侦查中获取证据、查获犯罪人的重要手段，对防止罪犯逃避追究、毁证、转移证据，及时获取证据、查获罪犯具有重要意义。（2）搜查的范围是犯罪嫌疑人以及可能隐藏罪犯或者犯罪证据的人的身体、物品、住处、工作地点和其他有关的地方。搜查犯罪嫌疑人，是指对犯罪嫌疑人的人身、物品和住处进行搜查。“可能隐藏罪犯或者犯罪证据的人的身体、物品、住处、工作地点”，是指犯罪嫌疑人以外的其他人的人身、物品和住处，如亲友、邻居的人身、物品、住处、工作地点。“其他有关的地方”，是指罪犯可能藏身或者隐匿犯罪证据的地方，如山洞、树林等。（3）搜查必须由检察人员进行，其他任何单位和个人都无权进行搜查。

执行本条规定应当注意依法适用搜查，不得滥用搜查权。搜查直接涉及公民的人身、财产、居住等基本权利，因此，必须依法慎重进行。决定搜查应当有充分的理由和法律依据，特别是对人身和住宅的搜查，既要抓住时机，及时搜查，又要注意保护公民的合法权利。

第一百七十六条 ［搜查前的准备工作］

人民检察院在搜查前，应当了解被搜查对象的基本情况、搜查现场及周围环境，确定搜查的范围和重点，明确搜查人员的分工和责任。

【条文释义】 本条是关于搜查前准备工作的规定。

根据本条规定，人民检察院在搜查前应当做好以下准备工作：（1）了解被搜查对象的基本情况、搜查现场及周围环境。“被搜查对象的基本情况”，是指被搜查人的姓名、性别、年龄、民族、工作单位等情况。“搜查现场”，是指被搜查的地点状况，如住处情况，工作单位、办公室情况等。“周围环境”，是指被搜查现场的外部情况。只有了解这些情况，才能保证搜查工作的顺利进行，防止意外情况发生。（2）确定搜查的范围和重点。这样有利于保证搜查依法进行，达到搜查的目的。既可以提高搜查效率，也可以防止搜查范围的无原则扩大，造成不良影响。（3）明确搜查人员的分工和责任。这样可以保证搜查顺利、有序地进行，使搜查的任务得以顺利完成。实践中应切实执行本条规定，把工作做在前面，确保搜查工作的质量。

第一百七十七条［搜查的主体］

搜查应当在检察人员的主持下进行，可以有司法警察参加。必要的时候，可以指派检察技术人员参加或者邀请当地公安机关、有关单位协助进行。

【条文释义】　本条是关于搜查主体的规定。

根据本条规定，人民检察院进行搜查，应当在检察人员的主持下进行，可以有司法警察参加。必要的时候，可以指派检察技术人员参加或者邀请当地公安机关、有关单位协助进行。搜查必须在检察人员的主持下进行。司法警察参加主要是保卫现场安全，防止意外事件和突发事件，也可以进行实际的搜查工作。必要的时候，指派检察技术人员参加，主要是为了利用其专门技术、专门知识解决搜查中的专门问题，帮助完成搜查任务。主要是指搜查工作涉及专门知识、专门技术或者需要拍照、录像的时候。本条还规定必要的时候可以邀请当地公安机关、有关单位协助进行，这里的“必要的时候”，是指需要利用公安机关的专门技术、设备，或者人民检察院警力不够的时候。“有关单位”包括其他政法部门及能够解决专门问题的科研单位等。

执行本条规定应当注意，人民检察院进行搜查，一般情况下应由检察人员（包括司法警察）进行。只有在确实需要其他单位协助的情况下，才可以邀请公安机关或者有关单位参加。但事先应进行细致的分工，并且在实施搜查时，应严格保证由检察人员主持。只有这样才能保证搜查的有序进行，达到搜查的目的。

第一百七十八条［搜查证］

进行搜查，应当向被搜查人或者他的家属出示搜查证。

搜查证由检察长签发。

【条文释义】　本条是关于搜查证的一般规定。

本条第1款是关于出示搜查证的一般规定。根据本款规定，检察人员进行搜查时，应当向被搜查人或者他的家属出示搜查证。搜查证是侦查人员依法进行搜查时的法律凭证。出示搜查证是为了证明执行搜查人员的身份和履行搜查职责，防止非法搜查，保证公民的人身权利、财产权利和住宅不受侵犯。搜查证应当写明被搜查人的姓名、性别、职业、住址、搜查的处所、搜查的机关、执行人员以及搜查日期。

本条第2款是关于搜查证签发的规定。根据本款规定，搜查证由检察长签发。这样规定有利于保证搜查证的统一适用，保证搜查的正确性，也是人民检察院慎重适用搜查，防止滥用搜查的体现。

【搜查证的制作】

（一）制作方法

搜查证为二联填充式文书，各联的内容和制作方法如下：

1. 第一联存根。

（1）首部。包括：制作本文书的人民检察院名称；文书名称，即“搜查证”；文书编号，即“ 检 搜〔 〕 号”；文书名称下有“（存 根）”字样。

（2）正文。包括：案由，即涉嫌罪名，如“贪污罪”、“受贿罪”、“挪用公款罪”等，涉嫌数个罪名的，应当完整填写；犯罪嫌疑人基本情况，包括姓名、性别、年龄、工作单位、住址、身份证号码、是否人大代表或政协委员，可根据实际掌握的案件情况予以填写；搜查范围，包括被搜查人、被搜查的场所、对象；批准人签名或者盖章；承办人签名或者盖章；填发人签名或者盖章；填发时间。

2. 第二联正本。

（1）首部。包括：制作本文书的人民检察院名称；文书名称，即“搜查证”；文书编号，即“ 检 搜〔 〕 号”。

（2）正文。包括：搜查人姓名；参加搜查的人数；被搜查人姓名（被搜查单位名称）、搜查的对象及范围。

（3）尾部。包括：批准执行搜查任务的人民检察院检察长的签名或者盖章；制作本文书的年、月、日；加盖制作本文书的人民检察院院印；向被搜查人（家属）宣布搜查的时间，具体表述为“本证已于××××年××月××日××时向我宣布”；被搜查人（家属）的签名或者盖章；宣告人的签名或者盖章。

（二）使用说明

在具体使用时，应注意以下问题：搜查证以搜查次数为单位制作，每搜查一次，制作一个搜查证。人民检察院在搜查前，应当了解被搜查对象的基本情况、搜查现场及周围环境，确定搜查的范围和重点，明确搜查人员的分工和责任。侦查人员执行搜查任务时，应当向被搜查人或者他的家属出示搜查证，并由被搜查人或者他的家属在搜查证上签名或者盖章。被搜查人或者他的家属不在搜查现场或者拒绝签名、盖章的，应当在文书中注明。在执行逮捕、拘留的时候，遇有紧急情况，不使用搜查证也可以进行搜查。但在搜查结束后，搜查人员应当及时向检察长报告，及时补办有关手续。搜查应当在检察人员的主持下进行，可以有司法警察参加。必要的时候，可以指派检察技术人员参加或者邀请当地公安机关、有关单位协助进行。搜查时，应当有被搜查人或者他的家属、邻居或者其他见证人在场，并且对被搜查人或者其家属说明阻碍搜查、妨碍公务应承担的法律责任。搜查时，如果遇到阻碍，可以强制进行搜查。对以暴力、威胁方法阻碍搜查的，应当予以制止，或者由司法警察将其带离现场；对于构成犯罪的，应当依法追究刑事责任。进行搜查的人员，应当遵守纪律，服从指挥，文明执法，不得无故损坏搜查现场的物品。对于查获的重要书证、物证、视听资料及其放置地点应当拍照，并且用文字说明有关情况，必要的时候，可以录像。搜查妇女的身体，应当由女工作人员进行。搜查情况应当制作笔录，由检察人员和被搜查人或者他的家属、邻居或者其他见证人签名或者盖章。人民检察院到本辖区以外执行搜查任务，办案人员应当携带搜查证、工作证以及写有主要案情、搜查目的、要求等内容的公函，与当地人民检察院联系。当地人民检察院应当配合、协助执行搜查。

本文书两联之间的骑缝线上有本文书文号，应当按照本文书第二联中文号的填写方法予以填写。

本文书共二联，第一联由制作单位统一保存备查，第二联由派出执行搜查任务的工作人员携带，向被搜查人或者其家属出示、宣布，并由其签字或盖章后，收回附卷。

（三）文书格式（见下页）

人民检察院

搜 查 证

（存 根）

检 搜〔 〕 号

案由________________

犯罪嫌疑人基本情况（姓名、性别、年龄、工作单位、住址、身份证号码、是否人大代表、政协委员）

____

____

____

____

搜查范围________________

批准人________________

承办人________________

填发人________________

填发时间________________

第一联统一保存

检 搜〔 〕 号

人民检察院

搜 查 证

检 搜〔 〕 号

根据《中华人民共和国刑事诉讼法》第一百零九条、第一百一十一条和第一百三十一条的规定，兹派________等______人持此证对________________进行搜查。

检察长（印）

年 月 日

（院印）

本证已于 年 月 日 时向我宣布。

被搜查人（家属）________

宣 告 人________

第二联使用后附卷

第一百七十九条［搜查证的特别规定］

在执行逮捕、拘留的时候，遇有紧急情况，不使用搜查证也可以进行搜查。但搜查结束后，搜查人员应当及时向检察长报告，及时补办有关手续。

【条文释义】 本条是关于搜查证的特别规定。

本条包含两层含义：（1）在执行逮捕、拘留的时候，遇有紧急情况，不使用搜查证也可以进行搜查。搜查可以单独进行，也可以与逮捕、拘留同时进行。在执行逮捕、拘留时，如果遇有紧急情况，可以不使用搜查证直接进行搜查。“紧急情况”，主要是指被执行逮捕、拘留的人身藏凶器或者引爆装置、剧毒物品或者在其住处放置爆炸物品等，可能发生自杀、凶杀以及其他危害他人或公共安全的情况，或者有毁灭、转移罪证、赃款赃物等反侦查迹象，不立即搜查，可能给社会造成危害或者失去获取证据的时机，影响或者妨碍侦查活动的顺利进行。（2）在执行逮捕、拘留时进行无证搜查后，搜查人员应当及时向检察长报告，及时补办有关手续。这样既可以及时纠正可能存在的不当，又有利于搜查严格依法进行。

执行本条规定应当注意，只有遇有紧急情况时，才可以在执行逮捕、拘留时无证搜查。如果并不存在紧急情况，即使在协助执行逮捕、拘留时，也应当出示搜查证，不得随意以拘留证、逮捕证代替搜查证。

第一百八十条［搜查见证人和妇女身体的特别规定］

搜查时，应当有被搜查人或者他的家属、邻居或者其他见证人在场，并且对被搜查人或者其家属说明阻碍搜查、妨碍公务应负的法律责任。

搜查妇女的身体，应当由女工作人员进行。

【条文释义】 本条是关于搜查见证人和搜查妇女身体的特别规定。

本条第1款是关于搜查见证人在场的规定。本款包括两层含义：（1）搜查时应当有被搜查人或者他的家属、邻居或者其他见证人在场。有见证人在场，有利于证实搜查情况，增强搜查所取得证据的真实性、可靠性，也有利于侦查人员严格依法进行搜查，便于群众监督，防止被搜查人指称搜查人员违法搜查，从而保证侦查活动的顺利进行。（2）搜查时，对被搜查人或者其家属说明阻碍搜查、妨碍公务应负的法律责任。这种“法律责任”主要是《刑法》规定的妨害公务罪的法律责任。这样规定，有利于保证被搜查人或者其家属接受、配合搜查工作，防止意外或者突发事件，保障搜查工作的顺利进行。

本条第2款是关于搜查妇女身体的特别规定。根据本款规定，搜查妇女的身体时，应当由女工作人员进行。见证人也必须是女性，其他无关人员不得在场。这是对妇女人身、尊严的特殊保护，既可以防止误解，也有利于防止搜查时出现人身侮辱等违法行为；同时也可以防止被搜查人无端指称搜查人员有违法行为，保证搜查工作顺利进行。

第一百八十一条［强制搜查和对暴力、威胁的处理］

搜查时，如果遇到阻碍，可以强制进行搜查。对以暴力、威胁方法阻碍搜查的，应当予以制止，或者由司法警察将其带离现场；对于构成犯罪的，应当依法追究刑事责任。

【条文释义】 本条是关于强制搜查和处理以暴力、威胁方法阻碍搜查的规定。

本条包括三层含义：(1) 搜查时，如果遇到阻碍，可以强制进行搜查。这里的“阻碍”既可以是拦阻、阻挠等积极行为，也可以是对被搜查处所的封闭等消极行为。“强制进行搜查”，是指强行排除阻碍，进行搜查，既包括对人身的强制搜查，也包括对处所的强制搜查。(2) 对以暴力、威胁方法阻碍搜查的，应当予以制止，或者由司法警察将其带离现场。对于以暴力抗拒人身搜查的，应当强行制止其抵抗，进行搜查；对于以暴力、威胁方法阻碍搜查处所的，应当强行将其带离现场。(3) 对以暴力、威胁方法阻碍搜查，构成犯罪的，应当依法追究刑事责任。这里的“构成犯罪”，主要是指妨害公务罪，也包括故意杀人罪、故意伤害罪等犯罪。“依法追究刑事责任”，是指依法采取紧急措施后，交由公安机关立案查处。

执行本条规定应当注意：(1) 在搜查时遇到阻碍，首先应口头制止，如果时间允许，也可以进行必要的说服教育。通过这些工作仍不能排除阻碍的，再依法强制搜查。不能不讲客观条件、影响，机械地遇到阻碍就强行搜查。(2) 在进行强制搜查时，应当保证有见证人在场。尤其是在搜查处所时，将阻碍搜查的人带离现场后，仍应有其他见证人在场。

第一百八十二条［搜查工作的要求］

搜查应当全面、细致、及时，并且指派专人严密注视搜查现场的动向。

【条文释义】 本条是关于做好搜查工作要求的规定。

根据本条规定，搜查应当全面、细致、及时，并且指派专人严密注视搜查现场的动向。“全面”，是指对被搜查人、被搜查处所应当全方位进行搜查，避免遗漏。“细致”，是指在搜查时应一丝不苟，不放过任何可疑之处，也有避免损害财物的含义。“及时”，是指进行搜查应抓住时机，防止罪证毁灭和被转移，防止发生意外情况，影响侦查的顺利进行。“指派专人严密注视搜查现场的动向”，主要指由专人负责现场安全，防止出现意外情况和突发事件。这里的专人，一般应在2人以上。

第一百八十三条［搜查纪律和拍照、录像］

进行搜查的人员，应当遵守纪律，服从指挥，文明执法，不得无故损坏搜查现场的物品。对于查获的重要书证、物证、视听资料及其放置地点应当拍照，并且用文字说明有关情况，必要的时候，可以录像。

【条文释义】 本条是关于搜查纪律和搜查时拍照、录像的规定。

本条包括两层含义：（1）进行搜查的人员应当遵守纪律，服从指挥，文明执法，文明搜查，不得无故损坏搜查现场的物品。这是对搜查人员搜查行为的基本要求，对于保证文明执法，保证搜查依法进行，保护被搜查人的合法权益，具有重要意义。（2）对于查获的重要书证、物证、视听资料及其放置地点应当拍照，并且用文字说明有关情况，必要的时候，可以录像。这样可以固定证据，证实查获证据的真实性、可靠性，保证其证据价值。“必要的时候”，是指进行大范围搜查或者搜查重要证据的时候。

第一百八十四条［搜查笔录］

搜查情况应当制作笔录，由检察人员和被搜查人或者他的家属、邻居或者其他见证人签名或者盖章。如果被搜查人或者他的家属在逃，或者拒绝签名、盖章的，应当记明笔录。

【条文释义】 本条是关于搜查笔录的规定。

本条包括三层含义：（1）搜查的情况应当制作笔录。搜查是刑事诉讼中获取证据、查获犯罪人的重要手段。搜查的情况直接关系证据的取得是否合法，证据材料是否真实可靠，捕获犯罪嫌疑人的方案是否可行以及下一步侦查方案如何确定等。所以，必须将搜查的情况，按照搜查顺序如实地记录，制成笔录，写明搜查的时间、地点、过程，发现的证据，提取和扣押证据的名称、数量、特征及其他有关犯罪线索等，以便存查和核实案情，保障诉讼的顺利进行。（2）搜查笔录应当由检察人员和被搜查人或者他的家属、邻居或者其他见证人签名或者盖章。这样规定有利于保证搜查笔录的准确性，便于核查，保证和证明搜查获取证据的真实性、客观性，保证其证明力。（3）如果被搜查人或者他的家属在逃，或者拒绝签名、盖章的，应当在笔录上记明。这样能够证明搜查时的实际情况，便于说明为何在笔录上没有被搜查人或者其家属的签名、盖章，并可以防止被搜查人或其家属无理纠缠。这一规定同时表明，在搜查时，除被搜查人或者其家属逃匿的情况外，应有被搜查人或者其家属在场。

第一百八十五条 ［异地执行搜查］

人民检察院到本辖区以外执行搜查任务，办案人员应当携带搜查证、工作证以及写有主要案情、搜查目的、要求等内容的公函，与当地人民检察院联系。当地人民检察院应当配合、协助执行搜查。

【条文释义】 本条是关于异地执行搜查的规定。

本条包括两层含义：（1）人民检察院到本辖区以外执行搜查任务，办案人员应当携带搜查证、工作证以及写有主要案情、搜查目的、要求等内容的公函，与当地人民检察院联系。异地执行搜查是人民检察院办案中经常遇到的情况。人民检察院异地执行搜查任务时与当地人民检察院联系，有利于了解、掌握被搜查人情况，得到当地人民检察院和其他有关部门的协助、配合，保证搜查任务的完成。（2）当地人民检察院应当配合、协助办案人民检察院执行搜查。当地人民检察院应当充分理解执行任务的人民检察院的困难，尽力予以配合、协助，包括疏通关系，提供情况，派员进行安全保卫和具体联系工作等。要树立全局观念，摈弃地方保护意识，保证查处犯罪工作的顺利进行。

第五节 调取、扣押物证、书证和视听资料

第一百八十六条 ［人民检察院的调取证据权］

检察人员可以凭人民检察院的证明文件，向有关单位和个人调取能够证实犯罪嫌疑人有罪或者无罪的证据材料，并且可以根据需要拍照、录像、复印和复制。对于涉及国家秘密的证据，应当严格保守秘密。

【条文释义】 本条是关于人民检察院调取证据权的规定。

本条包含三层含义：（1）检察人员可以凭人民检察院的证明文件，向有关单位和个人调取能够证实犯罪嫌疑人有罪或者无罪的证据材料。调取证据，是指人民检察院根据法律规定，向有关单位和个人调查、索取能够证实犯罪嫌疑人有罪或者无罪的物证、书证和视听资料的侦查方法。“有关单位和个人”，包括一切拥有犯罪案件证据的单位和个人。（2）检察人员可以根据需要对调取的证据进行拍照、录像、复印和复制。这样有利于调取证据的保存、固定和使用，充分发挥证据的证明作用。（3）对于涉及国家秘密的证据，应当严格保守秘密。这是对办案人员的一项重要要求。在一些案件中，案件事实本身涉及国家秘密，如被犯罪分子盗窃的国家秘密文件、属于国家秘密的图纸、实物等。办案人员在调取这些证据后，必须按照国家保密法律的规定，妥善保管，不得遗失、泄露，在研究案情时，不得让不该知悉其内容的人知悉。“国家秘密”，是指关系国家安全和利益，依照法定程序确定，在一定时间内只限一定范围的人员知悉的事项。

国家秘密分为秘密、机密、绝密三个等级。人民检察院应当按照法律、法规对于三种密级的不同要求，进行保管。

第一百八十七条 [异地调取证据]

人民检察院办理案件，需要向本辖区以外的有关单位和个人调取物证、书证的，办案人员应当携带工作证、单位办案证明信和有关法律文书，及时同当地人民检察院联系，当地人民检察院应当配合、协助执行任务。

如果需要调取的证据是比较简单的，可以向证据所在地的人民检察院函调。函调证据应当注明取证对象的具体内容和确切地址。协助函调的人民检察院应当及时派员按调查内容进行调查取证，并且在收到函件一个月内将调查结果送达请调的人民检察院。

【条文释义】 本条是关于异地调取证据的规定。

本条第1款是关于到异地实地调取证据的规定。根据本款规定，人民检察院办理案件，需要向本辖区以外的有关单位和个人调取物证、书证的，办案人员应当携带工作证、单位办案证明信和有关法律文书，及时同当地人民检察院联系，当地人民检察院应当配合、协助办案人民检察院执行任务。人民检察院需要异地调取证据，一般应实地到达，当地调取。到达后应首先及时同当地人民检察院联系，以掌握情况，争取配合、协助，保证任务的完成。当地人民检察院应积极地给予切实的配合、协助，使调取证据的工作任务能够得以顺利完成。

本条第2款是关于异地函调证据的规定。根据本款规定，如果需要向异地调取的证据是比较简单的，可以向证据所在地的人民检察院函调。函调证据应当注明取证对象的具体内容和确切地址。协助函调的人民检察院应当及时派员按调查内容，进行调查取证，并且在收到函件1个月内将调查结果送达请调的人民检察院。函调是一种经济、方便的异地调取证据的方式，但只有需要调取的证据比较简单的，才可以函调；如果需要调取的证据重大、复杂，则应派员实地调取，以保证调取证据任务的完成，保障诉讼的顺利进行。接受函调的人民检察院应当按要求如期完成调查取证任务，不可贻误时机，影响案件的查处工作。

【调取证据通知书的制作】

（一）制作方法

调取证据通知书为四联填充式文书，各联的内容和制作方法具体如下：

1. 第一联存根。

（1）首部。包括：制作本文书的人民检察院名称；文书名称，即“调取证据通知书”；文书编号，即“　检　调证〔　〕　号”，空余地方依次填写制作文书的人民检察院简称、具体办案部门的简称、年度和文书序号。在文书名称下方标有“（存　根）”字样。

（2）正文。包括：案由，即涉嫌罪名，如“贪污罪”、“受贿罪”、“挪用公款罪”等，涉嫌数个罪名的，应当完整填写；犯罪嫌疑人基本情况，包括姓名、性别、年龄、工作单位、住址、身份证号码、是否人大代表或政协委员，可根据实际掌握的案件情况予以填写；调取证据名称；证据持有人的姓名或者证据持有单位名称；批准人签名或者盖章；承办人签名或者盖章；填发人签名或者盖章；填发时间。

2. 第二联副本。

（1）首部。包括：制作本文书的人民检察院名称；文书名称，即“调取证据通知书”；文书编号，即“　检　调证〔　〕　号”。在文书名称下方标有“（副　本）”字样。

（2）正文。包括：提供证据的单位名称或者个人姓名；所需调取证据的种类、名称、来源、形状、数量等，如果所需调取证据的数量比较多，可在文书中概括写明所需物证几件、书证几件等，并注明详见调取证据清单，调取证据清单中应将所调取的全部证据详细列明；要求提供证据的具体时间。

（3）尾部。包括：制作本文书的时间，具体到年、月、日；加盖制作本文书的人民检察院院印。

3. 第三联正本。

（1）首部。包括：制作本文书的人民检察院名称；文书名称，即“调取证据通知书”；文书编号，即“　检　调证〔　〕　号”。

（2）正文。包括的内容和制作方法与第二联一样。

（3）尾部。包括：制作本文书的时间，具体到年、月、日；加盖制作本文书的人民检察院院印。

4. 第四联回执。

（1）首部。包括：制作本文书的人民检察院名称；文书名称，即“调取证据通知书”。在文书名称下方标有“（回　执）”字样。

（2）正文。包括：要求提供证据的人民检察院的名称；写明调取证据通知书的文书编号；提供证据的种类、名称、形状、数量、来源等情况。

（3）尾部。包括：提供证据的单位或者个人的签名或者盖章；填写本文书的具体日期，具体到年、月、日。

（二）使用说明

使用本文书应当注意以下问题：收到人民检察院调取证据通知书的有关单位或者个人应当如实向人民检察院提供证据。在收集、调取证据过程中，对于涉及国家秘密的证据，人民检察院和有关单位及个人应当保密。有关单位和个人提供的证据，以及人民检察院办案人员收集、调取的证据都必须是真实的。调取书证、视听资料应当调取原件。取得原件确有困难或者因保密需要不能调取原件的，可以调取副本或者复制件。调取物证应当调取原物。原物不便搬运、保存，或者依法应当返还被害人，或者因保密工作需要不能调取原物的，可以将原物拍照、录像。对原物拍照或者录像应当足以反映原物的外形、内容。调取书证、视听资料的副本、复制件和物证的照片、录像的，应当附有不能调取原件、原物的原因、制作过程和原件、原物存放地点的说明，并由制作人员和原书证、视听资料、物证持有人签名或者盖章。凡是伪造证据、隐匿证据或者毁灭证据的，无论任何人，必须受法律追究。向有关单位或者个人收集、调取证据时要客观、全面，既要调取能够证明犯罪嫌疑人有罪或者罪重的证据，又要调取能够证明犯罪嫌疑人无罪或者罪轻的证据。人民检察院办理案件，需要向本辖区以外的有关单位和个人调取物证、书证的，办案人员应当携带工作证、单位办案证明信和有关法律文书，及时同当地人民检察院联系，当地人民检察院应当配合、协助执行任务。如果需要调取的证据是比较简单的，可以向证据所在地的人民检察院函调。函调证据应当注明取证对象的具体内容和确切地址。协助函调的人民检察院应当及时派员按调查内容进行调查取证，并且在收到函件 1 个月内将调查结果送达请调的人民检察院。

本文书四联之间的骑缝线上均有本文书文号，应当按照本文书第三联中文号的填写方法予以填写。

本文书共四联，第一联统一保存，第二联附卷，第三联送达提供证据的单位或个人，第四联退回后附卷。

（三）文书格式（见下页）

______人民检察院
调取证据通知书
（存 根）

检 调证〔 〕 号

案由__________
犯罪嫌疑人基本情况（姓名、性别、年龄、工作单位、住址、身份证号码、是否人大代表、政协委员）__________
____
____
____
调取证据名称__________
____
证据持有人（单位）__________
____
批准人__________
承办人__________
填发人__________
填发时间__________

第一联统一保存

检 调证〔 〕 号

______人民检察院
调取证据通知书
（副 本）

检 调证〔 〕 号

__________：

根据《中华人民共和国刑事诉讼法》第四十五条的规定，本院需要对在你处的下列证据：__________
____
____
____
予以调取。请将上列证据于______年______月______日前送交我院。

年 月 日
（院印）

第二联附卷

检 调证〔 〕 号

______人民检察院
调取证据通知书

检 调证〔 〕 号

__________：

根据《中华人民共和国刑事诉讼法》第四十五条的规定，本院需要对在你处的下列证据：__________
____
____
____
予以调取。请将上列证据于______年______月______日前送交我院。

年 月 日
（院印）

第三联送达提供证据的单位或个人

检 调证〔 〕 号

______人民检察院
调取证据通知书
（回 执）

__________人民检察院：

你院__________号调取证据通知书收悉，现将__________
____
__________送交你院。

（签名或盖章）
年 月 日

第四联退回后附卷

【调取证据清单的制作】

（一）制作方法

调取证据清单为填充式文书，一式三份。具体内容包括：

1. 首部。包括：编号；制作本文书的人民检察院名称；文书名称，即“调取证据清单”；文书页码，即“第　页　共　页”。

2. 正文。包括：调取证据的编号；所调取证据的具体名称；数量；单位（计量单位）；备注，一般注明证据的特征、现状。

3. 尾部。包括：提供证据人的签名或者盖章，如果提供者多人，应逐一签名；承办案件人的签名或者盖章；制作调取证据清单的日期；制作本文书的人民检察院院印。

（二）使用说明

在具体使用时，应注意以下问题：人民检察院在办理案件过程中，需要向有关单位或者个人调取证据的，应当制作调取证据通知书。如果所调取的证据比较多，应当配合使用调取证据清单。如果调取证据较少的，可直接在调取证据通知书中写明。调取证据清单中应当将证据的名称、型号、规格、数量、质量、颜色、新旧程度和缺损特征等在清单中详细注明。调取的物证、书证、视听资料应当是原件。如果取得原件确有困难或者因保密需要不能调取原件的，可以调取副本或者复制件，但必须注明。

调取证据清单与扣押物品、文件清单用途不同。扣押物品、文件清单是人民检察院在勘验、搜查中发现有需要扣押的物品、文件时所开列的清单。对于犯罪嫌疑人或者他的家属以及有关单位和个人主动提供的与案件有关的物品、文件需要扣押的，应当开列扣押物品、文件清单。邮电部门、网络服务机构根据人民检察院扣押邮件、电报通知书要求向人民检察院检交的犯罪嫌疑人的邮件、电报需要扣押的，也应当制作扣押物品、文件清单。调取证据清单是人民检察院在向有关单位或者个人调取证据时所开列的单据。需要将依法调取的与案件有关的物品、文件退还原持有人时，应当使用退还、返还扣押（调取）物品、文件决定书，同时使用退还、返还扣押（调取）物品、文件清单。

填写调取证据清单时，每一个证据填记一行。填写完毕后，在空余表格处标明截止线，以示结束。

调取证据清单一式三份，一份统一保存备查，一份附卷，一份交提供证据的单位或个人。三份清单使用同一编号。

（三）文书格式（见下页）

编号：

人民检察院

调取证据清单

第　　页共　　页

编号	证据名称	数量	单位	备注

提供人：
承办人：

年　　月　　日

（院印）

注：本清单一式三份，一份统一保存，一份附卷，一份交提供证据的单位或个人。

第一百八十八条 ［调取证据的对象］

调取书证、视听资料应当调取原件。取得原件确有困难或者因保密需要不能调取原件的，可以调取副本或者复制件。

调取物证应当调取原物。原物不便搬运、保存，或者依法应当返还被害人，或者因保密工作需要不能调取原物的，可以将原物拍照、录像。对原物拍照或者录像应当足以反映原物的外形、内容。

调取书证、视听资料的副本、复制件和物证的照片、录像的，应当附有不能调取原件、原物的原因、制作过程和原件、原物存放地点的说明，并由制作人员和原书证、视听资料、物证持有人签名或者盖章。

【条文释义】 本条是关于调取证据的对象要求的规定。

本条第1款是关于调取书证、视听资料应当调取原件的规定。根据本款规定，调取书证、视听资料应当调取原件。取得原件确有困难或者因保密需要不能调取原件的，可以调取副本或者复制件。一般而言，原件具有更强证明力，所以原则上调取证据原件，只有在特殊情况下，才可以以副本或者复制件代替原件。

本条第2款是关于调取物证应当调取原物的规定。根据本款规定，需要调取物证的应当调取原物。只有在下述情况下才可以以照片、录像代替原物：（1）原物不便搬运的，如大宗货物、笨重物品等；（2）原物不便保存，如易腐烂、鲜活物品等；（3）原物依法应当返还被害人，如《刑事诉讼法》第198条明确规定，“对被害人的合法财产，应当及时返还”；（4）因保密工作需要不能调取原物的，即调取原物不利于保守秘密或容易泄露秘密。不能调取原物，应当将原物拍照、录像。对原物的拍照或者录像应当足以反映原物的外形、内容。

本条第3款是关于保证非原始证据证明力的规定。根据本款规定，调取书证、视听资料的副本、复制件和物证的照片、录像的，应当附有不能调取原件、原物的原因、制作过程和原件、原物存放地点的说明，并由制作人员和原书证、视听资料、物证持有人签名或者盖章。这样能够保证调取证据的合法性、客观性，保证其证据价值，使其能够真正发挥证据作用。

【参考规定】

1. 最高人民法院、最高人民检察院、公安部、国家安全部、司法部关于办理死刑案件审查判断证据若干问题的规定（节录）（2010年6月13日 法发〔2010〕20号）

第六条 对物证、书证应当着重审查以下内容：

（一）物证、书证是否为原物、原件，物证的照片、录像或者复制品及书证的副本、复制件与原物、原件是否相符；物证、书证是否经过辨认、鉴定；物证的照片、录像或者复制品和书证的副本、复制件是否由二人以上制作，有无制作人关于制作过程及原件、原物存放于何处的文字说明及签名。

（二）物证、书证的收集程序、方式是否符合法律及有关规定；经勘验、检查、搜查提取、扣押的物证、书证，是否附有相关笔录或者清单；笔录或者清单是否有侦查人员、物品持有人、见证人签名，没有物品持有人签名的，是否注明原因；对物品的特征、数量、质量、名称等注明是否清楚。

（三）物证、书证在收集、保管及鉴定过程中是否受到破坏或者改变。

（四）物证、书证与案件事实有无关联。对现场遗留与犯罪有关的具备检验鉴定条件的血迹、指纹、毛发、体液等生物物证、痕迹、物品，是否通过DNA鉴定、指纹鉴定等鉴定方式与被告人或者被害人的相应生物检材、生物特征、物品等作同一认定。

（五）与案件事实有关联的物证、书证是否全面收集。

第七条 对在勘验、检查、搜查中发现与案件事实可能有关联的血迹、指纹、足迹、字迹、毛发、体液、人体组织等痕迹和物品应当提取而没有提取，应当检验而没有检验，导致案件事实存疑的，人民法院应当向人民检察院说明情况，人民检察院依法可以补充收集、调取证据，作出合理的说明或者退回侦查机关补充侦查，调取有关证据。

第八条 据以定案的物证应当是原物。只有在原物不便搬运、不易保存或者依法应当由有关部门保管、处理或者依法应当返还时，才可以拍摄或者制作足以反映原物外形或者内容的照片、录像或者复制品。物证的照片、录像或者复制品，经与原物核实无误或者经鉴定证明为真实的，或者以其他方式确能证明其真实的，可以作为定案的根据。原物的照片、录像或者复制品，不能反映原物的外形和特征的，不能作为定案的根据。

据以定案的书证应当是原件。只有在取得原件确有困难时，才可以使用副本或者复制件。书证的副本、复制件，经与原件核实无误或者经鉴定证明为真实的，或者以其他方式确能证明其真实的，可以作为定案的根据。书证有更改或者更改迹象不能作出合理解释的，书证的副本、复制件不能反映书证原件及其内容的，不能作为定案的根据。

第九条 经勘验、检查、搜查提取、扣押的物证、书证，未附有勘验、检查笔录，搜查笔录，提取笔录，扣押清单，不能证明物证、书证来源的，不能作为定案的根据。

物证、书证的收集程序、方式存在下列瑕疵，通过有关办案人员的补正或者作出合理解释的，可以采用：

（一）收集调取的物证、书证，在勘验、检查笔录，搜查笔录，提取笔录，扣押清单上没有侦查人员、物品持有人、见证人签名或者物品特征、数量、质量、名称等注明不详的；

（二）收集调取物证照片、录像或者复制品，书证的副本、复制件未注明与原件核对无异，无复制时间、无被收集、调取人（单位）签名（盖章）的；

（三）物证照片、录像或者复制品，书证的副本、复制件没有制作人关于制作过程及原物、原件存放于何处的说明或者说明中无签名的；

（四）物证、书证的收集程序、方式存在其他瑕疵的。

对物证、书证的来源及收集过程有疑问，不能作出合理解释的，该物证、书证不能作为定案的根据。

第十条 具备辨认条件的物证、书证应当交由当事人或者证人进行辨认，必要时应当进行鉴定。

2. 最高人民法院、最高人民检察院、公安部、国家安全部、司法部关于办理刑事案件排除非法证据若干问题的规定（节录）（2010年6月13日　法发〔2010〕20号）

第十四条　物证、书证的取得明显违反法律规定，可能影响公正审判的，应当予以补正或者作出合理解释，否则，该物证、书证不能作为定案的根据。

3. 最高人民检察院关于适用《关于办理死刑案件审查判断证据若干问题的规定》和《关于办理刑事案件排除非法证据若干问题的规定》的指导意见（节录）（2010年12月30日　高检发研字〔2010〕13号）

16. 对物证、书证以及勘验、检查笔录、搜查笔录、视听资料、电子证据等，既要审查其是否客观、真实反映案件事实，也要加强对证据的收集、制作程序和证据形式的审查。发现物证、书证和视听资料、电子证据等来源及收集、制作过程不明，或者勘验、检查笔录、搜查笔录的形式不符合规定或者记载内容有矛盾的，应当要求侦查机关（部门）补正，无法补正的应当作出说明或者合理解释，无法作出合理说明或者解释的，不能作为证据使用；发现侦查机关（部门）在勘验、检查、搜查过程中对与案件事实可能有关联的相关痕迹、物品应当提取而没有提取，应当要求侦查机关（部门）补充收集、调取；对物证的照片、录像或者复制品不能反映原物的外形和特征，或者书证的副本、复制件不能反映原件特征及其内容的，应当要求侦查机关（部门）重新制作；发现在案的物证、书证以及视听资料、电子证据等应当鉴定而没有鉴定的，应当要求侦查机关（部门）鉴定，必要时自行委托鉴定。

17. 对侦查机关（部门）的补正、说明，以及重新收集、制作的情况，应当认真审查，必要时可以进行复核。对于经侦查机关（部门）依法重新收集、及时补正或者能够作出合理解释，不影响物证、书证真实性的，可以作为批准或者决定逮捕、提起公诉的根据。侦查机关（部门）没有依法重新收集、补正，或者无法补正、重新制作且没有作出合理的解释或者说明，无法认定证据真实性的，该证据不能作为批准或者决定逮捕、提起公诉的根据。

18. 对于根据犯罪嫌疑人的供述、指认，提取到隐蔽性很强的物证、书证的，既要审查与其他证明犯罪事实发生的证据是否相互印证，也要审查侦查机关（部门）在犯罪嫌疑人供述、指认之前是否掌握该证据的情况，综合全案证据，判断是否作为批准或者决定逮捕、提起公诉的根据。

第一百八十九条［勘验、搜查中扣押文件、资料和其他物品］

在勘验、搜查中发现的可以证明犯罪嫌疑人有罪或者无罪的各种文件、资料和其他物品，应当扣押；与案件无关的，不得扣押。

不能立即查明是否与案件有关的可疑的文件、资料和其他物品，也可以扣押，但是应当及时审查。经查明确实与案件无关的，应当在三日以内退还。

持有人拒绝交出应当扣押的文件、资料和其他物品的，可以强制扣押。

【条文释义】　本条是关于在勘验、搜查中扣押文件、资料和其他物品的规定。

本条第1款是关于在勘验、搜查中扣押物品范围的一般规定。根据本款规定，在勘验、搜查中发现的可以证明犯罪嫌疑人有罪或者无罪的各种文件、资料和其他物品，应当扣押；与案件无关的，不得扣押。“可以证明犯罪嫌疑人有罪或者无罪的各种文件、资料和其他物品”，是指能够证明犯罪嫌疑人有罪或者无罪、罪重或罪轻的物证、书证和视听资料。对需要扣押的文件、资料和其他物品，可以凭勘验的证明文件或者搜查证扣押。如果单独扣押，应当持有人民检察院的证明文件。“与案件无关的”，是指与案件事实和犯罪行为没有联系，对证明案情、证实犯罪没有价值的文件、资料和其他物品。“与案件无关的，不得扣押”有利于保护公民的合法权益，防止滥用扣押权。

本条第2款是关于对可疑文件、资料和其他物品扣押的规定。根据本款规定，在勘验、搜查中发现的不能立即查明是否与案件有关的可疑的文件、资料和其他物品，也可以扣押，但应当及时审查。经查明确实与案件无关的，应当在3日以内退还。“不能立即查明是否与案件有关的可疑的文件、资料和其他物品”，是指可能与案件有关，但当时不能完全确定是否与案件有关的文件、资料和其他物品。“三日以内退还”，是指从查明与案件无关之日起3日以内退还。这样规定既有利于保全证据，又有利于保护公民的合法财产不受侵犯。

本条第3款是关于强制扣押的规定。根据本款规定，持有人拒绝交出应当扣押的文件、资料和其他物品的，可以强制扣押。“强制扣押”，是指采用强制力予以扣押。扣押本身即具有强制性，是否扣押不以持有人的意志为转移，而是以是否与案件有关为标准。持有人拒绝扣押的，予以强制扣押，是国家强制力的体现，有利于保障刑事诉讼的顺利进行。

执行本条规定应当注意：（1）扣押时既应扣押能够证明犯罪嫌疑人有罪、罪重的文件、资料和其他物品，又要注意扣押能够证明犯罪嫌疑人无罪、罪轻的文件、资料和其他物品。（2）对于违禁品不论是否与案件有关均应予以扣押，并送交有关部门处理。

【扣押决定书的制作】

（一）制作方法

扣押决定书为三联填充式文书，各联的内容和制作方法如下：

1. 第一联存根。

（1）首部。包括：制作本文书的人民检察院名称；文书名称，即“扣押决定书”；文书编号，即“ 检 扣决〔 〕 号”，空余地方依次填写制作本文书的人民检察院简称、具体办案部门简称、年度、序号。在文书名称下方标有“（存 根）”字样。

（2）正文。包括：案由，即案件的犯罪性质，可根据案件涉嫌罪名填写；被扣押物品、文件持有人的基本情况，包括姓名、性别、年龄、工作单位、住址；被扣押人；被扣押的物品、文件的名称、种类、数量等；扣押原因；批准人的签名或者盖章；承办案件人的签名或者盖章；填发人的签名或者盖章；填发时间。

2. 第二联副本。

(1) 首部。包括：制作本文书的人民检察院名称；文书名称，即“扣押决定书”；文书编号，即“ 检 扣决〔 〕 号”。在文书名称下方标有“（副本）”字样。

(2) 正文。包括：被扣押物品、文件持有人或者其家属名称，或者被扣押物品、文件持有单位名称。

(3) 尾部。包括：制作本文书的时间，具体到年、月、日；加盖制作本文书的人民检察院院印；附：扣押物品、文件清单。

3. 第三联正本。

(1) 首部。包括：制作文书的人民检察院名称；文书名称，即“扣押决定书”；文书编号，即“ 检 扣决〔 〕 号”。

(2) 正文。具体内容和制作要求与第二联一样。

(3) 尾部。包括：制作本文书的年、月、日；加盖制作本文书的人民检察院院印；附：扣押物品、文件清单。

（二）使用说明

在具体使用时，应注意以下问题：扣押决定书应当与扣押物品、文件清单同时使用。扣押决定书中列明的物品、文件应当与扣押物品、文件清单中所列物品、文件名称、种类、数量等完全一致。人民检察院应当按照法律的程序，收集能够证实犯罪嫌疑人、被告人有罪、无罪、罪轻、罪重的各种证据；保证一切与案件有关或者了解案情的公民客观、充分地提供证据；有权要求有关单位、个人，交出能够证明犯罪嫌疑人有罪、无罪的证据。当人民检察院对犯罪嫌疑人及其家属退还、上缴的赃款赃物以及其他有关物品、文件，对有关单位、个人主动提交的有关物品、文件，或者自行发现的有关物品、文件，需要予以扣押时，应当制作扣押决定书，送达被扣押物品、文件持有人或者其家属。扣押决定书具有强制力，被扣押物品、文件持有人或者其家属在接到人民检察院扣押决定书后，应当立即按照扣押决定书以及扣押物品、文件清单中所载明的要求，将扣押物品、文件清单所列物品、文件交人民检察院依法扣押，不交出的，人民检察院可以强制其交出。人民检察院在办理案件过程中，对有关的物品、文件决定扣押时，制作扣押决定书。对依法扣押的物品、文件经过查证、鉴别后确认其与案件无关的，应依法解除扣押，制作解除扣押决定书，将解除扣押决定书与被解除扣押的物品、文件送交原物品、文件持有人或者其家属。

扣押决定书与调取证据通知书不同。扣押决定书是人民检察院对犯罪嫌疑人的赃款赃物、有关的物品、文件决定扣押时所使用的法律文书。调取证据通知书是人民检察院向有关单位和个人调取证据时所使用的法律文书，有关单位和个人应当根据检察机关的要求，如实提供证据。人民检察院对调取的证据根据需要可以拍照、录像、复印和复制，但不得扣押。

本文书三联之间的骑缝线上均有本文书文号，应当按照本文书第三联中文号的填写方法予以填写。

本文书共三联，第一联统一保存备查，第二联附卷，第三联送达被扣押物品、文件持有人或其家属。

（三）文书格式（见下页）

人民检察院

扣押决定书

（存　根）

检　扣决〔　　〕　号

案由________________

被扣押物品、文件持有人

____

性别______年龄______

工作单位____________

住　址____________

被扣押人____________

扣押的物品、文件______

____

扣押原因____________

批准人____________

承办人____________

填发人____________

填发时间____________

第一联统一保存

检　扣决〔　　〕　号

人民检察院

扣押决定书

（副　本）

检　扣决〔　　〕　号

____________：

根据《中华人民共和国刑事诉讼法》第四十三条和第八十九条的规定，本院决定对有关物品、文件予以扣押。

年　月　日

（院印）

附：扣押物品、文件清单

第二联附卷

检　扣决〔　　〕　号

人民检察院

扣押决定书

检　扣决〔　　〕　号

____________：

根据《中华人民共和国刑事诉讼法》第四十三条和第八十九条的规定，本院决定对有关物品、文件予以扣押。

年　月　日

（院印）

附：扣押物品、文件清单

第三联送达被扣押物品、文件持有人或其家属

【扣押物品、文件清单的制作】

（一）制作方法

扣押物品、文件清单为填充式文书，一式四份。其内容包括三部分。

1. 首部。包括：编号；制作本文书的人民检察院名称；文书名称，即“扣押物品、文件清单”；文书页码，即“第　页　共　页”。

2. 正文。共六列，具体内容包括：第一列为扣押物品、文件的编号，即顺序号；第二列为扣押物品、文件的名称；第三列为扣押物品、文件的数量；第四列为扣押物品、文件的单位（计量单位）；第五列为扣押物品、文件的特征；第六列为备注。

3. 尾部。包括：被扣押物品、文件持有人签名或者盖章；见证人签名或者盖章；扣押人签名或者盖章；扣押物品、文件的年、月、日；加盖扣押物品专用章。

（二）使用说明

在具体使用时，应注意以下问题：扣押物品、文件清单具有专门性和强制性，侦查人员依法扣押物品、文件时，物品、文件持有人应当交出。持有人拒绝交出应当扣押的物品、文件的，可以强制扣押。对于不能立即查明是否与案件有关的可疑的物品、文件，也可以先行扣押，但应当及时审查。经审查确实与案件无关的，应当在3日内退还。在填写扣押物品、文件清单时，各项扣押物品、文件填写完毕后，应在其下格内标明截止线，以示结束。对被扣押物品、文件的名称、型号、规格、数量、重量、质量、颜色、新旧程度和缺损特征等，应当在扣押物品、文件清单中详细注明。扣押物品、文件清单应当由侦查人员、见证人和被扣押物品、文件持有人签名或者盖章。如果物品、文件持有人拒绝签名或者盖章的，应当在扣押物品、文件清单中注明。文书中应当使用“×××人民检察院扣押物品专用章”，而不能使用人民检察院院章。对于应当扣押但是不便提取的物品、文件，经拍照或者录像后，可以交物品、文件持有人保管，并且单独开具扣押物品、文件清单，在清单上注明“该物品已经拍照（或者录像），物品持有人应当妥善保管，不得转移、变卖、毁损”。

本文书一式四份，一份统一保存，一份附卷，一份交被扣押物品、文件持有人，一份交被扣押物品、文件保管人。四份清单使用同一编号。

（三）文书格式（见下页）

编号：

人民检察院

扣押物品、文件清单

第　　页 共　　页

编 号	物品、文件名称	数 量	单 位	特 征	备 注

被扣押物品、文件持有人：

见证人：

扣押人：

年　　月　　日

（扣押物品专用章）

注：本清单一式四份，一份统一保存，一份附卷，一份交被扣押物品、文件持有人，一份交被扣押物品、文件保管人。

第一百九十条 [扣押物品清单和扣押贵重物品]

对于扣押的文件、资料和其他物品，侦查人员应当会同在场见证人和被扣押物品持有人查点清楚，当场开列扣押物品清单一式二份①，写明文件、资料和其他物品的名称、型号、规格、数量、重量、质量、颜色、新旧程度和缺损特征等，由检察人员、见证人和持有人签名或者盖章，一份交给持有人，另一份附卷备查。如果持有人拒绝签名或者盖章的，应当在扣押物品清单上记明。

对于扣押的金银珠宝、文物、名贵字画、违禁品以及其他不易辨别真伪的贵重物品，应当当场密封，并由扣押人员、见证人和被扣押物品持有人在密封材料上签名或者盖章。

【条文释义】 本条是关于扣押物品清单和扣押贵重物品的特别规定。

本条第1款是关于扣押物品清单的规定。本款包含两层含义：(1) 对于扣押的文件、资料和其他物品，检察人员应当会同在场见证人和被扣押物品持有人查点清楚，当场开列扣押物品清单，写明文件、资料和其他物品的名称、型号、规格、数量、重量、质量、颜色、新旧程度和缺损特征等，由检察人员、见证人和持有人签名或者盖章，一份交给持有人，另一份附卷备查。这样规定，一方面有利于证明作为证据使用的文件、资料和其他物品的来源，以体现其证明力；另一方面也可以防止被扣押的文件、资料和其他物品被遗失或者私自截留，可以防止无理索取未扣押物品，造成不必要的纠缠。(2) 如果持有人拒绝签名或者盖章的，应当在扣押物品清单上记明。这样可以证明扣押情况，表明扣押时持有人态度的真实情况，防止持有人事后无理指称扣押违法。

本条第2款是关于扣押贵重物品的规定。根据本款规定，对于扣押的金银珠宝、文物、名贵字画、违禁品以及其他不易辨别真伪的贵重物品，应当当场密封，并由扣押人员、见证人和被扣押物品持有人在密封材料上签名或者盖章。这样可以保证扣押的贵重物品不被调换，避免不必要的争议。

适用本条规定应当注意视听资料的扣押问题。视听资料与其他证据形式相比，具有实证性强、信息量大、精密度高、动作、形态具有连续性等优点和易被伪造、剪辑、篡改等缺点。实践中对被扣押的视听资料，为保证其证据价值一般可以进行“同一认定”，即对被扣押的视听资料，侦查部门可以复制1份，待被扣押人表示两份内容完全一致后，将复制份封存，由被扣押人、见证人和侦查人员签名或者盖章。如果在以后的诉讼过程中，对原件有疑问的，可用复制份验证核查。

---

① 根据最高人民检察院2010年5月9日印发的《人民检察院扣押、冻结涉案款物工作规定》第16条的规定，对于扣押的款物，应当当场开列扣押清单一式四份，并注明扣押物品的主要特征。因此，人民检察院在扣押涉案款物时，应当执行上述规定。

【参考规定】

人民检察院扣押、冻结涉案款物工作规定（2010年5月9日最高人民检察院 高检发〔2010〕9号）

第一章 总 则

第一条 为了规范人民检察院扣押、冻结涉案款物工作，提高执法水平和办案质量，保护公民、法人和其他组织合法权益，根据刑法、刑事诉讼法及其他有关规定，制定本规定。

第二条 本规定所称扣押、冻结的涉案款物，是指人民检察院在依法行使检察职权过程中扣押、冻结的违法所得、与犯罪有关的款物、作案工具和非法持有的违禁品等。

犯罪嫌疑人、被告人实施违法犯罪行为所取得的财物及其孳息属于违法所得。

第三条 违法所得的一切财物，应当予以追缴或者责令退赔。对被害人的合法财产，应当依法及时返还。违禁品和供犯罪所用的财物，应当予以扣押、冻结，并依法处理。

第四条 人民检察院扣押、冻结、保管、处理涉案款物，必须严格依法进行。严禁以虚假立案或者其他非法方式扣押、冻结款物。对涉案单位私设帐外资金但与案件无关的，不得扣押、冻结，可以通知有关主管机关或者其上级单位处理。严禁扣押、冻结与案件无关的合法财产。

第五条 严禁在立案之前扣押、冻结款物。立案之前发现涉嫌犯罪的款物，如果符合立案条件的，应当及时立案，并采取扣押、冻结措施，以保全证据和防止涉案款物转移。

个人或者单位在立案之前向人民检察院自首时携带涉案款物的，人民检察院可以先行接收，并向自首人开具接收凭证，根据立案和侦查情况决定是否扣押、冻结。

人民检察院扣押、冻结涉案款物后，应当对案件及时进行侦查，不得在无法定理由情况下撤销案件或者停止对案件的侦查。

第六条 人民检察院扣押、冻结犯罪嫌疑人、被告人的涉案款物，应当为犯罪嫌疑人、被告人及其所扶养的家属保留必需的生活费用和物品。

扣押、冻结单位的涉案款物，应当尽量不影响该单位正常的办公、生产、经营等活动。

第七条 人民检察院实行扣押、冻结款物与保管款物相分离的原则，帐实必须相符。

第八条 人民检察院扣押、冻结、保管、处理涉案款物，实行办案部门和保管部门分工负责、相互制约的原则，并接受侦查监督、公诉、控告申诉、纪检监察等部门的监督。

第九条 人民检察院扣押、冻结、保管、处理涉案款物，应当书面告知当事人或者其近亲属有权按照有关规定进行投诉。

当事人、其他直接利害关系人或者其近亲属认为人民检察院扣押、冻结、保管、处理涉案款物侵犯自身合法权益或者有违法情形的，可以向该人民检察院投诉，也可以直接向其上一级人民检察院投诉。接到投诉的人民检察院应当按照有关规定及时进行审查并作出处理和答复。

刑事诉讼程序终结后，当事人认为人民检察院违法扣押、冻结涉案款物而申请刑事赔偿的，尚未办结的投诉程序应当终止，负责办理投诉的部门应当将相关材料移交刑事赔偿工作部门。

第十条 人民检察院扣押、冻结、保管、处理涉案款物，应当按照有关规定接受人民监督员的监督。

第十一条 人民检察院扣押、冻结、处理涉案款物应当使用最高人民检察院统一制定的法律文书，填写必须规范、完备，文书存根必须完整。

禁止使用“没收决定书”、“罚款决定书”等不符合规定的文书扣押、冻结、处理涉案款物。

第十二条 扣押、冻结、保管、处理涉及国家秘密、商业秘密、个人隐私的款物，应当严格遵守有关保密规定。

第二章 扣押、冻结涉案款物的程序

第十三条 扣押、冻结涉案款物，应当报经检察长批准，由两名以上检察人员执行。

第十四条 在现场勘查、搜查、拘留、逮捕过程中发现的可用以证明犯罪嫌疑人有罪或者无罪的各种物品，非法持有的违禁品，可能属于违法所得的款项，应当扣押；与案件无关的，不得扣押。不能立即查明是否与案件有关的可疑款物，可以先行扣押并按照本规定第二十一条审查处理。

需要扣押犯罪嫌疑人到案时随身携带的物品的，按照前款规定办理。对于与案件无关的个人用品，逐件登记，随人移交或者退还其家属。

第十五条 需要扣押、冻结的涉案款物不在本辖区的，办理案件的人民检察院应当依照有关法律及本规定，持相关法律文书及简要案情等材料，商请被扣押、冻结款物所在地的人民检察院协助执行，被请求的人民检察院应当协助执行。

被请求协助的人民检察院有异议的，可以向办理案件的人民检察院提出。双方达不成一致意见的，应当逐级报请上级人民检察院进行协商；必要时，报请共同的上级人民检察院决定。

第十六条 对于扣押的款物，检察人员应当会同在场见证人和被扣押款物持有人查点清楚，经拍照或者录像后予以扣押，并当场开列扣押清单一式四份，注明扣押物品的名称、型号、规格、数量、质量、颜色、新旧程度、包装等主要特征，由检察人员、见证人和持有人签名或者盖章。持有人拒绝签名、盖章或者不在场的，应当在清单上注明。

扣押、冻结市场价格波动较大的股票、债券、基金、权证、期货、仓单、黄金等，应当书面告知当事人或者其近亲属有权按照本规定第三十二条第二款的规定申请出售。

第十七条 对于应当扣押但不便提取或者不必提取的不动产、生产设备或者其他财物，应当扣押其权利证书，经拍照或者录像后原地封存，或者交持有人或者其近亲属保管，并开列扣押（原地封存）清单一式四份，注明相关物品的详细地址和相关特征，同时注明已经拍照或者录像以及其权利证书已被扣押，由检察人员、见证人和持有人签名或者盖章。启封时应当有见证人、持有人在场并签名或者盖章。持有人拒绝签名、盖章或者不在场的，应当在清单上注明。

被扣押的财物交持有人或者其近亲属保管的，检察人员应当书面告知保管人对被扣押的财物必须妥善保管，不得转移、变卖、毁损、出租、抵押、赠予等。

第十八条 办案部门扣押、冻结下列款物，应当进行相应的处理：

（一）扣押外币、金银珠宝、文物、字画以及其他不易辨别真伪的贵重物品，应当开列清单注明特征经拍照或者录像后当场密封，由检察人员、见证人和被扣押物品持有人在密封材料上签名或者盖章。根据办案需要及时委托具有资质的部门出具鉴定报告。启封时应当有见证人或者持有人在场并签名或者盖章；

（二）对存折、存单、信用卡、股票、债券、基金、权证、期货、其他有价证券以及具有一定特征能够证明案情的现金或者实物，应当注明特征、编号、种类、面值、张数、金额等，经拍照或者录像后作为实物进行封存，由检察人员、见证人和被扣押物品持有人在密封材料上签名或者盖章，并且冻结相应的帐户。启封时应当有见证人或者持有人在场并签名或者盖章；

（三）对录音带、录像带、磁盘、光盘、优盘、移动硬盘等磁质、电子存储介质，应当注明案由、内容、规格、类别、应用长度、文件格式、制作或者提取时间、制作人或者提取人等；

（四）对易损毁、灭失、变质以及其他不宜长期保存的物品，应当采取笔录、绘图、拍照、录像等方法加以保全后进行封存；

（五）按照本规定第十七条原地封存或者交持有人或者其近亲属保管的财物，应当将扣押决定书复印件送达当地不动产或者生产设备等财物的登记、管理部门，告知其在解除扣押之前，禁止办理出售、转让、抵押等；

（六）对单位的涉密电子设备、文件等物品，应当在拍照或者录像后当场密封，由检察人员、见证人、单位有关负责人在密封材料上签名或者盖章。启封时应当有见证人、单位有关负责人在场并签名或者盖章。

对于有关人员拒绝按照前款有关规定签名或者盖章的，人民检察院应当在相关文书上注明。

第十九条 对犯罪嫌疑人用违法所得与合法收入共同购置的不可分割的财产，可以先行扣押、冻结，并按照本规定第二十一条审查处理。对无法分开退还的财产，应当在案件办结后予以拍卖、变卖，对不属于违法所得的部分予以退还。

第二十条 犯罪嫌疑人被拘留、逮捕后，其亲友受犯罪嫌疑人委托或者主动代为向检察机关上交或退赔涉案款物的，参照本规定第十六条、第十七条办理，由检察人员、代为上交款物人员、见证人在扣押清单上签名或者盖章。

代为上交款物人员应当在清单上注明系受犯罪嫌疑人委托或者主动代替犯罪嫌疑人上交或者退赔。

第二十一条 对扣押、冻结的款物，办案部门应当及时进行审查。经查明确实与案件无关的，应当在三日内作出解除或者退还决定，并通知有关当事人或者其近亲属办理相关手续。

第二十二条 人民检察院侦查监督、公诉部门发现侦查部门有违法扣押、冻结、处理涉案款物情形的，可以依法提出纠正意见。

第三章 扣押、冻结涉案款物的保管

第二十三条 人民检察院对于扣押、冻结的涉案款物及其孳息，应当如实登记，妥善保管。

第二十四条 人民检察院负责财务装备的部门是扣押款物的管理部门，负责对扣押款物统一管理。法律和有关规定另有规定的除外。

第二十五条 办案部门扣押款物后，应当在三日内移交管理部门，并附扣押清单复印件。由于特殊原因不能按时移交的，经检察长批准，可以由办案部门暂时保管，在原因消除后及时移交。

第二十六条 下列扣押款物可以不移交本院管理部门，由办案部门拍照或者录像后及时按照有关规定处理：

（一）对不便提取或者不必提取的不动产、生产设备或者其他财物，可以按照本规定第十七条的规定交持有人或者其近亲属保管；

（二）对珍贵文物、珍贵动物及其制品、珍稀植物及其制品，按照国家有关规定移送主管机关；

（三）对毒品、淫秽物品等违禁品，及时移送有关主管机关，或者根据办案需要严格封存，不得使用或者扩散；

（四）对爆炸性、易燃性、放射性、毒害性、腐蚀性等危险品，及时移送有关部门或者根据办案需要委托有关主管机关妥善保管；

（五）对易损毁、灭失、变质以及其他不宜长期保存的物品，可以经检察长批准后及时委托有关部门拍卖、变卖；

（六）对单位的涉密电子设备、文件等物品，可以在密封后交被扣押物品的单位保管。

第二十七条 办案部门向管理部门移交扣押的款物时，应当列明物品的名称、规格、特征、质量、数量或者现金的数额等，出具本规定第十八条要求的手续。管理部门应当当场审验，对不符合规定的，应当要求办案部门立即补正；符合规定的，应当在移交清单上签名并向办案部门开具收据。

第二十八条 对扣押款应当逐案设立明细帐，并及时存入指定银行的专用帐户，严格收付手续。

第二十九条 对扣押的实物应当建帐设卡，一案一帐，一物一卡。

办案部门对于细小物品，可以根据物品种类分袋、分件、分箱设卡。

第三十条 对扣押物品应当设立符合防火、防盗、防潮、防尘等安全要求的专用保管场所，并配备必要的计量和存储设备。严格封存登记和出入库手续。管理人员应当定期对扣押款物进行检查，防止挪用、丢失、损毁等。

第三十一条 为了核实证据，需要临时调用扣押款物时，应当经检察长批准。加封的款物启封时，办案部门和管理部门应当同时派员在场，并应当有见证人或者持有人在场，当面查验。归还时，应当重新封存，由管理人员清点验收。管理部门应当对调用和归还情况进行登记。

第四章 扣押、冻结涉案款物的处理

第三十二条 扣押、冻结的款物，除依法应当返还被害人或者经查明确实与案件无关的以外，不得在诉讼程序终结之前处理。法律和有关规定另有规定的除外。

权利人申请出售被扣押、冻结的股票、债券、基金、权证、期货、仓单、黄金等，不损害国家利益、被害人利益，不影响诉讼正常进行的，经检察长批准或者检察委员会决定，在案件终结前可以依法出售，所得价款由管理部门保管。

扣押、冻结汇票、本票、支票的，应当在有效期限内作出处理。经检察长批准或者检察委员会决定，在案件终结前依法变现的，所得价款由管理部门保管，并及时书面告知当事人或者其近亲属。

第三十三条 处理扣押、冻结的涉案款物，应当由办案部门提出意见，报请检察长决定。负责保管扣押、冻结涉案款物的管理部门会同办案部门办理相关的处理手续。

人民检察院向其他机关移送的案件需要随案移送扣押、冻结的涉案款物的，按照前款的规定办理。

第三十四条 决定撤销案件的，侦查部门应当在撤销案件决定书中写明对扣押、冻结的涉案款物的处理结果。扣押的违法所得需要没收的，应当提出检察意见，移送有关主管机关处理。需要返还原主或者被害人的，应当解除扣押、冻结，直接返还。

因犯罪嫌疑人死亡而撤销案件，被冻结的存款、汇款应当依法予以没收或者返还被害人的，可以申请人民法院裁定通知冻结犯罪嫌疑人存款、汇款的金融机构上缴国库或者返还被害人；因其他原因撤销案件的，直接通知冻结机构上缴国库或者返还被害人。需要返还犯罪嫌疑人的，应当解除冻结并返还犯罪嫌疑人或者其合法继承人。

第三十五条 侦查部门移送审查起诉时，应当在侦查终结报告、移送审查起诉意见书中提出对扣押、冻结的涉案款物的处理意见，并列明款物去向存入案卷。

公诉部门审查案件时，应当对随案移送的扣押、冻结涉案款物清单、处理意见进行审查。对帐实不符的，应当要求侦查部门进行核实、更正。经审查认为不应当扣押、冻结的，公诉部门应当提出处理意见，报检察长批准后解除扣押、冻结，返还原主或者被害人。

第三十六条 决定不起诉的案件，公诉部门应当在不起诉决定书中写明对扣押、冻结的涉案款物的处理结果。需要没收被不起诉人违法所得的，应当提出检察意见，连同不起诉决定书一并移送有关主管机关处理。需要返还原主或者被害人的，应当解除扣押、冻结，直接返还。

第三十七条 提起公诉的案件，公诉部门应当在起诉书中写明对扣押、冻结的涉案款物的处理情况。对作为证据使用的扣押物品，应当随案移送。对不宜移送的，应当将其清单、照片或者其他证明文件随案移送。

人民检察院冻结的犯罪嫌疑人存在金融机构的款项，应当向人民法院随案移送该金融机构出具的证明文件。

扣押的涉案款物，对依法不移送的，应当待人民法院作出生效判决后，按照人民法院的通知上缴国库。

人民检察院应当严格按照人民法院的生效判决、裁定处理扣押、冻结的款物。对于起诉书中未认定的扣押、冻结款物以及起诉书中已经认定、但人民法院判决、裁定中未认定的扣押、冻结款物，参照本规定第三十六条、第四十条的规定处理。

第三十八条 犯罪嫌疑人在审查起诉中死亡，对其被冻结的存款、汇款应当依法予以没收或者返还被害人的，可以申请人民法院裁定通知冻结犯罪嫌疑人存款、汇款的金融机构上缴国库或者返还被害人。需要返还犯罪嫌疑人的，应当解除冻结并返还其合法继承人。

第三十九条 人民检察院作出撤销案件决定书、不起诉决定书或者收到人民法院生效判决、裁定书后，应当在三十日以内对扣押、冻结的款物依法作出处理，并制作扣押、冻结款物的处理报告，详细列明每一项款物的来源、去向并附有关法律文书复印件，报检察长审核后存入案卷。情况特殊的，经检察长决定，可以延长三十日。

第四十条 扣押、冻结的涉案款物，经审查属于被害人的合法财产，不需要在法庭出示的，人民检察院应当及时返还。诉讼程序终结后，经查明属于犯罪嫌疑人、被不起诉人以及被告人的合法财产的，应当及时返还。领取人应当在返还款物清单上签名或者盖章。返还清单、物品照片应当附入卷宗。

第四十一条 对于应当返还被害人的扣押、冻结款物，无人认领的，应当公告通知。公告满一年无人认领的，依法上缴国库。

无人认领的款物在上缴国库后有人认领，经查证属实的，人民检察院应当向人民政府财政部门申请退库或者返还。原物已经拍卖、变卖的，应当退回价款。

第四十二条 对于贪污、挪用公款犯罪案件中扣押、冻结的涉案款物，除法院判决上缴国库的以外，应当归还原单位。原单位已不存在或者虽然存在但对被贪污、挪用的款项已经作为损失核销的，应当上缴国库。

第四十三条 人民检察院处理扣押、冻结的款物，应当制作扣押、冻结款物处理决定书并送达当事人或者其近亲属，由当事人或者其近亲属在处理清单上签名或者盖章。当事人或者其近亲属不签名的，应当在处理清单上注明。处理扣押、冻结的单位款物，应当由单位有关负责人签名并加盖公章，单位负责人不签名的，应当在处理清单上注明。

第四十四条 扣押、冻结的涉案款物应当依法上缴国库或者返还有关单位和个人的，如果有孳息，应当一并上缴或者返还。

第五章 监督检查与责任追究

第四十五条 人民检察院纪检监察部门应当会同本院其他有关部门对本院的扣押、冻结、保管、处理涉案款物工作进行定期检查。每年至少检查一次。

人民检察院扣押、冻结、保管、处理涉案款物的相关法律文书送达或者制作完成后，办案部门应当在五日内将法律文书复印件送本院纪检监察部门。纪检监察部门应当及时进行审查，认为违法的，及时提出纠正意见；必要时报请检察长处理或者向上一级人民检察院纪检监察部门报告。

上级人民检察院纪检监察部门应当对下级人民检察院的扣押、冻结、保管、处理涉案款物工作进行监督，并适时会同有关部门进行检查。

第四十六条 人民检察院负有扣押、冻结、保管、处理涉案款物权限、职责的人员岗位变动时，其所在部门应当会同本院纪检监察、财务装备等部门对扣押、冻结的有关款物进行检查并办理工作交接手续。

第四十七条 人民检察院工作人员在扣押、冻结、保管、处理涉案款物工作中违反本规定的，应当区别情形，按照检察人员纪律处分规定追究责任；构成犯罪的，依法追究刑事责任。

因违反规定导致国家赔偿的，应当依照国家赔偿法的规定向有关责任人员追偿部分或者全部赔偿费用。

第六章 附 则

第四十八条 其他机关随案移送人民检察院的涉案款物的扣押、冻结、保管、处理，依照本规定执行。

第四十九条 对扣押、冻结款物的保管、鉴定、估价、公告等支付的费用，列入人民检察院办案经费，不得向当事人收取。

第五十条 设立案件管理部门的人民检察院，可以根据有关规定确定案件管理部门、纪检监察部门、财务装备部门在扣押、冻结款物的保管、处理、监督工作中的职责与分工。

第五十一条 本规定所称犯罪嫌疑人、被告人、被害人，包括自然人、单位。

第五十二条 本规定所称有关主管机关，是指对犯罪嫌疑人违反法律、法规的行为以及对有关违禁品、危险品具有行政管理、行政处罚、行政处分权限的机关和纪检监察部门。

第五十三条 本规定由最高人民检察院解释。

第五十四条 本规定自发布之日起施行。最高人民检察院2006年3月27日发布的《人民检察院扣押、冻结款物工作规定》同时废止。

第一百九十一条［扣押不便提取的物品］

对于应当扣押但是不便提取的物品，经拍照或者录像后，可以交被扣押物品持有人保管，并且单独开具扣押物品清单一式二份[①]，在清单上注明该物品已经拍照或者录像，物品持有人应当妥善保管，不得转移、变卖、毁损，由检察人员、见证人和持有人签名或者盖章，一份交给物品持有人，另一份连同照片或者录像带附卷备查。

【条文释义】 本条是关于如何扣押不便提取的物品的规定。

本条包含两层意思：（1）对于应当扣押但是不便提取的物品，经拍照或者录像后，可以交被扣押物品持有人保管。“不便提取的物品”，是指大宗或不便移动的笨重物品。“交被扣押物品持有人保管”，即将被扣押的物品仍由原持有人保存管理。（2）对应当扣押但是不便提取的物品应单独开具扣押物品清单，在清单上注明该物品已经拍照或者录像，物品持有人应当妥善保管，不得转移、变卖、毁损，由检察人员、见证人和持有人签名或者盖章，一份交给物品持有人，另一份连同照片或者录像带附卷备查。“单独开具扣押物品清单”，是指对不便提取交被扣押物品持有人保管的扣押物品，应当在提取走的扣押物品清单外单独开列清单。本条规定有利于保全证据，防止有关人员转移、变卖、毁损扣押物品，保障诉讼的顺利进行。

执行本条规定应当注意，检察人员应当告知持有人转移、变卖、毁损被扣押物品所负的法律责任，其中主要是刑事责任。对于有关人员违反规定转移、变卖、毁损被扣押物品的，应依法处理；构成犯罪，依法追究其刑事责任。

---

① 根据最高人民检察院2010年5月9日印发的《人民检察院扣押、冻结涉案款物工作规定》第17条的规定，对于应当扣押但不便提取或者不必提取的不动产、生产设备或者其他财物，应当扣押其权利证书，经拍照或者录像后原地封存，或者交持有人或者其近亲属保管，并开列扣押（原地封存）清单一式四份，注明相关物品的详细地址和相关特征，同时注明已经拍照或者录像以及其权利证书已被扣押，由检察人员、见证人和持有人签名或者盖章。因此，人民检察院在扣押不便提取的物品时，应当执行上述规定。

第一百九十二条［扣押邮件、电报、电子邮件］

扣押犯罪嫌疑人的邮件、电报或者电子邮件，应当经检察长批准，通知邮电机关或者网络服务机构将有关的邮件、电报或者电子邮件检交扣押。

不需要继续扣押的时候，应当立即通知邮电机关或者网络服务机构。

【条文释义】 本条是关于如何扣押邮件、电报、电子邮件的规定。

本条第1款是关于扣押邮件、电报、电子邮件的程序的规定。根据本款规定，扣押犯罪嫌疑人的邮件、电报或者电子邮件，应当经检察长批准，通知邮电机关或者网络服务机构将有关的邮件、电报或者电子邮件检交扣押。这里的"邮件"除包括各种信函外，还包括传真、邮寄包裹、汇款通知等。"犯罪嫌疑人的邮件、电报或者电子邮件"，包括犯罪嫌疑人寄发的，寄给犯罪嫌疑人的，寄给他人转交犯罪嫌疑人的，寄给犯罪嫌疑人转交他人的等。本款规定充分体现了我国公民通信自由和通信秘密受国家保护的原则。我国《宪法》明确规定，除因国家安全或者追查刑事犯罪的需要，由公安机关或者检察机关依照法律规定的程序对通信进行检查外，任何组织或者个人不得以任何理由侵犯公民的通信自由和通信秘密。

本条第2款是关于解除扣押的规定。根据本款规定，对扣押的邮件、电报或者电子邮件不需要继续扣押的时候，应当立即通知邮电机关或者网络服务机构。"不需要继续扣押的时候"，主要是指案件发生变化或者邮件、电报、电子邮件所涉及的犯罪事实已经查清，所扣物品不作为证据使用，扣押的邮件、电报、电子邮件已失去继续扣押意义的时候。

执行本条规定应当注意：（1）只有在侦查中为了追究犯罪嫌疑人的刑事责任的需要，即通过邮件、电报、电子邮件认定犯罪事实或者查明犯罪人，才能扣押犯罪嫌疑人的邮件、电报、电子邮件。扣押的邮件、电报、电子邮件必须与案件有关，与案件无关的不得扣押。（2）在侦查中只能扣押犯罪嫌疑人的邮件、电报、电子邮件，对其他人员，包括证人、犯罪嫌疑人家属等的邮件、电报、电子邮件不得扣押。

【扣押邮件、电报通知书的制作】

（一）制作方法

扣押邮件、电报通知书为四联填充式文书，各联的内容和制作方法如下：

1. 第一联存根。

（1）首部。包括：制作本文书的人民检察院名称；文书名称，即"扣押邮件、电报通知书"；文书编号，即"　检　扣邮〔　〕　号"，空余地方依次填写制作本文书的人民检察院简称、具体办案部门的简称、年度、序号。在文书名称下方标有"（存　根）"字样。

（2）正文。包括：案由，即案件的犯罪性质，可根据案件涉嫌的罪名填写；犯罪嫌疑人基本情况，包括犯罪嫌疑人的姓名、性别、年龄、工作单位、住址、身份证号码、是否人大代表或政协委员，应当根据具体掌握的情况填写；送达单位，即邮电部门或网络服务机构的名称；扣押邮件、电报的种类；批准人，即检察长的签名或者盖章；承办人的签名或者盖章；填发人的签名或者盖章；填发时间。

2. 第二联副本。

（1）首部。包括：制作本文书的人民检察院名称；文书名称，即“扣押邮件、电报通知书”；文书编号，即“ 检 扣邮〔 〕 号”。在文书名称下方标有“（副 本）”字样。

（2）正文。包括：邮电部门或者网络服务机构的名称；扣押邮件、电报的原因；扣押邮件、电报的起始时间；被扣押邮件、电报的犯罪嫌疑人的基本情况，包括犯罪嫌疑人的姓名、工作单位及其住址。

（3）尾部。包括：制作本文书的年、月、日及人民检察院院印。

3. 第三联正本。

（1）首部。包括：制作本文书的人民检察院名称；文书名称，即“扣押邮件、电报通知书”；文书编号，即“ 检 扣邮〔 〕 号”。

（2）正文。具体内容和制作要求与第二联一样。

（3）尾部。包括：制作本文书的年、月、日及人民检察院院印。

4. 第四联回执。

（1）首部。包括：制作本文书的人民检察院名称；文书名称；在文书名称下方标有“（回 执）”字样。

（2）正文。包括：制作本文书的人民检察院名称；本文书的文号；犯罪嫌疑人的姓名。

（3）尾部。包括：填写回执的年、月、日；邮电部门或网络服务机构的公章。

（二）使用说明

在具体使用时，应注意以下问题：人民检察院需要邮电部门或网络服务机构协助扣押犯罪嫌疑人邮件、电报、电子邮件的，必须经检察长批准，制作扣押邮件、电报通知书，并将该法律文书送达需要协助执行扣押任务的邮电部门或网络服务机构。有关邮电部门或网络服务机构接到人民检察院扣押邮件、电报通知书后，应当及时将“扣押邮件、电报通知书（回执）”送交人民检察院，并立即开始执行扣押措施。一经发现犯罪嫌疑人的邮件、电报、电子邮件，立即送交人民检察院。对于扣押在人民检察院的邮件、电报、电子邮件，应当指派人员妥善保管，不得使用、调换、毁损或者自行处理。经查明确实与案件无关的，应当在3

日以内解除扣押，退还原邮电机关。对于不需要继续扣押犯罪嫌疑人的邮件、电报、电子邮件的，应当立即通知邮电机关或网络服务机构。

本文书四联之间的骑缝线上均有本文书文号，应当按照本文书第三联中文号的填写方法予以填写。

本文书共四联，第一联统一保存备查，第二联附卷，第三联送达邮电部门或网络服务机构，第四联邮电部门或网络服务机构填写退回后附卷。

（三）文书格式（见下页）

人民检察院
扣押邮件、电报
通 知 书
（存　根）

检　扣邮〔　　〕　号

案由＿＿＿＿＿＿＿＿

犯罪嫌疑人基本情况（姓名、性别、年龄、工作单位、住址、身份证号码、是否人大代表、政协委员）

＿＿＿＿＿＿＿＿

＿＿＿＿＿＿＿＿

＿＿＿＿＿＿＿＿

＿＿＿＿＿＿＿＿

送达单位＿＿＿＿＿＿

扣押种类＿＿＿＿＿＿

批准人＿＿＿＿＿＿

承办人＿＿＿＿＿＿

填发人＿＿＿＿＿＿

填发时间＿＿＿＿＿＿

第一联统一保存

检　扣邮〔　　〕号

人民检察院
扣押邮件、电报
通 知 书
（副　本）

检　扣邮〔　　〕　号

＿＿＿＿＿＿：

因＿＿＿＿＿＿＿＿，根据《中华人民共和国刑事诉讼法》第一百一十六条的规定，请你单位从＿＿＿＿年＿＿＿月＿＿＿日起，对犯罪嫌疑人＿＿＿＿＿（工作单位＿＿＿＿＿，住址＿＿＿＿＿）的邮件、电报，检交本院扣押。

年　月　日
（院印）

第二联附卷

检　扣邮〔　　〕号

人民检察院
扣押邮件、电报
通 知 书

检　扣邮〔　　〕　号

＿＿＿＿＿＿：

因＿＿＿＿＿＿＿＿，根据《中华人民共和国刑事诉讼法》第一百一十六条的规定，请你单位从＿＿＿＿年＿＿＿月＿＿＿日起，对犯罪嫌疑人＿＿＿＿＿（工作单位＿＿＿＿＿，住址＿＿＿＿＿）的邮件、电报，检交本院扣押。

年　月　日
（院印）

第三联送达邮电部门或网络服务机构

检　扣邮〔　　〕号

人民检察院
扣押邮件、电报
通 知 书
（回　执）

＿＿＿＿＿人民检察院：

你院＿＿＿＿＿号扣押邮件、电报通知书收悉，我（单位）已开始执行扣押措施，犯罪嫌疑人＿＿＿＿＿的邮件、电报一经发现，立即送交你院。

此复。

年　月　日
（公章）

第四联退回后附卷

【解除扣押邮件、电报通知书的制作】

（一）制作方法

解除扣押邮件、电报通知书为三联填充式文书，各联的内容和制作方法如下：

1. 第一联存根。

（1）首部。包括：制作本文书的人民检察院名称；文书名称，即“解除扣押邮件、电报通知书”；文书编号，即“ 检 解扣邮〔 〕 号”，空余地方依次填写制作本文书的人民检察院的简称、具体办案部门的简称、年度、序号。文书名称下方标有“（存 根）”字样。

（2）正文。包括：案由，即案件的犯罪性质，可根据案件涉嫌罪名填写；犯罪嫌疑人基本情况，包括犯罪嫌疑人的姓名、性别、年龄、工作单位、住址、身份证号码、是否人大代表或政协委员，应当根据具体掌握的情况填写；协助扣押单位，即有关邮电部门或网络服务机构名称；解除扣押原因；批准人的签名或者盖章；承办人的签名或者盖章；填发人的签名或者盖章；填发时间。

2. 第二联副本。

（1）首部。包括：制作本文书的人民检察院名称；文书名称，即“解除扣押邮件、电报通知书”；文书编号，即“ 检 解扣邮〔 〕 号”。文书名称下方标有“（副 本）”字样。

（2）正文。包括：有关邮电部门或网络服务机构的名称；扣押邮件、电报通知书的日期和文书编号；被扣押邮件、电报的犯罪嫌疑人的姓名、工作单位及住址。

（3）尾部。包括：制作本文书的年、月、日；加盖制作本文书的人民检察院院印。

3. 第三联正本。

（1）首部。包括：制作本文书的人民检察院名称；文书名称，即“解除扣押邮件、电报通知书”；文书编号，即“ 检 解扣邮〔 〕 号”。

（2）正文。具体内容和制作要求与第二联一样。

（3）尾部。包括：制作本文书的年、月、日；加盖制作本文书的人民检察院院印。

（二）使用说明

在具体使用时，应注意以下问题：通信自由是《宪法》赋予公民的一项重要的权利，及时依法解除扣押措施，可以切实保障犯罪嫌疑人的合法权利。邮电部门或网络服务机构接到本文书后，应当立即解除已经采取的扣押措施，对本文书中列明的犯罪嫌疑人的邮件、电报，不能再继续采取扣押措施。本文书只是解除扣押措施，不涉及已扣押邮件、电报的处理问题。邮电部门或网络服务机构按照人民检察院扣押邮件、电报通知书的要求，已将与犯罪嫌疑人有关的邮件、电报检交人民检察院扣押的，对于这些邮件、电报的处理，由人民检察院根据邮件、电报是否与案件有关，分别不同情况作出处理。如果已扣押的邮件、电报与案件有关，需要作为证据使用的，人民检察院应当在扣押物品、文件清单上注明。如果人民检察院经审查认为已扣押的邮件、电报与案件无关的，应当按照《刑事诉讼法》第118条的规定制作退还扣押物品、文件清单，退还邮电机关，而不能制作本文书。

本文书三联之间的骑缝线上均有本文书文号，应当按照本文书第三联中文号的填写方法予以填写。

本文书共三联，第一联统一保存备查，第二联附卷，第三联送达邮电部门或网络服务机构。

（三）文书格式（见下页）

人民检察院

解除扣押邮件、电报通知书

（存 根）

检 解扣邮〔 〕 号

案由________

犯罪嫌疑人基本情况（姓名、性别、年龄、工作单位、住址、身份证号码、是否人大代表、政协委员）________

____

____

____

____

协助扣押单位________

解除扣押原因________

批准人________

承办人________

填发人________

填发时间________

第一联统一保存

检 解扣邮〔 〕 号

人民检察院

解除扣押邮件、电报通知书

（副 本）

检 解扣邮〔 〕 号

________：

本院____年____月____日____号扣押邮件、电报通知书通知你单位扣押________（工作单位________，住址________）的邮件、电报，现已不需要继续扣押，根据《中华人民共和国刑事诉讼法》第一百一十六条和第一百一十八条的规定，请协助解除扣押措施。

年 月 日

（院印）

第二联附卷

检 解扣邮〔 〕 号

人民检察院

解除扣押邮件、电报通知书

检 解扣邮〔 〕 号

________：

本院____年____月____日____号扣押邮件、电报通知书通知你单位扣押________（工作单位________，住址________）的邮件、电报，现已不需要继续扣押，根据《中华人民共和国刑事诉讼法》第一百一十六条和第一百一十八条的规定，请协助解除扣押措施。

年 月 日

（院印）

第三联送达邮电部门或网络服务机构

第一百九十三条［对扣押物的保管与解除扣押］

对于扣押在人民检察院的物品、文件、邮件、电报，应当指派人员妥善保管，不得使用、调换、损毁或者自行处理。经查明确实与案件无关的，应当在三日以内解除扣押，退还原主或者原邮电机关。

【条文释义】 本条是关于人民检察院对扣押物品、文件、邮件、电报的保管与解除扣押的规定。

本条包括两层含义：（1）对于扣押在人民检察院的物品、文件、邮件、电报，应当指派人员妥善保管，不得使用、调换、毁损或者自行处理。这一规定既是为了保持被扣物品、文件、邮件、电报的原样，保持其证明力，也是为了保护被扣押人的合法权益。（2）对于扣押在人民检察院的物品、文件、邮件、电报经查明确实与案件无关的，应当在3日以内解除扣押，退还原主或者原邮电机关。“在三日以内解除扣押”，是指在查明确实与案件无关后的3日以内解除扣押。解除扣押，应当制作退还扣押物品、邮件清单或者解除扣押决定书，送达原主或原邮电机关。

执行本条规定应当注意：（1）扣押物品、文件、邮件、电报后，必须及时调查核实，查清被扣物与案件及犯罪嫌疑人的关系，不能扣而不查。（2）经查明确实与案件无关的扣押物应及时退回，不得以任何借口留置或拖延退还时间。

【解除扣押决定书的制作】

（一）制作方法

解除扣押决定书为三联填充式文书，各联的内容和制作方法如下：

1. 第一联存根。

（1）首部。包括：制作本文书的人民检察院名称；文书名称，即“解除扣押决定书”；文书编号，即“ 检 解扣〔 〕 号”，空余地方依次填写制作本文书的人民检察院的简称、具体办案部门简称、年度和序号。在文书名称下方标有“（存 根）”字样。

（2）正文。包括：案由，即案件属于何种犯罪性质，可根据案件涉嫌罪名填写；被扣押物品、文件持有人的基本情况，包括姓名、性别、年龄、工作单位、住址；被扣押人的姓名；解除扣押的物品、文件的名称、数量；解除扣押的原因；批准人的签名或者盖章；承办人的签名或者盖章；填发人的签名或者盖章；填发时间。

2. 第二联副本。

（1）首部。包括：制作本文书的人民检察院的名称；文书名称，即“解除扣押决定书”；文书编号，即“ 检 解扣〔 〕 号”。在文书名称下方标有“（副 本）”字样。

（2）正文。包括：被扣押物品、文件持有人的姓名；制作扣押物品、文件清单的日期和文书编号；决定解除扣押的具体物品。

（3）尾部。包括：制作本文书的时间，具体到年、月、日；加盖制作本文书的人民检察院院印；被害人（原持有人）签名或者盖章。

3. 第三联正本。

（1）首部。包括：制作本文书的人民检察院的名称；文书名称，即“解除扣押决定书”；文书编号，即“　检　解扣〔　〕　号”。

（2）正文。具体包括的内容和制作要求与第二联一样。

（3）尾部。包括：制作本文书的时间，即年、月、日；加盖制作本文书的人民检察院院印。

（二）使用说明

在具体使用时，应注意以下问题：被解除扣押的物品、文件，必须是经过人民检察院核实，确实与案件无关的物品、文件，并在3日内作出解除扣押物品、文件的决定。被解除扣押的物品、文件应当是原扣押物品、文件清单中所列明的被扣押物品、文件。人民检察院的办案人员在制作、填写解除扣押决定书时，应当将被解除扣押的物品、文件与原扣押物品、文件清单中列明的被扣押物品、文件逐一核对。在确认无误后，退还原被扣押物品、文件持有人或者其家属。被害人（原被扣押物品、文件持有人）拒绝在解除扣押决定书（副本）上签名或者盖章的，送达人员应在文书中注明。

本文书三联之间的骑缝线上均有本文书文号，应当按照本文书第三联中文号的填写方法予以填写。

本文书共三联，第一联统一保存备查，第二联附卷，第三联送达被扣押物品、文件持有人或其家属。

（三）文书格式（见下页）

人民检察院
解除扣押决定书
（存　根）

检　解扣〔　　〕　号

案由________________
被扣押物品、文件持有人________________
性别________年 龄________
工作单位________________
住　址________________
被扣押人________________
解除扣押的物品、文件________________
解除原因________________
批准人________________
承办人________________
填发人________________
填发时间________________

第一联统一保存

检 解扣〔 〕 号

人民检察院
解除扣押决定书
（副　本）

检　解扣〔　　〕　号

__________：

根据《中华人民共和国刑事诉讼法》第一百一十八条的规定，我院对______年______月______日______号扣押物品、文件清单载明的第__________项物品，经查明与案件无关，决定解除扣押。

特此通知。

年　　月　　日
（院印）

被害人（原持有人）：（签名或盖章）

第二联附卷

检 解扣〔 〕 号

人民检察院
解除扣押决定书

检　解扣〔　　〕　号

__________：

根据《中华人民共和国刑事诉讼法》第一百一十八条的规定，我院对______年______月______日______号扣押物品、文件清单载明的第__________项物品，经查明与案件无关，决定解除扣押。

特此通知。

年　　月　　日
（院印）

第三联送达被扣押物品、文件持有人或其家属

第六节 查询、冻结存款、汇款

第一百九十四条［查询、冻结存款、汇款］

人民检察院根据侦查犯罪的需要，可以依照规定查询、冻结犯罪嫌疑人的存款、汇款。

【条文释义】 本条是关于人民检察院查询、冻结犯罪嫌疑人的存款、汇款的规定。

查询、冻结存款、汇款，是指司法机关根据侦查犯罪的需要，向金融机构、邮电机构依法查询、冻结犯罪嫌疑人的存款、汇款的侦查措施。查询、冻结存款、汇款，是人民检察院在查处贪污贿赂犯罪中经常使用的一种侦查措施。在贪污贿赂犯罪案件中，行为人常常以真名、化名或他人名字将赃款存入金融机构，或者邮汇转移。通过查询、冻结犯罪嫌疑人的存款、汇款，可以查获赃款，取得罪证，使犯罪分子不能在经济上占便宜，挽回国家、集体或公民损失。根据本条规定，人民检察院根据侦查犯罪的需要，可以依照规定查询、冻结犯罪嫌疑人的存款、汇款。"侦查犯罪的需要"包括3层含义：（1）所要查询、冻结的存款、汇款必须与犯罪嫌疑人及犯罪有关，即属于犯罪嫌疑人或者与其涉嫌的犯罪有牵连的人的存款、汇款。汇款包括犯罪嫌疑人汇出的和汇给犯罪嫌疑人的。（2）通过查询、冻结存款、汇款，防止赃款转移，挽回和减少损失。（3）发现新的犯罪线索，扩大侦查战果。"依照规定"，是指依照有关法律、司法解释及司法机关与有关部门的联合通知的规定，查询、冻结存款、汇款。

【查询犯罪嫌疑人存款、汇款通知书的制作】

（一）制作方法

本文书为四联填充式文书，各联的内容和制作方法如下：

1. 第一联存根。

（1）首部。包括：制作本文书的人民检察院名称；文书名称，即"查询犯罪嫌疑人存款、汇款通知书"；文书的编号，即"　检　查询〔　〕　号"，空余地方依次填写人民检察院简称、具体办案部门的简称、年度和序号。在文书名称下方标有"（存　根）"字样。

（2）正文。包括：案由，可根据犯罪嫌疑人涉嫌的罪名填写，如"贪污罪"、"受贿罪"、"挪用公款罪"等；犯罪嫌疑人基本情况，包括姓名、性别、年龄、工作单位、住址、身份证号码、是否人大代表或政协委员，应当根据实际掌握的情况填写；送达单位，填写送达的银行等金融机构或者邮电部门的名称；查询原因，填写查询的具体原因；批准人，由批准人签名；承办人，由承办人签名；填发人，由填发人签名；填发时间，填写填发的具体年、月、日。

2. 第二联副本。

（1）首部。包括：制作本文书的人民检察院名称；文书名称，即"查询犯罪嫌疑人存款、汇款通知书”；文书编号，即“ 检 查询〔 〕 号”。在文书名称下方标有“（副 本）”字样。

（2）正文。包括：需要送达本文书的银行等金融机构或者邮电部门名称；查询存款、汇款的原因；被查询人的姓名；存款或者汇款，可以根据具体案件情况予以选择；派往查询人员的姓名。

（3）尾部。包括：制作本文书的年、月、日；加盖人民检察院院印；附：查询存款（汇款）的线索。

3. 第三联正本。

（1）首部。包括：制作本文书的人民检察院名称；文书名称，即“查询犯罪嫌疑人存款、汇款通知书”；文书编号，即“ 检 查询〔 〕 号”。

（2）正文。具体内容和制作要求与第二联一样。

（3）尾部。包括：制作本文书的时间，具体到年、月、日；加盖制作本文书的人民检察院院印；附：查询存款（汇款）的线索。

4. 第四联回执。

（1）首部。包括：制作本文书的人民检察院名称；文书名称，即“查询犯罪嫌疑人存款、汇款通知书”。文书名称下方标有“（回 执）”字样。

（2）正文。包括：进行查询的人民检察院名称；查询犯罪嫌疑人存款、汇款通知书的文号；被查询的犯罪嫌疑人姓名和存款、汇款的情况，包括存款、汇款的时间、数量、种类、汇款人的姓名、汇款人地址等。

（3）尾部。包括：制作本文书的年、月、日；收到本文书的银行等金融机构或者邮电部门的公章。

（二）使用说明

在具体使用时，应注意以下问题：《刑事诉讼法》第140条第1、2款规定：“人民检察院审查案件，可以要求公安机关提供法庭审判所必需的证据材料。人民检察院审查案件，对于需要补充侦查的，可以退回公安机关补充侦查，也可以自行侦查。”本文书正本（第三联）尾部注有“附：查询存款（汇款）的线索”字样，人民检察院将正本送达银行等金融机构或者邮电部门时，如果已有犯罪嫌疑人存款、汇款的线索，应当将该线索同时送交该银行等金融机构或者邮电部门，以便于银行等金融机构或者邮电部门协助查询。本文书回执联（第四联），其内容均应由收到本文书的银行等金融机构或者邮电部门填写，并在尾部填好填写的具体时间，并加盖银行等金融机构或者邮电部门的公章后退回人民检察院。

本文书四联之间的骑缝线上均有本文书文号，应当按照本文书第三联中文号的填写方法填写。

本文书共四联，第一联统一保存，第二联附卷，第三联送达金融机构或邮电部门，第四联退回后附卷。

（三）文书格式（见下页）

人民检察院
查询犯罪嫌疑人存款、汇款通知书
（存 根）

检 查询〔 〕 号

案由______
犯罪嫌疑人基本情况（姓名、性别、年龄、工作单位、住址、身份证号码、是否人大代表、政协委员）______
______
______
______
送达单位______
查询原因______
批准人______
承办人______
填发人______
填发时间______

第一联统一保存

检 查询〔 〕 号

人民检察院
查询犯罪嫌疑人存款、汇款通知书
（副 本）

检 查询〔 〕 号

______：

因______，根据《中华人民共和国刑事诉讼法》第一百一十七条的规定，需向你单位查询______的存款（汇款），特派本院工作人员______前往你处查询，请予协助。

年 月 日
（院印）

附：查询存款（汇款）的线索

第二联附卷

检 查询〔 〕 号

人民检察院
查询犯罪嫌疑人存款、汇款通知书

检 查询〔 〕 号

______：

因______，根据《中华人民共和国刑事诉讼法》第一百一十七条的规定，需向你单位查询______的存款（汇款），特派本院工作人员______前往你处查询，请予协助。

年 月 日
（院印）

附：查询存款（汇款）的线索

第三联送达金融机构或邮电部门

检 查询〔 〕 号

人民检察院
查询犯罪嫌疑人存款、汇款通知书
（回 执）

______人民检察院：

你院______号查询犯罪嫌疑人存款、汇款通知书收悉。现将______在我单位存款（汇款）的情况提供如下：______
______
______。

年 月 日
（公章）

第四联退回后附卷

【冻结犯罪嫌疑人存款、汇款通知书的制作】

（一）制作方法

本文书为四联填充式文书，各联内容和制作方法如下：

1. 第一联存根。

（1）首部。包括：制作本文书的人民检察院名称；文书名称，即“冻结犯罪嫌疑人存款、汇款通知书”；文书编号，即“ 检 冻〔 〕 号”，空余地方依次填写制作本文书的人民检察院简称、具体办案部门简称、年度和序号。在文书名称下有“（存 根）”字样。

（2）正文。包括：案由，可根据犯罪嫌疑人涉嫌的罪名填写“贪污罪”、“受贿罪”、“挪用公款罪”等；犯罪嫌疑人基本情况，包括姓名、性别、年龄、工作单位、住址、身份证号码、是否人大代表或政协委员，应当根据具体掌握的案件情况填写；送达单位，填写送达的银行等金融机构或者邮电部门的名称；冻结原因，填写冻结的具体原因；批准人，由批准人签名；承办人，由承办人签名；填发人，由填发人签名；填发时间，填写填发的具体年、月、日。

2. 第二联副本。

（1）首部。包括：制作本文书的人民检察院名称；文书名称，即“冻结犯罪嫌疑人存款、汇款通知书”；文书编号，即“ 检 冻〔 〕 号”。在文书名称下标有“（副 本）”字样。

（2）正文。包括：需要送达文书的银行等金融机构或者邮电部门名称；冻结存款、汇款的原因；存款或者汇款，可以根据具体案件情况予以选择；被冻结存款、汇款的犯罪嫌疑人的姓名。

（3）尾部。包括：制作本文书的年、月、日；加盖制作本文书的人民检察院院印。

3. 第三联正本。

（1）首部。包括：制作本文书的人民检察院名称；文书名称，即“冻结犯罪嫌疑人存款、汇款通知书”；文书编号，即“ 检 冻〔 〕 号”。

（2）正文。具体内容和制作要求与第二联一样。

（3）尾部。包括：制作本文书的年、月、日；加盖制作本文书的人民检察院院印。

4. 第四联回执。

（1）首部。包括：制作本文书的人民检察院名称；文书名称，即“冻结犯罪嫌疑人存款、汇款通知书”；文书名称下标有“（回 执）”字样。

（2）正文。包括：要求冻结犯罪嫌疑人存款、汇款的人民检察院名称；冻结犯罪嫌疑人存款、汇款通知书的文号；被冻结存款、汇款的犯罪嫌疑人的姓名；被冻结的存款、汇款的数额。

(3) 尾部。包括：制作本文书的年、月、日；收到本文书的银行等金融机构或者邮电部门的公章。

（二）使用说明

在具体使用时，应注意以下问题：《刑事诉讼法》第 140 条第 1、2 款规定："人民检察院审查案件，可以要求公安机关提供法庭审判所必需的证据材料。人民检察院审查案件，对于需要补充侦查的，可以退回公安机关补充侦查，也可以自行侦查。"冻结犯罪嫌疑人存款、汇款必须是侦查犯罪确有需要，对明知与案件无关的存款、汇款不得冻结。犯罪嫌疑人的存款、汇款已经被冻结的，人民检察院不得重复冻结。本文书应当以犯罪嫌疑人为单位制作。回执联（第四联），其内容均应由收到本文书的银行等金融机构或者邮电部门填写，并在尾部填好填写的具体时间，并加盖银行等金融机构或者邮电部门的公章后退回人民检察院。

本文书四联之间的骑缝线上均有本文书文号，应当按照本文书第三联中文号的填写方法填写。

本文书共四联，第一联统一保存，第二联附卷，第三联送达银行等金融机构或邮电部门，第四联退回后附卷。

（三）文书格式（见下页）

人民检察院
冻结犯罪嫌疑人存款、汇款通知书
（存　根）

检　冻〔　　〕　号

案由＿＿＿＿＿＿＿＿

犯罪嫌疑人基本情况（姓名、性别、年龄、工作单位、住址、身份证号码、是否人大代表、政协委员）

＿＿＿＿＿＿＿＿

＿＿＿＿＿＿＿＿

＿＿＿＿＿＿＿＿

＿＿＿＿＿＿＿＿

送达单位＿＿＿＿＿＿＿＿

冻结原因＿＿＿＿＿＿＿＿

批准人＿＿＿＿＿＿＿＿

承办人＿＿＿＿＿＿＿＿

填发人＿＿＿＿＿＿＿＿

填发时间＿＿＿＿＿＿＿＿

第一联统一保存

检　冻〔　　〕　号

人民检察院
冻结犯罪嫌疑人存款、汇款通知书
（副　本）

检　冻〔　　〕　号

＿＿＿＿＿＿：

因＿＿＿＿＿＿＿＿，根据《中华人民共和国刑事诉讼法》第一百一十七条的规定，对＿＿＿＿＿在你单位的存款（汇款），请予冻结。

年　月　日

（院印）

第二联附卷

检　冻〔　　〕　号

人民检察院
冻结犯罪嫌疑人存款、汇款通知书

检　冻〔　　〕　号

＿＿＿＿＿＿：

因＿＿＿＿＿＿＿＿，根据《中华人民共和国刑事诉讼法》第一百一十七条的规定，对＿＿＿＿＿在你单位的存款（汇款），请予冻结。

年　月　日

（院印）

第三联送达金融机构或邮电部门

检　冻〔　　〕　号

人民检察院
冻结犯罪嫌疑人存款、汇款通知书
（回　执）

＿＿＿＿＿＿人民检察院：

你院＿＿＿＿＿＿号冻结犯罪嫌疑人存款、汇款通知书已收悉。对＿＿＿＿＿＿在我单位的存款（汇款）＿＿＿＿＿＿元，已冻结。

此复。

年　月　日

（公章）

第四联退回后附卷

第一百九十五条 [查询、冻结存款、汇款的程序]

向银行或者其他金融机构、邮电机关查询或者要求冻结犯罪嫌疑人的存款、汇款，应当经检察长批准，通知银行或者其他金融机构、邮电机关执行。

【条文释义】 本条是关于查询、冻结存款、汇款的程序的规定。

根据本条规定，向银行或者其他金融机构、邮电机关查询或者要求冻结犯罪嫌疑人的存款、汇款，应当经检察长批准，通知银行或者其他金融机构、邮电机关执行。查询、冻结犯罪嫌疑人的存款、汇款是人民检察院为侦查犯罪的需要而依法享有的一项权力。但向银行或者其他金融机构、邮电机关查询或者要求冻结犯罪嫌疑人的存款、汇款应当经检察长批准，以防止滥用这一权力，保证正确地行使这一权力。人民检察院在查询、冻结存款、汇款时，应尽量提供犯罪嫌疑人存款、汇款的线索，并且制作查询犯罪嫌疑人存款、汇款通知书或冻结犯罪嫌疑人存款、汇款通知书，送达银行或者其他金融机构、邮电机关执行。

第一百九十六条 [不得重复冻结存款、汇款]

犯罪嫌疑人的存款、汇款已经被冻结的，人民检察院不得重复冻结，但是应当要求有关银行或者其他金融机构、邮电机关在解除冻结或者作出处理前通知人民检察院。

【条文释义】 本条是关于人民检察院不得重复冻结存款、汇款的规定。

本条包括两层含义：（1）犯罪嫌疑人的存款、汇款已经被冻结的，人民检察院不得重复冻结。实践中经常出现犯罪嫌疑人多次作案，多地作案，由不同地区的人民检察院或不同部门立案查处的情况。犯罪嫌疑人的存款、汇款已经被其他人民检察院或司法部门冻结的，人民检察院不得重复再行冻结，以保障法律的严肃性。这里的“已经被冻结”包括犯罪嫌疑人的存款、汇款因为民事、行政或者经济案件已被冻结的情况。（2）犯罪嫌疑人的存款、汇款已经被冻结的，人民检察院应当要求有关银行或者其他金融机关、邮电机关在解除冻结或者作出处理前通知人民检察院。这样可以确保冻结存款、汇款的法律效果，防止出现漏洞，保障追究犯罪的顺利进行。

第一百九十七条 [解除冻结存款、汇款]

对于冻结的存款、汇款，经查明确实与案件无关的，应当在三日以内解除冻结。

【条文释义】 本条是关于解除冻结存款、汇款的规定。

根据本条规定，对于冻结的存款、汇款，经查明确实与案件无关的，应当在3日以内解除冻结。“经查明确实与案件无关”，是指经过调查核实，证明冻结的款项并非违法所得，不具有证明犯罪嫌疑人是否犯罪及罪轻、罪重的作用，不能作为证据使用，或者与犯罪行为无任何牵连。“三日以内解除冻结”，是指在查清冻结的存款、汇款与案件无关后的3日以内，不是指冻结存款、汇款后的3日以内。本条规定体现了对公民合法财产权利的保护，实践中应当严格执行。对有关的存款、汇款冻结后，应及时调查核实，对确实与案件无关的，应及时解除冻结，不得无故拖延。

【解除冻结犯罪嫌疑人存款、汇款通知书的制作】

（一）制作方法

解除冻结犯罪嫌疑人存款、汇款通知书为四联填充式文书，各联的内容和制作方法如下：

1. 第一联存根。

（1）首部。包括：制作本文书的人民检察院名称；文书名称，即“解除冻结犯罪嫌疑人存款、汇款通知书”；文书编号，即“检　解人冻〔　〕　号”，空余地方依次填写制作本文书的人民检察院简称、具体办案部门简称、年度和序号；文书名称下标有“（存　根）”字样。

（2）正文。包括：案由，填写案件性质；犯罪嫌疑人基本情况，包括姓名、性别、年龄、工作单位、住址、身份证号码、是否人大代表或政协委员等情况；送达单位，即冻结犯罪嫌疑人存款、汇款的有关金融机构、邮电部门；解除冻结事项，即解除冻结的存款、汇款情况；解除冻结原因，填写根据《刑事诉讼法》第118条和《人民检察院刑事诉讼规则》第197条规定解除冻结的具体原因；批准人姓名；承办人姓名；填发人姓名；填发时间。

2. 第二联副本。

（1）首部。包括：制作本文书的人民检察院名称；文书名称，即“解除冻结犯罪嫌疑人存款、汇款通知书”；文书编号，即“　检　解人冻〔　〕　号”；文书名称下标有“（副　本）”字样。

（2）正文。包括：通知解除冻结犯罪嫌疑人存款、汇款的金融机构或邮电部门名称；冻结犯罪嫌疑人存款、汇款通知书送达的时间；冻结犯罪嫌疑人存款、汇款通知书的文号；被冻结存款、汇款的犯罪嫌疑人的姓名或名称；存款或者汇款，可以根据具体案件情况予以选择。

（3）尾部。包括：制作本文书的年、月、日；加盖制作本文书的人民检察院院印。

3. 第三联正本。

（1）首部。包括：制作本文书的人民检察院名称；文书名称，即“解除冻结犯罪嫌疑人存款、汇款通知书”；文书编号，即“　检　解人冻〔　〕　号”。

（2）正文。具体内容和制作要求与第二联正文一样。

（3）尾部。包括：制作本文书的年、月、日；加盖制作本文书人民检察院院印。

4. 第四联回执。

（1）首部。包括：制作本文书的人民检察院名称；文书名称，即“解除冻结犯罪嫌疑人存款、汇款通知书”；文书名称下标有“（回 执）”字样。

（2）正文。包括：通知金融机构或邮电部门解除冻结犯罪嫌疑人存款、汇款的人民检察院名称；解除冻结犯罪嫌疑人存款、汇款通知书的文号；被冻结存款、汇款的犯罪嫌疑人姓名或名称；被冻结的存款、汇款数额。

（3）尾部。包括：执行解除冻结的金融机构或邮电部门填写本文书的年、月、日，并加盖公章。

（二）使用说明

在具体使用时，应注意以下问题：本文书以犯罪嫌疑人为单位制作，即犯罪嫌疑人为一个的，制作一份文书；犯罪嫌疑人为多个的，制作多份文书。人民检察院冻结犯罪嫌疑人的存款、汇款后，应及时进行审查，若查明犯罪嫌疑人的存款、汇款确实与案件无关的，应当在3日内解除冻结，不得以任何理由拖延解冻时间。文书中的存款或者汇款，应当根据具体案件情况予以选择。回执联（第四联）应由执行解除冻结的金融机构或邮电部门填写，并加盖公章后退回发出通知书的人民检察院存卷。

本文书四联之间的骑缝线上均有本文书文号，应当按照本文书第三联中文号的填写方法予以填写。

本文书共四联，第一联为存根联，统一保存；第二联为副本联，附卷使用；第三联为正本联，送达金融机构或邮电部门使用；第四联为回执联，金融机构或邮电部门退回后附卷。

（三）文书格式（见下页）

人民检察院

解除冻结犯罪嫌疑人存款、汇款通知书

（存　根）

检　解人冻〔　　〕　号

案由＿＿＿＿＿＿＿＿

犯罪嫌疑人基本情况（姓名、性别、年龄、工作单位、住址、身份证号码、是否人大代表、政协委员）＿＿＿＿＿＿＿＿

送达单位＿＿＿＿＿＿

解除冻结事项＿＿＿＿＿＿

解除冻结原因＿＿＿＿＿＿

批准人＿＿＿＿＿＿

承办人＿＿＿＿＿＿

填发人＿＿＿＿＿＿

填发时间＿＿＿＿＿＿

第一联统一保存

检　解人冻〔　　〕　号

人民检察院

解除冻结犯罪嫌疑人存款、汇款通知书

（副　本）

检　解人冻〔　　〕　号

＿＿＿＿＿＿：

我院＿＿＿＿＿＿年＿＿月＿＿日＿＿＿＿＿＿号冻结犯罪嫌疑人存款、汇款通知书通知你单位冻结＿＿＿＿＿＿的存款（汇款），根据《中华人民共和国刑事诉讼法》第一百一十八条的规定，现决定解除冻结。

年　月　日

（院印）

第二联附卷

检　解人冻〔　　〕　号

人民检察院

解除冻结犯罪嫌疑人存款、汇款通知书

检　解人冻〔　　〕　号

＿＿＿＿＿＿：

我院＿＿＿＿＿＿年＿＿月＿＿日＿＿＿＿＿＿号冻结犯罪嫌疑人存款、汇款通知书通知你单位冻结＿＿＿＿＿＿的存款（汇款），根据《中华人民共和国刑事诉讼法》第一百一十八条的规定，现决定解除冻结。

年　月　日

（院印）

第三联送达金融机构或邮电部门

检　解人冻〔　　〕　号

人民检察院

解除冻结犯罪嫌疑人存款、汇款通知书

（回　执）

＿＿＿＿＿＿人民检察院：

你院＿＿＿＿＿＿号解除冻结犯罪嫌疑人存款、汇款通知书收悉。对＿＿＿＿＿＿在我单位的存款（汇款）＿＿＿＿＿＿元，已解除冻结。

此复。

年　月　日

（公章）

第四联退回后附卷

【解除冻结存款通知书的制作】

（一）制作方法

解除冻结存款通知书是四联填充式文书，各联的内容和制作方法如下：

1. 第一联存根。

（1）首部。包括：制作本文书的人民检察院的名称；文书名称，即“解除冻结存款通知书”；文书编号，即“ 检 解冻〔 〕 号”，空余处依次填写制作本文书的人民检察院的简称、具体办案部门的简称、年度和序号。文书名称下面标有“（存 根）”字样。

（2）正文。包括：发往银行的名称；事由，即原来检察院发出的协助冻结存款通知书的情况，与正本一致；要求事项，即“现请解除冻结，可以支付”；批准人、承办人、填发人的姓名；制作本文书的检察院的名称；制作本文书的具体年、月、日。

2. 第二联副本。

（1）首部。包括：制作本文书的人民检察院的名称；文书名称，即“解除冻结存款通知书”；文书编号，即“ 检 解冻〔 〕 号”，空余处依次填写制作本文书的人民检察院的简称、具体办案部门的简称、年度和序号。文书名称下面有“（副 本）”字样。

（2）正文。包括：送达银行的名称；文书来源，即原来检察院发出的协助冻结存款通知书的情况，包括具体年、月、日及文号，被冻结存款单位名称、账号和具体存款数额。

（3）尾部。包括：制作本文书的人民检察院的名称；制作本文书的具体年、月、日和院印。

3. 第三联正本。

（1）首部。包括：制作本文书的人民检察院的名称；文书名称，即“解除冻结存款通知书”；文书编号，即“ 检 解冻〔 〕 号”。

（2）正文。具体内容和制作要求与第二联正文一样。

（3）尾部。包括：制作本文书的人民检察院的名称；制作本文书的具体年、月、日和院印。

4. 第四联回执。

（1）首部。包括：制作本文书的人民检察院的名称；文书名称，即“解除冻结存款通知书”。文书名称下面标有“（回 执）”字样。

（2）正文。包括：作出解冻决定的人民检察院的名称；解除冻结存款通知书的文号；执行情况，填写清楚被解冻单位的名称、账号及存款额。

（3）尾部。包括：填写本文书的银行名称；填写本文书的具体年、月、日和公章。

（二）使用说明

在具体使用时，应注意以下问题：本文书应与协助冻结存款通知书相对应使用，被冻结单位名称、户名、金额应当一致。在办理案件过程中，各级人民检察院应当认真执行《刑事诉讼法》和《人民检察院刑事诉讼规则》的规定，对于已经冻结的涉案单位的存款，如果发现与案件无关，就要及时解除冻结，并向执行冻结的银行发出通知书，以保护有关企业事业单位、机关、团体的合法利益。

本文书四联之间的骑缝线上均有本文书文号，应当按照本文书第三联中文号的填写方法予以填写。

本文书共四联，第一联统一保存备查，第二联附卷，第三联送达银行，第四联由送达单位填写，加盖公章退回后附卷。

（三）文书格式（见下页）

人民检察院
解除冻结存款
通知书
（存 根）

检 解冻〔 〕 号

发往银行________________
事由：________年______月______日______号协助冻结存款通知书冻结______单位在你行（处）______账户的存款__________元，现请解除冻结，可以支付。
批准人________________
承办人________________
填发人________________
________________院

年 月 日

第一联统一保存

检 解冻〔 〕 号

人民检察院
解除冻结存款
通知书
（副 本）

检 解冻〔 〕 号

__________银行__________：
__________年______月______日__________号协助冻结存款通知书冻结______________单位在你行（处）__________账户的存款__________元，现请解除冻结，可以支付。

________________院

年 月 日
（院印）

第二联附卷

检 解冻〔 〕 号

人民检察院
解除冻结存款
通知书

检 解冻〔 〕 号

__________银行__________：
__________年______月______日__________号协助冻结存款通知书冻结______________单位在你行（处）__________账户的存款__________元，现请解除冻结，可以支付。

________________院

年 月 日
（院印）

第三联送达银行

检 解冻〔 〕 号

人民检察院
解除冻结存款
通知书
（回 执）

__________院：
你院______________号解除冻结存款通知书收悉。关于______________单位在我行（处）的__________账户存款__________元，已解除冻结。
此复。

________银行________

年 月 日
（公章）

第四联退回后附卷

第一百九十八条［查询、冻结单位存款、汇款］

查询、冻结与案件有关的单位的存款、汇款的办法适用本规则第一百九十四条至第一百九十七条的规定。

【条文释义】 本条是关于查询、冻结单位存款、汇款的规定。

有关单位在刑事诉讼中被发现其存款、汇款与犯罪行为有关的，有时需要查询其存款、汇款。而且，人民检察院管辖的主要是职务犯罪案件，因侦查的需要，经常需要查询、冻结犯罪嫌疑人所在单位的存款、汇款。根据本条规定，人民检察院根据侦查犯罪的需要，可以依照规定查询、冻结有关单位的存款、汇款；向银行或者其他金融机构、邮电机关查询或者要求冻结犯罪嫌疑人的存款、汇款，应当经检察长批准，通知银行或者其他金融机构、邮电机关执行；有关单位的存款、汇款已经被冻结的部分，人民检察院不得重复冻结，但是应当要求银行或者其他金融机构、邮电机关在解除冻结或者作出处理前通知人民检察院。对于冻结的单位的存款、汇款，经查明确实与案件无关的，应当在3日以内解除冻结。

【协助查询存款通知书的制作】

（一）制作方法

本文书为四联填充式文书，各联的内容和制作方法如下：

1. 第一联存根。

（1）首部。包括：制作本文书的人民检察院名称；文书名称，即“协助查询存款通知书”；文书编号，即“ 检 协查〔 〕 号”，空余地方依次填写人民检察院简称、具体办案部门简称、年度和序号。在文书名称下标有“（存根）”字样。

（2）正文。包括：发往银行的名称；事由，即协助查询存款的原因，内容与正本填写的原因相同；被查询单位名称；查询人姓名，即被派往查询的人员；批准人姓名，由批准人签名；填发人姓名，由填发人签名；人民检察院名称及填发的具体年、月、日。

2. 第二联副本。

（1）首部。包括：制作本文书的人民检察院名称；文书名称，即“协助查询存款通知书”；文书编号，即“ 检 协查〔 〕 号”，空余地方依次填写人民检察院简称、具体办案部门简称、年度和序号。在文书名称下标有“（副本）”字样。

（2）正文。包括：需要送达本文书的银行名称；查询存款的原因；需要查询存款的单位名称；派往查询人员的姓名。

（3）尾部。包括：附注，即可提供当事人银行存款线索，包括存款单位名称、账号及其他有关情况；制作本文书的年、月、日；加盖制作本文书的人民检察院院印。

3. 第三联正本。

（1）首部。包括：制作本文书的人民检察院名称；文书名称，即“协助查询存款通知书”；文书编号，即“　检　协查〔　〕　号”。

（2）正文。具体内容和制作要求与第二联一样。

（3）尾部。具体内容和制作要求与第二联一样。

4. 第四联回执。

（1）首部。包括：制作本文书的人民检察院名称；文书名称，即“协助查询存款通知书”。在文书名称下标有“（回　执）”字样。

（2）正文。包括：发出协助查询存款通知书的人民检察院名称；协助查询存款通知书的文号；被查询单位名称；被查询的存款情况，包括存款的时间、数量、种类等。

（3）尾部。包括：填写本文书的年、月、日及收到本文书的银行名称及公章。

（二）使用说明

在具体使用时，应注意以下问题：《刑事诉讼法》第140条第1、2款规定：“人民检察院审查案件，可以要求公安机关提供法庭审判所必需的证据材料。人民检察院审查案件，对于需要补充侦查的，可以退回公安机关补充侦查，也可以自行侦查。”本文书适用于人民检察院办理案件过程中查询有关企业事业单位、机关、团体的银行存款情况，不适用于查询个人存款的情况。本文书正本（第三联）尾部注有“附：可提供当事人银行存款线索”字样，人民检察院将正本送达银行时，如果已有有关企业事业单位、机关、团体存款的线索，包括存款单位名称、账号及其他有关情况，应当将该线索同时送交该银行，以便于银行协助查询。本文书回执联（第四联），其内容均应由收到本文书的银行填写，并在尾部填好填写的具体时间，并加盖银行的公章后退回人民检察院。

根据中国人民银行、最高人民法院、最高人民检察院、公安部《关于查询、冻结、扣划企业事业单位、机关、团体银行存款的通知》的规定，查询人查询有关单位的存款时，除持有“协助查询存款通知书”外，还应出示本人工作证或执行公务证。作出查询决定的人民检察院与协助执行的银行不在同一辖区的，可以直接到协助执行的银行办理查询，不受辖区范围的限制。

本文书四联之间的骑缝线上均有本文书文号，应当按照本文书第三联中文号的填写方法予以填写。

本文书共四联，第一联统一保存，第二联附卷，第三联送达银行，第四联退回后附卷。

（三）文书格式（见下页）

人民检察院
协助查询存款
通知书
（存　根）

检　协查〔　　〕　　号

发往银行____________
事由：因____________
____
____
____
查　　询：____________
单位银行存款____________
____
查询人____________
批准人____________
填发人____________
____________院

年　　月　　日

第一联统一保存

检　协查〔　　〕　号

人民检察院
协助查询存款
通知书
（副　本）

检　协查〔　　〕　　号

________银行________：
兹因____________
____________，
需向你行查询________单位的银行存款，特派我院________同志前往你处，请予协助查询为盼。

附：可提供当事人银行存款线索：
存款单位名称____________
账号____________
其他____________

年　　月　　日
（院印）

第二联附卷

检　协查〔　　〕　号

人民检察院
协助查询存款
通知书

检　协查〔　　〕　　号

________银行________：
兹因____________
____________，
需向你行查询________单位的银行存款，特派我院________同志前往你处，请予协助查询为盼。

附：可提供当事人银行存款线索：
存款单位名称____________
账号____________
其他____________

年　　月　　日
（院印）

第三联送达银行

检　协查〔　　〕　号

人民检察院
协助查询存款
通知书
（回　执）

________人民检察院：
你院________号协助查询存款通知书收悉。现将________单位的银行存款情况提供如下：
____
____
____________。

____银行____

年　　月　　日
（公章）

第四联退回后附卷

【协助冻结存款通知书的制作】

（一）制作方法

协助冻结存款通知书为四联填充式文书，各联的内容和制作方法如下：

1. 第一联存根。

（1）首部。包括：制作本文书的人民检察院名称；文书名称，即“协助冻结存款通知书”；文书编号，即“ 检 协冻〔 〕 号”，空余地方依次填写制作本文书的人民检察院简称、具体办案部门简称、年度和序号。文书名称下标有“（存 根）”字样。

（2）正文。包括：发往银行，填写有关单位存款所在的银行；事由，冻结的原因；有关单位名称；存款所在的银行名称；存款账号；需要冻结的存款数额；冻结月数；具体冻结时间，即从何年何月何日至何年何月何日；批准人姓名；承办人姓名；填发人姓名；填写本文书的人民检察院名称；填写时间。

2. 第二联副本。

（1）首部。包括：制作本文书的人民检察院名称；文书名称，即“协助冻结存款通知书”；文书编号，即“ 检 协冻〔 〕 号”在文书名称下标有“（副 本）”字样。

（2）正文。包括：通知冻结有关单位存款银行名称；需要冻结存款的具体原因；有关单位名称；存款所在的银行；有关单位账号；需要冻结的存款数额；冻结月数；具体冻结时间，即从何年何月何日至何年何月何日。

（3）尾部。包括：检察长签名或者盖章；发出协助冻结存款通知书的人民检察院名称；制作本文书的年、月、日；加盖制作本文书的人民检察院院印。

3. 第三联正本。

（1）首部。包括：制作本文书的人民检察院名称；文书名称，即“协助冻结存款通知书”；文书编号，即“ 检 协冻〔 〕 号”。

（2）正文。具体内容和制作要求与第二联一样。

（3）尾部。具体内容和制作要求与第二联一样。

4. 第四联回执。

（1）首部。包括：制作本文书的人民检察院名称；文书名称，即“协助冻结存款通知书”；在文书名称下标有“（回 执）”字样。

（2）正文。包括：通知银行协助冻结存款的人民检察院名称；协助冻结存款通知书的文号；被冻结存款的单位名称；被冻结的存款账户的账号；应冻结的存款数额；已冻结的存款数额；未冻结的存款数额；未冻结的原因。

（3）尾部。包括：执行协助冻结的银行名称；填写本文书的年、月、日，并加盖公章。

（二）使用说明

在具体使用时，应注意以下问题：如遇被冻结单位银行账户的存款不足冻结数额，银行应在6个月的冻结期内冻结该单位银行账户可以冻结的存款，直至达到需要冻结的数额。冻结单位存款的期限不超过6个月。有特殊原因需要延长的，人民检察院应当在冻结期满前办理继续冻结手续。人民检察院若逾期不办理继续冻结手续，将视为自动撤销冻结。人民检察院对在银行有存款的单位需要冻结时使用本文书，需要冻结其他金融机构或证券机构的款物时，可以用公函等形式办理。

本文书四联之间的骑缝线上均有本文书文号，应当按照本文书第三联中文号的填写方法予以填写。

本文书共四联，第一联统一保存备查，第二联附卷，第三联送达银行，第四联由送达银行填写，加盖银行公章退回后附卷。

（三）文书格式（见下页）

人民检察院
协助冻结存款通知书
（存　根）

检　协冻〔　　〕　号

发往银行________
事由：因________
____
____
关于____单位在____行（处）________账户的存款________元，请暂停支付____月（从________年____月____日起至____年____月____日止），逾期或撤销冻结后，方可支付。

批准人________
承办人________
填发人________
________院
年　月　日

第一联统一保存

检　协冻〔　　〕　号

人民检察院
协助冻结存款通知书
（副　本）

检　协冻〔　　〕　号

________银行________：
兹因________________，
关于________单位在你属________行（处）________账户的存款________元，请暂停支付________月（从________年____月____日起至________年____月____日止），逾期或撤销冻结后，方可支付。

检察长：________
________院
年　月　日
（院印）

第二联附卷

检　协冻〔　　〕　号

人民检察院
协助冻结存款通知书

检　协冻〔　　〕　号

________银行________：
兹因________________，
关于________单位在你属________行（处）________账户的存款________元，请暂停支付________月（从________年____月____日起至________年____月____日止），逾期或撤销冻结后，方可支付。

检察长：________
________院
年　月　日
（院印）

第三联送达银行

检　协冻〔　　〕　号

人民检察院
协助冻结存款通知书
（回　执）

________人民检察院：
你院________号协助冻结存款通知书收悉。关于________单位在我行（处）的________账户存款应冻结________元，已冻结________元，未冻结________元，原因________________________________。

________银行________

年　月　日
（公章）

第四联退回后附卷

第七节　鉴　　定

第一百九十九条［鉴定的目的］

人民检察院为了查明案情，解决案件中某些专门性的问题，应当进行鉴定。

【条文释义】　本条是关于进行鉴定的诉讼条件的规定。

鉴定，是指司法机关为了查明案情，解决案件中某些专门性问题，指派或者聘请有专门知识的人对专门性问题进行鉴别和判断的一种侦查措施。鉴定是依靠科学技术取得证据、查明案情，认定案件性质的侦查手段。人民检察院在办案中经常使用鉴定这一侦查手段。鉴定结论客观性强、准确率高、证明力大，对突破案件往往起到关键作用。根据本条规定，人民检察院为了查明案情，解决案件中某些专门性的问题，应当进行鉴定。专门性问题的鉴定主要包括：（1）法医鉴定，即对与案件有关的尸体、人身、分泌物、排泄物、胃内物、体毛等进行鉴别判断的活动；（2）司法精神病鉴定，即对人的精神状态、责任能力进行的鉴别判断；（3）刑事技术鉴定，即对指纹、脚印、字迹、弹痕等进行的鉴定；（4）会计鉴定，即对账目、表册、单据、发票、票据等书面材料进行的鉴定；（5）技术问题鉴定，即对涉及工业、交通、建筑等方面的科学技术问题进行的鉴定。另外还包括文物鉴定等。“应当进行鉴定”，是指为了解决专门性问题，必须进行鉴定，以取得可靠证据，查明案情，使案件及时得以正确处理。

【委托鉴定书的制作】

（一）制作方法

委托鉴定书为三联填充式文书，各联的内容和制作方法如下：

1. 第一联存根。

（1）首部。包括：制作本文书的人民检察院名称；文书名称，即“委托鉴定书”；文书编号，即“　检　委鉴〔　〕　号”，“检”前空余地方填写制作本文书的人民检察院的简称，“检”与“委鉴”之间的空余地方填写人民检察院具体办案部门的简称，中括号内填写制作本文书的年度，中括号与“号”之间的空余地方填写本文书在该年度的序号。在文书名称下面标有“（存　根）”字样。

（2）正文。包括：案由，可以根据案件中犯罪嫌疑人所涉嫌的罪名填写为“贪污罪”、“受贿罪”、“挪用公款罪”等，如果因涉嫌多个罪名而立案的，应将所涉嫌的罪名填写全；犯罪嫌疑人基本情况，包括姓名、性别、年龄、工作单位、住址、身份证号码、是否是人大代表或政协委员，上述犯罪嫌疑人的基本情况，并不是要求每一项内容都必须填写完整、清楚，制作时可以根据具体案件的需要和实际掌握的情况加以填写；受委托鉴定单位（人员）的名称（姓名）；送检的有关材料；鉴定的要求；制作本文书的批准人的姓名或者名称；送检人的姓名；填发本文书的填发人的姓名；填发本文书的时间。

2. 第二联副本。

（1）首部。包括：制作本文书的人民检察院名称、文书名称、文书编号，其制作方法与第一联的要求一样，只是在文书名称下面标有“（副　本）”字样。

（2）正文。包括：送达对象，即受委托鉴定的单位（人员）的名称（姓名）；具体案件情况，应当填写：“犯罪嫌疑人×××涉嫌×××罪”，如果为防止被委托鉴定人先入为主，影响公正性，也可以不填写犯罪嫌疑人具体涉嫌的罪名，可写为“涉嫌职务犯罪”或者“涉嫌刑事犯罪”等；需要进行鉴定的对象；受委托鉴定单位（人员）的名称（姓名）；具体的鉴定要求和事项。

（3）尾部。包括：制作本文书的时间，具体到年、月、日；加盖制作本文书的人民检察院的院印。

3. 第三联正本。

（1）首部。包括：制作本文书的人民检察院名称、文书名称、文书编号，填写要求与第一联首部一样。

（2）正文。依次填写的具体内容与第二联正文的制作要求一样。

（3）尾部。包括：制作本文书的时间，具体到年、月、日；加盖制作本文书的人民检察院的院印。

（二）使用说明

在具体使用时，应注意以下问题：《刑事诉讼法》第119条规定：“为了查明案情，需要解决案件中某些专门性问题的时候，应当指派、聘请有专门知识的人进行鉴定。”被鉴定的对象只限于科学技术问题，而不是法律问题。所谓指派，一般是指人民检察院指派内部检察技术人员；所谓聘请，一般是指聘请本院检察技术人员以外的其他专业人员。因此，人民检察院委托的鉴定人员也可以是上级人民检察院和其他人民检察院的刑事技术人员，并依法制作委托鉴定书，使被委托鉴定人具有合法的资格。鉴定人故意作虚假鉴定的，应当承担法律责任。对犯罪嫌疑人作精神病鉴定的期间不计入羁押期限和办案期限。鉴定人进行鉴定后，应当出具鉴定结论、检验报告，并且签名或者盖章。几个鉴定人意见有分歧的，应当在鉴定结论上写明分歧的内容和理由，并且分别签名或者盖章。对于鉴定结论，检察人员应当进行审查，必要的时候，可以提出补充鉴定或者重新鉴定的意见，报检察长批准后进行补充鉴定或者重新鉴定。检察长也可以直接决定进行补充鉴定或者重新鉴定。人民检察院决定重新鉴定的，应当另行指派或者聘请鉴定人。对人身伤害的医学鉴定有争议需要重新鉴定或者对精神病的医学鉴定，由省级人民政府指定的医院进行。鉴定人进行鉴定后，应当写出鉴定结论，并且由鉴定人签名，医院加盖公章。人民检察院认为省级人民政府指定的医院作出的鉴定结论不能作为定案依据的，应当另行委托省级人民政府指定的其他医院重新鉴定或者补充鉴定。用作证据的鉴定结论，人民检察院办案部门应当告知犯罪嫌疑人、被害人；被害人死亡或者没有诉讼行为能力的，应当告知其法定代理人、近亲属或诉讼代理人。如果犯罪嫌疑人、被害人或被害人的法定代理人、近亲属、诉讼代理人提出申请，经检察长批准，可以补充鉴定或者重新鉴定，但应由请求方承担鉴定费用。告知犯罪嫌疑人、被害人或被害人的法定代理人、近亲属、诉讼代理人鉴定结论，可以只告知其结论部分，不告知鉴定过程等其他内容。

人民检察院应当为鉴定人进行鉴定提供必要条件，及时向鉴定人送交有关检材和对比样本等原始材料，介绍与鉴定有关的情况，并且明确提出要求鉴定解决的问题，但是不得暗示或者强迫鉴定人作出某种鉴定结论，不应当在文书中表现出倾向性意见。

具有《刑事诉讼法》第28~30条规定的应当回避的情形的人员，不能担任鉴定人。《刑事诉讼法》第28条规定："审判人员、检察人员、侦查人员有下列情形之一的，应当自行回避；当事人及其法定代理人也有权要求他们回避：（一）是本案的当事人或者是当事人的近亲属的；（二）本人或者他的近亲属和本案有利害关系的；（三）担任过本案的证人、鉴定人、辩护人、诉讼代理人的；（四）与本案当事人有其他关系，可能影响公正处理案件的。"第29条规定："审判人员、检察人员、侦查人员不得接受当事人及其委托的人的请客送礼，不得违反规定会见当事人及其委托的人。审判人员、检察人员、侦查人员违反前款规定的，应当依法追究法律责任。当事人及其法定代理人有权要求他们回避。"第30条第1、3款规定："审判人员、检察人员、侦查人员的回避，应当分别由院长、检察长、公安机关负责人决定；院长的回避，由本院审判委员会决定；检察长和公安机关负责人的回避，由同级人民检察院检察委员会决定。对驳回申请回避的决定，当事人及其法定代理人可以申请复议一次。"书记员、翻译人员和鉴定人适用于上述规定。

最高人民法院、最高人民检察院、公安部、国家安全部、司法部、全国人大常委会法制工作委员会《关于刑事诉讼法实施中若干问题的规定》第33条规定："刑事诉讼法第一百二十二条规定：'对犯罪嫌疑人作精神病鉴定的期间不计入办案期限。'根据上述规定，犯罪嫌疑人、被告人在押的案件，除对犯罪嫌疑人、被告人的精神病鉴定时间不计入办案期限外，其他鉴定时间都应当计入办案期限。对于因鉴定时间较长，办案期限届满仍不能终结的案件，自期限届满之日起，应当对被羁押的犯罪嫌疑人、被告人变更强制措施，改为取保候审或者监视居住。"

委托鉴定书一般适用于将有关问题委托一个单位进行鉴定或者委托权威专家进行鉴定；聘请书一般适用于聘请有关具有专门知识的人员参加鉴定小组或者同时聘请多名专家进行鉴定。

本文书三联之间的骑缝线上均有本文书文号，应当按照本文书第三联中文号的填写方法予以填写。

本文书共三联，第一联统一保存，第二联附卷，第三联送达受委托鉴定单位（人员）。

（三）文书格式（见下页）

人民检察院
委托鉴定书
（存　根）

检　委鉴〔　　〕　号

案由________________
犯罪嫌疑人基本情况（姓名、性别、年龄、工作单位、住址、身份证号码、是否人大代表、政协委员）
____
____
____
鉴定单位（人员）________
送检材料________________
____
____
鉴定要求________________
____
批准人________________
送检人________________
填发人________________
填发时间________________

第一联统一保存

检　委鉴〔　　〕号

人民检察院
委托鉴定书
（副　本）

检　委鉴〔　　〕　号

________：
本院侦查的________一案，需对________进行鉴定，现委托________按下列要求进行鉴定，请将结论送交我院。
鉴定要求：________________
____
________________。

年　　月　　日
（院印）

第二联附卷

检　委鉴〔　　〕号

人民检察院
委托鉴定书

检　委鉴〔　　〕　号

________：
本院侦查的________一案，需对________进行鉴定，现委托________按下列要求进行鉴定，请将结论送交我院。
鉴定要求：________________
____
________________。

年　　月　　日
（院印）

第三联送达受委托鉴定单位（人员）

【参考规定】

人民检察院鉴定规则（试行）（2006 年 11 月 30 日最高人民检察院 高检发办字〔2006〕33 号）

第一章 总 则

第一条 为规范人民检察院鉴定工作，根据《中华人民共和国刑事诉讼法》和《全国人民代表大会常务委员会关于司法鉴定管理问题的决定》等有关规定，结合检察工作实际，制定本规则。

第二条 本规则所称鉴定，是指人民检察院鉴定机构及其鉴定人运用科学技术或者专门知识，就案件中某些专门性问题进行鉴别和判断并出具鉴定意见的活动。

第三条 鉴定工作应当遵循依法、科学、客观、公正、独立的原则。

第二章 鉴定机构、鉴定人

第四条 本规则所称鉴定机构，是指在人民检察院设立的，取得鉴定机构资格并开展鉴定工作的部门。

第五条 本规则所称鉴定人，是指取得鉴定人资格，在人民检察院鉴定机构中从事法医类、物证类、声像资料、司法会计鉴定以及心理测试等工作的专业技术人员。

第六条 鉴定人享有下列权利：

（一）了解与鉴定有关的案件情况，要求委托单位提供鉴定所需的材料；

（二）进行必要的勘验、检查；

（三）查阅与鉴定有关的案件材料，询问与鉴定事项有关的人员；

（四）对违反法律规定委托的案件、不具备鉴定条件或者提供虚假鉴定材料的案件，有权拒绝鉴定；

（五）对与鉴定无关问题的询问，有权拒绝回答；

（六）与其他鉴定人意见不一致时，有权保留意见；

（七）法律、法规规定的其他权利。

第七条 鉴定人应当履行下列义务：

（一）严格遵守法律、法规和鉴定工作规章制度；

（二）保守案件秘密；

（三）妥善保管送检的检材、样本和资料；

（四）接受委托单位与鉴定有关问题的咨询；

（五）出庭接受质证；

（六）法律、法规规定的其他义务。

第八条 鉴定人有下列情形之一的，应当自行回避，委托单位也有权要求鉴定人回避：

（一）是本案的当事人或者是当事人的近亲属的；

（二）本人或者其近亲属和本案有利害关系的；

（三）担任过本案的证人或者诉讼代理人的；

（四）重新鉴定时，是本案原鉴定人的；

（五）其他可能影响鉴定客观、公正的情形。

鉴定人自行提出回避的，应当说明理由，由所在鉴定机构负责人决定是否回避。

委托单位要求鉴定人回避的，应当提出书面申请，由检察长决定是否回避。

第三章 委托与受理

第九条 鉴定机构可以受理人民检察院、人民法院和公安机关以及其他侦查机关委托的鉴定。

第十条 人民检察院内部委托的鉴定实行逐级受理制度，对其他机关委托的鉴定实行同级受理制度。

第十一条 人民检察院各业务部门向上级人民检察院或者对外委托鉴定时，应当通过本院或者上级人民检察院检察技术部门统一协助办理。

第十二条 委托鉴定应当以书面委托为依据，客观反映案件基本情况、送检材料和鉴定要求等内容。鉴定机构受理鉴定时，应当制作委托受理登记表。

第十三条 鉴定机构对不符合法律规定、办案程序和不具备鉴定条件的委托，应当拒绝受理。

第四章 鉴　　定

第十四条 鉴定机构接受鉴定委托后，应当指派两名以上鉴定人共同进行鉴定。根据鉴定需要可以聘请其他鉴定机构的鉴定人参与鉴定。

第十五条 具备鉴定条件的，一般应当在受理后十五个工作日以内完成鉴定；特殊情况不能完成的，经检察长批准，可以适当延长，并告知委托单位。

第十六条 鉴定应当严格执行技术标准和操作规程。需要进行实验的，应当记录实验时间、条件、方法、过程、结果等，并由实验人签名，存档备查。

第十七条 具有下列情形之一的，鉴定机构可以接受案件承办单位的委托，进行重新鉴定：

（一）鉴定意见与案件中其他证据相矛盾的；

（二）有证据证明鉴定意见确有错误的；

（三）送检材料不真实的；

（四）鉴定程序不符合法律规定的；

（五）鉴定人应当回避而未回避的；

（六）鉴定人或者鉴定机构不具备鉴定资格的；

（七）其他可能影响鉴定客观、公正情形的。

重新鉴定时，应当另行指派或者聘请鉴定人。

第十八条 鉴定事项有遗漏或者发现新的相关重要鉴定材料的，鉴定机构可以接受委托，进行补充鉴定。

第十九条 遇有重大、疑难、复杂的专门性问题时，经检察长批准，鉴定机构可以组织会检鉴定。

会检鉴定人可以由本鉴定机构的鉴定人与聘请的其他鉴定机构的鉴定人共同组成；也可以全部由聘请的其他鉴定机构的鉴定人组成。

会检鉴定人应当不少于三名，采取鉴定人分别独立检验，集体讨论的方式进行。

会检鉴定应当出具鉴定意见。鉴定人意见有分歧的，应当在鉴定意见中写明分歧的内容和理由，并分别签名或者盖章。

第五章 鉴定文书

第二十条 鉴定完成后，应当制作鉴定文书。鉴定文书包括鉴定书、检验报告等。

第二十一条 鉴定文书应当语言规范，内容完整，描述准确，论证严谨，结论科学。

鉴定文书应当由鉴定人签名，有专业技术职称的，应当注明，并加盖鉴定专用章。

第二十二条 鉴定文书包括正本和副本，正本交委托单位，副本由鉴定机构存档备查。

第二十三条 鉴定文书的归档管理，依照人民检察院立卷归档管理的相关规定执行。

第六章 出 庭

第二十四条 鉴定人接到人民法院的出庭通知后，应当出庭。因特殊情况不能出庭的，应当向法庭说明原因。

第二十五条 鉴定人在出庭前，应当准备出庭需要的相关材料。

鉴定人出庭时，应当遵守法庭规则，依法接受法庭质证，回答与鉴定有关的询问。

第七章 附 则

第二十六条 本规则自2007年1月1日起实施，最高人民检察院此前有关规定与本规则不一致的，以本规则为准。

第二十七条 本规则由最高人民检察院负责解释。

第二百条［鉴定人的条件］

鉴定由检察长批准，由人民检察院技术部门有鉴定资格的人员进行。必要的时候，也可以聘请其他有鉴定资格的人员进行，但是应当征得鉴定人所在单位的同意。

具有刑事诉讼法第二十八条、第二十九条规定的应当回避的情形的，不能担任鉴定人。

【条文释义】 本条是关于鉴定人条件的规定。

本条第1款是关于鉴定主体条件的一般规定。本款包括两层意思：（1）鉴定应当经检察长批准。即人民检察院决定鉴定和拟定鉴定人后，应当报经检察长批准。这样可以确保鉴定的质量和正确适用。（2）鉴定由人民检察院技术部门有鉴定资格的人员进行，必要时也可以聘请其他有鉴定资格的人员进行，但是应当征得鉴定人所在单位的同意。鉴定人必须具有鉴定资格。所谓鉴定资格，是指具有解决侦查中具体专门性问题的专门知识，即具有某一专门研究领域的理论和实践经验，如法医学、弹道研究、指纹研究等。不具有鉴定资格的人，不能指聘为鉴定人。

本条第2款是关于不能担任鉴定人的法定情形的规定。根据本款规定，具有《刑事诉讼法》第28条、第29条规定的应当回避的情形的，不能担任鉴定人。《刑事诉讼法》第28条规定的情形包括：（1）是本案的当事人或者是当事人的近亲属；（2）本人或者他的近亲属和本案有利害关系；（3）担任过本案的证人、辩护人、诉讼代理人；（4）与本案当事人有其他关系，可能影响公正处理案件。《刑事诉讼法》第29条规定的情形是：（1）接受当事人及其委托的人的请客送礼；（2）违反规定会见当事人及其委托的人。规定具有上述情形的人，不能担任鉴定人，有利于保证鉴定活动的正常进行，确保鉴定结论的客观性、科学性、正确性，保障其证明力。

执行本条规定应当注意，刑事诉讼中的鉴定人只能是自然人，不能是单位。

【聘请书的制作】

（一）制作方法

聘请书为三联填充式文书，各联的内容和制作要求如下：

1. 第一联存根。

（1）首部。包括：制作本文书的人民检察院名称；文书名称，即“聘请书”；文书编号，即“　检　聘〔　〕　号”，“检”前空余地方填写制作本文书的人民检察院的简称，“检”与“聘”之间的空余地方填写人民检察院具体办案部门的简称，中括号内填写制作本文书的年度，中括号与“号”之间的空余地方填写本文书在该年度的序号。在文书名称下面标有“（存　根）”字样。

（2）正文。包括：案由，可以根据案件中犯罪嫌疑人所涉嫌的罪名填写为“贪污罪”、“受贿罪”、“挪用公款罪”等，如果因涉嫌多个罪名而立案的，应将所涉嫌的罪名填写全；犯罪嫌疑人基本情况，包括姓名、性别、年龄、工作单位、住址、身份证号码、是否人大代表或政协委员，上述犯罪嫌疑人的基本情况，并不是要求每一项内容都必须填写完整、清楚，制作时可以根据具体案件的需要和实际掌握的情况加以填写；鉴定的具体内容和鉴定目的；鉴定人所属单位名称和鉴定人姓名；制作本文书的批准人的姓名或者名称；具体办理这一案件的承办人的姓名；填发本文书的填发人的姓名；填发本文书的时间。

2. 第二联副本。

（1）首部。包括：制作本文书的人民检察院名称、文书名称、文书编号，其制作方法与第一联的要求一样，只是在文书名称下面标有“（副　本）”字样。

（2）正文。包括：送达对象，即鉴定人的姓名；具体案件情况，应当填写：“犯罪嫌疑人×××涉嫌×××罪”，如果为防止被聘请人先入为主，影响鉴定的公正性，也可以不填写犯罪嫌疑人具体涉嫌的罪名，可写为“涉嫌职务犯罪”或者“涉嫌刑事犯罪”等；需要进行的鉴定类别；鉴定的具体要求和事项；要求提交鉴定结果的最后期限，具体到年、月、日。

（3）尾部。包括：制作本文书的时间，具体到年、月、日；加盖制作本文书的人民检察院的院印。

3. 第三联正本。

（1）首部。包括：制作本文书的人民检察院名称；文书名称，即“聘请书”；文书编号，即“ 检 聘〔 〕 号”。

（2）正文。依次填写的具体内容和制作要求与第二联一样。

（3）尾部。包括：制作本文书的时间，具体到年、月、日；加盖制作本文书的人民检察院的院印。

（二）使用说明

在具体使用时，应注意以下问题：鉴定是法律规定的侦查机关的一种侦查措施，对于查明案件事实，有效惩治犯罪，保护公民的合法权益具有重要作用。同时，对于侦查人员和司法人员来讲，个人的专业知识和技能是有限的，不可能对专业问题面面俱到，因此，聘请专业人员进行鉴定也是必要的。《刑事诉讼法》第119条规定：“为了查明案情，需要解决案件中某些专门性问题的时候，应当指派、聘请有专门知识的人进行鉴定。”所谓指派，一般是指人民检察院指派内部检察技术人员；所谓聘请，一般是指聘请本院检察技术人员以外的其他专业人员。因此，人民检察院聘请的鉴定人员也可以是上级人民检察院和其他人民检察院的刑事技术人员，并依法制作聘请书，使被聘请的鉴定人员具有合法的资格。对人身伤害的医学鉴定有争议需要重新鉴定或者对精神病的医学鉴定，由省级人民政府指定的医院进行。鉴定人进行鉴定后，应当写出鉴定结论，并且由鉴定人签名，医院加盖公章。鉴定人故意作虚假鉴定的，应当承担法律责任。对犯罪嫌疑人作精神病鉴定的期间不计入羁押期限和办案期限。鉴定人进行鉴定后，应当出具鉴定结论、检验报告，并且签名或者盖章。几个鉴定人意见有分歧的，应当在鉴定结论上写明分歧的内容和理由，并且分别签名或者盖章。对于鉴定结论，检察人员应当进行审查，必要的时候，可以提出补充鉴定或者重新鉴定的意见，报检察长批准后进行补充鉴定或者重新鉴定。检察长也可以直接决定进行补充鉴定或者重新鉴定。人民检察院决定重新鉴定的，应当另行指派或者聘请鉴定人。用作证据的鉴定结论，人民检察院办案部门应当告知犯罪嫌疑人、被害人；被害人死亡或者没有诉讼行为能力的，应当告知其法定代理人、近亲属或诉讼代理人。如果犯罪嫌疑人、被害人或被害人的法定代理人、近亲属、诉讼代理人提出申请，经检察长批准，可以补充鉴定或者重新鉴定，但应由请求方承担鉴定费用。告知犯罪嫌疑人、被害人或被害人的法定代理人、近亲属、诉讼代理人鉴定结论，可以只告知其结论部分，不告知鉴定过程等其他内容。人民检察院应当为鉴定人进行鉴定提供必要条件，及时向鉴定人送交有关检材和对比样本等原始材料，介绍与鉴定有关的情况，并且明确提出要求鉴定解决的问题，但是不得暗示或者强迫鉴定人作出某种鉴定结论，不应当在文书中表现出倾向性意见。

具有《刑事诉讼法》第28～30条规定的应当回避的情形的人员，不能担任鉴定人。《刑事诉讼法》第28条规定：“审判人员、检察人员、侦查人员有下列情形之一的，应当自行回避；当事人及其法定代理人也有权要求他们回避：

(一)是本案的当事人或者是当事人的近亲属的;(二)本人或者他的近亲属和本案有利害关系的;(三)担任过本案的证人、鉴定人、辩护人、诉讼代理人的;(四)与本案当事人有其他关系,可能影响公正处理案件的。”第 29 条规定:“审判人员、检察人员、侦查人员不得接受当事人及其委托的人的请客送礼,不得违反规定会见当事人及其委托的人。审判人员、检察人员、侦查人员违反前款规定的,应当依法追究法律责任。当事人及其法定代理人有权要求他们回避。”第 30 条第 1、3 款规定:“审判人员、检察人员、侦查人员的回避,应当分别由院长、检察长、公安机关负责人决定;院长的回避,由本院审判委员会决定;检察长和公安机关负责人的回避,由同级人民检察院检察委员会决定。对驳回申请回避的决定,当事人及其法定代理人可以申请复议一次。”书记员、翻译人员和鉴定人适用于上述规定。

最高人民法院、最高人民检察院、公安部、国家安全部、司法部、全国人大常委会法制工作委员会《关于刑事诉讼法实施中若干问题的规定》第 33 条规定:“刑事诉讼法第一百二十二条规定:‘对犯罪嫌疑人作精神病鉴定的期间不计入办案期限。’根据上述规定,犯罪嫌疑人、被告人在押的案件,除对犯罪嫌疑人、被告人的精神病鉴定时间不计入办案期限外,其他鉴定时间都应当计入办案期限。对于因鉴定时间较长,办案期限届满仍不能终结的案件,自期限届满之日起,应当对被羁押的犯罪嫌疑人、被告人变更强制措施,改为取保候审或者监视居住。”

聘请书一般适用于聘请有关具有专门知识的人员参加鉴定小组或者同时聘请多名专家进行鉴定;委托鉴定书一般适用于将有关问题委托一个单位进行鉴定或者委托权威专家进行鉴定。

本文书三联之间的骑缝线上均有本文书文号,应当按照本文书第三联中文号的填写方法予以填写。

本文书共三联,第一联统一保存,第二联附卷,第三联送达鉴定人。

(三)文书格式(见下页)

人民检察院

聘 请 书

（存 根）

检 聘〔 〕 号

案由______________

犯罪嫌疑人基本情况（姓名、性别、年龄、工作单位、住址、身份证号码、是否人大代表、政协委员）

____

____

____

____

鉴定内容、目的______________

____

____

发往单位及鉴定人______________

____

批准人______________

承办人______________

填发人______________

填发时间______________

第一联统一保存

检 聘〔 〕 号

人民检察院

聘 请 书

（副 本）

检 聘〔 〕 号

______________：

本院承办的______________一案，需要进行______________鉴定。根据《中华人民共和国刑事诉讼法》第一百一十九条的规定，特聘请你为本案鉴定人，请鉴定下列内容：______________

____

____

______________。

请于______年____月____日前将书面的鉴定结果送交我院。

年 月 日

（院印）

第二联附卷

检 聘〔 〕 号

人民检察院

聘 请 书

检 聘〔 〕 号

______________：

本院承办的______________一案，需要进行______________鉴定。根据《中华人民共和国刑事诉讼法》第一百一十九条的规定，特聘请你为本案鉴定人，请鉴定下列内容：______________

____

____

______________。

请于______年____月____日前将书面的鉴定结果送交我院。

年 月 日

（院印）

第三联送达鉴定人

第二百零一条［人民检察院应当配合鉴定人鉴定活动］

人民检察院应当为鉴定人进行鉴定提供必要条件，及时向鉴定人送交有关检材和对比样本等原始材料，介绍与鉴定有关的情况，并且明确提出要求鉴定解决的问题，但是不得暗示或者强迫鉴定人作出某种鉴定结论。

【条文释义】 本条是关于人民检察院应当配合鉴定人鉴定活动的规定。

本条包括两层含义：（1）人民检察院应当为鉴定人进行鉴定提供必要条件，及时向鉴定人送交有关检材和对比样本等原始材料，介绍与鉴定有关的情况，并且明确提出要求鉴定解决的问题。这一规定有利于鉴定人正常开展鉴定工作，使鉴定能够达到预期的目的。（2）人民检察院不得暗示或者强迫鉴定人作出某种鉴定结论。这是对人民检察院及其办案人员的纪律要求，这一规定有利于保证鉴定结论的科学性，防止有关人员对鉴定人正常鉴定活动的干扰。实践中对于暗示甚至强迫鉴定人作出某种鉴定结论的，不论其动机和目的如何，都应依法严肃处理。

第二百零二条［鉴定结论］

鉴定人进行鉴定后，应当出具鉴定结论、检验报告，并且签名或者盖章。

几个鉴定人意见有分歧的，应当在鉴定结论上写明分歧的内容和理由，并且分别签名或者盖章。

【条文释义】 本条是关于鉴定结论的规定。

本条第1款是关于出具鉴定结论、检验报告的一般规定。根据本款规定，鉴定人进行鉴定后应当出具鉴定结论、检验报告，并且应当签名或者盖章。进行鉴定是为了获取证据，查明案件情况，因此，鉴定人应运用专门知识、技术对办案人员不能解决的问题进行鉴别、判断后提出意见，形成鉴定结论、检验报告。鉴定结论是刑事诉讼的证据种类之一，经审查核实后，可以作为定案的根据。让鉴定人在鉴定结论上签名或加盖私人用章，可以促使其认真、负责地进行鉴定，也体现结论的证据价值和证明力，所以应当严格执行。

本条第2款是关于鉴定人意见分歧的规定。实践中有时需要几个鉴定人对某一专门性问题进行鉴定。鉴定人意见分歧的现象经常发生。根据本款规定，几个鉴定人意见有分歧的，应当在鉴定结论上写明分歧的内容和理由，并且分别签名或盖章。这样规定，体现了鉴定结论的科学性，有利于办案人员结合案情和其他证据，审查判断鉴定意见的正确与否，并根据情况决定是否采取和如何采取进一步的侦查措施。

【参考规定】

1. 最高人民法院、最高人民检察院、公安部、国家安全部、司法部关于办理死刑案件审

查判断证据若干问题的规定（节录）（2010年6月13日 法发〔2010〕20号）

第二十三条 对鉴定意见应当着重审查以下内容：

（一）鉴定人是否存在应当回避而未回避的情形。

（二）鉴定机构和鉴定人是否具有合法的资质。

（三）鉴定程序是否符合法律及有关规定。

（四）检材的来源、取得、保管、送检是否符合法律及有关规定，与相关提取笔录、扣押物品清单等记载的内容是否相符，检材是否充足、可靠。

（五）鉴定的程序、方法、分析过程是否符合本专业的检验鉴定规程和技术方法要求。

（六）鉴定意见的形式要件是否完备，是否注明提起鉴定的事由、鉴定委托人、鉴定机构、鉴定要求、鉴定过程、检验方法、鉴定文书的日期等相关内容，是否由鉴定机构加盖鉴定专用章并由鉴定人签名盖章。

（七）鉴定意见是否明确。

（八）鉴定意见与案件待证事实有无关联。

（九）鉴定意见与其他证据之间是否有矛盾，鉴定意见与检验笔录及相关照片是否有矛盾。

（十）鉴定意见是否依法及时告知相关人员，当事人对鉴定意见是否有异议。

第二十四条 鉴定意见具有下列情形之一的，不能作为定案的根据：

（一）鉴定机构不具备法定的资格和条件，或者鉴定事项超出本鉴定机构项目范围或者鉴定能力的；

（二）鉴定人不具备法定的资格和条件、鉴定人不具有相关专业技术或者职称、鉴定人违反回避规定的；

（三）鉴定程序、方法有错误的；

（四）鉴定意见与证明对象没有关联的；

（五）鉴定对象与送检材料、样本不一致的；

（六）送检材料、样本来源不明或者确实被污染且不具备鉴定条件的；

（七）违反有关鉴定特定标准的；

（八）鉴定文书缺少签名、盖章的；

（九）其他违反有关规定的情形。

对鉴定意见有疑问的，人民法院应当依法通知鉴定人出庭作证或者由其出具相关说明，也可以依法补充鉴定或者重新鉴定。

2. 最高人民检察院关于适用《关于办理死刑案件审查判断证据若干问题的规定》和《关于办理刑事案件排除非法证据若干问题的规定》的指导意见（节录）（2010年12月30日 高检发研字〔2010〕13号）

19. 审查鉴定意见，要着重审查检材的来源、提取、保管、送检是否符合法律及有关规定，鉴定机构或者鉴定人员是否具备法定资格和鉴定条件，鉴定意见的形式要件是否完备，鉴定程序是否合法，鉴定结论是否科学合理。检材来源不明或者可能被污染导致鉴定意见存疑的，应当要求侦查机关（部门）进行重新鉴定或者补充鉴定，必要时检察机关可以另行委托进行重新鉴定或者补充鉴定；鉴定机构或者鉴定人员不具备法定资格和鉴定条件，或者鉴定事项超出其鉴定范围以及违反回避规定的，应当要求侦查机关（部门）另行委托重新鉴定，必要时检察机关可以另行委托进行重新鉴定；鉴定意见形式要件不完备的，应当通过侦查机关（部门）要求鉴定机构补正；对鉴定程序、方法、结论等涉及专门技术问题的，必要时听取检察技术部门或者其他具有专门知识的人员的意见。

第二百零三条［虚假鉴定的法律责任］

鉴定人故意作虚假鉴定的，应当承担法律责任。

【条文释义】 本条是关于鉴定人对虚假鉴定应当负法律责任的规定。

根据本条规定，鉴定人故意作虚假鉴定的，应当承担法律责任。“故意作虚假鉴定”，是指故意出具不符合客观实际的鉴定结论。因技术上的原因或个人能力、水平而出具错误鉴定结论的不属于“故意作虚假鉴定”。这里的“法律责任”主要是刑事责任，如对案件有重要关系的情节，故意作虚假鉴定，意图陷害他人或者隐匿罪证的，构成伪证罪；国家工作人员作为鉴定人收受贿赂故意作虚假鉴定的，构成受贿罪等。对于鉴定人故意作虚假鉴定，尚不够刑事处罚的，应当依法作出行政处理。

第二百零四条［鉴定结论的审查和补充、重新鉴定］

对于鉴定结论，检察人员应当进行审查，必要的时候，可以提出补充鉴定或者重新鉴定的意见，报检察长批准后进行补充鉴定或者重新鉴定。检察长也可以直接决定进行补充鉴定或者重新鉴定。

【条文释义】 本条是关于鉴定结论的审查和人民检察院决定补充鉴定、重新鉴定的规定。

本条包括两层含义：（1）对于鉴定结论，检察人员应当进行审查。鉴定结论尽管具有科学性强的特点，但仍需进行司法审查，判断正误，以正确认定案情。那种过于迷信鉴定结论，对鉴定结论直接采用的做法是错误的。（2）对于鉴定结论，必要的时候检察人员可以提出补充鉴定或者重新鉴定的意见，报检察长批准后进行补充鉴定或者重新鉴定。检察长也可以直接决定进行补充鉴定或者重新鉴定。“必要的时候”，是指认为鉴定结论违反一般规律，鉴定结论与其他证据存在重大矛盾，鉴定人意见严重分歧等情形。“补充鉴定”，是指对鉴定结论遗漏的问题、鉴定结论中有疑点的问题、鉴定人意见分歧的问题等，补充进行鉴定。“重新鉴定”，是指对已有鉴定结论的专门性问题，重新指聘鉴定人进行鉴定。实践中经常需要补充鉴定或者重新鉴定，以切实解决专门性问题，正确认定案情，保证刑事诉讼的顺利进行。

第二百零五条 [当事人申请补充鉴定或者重新鉴定]

用作证据的鉴定结论，人民检察院办案部门应当告知犯罪嫌疑人、被害人；被害人死亡或者没有诉讼行为能力的，应当告知其法定代理人、近亲属或诉讼代理人。如果犯罪嫌疑人、被害人或被害人的法定代理人、近亲属、诉讼代理人提出申请，经检察长批准，可以补充鉴定或者重新鉴定，但应由请求方承担鉴定费用。

告知犯罪嫌疑人、被害人或被害人的法定代理人、近亲属、诉讼代理人鉴定结论，可以只告知其结论部分，不告知鉴定过程等其他内容。

【条文释义】 本条是关于当事人申请补充鉴定或者重新鉴定的规定。

本条第1款是关于告知当事人鉴定结论和当事人申请补充鉴定、重新鉴定的规定。本条包括两层意思：（1）用作证据的鉴定结论，人民检察院办案部门应当告知犯罪嫌疑人、被害人；被害人死亡或者没有诉讼行为能力的，应当告知其法定代理人、近亲属或诉讼代理人。“用作证据的鉴定结论”，是指经过专门人员进行鉴定后形成的专门性问题的鉴定结论，经侦查机关审查核实后认为可以作为证据使用的鉴定意见。因为用作证据的鉴定结论直接关系到对案件事实的认定，对犯罪嫌疑人和被害人有着直接的利害关系，所以将鉴定结论告知犯罪嫌疑人、被害人或者被害人的法定代理人、近亲属、诉讼代理人，使其有机会申请补充鉴定或者重新鉴定，体现了对犯罪嫌疑人、被害人诉讼权利的保障。（2）如果犯罪嫌疑人、被害人或被害人的法定代理人、近亲属、诉讼代理人提出申请，经检察长批准，可以补充鉴定或者重新鉴定，但应由请求方承担鉴定费用。对被害人或者犯罪嫌疑人提出的申请，人民检察院应当进行审查，认为原鉴定结论正确，不存在申请人提出的补充鉴定、重新鉴定的情形的，应当驳回申请，维持原鉴定结论并说明理由。根据申请人申请补充鉴定或者重新鉴定，体现了对当事人权利的保护，由申请人承担鉴定费用，体现了权利与义务的统一。

本条第2款是关于告知当事人等鉴定结论内容的规定。根据本款规定，告知犯罪嫌疑人、被害人或被害人的法定代理人、近亲属、诉讼代理人鉴定结论，可以只告知其结论部分，不告知鉴定过程等其他内容。具体情况可以根据案情确定。这样既保护了犯罪嫌疑人、被害人的合法权益，又不至于泄露案情，出现妨碍诉讼进行的情况。

执行本条规定应当注意，办案人员应及时将鉴定结论告知犯罪嫌疑人、被害人等，切实保障其正当的诉讼权利。对犯罪嫌疑人、被害人等提出补充鉴定或者重新鉴定的申请，应认真对待，及时核查，并将结果及时告知申请人。

第二百零六条［另行指聘鉴定人］

人民检察院决定重新鉴定的，应当另行指派或者聘请鉴定人。

【条文释义】 本条是关于重新鉴定另行指聘鉴定人的规定。

根据本条规定，人民检察院决定重新鉴定的，应当另行指派或者聘请鉴定人。“人民检察院决定重新鉴定的”，包括人民检察院自行决定重新鉴定的，也包括人民检察院根据犯罪嫌疑人、被害人或者被害人的法定代理人、近亲属、诉讼代理人的申请决定重新鉴定的情况。“另行指派或者聘请鉴定人”，是指在原鉴定人之外指派或者聘请鉴定人，不能仍由原鉴定人对有关专门性问题进行重新鉴定。

实践中执行本条规定应当注意：（1）本条只是针对重新鉴定而言的，对补充鉴定的，不要求必须另行指派或者聘请鉴定人。（2）对于需要多个鉴定人参加鉴定的，所有原来参加鉴定的人，不能参与重新鉴定。这样可以达到重新鉴定的目的，保证鉴定结论的客观性和说服力。

第二百零七条［有争议的人身伤害的重新鉴定和精神病鉴定］

对人身伤害的医学鉴定有争议需要重新鉴定或者对精神病的医学鉴定，由省级人民政府指定的医院进行。鉴定人进行鉴定后，应当写出鉴定结论，并且由鉴定人签名，医院加盖公章。

对人身伤害的医学鉴定有争议需要重新鉴定的情形包括：

（一）对同一人身伤害已存在两个以上的不同鉴定结论，人民检察院与公安机关、犯罪嫌疑人、被害人之间或者被害人与犯罪嫌疑人之间不能形成一致认识，人民检察院认为需要重新鉴定的；

（二）人民检察院认为公安机关的人身伤害医学鉴定不能作为定案依据，需要重新鉴定的；

（三）人民检察院与公安机关、被害人、犯罪嫌疑人之间或者被害人与犯罪嫌疑人之间对同一人身伤害的医学鉴定有不同认识，人民检察院认为需要重新鉴定的。

【条文释义】 本条是关于对有争议的人身伤害的医学鉴定的重新鉴定、精神病的医学鉴定由省级人民政府指定的医院进行的规定。

本条第1款是关于对有争议的人身伤害的医学鉴定的重新鉴定、精神病的医学鉴定由省级人民政府指定的医院进行的一般规定。本款包括两层含义：（1）对人身伤害的医学鉴定有争议需要重新鉴定或者对精神病的医学鉴定，由省级人民政府指定的医院进行。“省级人民政府指定的医院”，是指省级人民政府根据《刑事诉讼法》规定事先指定的医院，而非每一个案件临时指定的医院。这有利于保证鉴定结论的权威性。省级人民政府指定的医院不是仅指定省会市的医院，而是可根据需要和医学技术条件，在本行政区内合理指定几个医院。“精神病的医学鉴定”包括对被鉴定人是否患有精神疾病、患有何种精神疾病、实施危害行为时的精神状态、有无刑事责任能力、精神疾病和所实施危害行为之间的关系等进行的鉴定。对精神病的医学鉴定，一律由省级人民政府指定的医院进行；对人身伤害的医学鉴定，如果不是在省级人民政府指定的医院进行的，并且没有争议的，也可以作为证据使用，但有争议的鉴定需要重新鉴定的，必须在省级人民政府指定的医院进行。(2) 对人身伤害的医学鉴定的重新鉴定或者对精神病的医学鉴定，鉴定人进行鉴定后，应当写出鉴定结论，并且由鉴定人签名，医院加盖公章。这里的“鉴定人”，仍是实际进行鉴定的自然人，并非医院。加盖医院公章是为了保证鉴定的严肃性、权威性。

本条第 2 款是关于对人身伤害的医学鉴定有争议需要重新鉴定的具体情形的规定。根据本款规定，对人身伤害的医学鉴定有争议需要重新鉴定的情形包括：(1) 对同一人身伤害已存在两个以上的不同鉴定结论，人民检察院与公安机关、犯罪嫌疑人、被害人之间或者被害人与犯罪嫌疑人之间不能形成一致认识，人民检察院认为需要重新鉴定的。这里“两个以上的不同鉴定结论”，包括可能是省级人民政府指定的医院作出的鉴定结论。存在不同结论时，不能以已存在的省级人民政府指定的医院作出的鉴定结论为准，需要重新鉴定的，仍应依法重新鉴定。(2) 人民检察院认为公安机关的人身伤害医学鉴定不能作为定案依据，需要重新鉴定的。(3) 人民检察院与公安机关、被害人、犯罪嫌疑人之间或者被害人与犯罪嫌疑人之间对同一人身伤害的医学鉴定有不同认识，人民检察院认为需要重新鉴定的。

第二百零八条 [省级政府指定医院所作鉴定的重新或者补充鉴定]

人民检察院认为省级人民政府指定的医院作出的鉴定结论不能作为定案依据的，应当另行委托省级人民政府指定的其他医院重新鉴定或者补充鉴定。

【条文释义】 本条是关于对省级人民政府指定的医院作出的鉴定结论重新鉴定或者补充鉴定的规定。

对人身伤害的医学鉴定有争议需要重新鉴定或者对精神病的医学鉴定由省级人民政府指定的医院进行，并不意味着省级人民政府指定的医院作出的鉴定结论或者重新鉴定作出的鉴定结论就是终极的、必须采用的鉴定结论。根据本条规定，人民检察院经审查认为省级人民政府指定的医院作出的鉴定结论不能作为定案依据的，应当另行委托省级人民政府指定的其他医院重新鉴定或者补充鉴定。这一规定体现了实事求是的精神，有利于保证证据的客观性，有利于查明案情，正确认定案件事实。

第二百零九条［精神病鉴定的期限］

对犯罪嫌疑人作精神病鉴定的时间不计入羁押期限和办案期限。

【条文释义】　本条是关于对犯罪嫌疑人作精神病鉴定的时间不计入羁押期限和办案期限的规定。

刑事诉讼中，认定罪犯在实施犯罪行为时是否有精神病，对决定是否追究刑事责任起到至关重要的作用。我国《刑法》第18条规定，精神病人在不能辨认或者不能控制自己行为的时候造成危害结果，经法定程序鉴定确认的，不负刑事责任；间歇性的精神病人在精神正常的时候犯罪，应当负刑事责任；尚未完全丧失辨认或者控制自己行为能力的精神病人犯罪的，应当负刑事责任，但是可以从轻或者减轻处罚。所以在刑事诉讼中，有时需要对犯罪嫌疑人作精神病医学鉴定。鉴于这种鉴定的特殊性，往往需要经过相当长时间才能得出鉴定结论。为了保证必要的办案时间，根据本条规定，对犯罪嫌疑人作精神病鉴定的时间不计入羁押期限和办案期限。这里"鉴定的时间"，是指犯罪嫌疑人及其法定代理人、辩护人提出确定犯罪嫌疑人在实施犯罪行为过程中精神状态的申请，或者人民检察院认为需要对犯罪嫌疑人作精神病鉴定时，在省级人民政府指定的医院开始对犯罪嫌疑人进行鉴定到得出鉴定结论的期间。实践中应注意既不能轻率作出结论，又不能久拖不决。

第八节　辨　　认

第二百一十条［辨认的主体和对象］

为了查明案情，在必要的时候，检察人员可以让被害人、证人和犯罪嫌疑人对与犯罪有关的物品、文件、尸体进行辨认；也可以让被害人、证人对犯罪嫌疑人进行辨认，或者让犯罪嫌疑人对其他犯罪嫌疑人进行辨认。

对犯罪嫌疑人进行辨认，应当经检察长批准。

【条文释义】　本条是关于辨认主体和对象的规定。

本条第1款是关于辨认主体和辨认对象的一般规定。辨认，是指人民检察院为了证实犯罪嫌疑人或者有关犯罪的情况，让被害人、犯罪嫌疑人或者证人对与犯罪有关的物品、文件、尸体或者犯罪嫌疑人进行识别的一种侦查措施。辨认对于正确识别与犯罪有关的人员、物品、文件、尸体，正确认定案情、查获犯罪嫌疑人具有重要意义。所以在侦查案件中常使用辨认。根据本款规定，为了查明案情，在必要的时候，侦查人员可以让被害人、证人和犯罪嫌疑人对与犯罪有关的物品、文件、尸体进行辨认；也可以让被害人、证人对犯罪嫌疑人进行辨认，或者让犯罪嫌疑人对其他犯罪嫌疑人进行辨认。辨认的主体一般是被害人、证人和犯罪嫌疑人。辨认的对象包括人、物品、文件和尸体。辨认对象也可以由照片代替。

本条第 2 款是关于对犯罪嫌疑人进行辨认的特别规定。根据本款规定，对犯罪嫌疑人进行辨认，应当经检察长批准。对犯罪嫌疑人的辨认对确认身份和突破案情非常关键，辨认结果与对犯罪嫌疑人继续追诉与否和是否追诉直接相关。规定这种辨认经检察长批准，有利于保障辨认的正确适用，保护公民的合法权利，保证刑事诉讼的顺利进行。

第二百一十一条［辨认的主持者和辨认前的准备工作］

辨认应当在检察人员的主持下进行。在辨认前，应当向辨认人详细询问被辨认人或者被辨认物的具体特征，禁止辨认人见到被辨认人或者被辨认物，并应当告知辨认人有意作假辨认应负的法律责任。

【条文释义】　本条是关于辨认的主持者和辨认前准备工作的规定。

本条包括两层意思：（1）辨认应当在检察人员的主持下进行。即辨认主体和辨认对象确定后，具体如何进行辨认，应当在检察人员的主持下进行。其他人员应听从、服从检察人员所作的具体安排。（2）在辨认前，应当向辨认人详细询问被辨认人或者被辨认物的具体特征，禁止辨认人见到被辨认人或者被辨认物，并应当告知辨认人有意作假辨认应负的法律责任。“有意作假辨认”，是指故意作虚假的指认，即明知“是”而指认“不是”，明知“不是”而谎称“是”。“应负的法律责任”，主要是指《刑法》规定的包庇罪、伪证罪的刑事责任。本条规定有利于辨认活动的正常进行，防止出现有意或无意的辨认错误，保障辨认结果的正确性。

第二百一十二条［辨认的方式］

几名辨认人对同一被辨认人或者同一物品进行辨认时，应当由每名辨认人单独进行。必要的时候，可以有见证人在场。

【条文释义】　本条是关于辨认方式的规定。

本条包括两层含义：（1）几名辨认人对同一被辨认人或者同一物品进行辨认时，应当由每名辨认人单独进行。“单独进行”，是指由每名辨认人对同一被辨认人或者同一物品分别进行辨认，其中一名辨认人进行辨认时，其他辨认人不得在场。这样可以避免辨认人互相影响、互相干扰，甚至串通，保障辨认结果的客观性、正确性。（2）进行辨认在必要的时候，可以有见证人在场。“必要的时候”，是指对辨认结果可能出现异议，或者案情重大，为增强辨认的证明力，办案人员认为需要有见证人的时候。有见证人在场，能够保证辨认活动的正常进行，证明辨认的合法性，保障辨认结果的正确性和证明力。

第二百一十三条［辨认的方法］

辨认时，应当将辨认对象混杂在其他人员或者物品之中，不得给予辨认人任何暗示。

辨认犯罪嫌疑人时，受辨认人的人数不得少于五人，照片不得少于五张。

辨认物品时，同类物品不得少于五件，照片不得少于五张。

【条文释义】 本条是关于辨认方法的规定。

本条第1款是关于辨认时应当将辨认对象与其他人员或者物品相混杂的规定。根据本款规定，辨认时，应当将辨认对象混杂在其他人员或者物品之中，不得给予辨认人任何暗示。辨认时应绝对避免单独将辨认对象让辨认人辨认，并不得给予辨认人以任何暗示，只有这样才能保证辨认人对辨认对象进行正确地识别，防止因心理上的因素出现辨认结果的错误。

本条第2款、第3款是关于受辨认人、受辨认物品最低数量的规定。根据第2款规定，辨认犯罪嫌疑人时，受辨认人的人数不得少于5人，照片不得少于5张。"不得少于五人"即包括辨认对象在内至少要有5个受辨认人。"照片不得少于五张"即包括辨认对象的照片在内不得少于5个人的照片。根据第3款规定，辨认物品时，同类物品不得少于5件，照片不得少于5张。这两款的规定是实践经验的总结，也是心理学的研究成果在诉讼中的科学运用。

执行本条规定应注意，在选择与辨认对象混杂的人或物品时，应当根据案件的具体情况具体确定，决不可随意选择。辨认的目的是为了让辨认人识别出辨认对象，所以相混杂的人或物品与辨认对象应当有一定的共同特征。具体标准可以根据情况掌握。比如，在辨认对象为人时，相混杂的人与辨认对象在年龄、体貌特征等方面一般应当相当，这样才能达到辨认的效果和目的。

第二百一十四条［辨认笔录］

辨认的情况，应当制作笔录，由参加辨认的有关人员签名或者盖章。

【条文释义】 本条是关于辨认笔录的规定。

根据本条规定，人民检察院辨认的情况，应当制作笔录，由参加辨认的有关人员签名或者盖章。"参加辨认的有关人员"包括主持辨认的人员、见证人、辨认人、记录人等。制作辨认笔录，是固定辨认结果的手段，也是重要的证据材料，所以进行辨认，应当认真制作辨认笔录，并让有关人员签名或者盖章，以保证其证明力，保障其证据价值。

第二百一十五条 ［公安机关参加或者协助辨认］

人民检察院主持进行辨认，可以商请公安机关参加或者协助。

【条文释义】 本条是关于商请公安机关参加或者协助辨认的规定。

根据本条规定，人民检察院主持进行辨认，可以商请公安机关参加或者协助。这样规定的理由与作用是：（1）辨认活动往往涉及或需要很多人参加，警戒工作繁重，人民检察院的警力或设施有时不足以适应需要。在这种情况下需要公安机关派员协助，保证辨认的正常进行。（2）人民检察院在审查批捕或者审查起诉时主持的辨认，可能会改变对案件的认定，商请公安机关参加，有利于加强公安机关与检察机关的配合与制约。

第九节 通 缉

第二百一十六条 ［通缉的条件］

人民检察院侦查直接受理的案件，应当逮捕的犯罪嫌疑人如果在逃，或者已被逮捕的犯罪嫌疑人脱逃的，经检察长批准，可以作出通缉的决定。

【条文释义】 本条是关于人民检察院决定通缉的条件的规定。

通缉，是指由公安机关通令缉拿应当逮捕而在逃的犯罪嫌疑人的侦查措施。根据本条规定，人民检察院侦查直接受理的案件，应当逮捕的犯罪嫌疑人如果在逃，或者已被逮捕的犯罪嫌疑人脱逃的，经检察长批准，可以作出通缉的决定。“应当逮捕的犯罪嫌疑人”，是指符合逮捕条件，已决定逮捕的犯罪嫌疑人。“在逃”，是指逃向不明，难以捕获的情况。人民检察院决定通缉的经检察长批准，可以保证通缉的正确适用。

执行本条规定应当注意，通缉的对象必须同时具备三个条件：（1）被通缉的人必须是犯罪嫌疑人；（2）该犯罪嫌疑人符合逮捕条件或已被逮捕；（3）该犯罪嫌疑人为逃避法律追究而下落不明。

第二百一十七条 ［通缉的决定权］

各级人民检察院需要在本辖区内通缉犯罪嫌疑人的，可以直接决定通缉；需要在本辖区外通缉犯罪嫌疑人的，由有决定权的上级人民检察院决定。

【条文释义】 本条是关于有权作出通缉决定的人民检察院的级别的规定。

根据本条规定，各级人民检察院需要在本辖区内通缉犯罪嫌疑人的，可以直接决定通缉；需要在本辖区外通缉犯罪嫌疑人的，由有决定权的上级人民检察院决定。根据《刑事诉讼法》第123条规定，各级公安机关在自己管辖的地区以内，可以直接发布通缉令。人民检察院在决定通缉时，也只能在自己辖区内决定通缉。人民检察院需要在自己辖区外通缉犯罪嫌疑人的，应当层报有决定权的上级人民检察院决定通缉，由该上级人民检察院通知同级公安机关在辖区内发布通缉令。这样做比较简便易行，若由下级人民检察院作出通缉决定，送达同级公安机关，但通缉范围又超过自己辖区，则和《刑事诉讼法》第123条规定的精神相矛盾。

第二百一十八条［通缉的执行］

人民检察院应当将通缉通知书和通缉犯的照片、身份、特征、案情简况送达公安机关，由公安机关发布通缉令，追捕归案。

【条文释义】　本条是关于人民检察院通缉决定执行的一般规定。

根据《刑事诉讼法》规定的精神，通缉令应当由公安机关发布，并由公安机关采取有效措施，将犯罪嫌疑人追捕归案。所以根据本条规定，人民检察院决定通缉犯罪嫌疑人的，应当将通缉通知书和通缉犯的照片、身份、特征、案情简况送达公安机关，由公安机关发布通缉令，追捕归案。送达公安机关通缉犯的照片、身份、特征、案情简况，有利于公安机关顺利、正确地执行通缉。

【通缉通知书的制作】

（一）制作方法

通缉通知书为三联填充式文书，各联的内容和制作方法如下：

1. 第一联存根。

（1）首部。包括：制作本文书的人民检察院名称；文书名称，即“通缉通知书”；文书编号，即“　检　缉〔　〕　号”，“检”前空余地方填写制作本文书的人民检察院的简称，“检”与“缉”之间的空余地方填写人民检察院具体办案部门的简称，中括号内填写制作本文书的年度，中括号与“号”之间的空余地方填写本文书在该年度的序号。在文书名称下面标有“（存根）”字样。

（2）正文。包括：案由，可以根据案件中犯罪嫌疑人所涉嫌的罪名填写为“贪污罪”、“受贿罪”、“挪用公款罪”等，如果因涉嫌多个罪名而立案的，应将所涉嫌的罪名填写全；犯罪嫌疑人基本情况，包括姓名、性别、年龄、工作单位、住址、身份证号码、是否人大代表或政协委员，上述犯罪嫌疑人的基本情况，并不是要求每一项内容都必须填写完整、清楚，制作时可以根据具体案件的需要和实际掌握的情况加以填写；通缉原因，即“该犯罪嫌疑人应当逮捕而在逃”；送达机关，即发布通缉令的公安机关名称；制作本文书的批准人的姓名或者名称；具体办理这一案件的承办人的姓名；填发本文书的填发人的姓名；填发本文书的时间。

2. 第二联副本。

（1）首部。包括：制作本文书的人民检察院名称、文书名称、文书编号，其制作方法与第一联的要求一样，只是在文书名称下面标有“（副 本）”字样。

（2）正文。包括：具体办理案件的人民检察院名称；被通缉的犯罪嫌疑人的姓名；犯罪嫌疑人涉嫌的罪名；发布通缉令的范围，如最高人民检察院决定通缉的填写为“在全国范围内”，省级人民检察院决定通缉的填写“在全省范围内”等；发布通缉令的公安机关名称。

（3）尾部。包括：制作本文书的时间，具体到年、月、日；加盖制作本文书的人民检察院的院印。

3. 第三联正本。

（1）首部。包括：制作本文书的人民检察院名称、文书名称、文书编号，填写要求与第一联一样。

（2）正文。依次填写的具体内容和制作要求与第二联一样。

（3）尾部。包括：制作本文书的时间，具体到年、月、日；加盖制作本文书的人民检察院的院印；注，即同时送达公安机关的有关材料。

（二）使用说明

在具体使用时，应注意以下问题：本文书应当以被通缉的人次为单位制作，即对于同一个犯罪嫌疑人，每一次决定通缉时均应单独制作通缉通知书；一次对多名犯罪嫌疑人决定通缉的，应当对每一个犯罪嫌疑人均单独制作通缉通知书。作出通缉决定的人民检察院应当将本文书送达其同级的公安机关发布通缉令。对于被通缉的犯罪嫌疑人，具体办理案件的人民检察院一般已经作出逮捕决定。同时送达公安机关的附件中的犯罪嫌疑人近期照片、身份证号码、指纹、体貌特征、携带物品和注意事项等情况，应当尽可能齐全、完整地提供给公安机关，以便充分发挥通缉的作用。但对于其中的部分事项，如指纹等不是必备事项的，无法提供不影响通缉通知书的法律效力。具体办理案件的人民检察院不一定是作出通缉决定的人民检察院。地方各级人民检察院可以在自己所辖的省、市、区、县范围内作出通缉决定；超越自己辖区的，应当报有权决定通缉的人民检察院。最高人民检察院可以决定在全国范围内通缉。

人民检察院应当与公安机关积极配合，及时检查监督通缉的执行情况。对于应当逮捕的犯罪嫌疑人，如果潜逃出境，可以报告最高人民检察院商请国际刑事警察组织中国国家中心局，请求有关方面协助，或者通过其他法律规定的途径追捕归案。

本文书三联之间的骑缝线上均有本文书文号，应当按照本文书第三联中文号的填写方法予以填写。

本文书共三联，第一联统一保存，第二联附卷，第三联送达执行机关。

（三）文书格式（见下页）

人民检察院
通缉通知书
（存　根）

检　缉〔　　〕　号

案由__________

犯罪嫌疑人基本情况（姓名、性别、年龄、工作单位、住址、身份证号码、是否人大代表、政协委员）__________

____

____

____

通缉原因__________

____

送达机关__________

批准人__________

承办人__________

填发人__________

填发时间__________

第一联统一保存

检缉〔　〕号

人民检察院
通缉通知书
（副　本）

检　缉〔　　〕　号

__________人民检察院正在侦查犯罪嫌疑人__________涉嫌__________一案，该犯罪嫌疑人应当逮捕但现在逃。根据《中华人民共和国刑事诉讼法》第一百二十三条和第一百三十一条的规定，决定予以通缉。接到本通知后，请在__________范围内发布《通缉令》予以追捕。

此致

____

年　月　日

（院印）

第二联附卷

检缉〔　〕号

人民检察院
通缉通知书

检　缉〔　　〕　号

__________人民检察院正在侦查犯罪嫌疑人__________涉嫌__________一案，该犯罪嫌疑人应当逮捕但现在逃。根据《中华人民共和国刑事诉讼法》第一百二十三条和第一百三十一条的规定，决定予以通缉。接到本通知后，请在__________范围内发布《通缉令》予以追捕。

此致

____

年　月　日

（院印）

注：《在逃人员登记表》、《立案决定书》和《逮捕证》复印件及犯罪嫌疑人近期照片、身份证号码、指纹、体貌特征、携带物品和注意事项等。

第三联送达执行机关

第二百一十九条 [人民检察院配合、检查监督通缉的执行]

人民检察院应当与公安机关积极配合，及时检查监督通缉的执行情况。

【条文释义】 本条是关于人民检察院配合、检查监督公安机关执行通缉的规定。

人民检察院决定通缉犯罪嫌疑人，应由公安机关发布通缉令、执行通缉。为了保证通缉决定的正确执行，及时将犯罪嫌疑人缉拿归案，本条规定，人民检察院应当与公安机关积极配合，及时检查监督通缉的执行情况。"积极配合"，包括根据公安机关的要求抽调警力参与对犯罪嫌疑人的追捕、及时提供最新情况、线索等。"检查监督通缉的执行情况"，是指了解公安机关是否及时发布通缉令、是否采取有力措施缉拿犯罪嫌疑人、通缉令的执行情况等。实践中应避免将通缉通知书送达公安机关后便不闻不问的现象。要主动配合、督促公安机关，尽快将通缉犯缉拿归案，人民检察院通知公安机关发布通缉令后，如果犯罪嫌疑人被抓获归案，应及时通知公安机关撤销通缉令。

第二百二十条 [追捕潜逃出境的犯罪嫌疑人]

对于应当逮捕的犯罪嫌疑人，如果潜逃出境，可以报告最高人民检察院商请国际刑事警察组织中国国家中心局，请求有关方面协助，或者通过其他法律规定的途径追捕归案。

【条文释义】 本条是关于人民检察院如何追捕潜逃出境的犯罪嫌疑人的规定。

人民检察院直接受理的案件中，犯罪嫌疑人潜逃出境的现象时有发生。如何追捕潜逃出境的犯罪嫌疑人，便成为经常遇到的实践问题。根据本条规定，对于应当逮捕的犯罪嫌疑人，如果潜逃出境，可以报告最高人民检察院商请国际刑事警察组织中国国家中心局，即公安部设置的中国国家中心局，请求有关方面协助，或者通过其他法律规定的途径追捕归案。"其他法律规定的途径"，主要是指根据中国参加或者缔结的国际条约，通过司法协助途径将犯罪嫌疑人追捕归案。

第十节 侦查终结

第二百二十一条 [侦查羁押的一般期限]

对犯罪嫌疑人逮捕后的侦查羁押期限不得超过二个月。基层人民检察院，分、州、市人民检察院和省级人民检察院直接立案侦查的案件，案情复杂、期限届满不能终结的案件，可以经上一级人民检察院批准延长一个月。

【条文释义】 本条是关于对犯罪嫌疑人侦查羁押期限和因案情复杂延长侦查羁押期限的规定。

本条规定的“侦查羁押期限”，是指对犯罪嫌疑人逮捕后在侦查阶段的羁押期限，不包括拘留期限在内，也不包括审查起诉期限在内。本条规定“侦查羁押期限不得超过二个月”是一般性规定，适用于最高人民检察院、省级人民检察院、分、州、市人民检察院和基层人民检察院立案侦查的案件，即一般情况下应在2个月内完成侦查任务。本条规定，“案情复杂”的案件可以“经上一级人民检察院批准延长一个月”。这里的“案情复杂”，是指案件涉及的犯罪情况复杂，如集团犯罪、一人数罪或数个行为等，因案情复杂延长期限的情况只适用于省级人民检察院、分、州、市人民检察院和基层人民检察院办理的案件，不适用于最高人民检察院办理的案件。“经上一级人民检察院批准”，是指基层人民检察院办理的案件，因案情复杂需要延长侦查羁押期限的，要经分、州、市人民检察院批准；分、州、市检察院办理的案件要经省级人民检察院批准；省级人民检察院办理的案件要经最高人民检察院批准。“延长一个月”，是指在原来的2个月期满以后延长1个月。

【提请批准延长侦查羁押期限报告书的制作】

（一）制作方法

提请批准延长侦查羁押期限报告书为三联填充式文书，各联的内容和制作方法如下：

1. 第一联存根。

（1）首部。包括：制作本文书的人民检察院名称；文书名称，即“提请批准延长侦查羁押期限报告书”；文书编号，即“ 检 请延〔 〕 号”，“检”前空余地方填写制作本文书的人民检察院的简称，“检”与“请延”之间的空余地方填写人民检察院具体办案部门的简称，中括号内填写制作本文书的年度，中括号与“号”之间的空余地方填写本文书在该年度的序号。在文书名称下面标有“（存 根）”字样。

（2）正文。包括：案由，可以根据案件中犯罪嫌疑人所涉嫌的罪名填写为“贪污罪”、“受贿罪”、“挪用公款罪”等，如果因涉嫌多个罪名而立案的，应将所涉嫌的罪名填写全；犯罪嫌疑人基本情况，包括姓名、性别、年龄、工作单位、住址、身份证号码、是否人大代表或政协委员，上述犯罪嫌疑人的基本情况，并不是要求每一项内容都必须填写完整、清楚，制作时可以根据具体案件的需要和实际掌握的情况加以填写；提请批准延长侦查羁押期限的理由；提请延长的侦查羁押期限；制作本文书的批准人的姓名或者名称；具体办理这一案件的承办人的姓名；填发本文书的填发人的姓名；填发本文书的时间。

2. 第二联副本。

（1）首部。包括：制作本文书的人民检察院名称、文书名称、文书编号，其制作方法与第一联的要求一样，只是在文书名称下面标有“（副 本）”字样。

（2）正文。包括：报送对象，即有批准权的上级人民检察院名称；原决定逮捕的时间，具体到年、月、日；原逮捕决定书的文号；已经逮捕的犯罪嫌疑人姓名；需要延长侦查羁押期限的具体原因，应当根据《刑事诉讼法》第124～127条规定的具体情形填写；《刑事诉讼法》中具体的条文依据；提请批准延长的期限，以月为单位填写；延长侦查羁押期限的起算时间和截止时间，具体到年、月、日。

（3）尾部。包括：制作本文书的时间，具体到年、月、日；加盖制作本文书的人民检察院的院印。

3. 第三联正本。

（1）首部。包括：制作本文书的人民检察院名称、文书名称、文书编号，填写要求与第一联一样。

（2）正文。依次填写的具体内容和制作要求与第二联一样。

（3）尾部。包括：制作本文书的时间，具体到年、月、日；加盖制作本文书的人民检察院的院印。

（二）使用说明

在具体使用时，应注意以下问题：本文书应当以被提请延长侦查羁押期限的人次为单位制作，即对于同一个犯罪嫌疑人，每一次提请延长侦查羁押期限时均应单独制作提请批准延长侦查羁押期限报告书；一次对多名犯罪嫌疑人提请延长侦查羁押期限的，应当对每一个犯罪嫌疑人均单独制作提请批准延长侦查羁押期限报告书。

公安机关需要延长侦查羁押期限的，应当在侦查羁押期限届满7日前，向同级人民检察院移送延长侦查羁押期限意见书，写明案件的主要案情和延长侦查羁押期限的具体理由。人民检察院直接立案侦查的案件，侦查部门认为需要延长侦查羁押期限的，应当按照上述规定向本院审查逮捕部门移送延长侦查羁押期限的意见及有关材料。

人民检察院审查批准或者决定延长侦查羁押期限，由审查逮捕部门办理。受理案件的人民检察院审查逮捕部门对延长侦查羁押期限的意见审查后，应当提出是否同意延长侦查羁押期限的意见，报检察长决定后，将侦查机关延长侦查羁押期限的理由和本院的审查意见层报有决定权的人民检察院审查决定。有决定权的人民检察院应当在侦查羁押期限届满前作出是否批准延长侦查羁押期限的决定，并交由受理案件的人民检察院审查逮捕部门送达公安机关或者本院侦查部门。人民检察院直接立案侦查的案件，不能在法定侦查羁押期限内侦查终结的，应当依法释放犯罪嫌疑人或者变更强制措施。人民检察院监所检察部门对于本院直接立案侦查的案件，发现超过侦查羁押期限的，应当提出纠正意见，报告检察长。人民检察院批准、决定延长侦查羁押期限或者决定重新计算侦查羁押期限的，审查逮捕部门应当同时书面告知本院监所检察部门。人民检察院直接立案侦查的案件，对犯罪嫌疑人没有采取取保候审、监视居住、拘留或者逮捕措施的，侦查部门应当在立案后2年以内提出移送审查起诉、移送审查不起诉或者撤销案件的意见；对犯罪嫌疑人采取取保候审、监视居住、拘留或者逮捕措施的，侦查部门应当在解除或者撤销强制措施后1年以内提出移送审查起诉、移送审查不起诉或者撤销案件的意见。

犯罪嫌疑人不讲真实姓名、住址，身份不明的，侦查羁押期限自查清其身份之日起计算，但是不得停止对其犯罪行为的侦查取证。对于犯罪事实清楚，证据确实、充分的，也可以按其自报的姓名移送人民检察院审查起诉。由于同案犯罪嫌疑人在逃，在案犯罪嫌疑人的犯罪事实无法查清的，对在案犯罪嫌疑人应当根据案件的不同情况分别报请延长侦查羁押期限、变更强制措施或者解除强制措施。中止侦查期间，如果犯罪嫌疑人在押，对符合延长侦查羁押期限条件的，应当依法延长侦查羁押期限；对侦查羁押期限届满的，应当依法变更为取保候审或者监视居住措施。

犯罪嫌疑人及其法定代理人、近亲属或者犯罪嫌疑人委托的律师及其他辩护人认为人民检察院批准或者决定逮捕的犯罪嫌疑人羁押超过法定期限，向人民检察院提出释放犯罪嫌疑人或者变更逮捕措施要求的，由人民检察院审查逮捕部门审查，审查逮捕部门应当向侦查机关或者本院侦查部门了解有关情况，并在7日以内审查完毕。审查逮捕部门经审查认为超过法定期限的，应当提出释放犯罪嫌疑人或者变更逮捕措施的意见，经检察长批准后，通知公安机关执行；经审查认为未超过法定期限的，制作驳回申请决定书答复申诉人。审查逮捕部门应当将审查结果同时书面通知本院监所检察部门。犯罪嫌疑人、被告人被羁押的案件，不能在《刑事诉讼法》规定的侦查羁押、审查起诉、一审、二审期限内办结，需要继续查证、审理的，对犯罪嫌疑人、被告人可以取保候审或者监视居住。

本文书中的提请批准延长侦查羁押期限的理由、《刑事诉讼法》中的条文依据应当填写清楚，相互对应。应当严格按照《刑事诉讼法》中条文的规定，先填写提请批准延长侦查羁押期限的事实理由，再填写所依据的条文。可分别填写如下："本案属于案情复杂的案件"、"第一百二十四条"，或者"本案属于重大的犯罪集团案件"、"第一百二十六条"，或者"本案可能对犯罪嫌疑人判处十年有期徒刑以上刑罚"、"第一百二十七条"，等等。

本文书三联之间的骑缝线上均有本文书文号，应当按照本文书第三联中文号的填写方法予以填写。

本文书共三联，第一联统一保存，第二联附卷，第三联送达有权批准的人民检察院。

（三）文书格式（见下页）

人民检察院
提请批准延长
侦查羁押期限报告书
（存 根）

检 请延〔 〕 号

案由________
犯罪嫌疑人基本情况（姓名、性别、年龄、工作单位、住址、身份证号码、是否人大代表、政协委员）
____
____
____
____
提请批准延长理由________
____
提请批准延长期限________
____
批准人________
承办人________
填发人________
填发时间________

第一联统一保存

检 请延〔 〕 号

人民检察院
提请批准延长
侦查羁押期限报告书
（副 本）

检 请延〔 〕 号

________人民检察院：
我院于____年____月____日以____号逮捕决定书决定逮捕的犯罪嫌疑人____，因________
________期限届满不能侦查终结，根据《中华人民共和国刑事诉讼法》第____条的规定，特提请批准对该犯罪嫌疑人延长侦查羁押期限____个月，自____年____月____日至____年____月____日。

年 月 日
（院印）

第二联附卷

检 请延〔 〕 号

人民检察院
提请批准延长
侦查羁押期限报告书

检 请延〔 〕 号

________人民检察院：
我院于____年____月____日以____号逮捕决定书决定逮捕的犯罪嫌疑人____，因________
________期限届满不能侦查终结，根据《中华人民共和国刑事诉讼法》第____条的规定，特提请批准对该犯罪嫌疑人延长侦查羁押期限____个月，自____年____月____日至____年____月____日。

年 月 日
（院印）

第三联报送有权批准的人民检察院

【批准延长侦查羁押期限决定书的制作】

（一）制作方法

批准延长侦查羁押期限决定书为三联填充式文书，各联的内容和制作方法如下：

1. 第一联存根。

（1）首部。包括：制作本文书的人民检察院名称；文书名称，即“批准延长侦查羁押期限决定书”；文书编号，即“ 检 准延〔 〕 号”，“检”前空余地方填写制作本文书的人民检察院的简称，“检”与“准延”之间的空余地方填写人民检察院具体办案部门的简称，中括号内填写制作本文书的年度，中括号与“号”之间的空余地方填写本文书在该年度的序号。在文书名称下面标有“（存 根)”字样。

（2）正文。包括：案由，可以根据案件中犯罪嫌疑人所涉嫌的罪名填写为“贪污罪”、“受贿罪”、“挪用公款罪”等，如果因涉嫌多个罪名而立案的，应将所涉嫌的罪名填写全；犯罪嫌疑人基本情况，包括姓名、性别、年龄、工作单位、住址、身份证号码、是否人大代表或政协委员，上述犯罪嫌疑人的基本情况，并不是要求每一项内容都必须填写完整、清楚，制作时可以根据具体案件的需要和实际掌握的情况加以填写；送达机关的名称；批准延长侦查羁押期限的理由；延长的侦查羁押期限的起算时间、截止时间和具体期限；制作本文书的批准人的姓名或者名称；具体办理这一案件的承办人的姓名；填发本文书的填发人的姓名；填发本文书的时间。

2. 第二联副本。

（1）首部。包括：制作本文书的人民检察院名称、文书名称、文书编号，其制作方法与第一联的要求一样，只是在文书名称下面标有“（副 本)”字样。

（2）正文。包括：送达对象，即提请机关的名称；提请机关的简称，如“厅”、“局”、“院”等；提请延长侦查羁押期限的时间，具体到年、月、日；原提请批准延长侦查羁押期限报告书的文号；已经逮捕的犯罪嫌疑人姓名；《刑事诉讼法》中具体的条文依据；批准延长侦查羁押期限的犯罪嫌疑人的姓名；批准延长的期限，以月为单位填写；延长侦查羁押期限的起算时间和截止时间，具体到年、月、日。

（3）尾部。包括：制作本文书的时间，具体到年、月、日；加盖制作本文书的人民检察院的院印。

3. 第三联正本。

（1）首部。包括：制作本文书的人民检察院名称、文书名称、文书编号，填写要求与第一联一样。

（2）正文。依次填写的具体内容和制作要求与第二联一样。

（3）尾部。包括：制作本文书的时间，具体到年、月、日；加盖制作本文书的人民检察院的院印。

（二）使用说明

在具体使用时，应注意以下问题：本文书应当以被批准延长侦查羁押期限的人次为单位制作，即对于同一个犯罪嫌疑人，每一次批准延长侦查羁押期限时均应单独制作批准延长侦查羁押期限决定书；一次对多名犯罪嫌疑人批准延长侦查羁押期限的，应当对每一个犯罪嫌疑人均单独制作批准延长侦查羁押期限决定书。

公安机关需要延长侦查羁押期限的，应当在侦查羁押期限届满7日前，向同级人民检察院移送延长侦查羁押期限意见书，写明案件的主要案情和延长侦查羁押期限的具体理由。人民检察院直接立案侦查的案件，侦查部门认为需要延长侦查羁押期限的，应当按照上述规定向本院审查逮捕部门移送延长侦查羁押期限的意见及有关材料。

人民检察院审查批准或者决定延长侦查羁押期限，由审查逮捕部门办理。受理案件的人民检察院审查逮捕部门对延长侦查羁押期限的意见审查后，应当提出是否同意延长侦查羁押期限的意见，报检察长决定后，将侦查机关延长侦查羁押期限的理由和本院的审查意见层报有决定权的人民检察院审查决定。有决定权的人民检察院应当在侦查羁押期限届满前作出是否批准延长侦查羁押期限的决定，并交由受理案件的人民检察院审查逮捕部门送达公安机关或者本院侦查部门。人民检察院直接立案侦查的案件，不能在法定侦查羁押期限内侦查终结的，应当依法释放犯罪嫌疑人或者变更强制措施。人民检察院监所检察部门对于本院直接立案侦查的案件，发现超过侦查羁押期限的，应当提出纠正意见，报告检察长。人民检察院批准、决定延长侦查羁押期限或者决定重新计算侦查羁押期限的，审查逮捕部门应当同时书面告知本院监所检察部门。

犯罪嫌疑人不讲真实姓名、住址，身份不明的，侦查羁押期限自查清其身份之日起计算，但是不得停止对其犯罪行为的侦查取证。对于犯罪事实清楚，证据确实、充分的，也可以按其自报的姓名移送人民检察院审查起诉。由于同案犯罪嫌疑人在逃，在案犯罪嫌疑人的犯罪事实无法查清的，对在案犯罪嫌疑人应当根据案件的不同情况分别报请延长侦查羁押期限、变更强制措施或者解除强制措施。中止侦查期间，如果犯罪嫌疑人在押，对符合延长侦查羁押期限条件的，应当依法延长侦查羁押期限；对侦查羁押期限届满的，应当依法变更为取保候审或者监视居住措施。犯罪嫌疑人、被告人被羁押的案件，不能在《刑事诉讼法》规定的侦查羁押、审查起诉、一审、二审期限内办结，需要继续查证、审理的，对犯罪嫌疑人、被告人可以取保候审或者监视居住。

根据《全国人民代表大会和地方各级人民代表大会代表法》的规定，逮捕系县级以上人大代表的犯罪嫌疑人，应当报请其所属的人民代表大会主席团或者常务委员会许可。逮捕以后延长羁押期限的，不必再行报请。

最高人民法院、最高人民检察院、公安部、国家安全部、司法部、全国人大常委会法制工作委员会《关于刑事诉讼法实施中若干问题的规定》第33条规定："刑事诉讼法第一百二十二条规定：'对犯罪嫌疑人作精神病鉴定的期间不计入办案期限。'根据上述规定，犯罪嫌疑人、被告人在押的案件，除对犯罪嫌疑人、被告人的精神病鉴定时间不计入办案期限外，其他鉴定时间都应当计入办案期限。对于因鉴定时间较长，办案期限届满仍不能终结的案件，自期限届满之日起，应当对被羁押的犯罪嫌疑人、被告人变更强制措施，改为取保候审或者监视居住。"

延长侦查羁押期限的开始起算时间应为原侦查羁押期限的届满时间后的第一日，而不是作出批准延长决定的时间。最高人民法院、最高人民检察院、公安部、国家安全部、司法部、全国人大常委会法制工作委员会《关于刑事诉讼法实施中若干问题的规定》第29条规定："关于刑事诉讼中期间的计算，期间的最后一日为节假日的，以节假日后的第一日为期间届满日期。但对于犯罪嫌疑人、被告人或者罪犯在押期间，应当至期间届满之日为止，不得因节假日而延长在押期限至节假日后的第一日。"

本文书三联之间的骑缝线上均有本文书文号，应当按照本文书第三联中文号的填写方法予以填写。

本文书共三联，第一联统一保存，第二联附卷，第三联送达提请机关。

（三）文书格式（见下页）

人民检察院
批准延长侦查羁押期限
决 定 书
（存 根）

检 准延〔 〕 号

案由________
犯罪嫌疑人基本情况（姓名、性别、年龄、工作单位、住址、身份证号码、是否人大代表、政协委员）
____
____
____
____
送达机关________
批准延长理由________
延长期限自____年____月____日起至____年____月____日止，共____个月。
批准人________
承办人________
填发人________
填发时间________

第一联统一保存

检 准延〔 〕 号

人民检察院
批准延长侦查羁押期限
决 定 书
（副 本）

检 准延〔 〕 号

________：
你____于____年____月____日以________号文书提请批准延长犯罪嫌疑人________的侦查羁押期限，经审查，根据《中华人民共和国刑事诉讼法》第________条的规定，批准对犯罪嫌疑人________延长羁押期限____个月（自____年____月____日起至____年____月____日止）。

年 月 日
（院印）

第二联附卷

检 准延〔 〕 号

人民检察院
批准延长侦查羁押期限
决 定 书

检 准延〔 〕 号

________：
你____于____年____月____日以________号文书提请批准延长犯罪嫌疑人________的侦查羁押期限，经审查，根据《中华人民共和国刑事诉讼法》第________条的规定，批准对犯罪嫌疑人________延长羁押期限____个月（自____年____月____日起至____年____月____日止）。

年 月 日
（院印）

第三联送达提请机关

【延长侦查羁押期限通知书的制作】

（一）制作方法

延长侦查羁押期限通知书为三联填充式文书，各联的内容和制作方法如下：

1. 第一联存根。

（1）首部。包括：制作本文书的人民检察院名称、文书名称、文书编号，填写要求与第三联一样。在文书名称下面标有“（存　根）”字样。

（2）正文。包括：案由，可以根据案件中犯罪嫌疑人所涉嫌的罪名填写为“贪污罪”、“受贿罪”、“挪用公款罪”等，如果因涉嫌多个罪名而立案的，应将所涉嫌的罪名填写全；犯罪嫌疑人基本情况，包括姓名、性别、年龄、工作单位、住址、身份证号码、是否人大代表或政协委员，上述犯罪嫌疑人的基本情况，并不是要求每一项内容都必须填写完整、清楚，制作时可以根据具体案件的需要和实际掌握的情况加以填写；送达机关即看守所的名称；延长侦查羁押期限的原因；制作本文书的批准人的姓名或者名称；具体办理这一案件的承办人的姓名；填发本文书的填发人的姓名；填发本文书的时间。

2. 第二联副本。

（1）首部。包括：制作本文书的人民检察院名称、文书名称、文书编号，其制作方法与第三联的要求一样，只是在文书名称下面标有“（副　本）”字样。

（2）正文。包括：送达对象，即看守所的名称；原作出逮捕决定的时间，具体到年、月、日；原逮捕决定书的文号；已经逮捕的犯罪嫌疑人姓名；需要延长侦查羁押期限的具体原因，应当根据《刑事诉讼法》第124～127条规定的具体情形填写；《刑事诉讼法》中具体的条文依据；批准延长侦查羁押期限的人民检察院名称；犯罪嫌疑人的姓名；延长羁押的期限，以月为单位填写；延长侦查羁押期限的起算时间和截止时间，具体到年、月、日。

（3）尾部。包括：制作本文书的时间，具体到年、月、日；加盖制作本文书的人民检察院的院印；附注，由犯罪嫌疑人填写向其宣告的日期，具体到年、月、日，并由犯罪嫌疑人签名或者盖章；宣告人签名或者盖章。

3. 第三联正本。

（1）首部。包括：制作本文书的人民检察院名称；文书名称，即“延长侦查羁押期限通知书”；文书编号，即“　检　延通〔　〕　号”，“检”前空余地方填写制作本文书的人民检察院的简称，“检”与“延通”之间的空余地方填写人民检察院具体办案部门的简称，中括号内填写制作本文书的年度，中括号与“号”之间的空余地方填写本文书在该年度的序号。

（2）正文。依次填写的具体内容和制作要求与第二联一样。

（3）尾部。包括：制作本文书的时间，具体到年、月、日；加盖制作本文书的人民检察院的院印。

（二）使用说明

在具体使用时，应注意以下问题：本文书应当以被延长侦查羁押期限的人次为单位制作，即对于同一个犯罪嫌疑人，每一次延长侦查羁押期限时均应单独制作延长侦查羁押期限通知书；一次对多名犯罪嫌疑人延长侦查羁押期限的，应当对每一个犯罪嫌疑人均单独制作延长侦查羁押期限通知书。延长侦查羁押期限的原因、期限、法律依据和批准机关应当填写清楚，相互对应。本文书应当向犯罪嫌疑人宣告，由其签名或者盖章；犯罪嫌疑人拒绝签名或者盖章的，应当在文书中注明。

延长侦查羁押期限的开始起算时间应为原侦查羁押期限的届满时间后的第一日，而不是作出批准延长决定的时间。最高人民法院、最高人民检察院、公安部、国家安全部、司法部、全国人大常委会法制工作委员会《关于刑事诉讼法实施中若干问题的规定》第29条规定：“关于刑事诉讼中期间的计算，期间的最后一日为节假日的，以节假日后的第一日为期间届满日期。但对于犯罪嫌疑人、被告人或者罪犯在押期间，应当至期间届满之日为止，不得因节假日而延长在押期限至节假日后的第一日。”

人民检察院审查批准或者决定延长侦查羁押期限，由审查逮捕部门办理。受理案件的人民检察院审查逮捕部门对延长侦查羁押期限的意见审查后，应当提出是否同意延长侦查羁押期限的意见，报检察长决定后，将侦查机关延长侦查羁押期限的理由和本院的审查意见层报有决定权的人民检察院审查决定。有决定权的人民检察院应当在侦查羁押期限届满前作出是否批准延长侦查羁押期限的决定，并交由受理案件的人民检察院审查逮捕部门送达公安机关或者本院侦查部门。批准公安机关、国家安全机关等侦查机关提请延长侦查羁押期限的，由侦查机关自行通知看守所和犯罪嫌疑人。

犯罪嫌疑人及其法定代理人、近亲属或者犯罪嫌疑人委托的律师及其他辩护人认为人民检察院批准或者决定逮捕的犯罪嫌疑人羁押超过法定期限，向人民检察院提出释放犯罪嫌疑人或者变更逮捕措施要求的，由人民检察院审查逮捕部门审查，审查逮捕部门应当向侦查机关或者本院侦查部门了解有关情况，并在7日以内审查完毕。审查逮捕部门经审查认为超过法定期限的，应当提出释放犯罪嫌疑人或者变更逮捕措施的意见，经检察长批准后，通知公安机关执行；经审查认为未超过法定期限的，制作驳回申请决定书答复申诉人。审查逮捕部门应当将审查结果同时书面通知本院监所检察部门。

根据《全国人民代表大会和地方各级人民代表大会代表法》的规定，逮捕系县级以上人大代表的犯罪嫌疑人，应当报请其所属的人民代表大会主席团或者常务委员会许可。逮捕以后延长羁押期限的，不必再行报请。

本文书三联之间的骑缝线上均有本文书文号，应当按照本文书第三联中文号

的填写方法予以填写。

本文书共三联，第一联统一保存，第二联向犯罪嫌疑人宣告后附卷，第三联送达看守所。

（三）文书格式（见下页）

人民检察院
延长侦查羁押期限通知书
（存 根）

检 延通〔 〕 号

案由______
犯罪嫌疑人基本情况（姓名、性别、年龄、工作单位、住址、身份证号码、是否人大代表、政协委员）______
______
______
______
送达机关______
延长原因______
批准人______
承办人______
填发人______
填发时间______

第一联统一保存

检 延通〔 〕 号

人民检察院
延长侦查羁押期限通知书
（副 本）

检 延通〔 〕 号

______：

本院____年____月____日____号逮捕决定书以涉嫌______决定逮捕的犯罪嫌疑人______，因______期限届满不能侦查终结，根据《中华人民共和国刑事诉讼法》第____条的规定，经____批准，延长犯罪嫌疑人______的侦查羁押期限____个月（自____年____月____日起至____年____月____日止）。

特此通知。

年 月 日
（院印）

本决定已于____年____月____日向我宣告。

犯罪嫌疑人：______
宣 告 人：______

第二联向犯罪嫌疑人宣告后附卷

检 延通〔 〕 号

人民检察院
延长侦查羁押期限通知书

检 延通〔 〕 号

______：

本院____年____月____日____号逮捕决定书以涉嫌______决定逮捕的犯罪嫌疑人______，因______期限届满不能侦查终结，根据《中华人民共和国刑事诉讼法》第____条的规定，经____批准，延长犯罪嫌疑人______的侦查羁押期限____个月（自____年____月____日起至____年____月____日止）。

特此通知。

年 月 日
（院印）

第三联送达看守所

【不批准延长侦查羁押期限决定书的制作】

（一）制作方法

不批准延长侦查羁押期限决定书为三联填充式文书，各联的内容和制作方法如下：

1. 第一联存根。

（1）首部。包括：制作本文书的人民检察院名称；文书名称，即“不批准延长侦查羁押期限决定书”；文书编号，即“ 检 不准延〔 〕 号”，“检”前空余地方填写制作本文书的人民检察院的简称，“检”与“不准延”之间的空余地方填写人民检察院具体办案部门的简称，中括号内填写制作本文书的年度，中括号与“号”之间的空余地方填写本文书在该年度的序号。在文书名称下面标有“（存 根）”字样。

（2）正文。包括：案由，可以根据案件中犯罪嫌疑人所涉嫌的罪名填写为“贪污罪”、“受贿罪”、“挪用公款罪”等，如果因涉嫌多个罪名而立案的，应将所涉嫌的罪名填写全；犯罪嫌疑人基本情况，包括姓名、性别、年龄、工作单位、住址、身份证号码、是否人大代表或政协委员，上述犯罪嫌疑人的基本情况，并不是要求每一项内容都必须填写完整、清楚，制作时可以根据具体案件的需要和实际掌握的情况加以填写；送达机关的名称；不批准延长侦查羁押期限的理由；制作本文书的审批人的姓名或者名称；具体办理这一案件的承办人的姓名；填发本文书的填发人的姓名；填发本文书的时间。

2. 第二联副本。

（1）首部。包括：制作本文书的人民检察院名称、文书名称、文书编号，其制作方法与第一联的要求一样，只是在文书名称下面标有“（副 本）”字样。

（2）正文。包括：送达对象，即提请机关的名称；提请机关的简称，如“厅”、“局”、“院”等；提请批准延长侦查羁押期限的时间，具体到年、月、日；原提请批准延长侦查羁押期限报告书的文号；已经逮捕的犯罪嫌疑人姓名；不批准延长侦查羁押期限的具体理由，应当按照《刑事诉讼法》中相关条文的规定来填写。

（3）尾部。包括：制作本文书的时间，具体到年、月、日；加盖制作本文书的人民检察院的院印。

3. 第三联正本。

（1）首部。包括：制作本文书的人民检察院名称、文书名称、文书编号，填写要求与第一联一样。

（2）正文。依次填写的具体内容和制作要求与第二联一样。

（3）尾部。包括：制作本文书的时间，具体到年、月、日；加盖制作本文书的人民检察院的院印。

（二）使用说明

在具体使用时，应注意以下问题：本文书应当以被不批准延长侦查羁押期限的人次为单位制作，即对于同一个犯罪嫌疑人，每一次不批准延长侦查羁押期限时均应单独制作不批准延长侦查羁押期限决定书；一次对多名犯罪嫌疑人不批准延长侦查羁押期限的，应当对每一个犯罪嫌疑人均单独制作不批准延长侦查羁押期限决定书。

犯罪嫌疑人、被告人被羁押的案件，不能在《刑事诉讼法》规定的侦查羁押、审查起诉、一审、二审期限内办结，需要继续查证、审理的，对犯罪嫌疑人、被告人可以取保候审或者监视居住。人民检察院直接立案侦查的案件，不能在法定侦查羁押期限内侦查终结的，应当依法释放犯罪嫌疑人或者变更强制措施。人民检察院监所检察部门对于本院直接立案侦查的案件，发现超过侦查羁押期限的，应当提出纠正意见，报告检察长。人民检察院批准、决定延长侦查羁押期限或者决定重新计算侦查羁押期限的，审查逮捕部门应当同时书面告知本院监所检察部门。

犯罪嫌疑人不讲真实姓名、住址，身份不明的，侦查羁押期限自查清其身份之日起计算，但是不得停止对其犯罪行为的侦查取证。对于犯罪事实清楚，证据确实、充分的，也可以按其自报的姓名移送人民检察院审查起诉。由于同案犯罪嫌疑人在逃，在案犯罪嫌疑人的犯罪事实无法查清的，对在案犯罪嫌疑人应当根据案件的不同情况分别报请延长侦查羁押期限、变更强制措施或者解除强制措施。中止侦查期间，如果犯罪嫌疑人在押，对符合延长侦查羁押期限条件的，应当依法延长侦查羁押期限；对侦查羁押期限届满的，应当依法变更为取保候审或者监视居住措施。

犯罪嫌疑人及其法定代理人、近亲属或者犯罪嫌疑人委托的律师及其他辩护人认为人民检察院批准或者决定逮捕的犯罪嫌疑人羁押超过法定期限，向人民检察院提出释放犯罪嫌疑人或者变更逮捕措施要求的，由人民检察院审查逮捕部门审查，审查逮捕部门应当向侦查机关或者本院侦查部门了解有关情况，并在7日以内审查完毕。审查逮捕部门经审查认为超过法定期限的，应当提出释放犯罪嫌疑人或者变更逮捕措施的意见，经检察长批准后，通知公安机关执行；经审查认为未超过法定期限的，制作驳回申请决定书答复申诉人。审查逮捕部门应当将审查结果同时书面通知本院监所检察部门。

本文书中的不批准延长侦查羁押期限的理由、《刑事诉讼法》中的条文依据应当填写清楚，相互对应。应当严格按照《刑事诉讼法》中条文的规定，先填写不批准延长侦查羁押期限的事实理由，再填写所依据的条文。可填写如下：“本案不属于案情复杂的案件，不符合《中华人民共和国刑事诉讼法》第一百二十四条的规定”，或者“本案不属于重大的犯罪集团案件，不符合《中华人民共和国刑事诉讼法》第一百二十六条的规定”，或者“本案不可能对犯罪嫌疑人判处十年有期徒刑以上刑罚，不符合《中华人民共和国刑事诉讼法》第一百二十七条的规定”，等等。

有批准权的人民检察院对于下级人民检察院和公安机关、国家安全机关等侦查机关提起延长侦查羁押期限的案件决定不予批准的，应当制作本文书；对于自己立案侦查的案件决定不延长侦查羁押期限的，应当制作决定释放通知书或者作出变更强制措施的决定，而不必制作本文书。

本文书三联之间的骑缝线上均有本文书文号，应当按照本文书第三联中文号的填写方法予以填写。

本文书共三联，第一联统一保存，第二联附卷，第三联送达提请机关。

（三）文书格式（见下页）

人民检察院
不批准延长侦查羁押期限决定书
（存　根）

检　不准延〔　　〕号

案由＿＿＿＿
犯罪嫌疑人基本情况（姓名、性别、年龄、工作单位、住址、身份证号码、是否人大代表、政协委员）＿＿＿＿

送达机关＿＿＿＿
不批准理由＿＿＿＿
审批人＿＿＿＿
承办人＿＿＿＿
填发人＿＿＿＿
填发时间＿＿＿＿

第一联统一保存

检　不准延〔　　〕号

人民检察院
不批准延长侦查羁押期限决定书
（副　本）

检　不准延〔　　〕号

＿＿＿＿：

你＿＿于＿＿年＿＿月＿＿日以＿＿＿＿号文书提请批准延长犯罪嫌疑人＿＿＿＿的侦查羁押期限，经审查认为：＿＿＿＿＿＿＿＿，决定不批准延长该犯罪嫌疑人侦查羁押期限。

年　月　日
（院印）

第二联附卷

检　不准延〔　　〕号

人民检察院
不批准延长侦查羁押期限决定书

检　不准延〔　　〕号

＿＿＿＿：

你＿＿于＿＿年＿＿月＿＿日以＿＿＿＿号文书提请批准延长犯罪嫌疑人＿＿＿＿的侦查羁押期限，经审查认为：＿＿＿＿＿＿＿＿，决定不批准延长该犯罪嫌疑人侦查羁押期限。

年　月　日
（院印）

第三联送达提请机关

第二百二十二条 [重大复杂案件侦查羁押期限]

基层人民检察院和分、州、市人民检察院直接立案侦查的案件，属于交通十分不便的边远地区的重大复杂案件、重大的犯罪集团案件、流窜作案的重大复杂案件和犯罪涉及面广、取证困难的重大复杂案件，在依照本规则第二百二十一条规定的期限届满前不能侦查终结的，经省、自治区、直辖市人民检察院批准，可以延长二个月。

省级人民检察院直接立案侦查的案件，属于上述情形的，可以直接决定延长二个月。

【条文释义】　本条是关于基层人民检察院，分、州、市人民检察院和省级人民检察院对4种特殊案件延长侦查羁押期限的规定。

本条第1款是关于基层人民检察院和分、州、市人民检察院对4种特殊案件如何延长侦查羁押期限的规定。本款规定的4种特殊案件是：（1）交通十分不便的边远地区的重大复杂案件。这主要是指我国新疆、西藏、甘肃、青海等省区，也包括由于交通不发达，给办案工作带来十分不便的边远地区发生的重大复杂案件。由于这些地区交通条件差，取证难度大、周期长、花费时间多，办案期限大都用在路途上，因此，需要规定较长的侦查羁押期限。本款规定的“边远地区”与“重大复杂案件”要同时具备。（2）重大的犯罪集团案件。“犯罪集团”，是指人员相对固定，有组织、有计划、有指挥地进行犯罪活动的群体。“重大的犯罪集团案件”，是指严重危害公共安全、民愤较大而又难以侦破的犯罪集团实施的犯罪案件。（3）流窜作案的重大复杂案件。这些案件由于犯罪嫌疑人流动性大，作案地点多且不固定，侦查、调查、取证难度较大。（4）犯罪涉及面广、取证困难的重大复杂案件。这是指犯罪涉及多个地区，证人分布面广，取证地区范围大的案件。与流窜作案不同，本类案件的犯罪嫌疑人作案地点不一定分布很广，但是与犯罪有关的证据、证人却很多，分布很广，因此，取证难度和侦查难度很大。人民检察院直接立案侦查的贪污、贿赂、挪用公款等犯罪案件，因与犯罪有关的往来账目很多，往往属于这类案件。根据本款规定，基层人民检察院和分、州、市人民检察院办理的案件，如果属于上述4种特殊案件，依照《人民检察院刑事诉讼规则》第221条规定的期限届满不能侦查终结的，经省、自治区、直辖市人民检察院批准，可以延长2个月。这是指无论是基层人民检察院还是分、州、市人民检察院办理的案件，批准权都在省级人民检察院，基层人民检察院要层报省级人民检察院批准。由于这4类案件当然属于《人民检察院刑事诉讼规则》第221条规定的“案情复杂”的案件，因此，本款规定的“延长二个月”，是指在依法延长1个月后又延长2个月，不是指不办理《人民检察院刑事诉讼规则》第221条规定的手续而直接办理本款规定的延长2个月的手续。

本条第 2 款是关于省级人民检察院对 4 种特殊案件如何延长侦查羁押期限的规定。由于《刑事诉讼法》第 126 条将对此类案件的延长侦查羁押期限的决定权授予省级人民检察院，因此，省级人民检察院直接立案侦查的案件，属于本条第 1 款规定情形的，没必要再办理上报批准手续，而是由省级人民检察院自行直接决定延长 2 个月。

【延长侦查羁押期限决定书、通知书的制作】

（一）制作方法

延长侦查羁押期限决定书、通知书为四联填充式文书，各联的内容和制作方法如下：

1. 第一联存根。

（1）首部。包括：制作本文书的人民检察院名称；文书名称，即“延长侦查羁押期限决定书”；文书编号，即“ 检 延决〔 〕 号”，“检”前空余地方填写制作本文书的人民检察院的简称，“检”与“延决”之间的空余地方填写人民检察院具体办案部门的简称，中括号内填写制作本文书的年度，中括号与“号”之间的空余地方填写本文书在该年度的序号。在文书名称下面标有“（存根）”字样。

（2）正文。包括：案由，可以根据案件中犯罪嫌疑人所涉嫌的罪名填写为“贪污罪”、“受贿罪”、“挪用公款罪”等，如果因涉嫌多个罪名而立案的，应将所涉嫌的罪名填写全；犯罪嫌疑人基本情况，包括姓名、性别、年龄、工作单位、住址、身份证号码、是否人大代表或政协委员，上述犯罪嫌疑人的基本情况，并不是要求每一项内容都必须填写完整、清楚，制作时可以根据具体案件的需要和实际掌握的情况加以填写；送达机关，即看守所的名称；决定延长侦查羁押期限的理由；制作本文书的批准人的姓名或者名称；具体办理这一案件的承办人的姓名；填发本文书的填发人的姓名；填发本文书的时间。

2. 第二联副本。

（1）首部。包括：制作本文书的人民检察院名称、文书名称、文书编号，其制作方法与第一联首部的要求一样，只是在文书名称下面标有“（副 本）”字样。

（2）正文。包括：原决定逮捕犯罪嫌疑人的时间，具体到年、月、日；原逮捕决定书的文号；犯罪嫌疑人涉嫌的罪名；决定逮捕的犯罪嫌疑人的姓名；需要延长侦查羁押期限的具体理由；依据的《刑事诉讼法》的条文；决定延长侦查羁押期限的犯罪嫌疑人的姓名；决定延长侦查羁押的具体期限，以月为单位；延长羁押期限的起算时间和截止时间，具体到年、月、日。

（3）尾部。包括：制作本文书的时间，具体到年、月、日；加盖制作本文书的人民检察院的院印。

3. 第三联正本。

（1）首部。包括：制作本文书的人民检察院名称、文书名称、文书编号，填写要求与第一联首部一样。

（2）正文。依次填写的具体内容与第二联正文的制作要求一样。

（3）尾部。包括：制作本文书的时间，具体到年、月、日；加盖制作本文书的人民检察院的院印；要求犯罪嫌疑人填写向其宣告延长侦查羁押期限决定的时间，具体到年、月、日，并由其签名或者盖章，宣告人签名或者盖章，如果犯罪嫌疑人拒绝签名或者盖章的，应当在文书中注明。

4. 第四联延长侦查羁押期限通知书。

（1）首部。包括：制作本文书的人民检察院名称；文书名称，即“延长侦查羁押期限通知书”；文书编号，即“ 检 延决〔 〕 号”。

（2）正文。包括：送达机关，即看守所的名称；原决定逮捕犯罪嫌疑人的时间，具体到年、月、日；原逮捕决定书的文号；犯罪嫌疑人涉嫌的罪名；决定逮捕的犯罪嫌疑人的姓名；需要延长侦查羁押期限的具体理由；依据的《刑事诉讼法》的条文；决定延长侦查羁押期限的犯罪嫌疑人的姓名；决定延长侦查羁押的具体期限，以月为单位；延长羁押期限的起算时间和截止时间，具体到年、月、日。

（3）尾部。包括：制作本文书的时间，具体到年、月、日；加盖制作本文书的人民检察院的院印。

（二）使用说明

在具体使用时，应注意以下问题：本文书应当以被决定延长侦查羁押期限的人次为单位制作，即对于同一个犯罪嫌疑人，每一次决定延长侦查羁押期限时均应单独制作本文书；一次对多名犯罪嫌疑人决定延长侦查羁押期限的，应当对每一个犯罪嫌疑人均单独制作本文书。需要说明的是，根据《刑事诉讼法》的规定，省级人民检察院在办理自侦案件中依据《刑事诉讼法》第124条的规定需要延长侦查羁押期限的，应当提请最高人民检察院的批准，不能直接制作本文书。最高人民检察院依据《刑事诉讼法》第124、126、127条的规定，对于自行立案侦查的案件需要延长侦查羁押期限的，可以制作本文书，自行作出延长决定。

人民检察院审查批准或者决定延长侦查羁押期限，由审查逮捕部门办理。人民检察院直接立案侦查的案件，不能在法定侦查羁押期限内侦查终结的，应当依法释放犯罪嫌疑人或者变更强制措施。人民检察院监所检察部门对于本院直接立案侦查的案件，发现超过侦查羁押期限的，应当提出纠正意见，报告检察长。人民检察院批准、决定延长侦查羁押期限或者决定重新计算侦查羁押期限的，审查逮捕部门应当同时书面告知本院监所检察部门。犯罪嫌疑人、被告人被羁押的案件，不能在法定的侦查羁押、审查起诉、一审、二审期限内办结，需要继续查证、审理的，对犯罪嫌疑人、被告人可以取保候审或者监视居住。

犯罪嫌疑人不讲真实姓名、住址，身份不明的，侦查羁押期限自查清其身份之日起计算，但是不得停止对其犯罪行为的侦查取证。对于犯罪事实清楚，证据确实、充分的，也可以按其自报的姓名移送人民检察院审查起诉。由于同案犯罪嫌疑人在逃，在案犯罪嫌疑人的犯罪事实无法查清的，对在案犯罪嫌疑人应当根据案件的不同情况分别报请延长侦查羁押期限、变更强制措施或者解除强制措施。中止侦查期间，如果犯罪嫌疑人在押，对符合延长侦查羁押期限条件的，应当依法延长侦查羁押期限；对侦查羁押期限届满的，应当依法变更为取保候审或者监视居住措施。

犯罪嫌疑人及其法定代理人、近亲属或者犯罪嫌疑人委托的律师及其他辩护人认为人民检察院批准或者决定逮捕的犯罪嫌疑人羁押超过法定期限，向人民检察院提出释放犯罪嫌疑人或者变更逮捕措施要求的，由人民检察院审查逮捕部门审查，审查逮捕部门应当向侦查机关或者本院侦查部门了解有关情况，并在7日以内审查完毕。审查逮捕部门经审查认为超过法定期限的，应当提出释放犯罪嫌疑人或者变更逮捕措施的意见，经检察长批准后，通知公安机关执行；经审查认为未超过法定期限的，制作驳回申请决定书答复申诉人。审查逮捕部门应当将审查结果同时书面通知本院监所检察部门。

根据《全国人民代表大会和地方各级人民代表大会代表法》的规定，逮捕系县级以上人大代表的犯罪嫌疑人，应当报请其所属的人民代表大会主席团或者常务委员会许可。逮捕以后延长羁押期限的，不必再行报请。

最高人民法院、最高人民检察院、公安部、国家安全部、司法部、全国人大常委会法制工作委员会《关于刑事诉讼法实施中若干问题的规定》第33条规定："刑事诉讼法第一百二十二条规定：'对犯罪嫌疑人作精神病鉴定的期间不计入办案期限。'根据上述规定，犯罪嫌疑人、被告人在押的案件，除对犯罪嫌疑人、被告人的精神病鉴定时间不计入办案期限外，其他鉴定时间都应当计入办案期限。对于因鉴定时间较长，办案期限届满仍不能终结的案件，自期限届满之日起，应当对被羁押的犯罪嫌疑人、被告人变更强制措施，改为取保候审或者监视居住。"延长侦查羁押期限的起算时间应为原侦查羁押期限的届满时间后的第一日，而不是作出批准延长决定的时间。最高人民法院、最高人民检察院、公安部、国家安全部、司法部、全国人大常委会法制工作委员会《关于刑事诉讼法实施中若干问题的规定》第29条规定："关于刑事诉讼中期间的计算，期间的最后一日为节假日的，以节假日后的第一日为期间届满日期。但对于犯罪嫌疑人、被告人或者罪犯在押期间，应当至期间届满之日为止，不得因节假日而延长在押期限至节假日后的第一日。”

本文书中的决定延长侦查羁押期限的理由、《刑事诉讼法》中的条文依据应当填写清楚，相互对应。应当严格按照《刑事诉讼法》中条文的规定，先填写决定延长侦查羁押期限的事实理由，再填写所依据的条文。可分别填写如下：“本案属于案情复杂的案件”、“第一百二十四条”，或者“本案属于重大的犯罪集团案件”、“第一百二十六条”，或者“本案可能对犯罪嫌疑人判处十年有期徒刑以上刑罚”、“第一百二十七条”，等等。

本文书四联之间的骑缝线上均有本文书文号，应当按照本文书第三联中文号的填写方法予以填写。

本文书共四联，第一联统一保存，第二联审查逮捕部门附卷，第三联向犯罪嫌疑人宣告后侦查部门附卷，第四联送达看守所。

（三）文书格式（见下页）

人民检察院
延长侦查羁押期限
决 定 书
（存 根）

检 延决〔 〕 号

案由____________

犯罪嫌疑人基本情况（姓名、性别、年龄、工作单位、住址、身份证号码、是否人大代表、政协委员）

____

____

____

____

送达机关____________

延长原因____________

批准人____________

承办人____________

填发人____________

填发时间____________

第一联统一保存

检 延决〔 〕 号

人民检察院
延长侦查羁押期限
决 定 书
（副 本）

检 延决〔 〕 号

本院____年____月____日____________号逮捕决定书以涉嫌____________决定逮捕的犯罪嫌疑人________，因____________

____________期限届满不能侦查终结，根据《中华人民共和国刑事诉讼法》第________条的规定，本院决定延长犯罪嫌疑人__________的侦查羁押期限______个月（自______年____月____日起至______年____月____日止）。

年 月 日
（院印）

第二联审查逮捕部门附卷

检 延决〔 〕 号

人民检察院
延长侦查羁押期限
决 定 书

检 延决〔 〕 号

本院____年____月____日____________号逮捕决定书以涉嫌____________决定逮捕的犯罪嫌疑人________，因____________

____________期限届满不能侦查终结，根据《中华人民共和国刑事诉讼法》第________条的规定，本院决定延长犯罪嫌疑人__________的侦查羁押期限______个月（自______年____月____日起至______年____月____日止）。

年 月 日
（院印）

本决定已于______年____月____日向我宣告。

犯罪嫌疑人：____________

宣 告 人：____________

第三联向犯罪嫌疑人宣告后侦查部门附卷

检 延决〔 〕 号

人民检察院
延长侦查羁押期限
通 知 书

检 延决〔 〕 号

____________看守所：

本院____年____月____日____________号逮捕决定书以涉嫌____________决定逮捕的犯罪嫌疑人________，因____________

____________期限届满不能侦查终结，根据《中华人民共和国刑事诉讼法》第________条的规定，本院决定延长犯罪嫌疑人__________的侦查羁押期限______个月（自______年____月____日起至______年____月____日止）。

年 月 日
（院印）

第四联送达看守所

第二百二十三条［特殊情况下的侦查羁押期限］

基层人民检察院和分、州、市人民检察院直接立案侦查的案件，对犯罪嫌疑人可能判处十年有期徒刑以上刑罚，依照本规则第二百二十二条的规定依法延长羁押期限届满，仍不能侦查终结的，经省、自治区、直辖市人民检察院批准，可以再延长二个月。

省级人民检察院直接立案侦查的案件，属于上述情形的，可以直接决定再延长二个月。

【条文释义】 本条是关于基层人民检察院，分、州、市人民检察院和省级人民检察院对符合法定条件的案件再延长侦查羁押期限的规定。

本条第1款是关于基层人民检察院和分、州、市人民检察院对符合法定条件的案件再延长侦查羁押期限的规定。本款规定的案件必须符合两个条件：（1）是《人民检察院刑事诉讼规则》第222条规定的4种特殊案件之一；（2）对犯罪嫌疑人可能判处10年有期徒刑以上刑罚，这是指根据当时掌握的事实、证据情况对可能判处刑罚情况的推测，不是指事实上判处的刑罚。对这类案件规定可以再延长侦查羁押期限，是因为这类案件本身就属于交通十分不便的边远地区的重大复杂案件、重大的犯罪集团案件、流窜作案的重大复杂案件和犯罪涉及面广、取证困难的重大犯罪案件，加之根据犯罪嫌疑人主要犯罪行为以及取得的证据判定可能判处犯罪嫌疑人10年有期徒刑以上刑罚。对本款规定的案件再延长侦查羁押期限的批准权在省级人民检察院，基层人民检察院和分、州、市人民检察院办理此类案件需要延长侦查羁押期限的都要由省级人民检察院批准。本款规定的“再延长二个月”，是指依照《人民检察院刑事诉讼规则》第221条规定延长1个月后和依照《人民检察院刑事诉讼规则》第222条规定延长2个月后，再延长2个月。

本条第2款是关于省级人民检察院对上述案件延长侦查羁押期限的规定。由于对上述案件再延长侦查羁押期限省级人民检察院有批准、决定权，因此，本款规定，省级人民检察院直接立案侦查的案件，属于第1款规定的，可以直接决定再延长2个月。

【延长侦查羁押期限决定书、通知书的制作】

延长侦查羁押期限决定书、通知书的制作参见本书第222条。

第二百二十四条［高检院自侦案件侦查羁押期限的延长］

最高人民检察院直接立案侦查的案件，依照刑事诉讼法的规定需要延长侦查羁押期限的，直接决定延长侦查羁押期限。

【条文释义】 本条是关于最高人民检察院直接立案侦查的案件延长侦查羁

押期限的规定。

《刑事诉讼法》第124条规定，案情复杂，需要延长侦查羁押期限的，要经上一级人民检察院批准；第126条、第127条规定，对符合法定条件的案件延长侦查羁押期限，要由省级人民检察院批准或者决定。对最高人民检察院直接立案侦查的案件需要延长侦查羁押期限的，不可能由“上一级人民检察院”或由省级人民检察院决定，因此，本条规定，最高人民检察院直接立案侦查的案件，依照《刑事诉讼法》的规定需要延长侦查羁押期限的，直接决定延长侦查羁押期限。这一规定包括以下含义：（1）最高人民检察院延长侦查羁押期限也要符合《刑事诉讼法》规定的条件和期限；（2）最高人民检察院直接立案侦查的案件，无论属于哪种需要延长侦查羁押期限的情形，都由最高人民检察院自行决定。

第二百二十五条［延长侦查羁押期限的提请］

公安机关需要延长侦查羁押期限的，应当在侦查羁押期限届满七日前，向同级人民检察院移送延长侦查羁押期限意见书，写明案件的主要案情和延长侦查羁押期限的具体理由。

人民检察院直接立案侦查的案件，侦查部门认为需要延长侦查羁押期限的，应当按照本条第一款的规定向本院审查逮捕部门移送延长侦查羁押期限的意见及有关材料。

【条文释义】 本条是关于公安机关和人民检察院侦查部门提请延长侦查羁押期限的规定。

本条第1款是关于公安机关提请延长侦查羁押期限的规定。根据本款规定，公安机关提请延长侦查羁押期限，要履行以下手续：（1）在侦查羁押期限届满7日前向同级人民检察院移送延长侦查羁押期限意见书。之所以规定在期限届满7日前移送是为了给人民检察院必要的审查期限；之所以规定向同级人民检察院移送，是为了方便、理顺级别上的关系，由同级人民检察院对延长侦查羁押期限的意见进行审查，然后再移送有决定权的上级人民检察院决定。（2）移送延长侦查羁押期限意见书时，写明案件的主要案情和延长侦查羁押期限的具体理由。这样规定是为了让人民检察院了解有关情况，便于审查。这里的“写明”既可以在延长侦查羁押期限意见书中写明，也可以另附材料写明。“主要案情”，是指公安机关提请延长侦查羁押期限案件的犯罪事实、案件的性质、发生的时间和地点、犯罪嫌疑人基本状况等。“延长羁押期限的具体理由”包括事实理由和法律理由，公安机关既要就案件的复杂程度、案件的性质和影响、调查取证情况和侦查活动的进展情况作出说明，又要说明符合《刑事诉讼法》哪一条规定的延长侦查羁押期限的条件。

本条第2款是关于人民检察院侦查部门提请延长侦查羁押期限的规定。人民检察院侦查部门提请延长侦查羁押期限的手续与公安机关相同，在侦查羁押期限届满7日前，制作延长侦查羁押期限意见书，写明案件的主要案情和延长侦查羁押期限的具体理由，移送本院审查逮捕部门即可，由本院审查逮捕部门提出意见，经检察长批准后上报。

第二百二十六条［延长侦查羁押期限的办理部门及办理程序］

人民检察院审查批准或者决定延长侦查羁押期限，由审查逮捕部门办理。

受理案件的人民检察院审查逮捕部门对延长侦查羁押期限的意见审查后，应当提出是否同意延长侦查羁押期限的意见，报检察长决定后，将侦查机关延长侦查羁押期限的理由和本院的审查意见层报有决定权的人民检察院审查决定。有决定权的人民检察院应当在侦查羁押期限届满前作出是否批准延长侦查羁押期限的决定，并交由受理案件的人民检察院审查逮捕部门送达公安机关或者本院侦查部门。

【条文释义】　本条是关于人民检察院审查批准或者决定延长侦查羁押期限的办理部门及办理程序的规定。

本条第1款是关于人民检察院审查批准或者决定延长侦查羁押期限的办理部门的规定。人民检察院根据专业分工，设置不同的业务部门，各司其职，加强内部监督制约。本款规定人民检察院审查批准或者决定延长侦查羁押期限，由审查逮捕部门办理。无论是公安机关提请延长侦查羁押期限还是人民检察院侦查部门提请延长侦查羁押期限，都由审查逮捕部门办理。

本条第2款是关于人民检察院审查批准或决定延长侦查羁押期限办理程序的规定。根据《刑事诉讼法》的规定，批准延长侦查羁押期限一般是由上级人民检察院决定的，加之人民检察院的办案体制，人民检察院办理延长侦查羁押期限案件，往往先由受理案件的人民检察院审查逮捕部门提出意见报检察长批准后，再以受理案件的人民检察院的名义将审查意见层报有决定权的人民检察院，有决定权的人民检察院仍要先由审查逮捕部门提出意见，再以院的名义作出决定。本款规定的具体程序为：（1）受理案件的人民检察院审查逮捕部门对同级公安机关或本院侦查部门延长侦查羁押期限的意见进行审查，提出是否同意延长的意见，报检察长决定后，形成受理案件的人民检察院的审查意见。（2）受理案件的人民检察院将侦查机关或本院侦查部门的提请延长侦查羁押期限的意见和本院的审查意见（无论是否同意延长）层报有决定权的人民检察院（中间环节的人民检察院仍要提出审查意见）。（3）有决定权的人民检察院仍要由审查逮捕部门先提出是否批准或决定延长侦查羁押期限的意见，再以人民检察院的名义作出决定。决定要在侦查羁押期限届满前作出。（4）有决定权的人民检察院作出决定后，由审查逮捕部门负责送达到受理案件的人民检察院审查逮捕部门，再由其转送提请延长侦查羁押期限的侦查机关或本院侦查部门。

第二百二十七条［特别重大复杂案件的延期审理］

因为特殊原因，在较长时间内不宜交付审判的特别重大复杂的案件，由最高人民检察院报请全国人民代表大会常务委员会批准延期审理。

【条文释义】 本条是关于因特殊原因，在较长时间内不宜交付审判的特别重大复杂的案件如何延期审理的规定。

本条规定来源于《刑事诉讼法》第125条的规定，其含义与《刑事诉讼法》第125条的规定完全相同。本条规定的“因为特殊原因，在较长时间内不宜交付审判”，不是指一般的因案情复杂在羁押期限内不能办结，而是指由于政治上的及涉及国家、社会重大利益的原因在一定时期内不宜交付审判，或者具有其他特殊的原因，在相当长的时期内不宜交付审判。所谓特别重大复杂的案件，是指案件涉及的是全国性的犯罪或者是在全国乃至国外将产生重大影响的案件。“特别重大复杂”是这类案件的必要限定条件，其中重大是关键条件。对于此类案件，需要延期审理的，由最高人民检察院报请全国人民代表大会常务委员会批准。凡不属于此类案件，即使案情复杂，在侦查羁押期限内不能办结的，也不能按本条办理。

在执法中应当注意以下几个问题：（1）对因特殊原因，不宜交付审判的案件一定要慎重对待，此类案件只有全国人大常委会有权批准延期审理；（2）本条规定的特殊原因是指关系国家政治、外交等方面，涉及整个国家安全、利益的重大问题，这种案件是极少的，不能随意扩大解释，应严格控制。

第二百二十八条［重新计算侦查羁押期限］

人民检察院在侦查期间发现犯罪嫌疑人另有重要罪行的，自发现之日起依照本规则第二百二十一条的规定重新计算侦查羁押期限。

另有重要罪行是指与逮捕时的罪行不同种的重大犯罪和同种的将影响罪名认定、量刑档次的重大犯罪。

【条文释义】 本条是关于人民检察院重新计算侦查羁押期限的规定。

本条第1款是关于人民检察院重新计算侦查羁押期限条件的规定。本款规定重新计算侦查羁押期限的条件是在侦查期间发现犯罪嫌疑人另有重要罪行。这是因为，人民检察院在对犯罪嫌疑人羁押后发现犯罪嫌疑人没有交代而被侦查出来的新的犯罪的，对于新发现的犯罪来说，侦查工作又开始了一个新的过程，如果按原有的侦查羁押期限办案，时间往往不够用，但又不一定符合《刑事诉讼法》规定的延长侦查羁押期限的条件，因此，有必要重新计算侦查羁押期限。本款规定的“发现”既包括犯罪嫌疑人的主动交代，也包括侦查人员采用侦查手段得到的线索。本款规定自发现之日起依照《人民检察院刑事诉讼规则》第221条的规定重新计算侦查羁押期限，是指自发现犯罪嫌疑人另有重要罪行之日起，侦查羁押期限不得超过2个月，如果符合《人民检察院刑事诉讼规则》第221条、第222条和第223条规定的延长侦查羁押期限的条件的，可以延长侦查羁押期限。

本条第2款是关于“另有重要罪行”含义的解释。本款规定，另有重要罪行，是指与逮捕时的罪行不同种的重大犯罪和同种的将影响罪名认定、量刑档次的犯罪。由于侦查羁押期限是从逮捕开始计算的，羁押的目的是为了更好地查清逮捕时发现的犯罪事实，因此，将“另有重要罪行”规定为与逮捕时的罪行不同的犯罪，是比较合理的。这里的“不同种的重大犯罪”，是指新发现的犯罪行为与逮捕时发现的罪行性质不同，触犯不同的《刑法》条文，应定不同的罪名，并且新发现的犯罪行为重大，如逮捕时发现了贪污罪，逮捕后又发现了徇私舞弊罪；“同种的将影响罪名认定”，是指新发现的犯罪行为与逮捕时发现的罪行性质一样或有关联，但由于新发现的罪行，可能导致罪名的变化和适用《刑法》条文的变化。《刑法》修改后，人民检察院直接立案侦查的案件中，属于这种情况的极少。《刑法》第399条第4款规定，司法工作人员收受贿赂，有前三款行为的，同时又构成《刑法》第385条规定的受贿罪的，依照处罚较重的规定定罪处罚。实践中，在个别情况下，可能会出现检察机关以徇私枉法罪决定逮捕，但在侦查过程中发现与之关联的受贿行为，将侦查重点放在受贿行为上，从而重新计算侦查羁押期限的情况。“同种的将影响量刑档次的犯罪”，是指新发现的罪行与逮捕时发现的罪行性质一样，但由于新发现的罪行，可能导致量刑档次的变化。例如，逮捕时发现犯罪嫌疑人有贪污行为，数额不满1万元，适用《刑法》第383条第3项量刑，但在侦查过程中发现犯罪嫌疑人另有重要贪污行为，数额在10万元以上，应适用《刑法》第383条第1项量刑。这里需要注意的是，本款规定的是影响“量刑档次”，而不是影响“量刑”，发现犯罪嫌疑人有新的犯罪行为，一般都要影响量刑，但却不一定达到量刑时适用不同档次的法定刑的程度，二者是不同的概念。

适用本条应特别注意的问题是，在侦查羁押期间发现犯罪嫌疑人另有重要罪行的，“可以”重新计算侦查羁押期限，而不是“应当”重新计算。人民检察院在办案中遇到上述情况，首先应当抓紧办案，争取在侦查羁押期限内办结。

【重新计算侦查羁押期限决定书、通知书的制作】

（一）制作方法

重新计算侦查羁押期限决定书、通知书为四联填充式文书，各联的内容和制作方法如下：

1. 第一联存根。

（1）首部。包括：制作本文书的人民检察院名称；文书名称，即“重新计算侦查羁押期限决定书”；文书编号，即“　检　重计〔　〕　号”，“检”前空余地方填写制作本文书的人民检察院的简称，“检”与“重计”之间的空余地方填写人民检察院具体办案部门的简称，中括号内填写制作本文书的年度，中括号与“号”之间的空余地方填写本文书在该年度的序号。在文书名称下面标有“（存　根）”字样。

（2）正文。包括：案由，可以根据案件中犯罪嫌疑人所涉嫌的罪名填写为“贪污罪”、“受贿罪”、“挪用公款罪”等，如果因涉嫌多个罪名而立案的，应将所涉嫌的罪名填写全；犯罪嫌疑人基本情况，包括姓名、性别、年龄、工作单位、住址、身份证号码、是否人大代表或政协委员，上述犯罪嫌疑人的基本情况，并不是要求每一项内容都必须填写完整、清楚，制作时可以根据具体案件的需要和实际掌握的情况加以填写；犯罪嫌疑人原被逮捕的时间，具体到年、月、日；犯罪嫌疑人涉嫌的罪名；侦查中发现另有的重要罪行；重新计算侦查羁押期限的开始时间，具体到年、月、日；制作本文书的批准人的姓名或者名称；具体办理这一案件的承办人的姓名；填发本文书的填发人的姓名；填发本文书的时间。

2. 第二联副本。

（1）首部。包括：制作本文书的人民检察院名称、文书名称、文书编号，其制作方法与第一联首部的要求一样，只是在文书名称下面标有“（副　本）”字样。

（2）正文。包括：人民检察院决定逮捕犯罪嫌疑人的时间，具体到年、月、日；原逮捕决定书的文号；犯罪嫌疑人涉嫌的罪名；已经逮捕的犯罪嫌疑人姓名；侦查中发现犯罪嫌疑人另有的罪行；决定重新计算侦查羁押期限的起算时间，具体到年、月、日。

（3）尾部。包括：制作本文书的时间，具体到年、月、日；加盖制作本文书的人民检察院的院印。

3. 第三联正本。

（1）首部。包括：制作本文书的人民检察院名称、文书名称、文书编号，其制作方法与第一联首部的要求一样。

（2）正文。依次填写的具体内容与第二联正文的制作要求一样。

（3）尾部。包括：制作本文书的时间，具体到年、月、日；加盖制作本文书的人民检察院的院印；要求犯罪嫌疑人填写向其宣告重新计算侦查羁押期限决定的时间，具体到年、月、日，并由其签名或者盖章，宣告人签名或者盖章，如果犯罪嫌疑人拒绝签名或者盖章的，应当在文书中注明。

4. 第四联重新计算侦查羁押期限通知书。

（1）首部。包括：制作本文书的人民检察院名称；文书名称，即“重新计算侦查羁押期限通知书”；文书编号，即“　检　重计〔　〕　号”。

（2）正文。包括：人民检察院决定逮捕犯罪嫌疑人的时间，具体到年、月、日；原逮捕决定书的文号；犯罪嫌疑人涉嫌的罪名；已经逮捕的犯罪嫌疑人姓名；侦查中发现犯罪嫌疑人另有的罪行；决定重新计算侦查羁押期限的起算时间，具体到年、月、日；送达机关，即看守所的名称。

（3）尾部。包括：制作本文书的时间，具体到年、月、日；加盖制作本文书的人民检察院的院印。

（二）使用说明

在具体使用时，应注意以下问题：本文书应当以被决定重新计算侦查羁押期限的人次为单位制作，即对于同一个犯罪嫌疑人，每一次决定重新计算侦查羁押期限时均应单独制作本文书；一次对多名犯罪嫌疑人决定重新计算侦查羁押期限的，应当对每一个犯罪嫌疑人均单独制作本文书。

在侦查期间因发现犯罪嫌疑人另有重要罪行而决定重新计算侦查羁押期限的，人民检察院可以依据《刑事诉讼法》第124条的规定，对犯罪嫌疑人逮捕后的侦查羁押期限不得超过2个月。案情复杂、期限届满不能终结的案件，可以经上一级人民检察院批准延长1个月。如果符合《刑事诉讼法》第125～127条规定的条件的，仍然可以依照上述相关条款的规定，延长侦查羁押期限。

《刑事诉讼法》第128条第1款的规定是折返条款。只要符合重新计算侦查羁押期限条件的，均可重新计算，并依照《刑事诉讼法》第124～127条的规定延长侦查羁押期限。只要符合《刑事诉讼法》第128条第1款的法定条件，重新计算侦查羁押期限没有次数的限制。对于已被逮捕的犯罪嫌疑人的侦查羁押期限，《刑事诉讼法》规定，对犯罪嫌疑人逮捕后的侦查羁押期限不得超过2个月。案情复杂、期限届满不能终结的案件，可以经上一级人民检察院批准延长1个月。因为特殊原因，在较长时间内不宜交付审判的特别重大复杂的案件，由最高人民检察院报请全国人民代表大会常务委员会批准延期审理。下列案件在《刑事诉讼法》第124条规定的期限届满不能侦查终结的，经省、自治区、直辖市人民检察院批准或者决定，可以延长2个月：（1）交通十分不便的边远地区的重大复杂案件；（2）重大的犯罪集团案件；（3）流窜作案的重大复杂案件；（4）犯罪涉及面广，取证困难的重大复杂案件。对犯罪嫌疑人可能判处10年有期徒刑以上刑罚，依照《刑事诉讼法》第 126 条规定延长期限届满，仍不能侦查终结的，经省、自治区、直辖市人民检察院批准或者决定，可以再延长 2 个月。

人民检察院直接立案侦查的案件，不能在法定侦查羁押期限内侦查终结的，应当依法释放犯罪嫌疑人或者变更强制措施。人民检察院监所检察部门对于本院直接立案侦查的案件，发现超过侦查羁押期限的，应当提出纠正意见，报告检察长。人民检察院批准、决定延长侦查羁押期限或者决定重新计算侦查羁押期限的，审查逮捕部门应当同时书面告知本院监所检察部门。犯罪嫌疑人不讲真实姓名、住址，身份不明的，侦查羁押期限自查清其身份之日起计算，但是不得停止对其犯罪行为的侦查取证。对于犯罪事实清楚，证据确实、充分的，也可以按其自报的姓名移送人民检察院审查起诉。

人民检察院重新计算侦查羁押期限，应当由侦查部门提出重新计算侦查羁押期限的意见移送本院审查逮捕部门审查。审查逮捕部门审查后应当提出是否同意重新计算侦查羁押期限的意见，报检察长决定。“另有重要罪行”，是指侦查机关在侦查期间发现的犯罪嫌疑人的其他罪行，既包括犯罪嫌疑人主动交代的罪行，也包括侦查机关自行发现而犯罪嫌疑人没有交代的罪行。

对于经侦查发现犯罪嫌疑人另有重要罪行，要求侦查机关在原有侦查期限内全部侦查完毕，显然是不合适的，也是不现实的。因此，1984 年第六届全国人大常委会通过的《关于刑事案件办案期限的补充规定》第 3 条规定：“在侦查期间，发现被告人另有重要罪行，可以经人民检察院批准或者决定补充侦查，重新计算侦查羁押期限。”《刑事诉讼法》修改时吸收了这一规定的精神，但对是否经人民检察院的批准没有明确规定。最高人民法院、最高人民检察院、公安部、国家安全部、司法部、全国人大常委会法制工作委员会《关于刑事诉讼法实施中若干问题的规定》第 32 条规定：“根据刑事诉讼法第一百二十八条的规定，公安机关在侦查期间，发现犯罪嫌疑人另有重要罪行，重新计算侦查羁押期限的，由公安机关决定，不再经人民检察院批准。但须报人民检察院备案，人民检察院可以进行监督。”因此，《人民检察院刑事诉讼规则》规定，对公安机关重新计算侦查羁押期限的备案，由审查逮捕部门审查。审查逮捕部门认为公安机关重新计算侦查羁押期限不当的，应当提出纠正意见，报检察长决定后，通知公安机关纠正。

最高人民法院、最高人民检察院、公安部、国家安全部、司法部、全国人大常委会法制工作委员会《关于刑事诉讼法实施中若干问题的规定》第 33 条规定：“刑事诉讼法第一百二十二条规定：‘对犯罪嫌疑人作精神病鉴定的期间不计入办案期限。’根据上述规定，犯罪嫌疑人、被告人在押的案件，除对犯罪嫌疑人、被告人的精神病鉴定时间不计入办案期限外，其他鉴定时间都应当计入办案期限。对于因鉴定时间较长，办案期限届满仍不能终结的案件，自期限届满之日起，应当对被羁押的犯罪嫌疑人、被告人变更强制措施，改为取保候审或者监视居住。”

重新计算侦查羁押期限的起算时间应为发现犯罪嫌疑人另有重要罪行后的第一日，而不是作出重新计算决定的时间。“重新计算”，是指原罪和新发现的罪的羁押期限均从发现新罪之日起重新计算。最高人民法院、最高人民检察院、公安部、国家安全部、司法部、全国人大常委会法制工作委员会《关于刑事诉讼法实施中若干问题的规定》第29条规定：“关于刑事诉讼中期间的计算，期间的最后一日为节假日的，以节假日后的第一日为期间届满日期。但对于犯罪嫌疑人、被告人或者罪犯在押期间，应当至期间届满之日为止，不得因节假日而延长在押期限至节假日后的第一日。”

本文书四联之间的骑缝线上均有本文书文号，应当按照本文书第三联中文号的填写方法予以填写。

本文书共四联，第一联统一保存，第二联审查逮捕部门附卷，第三联向犯罪嫌疑人宣告后侦查部门附卷，第四联送达看守所。

（三）文书格式（见下页）

人民检察院
重新计算侦查羁押期限
决 定 书
（存 根）

检 重计〔 〕 号

案由________
犯罪嫌疑人基本情况（姓名、性别、年龄、工作单位、住址、身份证号码、是否人大代表、政协委员）
____
____
____
____
逮捕时间________
涉嫌罪名________
侦查中发现另有的重要罪行
____
重新计算羁押期限开始时间
____
批准人________
承办人________
填发人________
填发时间________

第一联统一保存

检 重计〔 〕 号

人民检察院
重新计算侦查羁押期限
决 定 书
（副 本）

检 重计〔 〕 号

我院____年____月____日________号逮捕决定书以涉嫌________决定逮捕的犯罪嫌疑人________，侦查中发现其另犯有________罪行，根据《中华人民共和国刑事诉讼法》第一百二十八条的规定，决定自____年____月____日起重新计算侦查羁押期限。

年 月 日
（院印）

第二联审查逮捕部门附卷

检 重计〔 〕 号

人民检察院
重新计算侦查羁押期限
决 定 书

检 重计〔 〕 号

我院____年____月____日________号逮捕决定书以涉嫌________决定逮捕的犯罪嫌疑人________，侦查中发现其另犯有________罪行，根据《中华人民共和国刑事诉讼法》第一百二十八条的规定，决定自____年____月____日起重新计算侦查羁押期限。

年 月 日
（院印）

本决定已于____年____月____日向我宣告。
犯罪嫌疑人：________
宣 告 人：________

第三联向犯罪嫌疑人宣告后侦查部门附卷

检 重计〔 〕 号

人民检察院
重新计算侦查羁押期限
通 知 书

检 重计〔 〕 号

我院____年____月____日________号逮捕决定书以涉嫌________决定逮捕的犯罪嫌疑人________，侦查中发现其另犯有________罪行，根据《中华人民共和国刑事诉讼法》第一百二十八条的规定，决定自____年____月____日起重新计算侦查羁押期限。

特此通知。

此致
____

年 月 日
（院印）

第四联送达看守所

第二百二十九条 [重新计算侦查羁押期限的程序]

人民检察院重新计算侦查羁押期限，应当由侦查部门提出重新计算侦查羁押期限的意见移送本院审查逮捕部门审查。审查逮捕部门审查后应当提出是否同意重新计算侦查羁押期限的意见，报检察长决定。

【条文释义】 本条是关于人民检察院重新计算侦查羁押期限程序的规定。

重新计算侦查羁押期限，办案人民检察院可以决定，不必经上级人民检察院批准。由于重新计算侦查羁押期限都是人民检察院侦查部门在侦查过程中提出意见的，为了加强内部监督制约，本条规定，重新计算侦查羁押期限要由审查逮捕部门办理，改变了过去侦查部门直接报检察长决定的做法，使重新计算侦查羁押期限的程序与人民检察院决定逮捕、延长侦查羁押期限的程序相同。人民检察院重新计算侦查羁押期限的，应当先由侦查部门提出重新计算侦查羁押期限的意见移送本院审查逮捕部门审查。审查逮捕部门审查后应当提出是否同意重新计算侦查羁押期限的意见，然后报检察长决定。

第二百三十条 [重新计算侦查羁押期限的监督]

对公安机关重新计算侦查羁押期限的备案，由审查逮捕部门审查。审查逮捕部门认为公安机关重新计算侦查羁押期限不当的，应当提出纠正意见，报检察长决定后，通知公安机关纠正。

【条文释义】 本条是关于人民检察院对公安机关重新计算侦查羁押期限行为进行监督的规定。

公安机关重新计算侦查羁押期限，不必经人民检察院批准，而是直接决定。为了加强对公安机关重新计算侦查羁押期限行为的监督，公安机关重新计算侦查羁押期限要报人民检察院备案。本条规定，对公安机关重新计算侦查羁押期限的备案审查工作也由审查逮捕部门办理，这是因为审查逮捕部门承担着审查批准逮捕、批准延长侦查羁押期限、侦查监督的工作。审查逮捕部门审查后认为公安机关重新计算侦查羁押期限不当的，应当提出纠正意见。报检察长决定后，以人民检察院的名义制作纠正违法通知书，通知公安机关纠正。

第二百三十一条 [自侦案件期满未侦查终结的处理]

人民检察院直接立案侦查的案件，不能在法定侦查羁押期限内侦查终结的，应当依法释放犯罪嫌疑人或者变更强制措施。

【条文释义】 本条是关于人民检察院在法定侦查羁押期限内不能侦查终结时，应当释放犯罪嫌疑人或者变更强制措施的规定。

本条规定只适用于人民检察院办理直接立案侦查的案件。本条规定的“不能在法定侦查羁押期限内侦查终结”包括经依法延长侦查羁押期限后不能侦查终结。这种情况下，人民检察院应当“释放犯罪嫌疑人或者变更强制措施”。“释放犯罪嫌疑人”，是指对犯罪嫌疑人解除羁押，不采取任何强制措施。“变更强制措施”，是指将逮捕变更为取保候审或者监视居住，这主要适用于需要继续查证的情况。本条规定的目的是保护犯罪嫌疑人合法权益，且是义务性规定，人民检察院必须遵守。实践中人民检察院办理自侦案件，侦查羁押期限届满，可以依法延长侦查羁押期限。在依法延长侦查羁押期限后仍不能侦查终结的，应当依法释放犯罪嫌疑人或变更强制措施。

第二百三十二条［超期羁押的监督］

人民检察院监所检察部门对于本院直接立案侦查的案件，发现超过侦查羁押期限的，应当提出纠正意见，报告检察长。

【条文释义】 本条是关于监所检察部门对本院超过侦查羁押期限的案件应当提出纠正意见的规定。

监所检察部门具体承担对超期羁押等案件的监督工作。为了加强人民检察院各内设机构的监督制约，切实提高办案质量，维护犯罪嫌疑人的合法权利，本条规定监所检察部门对本院直接立案侦查的案件，发现超过侦查羁押期限的，应当提出纠正意见，报告检察长。本条规定的“纠正意见”，是指监所检察部门的意见，不是人民检察院的纠正意见，这一点与《刑事诉讼法》通常意义上的检察院的“纠正意见”效力并不相同。监所检察部门虽然承担监所检察职责，但作为人民检察院的一个内设机构，本身并不能直接提出有法律效力的纠正意见。本条规定的监所检察部门提出的“纠正意见”，要报告检察长，由检察长或者由检察长提交检察委员会决定对本院超过侦查羁押期限的案件如何处理。监所检察部门不能直接将本部门的“纠正意见”送本院侦查部门，通知侦查部门予以纠正。

第二百三十三条［延长或重新计算侦查羁押期限的通知］

人民检察院批准、决定延长侦查羁押期限或者决定重新计算侦查羁押期限的，审查逮捕部门应当同时书面告知本院监所检察部门。

【条文释义】 本条是关于人民检察院审查逮捕部门应当将延长侦查羁押期限或重新计算侦查羁押期限的情况书面通知本院监所检察部门的规定。

本条规定是为了使人民检察院各内设机构互相配合，更好地履行法律监督职责。人民检察院监所检察部门承担着对超期羁押进行监督、纠正的职责，需要掌握人民检察院批准、决定延长侦查羁押期限和决定重新计算侦查羁押期限的情况，以更好地掌握犯罪嫌疑人的羁押情况。为了使监所检察部门更好地履行职责，本条规定审查逮捕部门应当承担主动告知的义务。这里的“书面告知”可以是审查逮捕部门将批准延长侦查羁押期限决定书或重新计算侦查羁押期限决定书等文书的副本送达监所部门，但考虑到现在适用的法律文书中尚无送达监所检察部门一联，实践中也可以将有关法律文书副本的复印件，或将有关情况写成书面材料送达监所检察部门。

第二百三十四条［侦查终结］

经过侦查，认为犯罪事实清楚，证据确实、充分，依法应当追究刑事责任的案件，侦查人员应当写出侦查终结报告，并且制作起诉意见书。

对于犯罪情节轻微，依照刑法规定不需要判处刑罚或者免除刑罚的案件，侦查人员应当写出侦查终结报告，并且制作不起诉意见书。

侦查终结报告和起诉意见书或者不起诉意见书由侦查部门负责人审核，检察长批准。

【条文释义】　本条是关于人民检察院侦查部门侦查终结，应当对符合条件的案件分别提出移送审查起诉或移送审查不起诉意见的规定。

《刑事诉讼法》规定的侦查终结的主体是人民检察院，人民检察院为了加强对直接立案侦查案件的监督制约，实行侦查工作与审查起诉工作相分离的办案体制，侦查与审查起诉分别由两个部门办理，使人民检察院内部办案程序拟制成公安机关与人民检察院的模式。侦查部门侦查终结，不是直接报检察长或检察委员会决定是否提起公诉或不起诉，而是提出移送审查起诉或移送审查不起诉的意见，移送本院审查起诉部门审查。

本条第1款是关于提出移送审查起诉意见的条件的规定。本款规定的移送审查起诉的条件有三个，必须同时具备：（1）“犯罪事实清楚”，这是对移送审查起诉案件的事实要求，是侦查终结、移送审查起诉的首要条件。所谓清楚，是指对于犯罪嫌疑人、犯罪的手段和情节、犯罪的时间和地点、犯罪的主观过错形式以及犯罪的动机和目的、犯罪的危害结果等与犯罪嫌疑人定罪量刑有关的事实情况都已经查清。（2）“证据确实、充分”，这是侦查终结、移送审查起诉案件的证据要求，是侦查终结的中心环节。因为犯罪事实清楚，指的就是被确实、充分的证据所证明的犯罪事实是清楚的。一般认为，“证据确实、充分”，是指据以定罪的所有证据都已查证属实；犯罪构成案件事实都有必要的证据予以证明；证据之间的矛盾得到合理排除；根据证据得出的结论是唯一的，排除了其他可能性。（3）“依法应当追究刑事责任”，这是对移送审查起诉案件的法律条件的规定，该要求是相对于本条第2款规定的移送审查不起诉案件的法律后果而言的，也是移送审查起诉和移送审查不起诉的区别，因此，应当结合本条第2款的规定理解“依法应当追究刑事责任”，这是指需要对犯罪嫌疑人判处刑罚、不能免除犯罪嫌疑人的刑罚的案件。如果案件达到上述三个条件，侦查人员应当写出两个文书，一个是侦查终结报告，属于检察机关内部工作文书，用于向检察长或检察委员会汇报整个侦查过程和侦查结果的情况；另一个是起诉意见书，属于刑事诉讼法律文书，用于向本院审查起诉部门移送，表明侦查部门在侦查终结后提出对案件如何处理的意见。

本条第2款是关于移送审查不起诉的条件的规定。本款只规定了对移送审查不起诉案件的法律后果的要求，即“犯罪情节轻微，依照刑法规定不需要判处刑罚或者免除刑罚”，没有对案件事实和证据作出规定。这是因为移送审查不起诉与移送审查起诉对案件事实和证据的要求是一致的，没必要再单独规定。因此，本款规定的移送审查不起诉的案件，首先也要事实清楚，证据确实、充分，不能把移送审查不起诉作为事实不清、证据不足案件的“台阶”。对事实清楚、证据确实、充分，并且符合本款规定的案件，才能移送审查不起诉。这里的“犯罪情节轻微，依照刑法规定不需要判处刑罚”，是指符合《刑法》第37条规定的情形的案件，即“对于犯罪情节轻微不需要判处刑罚的，可以免予刑事处罚”的案件。这里的“免除刑罚”，是指根据犯罪事实应当判处刑罚，但因法定事由可以免除犯罪嫌疑人刑罚的案件，即符合《刑法》有些条文中规定的“可以（应当）免除刑罚”情形的案件，如《刑法》第19条规定的又聋又哑的人或者盲人犯罪案件；第22条规定的预备犯；第24条规定的中止犯，且没有造成损害的；第27条规定的从犯；第28条规定的胁从犯；第67条规定的自首犯，且犯罪较轻的；第68条规定的有重大立功表现的；第383条第3项规定的贪污5000元以上不满1万元，犯罪后有悔改表现、积极退赃的案件等。对于符合本款规定条件的案件，侦查人员也应当制作两种文书，即侦查终结报告和移送审查不起诉意见书。

本条第3款是关于侦查终结报告和起诉意见书或不起诉意见书批准程序的规定。本款规定与人民检察院办案体制相同，即在侦查人员制作以后，要报侦查部门负责人审核，检察长批准。

关于本条规定，有以下几个问题在执行中应予以注意。

1. 侦查部门侦查终结，是否有必要制作起诉意见书或不起诉意见书？《刑事诉讼法》修订以前，人民检察院不制作这两种文书，只制作侦查终结报告，也只向审查起诉部门移送侦查终结报告，因此，有意见主张继续沿用过去的做法。之所以作本条规定，主要从下列两个方面考虑：（1）规范人民检察院办案工作，完善人民检察院办案程序。将侦查工作与审查起诉工作分两个部门承担，使人民检察院内部办案程序拟制成公安机关与人民检察院相似的办案程序，目的是为了加强内部监督。这一工作需要逐步规范和完善。公安机关侦查终结要向人民检察院移送起诉意见书，人民检察院侦查部门也要向本院审查起诉部门移送相应的法律文书，用正式的法律文书表明自己侦查终结后对案件的意见。（2）保护犯罪嫌疑人合法权利。《刑事诉讼法》规定，犯罪嫌疑人的辩护律师在审查起诉阶段可以查阅、摘抄、复制案件的诉讼文书、技术性鉴定材料。对于公安机关办理的案件，辩护律师可以查阅起诉意见书等，以了解侦查机关的意见。如果人民检察院直接立案侦查的案件，侦查部门不制作起诉意见书或不起诉意见书，而侦查终结报告又属于检察机关内部工作文书，不对犯罪嫌疑人的辩护律师公开，辩护律师在审查起诉阶段便无法通过查阅诉讼文书等方式了解侦查部门的意见，难以为犯罪嫌疑人提供有效的辩护，不利于保护犯罪嫌疑人的合法权利。

2. 侦查终结报告和起诉意见书或不起诉意见书是否需要经检察长批准？有意见认为，侦查终结报告和起诉意见书或不起诉意见书由检察长批准后再移送本院审查起诉部门审查，等于审查起诉部门审查检察长的决定，与检察机关的领导体制不符。《人民检察院刑事诉讼规则》之所以作本条规定，主要是为了加强对自侦案件的监督。本条第3款规定的“检察长批准”，是指主管侦查部门的检察长批准，并且主要是批准由审查起诉部门审查。从主管检察长与侦查部门的关系来讲，侦查工作是在主管检察长负责下，由侦查部门具体实施的，主管检察长有必要了解侦查终结的情况。从侦查部门与审查起诉部门的关系讲，侦查终结并不是对案件的最终处理方式，还要移送下一个部门审查，因此，主管侦查部门的检察长对侦查终结报告、移送审查起诉意见书或移送审查不起诉意见书的批准，并不是代表人民检察院对案件的最终处理方式作出决定，而是为了对侦查工作把关，审查起诉部门审查的是侦查部门的意见，并不是检察长的决定。

【起诉意见书的制作】

（一）制作方法

起诉意见书系叙述式文书，大致可以分为六个部分：首部；犯罪嫌疑人基本情况；案由、案件来源及办理过程；案件事实、证据及量刑情节；犯罪性质认定及移送审查起诉依据；尾部。

1. 首部。包括：文书名称，即“起诉意见书”；文书编号，即“　检　移诉〔　〕　号”，空白处应当依次填写制作本文书的人民检察院简称、具体办案部门简称、年度和文书序号。应当注意，这里不需要在文书名称上方写明制作本文书的人民检察院名称。

2. 犯罪嫌疑人基本情况。包括：姓名；性别；出生年月日；身份证号码；出生地；民族；文化程度；职业或者工作单位及职务，有变动的可以具体说明，尤其是在作案时在何单位任何职务要写清楚；政治面貌，即属何党派，是否中国共青团团员，如系人大代表或者政协委员，要写明其具体级、届代表、委员及代表、委员号、所任职务；现家庭住址；犯罪嫌疑人简历及前科情况，简历情况如果在职业、工作单位及职务和政治面貌部分不能全面反映，要在这里集中说明，前科情况也包括犯罪嫌疑人因违法犯罪行为所受到的行政处罚或者处分。案件中有多名犯罪嫌疑人的，要根据其罪行由重到轻分行逐一写明其基本情况。

3. 案由、案件来源及办理过程。这一部分主要包括以下内容：案由，即犯罪嫌疑人涉嫌的罪名，可以表述为“犯罪嫌疑人×××（姓名）涉嫌×××（罪名）一案”；案件来源，即检察机关获取案件线索或者受理案件的来源，具体包括单位或者公民举报、上级交办、有关部门移送、本院其他部门移交以及办案中发现，等等，在表述时概括简明，对于具体的姓名、名称不能指明；立案侦查情况，简要写明初查、立案等各个法律程序的具体时间；采取强制措施的情况，具体写明对犯罪嫌疑人采取的强制措施种类、采取的时间、强制措施变更情况及依法延长侦查羁押期限的具体情况。

4. 案件事实、证据及量刑情节。在这一部分首先要单起一段写明本案已经侦查终结，可以表述为“犯罪嫌疑人×××（姓名）涉嫌×××（罪名）一案，现已侦查终结”。然后另起一段以“经依法侦查查明：”引出以下内容：（1）案件事实。概括叙写经侦查认定的犯罪事实，包括犯罪时间、地点、经过、手段、目的、动机、危害后果等与定罪有关的事实要素，要注意根据具体案件情况，围绕《刑法》规定的犯罪构成要件、犯罪特征，简明扼要地叙写。对于只有一个犯罪嫌疑人的案件，犯罪嫌疑人实施多次犯罪的，犯罪事实要分行逐一叙写，同时触犯数个罪名的犯罪嫌疑人的犯罪事实应该按照主次顺序分类列举。对于共同犯罪的案件，写明犯罪嫌疑人的共同犯罪事实及各自在共同犯罪中的地位和作用后，要按照犯罪嫌疑人的主次顺序，分别叙明各个犯罪嫌疑人的单独犯罪事实。（2）证据。在叙述清楚犯罪事实后，另起一段以“认定上述事实的证据如下：”引出对证据的列举。对于有数个犯罪事实的，要在每叙述一个犯罪事实后，列举出相关的证据。在叙述清楚犯罪事实和证据后，要另起一段以“上述犯罪事实清楚，证据确实、充分，足以认定”表明对案件事实和证据叙述的结束。（3）案件情节。具体写明犯罪嫌疑人立功、自首等影响量刑的从重、从轻、减轻、免除处罚等犯罪情节。

5. 犯罪性质认定及移送审查起诉的依据。这一部分的内容主要包括：（1）概括说明犯罪嫌疑人的行为特征及其触犯的《刑法》条文和涉嫌罪名。可以表述为：“综上所述，犯罪嫌疑人×××（姓名）……（根据犯罪构成简要说明罪状）其行为已触犯《中华人民共和国刑法》第××条之规定，涉嫌×××（罪名）。”（2）移送案件的法律依据及扣押款物情况。可以接前表述为“依照《中华人民共和国刑事诉讼法》第××条、《人民检察院刑事诉讼规则》第××条的规定，移送审查起诉。扣押的款物随案移送”。

6. 尾部。主要包括：送达部门，以单独成行居中的“此致”二字，引出另起一行的受文部门审查起诉部门名称，可以表述为“公诉处”、“公诉科”等；侦查部门名称及移送审查起诉的年、月、日，并加盖侦查部门印章。

另外，起诉意见书要根据需要列明附注事项，一般包括：随案移送的案卷材料、证据；犯罪嫌疑人现在处所，如果被羁押的，写明羁押处所，等等。

（二）使用说明

在制作和使用起诉意见书时，应当注意以下几个问题：（1）本文书在人民检察院直接立案侦查的案件犯罪事实清楚，证据确实、充分，依法需要追究刑事责任，将案件移送给审查起诉部门时使用，对于不需要追究刑事责任，应当撤销案件或者不起诉的，不适用本文书，而是使用撤销案件决定书或者不起诉意见书。（2）检察机关侦查部门侦查终结后，对于需要移送审查起诉的案件，除制作侦查终结报告外，还应当制作起诉意见书，不能以侦查终结报告代替起诉意见书。（3）本文书是检察机关部门间使用的文书，落款不是加盖院印，而是加盖侦查部门印章。

本文书一式二份，一份存检察卷，一份存检察内卷。

（三）文书格式

起诉意见书

检　　移诉〔　　〕　　号

犯罪嫌疑人……〔犯罪嫌疑人姓名，性别，出生年月日，身份证号码，出生地，民族，文化程度，职业或工作单位及职务（作案时在何单位任何职务），政治面貌，如是人大代表、政协委员，一并写明具体级、届代表、委员及代表、委员号，现住址，犯罪嫌疑人简历及前科情况。案件有多名犯罪嫌疑人的，应逐一写明。〕

犯罪嫌疑人×××（姓名）涉嫌×××（罪名）一案……（写明案由和案件来源，具体为单位或者公民举报、上级交办、有关部门移送、本院其他部门移交以及办案中发现等。简要写明案件侦查过程中的各个法律程序开始的时间，如初查、立案、侦查终结的时间。具体写明采取的强制措施种类、采取的时间、强制措施变更情况及延长侦查羁押期限的情况等。）

犯罪嫌疑人×××（姓名）涉嫌×××（罪名）一案，现已侦查终结。

经依法侦查查明……（概括叙写经检察机关侦查认定的犯罪事实，包括犯罪时间、地点、经过、手段、目的、动机、危害后果等与定罪有关的事实要素。应当根据具体案件情况，围绕《刑法》规定的该罪构成要件，特别是犯罪特征，简明、扼要叙写。）

（对于只有一个犯罪嫌疑人的案件，犯罪嫌疑人实施多次犯罪的，犯罪事实应逐一列举；同时触犯数个罪名的犯罪嫌疑人的犯罪事实应该按照主次顺序分类列举。对于共同犯罪的案件，写明犯罪嫌疑人的共同犯罪事实及各自在共同犯罪中的地位和作用后，按照犯罪嫌疑人的主次顺序，分别叙明各个犯罪嫌疑人的单独犯罪事实。）

认定上述事实的证据如下：

……（针对上述犯罪事实，分列相关证据）

上述犯罪事实清楚，证据确实、充分，足以认定。

犯罪嫌疑人×××（姓名）……（具体写明是否有立功、自首等影响量刑的从重、从轻、减轻等犯罪情节）

综上所述，犯罪嫌疑人×××（姓名）……（根据犯罪构成简要说明罪状）其行为已触犯《中华人民共和国刑法》第××条的规定，涉嫌×××犯罪。依照《中华人民共和国刑事诉讼法》第××条、《人民检察院刑事诉讼规则》第××条的规定，移送审查起诉。扣押的款物随案移送。

此致

审查起诉部门

侦查部门（印）

年 月 日

附：

1. 随案移送案件材料、证据。

2. 犯罪嫌疑人现在处所。

3. 扣押物品、文件清单×份附后。

（附注根据需要填写）

【不起诉意见书的制作】

（一）制作方法

不起诉意见书为叙述式文书，大致可以分为六个部分：首部；犯罪嫌疑人基本情况；案由及办理过程；案件事实、证据；行为性质认定及提出不起诉意见的理由、依据；尾部。

1. 首部。主要内容包括：文书名称，即“不起诉意见书”；文书编号，即“ 检 移不诉〔 〕 号”，空白处应当依次填写制作本文书的人民检察院简称、具体办案部门简称、年度和文书序号。应当注意，这里不需要在文书名称上方写明制作本文书的人民检察院名称，因为这是人民检察院侦查部门与公诉部门间使用的文书。

2. 犯罪嫌疑人基本情况。包括：姓名；性别；出生年月日；身份证号码；籍贯、出生地；民族；文化程度；职业或工作单位及职务，有变动的可以具体说明，尤其是在作案时在何单位任何职务要写清楚；政治面貌，即属何党派，是否中国共青团团员，如系人大代表或者政协委员，要写明其具体级、届代表、委员及代表、委员号、所任职务；现家庭住址；犯罪嫌疑人简历及前科情况，简历情况如果在职业或工作单位及职务和政治面貌部分不能全面反映，要在这里集中说明，前科情况也包括犯罪嫌疑人因违法犯罪行为所受到的行政处罚或者处分。如果需要对同案中多名犯罪嫌疑人作出不起诉决定的，要根据其罪行由重到轻分行逐一写明其基本情况。

3. 案由及办理过程。这一部分主要包括以下内容：案由，即犯罪嫌疑人涉嫌的罪名，可以表述为“犯罪嫌疑人×××（姓名）涉嫌×××（罪名）一案”；立案侦查情况，简要写明初查、立案等各个法律程序的具体时间；采取强制措施的情况，具体写明对犯罪嫌疑人采取的强制措施种类、采取的时间、强制措施变更情况及依法延长侦查羁押期限的具体情况；最后写明本案“现已侦查终结”。

4. 案件事实、证据。在这一部分以“经依法侦查查明：”引出以下内容：（1）案件事实。叙述犯罪嫌疑人的犯罪事实，先按照其触犯罪名的犯罪构成作概括性的叙述，然后再逐一叙写经侦查认定的涉嫌犯罪事实，包括犯罪时间、地点、经过、手段、目的、动机、危害后果等与认定犯罪有关的事实要素，要注意根据具体案件情况，围绕《刑法》规定的犯罪构成要件、犯罪特征，简明扼要地叙写。对于只有一个犯罪嫌疑人的案件，犯罪嫌疑人实施多次犯罪的，犯罪事实要分行逐一叙写，同时触犯数个罪名的犯罪嫌疑人的犯罪事实应该按照主次顺序分类列举。对于共同犯罪的案件，写明犯罪嫌疑人的共同犯罪事实及各自在共同犯罪中的地位和作用后，要按照犯罪嫌疑人的主次顺序，分别叙明各个犯罪嫌疑人的单独犯罪事实。（2）证据。在叙述清楚犯罪事实后，另起一段对相关证据进行列举。对于有数个犯罪事实的，要在每叙述一个犯罪事实后，列举出相关的证据。证据包括经侦查获取的能够证明犯罪嫌疑人的行为构成犯罪并且需要追究刑事责任的证据。

5. 行为性质认定及提出不起诉意见的理由、依据。这一部分的内容主要包括：（1）概括说明犯罪嫌疑人的行为特征及其触犯的《刑法》条文和涉嫌罪名。可以表述为“综上所述，犯罪嫌疑人×××（姓名）……（根据犯罪构成简要说明罪状）其行为已触犯《中华人民共和国刑法》第××条的规定，涉嫌×××（罪名）。”（2）提出不起诉意见的事实理由，这里要具体写明犯罪情节轻微，不需要判处刑罚或者免除刑罚的具体情形。（3）提出不起诉意见的法律依据。

可以接前表述为“根据《中华人民共和国刑法》第××条的规定，不需要判处刑罚（或免除刑罚），根据《中华人民共和国刑事诉讼法》第一百三十五条和第一百四十二条第二款的规定，移送审查不起诉”。（4）提出对扣押款物的处理建议。

6. 尾部。主要包括：送达部门，以单独成行居中的“此致”二字，引出另起一行的受文部门审查起诉部门名称，可以表述为“公诉处”、“公诉科”等；侦查部门名称及移送审查起诉的年、月、日，并加盖侦查部门印章。

另外，不起诉意见书要根据需要列明附注事项，一般包括：随案移送的案卷材料、证据；犯罪嫌疑人现在处所，如果被羁押的，写明羁押处所，等等。

（二）使用说明

在制作和使用不起诉意见书时，应当注意以下几个问题：（1）人民检察院直接立案侦查的案件犯罪事实清楚，证据确实、充分，依法需要追究刑事责任，将案件移送给审查起诉部门时使用起诉意见书，不适用本文书；对于不需要追究刑事责任，或者案件事实、证据没有查清的，不适用本文书，需要撤销案件的，由侦查部门直接制作撤销案件决定书。（2）检察机关侦查部门侦查终结后，对于需要移送审查决定不起诉的案件，除制作侦查终结报告外，还应当制作不起诉意见书，不能以侦查终结报告代替不起诉意见书。（3）本文书在行为认定中，切忌使用“构成××罪”字样，只能使用“涉嫌××罪”的用语。

本文书一式二份，一份存检察卷，一份存检察内卷。

（三）文书格式

不起诉意见书

检　　移不诉〔　　〕　　号

犯罪嫌疑人……〔犯罪嫌疑人姓名，性别，出生年月日，身份证号码，出生地，民族，文化程度，职业或工作单位及职务（作案时在何单位任何职务），政治面貌，如是人大代表、政协委员，应写明具体级、届代表、委员及代表、委员号，现住址，犯罪嫌疑人简历及前科情况。案件有多名犯罪嫌疑人的，应逐一写明。〕

犯罪嫌疑人×××（姓名）涉嫌×××（罪名）一案，本院于××××年××月××日立案侦查……（采取强制措施、变更强制措施及延长侦查羁押期限的情况）现已侦查终结。

经依法侦查查明……（概括叙写经检察机关侦查认定的犯罪事实，包括犯罪时间、地点、经过、手段、目的、动机、危害后果等与定罪有关的事实要素。

应当根据具体案件情况，围绕《刑法》规定的该罪构成要件，特别是犯罪特征，简明扼要叙写。叙述犯罪嫌疑人的犯罪事实时，先按照其触犯罪名的犯罪构成作概括性的叙述，然后再逐一列举，最后列举相关证据。证据包括经侦查获取的能够证明犯罪嫌疑人的行为构成犯罪且需要追究刑事责任的证据。)

综上所述，犯罪嫌疑人×××（姓名）……（根据犯罪构成简要说明罪状）其行为已触犯《中华人民共和国刑法》第××条的规定，涉嫌×××犯罪（不要写构成×××罪），但是……（具体写明犯罪情节轻微，不需要判处刑罚或免除刑罚的具体情形。）根据《中华人民共和国刑法》第××条的规定，不需要判处刑罚（或免除刑罚），根据《中华人民共和国刑事诉讼法》第一百三十五条和第一百四十二条第二款的规定，移送审查不起诉……（对扣押的物品提出处理建议）

此致

审查起诉部门

侦查部门（印）

年　月　日

附：

1. 随案移送案件材料、证据。
2. 犯罪嫌疑人现在处所。
3. 扣押物品、文件清单×份附后。

（附注根据实际情况填写）

【参考规定】

关于省级以下人民检察院对直接受理侦查案件作撤销案件、不起诉决定报上一级人民检察院批准的规定（试行）（2005年9月29日最高人民检察院　高检发办字〔2005〕15号）

第一条　为了加强上级人民检察院对下级人民检察院办理直接受理侦查案件工作的领导和监督制约，根据《中华人民共和国检察院组织法》、《中华人民共和国刑事诉讼法》和《人民检察院刑事诉讼规则》、《关于实行人民监督员制度的规定（试行）》等有关规定，结合人民检察院办理直接受理侦查案件工作的实际，制定本规定。

第二条　省级以下（含省级）人民检察院办理直接受理侦查的案件，拟作撤销案件、不起诉决定的，应当报请上一级人民检察院批准。

第三条　对于人民检察院直接受理侦查的案件，侦查部门经过侦查认为应当撤销案件的，应当制作拟撤销案件意见书。公诉部门经过对侦查部门移送的案件进行审查，认为应当不起诉的，应当制作拟不起诉意见书。

侦查部门、公诉部门应当及时将拟撤销案件意见书或者拟不起诉意见书以及相关材料移送本院人民监督员办公室，接受人民监督员监督。

第四条 人民检察院直接受理侦查的案件，拟撤销案件或者拟不起诉的，经人民监督员履行监督程序，提出表决意见后，侦查部门或者公诉部门应当报请检察长或者检察委员会决定。报送案件时，应当将人民监督员的表决意见一并报送。

按规定报请检察长决定的，检察长如果不同意人民监督员的表决意见，应当提请检察委员会讨论决定。检察长同意人民监督员表决意见的，由检察长决定。

第五条 检察长或者检察委员会同意拟撤销案件意见或者拟不起诉意见的，应当由侦查部门或者公诉部门将拟撤销案件意见书或者拟不起诉意见书，以及人民监督员的表决意见，连同本案全部卷宗材料，在法定期限届满七日之前报上一级人民检察院审查；重大、复杂案件，在法定期限届满十日之前报上一级人民检察院审查。

对于共同犯罪案件，应当将处理同案犯罪嫌疑人的有关法律文书以及案件事实、证据材料复印件等，一并报送上一级人民检察院。

第六条 对于下级人民检察院报请审批的拟撤销案件或者拟不起诉案件，由上一级人民检察院相应侦查部门或者公诉部门承办。上一级人民检察院侦查部门或者公诉部门应当指定专人办理，对案件事实、证据和适用法律进行全面审查，必要时可以讯问犯罪嫌疑人。

第七条 上一级人民检察院侦查部门或者公诉部门审查下级人民检察院报送的拟撤销案件或者拟不起诉案件，应当提出是否同意撤销案件或者不起诉的意见，连同下级人民检察院人民监督员的表决意见，报请检察长或者检察委员会决定。

第八条 上一级人民检察院审查下级人民检察院报送的拟撤销案件或者拟不起诉案件，应当于收到案件七日内书面批复下级人民检察院；重大、复杂案件，应当于收到案件十日内书面批复下级人民检察院。情况紧急或者因其他特殊原因不能按时送达的，可以先电话通知下级人民检察院执行，随后送达书面批复。

第九条 上一级人民检察院批准撤销案件或者不起诉的，下级人民检察院应当作出撤销案件或者不起诉的决定，并制作撤销案件决定书或者不起诉决定书。上一级人民检察院不批准撤销案件或者不起诉的，下级人民检察院应当执行上一级人民检察院的决定。

第十条 拟撤销的案件或者拟不起诉的案件，犯罪嫌疑人在押的，不得因报上一级人民检察院审批而超期羁押。羁押期限届满，应当依法变更强制措施。

第十一条 本规定自发布之日起试行。

第二百三十五条［侦查终结移送的材料］

提出起诉意见或者不起诉意见的，侦查部门应当将起诉意见书或者不起诉意见书以及其他案卷材料，一并移送本院审查起诉部门审查。国家或者集体财产遭受损失的，在提出提起公诉意见的同时，可以提出提起附带民事诉讼的意见。

【条文释义】 本条是关于侦查部门应当向本院审查起诉部门移送起诉意见书或不起诉意见书的规定。

根据本条规定，人民检察院侦查部门侦查终结，认为需要移送审查起诉或移送审查不起诉的，应当向本院审查起诉部门移送。移送的材料包括：（1）起诉意见书或者不起诉意见书。即认为需要对案件提起公诉的，要移送起诉意见书；认为需要对案件作出不起诉决定的，要移送不起诉意见书。（2）其他案卷材料。包括侦查终结报告、案件的证据材料等。本条规定，国家或者集体财产遭受损失的，侦查部门在提出提起公诉意见的同时，可以提出提起附带民事诉讼的意见，是为了让审查起诉部门全面、充分审查案件，正确地作出结论。该内容是根据《刑事诉讼法》第77条第2款而规定的。

第二百三十六条［上级院侦查终结交由下级院起诉或不起诉如何办理］

上级人民检察院侦查终结的案件，依照刑事诉讼法的规定应当由下级人民检察院提起公诉或者不起诉的，应当将检察委员会的决定、侦查终结报告连同案卷材料、证据移送下级人民检察院，由下级人民检察院按照上级人民检察院检察委员会的决定交侦查部门制作起诉意见书或者不起诉意见书，移送本院审查起诉部门审查。

下级人民检察院审查起诉部门认为应当对案件补充侦查的，可以退回本院侦查部门补充侦查，同时，上级人民检察院侦查部门应当协助进行。

下级人民检察院认为上级人民检察院的决定有错误的，可以向上级人民检察院提请复议，上级人民检察院维持原决定的，下级人民检察院应当执行。

【条文释义】 本条是关于上级人民检察院侦查的案件，依法应当由下级人民检察院起诉或者不起诉时如何办理的规定。

人民检察院直接立案侦查的案件，由于多种原因，往往出现上级人民检察院侦查终结后，由下级人民检察院起诉或者不起诉的情况。例如，犯罪嫌疑人在当地身居要职或社会背景复杂，当地人民检察院难以对案件立案侦查的，往往由上级人民检察院立案侦查，然后交由下级人民检察院审查起诉；按照检察机关级别管辖的原则，也往往存在这种现象；上级人民检察院还可以依职权将自己侦查的案件交由下级人民检察院起诉或不起诉。在这种情况下，上级人民检察院侦查终结后，如何将案件交由下级人民检察院？实践中的做法和认识不甚一致。总的看来，有四种意见和做法：（1）上级人民检察院侦查终结后，以人民检察院的名义，将侦查终结报告和案卷材料、证据交由下级人民检察院提起公诉或者作出不起诉的决定。主要理由是，检察机关是上下级领导关系，上级人民检察院的决定下级人民检察院应当执行。侦查终结报告是由上级人民检察院制作的，上面载有应当对案件起诉或者不起诉的意见，下级人民检察院应当执行，直接提起公诉或作出不起诉决定，不能再对案件进行实质性审查。（2）上级人民检察院侦查终结后，侦查部门将侦查终结报告交由下级人民检察院审查起诉部门审查起诉或审查不起诉，但上级人民检察院侦查部门不再制作起诉意见书或者不起诉意见书。主要理由是上级人民检察院侦查部门不能向下级人民检察院审查起诉部门移送起诉意见书或者不起诉意见书。（3）上级人民检察院侦查部门侦查终结后，制作侦查终结报告、起诉意见书或者不起诉意见书，移送本院审查起诉部门，由其移交下级人民检察院审查起诉部门审查起诉或者审查不起诉。（4）上级人民检察院侦查部门侦查终结，将侦查终结报告连同案件材料交由下级人民检察院侦查部门，由其制作起诉意见书或者不起诉意见书，移送本院审查起诉部门审查起诉或者审查不起诉。这种情况下，下级人民检察院侦查部门不对案件进行实质性审查，只是根据侦查终结报告制作起诉意见书或者不起诉意见书，下级人民检察院审查起诉部门要对案件进行实质性审查。

为了规范人民检察院办案行为，理顺上下级人民检察院移交案件时的关系，同时符合办案实际和检察机关的领导体制，《人民检察院刑事诉讼规则》起草过程中对上述四种意见和做法进行了充分的研究和论证。第一种处理方式虽然符合检察机关上下级领导关系，但是与办案实际多有不符。案件最终要由下级人民检察院提起公诉或者不起诉，如果不对案件进行实质性审查，下级人民检察院难以掌握案件的事实、证据情况，很多工作将造成被动。尤其是下级人民检察院与上级人民检察院对案件的事实、证据、结论有不同认识时，如果按照上级人民检察院的决定进行诉讼，工作很难进行。第二种处理方式中，上级人民检察院侦查部门不制作起诉意见书或不起诉意见书，与《人民检察院刑事诉讼规则》第 234 条规定的程序不一致，与规范检察机关内部办案程序的要求也不一致；辩护律师及其他辩护人在审查起诉阶段也无法根据《刑事诉讼法》的规定查阅、摘抄或者复制起诉意见书。第三种处理方式的问题是，下级人民检察院审查起诉部门认为案件需要退回补充侦查的，是由上级人民检察院侦查部门进行还是由本院侦查部门进行？如果由上级人民检察院侦查部门进行，那么下级人民检察院审查起诉部门向上级人民检察院侦查部门退回补充侦查于理不通；如果由下级人民检察院侦查部门进行，由于下级人民检察院侦查部门对案件情况不甚了解，无法补充侦查。因此，本条按照第四种处理方式作了规定。

本条第 1 款是关于上级人民检察院侦查终结的案件，依法应当由下级人民检察院提起公诉或者不起诉时，案件移送方式的规定。按照本款规定，上级人民检察院侦查部门侦查终结后，应当将检察委员会的决定、侦查终结报告连同案卷材料、证据移送下级人民检察院，下级人民检察院按照上级人民检察院的要求将案件交由侦查部门制作起诉意见书或者不起诉意见书，移送本院审查起诉部门审查。按照这种程序，下级人民检察院侦查部门对案件一般不进行实质性审查，只是根据侦查终结报告制作起诉意见书或者不起诉意见书，履行有关的法律手续，对案件的实质性审查工作由下级人民检察院审查起诉部门进行。这样既符合上下级检察机关的领导体制，也比较规范。

本条第2款是关于补充侦查的规定。上级人民检察院侦查终结的案件，在下级人民检察院审查起诉期间也存在补充侦查的问题。本款根据《刑事诉讼法》第140条第2款和《人民检察院刑事诉讼规则》第268条第4款的规定，规定下级人民检察院审查起诉部门认为应当对案件补充侦查的，可以退回本院侦查部门补充侦查，同时，上级人民检察院侦查部门应当协助进行。这是因为下级人民检察院侦查部门在程序上虽然制作了起诉意见书或不起诉意见书，但并没有对案件进行侦查，侦查工作是由上级人民检察院侦查部门进行的，为保证补充侦查的有效进行，上级人民检察院侦查部门应当协助进行。

本条第3款是关于下级人民检察院认为上级人民检察院的决定有错误时，可以提请复议的规定。案件要由下级人民检察院提起公诉或不起诉，实践中可能存在下级人民检察院认为上级人民检察院的决定有错误的情况。本款为了保证人民检察院对案件作出正确的处理，规定下级人民检察院可以向上级人民检察院提请复议。但上下级检察机关是领导关系，如果上级人民检察院维持原决定的，下级人民检察院必须执行。

第二百三十七条［撤销案件的程序和条件］

侦查过程中，发现具有下列情形之一的，应当由检察人员写出撤销案件意见书，经侦查部门负责人审核后，报请检察长或者检察委员会决定撤销案件：

（一）具有刑事诉讼法第十五条规定情形之一的；

（二）没有犯罪事实的，或者依照刑法规定不负刑事责任和不是犯罪的；

（三）虽有犯罪事实，但不是犯罪嫌疑人所为的。

对于共同犯罪的案件，如有符合本条规定情形的犯罪嫌疑人，应当撤销对该犯罪嫌疑人的立案。

【条文释义】　本条是关于人民检察院撤销案件的程序和条件的规定。

本条第1款是关于撤案程序和条件的规定。

根据最高人民检察院《关于省级以下人民检察院对直接受理侦查案件作撤销案件、不起诉决定报上一级人民检察院批准的规定（试行）》的规定，省级以下（含省级）人民检察院办理直接受理侦查的案件，拟作撤销案件决定的，应当报请上一级人民检察院批准。因此，对于人民检察院直接受理侦查的案件，经过侦查认为应当撤销案件的，应当依照上述规定的程序办理。[①]

---

① 对于省级以下（含省级）人民检察院办理直接受理侦查案件作撤销案件决定的具体程序参见本书第234条释义后收录的最高人民检察院《关于省级以下人民检察院对直接受理侦查案件作撤销案件、不起诉决定报上一级人民检察院批准的规定（试行）》。

本条第1款规定的撤销案件的条件有三个，符合其中一个条件，即可以撤销案件。

1. 具有《刑事诉讼法》第15条规定情形之一的。即情节显著轻微、危害不大，不认为是犯罪的；犯罪已过追诉时效的；经特赦令免除刑罚的；依照《刑法》告诉才处理的犯罪，没有告诉或者撤回告诉的；犯罪嫌疑人死亡的；其他法律规定免予追究刑事责任的。

2. 没有犯罪事实，或者依照《刑法》规定不负刑事责任和不是犯罪的。本项规定的"没有犯罪事实"，是指犯罪嫌疑人的行为没有社会危害性，不是犯罪行为，或者犯罪嫌疑人的行为不符合《刑法》规定的某一犯罪的构成要件。"没有犯罪事实"与《刑事诉讼法》第15条第1项规定的"情节显著轻微、危害不大，不认为是犯罪"并不完全相同，"没有犯罪事实"，是指犯罪嫌疑人没有实施任何违法犯罪行为或犯罪嫌疑人的行为没有社会危害性，而《刑事诉讼法》第15条第1项规定的行为具有社会危害性，只不过"情节显著轻微、危害不大"，不认为是犯罪。例如，把正常的借贷关系错当成受贿行贿关系，对犯罪嫌疑人以涉嫌受贿立案，就属于"没有犯罪事实"；如果犯罪嫌疑人收受了1000元的贿赂，则属于"情节显著轻微，危害不大，不认为是犯罪"。本项规定的"依照刑法规定不负刑事责任"，是指犯罪嫌疑人的行为表面上看是危害社会的"犯罪行为"，但依照《刑法》的有关规定犯罪嫌疑人并不负刑事责任，这种情况下应当撤销案件。例如，《刑法》第17条规定的不满14岁的人实施的危害社会的行为；《刑法》第18条规定的精神病人在不能辨认或者不能控制自己行为的时候造成危害结果的；《刑法》第20条规定的正当防卫行为；《刑法》第21条规定的紧急避险行为，虽然表面上看是危害社会的"犯罪行为"，但《刑法》已经明确规定"不负刑事责任"，因此，在立案后发现属于上述情形的，应当撤销案件。当然，人民检察院直接立案侦查的案件中，属于这种情形的案件是极少的。本款规定的依照《刑法》规定不是犯罪的，是指属于《刑法》第16条规定的"行为在客观上虽然造成了损害结果，但是不是出于故意或者过失，而是由于不能抗拒或者不能预见的原因所引起的，不是犯罪"的情形，人民检察院直接立案侦查的法纪案件，有些情况下会因属于这种情形而撤销案件。

3. 虽有犯罪事实，但不是犯罪嫌疑人所为的。这种情况下，应当撤销对该犯罪嫌疑人的立案。刑事诉讼的目的是追究犯罪嫌疑人的刑事责任，如果犯罪事实不是犯罪嫌疑人实施的，对犯罪嫌疑人就不能追究刑事责任。由于人民检察院直接立案侦查的案件的特点，因这种情形而撤销案件的案例也是极少的。

本条第2款是关于对共同犯罪案件中的符合撤案条件的犯罪嫌疑人撤销立案的规定。人民检察院立案侦查的共同犯罪案件，经过侦查，可能发现部分犯罪嫌疑人符合本条第1款规定的撤案条件，不应当对其追究刑事责任，这种情况下，因不能对整个案件作撤销的决定，只能撤销对该犯罪嫌疑人的立案。

【撤销案件决定书的制作】

（一）制作方法

本文书系叙述式文书，其内容结构可以分为六个部分：

1. 首部。包括：制作本文书的人民检察院名称；文书名称，即“撤销案件决定书”；文书编号，即“ 检 撤〔 〕 号”，空白处应当依次填写制作本文书的人民检察院简称、具体办案部门简称、年度和序号。

2. 犯罪嫌疑人基本情况。包括：姓名、性别、出生年月日、籍贯、民族、职业或者工作单位及职务、住址等。可表述为“犯罪嫌疑人×××（姓名），女……”

3. 案由和立案时间。可表述为“犯罪嫌疑人×××（姓名）涉嫌……（罪名）一案，本院于××××年××月××日立案侦查。”如果需要说明案件来源的，可以在案由后叙明；如果对犯罪嫌疑人采取强制措施的，也应当说明采取强制措施的具体情况。

4. 案件事实。即经侦查查明的案件事实，这一部分是为撤销案件提供事实上的理由。可表述为“现查明……”，用简洁的语言叙明查清的案件事实，要根据决定撤销案件的具体情况，实事求是并有针对性地叙写行为情节、犯罪时间、被害人告诉情况、犯罪嫌疑人死亡，等等。

5. 撤销案件的法律依据。主要包括《刑事诉讼法》第15条的规定和《刑法》关于犯罪的有关规定。在法律依据之后要写明撤销案件的决定，可表述为“现决定撤销此案”。

6. 尾部。包括：检察长姓名，年、月、日，院印。

（二）使用说明

使用撤销案件决定书应当注意以下几个问题：（1）要注意掌握应当撤销案件的具体情形。根据法律规定，刑事案件具有下列情形之一的，应当撤销案件：一是具有《刑事诉讼法》第15条规定情形之一的；二是没有犯罪事实的，或者依照《刑法》规定不负刑事责任或者不是犯罪的；三是虽有犯罪事实，但不是犯罪嫌疑人所为的。（2）在侦查过程中或者侦查终结后发现应当撤销案件的情形，应当按照最高人民检察院《关于省级以下人民检察院对直接受理侦查案件作撤销案件、不起诉决定报上一级人民检察院批准的规定（试行）》规定的程序办理。（3）撤销案件的决定，应当分别送达犯罪嫌疑人所在单位和犯罪嫌疑人；犯罪嫌疑人死亡的，只送达其原所在单位。（4）对于共同犯罪的案件，如其中有存在应当撤销案件情形的犯罪嫌疑人的，应当撤销对该犯罪嫌疑人的立案。

本文书一式四份，一份存检察卷，一份存检察内卷，一份送达犯罪嫌疑人所在单位，一份送达犯罪嫌疑人。

（三）文书格式（见下页）

人民检察院
撤销案件决定书

检 撤〔 〕 号

犯罪嫌疑人×××（姓名）……（犯罪嫌疑人基本情况）

犯罪嫌疑人×××（姓名）涉嫌……（罪名）一案，系……（案件来源）本院于××××年××月××日立案侦查……（采取强制措施情况）

现查明：犯罪嫌疑人×××（姓名）……（简要叙述涉嫌犯罪的事实、损害后果及不作有罪认定的理由）

……（撤案理由：依据《刑事诉讼法》第十五条的规定；没有犯罪事实的，或者依照《刑法》规定不负刑事责任和不是犯罪的；证据不足，不能证明犯罪事实系犯罪嫌疑人所为的等。）根据……（具体法律依据）不构成犯罪（或者为：不应当追究刑事责任），现决定撤销此案。

检察长：
年 月 日
（院印）

第二百三十八条［撤销案件决定书的送达］

撤销案件的决定，应当分别送达犯罪嫌疑人所在单位和犯罪嫌疑人。犯罪嫌疑人死亡的，应当送达犯罪嫌疑人原所在单位。如果犯罪嫌疑人在押，应当制作决定释放通知书，通知公安机关依法释放。

【条文释义】 本条是关于人民检察院应当送达撤销案件决定书的规定。

撤销案件决定书是人民检察院制作的重要法律文书，由于撤销案件意味着对犯罪嫌疑人不再追究州事责任，因此，对犯罪嫌疑人来讲更是重要。为了维护犯罪嫌疑人的权益，本条规定，撤销案件的决定，人民检察院应当分别送达犯罪嫌疑人所在单位和犯罪嫌疑人。犯罪嫌疑人死亡的，应当送达犯罪嫌疑人原所在单位。本条强调撤销案件决定书要送达犯罪嫌疑人所在单位，是因为人民检察院直接立案侦查的案件是国家工作人员职务犯罪案件，犯罪嫌疑人被立案后，按照有关规定，其工资待遇、职务等都相应地受到影响。将撤销案件决定书送达犯罪嫌疑人所在单位，可以使犯罪嫌疑人所在单位知悉人民检察院对犯罪嫌疑人的处理结果，按照人民检察院的处理结果落实有关规定。本条还规定，如果犯罪嫌疑人在押，人民检察院还应当制作决定释放通知书，通知公安机关，依法释放犯罪嫌疑人。

【决定释放通知书的制作】

决定释放通知书的制作参见本书第85条。

第二百三十九条[1] [撤案时对犯罪嫌疑人违法所得的处理]

人民检察院撤销案件时，对犯罪嫌疑人的违法所得应当区分不同情形，作出相应处理：

（一）因犯罪嫌疑人死亡而撤销案件的，如果被冻结的犯罪嫌疑人的存款、汇款应当予以没收或者返还被害人，可以申请人民法院裁定，通知冻结机关上缴国库或者返还被害人；因其他原因撤销案件的，直接通知冻结机关上缴国库或者返还被害人。

（二）对扣押在人民检察院的犯罪嫌疑人的违法所得需要没收的，应当提出检察建议，移送有关主管机关处理；需要返还被害人的，直接决定返还被害人。

【条文释义】 本条是关于人民检察院撤销案件时，对犯罪嫌疑人的违法所得处理方式的规定。

人民检察院撤销案件时，往往涉及如何处理犯罪嫌疑人的违法所得的问题。例如，人民检察院直接立案的贪污、受贿犯罪案件，在侦查过程中犯罪嫌疑人死亡，虽然刑事诉讼不再继续进行，但对犯罪嫌疑人贪污、受贿的财物如何处理？人民检察院能否直接予以没收上缴国库或者返还被害人？再如，人民检察院以贪污、受贿等立案的案件，经侦查发现犯罪嫌疑人虽有贪污、受贿等行为，但数额不足《刑法》规定的标准的，在撤销案件时，对犯罪嫌疑人的违法所得如何处理？对这些问题，《刑事诉讼法》没有规定。在《刑事诉讼法》修改以前的司法实践中，人民检察院在撤销案件或不起诉时，对违法所得都是直接没收上缴国库或返还被害人的。但《刑事诉讼法》修改后明确规定人民检察院作出不起诉决定时，需

---

① 最高人民检察院2010年5月9日印发的《人民检察院扣押、冻结涉案款物工作规定》第34条对人民检察院撤销案件时扣押、冻结的涉案款物的处理作了相同但具体的规定："决定撤销案件的，侦查部门应当在撤销案件决定书中写明对扣押、冻结的涉案款物的处理结果。扣押的违法所得需要没收的，应当提出检察意见，移送有关主管机关处理。需要返还原主或者被害人的，应当解除扣押、冻结，直接返还。因犯罪嫌疑人死亡而撤销案件，被冻结的存款、汇款应当依法予以没收或者返还被害人的，可以申请人民法院裁定通知冻结犯罪嫌疑人存款、汇款的金融机构上缴国库或者返还被害人；因其他原因撤销案件的，直接通知冻结机构上缴国库或者返还被害人。需要返还犯罪嫌疑人的，应当解除冻结并返还犯罪嫌疑人或者其合法继承人。"

要没收犯罪嫌疑人违法所得的，应当移送主管机关处理，不能再直接予以没收。

对这一问题，实践中有两种不同的认识，有的主张延续过去的做法；有的认为人民检察院没有行政处罚权，在撤销案件时不能直接没收。1998 年 1 月，最高人民法院、最高人民检察院、公安部、国家安全部、司法部、全国人大常委会法制工作委员会《关于刑事诉讼法实施中若干问题的规定》第 19 条对这一问题规定为："对于在侦查、审查起诉中犯罪嫌疑人死亡，对犯罪嫌疑人的存款、汇款应当依法予以没收或者返还被害人的，可以申请人民法院裁定通知冻结犯罪嫌疑人存款、汇款的金融机构上缴国库或者返还被害人。"但这一规定只解决了因犯罪嫌疑人死亡撤销案件时的冻结财物的处理问题，没有解决因其他原因撤销案件时的违法所得的处理问题和扣押财物的处理问题。为了规范人民检察院的办案行为，加强对人民检察院侦查工作的监督制约，根据最高人民法院、最高人民检察院、公安部、国家安全部、司法部、全国人大常委会法制工作委员会《关于刑事诉讼法实施中若干问题的规定》，参照《刑事诉讼法》关于不起诉时对违法所得处理方式的规定，本条分两项对人民检察院撤销案件时如何处理犯罪嫌疑人违法所得规定了四种方式：

1. "因犯罪嫌疑人死亡而撤销案件的，如果被冻结的犯罪嫌疑人的存款、汇款应当予以没收或者返还被害人，可以申请人民法院裁定，通知冻结机关上缴国库或者返还被害人"。该规定适用于因犯罪嫌疑人死亡而撤销案件时，对被冻结的犯罪嫌疑人的存款、汇款进行处理的情况。这种情况下，人民检察院应当根据案件的具体情况，申请人民法院作出将已被冻结的款项没收或者返还被害人的裁定，由人民法院通知冻结犯罪嫌疑人存款、汇款的金融机构或者邮电机关予以扣划，将该款项上缴国库或返还被害人。

2. "因其他原因撤销案件的，直接通知冻结机关上缴国库或者返还被害人"。适用于因犯罪嫌疑人死亡以外的其他原因而撤销案件时，对已被冻结的犯罪嫌疑人的存款、汇款的处理情况。这里的"因其他原因撤销案件"，是指因犯罪嫌疑人死亡以外的其他原因而撤销案件，如因情节显著轻微、危害不大，不认为是犯罪而撤销案件，因犯罪已过追诉时效而撤销案件等。由于这些情形不属于最高人民法院、最高人民检察院、公安部、国家安全部、司法部、全国人大常委会法制工作委员会《关于刑事诉讼法实施中若干问题的规定》中的情形，因此，人民检察院不再申请人民法院裁定，而是直接通知冻结犯罪嫌疑人存款、汇款的金融机构或者邮电机关上缴国库或者返还被害人。

3. "对扣押在人民检察院的犯罪嫌疑人的违法所得需要没收的，应当提出检察建议，移送有关主管机关处理"。适用于因所有原因而撤销案件时，对扣押的犯罪嫌疑人财物应予以没收的情况。这种情形对撤销案件的原因没有限制和要求，但只适用于扣押在人民检察院的犯罪嫌疑人的财物，不适用于冻结的犯罪嫌疑人的财物；只适用于将扣押财物予以没收的情形，不适用于将扣押财物返还被害人的情形。本内容是参照《刑事诉讼法》第142条关于不起诉的规定而规定的。这里的“检察建议”只是建议有关主管机关将犯罪嫌疑人的违法所得予以没收上缴国库，与一般的检察建议内容不同。“有关主管机关”，是指有权对违法所得予以没收的行政主管机关，如财政部门。

4. “需要返还被害人的，直接决定返还被害人”。适用于因各种原因撤销案件时，对扣押在人民检察院的犯罪嫌疑人的财物需要返还被害人的情况。本条对撤销案件的原因没有限制，但只适用于扣押财物的处理，不适用于冻结财物的处理；只适用于返还被害人，不适用于予以没收的情况。

【退还、返还扣押（调取）物品、文件决定书的制作】

（一）制作方法

退还、返还扣押（调取）物品、文件决定书为三联填充式文书，各联文书的内容和制作方法如下：

1. 第一联存根。

（1）首部。包括：制作本文书的人民检察院名称；文书名称，即“退还、返还扣押（调取）物品、文件决定书”；文书编号，即“ 检 退返〔 〕 号”，空余地方依次填写制作本文书的人民检察院简称、具体办案部门简称、年度和序号。文书名称下面标有“（存 根）”字样。

（2）正文。包括：案由，可根据案件涉嫌的罪名填写；犯罪嫌疑人的姓名；退还、返还扣押（调取）物品、文件领取人姓名；批准人姓名；承办人姓名；填发人姓名；填发文书的时间。

2. 第二联副本。

（1）首部。包括：制作本文书的人民检察院名称；文书名称，即“退还、返还扣押（调取）物品、文件决定书”；文书编号，即“ 检 退返〔 〕 号”。在文书名称之下标有“（副 本）”字样。

（2）正文。包括：退还、返还扣押（调取）物品、文件领取人姓名；法律依据，即《刑事诉讼法》的具体条文规定；退还或者返还，应根据具体情况选择，划去不用的选项。

（3）尾部。包括：制作本文书的时间，具体到年、月、日；加盖制作本文书的人民检察院院印；备注，即“附：退还、返还扣押（调取）物品、文件清单”。

3. 第三联正本。

（1）首部。包括：制作本文书的人民检察院名称；文书名称，即“退还、返还扣押（调取）物品、文件决定书”；文书编号，即“ 检 退返〔 〕 号”。

（2）正文。具体包括的内容和制作要求与第二联正文一样。

（3）尾部。包括：制作本文书的时间，具体到年、月、日；加盖制作本文书的人民检察院院印；备注，即“附：退还、返还扣押（调取）物品、文件清单”。

（二）使用说明

在具体使用时，应注意以下问题：退还、返还扣押（调取）物品、文件决定书应当与退还、返还扣押（调取）物品、文件清单同时使用，并根据是退还扣押的物品、文件还是返还调取的物品、文件，准确填写《刑事诉讼法》相对应的条文。对于退还、返还扣押（调取）物品、文件决定书中决定予以退还（返还）的扣押（调取）的有关物品、文件应当在退还、返还扣押（调取）物品、文件清单中详细载明。“返还”是针对被害人；“退还”是针对原物品、文件持有人。人民检察院在办理案件过程中，对于“扣押”和“调取”，“退还”和“返还”，应当根据实际案情选择使用，划去不用的选项。

退还、返还扣押（调取）物品、文件决定书与处理扣押物品、文件决定书和移送扣押、冻结物品、文件决定书不同。退还、返还扣押（调取）物品、文件决定书主要是人民检察院在将有关调取或者扣押的与案件有关的物品、文件返还被害人或退还原物品、文件持有人时使用。处理扣押物品、文件决定书主要是人民检察院在处理扣押的违禁品或者不宜长期保存的物品、文件时使用。移送扣押、冻结物品、文件决定书主要是在人民检察院办理撤销案件或者提起公诉的案件中，对于已经依法扣押、冻结的有关物品、文件（包括违法所得）移送有关部门处理时使用。

本文书三联之间的骑缝线上均有本文书文号，应当按照本文书第三联中文号的填写方法予以填写。

本文书共三联，第一联统一保存备查，第二联附卷，第三联送达退还、返还扣押（调取）物品、文件领取人。

（三）文书格式（见下页）

人民检察院

退还、返还扣押(调取)物品、文件决定书

(存 根)

检 退返〔 〕 号

案由______

犯罪嫌疑人______

领取人______

批准人______

承办人______

填发人______

填发时间______

第一联统一保存

检 退返〔 〕 号

人民检察院

退还、返还扣押(调取)物品、文件决定书

(副 本)

检 退返〔 〕 号

______:

根据《中华人民共和国刑事诉讼法》第______条的规定，本院决定将扣押(调取)的有关物品、文件予以退还(返还)。

年 月 日

(院印)

附：退还、返还扣押(调取)物品、文件清单

第二联附卷

检 退返〔 〕 号

人民检察院

退还、返还扣押(调取)物品、文件决定书

检 退返〔 〕 号

______:

根据《中华人民共和国刑事诉讼法》第______条的规定，本院决定将扣押(调取)的有关物品、文件予以退还(返还)。

年 月 日

(院印)

附：退还、返还扣押(调取)物品、文件清单

第三联送达领取人

【退还、返还扣押（调取）物品、文件清单的制作】

（一）制作方法

退还、返还扣押（调取）物品、文件清单为填充式文书，一式四份。主要内容包括：

1. 首部。包括：文书编号；制作本文书的人民检察院名称；文书名称，即“退还、返还扣押（调取）物品、文件清单”；文书页码，即“第 页 共 页”。

2. 正文。包括：退还、返还扣押（调取）物品、文件的编号；退还、返还扣押（调取）物品、文件的名称；退还、返还扣押（调取）物品、文件的数量；退还、返还扣押（调取）物品、文件的计量单位；退还、返还扣押（调取）物品、文件的特征；备注。

3. 尾部。包括：退还、返还扣押（调取）物品、文件清单批准人的签名；承办案件人签名；领取退还、返还扣押（调取）物品、文件人的姓名（签名）；制作本文书的日期；制作本文书的人民检察院院印。

（二）使用说明

在具体使用时，应注意以下问题：退还、返还扣押（调取）物品、文件清单应当配合退还、返还扣押（调取）物品、文件决定书使用。对退还、返还扣押（调取）物品、文件决定书中载明的有关物品、文件，应当在制作退还、返还扣押（调取）物品、文件清单中详细列明，连同退还、返还扣押（调取）物品、文件送达领取人。退还、返还扣押（调取）物品、文件清单中所列的名称、特征应当与调取证据清单、扣押物品、文件清单相符。案件承办人与退还、返还扣押（调取）物品、文件领取人查点核对后当场签字或者盖章。退还、返还扣押（调取）物品、文件清单中的文件包括邮件、电报。人民检察院依法将调取或者扣押的与案件有关的邮件、电报退还原主时，应当使用退还、返还扣押（调取）物品、文件清单。

退还、返还扣押（调取）物品、文件清单与调取证据清单用途不同。退还、返还扣押（调取）物品、文件清单是人民检察院依法将调取或者扣押的与案件有关的物品、文件退还原主或者返还被害人时使用的法律文书。调取证据清单是人民检察院向有关单位或者个人调取证据时所使用的法律文书。调取证据清单中列明的有关物品、文件需要退还原主时，应当制作退还、返还扣押（调取）物品、文件清单。扣押物品、文件清单是人民检察院在勘验、搜查中依法扣押可以证明犯罪嫌疑人有罪或者无罪的物品、文件时使用的法律文书。人民检察院对已经查明与案件无关的扣押物品、文件，决定解除扣押，退回被扣押人时，应当制作解除扣押决定书，同时制作退还、返还扣押（调取）物品、文件决定书，并使用退还、返还扣押（调取）物品、文件清单。

退还、返还扣押（调取）物品、文件清单一式四份，一份统一保存备查，一份附卷，一份交被扣押物品、文件保管人，一份交退还、返还扣押（调取）物品、文件领取人。四份清单使用同一编号。

（三）文书格式

编号：

人民检察院

退还、返还扣押（调取）物品、文件清单

第　　页　共　　页

编号	物品、文件名称	数量	单位	特征	备注

批准人：

承办人：

领取人：

年　　月　　日

（院印）

注：本清单一式四份，一份统一保存，一份附卷，一份交被扣押物品、文件保管人，一份交领取人。

【移送扣押、冻结物品、文件决定书的制作】

（一）制作方法

移送扣押、冻结物品、文件决定书为五联填充式文书，各联的内容和制作方法如下：

1. 第一联存根。

（1）首部。包括：制作本文书的人民检察院名称；文书名称，即“移送扣押、冻结物品、文件决定书”；文书编号，即“　检　移决〔　〕　号”，空余地方依次填写制作本文书的人民检察院简称、具体办案部门简称、年度、序号。在文书名称下方注明“（存　根）”字样。

（2）正文。包括：案由，即案件的犯罪性质，可根据案件涉嫌的罪名填写；犯罪嫌疑人基本情况，包括犯罪嫌疑人的姓名、性别、年龄、工作单位、住址、身份证号码，是否人大代表、政协委员，应当根据具体掌握情况填写；受理移送扣押、冻结物品、文件单位的名称；批准人签名或者盖章；承办案件人的签名或者盖章；填发本文书人的签名或者盖章；填发文书的日期。

2. 第二联副本。

（1）首部。包括：制作本文书的人民检察院名称；文书名称，即“移送扣押、冻结物品、文件决定书”；文书编号，即“　检　移决〔　〕　号”。在文书名称下方标有“（副　本）”字样。

（2）正文。包括：接收有关物品、文件的主管机关名称；法律依据，即《刑事诉讼法》的有关规定，根据移送物品、文件所作处理的不同填写；具体接受有关物品、文件的主管机关简称。

（3）尾部。包括：制作本文书的日期；人民检察院院印；备注，即“附：移送扣押、冻结物品、文件清单”。

3. 第三联副本。

（1）首部。包括：制作本文书的人民检察院名称；文书名称；文书编号；在文书名称下方标有“（副　本）”字样。

（2）正文。包括：原物品、文件持有人姓名；移送扣押、冻结物品、文件的法律依据，即《刑事诉讼法》的有关规定；移送主管部门的名称；通知事项，即当事人可以向上一级人民检察院申诉。

（3）尾部。包括：制作本文书的年、月、日；人民检察院院印；备注，即“附：移送扣押、冻结物品、文件清单”。

4. 第四联正本。

（1）首部。包括：制作本文书的人民检察院名称；文书名称，即“移送扣押、冻结物品、文件决定书”；文书编号，即“　检　移决〔　〕　号”。

（2）正文。具体内容和制作方法与第二联正文一样。

（3）尾部。包括：制作本文书的日期；人民检察院院印；备注，即“附：移送扣押、冻结物品、文件清单”。

5. 第五联回执。

（1）首部。包括：制作本文书的人民检察院名称；文书名称。在文书名称下方注明“（回　执）”字样。

（2）正文。包括：制作本文书的人民检察院名称；移送扣押、冻结物品、文件决定书制作日期、编号。

（3）尾部。包括：制作本文书的年月日及受理移送的扣押、冻结物品、文件单位的公章。

（二）使用说明

在具体使用时，应注意以下问题：本文书使用应当与移送扣押、冻结物品、文件清单同时进行。人民检察院决定不起诉的案件，对不起诉人需要给予行政处罚、行政处分或者没收违法所得的，根据《刑事诉讼法》第 142 条的规定，不能使用本文书，而是应当提出检察建议，连同不起诉决定书一并移送有关主管机关处理。人民检察院撤销案件时，对扣押在人民检察院的犯罪嫌疑人的违法所得需要没收的，应当制作本文书，将本文书及违法所得移送有关主管机关处理。犯罪嫌疑人的违法所得需要返还被害人的，人民检察院不需要制作本文书移送有关主管机关处理，而是直接决定返还被害人。第三联中的“你（单位）”是选择关系，制作时应当根据实际情况划去其中一项。

本文书五联之间的骑缝线上均有本文书文号，应当按照本文书第三联中文号的填写方法予以填写。

本文书共五联，第一联统一保存备查，第二联附卷，第三联送达原持有人，第四联送达受理单位，第五联退回后附卷。

（三）文书格式（见下页）

人民检察院
移送扣押、冻结物品、
文件决定书
（存 根）

检 移决〔 〕 号

案由________________
犯罪嫌疑人基本情况（姓名、性别、年龄、工作单位、住址、身份证号码、是否人大代表、政协委员）
____
____
____
____
受理单位________________
批准人________________
承办人________________
填发人________________
填发时间________________

第一联统一保存

检 移决〔 〕 号

人民检察院
移送扣押、冻结物品、
文件决定书
（副 本）

检 移决〔 〕 号

________________：

根据《中华人民共和国刑事诉讼法》第________条的规定，本院决定将有关物品、文件移送你________。

年 月 日
（院印）

附：移送扣押、冻结物品、文件清单

第二联附卷

检 移决〔 〕 号

人民检察院
移送扣押、冻结物品、
文件决定书
（副 本）

检 移决〔 〕 号

________________：

根据《中华人民共和国刑事诉讼法》第________条的规定，本院决定将扣押、冻结的有关物品、文件移送________。

你（单位）如不服本决定，可在收到本决定后向________人民检察院申诉。

年 月 日
（院印）

附：移送扣押、冻结物品、文件清单

第三联送达原持有人

检　移决〔　〕号

人民检察院

移送扣押、冻结物品、
文件决定书

检　移决〔　　〕　号

________：

根据《中华人民共和国刑事诉讼法》第________条的规定，本院决定将有关物品、文件移送你________。

年　月　日
（院印）

附：移送扣押、冻结物品、文件清单

第四联送达受理单位

检　移决〔　〕号

人民检察院

移送扣押、冻结物品、
文件决定书
（回　执）

________人民检察院：

你院________年________月________日以________号移送扣押、冻结物品、文件决定书移送的有关物品、文件及清单收悉。

此复。

年　月　日
（公章）

第五联退回后附卷

【移送扣押、冻结物品、文件清单的制作】

（一）制作方法

移送扣押、冻结物品、文件清单为填充式文书，一式五份。其内容可以分为三部分：

1. 首部。包括：文书编号；制作本文书的人民检察院名称；文书名称，即“移送扣押、冻结物品、文件清单”；“第 页 共 页”。

2. 正文。包括：移送扣押、冻结物品、文件的顺序编号；物品、文件名称；数量；计量单位；特征，包括移送扣押、冻结物品、文件的型号、规格、重量、质量、颜色、新旧程度和缺损情况等特征；备注。

3. 尾部。包括：接收单位名称；接收人签名；移交单位名称；移交人签名；制作本文书的年、月、日；人民检察院院印。

（二）使用说明

在具体使用时，应注意以下问题：移送扣押、冻结物品、文件清单应当与移送扣押、冻结物品、文件决定书同时使用。人民检察院撤销案件时，对扣押在人民检察院的犯罪嫌疑人的违法所得需要没收的，应当制作移送扣押、冻结物品、文件决定书和移送扣押、冻结物品、文件清单，将上述两个法律文书及违法所得移送有关主管机关处理。犯罪嫌疑人的违法所得需要返还被害人的，人民检察院不需要制作移送扣押、冻结物品、文件决定书和移送扣押、冻结物品、文件清单移送有关主管机关处理，而是直接决定返还被害人。人民检察院决定不起诉的案件，对不起诉人需要给予行政处罚、行政处分或者没收违法所得的，根据《刑事诉讼法》第 142 条的规定，不能使用移送扣押、冻结物品、文件决定书和移送扣押、冻结物品、文件清单，而是应当提出检察建议，连同不起诉决定书一并移送有关主管机关处理。

移送扣押、冻结物品、文件清单是在人民检察院不起诉案件以外的其他案件中，将依法已经扣押、冻结的有关物品、文件需要移送有关部门处理时所使用的法律文书。处理扣押物品、文件清单是人民检察院对依法已经扣押的违禁品或者不宜长期保存的物品作出处理时使用的法律文书。退还、返还扣押（调取）物品、文件清单是人民检察院依法将扣押或者调取的与案件有关的物品、文件退还原主或者返还被害人时所使用的法律文书。

本文书一式五份，一份统一保存备查，一份附卷，一份交原扣押、冻结物品、文件持有人，一份交接收移送扣押物品、文件的单位，一份交被扣押、冻结物品、文件保管人。五份移送扣押、冻结物品、文件清单使用同一编号。

（三）文书格式（见下页）

编号：

人民检察院

移送扣押、冻结物品、文件清单

第　　页　　共　　页

编号	物品、文件名称	数量	单位	特征	备注

接收单位：　　　　　　　　移交单位：

接 收 人：　　　　　　　　移 交 人：

年　　月　　日

（院印）

注：本清单一式五份，一份统一保存，一份附卷，一份交原持有人，一份交接收单位，一份交被扣押物品、文件保管人。

第二百四十条［对部分犯罪嫌疑人在逃的共同犯罪案件的处理］

人民检察院直接立案侦查的共同犯罪案件，如果同案犯罪嫌疑人在逃，但在案犯罪嫌疑人犯罪事实清楚、证据确实、充分的，对本案犯罪嫌疑人应当根据本规则第二百三十四条的规定分别移送审查起诉或者移送审查不起诉。

由于同案犯罪嫌疑人在逃，在案犯罪嫌疑人的犯罪事实无法查清的，对在案犯罪嫌疑人应当根据案件的不同情况分别报请延长侦查羁押期限、变更强制措施或者解除强制措施。

【条文释义】 本条是关于人民检察院对部分犯罪嫌疑人在逃的共同犯罪案件如何处理的规定。

人民检察院直接立案侦查的共同犯罪案件，有时并不能将全部犯罪嫌疑人抓获。在部分犯罪嫌疑人在逃的情况下，人民检察院对案件如何处理，实践中的认识并不一致，有人主张，将全部犯罪嫌疑人抓获归案后再对全案作出结论，影响了案件的及时处理，也影响了在案犯罪嫌疑人的权利。为了规范人民检察院的办案行为，本条对部分犯罪嫌疑人在逃的共同犯罪案件如何处理作了规定。

本条规定了两种处理方式。

1. 人民检察院直接立案侦查的共同犯罪案件，如果同案犯罪嫌疑人在逃，但在案犯罪嫌疑人犯罪事实清楚，证据确实、充分的，应当对在案犯罪嫌疑人移送审查起诉或者移送审查不起诉。这是指同案犯罪嫌疑人在逃并不影响对在案犯罪嫌疑人事实和证据的认定情况下的处理方式。这里的"在案犯罪嫌疑人犯罪事实清楚、证据确实、充分"包括两种情形：一是在案犯罪嫌疑人的所有犯罪事实清楚，证据确实、充分，在逃犯罪嫌疑人对在案犯罪嫌疑人的事实、证据没有任何影响的；二是在案犯罪嫌疑人的部分犯罪事实清楚，证据确实、充分，在逃犯罪嫌疑人对在案犯罪嫌疑人的部分犯罪事实有影响的。这种情况下，如果在法定侦查期限内（包括延长侦查羁押期限、变更强制措施）仍不能将在逃犯罪嫌疑人抓获的，应对在案犯罪嫌疑人已经查明的犯罪事实移送审查起诉或移送审查不起诉。其余待查的犯罪事实可在在逃犯罪嫌疑人抓获、事实查清后，按漏罪处理。这里的"根据本规则第二百三十四条的规定分别移送审查起诉或者移送审查不起诉"，是指既要符合《人民检察院刑事诉讼规则》第234条规定的移送审查起诉或移送审查不起诉的事实、证据、法律条件，又要按照《人民检察院刑事诉讼规则》第234条规定的程序制作相应文书。

2. 由于同案犯罪嫌疑人在逃，在案犯罪嫌疑人的犯罪事实无法查清的，应当对在案犯罪嫌疑人报请延长侦查羁押期限、变更强制措施或者解除强制措施。这是在逃犯罪嫌疑人影响对在案犯罪嫌疑人事实、证据认定情况下的处理方式。由于在案犯罪嫌疑人事实无法查清，无法移送审查起诉或无法移送审查不起诉，只能继续侦查，但必须遵守侦查羁押期限、取保候审、监视居住期限的规定。本款规定的“根据案件的不同情况”，是指不能以部分犯罪嫌疑人在逃、在案犯罪疑人的事实无法查清为由，对犯罪嫌疑人一直羁押或取保候审、监视居住，而是符合延长侦查羁押期限条件的才能办理延长期限手续，符合变更强制措施条件的才能变更强制措施。如果不符合延长、变更条件，或者延长、变更后期限届满仍不能查清在案犯罪嫌疑人事实，无法作出结论的，必须对在案犯罪嫌疑人解除强制措施。

【参考规定】

最高人民检察院法律政策研究室关于对同案犯罪嫌疑人在逃对解除强制措施的在案犯罪嫌疑人如何适用《人民检察院刑事诉讼规则》有关问题的答复（2002年5月29日 〔2002〕高检研发第11号）

山东省人民检察院研究室：

你院鲁检发研字〔2001〕第8号《关于同案犯罪嫌疑人在逃，对解除强制措施的在案犯罪嫌疑人如何适用〈人民检察院刑事诉讼规则〉有关规定的请示》收悉。经研究，答复如下：

在共同犯罪案件中，由于同案犯罪嫌疑人在逃，在案犯罪嫌疑人的犯罪事实无法查清，对在案犯罪嫌疑人解除取保候审后，对在案的犯罪嫌疑人可以撤销案件，也可以依据刑事诉讼法第一百四十条第四款的规定作出不起诉决定。撤销案件或者作出不起诉决定以后，又发现有犯罪事实需要追究刑事责任的，可以重新立案侦查。

此复

第二百四十一条［侦查中止］

侦查过程中，犯罪嫌疑人长期潜逃，采取有效追捕措施仍不能缉拿归案的，或者犯罪嫌疑人患有精神病及其他严重疾病不能接受讯问，丧失诉讼行为能力的，经检察长决定，中止侦查。中止侦查的理由和条件消失后，经检察长决定，应当恢复侦查。

中止侦查期间，如果犯罪嫌疑人在押，对符合延长侦查羁押期限条件的，应当依法延长侦查羁押期限；对侦查羁押期限届满的，应当依法变更为取保候审或者监视居住措施。

【条文释义】　本条是关于侦查中止的规定。

本条第1款是关于侦查中止的条件和中止条件消失后恢复侦查的规定。本款规定的侦查中止的条件有两个：一是犯罪嫌疑人长期潜逃，采取有效追捕措施仍不能缉拿归案的。由于侦查的目的就是查明犯罪嫌疑人是否应当承担刑事责任，在犯罪嫌疑人无法归案的情况下侦查也就失去了意义，因此，应当中止。实践中需注意的是，必须是犯罪嫌疑人长期潜逃，采取有效追捕措施后仍不能缉拿归案的，才能中止侦查。如果犯罪嫌疑人在逃，人民检察院应当使用侦查手段抓获犯罪嫌疑人，不能中止侦查；只有经长期有效追捕后，没有任何线索、无法继续追捕的情况下才能中止侦查。二是犯罪嫌疑人患有精神病或其他严重疾病不能接受讯问，丧失诉讼行为能力的。这是指犯罪嫌疑人在智力上或体力上丧失了诉讼能力，使讯问工作无法进行，侦查工作继续进行也毫无意义。本条规定，中止侦查要经检察长决定；中止侦查的理由和条件消失后，经检察长批准，应当恢复侦查。

由上可见，侦查中止与侦查终结并不相同，侦查中止并不是对案件作出的一种结论，而是在侦查过程中遇有法定事由，使侦查无法进行或没必要继续进行时，暂时停止侦查活动。《刑事诉讼法》没有中止侦查的规定，本条是根据实践需要增加的，目的是规范侦查工作，通过中止侦查、恢复侦查的方式防止犯罪嫌疑人长期潜逃的案件无人过问，维护犯罪嫌疑人合法权利，保障其诉讼权利的行使。

本条第 2 款是关于侦查中止期间如何对犯罪嫌疑人延长侦查羁押期限、变更强制措施的规定。这里的“依法延长侦查羁押期限”，是指根据《人民检察院刑事诉讼规则》第 221 条至第 226 条规定的条件和程序延长侦查羁押期限。“侦查羁押期限届满的，应当依法变更”，是指侦查羁押期限届满以后，要根据《刑事诉讼法》第 74 条的规定，对犯罪嫌疑人取保候审或者监视居住。

第二百四十二条［自侦案件的结案期限］

人民检察院直接立案侦查的案件，对犯罪嫌疑人没有采取取保候审、监视居住、拘留或者逮捕措施的，侦查部门应当在立案后二年以内提出移送审查起诉、移送审查不起诉或者撤销案件的意见；对犯罪嫌疑人采取取保候审、监视居住、拘留或者逮捕措施的，侦查部门应当在解除或者撤销强制措施后一年以内提出移送审查起诉、移送审查不起诉或者撤销案件的意见。

【条文释义】　本条是关于人民检察院侦查部门结案期限的规定。

人民检察院直接立案侦查的案件，一般都能在侦查羁押期限或其他强制措施期限内办结，但有时因为证据问题既无法认定犯罪嫌疑人实施了犯罪行为，也无法认定犯罪嫌疑人没有实施犯罪行为，无法作出结论，即出现了“疑罪”。对疑罪如何处理，从法理上讲一般主张疑罪从无，但实践中疑罪从无的观念却难以落实，以致对在侦查阶段出现的疑罪采取长期立案、不作结论的方式，严重侵犯了犯罪嫌疑人的合法权利。尤其是人民检察院直接立案侦查的案件是国家工作人员的职务犯罪案件，犯罪嫌疑人被立案尤其是被采取强制措施后，其工作、职务、工资待遇各方面都会受到一定影响。案件没有结论，犯罪嫌疑人即使无罪，也难以恢复以前的工作，实践中也多有犯罪嫌疑人因此而申诉的现象。为了维护犯罪嫌疑人的合法权利，考虑到《刑事诉讼法》第140条规定了存疑不起诉，第162条规定了人民法院可以作出证据不足、指控犯罪不能成立的无罪判决，本条对人民检察院侦查部门的结案期限作了规定。

本条规定了两种结案期限：（1）对犯罪嫌疑人没有采取取保候审、监视居住、拘留或逮捕措施的，侦查部门应当在立案后2年以内提出移送审查起诉、移送审查不起诉或者撤销案件的意见。（2）对犯罪嫌疑人采取取保候审、监视居住、拘留或者逮捕措施的，侦查部门应当在解除或者撤销强制措施后1年以内提出移送审查起诉、移送审查不起诉或者撤销案件的意见。这里的“解除或者撤销强制措施”，是指人民检察院作出了解除或者撤销强制措施的决定的情况。如果人民检察院采取一种强制措施后认为不当，而变更为另一种强制措施，由于新的强制措施的决定代替了原来的强制措施的决定，人民检察院并不再作出解除或者撤销原强制措施的决定，并不属于本条规定的“解除或者撤销强制措施”。实践中人民检察院可能多次变更强制措施，但在无法变更或者期限届满的情况下要作出解除强制措施的决定，在不应当追究犯罪嫌疑人刑事责任的情况下要作出撤销强制措施的决定。在解除或撤销强制措施后1年内，侦查部门必须结案。

本条对两种结案期限作出不同的规定，是因为第一种情况下，由于人民检察院没有采取取保候审等强制措施，没有限制、剥夺犯罪嫌疑人的人身自由，所以规定了较长的结案期限，要在立案后2年内办结；第二种情况下，由于对犯罪嫌疑人采取了取保候审等强制措施，适用强制措施的期限同样也是办案时间，人民检察院已经有了一定的办案时间，因此，规定要在解除或撤销强制措施后1年内办结。

本条规定侦查部门结案的方式有3种，即提出移送审查起诉、移送审查不起诉或撤销案件的意见，《刑事诉讼法》对3种结案方式的条件都作了明确规定。实践中，对于“疑罪”，因为没有确实、充分的证据证明犯罪嫌疑人实施了犯罪行为，因此，不符合《刑事诉讼法》第129条、第131条和《人民检察院刑事诉讼规则》第234条规定的移送审查起诉或移送审查不起诉的条件。在《刑事诉讼法》第130条、第131条和《人民检察院刑事诉讼规则》第237条规定的撤案条件中，也没有对疑罪应当撤销案件的规定，但是从法理上讲，由于没有确实、充分的证据证明犯罪嫌疑人有犯罪行为，在法律上就应视为犯罪嫌疑人没有犯罪行为。因此，侦查部门还是提出撤销案件的意见为宜。无论侦查部门提出哪种结案意见，本条规定都启动了进入下一个诉讼阶段的程序，从实践的角度来看有利于案件的及时解决，有利于维护犯罪嫌疑人的权利。

第二百四十三条 [撤案后发现新事实或者证据的处理]

人民检察院直接立案侦查的案件，撤销案件以后，又发现新的事实或者证据，认为有犯罪事实需要追究刑事责任的，可以重新立案侦查。

【条文释义】 本条是关于人民检察院撤销案件以后又发现新的事实或者证据可以重新立案侦查的规定。

人民检察院直接立案侦查的案件，有时在撤销案件以后又发现了新的事实或者证据，认为有犯罪事实发生需要追究刑事责任。尤其是对“疑罪”，人民检察院必须在《人民检察院刑事诉讼规则》第242条规定的期限内办结，结案方式往往是撤销案件。在撤案后又发现新的事实或证据，如何处理，《刑事诉讼法》没有规定。本条从办案实际出发，从打击犯罪、维护人权的角度出发，规定了在“又发现新的事实或者证据，认为有犯罪事实需要追究刑事责任的”情况下，可以重新立案侦查。“新的事实或者证据”包括撤销案件所依据的事实又有新的证据证明或者与撤销案件时不同的事实、证据，这些事实、证据在撤销案件时没有发现。“有犯罪事实需要追究刑事责任”，是指要符合《刑事诉讼法》规定的立案条件，即根据新的事实和证据能作出有犯罪事实需要追究刑事责任的判断。根据本条规定，只有同时符合上述两个条件的，人民检察院才能重新立案侦查。“重新立案侦查”，是指作为一个新的案件立案侦查，不再撤销以前的撤销案件决定书。如果不是发现了新的事实或证据，而是发现撤销案件决定书认定事实、证据或适用法律错误的，则属于纠正错误决定的性质，要撤销以前的撤销案件决定书，继续侦查。

第八章　审查起诉[①]

【本章概要】　本章是关于人民检察院审查起诉的相关规定。通过案件的受理、审查、起诉决定的作出、不起诉决定的作出、简易程序的提起、辩护与代理对审查起诉涉及的具体程序加以规范，包括案件受理后的形式审查的期限和内容、形式审查后的处理、审查起诉期间的改变管辖、具体审查的内容、审查起诉的程序、审查起诉期间的鉴定、复验复查、证据的核定、起诉书的内容、不起诉的案件、发现新证据后的处理、不起诉决定书的内容、简易程序的适用范围、简易程序转为普通程序后的处理、审查起诉时辩护人的阅卷权和会见权，等等。

第一节　受　理

第二百四十四条［检察机关的审查起诉］

人民检察院对于公安机关移送审查起诉的案件，应当在七日内进行审查。

人民检察院对公安机关移送审查起诉的案件进行审查的期限，计入人民检察院审查起诉期限。

【条文释义】　本条是关于人民检察院对公安机关移送审查起诉的案件进行审查的规定。

公安机关对于侦查终结的案件，认为犯罪事实清楚，证据确实、充分，犯罪性质和罪名认定正确，法律手续完备，依法应当追究刑事责任的，应当制作起诉意见书，经县级以上公安机关负责人批准后，连同案卷材料、证据，一并移送同级人民检察院审查决定。人民检察院对于公安机关移送审查起诉的案件，首先要进行形式审查，即案件是否属于本院管辖，移送的有关材料是否齐备，是否符合侦查终结的条件等。经审查，人民检察院认为公安机关移送审查起诉的案件在形式上、程序上不符合上述条件的，可以要求公安机关补充，或及时改变管辖，保证案件的及时处理。“七日内进行审查”，是指人民检察院收到公安机关移送起诉的案件之日起 7 日以内要进行审查，避免久拖不办。同时，本条规定了人民检

① 有关未成年人刑事案件的审查起诉的规定参见本书第 100 条后收录的《人民检察院办理未成年人刑事案件的规定》（高检发研字〔2007〕1 号）第三章规定内容。

察院对公安机关移送审查起诉的案件进行审查的期限，应当计入人民检察院的审查起诉期限，而不能在移送起诉和受理起诉之间单独设置一个审查期限。《刑事诉讼法》对侦查、审查起诉期限作了严格规定，并未专门规定独立的审查期限，公安、检察机关应当严格按照法定期限办案，这样有利于提高办案效率，保护犯罪嫌疑人合法权益。对公安机关移送起诉的案件，人民检察院进行程序性审查是必要的，有助于提高审查起诉的质量，但这种审查是审查起诉的一部分和准备，所用的时间不会很长，因而不必专门规定单独的审查期限，应当计入人民检察院审查起诉期限。

对于公安机关移送起诉的案件，人民检察院都应当受理。进行以上程序性审查主要是为保证案件材料齐备，不齐备的可以要求公安机关补充提供，不能借材料不齐备而不予受理案件，在这一问题上公安、检察机关应当加强配合。

第二百四十五条 [审查起诉的内容]

人民检察院对于公安机关移送审查起诉的案件，应当在收到起诉意见书后，指定检察人员审查以下内容：

（一）案件是否属于本院管辖；

（二）起诉意见书以及案卷材料是否齐备；案卷装订、移送是否符合有关要求和规定，诉讼文书、技术性鉴定材料是否单独装订成卷等；

（三）对作为证据使用的实物是否随案移送，移送的实物与物品清单是否相符；

（四）犯罪嫌疑人是否在案以及采取强制措施的情况。

【条文释义】 本条是关于人民检察院审查公安机关移送起诉案件的具体内容的规定。

人民检察院对于公安机关移送审查起诉的案件，应当在收到起诉意见书包括案卷材料、证据后，指定检察人员进行审查。可以由检察长直接指定检察人员审查，也可以由部门负责人指定检察人员审查。根据本条规定，审查的内容主要包括：

1. 案件是否属于本院管辖，根据《刑事诉讼法》关于地域、级别管辖的规定，本着与审判管辖相适应的原则，审查案件的管辖是否恰当。对于不属于本院管辖的，要按照有关规定移送有管辖权的人民检察院。例如，区、县的人民检察院经审查认为可能判处死刑的，应当及时移送上一级（分、州、市）人民检察院。

2. 审查案卷材料、证据是否齐备、符合规定。公安机关侦查终结后，应当将全部案卷材料加以整理，按要求装订立卷，向人民检察院移送案件时移送诉讼卷。检察人员主要审查以下几方面：（1）起诉意见书一式三份，不包括预审卷内所附的起诉意见书；（2）案卷册数是否与送达回证所列册数相符；（3）犯罪嫌疑人与卷宗所列人数、身份是否相符；（4）卷内是否附有公安机关抓获犯罪嫌疑人的经过、群众举报、单位举报材料以及抓获、搜查赃物的经过等。

《刑事诉讼法》第36条规定，“辩护律师自人民检察院对案件审查起诉之日起，可以查阅、摘抄、复制本案的诉讼文书、技术性鉴定材料”。这一规定既赋予辩护律师在审查起诉阶段查阅、摘抄、复制一定的案件材料的权利，又对其查阅、摘抄、复制的范围作了必要的限制。由于在审查起诉阶段，是否起诉仍处于一种不确定的状态，人民检察院在审查起诉中可能起诉，也可能不起诉，对于需要补充侦查的，可以退回公安机关补充侦查，也可以自行侦查，案件又可能退回到侦查阶段，如果全部案卷材料均可查阅、摘抄和复制，可能会妨碍侦查工作的正常进行。这一规定既使辩护人在审查起诉阶段在一定程度上了解案情，为充分履行辩护职责进行必要的准备工作，也与辩护人在审判阶段的权利相区别，以保证刑事诉讼活动的正常进行。为便于辩护人查阅、摘抄、复制有关诉讼文书、技术性鉴定材料，应当调整以往的立卷方法，侦查机关、检察机关在侦查终结后应当将诉讼文书、技术性鉴定材料单独立卷，其他控告、举报和证据材料等不便辩护人查阅的文书另外立卷，做好侦查机关与检察机关在立卷、移送方面的协调工作。

3. 审查作为证据使用的实物的移送情况。根据《刑事诉讼法》第198条规定，对作为证据使用的实物应当随案移送，对于与案件定罪量刑有直接关系，应当作为证据在法庭上使用的实物，主要是物证、书证等，原则上应当随案移送；对不宜移送的，即有些实物由于其性质、体积、重量等原因不宜移送的，应当查点清楚，开列清单，将其清单、照片或者其他证明文件随案移送。重点审查有关赃物、证物与物品清单是否相符，品种、数量是否相符，是否附有有关涉案物品的作价证明、用途以及经济损失的说明等。

4. 审查犯罪嫌疑人是否在案以及采取强制措施的情况。“在案”，是指犯罪嫌疑人在公安、司法机关控制之下，在传讯的时候能够及时到案，保证审查起诉、审判的正常进行，“在案”不等于在押。审查对犯罪嫌疑人采取强制措施的情况，包括手续是否完备，共同犯罪的嫌疑人的归案情况，能否及时到案，是否需要变更强制措施等。

第二百四十六条［审查后的处理］

经审查后，对具备受理条件的，填写受理审查起诉案件登记表。

对起诉意见书、案卷材料不齐备，对作为证据使用的实物未移送的，或者移送的实物与物品清单不相符的，应当要求公安机关在三日内补送。对于案卷装订不符合要求的，应当要求公安机关重新分类装订后移送审查起诉。

对于犯罪嫌疑人在逃的，应当要求公安机关在采取必要措施保证犯罪嫌疑人到案后移送审查起诉。

共同犯罪的部分犯罪嫌疑人在逃的，应当要求公安机关在采取必要措施保证在逃的犯罪嫌疑人到案后另案移送审查起诉，对在案的犯罪嫌疑人的审查起诉应当照常进行。

【条文释义】 本条是关于人民检察院对移送起诉案件进行程序性审查后如何处理的规定。

人民检察院对公安机关移送起诉的案件，依据《人民检察院刑事诉讼规则》第245条的规定进行审查，认为符合受理条件的，应当填写受理审查起诉案件登记表。

根据本条规定，对于公安机关移送起诉的案件，经审查发现起诉意见书、案卷材料不齐备，作为证据使用的实物未移送的，应当书面要求公安机关在3日内补送。这种审查主要是形式、程序性审查，主要是使公安机关补齐遗漏的材料，要求其3日内补送是可行的。如果发现公安机关移送的案卷在装订方面不符合有关要求，主要是指诉讼文书、技术性鉴定材料与其他材料未分册装订，应当要求公安机关重新分类装订后移送审查起诉。这主要是考虑到案卷装订不符合要求的，如果由检察院直接分类装订，不符合案卷管理的规定，也容易出现丢失、散失案卷材料的问题。

对于经审查发现被移送起诉的犯罪嫌疑人在逃，无法正常进行审查起诉、审判的，这种情况下应当要求公安机关采取必要措施使犯罪嫌疑人到案后，再移送审查起诉。不能要求凡移送起诉的案件犯罪嫌疑人必须一律在押，对于符合取保候审、监视居住条件的，在传讯时能及时到案的犯罪嫌疑人，人民检察院应当受理审查起诉。

对于共同犯罪的案件，主要犯罪嫌疑人已经归案，从犯或个别主犯在逃，不影响查清主要案件事实、主要证据的，人民检察院可以对在案的犯罪嫌疑人审查起诉并提起公诉。如果共同犯罪的部分或主要犯罪嫌疑人在逃，无法查清案件主要事实，不符合起诉条件的，应当要求公安机关采取必要措施使在逃的犯罪嫌疑人到案后再行审查起诉。在有些情况下，共同犯罪的主犯在逃，但从犯犯罪事实清楚，证据确实、充分的，也可以先行对从犯审查起诉。

第二百四十七条［自侦案件的审查起诉］

人民检察院审查起诉部门受理本院侦查部门移送审查起诉的案件，按照第二百四十四条至第二百四十六条的规定办理。

【条文释义】 本条是关于对自侦案件进行受理审查的规定。

人民检察院审查起诉部门受理本院侦查部门移送审查起诉的案件，也应当对有关案卷材料、证据材料等进行审查，具体做法按照《人民检察院刑事诉讼规则》第244～246条的规定办理，以保证自侦案件移送起诉和审查起诉的质量。

【参考规定】

最高人民检察院关于人民检察院立案侦查的案件改变定性后可否直接提起公诉问题的批复（2006年12月22日　高检发研字〔2006〕8号）

内蒙古自治区人民检察院：

你院关于人民检察院立案侦查的案件改变定性后可否直接提起公诉问题的请示（内检发研字〔2006〕159号）收悉。经研究并征求全国人民代表大会常务委员会法制工作委员会刑法室的意见，现批复如下：

人民检察院立案侦查刑事案件，应当严格按照刑事诉讼法有关立案侦查管辖的规定进行。人民检察院立案侦查的案件在侦查阶段发现不属于自己管辖或者在审查起诉阶段发现事实不清、证据不足并且不属于自己管辖的，应当及时移送有管辖权的机关办理。人民检察院立案侦查时认为属于自己管辖的案件，到审查起诉阶段发现不属于人民检察院管辖的，如果证据确实、充分，符合起诉条件的，可以直接起诉。

此复

附件：全国人民代表大会常务委员会法制工作委员会刑法室关于检察机关立案侦查的案件改变定性后可否直接提起公诉问题的答复意见

附件

全国人民代表大会常务委员会法制工作委员会刑法室关于检察机关立案侦查的案件改变定性后可否直接提起公诉问题的答复意见（2006年9月26日　法工委刑发〔2006〕41号）

最高人民检察院研究室：

检察机关立案侦查时认为属于自己管辖的案件，到审查起诉阶段发现不属于检察机关管辖的，如果证据确实、充分，符合起诉条件的，检察机关可以直接起诉。检察机关提起公诉后，人民法院应当按照刑事诉讼法第一百五十条的规定办理。同时，检察机关应当按照刑事诉讼法、刑法的规定严格掌握立案标准，强化内部对立案的监督，防止故意超越管辖范围进行立案侦查。

第二百四十八条［审查起诉中的改变管辖］

各级人民检察院提起公诉的案件，应当与人民法院审判管辖相适应。

人民检察院受理同级公安机关移送审查起诉的案件，经审查认为属于上级人民法院管辖的第一审案件时，应当写出审查报告，连同案卷材料报送上一级人民检察院，同时通知移送审查起诉的公安机关；认为属于同级其他人民法院管辖的第一审案件时，应当写出审查报告，连同案卷材料移送有管辖权的人民检察院或者报送共同的上级人民检察院指定管辖，同时通知移送审查起诉的公安机关。

上级人民检察院受理同级公安机关移送审查起诉案件，认为属于下级人民法

院管辖时，可以直接交下级人民检察院审查，由下级人民检察院向同级人民法院提起公诉，同时通知移送审查起诉的公安机关。

一人犯数罪、共同犯罪和其他需要并案审理的案件，只要其中一人或一罪属于上级人民检察院管辖的，全案由上级人民检察院审查起诉。

【条文释义】　本条是关于在审查起诉中改变管辖的规定。

人民检察院经受理、审查移送起诉的案件，对于符合起诉条件的案件，应当“按照审判管辖的规定”，向有管辖权的人民法院起诉。这是关于起诉程序的规定。这里“审判管辖的规定”，是指《刑事诉讼法》第 19 ~ 23 条的规定。人民检察院决定起诉的案件，应当依照以上审判管辖的规定作出起诉的决定，制作起诉书，并按有关程序向人民法院提起公诉。对共同犯罪的犯罪嫌疑人，原则上应当同案一并提起公诉，对有特殊情况不能同案起诉的，应当在起诉书中有关部分加以说明或者注明处理情况。

人民检察院受理同级公安机关移送审查起诉的案件，经审查认为属于上级人民法院管辖的第一审案件的，在实践中做法不一：有的人民检察院将案件退回同级公安机关，要求公安机关向上一级公安机关移送，然后再由该上级公安机关向同级人民检察院移送；有的人民检察院接受同级公安机关移送的案件后，直接向上一级人民检察院说明情况，并将案件移送至上级人民检察院。后一种做法比较简便，接受案件的人民检察院不必将案件退回同级公安机关。公安机关对刑事案件的侦查，主要是根据发案地区确定管辖，与人民法院审判案件（包括人民检察院起诉案件）还要依照级别管辖的要求不同。有一部分案件是由基层公安机关侦查，但是应当由同级人民检察院和人民法院的上一级人民检察院和人民法院进行起诉和审判。为了减少诉讼环节，接受同级公安机关移送案件的人民检察院可以将案件直接移交上一级人民检察院。即人民检察院受理同级公安机关移送审查起诉的案件，按照《刑事诉讼法》的管辖规定，认为应当由上级人民检察院或者同级其他人民检察院起诉的，应当由人民检察院将案件移送有管辖权的人民检察院审查起诉，同时通知移送审查起诉的公安机关。人民检察院经审查认为属于同级其他人民法院管辖的第一审案件时，应当写出审查报告，连同案卷材料直接移送有管辖权的人民检察院。如果有关人民检察院有异议，可以报送共同的上级人民检察院指定管辖，同时通知移送审查起诉的公安机关。移送后需要退回补充侦查的，一般应当通过移送的人民检察院退回原侦查机关补充侦查。人民检察院经审查作出不起诉决定的，应当同时抄送同级公安机关和原侦查的公安机关，由同级公安机关提请复议、复核，下级公安机关可以提出意见。

上级人民检察院受理同级公安机关移送审查起诉的案件，认为属于下级人民法院管辖的，可以直接交由与审判管辖相对应的下级人民检察院审查，由下级人民检察院向同级人民法院提起公诉。如果需要退回补充侦查的，可以通过上级人民检察院退回原侦查机关补充侦查，或由其指派下级公安机关补充侦查。

对于一人犯数罪、共同犯罪或其他需要并案审理的案件，数罪或共同实施的犯罪可能分别应当由不同级别法院管辖，如一人犯杀人罪应当由中级人民法院审判，犯盗窃罪应由基层人民法院管辖，只要其中一罪或者一人属于上级人民法院管辖的，全案均由上级人民检察院审查起诉。这是司法实践中形成的做法，是牵连管辖的体现，符合刑事诉讼管辖的规律和诉讼经济的原则。

【报送（移送）案件意见书的制作】

（一）制作方法

报送（移送）案件意见书为叙述式文书，大致可以分为六个部分：首部；送达机关；侦查机关移送起诉情况、犯罪嫌疑人姓名及案由；案件情况及改变起诉管辖的理由；报送或者移送案件的法律依据；尾部。

1. 首部。主要内容包括：制作本文书的人民检察院名称；文书名称，即“报送（移送）案件意见书”；文书编号，即“ 检 报（移）诉〔 〕 号”，空白处应当依次填写制作本文书的人民检察院简称、具体办案部门简称、年度和文书序号。这里需要在文书名称上方写明制作本文书的人民检察院名称，因为这是不同人民检察院之间适用的文书。

2. 送达机关。即接受报送或者移送案件的上一级或者同级人民检察院名称，要顶格书写。

3. 侦查机关移送起诉情况、犯罪嫌疑人姓名及案由。这一部分要交代清楚侦查机关名称，移送起诉的时间及起诉意见书文号，犯罪嫌疑人姓名及案由，可以连续表述为，“××县公安局于2002年4月1日以××号起诉意见书向我院移送审查起诉的犯罪嫌疑人×××（姓名）涉嫌×××（罪名）一案”，并用“经我院审查：”引出查明的案件情况和改变起诉管辖的理由。

4. 案件情况及改变起诉管辖的理由。这一部分要具体写明查清的案件情况和改变管辖的事实与法律根据。具体内容包括：（1）犯罪嫌疑人基本情况，包括：犯罪嫌疑人姓名；性别；出生年月日；身份证号码；籍贯、出生地；民族；文化程度；职业或者工作单位及职务，有变动的可以具体说明，尤其是在作案时在何单位任何职务要写清楚；政治面貌，即属何党派，是否中国共青团团员，如系人大代表或者政协委员，要写明其具体级、届代表、委员及代表、委员号、所任职务；现家庭住址；犯罪嫌疑人简历及前科情况，简历情况如果在职业、工作单位及职务和政治面貌部分不能全面反映，要在这里集中说明，前科情况包括犯罪嫌疑人因违法犯罪行为所受到的处罚或者处分。案件中有多名犯罪嫌疑人的，要根据其罪行由重到轻分行逐一写明其基本情况。（2）本院审查认定的案件事实及其证据。要概括叙写经审查认定的犯罪事实，包括犯罪时间、地点、经过、手段、目的、动机、危害后果等与定罪有关的事实要素，要注意根据具体案件情况，围绕《刑法》规定的犯罪构成要件、犯罪特征，简明扼要地叙写。对于只有一个犯罪嫌疑人的案件，犯罪嫌疑人实施多次犯罪的，犯罪事实要分行逐一叙写，同时触犯数个罪名的犯罪嫌疑人的犯罪事实应该按照主次顺序分类列举。对于共同犯罪的案件，写明共同犯罪事实及各自在共同犯罪中的地位和作用后，要按照犯罪嫌疑人的主次顺序，分别叙明各个犯罪嫌疑人的单独犯罪事实。在叙述清楚犯罪事实后，要对证据进行列举。对于有数个犯罪事实的，要在每叙述一个犯罪事实后，列举出相关的证据。对于重要的案件情节，要具体写明，如犯罪嫌疑人立功、自首等影响量刑的从重、从轻、减轻、免除处罚等犯罪情节。（3）适用法律的意见。这一部分要概括说明犯罪嫌疑人的行为特征及其触犯的《刑法》条文和涉嫌罪名。可以表述为，“综上所述，犯罪嫌疑人×××（姓名）……其行为已触犯《中华人民共和国刑法》第××条之规定，涉嫌×××（罪名）”。（4）报送上级人民检察院或者移送有管辖权的其他同级人民检察院审查起诉的理由。要根据查清的案件事实并结合《刑事诉讼法》关于审判管辖的规定，说明本案应当报送上一级人民检察院审查起诉或者移送与有管辖权的人民法院对应的其他同级人民检察院审查起诉。这一部分内容要概括简明。

5. 报送或者移送案件的法律依据。这一部分要引用《刑事诉讼法》和《人民检察院刑事诉讼规则》的具体条文。可以连续表述为：“根据《中华人民共和国刑事诉讼法》第一百三十八条和《人民检察院刑事诉讼规则》第二百四十八条的规定，现将案件报送（或者移送）你院，请予审查。”

6. 尾部。包括：制作本文书的年、月、日，并加盖制作本文书的人民检察院院印。

（二）使用说明

在制作和适用本文书时，应当注意以下几个方面的问题：（1）本文书名称中包括两种情况，即将案件报送上级人民检察院的情况和移送其他同级人民检察院的情况。在具体制作本文书的过程中，要根据具体情况，使用“报送案件意见书”或者“移送案件意见书”的名称。（2）根据《人民检察院刑事诉讼规则》第248条第1、2款的规定：“各级人民检察院提起公诉的案件，应当与人民法院审判管辖相适应。人民检察院受理同级公安机关移送审查起诉的案件，经审查认为属于上级人民法院管辖的第一审案件时，应当写出审查报告，连同案卷材料报送上一级人民检察院，同时通知移送审查起诉的公安机关；认为属于同级其他人民法院管辖的第一审案件时，应当写出审查报告，连同案卷材料移送有管辖权的人民检察院或者报送共同的上级人民检察院指定管辖，同时通知移送审查起诉的公安机关。”据此，如果有管辖权的其他同级人民检察院的上一级人民检察院与本院的上一级人民检察院不是同一个人民检察院，在案件移送问题上有不同意见时，应当将案件报送共同的上级人民检察院。例如，对于跨省的案件，可以报送最高人民检察院指定管辖。有时，即使有管辖权的人民检察院的上一级人民检察院和本院的上一级人民检察院是同一个人民检察院，在案件移送问题上有时也可能存在不同意见，这时，也应当将案件报送共同的上级人民检察院指定管辖。对于指定管辖，《人民检察院刑事诉讼规则》第16条明确规定："对管辖不明确的案件，可以由有关人民检察院协商确定管辖。对管辖权有争议的或者情况特殊的案件，由共同的上级人民检察院指定管辖。"（3）为了体现与公安机关的分工与配合，并且为了在以后的诉讼程序中的继续配合，人民检察院将案件报送上级人民检察院或者移送同级其他人民检察院审查起诉时，应当同时通知侦查机关，即将本文书抄送侦查机关。

本文书一式三份，一份附卷，一份送达向其报送案件的上一级人民检察院或者向其移送案件的其他同级人民检察院，一份送达移送审查起诉的侦查机关。

（三）文书格式

人民检察院

报送（移送）案件意见书

检　报（移）诉〔　〕　号

×××人民检察院：

×××（侦查机关名称）于××××年××月××日以××号起诉意见书向我院移送审查起诉的犯罪嫌疑人×××（姓名）涉嫌×××（罪名）一案，经我院审查：

……（以下写明查明的案件情况，包括：犯罪嫌疑人基本情况，本院审查认定的该案犯罪事实及其证据、适用法律的意见，以及报送上级人民检察院或者移送有管辖权的其他同级人民检察院审查起诉的理由。）

根据《中华人民共和国刑事诉讼法》第一百三十八条和《人民检察院刑事诉讼规则》第二百四十八条的规定，现将案件报送（或者移送）你院，请予审查。

年　月　日

（院印）

【交办案件通知书的制作】

（一）制作方法

交办案件通知书系叙述式文书，大致可以分为六个部分：首部；送达机关；侦查机关移送起诉情况或者本院侦查终结情况、犯罪嫌疑人姓名及案由；案件情况及交办的理由；交办案件的法律依据；尾部。

1. 首部。主要内容包括：制作本文书的人民检察院名称；文书名称，即“交办案件通知书”；文书编号，即“ 检 交诉〔 〕 号”，空白处应当依次填写制作本文书的人民检察院简称、具体办案部门简称、年度和文书序号。本文书尽管是检察机关系统内部的文书，但这里需要在文书名称上方写明制作本文书的人民检察院名称。

2. 送达机关。即接受交办案件的下级人民检察院名称，要顶格书写。

3. 侦查机关移送起诉情况或者本院侦查终结情况、犯罪嫌疑人姓名及案由。如果是公安机关等侦查机关移送审查起诉的案件，这一部分要交代清楚侦查机关名称，移送起诉的时间及起诉意见书文号，犯罪嫌疑人姓名及案由，可以连续表述为，“××县公安局于××××年××月××日以××号起诉意见书向我院移送审查起诉的犯罪嫌疑人×××（姓名）涉嫌×××（罪名）一案”，并用“经本院审查:”引出查明的案件情况和交办的理由。如果是检察机关直接立案侦查的案件，要写清楚侦查终结的时间、犯罪嫌疑人姓名和案由，等等，可以连续表述为，“本院于××××年××月××日侦查终结的犯罪嫌疑人×××（姓名）涉嫌×××（罪名）一案”，并用“经本院审查:”引出查明的案件情况和交办的理由。

4. 案件情况及交办的理由。这一部分要具体写明查清的案件情况和交办案件的事实与法律根据。具体内容包括：（1）犯罪嫌疑人基本情况，包括：犯罪嫌疑人姓名；性别；出生年、月、日；身份证号码；籍贯、出生地；民族；文化程度；职业或者工作单位及职务，有变动的可以具体说明，尤其是在作案时在何单位任何职务要写清楚；政治面貌，即属何党派，是否中国共青团团员，如系人大代表或者政协委员，要写明其具体级、届代表、委员及代表、委员号、所任职务；现家庭住址；犯罪嫌疑人简历及前科情况，简历情况如果在职业、工作单位及职务和政治面貌部分不能全面反映，要在这里集中说明，前科情况包括犯罪嫌疑人因违法犯罪行为所受到的处罚或者处分。案件中有多名犯罪嫌疑人的，要根据其罪行由重到轻分行逐一写明其基本情况。（2）本院审查认定的案件事实及其证据。要概括叙写经审查认定的犯罪事实，包括犯罪时间、地点、经过、手段、目的、动机、危害后果等与定罪有关的事实要素，要注意根据具体案件情况，围绕《刑法》规定的犯罪构成要件、犯罪特征，简明扼要地叙写。对于只有一个犯罪嫌疑人的案件，犯罪嫌疑人实施多次犯罪的，犯罪事实要分行逐一叙写，同时触犯数个罪名的犯罪嫌疑人的犯罪事实应该按照主次顺序分类列举。对于共同犯罪的案件，写明共同犯罪事实及各自在共同犯罪中的地位和作用后，要按照犯罪嫌疑人的主次顺序，分别叙明各个犯罪嫌疑人的单独犯罪事实。在叙述清楚犯罪事实后，要对证据进行列举。对于有数个犯罪事实的，要在每叙述一个犯罪事实后，列举出相关的证据。对于犯罪嫌疑人立功、自首等影响量刑的重要的案件情节，要具体写明。(3) 适用法律的意见。要概括说明犯罪嫌疑人的行为特征及其触犯的《刑法》条文和涉嫌罪名。可以表述为，“综上所述，犯罪嫌疑人×××（姓名）……其行为已触犯《中华人民共和国刑法》第××条之规定，涉嫌×××（罪名）”。(4) 交下级人民检察院审查起诉的理由。要根据查清的案件事实并结合《刑事诉讼法》关于审判管辖的规定，说明本案应当由下级人民检察院审查起诉。这一部分内容要概括简明。

5. 交办案件的法律依据。在这一部分，要准确引用《刑事诉讼法》和《人民检察院刑事诉讼规则》的具体条文。可以连续表述为：“根据《中华人民共和国刑事诉讼法》第一百三十八条和《人民检察院刑事诉讼规则》第二百四十八条的规定，现将案件移交你院审查办理。”

6. 尾部。包括：制作本文书的年、月、日，并加盖制作本文书的人民检察院院印。

（二）使用说明

在制作和使用本文书时，应当注意以下几个方面的问题：(1) 要注意本文书的适用范围。根据《刑事诉讼法》和《人民检察院刑事诉讼规则》有关规定，各级人民检察院提起公诉的案件，应当与人民法院审判管辖相适应。人民检察院受理同级公安机关移送审查起诉的案件，经审查认为属于上级人民检察院管辖的，或者属于其他同级人民检察院管辖的，应当适用报送（移送）案件意见书，将案件报送上级人民检察院或者将案件移送其他同级人民检察院审查起诉，不应当适用本文书。只有在上级人民检察院向下级人民检察院交办需要由下级人民检察院审查起诉的案件时，才适用本文书。上级人民检察院向下级人民检察院交办案件，不论是其他侦查机关移送审查起诉的案件还是自行立案侦查终结的案件，都适用本文书。(2) 本文书在制作时要注意用语简明、概括，条理清晰，切忌过于烦琐。

对于公安机关等其他侦查机关移送审查起诉的案件，本文书一式三份，一份附卷，一份送达向其交办案件的下级人民检察院，一份送达移送审查起诉的侦查机关。对于自行立案侦查的案件，本文书一式二份，一份附卷，一份送达向其交办案件的人民检察院。

（三）文书格式

人民检察院

交办案件通知书

检 交诉〔 〕 号

×××人民检察院：

×××（侦查机关名称）于××××年××月××日以××号起诉意见书向我院移送审查起诉的犯罪嫌疑人×××（姓名）涉嫌×××（罪名）一案，（对于自侦案件，写为“本院于××××年××月××日侦查终结的犯罪嫌疑人×××（姓名）涉嫌×××（罪名）一案，”）经本院审查：

……（以下写明查明的案件情况，本院审查认定的该案犯罪事实及其证据、适用法律的意见，以及交由下级检察机关办理的理由。）根据《中华人民共和国刑事诉讼法》第一百三十八条和《人民检察院刑事诉讼规则》第二百四十八条的规定，现将案件移交你院审查办理。

年 月 日

（院印）

【换押证的制作】

（一）制作方法

换押证为填充式文书，共三联，第一联为存根，第二联为副本，第三联为正本。

1. 存根联（第一联）的内容结构及制作方法。

换押证存根联可以分为两个部分：

（1）首部。包括：制作本文书的人民检察院名称；文书名称，即“换押证”，下有“（存 根）”字样；文书编号，即“ 检 换〔 〕 号”，空余地方依次填写制作本文书的人民检察院简称、具体办案部门简称、年度和序号。

（2）正文。包括：案由，可根据案件涉嫌的罪名填写“盗窃”、“强奸”、“挪用公款”，等等；犯罪嫌疑人基本情况，包括犯罪嫌疑人的姓名、性别、年龄、工作单位、住址、身份证号码、是否人大代表、政协委员等；逮捕原因，要根据《刑事诉讼法》规定的逮捕条件和案件实际情况，据实填写，如“符合逮捕条件”、“违反取保候审规定”、“违反监视居住规定”等；换押原因，如移送审查起诉、退回补充侦查等，要注意与正本填写的换押原因一致；送达机关，即需要送达的看守所的名称；批准人；承办人；填发人；填发时间。

2. 副本联（第二联）的内容结构及制作方法。

换押证副本联结构、内容与正本联基本相同，只是在文书名称之下标有“（副　本）”字样。

3. 正本联（第三联）的内容结构及制作方法。

换押证正本联大致可以分为三个部分：首部、正文和尾部。

（1）首部。包括：制作本文书的人民检察院名称；文书名称，即“换押证”；文书编号，即“　检　换〔　〕　号”，空余地方依次填写制作本文书的人民检察院简称、具体办案部门简称、年度和序号。

（2）正文。包括：一是犯罪嫌疑人基本情况，空余地方依次填写犯罪嫌疑人的姓名、性别、年龄和住址。二是案由和被捕日期，依次填写犯罪嫌疑人涉嫌的罪名、被逮捕的年月日。三是人民检察院通知看守所换押的理由，填写案件转给其他机关的法律依据，案件移送或者退回的具体机关，“移送”、“退回”根据实际情况划去其中一项。四是通知事项，填写案件移送或者退回的具体机关。五是送达机关，即在“此致”下方的横线上填写送达的看守所的名称。

（3）尾部。包括：制作本文书的年、月、日，并加盖制作本文书的人民检察院的院印。

（二）使用说明

实践中在制作和使用换押证时，应当注意以下几个方面的问题：（1）要正确掌握本文书的适用范围。人民检察院在办理刑事案件过程中，当案件提起公诉、退回公安机关补充侦查或者改变管辖等情况出现时，就要及时制作本文书通知看守所，以便其今后就案件中被羁押人的有关情况与人民法院、公安机关或者其他人民检察院联系。同一人民检察院内部部门间案件承办部门的改变，不适用本文书。（2）本文书只有在犯罪嫌疑人被羁押的情况下才适用，如果犯罪嫌疑人没有被羁押，即使案件承办机关发生变化，也不适用本文书。（3）要掌握本文书的送达机关。本文书的主送机关是看守所，不论案件是提起公诉移送人民法院、退回公安机关补充侦查还是转由其他人民检察院管辖，本文书的正本只送达正在羁押犯罪嫌疑人的看守所，而不是送达案件的接收机关。

本文书三联之间的骑缝线上均有本文书文号，应当按照本文书第三联中文号的填写方法予以填写。

本文书共三联，第一联统一保存备查，第二联附卷，第三联送达看守所。

（三）文书格式（见下页）

人民检察院

换 押 证

（存 根）

检 换〔 〕 号

案由________________

犯罪嫌疑人基本情况（姓名、性别、年龄、工作单位、住址、身份证号码、是否人大代表、政协委员）

____

____

____

____

逮捕原因____________

换押原因____________

送达机关____________

批准人____________

承办人____________

填发人____________

填发时间____________

第一联统一保存

检 换〔 〕 号

人民检察院

换 押 证

（副 本）

检 换〔 〕 号

犯罪嫌疑人____________，性别____，现年____岁，住____________，因涉嫌____________于______年____月____日被逮捕，送你所羁押。根据《中华人民共和国刑事诉讼法》第______条的规定，现该案已移送（退回）____________，接此通知后，有关事宜请与____________联系。

此致

____________看守所

年 月 日

（院印）

第二联附卷

检 换〔 〕 号

人民检察院

换 押 证

检 换〔 〕 号

犯罪嫌疑人____________，性别____，现年____岁，住____________，因涉嫌____________于______年____月____日被逮捕，送你所羁押。根据《中华人民共和国刑事诉讼法》第______条的规定，现该案已移送（退回）____________，接此通知后，有关事宜请与____________联系。

此致

____________看守所

年 月 日

（院印）

第三联送达看守所

第二节　审　　查

第二百四十九条［承办审查移送起诉的人员］

人民检察院受理移送审查起诉案件，应当指定检察员或者经检察长批准代行检察员职务的助理检察员办理，也可以由检察长办理。

办案人员接到案件后，应当阅卷审查，制作阅卷笔录。

【条文释义】　本条是关于人民检察院承办审查移送起诉案件的人员的规定。

公安机关移送人民检察院审查起诉的案件，人民检察院应当审查决定是否提起公诉。审查起诉是人民检察院的重要职权，应当指定检察人员承办。检察人员（检察官）包括检察长、副检察长、检察委员会委员、检察员、助理检察员。检察长、审查起诉部门负责人应当指定有关检察员办理，也可以指定经检察长批准代行检察员职务的助理检察员办理。重大、疑难、有较大影响的案件，检察长可以亲自进行审查。

检察人员接到案件后，应当阅卷审查，查阅公安机关移送的起诉意见书、案卷和证据材料，制作阅卷笔录。阅卷笔录一般包括以下内容：（1）案件来源、罪名、原案编号；（2）犯罪嫌疑人的基本身份情况；（3）法律手续是否合法、齐全；（4）对有关案卷、证据进行摘记或者复制，包括犯罪嫌疑人供述摘要，证人证言、书证、物证、赃物作价、伤势鉴定、尸检鉴定、现场勘查、音像资料的主要情况的摘要等；（5）犯罪嫌疑人抓获、自首等归案情况；（6）其他对审查起诉有作用的方面。

第二百五十条［审查的具体内容］

人民检察院审查移送起诉的案件，必须查明：

（一）犯罪嫌疑人身份状况是否清楚，包括姓名、性别、国籍、出生年月日、职业和单位等；

（二）犯罪事实、情节是否清楚，认定犯罪性质和罪名的意见是否正确；有无法定的从重、从轻、减轻或者免除处罚的情节；共同犯罪案件的犯罪嫌疑人在犯罪活动中的责任的认定是否恰当；

（三）证据材料是否随案移送，不宜移送的证据的清单、复制件、照片或者其他证明文件是否随案移送；

（四）证据是否确实、充分；

（五）有无遗漏罪行和其他应当追究刑事责任的人；

（六）是否属于不应当追究刑事责任的；

（七）有无附带民事诉讼；对于国家财产、集体财产遭受损失的，是否需要由人民检察院提起附带民事诉讼；

（八）采取的强制措施是否适当；

（九）侦查活动是否合法；

（十）与犯罪有关的财物及其孳息是否扣押、冻结并妥善保管，以供核查。对被害人合法财产的返还和对违禁品或者不宜长期保存的物品的处理是否妥当，移送的证明文件是否完备。

【条文释义】　本条是关于人民检察院对需要提起公诉的案件具体审查内容的规定。

《刑事诉讼法》第137条对人民检察院审查起诉的内容作了规定，明确了五项审查内容。本条根据法律和司法实践办案的实际，对审查内容作了十项规定，充实和完善了审查起诉的内容。

本条第1项审查犯罪嫌疑人的身份状况。犯罪嫌疑人的身份状况是指是否具备犯罪主体的要件。犯罪主体是指实施犯罪并且承担刑事责任的人。犯罪主体是犯罪构成的一个重要的方面。没有犯罪主体就不存在犯罪，更不会发生刑事责任问题。按照《刑法》的一般规定，只有达到一定年龄并且具有责任能力的自然人，才能成为犯罪主体。责任年龄和责任能力是构成犯罪主体的必要条件。没有达到法定年龄或者虽然达到法定年龄但没有责任能力的人，即使给社会造成了一定的危害，也不负刑事责任。达到责任年龄和具有责任能力的自然人构成的犯罪主体，是一般主体。除具备上述条件外，有的还要求具有特定的职务或者身份的人才能构成的犯罪主体，即特殊主体，如私放罪犯罪的犯罪主体限于司法工作人员。除自然人主体外，《刑法》还对单位犯罪作了规定。

本条第2项审查犯罪事实、情节是否清楚，全面查明被告人的犯罪事实和情节。办理案件必须以事实为根据。审查起诉首先必须查明侦查终结的案件的犯罪事实、情节的认定是否清楚，只有这样，才能防止提起公诉或不起诉的决定从根本上出现错误。由于审查起诉直接关系到将被告人提交人民法院进行审判，它要求全面查明被告人的犯罪事实和情节。具体讲，不仅要查明被告人的主要犯罪事实，而且要查明次要的犯罪事实和有关情节；不仅要查明主要被告人的犯罪事实和情节，而且要查明同案犯的犯罪事实和情节，分清各自在共同犯罪中的地位和作用；不仅要查明对被告人不利的从重处罚的情节，而且要查明对被告人有利的从轻、减轻或者免除处罚的情节；对于被告人的每一项罪行，都必须全面查明其犯罪的时间、地点、手段、后果、因果关系和动机、目的等。总之，凡是影响对被告人定罪量刑的案件事实，都必须予以查明。应当指出，全面查明犯罪事实和情节，并非要求对那些虽与案件有某种联系，但是并不影响对被告人定罪量刑的细枝末节也都必须一一查清。人民检察院通过审查，对于确属犯罪事实、情节不清的，应当及时自行侦查或退回公安机关补充侦查，对于已经查清部分事实，有些事实无法查清的，可以对查清的犯罪事实依法提起公诉。

审查起诉的重要内容之一是正确适用法律，准确认定犯罪性质和罪名。审查起诉的目的是确定应否对被告人提起公诉或不起诉。这就要求人民检察院在审查起诉时，必须注意审查对被告人的犯罪性质和罪名的认定是否正确。首先，应当根据《刑法》关于犯罪基本特征的有关规定，审查被告人的行为是否已经构成犯罪。具体讲，应从三个方面进行审查：（1）审查被告人的行为是否具有社会危害性。任何犯罪都是危害社会的行为。因此，在审查被告人的行为是否属于犯罪行为时，首先必须审查这种行为对社会有无危害。行为的社会危害性表现在两个方面：一是行为已经造成对社会的有形的或无形的实际危害；二是行为具有危害社会的现实的可能性，如某些犯罪预备或犯罪未遂行为等。人民检察院在审查时，应当对被告人行为的目的、手段、后果等进行综合分析，判断其是否具有社会危害性。（2）审查被告人的行为是否违反了《刑法》的规定。危害社会的行为一般都是违法行为，但是并非都是犯罪行为。只有违反《刑法》的行为，才有可能成为犯罪行为。所以人民检察院在审查被告人的行为时，还要查明是否违反了《刑法》的规定。这里所讲的"《刑法》规定"是广义的，既包括《刑法》的规定，也包括全国人大常委会通过和颁布的其他刑事法规、决定。（3）审查被告人的行为是否应受刑事处罚。某种行为应当受到刑事处罚，具体表现在行为人主观上的罪过与客观上的危害行为的统一。被告人只有在具有某种故意或过失的心理状态下实施了违反《刑法》的行为，才应受刑事处罚。因此，人民检察院在审查案件时，应当对被告人行为的主、客观特征予以全面的分析，以确定是否应受到刑事处罚。是否应受刑事处罚与是否需要判处刑罚是不同的。不应受刑事处罚，是指行为根本不构成犯罪，不存在受刑事处罚的前提；而不需要判处刑罚，则是指行为已经构成犯罪，本应依法予以刑事处罚，但由于被告人具有免除处罚的情节，而依法予以从宽处理。可见，二者的性质是不同的，审查案件时，应当注意区别。其次，审查公安机关所认定的犯罪性质和罪名是否正确。所谓犯罪性质，是指《刑法》规定的某一类犯罪的本质属性。《刑法》分则根据犯罪的同类客体的不同，将犯罪性质划分为危害国家安全罪、危害公共安全罪等。在各类犯罪中，又规定了许多具体犯罪，这些具体犯罪的名称，就是罪名。如果犯罪性质认定错误，罪名也就认定不准，而罪名认定不准，就会影响罚当其罪，因此，必须认真审查对被告人犯罪性质和罪名的认定是否正确。应当将公安机关所认定的犯罪性质和罪名，与被告人的犯罪事实及有关的《刑法》条款相对照，分析被告人行为是否符合该种犯罪的构成要件，凡是符合的，其犯罪性质和罪名的认定就是正确的。

本条第3项主要审查证据材料是否随案移送。证据是认定案件的依据，其齐备与否直接影响审查起诉的质量，因而在审查起诉中要注意审查证据材料是否移送和齐备，不宜移送的证据的清单、复制件、照片或者其他证明文件是否齐备。

本条第4项审查证据是否确实、充分。证据是否确实、充分，是指用以证明案件事实的证据是否真实可靠，能否反映案件的真实情况，取得的证据能否足以证实侦查终结认定的犯罪事实和情节。审查起诉主要是通过审查案件是否具备确实、充分的证据，来确认被告人的犯罪事实和情节是否清楚。审查起诉时，应当对侦查终结的案件的所有证据，进行认真、细致的审查、核实。应着重审查：

1. 证据是否真实。证据是一种客观事实。只有符合客观实际，能够反映案件真实情况的，才能作为定案的根据。因此，审查证据首先应审查其真实性。经验表明，证据的真实性是与证据来源的可靠性密切相关的，凡是来源可靠的证据，其真实性就大。例如，在审查证人证言时，就要查明提供的情况是证人亲身感受的，还是他人告知的，抑或道听途说的；在审查物证、书证时，应弄清是何人在何时、何地、何种情况下提供或提取的等。只有那些来源清楚、可靠的证据，才有可能成为定案的根据。否则，不能当做证据使用。证据的真实性还与收集证据的合法性紧密联系。一般来说，用合法手段收集的证据，往往能够保证其真实性；而用非法手段收集的证据，则常常出现虚假。证明同一案件事实的真实的证据之间，是能够相互印证的。因此，对于公安机关移送的各种证据，除逐一进行审查外，还应当将它们相互对照，加以综合分析判断。凡是彼此吻合一致的证据，一般就是真实的证据；反之，就有可能不真实，而需要进一步调查、复核。

2. 证据与案件事实有无关联。证据的作用是证明案件的真实情况，必须与案件事实具有关联性。在审查各种证据时，就不能仅仅查明证据事实本身是否客观、真实，还应查明它与案件事实有无内在联系。只有那些能够证明犯罪是否发生、犯罪行为是否为被告人所实施以及犯罪情节如何等的客观事实，才能作为案件的证据使用。在实践中，对于某些证据，如被告人及证人、被害人关于犯罪过程的供述、证言或陈述等，由于其内容与案件事实有直接的关联，因而并不需要专门进行鉴定即可确定；然而对另外相当一部分证据，则必须经过认真审查，方能确定是否与案件事实有关联。例如，对于公安机关提取并移送的作案凶器、工具以及脚印、指纹、血迹等证据，就必须通过审查是在何时、何地，如何提取的，以及有关人员辨认情况或司法鉴定结论等，来查明其与犯罪行为或者被告人有无内在的联系。如经审查，确认移送的证据与案件事实无关，就不能作为认定犯罪事实、情节的证据使用。

3. 证据是否充分。证据充分是法律对于提起公诉案件的基本要求之一。所谓证据充分，是指对于侦查终结所认定的被告人的全部犯罪事实和情节，都有相应的证据加以证实。并且各种证据之间能够互相印证，具有充分的证明力。证据是否充分的关键，就在于是否足以全面地、确凿无疑地证实犯罪事实和情节，而并不在于证据的形式和数量。人民检察院在审查起诉时，应当将公安机关移送的证据与所认定的犯罪事实、情节相互对照，审查是否足以全面地证实犯罪事实和情节。如果不足以证实犯罪事实和情节，就应当决定补充侦查，要求及时补充证据或进一步查明案情。在实际工作中，对于某些案件来说，某种特定的证据，如杀人案件中的作案凶器，强奸案件中的被害人陈述等，往往具有较大的证明力，因而一般应当要求具备。但是，在有些情况下，由于种种原因，已经无法收集到这些证据，而所收集到的其他证据能够互相印证并足以证实被告人的罪行，也应当认为该案件的证据是充分的，而不应不切实际地要求必须补充这些证据。

本条第5项审查有无遗漏罪行和其他应当追究刑事责任的人。“有无遗漏罪行”，是指有无应当发现而没有发现，或者应当认定而没有认定的犯罪嫌疑人的罪行。“其他应当追究刑事责任的人”，是指除已被移送审查起诉的犯罪嫌疑人以外，其他应当追究刑事责任的同案犯。审查起诉中，如果发现有遗漏罪行或者发现有其他应当追究刑事责任的人时，应当要求侦查机关补充侦查，必要时也可以自行侦查。

本条第6项审查是否属于不应当追究刑事责任的情形。“不应追究刑事责任的”，是指没有犯罪事实的，以及具有《刑法》规定的不负刑事责任的情形，如未达到刑事责任年龄，无刑事责任能力，或者有《刑事诉讼法》第15条规定的不应追究刑事责任的情形之一的，人民检察院审查案件中发现有不应追究刑事责任的，应当依法作出不起诉的决定。

本条第7项审查有无附带民事诉讼，对于国家财产、集体财产遭受损失的，是否需要由人民检察院提起附带民事诉讼。“附带民事诉讼”，是指在刑事诉讼中追究犯罪嫌疑人刑事责任的同时，为解决由犯罪嫌疑人犯罪行为造成被害人的物质损失而进行民事赔偿的诉讼活动。审查有无附带民事诉讼，主要是审查是否由于犯罪行为致使被害人遭受物质损失。对被告人应当提起附带民事诉讼而没有提起的，可以告知被害人有权提起附带民事诉讼；对国家、集体物质财产遭受损失应当提起附带民事诉讼而没有提起的，人民检察院在提起公诉的时候，可以提起附带民事诉讼。

本条第8项审查采取的强制措施是否适当，能否保证犯罪嫌疑人正常接受审查起诉和审判，对于需要变更强制措施的，可以依法变更强制措施，对犯罪嫌疑人予以羁押或者取保候审、监视居住。

本条第9项审查侦查活动是否合法。“侦查活动是否合法”，是指人民检察院通过审查案卷材料、提审犯罪嫌疑人、询问证人、被害人等诉讼活动，了解侦查活动是否按法律规定的原则和程序进行，有无违法情况，包括是否违反法定程序，在侦查活动中是否侵犯了当事人及其他诉讼参与人的诉讼权利和其他合法权益，侦查人员有无违法乱纪的行为等。如果发现有违法行为，应当提出纠正意见。

本条第10项审查与犯罪有关的财物及其孳息是否扣押、冻结并妥善保管。这些财物在一定程度上对犯罪具有证据的作用，对认定犯罪性质和危害后果具有重要意义。人民检察院在审查中也要注意审查对被害人的合法财产是否及时予以返还，保证被害人正常的生产、生活需要，降低犯罪行为造成的损失。对有关移送的清单、证明文件的客观、真实性进行审查，为出庭做好准备。

第二百五十一条［审查起诉的程序］

人民检察院审查案件，应当讯问犯罪嫌疑人，听取被害人和犯罪嫌疑人、被害人委托的人的意见。

讯问、听取意见应由二名以上办案人员进行，并制作笔录。

【条文释义】　本条是关于人民检察院审查案件，应当讯问犯罪嫌疑人、听取被害人及犯罪嫌疑人、被害人委托的人意见的规定。

人民检察院审查案件时，讯问犯罪嫌疑人，有利于正确认定案件事实，依法维护犯罪嫌疑人的合法权益，也有利于监督侦查活动是否合法。此次修改《刑事诉讼法》，加强了被害人在诉讼过程中的诉讼地位和诉讼权利，将被害人明确规定为诉讼当事人。由于被害人是案件的直接受害者，对案件如何处理，直接关系到被害人的利益是否能够得以保障，所以人民检察院审查案件，听取被害人的意见是很必要的。为了保障当事人的权利，修改后的《刑事诉讼法》除规定犯罪嫌疑人可以委托辩护人参加刑事诉讼外，也明确规定被害人可以委托诉讼代理人参加刑事诉讼。由于受委托的人分别代表了被告人和被害人的利益，所以人民检察院审查案件，也应当听取他们的意见。

根据本条的规定，人民检察院审查案件，应当讯问犯罪嫌疑人，听取被害人和犯罪嫌疑人、被害人委托的人的意见。其中“讯问犯罪嫌疑人”应当参照侦查中讯问犯罪嫌疑人的规定，讯问犯罪嫌疑人是否有犯罪行为，让他供述有罪的情节或无罪的辩解，讯问时，检察人员不得少于2人，讯问应当按法定程序制成笔录。“听取被害人”和“被害人委托的人的意见”主要包含二层意见：一是听取被害方对案件处理情况的意见，包括对案件事实的认定尤其是对自己受侵害情况的认定、附带民事诉讼的提起、赔偿的要求等实体性意见；二是听取被害方对侦查活动中是否合法的意见。听取犯罪嫌疑人委托的人的意见，是指听取受犯罪嫌疑人委托的辩护人就犯罪嫌疑人是否有罪以及罪行轻重、是否有从轻、减轻处罚的情节、侦查活动中有无违法情况、是否需要补充侦查调取新证据等发表的意见。人民检察院审查案件，听取双方意见，有利于核实证据，正确认定案件事实，依法维护当事人的合法权益，监督侦查活动依法进行。在执法中，应当注意二点：一是讯问犯罪嫌疑人，听取被害人和犯罪嫌疑人、被害人委托的人的意见是人民检察院审查案件必经的程序，审查起诉不能只进行书面审查；二是要同时收集犯罪嫌疑人和被害人双方的意见，严格依照法定程序进行。

讯问犯罪嫌疑人应当做到：（1）讯问条理清晰、完整，用语文明、准确；（2）告知被讯问人依法享有的诉讼权利；（3）问明犯罪嫌疑人的自然情况、采取强制措施的时间、理由；（4）讯问犯罪嫌疑人的作案时间、地点、手段、犯罪的动机、目的、归案情况、认罪态度、参与共同犯罪人员的姓名、职业及其他特征等；（5）犯罪嫌疑人否认犯罪的理由及证据；（6）有无揭发、检举他人犯罪的事实及证据；（7）适时地进行认罪服法教育。

听取被害人或犯罪嫌疑人、被害人委托的人的意见应当做到：（1）应当由2名以上承办人进行，并告知有申请回避的权利；（2）听取的内容应围绕与本案的发案时间、地点、犯罪嫌疑人使用的手段、强度以及被侵害的具体对象的数额、特征、后果和诉讼请求等；（3）根据具体案情，承办人可以询问被害人能否提供新的证据材料等；（4）其他与本案有关的能够证实犯罪嫌疑人有罪、无罪或罪轻、罪重的情节。

第二百五十二条［直接听取有关当事人意见有困难的处理］

直接听取被害人和犯罪嫌疑人、被害人委托的人的意见有困难的，可以向被害人和犯罪嫌疑人、被害人委托的人发出书面通知，由其提出书面意见，在指定期限内未提出意见的，应当记明笔录。

【条文释义】 本条是关于审查起诉中直接听取有关当事人意见有困难的如何办理的规定。

《刑事诉讼法》第139条规定，人民检察院审查案件，应当听取被害人和犯罪嫌疑人、被害人委托的人的意见。《刑事诉讼法》第40条规定，人民检察院自收到移送审查起诉的案件材料之日起3日以内，应当告知被害人及其法定代理人或者其近亲属、附带民事诉讼的当事人及其法定代理人有权委托诉讼代理人。听取被害人及犯罪嫌疑人委托的人的意见是人民检察院审查起诉的法定程序，有利于查明案情，更好地保护当事人的合法权益。在司法实践中，由于目前人口流动性较大，有些案件被害人案发后到外地工作或有些被害人本人就是外省市甚至外籍人员，人民检察院直接听取被害人的意见有困难，在这种情况下，人民检察院可以向被害人或被害人委托的人发出书面通知，由其提出书面意见。如果被害人在指定期限内未提出意见的，应当记明笔录。听取被害人意见，应当由人民检察院2名以上办案人员进行，并制作笔录。具体可按如下方式办理：

1. 被害人系外埠且路途遥远，可以用书面通知的形式在指定的期限内提出书面意见，逾期未提出的，应当记明笔录。

2. 被害人下落不明、无法通知的，应当记明笔录。

3. 被害人或者被委托人众多的，可以公告告知，要求其在指定地点和期限内提出意见，逾期未提出的，应当记明笔录；如果被害人或者被委托人众多又系外埠且路途遥远，通知和听取意见无法进行的，可视为无法告知，应当记明笔录。

4. 被害人或者被委托人系外国人或者无国籍人，应当层报最高人民检察院，通过外交途径通知。逾期未提出意见的，应当记明笔录。

关于被害人委托诉讼代理人的告知问题，许多案件如诈骗、盗窃案件，被害人情况复杂，有的案件涉及被害人几十人甚至上百人，不少案件在法定期限内难以告知甚至无法告知。人民检察院在审查起诉中应当严格履行法律规定的告知义务。对于实践中存在的被害人难以告知的情况，告知可以采取口头或者书面方式。口头告知的，告知活动应当记明笔录，由被告知人签名；书面告知的，应当将告知的送达回执入卷；无法告知的，也应当记录笔录。

第二百五十三条［诉讼当事人、诉讼参与人的权利告知］

讯问犯罪嫌疑人或者询问被害人、证人时，应当分别告知其在审查起诉阶段所享有的诉讼权利。

【条文释义】　本条是关于在审查起诉中告知有关诉讼当事人、诉讼参与人诉讼权利的规定。

为了充分保障犯罪嫌疑人、被害人和证人的诉讼权利，人民检察院在审查起诉中讯问犯罪嫌疑人或者询问被害人、证人时，应当告知其在审查起诉阶段的权利和义务。检察人员要告知犯罪嫌疑人自己的工作单位，出示法律所要求的法律文书。告知应当以口头的方式进行，已将有关权利义务印制成书面材料的，在书面告知的同时，也应当口头告知。一般这种告知应当在讯问犯罪嫌疑人、询问被害人、证人开始之时进行，也可以在讯问、询问后告知。关于具体告知的内容，最高人民检察院1998年10月25日发布的《关于在全国检察机关实行“检务公开”的决定》附件中分别列出了在侦查、审查起诉阶段犯罪嫌疑人、被害人、证人的权利和义务，检察人员应当依照上述规定履行权利告知义务。

第二百五十四条［审查起诉阶段的医学鉴定］

人民检察院认为对犯罪嫌疑人或被害人需要进行医学鉴定的，应当要求公安

机关进行；必要时也可以由人民检察院进行或者由人民检察院送交有鉴定资格的医学机构进行。

人民检察院自行对犯罪嫌疑人或者被害人进行医学鉴定的，可以商请公安机关派员参加，必要时还可以聘请医学机构或者专门鉴定机构有鉴定资格的人员参加。

【条文释义】 本条是关于在审查起诉阶段进行医学鉴定如何办理的规定。

人民检察院在审查起诉中，认为需要对犯罪嫌疑人、被害人进行医学鉴定，如被害人伤情是属于轻伤还是重伤，可能影响认定案件性质的，或者认为应作鉴定而未作鉴定、有关医学鉴定有一定疑问的，可以通过以下方式进行鉴定：一是要求公安机关进行鉴定，属于事实不清、证据不足的，可以退回公安机关补充侦查，也可以不予退补，要求公安机关在法定期限内进行鉴定；二是由人民检察院进行，送交人民检察院的法医进行鉴定；三是由人民检察院送交有鉴定资格的医学机构进行，包括专门法医鉴定机构、有关医学研究机构、医院等有鉴定资格的单位进行，在实践中要根据进行鉴定的性质、特点，送交有专长、有权威的有关鉴定机构进行。

人民检察院自行对犯罪嫌疑人或者被害人进行医学鉴定的，可以商请公安机关派员参加，必要时还可以聘请医学机构或者专门鉴定机构有鉴定资格的人员参加。这样做是为了严格依据有关鉴定规范，在鉴定人员、资格、程序上保证鉴定的客观性、科学性和公正性。

人民检察院在审查起诉中进行有关医学鉴定，应当由检察人员、审查起诉部门提出意见，经县级以上人民检察院检察长批准，可以要求公安机关或者自行进行鉴定。

第二百五十五条［犯罪嫌疑人有患精神病可能的处理］

在审查起诉中，发现犯罪嫌疑人有患精神病可能的，人民检察院应当依照本规则的有关规定对犯罪嫌疑人进行鉴定。

犯罪嫌疑人的辩护人或者近亲属以犯罪嫌疑人有患精神病可能而申请对犯罪嫌疑人进行鉴定的，人民检察院也可以依照本规则的有关规定对犯罪嫌疑人进行鉴定，并由申请方承担鉴定费用。

【条文释义】 本条是关于在审查起诉中发现犯罪嫌疑人有患精神病可能的如何处理的规定。

人民检察院在审查起诉中，通过查阅案卷材料、讯问犯罪嫌疑人，发现犯罪嫌疑人有患精神病可能的，应当进行鉴定。《刑法》第18条规定，精神病人在不能辨认或者不能控制自己行为的时候造成危害结果，经法定程序鉴定确认的，不负刑事责任。《刑事诉讼法》规定对精神病人进行鉴定，由省级人民政府指定的医院进行，鉴定人进行鉴定后，应当写出鉴定结论，并且由鉴定人签名，医院加盖公章。在审查起诉中，检察人员发现犯罪嫌疑人可能患有精神病，又无相关鉴定材料或者有关鉴定存在问题，根据《刑事诉讼法》和《人民检察院刑事诉讼规则》的规定，经县级以上人民检察院检察长批准，可以委托由省级人民政府指定的医院进行精神病鉴定。精神病鉴定应当包括被鉴定人是否患有精神疾病，患何种精神疾病，实施危害行为时的精神状态，有无刑事责任能力，精神疾病和所实施的危害行为之间的关系等。精神病鉴定要由主持、参加鉴定的人签名并加盖医院的公章，以保证鉴定的严肃性、权威性。

在审查起诉过程中，犯罪嫌疑人的辩护人或者近亲属申请对犯罪嫌疑人进行鉴定的，人民检察院应当认真对待，及时进行必要的审查，如果认为有关申请毫无根据的，可以决定不进行鉴定并将结果及时告知申诉人；如果认为确实有进行精神病鉴定必要的，人民检察院可以依法对犯罪嫌疑人安排进行鉴定。由于这种鉴定是由辩护人或者犯罪嫌疑人近亲属申请的，应当由申请方承担鉴定的有关费用。

第二百五十六条［复验、复查］

人民检察院审查案件的时候，对公安机关的勘验、检查，认为需要复验、复查的，应当要求公安机关复验、复查，人民检察院可以派员参加；也可以自行复验、复查，商请公安机关派员参加，必要时也可以聘请专门技术人员参加。

【条文释义】　本条是关于人民检察院在审查起诉中复验、复查的规定。

根据本条规定，人民检察院审查案件的时候，对公安机关的勘验、检查认为有错误或有疑点，需要再次勘验、检查时，可以要求公安机关复验、复查。复验、复查是对已经勘验、检查过的与犯罪有关的场所、物品、人身、尸体等，再次进行检查、验证的侦查活动。为了深入、细致、全面地了解复验、复查的情况，便于对案件的审查，公安机关复验、复查时，人民检察院可以派检察人员参加。这一规定，是人民检察院对公安机关的侦查活动实行监督的具体体现，有利于人民检察院审查案件，核实证据，保证勘验、检查结果的科学可靠性，正确处理案件。进行复验、复查应当严格遵守《刑事诉讼法》关于勘验、检查的规定。在必要时，人民检察院也可以自行复验、复查，商请公安机关派员参加，这种复查是以人民检察院为主进行的，必要时可以聘请本院或者有关单位的专门技术人员参加。

【复验、复查通知书的制作】

（一）制作方法

复验、复查通知书为三联填充式文书，各联的内容和制作方法如下：

1. 第一联存根。

（1）首部。包括：制作本文书的人民检察院名称；文书名称，即“复验、复查通知书”；文书编号，即“ 检 复查通〔 〕 号”，“检”前空余地方填写制作本文书的人民检察院的简称，“检”与“复查通”之间的空余地方填写人民检察院具体办案部门的简称，中括号内填写制作本文书的年度，中括号与“号”之间的空余地方填写本文书在该年度的序号。在文书名称下面标有“（存根）”字样。

（2）正文。包括：案由，可以根据案件中犯罪嫌疑人所涉嫌的罪名填写为“贪污罪”、“受贿罪”、“挪用公款罪”等，如果因涉嫌多个罪名而立案的，应将所涉嫌的罪名填写全；犯罪嫌疑人基本情况，包括姓名、性别、年龄、工作单位、住址、身份证号码、是否人大代表或政协委员，上述犯罪嫌疑人的基本情况，并不是要求每一项内容都必须填写完整、清楚，制作时可以根据具体案件的需要和实际掌握的情况加以填写；复验、复查的内容；复验、复查的简要理由；制作本文书的批准人的姓名或者名称；承办人的姓名；填发人的姓名；填写本文书的时间。

2. 第二联副本。

（1）首部。包括：制作本文书的人民检察院名称、文书名称、文书编号，其制作方法与第一联的要求一样，只是在文书名称下面标有“（副 本）”字样。

（2）正文。包括：送达对象，即侦查机关名称；侦查机关的简称；侦查机关移送案件的时间，具体到年、月、日；移送案件的文书文号；具体案件情况，应当填写：“犯罪嫌疑人×××涉嫌×××罪”；需要进行复验、复查的具体理由；侦查机关的简称；“派（不派）”根据人民检察院是否派员参加复验、复查的情况，划去不用的选项。

（3）尾部。包括：制作本文书的时间，具体到年、月、日；加盖制作本文书的人民检察院的院印。

3. 第三联正本。

（1）首部。包括：制作本文书的人民检察院名称、文书名称、文书编号，填写要求与第一联一样。

（2）正文。依次填写的具体内容制作要求与第二联副本的正文一样。

（3）尾部。包括：制作本文书的时间，具体到年、月、日；加盖制作本文书的人民检察院的院印。

（二）使用说明

在具体使用时，应注意以下问题：本文书只限于科学技术问题，而不是法律问题，被复验、复查的对象只能是与犯罪有关的场所、物品、人身、尸体，对其他对象不能适用本文书，因为《刑事诉讼法》第101条明确规定："侦查人员对于与犯罪有关的场所、物品、人身、尸体应当进行勘验或者检查。在必要的时候，可以指派或者聘请具有专门知识的人，在侦查人员的主持下进行勘验、检查。"人民检察院决定自行进行复验、复查的，应当持有检察长签发的勘查证。勘验时，人民检察院应当邀请2名与案件无关的见证人在场。为了查明案情，在必要的时候，经检察长批准，可以进行侦查实验。侦查实验，禁止一切足以造成危险、侮辱人格或者有伤风化的行为。侦查实验，在必要的时候可以聘请有关人员参加，也可以要求犯罪嫌疑人、被害人、证人参加。侦查实验，应当制作笔录，记明侦查实验的条件、经过和结果，由参加侦查实验的人员签名或者盖章。

本文书三联之间的骑缝线上均有本文书文号，应当按照本文书第三联中文号的填写方法予以填写。

本文书共三联，第一联统一保存，第二联附卷，第三联送达侦查机关。

（三）文书格式（见下页）

人民检察院

复验、复查通知书

（存　根）

检　复查通〔　　〕　号

案由______

犯罪嫌疑人基本情况（姓名、性别、年龄、工作单位、住址、身份证号码、是否人大代表、政协委员）______

______

______

______

复验、复查内容______

______

复验、复查理由______

______

批准人______

承办人______

填发人______

填写时间______

第一联统一保存

检　复查通〔　　〕号

人民检察院

复验、复查通知书

（副　本）

检　复查通〔　　〕　号

______：

你______于______年____月______日以______号文书移送本院审查犯罪嫌疑人______一案，经审查，本院认为______

______

______。

根据《中华人民共和国刑事诉讼法》第一百零七条的规定，特请你____及时进行复验（复查）。

届时本院派（不派）检察人员参加。

年　月　日

（院印）

第二联附卷

检　复查通〔　　〕号

人民检察院

复验、复查通知书

检　复查通〔　　〕　号

______：

你______于______年____月______日以______号文书移送本院审查犯罪嫌疑人______一案，经审查，本院认为______

______

______。

根据《中华人民共和国刑事诉讼法》第一百零七条的规定，特请你____及时进行复验（复查）。

届时本院派（不派）检察人员参加。

年　月　日

（院印）

第三联送达侦查机关

第二百五十七条［鉴定结论有疑问的处理］

人民检察院对鉴定结论有疑问的，可以指派或者聘请有专门知识的人或者鉴定机构，对案件中的某些专门性问题进行补充鉴定或者重新鉴定。

审查起诉部门对审查起诉案件中涉及专门技术问题的证据材料需要进行审查的，可以送交检察技术人员或者其他具有专门知识的人员审查。检察技术人员或者其他具有专门知识的人员审查后应当出具审查意见。

【条文释义】　本条是关于人民检察院在审查起诉中如何处理有疑问的鉴定结论的规定。

鉴定结论是证据的一种，鉴定结论是否科学准确，直接关系到能否正确认定案件事实。人民检察院在审查起诉中，对有关鉴定结论有疑问的，如认为鉴定结论有疑点、有遗漏、鉴定结论与案件事实的因果关系不明确，可以指派或者聘请有专门知识的人或者鉴定机构，对案件中的某些专门性问题进行补充鉴定或者重新鉴定。具有专门知识、经侦查机关指派或者聘请就案件的专门性问题进行鉴定的人称为鉴定人，“专门知识”，是指某一专门研究领域的理论和实践经验，如法医学、指纹研究、弹道研究等，鉴定人应当与案件无利害关系。“补充鉴定”，是指经审查认为有关鉴定结论有疑点、鉴定结论与案件事实因果关系不明确或者所提供的鉴定结论有遗漏等，可能影响对案件事实的认定，应当要求鉴定人补充鉴定；“重新鉴定”，是指经审查认为鉴定结论确有错误或者鉴定人应当回避而没有回避，以及其他原因影响鉴定人作出正确鉴定的，其鉴定结论可能影响案件的公正处理，而再次对有关专门性问题所作的重新鉴定。

审查起诉部门在审查起诉中涉及专门技术问题的证据材料，不仅包括鉴定结论，而且对于其他证据材料如证人证言、书证、物证等涉及专门技术问题的，需要由具有专业知识的人员进行审查的，可以送交检察技术人员或者其他具有专门知识的人员审查，这应当根据所涉及问题的性质，选择具有相应专门知识的人员进行审查。检察技术人员或者其他具有专门知识的人员审查后应当出具审查意见，供负责审查起诉的检察人员参考。值得注意的是，在审查起诉中需要补充鉴定或者重新鉴定的，应当指派或者聘请有专门知识的人进行补充鉴定或者重新鉴定。在有关检察技术人员出具审查意见后，检察人员认为需要进行鉴定的，应当按照有关规定指派或者聘请有专门知识的人进行鉴定。

第二百五十八条［证据的核实］

人民检察院对物证、书证、视听资料、勘验、检查笔录存在疑问的，可以要求侦查人员提供物证、书证、视听资料、勘验、检查笔录获取、制作的有关情况。必要时也可以询问提供物证、书证、视听资料的人员并制作笔录。对物证、

书证、视听资料进行技术鉴定。

【条文释义】 本条是关于人民检察院在审查起诉中核实有关证据的规定。

人民检察院审查起诉的重要任务之一是审查证据是否确实、充分，收集证据程序是否合法，以便在出庭支持公诉中有力地运用客观、真实、合法的证据揭露和证实犯罪。人民检察院在审查起诉中对物证、书证、视听资料、勘验、检查笔录存在疑问的，主要是有关证据的来源、收集是否合法，证据与案件事实之间的关系是否明确、制作有关视听资料、勘查笔录过程是否客观、有无违法行为等，可以要求侦查人员提供有关证据获取、制作的具体情况。对于需要在法庭上说明有关情况的，可以询问提供物证、书证、视听资料的人员并按照有关规定制作笔录。对物证、书证、视听资料需要补充鉴定或者重新鉴定的，可以按照法律规定进行鉴定。

第二百五十九条［询问证人］

人民检察院对证人证言笔录存在疑问或者认为对证人的询问不具体或者有遗漏的，可以对证人进行询问并制作笔录。

【条文释义】 本条是关于人民检察院在审查起诉中可以对证人进行询问的规定。

证人证言是指了解案件情况的人就其了解的案件情况所作的陈述。人民检察院在审查起诉中发现证人证言的笔录有疑问，如与案件事实有差异，证人证言之间或者与其他证据之间有矛盾，或者认为公安机关侦查人员对证人的询问不具体或者有遗漏的，可以对证人进行询问并制作笔录。证据包括证人证言必须查证属实才能作为认定案件的根据。在审查起诉中要对证人证言提供的情况与其他证据相互验证、去伪存真，从而确定证人证言是否真实。在审查起诉中询问证人，应当严格按照《刑事诉讼法》规定的程序进行，一般可以通知证人到人民检察院提供证言和有关情况，重点是核实有关情况，补充不具体或者遗漏的内容，而不必重新全面询问证人。证人证言笔录应当交由证人核对，并由其签名或者盖章。必要时也可以要求证人亲笔书写证言。对于能证明主要犯罪事实或者犯罪事实中的关键情节的证人，对于拟出庭作证的证人，承办人员也应当重点询问，并与原证人证言对照核实。

第二百六十条［审查起诉期间逮捕犯罪嫌疑人］

审查起诉部门经审查认为需要逮捕犯罪嫌疑人的，应当参照本规则第五章第二节的规定移送审查逮捕部门办理。

【条文释义】 本条是关于审查起诉期间需要逮捕犯罪嫌疑人如何办理的

规定。

人民检察院审查公安机关移送起诉的案件，发现未被羁押的犯罪嫌疑人，或者采取取保候审、监视居住措施的犯罪嫌疑人不能正常接受审查起诉或审判，符合逮捕条件的，可以依法采取逮捕措施，具体程序按照《人民检察院刑事诉讼规则》第五章第二节关于“审查决定逮捕”的规定进行，审查起诉部门应当填写逮捕犯罪嫌疑人意见书连同案卷材料一并送交本院审查逮捕部门审查，在法律规定的期限内，提出审查意见，由检察长或者检察委员会决定是否逮捕。

第二百六十一条［审查起诉的审批手续］

办案人员对案件进行审查后，应当制作案件审查意见书，提出起诉或者不起诉以及是否需要提起附带民事诉讼的意见，经审查起诉部门负责人审核，报请检察长或者检察委员会决定。

检察长承办的审查起诉案件，除本规则规定应当由检察委员会讨论决定的以外，可以直接作出起诉或者不起诉的决定。

【条文释义】　本条是关于审查起诉审批手续的规定。

人民检察院对公安机关移送起诉的案件进行审查，一般由办案人员进行审查并提出审查意见，经审查起诉部门负责人审核，报请检察长或者检察委员会讨论决定。如果是检察长亲自承办审查起诉的案件，除《人民检察院刑事诉讼规则》规定应当由检察委员会讨论决定的以外，可以由检察长直接作出起诉或者不起诉的决定。检察长领导人民检察院的工作，可以直接作出有关决定，而不必按照一般检察人员承办案件的程序进行。

案件审结后，应由承办人撰写移送起诉案件审查意见或者审结报告。案件审结报告的主要内容包括：犯罪嫌疑人的自然情况，与犯罪事实有关的其他诉讼参与人的基本情况；案件侦破的简要过程；审查认定的犯罪事实和证据；需要说明的情况；审查结论和处理意见（提出起诉或者不起诉以及是否需要提起附带民事诉讼的意见）；承办人署名。在审查程序完毕后，应由承办人向部门负责人（疑难、复杂案件应向检察委员会）汇报。

汇报的方法及内容：

1. 详细汇报。第一次讨论的案件要将案发的全过程详细汇报，以便与会者对案件的定性、处理等问题充分发表意见。主要内容包括：犯罪嫌疑人基本情况；作案的时间、地点、手段、侵害的具体对象（如物品价值、人身伤害程度）、社会危害程度；共同犯罪的案件，应详述各犯罪嫌疑人在本案中所处的地位、作用等；案件的证据情况；是否有依法需要追捕、追诉的漏犯、漏罪。汇报人应发表对本案的分析意见。

2. 重点汇报。对于在审查起诉中需要单独提出讨论和研究的问题、对补充侦查的材料进行集体分析以及案情发生变化后需要变更强制措施或需要重新作出处理决定等问题，应重点汇报。对于二次讨论的案件，要将补充侦查的证据与原证据进行详细对比，说明前后证据之间的差异以及对定罪量刑的影响，必要时应宣读原证据与补侦的证据，以便对照分析。案件讨论的情况，应制作详细笔录，记明会议对该案件的最后处理结果及理由，如起诉、不起诉、建议公安机关撤案等。

第二百六十二条［不起诉案件的处理］

对于公安机关移送审查起诉的案件，发现犯罪嫌疑人没有违法犯罪行为的，应当书面说明理由将案卷退回公安机关处理；发现犯罪事实并非犯罪嫌疑人所为的，应当书面说明理由将案卷退回公安机关并建议公安机关重新侦查。如果犯罪嫌疑人已经被逮捕，应当撤销逮捕决定，通知公安机关立即释放。

【条文释义】 本条是关于人民检察院对于不符合起诉条件的案件如何处理的规定。

人民检察院对于公安机关移送起诉的案件进行审查后，对于符合起诉条件的，应当作出起诉决定，向人民法院提起公诉；对于符合《刑事诉讼法》第140条第4款（存疑不起诉）、第142条第1、2款（绝对、相对不起诉）条件的，应当作出不起诉决定。在司法实践中，人民检察院经审查还可能发现犯罪嫌疑人没有实施违法犯罪行为，或者发现犯罪事实并非犯罪嫌疑人所为，在这些情形下，人民检察院既不能作出起诉决定，也不能作出不起诉决定，因为在《刑事诉讼法》上没有明确的法律依据。《刑事诉讼法》关于三种不起诉的规定不包括以上这两种情形。为了及时、正确处理案件，人民检察院在事实清楚、证据确实、充分的前提下，应当将案件退回公安机关处理。人民检察院对于发现犯罪嫌疑人没有违法犯罪行为的，应当书面说明理由，将案卷退回公安机关，由公安机关作出撤销案件决定；对于发现犯罪事实并非犯罪嫌疑人所为的，应当书面说明理由，将案卷退回公安机关，并建议公安机关重新侦查，缉拿真正的犯罪嫌疑人。在以上两种情形中如果犯罪嫌疑人已经被逮捕，在已证明系错捕的情况下，人民检察院应当直接撤销逮捕决定，通知公安机关立即释放犯罪嫌疑人，保护其合法权益。

第二百六十三条［自侦案件不起诉的处理］

审查起诉部门对于本院侦查部门移送审查起诉的案件，发现具有本规则第二百六十二条规定的情形之一的，应当退回本院侦查部门建议作出撤销案件的

处理。

【条文释义】　本条是关于人民检察院审查起诉部门发现自侦案件不符合起诉条件的如何处理的规定。

人民检察院审查起诉部门发现本院侦查部门移送审查起诉的案件，具有《人民检察院刑事诉讼规则》第262条规定的情形之一的，即犯罪嫌疑人没有违法犯罪行为或者犯罪事实并非犯罪嫌疑人所为的，依法也不能作出起诉或者不起诉的决定，应当退回本院侦查部门，由其提请检察长决定，作出撤销案件的处理。对已经逮捕的犯罪嫌疑人，应当及时撤销逮捕决定，立即释放犯罪嫌疑人。

第二百六十四条［需要补充证据时的处理］

人民检察院对公安机关移送的案件进行审查后，在法院作出判决之前，认为需要补充提供法庭审判所必需的证据的，可以书面要求公安机关提供。

【条文释义】　本条是关于人民检察院审查案件，对于需要补充证据的如何处理的规定。

本条规定人民检察院审查案件，可以要求公安机关提供法庭审判所必需的证据材料。这是根据庭审方式改革的需要相应作出的规定。修改后的《刑事诉讼法》关于庭审规定中，加强了公诉人、辩护人双方在法庭审理中的作用，并规定由公诉人、辩护人分别出示证据，所以对在法庭上将要运用的证据必须达到审判的要求，这里要求提供所必需的证据材料，是针对那些事实已经查清，只是存在个别证据需要查实或者补充，不需要退回公安机关补充侦查的案件。这里的“提供法庭审判所必需的证据”并不是补充侦查，而是对案件事实已经查清，但尚有个别证据需要查证，没有完全达到庭审的要求，而又不必补充侦查的案件，人民检察院可以要求公安机关提供个别的证据材料。人民检察院要求公安机关提供法庭审判所必需的证据，应当书面向公安机关提出，制作提供法庭审判所需证据材料通知书送达公安机关。

本条规定了人民检察院在审查起诉中，在法院作出判决之前，可以要求公安机关提供法庭审判所必需的证据，是由于在提起公诉后，或在法庭审判过程中，可能发现需要补充个别证据，这时要求公安机关提供有关证据可以方便办案，避免退回补充侦查所造成的不便。在这方面人民检察院应当向公安机关说明情况，加强协调和配合，公安机关应当及时收集和提供有关证据。

【提供法庭审判所需证据材料通知书的制作】

（一）制作方法

本文书是叙述式文书，其内容可以分为五个部分：

1. 首部。包括：文书名称，即“提供法庭审判所需证据材料通知书”；文书编号，即“ 检 诉提证〔 〕 号”，空白处应当依次填写制作本文书的人民检察院简称、具体办案部门简称、年度和文书序号。

2. 送达单位。即人民检察院要求其提供法庭审判所需证据材料的侦查机关的名称，要顶格书写。

3. 案由和法律依据。可连续表述为“你×（侦查机关简称，如‘局’、‘厅’，等等）移送审查起诉（或者侦查）的犯罪嫌疑人×××（姓名）涉嫌×××（罪名）一案，为有效地指控犯罪，根据《中华人民共和国刑事诉讼法》第一百四十条第一款的规定，请提供法庭审判所需的下列证据材料”。

4. 需要提供的证据材料。这一部分是本文书的重点，要根据案件具体情况，列出法庭审判所需证据材料。

5. 尾部。包括：制作本文书的人民检察院的名称及院印，制作本文书的具体年、月、日。

（二）使用说明

在具体使用本文书时，应当注意以下几个方面：（1）要正确理解和掌握本文书的适用条件和范围。人民检察院审查起诉中要求公安机关提供法庭审判所需的证据材料，不同于侦查监督部门要求公安机关提供证据材料，也不同于补充侦查。侦查监督部门要求公安机关提供法庭审判所需的证据材料，主要是从侦查监督的职责出发，立足于法庭指控、证实犯罪的需要，在批准逮捕犯罪嫌疑人的同时，适用提供法庭审判所需证据材料意见书对侦查机关的侦查活动起一种引导作用。人民检察院在审查起诉中认为需要补充侦查的，也不适用本文书，可以适用补充侦查决定书将案件退回公安机关补充侦查。人民检察院在审查起诉阶段要求公安机关尽快提供法庭审判所需的证据材料时，才适用本文书。（2）制作本文书的重点和难点是对所需证据材料的列举。对所需证据材料的列举，要根据犯罪嫌疑人涉嫌罪名的构成要件及量刑情节，对照案件现有事实、证据，提出比较具体的要求。列举证据材料，应当充分考虑法庭审判中揭露、证实犯罪的需要。同时应当注意，这里并不要求将所有证据材料全部列出，对于已经收集到的证据材料以及不为诉讼证明所需的证据材料，不应列举。同时，如果所需的证据材料过多，可以从证明对象的角度，分别具体列出需要收集的各方面的证据材料。（3）对于人民检察院直接立案侦查的案件，需要侦查部门提供法庭审判所需的证据材料的，不能适用本文书。

本文书应当制作一式二份，其中一份附卷，一份送达侦查机关。

（三）文书格式（见下页）

提供法庭审判所需证据材料通知书

检　诉提证〔　〕　号

×××（侦查机关名称）：

你×（侦查机关简称）移送审查起诉（或者侦查）的犯罪嫌疑人×××（姓名）涉嫌×××（罪名）一案，为有效地指控犯罪，根据《中华人民共和国刑事诉讼法》第一百四十条第一款的规定，请提供法庭审判所必需的下列证据材料：

……（列出法庭审判所必需提供的证据材料要求）

×××人民检察院（院印）

年　月　日

第二百六十五条［排除非法收集的言词证据］

严禁以非法的方法收集证据。以刑讯逼供或者威胁、引诱、欺骗等非法的方法收集的犯罪嫌疑人供述、被害人陈述、证人证言，不能作为指控犯罪的根据。

人民检察院审查起诉部门在审查中发现侦查人员以非法方法收集犯罪嫌疑人供述、被害人陈述、证人证言的，应当提出纠正意见，同时应当要求侦查机关另行指派侦查人员重新调查取证，必要时人民检察院也可以自行调查取证。

侦查机关未另行指派侦查人员重新调查取证的，可以依法退回侦查机关补充侦查。

【条文释义】　本条是关于人民检察院在审查起诉中排除非法收集的言词证据的规定。

本条规定人民检察院在审查起诉中要严格审查证据的收集是否合法，强调严禁以非法的方法收集证据，对非法收集的言词证据不能作为提起公诉、指控犯罪的根据。收集证据是办理刑事案件的重要环节，检察人员、侦查人员必须依照法定程序收集证据。这种法定程序在《刑事诉讼法》有关章节中已有明确规定，如讯问犯罪嫌疑人，应由侦查人员2人以上进行；搜查时必须出示搜查证；证人笔录必须交本人核对；鉴定应当指派、聘请有专门知识的人进行等。在收集证据中，司法工作人员不得违背这些程序规定。要收集能够证实犯罪嫌疑人、被告人有罪或者无罪、犯罪情节轻重的各种证据。也就是说，收集证据必须要客观、全面，不能只收集一方面的证据。其中“收集”，是指通过勘验、检查、搜查、讯问犯罪嫌疑人、被告人、询问被害人、证人、鉴定、侦查实验等手段进行调查取证。严禁以非法的方法收集证据，主要是指严禁刑讯逼供，严禁以威胁、引诱、欺骗方式来获取证据，特别是以刑讯逼供、威胁、引诱、欺骗方式取得的犯罪嫌疑人、被告人的口供，是供述人在迫于压力或被欺骗情况下提供的，虚假的可能性非常之大，不能凭此作为定案根据，否则极易造成错案。对以刑讯威逼、引诱、欺骗以及其他方法收集的言词证据，不能作为指控犯罪的证据，而应当另行取证。对于以违法方法收集的实物证据包括物证、书证，经审查核实，能够证明案件真实情况的，可以作为指控犯罪的证据，由于这种实物证据具有不可替代性和不再生性，从惩治犯罪的角度在必要时不能简单予以排除。但对于非法取证行为应当予以纠正。一般而言，以非法的方法取得的证据，可以作为一种线索，而不能作为证据。如果以非法的手段取得的证据，使证据失去了合法性的前提，在这种情况下，虽然取得的证据可以证明案件的客观事实，但并不符合刑事诉讼中的证据的要求。这种"证据"可以作为证明材料和查明案件事实的线索，当获得了这些线索后，必须再依法定程序收集其他证据，如通过讯问被告人或者以搜查的方法获得"凶器"，这样收集的证据材料就可以作为证据使用了。

人民检察院审查起诉部门在审查起诉中发现公安机关侦查人员有以非法方法收集有关言词证据的，应当对侦查人员违法取证的行为向公安机关提出纠正违法意见，同时要求侦查机关另行指派侦查人员以合法的方式重新收集有关证据，以保证证据的真实性、合法性。如果侦查机关没有另行指派侦查人员重新调查取证的，人民检察院可以依照法律规定的程序退回公安机关补充侦查。对于不需要退回补充侦查的，人民检察院也可以自行调查、收集有关证据，以有力地指控、证实犯罪。

第二百六十六条［补充侦查］

人民检察院认为犯罪事实不清、证据不足或者遗漏罪行、遗漏同案犯罪嫌疑人等情形，认为需要补充侦查的，应当提出具体的书面意见，连同案卷材料一并退回公安机关补充侦查；人民检察院也可以自行侦查，必要时可以要求公安机关提供协助。

【条文释义】　本条是关于退回补充侦查的规定。

人民检察院在审查起诉中，发现公安机关移送起诉的案件犯罪事实不清、证据不足或者遗漏罪行、遗漏同案犯罪嫌疑人等情形，根据本条的规定，对于需要补充侦查的，有两条途径解决：一是退回公安机关补充侦查，二是自行侦查。"退回公安机关补充侦查"，是指对那些犯罪事实不清、证据不足，或者有遗漏罪行或其他需要追究刑事责任的人，可能影响对犯罪嫌疑人定罪量刑的案件，可以将案件退回公安机关，由公安机关进行补充性侦查；“可以自行侦查”，是指案件只是有部分证据需要查证，而自己又有能力侦查的或者自行侦查更有利于案件正确处理的，可以由人民检察院自己补充侦查。人民检察院退回补充侦查，应当制作补充侦查决定书，并书面写明需要补充侦查的事项，连同案卷材料一并退回公安机关补充侦查。人民检察院自行侦查，在使用特殊侦查手段或方式时可以要求公安机关提供一定的协助。

【补充侦查决定书的制作】

（一）制作方法

补充侦查决定书为填充式文书，共三联，第一联为存根，第二联为副本，第三联为正本。

1. 存根联（第一联）的内容结构及制作方法。

存根联可以分为两个部分：

（1）首部。包括：制作本文书的人民检察院名称；文书名称，即“补充侦查决定书”；文书名称下标有“（存　根）”字样；文书编号，即“　检　补侦〔　〕　号”，空余地方依次填写制作本文书的人民检察院简称、具体办案部门简称、年度和序号。

（2）正文。包括：案由，可根据案件涉嫌的罪名填写“盗窃罪”、“强奸罪”、“非法经营罪”，等等；犯罪嫌疑人基本情况，包括姓名、性别、年龄、工作单位、住址、身份证号码，如果是人大代表或者政协委员，应当写明；送达机关；退回补充侦查理由，应当根据案件实际简明扼要地填写；批准人；承办人；填发人；填发时间。

2. 副本联（第二联）的内容结构及制作方法。

副本联结构、内容与正本联基本相同，只是在文书名称之下标有“（副本）”字样。

3. 正本联（第三联）的内容结构及制作方法。

正本联可以分为首部、正文和尾部三部分。

（1）首部。包括：制作本文书的人民检察院名称；文书名称，即“补充侦查决定书”；文书编号，即“　检　补侦〔　〕　号”，空余地方依次填写制作本文书的人民检察院简称、具体办案部门简称、年度和序号。

（2）正文。包括：公安机关等侦查机关移送起诉意见书的制作时间及其文号、犯罪嫌疑人的姓名和案由，即在“你__于____年____月____日______号文书移送审查起诉的______一案”的横线上应当依次填写侦查机关的行政标志称呼即“局”或“厅”、“处”等，起诉意见书制作的具体年、月、日，起诉意见书的文号，犯罪嫌疑人姓名和案由，可以表述为“犯罪嫌疑人×××（姓名）涉嫌×××（罪名）”；决定退回补充侦查的理由，即在“经本院审查认为：”后面的横线上，概括写明本案退回补充侦查的理由，要根据案件情况实事求是地填写；法律依据，即在“根据《中华人民共和国刑事诉讼法》第______条的规定”的横线上，填上据以决定退回补充侦查的《刑事诉讼法》的具体条文，即“第一百四十条”；决定事项，即“现决定将此案退回你______补充侦查”，在这里的横线上填上侦查机关的行政标志称呼，即“局”、“厅”、“处”等。

(3) 尾部。包括：送达单位，要填在“此致”下面的横线上；制作本文书的年、月、日，并加盖院印。

另外，补充侦查决定书需要附上要求补充侦查的具体建议，所以，在文书底部有“附：补充侦查事项”字样。

（二）使用说明

在具体使用补充侦查决定书时，应当注意以下问题：(1) 补充侦查决定书需要附补充侦查的具体事项，要根据案件的具体情况，详细、具体地列出，使案件侦查机关明确补充侦查的目的，以完成补充侦查任务，达到退回补充侦查的目的。(2) 要正确掌握补充侦查决定书的适用条件。如果在审查起诉阶段人民检察院经审查认为不是犯罪事实不清等必须退回侦查机关补充侦查的情况，而只是有个别证据需要查证，没有必要补充侦查的，不能适用补充侦查决定书，可以适用提供法庭审判所需证据材料通知书。只有对犯罪事实不清、证据不足，或者有遗漏罪行或其他需要追究刑事责任的人等必须补充侦查的情况，才能适用补充侦查决定书。(3)《人民检察院刑事诉讼规则》第350条第1款规定：“在审判过程中，对于需要补充提供法庭审判所必需的证据或者补充侦查的，人民检察院应当自行收集证据和进行侦查；必要时可以要求公安机关提供协助。”在这种情况下，不能退回公安机关补充侦查的，不适用补充侦查决定书。

本文书三联之间的骑缝线上均有本文书文号，应当按照本文书第三联中文号的填写方法予以填写。

本文书共三联，第一联统一保存备查，第二联附卷，第三联送达公安机关、国家安全机关等侦查机关。

（三）文书格式（见下页）

人民检察院
补充侦查决定书
（存 根）

检 补侦〔 〕 号

案由______________
犯罪嫌疑人基本情况（姓名、性别、年龄、工作单位、住址、身份证号码、是否人大代表、政协委员）
____
____
____
____
送达机关______________
退回补充侦查理由______________
____
批准人______________
承办人______________
填发人______________
填发日期______________

第一联统一保存

检 补侦〔 〕 号

人民检察院
补充侦查决定书
（副 本）

检 补侦〔 〕 号

你______于______年____月____日______号文书移送审查起诉的______一案，经本院审查认为：______________________________。

根据《中华人民共和国刑事诉讼法》第______条的规定，现决定将此案退回你______补充侦查。

此致
______

年 月 日
（院印）

附：补充侦查事项

第二联附卷

检 补侦〔 〕 号

人民检察院
补充侦查决定书

检 补侦〔 〕 号

你______于______年____月____日______号文书移送审查起诉的______一案，经本院审查认为：______________________________。

根据《中华人民共和国刑事诉讼法》第______条的规定，现决定将此案退回你______补充侦查。

此致
______

年 月 日
（院印）

附：补充侦查事项

第三联送达侦查机关

第二百六十七条［自侦案件的补充侦查］

人民检察院审查起诉部门对本院侦查部门移送审查起诉的案件审查后，认为犯罪事实不清、证据不足或者遗漏罪行、遗漏同案犯罪嫌疑人等情形，认为需要补充侦查的，应当向侦查部门提出补充侦查的书面意见，连同案卷材料一并退回侦查部门补充侦查。

【条文释义】　本条是关于人民检察院审查起诉部门对本院自侦案件退回补充侦查的规定。

人民检察院依法对直接受理的案件立案侦查，在内部实行侦查、审查起诉的业务分工。侦查部门对自侦案件侦查终结后应当移送本院审查起诉部门审查，审查起诉部门经审查后认为犯罪事实不清、证据不足等需要补充侦查的情形，也应当提出补充侦查的书面意见，列明需要补充侦查的事项连同案卷材料一并退回侦查部门补充侦查。人民检察院审查起诉部门与侦查部门要加强互相制约，侦查部门应当按照审查起诉部门的要求补充收集有关证据，防止以退回补充侦查为借口延长羁押期限，严格按照法定的条件办理自侦案件的退回补充侦查的手续。

第二百六十八条［补充侦查的期限和次数］

对于退回公安机关补充侦查的案件，应当在一个月以内补充侦查完毕。

补充侦查以二次为限。

补充侦查完毕移送审查起诉后，人民检察院重新计算审查起诉期限。

人民检察院审查起诉部门退回本院侦查部门补充侦查的期限、次数参照前款规定执行。

【条文释义】　本条是关于退回补充侦查期限和次数的规定。

根据本条的规定，补充侦查应当在1个月以内完成，补充侦查的期限从侦查机关接到补充侦查的案件第2日起计算。同时规定补充侦查以2次为限，补充侦查完毕移送人民检察院后，人民检察院重新计算审查起诉期限。重新计算审查起诉期限，从人民检察院收到补充侦查的案件第2日起计算。检察人员必须严格掌握补充侦查的条件，不得滥用补充侦查，随意延长办案期限。

人民检察院审查起诉部门退回本院侦查部门侦查的案件，侦查部门也应当在1个月以内补充侦查完毕，补充侦查以2次为限，不得随意延长羁押期限。

第二百六十九条［自行侦查的期限］

人民检察院在审查起诉中决定自行侦查的，应当在审查起诉期限内侦查完毕。

【条文释义】　本条是关于人民检察院在审查起诉中自行侦查期限如何计算

的规定。

人民检察院在审查起诉中决定对案件自行侦查的，应当在《刑事诉讼法》第138条规定的审查起诉期限内进行，即在审查起诉期限内侦查完毕，在1个月内作出起诉、不起诉的决定，重大、复杂的案件，可以延长半个月。自行侦查的期限不能依照退回公安机关补充侦查的期限和次数计算。人民检察院自行侦查一般是案件只有个别、部分证据需要查证，不必退回公安机关补充侦查，在审查起诉期限内一般可以顺利侦查完毕，期限过长不利于提高审查起诉效率，不利于保护有关当事人的诉讼权利。

第二百七十条［发现新的犯罪事实的处理］

人民检察院对已经退回公安机关二次补充侦查的案件，在审查起诉中又发现新的犯罪事实，应当移送公安机关立案侦查；对已经查清的犯罪事实，应当依法提起公诉。

【条文释义】 本条是关于已经退回二次补充侦查的案件又发现新的犯罪事实如何处理的规定。

根据《刑事诉讼法》第140条第3款的规定，对于补充侦查的案件，应当在1个月以内补充侦查完毕，补充侦查以二次为限。这主要是为了防止利用退侦延长办案期限，保障公民的合法权利。人民检察院已经退回公安机关二次补充侦查的案件，不得再行退回公安机关补充侦查，即使是在审查起诉中又发现新的犯罪事实或仍有部分犯罪事实不清、证据不足，人民检察院也不得再退回公安机关补充侦查，而只能对已查清的犯罪事实依法提起公诉。对新发现的犯罪事实，应当移送公安机关立案侦查，侦查终结后移送人民检察院审查起诉的，人民检察院认为符合起诉条件的，可以向人民法院提起公诉。由人民法院根据《刑法》第69条或者第70条关于数罪并罚的规定定罪处刑。如果后罪在法院判决宣告以前起诉的，应当以《刑法》第69条的规定处理；如果后罪在法院判决宣告后起诉的，应当以《刑法》第70条的规定处理。

第二百七十一条［改变管辖后的补充侦查］

对于在审查起诉期间改变管辖的案件，改变后的人民检察院对于符合刑事诉讼法第一百四十条第二款规定的案件，可以通过原受理案件的人民检察院退回原侦查的公安机关补充侦查，也可以自行侦查。改变管辖前后退回补充侦查的次数总共不得超过两次。

【条文释义】 本条是关于在审查起诉期间改变管辖后能否退回补充侦查的规定。

人民检察院在审查起诉期间改变管辖，如果已经退回补充侦查两次，改变管辖后的人民检察院能否在退回补充侦查两次的情况下再行退回补充侦查？例如，某县人民检察院对王某某等强奸、抢劫案审查后认为事实不清、证据不足，先后两次退回公安机关补充侦查。某县人民检察院对补充侦查的案件审查后认为应当由中级人民法院管辖，遂报送上一级人民检察院审查起诉，上一级人民检察院审查后认为此案事实不清、证据不足，需要补充侦查，但已退回补充侦查两次。对这一问题，《刑事诉讼法》第140条第3款已明确规定人民检察院退回公安机关补充侦查以二次为限，主要是为了防止利用退回补充侦查延长办案期限，有效保障公民的合法权益，无论改变管辖与否，退回补充侦查均不得超过两次。如果改变管辖后仍可以在退回补充侦查两次基础上再行退回补充侦查，极易突破法律对退回补充侦查次数的限制，与立法精神不符。在实践中，对于改变管辖后，在此之前未退回补充侦查的或者退回补充侦查未到二次的，改变管辖后的人民检察院可以依法通过原受理案件的人民检察院退回侦查机关补充侦查；对于已经退补两次的，不得再行退回补充侦查，但可以由改变管辖后的人民检察院自行侦查，而且应当在审查起诉期限内侦查完毕。对于已经两次退回补充侦查，仍然认为证据不足，不符合起诉条件的，人民检察院可以作出不起诉决定。在作出不起诉决定后发现新证据，符合起诉条件的，可以再行提起公诉。因而，人民检察院审查案件，无论是否改变管辖，只能退回补充侦查两次。

第二百七十二条［审查起诉的期限］

人民检察院对于移送审查起诉的案件，应当在一个月内作出决定；重大、复杂的案件，一个月内不能作出决定的，审查起诉部门报经检察长批准，可以延长十五日。

人民检察院审查起诉的案件，改变管辖的，从改变后的人民检察院收到案件之日起计算审查起诉期限。

人民检察院监所检察部门对于本院审查起诉的案件，发现超过审查起诉期限的，应当提出纠正意见，报告检察长。

【条文释义】 本条是关于人民检察院审查起诉期限的规定。

人民检察院对于公安机关移送起诉的案件，通过审查阅卷、核实证据，在1个月以内基本上可以作出决定。重大、复杂的案件，延长半个月后也可以审查完毕作出决定。在实践中往往出现改变管辖的情况，改变管辖后的案件，如果接着按原来的审查起诉期限计算，不符合办案实际，给人民检察院的审查起诉带来困难。为解决这一问题，本条规定人民检察院改变管辖的公诉案件，从改变后的人民检察院收到案件之日起计算办案期限，以有利于人民检察院更充分、更准确地审查案件。

本条第1款是关于人民检察院审查案件期限的规定。“应当在一个月内作出决定”，是指人民检察院对公安机关移送起诉的案件，应当按照《刑事诉讼法》第137条的规定在1个月以内审查完毕，并作出提起公诉或者不起诉的决定。重大、复杂的案件，“可以延长十五日”，是指案情重大或者案件情况复杂的案件，在一个月内不能办结的，可以延长15日的审查期限。在实践中，人民检察院审查案件应当注意两点：一是应当严格按照法律规定的期限办结案件；二是如果在规定的期限内不能办结的，可以按照《刑事诉讼法》第74条的规定采取取保候审或者监视居住的办法。取保候审、监视居住期间，不计入本条规定的办案期限，但不能中断审查。

本条第2款是关于对人民检察院审查起诉的案件改变管辖的，如何计算审查起诉期限的规定。改变管辖的案件，主要是指有《刑事诉讼法》第23条规定的情况，主要有：上级人民检察院认为自己审查的案件，不属于同级人民法院管辖的第一审刑事案件，移交下级人民检察院审查的；下级人民检察院发现自己审查的案件依法应由上级人民法院进行第一审，请求移送上级人民检察院审查的；上级人民检察院发现下级人民检察院审查的案件，应当由上一级人民法院进行一审，要求下级人民检察院移送上级人民检察院审查的；对于犯罪嫌疑人的犯罪地认定有误，应移送犯罪地人民检察院管辖的以及其他依法改变管辖的情况。

第二百七十三条［中止审查起诉］

在审查起诉过程中犯罪嫌疑人潜逃或者患有精神病及其他严重疾病不能接受讯问，丧失诉讼行为能力的，人民检察院可以中止审查。

共同犯罪中的部分犯罪嫌疑人潜逃的，对潜逃犯罪嫌疑人可以中止审查；对其他犯罪嫌疑人的审查起诉应当照常进行。

中止审查应当由办案人员提出意见，部门负责人审核，报请检察长决定。

需要撤销中止审查决定的，参照前款规定办理。

【条文释义】　本条是关于中止审查起诉的规定。

人民检察院在审查起诉中，可能出现犯罪嫌疑人潜逃等不在案的情况，也可能由于犯罪嫌疑人患有严重疾病，丧失诉讼行为能力，不能接受审查起诉及审判，在犯罪事实、证据方面又符合起诉条件，不能作出不起诉决定，而只能暂时停止审查起诉，待妨碍审查起诉的情形消失后再进行审查起诉、提起公诉，这种情形下人民检察院可以中止审查。对共同犯罪案件的审查起诉，如果有部分犯罪嫌疑人潜逃的，人民检察院对潜逃的犯罪嫌疑人可以中止审查，而对于符合起诉条件的犯罪嫌疑人应当继续审查起诉，向人民法院提起公诉。

本条对中止审查的审批手续作了规定，中止审查应当由办案人员提出意见，部门负责人审核，报请检察长决定。当有关犯罪嫌疑人归案或患病的犯罪嫌疑人恢复诉讼能力，人民检察院应当及时恢复审查起诉，依法提起公诉。中止审查的时间不计入审查起诉期限，对因患病丧失诉讼行为能力的犯罪嫌疑人可以依法变更强制措施，采取取保候审或者监视居住。

第二百七十四条 ［被扣押物的保管］

人民检察院在审查起诉期间，对于扣押、冻结的犯罪嫌疑人的财物及其孳息，应当妥善保管，以供查核。

【条文释义】 本条是关于人民检察院在审查起诉期间对被扣押、冻结的财物及其孳息如何保管的规定。

本条所说的“扣押、冻结的犯罪嫌疑人的财物”，主要是指公安机关、人民检察院和人民法院根据《刑事诉讼法》第二编第二章第六节“扣押物证、书证”的规定以及《刑事诉讼法》第 198 条的规定，扣押的与案件有关的，可用来证明犯罪嫌疑人有罪或者无罪的各种物品、文件和根据侦查犯罪的需要冻结的犯罪嫌疑人的存款、汇款。这些财物中，有的是应当作为证据在法庭上出示的，有的是应当依照有关规定或者依照人民法院的判决进行处理的。本条所说的“孳息”，是指由物或者权利而产生的收益，包括天然孳息和法定孳息，如母牛生下的小牛、存款利息等。根据本条规定，人民检察院对于扣押、冻结的犯罪嫌疑人的财物及其孳息，应当妥善保管或者封存，不能随便存放，要采取有效措施保证被扣押、冻结的财物及其孳息不会丢失或者损毁，以便在案件办理过程中随时核查。

第二百七十五条 ［追缴财物返还被害人］

追缴的财物中，属于被害人的合法财产，不需要在法庭出示的，应当及时返还被害人，并由被害人在发还款物清单上签名或者盖章，注明返还的理由，并将清单、照片附入卷宗。

【条文释义】 本条是关于将追缴财物返还被害人的规定。

人民检察院在审查起诉中，要妥善保管追缴的财物。对于被扣押、冻结的财物及其孳息，任何单位都不能挪作他用，如使用扣押的汽车办案等，任何个人更不能挪作私用。对于被扣押、冻结的财物及其孳息，应当按照本条及其他国家有关规定处理，任何单位和个人不能不按规定自行处理。其中对于被害人有证据证明的合法财产，如果不是必须在法庭上作为证据出示的，应当及时返还给被害人，以保证被害人的生产、生活需要。对于国家禁止持有、经营、流通的违禁品，如毒品、淫秽物品等应当没收，依照有关规定处理。对于易腐烂、变质及其他不宜长期保存的物品，应当依照国家有关规定予以变卖。本条规定了人民检察院返还被害人合法财产的手续，即在返还被害人时应当由被害人在发还款物清单上签名或者盖章，清单、照片要附卷移送，以备核查。

第二百七十六条［违禁品、不宜长期保存物品的处理］

追缴的财物中，属于违禁品或者不宜长期保存的物品，应当依照国家有关规定处理，并将清单、照片、处理结果附卷。

【条文释义】 本条是关于如何处理违禁品、不宜长期保存物品的规定。

人民检察院在审查起诉中，对于追缴的财物，除依法返还被害人的财物以及依法销毁的违禁品外，必须一律上缴国库。任何单位和个人都不得挪用或者私自处理，应当按照《刑事诉讼法》第198条的规定执行，对作为证据使用的实物应当随案移送。对不宜移送的，应当将其清单、照片或者其他证明文件随案移送，不得以未随案移送赃款赃物为由，拒绝受理案件。作为证据使用的实物，对于其中与案件定罪量刑有直接关系，应当作为证据在法庭上出示的实物，主要是一些物证、书证等，原则上这些实物应当随案移送，但有些实物由于其性质、体积、重量等原因不宜移送的，应当查点清楚，开列清单，并将其清单或者照片以及其他证明文件随案移送。实践中，被查封、扣押、冻结的不宜移送的赃款赃物，主要包括：（1）不宜移动的物品，如房地产、建筑材料等；（2）冻结在金融机构的存款、有价证券等；（3）不宜长期保管的物品，如易腐、易霉、易变质的食品；（4）大宗物品，如汽车、机器设备或其他货物、物品；（5）易燃易爆危险物品以及违禁品。对上述不宜移送的物品，应当就地封存，妥善保管，或者收缴，并列明清单，附上照片，随案移送。

【处理扣押物品、文件决定书的制作】

（一）制作方法

处理扣押物品、文件决定书为五联填充式文书，各联的内容和制作方法如下：

1. 第一联存根。

（1）首部。包括：制作本文书的人民检察院名称；文书名称，即“处理扣押物品、文件决定书”；文书编号，即“ 检 处决〔 〕 号”，空余地方依次填写制作本文书的人民检察院简称、具体办案部门简称、年度和序号。文书名称下面标有“（存 根）”字样。

（2）正文。包括：案由，可根据案件涉嫌的具体罪名填写；犯罪嫌疑人基本情况，包括姓名、性别、年龄、工作单位、住址、身份证号码，如果是人大代表或者政协委员，应当根据具体掌握情况填写；扣押物品、文件原持有人姓名；受理处理扣押物品、文件单位的名称；批准人；承办人；填发人；填发时间。

2. 第二联副本。

（1）首部。包括：制作本文书的人民检察院名称；文书名称，即“处理扣押物品、文件决定书”；文书编号，即“　检　处决〔　〕　号”。文书名称下面标有“（副　本）”字样。

（2）正文。包括：受理有关物品、文件的单位；处理情况，根据处理扣押的物品、文件是违禁品还是不宜长期保存的物品、文件分别注明具体的处理情况。

（3）尾部。包括：制作本文书的时间，具体到年、月、日；加盖制作本文书的人民检察院院印；备注事项，即“附：处理扣押物品、文件清单”。

3. 第三联正本。

（1）首部。包括：制作本文书的人民检察院名称；文书名称，即“处理扣押物品、文件决定书”；文书编号，即“　检　处决〔　〕　号”。

（2）正文。包括：受理有关物品、文件的单位；处理情况，根据处理扣押的物品、文件是违禁品还是不宜长期保存的物品、文件分别注明具体的处理情况；通知事项，即当事人申诉的人民检察院名称。

（3）尾部。包括：制作本文书的时间，具体到年、月、日；加盖制作本文书的人民检察院院印；备注事项，即“附：处理扣押物品、文件清单”。

4. 第四联正本。

（1）首部。包括：制作本文书的人民检察院名称；文书名称，即“处理扣押物品、文件决定书”；文书编号，即“　检　处决〔　〕　号”。

（2）正文。具体包括的内容和制作方法与第二联正文一样。

（3）尾部。包括：制作本文书的时间，具体到年、月、日；加盖制作本文书的人民检察院院印；备注事项，即“附：处理扣押物品、文件清单”。

5. 第五联回执。

（1）首部。包括：制作本文书的人民检察院的名称，文书名称，即“处理扣押物品、文件决定书”。文书名称下面标有“（回　执）”字样。

（2）正文。包括：回执送达机关，即制作处理扣押物品、文件决定书的人民检察院的名称；需要填写的主要内容是人民检察院处理扣押物品、文件决定书的制作日期和文号。

（3）尾部。包括：制作本文书的时间，具体到年、月、日；加盖制作回执单位的公章。

（二）使用说明

在具体使用处理扣押物品、文件决定书时，应注意以下问题：处理扣押物品、文件决定书是以扣押决定书的存在为前提的。处理扣押物品、文件决定书适用的对象仅限于依法扣押的违禁品和不宜长期保存的物品、文件，除此以外的扣押物品、文件需要作出处理的，不应当使用处理扣押物品、文件决定书。使用处理扣押物品、文件决定书时应当附有处理扣押物品、文件清单。处理扣押物品、文件决定书中列明的物品、文件应当与处理扣押物品、文件清单中列明的物品、文件一致。第三联中的“你（单位）”是选择关系，制作时应当根据实际情况划去其中一项。

本文书五联之间的骑缝线上均有本文书文号，应当按照本文书第三联中文号的填写方法予以填写。

本文书共五联，第一联统一保存备查，第二联附卷，第三联送达原持有人，第四联送达受理单位，第五联退回后附卷。

（三）文书格式（见下页）

人民检察院
处理扣押物品、文件
决　定　书
（存　根）

检　处决〔　　〕　号

案由____________
犯罪嫌疑人基本情况（姓名、性别、年龄、工作单位、住址、身份证号码、是否人大代表、政协委员）
____
____
____
____
原持有人____________
受理单位____________
批准人____________
承办人____________
填发人____________
填发时间____________

第一联统一保存

检　处决〔　　〕　号

人民检察院
处理扣押物品、文件
决　定　书
（副　本）

检　处决〔　　〕　号

____________：

根据《中华人民共和国刑事诉讼法》第一百九十八条的规定，本院决定将扣押的有关物品、文件____________
____
____________。

年　　月　　日
（院印）

附：处理扣押物品、文件清单

第二联附卷

检　处决〔　　〕　号

人民检察院
处理扣押物品、文件
决　定　书

检　处决〔　　〕　号

____________：

根据《中华人民共和国刑事诉讼法》第一百九十八条的规定，本院决定将扣押的有关物品、文件____________
____
____________。

你（单位）如不服本决定，可在收到本决定后向____________人民检察院申诉。

年　　月　　日
（院印）

附：处理扣押物品、文件清单

第三联送达原持有人

检 处决〔 〕 号

人民检察院
处理扣押物品、文件
决 定 书

检 处决〔 〕 号

________：

根据《中华人民共和国刑事诉讼法》第一百九十八条的规定，本院决定将扣押的有关物品、文件________
____
____。

年 月 日
（院印）

附：处理扣押物品、文件清单

第四联送达受理单位

检 处决〔 〕 号

人民检察院
处理扣押物品、文件
决 定 书
（回 执）

________人民检察院：

你院________年________月________日以________号处理扣押物品、文件决定书移送的有关物品、文件及清单收悉。

此复。

年 月 日
（公章）

第五联退回后附卷

【处理扣押物品、文件清单的制作】

（一）制作方法

处理扣押物品、文件清单为填充式法律文书，一式五份，其内容结构及制作方法如下：

1. 首部。包括：文书编号；制作本文书的人民检察院名称；文书名称，即“处理扣押物品、文件清单”；文书页码，即“ 第　页　共　页”。

2. 正文。包括：物品、文件编号；物品、文件名称；数量；单位；特征，包括型号、规格、重量、质量、成色、纯度、颜色、新旧程度、缺损程度等；物品来源；处理情况；证明文件（人）。

3. 尾部。包括：批准人签名或者盖章；承办人签名或者盖章；制作本文书的时间，具体到年、月、日；加盖制作本文书的人民检察院院印。

（二）使用说明

在具体使用处理扣押物品、文件清单时，应注意以下问题：处理扣押物品、文件清单应当与处理扣押物品、文件决定书同时使用。处理扣押物品、文件清单中所列的物品、文件，应当是依法已经扣押的违禁品或者不宜长期保存的物品、文件。违禁品主要包括毒品、枪支弹药、易燃易爆物品、剧毒物品以及其他危险品。不宜长期保存的物品主要是指易腐烂、霉变和不易保管的物品。对于不宜长期保存的物品，人民检察院作出处理扣押物品、文件决定书，可以依法将其变卖，但在证据移送时，应当随案移送原物照片、清单、变价处理的凭证。对于违禁品，人民检察院作出处理扣押物品、文件决定书后，依照国家有关规定处理后，应随案移送原物照片和清单。而扣押物品、文件清单所列物品、文件包括范围很广，即在勘验、搜查中发现的需要扣押的物品、文件，包括犯罪嫌疑人或者其家属以及有关单位和个人主动提供的与案件有关的物品、文件，以及邮电部门、网络服务机构根据人民检察院扣押邮件、电报通知书检交的邮件、电报等。移送扣押、冻结物品、文件清单主要是在人民检察院办理不起诉案件以外的其他案件中，将扣押、冻结的有关物品、文件（包括违法所得）需要移送有关部门处理时所使用的法律文书。退还、返还扣押（调取）物品、文件清单在人民检察院依法将扣押或者调取的与案件有关的物品、文件退还原主或者返还被害人时使用。

本文书一式五份，内容完全一致。一份由人民检察院统一保存备查，一份附入案卷，一份送达有关当事人，即犯罪嫌疑人或者被告人或者其亲属，一份交被扣押物品、文件保管人，一份交接收单位，即接收处理扣押物品、文件的单位。五份清单使用同一编号。本文书中“证明文件（人）”一栏所列证明文件应当连同本文书一并附卷。

（三）文书格式（见下页）

编号：

人民检察院

处理扣押物品、文件清单

第　　页　　共　　页

编号	物品、文件名称	数量	单位	特　征	物品来源	处理情况	证明文件（人）

批准人：
承办人：

年　　月　　日

（院印）

注：本清单一式五份，一份统一保存，一份附卷，一份送达有关当事人，一份交被扣押物品、文件保管人，一份交接收单位。

第二百七十七条 ［犯罪嫌疑人存款、汇款的处理］

在审查起诉中犯罪嫌疑人死亡，对犯罪嫌疑人的存款、汇款应当依法予以没收或者返还被害人的，可以申请人民法院裁定通知冻结犯罪嫌疑人存款、汇款的金融机构上缴国库或者返还被害人。

人民检察院申请人民法院裁定处理犯罪嫌疑人存款、汇款的，应当向人民法院移送有关案件材料。

【条文释义】 本条是关于如何处理在审查起诉中犯罪嫌疑人的存款、汇款的规定。

《刑事诉讼法》第117条第1款规定："人民检察院、公安机关根据侦查犯罪的需要，可以依照规定查询、冻结犯罪嫌疑人的存款、汇款。"对于犯罪嫌疑人在审查起诉期间死亡的，人民检察院如何处理冻结的存款、汇款是一个常见的问题。为了侦查工作的需要，《刑事诉讼法》规定了侦查机关有权查询、冻结犯罪嫌疑人的存款、汇款，但并未授予扣划权，应严格按照《刑事诉讼法》的规定执行。侦查机关在办案中对所有权明确属于被害人的财产予以返还是可以的，但主要应限定为实物或者货币。存款、汇款的情况比较复杂，案件在侦查、审查起诉阶段，未经过法庭审理、当庭质证辩论以及法庭辩论，有些案件难以查清已经冻结的犯罪嫌疑人的存款、汇款到底是属于犯罪嫌疑人本人的或者是犯罪嫌疑人亲属的，还是属于被害人的；如果有多个被害人，也无法查清是属于哪一个被害人的。例如，某诈骗案，犯罪嫌疑人多次作案，被害人众多个，仅仅凭借犯罪嫌疑人的供述和被害人的证言，无法确定其中哪些赃款到底是属于哪个被害人的。况且，由于时过境迁，无论是犯罪嫌疑人，还是被害人都有可能记不清具体款项的数额。因此，在没有经过法庭质证、法庭辩论的情况下，由任何一个部门扣划犯罪嫌疑人的存款、汇款都是不适当的，都有可能使执法失之公正。还有的案情比较复杂，不宜在人民法院判决前先行发还。例如，被告人以拆东墙补西墙的手段诈骗多人，或者利用签订经济合同的手段多次进行诈骗，往往追赃数额与被害人实际损失相差甚远，如果简单以被害人合法财产为由，先行发还一方或部分被害人，一旦发还将难以追回纠正。因此，对案情比较复杂或者涉及多起犯罪、多名被害人的案件，不宜适用先行发还的处理方式，而应当依法妥善保管，随案移送，由人民法院判决后一并处理。人民检察院不能扣划存款、汇款，在审查起诉中犯罪嫌疑人死亡，对犯罪嫌疑人的存款、汇款应当依法予以没收或者返还被害人的，可以申请人民法院裁定通知冻结犯罪嫌疑人存款、汇款的金融机构上缴国库或者返还被害人。这样是考虑到既严格遵守《刑事诉讼法》的规定，又能解决实践中的问题，对犯罪嫌疑人死亡的案件，犯罪嫌疑人的存款、汇款，属于违法所得，但无法确定其所有权的，可以由人民法院依法裁定予以没收，收归国有；对有证据证明的，可以由人民法院依法裁定返还给被害人及其他对该财产享有所有权的公民、法人。

人民检察院申请人民法院裁定处理犯罪嫌疑人存款、汇款的，应当向人民法院移送据以冻结的案件材料，供人民法院裁定时作为依据，主要包括证明犯罪嫌疑人违法犯罪事实的证据材料和被冻结存款、汇款性质及与案件之间的关系的材料。

第二百七十八条［审查起诉可以适用侦查措施和程序］

审查起诉部门办理案件时，可以适用本规则规定的侦查措施和程序。

【条文释义】　本条是关于人民检察院审查起诉可以适用侦查措施和程序的规定。

审查起诉是人民检察院对公安机关移送的案件进行审查核实，从而作出起诉或者不起诉决定的过程，这是一种全面审查，包括对案卷材料的审查和据以定罪证据的审查，使案件做到事实清楚，证据确实、充分，在质量上达到提起公诉的要求。审查起诉是我国刑事诉讼的一个独立阶段，首先，它不同于侦查，而是对侦查终结案件的审查，因而没有必要进行全面的侦查。人民检察院在审查中对案件事实、证据有疑问的，可以采取侦查措施对各种证据进行必要的调查核实。《刑事诉讼法》第 140 条规定，人民检察院审查案件，对于需要补充侦查的，可以退回公安机关补充侦查，也可以自行侦查。这种“自行侦查”，也要求必须适用一定的侦查措施和程序，即严格按照法律规定的程序进行必要的侦查活动。其次，人民检察院在审查起诉中的侦查是核实性的、补充性的，不能取代公安机关的侦查活动。这体现了公安机关侦查和人民检察院审查起诉同属于刑事诉讼中控诉职能的性质，共同完成追诉犯罪的任务。

《刑事诉讼法》和《人民检察院刑事诉讼规则》第 7 章对人民检察院进行侦查可以采取的措施和具体程序均作了具体、明确的规定，人民检察院在审查起诉中进行侦查必须严格遵守法律和《人民检察院刑事诉讼规则》规定的程序进行，做到严格执法、文明办案，杜绝违法侦查行为。在审查起诉中，·般只对部分证据需要查证，而人民检察院审查起诉人员又有能力侦查或者自行侦查更有利于案件正确处理的案件，由人民检察院自行侦查。

第三节　起　　诉

第二百七十九条［提起公诉的条件］

人民检察院对案件进行审查后，认为犯罪嫌疑人的犯罪事实已经查清，证据

确实、充分，依法应当追究刑事责任的，应当作出起诉决定。

具有下列情形之一的，可以确认犯罪事实已经查清：

（一）属于单一罪行的案件，查清的事实足以定罪量刑或者与定罪量刑有关的事实已经查清，不影响定罪量刑的事实无法查清的；

（二）属于数个罪行的案件，部分罪行已经查清并符合起诉条件，其他罪行无法查清的；

（三）无法查清作案工具、赃物去向，但有其他证据足以对被告人定罪量刑的；

（四）证人证言、犯罪嫌疑人供述和辩解、被害人陈述的内容中主要情节一致，只有个别情节不一致且不影响定罪的。

对于符合第（二）项情形的，应当以已经查清的罪行起诉。

【条文释义】 本条是关于人民检察院决定提起公诉条件的规定。

根据本条的规定，人民检察院决定向人民法院提起公诉的案件必须达到以下要求：（1）犯罪嫌疑人的犯罪事实已经查清。“犯罪事实”，是指犯罪的主要事实，对犯罪主要事实已经查清，但个别细节无法查清或没有必要查清，不影响定罪量刑的，也应当视为犯罪事实已经查清。其中，对一人犯有数罪的，如果有一罪已经查清，而其他罪一时难以查清的，也可以就已经查清的罪提起公诉。（2）证据确实、充分，是指据以定罪量刑的证据属实和证据足以认定犯罪嫌疑人有罪。（3）依法应当追究刑事责任。这是指根据《刑法》的规定，犯罪嫌疑人有刑事责任能力，应当对犯罪嫌疑人判处刑罚，不存在《刑事诉讼法》第15条规定情形的。对于同时符合上述三方面条件的，人民检察院应当按照审判管辖的规定，向有管辖权的人民法院提起公诉。

查清犯罪事实，即犯罪构成要件事实必须查清，还应查清犯罪嫌疑人有无刑事责任能力、有无排除社会危害性事实以及其他为定罪量刑所必须查明的犯罪事实。理想的诉讼状态是将所有犯罪事实的情节都侦查殆尽，无所遗漏，但由于刑事犯罪情况纷繁复杂，受时空、技术条件等客观条件以及侦查人员业务水平等主观条件的制约，使案件中的所有细节都予查清，往往力所不及，其中有的事实与定罪量刑关系不大，一一查清也无必要。在长期的司法实践中，人们认为存在下列情形时可以确认犯罪事实已经查清：

1. 属于单一罪行的案件，犯罪构成诸要素以及其他为定罪量刑所必需的事实要素已经查清，已足以对被告人定罪量刑，对那些不影响定罪量刑的情节无法查清，或者刑轻刑重有疑问可以依“刑疑惟轻”原则量刑的，可以确认犯罪事实已经查清，并根据已查清的事实对被告人提起公诉。

2. 属于数个罪行的案件，有些罪行已经查清，另外一些罪行无法查清，可以依据已经查清的罪行对被告人提起公诉，不必硬要查清那些确已无法查清的罪行，这类案件可以确认犯罪情节已经查清。在刑事诉讼中，确认犯罪事实是否查清，哪些犯罪事实需要查清，应当以这些犯罪事实是否为案件定罪量刑所必需为标准，如果并非为案件定罪量刑所必需或者与定罪量刑关系不大，则不必强求查清，可以径行确认犯罪事实已经查清。

证据“充分”，是指证据作为一个构成群体所具有的证明案件与定罪量刑有关的事实的能力，这种能力因符合证明案件本身的数量要求而具有，符合这一数量要求即可证明案件与定罪量刑的事实为“真”，“齐全”则是要求将案件证据搜罗无遗。显然，要求证据必须齐全才能对被告人定罪量刑，既不必要，往往也不可能。根据司法实践经验，在符合下列情形时可以确认证据充分：

1. 无法查出作案工具、赃物去向，但有其他证据证明被告人犯罪的，可以依其他证据对被告人定罪量刑，在这种情况下，可以确认证据充分。

2. 犯罪嫌疑人供述或者辩解、证人证言、被害人陈述的内容主要情节一致、个别情节不一致且不影响定罪的，可以依据这些证据确认案件的主要情节，在这种情况下，可以确认证据充分。在司法实践中遇到的其他类似情况，只要尚未获取的证据对案件定罪影响不大，或者因该案件刑轻刑重存在疑问时可以依“刑疑惟轻”原则按轻刑处罚的，可以确定证据充分。

第二百八十条［遗漏同案犯罪嫌疑人的处理］

人民检察院在办理公安机关移送起诉的案件中，发现遗漏依法应当移送审查起诉同案犯罪嫌疑人的，应当建议公安机关补充移送审查起诉；对于犯罪事实清楚，证据确实、充分的，人民检察院也可以直接提起公诉。

【条文释义】 本条是关于人民检察院在审查起诉中如何处理遗漏同案犯罪嫌疑人的规定。

人民检察院在办理公安机关移送审查起诉的案件中，经阅卷、提讯犯罪嫌疑人或经自行侦查，发现除已被移送审查起诉的犯罪嫌疑人以外，还有其他应当追究刑事责任的同案犯，应当建议公安机关将遗漏的同案犯移送审查起诉，如果案件属于事实不清，证据不足，可以按照法律规定退回公安机关补充侦查；如果有关事实清楚，证据确实、充分，也可以直接提起公诉。人民检察院要求公安机关补充移送同案犯罪嫌疑人，应当制作补充移送起诉通知书，送达公安机关。

对于公安机关移送起诉的案件遗漏同案犯罪嫌疑人，如果犯罪事实清楚，证据确实、充分的，人民检察院也可以直接提起公诉。这又称作“直诉”。人民检察院对公安机关移送起诉的案件经审查认为遗漏同案犯罪嫌疑人，并符合起诉条件，不需要退回公安机关补充侦查或由公安机关补充移送，人民检察院可以直接制作起诉书一并向人民法院提起公诉。在刑事诉讼中，公安机关和人民检察院共同行使追诉犯罪的控诉职能，在诉讼职能一致的前提下由人民检察院直接提起公诉符合诉讼原理，也有利于减少诉累，及时惩治犯罪，这是公安机关和人民检察院侦查与审查起诉互为补充、共同履行控诉职能的体现。对于人民检察院直接向人民法院提起公诉的，人民检察院应当主要依据公安机关移送审查起诉的案卷和证据决定能否直诉，必要时也可以自行侦查，对遗漏的同案犯罪嫌疑人采取必要的强制措施，使之能够到案接受审查起诉和审判。

【补充移送起诉通知书的制作】

（一）制作方法

本文书是叙述式文书，其内容结构可以分为六个部分：

1. 首部。包括：制作本文书的人民检察院名称；文书名称，即“补充移送起诉通知书”；文书编号，即“　检　补诉〔　〕　号”，空白处应当依次填写制作本文书的人民检察院简称、具体办案部门简称、年度和文书序号。

2. 送达单位。即案件侦查机关的具体名称，可表述为“××县公安局”、“××县国家安全局”，等等，要与文书编号隔一行，并顶格书写。

3. 原起诉意见书主要情况。通知侦查机关补充移送审查起诉，是因为在审查移送起诉的案件中发现遗漏需要追究刑事责任的人，与原移送的起诉意见书有着直接联系，因此，在补充移送起诉通知书中，必须首先简要说明原起诉意见书的情况。在这一部分主要写明原起诉意见书移送时间、文号、犯罪嫌疑人姓名和案由，并用“经本院审查认为：”引出下一部分的内容。可以表述为，“你局于××××年××月××日以××号起诉意见书将×××（原起诉意见书中的犯罪嫌疑人姓名）涉嫌××一案移送本院审查起诉。经本院审查认为：”。

4. 需要补充移送审查起诉的有关情况。在这一部分，要另起一行用简明的语言写明：需要补充移送起诉的犯罪嫌疑人姓名，可以在叙述犯罪事实中首先点明；涉嫌犯罪的事实；触犯的《刑法》条款及涉嫌罪名，可以表述为，“犯罪嫌疑人×××（姓名）的上述行为触犯了《中华人民共和国刑法》第××条之规定，构成×××罪”；需要补充移送审查起诉的理由，可以接前表述为，“需要依法追究刑事责任，应当一并移送审查起诉，但你局未将犯罪嫌疑人×××（姓名）移送本院审查起诉”。

5. 要求补充移送审查起诉的法律依据和要求。这一部分要另起一行，主要写明：要求补充移送审查起诉的诉讼法依据，可以表述为“根据《中华人民共和国刑事诉讼法》第一百三十七条第（二）项和《人民检察院刑事诉讼规则》第二百八十条之规定”；要求补充移送审查起诉的具体事项，包括移送审查起诉的时限、需要提供的证据材料等，可以接前表述为，“请你局在三日以内将犯罪嫌疑人×××（姓名）补充移送本院审查起诉，并将证人×××（姓名）的证言笔录一同送交本院”。

6. 尾部。包括制作本文书的人民检察院名称、制作本文书的时间，并加盖院印。

（二）使用说明

在制作和适用补充移送起诉通知书时，应当注意以下几个问题：（1）对于经审查认为需要对同案中的多名犯罪嫌疑人补充移送审查起诉的，不分别制作文书，使用同一个补充移送起诉通知书即可。但在有关涉嫌犯罪事实的叙写中，要分别写明各需要补充移送审查起诉的犯罪嫌疑人的姓名和涉嫌犯罪的事实，如果彼此之间的行为没有事实联系，一般应当分行叙述。然后另起一行总写需要补充移送审查起诉的理由，再另起一行总写要求补充移送审查起诉的法律依据和相关要求，对不同犯罪嫌疑人的不同要求可以分别提出。（2）要注意本文书适用范围。对于本院侦查部门移送审查起诉的检察机关直接立案侦查的案件，审查起诉部门认为需要补充移送审查起诉的，不适用本文书；对于经审查认为公安机关等侦查机关移送审查起诉的犯罪嫌疑人有其他遗漏罪行需要同案起诉的，也不适用本文书。

本文书一式二份，一份附卷，一份给送达单位。

（三）文书格式（见下页）

人民检察院

补充移送起诉通知书

检　　补诉〔　　〕　号

一、送达单位。

二、写明原起诉意见书文号及犯罪嫌疑人姓名、涉嫌罪名，移送审查起诉时间。

三、写明需要补充移送起诉的犯罪嫌疑人姓名，犯罪事实，触犯的《刑法》条款，需要补充移送审查起诉的理由（如果需要补充移送审查起诉多名犯罪嫌疑人的，应当分别叙写）。

四、写明要求补充移送起诉的法律依据（《刑事诉讼法》第一百三十七条第（二）项和《人民检察院刑事诉讼规则》第二百八十条）和要求（及时或者在一定期限内补充移送起诉，并提供必需的证据材料）。

年　　月　　日

（院印）

第二百八十一条 [起诉书的主要内容]

人民检察院作出起诉决定后，应当制作起诉书。

起诉书的主要内容包括：

(一) 被告人的基本情况，包括姓名、性别、出生年月日、出生地、身份证号码、民族、文化程度、职业、工作单位及职务、住址，是否受过刑事处罚；采取强制措施的情况及在押被告人的关押处所等；如果是单位犯罪，应写明犯罪单位的名称，所在地址，法定代表人或代表的姓名、职务；如果还有应当负刑事责任的"直接负责的主管人员或其他直接责任人员"应当按上述被告人基本情况内容叙写。

(二) 案由和案件来源。

(三) 案件事实，包括犯罪的时间、地点、经过、手段、动机、目的、危害后果等与定罪量刑有关的事实要素。起诉书叙述的指控犯罪事实的必备要素应当明晰、准确。被告人被控有多项犯罪事实的，应当逐一列举，对于犯罪手段相同的同一犯罪也可以概括叙写。

(四) 起诉的根据和理由，包括被告人触犯的刑法条款、犯罪的性质、法定从轻、减轻或者从重处罚的条件，共同犯罪各被告人应负的罪责等。

被告人真实姓名、住址无法查清的，应当按其绰号或者自报的姓名、自报的年龄制作起诉书，并在起诉书中注明。被告人自报的姓名可能造成损害他人名誉、败坏道德风俗等不良影响的，可以对被告人编号并按编号制作起诉书，并在起诉书中附具被告人的照片。

【条文释义】 本条是关于起诉书内容的规定。

人民检察院作出起诉决定，提起公诉，应当制作起诉书。起诉书是人民检察院指控被告人的犯罪行为，决定将其交付审判，向人民法院提起公诉时所制作的文书。根据《刑事诉讼法》第3条、第135条、第136条和第141条的规定，审查起诉是人民检察院的一项重要职权。凡需要提起公诉的案件，一律由人民检察院审查决定。人民检察院对公安机关、国家安全机关、监狱侦查终结移送起诉或者建议不起诉的案件，以及对本院自侦部门侦查终结的案件进行审查后，认为犯罪嫌疑人的犯罪事实已经查清，证据确实、充分，依法应当追究刑事责任的，应当作出起诉决定，制作起诉书，连同证据目录、证人名单和主要证据复印件或者照片，按照审判管辖的规定，提交同级人民法院审判。人民检察院决定对被告人提起公诉的，必须制作起诉书。起诉书一经依法作出即具有法律效力。起诉书是检察机关代表国家将被告人提交人民法院审判的重要法律凭证，也是公诉人出庭支持公诉、参加法庭调查、对证据和案件情况发表意见并且进行辩论的重要基础；起诉书是人民法院审理公诉案件的合法依据，也是告知已将被告人提交人民法院审判的通知，又是公开指控被告人犯罪行为的法定文件。起诉书为叙述式文书。

【起诉书（普通程序案件适用）的制作】

（一）制作方法

普通程序案件适用的起诉书系叙述式文书，大致可以分为七个部分：首部；被告人基本情况；案由和案件审查过程；案件事实；证据；起诉要求和根据；尾部。

1. 首部。主要内容包括：（1）制作本文书的人民检察院名称。为体现起诉书的严肃性，除最高人民检察院外，各级地方人民检察院的名称前，应当写明所在的省、自治区、直辖市的名称，对涉外案件提起公诉时，各级人民检察院的名称前均应当有“中华人民共和国”字样。（2）文书名称，即“起诉书”。（3）文书编号，即“　检　刑诉〔　〕　号”，空白处应当依次为制作本文书的人民检察院简称、年度和文书序号。在“检”与“刑诉”之间的空格，无需填写。

2. 被告人基本情况。包括：（1）姓名，被告人如果有与案件有关的别名、化名或者绰号的，应当在其姓名后面用括号注明；被告人是外国人的，应当在其中文姓名或者译名后面用括号注明其外文姓名。（2）性别。（3）出生年月日，被告人的出生年月日一般应当以公历为准；除未成年人外，如果确实查不清出生日期的，也可以注明年龄。（4）身份证号码，对于尚未办理身份证的，也应当注明。（5）民族。（6）文化程度。（7）职业或者工作单位及职务，有变动的可以具体说明，尤其是在作案时在何单位任何职务要写清楚。（8）住址，应当写被告人的经常居住地，当经常居住地与户籍所在地不一致时，应当在其后面用括号注明其户籍所在地。（9）曾受到行政处罚、刑事处罚的情况。行政处罚限于与定罪有关的情况，我国有关法律法规规定，行为人受过两次行政处罚后又实施某种行为的，即可构成某种犯罪，这里要求说明的行政处罚即属于这种情况。对于行政处罚和刑事处罚，一般应当先写被告人受到行政处罚的情况，再写被告人受到刑事处罚的情况。叙写行政处罚时，应当注明处罚的时间、种类、处罚主体；叙写刑事处罚时，应当注明处罚的时间、原因、种类、判决机关、释放时间等。（10）因本案采取强制措施的情况，要写明采取强制措施的原因、种类、批准或者决定的机关、批准或者决定的时间、执行机关、执行时间。被采取过多种强制措施的，应当写明其前后变更情况。案件中有多名被告人的，要根据罪行由重到轻分行逐一写明其基本情况。

3. 案由和案件审查过程。这一部分主要包括以下内容：（1）侦查机关、案由和移送审查起诉时间。可以表述为，“本案由××市公安局侦查终结，以被告人刘×涉嫌非法经营罪，于201×年4月1日向本院移送审查起诉”。对于公安机关等其他侦查机关移送审查起诉后有管辖变更情况的，可以表述为，“本案由

××市公安局侦查终结，以被告人刘×涉嫌故意杀人罪，于201×年3月6日向××市人民检察院移送审查起诉。××市人民检察院于201×年4月1日转至本院审查起诉”。对于本院侦查终结并审查起诉的案件，可以表述为，“被告人杨××涉嫌挪用公款罪一案，由本院侦查终结，201×年4月1日，本案进入审查起诉阶段”。对于其他人民检察院侦查终结转至本院的，可以表述为“本案由××市人民检察院侦查终结，以被告人杨××涉嫌受贿罪，于201×年4月1日移送本院审查起诉”。（2）依法告知的情况。根据《刑事诉讼法》规定，人民检察院受理审查起诉案件后，应当在3日以内告知犯罪嫌疑人有权委托辩护人，告知被害人及其法定代理人或者近亲属、附带民事诉讼的当事人及其法定代理人有权委托诉讼代理人。起诉书应当对有关情况予以交代，可以接前表述为，“本院受理后，（本院侦查终结的案件不用‘受理后’字样）于201×年4月2日已告知被告人杨××有权委托辩护人，201×年4月3日已告知被害人×××（或者其法定代理人、近亲属中的一人）、附带民事诉讼当事人×××（或者其法定代理人中的一人）有权委托诉讼代理人”。（3）办理审查起诉的简要情况，可以接前表述为，“依法讯问了被告人刘×，听取了被害人×××委托的诉讼代理人×××和被告杨××的辩护人×××的意见，审查了全部案件材料”。（4）其他有关情况，如退回补充侦查的情况，即写明退回补充侦查的时间和重新移送审查起诉的时间；延长审查起诉期限的情况等，这些内容一般要根据实际情况叙写。

4. 案件事实。在这一部分首先要单起一段以“经依法审查查明：”引出查清的案件情况，然后另起一段概括叙写经侦查认定的犯罪事实，包括犯罪时间、地点、经过、手段、目的、动机、危害后果等与定罪有关的事实要素，要注意根据具体案件情况，围绕《刑法》规定的犯罪构成要件、犯罪特征，简明扼要地叙写。对于只有一个被告人的案件，被告人实施多次犯罪的，犯罪事实要分行逐一叙写，同时触犯数个罪名的被告人的犯罪事实应该按照主次顺序分类列举。对于共同犯罪的案件，写明共同犯罪事实及各自在共同犯罪中的地位和作用后，要按照被告人的主次顺序，分别叙明各个被告人的单独犯罪事实。叙写案件事实时，可以根据案件事实的不同情况，采取相应的表述方式，具体可以按照以下原则把握：一是对重大案件、具有较大影响的案件、检察机关直接立案侦查的案件，都必须写明具体犯罪事实的时间、地点、经过、手段、目的、动机、危害后果和被告人案发后的表现及认罪态度等内容，特别是要重点写明属于犯罪构成要件或者与定罪量刑有关的事实要素。二是对一般刑事案件，通常也应当详细写明案件事实，但对其中作案多起而犯罪手段、危害后果等相同的案件事实，可以先对相同的情节进行概括叙述，然后再逐一列举每起犯罪事实的具体时间、结果等情况，这样就不必详细叙述每一起犯罪事实的过程。在叙述案件事实过程中，对共同犯罪案件中在逃的同案犯，首次出现时应当在其姓名后用括号注明“另案处理”

字样。

5. 证据。在叙述清楚犯罪事实后，另起一段以“认定上述事实的证据如下:”引出对证据的列举。列举证据时要指明主要证据的名称、种类，但不必对证据与案件事实、证据之间的关系进行具体的分析、论证。列举证据应当采取“一事一证”的方式，即对于有数个犯罪事实的，要在每叙述一个犯罪事实后，列举出相关的主要证据。对于作案多起的一般刑事案件，如果案件事实是以先总后分的概括方式叙述的，证据的叙写也可以采取“一事一证”的方式，即在一种犯罪事实后概括写明主要证据的种类，而不再指出认定某一案件事实的证据。

另外，对于重要的案件情节，如被告人立功、自首等影响量刑的从重、从轻、减轻、免除处罚等犯罪情节，在起诉书中要注意叙述清楚。

6. 起诉要求和根据。这一部分的内容主要包括：（1）概括说明被告人的行为特征及其触犯的《刑法》条文和涉嫌罪名。对于行为特征，要根据行为性质、危害程度、情节轻重，结合犯罪的构成要件进行概括性的表述。对法律条文的引用，要准确、完整、具体，精确到条、款、项。可以表述为，“本院认为，犯罪嫌疑人×××（姓名）利用职务之便，贪污公款二十万元，其行为已触犯《中华人民共和国刑法》第××条之规定，犯罪事实清楚，证据确实、充分，应当以×××（罪名）罪追究其刑事责任”。（2）提起公诉的法律依据。可以接前表述为“根据《中华人民共和国刑事诉讼法》第一百四十一条的规定，提起公诉，请依法判处”。

7. 尾部。在这一部分应当写明下列内容：（1）送达部门，以单独成行居中的“此致”二字，引出另起一行的受文机关名称，可以表述为，“××市人民法院”等；（2）公诉人的法律职务及姓名。法律职务应当写明检察长、副检察长、检察员、代理检察员等职务，姓名写在法律职务之后。（3）日期，应当写检察长签发起诉书的具体日期，要写在检察人员法律职务及姓名下一行对应位置，并加盖制作本文书的人民检察院院印。

另外，普通程序案件适用的起诉书要根据需要列明附注事项，一般包括：（1）被告人现在处所，具体包括在押被告人的羁押场所和监视居住、取保候审的处所，等等。（2）证据目录、证人名单和主要证据复印件，并注明数量。（3）有关涉案款物情况。（4）被害人（单位）附带民事诉讼的情况。（5）其他需要附注的事项。对应附注事项，应当列明序号。

（二）使用说明

在具体使用普通程序案件适用的起诉书时，应当注意以下几个方面问题：（1）被告人是又聋又哑人或者盲人的，应当在其姓名后具体注明。（2）根据《刑事诉讼法》的规定，犯罪嫌疑人不讲真实姓名、住址，身份不明，对于犯罪事实清楚，证据确实、充分的，侦查机关也可以按照其自报的姓名移送检察机关审查起诉。在这种情况下，对于符合法定情况的，人民检察院只能按照其自报的姓名向人民法院起诉，在起诉书中对于这种情况应当在被告人自报的姓名后注明。被告人自报的姓名可能造成损害他人名誉、败坏道德风俗等不良影响的，可以对被告人编号，并按照编号制作起诉书，但要在起诉书中附具被告人的照片。(3) 被告人已经委托辩护人的，应当在起诉书中注明辩护人的具体情况，包括姓名、单位、通信地址，等等。(4) 案件事实部分要注意条理清晰，简明具体，用语准确，布局合理。对于案件事实的叙述，既要避免发生遗漏，也要避免将没有证据证明或者证据不足，以及与定罪量刑无关的事实写入起诉书。(5) 起诉书一般使用汉字。在少数民族聚居或者多民族共同居住的地区，被告人是少数民族的，起诉书应当使用当地通用的文字制作。对于外国人犯罪的案件，起诉书正本和若干副本使用汉字制作，并加盖院印，以体现主权原则；同时，为方便诉讼，可以用外籍被告人所在国官方语言制作若干起诉书翻译件，但不加盖院印，送达有关方面。(6) 起诉书送达后，在人民法院开庭审理前发现遗漏重要罪行，或者抓获在逃犯应当一并起诉的，以及对起诉书需要作补充修改的，应当收回起诉书，使用原文号重新制作起诉书，不宜采用补充起诉书的方式。(7) 起诉书中使用数字时，除文书编号、顺序号、年月日、机械型号、材料目录、百分比等专用术语和其他使用阿拉伯数字比较适宜者外，一般用汉字书写。在一个起诉书中，数字的使用前后应当一致。引用法律中条、款、项数字时，应当用汉字书写。

起诉书一般应当一式八份，每增加一个被告人，增加起诉书五份。

（三）文书格式

人民检察院

起　诉　书

检　　刑诉〔　　〕　　号

被告人……（写明姓名、性别、出生年月日、身份证号码、民族、文化程度、职业或者工作单位及职务、住址、曾受到行政处罚、刑事处罚的情况和因本案采取强制措施的情况等）

本案由×××（侦查机关）侦查终结，以被告人×××涉嫌×××罪，于××××年××月××日向本院移送审查起诉。本院受理后，于××××年××月××日已告知被告人有权委托辩护人，××××年××月××日已告知被害人及其法定代理人（或者近亲属）、附带民事诉讼的当事人及其法定代理人有权委托诉讼代理人，依法讯问了被告人，听取了被害人的诉讼代理人×××和被告人

的辩护人×××的意见，审查了全部案件材料……（写明退回补充侦查、延长审查起诉期限等情况）

〔对于侦查机关移送审查起诉的需变更管辖权的案件，表述为："本案由×××（侦查机关）侦查终结，以被告人×××涉嫌×××罪，于××××年××月××日向×××人民检察院移送审查起诉。×××人民检察院于××××年××月××日转至本院审查起诉。本院受理后，于××××年××月××日已告知被告人有权……"

对于本院侦查终结并审查起诉的案件，表述为："被告人×××涉嫌×××罪一案，由本院侦查终结。本院于××××年××月××日已告知被告人有权……"

对于其他人民检察院侦查终结的需变更管辖权的案件，表述为："本案由×××人民检察院侦查终结，以被告人×××涉嫌×××罪，于××××年××月××日向本院移送审查起诉。本院受理后，于××××年××月××日已告知被告人有权……"〕

经依法审查查明……（写明经检察机关审查认定的犯罪事实，包括犯罪时间、地点、经过、手段、目的、动机、危害后果等与定罪有关的事实要素。应当根据具体案件情况，围绕《刑法》规定的该罪构成要件叙写。）

（对于只有一个犯罪嫌疑人的案件，犯罪嫌疑人实施多次犯罪的犯罪事实应逐一列举；同时触犯数个罪名的犯罪嫌疑人的犯罪事实应该按照主次顺序分类列举。对于共同犯罪的案件，写明犯罪嫌疑人的共同犯罪事实及各自在共同犯罪中的地位和作用后，按照犯罪嫌疑人的主次顺序，分别叙明各个犯罪嫌疑人的单独犯罪事实。）

认定上述事实的证据如下：

……（针对上述犯罪事实，分列相关证据）

本院认为……（概括论述被告人行为的性质、危害程度、情节轻重）其行为触犯了《中华人民共和国刑法》第××条（引用罪状、法定刑条款），犯罪事实清楚，证据确实、充分，应当以×××罪追究其刑事责任。根据《中华人民共和国刑事诉讼法》第一百四十一条的规定，提起公诉，请依法判处。

此致

×××人民法院

检察员：

年　　月　　日

（院印）

附：

1. 被告人现在处所。具体包括在押被告人的羁押场所和监视居住、取保候审的处所。

2. 证据目录、证人名单和主要证据复印件，并注明数量。

3. 有关涉案款物情况。

4. 被害人（单位）附带民事诉讼的情况。

5. 其他需要附注的事项。

【起诉书（单位犯罪案件适用）的制作】

（一）制作方法

单位犯罪案件适用的起诉书系叙述式文书，大致可以分为七个部分：首部；被告单位、被告人基本情况；案由和案件审查过程；案件事实；证据；起诉要求和根据；尾部。

1. 首部。主要内容包括：（1）制作本文书的人民检察院名称。（2）文书名称，即“起诉书”。（3）文书编号，即“　检　刑诉〔　〕　号”，空余地方依次应当填写制作本文书的人民检察院简称、年度和文书序号。在“检”与“刑诉”之间的空格，无需填写。

2. 被告单位、被告人基本情况。具体包括：（1）被告单位基本情况，包括：单位名称、住所地、法定代表人姓名、职务等。被告单位住所地是其主要机构所在地。（2）诉讼代表人基本情况。由于被告单位是法律上虚拟的人格主体，因此，被告单位必须由诉讼代表人代表其参加诉讼。所以，在这种起诉书中，叙述完被告单位的基本情况后，要叙述清楚诉讼代表人的基本情况，包括诉讼代表人的姓名、性别、年龄、工作单位、职务等情况。（3）被告人基本情况。这里的被告人是指单位犯罪中直接负责的主管人员和其他直接责任人员。要写明其姓名、性别、出生年月日、身份证号码、民族、文化程度、职业或者工作单位及职务、住址、曾受到行政处罚、刑事处罚的情况和因本案采取强制措施的情况等。对于行政处罚和刑事处罚，一般应当先写被告人受到行政处罚的情况，再写被告人受到刑事处罚的情况。叙写行政处罚时，应当注明处罚的时间、种类、处罚主体；叙写刑事处罚时，应当注明处罚的时间、原因、种类、判决机关、释放时间等。因本案采取强制措施情况，要写明采取强制措施的原因、种类、批准或者决定的机关、批准或者决定的时间、执行机关、执行时间。被采取过多种强制措施的，应当写明其前后变更情况。案件中有多名被告人的，要根据其罪行由重到轻分行逐一写明其基本情况。

3. 案由和案件审查过程。这一部分主要包括以下内容：（1）侦查机关、案由和移送审查起诉时间。（2）依法告知的情况。根据《刑事诉讼法》规定，人民检察院受理审查起诉案件后，应当在3日以内告知犯罪嫌疑人有权委托辩护人，告知被害人及其法定代理人或者近亲属、附带民事诉讼的当事人及其法定代理人有权委托诉讼代理人。对被告单位的权利告知，应当是告知其诉讼代表人，起诉书应当对有关情况予以交代。(3) 办理审查起诉的简要情况。(4) 其他有关情况，如退回补充侦查的情况，即写明退回补充侦查的时间和重新移送审查起诉的时间；延长审查起诉期限的情况等，这些内容一般要根据实际情况叙写。上述几个方面的具体内容与普通程序案件适用的起诉书大致相同，这里不再详细说明。

4. 案件事实。在这一部分首先要单起一段以“经依法审查查明：”引出查清的案件情况，然后另起一段概括叙写经侦查认定的犯罪事实，包括犯罪时间、地点、经过、手段、目的、动机、危害后果等与定罪有关的事实要素，要注意根据具体案件情况，围绕《刑法》规定的犯罪构成要件、犯罪特征，简明扼要地叙写。对于有多个自然人作为被告人的案件，要写明各自在单位犯罪中的地位和作用。在叙述案件事实过程中，对在逃的同案犯，首次出现时应当在其姓名后用括号注明“另案处理”字样。

5. 证据。在叙述清楚犯罪事实后，另起一段以“认定上述事实的证据如下：”引出对证据的列举。列举证据时要指明主要证据的名称、种类，但不必对证据与案件事实、证据之间的关系进行具体的分析、论证。列举证据应当采取“一事一证”的方式，即对于有数个犯罪事实的，要在每叙述一个犯罪事实后，列举出相关的主要证据。

在叙述完案件事实和证据后，对于重要的案件情节，如被告人立功、自首等影响量刑的从重、从轻、减轻、免除处罚等犯罪情节，在起诉书中要注意叙述清楚。

6. 起诉要求和根据。这一部分的内容主要包括：(1) 概括说明被告单位、被告人的行为特征及其触犯的《刑法》条文和涉嫌罪名。对于行为特征，要根据行为性质、危害程度、情节轻重，结合犯罪的构成要件进行概括性的表述，语言要精练准确。对法律条文的引用，要准确、完整、具体，精确到条、款、项。(2) 提起公诉的法律依据。可以接前表述为，“根据《中华人民共和国刑事诉讼法》第一百四十一条的规定，提起公诉，请依法判处”。

7. 尾部。在这一部分应当写明下列内容：(1) 送达部门。(2) 公诉人的法律职务及姓名。法律职务应当写明检察长、副检察长、检察员、代理检察员等职务，姓名写在法律职务之后。(3) 日期。应当写检察长签发起诉书的具体日期，要写在检察人员法律职务及姓名下一行对应位置，并加盖制作本文书的人民检察院院印。

应当注意，单位犯罪案件适用的起诉书要根据需要列明附注事项，一般包括：(1) 被告人现在处所，具体包括在押被告人的羁押场所和监视居住、取保候审的处所，等等。(2) 证据目录、证人名单和主要证据复印件，并注明数量。

(3) 有关涉案款物情况。(4) 被害人（单位）附带民事诉讼的情况。(5) 其他需要附注的事项。对应附注事项，应当列明序号。

（二）使用说明

在制作和适用单位犯罪案件适用的起诉书时，应当注意以下几个方面问题：(1) 要注意全面列举有关主体的基本情况。在单位犯罪案件中，需要介绍的主体一般要比自然人犯罪案件多，一般包括被告单位、被告单位诉讼代表人、被告人、被告单位、被告人委托的辩护人，等等。当然，对辩护人的介绍也可以在有关案件审查办理过程部分中进行。(2) 当自然人犯罪、单位犯罪并存时，在叙写被告单位、被告人情况时，应当先叙述被告单位、法定代表人、诉讼代表人及有关属于责任人员的被告人情况，再叙述一般的自然人被告人情况；同时，在起诉理由和根据部分，也应当按照先单位犯罪、后自然人犯罪的顺序叙述。(3) 案件事实部分是起诉书的重点，要注意根据单位犯罪的特点，叙述清楚单位犯罪的事实和有关责任人员构成犯罪的事实。在叙述犯罪事实时，要注意条理清晰，用语准确，布局合理。(4) 对案件事实的叙述要根据事实和法律掌握范围，既要避免发生遗漏，也要避免将没有证据证明或者证据不足，以及与定罪量刑无关的事实写入起诉书。(5) 起诉书一般使用汉字。在少数民族聚居或者多民族共同居住的地区，被告人是少数民族的，起诉书应当使用当地通用的文字制作。对外国人犯罪的案件，起诉书正本和若干副本使用汉字制作，并加盖院印；同时，可以用外籍被告人所在国官方语言制作若干起诉书翻译件，但不加盖院印，送达有关方面。

起诉书一般应当一式八份，每增加一个被告单位、被告人，增加起诉书五份。

（三）文书格式

人民检察院

起 诉 书

检　刑诉〔　〕　号

被告单位……（写明单位名称、住所地、法定代表人姓名、职务等）

诉讼代表人……（写明姓名、性别、年龄、工作单位、职务）

被告人……（写明直接负责的主管人员或者其他直接责任人员的姓名、性别、出生年月日、身份证号码、民族、文化程度、职业或者工作单位及职务、住址，曾受到行政处罚、刑事处罚的情况和因本案采取强制措施的情况等。）

本案由×××（侦查机关）侦查终结，以被告单位×××涉嫌×××罪，被告人×××涉嫌×××罪，于××××年××月××日向本院移送审查起诉。

本院受理后，于××××年××月××日已告知被告单位和被告人有权委托辩护人，××××年××月××日已告知被害人及其法定代理人（或者近亲属）（被害单位及其诉讼代表人）、附带民事诉讼的当事人及其法定代理人有权委托诉讼代理人，依法讯问了被告人，听取了被害人的诉讼代理人×××和被告单位的辩护人×××、被告人的辩护人×××的意见，审查了全部案件材料……（写明退回补充侦查、延长审查起诉期限等情况）

〔对于侦查机关移送审查起诉的需变更管辖权的案件，表述为："本案由×××（侦查机关）侦查终结，以被告单位×××涉嫌×××罪，被告人×××涉嫌×××罪，于××××年××月××日向×××人民检察院移送审查起诉。×××人民检察院于××××年××月××日转至本院移送审查起诉。本院受理后，于××××年××月××日已告知被告人有权……"

对于本院侦查终结并审查起诉的案件，表述为："被告单位×××涉嫌×××罪，被告人×××涉嫌×××罪一案，由本院侦查终结。本院于××××年××月××日已告知被告人有权……"

对于其他人民检察院侦查终结的需变更管辖权的案件，表述为："本案由×××人民检察院侦查终结，以被告单位×××涉嫌×××罪，被告人×××涉嫌×××罪，于××××年××月××日向本院移送审查起诉。本院受理后，于××××年××月××日已告知被告人有权……"〕

经依法审查查明……（写明经检察机关审查认定的犯罪事实，包括犯罪时间、地点、经过、手段、目的、动机、危害后果等与定罪有关的事实要素。应当根据具体案件情况，围绕《刑法》规定的该罪构成要件叙写。）

认定上述事实的证据如下：

……（针对上述犯罪事实，分列相关证据）

本院认为……（分别概括论述被告单位、被告人行为的性质、危害程度、情节轻重）其行为触犯了《中华人民共和国刑法》第××条（引用罪状、法定刑条款），犯罪事实清楚，证据确实、充分，应当以×××罪追究其刑事责任。根据《中华人民共和国刑事诉讼法》第一百四十一条的规定，提起公诉，请依法判处。

此致

×××人民法院

检察员：

年　月　日

（院印）

附：

1. 被告人现在处所。具体包括在押被告人的羁押场所和监视居住、取保候审的处所。

2. 证据目录、证人名单和主要证据复印件，并注明数量。

3. 有关涉案款物情况。

4. 被害人（单位）附带民事诉讼的情况。

5. 其他需要附注的事项。

【起诉书（简易程序案件适用）的制作】

（一）制作方法

简易程序案件适用的起诉书系叙述式文书，大致可以分为七个部分：首部；被告人基本情况；案由和案件审查过程；案件事实；证据；起诉要求和根据；尾部。

1. 首部。主要内容包括：(1) 制作本文书的人民检察院名称。(2) 文书名称，即"起诉书"。(3) 文书编号，即"　检　刑诉〔　〕　号"，空余地方依次应当为制作本文书的人民检察院简称、年度和文书序号。在"检"与"刑诉"之间的空格，无需填写。

2. 被告人基本情况。包括：(1) 姓名，被告人如果有与案件有关的别名、化名或者绰号的，应当在其姓名后面用括号注明；被告人是外国人的，应当在其中文姓名或者译名后面用括号注明其外文姓名。(2) 性别。(3) 出生年月日。(4) 身份证号码。(5) 民族。(6) 文化程度。(7) 职业或者工作单位及职务。(8) 住址，应当写被告人的经常居住地，当经常居住地与户籍所在地不一致时，应当在其后面用括号注明其户籍所在地。(9) 曾受到行政处罚、刑事处罚的情况。行政处罚限于与定罪有关的情况。(10) 因本案采取强制措施的情况，要写明采取强制措施的原因、种类、批准或者决定的机关、批准或者决定的时间、执行机关、执行时间。被采取过多种强制措施的，应当写明其前后变更情况。案件中有多名被告人的，要根据其罪行由重到轻分行逐一写明其基本情况。

3. 案由和案件审查过程。这一部分主要包括以下内容：(1) 侦查机关、案由和移送审查起诉时间。(2) 依法告知的情况。根据《刑事诉讼法》规定，人民检察院受理审查起诉案件后，应当在3日以内告知犯罪嫌疑人有权委托辩护人，告知被害人及其法定代理人或者其近亲属、附带民事诉讼的当事人及其法定代理人有权委托诉讼代理人。起诉书应当对有关情况予以交代。(3) 办理审查起诉的简要情况。(4) 其他有关情况，如退回补充侦查的情况，即写明退回补充侦查的时间和重新移送审查起诉的时间；延长审查起诉期限的情况等，这些内容一般要根据实际情况叙写。本部分内容与普通程序案件适用的起诉书大致相同，这里不再详细介绍。

4. 案件事实。在这一部分首先要单起一段以“经依法审查查明:”引出查清的案件情况，然后另起一段概括叙写经侦查认定的犯罪事实，包括犯罪时间、地点、经过、手段、目的、动机、危害后果等与定罪有关的事实要素，要注意根据具体案件情况，围绕《刑法》规定的犯罪构成要件、犯罪特征，简明扼要地叙写。对于只有一个被告人的案件，被告人实施多次犯罪的，犯罪事实要分行逐一叙写，同时触犯数个罪名的被告人的犯罪事实应该按照主次顺序分类列举。对于比较简单的共同犯罪的案件，写明共同犯罪事实及各自在共同犯罪中的地位和作用后，要按照被告人的主次顺序，分别叙明各个被告人的单独犯罪事实。在叙述案件事实过程中，对共同犯罪案件中在逃的同案犯，首次出现时应当在其姓名后用括号注明“另案处理”字样。这一部分内容的具体写作方法，可以参照本书关于普通程序案件适用的起诉书的介绍。

5. 证据。在叙述清楚犯罪事实后，另起一段以“认定上述事实的证据如下:”引出对证据的列举。列举证据时要指明主要证据的名称、种类，但不必对证据与案件事实、证据之间的关系进行具体的分析、论证。列举证据应当采取“一事一证”的方式，即对于有数个犯罪事实的，要在每叙述一个犯罪事实后，列举出相关的主要证据。

6. 起诉要求和根据。这一部分的内容主要包括:（1）概括说明被告人的行为特征及其触犯的《刑法》条文和涉嫌罪名。对于行为特征，要根据行为性质、危害程度、情节轻重，结合犯罪的构成要件进行概括性的表述，语言要精练准确。对法律条文的引用，要准确、完整、具体，精确到条、款、项。（2）依法认定的量刑情节。这里要概括写明具体的量刑情节，如被告人立功、自首等影响量刑的从重、从轻、减轻、免除处罚等犯罪情节，并针对具体情况，依法引用《刑法》的具体条文。（3）提起公诉的法律依据。可以接前表述为，“依照《中华人民共和国刑事诉讼法》第一百四十一条的规定，提起公诉，请依法判处”。

7. 尾部。在这一部分应当写明下列内容:（1）送达部门。（2）公诉人的法律职务及姓名。法律职务应当写明检察长、副检察长、检察员、代理检察员等职务，姓名写在法律职务之后。（3）日期。应当写检察长签发起诉书的具体日期，要写在检察人员法律职务及姓名下一行对应位置，并加盖制作本文书的人民检察院院印。

另外，简易程序案件适用的起诉书要根据需要列明附注事项，一般包括:（1）被告人现在处所，具体包括在押被告人的羁押场所和监视居住、取保候审的处所，等等。（2）全部案卷和证据材料。（3）有关涉案款物情况。（4）被害人（单位）附带民事诉讼的情况。（5）其他需要附注的事项。对应附注事项，应当列明序号。

（二）使用说明

在制作和适用简易程序案件适用的起诉书时，应当注意以下几个方面问题：(1) 起诉书中对于量刑情节的认定，应当遵循如下原则：对于具备轻重不同的法定量刑情节的，应当在起诉书中作出认定；对于酌定量刑情节，可以根据案件的具体情况，从是否出庭支持公诉的角度出发，决定是否在起诉书中作出认定。(2) 叙述案件事实要按照合理的顺序进行。一般可以按照时间的先后顺序进行；一人多罪的，应当按照各种犯罪的轻重顺序叙述，把重罪放在前面，把次罪、轻罪放在后面。案件事实部分是起诉书的重点，要注意条理清晰，简明具体，用语准确，布局合理。对于案件事实的叙述，既要避免发生遗漏，也要避免将没有证据证明或者证据不足，以及与定罪量刑无关的事实，写入起诉书。(3) 要依法掌握可以适用简易程序的公诉案件的范围。人民法院对依法可能判处 3 年以下有期徒刑、拘役、管制、单处罚金的公诉案件，事实清楚、证据充分，经检察长决定适用简易程序的，应当向人民检察院提出建议。人民法院认为案件需要适用简易程序，向人民检察院提出书面建议的，人民检察院应当在 10 日内答复是否同意。对具有下列情形之一的案件，人民检察院应当不建议或者不同意适用简易程序：依法可能判处 3 年以上有期徒刑的；对于案件事实、证据存在较大争议的；比较复杂的共同犯罪案件；被告人是否犯罪、犯有何罪存在争议的案件；被告人要求适用普通程序的；被告人是盲、聋、哑人的；辩护人作无罪辩护的；其他不宜适用简易程序的情形。应当明确的是，一些地方在当前进行的有关改革的尝试中，一定范围内可以适当突破上述条件，但必须严格遵守有关规定。如果最高人民法院、最高人民检察院对有关改革措施联合作出有关规定，规定对适用简易程序案件的范围，应当按照规定掌握。(4) 适用简易程序审理的案件，人民法院发现不宜适用简易程序的，案件即转为普通程序审理的案件，人民法院应将全部卷宗和证据材料退回人民检察院；人民检察院经重新审查起诉后，应当制作普通程序案件适用的起诉书。

简易程序案件适用的起诉书一般应当一式八份，每增加一个被告人，增加起诉书五份。

（三）文书格式（见下页）

人民检察院

起　诉　书

检　　刑诉〔　　〕　　号

被告人……（写明姓名、性别、出生年月日、身份证号码、民族、文化程度、职业或者工作单位及职务、住址、曾受到行政处罚、刑事处罚的情况和因本案采取强制措施的情况等。）

本案由×××（侦查机关）侦查终结，以被告人×××涉嫌×××罪，于××××年××月××日向本院移送审查起诉。本院受理后，于××××年××月××日已告知被告人有权委托辩护人，××××年××月××日已告知被害人及其法定代理人（或者近亲属）、附带民事诉讼的当事人及其法定代理人有权委托诉讼代理人，依法讯问了被告人，听取了被害人的诉讼代理人×××和被告人的辩护人×××的意见，审查了全部案件材料……（写明退回补充侦查、延长审查起诉期限等情况）

〔对于侦查机关移送审查起诉的需变更管辖权的案件，表述为："本案由×××（侦查机关）侦查终结，以被告人×××涉嫌×××罪，于××××年××月××日向×××人民检察院移送审查起诉。×××人民检察院于××××年××月××日转至本院审查起诉。本院受理后，于××××年××月××日已告知被告人有权……"

对于本院侦查终结并审查起诉的案件，表述为："被告人×××涉嫌×××罪一案，由本院侦查终结。本院于××××年××月××日已告知被告人有权……"

对于其他人民检察院侦查终结的需变更管辖权的案件，表述为："本案由×××人民检察院侦查终结，以被告人×××涉嫌×××罪，于××××年××月××日向本院移送审查起诉。本院受理后，于××××年××月××日已告知被告人有权……"〕

经依法审查查明……（写明经检察机关审查认定的犯罪事实，包括犯罪时间、地点、经过、手段、目的、动机、危害后果等与定罪有关的事实要素。应当根据具体案件情况，围绕《刑法》规定的该罪构成要件叙写。）

认定上述事实的证据如下：

……（针对上述犯罪事实，分列相关证据）

本院认为……（概括论述被告人行为的性质、危害程度、情节轻重）其行为触犯了《中华人民共和国刑法》第××条（引用罪状、法定刑条款），犯罪事实清楚，证据确实、充分，应以×××罪追究其刑事责任……（概括写明具体量刑情节）……依照刑法第××条，应当（或者可以）……根据《中华人民共和国刑事诉讼法》第一百四十一条的规定，提起公诉，请依法判处。

此致

×××人民法院

检察员：

年　月　日

（院印）

附：

1. 被告人现在处所。具体包括在押被告人的羁押场所和监视居住、取保候审的处所。

2. 全部案卷和证据材料。

3. 有关涉案款物情况。

4. 被害人（单位）附带民事诉讼的情况。

5. 其他需要附注的事项。

【刑事附带民事起诉书的制作】

（一）制作方法

刑事附带民事起诉书是叙述式文书，其内容结构大致可以分为以下六个部分：首部；当事人具体情况；诉讼请求；事实、证据和理由；送达单位；尾部。

1. 首部。这一部分的内容主要包括：制作本文书的人民检察院名称；文书名称，即“刑事附带民事起诉书”；文书编号，即“　检　刑附民诉〔　〕　号”，空余地方依次应为制作本文书的人民检察院简称、办案部门简称、年度和文书序号。

2. 当事人具体情况。主要包括：（1）民事被告基本情况，即写明民事被告的姓名、性别、年龄、民族、职业、工作单位及职务、住址、是否刑事案件被告人等情况。如果民事被告是单位，则应当写明单位名称、住所地、是否刑事案件被告单位、法定代表人姓名、职务等情况。（2）被害单位基本情况，写明被害单位名称、所有制性质、住所地、法定代表人姓名及职务等情况。

3. 诉讼请求。诉讼请求是要求人民法院保护权益的具体内容。附带民事诉讼的诉讼请求一般是要求人民法院判令被告履行一定的实体义务。人民检察院在提起附带民事诉讼时，应当有明确、具体的诉讼请求，其中主要是要求被告赔偿损失的具体数额。

4. 事实、证据和理由。这一部分包括三个方面的内容，一般可以分为三段来叙述：(1) 事实。要写明由于刑事被告人的犯罪行为给国家财产、集体财产造成物质损失的事实，并且要注意表明被告人的犯罪行为与财产损失之间的因果关系。(2) 证据。要列举出证实上述事实的证据。(3) 理由。即提出刑事附带民事诉讼请求的理由。这一部分内容包括四个方面：一是要概括叙述被告人应当承担民事责任的事实理由；二是要引用被告应当承担民事责任的有关民事实体法的具体条款，说明提出诉讼请求的法律依据；三是要说明提起刑事公诉的情况，即“因被告人×××的上述行为构成×××罪，依法应当追究刑事责任，本院已于××××年××月××日以××号起诉书向你院提起公诉”；四是提起附带民事诉讼的程序法依据，即“现根据《中华人民共和国刑事诉讼法》第七十七条第二款的规定，提起附带民事诉讼，请依法裁判”。

5. 送达单位。即以单独成行居中的“此致”二字，引出另起一行的受文机关名称，可以表述为“××市人民法院”等。

6. 尾部。包括：(1) 检察人员的法律职务及姓名。法律职务应当写明检察长、副检察长、检察员、代理检察员等职务，姓名写在法律职务之后。(2) 日期。应当写检察长签发刑事附带民事起诉书的具体日期，要写在检察人员法律职务及姓名下一行对应位置，并加盖制作本文书的人民检察院院印。

另外，刑事附带民事起诉书应当根据情况列明附注事项，一般包括：(1) 刑事附带民事起诉书副本份数；(2) 主要证据复印件已移送；(3) 其他需附注的事项。

(二) 使用说明

在制作和适用刑事附带民事起诉书时，应当注意以下几个方面的问题：(1) 要正确适用本文书。凡是人民检察院在提起公诉时提起刑事附带民事诉讼的，一般都应当单独制作本文书，不宜在刑事起诉书中混加有关刑事附带民事诉讼的内容。(2) 对于被告人与刑事附带民事诉讼无关的犯罪行为，可以不在本文书中叙述。(3) 如果被害单位自己提起刑事附带民事诉讼的，人民检察院不能再单独提起刑事附带民事诉讼；如果在审查起诉阶段被害单位明确提出刑事附带民事诉讼要求，并有诉状的，人民检察院也不宜自行提出刑事附带民事诉讼，但对被害单位提出附带民事诉讼的情况，应当在刑事起诉书的附项中注明。(4) 本文书在制作过程中，可以征求本院民事行政检察部门的意见，以切实保证文书的质量和提起刑事附带民事诉讼的准确性。

(三) 文书格式 (见下页)

人民检察院

刑事附带民事起诉书

检　　刑附民诉〔　　〕　　号

被告人……（写明姓名、性别、年龄、民族、职业、工作单位及职务、住址、是否刑事案件被告人等）

（对于被告单位，写明单位名称、住所地、是否刑事案件被告单位、法定代表人姓名、职务等。）

被害单位……（写明单位名称、所有制性质、住所地、法定代表人姓名、职务等）

诉讼请求：

……（写明具体的诉讼请求）

事实、证据和理由：

……（写明检察机关审查认定的导致国家、集体财产损失的犯罪事实及有关证据）

本院认为……（概括叙述被告人应承担民事责任的理由）根据……（引用被告人应承担民事责任的法律条款）的规定，应当承担赔偿责任。因被告人×××的上述行为构成×××罪，依法应当追究刑事责任，本院已于××××年××月××日以××号起诉书向你院提起公诉。现根据《中华人民共和国刑事诉讼法》第七十七条第二款的规定，提起附带民事诉讼，请依法裁判。

此致

×××人民法院

检察员：

年　　月　　日

（院印）

附：

1. 刑事附带民事起诉书副本一式×份。
2. 主要证据复印件已移送。
3. 其他需附注的事项。

第二百八十二条 ［向法院移送材料］

人民检察院提起公诉的案件，应当向人民法院移送起诉书、证据目录、证人名单和主要证据复印件或者照片。

起诉书应当一式八份，每增加一名被告人增加起诉书五份。

证人名单应当包括在起诉前提供了证言的证人名单，证人名单应当列明证人的姓名、年龄、性别、职业、住址、通讯处。人民检察院对于拟不出庭的证人，可以不说明不出庭的理由。

证据目录应当是起诉前收集的证据材料目录。

关于被害人姓名、住址、通讯处，有无扣押、冻结在案的被告人的财物及存放地点，被告人被采取强制措施的种类、是否在案及羁押地点等问题，人民检察院应当在起诉书中列明，不再单独移送材料，其中对于涉及被害人隐私或者为保护被害人人身安全，而不宜在起诉书中列明被害人姓名、住址、通讯处的，单独移送人民法院。

鉴定结论、勘验检查笔录已经作为主要证据移送复印件的，鉴定人、勘验检查笔录制作人姓名已载明，不再另行移送。

【条文释义】 本条是关于人民检察院提起公诉向人民法院移送材料要求的规定。

根据《刑事诉讼法》第150条的规定，人民检察院向人民法院提起公诉，应当向人民法院移送起诉书、证据目录、证人名单和主要证据复印件或者照片。人民法院对符合上列条件的案件应当决定开庭审判。

人民检察院向人民法院移送起诉书，应当一式八份，一般被告人、辩护人、被害人及其诉讼代理人、合议庭三人及存档各一份，每增加一名被告人增加起诉书五份。

人民检察院移送的证人名单，应当列明证人的姓名、年龄、性别、职业、住址处、通讯处。针对实践中存在的对于拟不出庭的证人，检察机关要不要向法院说明理由的不同意见，本条明确规定，对于拟不出庭作证的证人，人民检察院可以不说明不出庭的理由。

关于人民检察院向人民法院移送证据目录的范围。法庭上出示的证据，是检察机关针对提起公诉的犯罪所提出的证据，公诉人不会负责举出证明被告人无罪的证据，也就是说，法庭上出示的证据不会是起诉前收集的全部证据材料。考虑到移送起诉前侦查机关、公诉机关收集的证据材料目录，有利于在开庭审判中全面、客观地查明案情，“证据目录”明确限定为“起诉前收集的证据材料目录”。这一目录中所含的证据材料既包括有罪、罪重的，也包括罪轻的，这样有利于被告人、辩护人的辩护。实践中辩护律师调查取得证明被告人罪轻或无罪的证据材料比较困难，如果知道案件情况的单位、个人拒绝提供证据，则辩护律师无法取得案件证据材料。依照《刑事诉讼法》第36条规定，犯罪嫌疑人聘请的律师在审判阶段，只能到人民法院查阅、摘抄、复制本案所指控的犯罪事实的材料，不能到人民检察院查阅、摘抄、复制本案的案卷材料。因此，被告人聘请的律师在人民法院审判阶段无法看到证明被告人罪轻、无罪的证据材料。由于辩护律师无法掌握证明被告人无罪、罪轻的案件材料，庭审时就难以有效地进行举证、辩论，以维护被告人的合法权利。将“证据目录”规定为“起诉前收集的证据材料目录”，有利于律师对一些侦查机关已取得的证据，但在庭审中未出示的，可以申请法庭调取、质证，以保证案件的公正判决。

关于被害人的姓名、住址、通讯处是否需要在庭审前移送的问题，原则上应在起诉书中列明，不再单独移送材料。但在有的情况下，如强奸案中的被害人不希望让更多的人知道自己的姓名和住址的，有的案件被害人怕打击报复，不希望公布自己姓名和住址的，考虑到被害人的隐私或者为保护被害人的人身安全，对被害人的姓名、住址、通讯处不宜在起诉书中列明的，可单独移送人民法院。

扣押、冻结在案的被告人的财物及存放地点的情况材料，也应当在起诉书中列明。《刑事诉讼法》第198条规定，公安机关、人民检察院对于扣押、冻结的被告人的财物及其孳息，应当妥善保管，以供核查。对作为证据使用的实物应当随案移送，对不宜移送的，应当将其清单、照片或者其他证明文件随案移送。这些实物、清单、照片或者其他证明文件应在法庭上出示后移送法庭。

被告人被采取强制措施的种类以及是否在案和羁押地点的情况材料，也应当在起诉书中列明。

关于提供鉴定结论的鉴定人、勘验检查笔录制作人的名单是否移送的问题，考虑到鉴定结论和勘验检查笔录是两类很重要的证据，如果作为一个案件的主要证据使用，根据《刑事诉讼法》第150条的规定，主要证据复印件在法院开庭以前就应当移送到法院，鉴定结论、勘验检查笔录一般都载有鉴定人和勘验检查笔录制作人的姓名，因此，不必单独移送鉴定人、勘验检查笔录制作人的名单。

【提起公诉案件证人名单的制作】

（一）制作方法

提起公诉案件证人名单系填充式文书，其内容结构大致可以分为三个部分：首部、正文和尾部。

1. 首部。这一部分内容包括：制作本文书的人民检察院名称；文书名称，即“提起公诉案件证人名单”；文书编号，即“ 检 诉证人〔 〕 号”，空余地方依次填写制作本文书的人民检察院简称、具体办案部门简称、年度和序号；案由，即被告人涉嫌的罪名，可以填写为“强奸罪”、“巨额财产来源不明罪”，等等；被告人姓名。

2. 正文。提起公诉案件证人名单的正文系表格，每一行填写一个证人，其内容依次为：序号，即按照先后顺序对证人排列编序；证人姓名；性别；年龄；民族；通信地址或者工作单位地址。

3. 尾部。即在提起公诉案件证人名单表格的右下方，加盖制作本文书的人民检察院的院印。

（二）使用说明

在制作和适用提起公诉案件证人名单时，应当注意以下几个方面的问题：(1) 提起公诉案件证人名单是人民检察院在提起公诉时，连同起诉书一同移送人民法院的，因此，提起公诉案件证人名单的文书序号应当与同案起诉书的文书序号相同。(2) 提起公诉案件证人名单列举的证人，是指人民检察院需要在法庭上运用其证言的证人，案件审理时，该证人是否出庭作证，不影响提起公诉案件证人名单的列举。(3) 在提起公诉案件证人名单表格中需要填写的证人填写完毕后，余下的空格应当划掉，并注明“以下空白”字样。(4) 注意不能将被害人列入提起公诉案件证人名单。被害人不是证人，而是具有独立诉讼地位的当事人；而且，被害人的情况比较特殊，如涉及其个人隐私等，因此，不能将被害人列入提起公诉案件证人名单。根据《人民检察院刑事诉讼规则》的有关规定，被害人的姓名、住址、通讯处应当在起诉书中列明，其中对于涉及被害人隐私或者为了保护被害人的人身安全，而不宜在起诉书中列明被害人姓名、住址、通讯处的，单独移送人民法院。

本文书一式二份，一份与起诉书一并移送人民法院，一份附卷。

（三）文书格式（见下页）

人民检察院

提起公诉案件证人名单

检　　诉证人〔　　〕　号

案　　由＿＿＿＿＿＿＿＿

被 告 人＿＿＿＿＿＿＿＿

序号	证人姓名	性别	年龄	民族	通信地址或者工作单位地址

（院　印）

【提起公诉案件证据目录的制作】

（一）制作方法

提起公诉案件证据目录系填充式文书，其内容结构大致可以分为三个部分：首部、正文和尾部。

1. 首部。这一部分内容包括：制作本文书的人民检察院名称；文书名称，即“提起公诉案件证据目录”；文书编号，即“ 检 诉证据〔 〕 号”，空余地方依次填写制作本文书的人民检察院简称、具体办案部门简称、年度和序号；案由，即被告人涉嫌的罪名，可以填写为“故意杀人罪”、“强奸罪”、“巨额财产来源不明罪”，等等；被告人姓名。

2. 正文。提起公诉案件证据目录的正文系表格，每一行填写一个证据材料，其内容依次为：序号，即按照先后顺序对证人排列编序；证据种类，即《刑事诉讼法》规定的七种证据种类，包括物证、书证，证人证言，被害人陈述，犯罪嫌疑人、被告人供述和辩解，鉴定结论，勘验、检查笔录，视听资料；名称，即具体证据的名称，如物证中的铁棍、匕首，书证中的书信等，有的证据可以以其提供者表示其名称，如被告人李某证言等；数量，即证据的件数或者其他量化标准；单位；备注，主要注明证据的存放及其复印件或者照片是否随案移送等需要说明的情况等。

3. 尾部。即在提起公诉案件证据目录表格的右下方，加盖制作本文书的人民检察院的院印。

（二）使用说明

在制作和使用提起公诉案件证据目录时，应当注意以下几个方面的问题：（1）提起公诉案件证据目录是人民检察院在提起公诉时，连同起诉书一同移送人民法院的，因此，一般情况下提起公诉案件证据目录的文书序号应当与同案起诉书的文书序号相同。（2）提起公诉案件证据目录列举的证据，是指人民检察院需要在法庭上出示、宣读或者播放的证据；证人证言的有关情况已经在证人名单中列明，这里可以不再列举。（3）在提起公诉案件证据目录表格中需要填写的证据填写完毕后，余下的空格应当划掉，并注明“以下空白”字样。（4）注意不能将被害人列人提起公诉案件证据目录。根据《人民检察院刑事诉讼规则》的有关规定，被害人的姓名、住址、通讯处应当在起诉书中列明，其中对于涉及被害人隐私或者为了保护被害人的人身安全，而不宜在起诉书中列明被害人姓名、住址、通讯处的，单独移送人民法院。

本文书一式二份，一份与起诉书一并移送人民法院，一份附卷。

（三）文书格式（见下页）

人民检察院

提起公诉案件证据目录

检　诉证据〔　　〕　号

案　由＿＿＿＿＿＿＿＿

被告人＿＿＿＿＿＿＿＿

序号	种类	名称	数量	单位	备注

（院　印）

第二百八十三条［主要证据的范围］

人民检察院针对具体案件移送起诉时，“主要证据”的范围由办案人员根据本条规定的范围和各个证据在具体案件中的实际证明作用加以确定。

主要证据是对认定犯罪构成要件的事实起主要作用，对案件定罪量刑有重要影响的证据。

主要证据包括：

（一）起诉书中涉及的各种证据种类中的主要证据；

（二）多个同种类证据中被确定为“主要证据”的；

（三）作为法定量刑情节的自首、立功、累犯、中止、未遂、正当防卫的证据。

对于主要证据为书证、证人证言笔录、被害人陈述笔录、被告人供述与辩解笔录或者勘验、检查笔录的，可以只复印其中与证明被告人构成犯罪有关的部分，鉴定书可以只复印鉴定结论部分。

【条文释义】 本条是关于“主要证据”范围由谁确定及主要证据的范围的规定。

人民检察院负责审查起诉，在向人民法院提起公诉时“主要证据”的范围只能由人民检察院确定，由承办人员根据案件中证据的实际作用予以整理、认定。这样规定主要考虑到案件的千差万别，审查起诉的工作由人民检察院负责，是否是主要证据，自然应当由人民检察院根据案件的具体情况来确定。如果在起诉时确定的主要证据不够充足，可以在庭审时根据人民法院的要求补充出示其他证据。

“主要证据”，是指对案件事实的认定起主要作用，并能影响定罪判刑的证据。包括能够证明犯罪嫌疑人犯罪行为存在的各个种类的证据，以及能够证明犯罪嫌疑人犯罪行为重要情节的证据。关于能够证明犯罪嫌疑人犯罪行为存在的各个种类的证据，依照《刑事诉讼法》第 42 条规定，证据种类包括以下七种：（1）物证、书证；（2）证人证言；（3）被害人陈述；（4）犯罪嫌疑人、被告人供述和辩解；（5）鉴定结论；（6）勘验、检查笔录；（7）视听资料。因为不同种类的证据可以更好地互相印证，尤其是一些仅依靠间接证据定案的案件，如果没有大量的不同种类的证据相互印证，就不足以定案。需要相互印证的证据，只有构成一个证据锁链，才能起到证明案件事实的作用，缺少任何一个证据都不行。因此，只要是能够证明犯罪嫌疑人犯罪行为存在的各个种类证据中对案件事实的认定起主要作用的证据，都是主要证据。关于证明同一犯罪事实的同一种类中的主要证据，是指同种类的多个证据中被确定为“主要证据”的证据，而不是指同种类证据中所有的证据。也就是说，主要证据不能依照其证明力的大小实行“平均分配”。比如，某案件证人证言较多，不能把所有的证人证言都作为主要证据，在同种类的证人证言中，只要确定几个关键的证据作为主要证据就可以了。对于能够证明案件真实情况，对案件认定起主要作用的证据，才能确定为“主要证据”。

第二百八十四条［移送的材料与人民法院认识不一致的处理］

人民法院认为人民检察院起诉移送的有关材料不符合刑事诉讼法第一百五十条规定的条件，向人民检察院提出书面意见要求补充提供的，人民检察院应当自收到通知之日起三日内补送。

对于人民法院要求补充提供的材料超越刑事诉讼法第一百五十条规定的范围或者要求补充提供材料的意见有其他不当情况的，人民检察院应当向人民法院说明理由，要求人民法院开庭审判，必要时人民检察院应当根据刑事诉讼法第一百六十九条的规定向人民法院提出纠正意见。

【条文释义】　本条是关于人民检察院提起公诉时移送的材料与人民法院认识不一致如何处理的规定。

《刑事诉讼法》第150条规定：“人民法院对提起公诉的案件进行审查后，对于起诉书中有明确的指控犯罪事实并且附有证据目录、证人名单和主要证据复印件或者照片的，应当决定开庭审判。”对于人民检察院提起公诉的案件，人民法院都应当受理。人民法院对提起公诉的案件进行审查后，对于起诉书中有明确的指控犯罪事实并且附有证据目录、证人名单和主要证据复印件或者照片的，应当决定开庭审判，不得以上述材料不充足为由而不开庭审判。如果人民检察院移送的材料中缺少上述材料，人民法院可以通知人民检察院补充材料，人民检察院应当自收到通知之日起3日内补送。人民法院对提起公诉的案件进行审查的期限计入人民法院的审理期限。之所以这样规定，就是为了进一步明确人民法院对于检察机关提起公诉的案件，不得以移送案件材料不充足而不开庭审判，如果确实是检察机关移送的案件材料不符合有关法律规定，如缺少所指控的罪名、证据目录、证人名单以及主要证据的复印件或照片中的任何一项，审判机关应当通知检察机关限期补送。如果这几项材料都不缺，只是其中有的材料不够充分，不得以此为由不开庭审理。考虑到人民法院对提出的公诉案件的审查是程序性的审查，所用的时间不是很长，因此，不需要单独规定审查期限，人民法院对提起公诉的案件进行审查的期限计入人民法院的审理期限。

人民检察院提起公诉向人民法院移送材料，人民法院要求人民检察院补充提供的材料超越《刑事诉讼法》第150条规定的范围，如要求移送诉讼文书、要求移送次要证据和其他材料，或者以此原因不予受理、不开庭审判的，人民检察院应当依法向人民法院说明情况，依法说明有关理由，要求人民法院开庭审判。如果人民检察院认为人民法院要求移送材料明显不符合法律规定，严重影响刑事诉讼正常进行的，可以以人民检察院的名义依据《刑事诉讼法》第169条规定，向人民法院提出纠正意见。

第二百八十五条［起诉后收集的证据材料的移送］

对提起公诉后，在人民法院开庭审判前，人民检察院自行补充收集的证据材料，应当根据刑事诉讼法第一百五十条的规定向人民法院移送有关的证人名单、证据目录和主要证据的复印件或者照片。

【条文释义】 本条是关于人民检察院对提起公诉后收集的证据材料如何向法院移送的规定。

人民检察院提起公诉的案件，应当事实清楚，证据确实、充分。但在一些特殊情况下，人民检察院提起公诉后又发现一些新的证据材料，或者是有关当事人如被害人或者证人提供一些证据材料，也不排除人民检察院提起公诉后又发现需要补充、完善部分证据材料，以更加有力地揭露和证实犯罪，在这些情形下应当允许人民检察院提起公诉后自行补充收集部分证据材料。当然这些证据材料对提起公诉的案件只能具有补充、完善的作用，而不会改变起诉的犯罪事实、性质和罪名的认定。《刑事诉讼法》修改前，人民检察院提起公诉时要向人民法院移送案卷和证据材料，对提起公诉后自行补充的证据材料也应当向人民法院移送原件。修改后的《刑事诉讼法》第150条规定人民检察院提起公诉时只需向人民法院移送证人名单、证据目录和主要证据的复印件或者照片，对于提起公诉后自行补充收集的证据材料，也应当照此办理，在人民法院开庭前按照自行收集证据材料的种类，补充移送有关的证人名单、证据目录和主要证据的复印件或者照片。

第四节 不起诉

第二百八十六条［存疑不起诉的条件］

人民检察院对于退回补充侦查的案件，仍然认为证据不足，不符合起诉条件的，经检察委员会讨论决定，可以作出不起诉决定。

作出不起诉决定前应当根据案件情况在法律规定的范围内确定补充侦查的次数。

具有下列情形之一，不能确定犯罪嫌疑人构成犯罪和需要追究刑事责任的，属于证据不足，不符合起诉条件：

（一）据以定罪的证据存在疑问，无法查证属实的；
（二）犯罪构成要件事实缺乏必要的证据予以证明的；
（三）据以定罪的证据之间的矛盾不能合理排除的；
（四）根据证据得出的结论具有其他可能性的。

【条文释义】 本条是关于存疑不起诉的条件的规定。

《刑事诉讼法》第 140 条第 4 款对存疑不起诉作了规定，即对于补充侦查的案件，人民检察院仍然认为证据不足，不符合起诉条件的，可以作出不起诉决定。存疑不起诉的条件如下：

1. 必须是经退回公安机关补充侦查的案件。人民检察院对于公安机关移送起诉的案件，经审查认为证据不足的，即犯罪事实不清、证据不足，或者有遗漏罪行和其他需要追究刑事责任的，可能影响对犯罪嫌疑人定罪量刑的案件，可以将案件退回公安机关，由公安机关进行补充性侦查。经公安机关补充侦查后仍然证据不足，人民检察院可以作出不起诉决定。根据《刑事诉讼法》第 140 条第 4 款的规定，退回补充侦查是适用存疑不起诉的必要条件，人民检察院不得不经过退回补充侦查而径直作出不起诉决定，但有些案件经过一次退回补充侦查，已经可以确定此案证据不足，特别是证据已经灭失、证人死亡或去向不明，再次退回补充侦查对补充证据也无济于事，这时就没有必要再次退回补充侦查。根据《刑事诉讼法》第 140 条第 4 款的规定，案件经补充侦查后，人民检察仍然认为证据不足，不符合起诉条件的，可以作出不起诉的决定。其中“仍然认为证据不足，不符合起诉条件的”包含二层意思：第一层是指经过一次退回补充侦查，认为该案证明犯罪的证据不足，不符合起诉条件，且没有必要再补充侦查的，可以作出不起诉的决定；第二层是指经过二次退回补充侦查后，证据仍然不足，应当作出不起诉的决定。因而，人民检察院在作出不起诉决定前应当根据案件情况，在法律规定的范围内确定补充侦查的次数，不必非要两次退回补充侦查后才能作出不起诉决定。对于证据不足的案件，人民检察院也可以自行侦查，但不能仅依据自行侦查作出不起诉决定。

2. 必须是属于证据不足的案件。本条第 3 款对“证据不足”作了界定：

（1）据以定罪的证据存在疑问，无法查证属实。欠缺必要的证据固然属于“证据不足”，形式上不存在证据欠缺但实质上证据存在疑问，而又无法通过进一步侦查以澄清这些疑问的，通常属于实质的证据欠缺，也应当以证据不足作出不起诉决定。这里的“疑问”，指对证据存在合理的怀疑，这种怀疑应当建立在一定事实的基础上，而不能是臆想的。

（2）犯罪构成要件事实缺乏必要的证据予以证明。犯罪构成要件具有两种作用；一是确认存在犯罪，一是将此罪与彼罪区别开来。犯罪构成要件是由《刑法》规定的确认某些行为是犯罪的判断标准，人们可以借这些标准确认该行为是构成此罪抑或彼罪。犯罪构成要件是从现实发生的很多犯罪现象中抽出来的共同要素，某一特定犯罪中的诸要素彼此联系，构成有机整体。符合犯罪构成要素的事实为犯罪构成要件事实。确认犯罪嫌疑人有罪，必须依据有证据支持的犯罪构成要件事实，犯罪构成要件事实残缺则不能指控犯罪嫌疑人构成犯罪。缺乏确认犯罪构成要件事实的必要的证据的，自应以证据不足作出不起诉决定。这种缺乏还包括因取证行为严重违法而导致证据被排除所造成的证据欠缺。

（3）据以定罪的证据之间的矛盾不能合理排除的。据以定罪的证据之间存在矛盾，必然造成疑罪，应当本着"罪疑从无"的原则作出不起诉决定；据以量刑的证据之间存在矛盾的，则应当本着"刑疑惟轻"的原则处理。

（4）根据证据得出的结论具有其他可能性的。对案件事实证明的要求必须是达到结论唯一，如果依据证据对某一事实进行判断时，既可以这样认定，也可以那样认定；既可以如此解释，又可以那样解释；这只能说明据以确认案件事实的证据达不到法定要求，必须经过进一步侦查，如果经过补充侦查仍然如此，则只能终止诉讼。

凡具有上述情形之一，不能确定犯罪嫌疑人构成犯罪和需要追究刑事责任时，才属于《刑事诉讼法》第140条第4款所规定的"证据不足，不符合起诉条件"。正确理解"证据不足，不符合起诉条件"这一实体要件，是正确适用存疑不起诉、防止滥用的关键。

根据本条规定，人民检察院作出存疑不起诉的决定，应当经本院检察委员会讨论决定。一般应当由承办人提出审查意见，经主管检察长提请，由本院检察委员会讨论、决定是否属于事实不清、证据不足的情形。这体现了对此类不起诉从严掌握的要求。

【不起诉决定书（根据《刑事诉讼法》第140条第4款规定决定不起诉时适用）的制作】

（一）制作方法

本文书为叙述式文书，其内容大致分为三部分：

1. 首部。包括制作本文书的人民检察院名称、文书名称和文书编号。人民检察院名称，即作出不起诉决定的人民检察院；文书名称，即"不起诉决定书"；文书编号为"　检　刑不诉〔　〕　号"，空白处分别填写作出不起诉决定的人民检察院的简称、年度和文书序号。在"检"与"刑不诉"之间的空格，无需填写内容。

2. 正文。包括以下五部分内容：

（1）被不起诉人基本情况。应写明被不起诉人的姓名、性别、出生年月日、身份证号码、民族、文化程度、职业或工作单位及职务（如案件系国家机关工作人员利用职权实施的犯罪，还应当写明犯罪期间在何单位任何职）、住址（一般写被不起诉人居住地，如果户籍所在地与暂住地不一致的，则应分别写明户籍所在地和暂住地），是否受过刑事处罚，采取强制措施的种类、时间、决定机关等。如果被不起诉的是单位，则应写明单位名称、住所地等，并以“被不起诉单位”替代格式中的“被不起诉人”。

（2）辩护人基本情况。包括辩护人的姓名、单位。

（3）案由和案件来源。具体表述为：“本案由×××（侦查机关名称）侦查终结，以被不起诉人×××涉嫌×××罪，于××××年××月××日移送本院审查起诉。”（如系检察机关直接受理立案侦查的案件，则表述为：“被不起诉人×××涉嫌×××一案，由本院侦查终结，于××××年××月××日移送审查起诉或不起诉。”如果案件是其他人民检察院移送的，则应当将指定管辖、移送单位以及移送时间等情况写明。）其中，“案由”（即格式中被不起诉人所涉嫌的罪名）应当写移送审查起诉时或者侦查终结时认定的行为的性质，而不是审查起诉部门认定的行为性质；“案件来源”中“侦查机关”包括公安、国家安全等依法享有侦查权的机关（因检察机关自侦案件的表述方法已单独列出，所以，此处的侦查机关不包括检察机关）。在这部分，还要写明移送审查起诉及本院受理的时间，如果案件曾经退回补充侦查，则应写明退回补充侦查的日期、次数以及再次移送审查起诉的时间。

（4）不起诉理由、法律依据和决定事项。此部分根据侦查主体的不同有两种表述方法：其一，对于公安等侦查机关移送的案件，表述为：“×××（侦查机关名称）移送审查起诉认定……（概括叙述侦查机关认定的事实）经本院审查并退回补充侦查，本院仍然认为×××（侦查机关名称）认定的犯罪事实不清、证据不足（或者本案证据不足），不符合起诉条件。依照《中华人民共和国刑事诉讼法》第一百四十条第四款的规定，决定对×××（被不起诉人的姓名）不起诉。”其二，如系检察机关直接受理立案侦查的案件，则表述为：“本案经本院侦查终结后，在审查起诉期间，经两次补充侦查，本院仍认为本案证据不足，不符合起诉条件。依照《中华人民共和国刑事诉讼法》第一百四十条第四款的规定，决定对×××（被不起诉人的姓名）不起诉。”

（5）告知事项。根据《刑事诉讼法》第145条的规定，本文书应当有被害人权利告知的内容，表述为：“被害人如不服本决定，可以自收到本决定书后七日以内向×××人民检察院申诉，请求提起公诉；也可以不经申诉，直接向×××人民法院提起自诉。”此处的“×××人民检察院”应为作出不起诉决定的上一级人民检察院。至于“×××人民法院”则一般是指与作出不起诉决定的人民检察院同级的人民法院。

3. 尾部。包括：作出不起诉决定的人民检察院的名称、院印及文书制发日期。其中，制发日期应为签发日期。

（二）使用说明

适用本文书应注意：本文书根据《刑事诉讼法》第 140 条第 4 款规定决定不起诉时适用。(1) 对于人民检察院决定不起诉的案件，如果在侦查过程中对有关财物采取了扣押、冻结措施的，应予解除。对于公安等侦查机关移送审查起诉的案件，人民检察院应当及时将不起诉决定书送达侦查机关，由其解除扣押、冻结。(2) 人民检察院在作出不起诉决定时，如果认为应对被不起诉人给予行政处罚、行政处分或者需要没收违法所得的，应当提出检察意见书，连同不起诉决定书一并移送有关主管机关处理。(3) 本文书以被不起诉人为单位制作。

本文书应分为正本和副本，其中正本一份归入正卷，副本发送被不起诉人、辩护人及其所在单位、被害人或者其近亲属及其诉讼代理人、侦查机关（部门）。

（三）文书格式

人民检察院

不起诉决定书

检　　刑不诉〔　　〕　　号

被不起诉人……〔写明姓名、性别、出生年月日、身份证号码、民族、文化程度、职业或工作单位及职务（国家机关工作人员利用职权实施的犯罪，应当写明犯罪期间在何单位任何职）、住址（被不起诉人住址写居住地，如果户籍所在地与暂住地不一致的，应当写明户籍所在地和暂住地），是否受过刑事处罚，采取强制措施的种类、时间、决定机关等。〕

（如系被不起诉单位，则应写明名称、住所地等）

辩护人……（写姓名、单位）

本案由×××（侦查机关名称）侦查终结，以被不起诉人×××涉嫌×××罪，于××××年××月××日移送本院审查起诉。

（如果是自侦案件，此处写“被不起诉人×××涉嫌×××一案，由本院侦查终结，于××××年××月××日移送审查起诉或不起诉。”如果案件是其他人民检察院移送的，此处应当将指定管辖、移送单位以及移送时间等写清楚。）

（如果案件曾经退回补充侦查，应当写明退回补充侦查的日期、次数以及再次移送审查起诉时间。）

×××（侦查机关名称）移送审查起诉认定……（概括叙述侦查机关认定的事实）经本院审查并退回补充侦查，本院仍然认为×××（侦查机关名称）认定的犯罪事实不清、证据不足（或本案证据不足），不符合起诉条件。依照

《中华人民共和国刑事诉讼法》第一百四十条第四款的规定，决定对×××（被不起诉人的姓名）不起诉。

（如系检察机关直接受理案件，则写为："本案经本院侦查终结后，在审查起诉期间，经两次补充侦查，本院仍认为本案证据不足，不符合起诉条件。依照《中华人民共和国刑事诉讼法》第一百四十条第四款的规定，决定对×××不起诉。"）

被害人如不服本决定，可以自收到本决定书后七日以内向×××人民检察院申诉，请求提起公诉；也可以不经申诉，直接向×××人民法院提起自诉。

×××人民检察院（院印）

年　　月　　日

【参考规定】

人民检察院办理不起诉案件公开审查规则（试行）（2001年3月5日最高人民检察院公诉厅　〔2001〕高检诉发第11号）

一、制定目的和法律依据

第一条　为保证不起诉决定的公正性，保障当事人的合法权利，规范不起诉案件公开审查程序，根据《中华人民共和国刑事诉讼法》、《人民检察院刑事诉讼规则》等有关规定，结合人民检察院办理不起诉案件工作实际，制定本规则。

第二条　本规则所称不起诉案件，是指审查起诉过程中拟作不起诉决定的案件。

第三条　不起诉案件公开审查，是为了充分听取侦查机关（部门）和犯罪嫌疑人、被害人以及犯罪嫌疑人、被害人委托的人等对案件处理的意见，为人民检察院对案件是否作不起诉处理提供参考。

二、适用范围

第四条　公开审查的不起诉案件应当是存在较大争议并且在当地有较大社会影响的，经人民检察院审查后准备作不起诉处理的案件。

第五条　对下列案件不进行公开审查：

（一）案情简单，没有争议的案件；

（二）涉及国家秘密或者个人隐私的案件；

（三）十四岁以上不满十六岁未成年人犯罪的案件；

十六岁以上不满十八岁未成年人犯罪的案件，一般也不进行公开审查；

（四）其他没有必要进行公开审查的案件。

三、公开审查程序及内容

第六条　人民检察院对于拟作不起诉处理的案件，可以根据侦查机关（部门）的要求或者犯罪嫌疑人及其法定代理人、辩护人，被害人及其法定代理人、辩护人，被害人及其法定代理人、诉讼代理人的申请，经检察长决定，进行公开审查。

人民检察院也可以根据案件的具体情况，经检察长决定，进行公开审查。

第七条　人民检察院对不起诉案件进行公开审查，应当听取侦查机关（部门），犯罪嫌疑人及其法定代理人、辩护人，被害人及其法定代理人、诉讼代理人的意见。听取意见可以分别进行，也可以同时进行。

第八条 公开审查活动应当在人民检察院进行，也可以在人民检察院指定的场所进行。

第九条 公开审查活动应当由案件承办人主持进行，并配备书记员记录。

第十条 不起诉案件公开审查时，允许公民旁听；可以邀请人大代表、政协委员、特约检察员参加；可以根据案件需要或者当事人的请求，邀请有关专家及与案件有关的人参加；经人民检察院许可，新闻记者可以旁听和采访。

对于涉及国家财产、集体财产遭受损失的案件，可以通知有关单位派代表参加。

第十一条 人民检察院在公开审查三日前，应当向社会公告案由、公开审查的时间和地点，并通知参加公开审查活动的人员。

第十二条 人民检察院在公开审查时，应当公布案件承办人和书记员的姓名，宣布案由以及公开审查的内容、目的，告知当事人有关权利和义务，并询问是否申请回避。

第十三条 人民检察院主要就案件拟作不起诉处理听取侦查机关（部门），犯罪嫌疑人及其法定代理人、辩护人，被害人及其法定代理人、诉讼代理人的意见。

第十四条 案件承办人应当根据案件事实和证据，依照法律的有关规定，阐述不起诉的理由，但不需要出示证据。

参加公开审查的侦查人员，犯罪嫌疑人及其法定代理人、辩护人，被害人及其法定代理人、诉讼代理人可以就案件事实、证据、适用的法律以及是否应予不起诉，各自发表意见，但不能直接进行辩论。

第十五条 公开审查的活动内容由书记员制作笔录。笔录应当交参加公开审查的侦查人员，犯罪嫌疑人及其法定代理人、辩护人，被害人及其法定代理人、诉讼代理人阅读或者向其宣读，如果认为记录有误或有遗漏的，可以请求补充或更正，确认无误后，应当签名或盖章。

第十六条 公开审查活动结束后，应当制作不起诉案件公开审查的情况报告。报告中应当重点写明公开审查过程中各方一致性意见或者存在的主要分歧，并提出起诉或者不起诉的建议，连同公开审查笔录，呈报检察长或者检察委员会，作为案件是否作出不起诉决定的参考。

四、其他规定

第十七条 人民检察院公开审查不起诉案件应当在法定的审查起诉期限内完成。

第十八条 审查不起诉案件的其他有关事项，依照《中华人民共和国刑事诉讼法》和《人民检察院刑事诉讼规则》的有关规定办理。

第二百八十七条［存疑不起诉后发现新证据的处理］

人民检察院根据刑事诉讼法第一百四十条第四款规定决定不起诉的，在发现新的证据，符合起诉条件时，可以提起公诉。

【条文释义】 本条是关于人民检察院对作出的存疑不起诉决定又发现新的证据如何处理的规定。

人民检察院对证据不足的案件作出不起诉决定，是由于在审查起诉阶段经公安机关补充侦查，仍然事实不清、证据不足，不符合起诉条件而予以终止诉讼。这是为了防止办案过程中的扯皮现象，解决在审查起诉期间由于证据不足，无法补充，也无法放人，案件久拖不决的问题。在人民检察院作出存疑不起诉的决定后，又发现了新的证据，使案件事实清楚，证据确实、充分，符合起诉条件的时候，人民检察院可以提起公诉。不起诉作为公诉权的一部分，是国家追诉权的体现，与审判权不同，不受“一事不再理”原则的限制。人民检察院对曾作出存疑不起诉的案件重新提起公诉后，原存疑不起诉决定也不必撤销，由于在证据不足的情形下作出不起诉决定无错误可言，后来发现新的证据再行提起公诉并不能简单否定当时作出的存疑不起诉决定。

第二百八十八条［绝对不起诉的条件］

人民检察院对于符合刑事诉讼法第十五条规定的情形之一的案件，经检察长决定，应当作出不起诉决定。

【条文释义】 本条是关于绝对不起诉条件的规定。

《刑事诉讼法》第142条第1款对绝对不起诉作了规定，即犯罪嫌疑人有《刑事诉讼法》第15条规定的情形之一的，经检察长决定，人民检察院应当作出不起诉决定。案件移送人民检察院审查起诉，人民检察院如果发现和出现《刑事诉讼法》第15条规定的六种情形中的任何一种情况，都应当作出不起诉的决定。这六种情形是：

1. 情节显著轻微，危害不大，不认为是犯罪的。这是指根据《刑法》的规定不构成犯罪，不应当追究刑事责任的一种行为。

2. 犯罪已过追诉时效期限的。这是指行为人的行为已构成犯罪，但根据《刑法》第87条的规定，已过了追诉时效期限，人民法院、人民检察院和公安机关没有采取强制措施，犯罪嫌疑人、被告人也没有逃避侦查和审判，不能再追究刑事责任。

3. 经特赦令免除刑罚的。这是指行为人确实犯了罪，但遇有国家发布特赦令，免除了某些犯罪分子的刑罚，如果对犯罪分子尚未追究或者正在追究的，就可以根据特赦令不再追究。

4. 依照《刑法》告诉才处理的犯罪，没有告诉或者撤回告诉的。这是指根据《刑法》规定，对于侮辱罪、诽谤罪、暴力干涉婚姻自由罪和虐待罪，只有被害人提出控告，才能依法予以追究。如果被害人没有告诉，或者告诉后又撤回告诉的，不应再追究。但是如果被害人因受强制、威吓而无法告诉的，人民检察院和被害人的近亲属也可以告诉，对于这种情况，应当依法追究。

5. 犯罪嫌疑人、被告人死亡的。这是指根据我国《刑法》规定只对实施犯罪的人才能治罪，不能株连他人。犯罪嫌疑人、被告人既然死亡了，失去科刑的对象，再追究其刑事责任就没有实际意义，所以就不必继续追究。

6. 其他法律规定免予追究刑事责任的。这是指《刑法》或者其他有刑事处罚规定的法律中有关免予追究刑事责任的规定。对于依照其他法律规定免予追究刑事责任的，不应再追究。

人民检察院在审查起诉中，遇到上述六种情形之一的，都应当作出不起诉的决定。此类不起诉由检察长决定。

【不起诉决定书（根据《刑事诉讼法》第142条第1款规定决定不起诉时适用）的制作】

（一）制作方法

本文书为叙述式文书，其内容分为以下三部分：

1. 首部。包括制作本文书的人民检察院名称、文书名称和文书编号。人民检察院名称，即提起公诉的人民检察院；文书名称即“不起诉决定书”；文书编号为“　检　刑不诉〔　〕　号”，空白处分别填写作出不起诉决定的人民检察院的简称、年度和文书序号。在“检”与“刑不诉”之间的空格，无需填写。

2. 正文。包括以下六部分内容：

（1）被不起诉人基本情况。应逐一写明被不起诉人的姓名、性别、出生年月日、身份证号码、民族、文化程度、职业或工作单位及职务（如案件系国家机关工作人员利用职权实施的犯罪，还应当写明犯罪期间在何单位任何职）、住址（一般写被不起诉人居住地，如果户籍所在地与暂住地不一致的，则应分别写明户籍所在地和暂住地），是否受过刑事处罚，采取强制措施的种类、时间、决定机关等。如果被不起诉的是单位，则应写明单位名称、住所地等，并以“被不起诉单位”替代格式中的“被不起诉人”。

（2）辩护人基本情况。包括辩护人的姓名、单位。

（3）案由和案件来源。具体表述为：“本案由×××（侦查机关名称）侦查终结，以被不起诉人×××涉嫌×××罪，于××××年××月××日移送本院审查起诉。”（如系检察机关直接受理立案侦查的案件，则表述为：“被不起诉人×××涉嫌×××一案，由本院侦查终结，于××××年××月××日移送审查起诉或不起诉。”如果案件是其他人民检察院移送的，则应当将指定管辖、移送单位以及移送时间等情况写明。）其中，“案由”（即格式中被不起诉人所涉嫌的罪名）应当写移送审查起诉时或者侦查终结时认定的行为的性质，而不是审查起诉部门认定的行为性质；“案件来源”中“侦查机关”包括公安、国家安全等依法享有侦查权的机关（因检察机关自侦案件的表述方法已单独列出，所以，此处的侦查机关不包括检察机关）。在这部分，还要写明移送审查起诉及本院受理的时间，如果案件曾经退回补充侦查，则应写明退回补充侦查的日期、次数以及再次移送审查起诉的时间。

（4）案件事实情况。此部分可以根据不同情形采取以下两种不同的表述方法：其一，如果是根据《刑事诉讼法》第15条第1项规定作出不起诉决定，即侦查机关认为已经构成犯罪而移送起诉，检察机关经审查后认为该行为情节显著轻微、危害不大，不认为是犯罪而决定不起诉的，应先概括叙述侦查机关移送审查起诉意见书认定的犯罪事实（如系检察机关自侦案件，则不写此部分），然后叙写检察机关经过审查认定的事实及相应的证据，其中应重点反映显著轻微的情节和危害程度较小的结果。其二，如果被不起诉人的行为本身已构成犯罪，本应追究刑事责任，但在审查起诉过程中，出现了《刑事诉讼法》第15条第2～6项规定的不追究刑事责任的情形之一，因而决定不起诉的，应当重点说明符合法定不追究刑事责任的事实和证据，以充分体现法律规定的内容。

（5）不起诉理由、法律依据和决定事项。此部分根据决定不起诉的法定事由的不同有两种表述方法：其一，如系根据《刑事诉讼法》第15条第1项规定作出不起诉决定的，表述为："本院认为，×××（被不起诉人的姓名）的上述行为，情节显著轻微、危害不大，不构成犯罪。依照《中华人民共和国刑事诉讼法》第十五条第（一）项和第一百四十二条第一款的规定，决定对×××（被不起诉人的姓名）不起诉。"其二，如系根据《刑事诉讼法》第15条第2～6项规定作出不起诉决定的，则应重点阐明不追究被不起诉人刑事责任的理由及法律依据，并写明决定不起诉的法律依据。

（6）告知事项。根据《刑事诉讼法》第145条的规定，本文书专门规定了对被害人权利告知的内容，其表述为："被害人如果不服本决定，可以自收到本决定书后七日以内向×××人民检察院申诉，请求提起公诉；也可以不经申诉，直接向×××人民法院提起自诉。"根据《人民检察院刑事诉讼规则》第299条的规定："被害人对人民检察院作出的不起诉决定不服的，可以自收到决定书后七日以内向作出不起诉决定的人民检察院的上一级人民检察院申诉，上一级人民检察院控告申诉部门应当立案复查。被害人向作出不起诉决定的人民检察院提出申诉的，作出决定的人民检察院应当将申诉材料连同案卷一并报送上一级人民检察院受理。"可见，此处的"×××人民检察院"应为作出不起诉决定的上一级人民检察院。至于"×××人民法院"则一般是指与作出不起诉决定的人民检察院同级的人民法院。

3. 尾部。包括：作出不起诉决定的人民检察院的名称、院印及文书制发日期。其中，文书制发日期应为签发日期。

（二）使用说明

在具体使用本文书应注意：（1）要正确把握本文书的使用范围。对于经审查认为犯罪嫌疑人没有犯罪事实，或者犯罪行为不是犯罪嫌疑人所为的案件，人民检察院应依法将案件退回侦查机关（对于自侦案件，审查起诉部门应将案件退回侦查部门），由侦查机关作出撤销案件的决定，而不能决定不起诉。（2）对于人民检察院决定不起诉的案件，如果在侦查过程中对有关财物采取了扣押、冻结措施的，应予解除。对于公安等侦查机关移送审查起诉的案件，人民检察院应当及时将不起诉决定书送达侦查机关，由其解除扣押、冻结。（3）人民检察院在作出不起诉决定时，如果认为应对被不起诉人给予行政处罚、行政处分或者需要没收违法所得的，应当提出检察意见书，连同不起诉决定书一并移送有关主管机关处理。（4）本文书以被不起诉人为单位制作。

本文书应分为正本和副本，其中正本一份归入正卷，副本发送被不起诉人、辩护人及其所在单位、被害人或者其近亲属及其诉讼代理人、侦查机关（部门）。

（三）文书格式

人民检察院

不起诉决定书

检　　刑不诉〔　　〕　　号

被不起诉人……〔写明姓名、性别、出生年月日、身份证号码、民族、文化程度、职业或工作单位及职务（国家机关工作人员利用职权实施的犯罪，应当写明犯罪期间在何单位任何职）、住址（被不起诉人住址写居住地，如果户籍所在地与暂住地不一致的，应当写明户籍所在地和暂住地），是否受过刑事处罚，采取强制措施的种类、时间、决定机关等。〕

（如系被不起诉单位，则应写明名称、住所地等。）

辩护人……（写姓名、单位）

本案由×××（侦查机关名称）侦查终结，以被不起诉人×××涉嫌×××罪，于××××年××月××日移送本院审查起诉。

（如果是自侦案件，此处写："被不起诉人×××涉嫌×××一案，由本院侦查终结，于××××年××月××日移送审查起诉或不起诉。"如果案件是其他人民检察院移送的，此处应当将指定管辖、移送单位以及移送时间等写清楚。）

（如果案件曾经退回补充侦查，应当写明退回补充侦查的日期、次数以及再次移送审查起诉的时间。）

经本院依法审查查明：

……

〔如果是根据《刑事诉讼法》第十五条第（一）项即侦查机关移送审查起诉认为其行为构成犯罪，经检察机关审查后认定行为情节显著轻微、危害不大，不认为是犯罪而决定不起诉的，则不起诉决定书应当先概括叙述公安机关移送审查起诉意见书认定的犯罪事实（如果是检察机关的自侦案件，则不写这部分），然后叙写检察机关审查后认定的事实及相应的证据，重点反映显著轻微的情节和危害程度较小的结果。如果是行为已经构成犯罪，本应当追究刑事责任，但审查过程中有《刑事诉讼法》第十五条第（二）至（六）项法定不追究刑事责任的情形，因而决定不起诉的，应当重点说明符合法定不追究刑事责任的事实和证据，充分反映出法律规定的内容。〕

本院认为，×××（被不起诉人的姓名）的上述行为，情节显著轻微、危害不大，不构成犯罪。依照《中华人民共和国刑事诉讼法》第十五条第（一）项和第一百四十二条第一款的规定，决定对×××（被不起诉人的姓名）不起诉。

（如果是根据《刑事诉讼法》第十五条第（二）至（六）项法定不追究刑事责任的情形而决定的不起诉，重点阐明不追究被不起诉人刑事责任的理由及法律依据，最后写决定不起诉的法律依据。）

被害人如果不服本决定，可以自收到本决定书后七日以内向×××人民检察院申诉，请求提起公诉；也可以不经申诉，直接向×××人民法院提起自诉。

×××人民检察院（院印）

年　月　日

第二百八十九条［相对不起诉的条件］

人民检察院对于犯罪情节轻微，依照刑法规定不需要判处刑罚或者免除刑罚的，经检察委员会讨论决定，可以作出不起诉决定。

【条文释义】　本条是关于相对不起诉条件的规定。

《刑事诉讼法》第142条第2款规定："对于犯罪情节轻微，依照刑法规定不需要判处刑罚或者免除刑罚的，人民检察院可以作出不起诉决定。"其中"犯罪情节轻微"，一般是指已经构成犯罪，但犯罪的性质、情节及危害后果都很轻。我国《刑法》、《刑事诉讼法》对"犯罪情节轻微"都没有具体、明确的规定，一般应当由公安、司法机关在查清犯罪事实的基础上，全面考察、综合衡量犯罪的性质、情节、对象、手段和犯罪人的主观恶性及社会情势，判断犯罪的社会危害程度，从而确定是否属于“犯罪情节轻微”。根据《刑法》第37条的规定，对于不需要判处刑罚而免予刑事处罚的，均属于“犯罪情节轻微”的案件。而《刑法》规定的应当或者可以免除处罚的案件，则不一定属于“犯罪情节轻微”的案件。例如，《刑法》第68条规定的犯罪分子有揭发他人犯罪行为，查证属实的，或者提供重要线索，从而得以侦破其他案件有重大立功表现的，可以减轻或者免除处罚。这些情形下犯罪分子可能犯有较重的罪行，但依法也应当或者可以免除刑罚。修改后的《刑事诉讼法》在规定相对不起诉的条件时用“犯罪情节轻微”限定“不需要判处刑罚或者免除刑罚”，表明“犯罪情节轻微”是不需要判处刑罚和免除刑罚两种情形都必须具备的要件，即不是《刑法》规定的所有免除刑罚的情形都可以适用相对不起诉。只有对于犯罪情节轻微，依照《刑法》不需要判处刑罚和犯罪情节轻微，依照《刑法》免除刑罚的，才能适用《刑事诉讼法》第142条第2款的规定。对于犯罪较重或严重的犯罪分子，只能由人民法院依照《刑法》判处免除刑罚，而不能在审查起诉阶段予以不起诉。

“不需要判处刑罚”是专指《刑法》第37条规定的情形，即犯罪情节轻微，犯罪人认罪、悔罪，对其没有判处刑罚必要的。“犯罪情节轻微”和“不需要判处刑罚”是“可以免予刑事处罚”必须同时具备的两个条件。《刑事诉讼法》第142条第2款赋予人民检察院决定相对不起诉的权力，也赋予人民检察院判断和决定“没有判处刑罚必要”的权力。“免除刑罚”，是指《刑法》规定的各种法定的应当或者可以免除处罚（免除刑罚）的情形，如自首、立功、未成年人犯罪、中止犯、正当防卫、紧急避险等。

对相对不起诉案件质量进行评估，主要掌握以下标准：（1）案件事实、情节清楚，证据确实、充分；（2）符合《刑法》规定的法定的不需要判处刑罚或免除刑罚的条件，而且两种情形都必须具备“犯罪情节轻微”的要件；（3）取得良好的社会效果，有利于达到诉讼经济、教育被不起诉人的目的，包括被害人对不起诉不持疑义，否则应予起诉，由人民法院作出有罪判决。

本条对人民检察院适用相对不起诉规定了严格的程序，必须经过检察委员会讨论决定，才能作出相对不起诉的决定。

【不起诉决定书（根据《刑事诉讼法》第142条第2款规定决定不起诉时适用）的制作】

（一）制作方法

本文书为叙述式文书，其内容分为三部分：

1. 首部。包括：制作本文书的人民检察院名称、文书名称和文书编号。人民检察院名称，即作出不起诉决定的人民检察院；文书名称，即“不起诉决定书”；文书编号为“ 检 刑不诉〔 〕 号”，空白处分别填写作出不起诉决定的人民检察院的简称、年度和文书序号。在“检”与“刑不诉”之间的空格，无需填写。

2. 正文。包括以下六部分内容：

（1）被不起诉人基本情况。应写明被不起诉人的姓名、性别、出生年月日、身份证号码、民族、文化程度、职业或工作单位及职务（如案件系国家机关工作人员利用职权实施的犯罪，还应当写明犯罪期间其在何单位任何职）、住址（一般写被不起诉人居住地，如果户籍所在地与暂住地不一致的，则应分别写明户籍所在地和暂住地），是否受过刑事处罚，采取强制措施的种类、时间、决定机关等。如果被不起诉的是单位，则应写明单位名称、住所地等，并以“被不起诉单位”替代格式中的“被不起诉人”。

（2）辩护人基本情况。包括辩护人的姓名、单位。

（3）案由和案件来源。具体表述为：“本案由×××（侦查机关名称）侦查终结，以被不起诉人×××涉嫌×××罪，于××××年××月××日移送本院审查起诉。”（如系检察机关直接受理立案侦查的案件，则表述为：“被不起诉人×××涉嫌×××一案，由本院侦查终结，于××××年××月××日移送审查起诉或不起诉。”如果案件是其他人民检察院移送的，则应当将指定管辖、移送单位以及移送时间等情况写明。）其中，“案由”（即格式中被不起诉人所涉嫌的罪名）应当写移送审查起诉时或者侦查终结时认定的行为的性质，而不是审查起诉部门认定的行为性质；“案件来源”中“侦查机关”包括公安、国家安全等依法享有侦查权的机关（因检察机关自侦案件的表述方法已单独列出，所以，此处的侦查机关不包括检察机关）。在这部分，还要写明移送审查起诉及本院受理的时间，如果案件曾经退回补充侦查，则应写明退回补充侦查的日期、次数以及再次移送审查起诉的时间。

（4）案件事实情况。此部分要概括叙写案件事实，要重点写明有关被不起诉人具有的法定情节及检察机关酌情作出不起诉决定的具体理由的事实。应注意将检察机关审查后认定的事实和证据写清楚，而对于侦查机关移送审查时认定的事实和证据则不必叙写。对于证据不足的事实，不能写入本文书中。在事实部分中表述犯罪情节时应当以犯罪构成要件为标准，还要将体现其情节轻微的事实及符合相对不起诉条件的特征叙述清楚。在叙述完事实之后，应当将证明“犯罪情节”的各项证据一一列举，以阐明犯罪情节如何轻微。

（5）不起诉理由、法律依据和决定事项。具体表述为：“本院认为，犯罪嫌疑人×××实施了《中华人民共和国刑法》第××条规定的行为，但犯罪情节轻微，具有×××情节（具体写明行为人具有从轻、减轻或者免除刑罚的情节表现），根据《中华人民共和国刑法》第××条的规定，不需要判处刑罚（或者免除刑罚）。依据《中华人民共和国刑事诉讼法》第一百四十二条第二款的规定，决定对×××（被不起诉人的姓名）不起诉。”

（6）告知事项。根据《刑事诉讼法》第145条和第146条的规定，本文书应当有对被不起诉人和被害人权利告知的内容，表述为："被不起诉人如果不服本决定，可以自收到本决定书后七日内向本院申诉。被害人如不服本决定，可以自收到本决定书后七日以内向×××人民检察院申诉，请求提起公诉；也可以不经申诉，直接向×××人民法院提起自诉。"此处的"×××人民检察院"应为作出不起诉决定的上一级人民检察院。至于"×××人民法院"则一般是指与作出不起诉决定的人民检察院同级的人民法院。

3. 尾部。包括：作出不起诉决定的人民检察院的名称、院印及本文书制发日期。其中，制发日期应为签发日期。

（二）使用说明

实践中使用本文书时应当注意：（1）本文书虽然是针对有犯罪事实的行为人制作，但不属于定罪，行为人在法律上讲是无罪的，在文书中不应出现"行为人犯有×××罪"的表述。（2）对于人民检察院决定不起诉的案件，如果在侦查过程中对有关财物采取了扣押、冻结措施的，应予解除。对于公安等侦查机关移送审查起诉的案件，人民检察院应当及时将不起诉决定书送达侦查机关，由其解除扣押、冻结。（3）人民检察院在作出不起诉决定时，如果认为应对被不起诉人给予行政处罚、行政处分或者需要没收违法所得的，应当提出检察意见书，连同不起诉决定书一并移送有关主管机关处理。（4）本文书以被不起诉人为单位制作。

本文书应分为正本和副本，其中正本一份归入正卷，副本发送被不起诉人、辩护人及其所在单位、被害人或者其近亲属及其诉讼代理人、侦查机关（部门）。

（三）文书格式

人民检察院

不起诉决定书

检　　刑不诉〔　　〕　　号

被不起诉人……〔写明姓名、性别、出生年月日、身份证号码、民族、文化程度、职业或工作单位及职务（国家机关工作人员利用职权实施的犯罪，应当写明犯罪期间在何单位任何职）、住址（被不起诉人住址写居住地，如果户籍所在地与暂住地不一致的，应当写明户籍所在地和暂住地），是否受过刑事处罚，采取强制措施的种类、时间、决定机关等。〕

（如系被不起诉单位，则应写明名称、住所地等）。

辩护人……（写姓名、单位）

本案由×××（侦查机关名称）侦查终结，以被不起诉人×××涉嫌×××罪，于××××年××月××日移送本院审查起诉。

（如果是自侦案件，此处写："被不起诉人×××涉嫌×××一案，由本院侦查终结，于××××年××月××日移送审查起诉或不起诉。"如果案件是其他人民检察院移送的，此处应当将指定管辖、移送单位以及移送时间等写清楚。）

（如果案件曾经退回补充侦查，应当写明退回补充侦查的日期、次数以及再次移送审查起诉的时间。）

经本院依法审查查明：

……

（概括叙写案件事实，其重点内容是有关被不起诉人具有的法定情节及检察机关酌情作出不起诉决定的具体理由的事实。要将检察机关审查后认定的事实和证据写清楚，不必叙写侦查机关移送审查时认定的事实和证据。对于证据不足的事实，不能写入不起诉决定书中。在事实部分中表述犯罪情节时应当以犯罪构成要件为标准，还要将体现其情节轻微的事实及符合相对不起诉条件的特征叙述清楚。叙述事实之后，应当将证明"犯罪情节"的各项证据一一列举，以阐明犯罪情节如何轻微。）

本院认为，犯罪嫌疑人×××实施了《中华人民共和国刑法》第××条规定的行为，但犯罪情节轻微，具有×××情节（此处写明从轻、减轻或免除刑事处罚具体情节的表现），根据《中华人民共和国刑法》第××条的规定，不需要判处刑罚（或者免除刑罚）。依据《中华人民共和国刑事诉讼法》第一百四十二条第二款的规定，决定对×××（被不起诉人的姓名）不起诉。

被不起诉人如不服本决定，可以自收到本决定书后七日内向本院申诉。

被害人如不服本决定，可以自收到本决定书后七日以内向×××人民检察院申诉，请求提起公诉；也可以不经申诉，直接向×××人民法院提起自诉。

×××人民检察院（院印）
年　月　日

第二百九十条［不起诉决定书的内容］

人民检察院作出不起诉决定后，应当制作不起诉决定书。

不起诉决定书的主要内容包括：

（一）被不起诉人的基本情况，包括姓名、出生年月日、出生地、民族、文化程度、职业、住址、身份证号码，是否受过刑事处罚，拘留、逮捕的年月日和关押处所等；

（二）案由和案件来源；

（三）案件事实，包括否定或者指控被不起诉人构成犯罪的事实以及作为不起诉决定根据的事实；

（四）不起诉的根据和理由，写明作出不起诉决定适用的法律条款；

（五）有关告知事项。

【条文释义】 本条是关于不起诉决定书内容的规定。

人民检察院作出不起诉决定，必须制作不起诉决定书。不起诉决定书是人民检察院在审查起诉后作出不将案件移送人民法院审判而作出终止诉讼决定时所制作的文书。

根据《刑事诉讼法》第142条第1款、第2款和第140条第4款的规定，不起诉决定书是人民检察院在作出绝对不起诉、相对不起诉或存疑不起诉决定时制作。

不起诉决定书是叙述式文书。由首部、被不起诉人基本情况、辩护人基本情况、案由和案件来源、案件事实情况、不起诉理由、法律根据和决定事项以及尾部等部分组成。各种不起诉决定书的格式，前面已有叙述，此处不再赘述。

第二百九十一条［不诉案件的非刑罚措施］

人民检察院决定不起诉的案件，可以根据案件的不同情况，对被不起诉人予以训诫或者责令具结悔过、赔礼道歉、赔偿损失。

对被不起诉人需要给予行政处罚、行政处分或者需要没收其违法所得的，人民检察院应当提出检察意见，连同不起诉决定书一并移送有关主管机关处理。

【条文释义】 本条是关于人民检察院对决定不起诉的案件适用非刑罚措施的规定。

人民检察院对于决定不起诉的案件，主要是对被不起诉人有违法行为或者轻微犯罪行为的，由于已经决定终止诉讼，不再追究被不起诉人的刑事责任，对其违法行为或者轻微犯罪行为可以依法适用一定的非刑罚措施或移送有关主管机关给予一定的行政性处罚。《刑法》第37条规定，对于犯罪情节轻微不需要判处刑罚的，可以免予刑事处罚，但是可以根据案件的不同情况，予以训诫或者责令具结悔过、赔礼道歉、赔偿损失，或者由主管部门予以行政处罚或者行政处分。

对于犯罪情节轻微不需要判处刑罚的犯罪分子，可以免予刑事处罚。这里的“犯罪情节轻微”和“不需要判处刑罚”是“可以免予刑事处罚”必须同时具备的两个条件，也就是说，只有在既“犯罪情节轻微”又“不需要判处刑罚”的情况下，对犯罪分子才“可以免予刑事处罚”。“犯罪情节轻微”，是指已经构成犯罪，但犯罪的性质、情节及危害后果都很轻。“不需要判处刑罚的”，是指犯罪情节轻微，犯罪人认罪、悔罪，对其没有判处刑罚必要的。对“免予刑事处罚”的犯罪分子，可以根据案件的不同情况，采用非刑罚方法处理。根据这一规定，可以采用的非刑罚方法包括两种情况：一是在人民检察院作出不起诉决定的同时，根据案件的不同情况，对犯罪分子予以训诫或者责令具结悔过、赔礼道歉、赔偿损失。二是依据《刑事诉讼法》第 142 条第 3 款的规定，“人民检察院决定不起诉的案件……对被不起诉人需要给予行政处罚、行政处分或者需要没收其违法所得的，人民检察院应当提出检察意见，移送有关主管机关处理”。这样规定主要考虑检察机关不是行政机关，由人民检察院执行行政处罚、行政处分与其机关的性质、职责不符合，对被不起诉人的行政处罚、行政处分应由有关主管行政机关进行，但人民检察院有提出检察意见的权力，这样有利于其监督职能的发挥，也是法律对其职责提出的要求。对被不起诉人需要给予行政处罚、行政处分的，由人民检察院交由主管机关予以行政处罚或者行政处分。“主管机关”，主要是指该案件管辖的公安机关、被不起诉人所在单位或者基层组织。“行政处罚”，主要是指行政执法机关依照国家行政法规和《行政处罚法》的规定给予被不起诉人以经济处罚或者限制人身自由的处罚，如罚款、行政拘留、劳动教养等。“行政处分”，是指犯罪分子的所在单位或者基层组织，依照行政规章、制度，对不起诉人予以行政纪律处分，如开除、记过、警告等。

本条中“需要没收违法所得”，是行政处罚之一。《行政处罚法》第 8 条规定的行政处罚包括没收违法所得、没收非法财物。《行政处罚法》对行政处罚的原则、种类、实施机关和程序作了明确规定。因而，没收违法所得的“主管机关”，是指具有行政处罚权的行政机关，没收违法所得必须在法定职权范围内实施。人民检察院应当根据被不起诉人实施违法行为的性质，分别移送有管辖权的行政处罚机关没收其违法所得。例如，对涉税案件作出不起诉决定的，应当移送有关税务机关予以没收违法所得；对制售伪劣商品案件作出不起诉决定的，移送工商行政管理机关没收其违法所得。人民检察院立案侦查的贪污贿赂犯罪、渎职犯罪案件，决定对犯罪嫌疑人不起诉，需要没收其违法所得的，人民检察院应当提出检察意见，移送有关财政部门进行处理。因为涉案犯罪嫌疑人所在单位一般不具有行政处罚权，即使有行政处罚权，此类案件也不在其行政处罚的管辖之内，只能由人民检察院直接移交有关财政部门处理。根据《行政处罚法》的规定，没收违法所得或者没收非法财物拍卖的款项，必须全部上缴国库，任何行政机关或者个人不得以任何形式截留、私分或者变相私分；财政部门不得以任何形式向作出行政处罚决定的行政机关返还罚款、没收的违法所得或者返还没收非法财物的拍卖款项。

【移送有关主管机关处理违法所得意见书的制作】

（一）制作方法

移送有关主管机关处理违法所得意见书为五联填充式文书，各联的内容结构和制作方法不完全一致。

1. 第一联的内容结构及制作方法。

（1）首部。与正本联基本一致。只在文书名称下增加“（存　根）”字样。

（2）正文。包括：案由，即涉嫌犯罪的罪名；被不起诉人基本情况，包括姓名、性别、年龄、工作单位、住址；不起诉决定书文号；处理违法所得的主管机关，即文书正本送达机关；批准人、承办人、填发人姓名及填发时间。

2. 第二联的内容结构及制作方法。

此联内容与正本联基本相同，不同之处：（1）在文书名称下增加“（副本）”字样；（2）备注为“第二联附卷”，表明此联应由承办人员归入检查内卷。

3. 第三联的内容结构及制作方法。

（1）首部。与正本联内容基本相同，在文书名称下增加“（副　本）”字样。

（2）正文。包括：被不起诉人（单位）的名称；人民检察院处理违法所得的情况概要，即“根据《中华人民共和国刑事诉讼法》第一百四十二条的规定，你（单位）的违法所得应予没收”；人民检察院的处理意见，即“现移送____依法处理”，空白处填写接受人民检察院移送对被不起诉人实施没收违法所得的机关名称；告知被不起诉人申诉权利的概要，即“你（单位）如不服本处理意见，可在收到本文书后向____人民检察院申诉”，空白部分填写制作本文书的人民检察院的上一级人民检察院。

（3）尾部。包括：制作本文书的日期；加盖制作本文书的人民检察院院印。

（4）附注。即“附：移送有关主管机关处理违法所得清单”。

4. 正本联的内容结构及制作方法。

（1）首部。包括：制作本文书的人民检察院的名称；文书名称，即“移送有关主管机关处理违法所得意见书”；文书编号，即“　检　移违〔　〕　号”，空白处应当依次填写制作本文书的人民检察院的简称、具体办案部门的简称、年度和序号。

（2）正文。包括：一是接受人民检察院移送对犯罪嫌疑人实施没收违法所得的机关名称；二是人民检察院作出不起诉决定，但需要移送有关机关没收违法所得的情况概要，空余地方依法填写被不起诉人姓名、涉嫌罪名、作出不起诉决定的法律依据、作出不起诉决定的年月日，被不起诉人的姓名。

（3）尾部。包括：制作本文书的日期；在日期上加盖制作本文书的人民检察院院印；

(4) 附注。即“附：不起诉决定书和移送有关主管机关处理违法所得清单”。

5. 第五联的内容结构及制作方法。

(1) 首部。与正本联基本一致，没有文书编号，在文书名称下增加“(回执)”字样，表明此联为回执。

(2) 正文。此联正文由接受移送的单位填写。内容为：制作本文书的人民检察院的名称；接受移送单位接受移送的情况概要，空白处应当依次填写接受移送的年月日和本文书正本编号。

(3) 尾部。包括：回执制作日期；加盖接受移送单位公章。

(二) 使用说明

使用本文书应当注意：本文书与移送有关主管机关处理违法所得清单一并使用。

本文书五联之间的骑缝线上均有本文书文号，应当按照本文书第三联中文号的填写方法予以填写。

本文书共五联，第一联统一保存备查，第二联附卷，第三联送达被不起诉人，第四联送达有关主管机关，第五联退回后附卷。

(三) 文书格式（见下页）

人民检察院
移送有关主管机关处理违法所得意见书
（存　根）

检　移违〔　　〕　号

案由＿＿＿＿＿＿＿＿
被不起诉人＿＿＿＿＿＿
性别＿＿＿＿年龄＿＿＿
工作单位＿＿＿＿＿＿＿
住址＿＿＿＿＿＿＿＿＿
不起诉决定书文号＿＿＿
处理违法所得的主管机关
＿＿＿＿＿＿＿＿＿＿＿
批准人＿＿＿＿＿＿＿＿
承办人＿＿＿＿＿＿＿＿
填发人＿＿＿＿＿＿＿＿
填发时间＿＿＿＿＿＿＿

第一联统一保存

检　移违〔　　〕　号

人民检察院
移送有关主管机关处理违法所得意见书
（副　本）

检　移违〔　　〕　号

＿＿＿＿（有关主管机关名称）：

被不起诉人＿＿＿＿＿涉嫌＿＿＿＿＿一案，具有《中华人民共和国刑事诉讼法》第＿＿＿＿条规定的情形，本院于＿＿＿年＿＿月＿＿日作出不起诉决定。根据《中华人民共和国刑事诉讼法》第一百四十二条的规定，现将被不起诉人＿＿＿＿＿需要没收的违法所得予以移送，请依法处理。

年　　月　　日
（院印）

附：不起诉决定书和移送有关主管机关处理违法所得清单

第二联附卷

检　移违〔　　〕　号

人民检察院
移送有关主管机关处理违法所得意见书
（副　本）

检　移违〔　　〕　号

＿＿＿＿：

根据《中华人民共和国刑事诉讼法》第一百四十二条的规定，你（单位）的违法所得应予没收，现移送＿＿＿＿＿依法处理。

你（单位）如不服本处理意见，可在收到本文书后向＿＿＿＿＿＿人民检察院申诉。

年　　月　　日
（院印）

附：移送有关主管机关处理违法所得清单

第三联送达被不起诉人

检移违〔 〕号

人民检察院
移送有关主管机关处理
违法所得意见书

检 移违〔 〕号

________（有关主管机关名称）：

被不起诉人________涉嫌________一案，具有《中华人民共和国刑事诉讼法》第________条规定的情形，本院于______年____月____日作出不起诉决定。根据《中华人民共和国刑事诉讼法》第一百四十二条的规定，现将被不起诉人________需要没收的违法所得予以移送，请依法处理。

年 月 日
（院印）

附：不起诉决定书和移送有关主管机关处理违法所得清单

第四联送达有关主管机关

检移违〔 〕号

人民检察院
移送有关主管机关处理
违法所得意见书
（回 执）

________人民检察院：

你院________年______月______日以________号移送有关主管机关处理违法所得意见书移送的违法所得及清单和不起诉决定书收悉。

此复。

年 月 日
（公章）

第五联退回后附卷

【移送有关主管机关处理违法所得清单的制作】

（一）制作方法

移送有关主管机关处理违法所得清单为填充式文书。具体制作方式如下：

1. 首部。包括：（1）制作本文书的人民检察院名称。（2）文书名称，即"移送有关主管机关处理违法所得清单"。（3）编号，在本文书右上角按顺序说明发出清单的编号。

2. 正文。包括：（1）案由，即被不起诉人涉嫌的罪名；（2）被不起诉人姓名；（3）制作文书份数概要，即"第　页""共　页"空白处应当依次填写本页文书在整个清单中的顺次和清单总的页数；（4）移送物品的情况，包括编号、名称、数量、单位、特征、备注，以上各项按物品性质要求填写；（5）批准人、承办人、被不起诉人签名。

3. 尾部。包括制作本文书的年、月、日，加盖制作本文书的人民检察院院印。

（二）使用说明

适用本文书应当注意：（1）本文书为单联填充式文书，每份文书要求制作一式四份，四份清单的内容必须完全一致。（2）四份清单使用同一编号。

本文书一式四份，一份附卷，一份送达有关主管机关，一份送达被不起诉人，一份送达被扣押、冻结违法所得保管人。

（三）文书格式（见下页）

编号：

人民检察院
移送有关主管机关处理违法所得清单

案　　由________________

被不起诉人________________

第　　页　　共　　页

编号	名　　称	数量	单位	特　征	备　　注

批准人：

承办人：

被不起诉人：

年　　月　　日

（院印）

注：本清单一式四份，一份附卷，一份送达有关主管机关，一份送达被不起诉人，一份送被扣押、冻结违法所得保管人。

第二百九十二条［不诉案件的备案］

人民检察院根据刑事诉讼法第一百四十条第四款、第一百四十二条第二款对直接立案侦查的案件决定不起诉后，审查起诉部门应当将不起诉决定书副本以及案件审查报告报送上一级人民检察院备案。

【条文释义】 本条是关于人民检察院对部分决定不起诉的案件报上级人民检察院备案的规定。

要求人民检察院对部分决定不起诉的案件报送上级人民检察院备案，是为了依法严格控制不起诉的适用，加强上级人民检察院在适用不起诉方面对下级人民检察院的指导和制约，提高不起诉的质量，防止不起诉的滥用。根据本条规定，报送备案的不起诉案件的范围，限于存疑不起诉（《刑事诉讼法》第140条第4款），相对不起诉（刑事诉讼法第142条第2款）。绝对不起诉的案件不要求报送备案，这是因为绝对不起诉在法律上条件严格，自由裁量的因素较少，一般在适用中不易出现问题。具体办理不起诉案件报送备案的部门是作出不起诉决定的人民检察院的审查起诉部门，在检察委员会作出不起诉决定后，审查起诉部门作为承办部门，应当按照本条规定将适用不起诉案件的案件审查报告和不起诉决定书副本及时报送上一级人民检察院，上级人民检察院应当进行审查，发现问题及时予以纠正，并及时总结适用不起诉中的情况和经验。

第二百九十三条［不诉案件财物的扣押、冻结］

人民检察院决定不起诉的案件，需要对侦查中扣押、冻结的财物解除扣押、冻结的，应当书面通知作出扣押、冻结决定的机关或者执行扣押、冻结决定的机关解除扣押、冻结。

【条文释义】 本条是关于对不起诉案件中被扣押、冻结财物如何处理的规定。

《刑事诉讼法》第142条第3款规定，“人民检察院决定不起诉的案件，应当同时对侦查中扣押、冻结的财物解除扣押、冻结”。其中被扣押在侦查机关中的物品、文件、邮件、电报、汇款应当在3日内退还被不起诉人或者邮电部门，如果冻结了被不起诉人的存款、账户，也应当在3日内通知银行予以解冻。在实践中具体分为两种情况：一是对于公安机关移送起诉的案件，人民检察院作出不起诉决定的，有关物品是由公安机关决定扣押、冻结的，人民检察院应当书面通知公安机关解除扣押、冻结；二是人民检察院直接受理立案侦查的案件，扣押、冻结决定是由人民检察院作出的，人民检察院应当自行决定解除扣押、冻结，通知有关部门、机关执行解除扣押、冻结。需要对不起诉人给予行政处分、行政处罚或者没收其违法所得的，人民检察院解除扣押、冻结后移送有关主管机关处理。

第二百九十四条 [不诉决定的宣布]

不起诉的决定，由人民检察院公开宣布。公开宣布不起诉决定的活动应当记明笔录。

不起诉决定书自公开宣布之日起生效。

【条文释义】 本条是关于决定不起诉案件的处理程序的规定。

根据本条的规定，不起诉的决定一经作出，应当做以下工作：（1）应当公开宣布。“公开宣布”，是指在一定的场合公开宣布对不起诉人的不起诉决定，这是一个必经程序，不能以送达代替向被不起诉人宣布不起诉的决定。公开宣布的地点、范围，可以根据实际情况的需要确定，但应当注意必须有被不起诉人在场，当面向其宣布。（2）将不起诉决定书送达被不起诉人和他的所在单位。人民检察院决定不起诉，应当制作不起诉决定书，分别送达被不起诉人和他的所在单位。这样规定是为了保障被不起诉人的合法权益，如果被不起诉人不服，可以在收到不起诉决定书后法定期限内向人民检察院申诉。（3）如果被不起诉人被羁押，应当在不起诉的决定宣布后，立即释放。不起诉的决定，一经宣布，立即生效，被不起诉人从法律意义上讲是无罪的，应当立即释放。因而不起诉的决定必须经过公开宣布的程序，不能只决定不宣布。对被羁押的被不起诉人，必须立即释放，不能以尚需要对其行政处罚、行政处分或需要没收违法所得而继续羁押。

人民检察院的不起诉决定具有终止诉讼的法律效力。作为一种法律文书，不起诉决定应当经公开宣布并送达时开始正式生效。《刑事诉讼法》第 143 条规定：“不起诉的决定，应当公开宣布，并且将不起诉决定书送达被不起诉人和他的所在单位。如果被不起诉人在押，应当立即释放。”这说明不起诉决定书必须经过公开宣布和送达的程式，在押的被不起诉人在不起诉书公开宣布和送达后方可以予以释放。人民检察院不起诉决定要经检察长、检察委员会讨论决定，形成正式法律文书要经过一个过程，这属于人民检察院内部工作程序，在此期间不起诉决定对外、对不起诉的对象尚不能发生实在的效力。从法律文书的角度，也要求必须经过宣布、送达才能正式生效。我国《刑事诉讼法》对人民检察院讨论并作出不起诉决定至公开宣布不起诉决定应当限制在多长期限之内未作出规定，实践中有可能出现作出不起诉决定后经过相当长时间才予以公开宣布的情况，这不利于保护被不起诉人的合法权益，也不利于提高检察机关的工作效率。对于不起诉决定，公安机关可以提请复议、复核，被害人可以申诉，应当及时将不起诉决定书送达公安机关、被害人、被不起诉人，也应及时公开宣布，使不起诉决定书及时产生法律效力。

第二百九十五条［向当事人送达不起诉决定］

不起诉决定书应当送达被害人或者其近亲属及其诉讼代理人、被不起诉人以及被不起诉人的所在单位。送达时，应当告知被害人或者其近亲属及其诉讼代理人，如果对不起诉决定不服，可以自收到不起诉决定书后七日以内向上一级人民检察院申诉，也可以不经申诉，直接向人民法院起诉；告知依照刑事诉讼法第一百四十二条第二款规定被不起诉的人，如果对不起诉决定不服，可以自收到不起诉决定书后七日以内向人民检察院申诉。

【条文释义】　本条是关于人民检察院作出不起诉决定后送达文书和告知权利的规定。

不起诉决定是人民检察院通过审查起诉，认为案件缺乏诉讼条件或者处罚条件，或者认为没有起诉的必要，而依法作出的终止诉讼的司法处分。由于不起诉具有终止诉讼的效力，涉及有关当事人的诉讼权利和合法权益，为了充分保障有关当事人特别是被害人、被不起诉人的权利，本条专门对不起诉决定书的送达和有关权利告知作了规定。

《刑事诉讼法》第 145 条规定，“对于有被害人的案件，决定不起诉的，人民检察院应当将不起诉决定书送达被害人”。这里的“被害人”，是指因犯罪嫌疑人的犯罪行为而遭受物质损失的公民和法人。对于有被害人的案件，人民检察院应当及时将不起诉决定书送达被害人。在司法实践中，有的被害人因犯罪行为的侵害已经死亡，或者已失去诉讼行为能力，在这种情况下为了充分维护被害人的利益，本条增加规定了不起诉决定书应当送达被害人的近亲属或者他的诉讼代理人，由其近亲属、诉讼代理人代行法律规定的有关诉讼权利。公诉案件中被害人的诉讼代理人是指被害人及其法定代理人或者近亲属委托代为参加诉讼的人；被害人的近亲属包括被害人的夫、妻、父、母、子、女、同胞兄弟姊妹。在送达不起诉决定书时应当择先进行，送达其近亲属中一位即可，而不必全部送达。对于被不起诉人，不起诉决定书应当送达其本人和他的所在单位。这样是为了保障被不起诉人的利益，如果被不起诉人不服，可以在收到不起诉决定书后的法定期限内向人民检察院提出申诉。

人民检察院在向被害人、被不起诉人送达不起诉决定书时，应当向其告知有关的诉讼权利。《刑事诉讼法》第 145 条、第 146 条对有关被害人，被不起诉人申诉作了规定，均可以在收到不起诉决定书后 7 日以内按法定程序申诉。不起诉决定书内已写明了有关申诉权利，本条对送达不起诉决定书时告知被害人、被不起诉人有关申诉权利作了规定，这是人民检察院送达时的一项职责，有关人员应当认真履行，并在有关送达回执上注明。

第二百九十六条 [向公安机关送达不起诉决定]

对于公安机关移送起诉的案件，人民检察院决定不起诉的，应当将不起诉决定书送达公安机关。

【条文释义】　本条是关于人民检察院向公安机关送达不起诉决定书的规定。

对于公安机关移送起诉的案件，人民检察院决定不起诉的，应当将不起诉决定书送达公安机关。"公安机关移送起诉的案件"，是指公安机关经过侦查取证，认为应当对犯罪嫌疑人追究刑事责任而移送人民检察院审查提起公诉的案件。人民检察院经过审查后，认为不应当提起公诉而决定不起诉的，应当同时将不起诉决定书送达公安机关，不起诉决定书中应当写明不起诉的理由和根据。公安机关认为不起诉的决定有错误的时候，可以要求复议、复核。这是指公安机关接到不起诉决定书后，认为自己移送的案件，证据确实、充分，事实清楚，应当追究犯罪嫌疑人刑事责任，而人民检察院作出了不起诉的决定，可以要求作出不起诉决定的人民检察院复议、复核。

第二百九十七条 [对不诉决定复议的处理]

公安机关认为不起诉决定有错误，要求复议的，人民检察院审查起诉部门应当另行指定检察人员进行审查并提出审查意见，经审查起诉部门负责人审核，报请检察长或者检察委员会决定。

人民检察院应当在收到要求复议意见书后的三十日内作出复议决定，通知公安机关。

【条文释义】　本条是关于人民检察院如何办理公安机关对不起诉决定提出复议的案件的规定。

公安机关对于向人民检察院移送起诉的案件，人民检察院作出不起诉决定的，如果认为不起诉的决定确有错误，可以向作出不起诉决定的人民检察院要求复议。公安部《公安机关办理刑事案件程序规定》第266条第1款规定："认为人民检察院作出的不起诉决定有错误的时候，应当在七日内制作要求复议意见书，经县级以上公安机关负责人批准后，移送同级人民检察院复议。"人民检察院收到公安机关要求复议意见书后，应当由审查起诉部门另行指定检察人员审查。对于公安机关提出复议的不起诉案件，如果仍由原承办人员进行审查，可能会对案件先入为主或者有成见，从而可能影响复议时公正、客观、正确认定案件事实和适用法律，因而有必要另行指定检察人员进行审查并提出审查意见，原参加过不起诉案件处理的人员不得参加对不起诉决定的复议审查工作。检察人员对公安机关要求复议的不起诉案件进行审查后应当提出维持或者撤销不起诉决定的审查意见，经审查起诉部门负责人审核后报请检察长或者检察委员会决定。一般对于由检察长决定不起诉的（绝对不起诉），复议意见报检察长决定；经检察委员会讨论决定不起诉的案件，公安机关要求复议的，应当由检察委员会决定是否采纳公安机关的意见。本条第2款对人民检察院作出复议决定的期限作了规定，人民检察院应当在收到要求复议意见书后30日内作出复议决定，并书面将复议决定书送达公安机关，这有利于提高办案效率，充分重视和严肃办理公安机关要求复议的案件，防止久拖不决。

【复议决定书的制作】

复议决定书的制作参见本书第105条。

第二百九十八条［对不诉决定复核的处理］

上一级人民检察院收到公安机关对不起诉决定提请复核的意见书后，应当交由审查起诉部门办理。审查起诉部门指定检察人员进行审查并提出审查意见，经审查起诉部门负责人审核，报请检察长或者检察委员会决定。

上一级人民检察院应当在收到提请复核意见书后的三十日内作出决定，制作复核决定书送交提请复核的公安机关和下级人民检察院。经复核改变下级人民检察院不起诉决定的，应当撤销下级人民检察院作出的不起诉决定，交由下级人民检察院执行。

【条文释义】　本条是关于人民检察院办理公安机关对不起诉决定要求复核案件的程序的规定。

公安机关认为人民检察院不起诉的决定有错误的时候，要求同级人民检察院复议，如果同级人民检察院作出复议决定书，维持不起诉决定，则公安机关可以在7日内制作提请复核意见书，经县级以上公安机关负责人批准，向上一级人民检察院提请复核。上一级人民检察院收到公安机关提请复核意见书后，应当及时进行复核，具体程序是交由审查起诉部门办理。这是由于不起诉是由审查起诉部门承办的，上一级人民检察院审查起诉部门负责对不起诉工作的指导和监督工作，由审查起诉部门承办复核比较合适。审查起诉部门应当指定检察人员进行审查，严格依据《刑事诉讼法》关于不起诉的法定条件，审查作出不起诉的案件的事实、证据情况，特别是公安机关提请复核的理由、法律依据，提出审查意见，经审查起诉部门负责人审核，报请检察长或者检察委员会决定，作出复核决定，制作复核决定书。

为保证复核的及时、正确，本条规定上一级人民检察院应当在收到提请复核意见书后的30日内作出决定，通知、送交提请复核的公安机关和下级人民检察院。经上级人民检察院复核，改变下级人民检察院不起诉决定的，应当在复核决定书中撤销下级人民检察院作出的不起诉决定，交由下级人民检察院执行，下级人民检察院应当执行，制作起诉书向人民法院提起公诉。

【复核决定书、通知书的制作】

复核决定书、通知书的制作参见本书第106条。

第二百九十九条［被害人不服不起诉决定的救济］

被害人对人民检察院作出的不起诉决定不服的，可以自收到决定书后七日以内向作出不起诉决定的人民检察院的上一级人民检察院申诉，上一级人民检察院控告申诉部门应当立案复查。

被害人向作出不起诉决定的人民检察院提出申诉的，作出决定的人民检察院应当将申诉材料连同案卷一并报送上一级人民检察院受理。

【条文释义】　本条是关于人民检察院办理被害人不服不起诉决定的规定。

《刑事诉讼法》第145条规定，被害人如果不服人民检察院不起诉决定，可以自收到不起诉决定书后7日以内向上一级人民检察院申诉，请求提起公诉。被害人认为被不起诉人的行为应当被追究刑事责任，人民检察院不起诉决定有错误，《刑事诉讼法》规定了由作出不起诉决定人民检察院的上一级人民检察院受理申诉并作出复查决定。人民检察院控告申诉部门负责承办有关被害人的申诉，本条明确由控告申诉部门办理被害人不服不起诉决定的申诉。在实践中，有的被害人向作出不起诉决定的人民检察院提出申诉的，作出决定的人民检察院应当将被害人的申诉材料连同有关案卷一并报送上一级人民检察院受理，为被害人申诉提供方便。

第三百条［被害人对不起诉决定的申诉］

被害人对人民检察院不起诉的决定不服，收到不起诉决定书超过七日后提出申诉的，由作出不起诉决定的人民检察院控告申诉部门受理，经审查后决定是否立案复查。

【条文释义】　本条是关于被害人对不起诉决定不服在法定期限外提出申诉如何办理的规定。

《刑事诉讼法》第145条规定，被害人对不起诉决定不服，在收到不起诉决定书后7日以内提出申诉的，上一级人民检察院应当受理，及时立案复查，作出复查决定书通知被害人。这是法定期限内的申诉。在实践中，有的被害人在收到不起诉决定书后超过7日提出申诉，本条规定由作出不起诉决定的人民检察院控告申诉部门受理，而不是由上一级人民检察院受理。作出不起诉决定的人民检察院经审查后决定是否立案复查，符合有关立案复查规定的，应当立案并作出复查决定。当然，被害人对作出不起诉决定的人民检察院不予立案复查的，可以向上一级人民检察院提出申诉，也可以不经申诉，直接向人民法院提起自诉。

【刑事申诉审查结果通知书的制作】

（一）制作方法

刑事申诉审查结果通知书为叙述式文书，其内容可以分为首部、申诉人基本情况、案由和案件来源以及申诉理由、审查结论、尾部等部分。

1. 首部。包括：制作本文书的人民检察院名称；文书名称，即“刑事申诉审查结果通知书”；文书编号，即“　检　申通〔　〕　号”，空余地方依次填写制作本文书的人民检察院简称、具体审查刑事申诉案件部门的简称、年度和文书序号。

2. 申诉人基本情况。包括：姓名、性别、年龄、民族、文化程度、工作单位及职务、住址等。

3. 案由和案件来源以及申诉理由。应写明作出该案件诉讼处理决定的人民法院或人民检察院名称、文书编号和文书名称，认定申诉人犯什么罪，作出该案的什么诉讼处理决定（对其免予起诉或不起诉、判刑），如经几级人民检察院复查应写明复查经过及结论，并应指出申诉性质，即“不服”。再写明申诉人提出申诉的时间、指明申诉的对象，即是对哪个案件的哪个诉讼处理决定提出申诉的，以及概括叙述申诉人提出申诉的理由。

4. 审查结论。首先，写明办理该案的人民法院或人民检察院的名称，以及作出该案的什么诉讼处理决定。其次，明确经本院审查，该院对案件认定的“事实清楚、证据确实充分，处理适当”，申诉人的“申诉理由不能成立，驳回申诉”的决定。

5. 尾部。包括：制作本文书的年月日，并在年月日上加盖审查刑事申诉案件专用章。

（二）使用说明

在制作和使用刑事申诉审查结果通知书时，应当注意：（1）要正确理解和掌握本文书的适用条件和范围，即本文书重点在于审查申诉人提出的申诉理由不能成立，驳回申诉。要注意与刑事申诉复查决定书的区别。后者的重点在于准确写明复查认定的事实和证据。而本文书只要明确案件认定的“事实清楚、证据确实充分，处理适当”即可，不再重复写事实和证据。（2）要注意本文书只是在经审查后，作出“驳回申诉”的决定，并通知申诉人时而制作、使用的。

本文书一式二份，一份送达申诉人，一份附卷。

（三）文书格式（见下页）

人民检察院

刑事申诉审查结果通知书

检　　申通〔　　〕　　号

申诉人……（写明姓名、性别、年龄、民族、文化程度、工作单位及职务、住址）

申诉人×××不服×××人民检察院（×××人民法院）以×××罪对其免予起诉（或不起诉、判刑），（如经几级人民检察院复查应写明复查经过及结论）。申诉人以……（写明申诉理由）为由向本院提出申诉。

经本院审查认为，×××人民检察院免诉决定〔或不起诉决定（如果是人民法院的判决、裁定，应写为×××人民法院的判决或裁定）〕，事实清楚、证据确实充分，处理适当。申诉人×××的申诉理由不能成立，驳回申诉。

年　　月　　日

（审查刑事申诉案件专用章）

【刑事申诉复查决定书的制作】

（一）制作方法

刑事申诉复查决定书为叙述式文书，其内容可以分为首部、申诉人基本情况、案由和案件来源、申诉理由和请求、复查认定的事实、复查结论及根据、尾部共七个部分。

1. 首部。包括：制作本文书的人民检察院名称；文书名称，即“刑事申诉复查决定书”；文书编号，即“　检　复决〔　〕　号”，空余地方依次填写制作本文书的人民检察院简称、具体办案部门简称、年度和文书序号。

2. 申诉人基本情况。包括：姓名、性别、年龄、民族、文化程度、工作单位及职务、住址等。如果由其他人代为申诉的，应写明代申诉人和被代申诉人的基本情况，以及代申诉人与被代申诉人的关系。

3. 案由和案件来源。首先，应写明申诉人的姓名及作出该案诉讼处理决定的人民检察院名称、文书编号和文书名称，并应指出申诉性质，即“不服”。其次，应写明申诉人提出申诉的时间、指明申诉的对象，即是对哪个案件的哪个诉讼处理决定提出申诉的。最后，写明本院立案复查的时间。

4. 申诉理由和请求。要根据申诉人提出的理由（申诉理由可概括叙述，也可分项表述）和提出的具体请求，客观地、实事求是地写明。如申诉理由比较简单的，申诉理由和请求部分可与案由和案件来源部分合并，在“向本院提出申诉”后写明申请理由和请求。

5. 复查认定的事实。应准确写明复查认定的事实和证据。这部分是本文书的重点，具体有以下几种不同的情况及相应采取的不同表述形式：（1）申诉人提出新的事实和证据，或复查发现了新的事实和证据，可采用申诉理由与复查结果对证的写法。（2）经复查结果完全肯定原处理决定的内容，可采用直接写明原文书认定的事实准确无误、证据确实充分的审定意见，不再重复写事实和证据。（3）经复查发现原认定事实和证据有失误之处，但不影响原定性正确的，可采用将正确和失误之处分别叙述。首先，有针对性地阐明原认定事实和证据；其次，写复查查明的失误及更正之处；最后，阐述不影响定性处理的理由。（4）经复查发现原认定事实和证据错误而影响定性的，可综合叙述复查认定的事实和证据，不再具体区分哪些是正确的，哪些是错误的。而要先说明原错误之处，或者先对原认定事实和证据予以否定，再将新认定的事实和证据写明。

6. 复查结论及根据。这一部分内容是刑事申诉复查决定书的核心和实质内容。应概括论述当事人的行为性质，是否构成犯罪及相应的法律依据，原处理决定是否适当。写明复查后作出的最终处理决定，即是维持还是改变原决定。并准确引用法律条文，说明作出复查决定和决定事项的法律依据。

7. 尾部。包括：制作本文书的年月日，并在年月日上加盖制作本文书的人民检察院院印。

（二）使用说明

在制作和使用刑事申诉复查决定书时，应当注意：（1）要正确理解和掌握本文书的适用条件和范围。应根据申诉人的不同申诉对象，叙写正文各部分相应的内容。本文书适用于对当事人及其法定代理人、近亲属不服人民检察院不起诉决定或其他决定的申诉案件进行复查并作出决定，送达申诉人使用。经复查认为应当撤销人民检察院原决定，但在程序上又需要经过其他机关的，如撤销原不起诉决定，但需要向人民法院起诉的，应当依法制作相应的其他文书，不适用本文书。（2）制作本文书的重点为准确写明复查认定的事实。应根据不同的情况相应采取不同的表述形式，有的可采用“对照式”，有的可采用“简略式”，有的也可采用“分述式”。经复查结果完全肯定原处理决定的内容，事实准确无误的，可简写。如果复查发现了新的事实和证据，则要准确叙述新发现的事实。如果经复查发现原认定事实和证据有失误之处，就要区别是否影响原定性正确与否。

本文书应当制作一式二份，一份送达申诉人，一份附卷。

（三）文书格式（见下页）

人民检察院

刑事申诉复查决定书

检 复决〔 〕 号

申诉人……（写明姓名、性别、年龄、民族、文化程度、工作单位及职务、住址）

（如由其他人代为申诉的，应写明代申诉人和被代申诉人的基本情况、代申诉人与被代申诉人的关系。）

申诉人×××不服×××人民检察院……（写明案由）向本院提出申诉。本院于××××年××月××日立案复查。

申诉人×××申诉理由和请求……（申诉理由可概括叙述，也可分项表述。）

本院复查查明……（写明复查认定的事实）

本院复查认为……（概括论述当事人的行为性质，是否构成犯罪及相应的法律依据，原处理决定是否适当。）

本院决定……（写明决定事项）

年 月 日

（院印）

第三百零一条［对被害人不服不起诉决定申诉的复查］

上一级人民检察院对被害人不服不起诉决定的申诉进行复查后，应当在三个月内作出复查决定，案情复杂的，最长不得超过六个月。

控告申诉部门应当提出复查意见，报请检察长作出复查决定。

复查决定书应当送达被害人和作出不起诉决定的人民检察院。

上级人民检察院经复查作出起诉决定的，应当撤销下级人民检察院的不起诉决定，交由下级人民检察院提起公诉，并将复查决定抄送移送审查起诉的公安机关。出庭支持公诉由审查起诉部门办理。

【条文释义】 本条是关于上一级人民检察院办理被害人不服不起诉决定申诉的复查程序的规定。

本条对上一级人民检察院对被害人不服不起诉决定申诉复查的期限、具体程序、复查决定书的送达等作了具体规定。考虑到被害人对不起诉决定申诉的情况比较复杂，上一级人民检察院进行复查要进行一定调查、研究，因而本条规定复查的期限一般为3个月，案情复杂的，最长不得超过6个月，上一级人民检察院应当及时进行复查，尽快作出复查决定，以有效地维护被害人的合法权益。上级人民检察院控告申诉部门应当提出复查意见，报请检察长作出复查决定。复查决定书应当及时送达被害人和作出不起诉决定的人民检察院。

上级人民检察院经复查，认为下级人民检察院不起诉决定确有错误的，应当在复查决定书中明确撤销下级人民检察院的不起诉决定，作出起诉决定，交由下级人民检察院提起公诉。如果是公安机关移送审查起诉的案件，上一级人民检察院应当将复查决定书抄送移送审查起诉的公安机关，以增强办案中的配合和协作。

第三百零二条［被害人提出申诉后又向法院起诉的处理］

人民检察院收到人民法院受理被害人对被不起诉人起诉的通知后，人民检察院应当终止复查，将作出不起诉决定所依据的有关案件材料移送人民法院。

【条文释义】　本条是关于人民检察院对被害人提出对不起诉申诉又向人民法院起诉如何处理的规定。

《刑事诉讼法》第145条规定，“对人民检察院维持不起诉决定的，被害人可以向人民法院起诉。被害人也可以不经申诉，直接向人民法院起诉。人民法院受理案件后，人民检察院应当将有关案件材料移送人民法院”。人民检察院作出的不起诉决定，其直接效力是使不起诉的公诉案件终止诉讼程序，这一规定表明被害人不服不起诉决定的，有权向人民法院起诉，人民法院受理后，同一案件又启动了刑事自诉程序，使公诉案件转变为自诉案件。实践中，存在上一级人民检察院受理被害人关于不起诉的申诉后，被害人又向人民法院提起自诉的现象，在这种情况下，人民检察院应当终止复查，由人民法院审判，否则作出复查决定在法律上没有意义。

根据《刑事诉讼法》的规定，“人民法院受理案件后，人民检察院应当将有关案件材料移送人民法院”，这是指人民法院决定受理上述案件后，人民检察院应当将案件材料及时移送人民法院，以使审判顺利进行。这样规定是考虑上述案件的证据，被害人往往已向公安机关提供或已被公安机关收集，移送人民检察院，被害人难以再举出证据。有人认为，“移送有关案件材料”，是指人民检察院的全部案卷或全部证据材料，既包括书类证据材料，又包括各种物证材料。但根据《刑事诉讼法》第142条第3款的规定，人民检察院决定不起诉的案件，应当同时对侦查中扣押、冻结的财物解除扣押、冻结，予以返还。因而有关物证材料和财物已经依法返还，人民检察院向人民法院移送的一般只是一些书类证据材料。根据法律规定和从实际操作角度看，人民法院受理自诉案件后，人民检察院向人民法院移送的案件材料主要是指作出不起诉决定所依赖的书类证据材料，一般是被害人提供的或由公安机关向被害人收集的书类证据材料，而不能理解为全部案卷或物证及扣押、冻结的财物。由于此时案件已转为自诉程序，而自诉案件要求被害人必须有证据证明，且被害人要有足够的证据，人民法院才能开庭审判。既然此类案件已转为自诉案件，法院应当严格按照自诉案件的程序和举证要求进行受理和审判。

【移送不起诉案件材料通知书的制作】

（一）制作方法

移送不起诉案件材料通知书是三联填充式文书，第一联为存根，第二联为正本，第三联为回执。各联的内容结构不完全一致。

1. 存根联（第一联）的内容结构及制作方法。

（1）首部。包括：制作本文书的人民检察院的名称；文书名称，即“移送不起诉案件材料通知书”，下面有“（存　根）”字样；文书编号，即“　检　移不诉〔　〕　号”，空白处应当依次填写制作本文书的人民检察院的简称、具体办案部门的简称、年度和文书序号。

（2）正文。包括：案由；被不起诉人，填写其姓名或名称；发往单位，即受理被害人直接起诉案件的人民法院；其他事项，包括批准人、承办人、填发人的姓名和填发时间。

2. 正本联（第二联）的内容结构及制作方法。

（1）首部。包括：制作本文书的人民检察院的名称；文书名称，即“移送不起诉案件材料通知书”；文书编号，即“　检　移不诉〔　〕　号”，空白处应当依次填写制作本文书的人民检察院的简称、具体办案部门的简称、年度和文书序号。

（2）正文。包括：送达单位，即送达的人民法院的名称；案件情况，填写受理被害人直接起诉案件的人民法院发出的受理案件文号、名称、被不起诉人姓名、涉嫌案件名称；法律依据，即“依照《中华人民共和国刑事诉讼法》第一百四十五条的规定，现将有关案件材料移送你院”。

（3）尾部。包括：制作本文书的具体年月日和制作本文书的人民检察院的院印。

（4）附项。包括：有关卷宗某册某页；证据材料，列明移送的具体证据材料名称、数量、特征等。

3. 回执联（第三联）的内容结构及制作方法。

（1）首部。包括：制作本文书的人民检察院的名称；文书名称，即“移送不起诉案件材料通知书”，下面有“（回　执）”字样。

（2）正文。包括：送达单位，即移送不起诉案件材料通知书的人民检察院的名称；文书内容，空白处应当依次填写人民检察院移送不起诉案件材料通知书的编号及随案附送的有关卷宗某册某页及证据材料。

（3）尾部。包括：制作本文书的人民法院的名称和具体收件人姓名；制作本文书的具体年月日和公章。

（二）使用说明

使用本文书应注意：制作本文书的前提是人民法院受理了被害人不服人民检察院作出的不起诉决定直接向人民法院起诉的案件，而且人民法院向作出不起诉决定的人民检察院送达了受理案件的文书。本文书的目的就是移送不起诉案件材料，所以附项内容要认真填写，准确无误。

本文书三联之间的骑缝线上均有本文书文号，应当按照本文书第二联中文号的填写方法予以填写。

本文书共三联，第一联统一保存备查，第二联送达人民法院，第三联退回后附卷。

（三）文书格式（见下页）

人民检察院

移送不起诉案件材料通知书

（存　根）

检　移不诉〔　　〕　号

案由________

被不起诉人________

发往单位________

批准人________

承办人________

填发人________

填发时间________

第一联统一保存

检　移不诉〔　　〕　号

人民检察院

移送不起诉案件材料通知书

检　移不诉〔　　〕　号

________人民法院：

接你院________号________书，被不起诉人________涉嫌________一案，被害人直接向你院起诉。依照《中华人民共和国刑事诉讼法》第一百四十五条的规定，现将有关案件材料移送你院，请查收。

年　月　日

（院印）

附：卷宗________册________页

证据材料：

第二联送达人民法院

检　移不诉〔　　〕　号

人民检察院

移送不起诉案件材料通知书

（回　执）

________人民检察院：

本院已收到你院________号移送不起诉案件材料通知书及随附卷宗________册________页及证据材料。

________人民法院

收件人________

年　月　日

（公章）

第三联退回后附卷

第三百零三条 ［被不起诉人对不起诉决定的申诉］

被不起诉人对人民检察院依照刑事诉讼法第一百四十二条第二款规定作出的不起诉决定不服，自收到不起诉决定书后七日以内提出申诉的，应当由作出决定的人民检察院立案复查，由控告申诉部门办理。被不起诉人自收到不起诉决定书后七日以外提出申诉的，由控告申诉部门审查是否立案复查。

人民检察院控告申诉部门复查后应当提出复查意见，认为应当维持不起诉决定的，报请检察长作出复查决定；认为应当撤销不起诉决定提起公诉的，报请检察长提交检察委员会讨论决定。

复查决定书应当送达被不起诉人，撤销不起诉决定或者变更不起诉的事实或者法律根据的，应当同时抄送移送审查起诉的公安机关和本院有关部门。

人民检察院作出撤销不起诉决定提起公诉的复查决定后，应当将案件交由审查起诉部门提起公诉。

【条文释义】 本条是关于被不起诉人对不起诉决定申诉程序的规定。

人民检察院依据《刑事诉讼法》第142条第2款决定不起诉的，是属于在程序上认定被不起诉人犯罪情节轻微，依照《刑法》不需要判处刑罚或者免除刑罚而作出的不起诉决定，虽然从法律意义上讲被不起诉人是无罪的，但被不起诉人如果认为自己根本没有犯罪，不存在犯罪情节轻微的问题，愿把事实予以澄清。另外，也存在被不起诉人被羁押，使其权利受到损害，如能确定根本没有犯罪行为，可以提出赔偿要求的问题。此条规定有利于保护当事人的合法权益，同时也有利于对被不起诉人赔偿要求的正确处理。根据本条的规定，对于人民检察院依照《刑事诉讼法》第142条第2款规定作出的不起诉决定，被不起诉人如果不服，认为自己没有犯罪，不存在依照《刑事诉讼法》第142条第2款作出决定的情形的，可以自收到不起诉决定书后7日以内向作出不起诉决定的人民检察院申诉。人民检察院应当进行复查，并作出复查决定，通知被不起诉人。如果是公安机关移送的案件，人民检察院应将复查决定同时抄送公安机关。对于被不起诉人提出的申诉，应当由作出不起诉决定的人民检察院的控告申诉部门立案复查，这是法定程序内的申诉复查，人民检察院应当予以办理。对于被不起诉人在收到不起诉决定书后7日以外提出申诉的，控告申诉部门应当进行审查，决定是否立案复查。控告申诉部门应当审查申诉人是否提出了新证据、据以定案的证据是否确实充分、适用法律是否适当等，如认为需要立案复查的，制作刑事申诉提请立案复查报告，经承办部门负责人或主管检察长批准后立案复查；对不需要立案复查的，可制作刑事申诉不立案复查通知书，通知申诉人。

人民检察院控告申诉部门复查后应当提出复查意见，认为应当维持不起诉决定的，报请检察长作出复查决定；如果认为应当撤销不起诉决定提起公诉的，由于这种不起诉是由检察委员会讨论、决定的，予以撤销也应当经过检察委员会讨论决定。

人民检察院作出复查决定书后，应当送达被不起诉人，使其了解申诉的结果。人民检察院如果撤销不起诉决定或者变更不起诉的事实或者法律依据的，如改为存疑不起诉或对有关事实的认定予以变更的，应当同时抄送移送审查起诉的公安机关和本院有关部门。

人民检察院经复查撤销不起诉决定，认为应当追究被不起诉人刑事责任而决定提起公诉的，应当由控告申诉部门将有关材料移送审查起诉部门，向人民法院提起公诉。

【刑事申诉审查结果通知书的制作】

刑事申诉审查结果通知书的制作参见本书第300条。

【刑事申诉复查决定书的制作】

刑事申诉复查决定书的制作参见本书第300条。

第三百零四条［被害人、被不起诉人对不起诉决定提出申诉的要求］

被害人、被不起诉人对不起诉决定不服，提出申诉的，应当递交申诉书，写明申诉理由。被害人、被不起诉人没有书写能力的，也可以口头提出申诉，人民检察院应当根据其口头提出的申诉制作笔录。

【条文释义】　本条是关于被害人、被不起诉人对不起诉决定提出申诉的要求的规定。

人民检察院作出不起诉决定后，被害人、被不起诉人有权提出申诉。无论是在法定期限内还是在法定期限外提出申诉，被害人、被不起诉人都应当向人民检察院递交申诉书，写明申诉理由。被害人、被不起诉人在收到不起诉决定书7日以内提出申诉的，可以正式启动人民检察院对不起诉的复查程序，要求被害人、被不起诉人提交申诉书，有利于了解被害人、被不起诉人的申诉理由，正确、及时依法进行复查。有的被害人、被不起诉人没有书写能力，人民检察院应当允许其提出口头申诉，检察人员应当根据其口头提出的申诉，依照有关格式制作申诉笔录，在制作笔录时重点记明申诉的对象和申诉的理由，以便复查时查阅。

第三百零五条［对确有错误的不起诉决定的撤销］

人民检察院如果发现不起诉决定确有错误，符合起诉条件的，应当撤销不起诉决定，提起公诉。

【条文释义】　本条是关于人民检察院对确有错误的不起诉决定应当予以撤

销的规定。

不起诉决定是人民检察院通过审查起诉，对不符合起诉条件和处罚条件的案件决定终止追诉的司法处分。修改后的《刑事诉讼法》规定了三种不起诉，《刑事诉讼法》第162条第3项规定了证据不足、指控的犯罪不能成立的无罪判决。这种判决在性质上是无罪判决，法院判决后，如果侦查机关又取得了犯罪的证据，可以另行起诉。人民检察院根据《刑事诉讼法》第140条第4款规定决定不起诉的，在发现新的证据，符合起诉条件时，可以提起公诉。对作出绝对不起诉、相对不起诉决定后，如果又发现符合起诉条件，也可以提起公诉。人民检察院不起诉决定一经确定，具有终止诉讼的法律效力。但是不起诉属于公诉权的一部分，适用于诉讼程序问题，与审判权所解决的实体上的刑罚权不同。判决一经确定，即产生实体上的既判力，根据一事不再理原则，不得对之再行起诉。而不起诉决定作出后，如果发现符合起诉条件的情形，可以再行提起公诉。当然，作出不起诉决定以后能否再行起诉，应当根据案件具体情况分别予以处理。

（1）对于根据《刑事诉讼法》第15条第1项情节显著轻微、危害不大，不认为是犯罪的，人民检察院作出不起诉决定，又发现符合诉讼条件的可以提起公诉。

（2）对于根据《刑事诉讼法》第15条第2、3、5项决定不起诉的，由于犯罪已过追诉时效期间，或者经特赦令免除刑罚，或者犯罪嫌疑人、被告人死亡，这些情形缺乏实质诉讼条件，公诉权已经不存在，不起诉决定具有实质的确定力，不得再行提起公诉。

（3）对于根据《刑事诉讼法》第140条第4款规定的证据不足，不符合起诉条件的案件，人民检察院决定不起诉后，又发现新的证据，符合起诉条件的，可以提起公诉。原不起诉决定也不必撤销。

（4）对于根据《刑事诉讼法》第142条第2款规定，犯罪情节轻微决定不起诉的，由于公安机关提出复议、复核，或者被害人提出申诉，人民检察院经过复议、复核、复查或自行发现不起诉决定错误的，应当撤销不起诉决定，提起公诉。

【撤销不起诉决定书的制作】

（一）制作方法

撤销不起诉决定书为三联填充式文书，三联的格式、填充内容不完全相同。

1. 存根联的内容结构及制作方法。

（1）首部。与正本基本相同，文书名称下标有“（存　根）”字样。

（2）正文。包括：案由，即属于何种性质的犯罪；被不起诉人姓名；申诉人（提请复议、复核机关）名称；申诉（提请复议、复核）理由，即《刑事诉讼法》第144～146条规定的申诉人不服不起诉决定，提请复议、复核机关，认为不起诉的决定有错误；撤销理由，即人民检察院审查结论；批准人、承办人、填发人的姓名；填发文书的时间。

2. 副本联的内容结构及制作方法。

此联与正本内容基本相同，不同之处只是在文书名称下标有"（副　本）"字样。

3. 正本联的内容结构及制作方法。

（1）首部。包括：制作本文书的人民检察院名称；文书名称，即"撤销不起诉决定书"；文书编号，即"　检　撤不诉［　］　号，"空白处应当依次填写人民检察院简称、具体办案部门简称、年度和序号。

（2）正文。包括：陈述不起诉决定书概要，即填写作出不起诉决定的人民检察院名称（如果是作出不起诉决定的人民检察院撤销本院不起诉决定的，可以填写为"本院"）；作出不起诉决定的年、月、日及所制作的不起诉决定书的文书编号；被不起诉人的姓名；撤销不起诉决定的原因，即"现因____"，空白处为待填的要求复议、复核机关、申诉人提出复议、复核或申诉的情况，人民检察院经审查认为不起诉决定有错误应予撤销的情况；人民检察院决定撤销不起诉的情况，即"决定撤销原____号不起诉决定书"，空白处为检察院作出的原不起诉决定书的文书编号。

（3）尾部。包括：制作本文书的年、月、日；加盖制作本文书的人民检察院的院印。

（二）使用说明

使用本文书应注意：（1）区分不同情况，正确使用本文书。根据《刑事诉讼法》第144条的规定，公安机关提请复议的，是通过作出不起诉决定的人民检察院提请的，该人民检察院经审查认为不起诉有错误应撤销的，使用本文书，文书正本联正文部分有关不起诉决定制作单位应注明"本院"字样，用印处盖作出不起诉决定的人民检察院院印。公安机关向上一级人民检察院提请复核的，上一级人民检察院经调卷审查后，认为不起诉决定有错误应予撤销的，使用本文书时，文书正本联正文部分有关不起诉决定书制作单位应写明制作不起诉决定书的人民检察院，正本联尾部用印处应加盖该上一级人民检察院院印。依据《刑事诉讼法》第155条规定，被害人不服不起诉决定申诉的，是向上一级人民法院提出的，使用本文书应注意的事项如前所述。根据《刑事诉讼法》第156条的规定，被不起诉人不服不起诉决定申诉的，是向作出不起诉决定的人民检察院申诉。应注意被害人不服申诉与被不起诉人不服申诉，人民检察院在受理时管辖权的划分。（2）区分不同情况，确定文书送达对象。凡是作出不起诉决定的人民检察院使用本文书，正本联均送达被不起诉人；凡是上一级人民检察院使用本文书，正本联一律送达作出不起诉决定的下级人民检察院。（3）本文书不以每起案件为一个制作单位，而是以被不起诉人为制作单位，即有几名被不起诉人，制作几份文书。

本文书三联之间的骑缝线上均有本文书文号，应当按照本文书第三联中文号的填写方法予以填写。

本文书共三联，第一联统一保存备查，第二联附卷，第三联送达被不起诉人或者作出不起诉决定的下级人民检察院。

（三）文书格式（见下页）

人民检察院
撤销不起诉决定书
（存　根）

检　撤不诉〔　　〕　号

案由________________

被不起诉人________________

申诉人（提请复议、复核机关）

____

申诉（提请复议、复核）理由

____

撤销理由________________

批准人________________

承办人________________

填发人________________

填发时间________________

第一联统一保存

检　撤不诉〔　　〕　号

人民检察院
撤销不起诉决定书
（副　本）

检　撤不诉〔　　〕　号

________于____年____月____日以________号不起诉决定书对被不起诉人________决定不起诉。现因________________________________，决定撤销原________号不起诉决定书。

年　月　日
（院印）

第二联附卷

检　撤不诉〔　　〕　号

人民检察院
撤销不起诉决定书

检　撤不诉〔　　〕　号

________于____年____月____日以________号不起诉决定书对被不起诉人________决定不起诉。现因________________________________，决定撤销原________号不起诉决定书。

年　月　日
（院印）

第三联送达被不起诉人或者作出不起诉决定的下级人民检察院

第三百零六条［上级院对下级院的监督］

最高人民检察院对地方各级人民检察院的起诉、不起诉决定，上级人民检察院对下级人民检察院的起诉、不起诉决定，如果发现确有错误的，应当予以撤销或者指令下级人民检察院纠正。

【条文释义】　本条是关于加强上级人民检察院对下级人民检察院起诉、不起诉监督的规定。

人民检察院上下级是领导关系，加强上级人民检察院对下级人民检察院起诉、不起诉的监督，是检察业务工作指导的重要方面。最高人民检察院对地方各级人民检察院、上级人民检察院对下级人民检察院的起诉、不起诉决定有权予以撤销或者指令下级人民检察院纠正，这种有权是建立在下级人民检察院起诉、不起诉决定在认定事实、适用法律和法律程序上确有错误的条件之上的。这里的上级和下级，既包括人民检察院直接的上级和下级，也包括越级的上级和下级。在审查起诉中，人民检察院要接受公安机关、人民法院、有关当事人及社会各方面的制约，同时也应当加强系统内部的领导、监督，而且这种监督更具有专业性。在业务方面具有指导性。下级人民检察院对上级人民检察院的决定必须执行，以维护国家法制的正确实施，保证全国检察机关形成一个整体，以统一的执法有效地追究犯罪。

【纠正案件错误通知书的制作】

（一）制作方法

纠正案件错误通知书为叙述式文书，其内容可以分为首部、作出错误决定的下级人民检察院的名称、案由和案件来源、复查认定的事实和证据以及纠正理由和法律依据、通知纠正的事项和要求、尾部共六个部分。

1. 首部。包括：制作本文书的人民检察院名称；文书名称，即“纠正案件错误通知书”；文书编号，即“　检　纠错〔　〕　号”，空余地方依次填写制作本文书的人民检察院简称、具体办案部门简称、年度和文书序号。

2. 作出错误决定的下级人民检察院的名称。

3. 案由和案件来源。应写明申诉人的姓名及作出该案件诉讼处理决定的人民检察院名称、文书编号和文书名称，并应指出申诉性质，即“不服”。再写明申诉人提出申诉的时间、指明申诉的对象，即是对哪个案件的哪个诉讼处理决定提出申诉的。

4. 复查认定的事实和证据以及纠正理由和法律依据。事实和证据是上级人民检察院发现及纠正下级人民检察院案件错误的客观依据。因此，首先必须写明经本级复查，下级人民检察院认定案件错误的事实和证据。在叙述中，要抓住主要矛盾，重点写明能够体现本案性质、影响适用法律的关键点，为下一步阐述理由打好基础。关于纠正理由，应准确、充分阐明否定下级人民检察院错误意见的理由。要有针对性，才有说服力。如果属于定性定罪错误，从而造成适用法律、诉讼处理错误的，重点从犯罪构成要件去分析。如果是认定从重、加重或者是从轻、减轻、免除处罚的法定情节失误，从而造成适用法律、诉讼处理错误的，则重点从该情节的法定条件去分析。本文书是对下级人民检察院的指令，应准确、全面地引用法律根据。一要注意引用实体法的条款，若构成犯罪的即引用《刑法》中据以定性定罪的相应条款。若不构成犯罪的，要引用《刑法》总则的条文。二要注意引用程序法的条款，即引用《刑事诉讼法》中的相应条款，进行正确的诉讼处理。

5. 通知纠正的事项和要求。这部分是指令纠正错误的具体内容。包括：(1) 撤销下级人民检察院原诉讼处理决定；(2) 本院对该案作出的处理决定；(3) 执行本通知的要求。

6. 尾部。包括：制作本文书的年月日，并在年月日上加盖上级人民检察院院印。

(二) 使用说明

在制作和使用纠正案件错误通知书时，应当注意：本文书是上级人民检察院在办理申诉案件过程中发现下级人民检察院的处理决定有错误，指令下级人民检察院纠正时使用的文书。上级人民检察院在办理申诉案件时作出纠正下级人民检察院错误的处理决定，必须慎重，做到严格依法办事，公正执法，准确、充分地阐明纠正理由和法律依据，并写明纠正的事项和要求。

本文书一式三份，一份送作出错误决定的下级人民检察院，一份送达申诉人，一份附卷。

(三) 文书格式

人民检察院

纠正案件错误通知书

检　　纠错〔　　〕　　号

×××人民检察院：

×××（申诉人姓名）不服……（写明案由）向本院提出申诉。

本院复查认为……（写明下级检察院认定案件错误的事实和证据、认定案件错误的理由和法律依据）

本院决定……（写明纠正的事项和要求）

年　　月　　日

（院印）

【纠正案件决定错误通知书的制作】

（一）制作方法

纠正案件决定错误通知书是叙述式文书，其内容可以分为首部、正文、尾部共三部分。

1. 首部。包括：制作本文书的人民检察院的名称；文书名称，即“纠正案件决定错误通知书”；文书编号，即“　检　纠通〔　〕　号”，其空余部分依次写明制作本文书的人民检察院的简称、制作本文书的刑事业务部门的简称、年度、文书序号。

2. 正文。应写明：

（1）下级人民检察院的名称。

（2）“你院办理的×××（写明犯罪嫌疑人或被告人的姓名及案由）一案，经本院审查认为……（以下依次写明下级人民检察院所作的案件决定错误之处，结合应当正确认定的案件事实、情节、证据、适用法律，写明纠正错误的理由。）”

（3）“经本院检察委员会研究决定：撤销你院对×××（写明犯罪嫌疑人或被告人的姓名）的×××（写明有关决定及其文号），请你院予以纠正。请即遵照执行。”

3. 尾部。包括：制作本文书的年月日，并加盖制作本文书的人民检察院的院印。

（二）使用说明

在制作和使用纠正案件决定错误通知书时，应注意：（1）要正确掌握本文书的适用条件。本文书适用于上级人民检察院纠正下级人民检察院办案错误决定时使用，充分体现法律所规定的上级人民检察院领导下级人民检察院的体制。本文书是指令性文书，下级人民检察院收到本通知后，必须执行。同时也体现了作为法律监督机关的人民检察院，对内实行监督的业务领导。（2）要注意本文书与纠正案件错误通知书的区别。前者是上级人民检察院发现下级人民检察院办案错误决定，进行纠正的指令性文书。而后者是上级人民检察院在办理申诉案件过程中发现下级人民检察院的处理决定有错误，指令下级人民检察院纠正时使用的文书。

（三）文书格式（见下页）

人民检察院

纠正案件决定错误通知书

检　纠通〔　〕　号

×××（下级人民检察院）：

你院办理的×××（写明犯罪嫌疑人或被告人的姓名及案由）一案，经本院审查认为……（以下依次写明下级人民检察院所作的案件决定错误之处，结合应当正确认定的案件事实、情节、证据、适用法律，写明纠正错误的理由。）

经本院检察委员会研究决定：撤销你院对×××（写明犯罪嫌疑人或被告人的姓名）的×××（写明有关决定及其文号），请你院予以纠正。请即遵照执行。

年　月　日

（院印）

第五节　简易程序的提起

第三百零七条［适用简易程序的条件］

对依法可能判处三年以下有期徒刑、拘役、管制、单处罚金的公诉案件，事实清楚、证据充分，经检察长决定，适用简易程序的，应当向人民法院提出建议。

【条文释义】　本条是关于人民检察院向人民法院提出适用简易程序建议的规定。

简易程序，是指简化了的刑事法庭审理的诉讼程序。法律规定简易程序，是为了提高诉讼效率，节省办案时间，尽量减轻诉讼当事人的诉讼负担。所以对于符合法定条件的，人民检察院应当建议人民法院适用简易程序。

本条规定包括两层含义：（1）建议适用简易程序的条件。根据本条规定，人民检察院建议人民法院适用简易程序的条件是案件依法可能判处3年以下有期徒刑、拘役、管制、单处罚金，并且事实清楚，证据充分。“依法可能判处三年以下有期徒刑、拘役、管制、单处罚金”，是指根据犯罪事实，依照《刑法》总则规定的量刑原则和《刑法》分则规定的量刑档次所进行的判断。“事实清楚、证据充分”，是指案件事实简单明了，定罪量刑的证据客观全面。（2）人民检察院向人民法院提出适用简易程序建议，应当经检察长决定。向人民法院提出适用简易程序建议，是人民检察院的一项重要的诉讼行为，由检察长决定，可以保障其严肃性和效力，保证建议的正确性。

【适用简易程序建议书的制作】

（一）制作方法

适用简易程序建议书为填充式文书，共三联：第一联（存根联）统一保存备查，第二联（副本）附卷，第三联（正本）送达人民法院。三联的格式、填充内容不完全一样。

1. 存根联（第一联）的内容结构及制作方法。

（1）首部。内容与正本联首部内容基本相同，只是在文书名称下标有“（存根）”字样。

（2）正文。包括：案由；被告人基本情况，包括姓名、性别、年龄、工作单位、住址、身份证号码、是否人大代表、政协委员；送达机关，即被检察机关建议适用简易程序审理公诉案件的人民法院；适用简易程序的原因，即《刑事诉讼法》第174条第1项规定的情况；批准人、承办人、填发人姓名；填发文书的时间。

2. 副本联（第二联）的内容结构及制作方法。

副本联结构、内容与正本联基本相同。只是在首部文书名称之下标有“（副本）”字样。

3. 正本联（第三联）的内容结构及制作方法。

正本联可分为首部、正文和尾部三部分：

（1）首部。包括：制作本文书的人民检察院名称；文书名称，即“适用简易程序建议书”；文书编号，即“ 检 简建〔 〕 号”，空余地方依次填写制作本文书的人民检察院简称、具体办案部门简称、年度和序号。

（2）正文。包括检察机关对侦查终结的公诉案件进行审查的情况概要，即“______一案，经本院审查，符合《中华人民共和国刑事诉讼法》第一百七十四条的规定，建议你院对此案适用简易程序审理”。横线上应填写犯罪嫌疑人姓名、涉嫌犯罪的性质。

（3）尾部。包括：送达单位，要填在此致下面的横线上；制作本文书的年、月、日，并加盖制作本文书的人民检察院院印。

（二）使用说明

在制作和使用本文书时应当注意以下几个问题：（1）准确理解法律规定，正确使用本文书。我国《刑事诉讼法》第174条规定可以适用简易程序审理的案件有两类，分三项规定，其中第2、3两项属人民法院直接受理的自诉案件，只有第1项规定的是公诉案件。人民检察院可以建议法院适用简易程序审理。

《刑事诉讼法》第 174 条第 1 项规定的内容主要有四个方面：一是案件性质为公诉案件。二是建议适用简易程序审理的案件必须是依法可能判处 3 年以下有期徒刑、拘役、管制、单处罚金的案件。三是必须要事实清楚、证据充分。四是在程序上要求人民检察院建议。只有同时具备以上四个方面条件才可使用本文书。（2）根据《人民检察院刑事诉讼规则》第 307 条的规定，建议人民法院适用简易程序的，必须经检察长决定。（3）《人民检察院刑事诉讼规则》第 312 条规定："具有下列情形之一的，人民检察院应当不建议或者不同意适用简易程序：（一）依法可能判处三年以上有期徒刑的；（二）对于案件事实、证据存在较大争议的；（三）比较复杂的共同犯罪案件；（四）被告人是否犯罪、犯有何罪存在争议的；（五）被告人要求适用普通程序的；（六）被告人是盲、聋、哑人的；（七）辩护人作无罪辩护的；（八）其他不宜适用简易程序的。"因此，在使用本文书时，应全面考虑案件实际情况，严格按规定制作使用本文书。

本文书三联之间的骑缝线上均有本文书文号，应当按照本文书第三联中文号的填写方法予以填写。

本文书共三联，第一联统一保存备查，第二联附卷，第三联送达人民法院。

（三）文书格式（见下页）

______人民检察院
适用简易程序建议书
（存　根）

检　简建〔　　〕　号

案由______________
被告人基本情况（姓名、性别、年龄、工作单位、住址、身份证号码、是否人大代表、政协委员）
____
____
____
____
送达机关______________
适用简易程序理由______________
____
批准人______________
承办人______________
填发人______________
填发时间______________

第一联统一保存

检　简建〔　　〕　号

______人民检察院
适用简易程序建议书
（副　本）

检　简建〔　　〕　号

______________一案，经本院审查，符合《中华人民共和国刑事诉讼法》第一百七十四条的规定，建议你院对此案适用简易程序审理。

此致

______________人民法院

年　　月　　日
（院印）

第二联附卷

检　简建〔　　〕　号

______人民检察院
适用简易程序建议书

检　简建〔　　〕　号

______________一案，经本院审查，符合《中华人民共和国刑事诉讼法》第一百七十四条的规定，建议你院对此案适用简易程序审理。

此致

______________人民法院

年　　月　　日
（院印）

第三联送达人民法院

【参考规定】

最高人民法院、最高人民检察院、司法部关于适用简易程序审理公诉案件的若干意见
(2003年3月14日　法发〔2003〕6号)

为依法适用简易程序，提高审理刑事案件的质量和效率，根据《中华人民共和国刑事诉讼法》的规定，制定本意见。

第一条　对于同时具有下列情形的公诉案件，可以适用简易程序审理：

(一) 事实清楚、证据充分；

(二) 被告人及辩护人对所指控的基本犯罪事实没有异议；

(三) 依法可能判处三年以下有期徒刑、拘役、管制或者单处罚金。

第二条　具有下列情形之一的公诉案件，不适用简易程序审理：

(一) 比较复杂的共同犯罪案件；

(二) 被告人、辩护人作无罪辩护的；

(三) 被告人系盲、聋、哑人的；

(四) 其他不宜适用简易程序审理的情形。

第三条　人民检察院建议适用简易程序的，应当制作《适用简易程序建议书》，在提起公诉时，连同全案卷宗、证据材料、起诉书一并移送人民法院。

人民法院在征得被告人、辩护人同意后决定适用简易程序的，应当制作《适用简易程序决定书》，在开庭前送达人民检察院、被告人及辩护人。

人民法院认为依法不应当适用简易程序的，应当书面通知人民检察院，并将全案卷宗和证据材料退回人民检察院。

第四条　对于人民检察院没有建议适用简易程序的公诉案件，人民法院经审查认为可以适用简易程序审理的，应当征求人民检察院与被告人、辩护人的意见。人民检察院同意并移送全案卷宗和证据材料后，适用简易程序审理。

人民法院决定适用简易程序的，应当制作《适用简易程序决定书》，在开庭前送达人民检察院、被告人及辩护人。

第五条　适用简易程序审理的公诉案件，人民法院应当在开庭前将开庭的时间、地点分别通知人民检察院、被告人、辩护人及其他诉讼参与人。

通知可以使用简便方式，但应当记录在卷。

第六条　适用简易程序审理公诉案件，除人民检察院监督公安机关立案侦查的案件，以及其他人民检察院认为有必要派员出庭的案件外，人民检察院可以不派员出庭。

第七条　适用简易程序审理的公诉案件，独任审判员宣布开庭，传被告人到庭后，应当查明被告人的基本情况，然后依次宣布案由、独任审判员、书记员、公诉人、被害人、辩护人、诉讼代理人和翻译人员的名单，并告知各项诉讼权利。

独任审判员应当讯问被告人对起诉书的意见，是否自愿认罪，并告知有关法律规定及可能导致的法律后果；被告人及其辩护人可以就起诉书指控的犯罪进行辩护。

被告人有最后陈述的权利。

被告人自愿认罪，并对起诉书所指控的犯罪事实无异议的，法庭可以直接作出有罪判决。

第八条　对于适用简易程序审理的公诉案件，人民法院一般当庭宣判，并在五日内将判决书送达被告人和提起公诉的人民检察院。

第九条 人民法院对自愿认罪的被告人，酌情予以从轻处罚。

第十条 人民法院在适用简易程序审理公诉案件时，发现有下列情形之一的，应当将简易程序转为普通程序重新审理：

（一）被告人的行为不构成犯罪；

（二）被告人应当判处三年以上有期徒刑刑罚；

（三）被告人当庭对起诉指控的犯罪事实予以否认；

（四）事实不清或者证据不足；

（五）其他不宜适用简易程序审理的情形。

人民检察院未派员出庭的，人民法院应当将上述决定书面通知人民检察院。

第十一条 转为普通程序重新审理的公诉案件，人民法院应当在三日内将全案卷宗和证据材料退回人民检察院。

人民检察院应当在收到上述材料后五日内按照普通程序审理公诉案件的法定要求，向人民法院移送有关材料。

第三百零八条［对法院适用简易程序建议的答复］

人民法院认为案件需要适用简易程序，向人民检察院提出书面建议的，人民检察院应当在十日内答复是否同意。

【条文释义】 本条是关于人民检察院答复人民法院适用简易程序建议的规定。

我国《刑事诉讼法》明确规定，对于公诉案件，人民法院适用简易程序审理，必须征得人民检察院同意。人民检察院对于人民法院提出的适用简易程序的建议，应经过依法审查后，决定是否同意。本条规定包括两层含义：(1) 人民法院认为案件需要适用简易程序，应当向人民检察院提出书面建议。这里的“案件”，是指人民检察院已经提起公诉的案件，并且对该案人民检察院没有向人民法院提出适用简易程序的建议。这里的“书面建议”，是指人民法院应制作正式文书，向人民检察院建议适用简易程序，这是对“建议”的形式要求。(2) 对人民法院适用简易程序的书面建议，人民检察院应当在10日内答复是否同意。这是对人民检察院答复人民法院适用简易程序建议的时间要求。执行本条规定应当注意，人民检察院答复人民法院适用简易程序建议的形式，为了保障其严肃性，应当采用书面形式，不能口头答复。

【适用简易程序意见书的制作】

（一）制作方法

适用简易程序意见书为填充式文书，共三联：第一联为存根，第二联为副本，第三联为正本。三联的格式、填充内容不完全一样。

1. 存根联（第一联）的内容结构及制作方法。

（1）首部。内容与正本联首部基本相同，只是在文书名称之下标注“（存根）”字样。

（2）正文。包括：案由，即属于何种性质的犯罪；被告人基本情况，包括姓名、性别、年龄、工作单位、住址、身份证号码、是否人大代表或政协委员；送达机关，即文书送达的人民法院；同意或不同意及其理由，即指人民检察院经审理作出适用简易程序审理案件的肯定或否定的答复以及这种答复的依据，也就是指是否符合《刑事诉讼法》第174条第1项的规定；审批人姓名；承办人姓名；填发人姓名；填发文书的时间。

2. 副本联（第二联）的内容结构及制作方法。

副本联结构、内容与正本联基本相同，只是在首部文书名称之下标注“（副本）”字样。

3. 正本联（第三联）的内容结构及制作方法。

正本联可分为首部、正文和尾部三部分：

（1）首部。包括：制作本文书的人民检察院名称；文书名称，即“适用简易程序意见书”；文书编号，即“ 检 简意〔 〕 号”，空余地方依次填写制作本文书的人民检察院简称、具体办案部门简称、年度和文书序号。

（2）正文。包括：检察机关接收人民法院送交的适用简易程序的文书的情况，即“你院______号关于______一案适用简易程序的文书收悉”。空白处按顺序填写法院送交的文书编号、被告人姓名及被指控的犯罪属于何种性质；人民检察院对人民法院适用简易程序的文书及有关材料审查的情况概要，即“经本院审查，被告人______一案符合（不符合）《中华人民共和国刑事诉讼法》第一百七十四条的规定”，横线上填写被告人姓名及被指控的犯罪的性质；人民检察院是否同意人民法院适用简易程序的意见，即“同意（不同意）你院对该案适用简易程序审理”。

（3）尾部。包括：送达单位，要填在“此致”下面的横线上；制作本文书的年月日，并加盖制作本文书的人民检察院院印。

（二）使用说明

使用本文书时应注意：（1）本文书以人民法院送交的适用简易程序审理的公诉案件为使用对象，故应以案件为制作文书的单位，每件案件，制作一份。（2）填写本文书要做到内容逻辑一致。填写本文书正本、副本时对其中的正文部分，检察员审查后认为是否符合《刑事诉讼法》第174条规定的逻辑意思应与是否同意人民法院适用简易程序审理案件的逻辑意思一致，防止出现逻辑矛盾。（3）人民检察院在办理案件过程中，对于“符合”和“不符合”，“同意”和“不同意”，应当根据实际案情选择使用，划去不用的选项。

本文书三联之间的骑缝线上均有本文书文号，应当按照本文书第三联中文号的填写方法予以填写。

本文书共三联，第一联统一保存备查，第二联附卷，第三联送达人民法院。

（三）文书格式（见下页）

人民检察院

适用简易程序意见书

（存　根）

检　简意〔　　〕　号

案由______________

被告人基本情况（姓名、性别、年龄、工作单位、住址、身份证号码、是否人大代表、政协委员）

____

____

____

____

送达机关______________

同意或不同意及其理由______

____

审批人______________

承办人______________

填发人______________

填发时间______________

第一联统一保存

检　简意〔　　〕　号

人民检察院

适用简易程序意见书

（副　本）

检　简意〔　　〕　号

你院__________号关于__________一案适用简易程序的文书收悉，经本院审查，被告人______________一案符合（不符合）《中华人民共和国刑事诉讼法》第一百七十四条的规定，同意（不同意）你院对该案适用简易程序审理。

此致

__________人民法院

年　　月　　日

（院印）

第二联附卷

检　简意〔　　〕　号

人民检察院

适用简易程序意见书

检　简意〔　　〕　号

你院__________号关于__________一案适用简易程序的文书收悉，经本院审查，被告人______________一案符合（不符合）《中华人民共和国刑事诉讼法》第一百七十四条的规定，同意（不同意）你院对该案适用简易程序审理。

此致

__________人民法院

年　　月　　日

（院印）

第三联送达人民法院

第三百零九条［人民检察院和人民法院双方同意］

人民检察院和人民法院有一方认为不宜适用简易程序的，应当适用普通程序。

【条文释义】　本条是关于适用简易程序应当由人民检察院和人民法院双方同意的规定。

简易程序具有不同于普通程序的特点，它是简化了的刑事审判程序。在适用简易程序审理案件时，人民检察院可以不派员出席法庭，在讯问被告人、询问证人、鉴定人、出示证据、法庭辩论时，不受普通程序规定的限制等。因此，简易程序适用不当，可能影响检察权的行使和对犯罪的打击，甚至会使诉讼参与人尤其是诉讼当事人的合法权益受到损害。所以，立法对适用简易程序的案件规定了严格的条件，并且规定对公诉案件，非经人民检察院建议或者同意，人民法院不得适用简易程序。本条规定是对立法有关规定的具体化。根据本条规定，人民检察院和人民法院有一方认为不宜适用简易程序的，应当适用普通程序。即人民检察院认为公诉案件需要适用简易程序的，应当向人民法院提出建议，人民法院同意后才能适用简易程序；人民法院认为公诉案件需要适用简易程序的，应当向人民检察院提出建议，人民检察院同意后，人民法院才能对公诉案件适用简易程序审理。有一方不同意的，不得适用简易程序。

第三百一十条［不派员出庭］

适用简易程序，人民检察院可以不派员出席法庭。

【条文释义】　本条是关于适用简易程序审理案件，人民检察院可以不派员出席法庭的规定。

根据本条规定，适用简易程序，人民检察院可以不派员出席法庭。即在适用简易程序审理案件时，人民检察院可以不派员出席法庭。这里的“可以不派员出席法庭”，是指人民检察院可以根据案件的具体情况，决定是否派员出席法庭，既可以不派员出席法庭，也可以派员出席法庭。

执行本条规定应当注意，适用简易程序的案件人民检察院是否派员出席法庭，由人民检察院自行决定。根据立法精神，对于适用简易程序审理案件的，人民检察院一般不必派员出席法庭。但如果不派员出席法庭可能会影响公诉效果或造成打击犯罪不力的，人民检察院一般应依法派员出席法庭，支持公诉。

【派员出席法庭通知书的制作】

（一）制作方法

派员出席法庭通知书为填充式文书，共三联：第一联为存根，第二联为副本，第三联为正本。

1. 存根联（第一联）的内容结构及制作方法。

存根联可以分为两个部分：

（1）首部。包括：制作本文书的人民检察院名称；文书名称，即“派员出席法庭通知书”，下有“（存　根）”字样；文书编号，即“　检　派〔　〕　号”，空余地方依次填写制作本文书的人民检察院简称、具体办案部门简称、年度和序号。

（2）正文。包括：案由，可根据案件涉嫌的罪名填写“抢劫罪”、“挪用公款罪”等；犯罪嫌疑人基本情况，包括被告人的姓名、性别、年龄、工作单位、住址、身份证号码、是否人大代表或政协委员等；被委派出庭人员姓名；批准人；承办人；填发人；填发时间。

2. 副本联（第二联）的内容结构及制作方法。

派员出席法庭通知书副本联结构、内容与正本联基本相同，只是在文书名称之下标有“（副　本）”字样。

3. 正本联（第三联）的内容结构及制作方法。

派员出席法庭通知书正本联大致可以分为三个部分：首部、正文和尾部。

（1）首部。包括：制作本文书的人民检察院名称；文书名称，即“派员出席法庭通知书”；文书编号，即“　检　派〔　〕　号”，空余地方依次填写制作本文书的人民检察院简称、具体办案部门简称、年度和序号。

（2）正文。包括以下内容：一是派员出席法庭的法律依据，即“根据《中华人民共和国刑事诉讼法》第___________条的规定”，横线上根据情况填写《刑事诉讼法》“第一百七十五条”或者“第一百八十八条”。二是人民检察院派员出席法庭的决定和所派人员姓名，即“本院决定委派___________代表本院出席法庭依法执行职务”，横线上填写人民检察院决定委派出席法庭的检察人员的姓名。三是表明给适用简易程序审理公诉案件的人民法院或者审理抗诉案件、二审开庭审理公诉案件的二审法院通知的字样，即“特此通知”。四是送达单位，即在“此致”下的横线上填上适用简易程序审理案件的人民法院名称或者审理抗诉案件、二审开庭审理公诉案件的二审法院的名称。

（3）尾部。包括：制作本文书的年、月、日，并加盖制作本文书的人民检察院的院印。

（二）使用说明

实践中在制作和使用派员出席法庭通知书时，应当注意以下几个方面的问题：（1）要注意把握本文书的适用范围。对于适用普通程序审理的公诉案件，人民检察院派员出席法庭，不使用派员出席法庭通知书。对于适用简易程序审理的公诉案件，只有在人民检察院认为必须派员出席法庭的情况下，才使用本文书，通知人民法院派员出席法庭执行职务。在第二审程序中，对于人民检察院提出抗诉的案件和二审法院开庭审理的公诉案件，人民检察院应当派员出席法庭，为了向人民法院说明出庭人员的姓名，也应当使用本文书通知人民法院。(2) 要正确理解可以制作本文书的人民检察院的具体情况。对于适用简易程序审理公诉案件的情况，应当由审理案件的人民法院的同级人民检察院制作本文书，通知人民法院。在第二审程序中，对于人民检察院提出抗诉的案件和人民法院开庭审理的公诉案件，应当由二审法院的同级人民检察院派员出席法庭，因此，在这种情况下，应当由二审法院的同级人民检察院制作本文书通知第二审人民法院。(3) 要正确填写法律依据。根据《刑事诉讼法》规定，派员出席法庭通知书适用于两种情况，分别在《刑事诉讼法》第 175 条和第 188 条有规定，因此，在制作本文书时，要根据案件和派员出席法庭的具体情况，准确填写法律条文。

本文书三联之间的骑缝线上均有本文书文号，应当按照本文书第三联中文号的填写方法予以填写。

本文书共三联，第一联统一保存备查，第二联附卷，第三联送达人民法院。

(三) 文书格式 (见下页)

人民检察院
派员出席法庭通知书
（存　根）

检　派〔　　〕　号

案由＿＿＿＿＿＿＿＿
犯罪嫌疑人基本情况（姓名、性别、年龄、工作单位、住址、身份证号码、是否人大代表、政协委员）
＿＿＿＿＿＿＿＿
＿＿＿＿＿＿＿＿
＿＿＿＿＿＿＿＿
＿＿＿＿＿＿＿＿
被委派出庭人员＿＿＿＿＿＿
＿＿＿＿＿＿＿＿
批准人＿＿＿＿＿＿
承办人＿＿＿＿＿＿
填发人＿＿＿＿＿＿
填发时间＿＿＿＿＿＿

第一联统一保存

检　派〔　　〕　号

人民检察院
派员出席法庭通知书
（副　本）

检　派〔　　〕　号

根据《中华人民共和国刑事诉讼法》第＿＿＿＿条的规定，本院决定委派＿＿＿＿＿＿＿＿代表本院出席法庭依法执行职务。

特此通知。

此致

＿＿＿＿＿

年　　月　　日
（院印）

第二联附卷

检　派〔　　〕　号

人民检察院
派员出席法庭通知书

检　派〔　　〕　号

根据《中华人民共和国刑事诉讼法》第＿＿＿＿条的规定，本院决定委派＿＿＿＿＿＿＿＿代表本院出席法庭依法执行职务。

特此通知。

此致

＿＿＿＿＿

年　　月　　日
（院印）

第三联送达人民法院

第三百一十一条 ［适用简易程序的公诉案件的材料移送］

人民检察院对于建议或者同意适用简易程序审理的公诉案件，应当向人民法院移送全部案卷和证据材料。

【条文释义】 本条是关于适用简易程序的公诉案件，人民检察院如何移送案卷材料的规定。

根据《刑事诉讼法》的规定，适用普通程序审理的案件，人民检察院在开庭审理前不能向人民法院移送全部案卷和证据材料，只能向人民法院移送证据目录、证人名单和主要证据复印件或者照片；人民检察院应当派员出席法庭支持公诉。但是适用简易程序的案件，人民检察院可以不派员出席法庭，并且法庭审理中讯问被告人、询问证人、鉴定人、出示证据、法庭辩论等不受普通公诉案件审理程序规定的限制，即根据案件审理的实际需要，可以进行某一程序，也可以不进行某一程序，可以这样出示证据，也可以那样出示证据等。所以，本条明确规定，人民检察院对于建议或者同意适用简易程序审理的公诉案件，应当向人民法院移送全部案卷和证据材料。

执行本条规定应注意两点：（1）对于适用简易程序的案件，无论人民检察院是否派员出席法庭，都应向人民法院移送全部案卷和证据材料，不能只移送主要证据复印件、照片、证据目录等。（2）对于人民检察院建议适用简易程序的，应当在提起公诉时一并向人民法院移送全部案卷和证据材料，以便人民法院审查决定是否同意；对于人民法院建议适用简易程序的，人民检察院在答复同意时，应当移送全部案卷和证据材料。

第三百一十二条 ［不适宜适用简易程序的情形］

具有下列情形之一的，人民检察院应当不建议或者不同意适用简易程序：

（一）依法可能判处三年以上有期徒刑的；

（二）对于案件事实、证据存在较大争议的；

（三）比较复杂的共同犯罪案件；

（四）被告人是否犯罪、犯有何罪存在争议的；

（五）被告人要求适用普通程序的；

（六）被告人是盲、聋、哑人的；

（七）辩护人作无罪辩护的；

（八）其他不宜适用简易程序的。

【条文释义】 本条是关于不宜适用简易程序的情形的规定。

根据本条规定，公诉案件具有下列情形之一的，人民检察院不应建议人民法院适用简易程序；人民法院建议适用简易程序的，人民检察院应当不予同意：

（1）依法可能判处3年以上有期徒刑的，即根据案件事实和《刑法》规定，对被告人或者共同犯罪中的至少1个被告人可能判处3年以上有期徒刑刑罚的案件，不能适用简易程序。（2）对于案件事实、证据存在较大争议的。这里的“争议”，包括被告人不认罪或不承认主要罪行、辩护人与人民检察院在事实、证据上的认识分歧、被害人及其诉讼代理人与人民检察院在案件事实、证据上存在的争议、人民检察院与公安机关在案件事实、证据上存在的争议、人民检察院内部对案件事实证据存在的争议等。（3）比较复杂的共同犯罪案件。这里的“复杂”，是指案件事实复杂，如多次共同的犯罪、多人分别参与不同的共同犯罪等。（4）被告人是否犯罪、犯有何罪存在争议的。这是指对案件事实、证据不存在争议，对适用法律、理解法律存在争议。（5）被告人要求适用普通程序的。“要求”，可以是书面的，也可以是口头的；可以自己提出，也可以通过辩护人提出。（6）被告人是盲、聋、哑人的。被告人只要有三种情形之一，即应适用普通程序。（7）辩护人作无罪辩护的。即辩护人在一定场合提出无罪意见的。（8）其他不宜适用简易程序的，如案件影响较大等。

第三百一十三条［简易程序转为普通程序后的派员出庭］

适用简易程序审理的公诉案件，人民法院发现不宜适用简易程序，决定按照公诉案件第一审普通程序重新审理的，人民检察院应当派员出席法庭。

【条文释义】　本条是关于公诉案件由简易程序转为普通程序，人民检察院应当派员出席法庭的规定。

《刑事诉讼法》明确规定，人民法院审理过程中，发现不宜适用简易程序的，应当按照普通程序对案件重新审理。根据本条规定，适用简易程序审理的公诉案件，人民法院发现不宜适用简易程序，决定按照公诉案件第一审普通程序重新审理的，人民检察院应当派员出席法庭。“不宜适用简易程序”，是指人民法院在适用简易程序审理案件时，发现案件不属于依法可以适用简易程序的案件，不应当适用简易程序审理；或者在审理过程中案件情况发生某种变化，不宜再适用简程序来审理，如被告人在法庭上翻供等。这里的“重新审理”，是指停止适用简易程序，代之以公诉案件第一审普通程序，从头开始开庭审理。

执行本条规定应当注意，对于人民法院发现已经适用简易程序的公诉案件不宜适用简易程序，决定按照公诉案件第一审普通程序重新审理的，人民检察院即使认为仍可适用简易程序，也不能再适用简易程序，而必须按照普通程序审理，应当派员出席法庭。只有这样才有利于打击犯罪，保护公民的合法权益。

第三百一十四条［简易程序转为普通程序后的审查起诉］

转为普通程序审理的案件，人民法院应当将全案卷宗和证据材料退回人民检察院。人民检察院审查起诉的期限应当从收到人民法院有关案件材料之日起计算。

【条文释义】　本条是关于简易程序转为普通程序后人民检察院重新审查起诉的规定。

适用简易程序和适用普通程序对检察工作的要求是不同的。公诉案件由简易程序转为普通程序，需要人民检察院重新审查案件，需要出庭的检察人员做好出庭准备。本条规定包括两层含义：（1）转为普通程序审理的案件，人民法院应当将全案卷宗和证据材料退回人民检察院。这是人民检察院重新审查案件所必需的，也是派员出席法庭、完成检察任务的前提条件。（2）人民检察院审查起诉的期限应当从收到人民法院有关案件材料之日起计算。即对于由简易程序转为普通程序的公诉案件，人民检察院需要重新开始审查起诉工作，应当重新计算审查起诉期限：一般的案件应当在收到人民法院退回有关案件材料之日起1个月以内重新提起公诉，重大、复杂的案件，可以延长半个月。

第六节　辩护与代理

第三百一十五条［告知犯罪嫌疑人有权委托辩护人］

人民检察院自收到移送审查起诉的案件材料之日起三日内，应当告知犯罪嫌疑人有权委托辩护人。

告知可以采取口头或者书面方式。口头告知的，应当记明笔录，由被告知人签名；书面告知的，应当将送达回执入卷。

在押的犯罪嫌疑人要求委托辩护人的，应当由犯罪嫌疑人指定的人办理委托事宜，人民检察院应当通知犯罪嫌疑人指定的人办理。

【条文释义】　本条是关于审查起诉中告知犯罪嫌疑人有权委托辩护人和在押犯罪嫌疑人如何委托辩护人的规定。

本条第1款是关于人民检察院审查起诉中告知犯罪嫌疑人有权委托辩护人的期限的规定。“辩护人”，是指受犯罪嫌疑人、被告人委托或者人民法院指定，帮助犯罪嫌疑人、被告人行使辩护权，依法维护犯罪嫌疑人、被告人合法权益的诉讼参与人。根据本款规定，人民检察院自收到移送本院审查起诉的案件材料之日起三日内，应当告知犯罪嫌疑人有权委托辩护人。这里的“移送审查起诉”，主要是指公安机关、国家安全机关等侦查机关将案件移送人民检察院审查起诉，也包括人民检察院侦查部门将案件移送审查起诉部门审查起诉。这里规定的“3

日内”是人民检察院告知犯罪嫌疑人有权委托辩护人的法定期间。这种“告知”，是人民检察院的法定义务。

本条第2款是关于告知方式的规定。根据本款规定，告知可以采取口头或者书面方式。口头告知的，应当记明笔录，由被告知人签名；书面告知的，应当将送达回执入卷。这样既严肃，又简便，符合立法精神。

本条第3款是关于在押犯罪嫌疑人如何委托辩护人的规定。根据本款规定，在押的犯罪嫌疑人要求委托辩护人的，应当由犯罪嫌疑人指定的人办理委托事宜，人民检察院应当通知犯罪嫌疑人指定的人办理。这里“犯罪嫌疑人要求委托辩护人”，既可以口头提出，也可以书面提出，口头提出的，应当记明笔录。

执行本条规定应当注意：(1) 对于未被羁押的犯罪嫌疑人，人民检察院也应依法告知其有权委托辩护人。对于其委托辩护人的行为，人民检察院不予限制，但违反法律规定的，应依法纠正。(2) 对于犯罪嫌疑人的亲友未经犯罪嫌疑人指定为其委托辩护人的，只要犯罪嫌疑人认可，人民检察院不予限制，但违反法律规定的除外。

【委托辩护人告知书的制作】

(一) 制作方法

委托辩护人告知书为填充式文书，共三联，第一联为存根，第二联为副本，第三联为正本。

1. 存根联（第一联）的内容结构及制作方法。

存根联可以分为两个部分：

(1) 首部。包括：制作本文书的人民检察院名称；文书名称，即“委托辩护人告知书”，下有“（存　根）”字样；文书编号，即“　检　委辩〔　〕　号”，空白处应当依次填写制作本文书的人民检察院简称、具体办案部门简称、年度和文书序号。

(2) 正文。包括：案由，可根据案件涉嫌的罪名填写“强奸罪”、“抢劫罪”、“故意杀人罪”等；犯罪嫌疑人姓名；批准人；承办人；填发人；填发时间。

2. 副本联（第二联）的内容结构及制作方法。

副本联结构、内容与正本联基本相同，只是在首部文书名称之下标有“（副本）”字样。

3. 正本联（第三联）的内容结构及制作方法。

正本联大致可以分为三个部分：首部、正文和尾部。

(1) 首部。包括：制作本文书的人民检察院名称；文书名称，即“委托辩护人告知书”；文书编号，即“　检　委辩〔　〕　号”，空白处应当依次填写制作本文书的人民检察院简称、具体办案部门简称、年度和文书序号。

（2）正文。包括：一是犯罪嫌疑人姓名，即在正文上方的横线上填写需要送达的犯罪嫌疑人姓名。二是检察机关收到移送审查起诉案件情况，即“我院已收到____________移送审查起诉的____________一案的案件材料”，横线上应当依次填写以下内容：移送审查起诉的机关名称，具体可以为“××县公安局”、“××市国家安全局”、“本院反贪污贿赂工作局”，等等；犯罪嫌疑人的姓名和案由，可表述为“犯罪嫌疑人×××（姓名）涉嫌×××（罪名）”。三是法律根据，即“根据《中华人民共和国刑事诉讼法》第三十三条的规定”。四是告知事项，即“现告知你有权委托辩护人”。

（3）尾部。包括：制作本文书的年月日，并加盖制作本文书的人民检察院院印。

（二）使用说明

在制作和使用委托辩护人告知书时，应当注意以下几个方面的问题：（1）根据《刑事诉讼法》和《人民检察院刑事诉讼规则》的规定，人民检察院应当在收到移送审查起诉的案件材料之日起 3 日以内，告知犯罪嫌疑人有权委托辩护人。因此，人民检察院应当在收到移送审查起诉的案件材料之后，及时制作和使用本文书告知犯罪嫌疑人有权委托辩护人。（2）根据《人民检察院刑事诉讼规则》第 315 条规定，人民检察院自收到移送审查起诉的案件材料之日起 3 日内，应当告知犯罪嫌疑人有权委托辩护人。告知可以采取口头或者书面方式。人民检察院口头告知的，不制作和适用本文书，记明笔录由被告知人签名即可。只有在采取书面告知的情况下，才适用本文书。（3）为了保障犯罪嫌疑人的合法权益，人民检察院依法告知犯罪嫌疑人有权委托辩护人后，在押的犯罪嫌疑人要求委托辩护人的，人民检察院可以要求他指定其他人办理委托辩护人的事宜，并且应当通知犯罪嫌疑人指定的人办理。（4）本文书以犯罪嫌疑人为单位制作，犯罪嫌疑人为多人的，应当按照需要书面告知的人数分别制作本文书。

本文书三联之间的骑缝线上均有本文书文号，应当按照本文书第三联中文号的填写方法予以填写。

本文书共三联，第一联统一保存备查，第二联附卷，第三联送达犯罪嫌疑人。

（三）文书格式（见下页）

人民检察院

委托辩护人告知书

（存　根）

检　委辩〔　　〕　号

案由＿＿＿＿＿＿＿＿

犯罪嫌疑人＿＿＿＿＿＿

批准人＿＿＿＿＿＿＿

承办人＿＿＿＿＿＿＿

填发人＿＿＿＿＿＿＿

填发时间＿＿＿＿＿＿

第一联统一保存

检　委辩〔　　〕　号

人民检察院

委托辩护人告知书

（副　本）

检　委辩〔　　〕　号

＿＿＿＿＿＿：

我院已收到＿＿＿＿＿＿移送审查起诉的＿＿＿＿＿＿一案的案件材料。根据《中华人民共和国刑事诉讼法》第三十三条的规定，现告知你有权委托辩护人。

年　　月　　日

（院印）

第二联附卷

检　委辩〔　　〕　号

人民检察院

委托辩护人告知书

检　委辩〔　　〕　号

＿＿＿＿＿＿：

我院已收到＿＿＿＿＿＿移送审查起诉的＿＿＿＿＿＿一案的案件材料。根据《中华人民共和国刑事诉讼法》第三十三条的规定，现告知你有权委托辩护人。

年　　月　　日

（院印）

第三联送达犯罪嫌疑人

第三百一十六条 ［辩护人的范围］

人民检察院审理案件过程中，应当保证犯罪嫌疑人行使刑事诉讼法第三十二条规定的辩护权利。但下列人员不得被委托担任辩护人：

（一）在缓刑考验期限内或者刑罚尚未执行完毕的人；

（二）依法被剥夺、限制人身自由的人；

（三）无行为能力或者限制行为能力的人；

（四）与本案有直接利害关系的人；

（五）人民法院、人民检察院、公安机关、国家安全机关、监狱的现职工作人员；

（六）外国人或者无国籍人。

前款第（四）、（五）、（六）项的人员，如果是犯罪嫌疑人的近亲属或者监护人，并且不属于前款第（一）、（二）、（三）项情形，犯罪嫌疑人委托其担任辩护人的，人民检察院可以准许。

律师、人民团体或者犯罪嫌疑人所在单位推荐的公民，以及犯罪嫌疑人的监护人、亲友被委托担任辩护人的，人民检察院应当分别核实辩护人身份证明和辩护委托书。

【条文释义】 本条是关于辩护人的范围的规定。

《刑事诉讼法》第32条规定，犯罪嫌疑人、被告人除自己行使辩护权以外，还可以委托1~2人作为辩护人。该条还规定了辩护人的范围。

本条第1款是关于哪些人不能担任辩护人的一般规定。根据本款规定，人民检察院审理案件过程中，应当保证犯罪嫌疑人行使《刑事诉讼法》第32条规定的辩护权利。但下列人员不得被委托担任辩护人：（1）在缓刑考验期限内或者刑罚尚未执行完毕的人。这里的“在缓刑考验期限内”的人，是指被人民法院判处拘役或者有期徒刑前被宣告缓刑，其缓刑考验期尚未届满的人；“刑罚尚未执行完毕的人”，包括正在执行机关服刑的人和被暂予监外执行、假释的罪犯等。（2）依法被剥夺、限制人身自由的人。包括被逮捕、刑事拘留、行政拘留、司法拘留、劳动教养等被剥夺人身自由的人和被监视居住、取保候审等被限制人身自由的人。（3）无行为能力或者限制行为能力的人。（4）与本案有直接利害关系的人，如同案犯等。（5）人民法院、人民检察院、公安机关、国家安全机关、监狱的现职工作人员，但临时雇用的人员不属于现职人员。（6）外国人或者无国籍人。

本条第2款是关于第1款例外情形的规定。根据本款规定，第1款第4~6项的人员，如果是犯罪嫌疑人的近亲属或者监护人，并且不属于前款第1~3项情形，犯罪嫌疑人委托其担任辩护人的，人民检察院可以准许。“近亲属”，是指夫、妻、父、母、子、女、同胞兄弟姊妹。“监护人”，是指对未成年人、精神病人的人身、财产以及其他合法权益履行监督、保护职责的人。这里的“可以准许”，也包括在特殊情况下不予准许。

本条第3款是关于核实辩护人身份的规定。根据本款规定，律师、人民团体或者犯罪嫌疑人所在单位推荐的公民，以及犯罪嫌疑人的监护人、亲友被委托为辩护人的，人民检察院应当分别核实辩护人身份证明和辩护委托书。“核实”，即让其出示有关证明材料，审查是否合法、真实。

第三百一十七条［辩护人的数量和限制性规定］

一名犯罪嫌疑人可以委托一至二人作为辩护人。

共同犯罪的案件，一名辩护人不得为二名以上的同案犯罪嫌疑人辩护。

律师担任诉讼代理人的，不得同时接受同一案件二名以上被害人的委托，参与刑事诉讼活动。

【条文释义】　本条是关于犯罪嫌疑人委托辩护人的数量和担任辩护人、诉讼代理人的限制性规定。

本条第1款是关于犯罪嫌疑人委托辩护人的人数的规定。根据本款规定，1名犯罪嫌疑人可以委托1~2人作为辩护人。这是对犯罪嫌疑人委托的辩护人的人数的限定，即每个犯罪嫌疑人只能委托1人或者2人担任辩护人。在共同犯罪案件中不同的犯罪嫌疑人可以分别聘请1人或者2人作为辩护人。

本条第2款是关于共同犯罪案件中辩护人的限制性规定。根据本款规定，共同犯罪的案件，1名辩护人不得为2名以上的同案犯罪嫌疑人辩护。同案犯罪嫌疑人存在罪责分担问题，彼此之间有利害关系，共同委托1人为辩护人，不利于辩护人作用的发挥。

本条第3款是关于律师担任诉讼代理人的限制性规定。根据本款规定，律师担任诉讼代理人的，不得同时接受同一案件2名以上被害人的委托，参与刑事诉讼。因为不同的被害人有不同的利益要求，有时同案被害人之间还会有利害关系。所以，律师不能同时接受同一案件2名以上被害人的委托，参与刑事诉讼活动。

第三百一十八条［告知被害人等有权委托诉讼代理人］

人民检察院自收到移送审查起诉的案件材料之日起三日内，应当告知被害人及其法定代理人或者其近亲属、附带民事诉讼的当事人及其法定代理人有权委托诉讼代理人。

告知可以采取口头或者书面方式。口头告知的，应当记明笔录，由被告知人

签名；书面告知的，应当将送达回执入卷；无法告知的，应当记明笔录。

被害人有法定代理人的，应当告知其法定代理人；没有法定代理人的，应当告知其近亲属。

法定代理人或者近亲属为二人以上的，可以只告知其中一人，告知时应当按照刑事诉讼法第八十二条第（三）、（六）项列举的顺序择先进行。

【条文释义】 本条是关于人民检察院在审查起诉中告知被害人及其法定代理人或者其近亲属、附带民事诉讼的当事人及其法定代理人有权委托诉讼代理人的规定。

本条第1款是关于人民检察院审查起诉中告知被害人等有权委托诉讼代理人的期限规定。这里的“诉讼代理人”，是指接受被害人等的委托，参加刑事诉讼，代被害人等行使部分权利的诉讼参与人。根据本款规定，人民检察院自收到移送审查起诉的案件材料之日起3日内，应当告知被害人及其法定代理人或者其近亲属、附带民事诉讼的当事人及其法定代理人有权委托诉讼代理人。这里的“三日内”是一个法定期间，必须遵守。这里的“告知”，是人民检察院的一项法定义务。

本条第2款是关于告知方式的规定。根据本款规定，告知被害人等有权委托诉讼代理人可以采用两种方式：（1）口头方式。人民检察院采用口头方式告知的，应当记明笔录，由被告知人签名。（2）书面方式。人民检察院采用书面方式告知的，应当将送达回执入卷。本款还规定了无法告知应如何处理的规定，即无法告知的，应当记明笔录。这里的“无法告知”，主要是指被害人等姓名、地址不明等情况。

本条第3款是关于被害人法定代理人优先于近亲属接受告知的规定。根据本款规定，被害人有法定代理人的，应当告知其法定代理人；没有法定代理人的，应当告知其近亲属。这是针对被害人死亡或无行为能力、限制行为能力的情形规定的，符合立法精神，便于实践操作。

本条第4款是关于告知法定代理人或者近亲属选择的规定。被害人、附带民事诉讼的当事人，可能有多名法定代理人、近亲属，人民检察院不能也不必一一告知，而选择告知其中1人即可。根据本款规定，法定代理人或者近亲属为2人以上的，可以只告知其中1人，告知时应当按照《刑事诉讼法》第82条第3、6项列举的顺序择先进行。《刑事诉讼法》第82条第3项规定的法定代理人的顺序是被代理人的父母、养父母、监护人和负有保护责任的机关、团体的代表；第6项规定的近亲属的顺序是夫、妻、父、母、子、女、同胞兄弟姊妹。

【委托诉讼代理人告知书的制作】

（一）制作方法

委托诉讼代理人告知书为填充式文书，共三联，第一联为存根，第二联为副本，第三联为正本。

1. 存根联（第一联）的内容结构及制作方法。

存根联可以分为两个部分：

（1）首部。包括：制作本文书的人民检察院名称；文书名称，即“委托诉讼代理人告知书”，下有“（存　根）”字样；文书编号，即“　检　委代〔　〕　号”，空白处应当依次填写制作本文书的人民检察院简称、具体办案部门简称、年度和文书序号。

（2）正文。包括：案由，可根据案件涉嫌的罪名填写“受贿罪”、“抢劫罪”、“挪用公款罪”等；犯罪嫌疑人姓名；被害人姓名、被害人法定代理人或者其近亲属姓名、附带民事诉讼当事人及其法定代理人姓名，上述内容要根据需要填写，并非每项都必须填写；批准人；承办人；填发人；填发时间。

2. 副本联（第二联）的内容结构及制作方法。

副本联结构、内容与正本联基本相同，只是在首部文书名称之下标有“（副本）”字样。

3. 正本联（第三联）的内容结构及制作方法。

正本联大致可以分为三个部分，即首部、正文和尾部。

（1）首部。包括：制作本文书的人民检察院名称；文书名称，即“委托诉讼代理人告知书”；文书编号，即“　检　委代〔　〕　号”，空白处应当依次填写制作本文书的人民检察院简称、具体办案部门简称、年度和文书序号。

（2）正文。包括：一是告知对象姓名，即在正文上方的横线上填写需要送达的被害人及其法定代理人或者近亲属、附带民事诉讼的当事人及其法定代理人姓名。二是检察机关收到移送审查起诉案件情况，即“我院已收到________移送审查起诉的________一案的案件材料”，横线上应当依次填写以下内容：移送审查起诉的机关名称，具体可以为“××县公安局”、“××市国家安全局”、“本院反贪污贿赂工作局”，等等；犯罪嫌疑人的姓名和案由，可表述为“犯罪嫌疑人×××（姓名）涉嫌×××（罪名）”。三是法律根据，即“根据《中华人民共和国刑事诉讼法》第四十条的规定”。四是告知事项，即“现告知你有权委托诉讼代理人”。

（3）尾部。包括：制作本文书的年月日，并加盖制作本文书的人民检察院院印。

（二）使用说明

在制作和使用委托诉讼代理人告知书时，应当注意以下几个方面的问题：

（1）根据《刑事诉讼法》和《人民检察院刑事诉讼规则》的规定，人民检察院应当在收到移送审查起诉的案件材料之日起 3 日以内，告知被害人及其法定代理人或者其近亲属、附带民事诉讼的当事人及其法定代理人有权委托诉讼代理人。因此，人民检察院应当在收到移送审查起诉的案件材料之后，及时制作和适用本文书告知被害人及其法定代理人或者近亲属、附带民事诉讼的当事人及其法定代理人有权委托诉讼代理人。（2）根据《人民检察院刑事诉讼规则》第 318 条的规定，人民检察院在审查起诉阶段告知被害人及其法定代理人或者近亲属、附带民事诉讼的当事人及其法定代理人有权委托诉讼代理人，可以采取口头方式，也可以采取书面方式。人民检察院口头告知的，不制作和适用本文书，记明笔录，由被告知人签名即可。只有在采取书面方式告知被害人及其法定代理人或者其近亲属、附带民事诉讼的当事人及其法定代理人有权委托诉讼代理人的情况下，才适用本文书。（3）对于被害人及其法定代理人或者其近亲属、附带民事诉讼的当事人及其法定代理人，在告知有权委托诉讼代理人时，并非都必须告知。对于刑事案件被害人一方而言，应当按照被害人、被害人的法定代理人或者近亲属的顺序，选择告知对象。法定代理人或者近亲属为 2 人以上的，可以只告知其中 1 人，告知时应当按照下列顺序择先进行：法定代理人的顺序为被代理人的父母、养父母、监护人、负有保护责任的机关、团体的代表；近亲属的顺序为夫、妻、父、母、子、女、同胞兄弟姐妹。对于附带民事诉讼的当事人及其法定代理人，在告知时也应当按照当事人、当事人的法定代理人的顺序择先进行。（4）本文书以被害人、附带民事诉讼当事人为单位制作，被害人为多人时，应当按照人数分别制作；附带民事诉讼当事人至少为 2 人的，也应当按照需要告知的人数分别制作。

本文书三联之间的骑缝线上均有本文书文号，应当按照本文书第三联中文号的填写方法予以填写。

本文书共三联，第一联统一保存备查，第二联附卷，第三联送达被告知人。

（三）文书格式（见下页）

人民检察院
委托诉讼代理人告知书
（存　根）

检　委代〔　　〕　号

案由＿＿＿＿＿＿＿＿
犯罪嫌疑人＿＿＿＿＿＿
被害人＿＿＿＿＿＿＿＿
被害人法定代理人
或者其近亲属＿＿＿＿＿
附带民事诉讼当事人
及其法定代理人＿＿＿＿
批准人＿＿＿＿＿＿＿＿
承办人＿＿＿＿＿＿＿＿
填发人＿＿＿＿＿＿＿＿
填发时间＿＿＿＿＿＿＿

第一联统一保存

检　委代〔　　〕　号

人民检察院
委托诉讼代理人告知书
（副　本）

检　委代〔　　〕　号

＿＿＿＿＿＿＿＿：

我院已收到＿＿＿＿＿＿＿＿移送审查起诉的＿＿＿＿＿＿＿＿一案的案件材料。根据《中华人民共和国刑事诉讼法》第四十条的规定，现告知你有权委托诉讼代理人。

年　月　日
（院印）

第二联附卷

检　委代〔　　〕　号

人民检察院
委托诉讼代理人告知书

检　委代〔　　〕　号

＿＿＿＿＿＿＿＿：

我院已收到＿＿＿＿＿＿＿＿移送审查起诉的＿＿＿＿＿＿＿＿一案的案件材料。根据《中华人民共和国刑事诉讼法》第四十条的规定，现告知你有权委托诉讼代理人。

年　月　日
（院印）

第三联送达被告知人

第三百一十九条［律师的阅卷权］

在审查起诉中，人民检察院应当允许被委托的辩护律师查阅、摘抄、复制本案的诉讼文书、技术性鉴定材料。

诉讼文书包括立案决定书、拘留证、批准逮捕决定书、逮捕决定书、逮捕证、搜查证、起诉意见书等为立案、采取强制措施和侦查措施以及提请审查起诉而制作的程序性文书。

技术性鉴定材料包括法医鉴定、司法精神病鉴定、物证技术鉴定等由有鉴定资格的人员对人身、物品及其他有关证据材料进行鉴定所形成的记载鉴定情况和鉴定结论的文书。

【条文释义】 本条是关于辩护律师在审查起诉阶段查阅、摘抄、复制有关材料的范围的规定。

本条第 1 款是关于允许辩护律师查阅、摘抄、复制有关材料的规定。《刑事诉讼法》规定，辩护律师自人民检察院对案件审查起诉之日起，可以查阅、摘抄、复制本案的诉讼文书、技术性鉴定材料。本款明确规定，在审查起诉中人民检察院应当允许被委托的辩护律师查阅、摘抄、复制本案的诉讼文书、技术性鉴定材料。

本条第 2 款是关于辩护律师可以查阅、摘抄、复制的诉讼文书的范围的规定。这里的“诉讼文书”，是指在侦查、审查起诉中正式制作的诉讼文件，即公安机关、人民检察院为解决程序性问题，推进诉讼程序，以公安机关、人民检察院名义制作的具有法律效力的程序性法律文书。根据本款规定，诉讼文书包括立案决定书、拘留证、批准逮捕决定书、逮捕决定书、逮捕证、搜查证、起诉意见书等为立案、采取强制措施和侦查措施以及提请审查起诉而制作的程序性文书。只有这些文书，辩护律师在审查起诉阶段才能到人民检察院进行查阅、摘抄、复制。

本条第 3 款是关于辩护律师可以查阅、摘抄、复制的技术性鉴定材料的规定。这里的“技术性鉴定材料”，是指为了解决侦查中的专门性问题，由侦查机关指定或者聘请的专家作出的有关专门问题的鉴定结论报告。根据本款规定，技术性鉴定材料包括法医鉴定、司法精神病鉴定、物证技术鉴定等由有鉴定资格的人员对人身、物品及其他有关证据材料进行鉴定所形成的记载鉴定情况和鉴定结论的文书。

第三百二十条［其他辩护人的阅卷权］

律师以外的辩护人向人民检察院申请查阅、摘抄、复制本案的诉讼文书、技术性鉴定材料，或者同在押的犯罪嫌疑人会见和通信的，人民检察院应当在接到

申请后的三日以内对申请人是否具备辩护人资格进行审查并作出是否许可的决定，书面通知申请人。

申请人不具备辩护人资格的，人民检察院应当不予许可。

具有下列情形之一的，人民检察院可以不予许可：

（一）同案犯罪嫌疑人在逃的；

（二）案件事实不清，证据不足，或者遗漏罪行、遗漏同案犯罪嫌疑人需要补充侦查的；

（三）涉及国家秘密的；

（四）有事实表明存在串供、毁灭、伪造证据或者危害证人人身安全可能的。

【条文释义】　本条是关于律师以外的其他辩护人了解案情和与在押的犯罪嫌疑人会见和通信的规定。

本条第1款是关于人民检察院如何处理律师以外的其他辩护人申请了解案情和与在押犯罪嫌疑人会见、通信的规定。根据本款规定，律师以外的辩护人向人民检察院申请查阅、摘抄、复制本案的诉讼文书、技术性鉴定材料，或者同在押的犯罪嫌疑人会见和通信的，人民检察院应当在接到申请后的3日以内对申请人是否具备辩护人资格进行审查并作出是否许可的决定，书面通知申请人。这里的“三日以内”是一个期限要求，包括书面通知申请人，都必须在3日以内完成。这里的“辩护人资格”，包括两方面的内容：（1）该辩护人是否被依法委托为辩护人，有无有关证明材料。（2）该辩护人是否具备辩护人条件，有无《人民检察院刑事诉讼规则》规定的不能担任辩护人的情形。

本条第2款是关于律师以外的辩护人不具备辩护人资格应如何处理的专门规定。根据本款规定，申请人不具备辩护人资格的，人民检察院应当不予许可。“不具备辩护人资格”，是指没有被依法委托为辩护人或者具有《人民检察院刑事诉讼规则》规定的不能担任辩护人的情形。“不予许可”，是指不许其查阅、摘抄、复制有关材料，不许同在押犯罪嫌疑人会见和通信。

本条第3款是关于人民检察院不予许可律师以外的辩护人了解案情、与犯罪嫌疑人会见和通信的规定。律师以外的辩护人即使具备辩护人资格，在特定情形下人民检察院也可以不予许可其了解案情、与在押的犯罪嫌疑人会见和通信。根据本款规定，具有下列情形之一的，人民检察院可以不予许可：（1）同案犯罪嫌疑人在逃的。（2）案件事实不清，证据不足，或者遗漏罪行、遗漏同案犯罪嫌疑人需要补充侦查的。（3）涉及国家秘密的。这里的“涉及国家秘密”，是指案情本身涉及国家秘密。（4）有事实表明存在串供、毁灭、伪造证据或者危害证人人身安全可能的。对于不予许可的，应当说明理由。

第三百二十一条 [其他辩护人的通信权]

律师以外的辩护人同在押的犯罪嫌疑人通信，人民检察院可以要求羁押机关将书信送交人民检察院进行检查。

【条文释义】 本条是关于人民检察院检查律师以外的辩护人同在押的犯罪嫌疑人的通信的规定。

根据本条规定，律师以外的辩护人同在押的犯罪嫌疑人通信，人民检察院可以要求羁押机关将书信送交人民检察院进行检查。这样规定，主要是为了防止律师以外的辩护人从事串供、泄露案情等妨害刑事诉讼的行为，保障刑事诉讼的顺利进行。这种规定符合立法精神。这里的“羁押机关”，是指正在羁押犯罪嫌疑人的机关，主要是指看守所。这里的“书信”，包括辩护人写给犯罪嫌疑人的书信，也包括犯罪嫌疑人写给律师以外的辩护人的书信。

第三百二十二条 [辩护人行使阅卷权的程序和地点]

辩护律师或者经过许可的其他辩护人查阅、摘抄和复制本案的诉讼文书、技术性鉴定材料，应当向审查起诉部门提出书面申请，审查起诉部门应当要求提出申请的辩护律师或者其他辩护人提供表明自己身份和诉讼委托关系的证明材料。

审查起诉部门接受申请后应当安排办理；不能当日办理的，应当向申请人说明理由，并在三日内择定办理日期，告知申请人。

查阅、摘抄和复制本案的诉讼文书、技术性鉴定材料应当在文书室内进行。

【条文释义】 本条是关于辩护人在审查起诉阶段查阅、摘抄和复制案件材料的程序和地点的规定。

本条第1款是关于辩护人申请的规定。本款包括两层含义：（1）辩护律师或者经过许可的其他辩护人查阅、摘抄和复制本案的诉讼文书、技术性鉴定材料，应当向审查起诉部门提出书面申请。即不论辩护人是律师还是其他人，要查阅、摘抄、复制本案有关材料，都必须向人民检察院审查起诉部门申请，并且应采用书面形式申请。（2）审查起诉部门应当要求提出申请的辩护律师或者其他辩护人提供表明自己身份和诉讼委托关系的证明材料。这样规定主要是为了防止冒名顶替，影响诉讼的顺利进行。对不能提供有关材料的，不接受其申请，对申请人严重违法的，应依法处理。

本条第2款是关于审查起诉部门接受申请后如何处理的规定。根据本款规定，审查起诉部门接受申请后应当安排办理。这里的“办理”，是指要安排申请人查阅、摘抄、复制本案的诉讼文书、技术性鉴定材料；不能当日办理的，应当向申请人说明理由，并在3日内择定办理日期，告知申请人。这里的“不能当日办理”，主要是指办案人员正在阅卷、案卷已由其他辩护人借阅等情况。

本条第3款是关于辩护人查阅、摘抄、复制诉讼文书、技术性鉴定材料的地点的规定。根据本款规定，查阅、摘抄和复制本案的诉讼文书、技术性鉴定材料应当在文书室进行。"文书室"，是人民检察院指定的专门供辩护人、诉讼代理人查阅、摘抄和复制诉讼文书、技术性鉴定材料的地点。未经允许，辩护人不得将案件材料原件带离文书室。

第三百二十三条 [律师申请向证人调取证据]

辩护律师申请人民检察院向被告人提供的证人，或者其他有关单位和个人收集、调取证据的，人民检察院认为需要调查取证时，可以收集、调取。

人民检察院根据辩护律师的申请收集、调取证据时，申请人可以在场。

【条文释义】 本条是关于辩护律师申请人民检察院收集、调取证据的规定。

本条第1款是关于人民检察院根据辩护律师收集、调取证据的申请收集、调取证据的规定。根据本款的规定，辩护律师申请人民检察院向被告人提供的证人，或者其他有关单位和个人收集、调取证据的，人民检察院认为需要调查取证时，可以收集、调取。这里的"辩护律师"，仅指律师作为辩护人的情形，不包括律师以外的其他辩护人。"人民检察院认为需要"，是指辩护律师在收集与本案有关的材料中，证人或者其他单位或者个人拒绝会见、拒绝提供物证、书证、视听资料、拒绝作证，人民检察院认为这些证据应予收集、调取而且必须自己亲自收集、调取的情形。

本条第2款是关于人民检察院收集、调取证据时，申请人可以在场的规定。根据本款的规定，人民检察院根据辩护律师的申请收集、调取证据时，申请人可以在场。这样规定既保证了收集、调取证据的公正性，又可以避免以后在这方面产生分歧和争议。但这里的"申请人可以在场"，包括不许申请人在场的情形；如果人民检察院收集、调取证据时申请人在场会影响工作的正常进行，可以不允许申请人在场。对此由人民检察院办案人员根据情况决定。

第三百二十四条 [律师申请向被害方调取证据]

辩护律师向人民检察院提出申请要求向被害人或者其近亲属、被害人提供的证人收集与本案有关的材料的，人民检察院应当在接到申请后七日内作出是否许可的决定，通知申请人。

【条文释义】 本条是关于辩护律师向人民检察院申请要求向被害人或者其近亲属、被害人提供的证人收集有关材料的规定。

《刑事诉讼法》规定，辩护律师经人民检察院许可，并且经被害人或者其近亲属、被害人提供的证人同意，可以向他们收集与本案有关的材料。本条即是针对立法的这一内容规定的。根据本条的规定，辩护律师向人民检察院提出申请要求向被害人或者其近亲属、被害人提供的证人收集与本案有关的材料的，人民检察院应当在接到申请后7日内作出是否许可的决定，通知申请人。这里的“七日内”是一个必须遵守的期限规定。这里的“是否许可”，主要应根据辩护律师的调查取证是否会给被害人造成伤害，是否会妨害诉讼的正常进行，是否会影响案件的公正处理，作出决定。

执行本条规定应注意，即使经过人民检察院许可，辩护律师向被害人及其近亲属、被害人提供的证人收集有关材料，也必须经过他们的同意，这是立法所明确要求的。对此，人民检察院应注意监督，尤其是应防止辩护律师将人民检察院的许可作为要挟被害人，使其同意的现象发生。

【辩护律师收集案件材料许可证的制作】

（一）制作方法

辩护律师收集案件材料许可证为填充式文书，共三联，第一联为存根，第二联为副本，第三联为正本。

1. 存根联（第一联）的内容结构及制作方法。

存根联可以分为两个部分：

（1）首部。包括：制作本文书的人民检察院名称；文书名称，即“辩护律师收集案件材料许可证”，下有“（存　根）”字样；文书编号，即“　检　辩许〔　〕　号”，空白处应当依次填写制作本文书的人民检察院简称、具体办案部门简称、年度和文书序号。

（2）正文。包括：案由，可根据案件涉嫌的罪名填写“强奸罪”、“抢劫罪”、“挪用公款罪”等；犯罪嫌疑人姓名；申请人姓名，即申请向被害人或者被害人近亲属、被害人提供的证人收集与案件有关的材料的辩护律师姓名；申请人性别、年龄；申请人工作单位；被害人姓名、被害人近亲属姓名、被害人提供的证人姓名，上述内容要根据需要填写，并非每项都必须填写；批准人；承办人；填发人；填发时间。

2. 副本联（第二联）的内容结构及制作方法。

副本联结构、内容与正本联基本相同，只是在首部文书名称之下标有“（副本）”字样。

3. 正本联（第三联）的内容结构及制作方法。

正本联大致可以分为三个部分，即首部、正文和尾部。

（1）首部。包括：制作本文书的人民检察院名称；文书名称，即“辩护律师收集案件材料许可证”；文书编号，即“　检　辩许〔　〕　号”，空白处应当依次填写制作本文书的人民检察院简称、具体办案部门简称、年度和文书序号。

（2）正文。包括：一是许可收集案件材料的辩护律师姓名，即在正文上方的横线上填写需要送达的辩护律师姓名。二是写明检察机关已经收到辩护律师关于收集案件材料申请，即“你关于向＿＿＿＿＿＿＿＿收集案件有关材料的申请收悉”，横线上应当填写辩护律师申请收集材料的对象，即被害人、被害人的近亲属、被害人提供的证人的姓名。三是法律根据，即“根据《中华人民共和国刑事诉讼法》第三十七条的规定”。四是许可事项，即“许可你向＿＿＿＿＿＿收集与本案有关的材料”，横线上仍应当填写辩护律师申请收集材料的对象，即被害人、被害人的近亲属、被害人提供的证人的姓名。五是要求事项，即“必须经本人同意”。

（3）尾部。包括：制作本文书的年、月、日，并加盖制作本文书的人民检察院院印。

（二）使用说明

实践中在制作和使用辩护律师收集案件材料许可证时，应当注意以下几个方面的问题：（1）要注意掌握本文书的适用范围。根据《刑事诉讼法》第32条的规定，犯罪嫌疑人在审查起诉阶段可以委托下列人员为辩护人：律师；人民团体或者犯罪嫌疑人所在单位推荐的人；犯罪嫌疑人的监护人、亲友。人民检察院只能适用本文书许可辩护律师向被害人或者被害人的近亲属、被害人提供的证人收集证据，不能适用于非律师作为辩护人的情形。（2）根据《刑事诉讼法》的规定，辩护律师在审查起诉阶段向被害人、被害人的近亲属或者被害人提供的证人收集证据，必须经过人民检察院许可。人民检察院要根据案件的具体情况，综合考虑各种因素之后，决定是否适用本文书许可辩护律师向有关人员收集与案件有关的材料。（3）本文书以辩护律师申请收集与案件有关的材料的对象为单位制作，许可辩护律师向多人收集与案件有关的材料的，应当分别制作本文书。同时，本文书一份只能许可一名辩护律师向被害人或者被害人的近亲属、被害人提供的证人收集与案件有关的材料。

本文书三联之间的骑缝线上均有本文书文号，应当按照本文书第三联中文号的填写方法予以填写。

本文书共三联，第一联统一保存备查，第二联附卷，第三联送达申请人。

（三）文书格式（见下页）

人民检察院
辩护律师收集案件材料许可证
（存　根）

检　辩许〔　　〕　号

案由________________
犯罪嫌疑人________________
申请人________________
性别________　年龄________
工作单位________________
被害人________________
被害人近亲属________________
被害人提供的证人________________
批准人________________
承办人________________
填发人________________
填发时间________________

第一联统一保存

检 辩许〔 〕号

人民检察院
辩护律师收集案件材料许可证
（副　本）

检　辩许〔　　〕　号

________律师：

你关于向________收集案件有关材料的申请收悉。经审查，根据《中华人民共和国刑事诉讼法》第三十七条的规定，许可你向________收集与本案有关的材料，但是必须经本人同意。

年　月　日
（院印）

第二联附卷

检 辩许〔 〕号

人民检察院
辩护律师收集案件材料许可证

检　辩许〔　　〕　号

________律师：

你关于向________收集案件有关材料的申请收悉。经审查，根据《中华人民共和国刑事诉讼法》第三十七条的规定，许可你向________收集与本案有关的材料，但是必须经本人同意。

年　月　日
（院印）

第三联送达申请人

第三百二十五条 ［诉讼代理人的阅卷权和取证权］

律师担任诉讼代理人经人民检察院许可，可以查阅、摘抄、复制本案的诉讼文书、技术性鉴定材料。需要收集、调取与本案有关的材料的，参照本规则第三百二十三条、第三百二十四条的规定办理。

【条文释义】 本条是关于律师担任诉讼代理人时了解案情和收集、调取有关材料的规定。

根据本条规定，律师担任诉讼代理人经人民检察院许可，可以查阅、摘抄、复制本案的诉讼文书、技术性鉴定材料。律师担任诉讼代理人申请人民检察院向被代理人提供的证人，或者其他有关单位和个人收集、调取证据的，人民检察院认为需要调查取证时，可以收集、调取。人民检察院根据诉讼代理律师的申请收集、调取证据时，申请人可以在场。诉讼代理律师向人民检察院提出申请要求向被告人或者其近亲属、被告人提供的证人收集与本案有关的材料的，人民检察院应当在接到申请后7日内作出是否许可的决定，通知申请人。这样有利于保护被害人的合法权益，在诉讼中享有与犯罪嫌疑人同等的诉讼权利。

第三百二十六条 ［诉讼代理人行使阅卷权和取证权的程序］

诉讼代理人查阅、摘抄、复制本案诉讼文书、技术性鉴定材料，收集、调取与本案有关的材料，应当向人民检察院提交由被代理人签名或者盖章的委托书。

诉讼代理人查阅、摘抄、复制本案诉讼文书、技术性鉴定材料，适用本规则第三百一十九条、第三百二十条的规定。

【条文释义】 本条是关于诉讼代理人在审查起诉阶段了解案情和收集、调取案件材料的要求的规定。

本条第1款是关于诉讼代理人了解案情和收集、调取有关材料应当提交委托书的规定。根据本款规定，诉讼代理人查阅、摘抄、复制本案诉讼文书、技术性鉴定材料，收集、调取与本案有关的材料，应当向人民检察院提交由被代理人签名或者盖章的委托书。这里的“诉讼代理人”，包括律师作为诉讼代理人的情形，也包括律师以外的人作为诉讼代理人的情形。这里的“被代理人”，包括公诉案件的被害人及其法定代理人、近亲属、附带民事诉讼的当事人及其法定代理人。

本条第2款是关于诉讼代理人查阅、摘抄、复制案件材料的范围和程序的规定。根据本款规定，在审查起诉中，人民检察院应当允许被委托的诉讼代理律师查阅、摘抄、复制本案的诉讼文书、技术性鉴定材料。诉讼文书包括立案决定书、拘留证、批准逮捕决定书、逮捕决定书、逮捕证、搜查证、起诉意见书等为立案、采取强制措施和侦查措施以及提请审查起诉而制作的程序性文书。技术性鉴定材料包括法医鉴定、司法精神病鉴定、物证技术鉴定等由有鉴定资格的人员对人身、物品及其他有关证据材料进行鉴定所形成的记载鉴定情况和鉴定结论的文书。律师以外的诉讼代理人向人民检察院申请查阅、摘抄、复制本案的诉讼文书、技术性鉴定材料，人民检察院应当在接到申请后的3日内对申请人是否具备诉讼代理人资格进行审查并作出是否许可的决定，书面通知申请人。申请人不具备诉讼代理人资格的，人民检察院应当不予许可。具有下列情形之一的，人民检察院可以不予许可：（1）同案犯罪嫌疑人在逃的；（2）案件事实不清，证据不足，或者遗漏罪行、遗漏同案犯罪嫌疑人需要补充侦查的；（3）涉及国家秘密的；（4）有事实表明存在串证、毁灭、伪造证据或危害证人人身安全可能的。

第三百二十七条［自侦案件的审查起诉程序］

人民检察院审查起诉部门受理本院侦查部门移送审查起诉的案件，按照本章规定的程序办理。

【条文释义】　本条是关于人民检察院审查起诉部门受理本院侦查部门移送审查起诉案件的审查起诉程序的规定。

本章规定的程序主要是针对公安机关移送人民检察院审查起诉的案件规定的。根据本条规定，人民检察院审查起诉部门受理本院侦查部门移送审查起诉的案件，按照本章规定的程序办理。即人民检察院审查起诉部门对本院侦查部门移送审查起诉的案件的受理、审查、退回补充侦查、决定起诉、决定不起诉、审查起诉期限、辩护与代理的办理等，适用本章规定的程序。人民检察院审查起诉部门对本院侦查部门移送案件的审查起诉，与人民检察院对公安机关移送起诉案件的审查起诉，在机制上是一致的，在功能上是相同的，按照同一程序和要求办理，符合立法精神和诉讼理论，在实践中也行之有效，有利于加强对检察院侦查活动的监督与制约，并易于操作执行。

第九章 出席法庭[①]

【本章概要】 本章是关于检察人员出席法庭支持公诉的规定，包括庭前准备工作、公诉人一审庭审的活动内容、出庭支持公诉的准备、出示证据及质证的要求，等等。

第一节 出席第一审法庭

第三百二十八条 [出庭支持公诉]

提起公诉的案件，除适用简易程序决定不派员出庭的以外，人民检察院应当派员以国家公诉人的身份出席第一审法庭，支持公诉。

公诉人应当由检察长、检察员或者经检察长批准代行检察员职务的助理检察员一人至数人担任，并配备书记员担任记录。

【条文释义】 本条是关于第一审公诉案件公诉人出庭支持公诉的原则规定。

凡需要提起公诉的案件，一律由人民检察院审查决定，对于决定提起公诉的，在人民法院审判公诉案件时，人民检察院应当派员出席法庭支持公诉，进一步阐述和维护公诉意见，通过出庭活动指控、揭露、证实犯罪，履行公诉职能。《刑事诉讼法》强调凡是公诉案件，除法律特别规定的以外，人民检察院都要派员出庭支持公诉，并明确规定了可以不出庭的具体案件及条件。这样规定强化了公诉人在法律审判中的作用，进一步明确了公诉案件中公诉人出庭支持公诉的原则。

检察人员受人民检察院、检察长的指派，以国家公诉人的身份出席第一审法庭，公诉人履行这一职责是代表国家进行的，是国家诉讼行为的体现。按照法律规定，被指派出席法庭支持公诉的检察人员作为国家公诉人，具有双重的法律地位，既是公诉权的行使者，同时又对代表人民检察院对法庭的审判活动是否合法履行监督的职责。这就决定了在刑事审判活动中，国家公诉人既不是诉讼当事

① 有关未成年人刑事案件的出席法庭的规定参见本书第100条后收录的《人民检察院办理未成年人刑事案件的规定》（高检发研字〔2007〕1号）第三章规定内容。

人，也不是其他诉讼参与人，而是一种独立的诉讼主体。国家公诉人出席法庭支持公诉，不是代表诉讼参与人中任何一方参加诉讼，而是站在维护社会主义法制的立场上，代表国家和人民的利益参加诉讼。

公诉人应当由人民检察院检察长、检察员或者经检察长批准代行检察员职务的助理检察员一人至数人担任。这是关于担任公诉人资格的规定。根据《人民检察院组织法》和《检察官法》的规定，检察官、检察人员包括最高人民检察院、地方各级人民检察院和军事检察院等专门检察院的检察长、副检察长、检察委员会委员、检察员和助理检察员，只有经国家权力机关选举或任命的检察长、检察员才有正式资格代表国家出席法庭，助理检察员应当由检察长批准代行检察员职务，以代理检察员身份出席法庭，副检察长、检察委员会委员可以担任公诉人。《人民检察院组织法》第 15 条规定："人民检察院提起公诉的案件，由检察长或者检察员以国家公诉人的身份出席法庭，支持公诉，并且监督审判活动是否合法。"从法律规定看，强调检察长出席法庭支持公诉，凡检察长出席法庭的，应当担任公诉人或者首席公诉人。一般而言，出席法庭的公诉人为 1 人，并配备 1 名书记员担任记录和承担辅助性工作，对于重大、复杂的案件，也可由公诉人 1 人或数人出席法庭，具体人数由检察长根据案件情况进行安排。

第三百二十九条［公诉后改变管辖的处理］

对于提起公诉后改变管辖的案件，原提起公诉的人民检察院参照本规则第二百四十八条的规定将案件移送与审判管辖相对应的人民检察院。

接受移送的人民检察院重新对案件进行审查的，根据刑事诉讼法第一百三十八条第二款的规定自收到案件之日起计算审查起诉期限。

【条文释义】 本条是关于提起公诉后改变管辖的案件如何办理的规定。

人民检察院提起公诉的案件，应当与人民法院的审判管辖相适应。实践中存在提起公诉后，又发现需要改变管辖的情况，在这种情况下虽已提起公诉，但也应当依照《刑事诉讼法》关于审判管辖的规定改变管辖，由原提起公诉的人民检察院将案件移送与审判管辖相对应的人民检察院。具体做法是：人民检察院经审查认为属于上级人民法院管辖的第一审案件时，应当写出审查报告，连同案卷材料报送上一级人民检察院，同时通知移送审查起诉的公安机关；认为属于同级其他人民法院管辖的第一审案件时，应当写出审查报告，连同案卷材料移送有管辖权的人民检察院或者报送共同的上级人民检察院指定管辖，同时通知移送审查起诉的公安机关。上级人民检察院认为案件属于下级人民法院管辖时，可以直接交下级人民检察院审查，由下级人民检察院向同级人民法院提起公诉，同时通知移送审查起诉的公安机关。

接受移送的人民检察院应当依法对改变管辖的案件进行审查，作出是否提起公诉的决定，因而接受移送的人民检察院的审查起诉期限应当重新计算，即从改变管辖后的人民检察院收到案件之日起计算审查起诉期限，这样符合办案实际，对人民检察院办理改变管辖案件的审查起诉提供了方便，有利于人民检察院更充分、更准确地审查案件。《刑事诉讼法》第 138 条第 2 款对改变管辖计算审查起诉期限作了明确规定，本条规定符合这一法律规定。

第三百三十条［庭前准备工作］

公诉人在人民法院决定开庭审判后，应当做好如下准备工作：

（一）进一步熟悉案情，掌握证据情况；

（二）深入研究与本案有关的法律政策问题；

（三）充实审判中可能涉及的专业知识；

（四）拟定讯问被告人、询问证人、鉴定人和宣读、出示、播放证据的计划并制定质证方案；

（五）拟定公诉意见，准备辩论提纲。

【条文释义】　本条是关于公诉人在人民法院开庭前做好准备工作的规定。

对公诉案件，除适用简易程序审理的以外，人民检察院都应当派员出席法庭支持公诉，其中“支持公诉”，是指人民法院开庭审判时，人民检察院派员出席法庭支持和维护人民检察院代表国家提起的公诉。公诉人在法庭审理过程中，要通过宣读起诉书、讯问被告人、询问证人、出示物证和法庭辩论、控诉犯罪，证实犯罪，分析犯罪的根源，揭露犯罪的社会危害性，提高人民群众遵纪守法的自觉性和同违法犯罪行为作斗争的积极性。人民检察院的公诉人在庭审过程中，必须以事实为根据，以法律为准绳，对被告人的指控应该事实清楚，证据确实、充分，引用法律恰当、准确，因而开庭前应当充分做好各项准备工作。准备工作的重点是全面熟悉案情，掌握证据情况，深入研究有关法律政策问题，拟定出庭计划和质证方案，针对辩护意见准备辩论提纲，拟定公诉意见。做好出庭前的准备工作，应当注意以下几个问题：

（1）要充分考虑到案情可能发生变化的情况，尽可能做好证据的固定工作。必要时，应重新讯问被告人和询问证人，稳定口供和证人证言，或采取录音、录像等方式固定证据。出庭前，要充分估计被告人在庭上翻供或者证人推翻原证言的可能性，并研究相应的对策，强化证明被告人有罪的证据体系的完整性和严密性，切实做到事实清楚，证据确实充分，适用法律正确，以保证在庭审中争取主动。

（2）根据《刑事诉讼法》的规定，检察机关应当将使用其证言作为证据的证人名单（包括证人的姓名、住所、工作单位等基本情况）移送人民法院，以便人民法院通知证人出庭作证。对于经人民法院通知而未到庭的证人的证言笔录，公诉人应当宣读。该笔录具有与证人当庭口头陈述同等的法律效力。

（3）证明犯罪是出庭公诉的核心工作。公诉人在出庭前应重点做好举证和质证的准备工作。检察长要加强对制定举证计划和质证方案的指导，对重大、疑难、复杂的案件应当亲自审查公诉人制定的举证计划和质证方案，以保证出庭公诉的质量。

【公诉意见书的制作】

（一）制作方法

本文书是叙述式文书，其内容可以分为三个部分：

1. 首部。包括：制作本文书的人民检察院的名称和文书名称。由于本文书是用于在法庭上当场发表，所以无需编文号。

2. 正文。包括：（1）案件有关情况。包括被告人姓名（或者名称）、案由、起诉书号。（2）抬头。即“审判长、审判员（人民陪审员）：”。具体可根据合议庭的组成情况写为“审判长、审判员：”或者“审判长、人民陪审员：”。（3）出庭任务及其法律依据。具体表述为：“根据《中华人民共和国刑事诉讼法》第一百五十三条、第一百六十条、第一百六十五条和第一百六十九条的规定，我（们）受×××人民检察院的指派，代表本院，以国家公诉人的身份，出席法庭支持公诉，并依法对刑事诉讼实行法律监督。现对本案证据和案件情况发表如下意见，请法庭注意。”其中，“我（们）”，根据出庭公诉人的人数选择措辞，“×××人民检察院”即本院名称。（4）具体意见。此部分为本文书的核心部分。具体适用时应根据案件的具体情况重点从以下三方面加以阐述：一是要根据法庭调查的情况，概述法庭质证的情况、各证据的证明作用，并运用各证据之间的逻辑关系证明被告人的犯罪事实清楚，证据确实、充分；二是要根据被告人的犯罪事实，论证应适用的法律条款并提出定罪及从重、从轻、减轻处罚等意见；三是要根据庭审情况，在揭露被告人犯罪行为的社会危害性的基础上，作必要的法制宣传和教育工作。（5）总结性意见。具体表述为：“综上所述，起诉书认定本案被告人×××的犯罪事实清楚，证据确实、充分，依法应当认定被告人有罪，并应（从重，从轻，减轻）处罚。”

3. 尾部。包括：公诉人的姓名，年、月、日，并注明当庭发表。

（二）使用说明

实践中具体使用本文书时，应注意以下几个问题：（1）本文书是以口头的方式在法庭上由公诉人进行表达的，实际运用过程中应根据具体案情，决定取舍，突出重点，而不要拘泥于此格式，面面俱到。（2）在被告人的刑事责任问题上，要根据案情加以全面阐述，在证明被告人有罪的同时，既要注意被告人有无从重处罚的情节，又要注意被告人有无从轻、减轻处罚的情节。

（三）文书格式

人民检察院

公诉意见书

被 告 人×××

案　　由×××

起诉书号×××

审判长、审判员（人民陪审员）：

根据《中华人民共和国刑事诉讼法》第一百五十三条、第一百六十条、第一百六十五条和第一百六十九条的规定，我（们）受×××人民检察院的指派，代表本院，以国家公诉人的身份，出席法庭支持公诉，并依法对刑事诉讼实行法律监督。现对本案证据和案件情况发表如下意见，请法庭注意。

……（结合案情重点阐述以下问题：

一、根据法庭调查的情况，概述法庭质证的情况、各证据的证明作用，并运用各证据之间的逻辑关系证明被告人的犯罪事实清楚，证据确实、充分。

二、根据被告人的犯罪事实，论证应适用的法律条款并提出定罪及从重、从轻、减轻处罚等意见。

三、根据庭审情况，在揭露被告人犯罪行为的社会危害性的基础上，作必要的法制宣传和教育工作。）

综上所述，起诉书认定本案被告人×××的犯罪事实清楚，证据确实、充分，依法应当认定被告人有罪，并应（从重，从轻，减轻）处罚。

公诉人：

年　　月　　日当庭发表

第三百三十一条［公诉人一审庭审中的活动］

公诉人在法庭上应当依法进行下列活动：

（一）宣读起诉书，代表国家指控犯罪，提请人民法院对被告人依法审判；

（二）讯问被告人；

（三）询问证人、被害人、鉴定人；

（四）出示物证，宣读书证、未到庭证人的证言笔录、鉴定人的鉴定结论、

勘验、检查笔录和其他作为证据的文书，向法庭提供作为证据的视听资料；

（五）对证据和案件情况发表意见，针对被告人、辩护人的辩护意见进行答辩，全面阐述公诉意见，反驳不正确的辩护意见；

（六）维护诉讼参与人的合法权利；

（七）对法庭审理案件有无违反法律规定的诉讼程序的情况记明笔录；

（八）依法从事其他诉讼活动。

【条文释义】 本条是关于公诉人在第一审法庭审判中的活动的规定。

公诉人出席第一审法庭审判，根据《刑事诉讼法》的规定主要进行下列活动：

1. 在审判长宣布法庭调查开始后，首先由公诉人宣读起诉书，代表国家对犯罪进行指控，提请人民法院对被告人依法审判；

2. 在审判长主持下，被告人就起诉书指控的犯罪事实进行陈述后，公诉人可以就起诉书中指控的犯罪事实讯问被告人；

3. 询问证人、被害人、鉴定人。公诉人要求证人、鉴定人出庭，应当向审判长说明拟定证明的事实、经审判长同意的，传唤证人、鉴定人出庭。向证人、鉴定人发问，应当先由提请传唤的一方进行。发问完毕后，对方经审判长准许，也可以发问。

4. 对指控的每一起案件事实，经审判长准许，公诉人可以提请审判长准许出示证据，宣读未到庭的被害人、证人、鉴定人和勘验、检查笔录制作人的书面陈述，向法庭提供作为证据的视听资料。

5. 参加法庭辩论，针对审理中提出的证据和案件事实发表意见，与被告人、辩护人互相进行质问、辩论。公诉人辩论要尊重客观事实，以事实、证据、法律服人，要注意语言规范文明，力求简明、准确、严谨。要注意运用归纳、推理、演绎等逻辑方法，灵活运用辩论技巧，进一步揭露和证明犯罪。

法庭辩论中，公诉人与被害人、诉讼代理人意见不一致的，公诉人应当认真听取被害人及其诉讼代理人的意见，不应与被害人及其诉讼代理人发生正面冲突。

6. 公诉人在法庭上不得直接代表人民检察院对法庭审判活动提出纠正意见，但在参加庭审中要对法庭审理案件有无违反法律规定的程序的情况记明笔录，对法庭严重违反诉讼程序的，可以当庭提出个人意见。人民检察院对人民法院的审判活动实行法律监督，是指人民检察院作为一个法律监督机关的整体职能，同人民检察院派员出席法庭行使支持公诉的职能是不同的。公诉人在行使支持公诉的职能时，如果发现法庭有违反法律规定的诉讼程序的情况，应当把情况向人民检察院有关领导汇报，经过一定的程序，然后再以人民检察院的名义，向人民法院提出纠正意见。这是法律赋予人民检察院行使法律监督的职权。如果公诉人在法庭上直接提出意见，作为公诉人个人的意见，也是可以的。提意见的权利不仅公诉人有，辩护人和其他诉讼参与人也有，但这与人民检察院行使法律监督职权的性质是有所不同的。

第三百三十二条［提供证据的要求］

在法庭审理中，公诉人应当客观、全面、公正地向法庭提供证明被告人有罪、罪重或者罪轻的证据。

【条文释义】　本条是关于公诉人在法庭提供证据的要求。

证据是正确认定案件事实的根据，公诉人代表国家出席法庭，承担在法庭上指控、揭露、证实犯罪的职责，必须以事实为根据，以法律为准绳，从维护国家、人民利益的角度，以尊重客观事实，维护被告人合法权益的态度向法庭提供证据。“客观”，就是要求公诉人不以主观想象出发，要通过一系列调查实践活动，收集、提供与案情相关联的证据，以达到认识案情的真相；“全面”，就是要求如实向法庭提供与证明案情相关的所有证据，既包括证明被告人有罪、罪重的证据，也包括证明被告人罪轻的证据；“公正”，就是要求公诉人不是简单地以胜诉为目的，或单纯以从重惩罚被告人为目的，而是在维护国家、人民利益的同时，维护被告人正当的合法权利，通过证据客观地认识案件真相，使人民法院审判罚当其罪。

第三百三十三条［提供证据所证明的对象］

公诉人讯问被告人，询问证人、被害人、鉴定人，出示物证，宣读书证、未出庭证人的证言笔录等应当围绕下列事实进行：

（一）被告人的身份；

（二）指控的犯罪事实是否存在，是否为被告人所实施；

（三）实施犯罪行为的时间、地点、方法、手段、结果，被告人犯罪后的表现等；

（四）犯罪集团或者其他共同犯罪案件中参与犯罪人员的各自地位和应负的责任；

（五）被告人有无责任能力，有无故意或者过失，行为的动机、目的；

（六）有无依法不应当追究刑事责任的情况，有无法定的从重或者从轻、减轻以及免除处罚的情节；

（七）犯罪对象、作案工具的主要特征，与犯罪有关的财物的来源、数量以及去向；

（八）被告人全部或者部分否认起诉书指控的犯罪事实的，否认的根据和理

由能否成立；

（九）与定罪量刑有关的其他事实。

【条文释义】　本条是关于公诉人提供证据所证明的对象的规定。

刑事诉讼中的证明对象，是指案件中应当由司法机关或者当事人依法运用证据予以证明的案件事实。明确证明对象，可以使公诉人在法庭审判提供证据时始终目标、任务明确，集中注意力，准确、及时查明案件真实情况。证明对象包括被告人的身份情况、有关犯罪构成要件的事实及犯罪情节事实等。

1. 被告人的个人情况和犯罪后的表现。被告人的个人情况，包括姓名、性别、年龄、籍贯、家庭出身、文化程度、民族、职业、住址、工作经历、是否受过刑事处罚或其他处分、政治面目、一贯表现等。在被告人的个人情况中，有些属于犯罪构成要件中与犯罪主体有关的事实（如年龄、职业等），例如，不满14周岁不负刑事责任；不是国家机关工作人员不构成渎职罪等。在刑事诉讼中查明被告人个人情况及其犯罪后的表现的意义主要体现在以下方面：第一，全面查明被告人的个人情况，可以准确地确定真正的犯罪人，防止出现张冠李戴的情况，避免错案。第二，被告人个人情况中，除属于犯罪构成必备要件方面的事实外，还有一些对正确量刑有影响，如犯罪时不满18周岁的，不适用死刑；怀孕的女性罪犯，不适用死刑等。第三，查明被告人犯罪后的表现和态度，如是否有自首、坦白或者检举立功等悔改表现，或者是否有逃跑、毁证、串供、拒不供认犯罪等情况，可借以判断被告人的主观恶性程度、社会危害性的大小和教育改造的难易，以供量刑时予以综合考虑，正确贯彻“坦白从宽、抗拒从严”的刑事政策。第四，查明被告人的个人情况，有利于诉讼活动的顺利进行和保障被告人的诉讼权益。

2. 有关犯罪构成要件的事实。这是刑事诉讼的主要证明对象，是司法人员办理刑事案件首先需要查明的问题。《刑事诉讼法》第43条规定，“审判人员、检察人员、侦查人员必须依照法定程序，收集能够证实犯罪嫌疑人、被告人有罪或者无罪、犯罪情节轻重的各种证据”。这一条文所指的“犯罪嫌疑人、被告人有罪或者无罪、犯罪情节轻重”就是刑事诉讼的主要证明对象。有关犯罪构成要件的事实，由刑事实体法规定，包括犯罪客体、犯罪主体、犯罪的客观方面和犯罪的主观方面四个方面的内容。具体地说，是指：（1）犯罪事实是否发生；（2）犯罪是否为被告人所实施；（3）犯罪行为的实施过程，包括犯罪的时间、地点、手段、方法等；（4）犯罪造成的危害后果，包括危害后果与犯罪行为之间有无因果关系；（5）被告人是否达到刑事责任年龄，有无刑事责任能力；（6）被告人犯罪的主观罪过，包括故意和过失，以及犯罪的动机和目的；（7）应否追究刑事责任。为了在实践中便于掌握指导办案，上述与犯罪构成要件有关的事实，可以概括为“七何”要素，即：何人；何时；何地；基于何种动机、目的；

采用何种方法、手段；实施何种犯罪行为；造成何种危害后果。说明上述要素是证明有关犯罪构成要件事实中的核心部分。在刑事诉讼中准确查明上述关于“七何”方面的案件事实，对于正确认定罪与非罪，此罪与彼罪，重罪与轻罪有着十分重要的意义。刑事诉讼的任务是在准确及时查明犯罪、惩罚犯罪的同时，保障无罪的人不受刑事追究。因此，在查明《刑法》规定的有关犯罪构成要件的事实时，要注意那些排除行为违法性、可罚性或行为人刑事责任的事实。首先，是排除行为人刑事责任的事实，如犯罪情节显著轻微、危害不大，不认为是犯罪；行为人因未达到刑事责任年龄而无刑事责任能力，或者行为人因精神病正处在不能辨认、控制自己的行为而依法不负刑事责任的时期。其次，是排除行为违法性的事实，如实行正当防卫或紧急避险行为，虽然造成一定危害后果，但其性质是为了保护国家、集体和公民个人的合法利益，从根本上排除了违法性。最后，是排除行为可罚性的事实，这是指《刑事诉讼法》第 15 条规定的几种情形，如犯罪已过追诉时效期限的，经特赦令免除刑罚的，被告人死亡等事实。

3. 作为从重或者从轻、减轻、免除刑事处罚理由的事实。除了犯罪构成必备要件方面的事实，还要查明有无从重或者从轻、减轻、免除处罚的情节，这对于正确量刑、罚当其罪具有重要意义。法定从重处罚的事实，如主犯，即组织、领导犯罪集团或者在共同犯罪中起主要作用的等。作为应当或者可以从轻、减轻或者免除处罚理由的事实，《刑法》也有明确规定，如不满 18 周岁的人犯罪；犯罪未遂的；犯罪中止的；从犯、胁从犯；犯罪后自首的；正当防卫、紧急避险超过必要限度的等。

关于公诉人举证的顺序，根据《刑事诉讼法》第 156 条、第 157 条规定，举证的顺序可以是证人作证、出示物证、宣读未到庭证人的证言笔录、宣读书证（未到庭鉴定人的鉴定结论、勘验笔录及其他作为证据的文书）。但这不是固定的举证顺序。举证顺序应当根据不同案件的特点来安排，可以采取一罪名一举证、一罪行一举证、一事实一举证的原则。被告人犯有数罪的，应依罪举证，逐个证明所犯之罪；被告人在某一罪名下有多起犯罪行为的，应逐个证明每起犯罪行为；每起犯罪行为涉及多个事实的，应逐个证明涉及的每个事实，同时结合时间顺序原则，即一般按发生时间的先后顺序举证。公诉人在具体安排举证顺序时要灵活运用上述原则，某些情况下可能要打破时间顺序，按犯罪手段归类举证，有的可能随着庭审中案情的变化，对原先安排的举证顺序作出相应的调整。对举证顺序的安排应以有利于证明犯罪为原则，合理编排，灵活运用。

【参考规定】

最高人民法院、最高人民检察院、公安部、国家安全部、司法部关于规范量刑程序若干问题的意见（试行）（2010 年 9 月 13 日　法发〔2010〕35 号）

为进一步规范量刑活动，促进量刑公开和公正，根据刑事诉讼法和司法解释的有关规定，结合刑事司法工作实际，制定本意见。

第一条　人民法院审理刑事案件，应当保障量刑活动的相对独立性。

第二条　侦查机关、人民检察院应当依照法定程序，收集能够证实犯罪嫌疑人、被告人犯罪情节轻重以及其他与量刑有关的各种证据。

人民检察院提起公诉的案件，对于量刑证据材料的移送，依照有关规定进行。

第三条　对于公诉案件，人民检察院可以提出量刑建议。量刑建议一般应当具有一定的幅度。

人民检察院提出量刑建议，一般应当制作量刑建议书，与起诉书一并移送人民法院；根据案件的具体情况，人民检察院也可以在公诉意见书中提出量刑建议。对于人民检察院不派员出席法庭的简易程序案件，应当制作量刑建议书，与起诉书一并移送人民法院。

量刑建议书中一般应当载明人民检察院建议对被告人处以刑罚的种类、刑罚幅度、刑罚执行方式及其理由和依据。

第四条　在诉讼过程中，当事人和辩护人、诉讼代理人可以提出量刑意见，并说明理由。

第五条　人民检察院以量刑建议书方式提出量刑建议的，人民法院在送达起诉书副本时，将量刑建议书一并送达被告人。

第六条　对于公诉案件，特别是被告人不认罪或者对量刑建议有争议的案件，被告人因经济困难或者其他原因没有委托辩护人的，人民法院可以通过法律援助机构指派律师为其提供辩护。

第七条　适用简易程序审理的案件，在确定被告人对起诉书指控的犯罪事实和罪名没有异议，自愿认罪且知悉认罪的法律后果后，法庭审理可以直接围绕量刑问题进行。

第八条　对于适用普通程序审理的被告人认罪案件，在确认被告人了解起诉书指控的犯罪事实和罪名，自愿认罪且知悉认罪的法律后果后，法庭审理主要围绕量刑和其他有争议的问题进行。

第九条　对于被告人不认罪或者辩护人做无罪辩护的案件，在法庭调查阶段，应当查明有关的量刑事实。在法庭辩论阶段，审判人员引导控辩双方先辩论定罪问题。在定罪辩论结束后，审判人员告知控辩双方可以围绕量刑问题进行辩论，发表量刑建议或意见，并说明理由和依据。

第十条　在法庭调查过程中，人民法院应当查明对被告人适用特定法定刑幅度以及其他从重、从轻、减轻或免除处罚的法定或者酌定量刑情节。

第十一条　人民法院、人民检察院、侦查机关或者辩护人委托有关方面制作涉及未成年人的社会调查报告的，调查报告应当在法庭上宣读，并接受质证。

第十二条　在法庭审理过程中，审判人员对量刑证据有疑问的，可以宣布休庭，对证据进行调查核实，必要时也可以要求人民检察院补充调查核实。人民检察院应当补充调查核实有关证据，必要时可以要求侦查机关提供协助。

第十三条　当事人和辩护人、诉讼代理人申请人民法院调取在侦查、审查起诉中收集的量刑证据材料，人民法院认为确有必要的，应当依法调取。人民法院认为不需要调取有关量刑证据材料的，应当说明理由。

第十四条　量刑辩论活动按照以下顺序进行：

（一）公诉人、自诉人及其诉讼代理人发表量刑建议或意见；

（二）被害人（或者附带民事诉讼原告人）及其诉讼代理人发表量刑意见；

（三）被告人及其辩护人进行答辩并发表量刑意见。

第十五条 在法庭辩论过程中，出现新的量刑事实，需要进一步调查的，应当恢复法庭调查，待事实查清后继续法庭辩论。

第十六条 人民法院的刑事裁判文书中应当说明量刑理由。量刑理由主要包括：

（一）已经查明的量刑事实及其对量刑的作用；

（二）是否采纳公诉人、当事人和辩护人、诉讼代理人发表的量刑建议、意见的理由；

（三）人民法院量刑的理由和法律依据。

第十七条 对于开庭审理的二审、再审案件的量刑活动，依照有关法律规定进行。法律没有规定的，参照本意见进行。

对于不开庭审理的二审、再审案件，审判人员在阅卷、讯问被告人、听取其他当事人、辩护人、诉讼代理人的意见时，应当注意审查量刑事实和证据。

第十八条 本意见自2010年10月1日起试行。

第三百三十四条［免证事实］

在法庭审理中，下列事实不必提出证据进行证明：

（一）为一般人共同知晓的常识性事实；

（二）人民法院生效裁判所确认的并且未依审判监督程序重新审理的事实；

（三）法律、法规的内容以及适用等属于审判人员履行职务所应当知晓的事实；

（四）在法庭审理中不存在异议的程序事实；

（五）法律规定的推定事实。

【条文释义】 本条是关于免证事实的规定。

在刑事诉讼中，并非所有的案件事实都是证明对象，有些事实不需要提出证据加以证明。从各国立法体例看，这些事实包括：众所周知的事实、预决的事实、推定的事实、法官依职权应予认知的事实。其中，法律规定的可以推翻的推定事实只对控诉方和辩护方中的一方免除举证责任，另一方若对这些事实提出相反主张则必须依证据加以证明，这种现象被称为“举证责任的转移”。免证事实包括：

（1）为一般人共同知晓的常识性事实。为一般人共同知晓的常识性事实，不必提出证据加以证明，是由于这种事实的客观实在性是明摆着的，再予证明就是多此一举。这里的“为一般人共同知晓”中的“一般人”是相对概念，并非指全国或者全世界所有的人，而是指正在审判的案件所在地的一定地域范围内的人。“为一般人共同知晓的常识性事实”，是指类似于“五金”为金、银、铜、铁、锡等具有一般知识的人都知道的事实。

（2）人民法院生效裁判所确认的并且未依审判监督程序重新审理的事实。人民法院所作生效裁判具有“既判力”，即生效裁判确认的事实视为真实，这些事实如果不是正在依审判监督程序重新审理的事实，则不需要提出证据加以证明，可以直接援引为判决的依据。

（3）法律、法规的内容以及适用等属于审判人员履行职务所应当知晓的事实，被称为“司法认知”，应当免除控诉方或者辩护方的举证责任。

（4）在法庭审理中不存在异议的程序事实。在法庭审理中诉讼双方均认可的程序性事实，也无须证明。

（5）法律规定的推定事实。在刑事诉讼中，对案件客观事实的认定通常采取证据证明的方法，但在无法以证据证明的特定情形下，法律有时允许以推定方法加以确认。推定，是指法律允许根据已经确认的事实对未知事实作出的假定。推定涉及两项事实：一为推定得以成立所依据的已经被确认的事实，这些事实通常称为基础事实；一为由基础事实推断出的事实，这些事实通常被称为推定事实。以推定的属性分，推定可以分为事实推定和法律推定，事实推定与法律推定的根本区别在于：事实推定不以法律的强制性规定作为依据，在存在基础事实时，“可以”作出这种推定；法律推定依法律规定进行，在存在基础事实时，“必须”作出这种推定。法律推定又可分为不可反驳的推定和可反驳的推定两类：不可反驳的推定，是指法律不允许提出“证据予以反驳的事实”。例如，英国法律中8周岁以下儿童推定为不具备犯罪意图，这种推定由法律规定为不可反驳，即使有证据足以推翻这一推定也是如此。可反驳的推定，即当存在基础事实时必须作出这项推定，这种推定作出后，一旦有相反证据，就允许提出这些证据推翻这一推定。在我国法律中，巨额财产来源不明案件属于依推定确认案件事实的案件，对于巨额财产来源不明罪中的推定事实，控诉方免除举证责任。

第三百三十五条［讯问被告人、询问证人的要求］

讯问被告人、询问证人应当避免可能影响陈述或者证言客观真实的诱导性讯问、询问以及其他不当讯问、询问。

辩护人对被告人或者证人进行诱导性讯问、询问以及其他不当讯问、询问可能影响陈述或者证言的客观真实的，公诉人可以要求审判长制止或者要求对该项陈述或者证言不予采纳。

讯问共同犯罪案件的被告人、询问证人应当分别进行。

被告人、证人对同一事实的陈述存在矛盾需要对质的，公诉人可以建议法庭传唤有关被告人、证人同时到庭对质。

讯问未成年的被告人、询问未成年的证人应当根据未成年人的特点进行。

【条文释义】　本条是关于对公诉人讯问被告人、询问证人的要求的规定。

公诉人在法庭调查中讯问被告人、询问证人应当避免诱导性讯问、询问及其他不当讯问、询问。诱导性讯问、询问，是指提出问题的本身便有“引导”或者“提示”被讯问人、被询问人如何回答的因素，影响了陈述或者证言的客观性、真实性。例如，对证人突然提出这样一个问题：“你看见某甲是用刀还是用枪杀死某乙的?”这个问题将被认为是引导性或提示性的问题。因为在这种情形之下，证人除了答复“用枪”或“用刀”之外，没有其他可以选择的余地。应该向证人先问：你是否看见某甲杀死某乙？然后再问：你看见是用什么工具杀死的。这样，问题便顺理成章，没有引导性或提示性之嫌，而证人答复的自由也不会受到问题的影响或限制。当前的司法实践中，公诉人在意识到自己的提问属于诱导性询问且可能影响证言内容的客观真实时，应当自我克制，避免提出这类问题；当辩护方对证人进行诱导性询问可能影响证言内容的客观真实时，可以要求审判长制止或者在辩护人询问完毕后要求对该项证言不予采纳。除诱导性询问外，诉讼中还可能存在影响证言客观性的其他不当询问，如使用眼色或形体动作进行暗示、对证人进行责备、训斥等，对这类不当询问，确有必要时，可以要求审判长制止或者在对方询问完毕后要求对该项证言不予采纳。

公诉人讯问共同犯罪案件中的被告人，应当分别进行，以免被告人之间串供或者避重就轻。当公诉人发现共同被告人对同一事实的陈述存在矛盾需要对质的，公诉人可以建议合议庭传唤有关被告人同时到庭对质。对被告人陈述、证人证言出现上述情况的，也可以参照上述办法办理。

合议庭审判未成年人犯罪案件，应当依照有关规定采取适合未成年人特点的形式进行，公诉人在法庭审理中讯问未成年人时应当耐心、温和、细致，从未成年人的认识、感知能力的实际情况出发，有针对性地进行讯问，在审判过程中注意保护未成年人的合法权益和诉讼权利。

第三百三十六条［对被告人庭审中翻供的处理］

被告人在庭审中的陈述与在侦查、审查起诉中的供述一致或者不一致的内容不影响定罪量刑的，可以不宣读被告人供述笔录。

被告人在庭审中的陈述与在侦查、审查起诉中的供述不一致，足以影响定罪量刑的，可以宣读被告人供述笔录，并针对笔录中被告人的供述内容对被告人进行讯问，或者提出其他证据进行证明。

【条文释义】　本条是关于如何处理被告人在庭审中翻供的规定。

《刑事诉讼法》第46条规定：“对一切案件的判处都要重证据，重调查研究，不轻信口供。只有被告人供述，没有其他证据的，不能认定被告人有罪和处以刑罚；没有被告人供述，证据充分确实的，可以认定被告人有罪和处以刑罚。”被告人的供述是证据的一种，对认定案件具有一定作用，但不能将被告人口供作为认定案件的唯一依据。即使被告人不认罪，但其他证据充分确实，完全可以证明被告人有罪的，也可以对被告人定罪、判刑。在刑事审判中，经常会出现被告人翻供的现象，被告人在庭审中的陈述与侦查、审查起诉中的供述不一致，公诉人为了证实犯罪，在法庭上应当采取措施证明被告人翻供的虚假性，其中宣读被告人在侦查、审查起诉中供述的笔录，找出二者矛盾之处是常用的有效办法。当被告人翻供时，公诉人更应当将举证的重点放在被告人口供之外的证据上，要有足够的能够证实被告人有罪的其他证据，使这些证据经互相印证和法庭质证是确实可信的，特别注意其他证据的收集、核实。

公诉人遇到被告人庭审时翻供，首先，要查明和分析被告人翻供的原因、目的、动机。要坚持从实际出发，深入调查研究，克服主观片面性，翻供的真实原因还是可以查清的。其次，要认真核查、甄别被告人的所有供述。一般来说，被告人翻供有三种情况：一是原供是真实的，现供是虚假的；二是原供是虚假的，现供是真实的；三是原供和现供都是不真实的。不论是原供还是现供，对于法庭来说，都是有待于查证核实的证据材料。哪些供述是证据，哪些供述不是证据，必须经过查证，方能作出正确的判断。判断的基本方法是用其他刑事证据对口供加以印证。被告人供述作为证据和作为定案根据，必须具备两个条件：一是被告人供述本身要经过查证属实；二是除被告人供述之外，还必须有其他证据。这两个条件是互相联系又互为条件的。因此，凡是被告人供述的有关案件事实的情况，都应当从其他旁证中得到证明。能够证明到什么程度就确信到什么程度，得不到证明的就是虚假供述。用其他证据核实口供时，应当注意两个问题：一是用来印证口供的证据必须是业经核实的。未经核实的其他证据属于法律性质尚未确定的证据材料，是不能用来检验口供的真伪的。二是用其他证据核实口供时，必须把所有相关的其他证据拿来与口供对照，进行综合查对。证据之间存在有机的内在联系，只有当口供与所有相关的其他证据均相一致时，才能确认口供是真实可靠的。

使用上述方法核查口供之后，必然出现一个问题，即如果在庭外的供述是真的，而在法庭上翻供所作的陈述和辩解是假的，法庭能采用庭外的供述吗？如果采用了庭外的供述是否采用了未经法庭调查的证据？被告人在法庭调查时推翻了在侦查、起诉时的供述，法庭应当庭对此进行调查。审判人员可以要求公诉人宣读被告人原来的供述。在宣读之后，审问被告人推翻原供的理由，再要求公诉人出示证据。如果被告人翻供的理由不能否定法庭出示的各项证据和原有的供述，而所有证据都能证明被告人的犯罪事实，则法庭可以采用原有的供述。因为这时原有的供述已经在法庭调查阶段被证实是符合事实的，是经过查证属实的证据。

反之，如果被告人推翻原有的供述，而公诉人举不出证据来证明原有的供述是真实的，又没有证据足以证明被告人被指控的犯罪事实的存在，法庭则不能作出有罪判决。

第三百三十七条［证人出庭］

证人应当由人民法院通知并负责安排出庭作证。

对于经人民法院通知而未到庭的证人的证言笔录，公诉人应当当庭宣读。对证人证言笔录存在疑问、确实需要证人出庭陈述的，公诉人应当要求延期审理，由人民法院再次通知证人到庭提供证言和接受质证。

【条文释义】　本条是关于证人出庭应由人民法院通知的规定。

庭审方式改革的目的是充分强化庭审的作用，对案件的实体审查必须通过庭审进行，要求指控犯罪、证明犯罪、核实全部证据都要通过庭审进行。就增强庭审的抗辩性而言，证人、鉴定人、被害人出庭无疑是最关键的因素，否则无法质证、认证。《刑事诉讼法》第 47 条规定，“证人证言必须在法庭上经过公诉人、被害人和被告人、辩护人双方讯问、质证，听取各方证人的证言并且经过查实以后，才能作为定案的根据”。除特殊原因以外，证人都应当出庭作证。但是，如何保证证人出庭是当前困扰庭审改革的一个难题。当前在刑事诉讼中开庭时找不到证人或证人拒不出庭作证的情况较为普遍，特别是证人碍于关系、人情不愿出庭作证。一些地方证人因出庭而误工及因出庭而支出的费用也无法解决，对于如何保证证人安全也缺乏相应的保障措施。在庭审方式改革中，有的同志提出，人民法院对证人不能传唤，也无力解决证人出庭的费用，检察机关指控犯罪，负有举证责任，证人出庭应由公诉人负责将证人带到法庭作证，并由检察机关解决证人出庭费用。对于辩方证人，也应当由辩护人负责带到法庭并负责证人有关费用。证人人身安全的保障在法庭上由人民法院负责，其他场合由公安、检察机关负责。证人不出庭的要经人民法院准许，证人应当出庭而未出庭的应当驳回起诉。

开庭审判时证人出庭究竟由谁负责？我们认为，这是人民法院的职责，应当由人民法院承担。因为决定是否开庭、需要什么证人出庭是由人民法院决定的。《刑事诉讼法》第 151 条第 4 项规定人民法院决定开庭审判后，应当通知证人、鉴定人出庭。公诉人在法庭上承担指控、揭露和证实犯罪的责任，在起诉时已将证人名单送交人民法院，证人应否出庭由人民法院决定。至于证人能否出庭，公诉人、检察机关也缺少相应的手段和保障措施。刑事诉讼是国家追诉犯罪的活动，证人出庭的费用应当由国家统一负担，如果证人由公诉人、辩护人各自负责组织到庭，费用由被告人承担，一般被告人难以承担，即使承担也极易出现贿买证人的现象，破坏国家的司法公正。在审判阶段，人民法院、审判人员负有通知证人并要求证人出庭的责任，公诉人必要时也可以协助证人出庭的工作，在证人未出庭的情况下，应当当庭宣读未出庭的证人证言笔录。

根据最高人民法院《关于执行〈中华人民共和国刑事诉讼法〉若干问题的解释》第141条的规定，证人应当出庭作证。但未成年人、庭审期间身患严重疾病或者行动极为不便的、其证言对案件的审判不起直接决定作用的或有其他原因的，经人民法院准许，可以不出庭作证。公诉人在庭审中要求证人出庭的，应当向法庭说明拟证明的事实，经审判长同意后由合议庭传唤证人出庭作证。

第三百三十八条［询问证人］

证人在法庭上提供证言，公诉人应当按照审判长确定的顺序向证人发问。公诉人应当首先要求证人就其所了解的与案件有关的事实进行连贯陈述。证人连贯陈述后，公诉人经审判长许可，可以对证人发问。

证人不能连贯陈述的，公诉人也可以直接发问。

对证人发问，应当针对证言中有遗漏、矛盾、模糊不清和有争议的内容，并着重围绕与定罪量刑紧密相关的事实进行。

发问应当采取一问一答形式，提问应当简洁、清楚。

证人进行虚假陈述的，应当通过发问澄清事实，必要时还应当宣读证人在侦查、审查起诉阶段提供的证言笔录或者出示、宣读其他证据对证人进行询问。

当事人和辩护人、诉讼代理人对证人发问后，公诉人可以根据证人回答的情况，经审判长许可，再次对证人发问。

询问鉴定人参照上述规定进行。

【条文释义】 本条是关于公诉人询问证人的规定。

公诉人要求传唤的证人到庭后，审判人员应当先核实证人的身份、与当事人以及本案的关系，告知证人应当如实提供证言和有意作伪证或者隐匿罪证要负的法律责任。证人作证前，应当在如实作证的保证书上签字。向证人发问，应当先由提请传唤的一方进行，公诉人提请传唤的证人，应当先由公诉人发问。公诉人发问完毕后，辩护方经审判长准许，也可以发问。在审判中询问证人的顺序，由审判长决定，这是由于人民法院审判案件，庭审活动主要由作为合议庭组成人员的审判长负责主持，因而应当由审判长决定公诉人、辩护人向证人发问的顺序。在独任审判的情况下，由独任审判员决定向证人发问的顺序。

询问证人时，公诉人应当首先要求证人就其所了解的与案件有关的事实进行完整陈述。之后，根据需要，经审判长许可后，对证人进行发问。除证人表达能力不强，或者精神紧张无法连贯陈述的特殊情况外，公诉人一般不应直接发问。

发问应采取一问一答形式，问题力求简洁、清楚。对于公诉人提请传唤的证人，询问证人应当首先由公诉人进行。对于辩护方提出的证人，由辩护方首先询问。

询问证人，应针对证言中有遗漏、矛盾、模糊不清和有争议的内容，并围绕与定罪量刑相关的事实进行。证人进行虚假陈述的，应当通过发问澄清事实，必要时宣读证人在侦查、审查起诉阶段提供的证言笔录，或者宣读、出示其他证据对证人进行询问。

证人出庭作证后，证言笔录应当当庭核对。合议庭应当将证言笔录当庭宣读或者交给证人阅读。证人在确认没有错误后，签名或者盖章。对未当庭核对的或者证言笔录内容与证言有出入的，公诉人应提请合议庭及时弥补。

对于共同犯罪的案件，讯问被告人和询问证人应当分别进行。第一轮讯（询）问完毕后，公诉人应表明“讯（询）问暂时到此”。根据辩护人、当事人、诉讼代理人发问的情况，公诉人可以对被告人、证人继续讯（询）问。

要根据不同被告人、证人的特点，讲究讯（询）问的方式、方法，注意语言简洁、明了、准确，避免影响被告人供述或者对证人进行诱导性询问以及其他不当讯（询）问。辩护人对被告人或者证人进行诱导性发问可能影响陈述或者证言的客观性的，公诉人应当及时提出意见，提醒审判长予以制止或者合议庭予以注意，对于受诱导或者其他不当询问而导致陈述或者证言不具有客观性的，应当要求审判长对该项陈述或者证言不予采证。

第三百三十九条［未到庭的被害人陈述等有关证据材料的宣读］

对于经法院通知未到庭的被害人的陈述笔录、鉴定人的鉴定结论、勘验笔录和其他作为证据的文书，公诉人应当当庭宣读。

【条文释义】　本条是关于公诉人宣读未到庭的被害人陈述等有关证据材料的规定。

人民法院对于与定罪量刑有重要影响的被害人、鉴定人、勘验人员，应当通知其出庭，上述人员是否准时出庭，直接关系到庭审的效果。被害人、鉴定人、勘验人员未到庭的，经审判长准许，公诉人在举证时应当当庭宣读未到庭的被害人陈述笔录、鉴定人的鉴定结论、勘验笔录和其他作为证据的文书，并听取有关当事人、辩护人的意见。

第三百四十条［出示物证、书证］

公诉人向法庭出示物证，应当对该物证所要证明的内容、获取情况作概括的说明，并向当事人、证人等问明物证的主要特征，让其辨认。

宣读书证应当对书证所要证明的内容、获取情况作概括的说明，向当事人、

证人问明书证的主要特征，并让其辨认。对该书证进行技术鉴定的，应当宣读鉴定书。

【条文释义】　本条是关于公诉人在法庭上出示物证、宣读书证的规定。

公诉人对被告人提起公诉，要求人民法院追究其刑事责任，应当向法庭举出犯罪事实和足够的证据，并通过公诉人与被告人及其辩护人的质证、辩论，保证证据的客观性、准确性和全面性。公诉人当庭出示物证、书证、视听资料等证据时，应当就所出示的证据的来源、特征等作必要的说明，对所要证明的内容、获取情况也要概括解释，并向当事人、证人等问明物证等的主要特征，让其辨认，然后由对方进行辨认并发表意见。公诉人与被告人、辩护人双方可以就物证等是否可以采信互相质问、辩论。公诉人当庭出示的物证、书证和播放的视听资料，在出示、宣读、播放完毕后，应即将原件移交合议庭，由合议庭提供给对方当庭辨认、质证，然后由合议庭当庭认证或在合议庭评议时予以认证。对物证、书证进行鉴定或者估价的，应当当庭宣读有关鉴定书和估价文书，使对方了解鉴定、估价的情况。

第三百四十一条［程序事实的证明］

在法庭审理中，对案件的程序事实存在争议的，应当出示、宣读有关诉讼文书、侦查或者审查起诉活动笔录。

【条文释义】　本条是关于公诉人在法庭上对程序事实进行证明的规定。

程序事实，是指对解决诉讼程序问题具有法律意义的事实，如有关回避的事实；有关诉讼期限的事实；违反法定程序方面的事实等。

对于解决诉讼程序问题具有法律意义的事实，特别是需要司法机关通过决定、裁定加以确认或排除的程序事实，应当作为诉讼证明对象。首先，在诉讼过程中确实存在一些对解决诉讼程序问题具有法律意义的事实需要加以证明，否则便不能采取或继续有关的诉讼行为，从而妨碍诉讼的进行。其次，诉讼法是从程序的角度保证实体法的准确实施，将程序事实作为证明对象，要求有关当事人予以证明和司法人员查证属实，有利于促进司法机关和当事人依照法定程序进行诉讼，保证办案质量。最后，诉讼中对有争议程序事实，司法机关必须在查明事实的基础上作出处理。特别是有些用来解决程序问题的决定依法可以申诉或者申请复议，有的裁定可以上诉。因此，作为这些决定、裁定根据的程序事实，应属于证明对象。

在刑事诉讼中，需要查明的程序事实主要有：关于回避的事实；关于耽误诉讼期限是否有不能抗拒的原因或其他正当理由的事实；影响采取某种强制措施的事实；违反法定程序的事实等。此外，在上述关于被告人的个人情况中，有些对诉讼程序的正常进行具有意义。例如，被告人为少数民族的公民的，要使用其本民族语言文字进行诉讼，或者为他提供翻译；被告人是未成年人的，讯问时依法要通知其法定代理人到场，应当或可以不公开审理，需要为其指定辩护人等；查明被告人的工作单位或住址，对于采取强制措施或确定审判管辖，也有一定作用。公诉人对有争议的程序事实，影响案件正常审理时应当举证予以证实。

第三百四十二条［目录外证据的出示］

公诉人可以根据庭审情况和需要，出示、宣读开庭前送交人民法院的证据目录以外的证据。需要给予被告人、辩护人必要时间进行辩护准备的，公诉人可以建议合议庭延期审理。

【条文释义】　本条是关于公诉人可以出示、宣读证据目录以外证据的规定。

人民检察院提起公诉时已向人民法院移送了证据目录，公诉人在法庭上出示、宣读证据一般限于证据目录之中所列的证据，使审判人员、被告人有准备地进行庭审活动。由于庭审情况复杂多变，有时在庭审中涉及的有些事实、案情需要通过证据目录之外的证据加以证实。例如，交通肇事案件中被告人是无证驾驶，辩护人突然提出被告人具有驾驶证，由于被告人无证驾驶在审查起诉中已很清楚，有些证据未列入证据目录，在辩护人提出这一问题后，公诉人可以当庭举出被告人无证驾驶的有关证据，对于证实犯罪、保证庭审正常进行具有积极作用。最高人民法院《关于执行〈中华人民共和国刑事诉讼法〉若干问题的解释》第155条规定，“公诉人要求出示开庭前送交人民法院的证据目录以外的证据，辩护方提出异议的，审判长如认为该证据确有出示的必要，可以准许出示”。也就是说，公诉人在庭审中需要出示证据目录以外的证据，辩护方无异议的，公诉人可以出示；辩护方有异议的，经审判长准许也可以出示。公诉人认为需要给予辩护方必要时间进行辩护准备的，公诉人可以建议合议庭延期审理。当辩护方自己提出对新的证据要做必要准备时，合议庭可以宣布休庭，并根据情况确定辩护方作必要准备的时间，待确定的时间期满后，应当继续开庭审理。

第三百四十三条［建议通知侦查人员、见证人出庭］

公诉人对于搜查、勘验、检查等侦查活动中形成的笔录存在争议、需要负责侦查的人员以及搜查、勘验、检查等活动的见证人出庭陈述有关情况的，可以建议合议庭通知其出庭。

【条文释义】　本条是关于公诉人可以建议合议庭通知侦查人员、见证人出庭的规定。

在法庭调查、法庭辩论中，公诉人和有关当事人对于搜查、勘验、检查等侦查活动形成的笔录有争议，主要涉及搜查、勘验、检查的程序是否符合法律程序，侦查主体是否合法，搜查、勘验、检查所作的笔录是否符合实际，搜查、勘验、检查的对象和结果是否正确和真实等，足以影响定罪量刑的，而在法庭上通过控辩双方质证、辩论又不能查证属实的，公诉人可以建议合议庭通知负责侦查的人员及有关见证人出庭作证，陈述搜查、勘验、检查的有关情况。公诉人在法庭上应当正式向合议庭提出建议，审判长根据审理情况决定是否通知有关人员出庭作证，合议庭认为通过庭审调查已查明有关情况，可以决定不通知有关人员出庭。公诉人应当对合议庭有关认证予以注意，是否符合案件真实情况。必要时在庭审后对有关情况进行调查，向合议庭提供有关证据材料。

第三百四十四条［向人民法院移交调取的证据材料］

在法庭审理过程中，合议庭对证据有疑问或人民法院根据辩护人、被告人的申请，向人民检察院调取在侦查、审查起诉中收集的有关被告人无罪或者罪轻的证据材料时，人民检察院应当自收到人民法院要求调取证据材料决定书后三日内移交。如果没有此材料，应当向人民法院说明情况。

【条文释义】　本条是关于人民检察院向人民法院移交所调取的证据材料的规定。

《刑事诉讼法》第158条第1款规定："法庭审理过程中，合议庭对证据有疑问的，可以宣布休庭，对证据进行调查核实。"第159条第1款规定："法庭审理过程中，当事人和辩护人、诉讼代理人有权申请通知新的证人到庭，调取新的物证，申请重新鉴定或者勘验。"我国《刑事诉讼法》的任务，是既要保证准确、及时地查明犯罪事实，正确运用法律，惩罚犯罪分子，又要保护公民权利，保障无罪的人不受刑事追究，以事实为根据，以法律为准绳。为了保证全面实现《刑事诉讼法》的任务和体现刑事诉讼的基本原则，《刑事诉讼法》第158条第1款规定，人民法院在开庭后对案件证据可以进行补充性的调查核实。这一规定明确人民法院在开庭前对案件只能进行程序上的审查，同时规定在开庭后可以对有疑问的证据进行补充性的调查核实。根据这一规定，合议庭应当充分听取和研究控辩双方的举证、质证，不能在开庭前调查核实证据，也不能以调查核实代替控辩双方的举证、质证；同时，在法庭审理过程中，合议庭对证据有疑问时，可以宣布休庭，对证据进行调查核实。我国《刑事诉讼法》对当事人和辩护人、诉讼代理人规定了充分的诉讼权利，以维护当事人合法权利。辩护人、诉讼代理人不仅可以在法庭上陈述对案件的主张和理由，还可以对案件进行一定的调查，提供所收集的证人证言和物证。在法庭审理过程中，当事人和辩护人、诉讼代理人有新的证人证言、物证或者对公诉方出示的证据有疑问，认为有必要补充取证或者重新取证的，有权以口头或者书面形式随时向法庭提出申请，请求法庭通知新的证人到庭，调取新的物证，或者进行重新鉴定、勘验。

审判阶段是确定案件事实，对被告人决定是否有罪，应处何种刑罚的关键阶段，也可以说是对侦查、起诉工作的质量检验。人民法院为了排除疑问，或者应当事人、辩护人、诉讼代理人请求并认为有必要的，可以向人民检察院调取证据材料，这是对案件负责，是为了保证《刑法》的正确实施和保护当事人的合法权益，人民检察院应当积极予以配合。按照《刑事诉讼法》的规定，人民检察院在侦查和审查起诉过程中，要收集、审查犯罪嫌疑人有罪或者无罪、罪重或者罪轻的证据材料，但同时人民检察院又在刑事诉讼中处于公诉方的地位，在实践中有时会出现人民检察院认为某证据不重要或没有必要提交法庭，而这些证据对认定案件事实又可能具有重要作用的情况，而且人民检察院既然将案件起诉至人民法院，自然也不会将无罪的证据材料主动提交法庭。因此，规定人民法院可以向人民检察院调取证据材料也是有现实意义的。

根据本条规定，人民法院可以向人民检察院调取需要调查的证据材料；人民法院也可以根据辩护人、被告人的申请，向人民检察院调取在侦查、审查起诉中收集的有关被告人无罪或者罪轻的证据材料。人民检察院应当自收到人民法院要求调取证据材料决定书后3日内移交。上述规定，有利于保证正确惩罚犯罪，防止错案，体现了《刑事诉讼法》的基本原则。只有正确认定案件事实，正确处理案件，才能保证《刑法》的正确实施，实现《刑法》和《刑事诉讼法》的任务。人民法院在必要的时候，可以向人民检察院调取有关证据材料，特别是有关被告人无罪或者罪轻的证据材料，人民检察院应当积极配合，一切从保证正确办案出发，及时向人民法院移交有关证据材料。但是当人民法院向人民检察院调取有关材料，人民检察院又确实无此材料，或材料在其他机关、单位时，人民检察院应当书面向人民法院说明情况，使人民法院采取其他措施调取有关材料。

第三百四十五条 [对合议庭自行调查的监督]

法庭审理过程中，合议庭对证据有疑问并在休庭后进行勘验、检查、扣押、鉴定和查询、冻结的，人民检察院应当依法进行监督，发现上述活动有违法情况的应当提出纠正意见。

【条文释义】 本条是关于人民检察院对合议庭调查核实证据依法进行监督的规定。

合议庭在法庭调查过程中，对于证据有疑问的，可以宣布休庭，对该证据进行调查核实。必要时，可以通知检察人员、辩护人到场。根据《刑事诉讼法》

的规定，人民检察院对合议庭自行调查应当从以下几个方面进行监督：（1）合议庭应当在开庭审理后发现对证据有疑问的情况下才能调查核实，而不能在庭审前进行。（2）合议庭调查核实，只能适用《刑事诉讼法》第158条规定的六种方法，即勘验、检查、扣押、鉴定和查询、冻结，而不能使用其他侦查方法，如询问证人等。（3）合议庭调查核实证据必须按照法定程序进行。（4）合议庭不得委托、委派审判人员以外的个人代为调查核实证据，这是法律赋予人民法院的职权，而不能由个人（包括律师）进行。（5）合议庭调查的证据只能通过庭审才能作为定案的根据，合议庭调查后在控辩双方均不知晓的情况下作出判决的，有违审判公开原则，也侵害了当事人的诉讼权利。人民检察院对合议庭调查核实的行为进行监督，应当以人民检察院的名义正式向人民法院提出纠正意见。

第三百四十六条［人民法院自行调查的制约与监督］

人民法院根据律师申请收集、调取的证据或者合议庭休庭后自行调查取得的证据，必须经过庭审辨认、质证才能决定是否作为判决的依据。未经庭审辨认、质证直接采纳为判决依据的，人民检察院应当提出纠正意见；作出判决的，应当依法提出抗诉。

【条文释义】 本条是关于对人民法院自行调查加强制约与监督的规定。

《刑事诉讼法》第158条规定，法庭审理过程中，合议庭对证据有疑问的，可以宣布休庭，对证据进行调查核实，并规定了人民法院可以通过勘验、检查、扣押、鉴定和查询、冻结的方法调查核实证据。这是审判人员在庭审中占有主导地位的具体体现，进一步肯定了人民法院在新的审判方式下仍享有调查权。这是公、检、法三机关在刑事诉讼活动中互相配合、互相制约原则的具体体现。对于一些疑难、复杂的案件，即使经验十分丰富、头脑十分清醒的法官，仅仅通过开庭审判活动，也未必能对当庭所有证言、证物都能在质证、辩论后，完全有把握地判断清楚、准确认定。而遇有这样的案件，即使多次开庭，只通过法庭审查认定有时作用也不大。如果审判人员能就庭审中控辩双方提出的证据在宣布休庭后进行必要的调查核实，许多“听审”时似是而非的疑难问题，就可能比较容易找到正确答案，从而增强法官作出最后决断的信心。合议庭应当充分听取公诉人、辩护人举证和质证，不能以调查核实代替控辩双方的质证、举证，而且合议庭应当在开庭审理后对证据有疑问的才能自行调查，而不能事先调查核实证据。

合议庭自行调取的证据，必须经过恢复法庭审理，由控辩双方辩论、质证才能作为判决的依据。《刑事诉讼法》第47条对此作了明确规定，合议庭对自行调查证据不经庭审直接作为判决依据的，既妨碍了人民检察院的公诉权，又剥夺了被告人的辩护权，有违审判公开原则，是严重违反法律规定的诉讼程序的行为，人民检察院应当加强监督，一般应当提出纠正意见，人民法院已作出判决的，如果判决在认定事实、适用法律上确有错误，人民检察院应当依法提出抗诉。

第三百四十七条 ［法庭辩论和总结性意见］

在法庭审理中，经审判长许可，公诉人可以逐一对正在调查的证据和案件情况发表意见，并同被告人、辩护人进行辩论。证据调查结束时，公诉人应当发表总结性意见。

法庭辩论中，公诉人与被害人、诉讼代理人意见不一致的，公诉人应当认真听取被害人、诉讼代理人的意见，阐明自己的意见和理由。

【条文释义】 本条是关于公诉人参加辩论、发表总结性意见的规定。

法庭调查从公诉人宣读起诉书开始，法庭辩论从公诉人发表总结性意见开始。根据《刑事诉讼法》的规定，这两个阶段是可以有交叉和反复的。在法庭审理中，经审判长许可，公诉人可以逐一对正在调查的证据和案件情况发表意见，并同被告人、辩护人进行辩论。在法庭辩论中，如公诉人发现某一证据需要重新核实或有新的证据需要提交法庭质证或辨认的，可以提请合议庭恢复法庭调查。

公诉人发表总结性意见，应包括以下三方面内容：（1）公诉人对法庭调查中出示的每一证据的质证、辨认、采信情况和证明作用作综合概述；（2）在此基础上，结合法律规定，论证被告人触犯的法律条款，构成何种犯罪以及犯罪情节的轻重；（3）根据案件具体情况和庭审情况，进行必要的法制宣传教育。总结性发言应确立检察机关指控的犯罪事实成立，被告人已构成犯罪，应追究刑事责任的基本观点。但要讲究策略，对可能引起辩论的问题，要掌握亮明观点的时机，以利辩论。

法庭辩论中，公诉人与被害人、诉讼代理人意见不一致的，公诉人应当认真听取被害人及其诉讼代理人的意见，不应与被害人及其诉讼代理人发生正面冲突。

第三百四十八条 ［延期审理的条件］

法庭审理过程中遇有下列情形之一的，公诉人应当要求法庭延期审理：

（一）发现事实不清、证据不足，或者遗漏罪行、遗漏同案犯罪嫌疑人，需要补充侦查或者补充提供证据的；

（二）发现遗漏罪行或者遗漏同案犯罪嫌疑人，虽不需要补充侦查和补充提供证据，但需要提出追加或者变更起诉的；

（三）需要通知开庭前未向人民法院提供名单的证人、鉴定人或者经人民法院通知而未到庭的证人出庭陈述的。

【条文释义】 本条是关于要求延期审理条件的规定。

《刑事诉讼法》第165条规定，在法庭审判过程中，检察人员发现提起公诉的案件需要补充侦查，提出建议的，可以延期审理。延期审理，是指在法庭审判过程中，由于出现了影响法庭审判进行的特定情形，使法庭审判不能继续进行，合议庭因此而中止审判活动，待影响审判正常进行的情形消失后再行开庭审理。延期审理应当符合三个条件：（1）符合《刑事诉讼法》第165条规定的三种情形；（2）当事人提出申请或者检察人员提出建议；（3）合议庭经审查同意或者作出决定。

在法庭审判过程中，检察人员发现提起公诉的案件有些犯罪事实还不清楚，证据还不充分确实，提出需要补充侦查的建议，被合议庭接受的，可以延期审理。本条对需要补充侦查即法庭审判中发现事实不清、证据不足作了细化，更加明确，具有操作性。

（1）在法庭审判中发现事实不清、证据不足，或者发现起诉的案件遗漏了罪行、遗漏了同案犯罪嫌疑人、需要补充侦查或者补充提供证据的。补充提供证据，一般是指不需补充侦查，在法庭审判中需要提供原来不准备使用的证据，公诉人要求延期审理以准备、补充法庭审判所需要的证据。

（2）需要追加或者变更起诉的，即在法庭审判中发现起诉遗漏了罪行或者遗漏了同案犯罪嫌疑人，在这种情况下需要修改、补充起诉书，重新向人民法院对遗漏罪行和遗漏同案犯罪嫌疑人提起公诉，在这种情况下也可以要求延期审理。

（3）需要通知有关证人、鉴定人出庭的，主要有两种情况：一是经过庭审，认为需要通知公诉人向人民法院提供证人名单以外的证人、鉴定人出庭；二是虽经人民法院通知，但有关证人未出庭作证。在这两种情况下要求延期审理，应当是以上证人、鉴定人是较为关键、主要的证人、鉴定人，对查清案情，追究被告人刑事责任具有重要的作用，足以影响审判的正常进行。对于庭审中发现个别、次要的不影响定罪量刑的证据、证人需要核实的，不必要求延期审理。

此外，对于公诉人发现被告人真实身份或犯罪事实与起诉书认定的不相符合，公诉人需要出示、宣读证据目录以外的证据，应给予被告人、辩护人必要时间进行辩护准备的，公诉人也可以要求延期审理。

检察人员在审判中要求延期审理，应当经合议庭同意或作出决定。

【延期审理建议书的制作】

（一）制作方法

延期审理建议书为三联填充式文书。三联的格式、填充内容不尽相同。各联的格式、内容如下：

1. 存根联的内容结构及制作方法。

存根联包括两部分：

（1）首部。内容与正本联首部内容基本相同，只是在文书名称下增加了“（存　根）”字样。

（2）正文。包括：案由，即属于何种性质的犯罪；被告人基本情况，包括姓名、性别、年龄、工作单位、住址、身份证号码、是否人大代表或政协委员；送达机关，即受理案件的人民法院名称；建议延期审理的理由；批准人；承办人；填发人；填发日期。

2. 副本联的内容结构及制作方法。

副本联与正本联的制作内容基本相同，只是在首部文书名称下增加了“（副本）”字样。

3. 正本联的内容结构及制作方法。

正本联包括以下几个部分：

（1）首部。包括：制作本文书的人民检察院的名称；文书名称，即“延期审理建议书”；文书编号，即“ 检 延〔 〕 号”，空余地方依次填写制作本文书的人民检察院的简称、具体办案部门简称、年度和序号。

（2）正文。包括：人民检察院发现提起公诉的案件需要补充侦查的情况概要，即“我院以____号____书向你院提起____的被告人____一案，根据《中华人民共和国刑事诉讼法》第____条的规定，建议你院对该案延期审理”，空白处按顺序填写：检察院提起公诉的文书编号；文书种类；被指控的犯罪属于何种性质；被告人姓名；法律依据，检察院对提起的公诉案件要求延期审理的建议，即“建议你院对该案延期审理”。

（3）尾部。包括：此致；所送达的单位，即审理案件的人民法院；制作本文书的日期；制作本文书的人民检察院院印。

（二）使用说明

使用本文书应当注意以下问题：（1）严格按规定使用本文书。《人民检察院刑事诉讼规则》第 348 条对公诉人要求法庭延期审理的情形作了具体的规定，因此，使用本文书应该严格按该条规定列举的情形适用，不应扩大使用范围，也不能不该适用而适用。（2）根据《人民检察院刑事诉讼规则》第 349 条和最高人民法院的有关解释，每起案件在法庭审理过程中建议延期审理的次数不得超过 2 次，且每次不得超过 1 个月。因此，在制作本文书时，应根据需要补充侦查的实际情况，合理确定建议延期审理的时间。（3）人民法院同意延期审理后，检察机关应当在补充侦查的期限内提请恢复法庭审理或撤回起诉。

本文书三联之间的骑缝线上均有本文书文号，应当按照本文书第三联中文号的填写方法予以填写。

本文书共三联，第一联统一保存备查，第二联附卷，第三联送达人民法院。

（三）文书格式（见下页）

人民检察院
延期审理建议书
（存　根）

检　延〔　　〕　号

案由＿＿＿＿＿＿＿＿
被告人基本情况（姓名、性别、年龄、工作单位、住址、身份证号码、是否人大代表、政协委员）＿＿＿＿＿＿＿＿
＿＿＿＿＿＿＿＿
＿＿＿＿＿＿＿＿
＿＿＿＿＿＿＿＿
送达机关＿＿＿＿＿＿＿＿
建议延期审理的理由＿＿＿＿＿＿＿＿
＿＿＿＿＿＿＿＿
批准人＿＿＿＿＿＿＿＿
承办人＿＿＿＿＿＿＿＿
填发人＿＿＿＿＿＿＿＿
填发日期＿＿＿＿＿＿＿＿

第一联统一保存

检延〔　〕号

人民检察院
延期审理建议书
（副　本）

检　延〔　　〕　号

我院以＿＿＿＿＿＿号＿＿＿书向你院提起＿＿＿的被告人＿＿＿＿＿一案，根据《中华人民共和国刑事诉讼法》第＿＿＿＿＿＿条的规定，建议你院对该案延期审理。

此致

＿＿＿＿＿人民法院

年　月　日
（院印）

第二联附卷

检延〔　〕号

人民检察院
延期审理建议书

检　延〔　　〕　号

我院以＿＿＿＿＿＿号＿＿＿书向你院提起＿＿＿的被告人＿＿＿＿＿一案，根据《中华人民共和国刑事诉讼法》第＿＿＿＿＿＿条的规定，建议你院对该案延期审理。

此致

＿＿＿＿＿人民法院

年　月　日
（院印）

第三联送达人民法院

第三百四十九条 ［延期审理期限和次数］

法庭宣布延期审理后，人民检察院应当在补充侦查的期限内提请人民法院恢复法庭审理或者撤回起诉。

公诉人在法庭审理过程中建议延期审理的次数不得超过两次，每次不得超过一个月。

【条文释义】 本条是关于延期审理期限和次数的规定。

延期审理是由于出现影响法庭审判的特定情形而中止审理的活动。为了保证审判的正常进行，既要严格依照法定条件进行建议和决定延期审理，又要对延期审理进行必要的限制。不按法定条件随意延期审理或者反复、多次延期审理，会妨害法庭审判的顺利进行，因而有必要对延期审理的期限、次数作出明确规定。

检察人员建议延期审理，是为了进行补充侦查、补充证据、补充修改起诉书等诉讼活动。《刑事诉讼法》第166条规定，对于检察人员发现提起公诉的案件需要补充侦查，提出延期审理建议，人民法院决定延期审理的案件，人民检察院应当在1个月以内补充侦查完毕。但对要求延期审理的次数未作规定。最高人民法院《关于执行〈中华人民共和国刑事诉讼法〉若干问题的解释》第157条第1款规定："在庭审过程中，公诉人发现案件需要补充侦查，提出延期审理建议的，合议庭应当同意。但是建议延期审理的次数不得超过两次。"为了保证审判活动的正常进行，防止多次要求延期审理所造成的诉讼拖延，规定延期审理不得超过两次是必要的和合理的，能够保证检察人员通过要求延期审理完成必要的诉讼行为，检察人员在法庭审判中可以两次要求延期审理，一次补充侦查的期限为一个月，共可有两个月的时间补充侦查。

检察人员建议延期审理后，恢复法庭审理也应由人民检察院提请。在延期审理后，人民检察院应当在法定期限（1个月）内侦查完毕，根据不同情况，作出不同的处理：（1）经补充侦查，认为事实已经清楚，证据确实、充分，应将补充的证据材料移送人民法院，提请人民法院重新开庭审理。（2）如果因发现遗漏罪行或遗漏犯罪嫌疑人，并且可一并起诉审理而建议延期审理的，经补充侦查，得以证实，人民检察院应制作追加起诉书，附相应证据材料移送人民法院，进行追加起诉。（3）如果因发现被告人真实身份或犯罪事实与起诉书的认定不相符合而建议延期审理的，经补充侦查得以证实，人民检察院应制作变更起诉书，附相应证据材料，移送人民法院进行变更起诉。（4）如果因发现不存在犯罪事实，犯罪事实并非被告人所为或不应追究被告人刑事责任而建议延期审理的，经补充侦查，没有查实有犯罪事实的，不能提请人民法院恢复庭审，而应撤回起诉。

法庭决定、宣布延期审理后，人民检察院应当在补充侦查期限（1个月）内补充侦查完毕，提请人民法院恢复法庭审理。如果在1个月内不提请法庭恢复审理，人民法院可以裁定按人民检察院撤回起诉处理。人民检察院经过补充侦查，发现提起公诉的被告人不存在犯罪事实，或者犯罪事实并非被告人所为，或者发现符合《刑事诉讼法》第15条规定，不应当追究被告人刑事责任的，应当在补充侦查期限内向人民法院要求撤回起诉，终止诉讼。

第三百五十条 [审判阶段补充侦查的方式]

在审判过程中，对于需要补充提供法庭审判所必需的证据或者补充侦查的，人民检察院应当自行收集证据和进行侦查；必要时可以要求公安机关提供协助。

人民检察院补充侦查，适用本规则第四章、第五章、第七章的规定。

补充侦查不得超过一个月。

【条文释义】 本条是关于延期审理后人民检察院补充侦查方式的规定。

在审判过程中，人民检察院、出庭的检察人员建议延期审理进行补充侦查或者需要补充提供法庭审判所必需的证据的，应当由人民检察院自行侦查或者自行收集证据，自行侦查可以适用《刑事诉讼法》规定的各种侦查、强制措施和审查起诉阶段的各项权力。延期审理后，人民检察院一般不得再退回公安机关补充侦查。主要是由于《刑事诉讼法》对刑事案件的立案、侦查、提起公诉、审判程序作了严格规定，明确了公、检、法在每个诉讼阶段的职能、期限，人民检察院审查公安机关移送起诉的案件，认为犯罪嫌疑人的犯罪事实已经查清，证据确实、充分，依法应追究刑事责任，即作出起诉决定，向人民法院提起公诉。提起公诉后，公安机关对此案的侦查职能已经终结，庭审后再退回公安机关侦查，会造成诉讼程序的混乱；同时，《刑事诉讼法》规定公安机关和人民检察院都具有侦查权，但并不适用于整个诉讼阶段，公安机关的侦查权一般限于立案后、人民检察院提起公诉前。案件提起公诉后，侦查权显然不再属于公安机关。当然在必要时，人民检察院可以要求公安机关提供协助、配合。延期审理后，一般需及时收集、固定有关证据，公诉人通过法庭调查，对于需要侦查哪些证据、补充固定哪些证据比较清楚，由公诉人自行侦查或由公诉人为主、公安机关协助侦查可以取得较好效果，否则会拖延时间，影响诉讼效率。公安部发布的《公安机关办理刑事案件程序规定》第270条规定了公安机关对于人民检察院审查起诉阶段退回补充侦查的案件应当予以补充侦查。人民检察院在补充侦查中需要使用特殊措施，必须由公安机关协助的，可以要求公安机关提供协助。

人民检察院在审判阶段要求退回补充侦查后，应当在1个月内补充侦查完毕，要求法庭恢复审理或者撤回起诉。

第三百五十一条 ［变更、追加、撤回起诉］

在人民法院宣告判决前，人民检察院发现被告人的真实身份或者犯罪事实与起诉书中叙述的身份或者指控犯罪事实不符的，可以要求变更起诉；发现遗漏的同案犯罪嫌疑人或者罪行可以一并起诉和审理的，可以要求追加起诉；发现不存在犯罪事实、犯罪事实并非被告人所为或者不应当追究被告人刑事责任的，可以要求撤回起诉。

【条文释义】 本条是关于变更、追加、撤回起诉的规定。

在刑事诉讼中，人民检察院提起公诉后可以变更、追加、撤回起诉，是现代刑事诉讼制度控审分离、不告不理原则的体现和要求。我国《刑事诉讼法》对公诉案件变更、追加、撤回起诉未作明确规定，但从司法实践经验和办案需要出发，在理论和司法实务中均公认人民检察院有权变更、追加和撤回起诉。人民检察院提起公诉后，如果发现在指控的被告人、犯罪事实和适用法律、认定犯罪性质方面存在不足或者出现错误，可以予以补正、追加和变更控诉内容；如果发现起诉的案件缺乏某一方面的诉讼条件，如在事实方面发现起诉的案件主要犯罪事实不清、证据不足或者根据有关法律规定具有不应追究刑事责任的情形，可以撤回起诉。起诉、变更、追加起诉、不起诉和撤回起诉都属于公诉权不可分割的部分，由此构成完整、统一的公诉权，由人民检察院依法享有。本条对人民检察院变更、追加、撤回起诉的条件作了规定：

（1）变更起诉，人民检察院发现被告人的真实身份或者犯罪事实与起诉书中叙述的身份或者指控犯罪事实不符的，可以要求变更起诉。

（2）追加起诉，人民检察院发现遗漏的同案犯罪嫌疑人或者罪行，可以一并起诉和审理的，可以要求追加起诉。

（3）撤回起诉，人民检察院发现不存在犯罪事实、犯罪事实并非被告人所为或者不应当追究被告人刑事责任的，可以要求撤回起诉。对于案件事实不清、证据不足的也可以要求撤回起诉。

人民检察院撤回起诉后，人民法院不能就已经撤回起诉的案件继续进行审理。同时，人民检察院行使撤诉、变更控诉的权利必须受审判机关的制约。尽管人民法院在刑事诉讼中的基本职权是审判，即审查起诉所指控的事实和适用的法律依据，在此基础上对被告人是否有罪作出裁断，而不是行使控诉权，但为保证审判活动的顺利进行，保证刑事诉讼程序的公正合法，保障被告人的合法权益，人民法院不能不对起诉权的行使进行一定的限制。这主要表现在：首先，撤诉必须有时间上的限制。尽管各国对撤回起诉的请求在刑事审判中截至什么时间提出的问题规定不太一致，但必须加以时间上的限制，一般多限定为必须在判决作出前提出，本条规定为判决宣告前，即公开宣告判决之前。其次，人民法院对变更控诉拥有一定的决定权。这一方面表现在法官在对起诉请求进行审查或进行审理的过程中，发现起诉书存在缺陷，可以依职权要求人民检察院进行必要的补正。当人民检察院提出要求撤销或变更控诉的请求后，是否允许要由人民法院确定。最后，变更起诉不能损害被告人的辩护权。在审判期间，如果变更起诉事实，应当迅速通知被告人。为了使被告人能够有足够时间准备，充分行使辩护权，法庭可以根据申请或者主动决定延期审理，人民检察院在法庭中提出的控告不能超出预先告知被告人的范围。

【撤回起诉决定书的制作】

（一）制作方法

撤回起诉决定书为三联填充式文书，第一联为存根，第二联为副本，第三联为正本。三联的格式、填充内容不完全相同。它们具体的格式、内容如下：

1. 存根联的内容结构及制作方法。

存根联包括两部分：

（1）首部。内容与正本联首部内容基本相同，只在文书名称下增加“（存根）”字样。

（2）正文。包括：案由，即犯罪属于何种性质；被告人基本情况，包括姓名、性别、年龄、工作单位、住址、身份证号码、是否人大代表或政协委员；送达机关，即文书所送达的人民法院；撤回起诉理由，即“发现不存在犯罪事实”或“发现犯罪事实并非被告人所为”等；批准人；承办人；填发人；填发文书的日期。

2. 副本联的内容结构及制作方法。

此联首部与正本联首部内容基本相同，只在文书名称下增加“（副　本）”字样；正文和尾部与正本联的内容完全相同。

3. 正本联的内容结构及制作方法。

正本联包括三部分内容：

（1）首部。包括：制作本文书的人民检察院名称；文书名称，即“撤回起诉决定书”；文书编号，即“　检　撤诉〔　〕　号”，空余地方依次填写制发本文书的人民检察院的简称、具体办案部门简称、年度和序号。

（2）正文。包括：决定撤回起诉的人民检察院对所提起的起诉的概述，即“本院以____号起诉书提起公诉的被告人____一案”，横线上按顺序依次填写提起公诉的起诉书文书编号、被告人姓名及被指控的犯罪性质；撤回起诉的理由及决定，即“因事实、证据有变化，本院决定撤回起诉”；要求受理人民法院注销的通知，即“原____号起诉书即行作废，请予注销”，横线上填写起诉书的文书编号；受送达人民法院的名称。

（3）尾部。包括：本文书制作的年、月、日；制作本文书的人民检察院院印。

（二）使用说明

使用本文书时应注意：（1）根据《人民检察院刑事诉讼规则》第 353 条的规定，撤回起诉应当报经检察长或者检察委员会决定，案件承办人应该根据检察长或检察委员会的决定制作本文书。（2）存根撤回起诉理由部分的填写，应根据《人民检察院刑事诉讼规则》第 351 条规定的情况，选择填写内容。（3）本文书只能在人民检察院提起公诉之后，人民法院作出判决之前这段时间内制作使用。

本文书三联之间的骑缝线上均有本文书文号，应当按照本文书第三联中文号的填写方法予以填写。

本文书共三联，第一联统一保存备查，第二联附卷，第三联送达人民法院。

（三）文书格式（见下页）

人民检察院

撤回起诉决定书

（存　根）

检　撤诉〔　　〕　号

案由________________

被告人基本情况（姓名、性别、年龄、工作单位、住址、身份证号码、是否人大代表、政协委员）

____

____

____

____

送达机关____________

撤回起诉理由__________

____

批准人____________

承办人____________

填发人____________

填发日期____________

第一联统一保存

检　撤诉〔　　〕　号

人民检察院

撤回起诉决定书

（副　本）

检　撤诉〔　　〕　号

本院以____________号起诉书提起公诉的被告人____________一案，因事实、证据有变化，本院决定撤回起诉。原____________号起诉书即行作废，请予注销。

此致

__________人民法院

年　　月　　日

（院印）

第二联附卷

检　撤诉〔　　〕　号

人民检察院

撤回起诉决定书

检　撤诉〔　　〕　号

本院以____________号起诉书提起公诉的被告人____________一案，因事实、证据有变化，本院决定撤回起诉。原____________号起诉书即行作废，请予注销。

此致

__________人民法院

年　　月　　日

（院印）

第三联送达人民法院

第三百五十二条 ［人民法院建议补充侦查、变更起诉的处理］

在法庭审理过程中，人民法院建议人民检察院补充侦查、补充或者变更起诉的，人民检察院应当审查有关理由，并作出是否退回补充侦查、补充或者变更起诉的决定。人民检察院不同意的，可以要求人民法院就起诉指控的犯罪事实依法作出裁判。

【条文释义】 本条是关于人民法院建议人民检察院补充侦查、变更起诉应如何处理的规定。

修改后的《刑事诉讼法》取消了在法庭审理过程中合议庭决定退回人民检察院补充侦查的规定，主要是由于庭审方式改革后，开庭前审判人员不再核实证据，庭审中只就公诉人指控的犯罪进行法庭调查和辩论，如果证明犯罪的证据确实、充分，应当依法作出有罪判决，对证据有疑问的，可以休庭，对证据进行调查核实，如果证据不足以认定被告人有罪的，则应作出指控的犯罪不能成立的无罪判决，除人民检察院主动提出退回补充侦查的建议外，法庭不再将案件退回补充侦查。但为了加强人民法院、人民检察院在刑事诉讼中的配合，保证有效、准确地惩治犯罪，人民法院在法庭审理中发现需要人民检察院补充侦查、补充或者变更起诉，可以建议人民检察院补充侦查、变更起诉。最高人民法院《关于执行〈中华人民共和国刑事诉讼法〉若干问题的解释》第178条规定，人民法院在审理中发现新的事实，可能影响定罪的，应当建议人民检察院补充或者变更起诉；人民检察院不同意的，人民法院应当就起诉指控的犯罪事实依法作出裁判。从以上规定可以看出，对于人民法院建议人民检察院补充侦查、补充或者变更起诉的，可以作出以下处理：

1. 人民检察院对人民法院建议补充侦查、补充或者变更起诉的理由、原因进行审查和研究，如果确实有新的事实，或者事实不清、证据不足的，可能影响案件定罪的，应当依法作出补充侦查的决定。

2. 经审查，人民检察院不同意人民法院要求补充侦查、补充或者变更起诉的建议的，可以向人民法院说明情况和理由，要求人民法院就起诉指控的犯罪事实依法作出裁判。《刑事诉讼法》修改后，人民法院只能建议人民检察院退回补充侦查，而不能决定退回补充侦查，在法庭审理中要求、决定补充侦查是人民检察院公诉权的一部分，因而在人民法院建议人民检察院补充侦查的，是否退回补充侦查由人民检察院决定，但人民检察院应当承担决定不退回补充侦查而造成的法律后果，即人民法院可能会因证据不足，作出指控的犯罪不能成立的，宣告被告人无罪的判决。

第三百五十三条［变更、追加、撤回起诉的决定程序］

变更、追加或者撤回起诉应当报经检察长或者检察委员会决定，并以书面方式在人民法院宣告判决前向人民法院提出。

在法庭审理过程中，公诉人认为需要变更、追加或者撤回起诉的，应当要求休庭，并记明笔录。

变更、追加起诉需要给予被告人、辩护人必要时间进行辩护准备的，公诉人可以建议合议庭延期审理。

撤回起诉后，没有新的事实或者新的证据不得再行起诉。

【条文释义】 本条是关于变更、追加、撤回起诉的决定程序的规定。

人民检察院提起公诉，是一项严肃的法律诉讼行为，根据人民检察院工作制度，对案件提起公诉应当经检察长或者检察委员会决定。提起公诉后在法庭审理过程中需要变更、追加或者撤回起诉的，实际上是对提起公诉的修正或者改正，也应当经由检察长或者检察委员会决定。一般的案件需要变更、追加或者撤回起诉的，可以由检察长决定，重大、复杂的或者影响较大的案件，可以由检察委员会决定。人民检察院变更、追加或者撤回起诉的决定应当以书面方式，即正式的法律诉讼文书向人民法院提出。在法庭开庭前要求变更、追加或者撤回起诉的，应当向人民法院送达人民检察院有关的法律文书。在法庭审理中要求变更、追加、撤回起诉的，出庭的检察人员应当向审判人员说明请求及理由，要求法庭休庭，报告检察长后正式决定是否变更、追加、撤回起诉，并向人民法院送达有关法律文书。

人民检察院变更、追加起诉，原提起公诉案件的事实、证据均发生一定变化，特别是可能加重指控的，应当使被告人、辩护人对变更、追加的起诉内容和有关证据材料了解和知晓，有必要使其具有必要的时间准备辩护，这种情况下公诉人可以主动建议合议庭延期审理。

人民检察院撤回起诉表明已提起的公诉已被撤销，诉讼业已终止，因而，“撤回起诉决定书”一经作出即产生终止诉讼的效力。“撤回起诉决定书”应由人民检察院提出，在法庭审理中，公诉人口头要求撤回起诉的，只有正式向人民法院提交“撤回起诉决定书”后，撤回起诉才能正式产生法律效力。撤回起诉具有终止诉讼的效力，撤回起诉与不起诉在实质上具有同样效力。撤回起诉与不起诉决定既然均具有相同的终止诉讼效力，撤回起诉后就不必再作出不起诉决定。这是因为，在我国撤回起诉是以起诉后不存在追究被告人刑事责任的情形为前提的，与不起诉的一定条件和效力是相同的，作出撤回起诉决定表示诉讼关系已不存在，人民法院无从审判。撤回起诉后再作出不起诉决定，显然出现诉讼行为重复的问题。

撤回起诉后能否再行起诉？撤回起诉作为人民检察院的诉讼行为，与人民法院审判不同，不受一事不再理原则的限制。如果撤回起诉后，发现应当追究被告人刑事责任的事实和证据，应当允许再行提起公诉，特别是有关机关和被害人对撤回起诉提出复议、复核或申诉的，经审查认为撤回起诉决定不当，发现新的事实或者证据的可以撤销撤回起诉决定，再行向人民法院提起公诉，这有利于及时纠正错误，依法保护诉讼当事人的合法权益。

第三百五十四条［变更简易程序］

在人民法院作出判决前，人民检察院发现已经决定适用简易程序审理的案件具有下列情形之一的，应当要求人民法院按照普通第一审程序审理：

（一）发现依法应当判处三年以上有期徒刑的；

（二）案件事实、证据存在较大争议的；

（三）被告人是否犯罪，犯有何罪存在疑问的；

（四）人民检察院发现被告人有新的犯罪事实需要追加起诉一并审理的。

【条文释义】　本条是关于变更简易程序的规定。

对经人民检察院建议或同意并决定适用简易程序审理的案件，人民检察院发现不宜适用简易程序审理的，应当要求人民法院按照普通第一审程序审理，不再适用简易程序。人民检察院要求变更简易程序，从诉讼阶段上应限于人民法院作出判决前，如果已经作出判决，只能采取纠正违法或按上诉程序提出抗诉的方式。关于变更简易程序的实质条件，实际上是不符合《刑事诉讼法》第 174 条关于公诉案件适用简易程序的条件，即依法应当判处 3 年以上有期徒刑的；案件事实不清、证据不足的；被告人可能是无罪的或需要追加起诉的。人民检察院对适用简易程序审判的案件，如果发现符合撤回起诉条件的，可以向人民法院要求撤回起诉，终止审理。

第三百五十五条［庭审笔录的制作］

出庭的书记员应当将庭审情况写成笔录，详细记载庭审的时间、地点、参加人员、公诉人出庭执行任务情况和法庭调查、法庭辩论的主要内容以及法庭判决结果，由公诉人和书记员签名。

【条文释义】　本条是关于书记员制作庭审笔录的规定。

公诉人出席法庭审判，应当配备书记员担任记录，并承办相应的辅助性工作。本条规定出庭的人民检察院的书记员应当制作庭审笔录，笔录的格式应当按照最高人民检察院有关业务厅制发的样式制作，重点记明庭审有关情况、公诉人出庭执行任务的情况和法庭判决结果，以作为公诉人出庭的记录和对法庭审判活动进行监督的依据。

第三百五十六条［庭审中移送有关证据材料］

人民检察院对于在法庭上出示、宣读、播放的证据材料应当当庭移交人民法院，确实无法当庭移交的，应当在休庭后三日内移交。对于在法庭上出示、宣读、播放未到庭证人的证言的，如果该证人提供过不同的证言，人民检察院应当将该证人的全部证言在休庭后三日内移交。

【条文释义】 本条是关于人民检察院在法庭审理中如何移送有关证据材料的规定。

关于人民检察院向人民法院移交证据材料，《刑事诉讼法》规定，人民检察院在提起公诉时，只需向人民法院移送有明确的指控犯罪事实的起诉书和证据目录、证人名单以及主要证据复印件或者照片。对于主要证据的原件和其他证据材料什么时间移交，《刑事诉讼法》没有明确规定，仅规定在开庭审理后，人民法院应当根据已经查明的事实、证据和有关法律作出判决。因此，有关证据都应当移送人民法院，尤其是在法庭上出示、宣读、播放，经过质证的证据材料，必须移送人民法院。关于移送证据的时间，一种意见认为，证据材料应当在法庭休庭后一次性移送人民法院。主要证据的复印件或者照片在开庭前已经移送人民法院，证据原件和其他证据在法庭上出示、宣读、播放并经质证后仍由人民检察院保管，法庭审理结束后再移送人民法院，这样可以保持案卷的完整性，减少工作量。另一种意见认为，在法庭上出示、宣读、播放的证据应当当庭移交人民法院，这样有利于人民法院随时进行审查，认为有疑问的，可以在开庭审理过程中进行调查核实，对于当庭确实无法移交的，应当在休庭后 3 日内移交。

对于未到庭的证人，除在法庭上出示、宣读、播放的证言需移交人民法院外，其提供过的其他证言人民检察院是否应当移交人民法院的问题，一种意见认为，对于未到庭的证人，如果其证言对案件事实有证明作用，人民检察院应当将其证言在法庭上出示、宣读或者播放并进行质证。根据《刑事诉讼法》第 47 条的规定，证人证言必须在法庭上经过公诉人、被害人和被告人、辩护人双方讯问、质证，听取各方证人的证言并且经过查实以后，才能作为定案的根据，如果该证人曾提供过不同的证言，但那些证言没有被人民检察院作为定案的根据在法庭上出示、宣读、播放，因此，不需要移交人民法院。另一种意见认为，从保证查明案件事实的目的出发，对曾提供过不同证言的证人证言在采信时应当格外慎重，人民法院在最终确定该证人的证言能否作为定案根据前，对该证人曾经提供过的证言进行参照比较是非常必要的。在司法实践中，也经常从这些前后不一致的证言中发现一些线索，进而发现一些新的证据。有时还从中发现在侦查、审查起诉阶段中发生的刑讯逼供等问题。因此，人民检察院应当将曾提供过不同证言的证人的全部证言移送人民法院。

为了保证庭审的正常进行，保证人民法院依法作出正确的判决，对于以上规定，在实践中应当注意：（1）人民检察院在提起公诉时应当做好充分的准备，对于要在法庭上出示、宣读、播放的证据材料都应当做好当庭移交的准备工作，在出示、宣读、播放后当庭移交人民法院；（2）这里所说的“确实无法当庭移交的”，主要是指装订在案卷当中，本来不准备在法庭上出示、宣读、播放，但在庭审过程中，公诉人根据庭审情况认为有必要在法庭上出示、宣读、播放、当庭移交存在困难等情况；（3）只有在法庭上经过公诉人、被害人和被告人、辩护人双方讯问、质证，并且经过查实的证人证言，才能作为定案的根据，人民检察院将曾提供过不同证言的证人的全部证言移送人民法院后，人民法院不能直接以未在法庭上出示、宣读、播放的证言作为定案根据。如果人民法院经过审查认为某一证据需要调查核实的，可以重新进行法庭调查，对该证据进行调查核实。

第三百五十七条［证据材料移交手续的办理］

对于当庭出示、宣读、播放的证据材料，在审判长宣布休庭后，公诉人应当与合议庭办理交接手续。休庭后向法院移交有关证据材料的，即时办理交接手续。

【条文释义】　本条是关于办理移交证据材料手续的规定。

人民检察院、公诉人向人民法院、合议庭移送诉讼文书、证据材料，应当与人民法院、合议庭办理有关交接手续。人民检察院对于公诉人在法庭审理中出示、宣读、播放的证据材料，一般在出示、宣读、播放后当庭移交合议庭，由合议庭和有关诉讼参与人进行认证、质证。在这种情况下，由于当庭不能随时办理交接手续，只能在休庭后由公诉人与合议庭对有关证据材料进行清点，在有关交接文书上签字。对于无法当庭移交合议庭的证据材料，人民检察院应当在休庭后3日内移交，在移交的同时应当与合议庭、审判人员或书记员办理交接手续。有关证据材料、诉讼文书是刑事诉讼进行的重要凭证，是人民法院定罪量刑的依据，必须妥善保管，完善移交、查阅手续，以保证刑事诉讼的正常进行。

第三百五十八条［扣押、冻结财物的处理］

人民检察院对封存保管的扣押、冻结的被告人财物及其孳息，应当根据不同情况作以下处理：

（一）对作为证据使用的实物，应当依法随案移送。对不宜移送的，应当将其清单、照片或者其他证明文件随案移送。

（二）冻结在金融机构的赃款，应当向人民法院随案移送该金融机构出具的证明文件，待人民法院作出生效判决后，由人民法院通知该金融机构上缴国库。

（三）查封、扣押的赃款、赃物，对依法不移送的，应当随案移送证据清单、照片或者其他证明文件，待人民法院作出生效判决后，由人民检察院根据人民法院的通知上缴国库，并向人民法院送交执行回单。

【条文释义】 本条是关于扣押、冻结财物如何处理的规定。

《刑事诉讼法》第198条第2款规定："对作为证据使用的实物应当随案移送，对不宜移送的，应当将其清单、照片或者其他证明文件随案移送。"修改后的《刑事诉讼法》对这些问题作了一些具体的规定，但在执行中，对哪些是应当移送的，哪些可以不移送，存在不同认识，影响了《刑事诉讼法》的贯彻执行。

根据《刑事诉讼法》的规定，对于赃款赃物，除依法返还被害人的财物以及依法销毁的违禁品外，必须一律上缴国库。任何单位和个人都不得挪用或者私自处理，应当按照《刑事诉讼法》第198条的规定执行，对作为证据使用的实物，应当依法随案移送。对不宜移送的，应当将其清单、照片或者其他证明文件随案移送，不得以未随案移送赃款赃物为由，拒绝受理案件。作为证据使用的实物，对于其中与案件定罪量刑有直接关系，应当作为证据在法庭上出示的实物，主要是一些物证、书证等，原则上这些实物应当随案移送，但有些实物由于其性质、体积、重量等原因不宜移送的，应当查点清楚，开列清单，并将其清单或者照片以及其他证明文件随案移送。在实践中，被查封、扣押、冻结的不宜移送的赃款赃物，主要包括：（1）不宜移动的物品，如房地产、建筑材料等；（2）冻结在金融机构的存款、有价证券等；（3）不宜长期保管的物品，如易腐、易霉、易变质的食品；（4）大宗物品，如汽车、机器设备或其他货物、物品；（5）易燃易爆危险物品以及违禁品。对上述不宜移送的物品，应当就地封存，妥善保管，或者收缴，并列明清单，附上照片，随案移送。实践中应当严格按照法律的规定执行，不应再要求随案移送不宜移送的实物，更不应以未随案移送赃款赃物为由，拒绝受理案件。

关于对侦查机关冻结在金融机构的款项应当由哪个部门负责上缴国库的问题，《刑事诉讼法》第198条第3款规定："人民法院作出的判决生效以后，对被扣押、冻结的赃款赃物及其孳息，除依法返还被害人的以外，一律没收，上缴国库。"对于由谁执行人民法院关于被冻结在金融机构的款项的判决，将侦查机关冻结在金融机构的款项上缴国库，在实践中存在不同认识，一种观点认为，应当由执行冻结的侦查机关，依据人民法院的判决通知金融机构去执行；另一种观点认为，应当由人民法院直接通知冻结存款的金融机构去执行，不需要再经过侦查机关。为了进一步明确这个问题，本条规定，对于赃款赃物，除依法返还被害人的财物以及依法销毁的违禁品外，必须一律上缴国库。任何单位和个人都不得挪用或者私自处理。关于赃款赃物的处理，应当按照《刑事诉讼法》第 198 条的规定执行，对侦查机关冻结在金融机构的赃款，侦查机关应当向人民法院随案移送该金融机构出具的证明文件，待人民法院作出判决生效以后，由人民法院通知该金融机构上缴国库，该金融机构应当向人民法院送交执行回单。这里所说的“冻结在金融机构的赃款”，是指公安机关、检察机关依法冻结在金融机构的犯罪嫌疑人的款项。考虑到人民法院已作出判决，为了简便手续，减少环节，规定可直接由人民法院通知冻结存款的金融机构执行人民法院判决，不必通过侦查机关。但人民法院应当将这一情况通知侦查机关。

关于对查封、扣押的不宜移送的赃款赃物由谁负责上缴国库的问题，《刑事诉讼法》第 198 条第 3 款规定：“人民法院作出的判决生效以后，对被扣押、冻结的赃款赃物及其孳息，除依法返还被害人的以外，一律没收，上缴国库。”实践中，对于人民法院判决生效后被查封、扣押的不宜移送的赃款赃物及其孳息由谁负责上缴国库的问题，存在不同认识。一种观点认为，应当由封存、保管、扣押的机关根据人民法院的判决上缴国库。另一种观点认为，应当由人民法院负责上缴国库。为了明确这个问题，本条规定对查封、扣押的赃款赃物，对依法不移送的，应当随案移送证据清单、照片或者其他证明文件，待人民法院作出生效判决后，由人民法院通知查封、扣押机关上缴国库，查封、扣押机关应当向人民法院送交执行回单。这样规定，主要是考虑到查封、扣押赃款赃物的机关了解查封、扣押的具体情况，便于执行。

第二节　出席第二审法庭

第三百五十九条［派员出席二审庭审］

对提出抗诉的案件或者公诉案件中人民法院决定开庭审理的上诉案件，同级人民检察院应当派员出席第二审法庭。

【条文释义】　本条是关于人民检察院派员出席第二审案件开庭审理的规定。

本条包括两层含义：（1）人民检察院派员出席第二审案件庭审的范围。根据本条的规定，人民检察院派员出席第二审法庭的案件有两类：一是人民检察院提出抗诉的案件。《刑事诉讼法》第 187 条明确规定，“对人民检察院抗诉的案件，第二审人民法院应当开庭审理”。人民检察院抗诉的案件，不单指公诉案件，还包括对自诉案件的抗诉案件。二是公诉案件中人民法院决定开庭审理的上诉案件。根据《刑事诉讼法》第 187 条的规定，对上诉案件，人民法院可以开庭审理，也可以不开庭审理。本条规定表明，只要是公诉案件的第二审，人民法院开庭审理的，人民检察院都应当派员出席法庭。第二审案件的开庭审理过程必然要涉及与公诉有关的问题，需要检察人员在场，必要时还需要进行辩论、质证；同时人民检察院派员出庭，也便于人民检察院掌握审判活动情况，进行法律监督。所以对抗诉案件和第二审开庭审理的上诉案件，人民检察院派员出席法庭是非常必要的。(2) 关于派员出席二审法庭的人民检察院的级别。根据本条的规定，派员出席第二审法庭的是“同级人民检察院”，即与第二审人民法院同级、相对应的人民检察院。

【派员出席法庭通知书的制作】

派员出席法庭通知书的制作参见本书第310条。

【参考规定】

最高人民法院、最高人民检察院关于死刑第二审案件开庭审理程序若干问题的规定（试行）（2006年9月21日 法释〔2006〕8号）

为依法准确惩罚犯罪，加强刑事司法领域的人权保障，确保死刑案件的办案质量，根据《中华人民共和国刑事诉讼法》的有关规定，现对死刑第二审案件开庭审理程序的有关问题规定如下：

第一条 第二审人民法院审理第一审判处死刑立即执行的被告人上诉、人民检察院抗诉的案件，应当依照法律和有关规定开庭审理。

第二条 第二审人民法院审理第一审判处死刑缓期二年执行的被告人上诉的案件，有下列情形之一的，应当开庭审理：

（一）被告人或者辩护人提出影响定罪量刑的新证据，需要开庭审理的；

（二）具有刑事诉讼法第一百八十七条规定的开庭审理情形的。

人民检察院对第一审人民法院判处死刑缓期二年执行提出抗诉的案件，第二审人民法院应当开庭审理。

第三条 被判处死刑的被告人提出上诉的案件，原审人民法院应当在上诉期满后三日以内将上诉状连同案卷、证据移送上一级人民法院，同时将上诉状副本送交同级人民检察院和当事人。收到上诉状副本的人民检察院应当在三日以内将上诉状副本及有关材料报送上一级人民检察院。

对第一审的死刑判决抗诉的案件，提出抗诉的人民检察院向原审人民法院提交抗诉书后，应当在三日以内将抗诉书副本及有关材料报送上一级人民检察院。原审人民法院应当在抗诉期满后三日以内将抗诉书连同案卷、证据移送上一级人民法院，并将抗诉书副本送交当事人。

第四条 对死刑判决提出上诉的被告人，在上诉期满后第二审开庭前要求撤回上诉的，第二审人民法院应当进行审查。合议庭经过阅卷、讯问被告人、听取其他当事人、辩护人、诉讼代理人的意见后，认为原判决事实清楚，适用法律正确，量刑适当的，不再开庭审理，裁定准许被告人撤回上诉；认为原判决事实不清，证据不足或者将无罪判为有罪，轻罪重判的，应当不准许撤回上诉，按照第二审程序开庭审理。

第五条 第二审人民法院开庭审理死刑上诉、抗诉案件，合议庭应当在开庭前对案卷材料进行全面审查，重点审查下列内容：

（一）上诉、抗诉的理由及是否提出了新的事实和证据；

（二）被告人供述、辩解的情况；

（三）辩护人的意见以及原审人民法院采纳的情况；

（四）原审判决认定的事实是否清楚，证据是否确实、充分；

（五）原审判决适用法律是否正确，量刑是否适当；

（六）在侦查、起诉及审判中，有无违反法律规定的诉讼程序的情形；

（七）原审人民法院合议庭、审判委员会讨论的意见；

（八）其他对定罪量刑有影响的内容。

第六条 第二审人民法院应当及时查明被判处死刑立即执行的被告人是否委托了辩护人。没有委托辩护人的，应当告知被告人可以自行委托辩护人或者通知法律援助机构指定承担法律援助义务的律师为其提供辩护。

被告人拒绝人民法院指定的辩护人为其辩护，有正当理由的，人民法院应当准许，被告人可以另行委托辩护人。被告人没有委托辩护人的，人民法院应当为其另行指定辩护人。

第七条 第二审人民法院开庭审理死刑上诉、抗诉案件，应当在开庭十日以前通知人民检察院查阅案卷。

第八条 人民检察院办理死刑上诉、抗诉案件，应当在开庭前对案卷材料进行全面审查，重点围绕抗诉或者上诉的理由，审查第一审判决认定案件事实、适用法律是否正确，证据是否确实、充分，量刑是否适当，审判活动是否合法，并进行下列工作：

（一）应当讯问被告人，听取被告人的上诉理由或者辩解；

（二）必要时听取辩护人的意见；

（三）核查主要证据，必要时询问证人；

（四）对鉴定结论有疑问的，可以重新鉴定或者补充鉴定；

（五）根据案件情况，可以听取被害人的意见。

第九条 第二审人民法院开庭审理的死刑上诉、抗诉案件，同级人民检察院应当派员出庭。

第十条 第二审人民法院开庭审理死刑上诉、抗诉案件，人民检察院应当在开庭前拟定庭审中的讯问、询问、举证、质证、答辩提纲和出庭意见书等。

第十一条 第二审人民法院开庭审理死刑上诉、抗诉案件，应当由审判员三人至五人组成合议庭，对于疑难、复杂、重大的死刑案件，应当由院长或者庭长担任审判长。

第十二条 合议庭应当在开庭前查明有关情况并做好以下准备工作：

（一）在第一审判决宣判后，被告人是否有检举、揭发行为需要查证核实的；

（二）是否存在可能导致延期审理的情形；

（三）必要时应当讯问被告人；

（四）拟定庭审提纲，确定需要开庭审理的内容；

（五）将开庭的时间、地点在开庭三日以前通知人民检察院；

（六）通知人民检察院、被告人及其辩护人在开庭五日以前提供出庭作证的证人、鉴定人名单；

（七）将传唤当事人和通知辩护人、证人、鉴定人和翻译人员的传票和通知书，在开庭三日以前送达；

（八）人民检察院向第二审人民法院提交新证据的，第二审人民法院应当通知被告人的辩护律师或者经许可的其他辩护人在开庭前到人民法院查阅；被告人及其辩护人向第二审人民法院提交新证据的，第二审人民法院应当通知人民检察院在开庭前到人民法院查阅；

（九）人民检察院在审查期间进行重新鉴定或者补充鉴定的，作出的鉴定应当及时提交人民法院，人民法院应当在开庭三日以前将鉴定结论告知当事人及其诉讼代理人、辩护人；被害人及其诉讼代理人或者被告人及其辩护人提出重新鉴定、补充鉴定要求并经第二审人民法院同意的，作出的鉴定应当及时提交人民法院，人民法院应当在开庭三日以前将鉴定结论告知对方当事人及其诉讼代理人、辩护人并通知人民检察院；

（十）公开审判的案件，在开庭三日以前先期公布案由、被告人姓名、开庭时间和地点；

（十一）其他准备工作。

上述活动情形应当写入笔录，由审判人员和书记员签名。

第十三条　第二审人民法院开庭审理死刑上诉、抗诉案件，具有下列情形之一的，应当通知证人、鉴定人、被害人出庭作证：

（一）人民检察院、被告人及其辩护人对鉴定结论有异议、鉴定程序违反规定或者鉴定结论明显存在疑点的；

（二）人民检察院、被告人及其辩护人对证人证言、被害人陈述有异议，该证人证言或者被害人陈述对定罪量刑有重大影响的；

（三）合议庭认为其他有必要出庭作证的。

第十四条　第二审人民法院应当全面审理死刑上诉、抗诉案件。但在开庭时，可以根据具体情况围绕人民检察院、被告人及其辩护人提出争议的问题和人民法院认为需要重点审查的问题进行：

（一）审判长宣布开庭后，可以宣读原审判决书，也可以只宣读案由、主要事实、证据和判决主文等判决书的主要内容。法庭调查时，上诉案件由上诉人或者辩护人先宣读上诉状或者陈述上诉理由，抗诉案件由检察人员先宣读抗诉书；对于既有上诉又有抗诉的案件，先由检察人员宣读抗诉书，后由上诉人或者辩护人宣读上诉状或者陈述上诉理由。

（二）法庭调查的重点是，对原审判决提出异议的事实、证据以及提交的新的证据等。对于人民检察院、被告人及其辩护人没有异议的事实、证据和情节，可以不在庭审时调查。

（三）人民检察院、被告人及其辩护人对原审判决采纳的证据没有异议的，可以不再举证和质证。

（四）法庭辩论时，抗诉的案件，由检察人员先发言；上诉的案件，由上诉人、辩护人先发言；既有抗诉又有上诉的案件，由检察人员先发言，并依次进行辩论。

（五）对共同犯罪中没有判处死刑且没有提出上诉的被告人，人民检察院和辩护人在开庭前表示不需要进行讯问和质证的，可以不再传唤到庭。对没有被判处死刑的其他被告人的罪行，事实清楚的，可以不在庭审时审理。

（六）对被告人所犯数罪中判处其他刑罚的犯罪，事实清楚且人民检察院、被告人及其辩护人没有异议的，可以不在庭审时审理。

第十五条　在第二审程序中，检察人员或者辩护人发现证据出现重大变化，可能影响案件定罪量刑的，可以建议延期审理。

第十六条 第二审人民法院应当在裁判文书中写明人民检察院的意见、被告人的辩解和辩护人的意见，以及是否采纳的情况并说明理由。

第十七条 第二审人民法院作出判决、裁定后，当庭宣判的，应当在五日以内将判决书或者裁定书送达当事人、辩护人和同级人民检察院；定期宣判的，应当在宣判后立即送达。

第二审人民法院可以委托第一审人民法院代为宣判，并向当事人送达第二审判决书或者裁定书。

第十八条 在第二审程序中，出席法庭的检察人员发现法庭审判活动违反法律规定的诉讼程序，休庭后由人民检察院向人民法院提出纠正意见。

第十九条 死刑第二审案件开庭审理程序的其他事项，依照刑事诉讼法、司法解释和有关规定执行。

第二十条 本规定自发布之日起施行。本规定发布前的司法解释和有关规定，与本规定相抵触的，以本规定为准。

第三百六十条［出席二审庭审的任务］

检察长、检察员或者经检察长批准代行检察员职务的助理检察员出席第二审法庭的任务是：

（一）支持抗诉或者听取上诉人的上诉意见，对原审法院作出的错误判决或者裁定提出纠正意见；

（二）维护原审人民法院正确的判决或者裁定，反驳无理上诉，建议法庭维持原判；

（三）维护诉讼参与人的合法权利；

（四）对法庭审理案件有无违反法律规定的诉讼程序的情况记明笔录；

（五）依法从事其他诉讼活动。

【条文释义】 本条是关于检察人员出席第二审法庭的任务的规定。

根据本条规定，检察长、检察员或者经检察长批准代行检察员职务的助理检察员出席第二审法庭的任务是：（1）支持抗诉或者听取上诉人的上诉意见，对原审法院作出的错误判决或者裁定提出纠正意见。“支持抗诉”是针对人民检察院抗诉案件而言的，即对于下级人民检察院按二审程序抗诉的案件，出席二审法庭的检察人员的主要任务就是支持抗诉，具体包括宣读抗诉书、出示有关证据、参与法庭辩论等。“听取上诉人的上诉意见”是针对上诉案件而言的。这里的“上诉人”包括被告人及其法定代理人、被告人的辩护人和近亲属以及公诉案件附带民事诉讼的当事人和他们的法定代理人。“对原审法院作出的错误判决或者裁定提出纠正意见”，是指根据事实和法律对未生效的错误判决或者裁定提出纠正意见。这主要是针对抗诉案件而言的，也包括上诉案件。（2）维护原审人民法院正确的判决或者裁定，反驳无理上诉，建议法庭维持原判。这是针对上诉案件而规定的。“维护原审人民法院正确的判决或者裁定”，是指根据事实、证据和法律、政策论证原审判决、裁定的正确性。"反驳无理上诉"，是指根据事实和法律指出上诉理由不正确、不成立。（3）维护诉讼参与人的合法权利。这一任务是与检察机关的性质和诉讼监督职能直接相关的。出席二审法庭的人员应切实维护包括上诉人在内的所有诉讼参与人的合法权利，保证其权利不被侵犯和剥夺，对已经发生的违法现象记明笔录。（4）对法庭审理案件有无违反法律规定的诉讼程序的情况记明笔录。这一规定是人民检察院监督职能的体现，也是出席法庭的检察人员作为检察官依法所享有的职权。对违反法律规定的诉讼程序的情况记明笔录，有利于庭后依法处理和核查。对严重违反法律规定的诉讼程序的，可以提出纠正意见，这有利于保障诉讼的公正，维护诉讼参与人的合法权利和法律的统一。这种纠正意见出席二审法庭的检察人员应当向检察长报告后以人民检察院的名义向人民法院提出，当然也可以当庭直接提出，但只代表出席检察人员的个人意见。（5）依法从事其他诉讼活动。"其他诉讼活动"，是指上述四种任务以外的诉讼活动，如询问证人、讯问被告人等。

第三百六十一条［二审前调取案卷材料］

对抗诉和上诉案件，与第二审人民法院相对应的人民检察院应当调取下级人民检察院的案卷材料。

出席第二审法庭的检察人员在接到第二审人民法院查阅案卷通知后，应当到第二审人民法院查阅第一审人民法院的案卷。

【条文释义】　本条是关于人民检察院出席二审法庭前调取下级人民检察院案卷和查阅一审法院案卷的规定。

人民检察院派员出席第二审法庭，在庭前应做好必要的准备工作，保证出庭任务的完成。本条规定的即是检察人员出席第二审法庭前应当进行的准备工作的一个方面。

本条第1款是关于调取下级人民法院案卷材料的规定。根据本款规定，对抗诉和上诉案件，与第二审人民法院相对应的人民检察院应当调取下级人民检察院的案卷材料。这里的"上诉案件"，主要是指二审人民法院决定开庭审理的公诉案件，对于不开庭审理的公诉案件，认为必要的，也可以调取下级人民检察院的案卷材料，以便及时履行法律监督职能。

本条第2款是关于查阅第一审人民法院案卷的规定。根据本款规定，出席第二审法庭的检察人员在接到第二审人民法院查阅案卷通知后，应当到第二审人民法院查阅第一审人民法院的案卷。《刑事诉讼法》第188条明确规定，"第二审人民法院必须在开庭十日以前通知人民检察院查阅案卷"。出席二审法庭的检察人员通过查阅一审案卷，可以全面了解第一审的情况，为出席二审法庭做好充分的准备。

第三百六十二条［对上诉、抗诉案卷材料的审查］

检察人员应当客观全面地审查原审案卷材料，不受上诉或者抗诉范围的限制，重点审查原审判决认定案件事实、适用法律是否正确，证据是否确实、充分，量刑是否适当，审判活动是否合法，并应当审查下级人民检察院的抗诉书或者上诉人的上诉书，了解抗诉或者上诉的理由是否正确、充分。

【条文释义】 本条是关于检察人员对上诉和抗诉案件的案卷材料应当如何进行审查的规定。

本条包括3层含义：（1）检察人员应当客观全面地审查案卷材料，不受上诉或者抗诉范围的限制。这是检察人员审查案卷材料的原则性规定。“客观全面地审查”，是指根据法律规定对检察案卷、审判案卷以及上诉书、抗诉书进行公正地审查。“不受上诉或者抗诉范围的限制”，是指检察人员对上诉或者抗诉案卷材料进行全面审查时，对上诉或者抗诉提出来的部分要进行审查，对上诉或者抗诉没有提出来的部分也要进行审查，在审查的范围上不受上诉人或者下级人民检察院抗诉范围的限制。（2）检察人员审查案卷的重点是审查原审判决认定案件事实、适用法律是否正确，证据是否确实、充分，量刑是否适当，审判活动是否合法。“认定案件事实、适用法律是否正确”，是指原判决对是否有犯罪事实、被告人的行为是否构成犯罪等的认定是否正确，适用的法律是否符合《刑法》总则和分则及其他法律的有关规定。“证据是否确实、充分”，是指证据是否经查证属实，犯罪事实是否全部有证据证实、证据之间有无不能排除的矛盾等。“量刑是否适当”，是指根据犯罪事实和法律规定，对犯罪分子决定的刑罚是否得当，是否有畸轻畸重的情况。“审判活动是否合法”，是指一审法院的审判活动有无违反法律规定的诉讼程序的情况，审判人员在审理案件时有无违法犯罪行为等。（3）检察人员审查案卷时，应当审查下级人民检察院的抗诉书或者上诉人的上诉书，了解抗诉或者上诉的理由是否正确、充分。这样有利于检察人员为出席二审法庭做好充分准备，保证完成出庭任务，也有利于对下级人民检察院提出的抗诉作出正确处理。

第三百六十三条［提讯原审被告人、复核证据］

检察人员在审查第一审案卷材料时，应当提讯原审被告人，复核主要证据。

【条文释义】 本条是关于检察人员提讯原审被告人、复核证据的规定。

根据本条规定，检察人员在审查第一审案卷材料时，应当提讯原审被告人，复核主要证据。原审被告人对于自己是否实施了犯罪行为，如何实施的犯罪行为及行为的时间、动机、工具等，最为清楚。通过提讯原审被告人，可以了解案件的具体情况，听取其无罪申辩，复核主要证据。这里的“复核主要证据”，是指对认定案件主要事实的证据进行核对。提讯原审被告人是检察人员审查第一审案卷材料时必须进行的活动。不论是抗诉案件还是上诉案件，都要在审查案卷材料的基础上提讯原审被告人。提讯原审被告人时，检察人员不得少于2人，首先查明其姓名、曾用名、化名、籍贯、出生时间等基本情况，然后讯问其是否有犯罪行为，让其陈述有罪的情节和无罪的辩解，并根据情况提出问题。提讯原审被告人应当制作讯问笔录。

第三百六十四条［二审庭前准备工作］

检察人员出席第二审法庭，应当制作讯问被告人，询问被害人、证人、鉴定人和出示、宣读、播放证据计划，并拟写答辩提纲。对上诉案件，出庭前应当制作出庭意见。

【条文释义】　本条是关于检察人员出席第二审法庭前制作举证计划、拟写答辩提纲、制作出庭意见的规定。

为了保证完成出席第二审法庭的任务，检察人员对自己在法庭上的活动应当作出周密的计划和准备。本条包括3层含义：（1）检察人员出席第二审法庭，应当制作讯问被告人，询问被害人、证人、鉴定人和出示、宣读、播放证据计划。计划要写明拟讯问、询问的主要问题和出示、宣读、播放证据的内容、时机。制作计划要抓住要点，在对案情有周密预测的基础上，简明地拟出计划，内容不能太繁琐，以防使用不便。（2）检察人员出席第二审法庭应当拟写答辩提纲。要把被告人及其辩护人可能提出的辩解意见逐一列出，然后拟写答辩意见。对对方可能提出的辩解要周密估计，把问题设想全面，宁可备而不用，也不可用而不备，以防在法庭上陷于被动。对方的辩解意见可以从事实、法律、情节、诉讼程序等方面提出，拟好的问题可以根据法庭调查的实际情况修改。针对对方可能提出的辩解拟写的答辩意见要有的放矢，突出重点，根据事实和法律拟写。对于可能出现的与本案无关的、辩解确有道理的、已经阐述明了的以及纯属理论性探讨等的辩解，可以不予答辩。（3）对上诉案件，出庭前应当制作出庭意见。上诉案件是上诉人提出上诉，并且人民检察院没提出抗诉的案件。出庭意见要表明检察人员出庭的法律依据和职责，对法庭调查进行简要概括，并要针对上诉意见和案情，重点论证下述问题：案件的事实、证据；犯罪行为的性质、危害；分析上诉理由是否成立；原判决适用法律、定罪量刑是否正确，有误的应提出改判意见。制作出庭意见要在全面考虑的情况下针对上诉意见重点阐述和反驳。

【抗诉（上诉）案件出庭检察员意见书的制作】

（一）制作方法

本文书为叙述式文书，其内容包括以下六部分：

1. 首部。包括指派出庭的人民检察院的名称和文书名称。

2. 案件有关情况。依次包括提起公诉机关的名称及起诉书文号、一审法院名称及判决书文号、提起抗诉的检察机关的名称及抗诉书文号或者上诉人姓名、二审法院名称、案由等。此部分是为规范管理、便于查阅而制作的，在法庭上无需宣读。

3. 抬头。即“审判长、审判员：”。

4. 出庭的法律依据及任务。具体表述为，“根据《中华人民共和国刑事诉讼法》第一百八十八条的规定，我（们）受×××人民检察院指派，代表本院，出席本法庭，依法执行职务”。

5. 具体意见。要对本案的证据、案件情况和原审人民法院判决（裁定）等方面发表意见。可以根据不同情况，分别从以下三方面进行表述：一是论证本案犯罪事实清楚，证据确实充分，或者一审法院在认定事实、证据方面疏漏、错误之处；二是揭露被告人犯罪行为的性质、严重程度，评析抗诉（上诉）理由；三是论证原审判决书适用法律、定罪量刑是否正确，对有错误的，应提出改判的建议。

6. 尾部。包括出庭检察员的姓名、发表意见的日期，并注明“当庭发表”。

（二）使用说明

在使用本文书时应注意：本文书名称中“抗诉（上诉）”系选择性关系，具体制作时应根据出席的是抗诉案件法庭还是上诉案件法庭，分别写为“抗诉案件出庭检察员意见书”或“上诉案件出庭检察员意见书”。

本文书制作一份，当庭发表后附卷。

（三）文书格式（见下页）

人民检察院

抗诉（上诉）案件出庭检察员意见书

提起公诉机关×××起诉书号××

一审法院×××判决书号××

提起抗诉机关×××抗诉书号××（上诉人×××）

二审法院×××

被告人×××……（案由）

审判长、审判员：

根据《中华人民共和国刑事诉讼法》第一百八十八条的规定，我（们）受×××人民检察院指派，代表本院，出席本法庭，依法执行职务。现对本案证据、案件情况和原审人民法院判决（裁定）发表如下意见，请法庭注意。

……（一、论证本案犯罪事实清楚，证据确实充分，或者一审法院认定事实、证据疏漏、有误之处；

二、揭露被告人犯罪行为性质、严重程度，评析抗诉（上诉）理由；

三、论证原审判决书适用法律、定罪量刑是否正确，有误的，应提出改判的建议。）

检察员：

年　　月　　日当庭发表

第三百六十五条［出席二审庭审的主要活动］

在法庭审理中，检察人员应当针对原审判决或者裁定认定事实或适用法律、量刑等方面的问题，以及上诉人的上诉意见、辩护人的辩护意见，讯问被告人、询问被害人、证人、鉴定人，出示和宣读证据，并提出意见和进行辩论。

【条文释义】　本条是关于检察人员出席第二审法庭时主要活动的规定。

出席第二审法庭的检察人员，为了完成出庭任务，在法庭上需要依法进行诉讼活动。根据本条规定，在法庭审理中，检察人员应当针对原审判决或者裁定认定事实或适用法律、量刑等方面的问题，以及上诉人的上诉意见、辩护人的辩护意见，讯问被告人、询问被害人、证人、鉴定人，出示和宣读证据，并提出意见和进行辩论。讯问被告人应当分别进行，在需要对质时也可以建议法庭传唤有关被告人到庭对质，但没有确实把握和并非必要时，不应进行对质。讯问被告人应讲究策略和方法，不能进行诱导性讯问以及其他不当讯问。询问被害人、证人、鉴定人也应分别进行，必要时可以进行对质。询问证人应先让证人连贯陈述，然后有针对地提问。出示证据应当对证据所要证明的内容、获取情况作概括的说明。宣读证据包括宣读书证、未到庭的证人的证言笔录、未到庭的被害人的陈述笔录、未到庭的鉴定人作出的鉴定书、勘验、检查笔录以及其他作为证据的文书。“提出意见”，是指检察人员在法庭调查的基础上，以事实为根据，以法律为准绳，根据抗诉意见或针对上诉意见，对原判决和案件的处理作出评价、提出意见。

执行本条规定应当注意，检察人员在二审法庭上的活动要依法、有序地进行。出庭检察人员在举证和辩论时应当讲究策略、方法和技术，但应当严格依法进行，立足于法律、事实和证据，真正体现检察人员在法庭上的职能性质。

第三百六十六条 ［二审庭审的证据出示］

出庭的检察人员需要出示、宣读、播放一审中已移交人民法院的证据的，出庭的检察人员可以申请法庭出示、宣读、播放。

在第二审法庭中出示、宣读、播放的证据材料的移送参照本规则第三百五十六条的规定办理。

【条文释义】　本条是关于出席二审法庭的检察人员如何出示、宣读、播放已移交人民法院的证据和如何移送证据材料的规定。

本条第 1 款是关于出席第二审法庭的检察人员如何出示、宣读、播放一审中已移交人民法院的证据的规定。根据本款规定，出庭的检察人员需要出示、宣读、播放一审中已移交人民法院的证据的，可以申请法庭出示、宣读、播放。“已移交人民法院的证据”，是指在一审法庭上出示、宣读、播放后已依法移交人民法院的证据材料。“需要出示、宣读、播放一审中已移交人民法院的证据”，是指为了证明抗诉理由成立，或者反驳不正确的上诉理由及不能成立的辩解等，需要出示、宣读、播放在一审中已出示、宣读、播放的证据。

本条第 2 款是关于人民检察院在第二审如何移送证据材料的规定。根据本款规定，在第二审法庭中出示、宣读、播放的证据材料的移送，参照《人民检察院刑事诉讼规则》第 356 条的规定办理，即人民检察院对于在二审法庭上出示、宣读、播放的证据材料应当当庭移交人民法院，确实无法当庭移交的，应当在休庭后 3 日内移交。对于在法庭上出示、宣读、播放未到庭证人的证言的，如果该证人提供过不同的证言，人民检察院应当将该证人的全部证言在休庭后 3 日内移交。

执行本条规定应当注意，出席第二审法庭的检察人员在庭审前对已移交人民法院的证据材料应有充分了解，掌握其证明的问题，并根据情况做好拟申请法庭出示、宣读、播放的计划。申请二审法庭出示、宣读、播放已移交人民法院的证据材料，二审法庭不予出示、宣读、播放的，应当记明笔录，依法处理。

第三节 出席再审法庭

第三百六十七条［派员出席再审］

人民法院通知人民检察院出席再审法庭的，人民检察院应当派员出席。

【条文释义】 本条是关于人民检察院根据人民法院通知派员出席再审法庭的规定。

根据本条规定，人民法院通知人民检察院出席再审法庭的，人民检察院应当派员出席。根据《刑事诉讼法》的规定，人民法院按照审判监督程序重新审理案件，或者依照第一审程序进行，或者依照第二审程序进行。但是再审案件毕竟不同于一审案件和二审案件，由于种种原因，在很多情况下再审案件只能书面审理，或者采用书面审理与个别调查相结合的方式审理，往往不具备开庭审理甚至公开审理的条件。例如，被告人已经死亡等，一般无法开庭审理。所以，再审案件，无论是按一审程序还是按二审程序，如果人民法院不予开庭审理，人民检察院便不能派员出席再审法庭。本条规定的含义是，对于再审案件，凡是开庭审判的，人民检察院均要派员出席法庭。人民法院通知人民检察院出席法庭的，人民检察院应当派员出席。

执行本条规定应当注意，有的人民法院对于再审案件，出于种种考虑，即使符合开庭条件，往往也不开庭审理，有时甚至即使开庭，也不依法通知人民检察院派员出席法庭。对于这种情况，人民检察院应切实履行法律监督职能，发现确有违法情况的，应依法纠正。

【派员出席法庭通知书的制作】

派员出席法庭通知书的制作参见本书第310条。

第三百六十八条［派员出席再审的人民检察院的级别］

人民检察院派员出席再审法庭，应当与人民法院的审级相适应。

【条文释义】 本条是关于派员出席再审法庭的人民检察院级别的规定。

根据本条规定，人民检察院派员出席再审法庭，应当与人民法院的审级相适应。“与人民法院的审级相适应”，是指派员出席再审法庭的人民检察院应当是与再审法院同级的相对应的人民检察院。最高人民法院再审的，应当由最高人民检察院派员出庭；高级人民法院再审的，应当由相对应的省级人民检察院派员出庭；中级人民法院再审的，应当由相对应的分、州、市级人民检察院派员出庭；基层人民法院再审的，应当由相对应的县级人民检察院派员出庭。这样符合我国的机构设置特点和立法精神，便于各方面的协作、配合，便于检察工作的开展。

第三百六十九条［全面审查原则］

人民检察院对于人民法院按照审判监督程序重新审判的案件，应当对原判决、裁定认定的事实、证据和适用法律进行全面审查。

【条文释义】　本条是关于人民检察院对再审案件的原判决、裁定进行全面审查的规定。

为了保证完成出席再审法庭的任务，检察人员出席再审法庭前应做好必要的准备工作。根据本条规定，人民检察院对于人民法院按照审判监督程序重新审判的案件，应当对原判决、裁定认定的事实、证据和适用法律进行全面审查。“全面审查”，是指审查时尽管要以抗诉理由、再审理由是否成立为重点，但对原判决、裁定应进行全面的审查。审查时要调取、审阅原检察案卷，查阅一审、二审的审判案卷，全面熟悉案情，做好出庭的计划、准备工作。

第三百七十条［再审案件的庭审活动］

人民检察院派员出席再审法庭，如果再审案件按照第一审程序审理，参照本章第一节的有关规定执行；如果再审案件按照第二审程序审理，参照本章第二节的有关规定执行。

【条文释义】　本条是关于人民检察院派员出席再审法庭的活动的规定。

根据本条规定，人民检察院派员出席再审法庭，如果再审案件按照第一审程序审理，参照《人民检察院刑事诉讼规则》第九章第一节的有关规定执行；如果再审案件按照第二审程序审理，参照《人民检察院刑事诉讼规则》第九章第二节的有关规定执行。“参照本章第一节的有关规定执行”，即出席再审法庭的检察人员在庭上的活动参照出席一审法庭的规定执行，包括出庭的任务，讯问被告人，询问证人、被害人、鉴定人，出示、宣读、播放证据等，都应参照出席一审法庭的规定执行。“参照本章第二节的有关规定执行”，是指出席再审法庭的检察人员参照出席二审法庭的有关规定进行诉讼活动。

执行本条规定应注意，“参照”并非完全按照。要根据再审案件的特点和具体情况，妥善处理庭审中的有关问题。

第十章　刑事诉讼法律监督[①]

【本章概要】　本章是对人民检察院依法履行刑事诉讼法律监督职责的相关规定，包括立案监督的对象、对公安机关应立案而不立案的监督、对公安机关不应立案而立案的监督、侦查监督的对象、内容、途径和措施、公安机关不接受纠正意见时的处理、对侦查活动中犯罪行为的监督，审判监督的对象、内容、承办部门和途径、措施、二审抗诉的条件、期限和程序、二审抗诉的审查、审判监督程序抗诉的对象和条件、死刑执行临场监督的程序、对监外执行的监督，等等。

第一节　立案监督

第三百七十一条［立案监督的对象］

人民检察院依法对公安机关的立案活动实行监督。

【条文释义】　本条是关于立案监督的对象的规定。

立案监督，是指人民检察院依法对公安机关的立案活动是否合法进行的监督。人民检察院对刑事诉讼实行法律监督，是我国《刑事诉讼法》规定的一个基本原则。立案监督是人民检察院刑事诉讼法律监督的一个重要方面。关于立案监督的对象，根据本条规定，人民检察院依法对公安机关的立案活动实行监督。“立案活动”，主要是指公安机关所有立案方面的活动，但根据《刑事诉讼法》的规定，立案监督主要是针对应当立案但公安机关不立案的决定进行的。对于不应立案而公安机关立案侦查的，人民检察院也可以通过审查批捕、审查起诉等活动予以纠正。

执行本条规定应当注意：（1）对于应当立案侦查而公安机关根本未予受理的案件，应当属于人民检察院监督的范围。对于这类案件人民检察院发现后，应首先根据《刑事诉讼法》第84条规定予以受理，然后将有关材料依法移送公安机关。公安机关若不予立案的，人民检察院再依法要求其说明不立案的理由，启动立案监督的正常程序。（2）本条仅明确了对公安机关的立案监督。但根据法

① 有关未成人刑事案件的法律监督规定参见本书第100条后收录的《人民检察院办理未成人刑事案件的规定》（高检发研字〔2007〕1号）第四、五章规定内容。

律规定，除公安机关外，国家安全机关、监狱、走私犯罪侦查机关也享有一些刑事案件的立案侦查权，人民检察院对这些机关的立案活动也应依法进行立案监督。

【参考规定】

最高人民检察院、公安部关于刑事立案监督有关问题的规定（试行）（2010年7月26日 高检会〔2010〕5号）

为加强和规范刑事立案监督工作，保障刑事侦查权的正确行使，根据《中华人民共和国刑事诉讼法》等有关规定，结合工作实际，制定本规定。

第一条 刑事立案监督的任务是确保依法立案，防止和纠正有案不立和违法立案，依法、及时打击犯罪，保护公民的合法权利，保障国家法律的统一正确实施，维护社会和谐稳定。

第二条 刑事立案监督应当坚持监督与配合相统一，人民检察院法律监督与公安机关内部监督相结合，办案数量、质量、效率、效果相统一和有错必纠的原则。

第三条 公安机关对于接受的案件或者发现的犯罪线索，应当及时进行审查，依照法律和有关规定作出立案或者不予立案的决定。

公安机关与人民检察院应当建立刑事案件信息通报制度，定期相互通报刑事发案、报案、立案、破案和刑事立案监督、侦查活动监督、批捕、起诉等情况，重大案件随时通报。有条件的地方，应当建立刑事案件信息共享平台。

第四条 被害人及其法定代理人、近亲属或者行政执法机关，认为公安机关对其控告或者移送的案件应当立案侦查而不立案侦查，向人民检察院提出的，人民检察院应当受理并进行审查。

人民检察院发现公安机关可能存在应当立案侦查而不立案侦查情形的，应当依法进行审查。

第五条 人民检察院对于公安机关应当立案侦查而不立案侦查的线索进行审查后，应当根据不同情况分别作出处理：

（一）没有犯罪事实发生，或者犯罪情节显著轻微不需要追究刑事责任，或者具有其他依法不追究刑事责任情形的，及时答复投诉人或者行政执法机关；

（二）不属于被投诉的公安机关管辖的，应当将有管辖权的机关告知投诉人或者行政执法机关，并建议向该机关控告或者移送；

（三）公安机关尚未作出不予立案决定的，移送公安机关处理；

（四）有犯罪事实需要追究刑事责任，属于被投诉的公安机关管辖，且公安机关已作出不立案决定的，经检察长批准，应当要求公安机关书面说明不立案理由。

第六条 人民检察院对于不服公安机关立案决定的投诉，可以移送立案的公安机关处理。

人民检察院经审查，有证据证明公安机关可能存在违法动用刑事手段插手民事、经济纠纷，或者办案人员利用立案实施报复陷害、敲诈勒索以及谋取其他非法利益等违法立案情形，且已采取刑事拘留等强制措施或者搜查、扣押、冻结等强制性侦查措施，尚未提请批准逮捕或者移送审查起诉的，经检察长批准，应当要求公安机关书面说明立案理由。

第七条 人民检察院要求公安机关说明不立案或者立案理由，应当制作《要求说明不立案理由通知书》或者《要求说明立案理由通知书》，及时送达公安机关。

公安机关应当在收到《要求说明不立案理由通知书》或者《要求说明立案理由通知书》后七日以内作出书面说明，客观反映不立案或者立案的情况、依据和理由，连同有关证据材料复印件回复人民检察院。公安机关主动立案或者撤销案件的，应当将《立案决定书》或者《撤销案件决定书》复印件及时送达人民检察院。

第八条 人民检察院经调查核实，认为公安机关不立案或者立案理由不成立的，经检察长或者检察委员会决定，应当通知公安机关立案或者撤销案件。

人民检察院开展调查核实，可以询问办案人员和有关当事人，查阅、复印公安机关刑事受案、立案、破案等登记表册和立案、不立案、撤销案件、治安处罚、劳动教养等相关法律文书及案卷材料，公安机关应当配合。

第九条 人民检察院通知公安机关立案或者撤销案件的，应当制作《通知立案书》或者《通知撤销案件书》，说明依据和理由，连同证据材料移送公安机关。

公安机关应当在收到《通知立案书》后十五日以内决定立案，对《通知撤销案件书》没有异议的应当立即撤销案件，并将《立案决定书》或者《撤销案件决定书》复印件及时送达人民检察院。

第十条 公安机关认为人民检察院撤销案件通知有错误的，应当在五日以内经县级以上公安机关负责人批准，要求同级人民检察院复议。人民检察院应当重新审查，在收到《要求复议意见书》和案卷材料后七日以内作出是否变更的决定，并通知公安机关。

公安机关不接受人民检察院复议决定的，应当在五日以内经县级以上公安机关负责人批准，提请上一级人民检察院复核。上级人民检察院应当在收到《提请复核意见书》和案卷材料后十五日以内作出是否变更的决定，通知下级人民检察院和公安机关执行。

上级人民检察院复核认为撤销案件通知有错误的，下级人民检察院应当立即纠正；上级人民检察院复核认为撤销案件通知正确的，下级公安机关应当立即撤销案件，并将《撤销案件决定书》复印件及时送达同级人民检察院。

第十一条 公安机关对人民检察院监督立案的案件应当及时侦查。犯罪嫌疑人在逃的，应当加大追捕力度；符合逮捕条件的，应当及时提请人民检察院批准逮捕；侦查终结需要追究刑事责任的，应当及时移送人民检察院审查起诉。

监督立案后三个月未侦查终结的，人民检察院可以发出《立案监督案件催办函》，公安机关应当及时向人民检察院反馈侦查进展情况。

第十二条 人民检察院在立案监督过程中，发现侦查人员涉嫌徇私舞弊等违法违纪行为的，应当移交有关部门处理；涉嫌职务犯罪的，依法立案侦查。

第十三条 公安机关在提请批准逮捕、移送审查起诉时，应当将人民检察院刑事立案监督法律文书和相关材料随案移送。人民检察院在审查逮捕、审查起诉时，应当及时录入刑事立案监督信息。

第十四条 本规定自2010年10月1日起试行。

第三百七十二条 ［对应当立案而不立案的监督］

人民检察院发现公安机关对应当立案侦查的案件不立案侦查的，由审查逮捕部门审查；审查逮捕部门经过调查、核实有关证据材料，认为需要公安机关说明

不立案理由的，经检察长批准，可以要求公安机关在七日内书面说明不立案的理由。

经人民检察院审查逮捕部门审查，认为公安机关不立案理由不能成立的，经检察长或者检察委员会讨论决定，应当通知公安机关立案。

【条文释义】　本条是关于人民检察院发现公安机关应当立案而不立案的监督程序的规定。

根据《刑事诉讼法》的规定，立案监督有两种情况；一是人民检察院自行发现公安机关应当立案而不立案的情况；二是被害人认为公安机关对应当立案侦查的案件不立案侦查而向人民检察院提出的情况。这两种情况的立案监督程序是不完全相同的。本条即是关于人民检察院自行发现公安机关应当立案而不立案的监督程序的规定。

本条第1款是关于人民检察院发现公安机关对应当立案侦查的案件不立案侦查后的监督活动的规定。本款包括两层含义：（1）人民检察院发现公安机关对应当立案侦查的案件不立案侦查的，由审查逮捕部门审查。这一规定明确了人民检察院立案监督的部门，即由审查逮捕部门承担立案监督工作。这里的“发现”，主要是指人民检察院通过审查逮捕、审查起诉等活动，发现公安机关对应当立案侦查的案件而不立案侦查的情况。这里的“应当立案”，是指案件符合《刑事诉讼法》第86条规定的“有犯罪事实需要追究刑事责任”的立案条件，应当立案侦查。“由审查逮捕部门审查”，意味着人民检察院其他部门发现的公安机关应当立案而不立案的情况以及人民检察院收到的有关单位、部门移交的线索，应当归口移送由审查逮捕部门处理。（2）审查逮捕部门经过调查、核实有关证据材料，认为需要公安机关说明不立案理由的，经检察长批准，可以要求公安机关在7日内书面说明不立案的理由。“认为需要公安机关说明不立案理由”，是指发现公安机关不立案明显违法或者认为其不立案缺乏依据。由于公安机关对不立案理由的说明是人民检察院据以判断公安机关不立案决定是否正确的重要依据，为了保障这一行为的严肃性，同时也为了以后的审查复核，公安机关对不立案的说明，必须采用书面形式。

本条第2款是关于通知公安机关立案的规定。根据本款规定，经人民检察院审查逮捕部门审查，认为公安机关不立案理由不能成立的，经检察长或者检察委员会讨论决定，应当通知公安机关立案。这里“不立案理由不能成立”，是指公安机关提出的不立案理由，与《刑事诉讼法》第86条规定的“没有犯罪事实，或者犯罪事实显著轻微，不需要追究刑事责任”的不立案条件不一致，并且不属于《刑事诉讼法》第15条规定的不应追究刑事责任的情形。

【要求说明不立案理由通知书的制作】

（一）制作方法

要求说明不立案理由通知书为三联填充式文书，各联内容及制作方法如下：

1. 第一联存根。

（1）首部。包括：制作本文书的人民检察院名称；文书名称，即“要求说明不立案理由通知书”；文书编号，即“　检　不立通〔　〕　号”，“检”前空余地方填写制作本文书的人民检察院简称，“检”与“不立通”之间的空余地方填写人民检察院具体办案部门的简称，中括号内填写制作本文书的年度，中括号与“号”之间的空余地方填写本文书在该年度的序号。在文书名称下面标有“（存　根）”字样。

（2）正文。包括：涉嫌罪名，如“故意伤害罪”、“盗窃罪”、“抢劫罪”等，涉嫌数个罪名的，应当完整填写；被控告（举报）人姓名；发现途径，要填明是检察机关自行发现的还是被害人提出的；被害人姓名；提出侦查机关不立案的时间，即被害人何时提出侦查机关对应当立案侦查的案件而未立案侦查的；送达机关，要写明受文的侦查机关全称；批准人；承办人；填发人；填发时间。

2. 第二联副本。

（1）首部。包括：制作本文书的人民检察院名称；文书名称，即“要求说明不立案理由通知书”；文书编号，即“　检　不立通〔　〕　号”。在文书名称下面标有“（副　本）”字样。

（2）正文。包括：本文书送达单位，即侦查机关的名称；侦查机关的简称，如“局”、“厅”等；要求侦查机关说明不立案理由的时间；被控告（举报）人的姓名；被控告（举报）人涉嫌的罪名。

（3）尾部。包括制作本文书的时间，具体到年、月、日；加盖制作本文书的人民检察院院印。

3. 第三联正本。

（1）首部。包括：制作本文书的人民检察院名称；文书名称，即“要求说明不立案理由通知书”；文书编号，即“　检　不立通〔　〕　号”。

（2）正文。包括的内容和制作要求与第二联正文一样。

（3）尾部。包括：制作本文书的时间，具体到年、月、日；加盖制作本文书的人民检察院院印。

（二）使用说明

在具体使用时，应注意以下问题：本文书应当以案为单位制作，一经发出便具有法律效力，公安机关必须说明不立案的理由。根据《刑事诉讼法》规定的精神，人民检察院为履行法律监督职能要求国家安全机关、军队保卫部门、监狱说明不立案的理由时，也适用本文书。

根据《人民检察院刑事诉讼规则》的有关规定，人民检察院通知公安机关立案，应当由检察长决定；重大或者疑难、复杂的案件，由检察长提交检察委员会讨论决定。人民检察院通知公安机关立案，应当制作通知立案书，送达公安机关，同时抄报上一级人民检察院备案。人民检察院送达通知立案书时，应当将有关证明应该立案的材料同时移送公安机关，并且告知公安机关应当在15日以内立案，将立案决定书送达人民检察院。人民检察院通知公安机关立案的，应当依法对通知立案的执行情况进行监督。对于由公安机关管辖的国家机关工作人员利用职权实施的重大犯罪案件，人民检察院通知公安机关立案，公安机关不予立案的，经省级以上人民检察院决定，人民检察院可以直接立案侦查。对于公安机关不应当立案而立案侦查的，人民检察院应当向公安机关提出纠正违法意见。人民检察院审查逮捕部门或者审查起诉部门发现本院侦查部门对应当立案侦查的案件不报请立案侦查的，应当建议侦查部门报请立案侦查；建议不被采纳的，应当报请检察长决定。

本文书三联之间的骑缝线上均有本文书文号，应当按照本文书第三联中文号的填写方法予以填写。

本文书为三联式。第一联为存根，由制作部门统一保存备查；第二联为副本，由人民检察院附卷；第三联为正本，送达侦查机关。

（三）文书格式（见下页）

人民检察院
要求说明
不立案理由通知书
（存 根）

检 不立通〔 〕 号

涉嫌罪名______
被控告（举报）人______
发现途径______
被害人______
提出侦查机关不立案的时间
______
送达机关______
批准人______
承办人______
填发人______
填发时间______

第一联统一保存

检 不立通〔 〕 号

人民检察院
要求说明不立案理由通知书
（副 本）

检 不立通〔 〕 号

______：
根据《中华人民共和国刑事诉讼法》第八十七条的规定，请你______在______年____月____日前向本院书面说明______涉嫌______案不立案的理由。

年 月 日
（院印）

第二联附卷

检 不立通〔 〕 号

人民检察院
要求说明不立案理由通知书

检 不立通〔 〕 号

______：
根据《中华人民共和国刑事诉讼法》第八十七条的规定，请你______在______年____月____日前向本院书面说明______涉嫌______案不立案的理由。

年 月 日
（院印）

第三联送达侦查机关

【通知立案书的制作】

（一）制作方法

通知立案书为叙述式文书，具体内容和格式如下：

1. 首部。包括：制作本文书的人民检察院名称；文书名称，即“通知立案书”；文书编号，即“ 检 通立〔 〕 号”，空余地方依次填写人民检察院简称、具体办案部门简称、年度和序号。

2. 正文。包括以下内容：

（1）发往单位，即发往机关的具体名称。

（2）写明发出要求说明不立案理由通知书的时间与文号，侦查机关回复时间与文书的文号，如“本院于201×年11月26日以××号文书要求你局说明对刘××涉嫌抢劫一案不立案的理由，并于201×年12月1日收到你局说明不立案的理由的××号文书”。

（3）应当立案的事实根据和法律根据。这一部分是关于公安机关不立案理由不成立的原因。首先，写明人民检察院经审查认为侦查机关说明的不立案理由不成立；其次，写明人民检察院查明的案件事实，分析犯罪嫌疑人行为的特征，引用犯罪嫌疑人所触犯的《刑法》条文和涉嫌罪名，并指出本案符合《刑事诉讼法》规定的立案条件，对应当立案的事实和法律依据进行充分论述。

（4）通知立案的法律依据和要求事项。法律依据即《刑事诉讼法》第87条。可表述为“根据《中华人民共和国刑事诉讼法》第八十七条的规定，本院现通知你局立案”。要求事项主要是指人民检察院要求公安机关立案的期限。一般可表述为“请你局在××××年××月××日以前立案，并将立案决定书副本送达我院”。

3. 尾部。在本文书尾部要写明制作本文书的日期，具体到年、月、日，并加盖制作本文书的人民检察院院印。

（二）使用说明

在具体使用时，应注意以下问题：人民检察院通知公安机关立案，应当由检察长决定；重大或者疑难、复杂的案件，由检察长提交检察委员会讨论决定。本文书一经发出，便具有法律效力。公安机关接到通知后必须立案。人民检察院通知公安机关立案的，应当依法对通知立案的执行情况进行监督。对于由公安机关管辖的国家机关工作人员利用职权实施的重大犯罪案件，人民检察院通知公安机关立案，公安机关不予立案的，经省级以上人民检察院决定，人民检察院可以直接立案侦查。对于公安机关不应当立案而立案侦查的，人民检察院应当向公安机关提出纠正违法意见。根据《刑事诉讼法》的规定，国家安全机关、军队保卫部门、监狱也是刑事案件的侦查机关，其立案活动也应接受人民检察院的监督。人民检察院在国家安全机关、军队保卫部门、监狱的立案监督中，需要通知其立案的，也适用本文书。

人民检察院审查逮捕部门或者审查起诉部门发现本院侦查部门对应当立案侦查的案件不报请立案侦查的，应当建议侦查部门报请立案侦查；建议不被采纳的，应当报请检察长决定。

本文书应一式三份，一份送达侦查机关，一份报上一级人民检察院备案，一份存档。

（三）文书格式

人民检察院

通知立案书

检　通立〔　　〕　号

一、发往单位。

二、写明发出要求说明不立案理由通知书的时间与文号，侦查机关回复的时间与文书的文号。

三、写明侦查机关关于不立案理由不能成立的原因和应当立案的事实根据和法律根据。

四、写明通知侦查机关立案的法律依据（《刑事诉讼法》第 87 条）和要求（于一定期限内立案并将立案决定书副本送达我院）。

年　　月　　日

（院印）

【参考规定】

最高人民检察院关于“人民检察院发出《通知立案书》时，应当将有关证明应该立案的材料移送公安机关”问题的批复（1998 年 5 月 12 日　高检发释字〔1998〕3 号）

海南省人民检察院：

你院琼检发刑捕字〔1998〕1 号《关于执行〈关于刑事诉讼法实施中若干问题的规定〉有关问题的请示》收悉。经研究，批复如下：

人民检察院向公安机关发出《通知立案书》时，应当将有关证明应该立案的材料同时移送公安机关。以上“有关证明应该立案的材料”主要是指被害人的控告材料，或者是检察机关在审查举报、审查批捕、审查起诉过程中发现的材料。人民检察院在立案监督中，不得进行侦查，但可以对通知公安机关立案所依据的有关材料，进行必要的调查核实。

第三百七十三条［被害人不服公安机关不立案决定时的处理］

被害人认为公安机关对应当立案侦查的案件不立案侦查，向人民检察院提出的，人民检察院控告申诉部门应当受理，并根据事实和法律进行审查。审查中，可以要求被害人提供有关材料，进行必要的调查，认为需要公安机关说明不立案理由的，应当将案件移送审查逮捕部门办理。

公安机关说明不立案的理由后，审查逮捕部门认为公安机关不立案理由成立的，应当通知控告申诉部门，由控告申诉部门在十日内将不立案的理由和根据告知被害人；认为公安机关不立案的理由不能成立的，应当按照本规则第三百七十二条第二款的规定办理。

【条文释义】　本条是关于被害人认为公安机关对应当立案侦查的案件不立案侦查向人民检察院提出后的立案监督程序的规定。

本条第1款是关于人民检察院对被害人不服公安机关不立案决定进行审查的规定。(1) 被害人认为公安机关对应当立案侦查的案件不立案侦查，向人民检察院提出的，人民检察院控告申诉部门应当受理，并根据事实和法律进行审查。这一规定明确了人民检察院受理被害人不服公安机关不立案决定的部门，即控告申诉部门。这样符合控告申诉部门的职能特点，也便于人民群众申诉的提出。(2) 控告申诉部门在审查被害人申诉中，可以要求被害人提供有关材料，进行必要的调查，认为需要公安机关说明不立案理由的，应当将案件移送审查逮捕部门办理。这一规定明确了控告申诉部门审查的方法和审查后的处理方法。根据这一规定，控告申诉部门可以要求被害人提供有关材料，因为被害人不服公安机关不立案决定，往往有一定的事实和证据。但如果被害人提供不出有关材料，人民检察院不能据此认为申诉无理，而应自己进行必要的调查工作。为了体现分工负责和内部制约，控告申诉部门认为需要公安机关说明不立案理由的，应当将案件移送审查逮捕部门办理。

本条第2款是关于对被害人不服公安机关不立案决定审查后处理的规定。本款包括3层含义：(1) 控告申诉部门认为需要公安机关说明不立案理由，将案件移送审查逮捕部门后，审查逮捕部门应当要求公安机关说明不立案的理由。(2) 公安机关说明不立案的理由后，审查逮捕部门认为公安机关不立案理由成立的，应当通知控告申诉部门，由控告申诉部门在10日内将不立案的理由和根据告知被害人。“不立案理由成立”，是指案件不符合法律规定的立案条件，公安机关不立案的决定正确。(3) 认为公安机关不立案的理由不能成立的，经检察长或者检察委员会决定，通知公安机关立案。

执行本条规定应当注意：(1) 对于被害人认为公安机关对应当立案侦查的案件不立案侦查，向人民检察院提出的，人民检察院控告申诉部门应一律予以受理，不得以任何理由推脱。(2) 认为公安机关不立案理由成立，将不立案的理由和根据告知被害人时，应当做好必要的说服教育工作，有效地防止被害人缠诉，切实维护社会秩序。

【不立案理由审查意见通知书的制作】

(一) 制作方法

不立案理由审查意见通知书为三联填充式文书，各联的格式、内容如下：

1. 第一联存根。

（1）首部。包括：制作本文书的人民检察院的名称；文书名称，即“不立案理由审查意见通知书”；文书编号，即“ 检 不立审〔 〕 号”，“检”前空余地方填写制作本文书的人民检察院简称，“检”与“不立审”之间的空余地方填写人民检察院具体办案部门的简称，中括号内填写制作本文书的年度，中括号与“号”之间的空余地方填写本文书在该年度的序号。在文书名称下面标有“（存 根）”字样。

（2）正文。包括：案由，即涉嫌罪名，如“故意伤害罪”、“盗窃罪”、“抢劫罪”等，涉嫌数个罪名的，应当完整填写；被害人姓名；被控告人姓名；不立案侦查机关的名称；批准人；承办人；填发人；填发时间。

2. 第二联副本。

（1）首部。包括：制作本文书的人民检察院的名称；文书名称，即“不立案理由审查意见通知书”；文书编号，即“ 检 不立审〔 〕 号”。在文书名称下面标有“（副 本）”字样。

（2）正文。包括：主送被害人的姓名（或单位名称）；被害人指控的犯罪嫌疑人的姓名；犯罪嫌疑人涉嫌犯罪的罪名；应当立案而不立案的侦查机关名称；已向人民检察院说明不立案理由的侦查机关名称。

（3）尾部。包括：制作本文书的时间，具体到年、月、日；加盖制作本文书的人民检察院院印。

3. 第三联正本。

（1）首部。包括：制作本文书的人民检察院的名称；文书名称，即“不立案理由审查意见通知书”；文书编号，即“ 检 不立审〔 〕 号”。

（2）正文。包括的内容与制作要求与第二联一样。

（3）尾部。包括：制作本文书的时间，具体到年、月、日；加盖制作本文书的人民检察院院印。

（二）使用说明

在具体使用时，应注意以下问题：本文书只适用于被害人认为公安机关对应当立案侦查的案件不立案侦查，向人民检察院提出的情形。对于人民检察院自行发现侦查机关应当立案而不立案，其说明不立案理由人民检察院认为成立的，不必制作本文书。

本文书三联之间的骑缝线上均有本文书文号，应当按照本文书第三联中文号的填写方法予以填写。

本文书共三联，第一联统一保存备查，第二联附卷，第三联送达被通知人。

（三）文书格式（见下页）

人民检察院

不立案理由审查意见通知书

（存　根）

检　不立审〔　　〕号

案由________________

被害人________________

被控告人________________

不立案侦查机关________________

____

批准人________________

承办人________________

填发人________________

填发时间________________

第一联统一保存

检　不立审〔　　〕号

人民检察院

不立案理由审查意见通知书

（副　本）

检　不立审〔　　〕号

________________：

关于你指控____________涉嫌____________一案，向本院提出____________对应当立案侦查的案件不立案侦查，____________已向本院说明不立案的理由。根据《中华人民共和国刑事诉讼法》第八十七条的规定，经本院审查认为：____________说明的不立案理由成立。

特此通知。

年　月　日

（院印）

第二联附卷

检　不立审〔　　〕号

人民检察院

不立案理由审查意见通知书

检　不立审〔　　〕号

________________：

关于你指控____________涉嫌____________一案，向本院提出____________对应当立案侦查的案件不立案侦查，____________已向本院说明不立案的理由。根据《中华人民共和国刑事诉讼法》第八十七条的规定，经本院审查认为：____________说明的不立案理由成立。

特此通知。

年　月　日

（院印）

第三联送达被通知人

第三百七十四条 [通知公安立案决定的作出]

人民检察院通知公安机关立案，应当由检察长决定；重大或者疑难、复杂的案件，由检察长提交检察委员会讨论决定。

【条文释义】 本条是关于人民检察院决定通知公安机关立案的规定。

通知公安机关立案，是人民检察院立案监督的法定措施。根据本条规定，人民检察院通知公安机关立案，应当由检察长决定；重大或者疑难、复杂的案件，由检察长提交检察委员会讨论决定。立案是启动整个刑事诉讼程序的基础，在立案与不立案之间的不同选择，本身就蕴涵着对案件实体问题的评价和处理。而且，通知公安机关立案，是人民检察院严肃的法律行为，对是否通知公安机关立案，人民检察院应严格依照法律，慎重作出决定。所以凡需通知公安机关立案的，一般应当由检察长决定；重大或者疑难、复杂的案件，由检察长提交检察委员会讨论决定，以保证立案通知的正确性。

第三百七十五条 [通知立案书的制作和送达]

人民检察院通知公安机关立案，应当制作通知立案书，送达公安机关，同时抄报上一级人民检察院备案。

人民检察院送达通知立案书时，应当将有关证明应该立案的材料同时移送公安机关，并且告知公安机关应当在十五日以内立案，将立案决定书送达人民检察院。

【条文释义】 本条是关于通知立案书的制作和送达的规定。

本条第1款是关于人民检察院通知公安机关立案应当制作通知立案书及其送达、备案的规定。根据本款规定，人民检察院通知公安机关立案，应当制作通知立案书，送达公安机关，同时抄报上一级人民检察院备案。通知立案是人民检察院依法进行的诉讼行为，应当制作正式的法律文书即通知立案书。同时为了便于上级人民检察院的监督、指导，人民检察院的通知立案书，应当抄报上一级人民检察院备案。

本条第2款包括两层含义：（1）人民检察院送达通知立案书时，应当将有关证明应该立案的材料同时送达公安机关。“有关证明应该立案的材料”，包括被害人、有关部门提交、移送的材料以及人民检察院自行调查、发现的材料。将这些材料移送公安机关，有利于公安机关及时侦破案件，查清犯罪事实，从而正确处理案件。（2）人民检察院送达通知立案书，应当告知公安机关应当在15日以内立案，将立案决定书送达人民检察院。这样体现了公安机关与人民检察院分工负责、互相配合、互相制约的关系，有利于公安机关依法正确处理案件。

第三百七十六条 [发出通知立案书后的继续监督]

人民检察院通知公安机关立案的，应当依法对通知立案的执行情况进行监督。

【条文释义】 本条是关于人民检察院发出通知立案书后的继续监督的规定。

根据本条规定，人民检察院通知公安机关立案的，应当依法对通知立案的执行情况进行监督。实践中应避免发出通知立案书后不管不问的现象，要切实监督公安机关依法立案，以确保通知立案书的严肃性和效力。

执行本条规定应当注意：（1）对公安机关接到人民检察院通知立案书后勉强立案，而后消极查处或根本不查处，甚至违法撤案的，人民检察院应加强监督，发现有违法犯罪行为的，应依法查处。（2）人民检察院发出通知立案书后发现通知不当的，应及时撤销已经发出的通知立案书。

第三百七十七条 [通过直接立案侦查进行立案监督]

对于由公安机关管辖的国家机关工作人员利用职权实施的重大犯罪案件，人民检察院通知公安机关立案，公安机关不予立案的，经省级以上人民检察院决定，人民检察院可以直接立案侦查。

【条文释义】 本条是关于人民检察院通过直接立案侦查的方式进行立案监督的规定。

本条规定包括以下3层含义：（1）人民检察院认为公安机关应当立案侦查的案件而不立案侦查，或者被害人认为公安机关对应当立案侦查的案件而不立案侦查向人民检察院提出的，如果案件属于国家机关工作人员利用职权实施的重大犯罪案件，根据《刑事诉讼法》第18条的规定，经省级以上人民检察院决定，人民检察院可以直接立案侦查。（2）公安机关说明不立案的理由后，经省级人民检察院决定，人民检察院可以立案侦查。（3）人民检察院发出通知立案书后，公安机关不及时立案，经省级以上人民检察院决定，人民检察院可以直接立案侦查。

第三百七十八条 [对公安机关的立案监督]

对于公安机关不应当立案而立案侦查的，人民检察院应当向公安机关提出纠正违法意见。

【条文释义】 本条是关于对公安机关不应当立案而立案侦查的规定。

根据本条规定，对于公安机关不应当立案而立案侦查的，人民检察院应当向公安机关提出纠正违法意见。“不应当立案而立案”，是指案件不符合立案条件，而公安机关予以立案侦查。人民检察院对公安机关的立案监督，主要是对公安机关应当立案而不立案活动的监督；对于不应当立案而公安机关立案侦查的，人民检察院可以通过审查批捕、审查起诉活动进行监督。但人民检察院在此前发现公安机关不应当立案而立案的情况的，也应及时提出纠正意见。发现公安机关在立案中有其他违法行为的，不论是在哪一个阶段发现的，均应依法提出纠正意见，切实发挥诉讼监督职能。

第三百七十九条［自侦案件的立案监督］

人民检察院审查逮捕部门或者审查起诉部门发现本院侦查部门对应当立案侦查的案件不报请立案侦查的，应当建议侦查部门报请立案侦查；建议不被采纳的，应当报请检察长决定。

【条文释义】　本条是关于人民检察院直接受理案件的立案监督的规定。

我国《刑事诉讼法》对人民检察院直接受理案件的立案监督未明确规定，但在人民检察院内部加强对直接受理案件立案监督是十分必要的。人民检察院直接受理案件的立案监督，是指人民检察院审查逮捕部门、审查起诉部门对本院侦查部门的立案活动是否合法进行的监督。根据本条规定，人民检察院审查逮捕部门或者审查起诉部门发现本院侦查部门对应当立案侦查的案件不报请立案侦查的，应当建议侦查部门报请立案侦查，建议不被采纳的，应当报请检察长决定。“应当立案侦查的案件不报请立案侦查”，是指案件符合《刑事诉讼法》规定的立案条件而侦查部门不报请检察长决定立案侦查。这里应当说明两点：（1）人民检察院内部的立案监督是针对侦查部门不报请决定立案的行为进行的。人民检察院内部各部门都是在检察长统一领导下开展工作的，人民检察院对案件是否立案，也都由侦查部门报请检察长决定；然而，对于本应报请检察长决定立案的线索，如果侦查部门初查后不予报请立案，检察长一般便无从决定。所以，一般而言，侦查部门是否报请立案，对人民检察院是否决定立案侦查往往起着非常重要的作用。立案监督正是针对这种情况进行的。（2）人民检察院内部的立案监督措施有二：一是建议侦查部门报请立案侦查；二是报请检察长决定。

执行本条规定应注意两点：（1）人民检察院审查逮捕部门、审查起诉部门发现本院侦查部门对应当立案侦查的案件不报请立案侦查的，应当首先建议侦查部门报请；建议不被采纳时，再自行报请检察长决定。（2）审查逮捕部门、审查起诉部门建议侦查部门报请立案，应当采用书面形式，制作建议报请立案书，送达侦查部门。

第二节　侦查监督

第三百八十条［侦查监督的对象］

人民检察院依法对公安机关的侦查活动是否合法实行监督。

【条文释义】　本条是关于侦查监督的对象的规定。

侦查监督，是指人民检察院依法对侦查机关的侦查活动是否合法进行的监督。侦查监督是人民检察院刑事诉讼法律监督的重要组成部分。根据本条规定，人民检察院依法对公安机关的侦查活动是否合法实行监督。公安机关的具体侦查活动是非常广泛的，人民检察院的侦查监督主要是针对公安机关的下列侦查活动进行：1. 对公安机关在刑事诉讼中进行的讯问犯罪嫌疑人、询问证人、被害人、鉴定等专门调查活动的监督；2. 对公安机关在专门调查工作中必要时采取的扣押、检查、冻结犯罪嫌疑人存款、汇款等强制性方法的监督；3. 对公安机关采取、执行、变更、撤销强制措施的监督；4. 对公安机关预审活动的监督；5. 对办案期限的监督。另外，人民检察院对国家安全机关、监狱、军队保卫部门的侦查活动，也同样享有侦查监督的职权，应依法进行监督。

第三百八十一条［侦查监督的内容］

侦查监督主要发现和纠正以下违法行为：

（一）对犯罪嫌疑人刑讯逼供、诱供的；

（二）对被害人、证人以体罚、威胁、诱骗等非法手段收集证据的；

（三）伪造、隐匿、销毁、调换或者私自涂改证据的；

（四）徇私舞弊，放纵、包庇犯罪分子的；

（五）故意制造冤、假、错案的；

（六）在侦查活动中利用职务之便谋取非法利益的；

（七）在侦查过程中不应当撤案而撤案的；

（八）贪污、挪用、调换所扣押、冻结的款物及其孳息的；

（九）违反刑事诉讼法关于决定、执行、变更、撤销强制措施规定的；

（十）违反羁押和办案期限规定的；

（十一）在侦查中有其他违反刑事诉讼法有关规定的行为的。

【条文释义】　本条是关于侦查监督的内容的规定。

侦查监督的内容，是指需要人民检察院通过履行侦查监督职能予以发现和纠正的公安机关在侦查活动中的违法行为。根据本条规定，侦查监督主要发现和纠正以下违法行为：（1）对犯罪嫌疑人刑讯逼供、诱供的。“刑讯逼供”，是指采用暴力手段或者以肉刑或变相肉刑逼取犯罪嫌疑人的口供。“诱供”，是指以从轻处罚或者不追究刑事责任及其他利益为诱饵，诱取犯罪嫌疑人的口供。但是对根据法律、政策对犯罪嫌疑人进行说服教育，促使其坦白争取宽大处理的，不能认为是诱供。(2) 对被害人、证人以体罚、威胁、诱骗等非法手段收集证据的。“体罚”，是指采用肉刑或变相肉刑的手段，如不让睡觉、长时间保持某一姿势等。“其他手段”，是指体罚、威胁、诱骗以外的非法收集证据的手段，包括暴力取证等。(3) 伪造、隐匿、销毁、调换或者私自涂改证据的。这里的“伪造”包括变造的情况。(4) 徇私舞弊，放纵、包庇犯罪分子的。(5) 故意制造冤、假、错案的。“故意制造”，是指行为人出于私利，或出于泄私愤、情绪，甚至为了报复等非法目的，有意制造冤、假、错案。(6) 在侦查活动中利用职务之便谋取非法利益的。这里的“非法利益”既包括物质性利益，如贪赃受贿等，也包括非物质性利益，如提职晋级、获得色相服务等。(7) 在侦查过程中不应当撤案而撤案的。“不应当撤案”，是指不符合《刑事诉讼法》第130条规定的撤案条件，即“发现不应对犯罪嫌疑人追究刑事责任”。修正后的《刑事诉讼法》明确规定了立案监督，因认识分歧或其他原因，实践中有时难免会出现公安机关接到人民检察院通知立案书后先予立案而后又撤案的现象。所以人民检察院在侦查监督中应加强对公安机关撤案活动的监督。(8) 贪污、挪用、调换所扣押、冻结的款物及其孳息的。“孳息”，是指财物衍生的利益，如存款利息等。(9) 违反《刑事诉讼法》关于决定、执行、变更、撤销强制措施规定的。(10) 违反羁押和办案期限规定的。“羁押和办案期限规定”既包括《刑事诉讼法》有关的具体期限规定，也包括如何延长羁押期限的规定。(11) 在侦查中有其他违反《刑事诉讼法》有关规定的行为的。

第三百八十二条 [侦查监督的途径]

人民检察院审查逮捕部门、审查起诉部门在审查逮捕、审查起诉中，应当审查公安机关的侦查活动是否合法。发现违法情况，应当提出意见通知公安机关纠正。构成犯罪的，移送有关部门依法追究刑事责任。

监所检察部门发现侦查中违反法律规定的羁押和办案期限规定的，应当依法提出纠正违法意见。

【条文释义】 本条是关于通过审查逮捕部门、审查起诉部门和监所检察部门进行侦查监督的规定。

侦查监督需要通过一定的途径进行。本条是关于侦查监督途径的规定之一。本条第1款是关于通过审查逮捕部门、审查起诉部门进行侦查监督的规定。根据本款规定，人民检察院审查逮捕部门、审查起诉部门在审查逮捕、审查起诉中，应当审查公安机关的侦查活动是否合法。发现违法情况，应当提出意见通知公安机关纠正。构成犯罪的，移送有关部门依法追究刑事责任。审查逮捕、审查起诉是侦查监督的主要途径，但审查逮捕、审查起诉本身并不是侦查监督。首先，审查逮捕不是侦查监督。这主要是因为：第一，《刑事诉讼法》对侦查监督和审查批准逮捕是分别规定的。《刑事诉讼法》第 8 条单独规定了人民检察院对刑事诉讼实行法律监督的原则。《刑事诉讼法》第 3 条规定，检察和批准逮捕分别是人民检察院两项不同的职权，这里的“检察”实质上就是监督。对应于《刑事诉讼法》第 3 条的规定，《刑事诉讼法》第 66 条至第 70 条对人民检察院的审查逮捕作了规定；《刑事诉讼法》第 76 条又专门规定：“人民检察院在审查批准逮捕工作中，如果发现公安机关的侦查活动有违法情况，应当通知公安机关予以纠正。公安机关应当将纠正情况通知人民检察院。”这显然属于侦查监督的规定。可见，从法律规定看，侦查监督和审查批准逮捕是人民检察院两种性质不同的工作，不能互相包容。第二，逮捕是刑事诉讼中最严厉的强制措施。为了防止逮捕的滥用，各国立法体例一般都将提请逮捕和决定逮捕的权力分赋不同的机关行使，以形成制约机制，保障逮捕的正确适用。我国《宪法》和法律将提请批准逮捕和决定逮捕的权力分别规定由公安机关和人民检察院行使，正是为了在逮捕的适用中形成制约机制。审查批准逮捕正是人民检察院行使批准逮捕权力的具体活动。所以，认为审查批捕是侦查监督，在理论上是没有依据的。其次，审查起诉在性质上也不属于侦查监督。公诉权是人民检察院的一项重要职权。对公安机关移送起诉的案件进行审查，正是人民检察院行使公诉权的具体表现。所以审查起诉，在本质上是公诉权的应有之义。从立法上看，审查起诉的内容也是完全规定在《刑事诉讼法》“提起公诉”一章的。综上，审查逮捕、审查起诉在性质上不属于侦查监督，但它们是侦查监督的重要途径。

本条第 2 款是关于通过监所检察部门进行侦查监督的规定。根据本款规定，人民检察院监所检察部门发现侦查中违反法律规定的羁押和办案期限规定的，应当依法提出纠正违法意见。这里的“发现”，主要是指在看守所检察中，发现侦查机关违反法律关于对犯罪嫌疑人、被告人羁押期限的规定。

第三百八十三条［派员参加公安重大案件的讨论和其他侦查活动］

人民检察院根据需要可以派员参加公安机关对于重大案件的讨论和其他侦查活动，发现违法行为，应当及时通知纠正。

【条文释义】 本条是关于人民检察院通过派员参加公安机关对于重大案件的讨论和其他侦查活动进行侦查监督的规定。

根据本条规定，人民检察院根据需要可以派员参加公安机关对于重大案件的讨论和其他侦查活动，发现违法行为，应当及时通知纠正。这里的“根据需要”，主要应考虑以下情况：(1) 为了从重从快地打击犯罪，震慑犯罪分子，人民检察院需要尽快了解案情，迅速批捕、迅速起诉。(2) 案情重大、复杂，或者意见分歧较大，人民检察院派员参加公安机关对重大案件的讨论和其他侦查活动，以检察监督的角度发表意见，有助于意见的统一，以保证批准逮捕工作、审查起诉工作的顺利进行。同时也有利于公安机关对一些遗漏的证据作进一步的补充收集，以保证侦查工作扎实可靠。

第三百八十四条［受理诉讼参与人的控告］

诉讼参与人对于侦查机关或者侦查人员侵犯其诉讼权利和人身侮辱的行为提出控告的，人民检察院应当受理，并及时审查，依法处理。

【条文释义】 本条是关于人民检察院通过接受诉讼参与人控告进行侦查监督的规定。

《刑事诉讼法》规定，诉讼参与人对于侦查人员侵犯公民诉讼权利和人身侮辱的行为，有权提出控告。诉讼参与人的这种控告向人民检察院提出的，便成为人民检察院履行侦查监督职能的一个途径。根据本条规定，诉讼参与人对于侦查机关或者侦查人员侵犯其诉讼权利和人身侮辱的行为提出控告的，人民检察院应当受理，并及时审查，依法处理。“诉讼参与人”，是指当事人、法定代理人、诉讼代理人、辩护人、证人、鉴定人和翻译人员。“侵犯其诉讼权利”，是指限制甚至剥夺诉讼参与人依法享有的诉讼权利，如申请回避权、调查取证权、提供证据权、知悉记录权等。“人身侮辱的行为”，主要是指辱骂、殴打、猥亵等行为。“依法处理”包括提出纠正意见和追究有关人员的法律责任。

第三百八十五条［对逮捕决定的执行的监督］

对于公安机关执行人民检察院批准或者不批准逮捕决定的情况，以及释放被逮捕的犯罪嫌疑人或者变更逮捕措施的情况，人民检察院发现有违法情形的，应当通知纠正。

【条文释义】 本条是关于审查逮捕决定执行监督的规定。

根据《刑事诉讼法》的规定，公安机关在侦查中需要逮捕犯罪嫌疑人的时候，应当写出提请批准逮捕书，连同案卷材料、记录，一并移送同级人民检察院审查批准。人民检察院审查以后作出批准逮捕或者不批准逮捕的决定，交公安机关执行。公安机关对人民检察院批准或者不批准逮捕的决定是否立即依法执行，直接关系到诉讼能否顺利进行，关系到公民的人身权利。根据本条规定，对于公安机关执行人民检察院批准或者不批准逮捕决定的情况以及释放被逮捕的犯罪嫌疑人或者变更逮捕措施的情况，人民检察院发现违法活动，应当通知纠正。关于批准逮捕决定，《刑事诉讼法》第68条明确规定，对于人民检察院批准逮捕的决定，公安机关应当立即执行，并且将执行情况及时通知人民检察院。这里的“执行情况”包括执行的时间、是否将犯罪嫌疑人抓获、犯罪嫌疑人现被关押何处，如果没有抓获犯罪嫌疑人，说明无法执行的原因等。关于不批准逮捕决定，《刑事诉讼法》第69条第3款明确规定，人民检察院不批准逮捕的，公安机关应当在接到通知后立即释放，并且将执行情况及时通知人民检察院。这里的“执行情况”，主要是指在押犯罪嫌疑人是否被释放、何时被释放、是否转为取保候审、监视居住等内容。关于释放被逮捕的人或者变更逮捕措施，《刑事诉讼法》第73条明确规定，公安机关释放被逮捕的人或者变更逮捕措施的，应当通知原批准的人民检察院。

执行本条规定应当注意，根据《刑事诉讼法》的规定，人民检察院直接受理的案件中符合法律规定的逮捕条件，需要逮捕犯罪嫌疑人的，由人民检察院决定，由公安机关执行。对公安机关执行人民检察院自侦案件中逮捕决定的活动，人民检察院也应注意依法进行监督。

第三百八十六条［对公安侦查监督的措施］

人民检察院发现公安机关或者公安人员在侦查或者决定、执行、变更、撤销强制措施等活动中有违法情形的，应当及时提出纠正意见。

对于情节较轻的违法情形，由检察人员以口头方式向侦查人员或者公安机关负责人提出纠正，并及时向本部门负责人汇报；必要的时候，由部门负责人提出。

对于情节较重的违法情形，应当报请检察长批准后，向公安机关发出纠正违法通知书。

【条文释义】　本条是关于人民检察院对公安机关侦查监督措施的规定。

本条第1款是关于侦查监督措施的一般规定。侦查监督措施，是指人民检察院为实现对公安机关侦查活动的监督职能而使用的监督手段。根据本款规定，人民检察院发现公安机关或者公安人员在侦查或者决定、执行、变更、撤销强制措施等活动中有违法情形的，应当及时提出纠正意见。提出纠正意见即是人民检察院对公安机关的侦查监督措施。

本条第2款是关于以口头方式提出纠正意见的规定。根据本款规定，对于情节较轻的违法情形，由检察人员以口头方式向侦查人员或者公安机关负责人提出，并及时向本部门负责人汇报；必要的时候，由部门负责人提出。人民检察院口头纠正违法的，一般不要求对方书面答复，但对于通知纠正这一情况应当记录在案。

本条第3款是关于纠正违法通知书的规定。纠正违法通知书是侦查监督措施的书面形式。根据本款规定，对于情节较重的违法情形，应当报请检察长批准后，向公安机关发出纠正违法通知书。这里“情节较重的违法情形”主要包括：严重违反诉讼程序，可能导致对无罪者的错误追究或者放纵犯罪分子的；侦查人员刑讯逼供、非法拘禁，侵犯公民民主权利和人身权利，情节比较严重，但尚未构成犯罪的；侵吞、挪用或集体私分赃款赃物，情节比较严重，但尚未构成犯罪的；有意制造错案，尚未构成犯罪的；无根据地对公民进行刑事追究的；对检察机关不批准逮捕、不起诉的犯罪嫌疑人不予释放的，经多次口头纠正仍然不纠正的等。

【纠正违法通知书的制作】

（一）制作方法

纠正违法通知书为叙述式文书，可以分为首部、正文和尾部三部分。

1. 首部。包括：制作本文书的人民检察院名称；文书名称，即“纠正违法通知书”；文书编号，即“　检　纠违〔　〕　号”，空余地方依次填写制作文书的人民检察院简称、具体办案部门简称、年度和序号。

2. 正文。包括以下四部分：（1）发往单位，即发生违法情况的单位，行文上顶格书写。（2）发现的违法情况。可写为：经检察，发现……“发现”后书写顺序为：发生违法情况的具体单位和人员，违法人员要写明姓名、所在单位、职务；违法事实，写明违法时间、地点、经过、手段、目的和后果等。（3）认定违法的理由和法律根据。书写为：本院认为……“本院认为”后写明违法行为触犯的法律、法规的条款、违法行为的性质等。本部分要正确分析认定违法行为的性质，准确适用法律、法规。（4）纠正意见。可以表述为：“根据……的规定，特通知你单位予以纠正，请将纠正结果告知我院。”“根据”后写具体法律根据。告知可以采用书面形式或电话（作电话记录）形式。

3. 尾部。写明纠正违法的年、月、日，并加盖院印。

（二）使用说明

人民检察院在使用纠正违法通知书时，应当注意以下方面：（1）制作纠正违法通知书是一件严肃的工作，检察人员不能以个人名义发出，必须经过检察长或检察委员会决定。（2）制作纠正违法通知书必须以事实为根据，以法律为准绳，既要公正执法，履行职责，又要有理有据，有的放矢。（3）本文书发出之后，发生违法情况的单位必须要将纠正情况书面回复，若没有回复落实，人民检察院应予以催办。

本文书一式二份，一份送达发生违法行为的单位，一份附卷。

（三）文书格式（见下页）

人民检察院

纠正违法通知书

检　　纠违〔　　〕　　号

一、发往单位。

二、发现的违法情况。包括违法人员的姓名、单位、职务、违法事实等，如果是单位违法，要写明违法单位的名称。违法事实，要写明违法时间、地点、经过、手段、目的和后果等。可表述为：经检察，发现……

三、认定违法的理由和法律依据。包括违法行为触犯的法律、法规和规范性文件的条款，违法行为的性质。可表述为：本院认为……

四、纠正意见。可表述为：根据……（法律依据）的规定，特通知你单位予以纠正，请将纠正结果告知我院。

年　　月　　日

（院印）

第三百八十七条［发出纠正违法通知书后的继续监督］

人民检察院发出纠正违法通知书的，应当根据公安机关的回复，监督落实情况；没有回复的，应当督促公安机关回复。

【条文释义】　本条是关于人民检察院发出纠正违法通知书后继续监督的规定。

纠正违法通知书是人民检察院依法作出的法律文书，一经发出便具有法律效力。但为了保障纠正违法通知书的效力，切实履行监督职能，人民检察院发出纠正违法通知书后，应当对落实情况进行监督。根据本条规定，人民检察院发出纠正违法通知书后，应当根据公安机关的回复，监督落实情况；没有回复的，应当督促公安机关回复。这里的“回复”，是指公安机关对纠正违法通知书落实情况的通报、通知，也可能是表达不同意见的答复。回复可能是书面的，也可能是口头的。这里的“督促公安机关回复”并非是再发出纠正违法通知书，而是主要以口头方式督促公安机关回复纠正违法情况或给予明确答复，以维护法律的尊严。

第三百八十八条［公安不接受纠正意见时的处理］

人民检察院提出的纠正意见不被接受的，应当向上一级人民检察院报告，并抄报上一级公安机关。上级人民检察院认为下级人民检察院意见正确的，应当通知同级公安机关督促下级公安机关纠正；上级人民检察院认为下级人民检察院纠正违法的意见错误的，应当通知下级人民检察院撤销纠正违法通知书，并通知同级公安机关。

【条文释义】　本条是关于公安机关不接受人民检察院的纠正意见应如何处理的规定。

实践中有时会出现人民检察院纠正违法通知书中的正确意见公安机关不予接受的情况。根据本条规定，人民检察院提出的纠正意见不被接受的，应当向上一级人民检察院报告，并抄报上一级公安机关。上级人民检察院认为下级人民检察院意见正确的，应当通知同级公安机关督促下级公安机关纠正；上级人民检察院认为下级人民检察院纠正违法的意见错误的，应当通知下级人民检察院撤销纠正违法通知书，并通知同级公安机关。这样规定符合我国的机构体制特点和立法精神，有利于人民检察院监督职能的充分发挥。

第三百八十九条［对侦查活动中犯罪行为的监督］

人民检察院审查逮捕部门、审查起诉部门发现侦查人员在侦查活动中的违法行为情节严重，构成犯罪的，应当移送本院侦查部门审查，并报告检察长。侦查部门审查后应当提出是否立案侦查的意见，报请检察长决定。对于不属于人民检察院管辖的，应当移送有管辖权的机关处理。

【条文释义】　本条是关于对侦查活动中犯罪行为监督的规定。

公安人员在侦查活动中的行为构成犯罪的，应当依法追究其刑事责任。所以对这种行为的监督措施不同于对一般违法行为的监督措施。本条规定包括两层含义：（1）人民检察院审查逮捕部门、审查起诉部门，发现侦查人员在侦查活动中的违法行为情节严重，构成犯罪的，应当移送本院侦查部门审查，并报告检察长。这里的“发现”，是指审查逮捕部门、审查起诉部门在审查逮捕、审查起诉工作中发现公安人员在侦查活动中的犯罪行为，其中主要是通过阅卷、讯问犯罪嫌疑人、询问证人等活动中发现的。根据检察机关内部的职能分工，审查逮捕部门、审查起诉部门不负责案件线索的初查和案件的侦查，所以发现这种情况应移送侦查部门审查。（2）侦查部门审查后应当提出是否立案侦查的意见，报请检察长决定。对于不属于人民检察院管辖的，应当移送有管辖权的机关处理。这里的“侦查部门审查”实质是立案前的审查。这种审查包括书面审查和初查。

执行本条规定应当注意两点：（1）本条是针对审查逮捕部门、审查起诉部门在审查逮捕、审查起诉工作中发现公安人员的犯罪行为而规定的。对于人民检察院通过其他途径发现公安人员在侦查活动中的犯罪行为的，如通过接受诉讼参与人控告等，应由控告申诉部门受理，按《人民检察院刑事诉讼规则》规定的一般程序和制度办理。（2）公安人员构成犯罪的案件若不属于人民检察院管辖，则一般属于公安机关管辖。所以，人民检察院将这种案件移送公安机关后，应当加强监督。应当立案公安机关不立案的，应通知其立案；若属于重大犯罪案件，经省级以上人民检察院决定，人民检察院也可以直接立案侦查。

第三百九十条［自侦案件的侦查监督］

人民检察院审查逮捕部门或者审查起诉部门对本院侦查部门侦查或者决定、执行、变更、撤销强制措施等活动中的违法行为，应当根据情节分别处理。情节较轻的，可以直接向侦查部门提出纠正意见；情节较重或者需要追究刑事责任的，应当报告检察长决定。

【条文释义】　本条是关于人民检察院直接受理案件的侦查监督的规定。

人民检察院直接受理案件的侦查监督，是指人民检察院审查逮捕部门或者审查起诉部门对本院侦查部门的侦查活动是否合法进行的监督。1988年以来，人民检察院直接受理侦查的案件实行侦查和批捕、起诉分开，分别由不同部门办理的内部制约机制。这样，人民检察院审查逮捕、审查起诉部门便具有了对本院侦查部门侦查活动监督的职能。这种监督同人民检察院对公安机关的侦查监督一样，符合社会主义民主和法制建设的需要，具有十分重要的现实意义。人民检察院直接受理案件侦查监督的范围、内容和途径与人民检察院对公安机关的侦查监督基本相同。但人民检察院直接受理案件的侦查监督，毕竟属于检察机关内部的监督，在监督程序和措施上，应当具有与对公安机关侦查监督不同的特点。根据本条规定，人民检察院审查逮捕部门或者审查起诉部门对本院侦查部门侦查或者决定、执行、变更、撤销强制措施等活动中的违法行为，应当根据情节分别处理。情节较轻的，可以直接向侦查部门提出纠正意见；情节较重或者需要追究刑事责任的，应当报告检察长决定。这里不同于对公安机关侦查监督措施之处有二：（1）不能使用纠正违法通知书；（2）对于需要追究刑事责任的，应当报告检察长决定。检察机关的侦查部门和侦查监督部门都是在检察长统一领导下进行工作的。因此，审查逮捕部门或者审查起诉部门发现侦查部门比较严重的违法行为或者需要追究刑事责任的，不能自行决定处理，应当报告检察长决定。对于审查逮捕部门或审查起诉部门的纠正意见侦查部门如果不同意，也应当报告检察长决定。

第三节　审判监督

第三百九十一条［审判监督的对象］

人民检察院依法对人民法院的审判活动是否合法实行监督。

【条文释义】　本条是关于审判监督的对象的规定。

审判监督，是指人民检察院依法对人民法院的刑事审判活动是否合法所进行的专门法律监督。一般在理论上讲，审判监督既包括对人民法院刑事审判活动是否合法的监督，又包括对人民法院所作的判决、裁定是否正确所进行的监督。但是，对审判活动的监督和对判决、裁定的监督不但在具体对象上有所区别，在监督措施、程序上法律规定也很不相同。所以，《人民检察院刑事诉讼规则》将审判监督和刑事判决、裁定监督分别予以规定。本节所讲的审判监督，仅指人民检察院对人民法院审判活动所进行的监督。

根据本条规定，人民检察院依法对人民法院的审判活动是否合法实行监督。这里的“审判活动”，从审判程序上讲，既包括第一审审判活动，又包括第二审和再审审判活动；从案件性质上讲，既包括公诉案件的审判活动，又包括自诉案件的审判活动和附带民事诉讼审判活动；从审判的具体阶段上讲，既包括人民法院法庭审理活动，又包括人民法院对刑事案件的受理、审判前的审查与准备等庭下活动。关于审判监督的范围，有人认为审判监督只限于对人民法院法庭审理活动是否合法实行监督，只限于对庭上审判活动的监督，而不包括对人民法院开庭前、开庭后等庭下审判活动的监督。《刑事诉讼法》第169条规定：“人民检察院发现人民法院审理案件违反法律规定的诉讼程序，有权向人民法院提出纠正意见。”《人民检察院组织法》第5条也明确规定，“对于人民法院的审判活动是否合法，实行监督”是人民检察院的一项重要职权。可见，根据法律规定，人民检察院的审判监督，应当是针对人民法院审理案件的整个程序或者说整个审判活动进行的。而人民法院对刑事案件的受理、审查以及开庭前准备等庭下活动，是法律规定的审判活动的重要内容，是审判程序的重要组成部分。从司法实践看，人民法院在开庭前后需要进行大量的工作，一些案件还要由审判委员会讨论决定，许多重要的审判活动都是庭下进行的，不少重要的审判决定也是在庭下作出的，如果人民检察院监督的审判活动只限于庭上，这样是不能全面发挥审判监督作用的；从二审、再审等审判程序看，有些案件是在不开庭的情况下审理的，如果审判监督只是限于庭上监督，那么人民法院没有开庭的刑事审判活动势必被置于审判监督外，这也不利于保障人民法院审判活动的依法进行和法律的统一正确实施。

第三百九十二条 [审判监督的内容]

审判活动监督主要发现和纠正以下违法行为：

（一）人民法院对刑事案件的受理违反管辖规定的；

（二）人民法院审理案件违反法定审理和送达期限的；

（三）法庭组成人员不符合法律规定的；

（四）法庭审理案件违反法定程序的；

（五）侵犯当事人和其他诉讼参与人的诉讼权利和其他合法权利的；

（六）法庭审理时对有关程序问题所作的决定违反法律规定的；

（七）其他违反法律规定的审理程序的行为。

【条文释义】 本条是关于审判监督内容的规定。

审判监督内容，是指需要人民检察院通过履行审判监督职能予以发现和纠正的人民法院在审判活动中的违法行为。根据本条规定，审判活动监督主要是发现和纠正以下违法行为：（1）人民法院对刑事案件的受理违反管辖规定的。应当按照《刑事诉讼法》关于地域、级别管辖的规定监督其管辖是否合法。根据法律规定，人民法院只能直接受理下列自诉案件：告诉才处理的案件；被害人有证据证明的轻微刑事案件；被害人有证据证明对被告人侵犯自己人身、财产权利的行为应当依法追究刑事责任，而公安机关或者人民检察院不予追究被告人刑事责任的案件。其中“被害人有证据证明的轻微刑事案件”，是指下列被害人有证据证明的刑事案件：故意伤害案（轻伤）；重婚案；遗弃案；妨害通信自由案；非法侵入他人住宅案；生产、销售伪劣商品案件（严重危害社会秩序和国家利益的除外）；侵犯知识产权案件（严重危害社会秩序和国家利益的除外）；属于《刑法》分则第四章、第五章规定的，对被告人可以判处3年有期徒刑以下刑罚的其他轻微刑事案件。（2）人民法院审理案件违反法定审理和送达期限的。这里的审理期限，包括一审、二审和再审期限；“送达期限”，包括法律规定的人民法院送达各种法律文书、通知的期限。（3）法庭组成人员不符合法律规定的。“法庭”包括一审、二审、再审、死刑复核等程序的法庭。“组成”，包括构成人员是审判员还是人民陪审员和人员数额的情况。（4）法庭审理案件违反法定程序的。这里的“法定程序”，是指《刑事诉讼法》规定的法庭审理的具体程序。（5）侵犯当事人和其他诉讼参与人的诉讼权利和其他合法权利的。“诉讼权利”，是指《刑事诉讼法》规定的诉讼参与人各种程序性的权利，如控告权、申请回避权、申请调取证据权、上诉权等。“其他合法权利”，是指公民依法享有的人身权利、财产权利等。（6）法庭审理时对有关程序问题所作的决定违反法律规定的。“有关程序问题所作的决定”，主要是指关于回避问题的决定，适用或者变更强制措施的决定，有关延期审理的决定，关于解决当事人等申请通知新的证人到庭、调取证据等问题的决定。（7）其他违反法律规定的审理程序的行为。例如，受理案件活动、开庭活动等活动中的违法行为。

执行本条规定应当注意，根据法律规定，人民法院在审理刑事案件中，一切违反法律规定的诉讼程序的行为，都应属于审判监督的内容。本条所列举的只是主要内容。实践中应注意依法全面履行职责，切实维护审判的公正、合法。

【纠正审理违法意见书的制作】

（一）制作方法

纠正审理违法意见书为叙述式文书。内容可分为首部、送达单位、发现违法情况来源、认定违法的事实和证据、认定违法的理由和法律依据、纠正意见、尾部七个部分。

（1）首部。包括：制作本文书的人民检察院名称；文书名称，即“纠正审理违法意见书”；文书编号，即“　检　纠审〔　〕　号”，空余地方依次填写人民检察院简称、具体办案部门简称、年度和序号。

（2）主送达人民法院全称。

（3）发现违法情况来源。一般在开始时表述“本院在审判活动监督中发现……”并引出下文内容。

（4）认定违法的事实和证据。一般应当写明何单位、何人于何时、在处理什么案件时发现何种性质的违法情况。违法事实，是指纠正意见的事实根据，叙述应当准确、客观、全面，必要时辅以证据加以说明、证实。如果违法行为已造成不良后果，应对不良后果的情况如实叙明。

（5）认定违法的理由和法律依据。应当对人民法院在审理案件中违反法律规定的诉讼程序的事实及其性质加以分析、概括，根据法律规定的要求，写明认定其违法的理由，并引用《刑事诉讼法》的相应条款，作为法律依据。

（6）纠正意见。一般应包括人民检察院据以提出纠正意见的法律根据和纠正违法的具体意见，法律根据引用《刑事诉讼法》第169条。在提出具体纠正意见后，可以向受文法院提出要求事项，如“请将纠正情况十日内告知我院等。”

（7）尾部。包括：填写发出本文书的年、月、日；在年、月、日上加盖制作本文书的人民检察院院印。

（二）使用说明

使用本文书应注意：（1）根据《人民检察院刑事诉讼规则》第394条第2、3款的有关规定，“出席法庭的检察人员发现法庭审判违反法律规定的诉讼程序，应当在休庭后及时向本院检察长报告。人民检察院对违反程序的庭审活动提出纠正意见，应当由人民检察院在庭审后提出”。出席法庭的检察人员不能在庭审过程中向审判法庭当庭提出纠正意见。（2）本文书发出后，应当及时监督人民法院回复。

本文书一式二份。正本送达人民法院，副本附卷。

（三）文书格式

人民检察院

纠正审理违法意见书

检　　纠审〔　　〕　　号

一、发往单位。

二、说明在审理中发现违法的情况。

三、认定违法的事实和证据。

四、认定违法的理由和法律依据。

五、提出纠正意见。

年　　月　　日

（院印）

第三百九十三条［审判监督的承办部门和途径］

审判监督由审查起诉部门承办，对于人民法院审理案件违反法定期限的，由监所检察部门承办。

人民检察院可以通过调查、审阅案卷、受理申诉等活动，监督审判活动是否合法。

【条文释义】　本条是关于人民检察院承办审判监督的部门和审判监督的途径的规定。

本条第1款是关于人民检察院承办审判监督的部门的规定。根据本条规定，由审查起诉部门承办，对于人民法院审理案件违反法定期限的，由监所检察部门承办。这样分工，符合检察机关内部各部门的职能特点，有利于实现对人民法院的审判监督职能。

本条第2款是关于审判监督的途径的规定。审判监督的途径，是指人民检察院为履行审判监督职能而获取人民法院审判活动的情况，发现人民法院在审判活动中违法行为的具体方式。根据本款规定，人民检察院可以通过调查、审阅案卷、受理申诉等活动，监督审判活动是否合法。这里的“调查”，是指人民检察院在法庭审理之外进行的调查核实活动。“审阅案卷”，是指人民检察院为了了解和核实人民法院审理案件的情况，必要时对人民法院审判案卷的调阅、查阅。“受理申诉”，是指受理各种诉讼参与人关于审判活动和审判人员违法的申诉、控告。这里的“等活动”，是指调查、审阅案卷、受理申诉之外的其他审判监督的途径，根据法律规定主要包括以下两种：（1）参加法庭审判。《人民检察院组织法》第15条明确规定：“人民检察院提起公诉的案件，由检察长或者检察员以国家公诉人的身份出席法庭，支持公诉，并且监督审判活动是否合法。”所以，出席法庭，参加法庭审判活动，也是审判监督的重要途径。（2）检察长列席审判委员会。根据《人民法院组织法》第10条规定，对于各级人民法院审判委员会会议，本级人民检察院检察长可以列席。检察长列席审判委员会，也是人民检察院了解审判活动情况的途径之一。

第三百九十四条［审判监督的措施］

人民检察院在审判活动监督中，如果发现人民法院或者审判人员审理案件违反法律规定的诉讼程序，应当向人民法院提出纠正意见。

出席法庭的检察人员发现法庭审判违反法律规定的诉讼程序，应当在休庭后及时向本院检察长报告。

人民检察院对违反程序的庭审活动提出纠正意见，应当由人民检察院在庭审后提出。

【条文释义】　本条是关于审判监督的措施的规定。

审判监督的措施，是指人民检察院为实现对人民法院审判活动的监督职能而使用的监督手段。

本条第1款是关于审判监督措施的原则规定。根据本款规定，人民检察院在审判活动监督中，如果发现人民法院或者审判人员审理案件违反法律规定的诉讼程序，应当向人民法院提出纠正意见。“提出纠正意见”，即是人民检察院审判监督的措施。

本条第2款是关于出席法庭的检察人员发现法庭的违法行为应如何处理的规定。根据本款规定，出席法庭的检察人员发现法庭审判违反法律规定的诉讼程序，应当在休庭后及时向本院检察长报告。这里的“休庭”，包括法庭根据案件进行情况而自行决定的休庭，也包括检察人员发现严重违法情况而建议法庭休庭的情况。

本条第3款是关于提出纠正意见主体和时间的规定。根据本款规定，人民检察院对违反程序的庭审活动提出纠正意见，应当由人民检察院在庭审后提出。本款包含两层含义：（1）向人民法院提出纠正违法意见，不能由检察人员以个人身份提出，只能由人民检察院作为检察机关提出。（2）向人民检察院提出纠正意见只能在庭审后提出。这里的“庭审后”，是相对于法庭审理过程而言的，强调的是人民检察院不能当庭提出纠正意见。

执行本条规定应当注意，出席法庭的检察人员虽然不能当庭就法庭的违法行为提出纠正意见，但对于具体的违法行为，可以当庭提出个人的不同意见，但这不是代表检察机关的纠正意见。而且，如果发现严重的违法行为，或提出意见后不被接受，可以记明笔录，并建议休庭，休庭后立即向检察长报告。

第三百九十五条［审判监督措施的形式］

人民检察院对人民法院审判活动中违法行为的监督，可以参照本规则有关人民检察院对公安机关侦查活动中违法行为监督的规定办理。

【条文释义】　本条是关于审判监督措施的形式的规定。

根据本条规定，人民检察院对人民法院审判活动中违法行为的监督，可以参照《人民检察院刑事诉讼规则》有关人民检察院对公安机关侦查活动中违法行为监督的规定办理。人民检察院发现审判活动中的违法行为，既可以以书面形式向人民法院提出纠正意见，也可以以口头形式向人民法院提出纠正意见。但是为了保证监督效果，一般情况下应采用书面形式。凡是以书面形式提出纠正意见的，应当根据人民法院的回复，监督落实情况。没有回复的，人民检察院应当督促其回复。人民检察院提出的纠正意见不被接受的，发出纠正意见的人民检察院应当及时向上一级人民检察院报告，并抄报上一级人民法院。上级人民检察院如果认为下级人民检察院意见是正确的，应当与同级人民法院共同督促下级人民法院纠正；上级人民检察院认为下级人民检察院纠正意见不当需要撤销的，应当通知下级人民检察院撤销发出的纠正审理违法意见书，并将这一情况通知同级人民法院。

执行本条规定应当注意，人民检察院在审判监督中发现审判人员在审判活动中的违法行为情节严重，构成犯罪，需要追究刑事责任的，应当依法查处；如果不属于人民检察院管辖的，应当移送有管辖权的机关立案查处，并依法加强对这种立案活动的监督，以切实维护法律的尊严。

第四节　刑事判决、裁定监督

第三百九十六条［刑事判决、裁定监督的对象和手段］

人民检察院依法对人民法院的判决、裁定是否正确实行监督，对人民法院确有错误的判决、裁定，应当依法提出抗诉。

【条文释义】　本条是关于刑事判决、裁定监督的对象和手段的规定。

刑事判决、裁定监督，是指人民检察院依法对人民法院的刑事判决、裁定是否正确所进行的法律监督。本条包括两层含义：（1）关于刑事判决、裁定监督的对象，本条规定人民检察院依法对人民法院的判决、裁定是否正确实行监督。“判决”是人民法院对被告人是否有罪、犯什么罪以及如何适用刑罚等实体问题所作的决定；“裁定”是人民法院对有关诉讼程序问题和部分实体问题所作的决定。刑事判决、裁定在存在形态上有两种情况：一种是未发生法律效力的；另一种是发生法律效力的。这两种刑事判决、裁定都属于人民检察院监督的对象。（2）关于刑事判决、裁定监督的手段，根据本条规定，对人民法院确有错误的判决、裁定，人民检察院应当依法提出抗诉。“抗诉”即人民检察院刑事判决、裁定监督的法定手段。所谓抗诉，是指人民检察院依照法定职权通过诉讼程序，对人民法院作出的错误的判决、裁定要求进行改判的监督活动。抗诉有两种情况：一是人民检察院对人民法院第一审未生效判决、裁定按照《刑事诉讼法》规定的第二审程序提出的抗诉，一般称之为二审抗诉；二是人民检察院对人民法院已经发生法律效力的判决、裁定依照《刑事诉讼法》规定的审判监督程序提出的抗诉，一般称之为再审抗诉。人民检察院依法提出的抗诉具有法定约束力，凡是人民检察院提出抗诉的案件，人民法院必须对该案进行二审或者再审。

第三百九十七条［二审抗诉的条件］

人民检察院认为同级人民法院第一审判决、裁定有下列情形之一的，应当提出抗诉：

（一）认定事实不清、证据不足的；

（二）有确实、充分证据证明有罪而判无罪，或者无罪判有罪的；

（三）重罪轻判，轻罪重判，适用刑罚明显不当的；

（四）认定罪名不正确，一罪判数罪、数罪判一罪，影响量刑或者造成严重的社会影响的；

（五）免除刑事处罚或者适用缓刑错误的；

（六）人民法院在审理过程中严重违反法律规定的诉讼程序的。

【条文释义】　本条是关于二审抗诉条件的规定。

二审抗诉的条件，是指人民检察院对人民法院一审未生效判决、裁定提出抗诉的条件。根据本条规定，人民检察院认为同级人民法院第一审判决、裁定有下列情形之一的，应当提出抗诉：（1）认定事实不清、证据不足的。“认定事实不清”与“证据不足”是互相关联的，这实际上是一种情况的两个方面。判决、裁定存在认定事实有错误、证据不足以证明所认定的事实、证据之间有不能排除的重大矛盾或者证据与事实之间存在着严重矛盾等情况，都属于认定事实不清、证据不足的情形。（2）有确实、充分证据证明有罪而判无罪，或者无罪判有罪的。这种情况是指案件事实清楚，证据确实、充分，人民法院在定性上发生错误，本属有罪错判无罪，本来无罪错判有罪。（3）重罪轻判，轻罪重判，适用刑罚明显不当的。这种情况是指判决、裁定在适用刑罚上的错误。这里的“明显不当”，是指适用的刑种、刑期与所犯罪行严重不相适应，或者不符合《刑法》总则规定的量刑原则和《刑法》分则规定的法定刑。（4）认定罪名不正确，一罪判数罪、数罪判一罪，影响量刑或者造成严重的社会影响的。这种情况是指判决、裁定在罪名、罪数的认定上存在错误。罪名、罪数的认定有错误，如果不影响量刑或者社会影响较小的，不应抗诉；如果影响量刑或者造成严重的社会影响的，应当依法提起抗诉。这里的影响量刑，是指由于罪名、罪数认定的错误，加重或者减轻对罪犯的惩罚；这里的造成严重的社会影响，是指由于罪名、罪数认定的错误，在社会上引起广泛关注或者造成了严重的不良影响。（5）免除刑事处罚或者适用缓刑错误的。这种情况主要是指罪犯依法不应免除刑罚或者不符合适用缓刑的条件，而人民法院的判决、裁定却对罪犯免予刑事处罚或者适用缓刑。（6）人民法院在审理过程中严重违反法律规定的诉讼程序的。这主要是指人民法院在审理案件过程中违反法律规定的诉讼程序，可能影响正确判决的情况，具体而言，是指《刑事诉讼法》第191条规定的5种情形：违反《刑事诉讼法》关于公开审判的规定的；违反回避制度的；剥夺或者限制了当事人的法定诉讼权利，可能影响公正审判的；审判组织的组成不合法的；其他违反法律规定的诉讼程序，可能影响公正审判的。

【刑事抗诉书（二审程序适用）的制作】

（一）制作方法

本文书为叙述式文书，其内容包括以下七个部分：

1. 首部。包括制作本文书的人民检察院名称、文书名称、文号。制作本文书的人民检察院名称要注明所在省（自治区、直辖市）的名称，不能只写地区级市、县、区人民检察院的名称；如果是涉外案件，应该冠以“中华人民共和国”字样。文书名称即“刑事抗诉书”。文号为“　检　刑抗〔　〕　号”，空白处分别填写提出抗诉的人民检察院的简称、年度和文书编号，在“检”与“刑抗”中间留有一定空白，此处无需填写内容。

2. 原审判决、裁定情况。具体表述为：“×××人民法院以××号刑事判决书（裁定书）对被告人×××（姓名）×××（案由）一案判决（裁定）……（判决、裁定结果）”其中，对被告人的基本情况不用叙写；在案由上，如果检察机关和审判机关认定罪名不一致，应该分别表述清楚；如果在侦查、起诉、审判各阶段均没有超时限等程序违法现象，对公、检、法三机关的办案经过无需叙写，只需简要写明人民法院判决、裁定结果即可。

3. 审查意见。此部分的内容是阐明检察机关对原判决、裁定的审查意见，要明确指出原判决、裁定的错误所在，并明确告知二审法院检察机关抗诉的重点是什么。要做到观点鲜明、语言精练。具体表述为："本院依法审查后认为（如果是被害人及其法定代理人不服地方各级人民法院第一审的判决而请求人民检察院提出抗诉的，应当写明这一程序，然后再写'本院依法审查后认为'），该判决（裁定）确有错误（包括认定事实有误、适用法律不当、审判程序严重违法），理由如下："。

4. 抗诉理由。要根据案件的不同情况，从认定事实错误、适用法律不当和审判程序违法等几方面进行阐述。具体而言，可分为以下三种表述方式：（1）如果是人民法院认定的事实有误的，要针对原审裁判的错误之处，提出纠正意见，强调抗诉的针对性。对于有多起"犯罪事实"（因为检、法两机关对此存在分歧，故加引号）的抗诉案件，只叙述原判决（裁定）认定事实不当的部分；对认定没有错误的，可以简单表述为"对……事实的认定无异议"即可。要提出检、法两机关争议的重点，体现抗诉的针对性。对于共同犯罪案件，也只对原判决（裁定）漏定或错定的部分被告人犯罪事实作重点叙述，对其他被告人的犯罪事实可简写或者不写。在证据方面，应在论述事实时有针对性地进行列举，以说明证据的内容要点及其与犯罪事实的联系。（2）如果是人民法院适用法律有误的，应主要针对犯罪行为的本质特征，论述应该如何认定行为的性质，以正确适用法律。要注意从罪状、量刑情节等方面分别加以论述。（3）如果是人民法院在审判程序上严重违法的，则应该主要根据《刑事诉讼法》及有关司法解释，逐一论述原审人民法院违反法定程序的事实情况，再叙明影响公正裁判的现实后果或者可能性。最后，还应阐明法律规定的正确的诉讼程序应该是怎样的。

5. 结论性意见、法律根据、决定和请求事项。具体表述为："综上所述……（概括上述理由）为维护司法公正，准确惩治犯罪，依照《中华人民共和国刑事诉讼法》第一百八十一条的规定，特提出抗诉，请依法判处。"要注意用语简洁、明确。

6. 尾部。包括本文书的发送对象、制发本文书的人民检察院的名称及院印、文书制发日期。

7. 附注事项。包括：被告人现羁押或者居住处所、新的证人名单或者证据目录。对于未被羁押的原审被告人，应将其住所或者居所写清楚，如果证人名单和证据目录与起诉书相同没有新的变化则不必再附。

（二）使用说明

在使用中应注意：（1）根据有关规定，刑事抗诉书中不能追诉起诉书中没有指控的犯罪事实。（2）本文书以案件或被告人为单位制作。

本文书具体制作份数根据实际需要确定。其中，正本送达主送的人民法院，副本通过原审法院送达被告人及其辩护人。同时，本文书应抄报上一级人民检察院。

（三）文书格式（见下页）

人民检察院

刑事抗诉书

检　　刑抗〔　　〕　　号

×××人民法院以××号刑事判决书（裁定书）对被告人×××（姓名）×××（案由）一案判决（裁定）……（判决、裁定结果）本院依法审查后认为（如果是被害人及其法定代理人不服地方各级人民法院第一审的判决而请求人民检察院提出抗诉的，应当写明这一程序，然后再写“本院依法审查后认为”），该判决（裁定）确有错误（包括认定事实有误、适用法律不当、审判程序严重违法），理由如下：

……（根据不同情况，理由从认定事实错误、适用法律不当和审判程序违法等几方面阐述。）

综上所述……（概括上述理由）为维护司法公正，准确惩治犯罪，依照《中华人民共和国刑事诉讼法》第一百八十一条的规定，特提出抗诉，请依法判处。

此致

×××人民法院

×××人民检察院（院印）

年　　月　　日

附：

1. 被告人×××现羁押于×××（或者现住×××）
2. 新的证人名单或者证据目录

第三百九十八条［刑事判决、裁定监督的承办部门和途径］

对刑事判决、裁定的监督由审查起诉部门承办。

人民检察院通过受理申诉、对人民法院判决、裁定的审查等活动，监督人民法院的判决、裁定是否正确。

【条文释义】 本条是关于人民检察院刑事判决、裁定监督的承办部门和途径的规定。

本条第1款是关于人民检察院刑事判决、裁定监督承办部门的规定。根据本款规定，对刑事判决、裁定的监督由审查起诉部门承办。这样规定符合审查起诉部门的业务特点，有利于完成刑事判决、裁定监督任务。

本条第2款是关于人民检察院刑事判决、裁定监督途径的规定。根据本款规定，人民检察院通过受理申诉，对人民法院判决、裁定的审查等活动，监督人民法院的判决、裁定是否正确。"受理申诉"，主要是指接受当事人等不服生效判决、裁定的申诉，包括自诉案件中当事人的申诉。这里的"审查"，主要是指对人民法院一审未生效判决、裁定的审查。

第三百九十九条［一审未生效判决、裁定的处理］

人民检察院在收到人民法院第一审判决书或者裁定书后，应当及时审查，承办人员应当填写刑事判决、裁定审查表，提出处理意见，报审查起诉部门负责人审核。对需要提出抗诉的案件，审查起诉部门应当报请检察长决定；案情疑难或者重大复杂的案件，由检察长提交检察委员会讨论决定。

【条文释义】 本条是关于人民检察院对人民法院一审未生效判决、裁定审查处理的规定。

根据本条规定，人民检察院对人民法院第一审未生效判决、裁定审查处理的程序如下：（1）审查。人民检察院在收到人民法院第一审判决书或者裁定书后，应当及时审查。正确的判决、裁定必须符合三个条件，即认定的事实清楚，证据确实充分；适用法律准确、适当；程序合法、手续完备。人民检察院对一审判决的审查，就是看其是否符合这三个条件。审查的方法主要有：对判决书本身进行审查，看判决书的形式是否符合规格，有无技术性问题或错误；将起诉书与判决书对照，看判决书认定的事实和罪名与起诉书是否一致；将判决书认定的罪名和判处的刑罚与结果相对照，看其是否符合法律规定；必要时可以进行调查核实工作、提讯被告人等。（2）审核。承办人对一审判决、裁定审查后，应填写刑事判决、裁定审查表，提出处理意见，报审查起诉部门负责人审核。这里的"处理意见"，主要是指应否提出抗诉的意见。（3）决定是否提出抗诉。根据本条规定，对需要提出抗诉的案件，审查起诉部门应当报请检察长决定；案情疑难或者重大复杂的案件，由检察长提交检察委员会讨论决定。这里“需要提出抗诉的案件”，是指一审判决、裁定确有错误，符合《人民检察院刑事诉讼规则》规定的二审抗诉的条件。

第四百条［二审抗诉的期限］

人民检察院对同级人民法院第一审判决的抗诉，应当在接到判决书的第二日起十日内提出；对裁定的抗诉，应当在接到裁定书后的第二日起五日内提出。

【条文释义】　本条是关于二审抗诉期限的规定。

“二审抗诉期限”，是指人民检察院按照第二审程序提出的抗诉的有效期限。本条规定了两个方面的内容：（1）对一审未生效判决的抗诉期限。根据本条规定，地方各级人民检察院认为本级人民法院的第一审判决确有错误的，应当在接到判决书后的第 2 日起 10 日内提出。（2）对一审未生效裁定的抗诉期限。根据本条规定，地方各级人民检察院认为同级人民法院的第一审裁定确有错误的，应当在接到裁定书后的第 2 日起 5 日内提出。

第四百零一条［二审抗诉程序］

人民检察院对同级人民法院第一审判决、裁定的抗诉，应当制作抗诉书通过原审人民法院向上一级人民法院提出，并将抗诉书副本连同案件材料报送上一级人民检察院。

【条文释义】　本条是关于二审抗诉程序的规定。

二审抗诉程序，是指人民检察院对人民法院第一审未生效的判决、裁定按照第二审程序提出抗诉的程序。本条规定了 3 个内容：（1）抗诉应当以书面形式提出。即人民检察院按照第二审程序提出抗诉，应当制作抗诉书，不能以口头方式提出抗诉。（2）抗诉应当通过原审人民法院提出。即人民检察院按照二审程序提出抗诉，应当向原审人民法院递交抗诉书，不直接向第二审人民法院提出抗诉。（3）在向原审人民法院递交抗诉书的同时，将抗诉书副本连同案件材料报送上一级人民检察院。这样便于上一级人民检察院审查抗诉是否正确，并准备派员出席第二审法庭，支持抗诉。

第四百零二条［被害人及其法定代理人请求抗诉］

被害人及其法定代理人不服地方各级人民法院第一审的判决的，在收到判决书后五日以内请求人民检察院提出抗诉的，人民检察院应当立即进行审查，在收到被害人及其法定代理人的请求后五日内作出是否抗诉的决定，并且答复请求人。经审查认为应当抗诉的，适用本规则第三百九十七条至第四百零一条的规定

办理。

被害人及其法定代理人在收到判决书五日以后请求人民检察院提出抗诉的，由人民检察院决定是否受理。

【条文释义】　本条是关于被害人及其法定代理人请求人民检察院提出抗诉的规定。

本条第1款是关于被害人及其法定代理人在收到判决书后5日以内请求人民检察院抗诉的规定。根据本款规定，被害人及其法定代理人不服地方各级人民法院第一审的判决的，在收到判决书后5日以内请求人民检察院提出抗诉的，人民检察院应当立即进行审查，在收到被害人及其法定代理人的请求后5日内作出是否抗诉的决定，并且答复请求人。经审查认为应当抗诉的，应当通过原审人民法院提出抗诉，并将抗诉书副本连同案件材料报送上一级人民检察院。这里的"法定代理人"，是指被害人的父母、养父母、监护人和负有保护责任的机关、团体的代表。这里的"认为应当抗诉"，是指经审查认为一审未生效判决确有错误，符合《人民检察院刑事诉讼规则》规定的二审抗诉的条件的。

本条第2款是关于被害人及其法定代理人在收到判决书5日以后请求人民检察院抗诉的规定。根据本款规定，被害人及其法定代理人在收到判决书5日以后请求人民检察院提出抗诉的，由人民检察院决定是否受理。《刑事诉讼法》第80条规定，当事人由于不能抗拒的原因或者有其他正当理由而耽误期限的，在障碍消除后5日以内，可以申请继续进行应当在期满以前完成的诉讼活动。根据这一立法精神，被害人在收到判决书5日以后可以请求人民检察院对一审未生效判决提出抗诉，是否受理，由人民检察院决定。人民检察院对于符合《刑事诉讼法》第80条规定的情形的，应当予以受理。

执行本条规定应当注意：（1）被害人及其法定代理人只能就一审未生效判决请求人民检察院提出抗诉，不服一审未生效裁定的不能请求人民检察院抗诉。（2）对于被害人及其法定代理人在收到判决书后5日以内请求人民检察院抗诉的，人民检察院应当一律依法受理审查，不能以任何理由拒不受理。对于被害人的法定代理人请求提出抗诉的，即使被害人没有死亡，不论被害人身体状况及态度如何，均不影响受理。（3）人民检察院根据被害人及其法定代理人的请求提出抗诉的，亦应遵守二审抗诉期限，即必须在人民检察院收到判决书之日起10日以内提出。（4）人民检察院根据被害人请求提出抗诉，不受《刑事诉讼法》第183条人民检察院抗诉期限的限制。由于种种原因，被害人可能较晚收到第一审判决书，已超过人民检察院抗诉期限，但只要是被害人在收到判决书后5日内提出抗诉请求，人民检察院在5日内作出抗诉决定，人民法院应当受理。

【抗诉请求答复书的制作】

（一）制作方法

抗诉请求答复书为三联填充式文书。三联的格式内容及制作方法不同。

1. 存根联的内容结构及制作方法。

（1）首部。内容与正本基本相同。只在文书名称下增加“（存　根）”字样。

（2）正文。包括：案由，即何种性质的犯罪；第一审被告人姓名；抗诉请求人姓名；人民检察院审查结果；批准人；承办人；填发人；填发时间。

2. 副本联的内容结构及制作方法。

副本与正本的内容基本相同。不同之处是在首部文书名称下加“（副　本）”字样。

3. 正本联的内容结构及制作方法。

（1）首部。包括：制作本文书的人民检察院名称；文书名称，即“抗诉请求答复书”；文书编号，即“　检　抗答〔　〕　号”，空白处应当依次填写制作本文书的人民检察院的简称、具体办案部门简称、年度和序号。

（2）正文。包括：提出抗诉请求的被害人及其法定代理人的姓名；提出抗诉请求的时间；请求提出抗诉的第一审判决的案由、名称；本院认为一审判决应否抗诉的理由；提出是否抗诉的决定。

（3）尾部。包括：填发本文书的日期，加盖制作本文书的人民检察院院印。

（二）使用说明

使用本文书应注意：（1）严格按法律规定确定适用范围。被害人及其法定代理人只能对不服地方各级人民法院第一审的判决提出抗诉请求，不包括人民法院的裁定。（2）《人民检察院刑事诉讼规则》第402条对被害人提出抗诉的程序及人民检察院审查、作出决定、答复的程序作了明确规定，并在第2款规定：“被害人及其法定代理人在收到判决书五日以后请求人民检察院提出抗诉的，由人民检察院决定是否受理。”在实践中，要对以上规定有清楚的理解，并正确适用。（3）本文书以提出抗诉请求的被害人及其法定代理人的人数为单位制作，有一位抗诉请求人制作一份，请求人为多数的，分别制作。

本文书三联之间的骑缝线上均有本文书文号，应当按照本文书第三联中文号的填写方法予以填写。

本文书共三联，第一联统一保存备查，第二联附卷，第三联送达抗诉请求人。

（三）文书格式（见下页）

人民检察院
抗诉请求答复书
（存　根）

检　抗答〔　　〕　号

案由______________
被告人______________
抗诉请求人______________
审查结果______________
批准人______________
承办人______________
填发人______________
填发时间______________

第一联统一保存

检　抗答〔　　〕　号

人民检察院
抗诉请求答复书
（副　本）

检　抗答〔　　〕　号

______________：

你于______年______月______日请求本院对______________一案一审判决提出抗诉。根据《中华人民共和国刑事诉讼法》第一百八十二条的规定，经审查，本院认为一审判决______________，决定______________。

特此答复。

年　　月　　日
（院印）

第二联附卷

检　抗答〔　　〕　号

人民检察院
抗诉请求答复书

检　抗答〔　　〕　号

______________：

你于______年______月______日请求本院对______________一案一审判决提出抗诉。根据《中华人民共和国刑事诉讼法》第一百八十二条的规定，经审查，本院认为一审判决______________，决定______________。

特此答复。

年　　月　　日
（院印）

第三联送达抗诉请求人

第四百零三条［上级院支持与撤回抗诉］

上一级人民检察院对下级人民检察院按照第二审程序提出抗诉的案件，认为抗诉正确的，应当支持抗诉；认为抗诉不当的，应当向同级人民法院撤回抗诉，并且通知下级人民检察院。下级人民检察院如果认为上一级人民检察院撤回抗诉不当的，可以提请复议。上一级人民检察院应当复议，并将复议结果通知下级人民检察院。

上一级人民检察院在上诉、抗诉期限内，发现下级人民检察院应当提出抗诉而没有提出抗诉的案件，可以指令下级人民检察院依法提出抗诉。

【条文释义】　本条是关于上级人民检察院支持下级人民检察院抗诉、撤回下级人民检察院抗诉和指令下级人民检察院抗诉的规定。

本条第1款是关于上级人民检察院支持下级人民检察院的抗诉、撤回下级人民检察院抗诉的规定。本款包括3层含义：（1）上一级人民检察院对下级人民检察院按照第二审程序提出抗诉的案件，认为抗诉正确的，应当支持抗诉。这里的“认为抗诉正确”，是指上一级人民检察院认为下级人民检察院的抗诉理由成立，人民法院的判决、裁定符合抗诉条件，应当依法抗诉。这里的“支持抗诉”，是指应当依法出席第二审法庭，支持下级人民检察院的抗诉。（2）上一级人民检察院认为下级人员检察院按照第二审程序提出的抗诉不当的，应当向同级人民法院撤回抗诉，并且通知下级人民检察院。“抗诉不当”，主要是指第一审的判决、裁定没有错误，人民检察院对同级人民法院第一审的判决、裁定提出抗诉的理由不正确、不充分、缺乏法律依据。（3）下级人民检察院如果认为上一级人民检察院撤回抗诉不当的，可以提请复议。上一级人民检察院应当复议，并将复议结果通知下级人民检察院。这一规定既体现了法律规定的上级人民检察院领导下级人民检察院的体制关系，又有利于充分发挥下级人民检察院的能动性，协调上下级之间的工作关系。

本条第2款是关于上一级人民检察院指令下级人民检察院按照第二审程序抗诉的规定。根据本款规定，上一级人民检察院在上诉、抗诉期限内，发现下级人民检察院应当提出抗诉而没有提出抗诉的案件，可以指令下级人民检察院依法提出抗诉。这里的“上诉、抗诉期限内”，是指下级人民检察院自收到人民法院第一审判决之日起的10日以内，自收到人民法院第一审裁定之日起的5日以内。“应当提出抗诉”，是指人民法院的第一审判决、裁定符合《人民检察院刑事诉讼规则》规定的抗诉条件，应当通过提出抗诉予以纠正。这里的“指令”，是上下级检察机关领导关系的体现。上一级人民检察院指令下级人民检察院抗诉的，下级人民检察院必须立即提出二审抗诉。

执行本条规定应当注意，上一级人民检察院撤回下级人民检察院的抗诉和指令下级人民检察院抗诉，是法律规定的上一级人民检察院领导下级人民检察院关系的具体体现。但实践中，为了协调工作，共同履行好法律监督职能，上下级检察机关对有关具体问题应加强沟通，以切实提高抗诉工作的质量和效率。

【支持刑事抗诉意见书的制作】

（一）制作方法

本文书为叙述式文书，其内容包括以下三部分：

1. 首部。包括：制作本文书的人民检察院名称；文书名称，即“支持刑事抗诉意见书”；文号，即“ 检 支刑抗〔 〕 号”，空白处应依次填写制作本文书的人民检察院的简称、年度和文书编号。在“检”与“支刑抗”中间留有一定空白，此处无需填写。

2. 正文。包括三部分：第一部分，即抬头，表述为：“×××人民法院：”，写明同级人民法院的名称；第二部分，下级人民检察院提出抗诉的情况及本院支持抗诉的理由，具体表述为：“×××人民检察院以××号刑事抗诉书对×××人民法院××号（写明被告人姓名、案由）一案的刑事判决（裁定）提出抗诉。本院审查后认为，抗诉正确，应予支持……（简要说明支持的理由，可以在原刑事抗诉书基础上改变或补充新的抗诉理由，也可以变更原抗诉请求。）”；第三部分，支持抗诉意见及其法律依据，具体表述为：“综上所述，为维护司法公正，准确惩治犯罪，依照《中华人民共和国刑事诉讼法》第一百八十八条的规定，请你院依法纠正。”

3. 尾部。包括：制作本文书的人民检察院名称、院印及文书制作日期。

（二）使用说明

使用本文书应注意：（1）本文书适用于第二审程序，是以人民检察院的名义向同级人民法院提出的，检察人员在出席二审法庭时发表意见应围绕文书内容进行，所发表观点应与文书内容保持一致。（2）在本文书中，上一级人民检察院对下级人民检察院的刑事抗诉意见，可以全部支持，可以部分支持，也可以予以改变，并通知下级人民检察院。

（三）文书格式（见下页）

人民检察院

支持刑事抗诉意见书

检　　支刑抗〔　　〕　　号

×××人民法院：

×××人民检察院以××号刑事抗诉书对×××人民法院××号（写明被告人姓名、案由）一案的刑事判决（裁定）提出抗诉。本院审查后认为，抗诉正确，应予支持……（简要说明支持的理由，可以在原刑事抗诉书基础上改变或补充新的抗诉理由，也可以变更原抗诉请求。）

综上所述，为维护司法公正，准确惩治犯罪，依照《中华人民共和国刑事诉讼法》第一百八十八条的规定，请你院依法纠正。

×××人民检察院（院印）
年　　月　　日

【撤回抗诉决定书、通知书的制作】

（一）制作方法

撤回抗诉决定书、通知书为四联填充式文书。四联文书的格式内容及制作方法不同。

1. 存根联的内容结构及制作方法。

（1）首部。内容与正本基本相同，文书名称下标有“（存　根）”字样。

（2）正文。包括：案由（即罪名）；被告人基本情况，包括姓名、性别、年龄、工作单位、住址、身份证号码、是否人大代表或政协委员；送达机关，即送达的人民法院；抗诉单位，即提出抗诉的人民检察院；撤回理由，即简明写清抗诉不当的理由；批准人；承办人；填发人；填发日期。

2. 副本联的内容结构及制作方法。

副本与正本内容基本相同，不同之处是首部文书名称下标明“（副　本）”字样。

3. 正本联的内容结构及制作方法。

（1）首部。包括：制作本文书的人民检察院名称；文书名称，即“撤回抗诉决定书”；文书编号，即“　检　撤抗〔　〕　号”，空余地方依次填写人民检察院简称、具体办案部门简称、年度和序号。

（2）正文。包括：提出抗诉的人民检察院名称；提出抗诉的抗诉书文号；作出被抗诉判决的人民法院的名称；提出抗诉的被告人姓名及案由；人民法院判决（裁定）书的文号；撤回抗诉的理由及法律依据、决定事项。

（3）尾部。包括：此致，空白处填写接受送达文书的法院名称；填发文书的日期；加盖制作本文书的人民检察院院印。

4. 第四联的内容结构及制作方法。

（1）首部。包括：制作本文书的人民检察院名称；文书名称，即“撤回抗诉通知书”；文书编号与正本相同。

（2）正文。包括：送达提出抗诉的人民检察院名称；抗诉文书文号；作出判决（裁定）的人民法院的名称；提出抗诉案件的被告人姓名及案由；被抗诉案件的判决（裁定）书的文号；撤回抗诉的理由及法律依据。

（3）尾部。包括：表示此联为通知的字样，即“特此通知”；填发文书的日期；加盖发出通知的人民检察院院印。

（二）使用说明

使用本文书应注意：（1）根据《人民检察院刑事诉讼规则》第403条的规定，“下级人民检察院如果认为上一级人民检察院撤回抗诉不当的，可以提请复议”。（2）本文书以撤回抗诉案件为单位制作，每案一份。

本文书四联之间的骑缝线上均有本文书文号，应当按照本文书第三联中文号的填写方法予以填写。

本文书共四联，第一联统一保存，第二联附卷，第三联送达同级人民法院，第四联送达提出抗诉的人民检察院。

（三）文书格式（见下页）

人民检察院
撤回抗诉决定书
（存　根）

检　撤抗〔　　〕　号

案由________________

被告人基本情况（姓名、性别、年龄、工作单位、住址、身份证号码、是否人大代表、政协委员）
____
____
____
____

送达机关________________

抗诉单位________________

撤回理由________________
____

批准人________________

承办人________________

填发人________________

填发日期________________

第一联统一保存

检　撤抗〔　　〕　号

人民检察院
撤回抗诉决定书
（副　本）

检　撤抗〔　　〕　号

________人民检察院以________号抗诉书对________人民法院审判被告人________一案的________号判决（裁定）提出抗诉。经本院审查认为抗诉不当。根据《中华人民共和国刑事诉讼法》第一百八十五条的规定，决定撤回抗诉。

此致

________人民法院

年　月　日
（院印）

第二联附卷

检　撤抗〔　　〕　号

人民检察院
撤回抗诉决定书

检　撤抗〔　　〕　号

________人民检察院以________号抗诉书对________人民法院审判被告人________一案的________号判决（裁定）提出抗诉。经本院审查认为抗诉不当。根据《中华人民共和国刑事诉讼法》第一百八十五条的规定，决定撤回抗诉。

此致

________人民法院

年　月　日
（院印）

第三联送达同级人民法院

检　撤抗〔　　〕　号

人民检察院
撤回抗诉通知书

检　撤抗〔　　〕　号

________人民检察院：

你院________号抗诉书对________人民法院审判被告人________一案的________号判决（裁定）提出抗诉。经本院审查认为抗诉不当。根据《中华人民共和国刑事诉讼法》第一百八十五条的规定，决定撤回抗诉。

特此通知。

年　月　日
（院印）

第四联送达提出抗诉的人民检察院

第四百零四条［发回重审案件的抗诉］

第二审人民法院发回原审人民法院重新按照第一审程序审判的案件，如果人民检察院认为重新审判的判决、裁定确有错误的，仍然可以按照第二审程序提出抗诉。

【条文释义】　本条是关于人民检察院对二审法院发回原法院重审案件的判决、裁定仍然可以按照第二审程序提出抗诉的规定。

根据本条规定，第二审人民法院发回原审人民法院重新按照第一审程序审判的案件，如果人民检察院认为重新审判的判决、裁定确有错误的，仍然可以按照第二审程序提出抗诉。"发回原审人民法院重新按照第一审程序审判的案件"，包括两种案件：一是第二审人民法院对上诉、抗诉案件经过审理后，认为原判决事实不清楚或者证据不足的裁定撤销原判，发回原审人民法院重新审判的案件；二是第二审人民法院发现第一审人民法院的审理有严重违反法律规定的诉讼程序情形的，裁定撤销原判，发回原审人民法院重新审判的案件。发回重新审判的案件的判决、裁定，仍然是一审的判决、裁定，如果确有错误，在法定抗诉期限内，人民检察院仍然可以按照第二审程序提出抗诉。这里的"确有错误"，是指人民法院重新审判作出的判决、裁定仍符合《人民检察院刑事诉讼规则》规定的二审抗诉的条件。

执行本条规定应当注意，人民法院重新审判作出的判决，被害人及其法定代理人不服，自收到判决书后5日以内，请求人民检察院提出抗诉的，人民检察院仍应当依法受理，并且应当在收到被害人及其法定代理人的请求后5日以内，作出是否抗诉的决定，并且答复请求人。

第四百零五条[①]［当事人及其法定代理人、近亲属申诉的受理］

当事人及其法定代理人、近亲属认为人民法院已经发生法律效力的刑事判决、裁定确有错误，向人民检察院申诉的，人民检察院控告申诉检察部门、监所检察部门和审查起诉部门应当依法办理：

（一）不服人民法院已经执行完毕的刑事判决、裁定的申诉和不服人民法院缓刑决定、假释裁定的申诉，以及被害人不服人民法院已经发生法律效力且尚在执行中的刑事判决、裁定的申诉，由控告申诉检察部门办理；

（二）被告人及其法定代理人、近亲属不服人民法院已经发生法律效力且尚在执行中的判决、裁定的申诉，由监所检察部门办理；

---

① 本条已为1999年9月21日最高人民检察院高检发研字〔1999〕9号文件《关于修改〈人民检察院刑事诉讼规则〉第四百零五条和第四百零七条的通知》所修改。——编者注

（三）不服人民法院死刑终审判决、裁定尚未执行的申诉，由审查起诉部门办理。审查起诉部门接受申诉后，应当将当事人申诉情况及时通知作出终审判决、裁定的人民法院。

人民检察院控告申诉检察部门、监所检察部门和审查起诉部门办理申诉案件，应当依法审查，并将结果告知申诉人。

【条文释义】　本条是关于人民检察院受理当事人及其法定代理人、近亲属不服生效判决、裁定的申诉的规定。

本条规定有3层含义：（1）当事人及其法定代理人、近亲属对已经发生法律效力的判决、裁定，认为有错误向人民检察院申诉的，人民检察院应当受理。申诉是当事人及其法定代理人、近亲属认为人民法院已经生效的判决、裁定有错误，要求人民法院或者人民检察院进行审查处理的一种请求。“当事人”，是指被害人、自诉人、犯罪嫌疑人、被告人、附带民事诉讼的原告人和被告人。“法定代理人”，是指被代理人的父母、养父母、监护人和负有保护责任的机关、团体的代表。“近亲属”，是指夫、妻、父、母、子、女、同胞兄弟姊妹。（2）人民检察院受理当事人及其法定代理人、近亲属申诉的部门是控告申诉部门、监所检察部门、审查起诉部门。一般而言，服刑罪犯提出的申诉应当由监所检察部门受理，其他当事人及其法定代理人、近亲属提出的申诉，由控告申诉部门受理。（3）控告申诉部门、监所检察部门、审查起诉部门受理申诉后，应当依法审查，并将审查结果告知申诉人。这里的“审查结果”，是指是否决定提出再审抗诉或提请上级人民检察院按照审判监督程序提出抗诉。

执行本条规定应当注意，告知申诉人对申诉的审查结果，只能告诉结果，不能告诉审查的工作细节和过程。

【刑事申诉复查通知书的制作】

（一）制作方法

刑事申诉复查通知书为叙述式文书，其内容可以分为首部、申诉人基本情况、案由和案件来源、申诉理由及依据、原判决（裁定）认定的事实、复查结论及根据、尾部。

1. 首部。包括：制作本文书的人民检察院名称；文书名称，即“刑事申诉复查通知书”；文书编号，即“　检　复通〔　〕　号”，空余地方依次填写制作本文书的人民检察院简称、具体办案部门简称、年度和文书序号。

2. 申诉人基本情况。包括：姓名、性别、年龄、民族、文化程度、工作单位及职务、住址等。如果申诉人为被害人的，应写明原案被告人的基本情况。

3. 案由和案件来源。写明申诉人的姓名，作出该案诉讼处理决定的人民法院的名称、文书编号和文书名称，并应指出申诉性质，即“不服”。应写明申诉人提出申诉的时间，指明申诉的对象，即是对哪个案件的哪个诉讼处理决定提出申诉的，本院立案复查的时间。

4. 申诉理由及依据。要概括地叙述申诉人提出的申诉理由，客观地、实事求是地写明；同时，表述申诉人提出的具体要求及相关的法律规定。

5. 原判决（裁定）认定的事实。应写明法院的名称及分述一审法院、二审法院的审判情况，法院所认定的事实以及作出的判决、裁定。如果是申诉人不服一审法院的判决和裁定的申诉案件，只写明一审法院的审判情况。

6. 复查结论及根据。应写明复查所认定的事实，根据法律的规定，本院决定向哪个人民法院提出抗诉；或者是“根据法律规定，不符合抗诉条件，本院决定不予抗诉”的复查意见，以及作出决定的法律规定。

7. 尾部。即制作本文书的年、月、日，并加盖制作本文书的人民检察院院印。

（二）使用说明

在制作和使用刑事申诉复查通知书时，应当注意以下几个方面：（1）要正确理解和掌握本文书的适用条件和范围。要注意本文书与刑事申诉复查决定书的区别。后者的重点在于准确写明复查认定的事实和证据。而本文书的重点在于复查决定是否抗诉。（2）要注意准确引用法律条文。决定抗诉或决定不予抗诉，是“以事实为根据，以法律为准绳”的办案原则所决定的。因此，在适用《刑事诉讼法》和法律条文时，要注意引用准确。

本文书一式二份，一份送达申诉人，一份附卷。

（三）文书格式

人民检察院

刑事申诉复查通知书

检　　复通〔　　〕　　号

申诉人……（写明姓名、性别、年龄、民族、文化程度、工作单位及职务、住址）

（申诉人为被害人的，应写明原案被告人的基本情况。）

申诉人×××不服×××人民法院……（写明案由）向本院提出申诉。本院于××××年××月××日立案复查。

申诉人×××的申诉理由及依据……（可概括性叙述）

×××人民法院判决（裁定）认定……（写明一审法院和二审法院的审判情况）

本院经复查认为……（写明复查结论及法律依据。如决定抗诉，应表述为：本院决定向×××人民法院提出抗诉；如决定不予抗诉，应表述为：根据法律规定，不符合抗诉条件，本院决定不予抗诉。）

年　月　日

（院印）

【参考规定】

最高人民检察院关于修改《人民检察院刑事诉讼规则》第四百零五条和第四百零七条的通知（节录）（1999年9月21日　高检发研字〔1999〕9号）

各省、自治区、直辖市人民检察院，军事检察院：

为规范人民检察院内设机构职能分工，现对《人民检察院刑事诉讼规则》第四百零五条和第四百零七条作如下修改：

一、第四百零五条修改为："当事人及其法定代理人、近亲属认为人民法院已经发生法律效力的刑事判决、裁定确有错误，向人民检察院申诉的，人民检察院控告申诉检察部门、监所检察部门和审查起诉部门应当依法办理：

（一）不服人民法院已经执行完毕的刑事判决、裁定的申诉和不服人民法院缓刑决定、假释裁定的申诉，以及被害人不服人民法院已经发生法律效力且尚在执行中的刑事判决、裁定的申诉，由控告申诉检察部门办理：

（二）被告人及其法定代理人、近亲属不服人民法院已经发生法律效力且尚在执行中的判决、裁定的申诉，由监所检察部门办理：

（三）不服人民法院死刑终审判决、裁定尚未执行的申诉，山审查起诉部门办理。审查起诉部门接受申诉后，应当将当事人申诉情况及时通知作出终审判决、裁定的人民法院。

人民检察院控告申诉检察部门、监所检察部门和审查起诉部门办理申诉案件，应当依法审查，并将结果告知申诉人。"

第四百零六条［再审抗诉的条件］

人民检察院认为人民法院已经发生法律效力的判决、裁定确有错误，具有下列情形之一的，应当按照审判监督程序向人民法院提出抗诉：

（一）有新的证据证明原判决、裁定认定的事实确有错误的；

（二）据以定罪量刑的证据不确实、不充分或者证明案件事实的主要证据之间存在矛盾的；

（三）原判决、裁定适用法律确有错误的；

（四）审判人员在审理该案件的时候，有贪污受贿、徇私舞弊、枉法裁判行为的。

【条文释义】　本条是关于人民检察院提出再审抗诉的条件的规定。

再审抗诉的条件，是指人民检察院对人民法院已经发生法律效力的判决、裁定按照审判监督程序提出抗诉的条件。根据本条规定，人民检察院认为人民法院已经发生法律效力的判决、裁定确有错误，具有下列情形之一的，应当按照审判监督程序向人民法院提出抗诉：（1）有新的证据证明原判决、裁定认定的事实确有错误的。“新的证据”，是指在人民法院已经生效的判决、裁定作出时尚没有发现的证据。（2）据以定罪量刑的证据不确实、不充分或者证明案件事实的主要证据之间存在矛盾的。“据以定罪量刑的证据”，是指生效判决、裁定使用的证据。“不确实”，是指经查证是错误的。“不充分”，是指原证据不能证明认定的事实。（3）原判决、裁定适用法律确有错误的。“适用法律确有错误”，是指定罪、量刑存在错误，如定性不准、罪数认定错误、适用刑罚畸重畸轻等。（4）审判人员在审理该案件的时候，有贪污受贿、徇私舞弊、枉法裁判行为的。这里的“审判人员”，包括人民陪审员在内，也包括参与案件讨论的审判委员会委员等。

执行本条规定应当注意，对生效判决、裁定的抗诉，人民检察院应当高度重视，注重抗诉的社会影响和实际效果。对于虽符合再审抗诉条件，但抗诉不会引起必要的法律效果或者不影响最后决定的刑罚的，或者抗诉会产生不良的社会效果并且对保护公民合法权益无重大关系的，一般可以不提起再审抗诉。

【提请抗诉报告书的制作】

（一）制作方法

本文书为叙述式文书，其内容包括以下三部分：

1. 首部。包括人民检察院的名称、文书名称和文书编号。人民检察院的名称即提出报告的人民检察院；文书名称即“提请抗诉报告书”；文书编号为“　检　提抗〔　〕　号”，空白处应当依次填写提出报告的人民检察院的简称、年度、文件序号，“检”与“提抗”之间留有一定空白，中间不用填写内容。

2. 正文。包括四部分内容：（1）报请单位。即“×××人民检察院：”，具体写明上一级人民检察院的名称。（2）提请抗诉的起因。具体表述为：“本院××××年××月××日收到×××人民法院××××年××月××日××号对被告人×××一案的刑事判决（裁定）书。经本院审查认为：该判决（裁定）确有错误。现将审查情况报告如下：”。（3）案件审理经过及提请抗诉的理由。依次写明原审被告人基本情况及审查认定后的犯罪事实；一审法院、二审法院的审判情况；判决、裁定错误之处，提请抗诉的理由和法律根据；本院检察委员会讨论情况。（4）提请事项。具体表述为：“为保证法律的统一正确实施，特提请你院通过审判监督程序对此案提出抗诉。现将×××案卷随文上报，请予审查。”

3. 尾部。包括制作本文书的日期及提请抗诉的人民检察院的院印。

（二）使用说明

使用本文书时应注意：报送提请抗诉报告书的同时，应一同将所涉案卷寄上。

本文书除留一份附卷外，其余报上一级人民检察院，报送份数要符合要求，其中，各省级人民检察院提请最高人民检察院抗诉时应报送22份，地方人民检察院提请上一级人民检察院抗诉时报送的份数根据各地要求。

（三）文书格式

人民检察院

提请抗诉报告书

检　　提抗〔　　〕　　号

×××人民检察院：

本院××××年××月××日收到×××人民法院××××年××月××日××号对被告人×××一案的刑事判决（裁定）书。经本院审查认为：该判决（裁定）确有错误。现将审查情况报告如下：

……

（以下依次写明：

一、原审被告人基本情况及审查认定后的犯罪事实；

二、一审法院、二审法院的审判情况；

三、判决、裁定错误之处，提请抗诉的理由和法律根据；

四、本院检察委员会讨论情况。）

为保证法律的统一正确实施，特提请你院通过审判监督程序对此案提出抗诉。现将×××案卷随文上报，请予审查。

年　　月　　日

（院印）

【刑事抗诉书（审判监督程序适用）的制作】

（一）制作方法

本文书为叙述式文书，其内容包括以下八个部分：

1. 首部。包括制作刑事抗诉书的人民检察院名称、文书名称、文号。制作刑事抗诉书的人民检察院名称要注明所在省（自治区、直辖市）的名称，不能只写地区级市、县、区人民检察院的名称；如果是涉外案件，应该冠以“中华人民共和国”字样。文书名称即“刑事抗诉书”。文号为“ 检 刑抗〔 〕号”，空白处分别填写制作刑事抗诉书的人民检察院的简称、年度和文书编号，在“检”与“刑抗”中间留有一定空白，此处无需填写内容。

2. 原审被告人基本情况。包括原审被告人的姓名、性别、出生年、月、日、身份证号、民族、出生地、职业、单位及职务、住址、服刑情况、刑满释放或者假释的具体日期等。如系共同犯罪案件，则应按犯罪事实情节由重至轻的顺序分别列出。

3. 诉讼过程、生效判决或裁定情况。具体表述为：“×××人民法院以××号刑事判决书（裁定书）对被告人×××（姓名）×××（案由）一案判决（裁定）……（具体写明生效的一审判决、裁定或者一审及二审判决、裁定情况）”如果是被告人及其法定代理人不服地方各级人民法院的生效判决、裁定而请求人民检察院提出抗诉的，应当写明此过程；如果是一审生效的判决或裁定，不仅要写明一审判决或裁定的主要内容，还要写明一审判决或裁定的生效时间；如果是二审终审的判决或裁定，则应分别写明一审和二审判决或裁定的主要内容。此外，还应写明提起审判监督程序抗诉的原因。

4. 对生效判决或裁定的审查意见（含事实认定）。此部分应概括叙述检察机关认定的事实、情节。要根据具体案件事实、证据情况，围绕《刑法》规定该罪的构成要件特别是争议问题，简明扼要地加以叙述。一般应具备时间、地点、动机、目的、关键行为情节、数额、危害后果、作案后表现等有关定罪情节要素。如果一案中涉及数罪，各罪又有数次作案的，应当依由重至轻的顺序或者按照行为发生时间的先后顺序进行叙写。对于原审判决、裁定中认定的事实或者新发现的事实、证据，应重点加以介绍。审查意见部分的内容是检察机关对原判决（裁定）的审查意见，要明确指出原判决（裁定）的错误所在。

5. 抗诉理由。要根据案件的不同情况，针对认定事实确有错误、适用法律不当或者审判程序违法等几方面进行阐述。具体可分为以下三种表述方式：(1) 如果是人民法院认定的事实有误的，要针对原审裁判的错误之处，提出纠正意见，强调抗诉的针对性。对于有多起“犯罪事实”（因为检、法两机关对此存在分歧，故中引号）的抗诉案件，只叙述原判决（裁定）认定事实不当的部分，对认定没有错误的，可以简单表述为“对……事实的认定无异议”即可。要提出检、法两机关争议的重点，体现抗诉的针对性。对于共同犯罪案件，也只对原判决（裁定）漏定或错定的部分被告人犯罪事实作重点叙述，对其他被告人的犯罪事实可简写或者不写。在证据方面，应在论述事实时有针对性地进行列举，以说明证据的内容要点及其与犯罪事实的联系。(2) 如果是人民法院适用法律有误的，应主要针对犯罪行为的本质特征，论述应该如何认定行为的性质，以正确适用法律。要注意从罪状、量刑情节等方面分别加以论述。(3) 如果是人民法院在审判程序上严重违法的，则应该主要根据《刑事诉讼法》及有关司法解释，逐一论述原审人民法院违反法定程序的事实情况，再叙明影响公正裁判的现实后果或者可能性，最后，还应阐明法律规定的正确的诉讼程序。

6. 结论性意见、法律根据、决定和请求事项。具体表述为：“综上所述……（概括上述理由）为维护司法公正，准确惩治犯罪，依照《中华人民共和国刑事诉讼法》第二百零五条第三款的规定，对×××法院××号刑事判决（裁定）书，提出抗诉，请依法判处。”用语要简洁、明确。

7. 尾部。包括本文书的发送对象（即同级人民法院）、制发本文书的人民检察院的名称及院印、本文书制发日期。

8. 附注事项。包括被告人现服刑地或者居住处所、新的证人名单或者证据目录。对于未被羁押的原审被告人，应将其住所或者居所写清楚，如果证人名单和证据目录与起诉书相同没有新的变化则不必再附。

（二）使用说明

本文书使用中应注意：（1）根据有关规定，本文书中不能追诉起诉书中没有指控的犯罪事实。（2）本文书以案件或被告人为单位制作。

本文书具体制作份数根据实际需要确定。本文书应抄送原提起公诉和提请抗诉的下级人民检察院。

（三）文书格式

人民检察院

刑事抗诉书

检　　刑抗〔　　〕　　号

原审被告人……（依次写明姓名、性别、出生年、月、日、身份证号、民族、出生地、职业、单位及职务、住址、服刑情况、刑满释放或者假释的具体日期等。有数名被告人的，依犯罪事实情节由重至轻的顺序分别列出。）

×××人民法院以××号刑事判决书（裁定书）对被告人×××（姓名）×××（案由）一案判决（裁定）……（写明生效的一审判决、裁定或者一审及二审判决、裁定情况）经依法审查（如果是被告人及其法定代理人不服地方各级人民法院的生效判决、裁定而请求人民检察院提出抗诉的，或者有关人民检察院提请抗诉的，应当写明这一程序，然后再写“经依法审查”），本案的事实如下：

……（概括叙述检察机关认定的事实、情节。应当根据具体案件事实、证据情况，围绕《刑法》规定该罪构成要件特别是争议问题，简明扼要地叙述案件事实、情节。一般应当具备时间、地点、动机、目的、关键行为情节、数额、危害结果、作案后表现等有关定罪量刑的事实、情节要素。一案有数罪、各罪有数次作案的，应当依由重至轻或者时间顺序叙述。）

本院认为，该判决（裁定）确有错误（包括认定事实有误、适用法律不当、审判程序严重违法），理由如下：

……（根据情况，理由可以从认定事实错误、适用法律不当和审判程序严重违法等几方面分别论述。）

综上所述……（概括上述理由）为维护司法公正，准确惩治犯罪，依照《中华人民共和国刑事诉讼法》第二百零五条第三款的规定，对×××法院××号刑事判决（裁定）书，提出抗诉，请依法判处。

此致

×××人民法院

×××人民检察院（院印）

年　　月　　日

附：

1. 被告人×××现服刑于×××（或者现住×××）

2. 新的证人名单或者证据目录

第四百零七条［再审抗诉和支持抗诉］

控告申诉检察部门、监所检察部门对已经发生法律效力的判决或者裁定的申诉初审后，认为需要提出抗诉的，应当提出抗诉意见，连同案卷一并移送审查起诉部门审查。审查起诉部门经审查认为需要提出抗诉的，报请检察长提交检察委员会讨论决定。检察委员会决定抗诉后，由审查起诉部门出庭支持抗诉。

【条文释义】　本条是关于人民检察院决定再审抗诉和支持抗诉的规定。

本条包括两层含义：（1）对人民法院已经发生法律效力的判决、裁定需要提出抗诉的，由控告申诉部门报请检察长提交检察委员会讨论决定。这里的“需要提出抗诉”，是指人民法院已经发生法律效力的判决、裁定符合《人民检察院刑事诉讼规则》规定的再审抗诉条件，需要依法予以纠正。（2）人民检察院决定抗诉后，由审查起诉部门出庭支持抗诉。这一规定符合审查起诉部门的职能特点和检察机关内部各部门的分工。这里的“出庭支持抗诉”，是指依照《人民检察院刑事诉讼规则》关于出席再审法庭的有关规定进行出席再审法庭的各项工作。

【参考规定】

1. **刑事抗诉案件出庭规则（试行）**（2001年3月5日最高人民检察院公诉厅〔2001〕高检诉发第11号）

一、通　则

第一条　为了规范刑事抗诉案件的出庭工作程序，根据《中华人民共和国刑事诉讼法》和《人民检察院刑事诉讼规则》等有关规定，制定本规则。

第二条　本规则适用于人民检察院检察人员出席人民法院开庭审理的刑事抗诉案件。

第三条　检察人员出席刑事抗诉案件法庭的任务是：

（一）支持抗诉；

（二）维护诉讼参与人的合法权利；

（三）代表人民检察院对法庭审判活动是否合法进行监督。

二、庭前准备

第四条　收到刑事抗诉案件开庭通知书后，出席法庭的检察人员应当做好如下准备工作：

（一）熟悉案情和证据情况，了解证人证言、被告人供述等证据材料是否发生变化；

（二）深入研究与本案有关的法律、政策问题，充实相关的专业知识；

（三）拟定出席抗诉法庭提纲；

（四）上级人民检察院对下级人民检察院按照第二审程序提出抗诉的案件决定支持抗诉的，应当制作支持抗诉意见书，并在开庭前送达同级人民法院。

第五条　出席抗诉法庭提纲一般应当包括：

（一）讯问原审被告人提纲；

（二）询问证人、被害人、鉴定人提纲；

（三）出示物证，宣读书证、证人证言、被害人陈述、被告人供述、勘验检查笔录，播放视听资料的举证和质证方案；

（四）支持抗诉的事实、证据和法律意见；

（五）对原审被告人、辩护人辩护内容的预测和答辩要点；

（六）对庭审中可能出现的其他情况的预测和相应的对策。

第六条　上级人民检察院支持下级人民检察院提出的抗诉意见和理由的，支持抗诉意见书应当叙述支持的意见和理由；部分支持的，叙述部分支持的意见和理由，不予支持部分的意见应当说明。

上级人民检察院不支持下级人民检察院提出的抗诉意见和理由，但认为原审判决、裁定确有其他错误的，应当在支持抗诉意见书中表明不同意刑事抗诉书的抗诉意见和理由，并且提出新的抗诉意见和理由。

第七条　庭审开始前，出席法庭的检察人员应当做好如下预备工作：

（一）核对被告人及其辩护人、附带民事诉讼的原告人及其诉讼代理人，以及其他应当到庭的诉讼参与人是否已经到庭；

（二）审查合议庭的组成是否合法；刑事抗诉书副本等诉讼文书的送达期限是否符合法律规定；被告人是盲、聋、哑、未成年人或者可能被判处死刑而没有委托辩护人的，人民法院是否指定律师为其提供辩护；

（三）审查到庭被告人的身份材料与刑事抗诉书中原审被告人的情况是否相符；审判长告知诉讼参与人的诉讼权利是否清楚、完整；审判长对回避申请的处理是否正确、合法。法庭准备工作结束，审判长征求检察人员对法庭准备工作有无意见时，出庭的检察人员应当就存在的问题提出意见，请审判长予以纠正，或者表明没有意见。

三、法庭调查

第八条　审判长或者审判员宣读原审判决书或者裁定书后，由检察人员宣读刑事抗诉书。宣读刑事抗诉书时应当起立，文号及正文括号内的内容不宣读，结尾读至“此致某某人民法院”止。

按照第二审程序提出抗诉的案件，出庭的检察人员应当在宣读刑事抗诉书后接着宣读支持抗诉意见书，引导法庭调查围绕抗诉重点进行。

第九条　检察人员应当根据抗诉案件的不同情况分别采取以下举证方式：

（一）对于事实清楚，证据确实、充分，只是由于原审判决、裁定定性不准、适用法律错误导致量刑明显不当，或者因人民法院审判活动严重违反法定诉讼程序而提起抗诉的案件，如果原审事实、证据没有变化，在宣读支持抗诉意见书后，由检察人员提请，并经审判长许可和辩护方同意，除了对新的辩论观点所依据的证据进行举证、质证以外，可以直接进入法庭辩论。

（二）对于因原审判决、裁定认定部分事实不清、运用部分证据错误，导致定性不准、量刑明显不当而抗诉的案件，出庭的检察人员对经过原审举证、质证并成为判决、裁定依据，且诉讼双方没有异议的证据，不必逐一举证、质证，应当将法庭调查、辩论的焦点放在检察机关认为原审判决、裁定认定错误的事实和运用错误的证据上，并就有关事实和证据进行详细调查、举证和论证。对原审未质证清楚，二审、再审对犯罪事实又有争议的证据，或者在二审、再审期间收集的新的证据，应当进行举证、质证。

（三）对于因原审判决、裁定认定事实不清、证据不足，导致定性不准、量刑明显不当而抗诉的案件，出庭的检察人员应当对案件的事实、证据、定罪、量刑等方面的问题进行全面举证。庭审中应当注意围绕抗诉重点举证、质证、答辩，充分阐明抗诉观点，详实、透彻地论证抗诉理由及其法律依据。

第十条　检察人员在审判长的主持下讯问被告人，讯问应当围绕抗诉理由以及对原审判决、裁定认定事实有争议的部分进行，对没有异议的事实不再全面讯问。

讯问前应当先就原审被告人过去所作的供述是否属实进行讯问。如果被告人回答不属实，应当讯问哪些不属实。针对翻供，可以进行政策攻心和法制教育，或者利用被告人供述的前后矛盾进行讯问，或者适时举出相关证据予以反驳。

讯问时应当注意方式、方法，讲究技巧和策略。对被告人供述不清、不全、前后矛盾，或者供述明显不合情理，或者供述与已查证属实的证据相矛盾的问题，应当讯问。与案件无关、被告人已经供述清楚或者无争议的问题，不应当讯问。

讯问被告人应当有针对性，语言准确、简练、严密。

对辩护人已经提问而被告人作出客观回答的问题，一般不进行重复讯问。辩护人提问后，被告人翻供或者回答含糊不清的，如果涉及案件事实、性质的认定或者影响量刑的，检察人员必须有针对性地重复讯问。辩护人提问的内容与案件无关，或者采取不适当的发问语言和态度的，检察人员应当及时请求合议庭予以制止。

在法庭调查结束前，检察人员可以根据辩护人、诉讼代理人、审判长（审判员）发问的情况，进行补充讯问。

第十一条 证人、鉴定人应当由人民法院通知并负责安排出庭作证。对证人的询问，应当按照刑事诉讼法第一百五十六条规定的顺序进行，但对辩方提供的证人，公诉人认为由辩护人先行发问更为适当的，可以由辩护人先行发问。

检察人员对证人发问，应当针对证言中有遗漏、矛盾、模糊不清和有争议的内容，并着重围绕与定罪量刑紧密相关的事实进行。发问应当采取一问一答的形式，做到简洁、清楚。

证人进行虚假陈述的，应当通过发问澄清事实，必要时还应当出示、宣读证据配合发问。

第十二条 询问鉴定人参照第十一条的规定进行。

第十三条 检察人员应当在提请合议庭同意宣读有关证言、书证或者出示物证时，说明该证据的证明对象。合议庭同意后，在举证前，检察人员应当说明取证主体、取证对象以及取证时间和地点，说明取证程序合法。

对检察人员收集的新证据，向法庭出示时也应当说明证据的来源和证明作用以及证人的有关情况，提请法庭质证。

第十四条 二审期间审判人员通过调查核实取得的新证据，应当由审判人员在法庭上出示，检察人员应当进行质证。

第十五条 检察人员对辩护人在法庭上出示的证据材料，无论是新的证据材料还是原审庭审时已经举证、质证的证据材料，均应积极参与质证。既要对辩护人所出示证据材料的真实性发表意见，也要注意辩护人的举证意图。如果辩护人运用该证据材料所说明的观点不能成立，应当及时予以反驳。对辩护人、当事人、原审被告人出示的新的证据材料，检察人员认为必要时，可以进行讯问、质证，并就该证据材料的合法性、证明力提出意见。

第十六条 法庭审理过程中，对证据有疑问或者需要补充新的证据、重新鉴定或勘验现场等，检察人员可以向审判长提出休庭或延期审理的建议。

四、法庭辩论

第十七条 审判长宣布法庭调查结束，开始进行法庭辩论时，检察人员应当发表支持抗诉的意见。

出庭支持抗诉的意见包括以下内容：

（一）对原审判决、裁定认定的事实、证据及当庭质证情况进行概括，论证原审判决认定的事实是否清楚，证据是否确实充分；

（二）论证原审判决、裁定定罪量刑、适用法律的错误之处，阐述正确观点，明确表明支持抗诉的意见；

（三）揭露被告人犯罪行为的性质和危害程度。

第十八条 检察人员对原审被告人、辩护人提出的观点，认为需要答辩的，应当在法庭上进行答辩。答辩应当抓住重点，主次分明。对与案件无关或者已经辩论过的观点和内容，不再答辩。

第十九条 法庭辩论结束后，检察人员应当认真听取原审被告人的最后陈述。

五、其他规定

第二十条　书记员应当认真记录庭审情况。庭审笔录应当入卷。

第二十一条　检察人员发现人民法院审理案件违反法定诉讼程序的，应当在开庭审理结束后报经检察长同意，以人民检察院的名义，向人民法院提出书面纠正意见。

2. 最高人民检察院关于修改《人民检察院刑事诉讼规则》第四百零五条和第四百零七条的通知（节录）（1999年9月21日　高检发研字〔1999〕9号）

各省、自治区、直辖市人民检察院，军事检察院：

为规范人民检察院内设机构职能分工，现对《人民检察院刑事诉讼规则》第四百零五条和第四百零七条作如下修改：

二、第四百零七条修改为："控告申诉检察部门、监所检察部门对已经发生法律效力的判决或者裁定的申诉初审后，认为需要提出抗诉的，应当提出抗诉意见，连同案卷一并移送审查起诉部门审查。审查起诉部门经审查认为需要提出抗诉的，报请检察长提交检察委员会讨论决定。检察委员会决定抗诉后，由审查起诉部门出庭支持抗诉。"

第四百零八条［提出再审抗诉的人民检察院的级别］

最高人民检察院发现各级人民法院已经发生法律效力的判决或者裁定，上级人民检察院发现下级人民法院已经发生法律效力的判决或者裁定确有错误时，可以直接向同级人民法院提出抗诉，或者指令作出生效判决、裁定人民法院的上一级人民检察院向同级人民法院提出抗诉。

【条文释义】　本条是关于提出再审抗诉的人民检察院的级别的规定。

本条包括3层含义：1. 最高人民检察院发现各级人民法院已经发生法律效力的判决或者裁定确有错误时，可以直接向同级人民法院提出抗诉。这里的"各级人民法院"包括最高人民法院。"向同级人民法院提出抗诉"，即由最高人民检察院向最高人民法院提出抗诉。2. 上级人民检察院发现下级人民法院已经发生法律效力的判决或者裁定确有错误时，可以直接向同级人民法院提出抗诉。这里的"上级人民检察院"包括省级人民检察院和分、州、市人民检察院；"下级人民法院"包括中级人民法院和基层人民法院。这一规定的实质是，除最高人民检察院可以就同级人民法院生效的判决、裁定提出再审抗诉外，其他各级人民检察院只能就下级人民法院已经生效的判决、裁定向同级人民法院提出再审抗诉。这样，县级人民检察院就不能提出再审抗诉。3. 最高人民检察院发现各级人民法院已经发生法律效力的判决或者裁定，上级人民检察院发现下级人民法院已经发生法律效力的判决或者裁定确有错误时，可以指令作出生效判决、裁定人民法院的上一级人民检察院向同级人民法院提出抗诉。这既符合检察系统的领导体制，有利于上下统一、协调地履行法律监督职能，又不违反关于再审抗诉的一般级别规定。

第四百零九条 [再审抗诉副本的备案]

人民检察院按照审判监督程序向人民法院提出抗诉的，应当将抗诉书副本报送上一级人民检察院。

【条文释义】 本条是关于人民检察院将再审抗诉书副本报送上一级人民检察院备案的规定。

根据本条规定，人民检察院按照审判监督程序向人民法院提出抗诉的，应当将抗诉书副本报送上一级人民检察院。人民检察院按照审判监督程序向人民法院提出的抗诉，具有法定的约束力，接受抗诉的人民法院应当组成合议庭重新审理，对于原判决事实不清或者证据不足的，可以指令下级人民法院再审。人民检察院提出再审抗诉的，将抗诉书副本报送上一级人民检察院，有利于上一级人民检察院对下级人民检察院的领导和工作指导，有利于提高和保证再审抗诉的质量。

第四百一十条 [对再审案件的判决、裁定的继续监督]

对按照审判监督程序提出抗诉的案件，人民检察院认为人民法院作出的判决、裁定仍然确有错误的，如果案件是依照第一审程序审判的，同级人民检察院应当向上一级人民法院提出抗诉；如果案件是依照第二审程序审判的，上一级人民检察院应当按照审判监督程序向同级人民法院提出抗诉。

【条文释义】 本条是关于对再审案件的判决、裁定继续监督的规定。

《刑事诉讼法》规定，人民法院按照审判监督程序重新审判的案件，应当另行组成合议庭进行。如果原来是第一审案件，应当依照第一审程序进行审判，所作的判决、裁定可以上诉、抗诉；如果原来是第二审案件，或者是上一级人民法院提审的案件，应当依照第二审程序进行审判，所作的判决、裁定是终审的判决、裁定。本条针对上述内容规定了两层含义：（1）对按照审判监督程序提出抗诉的案件，人民检察院认为人民法院审理作出的判决、裁定仍然确有错误的，如果案件是按照第一审程序审判的，同级人民检察院应当向上一级人民法院提出抗诉。这里的“向上一级人民法院提出抗诉”，是指人民检察院按照第二审程序在法定期限内对未生效的判决、裁定通过一审人民法院向上一级人民法院提出二审抗诉。（2）对按照审判监督程序提出抗诉的案件，人民检察院认为人民法院审理作出的判决、裁定仍然确有错误的，如果案件是依照第二审程序审判的，上级人民检察院应当按照审判监督程序向同级人民法院提出抗诉。这种抗诉，在实质上仍属于再审抗诉的范畴。

执行本条规定应当注意，人民法院按照审判监督程序重新审理的案件，即使不是因人民检察院抗诉引起再审的，人民检察院对其再审的判决、裁定亦应依法进行监督。只要再审判决、裁定确有错误，人民检察院应依照规定向人民法院提出第二审抗诉或再审抗诉，以切实维护法律的尊严。

第四百一十一条 ［对自诉案件和没有公诉人出庭的简易程序案件的判决、裁定的监督］

人民检察院对自诉案件和没有公诉人出庭的适用简易程序审理案件的判决、裁定的监督，适用本节的规定。

【条文释义】　本条是关于人民检察院对自诉案件和没有公诉人出庭的适用简易程序审理案件判决、裁定监督的规定。

根据本条规定，人民检察院对自诉案件和没有公诉人出庭的适用简易程序审理案件的判决、裁定的监督，适用本节的规定。这里的“监督”包括对人民法院第一审未生效判决、裁定的监督和对人民法院生效判决、裁定的监督。“适用本节的规定”，是指对于自诉案件和没有公诉人出庭的适用简易程序审理的案件，如果第一审未生效的判决、裁定确有错误的，人民检察院应当根据规定提出二审抗诉；如果生效的判决、裁定确有错误的，人民检察院应当根据规定提出再审抗诉。

执行本条规定应当注意，自诉案件包括3种：一是告诉才处理的案件；二是被害人有证据证明的轻微刑事案件；三是被害人有证据证明对被告人侵犯自己人身、财产权利的行为应当依法追究刑事责任，而公安机关或者人民检察院不予追究被告人刑事责任的案件。对于第一类自诉案件，根据其自身特点，人民检察院对判决、裁定的监督应当侧重于程序方面，一般只有发现一审程序严重违法的才予抗诉。如果自诉案件属于后两类，则人民检察院应严格依照规定对人民法院的判决、裁定进行监督，发现确有错误的，应依法提出抗诉。

第五节　执行监督

第四百一十二条 ［执行监督的对象和任务］

人民检察院依法对执行刑事判决、裁定的活动实行监督，保障刑事判决、裁定的正确执行。

【条文释义】　本条是关于执行监督的对象和任务的规定。

“执行监督”，是指人民检察院对执行刑事判决、裁定的活动是否合法进行的监督。执行监督是人民检察院的一项法定职责，是人民检察院刑事诉讼法律监督的一个重要方面。本条规定包括2层含义：（1）人民检察院依法对执行刑事判决、裁定的活动实行监督。这一规定明确了执行监督的对象。“刑事判决、裁定”，是指已经发生法律效力的刑事判决、裁定。已经发生法律效力的刑事判决、裁定既是执行机关具体执行的依据，也是人民检察院对执行机关是否依法行使职权实施监督的前提。“执行刑事判决、裁定的活动”包括人民法院交付执行的活动，人民法院、公安机关、监狱、未成年犯管教所执行刑事判决、裁定所确定的内容的活动，暂予监外执行、减刑、假释等变更执行的活动，执行终结活动。所有执行活动都属于人民检察院执行监督的范围。（2）人民检察院通过执行监督，保障刑事判决、裁定的正确执行。“保障刑事判决、裁定的正确执行”，是指通过监督执行机关是否严格按照国家的有关法律、法规和政策执行刑罚，纠正各种影响和破坏刑事判决、裁定执行的违法现象，保障实现国家的刑罚权，维护罪犯的合法权益，保障国家法律的正确实施。

第四百一十三条 ［监督释放无罪、免除刑罚的在押被告人］

人民法院判决被告人无罪、免除刑事处罚的，人民检察院应当监督在押被告人是否被立即释放。

【条文释义】　本条是关于监督释放被判决无罪、免除刑事处罚的在押被告人的规定。

根据本条规定，人民法院判决被告人无罪、免除刑事处罚的，人民检察院应当监督在押被告人是否被立即释放。根据具体判决内容的不同，可以将人民法院作出的刑事判决分为有罪判决和无罪判决。在有罪判决中，有的在判决被告人的行为构成犯罪的同时，依法判处了相应的刑罚；有的则只判决被告人有罪，但依法免除了对犯罪人的刑事处罚。《刑事诉讼法》第209条规定，第一审人民法院判决被告人无罪、免除刑事处罚的，如果被告人在押，在判决宣告后应当立即释放。这里的“立即释放”，是指判决一经宣告，必须先释放在押被告人，不能因为尚在法定上诉、抗诉期限内而迟滞对被告人的释放。这是无罪、免除刑事处罚判决执行中不同于其他判决的一个特点，目的在于保护公民合法权益，将可能因错误追诉而给被告人造成的损害和在社会上产生的不良影响，减少到最低限度。为了保障这一规定的贯彻实施，对于判决被告人无罪、免除刑事处罚的，人民检察院应当监督在押被告人是否被立即释放。

执行本条规定应当注意，《刑事诉讼法》第209条只规定第一审人民法院判决被告人无罪、免除刑事处罚的，应当在宣判后立即释放在押的被告人，但根据这一规定的精神，第二审人民法院甚至按照审判监督程序判决被告人无罪、免除刑事处罚的，如果被告人在押甚至正在服刑的，判决宣告后亦应立即将其释放，以切实保护公民的合法权益。

第四百一十四条［死刑执行的监督］

被判处死刑的罪犯在被执行死刑时，人民检察院应当派员临场监督。

执行死刑临场监督，由检察人员担任，并配备书记员担任记录。

【条文释义】　本条是关于人民检察院应当派员临场监督执行死刑的规定。

本条第 1 款是关于执行死刑人民检察院应派员临场监督的规定。根据本款规定，被判处死刑的罪犯在被执行死刑时，人民检察院应当派员临场监督。对执行死刑的临场监督，是人民检察院执行监督的重要内容。这里的“临场监督”，是指检察人员亲临执行现场对执行死刑的活动是否合法实行监督。派员临场监督的人民检察院，应当与交付执行死刑的人民法院的级别相适应，基层人民检察院可以派员协助。

本条第 2 款是关于由检察人员执行临场监督和书记员记录的规定。根据本款规定，执行死刑临场监督，由检察人员进行，并配备书记员担任记录。这里的“检察人员”，是指有检察官职务的人员，包括检察长、副检察长、检察委员会委员、检察员、助理检察员。必要时，也可以由检察官担任记录。

第四百一十五条［对交付执行死刑依据的监督］

人民检察院收到同级人民法院执行死刑临场监督通知后，应当查明同级人民法院是否收到最高人民法院或者高级人民法院核准死刑的判决或者裁定和执行死刑的命令。

【条文释义】　本条是关于人民检察院对人民法院交付执行死刑依据的监督的规定。

根据本条规定，人民检察院收到同级人民法院执行死刑临场监督的通知后，应当查明同级人民法院是否收到最高人民法院或者高级人民法院核准死刑的判决或者裁定和执行死刑的命令。根据《刑事诉讼法》和有关司法解释规定，最高人民法院判处、核准的死刑立即执行的判决由最高人民法院院长签发执行死刑的命令，连同判处、核准死刑的判决书和裁定书，一并逐级转送给原审人民法院或指定的人民法院交付执行。下级人民法院接到执行死刑的命令后，应当在 7 日以内交付执行。人民法院在交付执行前，应当通知同级人民检察院派员临场监督。人民检察院收到通知后，查明人民法院是否有交付执行死刑的法律依据，以保证死刑是否有交付执行死刑的法律依据，可以保证死刑执行的准确性、合法性，防止发生违法现象和意外情况。

执行本条规定应当注意，根据《刑事诉讼法》第 211 条规定，人民法院在执行前发现死刑判决可能有错误，在执行前罪犯揭发重大犯罪事实或者有其他重大立功表现，可能需要改判的，应当停止执行死刑，并且立即报告最高人民法院，当停止执行的原因消失后，必须报请最高人民法院院长再签发执行死刑的命令才能执行。人民检察院对于这种情况，应当依法监督人民法院是否有重新签发的执行死刑的命令。

第四百一十六条 ［死刑执行监督的内容］

临场监督执行死刑的检察人员应当依法监督执行死刑的场所、方法和执行死刑的活动是否合法。在执行死刑前，发现有下列情形之一的，应当建议人民法院停止执行：

（一）被执行人并非应当执行死刑的罪犯的；

（二）罪犯犯罪时不满十八岁的；

（三）判决可能有错误的；

（四）在执行前罪犯检举揭发重大犯罪事实或者有其他重大立功表现，可能需要改判的；

（五）罪犯正在怀孕的。

【条文释义】　本条是关于检察人员临场监督执行死刑的内容和依法建议停止执行死刑的规定。

本条包括两层含义：（1）检察人员临场监督执行死刑的内容。根据本条规定，临场监督执行死刑的检察人员应当依法监督执行死刑的场所、方法和执行死刑的活动是否合法。关于“执行死刑的场所”，《刑事诉讼法》规定，死刑可以在刑场或者指定的羁押场所内执行。刑场是比较固定的执行死刑的场所；指定的羁押场所，是指由司法机关统一规定的司法场所，而不是在一切羁押场所都可以执行死刑。关于“执行死刑的方法”，《刑事诉讼法》规定，死刑采用枪决或者注射等方法执行。“等方法”，是指其他文明、人道的方法，不能采用不文明、不人道的虐杀方法执行死刑。在法律或者司法解释对其明确规定以前，执行死刑只能采用枪决或者注射的方法执行。关于“执行死刑的活动”，主要是指将罪犯押赴刑场的方式，审判人员对罪犯验明正身、询问有无遗言、信札等活动。《刑事诉讼法》明确规定，执行死刑应当公布，不应示众；指挥执行的审判人员对罪犯应当验明正身，询问有无遗言、信札，然后交付执行人员执行死刑。（2）依法建议人民法院停止执行。根据本条规定，临场监督执行死刑的检察人员在执行死刑前发现有下列情形之一的，应当建议人民法院停止执行：第一，被执行人并非应当执行死刑的罪犯的。这样可以防止冒名顶替或因其他原因造成执行对象的错误。第二，罪犯犯罪时不满 18 周岁的。《刑法》第 49 条明确规定，犯罪的时候不满 18 周岁的人，不适用死刑。第三，判决可能有错误的。死刑一旦执行就无法挽回，对于判决可能有错误，即判决认定事实或者适用法律有错误，应当停止执行死刑。第四，在执行前罪犯检举揭发重大犯罪事实或者有其他重大立功表现，可能需要改判的。根据《刑法》第68条规定，犯罪分子有重大立功表现的，可以减轻或者免除处罚。罪犯在执行死刑前翻然悔悟，有重大立功表现，是其主观恶性减少的表现，一旦出现这种情况，应当立即建议人民法院停止执行死刑。第五，罪犯正在怀孕的。根据法律规定，审判或者执行的时候怀孕的妇女，不适用死刑。

执行本条规定应当注意：（1）判决可能有错误不等于确有错误。因此，在执行死刑前只要认为判决有错误的理由具有合理的因素，就应当建议停止执行死刑。（2）在执行死刑前罪犯有重大立功表现，可能需要改判的，应当停止执行死刑。但对于明显属于捏造、恶意编造或已经查实其检举揭发的内容不属实的，不应建议人民法院停止执行。

【停止执行死刑意见书的制作】

（一）制作方法

停止执行死刑意见书为叙述式文书，内容包括三个部分：首部、正文和尾部。

1. 首部。包括：制作本文书的人民检察院的名称；文书名称，即“停止执行死刑意见书”；文书编号，即“　检　停执〔　〕　号”，空余地方依次填写制作本文书的人民检察院简称、具体办案部门简称、年度和本文书在该年度的序号。

2. 正文。包括：（1）发往单位，即主送的人民法院的名称。（2）应当停止执行死刑的具体情形，这一部分为本文书的重点，叙写时应当具体表述准备被执行死刑的罪犯出现了（或者具有）哪些法定的停止执行死刑的情况，具体可表述为，“你院执行死刑的罪犯×××因有下列情形：即发现有证据证明其在实施犯罪时可能不满十八周岁”。（3）法律依据及建议事项，这一部分主要是写明停止执行死刑意见所依据的法律和建议的有关事项，即“建议暂停执行”，叙写时可以表述为：“依据《中华人民共和国刑事诉讼法》第二百一十一条、第二百一十二条的规定，建议暂停执行。”

3. 尾部。包括以下二项内容：制作本文书的时间，加盖作出本文书的人民检察院的院印。

（二）使用说明

本文书使用中应注意：如果是人民法院在执行死刑案件时有其他违法情况的，如对被执行死刑罪犯进行游街示众或者执行死刑后未通知罪犯家属等，人民检察院应当制作纠正违法通知书。

停止执行死刑意见书应当制作五份，一份送达执行死刑的人民法院，一份送达同级人民法院，一份送达上一级人民检察院；归卷二份，即一份存检察卷，一份存检察内卷。

（三）文书格式

人民检察院
停止执行死刑意见书

检　　停执〔　　〕　　号

×××人民法院：

你院执行死刑的罪犯×××因有下列情形：

……（写明应停止执行死刑的具体情形）

依据《中华人民共和国刑事诉讼法》第二百一十一条、第二百一十二条的规定，建议暂停执行。

年　　月　　日

（院印）

【撤销停止执行死刑意见通知书的制作】

（一）制作方法

撤销停止执行死刑意见通知书为叙述式文书，内容包括三个部分：首部、正文和尾部。

1. 首部。包括：制作本文书的人民检察院的名称。文书名称，即“撤销停止执行死刑意见通知书”；文书编号，即“　检　撤停执〔　〕　号”，空余地方依次填写制作本文书的人民检察院简称、具体办案部门简称、年度和本文书在该年度的序号。

2. 正文。包括：（1）发往单位，即主送的人民法院的名称；（2）撤销停止执行死刑意见原因、法律依据及决定的有关事项，这一部分为本文书的重点，叙写时应当依次写明撤销停止执行死刑意见的原因、依据的《刑事诉讼法》有关规定、本院决定的有关事项等，可表述为，“因停止执行的原因消失，依据《中华人民共和国刑事诉讼法》第二百一十一条、第二百一十二条的规定，本院决定撤销对罪犯×××暂停执行死刑意见，我院××号停止执行死刑意见书作废”。（3）注明“特此通知”，使正文的首尾呼应。

3. 尾部。包括：制作本文书的时间，具体到年、月、日；加盖作出本文书的人民检察院的院印。

（二）使用说明

使用撤销停止执行死刑意见通知书应当注意以下几个问题：撤销停止执行死刑意见通知书只适用于人民检察院对执行死刑案件进行监督过程中，经审查认为本院作出的停止执行死刑意见不成立的，或者停止执行死刑的情形消失的，而向人民法院提出撤销停止执行死刑意见时使用。如果原停止执行死刑意见成立的，人民法院经审查对死刑案件予以改判的，没有必要再制作撤销停止执行死刑意见通知书。

撤销停止执行死刑意见通知书应当制作五份。其中三份送达有关单位，即一份送达执行死刑的人民法院，一份送达同级人民法院，一份送达上一级人民检察院；归卷二份，即一份存检察卷，一份存检察内卷。

（三）文书格式

人民检察院

撤销停止执行死刑意见通知书

检　　撤停执〔　　〕　　号

×××人民法院：

因停止执行的原因消失，依据《中华人民共和国刑事诉讼法》第二百一十一条、第二百一十二条的规定，本院决定撤销对罪犯×××暂停执行死刑意见，我院××号停止执行死刑意见书作废。

特此通知。

年　　月　　日

（院印）

第四百一十七条［死刑执行监督的拍照、摄像和笔录制作］

在执行死刑过程中，人民检察院临场监督人员根据需要可以进行拍照、摄像；执行死刑后，人民检察院临场监督人员应当检查罪犯是否确已死亡，并填写死刑临场监督笔录，签名后入卷归档。

【条文释义】　本条是关于临场监督执行死刑的检察人员拍照、摄像和制作临场监督笔录的规定。

本条包括两层含义：（1）在执行死刑过程中，人民检察院临场监督人员根据需要可以进行拍照、摄像。“根据需要”，是指根据案件的具体情况，人民检察院有必要自行拍照、摄像存档备查，并非所有案件在执行死刑过程中人民检察院都要进行拍照、摄像。（2）执行死刑后，人民检察院临场监督人员应当检查罪犯是否确已死亡，并填写死刑临场监督笔录，签名后入卷归档。制作笔录应一罪犯一份，并填清执行法院名称、指挥执行审判人员、临场监督人员姓名、职务，执行过程等内容。

执行本条规定应注意，在执行死刑过程中的拍照、摄像应当严格保密、妥善保管，严禁扩散和用以宣传报道。

第四百一十八条［死缓执行的监督内容］

判处被告人死刑缓期二年执行的判决、裁定在执行过程中，人民检察院进行监督的内容主要包括：

（一）死刑缓期执行期满，符合法律规定应当减为无期徒刑、有期徒刑条件的，监狱是否及时提出减刑建议提请人民法院裁定，人民法院是否依法裁定；

（二）罪犯在缓期执行期间故意犯罪，监狱是否依法侦查和移送起诉；罪犯确系故意犯罪的，人民法院是否依法核准或者裁定执行死刑。

被判处死刑缓期二年执行的罪犯在死刑缓期执行期间故意犯罪，执行机关移送人民检察院受理的，由服刑所在地的分、州、市人民检察院审查决定是否提起公诉。

人民检察院发现人民法院对被判处死刑缓期二年执行的罪犯减刑不当的，应当依照本规则第四百二十九条至第四百三十一条的规定，向人民法院提出纠正意见；如果罪犯在死刑缓期执行期间又故意犯罪，经人民检察院起诉后，人民法院仍然予以减刑的，人民检察院应当依照本规则第十章第四节的规定，向人民法院提出抗诉。

【条文释义】　本条是关于对判处被告人死刑缓期二年执行判决、裁定的执行监督的规定。

本条第1款是关于判处被告人死刑缓期二年执行的判决、裁定执行监督的主要内容的规定。根据法律规定，死刑缓期二年执行判决、裁定在执行过程中必然涉及变更问题，即要么减刑，要么执行死刑。根据本款规定，判处被告人死刑缓期二年执行的判决、裁定在执行过程中，人民检察院进行监督的内容主要包括：（1）死刑缓期执行期满，符合法律规定应当减为无期徒刑、有期徒刑条件的，监狱是否及时提出减刑建议提请人民法院裁定，人民法院是否依法裁定。“法律规定应当减为无期徒刑、有期徒刑条件”，是指被判处死刑缓期二年执行的罪犯，在死刑缓期执行期间没有故意犯罪。“故意犯罪”，是指《刑法》第14条规定的，明知自己的行为会发生危害社会的结果，并且希望或者放任这种结果发生，因而构成犯罪的情况。《刑事诉讼法》第210条明确规定，被判处死刑缓期二年执行的罪犯，在死刑缓期执行期间如果没有故意犯罪，死刑缓期执行期满，应当予以减刑，由执行机关提出书面意见，报请高级人民法院裁定。（2）罪犯在缓期执行期间故意犯罪，监狱是否依法侦查和移送起诉；罪犯确系故意犯罪的，人民法院是否依法核准或者裁定执行死刑。罪犯在监狱犯罪应由监狱侦查。根据《刑事诉讼法》的规定，被判处死刑缓期二年执行的罪犯，在死刑缓期执行期间，如果故意犯罪，查证属实，应当执行死刑。“缓期执行期间”，是指从判决确定之日起的2年期间。

本条第2款是关于死刑缓期二年执行罪犯故意犯罪起诉管辖的规定。死刑缓期二年执行的罪犯故意犯罪，经监狱侦查后，应当依照法定程序移送人民检察院处理。根据本款规定，被判处死刑缓期二年执行的罪犯在死刑缓期执行期间故意犯罪，执行机关移送人民检察院起诉的，由服刑所在地的分、州、市人民检察院审查决定是否提起公诉。这一规定既有利于对案件的正确处理，又符合我国司法机关关于罪犯变更执行制度的特点。

本条第3款是关于对人民法院对被判处死刑缓期二年执行的罪犯减刑监督的规定。本款规定包括2层含义：（1）人民检察院发现人民法院对被判处死刑缓期二年执行的罪犯减刑不当的，应当依照《人民检察院刑事诉讼规则》第429～431条的规定向人民法院提出纠正意见。这里的“减刑不当”，是指罪犯在缓期执行期间没有故意犯罪，人民法院在对其减刑时出现了违法现象，如减刑幅度不符合有关规定或者过大、过小，2年缓期未满便予减刑等。根据本款规定，人民检察院发现这种减刑不当情况的，应当在收到裁定书副本后20日内，向作出减刑、假释裁定的人民法院提出书面纠正意见，并监督人民法院是否在收到纠正意见后1个月内另行组成合议庭进行审理，其重新作出的最终裁定是否符合法律规定。对最终裁定不符合法律规定的，应当提出纠正意见。（2）如果罪犯在死刑缓期执行期间又故意犯罪，经人民检察院起诉后，人民法院仍然予以减刑的，人民检察院应当依照《人民检察院刑事诉讼规则》第十章第四节的规定，向人民法院提出抗诉。罪犯在死刑缓期执行期间又故意犯罪，根据法律规定应当执行死刑，若经人民检察院对新罪起诉后，人民法院不但没有核准或裁定执行死刑，反而予以减刑，这种减刑不当与对罪犯犯新罪的追诉分不开，所以对这种减刑不当的监督应依照《人民检察院刑事诉讼规则》关于刑事判决、裁定监督的规定进行。如果没有核准或裁定执行死刑，是因为人民法院没有认定罪犯新犯罪行，人民检察院应当按照第二审程序提出抗诉；如果认定罪犯新的故意犯罪，有权法院没有依法核准或裁定执行死刑，人民检察院应当按照审判监督程序向人民法院提出抗诉。

第四百一十九条［对看守所执行活动的监督］

人民检察院对看守所收押、监管、释放犯罪嫌疑人、被告人的活动，依法实行监督，发现违法行为，应当通知看守所纠正。

人民检察院发现看守所在罪犯送交执行活动中有下列违法情形之一的，应当依法通知纠正：

（一）对判处死刑缓期二年执行、无期徒刑或者有期徒刑余刑在一年以上的罪犯，自接到人民法院执行通知书、判决书或者裁定书之日起三十日以内未送交执行机关执行的；

（二）对判处拘役的罪犯未依法送交拘役所[①]执行刑罚的；

（三）对判处管制、剥夺政治权利或者适用缓刑的罪犯，在判决或者裁定生效后未依法移送罪犯居住地公安机关执行的。

【条文释义】　本条是关于人民检察院对看守所收押、监管、释放犯罪嫌疑人、被告人、送交罪犯执行活动监督的规定。

本条第1款是关于人民检察院对看守所收押、监管、释放犯罪嫌疑人、被告人活动监督的规定。根据本款规定，人民检察院对看守所收押、监管、释放犯罪嫌疑人、被告人的活动，依法实行监督，发现违法行为，应当通知看守所纠正。这一内容实际上属于对看守所执行《刑事诉讼法》有关强制措施规定情况的监督；由于监所检察属于检察机关的职权，所以将这一内容在执行监督中予以规定。“收押”，是指对刑事拘留、逮捕的犯罪嫌疑人接收关押。“监管”，是指对被拘留、逮捕的犯罪嫌疑人、被告人的监督管理。“释放”，既包括根据法律关于解除、撤销强制措施规定而释放犯罪嫌疑人、被告人，也包括根据人民法院的无罪判决、免除刑事处罚判决而对被告人的释放。这里的“违法行为”，主要是指应收押不收押、不应收押而收押，监管活动违反法律、法规，应释放不释放、不应释放而释放等行为。

本条第2款是关于对看守所送交罪犯执行活动监督的规定。根据本款的规定，人民检察院发现看守所在罪犯送交执行活动中有下列违法情形之一的，应当依法通知纠正：（1）对判处死刑缓期二年执行、无期徒刑或者有期徒刑余刑在1年以上的罪犯，自接到人民法院执行通知书、判决书或者裁定书之日起30日以内未送交执行机关执行的。根据《刑事诉讼法》的规定，被判处死刑缓期二年

① 根据公安部《关于做好撤销拘役所有关工作的通知》（2005年12月27日　公通字〔2005〕96号）的规定，拘役所已被撤销。对于被判处拘役的罪犯，由看守所执行。拘役所的人员、编制等原则上并入当地看守所。地（市）级公安机关设置的拘役所，月均押量在1000人以上，具备较好羁押监管条件的，改为看守所。因此，《人民检察刑事诉讼规则》第419、420、422、432条中有关拘役所的规定，应作相应调整。

执行、无期徒刑或者有期徒刑余刑在1年以上的罪犯，应当在监狱执行；剩余刑期在1年以下的，由看守所代为执行。（2）对判处拘役的罪犯未依法送交拘役所执行刑罚的。根据公安部《关于做好撤销拘役所有关工作的通知》的规定，拘役所已撤销，对于被判处拘役的罪犯，由看守所执行。（3）对判处管制、剥夺政治权利或者适用缓刑的罪犯，在判决或者裁定生效后未依法移送罪犯居住地公安机关执行的。这里“判处管制、剥夺政治权利或者适用缓刑”的罪犯，仅指只判处管制、剥夺政治权利，没有判处拘役以上的刑罚或者虽判处拘役以上刑罚但适用缓刑的罪犯。根据《刑事诉讼法》的规定，对于被判处管制、剥夺政治权利的罪犯，由公安机关执行；对于被判处徒刑缓刑的罪犯，由公安机关交所在单位或者基层组织予以考察。根据《刑法修正案（八）》第13条的规定，对宣告缓刑的犯罪分子，在缓刑考验期限内，依法实行社区矫正。因此，对于被判处徒刑缓刑的罪犯，不再由公安机关交所在单位或基层组织予以考察。

第四百二十条［对执行机关收押罪犯活动的监督］

人民检察院发现监狱、未成年犯管教所、拘役所在收押罪犯活动中有下列违法情形之一的，应当依法通知纠正：

（一）没有已经发生法律效力的刑事判决书或者裁定书、执行通知书等有关法律文书而收押的；

（二）收押罪犯与收押凭证不符的；

（三）应当收押而拒绝收押的；

（四）收押依法不应当关押的罪犯的；

（五）其他违反收押规定的。

【条文释义】　本条是关于对执行机关收押罪犯活动监督的规定。

执行机关对罪犯的收押，是执行刑罚活动的重要方面。根据本条规定，人民检察院发现监狱、未成年犯管教所在收押罪犯活动中有下列违法情形之一的，应当依法通知纠正：（1）没有已经发生法律效力的刑事判决书或者裁定书、执行通知书等有关法律文书而收押的。判决和裁定只有在发生法律效力以后才能将罪犯送交执行机关服刑。这里“已经发生法律效力的刑事判决书或者裁定书”，根据法律规定包括以下几种：第一，已过法定期限没有上诉、抗诉的判决书、裁定书。第二，终审的判决书、裁定书。第三，最高人民法院核准的死刑的判决书和高级人民法院核准的死刑缓期二年执行的判决书。第四，最高人民法院的死刑判决书。《刑法》第48条规定，死刑除依法由最高人民法院判决的以外，都应当报请最高人民法院核准。根据这一规定，最高人民法院有权对死刑作出判决，并且此种判决应当是生效的判决。第五，最高人民法院核准的减轻刑罚判决书。

《刑法》第63条第2款规定，犯罪分子虽然不具有《刑法》规定的减轻处罚情节，但是根据案件的特殊情况，经最高人民法院核准，也可以在法定刑以下判处刑罚。即地方各级人民法院对犯罪分子不具有法定减轻处罚情节而根据案件的特殊情况在法定刑以下判处刑罚的判决，经最高人民法院核准后发生法律效力。第六，最高人民法院的减轻刑罚判决书。根据《刑法》的规定，最高人民法院应当有权决定对犯罪分子减轻刑罚。所以最高人民法院的减轻刑罚判决，应当是生效的判决，不需要再经过核准程序。第七，减刑、假释的裁定书。（2）收押罪犯与收押凭证不符的。这里的“收押凭证”，主要是判决书、裁定书、执行通知书等。（3）应当收押而拒绝收押的。“应当收押”，是指符合法定收押条件。（4）收押依法不应当关押的罪犯的。这种情况主要包括两种情况：一是罪犯不应在本机关而应在其他机关服刑而仍予以收押，如未成年犯管教所收押成年罪犯等；二是罪犯本不应关押服刑而予以收押，如收押缓刑犯等。（5）其他违反收押规定的。这是指上述4种情况以外的违反收押规定的情况，如收押罪犯不严格履行手续，故意拖延收押等。

第四百二十一条［对狱政管理教育改造的监督］

人民检察院发现执行机关在狱政管理教育改造等活动中有违法行为的，应当依法提出纠正。

【条文释义】　本条是关于人民检察院对执行机关在狱政管理教育改造等活动中进行监督的规定。

执行机关作为国家专门的执行刑罚的机关，其主要的职能活动都与实现刑事判决、裁定确定的内容、执行刑罚有关。人民检察院对执行机关活动的监督，不但包括对执行机关收押罪犯、变更执行、释放罪犯及对罪犯管理的监督，还包括对执行机关狱政管理教育改造等活动中的监督。根据本条规定，人民检察院发现执行机关在狱政管理教育改造等活动中有违法行为的，应当依法提出纠正。这里的“狱政管理”，包括对罪犯的看管制度、分押制度等内容。这里的“教育改造”，包括组织罪犯学习、劳动、对罪犯的奖惩等具体活动。

第四百二十二条［对监狱、看守所暂予监外执行活动的监督］

人民检察院对监狱、看守所、拘役所暂予监外执行的执法活动实行监督，发现有下列违法情况的，应当提出纠正意见：

（一）将不具备法定条件的罪犯报请暂予监外执行的；

（二）对罪犯报请暂予监外执行没有完备的合法手续的；

（三）对决定暂予监外执行的罪犯未依法予以监外执行的，或者罪犯被批准

暂予监外执行后未依法交付监外执行的；

（四）罪犯在暂予监外执行期间有违法行为，应当收监执行未收监的；

（五）暂予监外执行的条件消失后，未及时收监执行的；

（六）暂予监外执行的罪犯刑期届满，未及时办理释放手续的。

【条文释义】 本条是关于人民检察院对监狱、看守所暂予监外执行的执法活动实行监督的规定。

暂予监外执行，是对符合法定条件，不宜在监内执行刑罚的被判处有期徒刑或者拘役的罪犯，采取的一种暂时在监外执行刑罚的变通执行方法。根据法律规定，暂予监外执行只适用于被判处有期徒刑或者拘役的罪犯；被判处有期徒刑的罪犯应当由监狱、看守所执行刑罚；被判处拘役的罪犯应当在看守所执行刑罚。监狱、看守所关于暂予监外执行的执法活动，是我国刑罚执行制度的重要方面。根据本条规定，人民检察院对监狱、看守所暂予监外执行的执法活动实行监督，发现有下列违法情况的，应当提出纠正意见：(1）将不具备法定条件的罪犯报请暂予监外执行的。根据有关规定，在刑罚执行过程中发现罪犯符合暂予监外执行条件的，由执行机关提出书面材料和意见，报请省、自治区、直辖市监狱管理机关或者看守所的主管公安机关批准暂予监外执行。将不具备法定条件的罪犯报请暂予监外执行，是执行机关比较严重的违法行为，必须依法监督纠正。“不具备法定条件”，是指不符合法律规定的适用暂予监外执行的条件，包括编造或轻信虚假的材料等情况。(2）对罪犯报请暂予监外执行没有完备的合法手续的。这里的“完备”，是指手续齐全、正确。(3）对决定暂予监外执行的罪犯未依法予以监外执行的，或者罪犯被批准暂予监外执行后未依法交付监外执行的。“决定暂予监外执行”包括两种情况：一是人民法院在判决时发现未被羁押的罪犯符合法律规定的暂予监外执行条件，在判处刑罚的同时，决定暂予监外执行；二是公安机关将罪犯送交执行机关时，执行机关在将罪犯收押前，应当对交付执行的罪犯进行身体检查，对于符合暂予监外执行的罪犯可以暂不收监，由交付执行的人民法院决定暂予监外执行。“批准暂予监外执行”，是指在刑罚执行过程中发现罪犯符合暂予监外执行条件的，由执行机关提出书面材料和意见，报请省、自治区、直辖市狱政管理机关或者看守所的主管公安机关批准暂予监外执行。(4）罪犯在暂予监外执行期间有违法行为，应当收监执行未收监的。对于暂予监外执行的罪犯，应当严格监督管理，有违法行为确应收监的，应收监执行。(5）暂予监外执行的条件消失后，未及时收监执行的。这里“暂予监外执行的条件”，主要是指：第一，罪犯有严重疾病需要保外就医；第二，罪犯是怀孕或者正在哺乳自己婴儿的妇女；第三，罪犯生活不能自理，适用暂予监外执行不致危害社会。“暂予监外执行的条件消失”，是指对罪犯适用暂予监外执行的原因已不存在，如身体恢复健康、规定的婴儿哺乳期已满、生活已能够自理等，而且刑期未满。(6) 暂予监外执行的罪犯刑期届满，未及时办理释放手续的。根据《刑事诉讼法》第213条的规定，判处有期徒刑、拘役的罪犯，执行期满，应当由执行机关发给释放证明书。暂予监外执行的效力等同于监内执行，在此期间刑期届满的，属于服刑期满，执行机关应及时办理释放手续。

【纠正不当暂予监外执行决定意见书的制作】

（一）制作方法

纠正不当暂予监外执行决定意见书为叙述式法律文书，内容包括三个部分，分别是首部、正文和尾部。

1. 首部。包括以下三项内容：制作纠正不当暂予监外执行决定意见书的人民检察院的名称；文书名称，即“纠正不当暂予监外执行决定意见书”；文书编号，即“ 检 纠执〔 〕 号”，空余地方依次填写人民检察院简称、具体办案部门简称、年度和文书序号。

2. 正文。包括以下四项内容：（1）发往单位，即作出暂予监外执行决定的监狱管理机关或者其他有关机关。（2）被批准暂予监外执行罪犯的基本情况和决定暂予监外执行的有关情况。主要包括罪犯的姓名、性别、年龄、罪犯所在监管场所，原判决、裁定认定的罪名、刑期、已执行刑期、剩余刑期、罪犯被批准暂予监外执行的理由和期限等项内容，应当依次按照顺序叙写。对这一部分的文字叙写应当注意以下几点：一是罪犯的姓名前应当冠以该罪犯服刑的监管场所的名称；二是表述年龄时应当标明罪犯的出生年、月、日；三是原判决、裁定的内容要注明罪犯何时因何事被判处何种刑罚等内容；四是要写明该罪犯被批准暂予监外执行的理由，并简要概括说明。（3）检察机关认为暂予监外执行决定不当的理由及法律依据。这一部分应当叙写的层次主要有两点：一是要写明被批准暂予监外执行罪犯不符合暂予监外执行条件的具体情况，如罪犯的病情、罪犯改造的现实表现以及不符合有关法律、法规规定的情形；二是要写明暂予监外执行决定的不当之处，即罪犯被批准暂予监外执行决定不符合法律、法规的哪些条款规定等。这里要针对监管机关和有关机关据以作出暂予监外执行决定的理由，讲明实际情况，摆出对罪犯不应批准暂予监外执行决定的事实。（4）提出纠正意见，并注明有关法律依据。主要写明提出纠正意见所依据的法律依据，叙写时可以表述为：“依照《中华人民共和国刑事诉讼法》第二百一十五条、《中华人民共和国监狱法》第二十六条的规定，特向你××（机关、院、所等单位简称）提出纠正意见，请依法对该决定进行重新核查，予以纠正。”

3. 尾部。包括以下二项内容：制作纠正不当暂予监外执行决定意见书的时间，即“××××年××月××日”；加盖作出纠正不当暂予监外执行决定意见书的人民检察院的院印。

（二）使用说明

使用纠正不当暂予监外执行决定意见书应当注意以下几个问题：(1) 要注意掌握适用暂予监外执行的条件。关于暂予监外执行的适用条件，根据《刑事诉讼法》第214条第1~5款规定："对于被判处有期徒刑或者拘役的罪犯，有下列情形之一的，可以暂予监外执行：(一) 有严重疾病需要保外就医的；(二) 怀孕或者正在哺乳自己婴儿的妇女。对于适用保外就医可能有社会危险性的罪犯，或者自伤自残的罪犯，不得保外就医。对于罪犯确有严重疾病，必须保外就医的，由省级人民政府指定的医院开具证明文件，依照法律规定的程序审批。发现被保外就医的罪犯不符合保外就医条件的，或者严重违反有关保外就医的规定的，应当及时收监。对于被判处有期徒刑、拘役，生活不能自理，适用暂予监外执行不致危害社会的罪犯，可以暂予监外执行。"(2) 要注意纠正不当暂予监外执行决定意见书与其他有关法律文书的区别。纠正不当暂予监外执行决定意见书仅在人民检察院在执行监督过程中，认为监管机关和有关机关批准（或者决定）暂予监外执行不当而提出书面纠正意见时使用；如果认为人民法院对假释裁定不当，提出纠正意见的，应当制作纠正不当假释意见书；人民检察院在监督刑事执行活动中，如果发现监管机关或者有关机关批准或者决定暂予监外执行的程序不当或者有其他违法情况的，应当制作纠正违法通知书。(3) 向人民法院发出纠正不当暂予监外执行决定意见书，应当由检察长决定，重大案件应当提交本院检察委员会讨论决定。(4) 纠正不当暂予监外执行决定意见书一经发出便具有法律效力，监管机关或者有关机关应当立即对批准或者决定的暂予监外执行决定进行重新核查。对其重新核查的结果是否合法，人民检察院也应当予以监督。

制作纠正不当暂予监外执行决定意见书应当一式三份，一份送达批准的省级监狱管理机关或作出决定的人民法院，一份送达罪犯所在服刑的监管机关，一份附卷备查。

（三）文书格式

人民检察院

纠正不当暂予监外执行决定意见书

检　　纠执〔　　〕　　号

一、发往单位。

二、罪犯基本情况，包括罪犯姓名、性别、年龄、罪犯所在监管场所。

三、原判决、裁定情况和执行刑期情况，包括原判决、裁定认定的罪名、刑期，已执行刑期，剩余刑期。

四、批准暂予监外执行情况，包括批准暂予监外执行的理由和暂予监外执行的期限。

五、认定批准决定不当的理由及法律依据。可表述为：经审查，本院认为……

六、纠正意见。可表述为：依照《中华人民共和国刑事诉讼法》第二百一十五条、《中华人民共和国监狱法》第二十六条的规定，特向你××（机关、院、所等单位简称）提出纠正意见，请依法对该决定进行重新核查，予以纠正。

年　月　日

（院印）

第四百二十三条［对暂予监外执行的审查］

人民检察院接到批准或者决定对罪犯暂予监外执行的通知后，应当进行审查。审查的内容包括：

（一）是否属于被判处有期徒刑或者拘役的罪犯；

（二）是否属于有严重疾病需要保外就医的罪犯；

（三）是否属于正在怀孕或者正在哺乳自己婴儿的妇女；

（四）是否属于自伤自残的罪犯；

（五）是否属于生活不能自理，适用暂予监外执行不致危害社会的罪犯；

（六）办理暂予监外执行是否符合法定程序。

检察人员可以向罪犯所在单位和有关人员调查，可以向有关机关调阅有关材料。

经审查认为暂予监外执行不当，应当向批准或者决定暂予监外执行的机关提出纠正意见的，由检察长决定。

【条文释义】　本条是关于人民检察院对批准或者决定暂予监外执行的决定进行审查的规定。

对批准或者决定对罪犯暂予监外执行的决定进行监督，是《刑事诉讼法》明确规定的人民检察院执行监督的重要内容。为了正确履行监督职能，人民检察院对批准或者决定对罪犯暂予监外执行的决定应当进行审查。这里的“批准对罪犯暂予监外执行的决定”，是指在刑罚执行过程中发现罪犯符合暂予监外执行条件的，经执行机关提出暂予监外执行的意见后，由省级狱政管理机关或者主管公安机关作出的批准对罪犯暂予监外执行的决定；“决定对罪犯暂予监外执行的决定”，是指人民法院在判决时发现未被羁押的罪犯符合监外执行条件的，在作出判决的同时直接作出的对罪犯暂予监外执行的决定，和执行机关将罪犯收押前对罪犯进行身体检查时发现罪犯符合暂予监外执行条件的，由交付执行的人民法院作出对罪犯暂予监外执行的决定。《刑事诉讼法》第215条只规定了人民检察院对批准暂予监外执行情况的监督，为了加强对所有暂予监外执行情况的监督，本条参考《刑事诉讼法》第215条的规定，对人民检察院对人民法院决定暂予监外执行情况的监督也作了规定。

本条第1款是关于审查内容的规定。根据本款规定，人民检察院接到批准或者决定对罪犯暂予监外执行的通知后，应当进行审查。审查的内容包括：（1）是否属于被判处有期徒刑或者拘役的罪犯。《刑事诉讼法》明确规定，暂予监外执行适用于被判处有期徒刑或者拘役的罪犯，这里“被判处有期徒刑”的罪犯，包括原被判处死刑缓期二年执行、无期徒刑经减刑而成为有期徒刑的罪犯。（2）是否属于有严重疾病需要保外就医的罪犯。“需要保外就医”，一般是患有监狱无法医治的病症、病危和长期医治无效的严重慢性疾病、需要隔离的传染病等。（3）是否属于正在怀孕或者正在哺乳自己婴儿的妇女。“婴儿”，是指不满周岁的新生儿，婴儿的哺乳期为1年。（4）是否属于自伤自残的罪犯。罪犯在监狱内自伤自残，企图以此获得保外就医，其动机往往是为了逃避惩罚，甚至危害社会，因此，《刑事诉讼法》明确规定对于自伤自残的罪犯不得保外就医，不适用暂予监外执行。（5）是否属于生活不能自理，适用暂予监外执行不致危害社会的罪犯。“生活不能自理”，指罪犯因年老、体弱或者身体有严重残疾，不能独立处理日常生活中的吃、穿、行等事情。“不致危害社会”，是指将罪犯暂予监外执行后，其不再具有社会危险性，不致再继续做危害社会的行为。（6）办理暂予监外执行是否符合法定程序。这里的“法定程序”包括原始证明材料的出具、报请程序、决定程序及主体等。

本条第2款是关于在审查中作必要的调查的规定。人民检察院要确认暂予监外执行决定是否得当，仅进行书面审查往往是不够的。根据本款规定，检察人员对批准或者决定对罪犯暂予监外执行的决定审查时，可以向罪犯所在单位和有关人员调查，可以向有关机关调阅有关材料。这样有利于全面掌握材料，正确履行监督职能。

本条第3款是关于审查后处理的规定。根据本款规定，经审查认为暂予监外执行不当，应当向批准或者决定暂予监外执行的机关提出纠正意见的，由检察长决定。这里“由检察长决定”，体现了检察机关纠正意见的严肃性，也有利于保证纠正意见的正确性。

第四百二十四条［对暂予监外执行的监督手段］

人民检察院认为暂予监外执行不当的，应当自接到通知之日起一个月内提出书面纠正意见呈报批准或者决定暂予监外执行机关的同级人民检察院送交批准或者决定暂予监外执行的机关。

【条文释义】 本条是关于人民检察院对暂予监外执行决定监督手段的规定。

本条规定包括3层含义：（1）向批准或者决定暂予监外执行的机关提出纠正意见的条件。根据本条规定，人民检察院认为暂予监外执行不当的，应该向批准或者决定暂予监外执行的机关提出纠正意见。“暂予监外执行不当”，根据《刑事诉讼法》的规定，是指被暂予监外执行的罪犯不符合下列情形之一：第一，有严重疾病需要保外就医；第二，怀孕或者正在哺乳自己婴儿；第三，生活不能自理，适用暂予监外执行不致危害社会。《刑事诉讼法》还明确规定，暂予监外执行只适用于被判处有期徒刑、拘役的罪犯；而且对适用保外就医可能有社会危险性的罪犯或者自伤自残的罪犯，不得保外就医，对罪犯保外就医，应由省级人民政府指定的医院开具证明文件。如果有权机关对被判处死刑缓期二年执行、无期徒刑的罪犯决定暂予监外执行；对适用保外就医有社会危险性的罪犯或者自伤自残的罪犯予以保外就医；对罪犯保外就医没有省级人民政府指定的医院出具的证明文件，均属于“暂予监外执行不当”的范围。（2）提出纠正意见的期限和形式。根据本条规定，人民检察院认为暂予监外执行不当的，应当自接到通知之日起1个月内提出书面纠正意见。这里的法定期限是1个月，形式是书面纠正意见。（3）提出纠正意见的途径。根据本条规定，人民检察院认为暂予监外执行不当的，应由批准或者决定暂予监外执行机关的同级人民检察院送交批准或者决定暂予监外执行的机关；如果是下级人民检察院受理审查的，应当呈报批准或者决定暂予监外执行机关的同级人民检察院送交批准或者决定暂予监外执行的机关。这样规定，符合我国的机构设置特点，有利于人民检察院监督职能的实现。

执行本条规定应当注意两点；（1）本条规定自接到通知之日起1个月内提出书面纠正意见，这里的“1个月”，应当是从接到批准或者决定暂予监外执行的通知到人民检察院向批准或者决定暂予监外执行的机关送交纠正意见的期间，包括下级人民检察院呈报上级人民检察院和上级人民检察院审核的时间在内。（2）《刑事诉讼法》第215条和本条均明确规定人民检察院应当在1个月内向批准或者决定暂予监外执行的机关提出书面纠正意见。应当明确的是，这里的“一个月”，只是表明在此期间内人民检察院提出书面纠正意见能够引起批准或者决定暂予监外执行的机关立即对批准或者决定暂予监外执行的决定进行重新核查的法定效力，并不否定人民检察院在此期限后对暂予监外执行决定的监督职能。根据《宪法》规定的检察机关的性质和我们一贯奉行的“有错必纠”的原则，人民检察院在收到通知后即使超过1个月，认为暂予监外执行不当的，仍可以依法提出纠正意见。

第四百二十五条［提出暂予监外执行意见后的继续监督］

人民检察院向批准或者决定暂予监外执行的机关送交不同意暂予监外执行的书面意见后，应当监督其立即对批准或者决定暂予监外执行的结果进行重新核查，并监督重新核查的结果是否符合法律规定。对核查不符合法律规定的，应当依法提出纠正意见。

【条文释义】　本条是关于人民检察院向批准或者决定暂予监外执行的机关送交纠正意见后的继续监督的规定。

本条包括两层含义：（1）人民检察院向批准或者决定暂予监外执行的机关送交不同意暂予监外执行的书面意见后，应当监督其立即对批准或者决定暂予监外执行的结果进行重新核查。《刑事诉讼法》第215条明确规定，人民检察院认为暂予监外执行不当在自接到通知之日起1个月内将书面意见送交批准或者决定暂予监外执行的机关的，批准或者决定暂予监外执行的机关接到人民检察院的书面意见后，应当立即对该决定进行重新核查。对于这里的“立即”既不能作机械的理解，也不能听任有关机关迟迟不能作出重新核查的决定。（2）批准或者决定暂予监外执行的机关对批准或者决定暂予监外执行的决定进行重新核查后，人民检察院应当监督其重新核查的结果是否符合法律规定。对核查不符合法律规定的，应当依法提出纠正意见。这是人民检察院法律监督职能的进一步体现，有利于保障法律监督的严肃性和效果。这里的“依法提出纠正意见”不受1个月期限的限制，也不局限于只向批准或者决定暂予监外执行的机关提出，可以通过一定的程序向其上级机关提出意见。

第四百二十六条［将暂予监外执行的罪犯收监］

对于暂予监外执行的罪犯，人民检察院发现暂予监外执行的情形消失，应当通知执行机关收监执行。

【条文释义】　本条是关于人民检察院依法通知执行机关将暂予监外执行的罪犯收监的规定。

根据本条规定，对于暂予监外执行的罪犯，人民检察院发现暂予监外执行的情形消失的，应当通知执行机关收监执行。“暂予监外执行的情形消失”，是指对罪犯暂予监外执行的原因已不复存在。根据立法规定，罪犯符合下列情形之一的，才能予以暂予监外执行：（1）有严重疾病需要保外就医的；（2）怀孕或者正在哺乳自己婴儿的妇女；（3）生活不能自理，适用暂予监外执行不致危害社会。如果罪犯疾病痊愈，哺乳自己婴儿期满或者生活能够自理，则属于暂予监外执行的情形消失。这时若刑期未满执行机关未及时将罪犯收监执行余刑的，人民检察院应通知执行机关将罪犯收监执行，以切实履行法律监督职能，维护法律的严肃性。

第四百二十七条［对减刑、假释的监督］

人民检察院对执行机关报请人民法院裁定减刑、假释的活动实行监督，发现有下列违法情况，应当提出纠正意见：

（一）将不具备法定条件的罪犯报请人民法院裁定减刑、假释的；

（二）对依法应当减刑、假释的罪犯不报请人民法院裁定减刑、假释的，或者罪犯被裁定假释后，应当交付监外执行而不交付监外执行的；

（三）报请人民法院裁定对罪犯减刑、假释没有完备的合法手续的。

【条文释义】 本条是关于人民检察院对执行机关报请人民法院裁定减刑、假释的活动监督的规定。

“减刑”，是指被判处管制、拘役、有期徒刑、无期徒刑的犯罪分子，在执行过程中确有悔改或立功表现，由人民法院裁定适当减轻其原判刑罚的制度；“假释”，是指被判处有期徒刑、无期徒刑的犯罪分子，经过法定期限的改造和教育，确有悔改表现，不致再危害社会，经人民法院裁定将其有条件地提前释放的制度。《刑事诉讼法》第221条第2款明确规定，被判处管制、拘役、有期徒刑或者无期徒刑的罪犯，在执行期间确有悔改或者立功表现，应当依法予以减刑、假释的时候，由执行机关提出建议书，报请人民法院审核裁定。执行机关报请裁定减刑、假释的活动是执行刑罚活动的重要内容，人民检察院应当依法监督。人民检察院对执行机关报请人民法院裁定减刑、假释的活动实行监督，发现有下列违法情况，应当提出纠正意见：（1）将不具备法定条件的罪犯报请人民法院裁定减刑、假释的。这里“法定条件”，是指《刑法》规定的减刑、假释的条件。关于减刑的条件，《刑法》第78条规定，被判处管制、拘役、有期徒刑、无期徒刑的犯罪分子，在执行期间，如果认真遵守监规，接受教育改造，确有悔改表现的，或者有立功表现的，可以减刑；有下列重大立功表现之一的，应当减刑：第一，阻止他人重大犯罪活动的；第二，检举监狱内外重大犯罪活动，经查证属实的。第三，有发明创造或者重大技术革新的。第四，在日常生产、生活中舍己救人的。第五，在抗御自然灾害或者排除重大事故中，有突出表现的；第六，对国家和社会有其他重大贡献的。减刑以后实际执行的刑期，判处管制、拘役、有期徒刑的，不能少于原判刑期的二分之一；判处无期徒刑的，不能少于13年。人民法院依照《刑法》第50条第2款规定限制减刑的死刑缓期执行的犯罪分子，缓期执行期满后依法减为无期徒刑的，不能少于25年，缓期执行期满后依法减为25年有期徒刑的，不能少于20年。关于假释的条件，《刑法》第81条规定，被判处有期徒刑的犯罪分子，执行原判刑期二分之一以上，被判处无期徒刑的犯罪分子，实际执行13年以上，如果认真遵守监规，接受教育改造，确有悔改表现，没有再犯罪的危险的，可以假释。如果有特殊情况，经最高人民法院核准，可以不受上述执行刑期的限制。对累犯以及因故意杀人、强奸、抢劫、绑架、放火、爆炸、投放危险物质或者有组织的暴力性犯罪被判处10年以上有期徒刑、无期徒刑的犯罪分子，不得假释。（2）对依法应当减刑、假释的罪犯不报请人民法院裁定减刑、假释的，或者罪犯被裁定假释后，应当交付监外执行而不交付监外执行的。这里“依法应当减刑、假释”，是指罪犯符合法定减刑、假释的条件。这里的“交付监外执行”，是指将罪犯交罪犯原住所地公安机关予以监督。（3）报请人民法院裁定对罪犯减刑、假释没有完备的合法手续的。对罪犯减刑、假释，应当有证明材料，并按法定程序进行。这里的“完备的合法手续”，就是指材料齐备、正确，程序合法。

第四百二十八条［对减刑、假释裁定书的审查］

人民检察院接到人民法院减刑、假释的裁定书副本后，应当进行审查。审查的内容包括：

（一）被减刑、假释的罪犯是否符合法定条件；

（二）执行机关呈报减刑、假释的程序是否合法；

（三）人民法院裁定减刑、假释的程序是否合法。

检察人员可以向罪犯所在单位和有关人员调查，可以向有关机关调阅有关材料。

经审查认为人民法院减刑、假释的裁定不当，应当提出纠正意见的，由检察长决定。

【条文释义】　本条是关于人民检察院对人民法院减刑、假释的裁定进行审查的规定。

人民检察院要正确履行法律监督职能，对人民法院的减刑、假释裁定应依法予以审查。

本条第1款是关于审查内容的规定。根据本款规定，人民检察院接到人民法院减刑、假释的裁定书副本后，应当进行审查。审查的内容包括：（1）被减刑、假释的罪犯是否符合法定条件。这里的“法定条件”，是指《刑法》规定的减刑、假释的条件，包括适用对象、刑期限制，可以或者应当减刑、假释的具体情形等方面的内容。（2）执行机关呈报减刑、假释的程序是否合法。这里“呈报……程序”，是指规定的审核、呈报办法及主体要求等。（3）人民法院裁定减刑、假释的程序是否合法。这里的“程序是否合法”包括是否组成合议庭审理、是否按规定的审判程序制作裁定书、审判人员有无违法犯罪行为等。

本条第2款是关于审查中进行调查工作的规定。在有的情况下，人民检察院仅靠书面审查，不能掌握全面情况，而且有时还需要核实、查对某些问题，所以，根据本款规定，检察人员审查人民法院减刑、假释的裁定时，可以向罪犯所在单位和有关人员调查，可以向有关机关调阅有关材料。只有这样，才能正确、充分地履行监督职责。

本条第3款是关于审查后处理的规定。根据本款规定，经过审查认为人民法院减刑、假释的裁定不当，应当提出纠正意见的，由检察长决定。向人民法院就不当的减刑、假释裁定提出纠正意见，是严肃的法律行为。为保证其正确性，保证其应有效力，向人民法院提出纠正意见，应当由检察长决定。

【纠正不当假释裁定意见书的制作】

（一）制作方法

纠正不当假释裁定意见书为文字叙述式法律文书，内容包括三个部分，分别是首部、正文和尾部。

1. 首部。包括以下三项内容：制作纠正不当假释裁定意见书的人民检察院的名称；文书名称，即“纠正不当假释裁定意见书”；文书编号，即“ 检 纠假〔 〕 号”，空余地方依次填写人民检察院简称、具体办案部门简称、年度和文书序号。

2. 正文。包括以下四项内容：（1）发往单位，即作出假释裁定的人民法院。（2）被裁定假释罪犯的基本情况和裁定假释的有关情况。这一部分主要包括罪犯的姓名、性别、年龄、罪犯所在的监管场所，原判决、裁定认定的罪名、刑期，已执行的刑期及减刑情况，剩余刑期，被裁定假释的有关情况（包括假释的理由）等项内容，应当依次叙写。对这一部分的文字叙写应当注意以下几点：一是罪犯的姓名前应当冠以该罪犯服刑的监管场所的名称，如表述为“×××监狱罪犯×××”；二是表述年龄时应当标明罪犯的出生年、月、日；三是原判决、裁定的内容要注明罪犯何时因何事被判处何种刑罚等内容；四是要写明该罪犯何时被裁定假释，假释的理由要简要概括说明。可以叙写为：“×××监狱罪犯×××，男，××岁（××××年××月××日生），因犯××罪于××××年××月被××省××县人民法院判处有期徒刑×年，现已执行刑期×年，尚剩余刑期×年。××××年××月××日，你院根据×××监狱提出的提请假释建议书，认定罪犯×××已经执行了原判刑期二分之一以上（或者表述为已经执行×年），并且在执行期间，认真遵守监规，接受教育改造，确有悔改表现，不致再危害社会，以××号裁定书对其作出假释裁定。”（3）检察机关认为假释裁定不当的理由及法律依据。这一部分一是要写明被裁定假释罪犯不符合假释条件的具体情况，如罪犯的实际执行刑期、罪犯改造的现实表现等不符合有关法律、法规规定的情形。二是要写明假释裁定的不当之处，即罪犯被裁定假释不符合法律、法规的哪些条款规定等。这一部分是人民检察院据以提出纠正意见的立论基础。这里要针对人民法院据以作出假释裁定的理由，讲明实际情况，摆出对罪犯不应假释的事实，叙述要客观具体、实事求是。（4）提出纠正意见并注明有关法律依据。这一部分主要写明提出纠正意见所依据的法律依据，叙写时可以表述为："依照《中华人民共和国刑事诉讼法》第二百二十二条的规定，特向你院提出纠正意见，请依法重新组成合议庭进行审理，予以纠正。"

3. 尾部。包括以下二项内容：制作纠正不当假释裁定意见书的时间，即"××××年××月××日"；加盖作出纠正不当假释裁定意见书的人民检察院的院印。

（二）使用说明

使用纠正不当假释裁定意见书应当注意以下几个问题：（1）要注意纠正不当假释裁定意见书与其他有关法律文书的区别。纠正不当假释裁定意见书仅在人民检察院在执行监督过程中，认为人民法院对假释裁定不当而提出书面纠正意见时使用；如果认为人民法院对减刑裁定不当，提出纠正意见的，应当制作纠正不当减刑裁定意见书；如果认为监管机关的暂予监外执行决定不当的，应当制作纠正不当暂予监外执行决定意见书；人民检察院在监督刑事执行活动中，如果发现监管机关对人民法院的假释裁定执行不当或者有违法情况的，应当制作纠正违法通知书；如果人民检察院发现人民法院在审理裁定假释案件中有违法情况的，应当制作纠正审理违法意见书。（2）向人民法院发出纠正不当假释裁定意见书，应当由作出假释裁定的人民法院的同级人民检察院向作出假释裁定的人民法院提出。下级人民检察院发现人民法院的假释裁定不当的应当及时向作出假释裁定的人民法院的同级人民检察院报告。（3）向人民法院发出纠正不当假释裁定意见书，应当由检察长决定，重大案件应当提交本院检察委员会讨论决定。（4）纠正不当假释裁定意见书一经发出便具有法律效力，人民法院应当在收到本文书后1个月以内重新组成合议庭进行审理。因此，纠正不当假释裁定意见书发出以后，人民检察院应当监督人民法院是否在法定期限内重新组成合议庭进行审理，其重新作出的裁定是否符合法律规定。

制作纠正不当假释裁定意见书应当一式三份，一份送达作出裁定的人民法院，一份送达罪犯所在服刑的监管机关，一份附卷备查。

（三）文书格式（见下页）

人民检察院

纠正不当假释裁定意见书

检　　纠假〔　　〕　　号

一、发往单位。

二、罪犯基本情况，包括罪犯姓名、性别、年龄、罪犯所在的监管场所。

三、原判决、裁定情况和执行刑期情况，包括原判决、裁定认定的罪名、刑期，已执行刑期及减刑情况，剩余刑期。

四、裁定假释情况，包括假释理由，可表述为：你院以……为由，裁定假释。

五、认定裁定假释不当的理由及法律依据，可表述为：经审查，本院认为……

六、纠正意见，可表述为：依照《中华人民共和国刑事诉讼法》第二百二十二条的规定，特向你院提出纠正意见，请依法重新组成合议庭进行审理，予以纠正。

年　　月　　日

（院印）

【纠正不当减刑裁定意见书的制作】

（一）制作方法

纠正不当减刑裁定意见书为叙述式文书，内容包括三个部分，分别是首部、正文和尾部。

1. 首部。包括以下三项内容：（1）制作纠正不当减刑裁定意见书的人民检察院的名称；（2）文书名称，即“纠正不当减刑裁定意见书”；（3）文书编号，即“　检　纠减〔　〕　号”，空余地方依次填写人民检察院简称、具体办案部门简称、年度和文书序号。

2. 正文。包括以下四项内容：（1）发往单位，即作出减刑裁定的人民法院。（2）被裁定减刑罪犯的基本情况和裁定减刑的有关情况。主要包括罪犯的姓名、性别、年龄、罪犯所在监管场所，原判决、裁定确定的罪名、刑期，已执行刑期，剩余刑期，被裁定减刑的理由及时间等项内容，应当依次叙写。（3）检察机关认为减刑裁定不当的理由及法律依据。这一部分应当叙写的层次主要有二点：一是要写明被裁定减刑罪犯不符合减刑条件的具体情况，如罪犯刑期的执行时间、罪犯曾被减刑的间隔时间、罪犯改造的现实表现等不符合有关法律、法规规定的情形等。二是要写明减刑裁定的不当之处，即罪犯被裁定减刑不符合法律、法规的哪些条款规定等。这一部分是本文书的重点，也是人民检察院据以提出纠正意见的基础。这里要特别针对人民法院据以作出减刑裁定的理由，讲明实际情况，摆出对罪犯不应减刑的事实，叙写时要客观具体、实事求是。叙述事实以后，要引用《刑法》关于减刑的有关条文，说明罪犯不符合法律规定的减刑条件。（4）提出纠正意见并注明有关法律依据。这一部分主要写明提出纠正意见所依据的法律，叙写时可以表述为："依照《中华人民共和国刑事诉讼法》第二百二十二条的规定，特向你院提出纠正意见，请你院依法重新组成合议庭进行审理，予以纠正。"

3. 尾部。包括以下二项内容：制作纠正不当减刑裁定意见书的时间，即"××××年××月××日"；加盖作出纠正不当减刑裁定意见书的人民检察院的院印。

（二）使用说明

使用纠正不当减刑裁定意见书应当注意以下几个问题：（1）要正确掌握适用减刑的条件和程序。关于减刑的适用条件，《刑法》第78条规定："被判处管制、拘役、有期徒刑、无期徒刑的犯罪分子，在执行期间，如果认真遵守监规，接受教育改造，确有悔改表现的，或者有立功表现的，可以减刑；有下列重大立功表现之一的，应当减刑：（一）阻止他人重大犯罪活动的；（二）检举监狱内外重大犯罪活动，经查证属实的；（三）有发明创造或者重大技术革新的；（四）在日常生产、生活中舍己救人的；（五）在抗御自然灾害或者排除重大事故中，有突出表现的；（六）对国家和社会有其他重大贡献的。减刑以后实际执行的刑期不能少于下列期限：（一）判处管制、拘役、有期徒刑的，不能少于原判刑期的二分之一；（二）判处无期徒刑的，不能少于十三年；（三）人民法院依照本法第五十条第二款规定限制减刑的死刑缓期执行的犯罪分子，缓期执行期满后依法减为无期徒刑的，不能少于二十五年，缓期执行期满后依法减为二十五年有期徒刑的，不能少于二十年。"关于减刑的适用程序，《刑法》第79条规定："对于犯罪分子的减刑，由执行机关向中级以上人民法院提出减刑建议书。人民法院应当组成合议庭进行审理，对确有悔改或者立功事实的，裁定予以减刑。非经法定程序不得减刑。"（2）要注意纠正不当减刑裁定意见书与其他有关法律文书的适用区别。纠正不当减刑裁定意见书仅在人民检察院在执行监督过程中，认为人民法院对减刑裁定不当而提出书面纠正意见时使用；如果认为人民法院对假释裁定不当，提出纠正意见的，应当制作纠正不当假释裁定意见书；如果认为监管机关的暂予监外执行决定不当的，应当制作纠正不当暂予监外执行决定意见书；人民检察院在监督刑事执行活动中，如果发现监管机关对人民法院的减刑裁定执行不当或者有违法情况的，应当制作纠正违法通知书；如果人民检察院发现人民法院在审理裁定减刑案件中有违法情况的，应当制作纠正审理违法意见书。（3）根据《刑事诉讼法》第210条的规定，被判处死刑缓期2年执行的罪犯，在死刑缓期执行期间，如果没有故意犯罪，死刑缓期执行期满，应当予以减刑，由执行机关提出书面意见，报请高级人民法院裁定；如果故意犯罪，查证属实，应当执行死刑。根据上述规定和《刑事诉讼法》第222条以及《人民检察院刑事诉讼规则》第418条的有关规定，人民检察院发现人民法院对被判处死刑缓期2年执行的罪犯减刑不当的，如减刑后确定的刑期过短、应减为无期徒刑而裁定减为有期徒刑的等，需要向人民法院提出纠正意见的，也使用本文书。如果罪犯在死刑缓期执行期间又故意犯罪，经人民检察院起诉后，人民法院仍然予以减刑的，不适用本文书，而应根据《刑事诉讼法》关于审判程序的规定，向人民法院依法提出抗诉。（4）纠正不当减刑裁定意见书一经发出便具有法律效力，人民法院应当在收到本文书后1个月以内重新组成合议庭进行审理。因此，纠正不当减刑裁定意见书发出以后，人民检察院应当监督人民法院是否在法定期限内重新组成合议庭进行审理，其重新作出的裁定是否符合法律规定。

制作纠正不当减刑裁定意见书应当一式三份，一份送达作出裁定的人民法院，一份送达罪犯所在服刑的监管机关，一份附卷备查。如果是纠正死刑缓期2年执行罪犯减刑不当的，应当增加一份送达省级监狱管理机关。

（三）文书格式

人民检察院

纠正不当减刑裁定意见书

检　　纠减〔　　〕　　号

一、发往单位。

二、罪犯基本情况，包括罪犯姓名、性别、年龄、罪犯所在监管场所。

三、原判决、裁定情况和执行刑期情况，包括原判决、裁定认定的罪名、刑期，已执行刑期，剩余刑期。

四、裁定减刑情况，包括减刑理由，减刑时间。

五、认定裁定不当的理由及法律依据。可表述为：经审查，本院认为……

六、纠正意见。可表述为：依照《中华人民共和国刑事诉讼法》第二百二十二条的规定，特向你院提出纠正意见，请你院依法重新组成合议庭进行审理，予以纠正。

年　　月　　日

（院印）

第四百二十九条 [对不当减刑、假释的纠正]

人民检察院认为人民法院减刑、假释的裁定不当，应当在收到裁定书副本后二十日内，向作出减刑、假释裁定的人民法院提出书面纠正意见。

【条文释义】 本条是关于人民检察院对人民法院不当的减刑、假释裁定提出书面纠正意见的规定。

本条规定包括3层含义：（1）向人民法院提出书面纠正意见的条件。根据本条的规定，人民检察院认为人民法院减刑、假释的裁定不当，应当向人民法院提出书面纠正意见。这里“减刑、假释的裁定不当”，主要是指人民法院裁定减刑、假释的罪犯不符合法律规定的减刑、假释条件。具体包括如下几种情形：第一，适用对象不符合法律规定。例如，关于假释，《刑法》第81条明确规定，假释只适用于被判处有期徒刑、无期徒刑的犯罪分子；并且对累犯以及因故意杀人、强奸、抢劫、绑架、放火、爆炸、投放危险物质或者有组织的暴力性犯罪被判处10年以上有期徒刑、无期徒刑的犯罪分子，不得假释。如果人民法院对被判处拘役的罪犯假释，或者累犯及因暴力犯罪被判处10年以上有期徒刑、无期徒刑的罪犯假释，则属于假释的裁定不当。第二，罪犯不具有法定的减刑、假释的情况。关于减刑，《刑法》第78条规定，被判处管制、拘役、有期徒刑、无期徒刑的犯罪分子，在执行期间，如果认真遵守监规，接受教育改造，确有悔改表现的，或者有立功表现的，可以减刑；有下列重大立功表现之一的，应当减刑：阻止他人重大犯罪活动的；检举监狱内外重大犯罪活动，经查证属实的；有发明创造或者重大技术革新的；在日常生产、生活中舍己救人的；在抗御自然灾害或者排除重大事故中，有突出表现的；对国家和社会有其他重大贡献的。关于假释，《刑法》第81条规定，被判处有期徒刑的犯罪分子，执行原判刑期二分之一以上，被判处无期徒刑的犯罪分子，实际执行13年以上，如果认真遵守监规，接受教育改造，确有悔改表现，没有再犯罪的危险的，可以假释。如果有特殊情况，经最高人民法院核准，可以不受上述执行刑期的限制。如果罪犯不具有上述情形而人民法院裁定对其减刑或者假释的，则属于减刑、假释不当。第三，减刑的频度、幅度不符合法律规定。关于减刑的频度、幅度，有关司法解释对其有明确规定；而且《刑法》第78条第2款还规定，减刑以后实际执行的刑期，判处管制、拘役、有期徒刑的，不能少于原判刑期的二分之一，判处无期徒刑的，不能少于13年。人民法院依照《刑法》第50条第2款规定限制减刑的死刑缓期执行的犯罪分子，缓期执行期满后依法减为无期徒刑的，不能少于25年，缓期执行期满后依法减为25年有期徒刑的，不能少于20年。如果人民法院对罪犯减刑频度、幅度的规定，不符合《刑法》关于实际执行刑期的规定，则属于对罪犯减刑的裁定不当。第四，被假释的罪犯实际执行的刑期没有达到法律规定的要求。《刑法》第 81 条明确规定，被判处有期徒刑的犯罪分子，执行原判刑期二分之一以上的，被判处无期徒刑的犯罪分子，实际执行 13 年以上的，才可以假释。如果有特殊情况，经最高人民法院核准，可以不受上述执行刑期的限制。人民法院裁定假释的犯罪分子已经执行的刑期如果没有达到上述规定，又没有特殊情况，则属于假释的裁定不当。（2）提出书面纠正意见的期限。根据本条规定，人民检察院认为人民法院减刑、假释的裁定不当，应当在收到裁定书副本后 20 日内，提出书面纠正意见。这里的“二十日”是法律规定的，这一限制有利于不当减刑、假释裁定及时被纠正。（3）提出纠正意见的形式。根据本条规定，人民检察院认为人民法院减刑、假释的裁定不当，应当向作出减刑、假释裁定的人民法院提出书面纠正意见。这里“书面”就是对纠正意见形式的要求。人民检察院向人民法院提出纠正意见，是法律规定的减刑、假释裁定监督手段，它具有引起人民法院重新审理的法定效力，因此，应采取书面形式，以便于存卷复核，也有利于保障其严肃性。

执行本条规定应当注意，对于不当的减刑、假释裁定，人民检察院应当在收到裁定书副本后 20 日内向人民法院提出书面纠正意见。这里“二十日内”，只是表明在此期限内人民检察院向人民法院提出书面意见，具有引起人民法院在收到纠正意见后 1 个月以内重新组成合议庭进行审理的法定效力，并没有否定人民检察院在此期限外对不当的减刑、假释裁定的监督职能。人民检察院应当认真履行监督职能，争取在法定期限内正确认定减刑、假释裁定是否合法，但在法定期限以外通过各种途径发现减刑、假释裁定不当的，根据我国一贯奉行的“有错必纠”原则，为保障法律正确实施，仍可以向人民法院提出纠正意见。

第四百三十条［提出减刑、假释纠正意见的检察院级别］

对人民法院减刑、假释裁定的纠正意见，由作出减刑、假释裁定的人民法院的同级人民检察院书面提出。

下级人民检察院发现人民法院减刑、假释裁定不当的，应当立即向作出减刑、假释裁定的人民法院的同级人民检察院报告。

【条文释义】　本条是关于向人民法院提出减刑、假释裁定纠正意见的人民检察院级别的规定。

本条第 1 款是一般规定。根据本款规定，对人民法院减刑、假释裁定的纠正意见，由作出减刑、假释裁定的人民法院的同级人民检察院书面提出。这样规定，符合我国国家机构的设置特点，有利于保障法律监督的效力。实践中，最高人民法院作出的减刑、假释裁定或者核准的假释裁定，由最高人民检察院提出书面纠正意见；高级人民法院作出的减刑、假释裁定，由省级人民检察院提出书面纠正意见；中级人民法院作出的减刑、假释裁定，由分、州、市人民检察院提出书面纠正意见。

本条第2款是关于下级人民检察院发现减刑、假释裁定不当，向上级人民检察院报告的规定。根据本款规定，下级人民检察院收到人民法院减刑、假释裁定书副本的，应当在审查后及时呈报上级人民检察院，由上级人民检察院决定是否向作出裁定的同级人民法院提出书面纠正意见。

第四百三十一条［对减刑、假释纠正意见的继续监督］

人民检察院对人民法院减刑、假释的裁定提出纠正意见后，应当监督人民法院是否在收到纠正意见后一个月内重新组成合议庭进行审理，并监督重新作出的最终裁定是否符合法律规定。对最终裁定不符合法律规定的，应当向同级人民法院提出纠正意见。

【条文释义】　本条是关于人民检察院就不当的减刑、假释裁定向人民法院提出纠正意见后继续监督的规定。

根据本条规定，人民检察院对人民法院减刑、假释的裁定提出纠正意见后，应当监督人民法院是否在收到纠正意见后1个月内重新组成合议庭进行审理，并监督重新作出的最终裁定是否符合法律规定。对最终裁定不符合法律规定的，应当向同级人民法院提出纠正意见。这里的“最终裁定”，并不是不能更改的裁定，或者说并不是最后的裁定。就如同“两审终审”以后仍可以有再审一样，这里的“最终”只不过是法律用语问题。人民法院对减刑、假释案重新作出的“最终裁定”若确有错误，根据我国《宪法》和法律规定的检察机关的性质与职能和我国一贯奉行的“有错必纠”的原则，人民检察院仍应依法监督。本条中的“一个月”是立法所明确要求的期限。这里的“重新组成合议庭”，是指原来参与审理的审判人员不能参与重新审理，而由原作出减刑、假释裁定的合议庭之外的其他审判人员组成新的合议庭进行审理。

执行本条规定应当注意，根据《刑事诉讼法》第222条的规定，人民检察院认为人民法院减刑、假释裁定不当，向人民法院提出书面纠正意见，人民法院重新组成合议庭进行审理作出的最终裁定是发生法律效力的裁定，应当执行。对人民法院最终裁定不符合法律规定的，确实违反法律规定的诉讼程序或者在认定事实、适用法律上确有错误，人民检察院仍可向同级人民法院提出书面纠正意见，提请人民法院按照审判监督程序依法另行组成合议庭重新作出裁定。这里“提出纠正意见”不受期限限制，并且不必然引起人民法院重新审理的结果，但人民检察院应当监督有关办案人员在案件审理中是否有渎职现象，是否故意作出不当的减刑、假释裁定，对构成犯罪的，应当依法追究有关人员的刑事责任。

【参考规定】

最高人民检察院关于如何适用刑事诉讼法第二百二十二条的批复（1998年11月16日高检发释字〔1998〕7号）

陕西省人民检察院：

你院陕检发研（1998）60号《关于对李××假释一案如何适用刑事诉讼法第二百二十二条问题的请示》收悉。经研究，批复如下：

一、刑事诉讼法第二百二十二条中"重新组成合议庭"是指由原作出减刑、假释裁定的合议庭之外的其他审判人员组成新的合议庭。

二、根据刑事诉讼法第二百二十二条的规定，人民检察院认为人民法院减刑、假释的裁定不当，向人民法院提出书面纠正意见，人民法院重新组成合议庭进行审理作出的最终裁定是发生法律效力的裁定，应当执行。如果人民法院减刑、假释的最终裁定确实违反法律规定的诉讼程序或者在认定事实、适用法律上确有错误，人民检察院仍然可以向人民法院提出书面纠正意见，提请人民法院按照审判监督程序依法另行组成合议庭重新作出裁定。

第四百三十二条［对释放罪犯活动的监督］

人民检察院发现监狱、未成年犯管教所、拘役所、看守所对服刑期满或依法应当予以释放的人员没有按期释放，或者对服刑未满又无合法释放根据的罪犯予以释放等违法行为的，应当依法通知纠正。

【条文释义】　本条是关于人民检察院对执行机关释放罪犯活动监督的规定。

根据本条规定，人民检察院发现监狱、未成年犯管教所、看守所在释放罪犯活动中有下列违法行为的，应当依法通知纠正：（1）对服刑期满或者依法应当予以释放的人员没有按期释放。这里的"服刑期满"，是指被判处有期徒刑、拘役或者减刑后成为有期徒刑、拘役的罪犯，执行期满。被暂予监外执行的罪犯，在暂予监外执行期间刑期届满的，属于服刑期满。这里的"依法应当予以释放的人员"，主要是指被国家赦免刑罚的人员、被依法定程序判决无罪的人员等。（2）对服刑未满又无合法释放根据的罪犯予以释放。这里的"服刑未满"，是指刑期没有届满，这里的"合法释放根据"，是指国家生效的法律文书，如人民法院的判决、裁定等。（3）其他违法行为。本条规定的"等违法行为"，是指上述两种情形之外的执行机关在释放罪犯中的违法行为。例如，《刑事诉讼法》第213条明确规定，判处有期徒刑、拘役的罪犯，执行期满，应当由执行机关发给释放证明。执行机关释放人员时不发给释放证明，即属于应予纠正的违法行为。

第四百三十三条［对管制、剥夺政治权利的监督］

人民检察院发现对被判处管制、剥夺政治权利的罪犯，公安机关监督管理措

施没有落实或者监督管理措施不当，执行期满没有通知本人并公开宣布解除管制或者恢复政治权利等违法行为的，应当依法通知纠正。

【条文释义】　本条是关于人民检察院对公安机关执行管制刑、剥夺政治权利刑活动监督的规定。

《刑事诉讼法》规定，对于被判处管制、剥夺政治权利的罪犯，由公安机关执行。根据本条规定，人民检察院对公安机关执行管制刑、剥夺政治权利刑活动监督的内容主要包括：（1）公安机关的监督管理措施没有落实或者监督管理措施不当。"监督管理措施"，是指公安机关采取的使犯罪分子遵守有关规定的措施。《刑法》第39条规定，被判处管制的犯罪分子，在执行期间，应当遵守下列规定：第一，遵守法律、行政法规，服从监督；第二，未经执行机关批准，不得行使言论、出版、集会、结社、游行、示威自由的权利；第三，按照执行机关规定报告自己的活动情况；第四，遵守执行机关关于会客的规定；第五，离开所居住的市、县或者迁居，应当报经执行机关批准。《刑法》第58条规定，被剥夺政治权利的犯罪分子，在执行期间，应当遵守法律、行政法规和公安部门有关监督管理的规定，服从监督；不得行使下列权利：选举权和被选举权；言论、出版、集会、结社、游行、示威自由的权利；担任国家机关职务的权利；担任国有公司、企业、事业单位和人民团体领导职务的权利。这里的"监督管理措施没有落实"，是指公安机关对被判处管制、剥夺政治权利的罪犯没有采取监督管理措施或者没有严格执行有关措施，放任不管。这里的"监督管理措施不当"，主要是指所采取的措施过严、超过法律规定，加重了对犯罪分子的惩罚，或者所采取的措施过松，达不到惩罚效果。（2）执行期满没有通知本人并公开宣布解除管制或者恢复政治权利。《刑事诉讼法》第218条明确规定，被判处管制、剥夺政治权利的罪犯，执行期满，应当由执行机关通知本人，并向有关群众公开宣布解除管制或者恢复政治权利。公安机关违反这一规定，便损害了公民的合法权利，人民检察院应依法通知纠正。

第四百三十四条［对财产刑执行情况的监督］

人民检察院发现人民法院对被判处罚金、没收财产的罪犯没有依法予以执行，或者执行不当，或者罚没的财物未及时上缴国库的，应当及时通知纠正。

【条文释义】　本条是关于人民检察院对人民法院执行财产刑活动监督的规定。

根据本条规定，人民检察院发现人民法院在执行财产刑活动中的下列违法行为，应当及时通知纠正：（1）对被判处罚金、没收财产的罪犯没有依法予以执行。《刑事诉讼法》第219条规定，被判处罚金的罪犯，期满不缴纳的，人民法院应当强制缴纳；如果由于遭遇不能抗拒的灾祸缴纳确实有困难的，可以裁定减少或者免除。《刑事诉讼法》第 220 条规定，没收财产的判决，无论附加适用或者独立适用，都由人民法院执行；在必要的时候，可以会同公安机关执行。人民法院应依据上述规定执行财产刑，不依法予以执行的，人民检察院应通知纠正。（2）对被判处罚金、没收财产的罪犯执行不当。这里的执行不当，主要是指执行措施不当、执行对象不当，如应当裁定减少或免除罚金而强制缴纳，没收了属于犯罪分子家属的财产等。（3）罚没的财物未及时上缴国库。这里“罚没的财物”，是指人民法院执行罚金刑、没收财产刑所得到的财物。这些财物属于国有，应依法及时上缴国库。“未及时上缴国库”，是指将执行财产刑所得的款物予以截留、挪用，如私自用于改善办公条件，购买通讯设备、交通工具等，也包括个别人将罚没的财物私分或挪作私用的情况，对于构成犯罪的，应依法追究刑事责任。

第四百三十五条［对罪犯管理和考察措施的监督］

对于被判处拘役、有期徒刑适用缓刑的罪犯、被假释的罪犯和暂予监外执行的罪犯，人民检察院应当监督有关单位对罪犯的监督管理和考察措施是否落实。

【条文释义】　本条是关于人民检察院监督有关单位对适用缓刑的罪犯、被假释的罪犯和暂予监外执行的罪犯的监督管理和考察措施的规定。

根据本条规定，对于被判处拘役、有期徒刑适用缓刑的罪犯、被假释的罪犯和暂予监外执行的罪犯，人民检察院应当监督有关单位对罪犯的监督管理和考察措施是否落实。这里的“有关单位”包括公安机关、基层组织和罪犯所在单位等。监督管理措施，是指所采取的使罪犯遵守有关规定的措施；考察措施，是指对罪犯的活动予以掌握、了解的措施。关于适用缓刑的罪犯，《刑事诉讼法》第 217 条规定，由公安机关交所在单位或者基层组织予以考察。《刑法》第 75 条规定，被宣告缓刑的犯罪分子应当遵守下列规定：（1）遵守法律、行政法规，服从监督；（2）按照考察机关的规定报告自己的活动情况；（3）遵守考察机关关于会客的规定；（4）离开所居住的市、县或者迁居，应当报经考察机关批准。关于被假释的罪犯，《刑事诉讼法》第 217 条规定，对于被假释的罪犯，在假释考验期限内，由公安机关予以监督。《刑法》第 84 条规定，被宣告假释的犯罪分子，应当遵守下列规定：（1）遵守法律、行政法规，服从监督；（2）按照监督机关的规定报告自己的活动情况；（3）遵守监督机关关于会客的规定；（4）离开所居住的市、县或者迁居，应当报经监督机关批准。关于暂予监外执行的罪犯，《刑事诉讼法》第 214 条规定，对于暂予监外执行的罪犯，由居住地公安机关执行，执行机关应当对其严格监督管理，基层组织或者罪犯的原所在单位协助进行监督。有关单位对于被适用缓刑、假释、暂予监外执行的罪犯的监督管理和考察措施，直接关系到缓刑制度、假释制度、暂予监外执行制度的社会效果和法律效果，人民检察院对此应依法监督。

第四百三十六条［执行监督措施］

对人民法院的交付执行活动、执行机关的执行活动以及其他机关有关执行刑事判决、裁定的活动中的违法行为的监督，可以参照本规则有关人民检察院对公安机关侦查活动中违法行为监督的规定办理。

【条文释义】　本条是关于执行监督措施的规定。

这里的监督措施仅是就一般执行刑罚活动中的违法行为而言，关于死刑缓期二年执行的减刑监督、暂予监外执行监督、减刑和假释裁定监督的措施，《人民检察院刑事诉讼规则》已有专条规定。在以上各条中，多有发现违法情况，依法通知纠正这样的表述，本条则是关于一般执行监督措施的统一规定。根据本条规定，对人民法院的交付执行活动、执行机关的执行活动以及其他机关有关执行刑事判决、裁定的活动中的违法行为，如果情节较轻，人民检察院应当以口头方式向有关单位、人员提出纠正；如果比较严重，应当经检察长批准后，向有关单位发出纠正违法通知书。凡是发出纠正违法通知书的人民检察院应当根据回复监督落实情况，没有回复的，人民检察院应当督促受文机关回复。如果人民检察院纠正违法通知书中提出的纠正意见不被接受，应当及时向上一级人民检察院报告，并抄报受文机关的上一级机关。上一级人民检察院认为下级人民检察院意见正确的，应当与有关的同级机关共同督促原受文机关纠正；上一级人民检察院认为下级人民检察院纠正违法的意见有错误的，应当通知下级人民检察院撤销发出的纠正违法通知书，并将这一情况通知有关的同级机关。

执行本条规定应当注意，人民检察院在执行监督中，发现有关人员的行为构成犯罪的，应当依法查处；不属于检察机关管辖的，依法移送有关机关查处，并监督处理情况，切实履行法律监督职能，维护法律的尊严。

第十一章　刑事司法协助

【本章概要】　本章是关于人民检察院办理司法协助的相关规定，包括司法协助的依据、基本原则、联系机构和联系途径，司法协助的范围、费用的收取与支付、申请的具体程序，等等。

第一节　一般规定

第四百三十七条［司法协助的依据］

人民检察院进行司法协助，有我国参加或者缔结的国际条约规定的，适用该条约规定，但是我国声明保留的条款除外；无相应条约规定的，按照互惠原则通过外交途径办理。

【条文释义】　本条是关于人民检察院进行司法协助的依据的规定。

刑事司法协助是各国司法机关或者其他主管机关，在刑事司法中互相代为或者协助实行与诉讼有关的一定司法行为的活动。在现代国际社会，各国主权独立，一律平等，各国法律也是彼此独立和平等的，一国司法机关只能在本国领域内行使司法权，而不能在其他国家拥有同样的权力。由于各国在政治、经济、文化等领域的广泛联系，各国司法机关在诉讼中会遇到许多涉外因素，需要借助外国的合作和协助。刑事司法协助就是平等的国际法主体之间在相互交往过程中，在友好合作的前提下，在刑事诉讼活动中的一种互助行为，这种互助行为一般需要以相互之间存在条约或者互惠关系为前提。

根据本条规定，人民检察院进行司法协助，当我国与有关外国存在条约关系时，应当根据条约相互提供刑事司法协助。所谓条约，既包括我国缔结或者参加的专门规定司法协助、合作协议事项的双边条约、协议或者国际公约，截至2010年12月31日，我国已与46个国家签订了双边刑事司法协助条约，如《中华人民共和国和波兰人民共和国关于民事和刑事司法协助的协定》、《中华人民共和国和蒙古人民共和国关于民事和刑事司法协助的条约》等，也包括含有司法协助和合作内容的其他国际多边公约，如1963年《关于在航空器内的犯罪和犯有某些其他行为的公约》、1970年《关于制止非法劫持航空器的公约》、1971年《关于制止危害民用航空安全的非法行为的公约》、1988年《联合国禁止非法贩运麻醉药品和精神药物公约》等。但是，对于我国在参加的国际条约和签订的合作协议中，我国声明保留的条款除外，也即对于符合保留条款规定的，检察机关可以不予办理司法协助和合作。

本条同时规定，对于我国与有关外国不存在相应条约和协议关系时，可以在互惠原则的基础上，相互提供司法协助和合作。由于我国司法协助工作起步较晚，近几年来，大部分中外司法协助工作，尤其在引渡和遣返逃犯方面的合作都是在互惠的基础上进行的。这种方式的合作，一般而言是通过外交途径或者国际刑事警察组织进行，至于互惠关系的存在，亦通过外交途径确认。目前，我国与世界上许多国家都建立了这种互惠关系，为我国今后进一步对外开展司法协助和合作打下了良好的基础。

第四百三十八条［司法协助的基本原则］

人民检察院应当在相互尊重国家主权和平等互利的基础上，与有关国家的主管机关相互提供司法协助。

【条文释义】 本条是关于人民检察院进行司法协助的基本原则的规定。

刑事司法协助和合作的基本原则，是指国家之间开展刑事司法协助和合作时所必须遵循的准则。刑事司法协助在国际上有各种不同类型，各国在开展刑事司法协助和合作时，其具体做法也会因类型的不同和合作对象国的不同而有所差异，但是，作为刑事司法协助的基本原则，应当具有普遍的指导意义，任何其他具体规则或者制度，都必须以其为出发点，而不得与之相违背。

依据本条规定，刑事司法协助的基本原则是国家主权原则和平等互利原则。虽然在国际司法协助实践中还可以归纳出其他一些原则，如国民待遇原则，保护公民、法人和社会的合法权益原则，遵守国际条约的原则，便利司法机关合作的原则等，但这些原则都是以上述两个基本原则为核心和基础派生出来的。我国有关法律中关于司法协助的规定，都贯穿了这两项基本原则，我国对外签订的司法协助条约，对这两项基本原则也都有明确规定。

1. 国家主权原则。国家主权是国家最重要的属性，是国家独立自主地处理自己的内外事务、管理自己的国家的权力。维护国家主权原则是最重要的国际法原则。由于刑事司法协助是国家间关系的一个方面，因而这一原则也是刑事司法协助的最重要原则。司法主权是国家主权的一部分，一国的司法机关在本国境内独立自主地进行司法活动，同时，也应尊重外国的司法权，不得在外国境内进行司法活动，或者对外国的司法活动进行干预。国家主权原则体现在刑事司法协助中，其含义包括：（1）刑事司法协助的存在取决于有关国家的自愿。一国不得强迫另一国与之开展刑事司法协助，更不得采取威胁手段，迫使另一国提供刑事司法协助。(2)一旦两国就刑事司法协助问题达成条约或者协定，就应当信守条约或者协定的义务。除根据约定程序对条约或者协定予以修正或者废除外，不得单方面违约或者毁约。(3)未经外国同意，一国司法机关不得到该外国境内从事司法性质的活动，如收集证据、缉捕罪犯等。(4)在具体办理刑事司法协助案件时，一国司法机关对另一国司法机关在本国境内依其本国法律进行诉讼、作出裁决，或者决定是否提供刑事司法协助，应予尊重，不得将自己的意志强加于对方。(5)在刑事司法协助过程中，一国应按照有关国际公约和国际法，尊重其他国家及其财产的司法豁免权。国家主权原则作为刑事司法协助的基本原则，为各国所公认，而且在绝大多数情况下也得到了遵守，但仍有少数国家置国家主权原则于不顾，公然侵犯其他国家的司法主权。例如，有的国家无视外国的法律规定，经常在未得到外国同意的情况下，派遣官员到外国去直接收集证据，有时甚至大大超出诉讼本身的需要，广泛搜集政治、经济、科技等方面的情报；有的准许其本国官员可以不顾外国的反对到外国境内绑架外国人到其境内受审等。这些都是强权外交政策在刑事司法协助和警务合作领域里的表现，当然要遭到大多数国家的谴责和抵制。因此，在刑事司法协助和警务合作领域里，各国为维护国家主权而进行的斗争仍将是长期的和艰巨的。

2. 平等互利原则。世界各国虽有大小、强弱、贫富之分，政治制度和司法制度也不尽相同，但在相互间开展刑事司法协助，应该一律平等。在相互交往中，应当使刑事司法协助有利于双方，而不能以损害对方的利益来满足自己的要求，这就是平等互利原则的含义。平等和互利是平等互利原则的两个方面，两者相辅相成，缺一不可。只有建立在平等的基础上，才能做到互利，只有坚持互利，才能有真正的平等。平等要求各国在进行刑事司法协助时，不得以大欺小，以强欺弱，不得在别国谋求司法特权。具体表现在：在订立刑事司法协助条约、协议时，一般应以各自国家或者政府的对等名义缔结，地方当局一般无权与外国订立此类条约或者协议；在刑事司法协助的内容上，一般都在同等的范围内和同等的程度上开展；在刑事司法协助过程中，应当确保不同国家的法律制度和司法机关都具有平等地位，不同国家的国民在国外从事诉讼活动时，应当享受国民待遇，不得歧视。互利不仅指不同国家间相互给予协助，对于双方都有实际的需要和利益，而且还包括双方应最大限度地便利相互之间的合作。协助和合作的范围应尽可能广泛，协助和合作的程序应尽可能简便；如果一国对于向外国提供刑事司法协助附加额外限制，该外国也有权采取对等措施。

根据上述刑事司法协助的基本原则，人民检察院在与外国开展刑事司法协助时，既要看到刑事司法协助在促进相互关系中的重要作用，不能因为各国法律制度和国家利益不同而消极对待，又要看到刑事司法协助毕竟受各国政治、法律、外交关系等各方面因素的影响，不能片面强调刑事司法协助而损害国家主权和利益。只有在相互尊重国家主权和平等互利的基础上积极而稳妥地发展与外国的刑事司法协助关系，才能保证这方面的合作对双方刑事诉讼产生积极作用。

第四百三十九条 [对享有外交特权和豁免权的人的处理]

享有外交特权和豁免权的外国人的刑事责任问题，通过外交途径解决。

【条文释义】 本条是关于对享有外交特权和豁免权的外国人如何处理的规定。

“外交特权和豁免权”，是指一个国家为了保证和便利驻在本国的外交代表、外交代表机关以及外交人员执行职务，而给予他们的一种特殊权利和待遇。这是各国按照平等、相互尊重主权的原则，根据国际惯例和国际公约、协议，互相给予驻本国的外交代表和外交官的特殊权利。这种特殊权利包括：人身不可侵犯，办公处、住处和文书档案不可侵犯，免纳关税，不受驻在国的司法管辖等。享有这种外交特权和豁免权的外国人主要是指以下几种人：（1）外国驻我国的外交代表、大使、公使、代办和外交职员（一、二、三等秘书，随员，陆海空武官，商务，文化，新闻参赞或专员）以及他们的家属（配偶、未成年之子、未婚之女）等；（2）外国派来参加在我国召开的国际会议的代表；（3）来我国访问的外国高级官员、政府首脑；（4）途经或暂时留在我国的各国驻第三国的外交官等。对于享有外交特权和豁免权的外国人犯罪，应当追究刑事责任的，通过外交途径解决，这是保证国与国之间的正常交往所必需的。对这些“罪犯”，一般采取宣布其为“不受欢迎的人”，令其限期出境，或驱逐出境，并建议派出国依照他们国家的法律进行处理等方式加以解决。

第四百四十条 [刑事司法协助的范围]

人民检察院司法协助的范围主要包括刑事方面的调查取证、送达刑事诉讼文书、通报刑事诉讼结果、移交物证、书证和视听资料、扣押、移交赃款、赃物以及法律和国际条约规定的其他司法协助事宜。

【条文释义】 本条是关于人民检察院刑事司法协助的范围的规定。

依据本条规定，人民检察院进行刑事司法协助的范围主要包括刑事方面的调查取证，送达刑事诉讼文书，移交物证、书证和视听资料，情报信息的交流与合作以及国际条约规定的其他刑事司法协助事宜。

所谓调查取证，是指相互代为询问证人、被害人，相互委托勘验、检查、鉴定、搜查和扣押，相互代为通知证人、鉴定人出庭等。所谓送达刑事诉讼文书，是指相互代为送达在刑事诉讼过程中制作的各种法律文件和文书，以及与刑事诉讼程序相关的文书或者文字材料，如身份证明、来往信函等。所谓移交物证、书证和视听资料，是指将与犯罪相关联，能够证实案件情况和犯罪嫌疑人情况的实物或者痕迹，能够以其内容证明案件真实情况的文字、图表等资料，载有与案件相关内容的录像带、录音带等移交给对刑事案件行使管辖权的请求国。所谓情报信息的交流与合作，是指各国就情报信息等进行交换，包括有关犯罪活动的情况，如协助提供有关跨国犯罪的策划、准备、实施过程的情况，犯罪嫌疑人的身份、简历、社会关系以及有关犯罪组织的情况，犯罪手段、工具和技能运用的情况等；有关犯罪对象的情况，如在跨国犯罪案件中，犯罪地国根据有关国际公约的规定，将采取的有关保护性措施通知有关当事国；强制措施的情况，如对跨国犯罪的人员采取强制措施的国家，将有关情况通知其他对该犯罪分子具有管辖权的国家；协助提供对请求国刑事案件的侦查必需的证据。

刑事司法协助的范围通常有狭义和广义之分。狭义的刑事司法协助仅指刑事诉讼中送达司法文书，询问证人和被害人，搜查、扣押、物品的移交以及提供法律资料等协助，广义的刑事司法协助和警务合作还包括引渡等内容。此外，刑事诉讼移交、被判刑人移交以及外国刑事判决的承认与执行等内容也包括在广义刑事司法协助的范围之内，因而称为广义的刑事司法协助。出现这种不同的分类主要是由于各国在对刑事司法协助一词本身含义的理解上存在着差异，而并不意味着各国对于刑事司法协助的必要性方面存在不同的观点。在一些国家，“司法”一词仅用于审判意义，司法机关仅指法院系统，据此，刑事司法协助仅指不同国家的法院之间在审理刑事案件过程中相互给予的协助，如送达文书、调查取证、扣押等，除此之外的其他协助，包括引渡、被判刑人移交、刑事判决的承认与执行等，只能称作司法合作或者法律协助。在我国，“司法”一词不仅用于审判意义，司法机关也不仅指法院，通常所说的司法程序在刑事诉讼方面除法院审判程序外，还包括公安机关侦查案件、检察机关提起公诉、司法行政机关执行刑罚等一系列旨在追究罪犯刑事责任和实施刑事制裁的程序。因此，本条在规定刑事司法协助的范围时采取了广义的理解，即认为刑事司法协助包括刑事犯罪方面的情报信息的交流与合作，调查取证，送达刑事诉讼文书，移交物证、书证和视听资料，以及国际条约规定的其他为最终实现对罪犯的制裁而规定的刑事司法协助事宜。

第四百四十一条 ［引渡案件的办理］

办理引渡案件，按照国家关于引渡的法律和规定执行。

【条文释义】 本条是关于如何办理引渡案件的规定。

办理引渡案件应当依照国家关于引渡的法律和规定执行，这是人民检察院在办理引渡案件中应当遵循的一个基本原则。引渡，是指一国把在其境内而被他国指控为犯罪或者已被定罪判刑的人，根据有管辖权的国家的请求，在条约或者互惠的基础上，移交给请求国，以便追究其刑事责任或者执行刑罚的一项制度。引渡是一种国家行为，一国是否接受他国的引渡请求，除非附有条约义务，由被请求国政府自行决定。有权请求引渡的国家包括：犯罪人所属国；犯罪行为发生地国；受害国。当有数国为同一罪行请求引渡同一人时，原则上被请求国有权决定接受某一国的请求。引渡的对象是一个被某国指控为犯罪的人，可以是请求国本国人，也可以是被请求国的国民，但一般不引渡本国国民。构成引渡的理由是请求国与被请求国双方的法律均认为是犯罪行为，即双重犯罪原则，请求国只能就引渡时指控的罪名加以审判和处罚。

检察机关向外国提出引渡请求，应当通过最高人民检察院将请求书以及有关材料转交外交部，由外交部向被请求国提出。在紧急情况下，检察机关可以在正式提出引渡请求前，由最高人民检察院通过外交途径或者国际刑警组织，或者通过邮寄、电报、电传等联系方式，请求外国司法机关对被要求引渡人采取临时强制措施。

外国请求我国引渡应当通过外交途径书面提出请求。我国收到外国提出的引渡请求后，需要由检察机关办理的，由最高人民检察院通知被要求引渡人所在地的分、州、市人民检察院对被要求引渡人采取我国《刑事诉讼法》规定的必要的强制措施，以避免被要求引渡人脱逃。对于外国向我国提出的引渡请求，由外交部与其他有关主管机关商议后，可以分别作出如下处理：（1）决定同意引渡的，应当通过外交途径将决定通知请求国，与请求国协商约定执行引渡的有关事宜；（2）决定拒绝引渡的，应当通过外交途径将决定通知请求国，说明拒绝的理由；（3）我国收到外国提出的引渡请求时，我国司法机关正在对被要求引渡人因其并非引渡请求所依据的犯罪追究其刑事责任或者执行刑罚的，可以在对该被要求引渡人的司法程序进行完毕或者该被要求引渡人服刑期满之前，暂缓对该项引渡请求作出决定，并通过外交途径通知请求国。

目前，我国已与泰国、白俄罗斯、俄罗斯、保加利亚、哈萨克斯坦、罗马尼亚等国签订了引渡条约，对引渡义务、可引渡犯罪、引渡拒绝、移交被引渡人、移交与犯罪有关的物品等作出了一系列规定。这些条约构成我国关于引渡的法律的一部分，在办理引渡案件时应当遵守执行。

第四百四十二条［司法协助的法律适用］

人民检察院对外进行司法协助，应当根据我国有关法律规定的程序向外国提供司法协助和办理司法协助事务。依照国际条约规定，在不违背我国法律规定的前提下，也可以按照请求方的要求适用请求书中所示的程序。

【条文释义】 本条是关于人民检察院提供司法协助的法律适用的规定。

司法协助中的“法律适用”，是指一国司法机关或其他主管机关在办理司法协助案件时，应该根据本国法律决定是否向外国提供司法协助，以及在同意提供协助的情况下，按照本国法律规定的程序实行协助行为。

提供司法协助的行为具有诉讼性质，体现为一定的司法行为，如送达文书、调查取证等，如果不按照一定的法律予以实施，就难以保证其效力。在司法协助案件中，被请求方提供协助的行为不同于直接受理诉讼和进行审判，它对于在外国进行的诉讼而言只具有辅助意义，在此过程中适用法律的目的，不是为了确定当事人的权利与义务，而只是为了决定是否提供司法协助和如何提供司法协助。由于司法协助过程本身并不对案件的是非曲直作出决定，仅是一种程序性行为，被请求方在程序方面适用其本国法律，不仅是该国司法主权的要求，而且从实践角度而言也更为便利。因此，在司法协助过程中，不论有关诉讼的性质如何，被请求方在提供司法协助时一般只适用其本国法律，请求方提出的司法协助请求，也应符合被请求方法律所规定的实质条件和形式要求。关于司法协助应适用的法律，我国有关法律和我国对外签订的司法协助条约都作了明确规定，例如，《中华人民共和国民事诉讼法》第263条规定，“人民法院提供司法协助，依照中华人民共和国法律规定的程序进行”；《中华人民共和国和波兰人民共和国关于民事和刑事司法协助的协定》第11条规定，“被请求机关提供司法协助，适用本国法律”；《关于向国外送达民事或商事司法文书和司法外文书公约》也在第5条规定，被请求方在进行送达时，应“按照其国内法律规定的在国内诉讼中对在其境内的人员送达文书的方法”进行。但是，适用被请求国法律也不是绝对的。在一定情况下，被请求一方司法机关也可根据请求一方的请求，适用请求一方的某些诉讼程序规则。这是因为，有时一国法律往往可能对某些诉讼程序规定有特殊要求，如在取证程序中，有的国家要求对取证过程进行录音、录像等。如果这些要求得不到满足，可能会影响到证据的有效性。因此，各国允许在一定情况下适用请求国法律。例如，《中华人民共和国民事诉讼法》第263条规定，“外国法院请求采用特殊方式的，也可以按照其请求的特殊方式进行，但请求采用的特殊方式不得违反中华人民共和国法律”。这里的“特殊方式”一般就是指请求国法律规定的与我国法律规定所不同的方式。我国对外签订的司法协助条约对这一问题也都作了规定，其中对于请求国法律，有的表述为“提出请求一方的法律”，有的表述为“提出请求一方的诉讼程序规则”，也有的表述为“特殊方式”。采取上述不同的表述方法，主要是因为在谈判中照顾到缔约对方的法律规定和用词方习惯而作的一种灵活处理。一般而言，一国司法机关提供司法协助时原则上应适用其本国法律，而适用请求国法律中规定的程序则是例外，它一般只涉及一些具体的做法和形式方面的要求，且不得与被请求国法律的基本原则相抵触，否则，被请求一方的司法机关有权拒绝适用。

第四百四十三条［公共秩序保留原则］

外国有关机关请求的事项有损中华人民共和国的主权、安全或者社会公共利益以及违反中国法律的，应当不予协助；不属于人民检察院职权范围的，应当予以退回或移送有关机关，并说明理由。

【条文释义】　本条是关于人民检察院进行司法协助时适用公共秩序保留原则的规定。

“公共秩序保留”萌芽于13世纪意大利的“法则区别说”。在国际司法协助制度中，“公共秩序保留”也已成为一项各国普遍接受的规则，其含义是：如果司法协助事项与被请求国的公共秩序相抵触，被请求国有权拒绝提供协助。在司法协助制度中，援引“公共秩序保留”的后果是拒绝提供司法协助，一旦拒绝，司法协助程序即告终止。在司法协助制度中之所以需要确立“公共秩序保留”规则，是为了保护被请求国的利益，因为在国际司法协助案件中，相对于被请求提供协助的一方而言，具体诉讼本身是由外国司法机关依照外国法律进行的，当诉讼涉及被请求国利益时，如果没有“公共秩序保留”这样的“安全阀门”，在出现提供司法协助与其本国利益发生冲突的情况下，将难以通过适当的机制使其利益得到可靠的保障。所以在国际上有关司法协助的多边公约、双边条约以及各国立法中，均采纳了这项规则。

关于“公共秩序”的表述，各国不尽一致，大陆法系国家习惯称做“公共秩序”，英美法系国家则惯用“公共政策”。对于“公共秩序”的具体含义，各国也无统一解释。在各国的立法和司法实践中，共同做法都是避免给以公共秩序一个明确的含义，而是留待需要运用时逐条加以判断，而且由于各国国情的差异以及一国在不同历史阶段可能具有不同的政治利益，各国在具体适用“公共秩序保留”条款时往往会赋予其不同的含义。从“公共秩序保留”条款的实践情况看，它所适用的情形主要包括：（1）违反被请求国的国家利益，包括有损其主权、安全或政治利益。如果被请求国在案件中被外国法院列为被告，从而使其管辖豁免权受到损害，或外国要求取证的事项涉及被请求国的国家机密，或外国判决的承认与执行将有悖于其国家经济利益等，该国均可拒绝提供司法协助。在刑事司法协助的案件中，这方面的考虑尤为突出。因为一国请求司法协助的刑事案件往往涉及一些政治因素，如被追诉人的犯罪属于政治性质的犯罪，请求国进行的刑事追诉具有政治目的等，在这些案件中，被请求国与请求国之间的政治关系或被请求国自身的政治利益对于被请求国考虑是否提供协助具有很重要的意义。（2）违反被请求国的基本法律准则，如一夫一妻制是我国婚姻法律制度中的一项基本准则，如果外国请求协助的事项损害这一原则，我国就有权拒绝协助。(3) 违反被请求国的善良风俗和基本道德准则，如果外国请求司法协助的事项与我国社会主义精神文明相抵触，而且提供协助将会产生恶劣的社会影响，我国也有权拒绝协助。我国有关法律和我国与外国缔结的司法协助条约中都规定有“公共秩序保留”条款。为了体现维护国家主权与安全在司法协助过程中的重要性，这些规定在表述上通常是将“主权和安全”加以特别强调。例如，《中华人民共和国和蒙古人民共和国关于民事和刑事司法协助的条约》第9条规定，“如果被请求的缔约一方认为提供司法协助有损于本国的主权、安全或公共秩序，可以拒绝提供”。这些规定都体现了“公共秩序保留”的精神，而且，采取这些明示列举的规定方式，也有利于对“公共秩序保留”条款的适用予以明确和限制。

对于经审查外国请求提供司法协助不属于人民检察院职权范围的，应当报经最高人民检察院退回外国一方，或通过最高人民检察院移送有关机关，并说明理由。

第四百四十四条 [司法协助的主管机关、中央机关]

最高人民检察院是检察机关办理司法协助事务的最高主管机关，依照国际条约规定是人民检察院司法协助的中方中央机关。

地方各级人民检察院是执行司法协助的主管机关，依照职责分工办理司法协助事务。

【条文释义】　本条是关于人民检察院司法协助主管机关、中央机关的规定。

司法协助中的主管机关，是指有权向外国提出司法协助请求并有权执行外国提出的司法协助请求的机关。由于司法协助具有涉外因素，政策性较强，应当由国家集中管理。在我国，人民检察院作为国家司法机关，在执行司法协助中具有重要的地位。最高人民检察院于1997年4月23日发布了《关于检察机关办理司法协助案件有关问题的通知》，规定最高人民检察院是全国检察机关司法协助的最高主管机关，最高人民检察院外事局负责检察机关司法协助工作的管理、协调和对外联络，最高人民检察院有关业务部门负责检察机关司法协助案件的审查和办理。最高人民检察院是中华人民共和国最高检察机关，领导地方各级人民检察院，有权指导、部署和检查各级人民检察院的工作，对各级人民检察院司法协助工作，也应当并有权予以管理和安排。

司法协助中的中央机关是一国为进行司法协助而设立或者指定的，在司法协助中起联系、转递作用的机关。在我国，国际司法协助的中央机关在大多数情况下是司法部，但是，在有的情况下，也同时指定另一国家机关（一般是最高司法机关）为中央机关。这种情况主要出现在民事、刑事司法协助条约中，并且一般是缔约另一方同时指定其他机关为中央机关。考虑到对口业务机关联系的方便，我国通常也指定相应的最高的司法机关和司法部一起作为中央机关。司法协助中，中央机关的职能取决于有关公约或条约的规定，一般包括：第一，接收其他缔约国提出的司法协助请求，并对请求进行初步审查；第二，将其他缔约国的司法协助请求转交本国主管机关以便执行；第三，向请求国通知执行情况；第四，交换法律情报。最高人民检察院根据有关条约是中方中央机关，担负司法协助中中央机关的职责。

根据本条规定，地方各级人民检察院是执行司法协助的主管机关，负责承办、执行具体的司法协助事务。一般由各省、自治区、直辖市人民检察院和军事检察院负责承办最高人民检察院交办的司法协助案件，根据案件情况，也可以指定下级人民检察院作为具体办理机关。

第四百四十五条［司法协助的联系途径或者外交途径］

人民检察院与有关国家相互提供司法协助，应当按照我国与有关国家缔结的司法协助条约规定的联系途径或者外交途径进行。

【条文释义】　本文是关于人民检察院进行司法协助的联系途径的规定。

依据本条规定，人民检察院接收或者向外国提出刑事司法协助请求时，应当通过有关国际条约或者协议规定的联系途径或者外交途径进行。国际条约，是指国际法主体之间以国际法为准则而确立的关于其相互权利和义务关系的书面协议。国际法主体，是指具备享有国际法上的权利和承担国际法上的义务能力的国际法律关系的参加者。国际法的基本主体是国家，其他主体还包括争取独立的民族和国际组织。国际条约按其名称主要有以下几种：公约、条约、协定、议定书、宪章、盟约、规约、换文、宣言、联合声明等。

我国对外开展刑事司法协助是根据中华人民共和国缔结或者参加的国际条约，以及最高人民检察院缔结的双边合作协议或者按照互惠原则进行合作。当我国与有关外国存在条约关系时，人民检察院应当根据条约相互提供刑事司法协助。有关的国际条约规定有联系途径的，按条约的规定执行。这里的“条约”既包括我国缔结或者参加的专门规定刑事司法协助事项的双边条约、协定或者国际公约，如《中华人民共和国和波兰人民共和国关于民事和刑事司法协助的协定》、《中华人民共和国和蒙古人民共和国关于民事和刑事司法协助的条约》等，还包括含有刑事司法协助内容的其他条约，如《关于在航空器内的犯罪和犯有某些其他行为的公约》、《关于制止非法劫持航空器的公约》、《联合国禁止非法贩运麻醉药品和精神药物公约》等。当我国与外国不存在条约关系时，可以在互惠的基础上，通过外交途径相互提供刑事司法协助。

第四百四十六条 ［司法协助的中央机关］

有关司法协助条约规定最高人民检察院为司法协助的中方中央机关的，由最高人民检察院直接与有关国家对应的中央机关联系和转递司法协助文件及其他材料。

有关司法协助条约规定其他机关为中方中央机关的，地方各级人民检察院通过最高人民检察院与中方中央机关联系和转递司法协助文件。

【条文释义】 本条是关于最高人民检察院在司法协助中作为联系途径的规定。

司法协助的中央机关是一国为进行司法协助而设立或者指定的，在司法协助中起联系、转递作用的机关。我国与外国缔结的司法协助条约都有专门的条款规定，司法协助的联系途径为缔约双方的中央机关。例如，《中华人民共和国和波兰人民共和国关于民事和刑事司法协助的协定》第6条第1款规定："缔约双方的法院和其他机关相互提供司法协助，由缔约双方的中央机关直接通知。"在司法协助条约中，我国指定中央机关有以下三种情况：（1）指定我国司法部作为中央机关。例如，《中华人民共和国和比利时王国关于民事司法协助的协定》第3条第1款规定，缔结双方中央机关为各自的司法部。我国在加入海牙送达公约后，为执行公约所指定的中央机关也是司法部。（2）同时指定司法部和最高人民检察院为中国方面的中央机关。例如，《中华人民共和国与罗马尼亚关于民事和刑事司法协助的条约》第8条第2款规定，中央机关"在中华人民共和国方面系指司法部和最高人民检察院，在罗马尼亚方面系指司法部和总检察部"。（3）同时指定司法部和最高人民法院为中国方面的中央机关。例如，《中华人民共和国和蒙古人民共和国关于民事和刑事司法协助的条约》第3条第2款规定，中央机关在"中华人民共和国方面系指中华人民共和国司法部和中华人民共和国最高人民法院，在蒙古人民共和国方面系指蒙古人民共和国司法仲裁部和蒙古人民共和国最高法院"。

本条规定了凡有关司法协助条约规定最高人民检察院为司法协助的中方中央机关的，地方各级人民检察院办理司法协助，一律通过最高人民检察院直接与有关国家对应的中央机关联系和转递司法协助文件及其他材料。凡有关条约规定其他机关为中方中央机关的，地方各级人民检察院办理司法协助事务一律通过最高人民检察院与中方中央机关联系和转递司法协助文件，在联系司法协助事务中既要通过最高主管机关，也要按照有关条约规定的联系途径进行。一般办理程序如下：

（1）最高人民检察院外事局收到外国请求司法协助的案件后，对案件是否符合我国与外国签订的司法协助条约和引渡条约的规定进行审查。对不符合有关条约或法律规定的，退回外国有关请求机构；对符合规定的，按案件管辖分工移送有关业务部门就案件内容进行审查。案情简单的，外事局可直接办理。

（2）有关业务部门收到移送的案件后，就案情及适用法律提出审查意见，与外事局会签后报请主管检察长审批。经主管检察长审批同意后，由有关业务部门以最高人民检察院函的形式交有关省级人民检察院办理，函件同时抄送外事局。

（3）省级人民检察院接到最高人民检察院交办司法协助案件函后，可直接办理案件，也可指定下级人民检察院办理。在案件办结后，由省级人民检察院将案件材料及报告书上报最高人民检察院交办部门。交办部门对案件材料进行审查，制作答复请求国的文书，送外事局会签。

（4）会签的答复文书呈报主管检察长审批同意后，由外事局将有关材料译成请求国文字或条约规定的文字，转交请求国有关部门。

（5）最高人民检察院有关业务部门办理的案件，需请求外国司法机关提供司法协助的，应当制作请求书，连同调查提纲和有关材料送外事局审核。

（6）各级地方检察机关办理的案件，需请求外国司法机关提供司法协助的，由省级人民检察院制作请求书，连同调查提纲和有关材料报最高人民检察院有关业务部门；有关业务部门审查提出意见后，送外事局审核。

（7）最高人民检察院外事局收到上述部门移送的请求外国提供司法协助的案件材料后，审查确认案件材料是否齐全，请求书和调查提纲的内容、格式是否符合条约的规定，提出书面意见，呈报主管检察长审批。在主管检察长审批同意后，将有关文书翻译成被请求国文字或条约规定的文字，送被请求国有关司法机关。

第四百四十七条 ［其他需检方司法协助的联系方式］

其他机关需要通过最高人民检察院对外办理司法协助的，应当通过其最高主管机关与最高人民检察院联系。

【条文释义】 本条是关于其他机关需要通过最高人民检察院办理刑事司法协助时，应当如何与最高人民检察院联系的规定。

依据本条规定，当其他司法机关在办理刑事案件中需要外国检察机关协助的，应当通过其中央主管机关与最高人民检察院联系办理。这里的其他司法机关是指除检察机关以外，在打击刑事犯罪活动中承担一定职责的机关，主要包括人民法院、公安机关、国家安全机关、监狱、军队保卫部门等。这些机关在履行职责过程中，有时也需要和其他国家间进行刑事司法协助，对于需要外国检察机关协助的，则应当由其中央主管机关与最高人民检察机关联系办理。所谓中央主管机关，即最高人民法院、公安部、国家安全部、司法部、中国人民解放军总政治部等。这样规定有利于避免在刑事司法协助中，其他司法机关的各自下属单位直接向最高人民检察院提出要求刑事司法协助的情况，有利于提高效率，促进刑事司法协助工作的顺利进行。

第四百四十八条 [与未缔结条约国的司法协助]

对尚未与我国缔结司法协助条约的国家，相互之间需要提供司法协助的，应当根据互惠原则，通过外交途径办理，也可以按惯例进行。

具体程序参照本章规定。

【条文释义】 本条是关于如何办理未与我国缔结司法协助条约国家的司法协助事宜的规定。

由于犯罪跨国性的日益发展，一些犯罪涉及世界许多国家，我国与之签订司法协助条约的只是少数。实践中需要与许多未缔结司法协助条约的国家进行司法协助，本条规定了这种司法协助应当以互惠原则为基础，一般通过外交途径进行，如果在以往合作中形成司法协助惯例的，也可以按照有关惯例进行。提供或请求提供司法协助的程序应当参照《人民检察院刑事诉讼规则》第十一章规定进行。

第四百四十九条 [地方检察院申请国际刑警组织协助]

人民检察院需要通过国际刑警组织缉捕人犯、查询资料的，由有关人民检察院提出申请，层报最高人民检察院审查后与有关部门联系办理。

【条文释义】 本条是关于地方人民检察院需要通过国际刑警组织缉捕人犯、查询资料、调查取证时，应当如何办理的规定。

依据本条规定，地方人民检察院需要通过国际刑警组织缉捕罪犯或者犯罪嫌疑人、查询资料、调查取证的，应当提出申请，层报最高人民检察院，由最高人民检察院根据有关情况办理。国际刑警组织中国国家中心局负责中国警方和国际刑警组织的联系，且国际刑警组织中国国家中心局由公安部负责管理，所以地方人民检察院需要通过国际刑警组织缉捕罪犯或者犯罪嫌疑人、查询资料、调查取证的，应当先提出申请，报最高人民检察院审查后与公安部联系办理。

国际刑警组织的全称为国际刑事警察组织，它是各国警察组织之间以交换情报、协助侦查为目的而设立的非政治性的国际性组织。国际刑警组织起源于

1914年在摩洛哥举行的国际刑事警察会议，原名国际刑事警察委员会，1956年改为现名，1988年迁往里昂。其宗旨是促进各国警察机关在打击犯罪过程中的互相协助，负责协调成员国警察机关在国际事务中的活动，收集有关国际犯罪活动的资料，并建立和发展可能有助于预防和惩治普通犯罪活动的各种制度。其主要任务是负责各成员国之间咨询、情报交换，收集各种刑事犯罪案件及罪犯指纹、照片、档案、编写有关刑事犯罪方面的资料，通缉追捕重要罪犯和引渡犯罪分子等。国际刑警组织下设全体大会、执行委员会、秘书处，各成员国在自己首都警察当局内设国家中心局，国内警察可以通过该机构与总部或者他国的警察机关取得联系。该组织对逃亡国外的重大刑事犯和进行国际犯罪的人采取行动，从广义上是刑事司法协助的一部分。1984年5月17日我国政府向该组织秘书长提出申请，同年9月5日该组织第53届全体大会正式通过接纳我国为该组织正式成员国，1986年，我国又在广东设立了国际刑警组织中国国家中心局联络处。近年来，我国与该组织的其他成员国之间在相互交流刑事犯罪情况、收集犯罪证据和协查逃犯等方面开展了卓有成效的合作。1997年7月，随着香港回归祖国，香港国际刑警组织成为中国国家中心局的组成部分。国际刑警组织在国际刑事司法协助、合作中将发挥越来越大的作用。

第四百五十条［边境地区与邻国的司法协助］

我国边境地区人民检察院与相邻国家的司法机关相互进行司法合作，在不违背有关条约、协议和我国法律的前提下，可以按惯例或者遵照有关规定进行，但应当报最高人民检察院备案。

【条文释义】　本条是关于我国边境地区人民检察院与相邻国家司法机关可以依照惯例进行司法协助和合作的规定。

依据本条规定，边境地区检察机关与相邻国家边境地区司法机关进行司法合作通常依照惯例进行。这里的边境地区不仅指和其他国家领土接壤的地区，同时也指和其他国家领海接壤的地区。“惯例”，是指两地检察机关在进行合作中的习惯性做法。对于我国和邻国签订条约或者协议的边境地区，在进行司法合作时应当不违背有关条约、协议和国家法律的规定。对于我国尚未和邻国签订条约或者协议的边境地区，在依照惯例进行司法合作时，应当遵守我国法律的有关规定。本条还规定，对于边境地区检察机关与相邻国家司法机关进行合作的，都应当报最高人民检察院备案，以利于最高人民检察院监督和指导工作。

第四百五十一条［边境地区人民检察院对司法协助的具体安排］

我国边境地区人民检察院与相邻国家的司法机关相互进行司法合作，可以视

情况就双方之间办案过程中的具体事务作出安排，开展友好往来活动。

【条文释义】　本条是关于我国边境地区人民检察院与相邻国家司法机关可以对办案中具体事务进行安排的规定。

我国边境地区人民检察院在检察工作中，由于与相邻国家有大量进行司法合作的事务，在实践中需要依照有关条约和规定对办案中的具体事务作出一定的安排，开展各种友好往来活动。例如，我国与俄罗斯相邻地区的检察机关在司法合作中作出了有益的探索，两国检察机关的合作也有了新的发展。双方在友好、睦邻、平等、互助、尊重国家主权和领土完整、互不干涉内政、严格依法的原则基础上，落实《中华人民共和国和俄罗斯联邦关于民事和刑事司法协助条约》和《中华人民共和国最高人民检察院和俄罗斯联邦总检察院合作协议》，特别是加强两国边境地区检察机关的直接合作。（1）中国和俄罗斯联邦边境地区检察院以1997年3月29日签订的两国检察院合作协议为指导，在各自的职权范围内，授权开展中俄边境地区检察机关的直接合作。在共同打击犯罪，调查、侦查、制止犯罪和其他违法行为，通缉和拘捕隐藏在其境内的犯罪分子以及检察工作的其他方面全面发展和加强合作与配合。双方遵循“相互尊重，严格依法，讲求效率，循序渐进”的原则，依法维护边境地区的正常秩序，为两国公民提供有效的司法保护。（2）双方边境地区检察院检察长在收到案件协查的请求或委托后，应及时予以办理。必要时，经双方协商，可以互相派员到对方就正在调查的案件提供补充信息和建议。（3）双方依照各自的法律，向两国公民提供有效保护，不分公民国籍，及时审理其控告和申诉，并采取一切必要的措施，恢复被侵害的权利。（4）两国边境地区检察机关保持经常性的联系，对于个案协查中产生的问题进行磋商，并经双方商定提供信息和文件。（5）双方应发展相互间的联系，交流工作经验，交换本国现行法律方面的、执法实践方面的、开展打击犯罪方面的信息，交换法学刊物及有关资料。（6）中华人民共和国最高人民检察院、俄罗斯联邦总检察院确定黑龙江省人民检察院和哈巴罗夫斯克边疆区检察院、滨海边疆区检察院、阿穆尔州检察院、赤塔州检察院、犹太自治州检察院和远东交通运输检察院，内蒙古自治区人民检察院与赤塔州检察院、后贝加尔交通运输检察院，吉林省人民检察院与海滨边疆区检察院、远东交通运输检察院，相互就发生在边境地区的刑事案件，直接合作办理个案协查业务。（7）两国最高检察机关确定的边境地区省、自治区、州、自治州和边疆区检察机关负责案件的联络和审查，但属于两国最高检察机关负责审查的案件除外，对这类案件在必要的情况下，边境地区检察机关可同时采取紧急措施。（8）中方在边境地区省、自治区人民检察院设立协查机构，并在上述省、自治区的地区检察院设专人负责，在检察长的领导下办理协查工作；俄方在边疆区、州、自治州和地区检察院、俄罗斯联邦交通运输检察院指定检察官负责与对方的协作与联系。

第二节　人民检察院提供司法协助

第四百五十二条［司法协助的联系机构］

最高人民检察院通过有关国际条约规定的联系途径或外交途径，接收外国提出的司法协助请求。

【条文释义】　本条是关于人民检察院提供司法协助由最高人民检察院负责联系的规定。

各级人民检察院为外国司法机关提供司法协助，应当由最高人民检察院负责联系和安排。这是由于最高人民检察院是检察机关司法协助的最高主管机关，由最高人民检察院负责联系，有助于统一领导、安排有关司法协助事宜，保证司法协助的正常进行。所谓联系途径，一般指有关司法协助条约规定的办理司法协助的“中央机关”，我国签订的司法协助条约一般规定司法部为中央机关，当外国向我国提出司法协助请求时，一般会通过司法部与我国有关司法机关包括检察机关联系，司法部将有关国家要求提供司法协助的请求转递最高人民检察院，由最高人民检察院统一接收后安排实施。“外交途径”，是指通过国家外交部门转递有关请求司法协助的要求，也由最高人民检察院统一接受。

第四百五十三条［司法协助请求应当附译文］

外国有关机关请求人民检察院提供司法协助的请求书及所附文件，应当附有中文译本或者国际条约规定的其他文字文本。

【条文释义】　本条是关于外国请求人民检察院提供司法协助应当附有有关译文的规定。

在我国与有关国家签订的司法协助的条约中，一般均专门设有关于互相提供司法协助所使用的语言的规定。例如，我国与加拿大签订的刑事司法协助条约第5条规定：“协助请求书应用请求方的文书书写，请求书及其附件应附有被请求方官方文字的译文。”外国有关机关请求我国人民检察院提供司法协助，其请求书及所附文件应当使用请求提供司法协助的国家的文字书写，但应当附有我国官方文字即中文的译文，这样便于准确了解请求的内容，也为执行这种司法协助请求提供了方便。在有的关于刑事司法协助的国际多边公约中，规定使用一种或者几种国际较为通用的语言作为互相提供司法协助的工作语文，如英文、法文等，请求提供司法协助的国家除使用本国官方文字外，还必须提供附有国际公约规定的其他文字文书，如英文、法文等。

第四百五十四条 [收到司法协助请求后的处理]

最高人民检察院收到缔约的外国一方提出的司法协助请求后，应当依据我国法律和有关司法协助条约进行审查。对符合条约规定并且所附材料齐全的，交由有关省、自治区、直辖市人民检察院办理或者指定有关人民检察院办理，或者交由其他有关最高主管机关指定有关机关办理。对不符合条约或者有关法律规定的，应当通过接收请求的途径退回请求方不予执行；对所附材料不齐全的，应当要求请求方予以补充。

【条文释义】 本条是关于最高人民检察院收到外国的刑事司法协助请求后，应当如何处理的规定。

依据本条规定，最高人民检察院收到外国的刑事司法协助请求后，应当首先进行审查。审查的依据主要是我国法律有关规定和有关的刑事司法协助条约的规定。审查的内容主要包括外国提出的刑事司法协助或者合作的请求是否遵循国家主权原则、平等互惠原则，是否符合条约、协议的规定，有无超越条约、协议规定范围的内容。最高人民检察院进行审查后，应当根据不同情况分别处理：

1. 对于符合条约、协议规定，应当由检察机关办理的，应当根据请求内容或者涉及范围的不同，交由有关省、自治区、直辖市人民检察院办理；对于符合条约、协议规定，但不属于检察机关管辖范围的，应当交由其他有关最高主管机关办理。

2. 对于请求的内容超越了有关条约或者协议的规定以及违背了国家主权、平等互惠的基本原则，应当通过接收请求的途径退回请求方不予执行。

3. 对于请求的内容符合条约、协议的规定，但所附材料不齐全的，应当要求请求方补充材料。

第四百五十五条 [办理刑事司法协助的具体机关]

有关省、自治区、直辖市人民检察院收到最高人民检察院转交的司法协助请求书和所附材料后，可以直接办理，也可以指定有关的人民检察院办理。

【条文释义】 本条是关于具体应由哪个检察机关办理刑事司法协助的规定。

最高人民检察院是检察机关进行刑事司法协助的主管机关，省级检察机关基本上是进行刑事司法协助的联络机关，刑事司法协助一般需要基层检察机关予以落实和完成。各省、自治区、直辖市人民检察院在接到转交的刑事司法协助和合作请求书和所附材料后，应当按照请求书中所列的请求事项，如送达文书、调查取证、搜查、扣押、询问证人、刑事判决的承认与执行等所涉及范围的不同，可以直接派员办理，也可以指定有关检察机关，比如文书需要送达地的检察机关、调查取证地的检察机关、扣押物品所在地的检察机关等，予以执行。

第四百五十六条［如何办理司法协助事宜］

负责执行司法协助请求的人民检察院收到司法协助请求书和所附材料后，应即安排执行，并按条约规定的格式和语言文字将执行结果及有关材料报经省、自治区、直辖市人民检察院审查后，报送最高人民检察院。

对于不能执行的，应当将司法协助请求书和所附材料，连同不能执行的理由通过省、自治区、直辖市人民检察院报送最高人民检察院。

人民检察院因请求书提供的地址不详或材料不齐全难以执行该项请求的，应当立即通过最高人民检察院要求请求方补充提供材料。

【条文释义】 本条是关于人民检察院如何办理司法协助事宜的规定。

本条要求负责执行司法协助的人民检察院在收到司法协助请求和所附材料后，应当立即安排执行，不得拖延。可按以下方式办理：（1）完成请求书要求协助的事项的，要按照条约和协议规定的格式和语言将执行结果及其有关材料报省级检察机关，省级检察机关审核后报最高人民检察院。这就对执行的检察机关提出了要求，即必须了解有关的条约和协议中有关格式和语言的规定。目前，我国签订的有关刑事司法协助方面的条约中，对于有关的文书格式和语言都有明确的规定。一般来说对于送达文书的，应有送达回执，送达回执上应当注明收件日期和签名，送达的方式、日期和地点，送达机关和送达人盖章和签名。如收件人拒收文件，应当注明拒收的事由。（2）对于不能执行请求的，应当说明不能执行的理由，比如犯罪嫌疑人死亡、具有应当拒绝协助、合作的情形等，并将刑事司法协助请求书和所附材料，通过省级检察机关退回最高人民检察院。（3）对于请求书提供的地址不详或者材料不齐全难以执行的，应当立即通过最高人民检察院要求请求方补充材料。“地址不详”，是指按照请求方提供的地址不能找到证人、被害人等诉讼当事人进行调查取证、询问等诉讼行为。材料不齐全是指按照请求方提供的材料不能为一定的诉讼行为，比如对于请求方提出的涉及的有关财物，没有一定的证据证明其是赃款赃物而无法移交等等。

在进行刑事司法协助和合作时，都应当提交请求书，根据我国缔结的有关刑事司法协助的条约规定，并参照联合国 1990 年通过的《刑事事件互助示范条约》第 5 条的规定，请求书的内容应当包括：一是请求机构的名称和进行请求所涉及的侦查或者起诉当局的名称；二是请求的目的和所需协助的简要说明；三是请求所涉及的犯罪事实及相关法律的规定或者文本；四是必要情况下收件人的姓名和地址；五是请求国希望遵守的任何特定程序或者要求的理由和细节，如说明要求得到的宣誓或者证词；六是对希望在多长期限内执行请求的说明；七是执行请求所必须的其他资料。除此之外，请求书及其他函件应当附有被请求国语文或者该国可接受的另一种语文的译文；如果被请求国认为请求书内容不足，可以要求提供补充材料。

第四百五十七条［司法协助的转递］

最高人民检察院应当对执行结果进行审查。凡符合请求要求的，由最高人民检察院转递请求协助的缔约外国一方。

【条文释义】　本文是关于最高人民检察院对提供司法协助进行审查并负责转递的规定。

地方有关检察机关对外国司法协助的请求执行完毕，报送最高人民检察院后，最高人民检察院应当按照我国法律和有关条约对执行结果进行审查，审查的主要内容包括是否属于司法协助的范围，是否符合拒绝司法协助的条件等。对于符合请求要求的，最高人民检察院应当及时转递请求协助的缔约外国一方，如果根据条约规定最高人民检察院是中方中央机关的，由最高人民检察院直接转递；如果根据有关条约规定其他机关为中方中央机关的，由最高人民检察院转送中方中央机关，再由其转递请求协助的外国一方。

第四百五十八条［外国通过其他中方中央机关请求司法协助的办理］

缔约的外国一方通过其他中方中央机关请求检察机关提供司法协助的，由其他中方中央机关将请求书及所附文件转递最高人民检察院，按本节规定办理。

【条文释义】　本条是关于外国通过其他中方中央机关请求提供司法协助应如何办理的规定。

在我国签订的司法协助条约中，大多规定为缔约双方的司法部为互相提供司法协助的中央机关，即司法协助的联系途径，在个别条约中双方最高检察机关也是联系途径之一。如果缔约的外国一方请求我国检察机关提供司法协助，而我国最高检察机关又不是中方中央机关的，其他中方中央机关（如司法部）接到外国有关司法协助请求后，应立即将请求书及所附文件转递最高人民检察院，最高人民检察院审查后按照规定交由有关人民检察院办理。凡是需要我国检察机关提供司法协助的，均需通过我国检察机关最高主管机关即最高人民检察院进行，而不得由外国或中方其他中央机关直接交由地方检察机关办理。

第三节 人民检察院向外国提出司法协助请求

第四百五十九条［地方请求外国提供司法协助的手续］

地方各级人民检察院需要向缔约的外国一方请求提供司法协助，应当按有关条约的规定提出司法协助请求书、调查提纲及所附文件和相应的译文，经省级人民检察院审核后，报送最高人民检察院。

【条文释义】 本条是关于地方各级检察机关请求外国提供刑事司法协助时，应当如何履行手续的规定。

依据本条规定，地方各级检察机关需要请求外国提供刑事司法协助的，应当按照有关条约或者协议的规定提出刑事司法协助请求书、所附文件及相应译文，经省、自治区、直辖市人民检察机关审核后，报送最高人民检察院，由最高人民检察院根据情况处理。地方检察机关需要外国提供刑事司法协助时，外国一方通常是与中国缔结条约或者协议的一方。对于没有条约协议的，也可以在互惠的原则上提出请求。所附文件通常是指和请求书中所列事项有关的证明文件、材料等。译文是指外国一方国家通用的文字。

检察机关进行刑事司法协助时提交的请求书，有关条约或者协议中对于请求书的内容有规定的，依照规定制作。没有规定的，可以参照联合国1990年通过的《刑事事件互助示范条约》的规定制作，写明请求机构的名称和进行请求所涉及的侦查或者起诉当局的名称；请求的目的和所需协助的简要说明；请求所涉及的犯罪事实及相关法律的规定或者文本；必要情况下收件人的姓名和地址；希望遵守的任何特定程序或者要求的理由和细节；对希望在任何期限内执行请求的说明；执行请求所必须的其他资料。除此之外，请求书及其他函件应当附有被请求国语文或者该国可接受的另一种语文的译文。

第四百六十条［对地方院请求的审查］

最高人民检察院收到地方各级人民检察院请求缔约的外国一方提供司法协助的材料后，应当依照有关条约进行审查。对符合条约有关规定、所附材料齐全的，应当连同上述材料一并转递缔约另一方的中央机关，或者交由其他中方中央机关办理。对不符合条约规定或者材料不齐全的，应当退回提出请求的人民检察院补充或者修正。

【条文释义】 本条是关于最高人民检察院如何办理我国检察机关请求外国提供司法协助的规定。

地方各级人民检察院凡是需要外国提供司法协助的，应当按照有关条约规定拟定请求提供司法协助的有关材料，逐级报送最高人民检察院。最高人民检察院收到相关材料后，应当依照有关条约进行审查是否属于请求外国提供司法协助的范围，有无请求的必要，请求的内容是否完备，如有无请求所涉及的调查或者诉讼的主管机关的名称，有关事实、法律的概述是否清楚，是否有保密的需要及有关程序要素等。对于符合有关条约规定，所附材料齐全的，应当制作正式的请求书，如果双方最高检察机关均为司法协助条约规定的中央机关，由最高人民检察院直接转递缔约另一方外国的中央机关；如果条约规定其他中央机关为联系途径的，由最高人民检察院将提供司法协助的请求转交中方中央机关，再由其转递缔约的外国一方的中央机关。最高人民检察院对地方各级人民检察院请求司法协助的要求不符合条约规定或者材料不齐全的，应当退回提出请求的人民检察院补充或者修正。

第四节　期限和费用

第四百六十一条 [办理司法协助的期限]

人民检察院提供司法协助，请求书中附有办理期限的，应当按期完成。未附办理期限的，调查取证一般应当在三个月内完成；送达刑事诉讼文书一般应当在十五日内完成。

不能按期完成的，应当说明情况和理由，层报最高人民检察院，以便转告请求方。

【条文释义】　本条是关于人民检察院办理司法协助事宜的期限的规定。

人民检察院依照有关条约办理、提供一定司法协助行为，承担着相应的国际义务，应当自觉或按有关要求及时承办有关司法协助事务。关于办理司法协助的期限，一般有两种方式：

1. 外国在请求我国提供司法协助的请求书已列明办理的期限要求，如根据其本国诉讼程序要求一定取证行为应在20日内办结，否则会影响其诉讼的正常进行，在此情形下，人民检察院应当尽快按照请求书中所要求的期限完成协助行为。

2. 外国在请求我国提供司法协助的请示书中未列明办理的期限要求的，本条规定了对调查取证一类的司法协助一般应当在3个月内完成；对于送达文书一类的司法协助一般应当在15日内完成。这样规定有利于防止过分拖延提供司法协助，保证司法协助的正常进行。

对于不能按期提供司法协助的，主要是外国请求书中要求的期限较为紧急，在提供司法协助时又面临较大困难，不能在请求的期限内完成提供司法协助事宜，承办的人民检察院应当及时说明情况和理由，层报最高人民检察院，以便转